ИСТОРИЯ РОССИИ
XX век

1939 — 2007

АСТ • Астрель
Москва

УДК 94(470)
ББК 63.3(2)6
И90

Генеральный директор проекта и ответственный редактор
доктор исторических наук, профессор МГИМО(У) Андрей Борисович Зубов

Книга подготовлена при участии издательства «Паломник».

И90 История России. XX век: 1939—2007 / под ред. А.Б. Зубова. — М.: Астрель: АСТ, 2009. — 847, [1] с.: ил.

ISBN 978-5-17-059363-7 (ООО «Издательство АСТ»)
ISBN 978-5-271-23891-8 (ООО «Издательство Астрель»)

История, как и любое творение человека, требует не только фиксации фактов, но и их нравственного осмысления. Эта книга возвращает русской истории человека и исторический факт, из безличного описания «объективных процессов» и «движущих сил» вновь делает историю личностной и фактичной. Поэтому здесь много воспоминаний очевидцев, биографических справок, а также фрагментов важнейших документов. Это история людей, а не истории процессов и сил. Книга написана большим авторским коллективом ученых из России и многих стран мира, поставивших перед собой совершенно определенную задачу — рассказать правду о жизни и путях народов России в XX веке.

Книга адресована широкому кругу читателей, интересующихся историей России.

УДК 94(470)
ББК 63.3(2)6

Подписано в печать 02.11.2009
Формат 70х90/16 Усл. печ. л. 60,84
Тираж 5000 экз. Заказ № 9114
Общероссийский классификатор продукции
ОК-005-93, том. 2; 953000 — книги, брошюры
Санитарно-эпидемиологическое заключение
№ 77.99.60.953.Д.012280.10.09 от 20.10.2009 г.

ООО «Издательство АСТ»
141100, Россия, Московская область, г. Щелково, ул. Заречная, д. 96
ООО «Издательство Астрель»
129085, г. Москва, пр-д Ольминского, д. 3а

Свои замечания, вопросы и мнения по поводу книги автора
просят присылать на электронный адрес:
russiaxx@gmail.com
Наши электронные адреса:
E-mail: astpub@aha.ru

Отпечатано с готовых файлов заказчика
в ОАО «ИПК «Ульяновский Дом печати»
432980, г. Ульяновск, ул. Гончарова, 14

© ООО «Издательство Астрель», 2009

Часть 4
РОССИЯ В ГОДЫ ВТОРОЙ МИРОВОЙ ВОЙНЫ И ПОДГОТОВКИ К ТРЕТЬЕЙ МИРОВОЙ ВОЙНЕ (1939–1953)

Глава 1
ОТ СЕНТЯБРЯ 1939 К ИЮНЮ 1941 ГГ.

4.1.1. Расстановка сил в мире к 1939 г.: агрессоры и их жертвы. С англо-французами или с нацистами? Пакт «Молотова – Риббентропа»

В начале 1939 г. мир все больше сползал к «большой войне». Япония продолжала вести войну в Китае, поражение которого означало бы огромное усиление ее потенциала. В ноябре 1938 г. Япония, не встречая серьезного противодействия, впервые открыто провозгласила своей целью создание «нового порядка в Восточной Азии» — так называемой Восточно-Азиатской сферы сопроцветания, в которую по замыслам японских политиков должны были войти русский Дальний Восток, Китай, Юго-Восточная Азия, Нидерландская Индия, Филиппины, Новая Гвинея, острова Океании. За планами экономического сотрудничества ясно проглядывало желание японских милитаристов подчинить все эти страны своему политическому контролю.

Не менее опасный оборот принимали события в Европе. 15 марта 1939 г., используя в качестве предлога «приглашение» со стороны словацких сепаратистов, войска Вермахта вошли в Чехию, которая была превращена в германский протекторат. Агрессивному примеру Гитлера последовали и его союзники: присоединившаяся к Антикоминтерновскому пакту Венгрия получила в награду отторгнутую от Чехословакии Подкарпатскую Русь (Закарпатье), а Италия аннексировала

Албанию. 22 марта, пригрозив Литве войной, Гитлер добился передачи Германии Клайпеды (Мемеля) с прилегающей к этому портовому городу областью в устье Немана. В тот же день Румынии было навязано экономическое соглашение, по которому Германия получала всю румынскую нефть по заниженным ценам.

Следующим объектом германской экспансии стала Польша. Сразу после Мюнхена Гитлер стал добиваться от Варшавы передачи Германии Данцига (Гданьска) и права экстерриториального прохода через «польский коридор», а также присоединения Польши к Антикоминтерновскому пакту. Однако это давление встретило стойкое сопротивление польского правительства. Ответом Гитлера стал план военного разгрома Польши («план Вайс»), утвержденный в начале апреля 1939 г. и предписывавший начать вторжение не позднее 1 сентября.

Захват Гитлером Чехословакии в нарушение Мюнхенского договора и его военные приготовления против Польши показали западным демократиям тщетность политики умиротворения. 22 марта Великобритания и Франция заявили, что предоставляют гарантии военной помощи западным соседям Германии — Бельгии, Голландии и Швейцарии. Вскоре аналогичные гарантии были предоставлены и Польше, а затем — Греции, Румынии и Турции.

Франция и Великобритания приступили к наращиванию своих армий и вооружений. В военном отношении в 1939 г. Англия и Франция значительно превосходили по численности своих армий Германию и имели полное господство на море. На суше самой сильной армией в Европе по численности живой силы и техники была в то время армия СССР, превосходившая сухопутные силы, например, США в 11 раз.

Реальная близость «большой войны» заставила Париж и Лондон по-новому взглянуть на роль советского фактора. Позиция СССР становилась очень важной и для Гитлера, которому в свете растущего противодействия англо-французов было необходимо нейтрализовать СССР для беспрепятственного захвата соседней с нею Польши. От того, с какими державами СССР заключит союз, зависели в 1939 г. судьбы Европы и всего мирового сообщества. Союз с Великобританией и Францией обеспечивал Европе мир: Гитлер отчаянно боялся повторить опыт Первой Мировой войны — лобовое столкновение с новой Антантой, безусловно, остудило бы агрессивные амбиции нацистов. Союз СССР с Антикоминтерновским пактом означал немедленную войну в Европе. Заключив между собой союз, три агрессивных режима — нацистский, большевицкий и фашистский — почувствовали бы в себе достаточно сил, чтобы не откладывая опрокинуть ненавидимые ими «демократии».

Сталин желал войны. Мир в Европе оставлял его в границах 1920 г., мешал «экспорту революции». Покорив Россию, большевики жаждали не менее нацистов мирового господства, вдохновлялись им. Но пока не разгромлены западные «буржуазные» демократии, ни о каком мировом господстве и речи не могло быть. На XVIII съезде ВКП(б) в марте 1939 г. он призывает не торопиться, «соблюдать осторожность и не давать втянуть в конфликты нашу страну провокаторам войны, привыкшим загребать жар чужими руками». Понимая ограниченные возможности СССР, «загребать жар чужими руками» Сталин хотел сам. Если Англия и Франция были бы не против стравить нацистов и коммунистов и таким образом их взаимно обессилить и отвести угрозу агрессии от демократической Европы, то Сталин думал направить удар Германии на Запад, на Францию и Англию, обессилить их в долгой и изнурительной войне, подобной Первой Мировой, а потом войти в Европу в качестве спасителя мира от нацизма и установить большевицкий режим, как в СССР, от Британии до Эстонии. Так думал он исполнить завет Ленина о мировой революции, не осуществленный в 1918–1920 гг. Еще в 1925 г. он говорил, что в случае войны «нам придется выступить, но выступить последними. И мы выступим для того, чтобы бросить решающую гирю на чашу весов». Теперь наступал тот самый давно ожидаемый момент.

Сталин сам хочет выбрать время и условия вступления СССР в войну. Он ведет с Англией и Францией дипломатическую игру, требует их согласия на проход советских войск через Прибалтику, Польшу и Румынию (чего эти государства никогда бы не допустили, опасаясь последующей советизации), но уже с конца 1938 г. устанавливает негласные контакты с Германией, используя при этом переговоры с западными державами как средство давления на Гитлера. В мае 1939 г. он снимает с поста наркома иностранных дел Максима Литвинова, сторонника союза с Англией и Францией и к тому же еврея, и заменяет его председателем правительства Вячеславом Молотовым. Дверь к сближению с Берлином была открыта.

17 апреля 1939 г. Сталин предложил Великобритании и Франции заключить договор о взаимопомощи, который бы предусматривал немедленное оказание помощи друг другу в случае германской агрессии, направленной как непосредственно против них, так и против всех западных соседей СССР. В качестве условия исполнения своих обязательств перед возможными союзниками Сталин требовал занятия Красной армией «буферной зоны» – Польши, Румынии, Латвии, Эстонии, Литвы и Финляндии. Правительства Чемберлена и Даладье, прекрасно понимая, что в действительности означает это «прохождение войск», долго не соглашались даже обсуждать сталинские «условия». Но Сталин, помня об успехе Гитлера в Мюнхене, был настойчив. И после подписания в Берлине германо-итальянского союзного договора, получившего название «Стального пакта», Англия и Франция дали 28 мая согласие на начало переговоров с СССР. Для французов и особенно англичан переговоры с Москвой были прежде всего средством удержания Гитлера от войны с Польшей, дабы, пусть после Мюнхена с изъятиями, но сохранить Версальскую систему в Европе.

Англо-франко-советские политические переговоры проходили в Москве с 15 июня по 2 августа в обстановке глубокого взаимного недоверия. Поскольку все «буферные» между СССР и Германией государства видели в СССР главную угрозу и наотрез отказывались принять советскую «помощь», англо-французы после долгих колебаний согласились зафиксировать гарантии им только в секретном протоколе. Западные страны отказывались признать за Советским Союзом полную свободу рук в Прибалтике, вытекавшую из предложенного Москвой определения «косвенной агрессии» и противодействия ей, – то есть в праве на оккупацию буферных стран, даже если нападение Германии совершено не против них. Тем не менее было решено перейти к переговорам о заключении военной конвенции, регулирующей конкретные формы и объем взаимопомощи.

Параллельно с московскими переговорами Лондон пытался договориться с Берлином о новом, расширенном варианте Мюнхена: в обмен на отказ Германии от дальнейшей агрессии Великобритания была готова признать ее доминирование в Восточной Европе (включая требования к Польше). В июне — июле в обстановке секретности британские дипломаты несколько раз пытались достичь компромисса с Германией. К концу июля эти попытки закончились. Англо-германское соглашение не состоялось в силу непримиримых противоречий между сторонами: Великобритания требовала от Рейха отказа от агрессивной политики на европейском континенте и невмешательства в дела других стран. Еще одним камнем преткновения стало желание Германии вернуть утраченные после Первой Мировой войны колонии и добиться доминирования на Ближнем Востоке. Позиция Великобритании, при всех максимальных ее уступках, делала невозможным достижение тех планов германского господства, которые Гитлер озвучил на знаменитом совещании 5 ноября 1937 г. Поэтому англо-германское соглашение не состоялось, и Великобритании приходилось возвращаться к идее англо-франко-советского объединения, несмотря на неуступчивость Польши и Румынии по вопросу о военном сотрудничестве с СССР.

В ожидании ответа Гитлера Чемберлен тянул с началом трехсторонних военных переговоров, отправив англо-французскую делегацию в Москву на пассажирском пароходе. Напротив, фюрер, встревоженный московскими переговорами, спешил их окончательно сорвать и обезопасить себя с востока. Сведения о тайных англо-германских контактах появились в британской печати и вызвали опасение Москвы, что западные партнеры, обойдя Сталина, заключат договор с Гитлером. Распространяя слухи об англо-германских контактах, германская разведка стремилась подтолкнуть Сталина к уступчивости по вопросу о разделе сфер влияния в Восточной Европе.

Информируя полпредов СССР об очередных трудностях на трехсторонних переговорах, Молотов в середине июля с явным раздражением заключил: «Видимо, толку от всех этих бесконечных переговоров не будет. Тогда пусть пеняют на себя». Он уже знал: то, что отказывались дать англичане и французы, соглашались дать нацисты. Присоединение СССР к державам оси сулило в тактическом плане хорошие перспективы «для продвижения мировой революции», то есть для осуществления экспансионистских планов Сталина и его окружения, а присоединение Москвы к англо-французскому блоку никаких перспектив «для продвижения мировой революции» не давало; более того, это присоединение делало бы войну в Европе в 1939 г. невозможной. Такая перспектива Сталина совершенно не устраивала. Сталин и Молотов вели циничную игру сразу на двух шахматных досках, сравнивая возможные выгоды обоих вариантов. При этом переговоры с союзниками в Москве были в первую очередь инструментом психологического давления на фюрера: если ты мне не дашь, я договорюсь с англичанами. Гитлер и Риббентроп знали, что с англо-французами Сталин не сговорится. Они ему никаких земель третьих стран за спиной самих этих стран не отдадут. Но игра Сталина на «двух досках» нацистских руководителей нервировала и подталкивала Гитлера к новым уступкам.

Англо-французская военная миссия во главе с французским генералом армии Ж. Думенком и британским адмиралом Р. Драксом прибыла в Москву 11 августа. Медленное прибытие западной делегации, чьи полномочия были достаточно неопределенны в первые дни, позволило советской стороне в образовавшейся между 25 июля и 11 августа паузе интенсифицировать контакты с Германией. Гитлер нервничал, так как первоначально установленная дата нападения на Польшу (26 августа) неуклонно приближалась, а соглашение с Советским Союзом так и не было достигнуто.

3 августа министр иностранных дел Германии Иоахим фон Риббентроп встретился в Берлине с Астаховым, замещавшим отозванного в отпуск советского полпреда Мерекалова, а Молотов в Москве имел беседу с германским послом в Москве графом фон дер Шуленбургом. В ходе этих предварительных бесед обе стороны выяснили, что от Балтики до Черного моря взаимные интересы друг друга не сталкиваются.

И все же немцы торговались буквально за каждый квадратный километр. Сначала они и слышать не желали о передаче СССР Балтийских государств, объявляя их «германским жизненным пространством» и требуя сохранения их формальной независимости под германским протекторатом. Но Молотов был настойчив, а союз с СССР Гитлеру необходим. Риббентроп предлагает разделение сфер влияния по Даугаве: Литва, Семигалия и Курляндия отходят Германии; Эстония, Лифляндия и Латгалия — Советам. Но сторговаться Сталину удалось выгодней: Эстония и Латвия полностью передавались СССР. Столь же жесткие переговоры шли по Польше, Бессарабии, Финляндии.

Сами балтийские народы со все возрастающим ужасом смотрели на международную ситуацию, складывающуюся вокруг их маленьких государств. На секретных переговорах начальников штабов армий Латвии и Эстонии в Валке летом 1939 г. латыши настаивали на концентрации войск на южной границе против Вермахта, в то время как эстонцы — на восточной против РККА. Начальник эстонского штаба генерал Реек полагал, что СССР понадобится не менее чем двухсоттысячная армия, чтобы подавить сопротивление балтийских национальных армий.

10 августа Риббентроп сообщил Г. Астахову о скором начале войны с Польшей и возможной цене советского нейтралитета в ней. «Отказ (Германии в пользу СССР. — *Отв. ред.*) от Прибалтики, Бессарабии, Восточной Польши... — докладывал полпред в Москву, — это в данный момент минимум, на который немцы пошли бы без долгих разговоров, лишь бы получить от нас обещание невмешательства в конфликт с Польшей». 11 августа — за день до начала трехсторонних военных переговоров с Англией и Францией — Политбюро ЦК ВКП(б) приняло решение «вступить в официальное обсуждение поднятых немцами вопросов».

Утром 12 августа в Москве открылись переговоры с англичанами и французами. Советской стороной руководили нарком обороны СССР маршал К.Е. Ворошилов и начальник Генерального штаба Красной армии командарм 1-го ранга Б.М. Шапошников. 13 августа генерал Думенк заявил, что Франция готова выставить для совместной борьбы против Германии 110 дивизий, 4 тысячи современных танков и 3 тысячи пушек крупного калибра от 150 до 420 мм, не считая дивизионной артиллерии. Кроме того, во французскую армию были готовы вступить 200 тысяч испанских республиканцев, оказавшихся во Франции после победы франкистов. Британский генерал-майор Т. Хейвуд заявил, что Британия сразу же после начала войны готова выставить 16 дивизий.

В тот же день 13 августа Ворошилов издал приказ № 0129, в соответствии с которым в Ленинградском военном округе создавалась Новгородская армейская группа (с 14 сентября 1939 г. — **8-я армия**), игравшая впоследствии важную роль в нападении Советского Союза на Финляндию. К 13 августа военно-политические приоритеты высшей номенклатуры ВКП(б), скорее всего, уже определились в направлении достижения соглашения с той стороной, которая в ближайшем будущем обеспечит свободу действий СССР в Прибалтике и Финляндии. 14 августа Ворошилов поставил вопрос о том, разрешат ли правительства Румынии и Польши пропустить войска Красной армии через свою территорию, если СССР вступит в военный союз с Великобританией и Францией. Без согласия на вступление частей РККА на территорию восточноевропейских государств Ворошилов считал ведение переговоров неактуальным. Союзники немедленно обещали запросить на эту тему Варшаву и Бухарест.

14 августа Риббентроп направил Молотову через Шуленбурга телеграмму № 175, в которой, в частности, утверждалось:

1. Идеологические расхождения между национал-социалистической Германией и СССР не препятствуют деловым отношениям и установлению нового и дружественного сотрудничества. Период противостояния во внешней политике может закончиться раз и навсегда.

2. Интересы Германии и СССР нигде не сталкиваются.

3. Капиталистические демократии Запада являются непримиримыми врагами как национал-социалистической Германии, так и СССР.

4. Руководителям обоих государств следует не пускать события на самотек, а решительно действовать в подходящее время.

В заседании союзных миссий 15 августа Шапошников сообщил англо-французской делегации о том, что СССР готов выставить против Германии 120 пехотных и 16 кавалерийских дивизий, 5 тысяч орудий, 9–10 тысяч танков и от 5 до 5,5 тысячи самолетов. Далее стороны обсуждали военно-морскую проблематику. 15 августа Ворошилов издал директиву, в соответствии с которой предлагалось увеличить штатную численность 37-ми кадровых (постоянных) стрелковых дивизий РККА с 6,9 тысячи до 8,9 тысячи человек и развернуть на базе еще 36-ти стрелковых дивизий 92 дивизии, каждая из которых должна была в мирное время иметь штат в 6 тысяч человек.

В тот же день вечером французский военный атташе в Польше генерал Ф. Мюсс выехал из Парижа в Варшаву, чтобы добиться от польского Генерального штаба согласия на проход советских войск. Но пока в ходе англо-франко-советских переговоров партнеры разбирали возможные варианты военных действий, Молотов сообщил Шуленбургу в ответ на телеграмму Риббентропа № 175, что правительство СССР «тепло приветствует германские намерения улучшить отношения с Советским Союзом и верит в искренность этих намерений». Молотов предложил обсудить идею заключения пакта о ненападении между Германской империей и СССР. И когда на следующий день 16 августа на англо-франко-советских переговорах обсуждались вопросы состояния союзных ВВС, Риббентроп телеграммой № 179 сообщил в Москву, что Германия может подписать с СССР пакт о ненападении, способна повлиять на урегулирование советско-японских отношений, и подтвердил готовность лично прибыть в Москву в любой день начиная с 18 августа.

17 августа в заседании союзных миссий пространно обсуждались вопросы состояния ВВС РККА. Ворошилов, возможно по инструкции Сталина, задал ряд во-

просов, которые требовали ответов на уровне глав правительств Великобритании и Франции. Поэтому нарком обороны предложил прервать работу совещания и возобновить ее 20 или 21 августа, когда из Парижа и Лондона поступят соответствующие ответы. Адмирал Дракс предложил провести следующий раунд переговоров 21 августа, оговорившись, что в случае получения ответов до того совещание возобновит работу раньше.

Оптимистично оценивая работу совещания в своих депешах в Лондон и Париж, ни Думенк, ни Дракс не знали, что советско-германское сближение уже приняло необратимый характер и судьба мира в Европе предрешена. 18 августа Риббентроп телеграммой № 185 на имя Шуленбурга просил его добиться у Молотова санкции на свой немедленный приезд, подтвердив готовность подписать и пакт о ненападении, и секретный протокол о советско-германском разделе сфер влияния в Восточной Европе.

Решающим днем для мира оказалось 19 августа. В этот день Сталин выступал на секретном заседании Политбюро ЦК ВКП(б).

На секретном заседании Политбюро 19 августа 1939 г. Сталин произносит речь следующего содержания:

«Вопрос мира или войны вступает в критическую для нас фазу. Если мы заключим договор о взаимопомощи с Францией и Великобританией, Германия откажется от Польши и станет искать модус вивенди с западными державами. Война будет предотвращена, но в дальнейшем события могут принять опасный для СССР характер. Если мы примем предложение Германии, она, конечно, нападет на Польшу, и вмешательство Англии и Франции станет неизбежным <...> [тогда] мы сможем надеяться на наше выгодное вступление в войну.

Опыт двадцати последних лет показывает, что в мирное время невозможно иметь в Европе коммунистическое движение, сильное до такой степени, чтобы захватить власть. Диктатура партии становится возможной только в результате "большой войны". Мы сделаем свой выбор, и он ясен. Мы должны принять немецкое предложение и вежливо отослать обратно англо-французскую миссию. Первым преимуществом, которое мы извлечем, будет уничтожение Польши. <...> В интересах СССР, чтобы война разразилась между Рейхом и капиталистическим англо-французским блоком <...> и длилась как можно дольше с целью изнурения двух сторон» (текст впервые опубликован в: *Т.С. Бушуева*. Проклиная – попробуйте понять // Новый мир (Москва). 1994. № 12. С. 230–237).

Вероятно, это не стенограмма, а пересказ речи, совпадающей с позднейшими заявлениями Сталина Георгию Димитрову и сентябрьским циркуляром Коминтерна.

В тот же день произошли еще три важных события. Аккредитованные в Польше дипломаты Великобритании и Франции получили отрицательные ответы польского министра иностранных дел Бека по поводу возможности присутствия любых иностранных войск на суверенной польской территории в мирное время. Бек, в частности, заявил: «Маршал Ворошилов пытается сейчас мирным путем добиться того, чего он хотел добиться силой оружия в 1920 г.». В Берлине было подписано советско-германское торгово-кредитное соглашение, а поздним вечером 19 августа Шуленбург передал в Берлин врученный ему Молотовым проект пакта о ненападении, подчеркнув, что настоящий договор вступит в силу только в случае «подписания специального протокола по внешнеполитическим вопросам», являющегося, по требованию советской стороны, «составной частью пакта». Позицию Сталина укрепил успех, одержанный в те важные дни войсками комкора Жукова на Халхин-Голе (см. **3.2.29**).

22 августа Гитлер провел совещание с участием генералитета Вермахта, на котором поставил собравшихся в известность о своем непоколебимом желании развязать войну против Польши в ближайшие дни, независимо от того, окажут ли ей поддержку Великобритания и Франция. В разгар совещания фюрер сообщил ошеломленным генералам главную новость: «Установлен личный контакт со Сталиным», и война на два фронта Германии не грозит. В тот же день в Москве Ворошилов со значением сказал Думенку: «Английская и французская стороны слишком долго затягивали политические и военные переговоры. Поэтому мы не исключаем, что за это время могли произойти важные политические события».

Риббентроп прилетел в Москву в полдень 23 августа. При пересечении советской границы его самолет «Кондор» в районе Минска был случайно обстрелян советской системой ПВО, так как сообщение о предоставлении воздушного коридора поступило из Москвы с опозданием. Однако и Гитлер, и Риббентроп, и Сталин были настолько заинтересованы в соглашении друг с другом, что не придали скандальному инциденту, способному при других обстоятельствах привести к войне, никакого значения. Первая предварительная беседа в Кремле продолжалась днем три часа. В это время французский посол в Варшаве Л. Ноэль, несколько дней подряд бившийся с польскими партнерами, направил в Москву на имя генерала Думенка следующую телеграмму: «Польское правительство согласно... в случае общих действий против немецкой агрессии сотрудничество между Польшей и СССР на технических условиях, подлежащих согласованию, не исключается».

Но Риббентроп уже сообщил Гитлеру о благоприятном ходе переговоров. Между 23 часами 23 августа и часом ночи 24 августа 1939 г. в Кремле Риббентроп и Молотов подписали заключенный сроком на 10 лет договор о ненападении между Германией и Советским Союзом, а также секретный дополнительный протокол, который, по требованию советской стороны, рассматривался как важнейшая составная часть пакта. До начала операции «Вайс» оставались считаные дни.

Сталин и Риббентроп быстро пришли к соглашению, подписанному в ночь с 23 на 24 августа и получившему название «пакт Молотова — Риббентропа», хотя с советской стороны переговоры вел Сталин. Открытая часть пакта — договор о ненападении — по настоянию немцев был сформулирован таким образом, что он сохранял силу даже в случае новой агрессии Германии против третьих стран; кроме того, каждая из сторон обязалась не участвовать в группировках, прямо или косвенно направленных против другой, что исключало участие СССР в любой антигерманской коалиции.

Но самая важная и циничная часть пакта крылась в секретном протоколе о разграничении «сфер интересов» двух стран, по которому к советской сфере отходила восточная часть Польши, Латвия, Эстония, Финляндия и Бессарабия, а к германской — западная Польша и Литва. Демаркация в Польше шла по Висле. Варшава делилась на две части: СССР отходило ее восточное предместье — Прага.

На ужине после подписания пакта, в котором принимали участие только Сталин, Молотов, Риббентроп и Шуленбург, Сталин произнес тост: «Я знаю, как сильно германская нация любит своего вождя, и поэтому мне хочется выпить за его здоровье». Выпил Сталин и за здоровье Генриха Гиммлера, «человека, который обеспечивает безопасность германского государства». Берию он представил Риббентропу как «нашего Гиммлера». Риббентроп позднее рассказывал своему итальянскому коллеге графу Чиано: «Я чувствовал себя в Кремле, словно среди старых партийных товарищей».

Уже в тюрьме, во время Нюренбергского процесса, Риббентроп так вспоминал знаменитый сталинский тост 24 августа 1939 г.:

«Был сервирован небольшой ужин на четыре персоны. Сталин встал и произнес короткий тост, в котором сказал об Адольфе Гитлере как о человеке, которого он всегда чрезвычайно почитал. В подчеркнуто дружеских словах Сталин выразил надежду, что подписанные сейчас договоры кладут начало новой фазе германо-советских отношений».

Подписанием пакта «Молотов — Риббентроп» Гитлер получал полную свободу рук в развязывании войны с Польшей и на какое-то время выводил СССР из числа своих потенциальных противников. Кроме того, в Берлине уже 21 августа 1939 г. был подписан немецко-советский торговый договор, предоставляющий СССР крупный кредит и открывавший Германии доступ к стратегическому сырью и материалам из СССР. Сталин же получал от Гитлера то, в чем ему упорно отказывали западные демократии, — обширную буферную зону на своих западных границах и свободу действий в ее пределах.

Его выигрыш состоял не во времени — предотвращении или отсрочке германского нападения на СССР (такое нападение Гитлер в 1939 г. не планировал да и не мог осуществить из-за военной слабости и отсутствия общей границы), а в пространстве. Германия, имея в 1939 г. **52,5 дивизии**, **30,6 тысячи** орудий и минометов, **3,4 тысячи** танков и **4,3 тысячи** самолетов, не могла напасть на СССР, который имел в составе своих Вооруженных сил **147 дивизий**, **55,8 тысячи** орудий и минометов, **21 тысячу** танков и **11 тысяч** самолетов.

В результате договора у Сталина появлялась возможность продолжить полюбовный раздел сфер влияния с Германией и ее союзниками. Но важнее всего этого был сам факт начала войны. Сталин добился реализации своей цели: капиталисты воевали друг с другом, а он оставался в роли «третьего радующегося», готового вступить в дело тогда, когда Германия и англо-французы окончательно измотают друг друга и будут согласны на его, Сталина, условия.

Ценой сговора двух диктаторов для Москвы стала война в Европе, которая в июне 1941 г. обрушилась на Россию. Гитлер, завоевав, в результате пакта от 23 августа, практически всю континентальную Европу, смог значительно обогатить свой тыл и укрепить тем самым военный потенциал. В июне 1941 г. Германия уже была в два-три раза сильнее, чем в августе 1939-го. В результате пакта «Молотов — Риббентроп» резко ухудшились отношения СССР с западными демократиями, его будущими союзниками.

«Правда» от 24 августа назвала советско-германский договор «инструментом мира». Гитлер со своей стороны заявил на совещании с генералитетом 22 августа:

«Теперь, когда я провел необходимые дипломатические приготовления, путь солдатам открыт». То есть без договоренности со Сталиным он бы на Польшу нападать не решился.

4.1.2. Завоевание и раздел Польши. Катынь

Немцы вступили в Польшу утром 1 сентября 1939 г. Поляки дрались храбро, но преимущество немцев было велико, и за семь дней они приблизились к Варшаве. 9 сентября началась жестокая битва на Бзуре, к западу от Варшавы. «Правда» лгала в те дни, что «польская армия практически не сражается вообще». Польская армия сражалась самоотверженно и геройски, несмотря на громадное превосходство немцев в технике, особенно в современных танках и самолетах. С первых дней войны Варшава и иные крупные города Польши подвергались разрушительным ковровым бомбардировкам, в которых погибли десятки тысяч мирных жителей.

Поляки с нетерпением ждали, когда в войну вступят их сильные союзники — Франция и Великобритания. После полудня 3 сентября Великобритания и Франция объявили Германии войну, но не предпринимали на западной границе никаких действий. Это позволило Германии бросить против Польши $^3/_4$ своих вооруженных сил, обнажив западный фронт. Гитлер шел на большой риск: если бы Англия и Франция исполнили как надо свои союзнические обязательства, Германия, по мнению военных специалистов, была бы разгромлена в течение месяца в войне на два фронта. Но французы и англичане не желали воевать. Память о страшных потерях в Первую Мировую войну не позволяла им ринуться в новую бойню. И они предпочли наблюдать за разгромом Польши со стороны, надеясь, что, покорив Польшу, Гитлер наконец-то насытится, с лихвой восстановив Второй рейх — Германскую империю Вильгельма II. На западе началась «странная война», когда мирную тишину разрывали время от времени ленивые перестрелки. Советская пресса назвала войну «второй империалистической», и Молотов заявил: «Бессмысленно и преступно вести такую войну, как война за уничтожение гитлеризма, прикрываемая фальшивым флагом борьбы за демократию».

5 сентября СССР отказал Польше в поставках и транзите военных материалов. До 17 сентября в Мурманске нашли убежище 18 германских судов, проследовавших в советские территориальные воды из Северной Атлантики и укрывшихся от атак британского флота. Попытавшиеся в этой связи приблизиться к кромке территориальных вод СССР британские эсминцы были обстреляны советскими дальнобойными батареями.

Когда, истекая кровью, польская армия удерживала фронт к западу от Варшавы, крепость Модлин, Львов, Гдыню и полуостров Хель, Красная армия получила 14 сентября приказ «перейти в наступление против Польши для освобождения Западной Украины и Западной Белоруссии от польской фашистской оккупации». 17 сентября Красная армия силами шести армий и особой конно-механизированной группы имени Дзержинского, числом в 620 тысяч человек, вступила в Польшу. В составе большевицкой армии было три бронетанковых корпуса и 12 бронетанковых бригад, шесть кавалерийских корпусов. Сталин вовсе не рассчитывал в Польше на «легкую прогулку». И действительно, от самой границы польская армия оказала большевикам упорное сопротивление.

Бои развернулись у Вильны, под Львовом, на западном берегу озера Свирь, под Шучиным на севере Белоруссии и Козангрудком (Давид-городком) на юге. Под Гродно бои шли с 20 по 22 сентября, на Буге у Янова Подляшского до 27 сентября. На Западной Украине упорные бои произошли под Тарнополем 18—19 сентября, Шумском — 20—21-го, под Березно на Волыне — 19—25 сентября. До 20 сентября держался Львов. 25 сентября встречное сражение произошло под Равой-Русской. Поляки все ждали, что союзники ударят по немцам на Западе, и тогда натиск на Польшу немецких армий ослабнет и можно будет перебросить войска на оборону от большевиков. Но наступления на Западе не было, и, не получая подкреплений, польские солдаты были вынуждены сдаваться в плен.

Англия и Франция не только не предприняли активных военных действий на Западе, они и воздержались от разрыва дипотношений и объявления войны СССР, хотя Польшу на их глазах завоевывали два агрессора. На агрессию Сталина в Париже и Лондоне предпочли закрыть глаза. Воевать одновременно, пусть даже и «странно», и с Гитлером, и со Сталиным французы и англичане не хотели.

Нередко немецкие и советские войска совместно подавляли очаги сопротивления поляков. Большевицкие газеты воспевали «советско-германское братство по оружию». В Бресте 22 сентября состоялся совместный немецко-советский военный парад в связи с передачей Вермахтом города Красной армии в соответствии с предварительными договоренностями. Парад принимали комбриг Семен Моисеевич Кривошеин и генерал Гейнц Гудериан.

Когда 28 сентября капитулировала Варшава, Риббентроп снова прилетел в Москву и подписал новый договор «о дружбе и границе» и секретные протоколы об обмене населением и борьбе с польским подпольем. Одна из статей секретного протокола предусматривала отказ СССР от части польских земель между Вислой и Бугом в обмен на Литву, которую теперь Германия отдавала своему испытанному союзнику — СССР (кроме Мариампольского уезда, который, для выравнивания границы у польского города Сувалки, Германия сохранила за собой). В секретных протоколах от 28 сентября 1939 г. были положения об обмене населением, которые коснулись и русской эмиграции. Из ставшей советской Прибалтики некоторые эмигрантские семьи уехали в Германию под видом этнических немцев. Одну из таких семей (Раров) энкаведист уговаривал: «Ну куда вы едете? Мы и туда придем!»

Но бои еще продолжались. 29 сентября пала крепость Модлин, 2 октября сдалась мужественно державшаяся в течение месяца в окружении польская дивизия на полуострове Хель. 6 октября, зажатая между германскими и советскими войсками, сдалась последняя польская группа войск под командованием генерала Францишека Клеберга.

В конце сентября президент Игнаций Мостицкий и его правительство выехали из Польши в Румынию и были интернированы. Лондон предоставил убежище польскому правительству в изгнании. Президентом в изгнании стал Владислав Рачкевич. Польское лондонское правительство возглавил 30 сентября 1939 г. генерал Владислав Сикорский. Он же стал Главнокомандующим польской армией и призвал поляков продолжать партизанскую борьбу против завоевателей. Не сдавшиеся в плен польские части уходили в леса. Они и примкнувшие к ним добровольцы создали Союз вооруженной борьбы, будущую Армию Крайову (с 1942 г.), подчинявшуюся генералу Сикорскому.

31 октября Молотов на заседании Верховного Совета СССР сказал о Польше: «Оказалось достаточно короткого удара со стороны германской армии, а затем Красной армии, чтобы ничего не осталось от этого уродливого детища Версальского договора, жившего за счет угнетения непольских национальностей».

В 1938 г. в Польше проживало 24 млн поляков, 5 млн украинцев и 1,4 млн белорусов. Но по указанию Сталина «Правда» писала об «освобождении» 8 млн украинцев и 3 млн белорусов в занятых Красной армией польских воеводствах. Многие украинцы и белорусы, особенно малограмотные сельские жители, встречали красноармейцев с радостью. Они надеялись, что русские и православные власти освободят их от польско-католического гнета. Наивные хлеборобы совершенно не представляли себе, какую политику несут эти войска на своих штыках. Радовались и евреи, избавленные от нацистского геноцида. Правда, часть из них, по секретной договоренности, большевики передали в Бресте немцам.

Мнение ответственного редактора
Можно ли назвать агрессией присоединение Западной Украины и Западной Белоруссии к СССР? В нашей стране различно думают об этом. Даже в нашем авторском коллективе была высказана мысль, что «мы взяли своё». Но кто «мы» и какое «свое»? Если рассуждать с точки зрения законности коммунистической власти, то эта власть в 1919 г. ради победы над Белыми обещала Польше значительную часть Украины и Белоруссии. В 1920 г., не желая отдавать обещанное, Красная армия дошла до Варшавы, стремясь завоевать всю Польшу и пройти через нее в Германию. Под Варшавой Красная армия была наголову разбита, и ради победы над Врангелем Ленин поспешил заключить с Польшей перемирие, а потом и Рижский мир в 1921 г. Западную Украину и Западную Белоруссию Польша получила именно по Рижскому миру. В 1939 г. СССР нарушил им же подписанный мир после поражения в его же агрессии 1920 г. Следовательно, война сентября 1939 г. — это была именно агрессия СССР против Польши.

Но если взглянуть глубже и не считать коммунистический режим законным, то тогда ясно, что мир 1921 г. в принципе незаконен, ибо заключен поляками с преступным режимом. Но тогда тем более не преступному коммунистическому режиму восстанавливать справедливость. Он, сталинский режим, — не мы. Мы — русские, украинцы, белорусы, евреи — такие же его жертвы, как и поляки.

На территории, отторгнутой Сталиным от Польши, проживали и поляки, и евреи, и белорусы, и украинцы. Поляков действительно среди них было меньшинство — от почти половины до одной десятой населения от воеводства к воеводству. Но ведь воссоединяются не земли, потому что на них живут люди, а люди, потому что хотят быть среди соотечественников, чтобы жить счастливо. Сталин же присоединял именно земли, людям он счастья не принес. Сотни тысяч украинцев, поляков, евреев, белорусов были депортированы со своих земель в Сибирь. Десятки тысяч — убиты, оставшиеся лишились имущества, подверглись иным репрессиям. Какое уж там счастье, если именно украинцы (а не поляки) до хрущевских времен вели в лесах и горах борьбу с коммунистами. Поэтому и с точки зрения счастья людей присоединение восточной части Польши к СССР было агрессией, но не русской, а сталинской, коммунистической. Первую агрессию коммунисты совершили против России, а в 1939 г. настал черед и Восточной Польши.

В октябре в занятых СССР районах Польши состоялась инсценировка выборов. Кандидатами могли выдвигаться только коммунисты и сочувствовавшие им. Сформированные таким образом народные собрания «Западной Украины» и «Западной Белоруссии» провозгласили «советскую власть» и обратились в Верховный Совет СССР с просьбой о воссоединении. Просьба была удовлетворена.

1 ноября 1939 г. в Советский Союз официально вошли Западная Украина и Западная Белоруссия. Они представляли собой половину территории бывшей Польши. 29 ноября всем жителям этих территорий было предоставлено советское гражданство. Виленский округ большевики передали Литве, дни независимости которой были уже сочтены.

Очень быстро местное население полностью разочаровалось в своих «освободителях». В деревне началась коллективизация, в городах — отбирание всяческой «частной» собственности и аресты «буржуазных националистов». Уже в сентябре были созданы по приказу Берии лагеря специального назначения для всех «врагов советской власти» на новых землях. Вскоре здесь было арестовано 120 тысяч человек, а кроме того, выслано вглубь Советского Союза 320 тысяч.

Германия в октябре присоединила к Рейху польскую часть Верхней Силезии и Вартеланд — район Познани и бывший польский коридор; туда заселяли этнических немцев из Прибалтики. Чисто польские земли образовали «Генерал-губернаторство» со строгим оккупационным режимом. Взятых в плен поляков немцы частично отправили на работы в Германию, частично отпустили по домам. Со временем многие из них вступили в Армию Крайову.

Красная армия взяла в плен более 240 тысяч польских военных. Солдаты были тут же отделены от офицеров. Большинство солдат в октябре были освобождены, но 25 тысяч отправлены на строительство дорог, а 12 тысяч — в качестве бесплатной рабочей силы в распоряжение наркомата Тяжелой промышленности. В Старобельске, Осташкове и Козельске были созданы специальные офицерские лагеря. К концу февраля 1940 г. было оставлено в лагерях 8376 офицеров и 6192 полицейских, пограничников и приравненных к ним лиц военного звания. Их собирались обвинить по статье 58 ч. 13 (борьба с международным рабочим движением) и отправить в лагеря в Сибирь и на Дальний Восток.

Но 5 марта 1940 г. Политбюро, по предложению Берии, решило убить узников офицерских лагерей, а также 11 тысяч поляков (в основном из образованного слоя — учителей, профессуры, священников, инженеров, фабрикантов, чиновников), находившихся в тюрьмах на занятых территориях. Приговоры 21 587 полякам были вынесены «тройкой» в составе Ивана Баштакова, Бачо Кобулова и Всеволода Меркулова. Предложения Берии были завизированы личными подписями Сталина, Молотова, Ворошилова, Микояна, а также заочно — Калининым и Кагановичем.

Тысячи украинцев и белорусов из культурной части польского общества также были интернированы и убиты. Убийство западно-белорусской интеллигенции было совершено в лесном массиве Куропаты под Минском, украинской — в тюрьмах западно-украинских городов.

С 3 апреля по 13 мая все приговоренные военные были убиты и захоронены в Катыни под Смоленском и у деревни Медное в Тверской области. Убитые в харьковской тюрьме были захоронены в 6-м квартале лесопарковой зоны под Харьковом и в других местах. В живых осталось не более 400 офицеров — главным образом осведомители НКВД или просоветски настроенные лица. Семьи убитых, которым ничего не сообщили о трагической судьбе их близких, были сосланы в Сибирь и Казахстан (более 60 тысяч). Многие из сосланных погибли от невыносимых условий в пути или на месте ссылки.

О судьбе убитых офицеров три года ничего не было известно. Польское лондонское правительство не раз запрашивало СССР о судьбе военнопленных. Ответы были туманны, вплоть до того, что офицеров отправили в Китай. В апреле 1943 г. немцы в Катынском лесу под Смоленском раскопали одно из массовых захоронений убитых поляков из Козельского лагеря. Комиссия Польского и Международного Красного Креста установила, что расстрел произошел весной 1940 г. Но большевики всячески отрицали свою вину и утверждали, что поляков убили сами немцы. Большевики заставили и Православную Церковь лгать вместе с ними, взваливая вину на немцев. Только в 1989 г. Советский Союз признал свою ответственность за совершённый акт массового убийства и передал Польше ранее секретные документы.

Нюренбергский трибунал объявил военными преступниками и сурово наказал тех немцев, которые отдавали приказы на убийство военнопленных. Но никто из большевиков — убийц польских военнопленных — не был осужден и не понес наказания. Кобулов и Меркулов были расстреляны по делу Берии в 1953 г. Обвинения им были предъявлены в сталинском духе, как «шпионам» и «агентам империализма», о расстрелянных в Катыни офицерах не было сказано ни слова.

Большинство солдат, взятых в плен Красной армией, уцелело. Некоторые остались в СССР и вступили в просоветские польские части, большая часть вступила в формировавшуюся в СССР армию генерала Владислава Андерса, подчиненную польскому правительству в Лондоне и вывезенную через Иран на Запад, где она отличилась в боях 1943—1944 гг. в Италии.

4.1.3. Захват Балтийских государств, Бессарабии и Северной Буковины

Попытка Прибалтики сохранить строгий нейтралитет в начавшейся Мировой войне не дала результата. Придравшись к тому, что 18 сентября польская подводная лодка зашла пополнить запас топлива в Таллин, Молотов объявил, что Эстония не в силах сама себя защищать. 21 сентября советский флот вошел в морское пространство Эстонии, а самолеты пересекли ее воздушную границу. Эстонское правительство отдало приказ своим войскам не оказывать сопротивления и начало переговоры в Москве. 28 сентября Молотов и эстонский министр иностранных дел Шелтер подписали договор «о взаимопомощи».

5 октября такой же договор был подписан с Латвией, 10-го — с Литвой. Договоры предусматривали ввод советских войск (по одной дивизии) и создание советских военных и морских баз на территории балтийских республик, а Литве к тому же возвращалась ее историческая столица Вильнюс и его округ площадью в 6665 км^2, отторгнутые в 1920 г. поляками. Базы были созданы в Эстонии на Моонзундских островах (Хиуме и Саареме), а также в Палдиске. В Латвии — в Лиепае, Вентспилсе и в Ирбитском проливе. Сухопутные и военно-воздушные базы были созданы в Литве.

На заседании Верховного Совета СССР 31 октября 1939 г. Молотов назвал совершенно беспочвенными и враждебными измышлениями обвинения СССР в намерении захватить страны Балтии.

Единственная страна, отказавшаяся подписать неравный договор, была Финляндия, сохранившая демократический строй. Парламент ее отверг ультимативные советские предложения о размещении военных баз на ее территории. Получив отказ, Советский Союз 30 ноября напал на своего соседа. Началась «зимняя» война. Нападение СССР стало причиной исключения его из Лиги Наций как страны-агрессора. Напуганная Прибалтика трусливо отказывалась даже словесно осудить действия большевиков в Лиге Наций, хотя с советских баз на Эстонской территории взлетали советские самолеты, бомбившие Финляндию. Посильная помощь все же оказывалась: латвийские специалисты радиоперехвата расшифровывали радиограммы командования Красной армии и передавали их финской стороне.

Тем временем большевицкая пропаганда распространяла лживые сведения о том, что Прибалтика нарушает условия договора, хотя сам СССР увеличивал численность войск на территории Эстонии, Латвии и Литвы далеко за пределами цифр договоров.

Менее чем через год последовали дальнейшие шаги по советизации прибалтийских республик: 14 июня (в день, когда немцы взяли Париж) Литве, а 16 июня Эстонии и Латвии были предъявлены ультиматумы, обвинявшие их в нарушении договоров о сотрудничестве и требовавшие создания коалиционных правительств, которые бы такое сотрудничество обеспечили. Это было явным вмешательством в суверенные права прибалтийских государств. В Прибалтике развернулась ожесточенная дискуссия о том, стоит или не стоит сопротивляться. Но поскольку на их территории уже стояло 60 тысяч советских войск, верх взяли те, кто полагали сопротивление бессмысленным, и ультиматум был принят. 17—21 июня 1940 г. в государства Прибалтики вошли дополнительные соединения Красной армии, вслед за ней прибыли высокие совработники для смены власти. При поддержке из Москвы местные компартии, вышедшие из подполья, провели «демонстрации трудящихся» против своих «профашистских режимов».

Непосредственно перед вторжением Сталин запросил Гитлера, не согласится ли Германия уступить СССР Мариампольский уезд Литвы, который в сентябре 1939 г. Германия оставила за собой. Сталину очень хотелось иметь всю Литву, чтобы никакая часть литовского населения не могла бороться против его режима с независимой от него литовской территории. Гитлер согласился продать уезд — деньги фюреру были нужны. После короткого, но интенсивного торга Сталин выторговал уезд со всеми его обитателями за 7 500 000 золотых долларов. Деньги были уплачены, и Мариампольский уезд перешел от Германии к СССР одновременно с присоединением Литвы — в июне 1940 г.

В Каунасе действовал заместитель комиссара иностранных дел Владимир Деканозов, в Риге — зампред правительства Андрей Вышинский, в Таллине секретарь ЦК ВКП(б) Андрей Жданов, который координировал работу остальных комиссаров. Были созданы марионеточные правительства, которые приняли новые избирательные законы, исключающие участие в выборах правых и правоцентристских партий. (Для примера: правящий Национальный Союз в Литве насчитывал в 1940 г.

12 тысяч членов, тогда как компартия едва достигла 3 тысяч человек.) Под контролем наблюдателей из Москвы 14—15 июля 1940 г. прошли выборы, на которых единственными кандидатами выступали коммунисты. По указанию из Москвы в каждой из трех стран были созданы политические избирательные объединения — Союзы трудового народа.

Голосование было принудительным, результаты статистически нереалистические. В трех странах за «кандидатов трудового народа» якобы было подано от 93 до 99,2 % (Литва) голосов участвовавших в голосовании. В Видземском округе Латвии за названный список проголосовали 101,3 % избирателей. Всем проголосовавшим в паспорт ставили специальный штамп. У кого после 14 июля такого штампа не было, считались «врагами народа» и репрессировались. Уже в начале августа «по просьбе народа» все три государства были включены в состав СССР на правах союзных республик.

Верховный Совет СССР 3—6 августа принял три новых республики в «братскую семью народов». В том же августе были введены новые, типовые советские «конституции», парламенты переименованы в «верховные советы», а правительства — в «советы народных комиссаров». Была проведена новая аграрная реформа, по которой максимально разрешенный размер фермы составлял 30 га. Все, что было за пределами этой площади, отчуждалось в государственный фонд либо было роздано безземельным. Хуторян насильно сселяли в деревни. В результате возникло много мельчайших нерентабельных хозяйств, многие земли запустели. Проведенная денежная реформа и начавшаяся национализация промышленности и банков вызвали мгновенный дефицит товаров ежедневного потребления. Резко упал уровень жизни.

В сфере культурной политики началась советизация, из школ и вузов стали изгонять неблагонадежных преподавателей, были введены новые идеологические предметы (марксизм-ленинизм, конституция СССР, история ВКП(б)). Начались разрушение памятников, пересмотр театральных программ, закрытие газет и журналов, введен запрет на свободное книгопечатание.

Если первоначально немало латышей, эстонцев и литовцев встретили большевицкую власть с симпатией, надеясь на защиту от Германии, открытие новых промышленных предприятий, земельную реформу, то очень скоро насилия, творимые московскими большевиками, вызвали всеобщее уныние, а вскоре и сопротивление новой власти.

28 июня 1940 г. части Красной армии вступили на территорию Бессарабии и Северной Буковины, входивших в состав Румынии. Этой акции предшествовал ультиматум советского правительства правительству Румынии от 26 июня с требованием немедленного возвращения СССР Бессарабии как бывшей части России, а также передачи ему Северной Буковины, никогда не входившей в состав России. Аннексия Бессарабии (но не Северной Буковины) предусматривалась секретным советско-германским протоколом о разделе сфер влияния (23.08.1939). Условия ультиматума требовали эвакуации войск и администрации в четырехдневный срок. Требования были нереалистичные для территории размером в 51 тысячу км^2 с населением в 3,75 млн человек. Обращение Румынского правительства к Германии с просьбой о помощи не имело успеха. Не дожидаясь эвакуации, советские войска напали на уходящие войска и в течение семи дней уничтожили 356 офицеров и почти 43 тысяч солдат.

В начале июля 1940 г. Буковина и часть Бессарабии были включены в состав Украинской ССР. Остальная часть Бессарабии была объединена с частью Молдавской АССР (Приднестровье) и преобразована в Молдавскую ССР. Все вместе новоприобретенные области Польши, Румынии и Прибалтики увеличили население СССР на 20 млн человек.

Советская аннексия Северной Буковины привела к первому после августа 1939 г. ухудшению отношений между СССР и Германией. Гитлер был возмущен «самоуправством» Сталина, который позволил себе в одностороннем порядке нарушить договор о дружбе с Германией. В Буковине жило немало немцев (до 1918 г. это была провинция Австро-Венгерской империи), и из Буковины открывается удобный путь до нефтяных приисков Румынии, эксплуатация которых была жизненно важна для реализации агрессивных планов Германии. В ответ на аннексию Северной Буковины (Молотов назвал Буковину процентами за использование Румынией Бессарабии в 1918—1940 гг.) Германия официально объявила о предоставлении Румынии гарантий безопасности. Чтобы Сталин не вздумал двигаться дальше, Гитлер ввел туда летом 1940 г. свои войска. Чтобы поддержать своих колеблющихся союзников, он велел Румынии отдать Трансильванию Венгрии, а Добруджу — Болгарии. Так СССР и Германия разделили еще одну восточно-европейскую страну, правда на этот раз не до конца.

После присоединения Бессарабии и Северной Буковины к СССР большое количество местных румын были отправлены в ссылку и лагеря Сибири и Казахстана. Но было и иное: в Бессарабии 10 подпольщиков из НТС, пользуясь временной открытостью границы, перешли в СССР, чтобы нести в страну идеи антисталинской революции.

В бессарабских школах, где при румынах висел портрет короля, его заменили на сталинский. Дети долго не могли понять, в чем разница между королем и Сталиным и почему при «народной» власти процветает восхваление первого лица государства больше, чем при королевской. Тем не менее сначала советские войска были встречены населением доброжелательно, так как румыны, жившие к западу от Прута, относились к коренным жителям Бессарабии как к людям второго сорта. Жители города Кишинева два дня выходили встречать части Красной армии, но встретили их лишь в ночь на третий день. Первым шоком для населения Бессарабии стал вид Красных командиров, которые бросились в магазины скупать спички, соль, обувь и одежду, а на удивленные вопросы, зачем они это делают, бессарабцы получали ответ, что в СССР эти товары тяжело достать. На следующий вопрос: зачем доставать, когда можно купить, — ответом был изумленный взгляд Красного командира. Начавшиеся репрессии и пропажа предметов первой необходимости быстро развеяли имевшиеся иллюзии.

В Прибалтике органы НКВД уже начиная с июня 1940 г. подвергли разного рода репрессиям около 700 тысяч жителей. Многие политически деятельные лица, в том числе из русских эмигрантов, были арестованы, некоторые расстреляны. На спецпоселение в дальние районы СССР отправляли целые семьи с детьми. До конца 1940 г. было арестовано, а затем убито, заключено в тюрьму или сослано в Сибирь всё политическое, интеллектуальное и хозяйственное руководство балтийских государств. Среди первых были сосланы президенты Эстонии и Латвии

К. Пятс и К. Ульманис. Литовский президент А. Сметона бежал в Германию. Арестам и заключению в лагеря тут же была подвергнута национальная и русская интеллигенция, многие священнослужители, предприниматели, офицеры армии и полиции, учителя.

14 июня 1941 г. в рамках подготовки к нападению на Германию Сталин приказал провести арест и депортацию в Сибирь десятков тысяч «неблагонадежных» лиц во всех присоединенных в 1939—1940 гг. областях, в том числе и местных коммунистов. Начались массовые ссылки. В это время из одной Прибалтики были сосланы не менее 43 тысяч человек. Мужчины, как правило, попали в лагеря, где большая часть погибла, женщин с детьми и стариков сослали в гиблые места Сибири на вечное поселение, для очень многих закончившееся уже через несколько месяцев мучительной смертью от голода, холода и болезней. Почти никому не были предъявлены обвинения. В условиях тотального террора люди скрывались в лесах, объединялись в небольшие вооруженные группы «лесных братьев», оказывали вооруженное сопротивление. Дальнейшие репрессии прервала начавшаяся война.

> Историк Георгий Федотов, служивший в то время рядовым в войсках НКВД в Литве, пишет: «И крестьяне, и ксендзы являлись носителями человеческого достоинства, независимости, духовности и именно поэтому не устраивали новую власть... Если в Восточной Литве выселение хуторян шло сравнительно спокойно, то в Западной Литве на силу ответили силой... И вот этих-то, кто на силу ответил силой, энкавэдэшники очень боялись».

Заняв летом 1941 г. Прибалтику, немцы обнаружили длинные списки тех, кого НКВД еще предполагал депортировать, так что немецкой оккупации многие противники советской власти были обязаны своей жизнью. И участие прибалтийцев в германских вооруженных силах, и сохранившаяся в Прибалтике неприязнь к русским — следствие насильственной советизации и этих репрессий.

Оставшиеся за границей дипломаты бывших прибалтийских государств призывали мировое сообщество не признавать насильственное присоединение Прибалтики к СССР. Западные страны сочувственно отнеслись к призыву. Аннексий Литвы, Латвии и Эстонии они не признали.

4.1.4. «Зимняя война» 30 ноября 1939 г. — 13 марта 1940 г.

К 1939 г. Финляндия ориентировалась преимущественно на Швецию и Великобританию, поддерживая тесные экономические связи с США. 20 сентября 1939 г. Хельсинки подтвердил нейтралитет на конференции стран Северной Европы.

Советско-финляндский пакт о ненападении 1934 г. предусматривал исключительно мирное разрешение конфликтов. Но еще в июне 1939 г. Сталин поручил разработать план нападения на Финляндию силами Ленинградского военного округа (ЛенВО), с августа на границе сосредотачивались войска. Для обострения отношений использовался сталинский тезис о мнимой угрозе Ленинграду. На Карельском перешейке граница — бывшая внутренняя граница Выборгской и Санкт-Петербургской губерний — проходила в 32 км от города. Политбюро указывало на «возможность артобстрела Ленинграда» или на вероятность «использования Финляндии третьей страной». Но финны не имели ни дальнобойной артиллерии, ни желания обстреливать Ленинград. Даже в 1941–1944 гг., когда Финляндия воевала на стороне Германии, пассивно участвуя в блокаде города, финское военно-политическое руководство отказалось от обстрелов, налетов и наступательных действий с Карельского перешейка против Ленинграда.

Переговоры 12 октября – 13 ноября зашли в тупик. Финны согласились передать СССР пять из шести требуемых островов и сместить границу вглубь перешейка на 15 км. Но разоружить «линию Маннергейма» — систему оборонительных укреплений на Карельском перешейке, защищавшую Хельсинки и промышленные районы южной Финляндии, — и разместить на Ханко базу, нарушив принцип нейтралитета, финские дипломаты отказались. 11 ноября Ворошилов издал приказ о создании в ЛенВО 106-й дивизии из советских карел. 21 ноября военный совет округа директивой № 4713 поставил задачи боеготовым 7-й, 8-й, 9-й и 14-й армиям. Переход в наступление намечался на час «Х». Оккупировать Финляндию планировалось к 21 декабря — 60-летию Сталина.

26 ноября Молотов обвинил финнов в обстреле красноармейцев у пограничной деревни Майнила на перешейке. Но Хельсинки отверг обвинения, предложив расследовать инцидент на основе действовавших двухсторонних соглашений. Финны были готовы и к переговорам об обоюдном отводе войск от границы. В ответ Молотов обвинил правительство В. Таннера в «издевательстве» над «жертвами обстрела» и подчеркнул, что СССР отныне не связан пактом 1934 г., не подлежавшим односторонней денонсации. 29 ноября Москва разорвала дипломатические отношения. Финны поспешили заявить о готовности отвести войска от границы в одностороннем порядке и выполнить другие требования СССР.

Советская реакция последовала утром. В 8:00 30 ноября начался массированный артобстрел Финляндии. Атакам с воздуха подверглись Хельсинки, Турку, Тампере и другие города. За время войны от советских бомбардировок погибли и получили ранения около 3 тысяч граждан. Слабые финские ВВС налетов на советские города не совершали. Президент К. Каллио объявил состояние войны, назначив Главнокомандующим маршала Карла-Густава Маннергейма, в прошлом генерал-лейтенанта русской службы и георгиевского кавалера, героя Белой борьбы в Финляндии.

Соотношение сил и средств к 30 ноября 1939 г.

Силы и средства	Действующая против Финляндии армия СССР	Финляндия
1. Пехота (в тыс.)	350	337
2. Танки	около 2 тыс.	15
3. Артиллерия	2,4 тыс.	530
4. Авиация	1,7 тыс.	114
5. Военно-морские силы	158 кораблей и 45 подводных лодок	67 кораблей и 5 подводных лодок

Зимой 1940 г. советские войска усилили 13-я и 15-я армии. К марту против Финляндии воевали уже **1,2 млн** человек (12,5 тысячи орудий и минометов, около 4 тысяч танков и почти 2,5 тысячи самолетов) — почти половина всей Красной армии. Финляндия, исчерпав все ресурсы, отмобилизовала **600 тысяч** человек.

7-й армии надлежало прорваться через перешеек, овладеть столицей и южными районами Финляндии. Три армии севернее Ладоги обходили «линию Маннергейма» через Приладожье, рассекали страну и занимали север Суоми. Но война затянулась. В 40-градусный мороз появились тысячи обмороженных. Сила РККА не могла сломить качество финской армии. Красноармейцы — вчерашние пассивные и нищие колхозники — плохо ходили на лыжах и неумело воевали. Командиры действовали шаблонно и безынициативно. Лобовые атаки вели к бессмысленным потерям. Слабой была подготовка летчиков, связистов, танкистов, совершенно неудовлетворительно выглядело взаимодействие родов войск. В карельских снегах советские дивизии напоминали огромное и малоподвижное войско азиатской деспотии, способное достичь успеха лишь за счет невероятных потерь и подавляющего превосходства. Кровавые атаки на «линию Маннергейма» 6-го, а затем 17—20 декабря полностью обессилили 7-ю армию.

Швеция искала мира для Хельсинки. Однако по решению Политбюро 1 декабря из работников Коминтерна было создано «Народное правительство» Финляндской демократической республики (ФДР) во главе с членом Президиума Коминтерна О.В. Куусиненом. Пребывало «правительство» в Териоках (ныне Зеленогорск). 106-я советская карельская дивизия превратилась в ядро Финской народной армии. Молотов заявил шведам: СССР не ведет войны против Финляндии, а оказывает помощь правительству ФДР в «свержении гнета помещиков и капиталистов». 2 декабря Куусинен и Молотов подписали «Договор о дружбе и взаимопомощи» между СССР и ФДР. К «Договору» прилагался секретный дополнительный протокол, содержание которого неизвестно. «Териокское правительство» Финляндия и мир не заметили. 14 декабря за агрессию Советский Союз был исключен из Лиги Наций. СССР поддерживали лишь германские дипломаты. Великобритания, США, Франция и Швеция поставляли Финляндии военные материалы. Из разных стран в Суоми прибыли 11,5 тысячи добровольцев. Многие из них были офицерами в армиях своих государств. В рядах финской армии мужественно сражались и русские эмигранты — бывшие Белые офицеры и их сыновья (братья Алексей и Юрий Феоктистовы и др.), которым эта часть Российской Империи дала пристанище после Гражданской войны.

Севернее Ладоги финские лыжные батальоны сумели нанести поражение десяти советским дивизиям, разгромив четыре из них. Неудачи вызвали ярость у Сталина. Свирепствовали военные трибуналы. Сталинский любимец армейский комиссар 1-го ранга Л.З. Мехлис практиковал показательные расстрелы командиров. Кирилл Афанасьевич Мерецков стал командующим 7-й армией. От него Сталин требовал прорвать «линию Маннергейма». С целью подготовки концентрированного удара на главном направлении 7 января 1940 г. был образован Северо-Западный фронт командарма 1-го ранга С.К. Тимошенко, сосредоточившего на перешейке огромные силы. Защитников «линии Маннергейма» войска 7-й и 13-й армий превосходили: по людям — в 4,5 раза, по артиллерии — в 9,5 раза, по авиации — в 7 раз, по танкам —

в сотни раз. 11 февраля начался штурм; Тимошенко и Мерецков не считались с потерями. В финской обороне возникла трехкилометровая брешь, и, не имея резервов, 17 февраля финны начали отход к Выборгу. Маннергейм потребовал от правительства завершения войны, истощившей силы Финляндии.

Перед СССР возникли перспективы дипломатического разрыва с США и конфликта с Западом. Англия и Франция больше не желали мириться с советской агрессией, как они смирились с захватом Польши. Общественность этих стран требовала решительно поддержать маленькую демократическую Финляндию перед лицом сталинской агрессии. На севере Финляндии ожидалась высадка англо-французского экспедиционного корпуса (57 тысяч человек). Первый эшелон, состоявший из английских гвардейцев и лыжников, французских иностранных легионеров и тысячи поляков (всего 15 500 человек плюс три батальона обслуживания), по указанию начальника британского Генерального штаба генерала Айронсайда должен был начать высадку в Нарвике 15 марта. Союзники предполагали перебросить в Финляндию одну тысячу бомбардировщиков. Британские и французские эксперты изучали варианты авиаударов по нефтепромыслам в Баку и операций в Закавказье из занятого тогда Великобританией Ирака.

Военная поддержка Англии и Франции ломала расчеты Сталина, так как уже в феврале 1940 г. в оперативных документах основным противником СССР называлась Германия, а не Великобритания и Франция. В итоге и Хельсинки, и Москва склонялись к миру. Требования СССР казались тяжелыми, но зато Финляндия сохранила независимость и избежала советизации. 8 марта на фоне кровавых и безуспешных боев за Выборг в Москве начались переговоры. Вечером 12 марта мирный договор был подписан. В полдень 13 марта огонь на фронте стих.

По мирному договору от 12 марта Советский Союз получил 40 тысяч км^2 финской территории — Финляндия потеряла полуострова Рыбачий и Средний на Баренцевом море, территорию под Куо́лаярви, часть Карельского перешейка, включая Выборг, земли, примыкающие с севера к Ладожскому озеру, в том числе Сортавалу и древний Валаамский православный монастырь, который немедленно был разорен большевиками. Граница сместилась от Ленинграда на расстояние от 130 до 150 км. Военно-морская база на мысе Ханко в стратегической точке соединения Ботнического и Финского заливов была передана СССР на 30 лет. Около 400 тысяч местного населения, не желавшего оказаться под советской властью, вынуждены были стать беженцами в других частях Финляндии. Среди этих беженцев немало было и русских, оставшихся в Финляндии после Гражданской войны. Ушли вглубь Финляндии и монахи Валаамского монастыря, основав Ново-валаамский монастырь — духовный центр православной Финляндии. Отданные СССР земли составляли примерно 11 % народно-хозяйственного потенциала Финляндии.

> 13 марта в приказе по армии маршал Маннергейм сказал: «Солдаты! Более 15 тысяч из вас, тех, кто вышел на поле боя, никогда больше не увидят своих очагов, а сколь многие из вас навсегда потеряли способность к труду! Но вы также нанесли врагу тяжелые удары, и если двести тысяч из них лежат в снежных сугробах и смотрят невидящими глазами в наше хмурое небо, – в том нет вашей вины».

За счет аннексированных районов и Карельской АССР была образована Карело-Финская ССР, просуществовавшая до 1956 г. Война покончила с нейтралитетом Финляндии, армия которой в 1941 г. стала самым боеспособным союзником Вермахта. В 1941–1944 гг. финские войска по линии старой границы участвовали в блокаде Ленинграда. Нечеловеческие страдания и огромные жертвы ленинградцев явились одним из последствий «зимней войны».

На финском фронте Особые отделы НКВД фиксировали многочисленные антисталинские высказывания бойцов и командиров. 843 красноармейца были репрессированы за «антисоветскую агитацию и пропаганду». Белые организации Русского Зарубежья (РОВС, НТС-НП и др.) пытались использовать ситуацию в Финляндии для борьбы с большевиками. При помощи Маннергейма и офицеров РОВС бывший секретарь Сталина Борис Бажанов в феврале — марте 1940 г. сформировал из пленных красноармейцев пять добровольческих отрядов Русской народной армии под политическими антисталинскими лозунгами. Опыт показал, что среди «подсоветских» людей оказалось немало скрытых противников Сталина. Не исключено, что поэтому большинство вернувшихся на родину советских военнопленных были заключены в концлагеря, а многие расстреляны органами НКВД.

Итоги советско-финляндской войны 1939–1940 гг.

Категории потерь	СССР	Финляндия
1. Убитые, умершие от ран	ок. **150 тыс.**	19 576
2. Пропавшие без вести	**17 тыс.**	4 101
3. Военнопленные	ок. **6 тыс.** (вернулись 5 465)	От **825** до **1 тыс.** (вернулись ок. 600)
4. Раненые, контуженые, обмороженные, обожженные	325 тыс.	43 557
5. Самолеты (в шт.)	640	62
6. Танки (в шт.)	650 уничтожены, ок. **1,8 тыс.** подбиты, ок. **1,5 тыс.** вышли из строя по техническим причинам	?
7. Потери на море	подводная лодка «С-2»	вспомогательный сторожевой корабль, буксир на Ладоге

Соотношение потерь свидетельствует о непрофессионализме РККА. После войны боевая подготовка войск и уровень компетентности были поставлены Ворошилову в вину. 7 мая 1940 г. в должности наркома обороны его заменил маршал С.К. Тимошенко. Потери финнов были примерно в десять раз меньше советских. Это — результат сталинских приемов ведения войны, когда солдаты считались расходным материалом для достижения целей командования **любой ценой.** Престиж Красной армии очень поколебался после таких результатов «зимней войны». Для политиков и военных экспертов всех европейских государств стало ясно, что Красной армии как боеспособной величины действительно не существует, что уничтожение командного состава и массовый террор разрушили даже то, что было до середины 1930-х гг. Так обернулись слова Сталина: «Победить финнов – не бог весть какая задача». Задача оказалась не из простых.

Но для такой маленькой страны, как Финляндия, понесенные ею потери были трагически велики. И все же финны, хотя и ценой больших потерь и уступок, но сохранили государственную независимость, которую утратили Латвия, Эстония и Литва. Для финнов это была победа их мужества и патриотизма, которой они гордятся и по сей день.

В 1939–1940 гг. Сталин фактически завершил Гражданскую войну, развязанную за 20 лет до того Лениным. Те части былой Российской Империи, которым удалось избежать большевизации в 1920-м, – получили ее теперь на штыках Красной армии. Даже те области Австро-Венгрии, которые русская армия оккупировала в 1916 г. – Восточная Галиция и Буковина, были прихвачены и на этот раз. Только одна Финляндия, под руководством все того же генерала Маннергейма, как и в 1918 г., отстояла свою свободу и отбросила Красные полки.

Литература
П.А. Аптекарь. Советско-финские войны. М., 2004.
Советско-финляндская война 1939–1940 / Сост. П.В. Петров, В.Н. Степаков: В 2 т. СПб., 2003.

4.1.5. Международная обстановка и подготовка СССР к войне с Германией, осень 1939 г. – лето 1940 г.

Всю зиму 1939–1940 гг., пока на востоке шла советско-финляндская война, на Западном фронте в Европе не было, говоря языком немецких военных сводок, «никаких особых происшествий». Только в воздухе и на море шла война, главным образом подводная.

Затем 9 апреля Гитлер занял Данию и устроил высадку в Норвегии, постепенно оккупировав всю страну от Осло до заполярья. Дерзкая операция под носом у британского флота вызвала в Лондоне правительственный кризис. Невилла Чемберлена, имевшего после Мюнхена репутацию примиренца, сменил 10 мая 1940 г. на посту премьера волевой консерватор и убежденный антинацист Уинстон Черчилль.

В тот же день немцы неожиданным маневром через Арденнский хребет в обход оборонительной «линии Мажино» повели генеральное наступление на Западе, отсекая Бельгию и Голландию от Франции. Оно закончилось 14 июня взятием Парижа и восемь дней спустя капитуляцией Франции. Немцы дошли до испанской границы, взяли 1,9 млн пленных, но оставили осевшему в городке Виши новому французскому правительству маршала Петена не оккупированный юго-восток страны. Отторгнутые от Германии по Версальскому миру Эльзас и Лотарингия вернулись в Рейх.

В небе над Францией немецкая авиация все же понесла серьезные потери, ослабившие ее в битве за Англию, оставшуюся теперь единственным противником Германии. С ней Гитлер воевать не хотел, как в силу «племенного родства», так и ввиду ее островного положения. Еще 24 мая 1940 г. он приостановил наступление на окруженный под Дюнкерком британский экспедиционный корпус, и англичане получили 12 дней, чтобы эвакуировать 338 тысяч военных через Ла-Манш. Весь июнь 1940 г. Гитлер надеялся достигнуть с Англией «разумного соглашения». Черчилль, обращаясь за помощью к американскому президенту Рузвельту, предупреждал его, что в Англии может прийти к власти правительство, готовое на мир с Гитлером. Во главе его он видел Ллойд-Джорджа — того самого, что в 1920 г. хотел торговать с Лениным. Все же 16 июля Гитлер подписал директиву № 16 и приказал готовить операцию «Морской лев» — высадку на Британские острова.

Усиленные налеты на аэродромы и города Англии начались 8 августа 1940 г. Они нанесли заметный ущерб, но не смогли подавить британскую противовоздушную оборону, без чего высадка не представлялась возможной. За три месяца англичане сбили 1103 немецких самолета, потеряв 642 своих. Одной из причин успеха было то, что британская разведка научилась читать немецкие шифрованные радиосообщения. Военно-морской флот Германии уступал британскому и к тому же пострадал от операции в Норвегии. 12 октября 1940 г. Гитлер отложил высадку в Англии на неопределенный срок.

У него был вариант — блокировать Англию захватом Гибралтара и Суэцкого канала. Но генерал Франко участвовать в штурме Гибралтара категорически отказался. А наступление на Ближний Восток требовало участия Турции, которая в объятия Гитлера тоже не стремилась. К тому же такое наступление отвлекло бы крупные силы и могло соблазнить Сталина ударить в тыл. Гитлер оказался в западне, из которой был один выход: разбить Советский Союз возможно скорее, пока Америка открыто не вступила в войну на стороне Великобритании. Такую операцию можно было вести по-разному: с ограниченной целью устранения режима и его гигантской армии или с неограниченной целью уничтожения страны и российской нации. Гитлер избрал второе.

Уже 13 июля 1940 г. на совещании в «горном гнезде» — Бергхоф он жаловался своим военачальникам, что в бывшей Польше Сталин сосредоточил крупные силы, «а у нас там ничего нет», что Сталин ведет себя слишком жадно в Румынии и Прибалтике. А 31 июля Гитлер в Бергхофе, согласно записям генерала Гальдера, прямо заявил, что операцию на Востоке, возможно, придется начать ранее, чем на западе: «Англия сейчас делает главную ставку на Россию. Если Россия будет разбита, Англия лишится последней надежды. Чем раньше это сделать, тем лучше. Желательно весной 1941 г. Наша цель — лишить Россию жизненной силы (Lebenskraft)».

Тут Италия, вступившая в войну на стороне Гитлера накануне капитуляции Франции в июне 1940 г., сильно спутала карты. На северном побережье Африки британский генерал А. Уэйвелл разгромил десять итальянских дивизий маршала Р. Грациани. В феврале 1941 г. немцам пришлось снарядить Африканский корпус генерала Роммеля, чтобы поддержать Муссолини. Роммель отбросил англичан глубоко в Египет к Эль-Аламейну, но не прорвался далее на Восток, где антиеврейские и потому пронацистские настроения были сильны среди арабов. Блокировать Суэцкий канал немцы не смогли — англичане отбили все атаки противника и не подпустили Роммеля к долине Нила.

Еще больше осложнений вызвало нападение итальянских войск из Албании на Грецию в конце октября 1940 г. Греки перешли в контратаку и в январе заняли треть

Албании. Их поддержали англичане. Гитлеру вновь пришлось спасать своего союзника. По договоренности с Болгарией немецкие войска 2 марта 1941 г. прошли через ее территорию в Грецию, а 25 марта и Югославия, ранее хранившая нейтралитет, дала такое согласие. Но два дня спустя генерал Симович устроил переворот и расторг соглашение. Немцы 6 апреля с трех сторон вступили в страну, и через 11 дней югославская армия перестала существовать. Хорватия и Словения были выделены в отдельные государства, страна была расчленена и вскоре погрузилась в хаос междоусобной войны. В ней участвовали партизаны-монархисты Михайловича, партизаны-коммунисты Тито, сербские антикоммунисты Недича и Льотича, Русский охранный корпус, а также усташи — военизированные отряды хорватской фашистской партии, истреблявшие сербское население. Немцы же к концу апреля 1941 г. сломили упорное сопротивление греков и в мае изгнали англичан с острова Крит эффектным парашютным десантом (операция «Гермес»). В Европе осталось только пять нейтральных стран — Швеция, Швейцария, Испания, Португалия и Турция.

Соединенные Штаты же фактически от нейтралитета отказались. Президент Рузвельт подписал 11 марта 1941 г. принятый Конгрессом после упорных двухмесячных споров закон о Lend-Lease — «займе и аренде» военного оборудования. Созданный прежде всего для поддержки Великобритании, он обещал помощь на время боевых действий и любой стране, сопротивлявшейся нацистской Германии. Закон поставил всю экономическую мощь США на сторону противников Гитлера и стал одним из решающих факторов Второй Мировой войны.

Германия не имела шансов одержать победу над Британией в силу абсолютного превосходства Королевского ВМФ, державшего в тисках блокады задыхавшийся Рейх. Ежемесячный дефицит стали в Германии в конце 1939 г. составлял 600 тысяч тонн. Рейху не хватало продовольствия, каучука, алюминия, нефти, меди и другого сырья, без которого он не мог вести войну. На помощь нацистам пришел СССР. В 1940 г. на Германию приходилось 52 % всего советского экспорта, в том числе 50 % — фосфатов, 62 % — хрома, 40 % — марганца, 75 % — нефти, 77 % — зерна. За 1940 г. через территорию СССР прошло 59 % всего германского импорта и 49 % экспорта, а к 22 июня 1941 г., соответственно, 72 % и 64 %.

СССР закупал для Германии товары в нейтральных странах, в том числе и в США. Германия поставляла в СССР технологии и оборудование, а также некоторые военные материалы. Однако советские поставки, в первую очередь цветных металлов, и особенно транзитные перевозки, в большой степени ослабили британскую блокаду и поддержали немецкое производство. Советский Союз в 1939—1941 гг. позволил Германии успешно продолжать экспансию, в результате которой росли возможности и потенциал нацистов. В бухте Западная Лица (в СССР западнее Мурманска) с ноября 1939 г. до сентября 1940 г. функционировала секретная немецкая база подводных лодок «Норд». Немцы пользовались Севморпутем. Командующий Военно-морскими силами Германии гросс-адмирал Э. Редер благодарил за содействие наркома ВМФ СССР адмирала Н.Г. Кузнецова.

В той сложной политической игре, которую Сталин вел в 1939—1940 гг., помощь нацистской Германии была не самоцелью, а лишь средством, служившим затягиванию войны, изматывавшей и Германию, и Англию. В октябре 1939 г. в Генеральном штабе РККА началась разработка первого варианта плана наступательных действий против Германии, а всего до июня 1941 г. таких вариантов было рассмотрено пять, каждый из которых совершенствовался по сравнению с предыдущим. К концу июня 1940 г. на Востоке Германия имела всего лишь 12 слабых пехотных дивизий. Здесь им противостояли 97 советских дивизий и 17 танковых бригад.

После советских аннексий 1939—1940 гг. конфигурация границы на Востоке приобретала все более неприятные для Рейха очертания. Новая граница СССР на северо-западе охватывала Восточную Пруссию, в районах Белостока и Львова возникли два «балкона», глубоко вдававшиеся в немецкую часть Польши, а включение в состав Советского Союза Северной Буковины создавало угрозу для бесценных источников румынской нефти в Плоешти. Фюрер увидел, что он не может сосредоточиться на войне против Британии, испытывая беспокойство за тыл на Востоке. Призрак войны на два фронта преследовал и фюрера, и генералитет Вермахта. Еще 23 ноября 1939 г. Гитлер откровенно заявил: «Мы сможем противостоять России лишь тогда, когда обретем свободу на Западе».

21 июля 1940 г. Гитлер поручил Главнокомандующему сухопутными войсками генерал-фельдмаршалу В. фон Браухичу приступить к разработке плана вероятных скоротечных боевых действий против СССР, рассчитанных на весну 1941 г. Гитлер полагал, что Сталин располагает 50—75 «хорошими дивизиями», а на самом деле в июле 1940 г. в РККА насчитывалось 116 таких дивизий. Гитлер не представлял реальной численности ВВС, артиллерии и бронетанковых войск Красной армии. Он действовал наощупь, от безысходности военно-политической ситуации, а Сталин был уверен в том, что Гитлер никогда не рискнет воевать на два фронта.

6 мая 1940 г. на ужине в узком кругу командиров охраны Сталин объяснял: «Воевать с Америкой мы не будем. Воевать мы будем с Германией. Англия и Америка будут нашими союзниками». Сталин ждал момента, когда Германия, Англия, Франция, Италия, США и Япония изнурят друг друга в затяжной войне, и тогда «гремя броней, сияя блеском стали» в «яростный поход» пойдет Красная армия. И Европа станет «пролетарской», то есть большевицкой.

В последней декаде июля 1940 г. генерал-майоры А.М. Василевский и А.Ф. Анисов, служившие в оперативном управлении Генштаба, завершили разработку очередного варианта развертывания РККА. Этот документ получил название «Соображения об основах стратегического развертывания Вооруженных сил Советского Союза на Западе и на Востоке на 1940—1941 годы». Главные силы РККА разворачивались на Западе на двух основных операционных направлениях: на Северо-Западном (севернее Варшавы) и на Юго-Западном (южнее Варшавы). Но к этому времени Сталину пришлось пересмотреть свои планы. Войска Бельгии, Франции и Великобритании в континентальной Европе были разгромлены Вермахтом в три недели. На Сталина произвела впечатление скоротечность событий на Западе. А также – неуязвимость Великобритании и непреклонная решимость Черчилля продолжать борьбу.

Литература

М.И. Мельтюхов. Упущенный шанс Сталина. Советский Союз и борьба за Европу 1939—1941 гг. М., 2002.

4.1.6. Русское общество за пределами СССР и начало Мировой войны

Зарождение итальянского фашизма и немецкого нацизма, постепенное укрепление союза гитлеровской Германии не только с Италией Муссолини, но и с Польшей (до середины 1938 г.) и с Японией, попутно то охлаждение, то, наоборот, сближение между западными державами и советским правительством ставили политическую эмиграцию в еще более сложное положение, чем в предшествующие годы. Вопросы обострились: война, в которую вовлеклась бы советская Россия, будет ли войной против сталинского режима или против России? Опытный политик умеренных взглядов В. Маклаков писал своему коллеге и другу Е.В. Саблину в 1938 г., что если Великобритания объявит войну СССР, то ему трудно будет стать на стороне англичан. А в правых кругах часто не понимали, что фашизм и гитлеризм по духовной сути родные братья большевизма, и даже готовы были сотрудничать с ними.

Подписанный 23 августа 1939 г. пакт «Риббентропа — Молотова», развязавший руки Гитлеру, чтобы начать Мировую войну, совместное с немцами нападение Сталина на Польшу несколько охладили профашистские и пронемецкие настроения правых, но не целиком. Многие эмигранты пережили советскую агрессию против Польши, Прибалтики и Финляндии как личное оскорбление своего национального чувства. Некоторые после этого даже постарались забыть, что они русские, так им было стыдно за родину-агрессора. Владимир Набоков, обращаясь к России, написал осенью 1939 г. одно из самых пронзительных своих стихотворений «Отвяжись, я тебя умоляю...», заканчивающееся строфой: «Ибо годы прошли и столетья, / и за горе, за муку, за стыд, / поздно, поздно, никто не ответит, / и душа никому не простит».

Война обострила дилемму некоторых эмигрантов: как совместить личные мнения или тактические соображения с солидарностью, не за страх, а за совесть, с приютившей их страной? Во Франции, где к тому времени еще жило около 90 тысяч русских эмигрантов — две трети от общего числа русских в Европе — и где правые настроения не очень привились, а боевые организации (РОВС, НСМП), жаждущие противобольшевицких действий, были уже малоактивны (под давлением левого французского правительства их штабы были перенесены в Бельгию и Германию), проблем не возникало: молодые эмигранты, имевшие нансеновские паспорта, подлежали мобилизации, многие шли в армию и добровольно. Поведение русских в скоротечной войне 1940 г. было отмечено особой отвагой, они сражались и погибали за Францию и за русскую честь.

Литература
В.С. Варшавский. Незамеченное поколение. Нью-Йорк, 1956.

4.1.7. Изменения в планах Сталина в связи с блицкригом Гитлера во Франции. Попытка Сталина переделить Балканы и Ближний Восток

Начало Второй Мировой войны вполне соответствовало расчетам Сталина на затяжную «межимпериалистическую» войну, в которой СССР останется в стороне, наблюдая за взаимным изматыванием своих противников и укрепляя свою оборону. Официально Москва придерживалась позиции нейтралитета, но по сути ее нейтралитет имел прогерманский крен. Великобритания и Франция публично назывались главными агрессорами, а «сильная Германия» — «необходимым условием прочного мира в Европе». Вплоть до осени 1940 г. Сталин и Молотов приветствовали «большие успехи» вооруженных сил Германии.

Стремительный захват Германией в апреле 1940 г. Норвегии и Дании, покончивший с ситуацией «странной войны», еще вписывался в сталинский сценарий «третьего радующегося». Однако последовавший через месяц удар по Франции через Бельгию и Нидерланды, который привел к неожиданно быстрому падению Франции и эвакуации с континента английских войск, спутал карты Сталина. Страна с самой сильной после Вермахта армией в Европе капитулировала в течение каких-то пяти недель. Вместо затяжной войны на истощение между западными державами СССР теперь оказывался лицом к лицу с победоносной Германией и ее союзниками, подчинившими себе бо́льшую часть континентальной Европы. «Сталин был в крайне нервном состоянии, — вспоминал Н.С. Хрущев. — ...Он буквально метался по кабинету, ругаясь, как последний извозчик. Он проклинал французов, поносил англичан. Как они могли позволить побить себя, да еще с таким разгромом?»

В июле — августе 1940 г. в противовес усилившейся Германии вслед за насильственным присоединением к Советскому Союзу Балтийских республик СССР активизировал усилия по созданию советской зоны влияния на Балканах. Италии было предложено договориться о взаимном признании сфер интересов: советского преобладания в регионе Черного моря и Босфора, а итальянского — в Средиземноморье. Москва также тщетно пыталась склонить Турцию и Болгарию к подписанию соглашений о взаимопомощи. Готовясь к возможному военному конфликту с Турцией и Ираном, Сталин, по уже сложившейся практике, выселил из Закавказья в 1939—1940 гг. всех турок-месхетинцев, персов и черноморских греков. Несчастные люди, порой жившие в своих селах на протяжении многих веков и поколений, были в товарных вагонах отправлены в Сибирь и Казахстан.

Эти меры были восприняты Гитлером как свидетельство экспансионистских замыслов Кремля, ущемлявших интересы Третьего рейха, особенно на Балканах, где сферы влияния двух держав не были разграничены. «Битва за Англию» затягивалась, осложняемая приходом к власти антинацистского правительства У. Черчилля, и Гитлеру требовались новые ресурсы для продолжения войны. 31 июля на совещании с военным командованием фюрер объявил об отсрочке операции «Морской лев» (вторжение на Британские острова) и начале работы над планом молниеносного разгрома СССР. 27 сентября 1940 г. в Берлине был подписан Тройственный пакт между Германией, Италией и Японией о военном союзе и разделе сфер влияния, а в октябре войска Вермахта вошли в Румынию и Финляндию для сохранения этих стран в германской орбите. Вторжение Италии в Грецию в том же месяце вело к дальнейшему распространению влияния стран «оси» на Балканах.

В этой обстановке растущего столкновения аппетитов обеих сторон и стремительно меняющейся конфигурации сил для гитлеровского и сталинского руководства было важно прощупать намерения друг друга и попытаться согласовать свои все более расходившиеся интересы. Гитлер по совету Риббентропа решил напоследок попробовать привлечь СССР к Тройственному пакту против англо-американцев. Молотов был приглашен в Берлин для обсуждения «разграничения» интересов четырех держав «во всемирном масштабе» (как говорилось в послании Риббентропа).

С германской стороны речь шла еще и о маскировке военных приготовлений против СССР, которые (как подчеркивалось в директиве фюрера от 12 ноября — даты прибытия Молотова в Берлин) должны были быть продолжены «независимо от того, какие результаты будут иметь эти переговоры». В Москве же, похоже, еще всерьез надеялись на новую сделку с Гитлером. Не случайно предпринятый в это же время конфиденциальный зондаж Черчилля о заключении советско-британского пакта о ненападении встретил там холодный прием и в конце концов был отвергнут.

Директивы Молотову на переговоры в Берлине предусматривали: а) разузнать действительные намерения Германии и всех участников Тройственного пакта, этапы и сроки их осуществления, место СССР в этих планах; б) подготовить первоначальную наметку сферы интересов СССР... прощупав возможность соглашения об этом с Германией». К сфере интересов СССР предлагалось отнести Финляндию, часть долины Дуная и Болгарию. Кроме того, предписывалось добиваться, чтобы любые вопросы, касающиеся граничащих с СССР Турции, Венгрии, Румынии и Ирана, не решались без участия Советского Союза. Иными словами, речь шла о расширенном варианте сделки 1939 г., охватывавшей на сей раз Балканы и весь Передний и Средний Восток.

В ходе берлинских переговоров Риббентроп приглашал СССР к сотрудничеству с членами Тройственного пакта посулами дележа британских колоний, пытаясь отвести советскую экспансию в направлении Персидского залива и Индии. Но Молотов стоял на своем, выставляя необходимые условия участия СССР в «широком соглашении четырех держав»: свертывание германского военного присутствия в Финляндии и Румынии, предоставление советских гарантий Болгарии, учет интересов СССР в Турции и Венгрии, пересмотр режима Черноморских проливов. Первый день переговоров окончился безрезультатно, но Сталин еще не терял надежды на успех. «...Если результаты дальнейшей беседы покажут, что ты в основном можешь договориться с немцами, а для Москвы останутся окончание и оформление дела, — то тем лучше», — телеграфировал он в Берлин утром 13 ноября.

Разговор наркома с Гитлером в тот же день вылился во взаимные упреки и долгие споры о германских шагах в Финляндии и на Балканах. Молотов не преминул напомнить фюреру о советском вкладе в победы Третьего рейха: «Германия не без воздействия пакта с СССР сумела так быстро и со славой для своего оружия выполнить свои операции в Норвегии, Дании, Бельгии, Голландии и Франции». Однако вместо выражения благодарности и обсуждения советских запросов Гитлер вновь попытался перевести разговор на грядущий раздел «британского наследия». Стороны остались при своем. «Обе беседы не дали желательных результатов, — подвел итоги нарком в своем отчете для Сталина. — Похвастаться нечем, но, по крайней мере, выяснили теперешние настроения Гитлера, с которыми придется считаться...»

4.1.8. «Барбаросса» и планы Сталина, декабрь 1940 — июнь 1941 гг.

Упорство Молотова в отстаивании растущих советских аппетитов окончательно убедило Гитлера в невозможности примирения интересов Германии и СССР. Последней каплей стала советская нота от 25 ноября, в которой выдвигались те же и дополнительные условия подключения СССР к Тройственному пакту — вывод германских войск из Финляндии, заключение советско-болгарского пакта о взаимопомощи, создание советских военных баз в районе Проливов, признание зоны к югу от Батуми и Баку в Турции и Иране центром территориальных устремлений СССР, оказание давления на Японию с целью ее отказа от своих прав на угольные и нефтяные концессии на Северном Сахалине и др. Фактически это означало, что Сталин был готов предоставить Гитлеру полную свободу рук на Западе, одновременно открывая для себя свободу рук во всех соседних с СССР странах.

26 ноября Риббентроп ознакомился с условиями, на которых СССР был бы готов присоединиться к «оси», и сообщил их Гитлеру. Для фюрера это была явно непомерная цена за предложенную им сделку. «Сталин умен и хитер, — заявил он своим военачальникам. — Он требует все больше и больше. Это хладнокровный вымогатель. Германская победа стала для России невыносимой. Поэтому ее следует как можно быстрее поставить на колени». Гитлер укрепился в самоубийственной мысли о неизбежности войны и на Востоке, несмотря на упорные возражения ряда генералов и гросс-адмирала Редера. Амбиции Сталина, как ему казалось, не оставляли выбора. Следовало спешить.

15 декабря фюрер изучил план кампании на Востоке, намеченной на май 1941 г. 18 декабря он подписал директиву № 21 («Барбаросса»), попиравшую все принципы стратегии. Блицкриг (молниеносная война) надлежало выиграть трем группам армий («Север», «Центр» и «Юг»), наносившим удары по трем расходившимся направлениям — на Ленинград, Москву и Киев. За шесть недель в Европейской части СССР Вермахт должен был уничтожить основные силы Красной армии, о которых Гитлер имел самое смутное понятие: он недооценивал численность советских войск — вдвое, танков и самолетов — в несколько раз. По замыслу фюрера, война завершалась после выхода на линию А — А: «Архангельск — Астрахань». План не предусматривал ни теплой одежды для солдат, ни зимнего масла для моторов — по мысли Гитлера, все это было излишним: война должна была завершиться не позднее 1 августа капитуляцией СССР. С военно-стратегической точки зрения план этот был совершенно авантюристическим и вполне безумным.

«Барбаросса» быстро стал достоянием советской разведки. Но в сложившейся для Германии ситуации план выглядел полной авантюрой. И Сталин не без оснований расценил директиву № 21 как грубую британскую дезинформацию, в то время как с середины февраля по июнь 1941 г. немцы перебросили к границам СССР 95 дивизий, включая 15 танковых. План «Барбаросса» начало действий против СССР назначал на 15 мая 1941 г.

Но Сталин готовил СССР к другой войне. 14 октября 1940 г. он окончательно утвердил «Соображения об основах стратегического развертывания Вооруженных сил Советского Союза на Западе и на Востоке». Они представляли собой план «упреждающего удара» по немецким войскам в Европе. Оборонительных задач они не ставили. «Соображения об основах развертывания» — действующий документ, на основании которого осуществлялось все военное планирование до 22 июня 1941 г. Самая сильная группировка разворачивалась в Киевском Особом военном округе (КОВО). 25 ноября штаб Лен.ВО получил приказ Тимошенко разработать новый подробный план войны против Финляндии («С.З.-20») к 15 февраля 1941 г.

Развитие Вооруженных сил СССР в 1939–1941 гг.

Параметры	На 1 января 1939 г.	На 22 июня 1941 г.
Личный состав	2 млн 485 тыс.	5 млн 774 тыс.
Дивизии	131	316
Орудия и минометы	55 800	117 600
Танки	21 100	25 700
Боевые самолеты	7 700	18 700

С 23 по 31 декабря в Москве состоялось секретное совещание высшего комсостава РККА. Главным событием стал доклад командующего КОВО генерала армии Г.К. Жукова «Характер современной наступательной операции». Любимый сталинский генерал перечислил условия победного наступления — внезапность, решительное использование танковых соединений и ВВС на всю глубину обороны врага, массированное применение парашютных десантов, тщательная маскировка собственных намерений на стадии подготовки и подавляющее превосходство в силах над обороняющимся и застигнутым врасплох врагом. Прочие выступления тоже были выдержаны в духе «внезапного сокрушительного удара».

2–6 и 8–11 января 1941 г. в Генштабе состоялись две оперативно-стратегических игры на картах. Разыгрывалось широкомасштабное вторжение Красной армии в Европу, отрабатывались глубокие наступательные действия: в первой игре — в Восточной Пруссии (Северо-Западное направление), во второй — в Южной Польше, Венгрии и Румынии (Юго-Западное направление). Юго-Западное направление оказалось намного более перспективным. Генштаб вместо К.А. Мерецкова возглавил Г.К. Жуков. 12 февраля правительство СССР утвердило последний мобилизационный план («Мобплан № 23»), по которому после мобилизации военного времени численность Вооруженных сил СССР должна была составить 8,9 млн человек (более 380 дивизий) при наличии 106,7 тысячи орудий и минометов, 37 тысяч танков, 22,2 тысячи самолетов, 10,7 тысячи бронеавтомобилей.

8 марта Совнарком утвердил постановление о скрытой мобилизации более 900 тысяч военнообязанных под видом «больших учебных сборов». В мае – начале июня в РККА скрытно призвали 805 тысяч человек — 24 % от личного состава мобилизуемых на время войны. Подготовленный к 11 марта новый вариант «Соображений» окончательно предусматривал нанесение главного удара на Юго-Западном направлении. На этом плане стоит четкое указание генерал-лейтенанта Н.Ф. Ватутина: «**Наступление начать 12.6**». Пометка, которая могла быть сделана им только на основе указаний Жукова, Тимошенко и Сталина.

Однако низкая пропускная способность коммуникаций не позволила уложиться в установленный срок. 15 марта Тимошенко приказал снабдить войска к 1 мая «смертными» медальонами с личными листками учета по требованиям военного времени. С апреля в западных округах началось сосредоточение 247 советских дивизий (более 80 % наличных сил РККА), которые после мобилизации насчитывали бы более 6 млн человек, около 70 тысяч орудий и минометов, более 15 тысяч танков и около 12 тысяч самолетов. В итоге для броска в Европу должна была развернуться самая большая армия в мире. Оборонительные сооружения на старой советской границе были срыты, и боевая авиация уже в начале июня 1941 г. была выдвинута на передовые аэродромы у новой границы.

Еще на XVIII съезде партии в 1939 г. начальник политуправления Красной армии Л.З. Мехлис говорил: «В случае возникновения войны Красная армия должна перенести военные действия на территорию противника, выполнить свои интернациональные обязанности и умножить число советских республик». 4 июня Политбюро решило создать 238-ю стрелковую дивизию из лиц, владеющих польским языком, то есть ядро будущей польской освободительной армии.

Сталин высоко ценил возможность самому выбрать момент начала военных действий. «Соображения» такой даты не содержали и не были формально утвержденным правительством документом. Но они выполнялись на деле: в апреле — июне 1941 г. шло мощное развертывание Красной армии для «упреждающего удара» — при полном отсутствии каких-либо оборонительных мер. В этих условиях единственным «политическим решением», утверждающим план агрессии, должно было стать само фактическое начало войны — внезапное и сокрушительное, так, как это произошло с Финляндией 30 ноября 1939 г. Сталин беспокоился о том, чтобы оно не произошло случайно, по какой-либо непредвиденной причине. Он скрупулезно выполнял требования торгового договора, а НКВД сдал гестапо 800 немецких коммунистов. По торговому договору СССР только с февраля 1940 г. по февраль 1941 г. поставил Германии 1,4 млн тонн зерна, 0,9 млн тонн нефти, 0,5 млн тонн железной руды, 100 тысяч тонн хрома, 2,4 тонны платины и прочее. Советские же военные специалисты, получив доступ к немецкой и итальянской военной технике, копировали нужные им конструкции и детали, посещали оборонные заводы. Группа советских морских специалистов попала на германском крейсере «Принц Евгений» в Северном море под атаку британских самолетов-торпедоносцев.

Чтобы обезопасить себя на Востоке и избежать войны на два фронта, в апреле 1941 г. СССР подписал с Японией договор о нейтралитете в случае нападения на одну из сторон. Этот договор Япония со своей стороны соблюла до конца.

При всей секретности военно-технической подготовки к наступательным действиям, подготовка общественного мнения не могла не быть гласной. И она шла. В воздухе гремели марши: «Если завтра война, если завтра в поход, будь сегодня к походу готов!»

5 мая в Кремле состоялся банкет по случаю выпуска очередного курса командиров, прошедших переподготовку при Военной академии имени М.В. Фрунзе. На банкете присутствовали около 2 тысяч человек. Преподававший в Академии Генштаба комбриг В.Ф. Малышкин записал основные положения речи Сталина, возразившего одному из командиров, предложившему тост за сталинскую миролюбивую политику: «Утверждение, что советское правительство успешно осуществляло мирную политику, является правильным, однако сейчас несвоевременно подчеркивать мирную политику советского правительства. Это значит неправильно ориентировать народ и направлять его мышление по такому пути, который более не соответствует современному этапу развития. Пришло время объяснить народу, что период мирной политики миновал. Нужно подготовить народ к мысли

о необходимости войны, причем наступательной войны. Дальнейшие цели Советского Союза могут быть достигнуты только применением оружия».

13 мая началось выдвижение к западным границам СССР четырех армий (16-й, 19-й, 21-й и 22-й), готовилось выдвижение еще трех (20-й, 24-й и 28-й), которые должны были сосредоточиться к 10 июля. В 1973 г. бывший командующий 19-й армией маршал И.С. Конев признал: «В январе 1941 г... в связи с новым назначением меня принял Тимошенко... Он сказал: "Мы рассчитываем на Вас. Будете представлять ударную группировку войск в случае необходимости нанесения удара"». 15 мая в Генштабе был составлен последний, переработанный вариант оперативного плана, разработанный в Оперативном управлении под руководством генералов Н.Ф. Ватутина и А.М. Василевского. План предусматривал наступление на западном (вспомогательном) направлении на Варшаву, а на юго-западном (основном) — разгром противника восточнее р. Висла и овладение Краковом. Срок нападения с 12 июня позднее был перенесен, по всей вероятности, на июль 1941 г. Сосредоточение войск проходило в строгом соответствии с планом от 15 мая.

Из-за непредвиденных операций в апреле на Балканах против Югославии и Греции Гитлер перенес начало осуществления плана «Барбаросса» с 15 мая на 22 июня. Позднее потеря целых пяти теплых недель негативно отразится на темпах наступления Вермахта. Фюрер пребывал в эйфории и полном неведении не только по поводу ближайших планов Сталина, но и потенциала РККА. «Когда поднимется "Барбаросса", мир затаит дыхание», — заявлял он с гордостью.

Оценка германским командованием сил РККА по состоянию на 11 июня 1941 г.

Параметры	Общее состояние		В том числе в западных округах СССР	
Дивизии	Немецкая оценка	Реальность	Немецкая оценка	Реальность
Стрелковые	175	198	150	113
Танковые	7	61	7	44
Моторизованные	0	31	0	22
Кавалерийские	33	13	25	7
ВСЕГО	215	303	182	186
Танковые бригады	43	0	38	0

С февраля 1941 г. Сталин из разных источников получал многочисленные сообщения о подготовке Германией нападения на СССР, включая точные даты вторжения. Считая невозможным войну Рейха на два фронта, он продолжал уверенно считать поступавшие данные дезинформацией, равно как и сведения о том, что к началу июня на границах СССР сосредоточились более 150 дивизий Вермахта. Возможно, ему хотелось верить Гитлеру, объяснявшему своему «союзнику», что дивизии Вермахта в Польше отдыхают перед десантом на Британские острова. Нарком НКВД Лаврентий Берия за несколько дней до 22 июня наложил резолюцию на сообщения агентов о том, что война начнется со дня на день: «В последнее время многие работники поддаются на наглые провокации и сеют панику. Секретных сотрудников... за систематическую дезинформацию стереть в лагерную пыль, как пособников международных провокаторов, желающих поссорить нас с Германией».

> 21 июня 1941 г. Берия писал в докладной записке Сталину: «Я вновь настаиваю на отзыве и наказании нашего посла в Берлине Деканозова, который по-прежнему бомбардирует меня "дезами" (дезинформациями. – *Отв. ред.*) о якобы готовящемся Гитлером нападении на СССР. Он сообщил, что это нападение начнется завтра... То же радировал и генерал-майор В.И. Тупиков, военный атташе в Берлине. Этот тупой генерал утверждает, что три группы армий Вермахта будут наступать на Москву, Ленинград и Киев, ссылаясь на свою берлинскую агентуру. Он нагло требует, чтобы мы снабдили этих врунов рацией...
>
> Начальник разведуправления, где еще недавно действовала банда Берзина (Я.К. Берзин, глава резведуправления Генштаба РККА, был незадолго перед тем схвачен и убит. – *Отв. ред.*), генерал-лейтенант Ф.И. Голиков жалуется на Деканозова и на своего подполковника Новобранца, который тоже врет, будто Гитлер сосредоточил 170 дивизий против нас на нашей западной границе...
>
> Но я и мои люди, Иосиф Виссарионович, твердо помним Ваше мудрое предначертание: в 1941 г. Гитлер на нас не нападет».

24 мая в Кремле Сталин провел расширенное совещание с представителями командования Красной армии и пяти западных военных округов (Прибалтийского, Западного и Киевского особых, Ленинградского и Одесского), на котором уточнялись детали планов от 11 марта и 15 мая.

К середине июня 41 % складов и баз Красной армии находились на Западе, многие — в 200-километровой приграничной полосе. На открытом воздухе хранились 14,4 тысячи вагонов боеприпасов и 4,3 тысячи вагонов материальной части и вооружения. Генштаб предложил перебросить на Запад еще 100 тысяч тонн горючего. Из глубины страны войска двигались к границам день и ночь. Их развертывание предполагалось завершить к 1 июля. 20 июня Главный военный совет утвердил проект директивы о политработе в войсках, в котором говорилось: «Каждый день и час возможно нападение империалистов на Советский Союз, которое мы должны быть готовы предупредить своими наступательными действиями». Судя по многим косвенным данным (архивы этого времени пока засекречены), превентивные (предупредительные) наступательные действия планировалось начать 12 июля 1941 г.

РККА к обороне не готовилась, обороняться не умела и планами оборонительных действий не располагала. И для армии, и для общества, находившихся под воздействием мощной пропагандистской кампании, война неожиданностью не была — неожиданным стал факт нападения Германии.

Литература

М.И. Мельтюхов. Упущенный шанс Сталина. Советский Союз и борьба за Европу 1939–1941 гг. М., 2002.

Б.В. Соколов. Разведка. Тайны Второй мировой войны. М., 2001.

Глава 2
СОВЕТСКО-НАЦИСТСКАЯ ВОЙНА 1941–1945 ГГ. И РОССИЯ

4.2.1. Нападение Германии на СССР 22 июня 1941 г.

К 22 июня Вермахт в составе групп армий «Север», «Центр», «Юг» и армии «Норвегия» завершил развертывание на западных границах СССР. Для «Барбаросса» Гитлер выделил более 70 % всех расчетных дивизий, более 90 % артиллерии и танков, 60 % летных частей и 17 % войск ПВО. Значительную часть сил Люфтваффе связывали в Европе Королевские ВВС Британии. Германию поддерживали Венгрия, Италия, Румыния, Словакия и Финляндия, отказавшаяся от нейтралитета после большевицкой агрессии 1939—1940 гг. На стороне Германии сражался и французский антикоммунистический легион, состоящий из добровольцев неоккупированной немцами южной части Франции. Противостояли им войска Красной Армии, находившиеся в стадии интенсивного развертывания и мобилизации в западных военных округах: Ленинградском, Одесском и трех особых – Прибалтийском, Западном и Киевском.

На советской стороне был более чем троекратный перевес в бронетехнике. Но войска Красной Армии имели не только количественное, но и качественное превосходство. Полторы тысячи лучших в мире советских танков Т-34 и КВ, находившиеся в приграничных округах, составляли более 40 % от всех танковых сил Германии и ее союзников, привлекавшихся к «Барбаросса». Оправдываясь, что за пять месяцев боев немцы дошли до Москвы, Сталин в своей речи 6 ноября 1941 г. солгал, заявив, что «танков у нас в три раза меньше, чем у немцев».

На каждую пару немецких истребителей (преимущественно новых Messerschmidt Bf-109) приходились почти два новых (МиГ-3, ЛаГГ-3, Як-1) и шесть старых (И-16,

Соотношение сил на западной границе СССР к 22 июня 1941 г.

	Красная Армия	Вермахт и союзники	Соотношение сил
Дивизии	190	166	1,1 : 1
Личный состав	3 млн 289 тыс. 851	4 млн 327 тыс. 500	1 : 1,3
Орудия и минометы	59 787	42 601	1,4 : 1
Танки и штурмовые орудия	15 687	4 171	3,8 : 1
Самолеты	10 743	4 846	2,2 : 1
Дивизий в стратегическом резерве	51	28	1,8 : 1
В том числе танковых и моторизованных	16	2	8 : 1

И-153) истребителей советских моделей. Если в составе Люфтваффе на Востоке насчитывалось 2,1 тысячи боеготовых экипажей (в том числе 911 летчиков-истребителей), то в ВВС РККА – более 7,2 тысячи экипажей (в том числе 3,5 тысячи летчиков-истребителей). Обе стороны имели боевой опыт, полученный в 1939–1940-х гг., соответственно, в небе Западной Европы и Финляндии. Но Люфтваффе до 22 июня понесли огромные потери в летном составе (более 13 тысяч человек), столкнувшись с проблемой подготовки кадров.

У немцев было много грузовиков, бронетранспортеров и мотоциклов. Но и Красная Армия, даже до американских поставок, использовала большое количество грузовиков ГАЗ-ММ и ГАЗ-АА, а также трехтонки ЗИС-5В. А вот средства радио- и телефонной связи были у нее совершенно недостаточными. Преимущество Вермахта заключалось в инициативе и в сосредоточении превосходящих сил на главных направлениях, особенно в полосе группы армий «Центр».

Вечером 21 июня, за семь часов до вторжения, немецким солдатам их командиры объявили: «Друзья! Советский Союз намерен 18 июля напасть на наше отечество. Благодаря вождю и его мудрой и дальновидной политике мы не будем дожидаться нападения, а сами перейдем в наступление». Германия нанесла удар первой.

22 июня в 3:15 немецкая авиация атаковала и бомбила Брест, Киев, Минск, Севастополь, другие города. Ударам подверглись 66 из 470 аэродромов. 800 самолетов были повреждены или уничтожены на земле, еще 322 немцы сбили в воздушных боях, потеряв 114 машин. Советские дивизии война застигла врасплох, зачастую в пути. Генштаб не имел никаких планов обороны, поэтому в директиве № 2, отданной лишь в 7:15 утра, Сталин, Тимошенко и Жуков приказали изгнать врага с территории СССР. На базе округов возникли фронты — Северо-Западный, Западный и Юго-Западный. Но создать сплошную линию обороны не удалось.

Ставка требовала наступательных операций по предвоенным планам, и вечером в войска ушла губительная для них директива № 3. В хаосе и беспорядке Сталин, Жуков и Тимошенко подставляли дивизии и корпуса под набиравшие темп ударные группировки врага, штабы теряли управление и связь, тылы охватил паралич. В большевицком тылу выступили из подполья прибалтийские и украинские повстанцы. Взбунтовались набранные из балтийцев и западных украинцев призывники и резервисты: убивая назначенных к ним командиров и комиссаров, они шли освобождать заключенных в тюрьмы своих старых воинских начальников, полковых священников, своих близких, своих соплеменников, а потом уходили в горы и леса, начиная борьбу на стороне Вермахта.

Особенно критично развивались события в полосе Западного фронта генерала армии Д.Г. Павлова. ВВС фронта потеряли более 500 самолетов, и командующий авиацией генерал-майор И.И. Копец застрелился. К исходу первого дня войны Вермахт прорвался в Прибалтике на глубину 60–80 км, в Белоруссии — на 40–60 км и на Украине — на 10–20 км.

Упредив Красную Армию в развертывании и мобилизации, немцы получили возможность бить застигнутого врасплох противника по частям. Однако немцы могли добиться лишь тактического успеха — общее превосходство в силах, средствах, резервах, казалось, позволяло Красной Армии парировать удар. Однако летом — осенью 1941 г. РККА потерпела сокрушительный разгром, потеряв за пять месяцев около 18 тысяч самолетов, 25 тысяч танков, более 100 тысяч орудий и минометов. 2,2 млн бойцов и командиров погибли и умерли, 1,2 млн дезертировали, оставшись на оккупированной территории, 3,8 млн попали в плен. Враг овладел Минском, Ригой, Смоленском, Киевом, блокировал Ленинград и вышел к Москве. Стратегический план Красной Армии — «война малой кровью на чужой территории» — оказался мифом.

Главное преимущество Вермахта заключалось в профессионализме кадров и гибком управлении. Немцы сохранили старый генералитет, преемственность со времени Второй Империи офицерского корпуса с высоким уровнем культуры, совершенствовали вековые опыт и традиции. Немецкий солдат был хозяйственным крестьянином-фермером или горожанином — активным, хорошо образованным и инициативным. Безликая масса красноармейцев состояла из забитых и замученных беспросветной жизнью пассивных колхозников. Командиры и генералитет РККА преимущественно происходили из социальных низов старой России, с низким уровнем образования и культуры. Немыслимо, например, чтобы в царской (или в немецкой) армии офицер бил подчиненного ему офицера, а для советских маршалов вроде Жукова, Еременко или Кулика рукоприкладство было обычным делом. Генералы РККА не имели знаний и опыта Первой Мировой войны, были несамостоятельными, их поведение строго контролировали партийные органы и особые отделы НКВД. Глубокие пороки большевицкого режима привели Красную Армию летом 1941 г. к невиданным в русской истории поражениям.

Литература

М.И. Мельтюхов. Упущенный шанс Сталина. Советский Союз и борьба за Европу 1939–1941 гг. М., 2002.

1941 год. Уроки и выводы. М., 1992.

4.2.2. Русское общество и советско-нацистская война в СССР. Отказ от эвакуации населения

В 5:30 утра 22 июня расстроенный посол Германии в СССР граф Вернер фон Шуленбург вручил Молотову ноту, в которой нападение Германии на СССР мотивировалось концентрацией советских войск на восточных границах Рейха, с тем «чтобы с тыла атаковать Германию». «Это что, объявление войны?» – спросил Молотов. Граф Шуленбург развел руками. «Чем мы это заслужили?» – растерянно воскликнул сталинский нарком.

Гитлер переиграл Сталина в затянувшемся противостоянии. Сталин не стал обращаться к советскому народу в ситуации неопределенности на фронте, ожидая результатов намеченных контрударов. Поэтому в 12 часов по радио выступил Молотов, охарактеризовавший германское вторжение как «беспримерное в истории цивилизованных народов вероломство». Он закончил свою речь точно так же, как в сентябре 1939 г. закончил свою Гитлер, выступая в Рейхстаге в связи с началом войны в Польше: «Наше дело правое. Враг будет разбит! Победа будет за нами!»

Речь Молотова вызвала противоречивые чувства. Население уже многие месяцы ожидало войны, но войны совершенно другой – впервые в истории большевицкого государства ему не принадлежала инициатива начала военных действий. В последующие дни состояние растерянности сменилось легкой паникой: с магазинных прилавков люди сметали соль, спички, крупы и другие товары первой необходимости. В столичных центрах и крупных городах молодежь 1920–1923 гг. рождения осаждала военкоматы. Война должна была «закончиться через месяц», и юноши боялись опоздать на фронт. Из этого призыва почти никто не вернулся. Начавшаяся 23 июня мобилизация, приказ о которой датировался еще 19 июня, проходила с разной результативностью в РСФСР и других республиках.

В первые же дни войны Сталин и Молотов попытались договориться с Гитлером о прекращении германского вторжения. В записке, составленной по требованию большевицкого руководства после разбирательства в Президиуме ЦК КПСС 5 августа 1953 г., генерал МГБ Павел Судоплатов сообщил, что в конце июня 1941 г. Берия приказал ему провести тайные неофициальные переговоры с послом Болгарии в СССР Иваном Стаменовым. Через Стаменова «советское правительство» в лице Молотова и Сталина предлагало Гитлеру отказаться от продолжения агрессии, обещая в обмен большие территориальные уступки в пользу Германии. Стаменов, по всей видимости, сообщил в Берлин о предложениях Сталина, однако Гитлер остался к ним глух. Второй Брестский мир не получился – быстрый успех на Восточном фронте, казалось, обещал нацистам скорую окончательную победу над большевиками.

> Из записки Павла Судоплатова (август 1953):
> «В СОВЕТ МИНИСТРОВ СОЮЗА СССР
> Докладываю о следующем известном мне факте.
> Через несколько дней после вероломного нападения фашистской Германии на СССР, примерно числа 25–27 июня 1941 г., я был вызван в служебный кабинет бывшего тогда Народного Комиссара Внутренних Дел СССР Берия.
> Берия сказал мне, что есть решение Советского правительства, согласно которому необходимо неофициальным путем выяснить, на каких условиях Германия согла-

сится прекратить войну против СССР и приостановит наступление немецко-фашистских войск. Берия объяснил мне, что это решение Советского правительства имеет целью создать условия, позволяющие Советскому правительству сманеврировать и выиграть время для собирания сил. В этой связи Берия приказал мне встретиться с болгарским послом в СССР Стаменовым, который, по сведениям НКВД СССР, имел связи с немцами и был им хорошо известен.

Берия приказал мне поставить в беседе со Стаменовым четыре вопроса. Вопросы эти Берия перечислял, глядя в свою записную книжку, и они сводились к следующему:

1) почему Германия, нарушив пакт о ненападении, начала войну против СССР;

2) что Германию устроило бы, на каких условиях Германия согласна прекратить войну, что нужно для прекращения войны;

3) естроит ли немцев передача Германии таких советских земель, как Прибалтика, Украина, Бессарабия, Буковина, Карельский перешеек;

4) tсли нет, то на какие территории Германия дополнительно претендует.

Берия приказал мне, чтобы разговор со Стаменовым я вел не от имени Советского правительства, а поставил эти вопросы в процессе беседы на тему о создавшейся военной и политической обстановке и выяснил также мнение Стаменова по существу этих четырех вопросов... Берия... строжайше предупредил меня, что об этом поручении Советского правительства я нигде, никому и никогда не должен говорить, иначе я и моя семья будут уничтожены» (см. об этом вопросе: *Р.Г. Пихоя*. Советский Союз. История власти 1945–1991. Новосибирск: Сибирский хронограф, 2000. С. 109; Стенограмма заседания Президиума ЦК КПСС 5 августа 1953 г. в составе Маленкова, Хрущева, Молотова и Булганина по вопросу о переговорах Судоплатова со Стаменовым. АПРФ. Ф.4. Оп.20. Д.873).

В традициях, свойственных тоталитарным системам, номенклатура ВКП(б) пыталась *организовать* патриотическое движение, опираясь на вертикаль партийно-политических органов и мощный аппарат принуждения. 2 июля 1941 г. Сталин приказал сформировать 20 дивизий Московской армии народного ополчения (МАНО). Аналогичные дивизии летом 1941 г. формировались в Ленинграде (ЛАНО), Кременчуге, Ростове. В части МАНО и ЛАНО, в разной степени вооруженные и снаряженные, вступали и по эмоциональному порыву, и в принудительном порядке — по разнарядке и директивам партийных органов на предприятиях и учреждениях. Всего в 1941 г. были сформированы 33 ополченческих дивизии, в основном в столицах. Судьба ополченцев, в массе своей погибших в 1941 г., стала еще одной народной трагедией. После стремительного исчезновения кадровых дивизий мирного времени сталинская власть бросала необученных бойцов, среди которых было много представителей молодой московской и ленинградской интеллигенции, навстречу регулярным соединениям Вермахта.

Однако немало было людей, воспринявших войну с надеждой на освобождение от социально-экономической несвободы, религиозных гонений и колхозного рабства. За двадцать лет нищеты и репрессий большевики надломили моральные устои русской жизни, уничтожив ее духовные основания, растлили народ, приучив его к цинизму, лжи, эгоизму и доносительству. Сотрудничество с врагом не воспринималось как зло: если советская власть учила 20 лет предавать, то ради освобождения от нее следовало предать саму советскую власть. Раскулаченные, репрессированные, расказаченные, их дети, жены, близкие хотели мстить. Верующие мечтали о церковном возрождении. Крестьяне надеялись на роспуск ненавистных колхозов, нацменьшинства — на освобождение «от русского большевизма», а значительная часть интеллигенции — на достойную человека жизнь в свободной России. Все они имели самое смутное понятие о нацизме. Миллионы выработали привычку приспосабливаться к любым условиям и обстоятельствам и в своем выборе руководствовались украинской поговоркой «Ще гирше, да инче».

24 июня в Москве был создан Совет по эвакуации при СНК СССР в составе Л.М. Кагановича, А.Н. Косыгина, Н.М. Шверника (председатель с 3 июля), Б.М. Шапошникова, С.Н. Круглова, П.С. Попкова, Н.Ф. Дубровина и А.И. Кирпичникова, позднее совет пополнили А.И. Микоян (1-й заместитель), Л.П. Берия и М.Г. Первухин. В задачу Совета входила организация эвакуации населения, учреждений, предприятий. Но в первую очередь эвакуировались материальные ценности, а не население. Преимуществами пользовались представители номенклатуры и управленческого аппарата, партийно-советских органов и НКВД, инженерно-технический персонал, квалифицированные рабочие, члены их семей и т. п. Гражданское население вывозилось в третью очередь. 25 декабря Совет был преобразован в Комитет по разгрузке транзитных грузов. Неустроенный быт, частые потери родственников и близких на транспорте, потеря имущества, тяжелый труд на новом месте усугубляли тяготы эвакуации. В 1941 г. из угрожаемых районов органы по эвакуации вывезли на Восток СССР 12 млн человек, а во второй половине 1942 г. — еще несколько сот тысяч беженцев. В оккупации сталинская власть бросила не менее 65 млн граждан, предоставленных собственной участи.

При эвакуации большевиками уничтожались не только военно-промышленные объекты, но и вся инфраструктура — водонапорные башни, электростанции, газовые станции, а также материальные ценности — продовольствие и товарные склады. Население городов обрекалось на голодное существование. Директива СНК СССР и ЦК ВКП(б) от 29 июня 1941 г. обязывала «не оставлять противнику ни килограмма хлеба, ни литра горючего». Так, например, в Орловской области из 30 450 тонн оставшегося перед отступлением зерна коммунисты сожгли 25 285 тонн. В Ставрополе из 4800 тонн хлеба от огня чудом удалось спасти 2000 тонн. В Пскове в последний момент перед отступлением расстреляли директора электростанции, предотвратившего ее взрыв. Ужасная судьба постигла многих политзаключенных. В 1941—1942 гг. в тюрьмах и на этапах эвакуации органами НКВД были расстреляны тысячи людей из тюрем и лагерей Львова, Дрогобыча, Станислава, Ковеля, Житомира, Краснодара, Новочеркасска и других городов. Только к 4 июля 1941 г., по официальным данным, чекисты расстреляли при эвакуации 6490 человек. В Пскове 8—9 июля политических сожгли заживо вместе с тюрьмой.

Лишь 3 июля 1941 г., уже после развала Западного фронта и катастрофы под Минском, не дождавшись ответа от Гитлера на свои «мирные предложения», Сталин обратился к населению со знаменитой речью («Товарищи! Граждане! Братья и сестры! Бойцы нашей армии и флота! К вам обращаюсь я, друзья мои...»), в которой изложил содержание директивы ЦК партии от 29 июня. Впервые с начала войны русские люди узнали, что значительная часть СССР уже занята неприятелем.

Утверждая, что «лучшие дивизии врага» разбиты, советский лидер призвал слушателей защищать родину и «советскую власть», причинившую народу и России столько горя и слез, а, изгнав врага из пределов отечества, отправиться в Европу в освободительный поход: «Целью этой всенародной Отечественной войны против фашистских угнетателей является не только ликвидация опасности, нависшей над нашей страной, но и помощь всем народам Европы, стонущим под игом германского фашизма». Подражая Императору Александру Благословенному, за 25 лет царствования которого не был казнен ни единый человек в России, кровавый тиран объявил начавшуюся войну «Отечественной», вновь, как и в законе 1936 г., желая соединить свой преступный режим с обесчещенной им родиной. Для этого Сталин даже вспомнил в своей речи славные имена победоносных военачальников исторической России — светлейших князей Михаила Кутузова и Александра Суворова, Великого князя Александра Невского. Церковный стиль обращения — «братья и сестры» — и эти святые для русского сердца, но оплеванные большевиками имена поразили многих, слушавших из репродукторов июльскую речь Сталина.

Литература
Война Германии против Советского Союза 1941–1945 / Под ред. Р. Рюрупа. Берлин, 1992.
В. Пирожкова. Потерянное поколение. СПб., 1998.

4.2.3. Советско-нацистская война и Зарубежье

Как во всем, что касалось политических вопросов, связанных с судьбой России, единого мнения в эмиграции по поводу войны между гитлеровской Германией и сталинской Россией не существовало. К тому времени в Европе оставались лишь два сравнительно крупных эмигрантских общества во Франции и в Югославии, к тому же оккупированных немцами. Во Франции преобладали антинацистские настроения, все существовавшие до оккупации русские газеты были закрыты, а русские организации запрещены. Ни один сколько-нибудь значительный писатель, церковный или общественный деятель не выступал в поддержку нацистов. Характерно, что для созданного немцами «Комитета помощи русским эмигрантам» во Франции не нашлось никого, кто бы его возглавил из русской местной среды. На эту должность назначили молодого танцора, приехавшего из Германии, Юрия Жеребкова, никому в Париже не известного. Провозгласив себя Leiter'ом (вождем), он призвал эмиграцию поддержать немецкую политику, причем не стараясь на нее влиять, поскольку «то, что произойдет с Россией, и какие государственные формы будут ей нужны, знает только один человек — фюрер».

Тогда же была создана газета «Парижский Вестник». Ее возглавил полковник Генерального штаба Павел Николаевич Богданович, хорошо известный в русской диаспоре, в том числе во Франции. С конца 1920-х гг. он возглавлял Национальную организацию русских разведчиков (НОРР) — самую крупную детско-юношескую организацию русской эмиграции. С поста редактора «Парижского Вестника» Богдановича оккупационные власти вынудили уйти осенью 1943 г. за публикацию патриотической речи власовского генерал-майора В.Ф. Малышкина. В газете печатались из известных писателей или журналистов Иван Шмелев и Илья Сургучев, а также такие видные деятели науки и культуры Русского Зарубежья, как профессор генерал Н.Н. Головин и А.А. Алехин.

Часть статей в «Парижском Вестнике» носила пронацистский характер. Одновременно он оставался единственным (кроме берлинского «Нового слова») органом печати на русском языке в Западной Европе, который публиковал многочисленные материалы о русской жизни, в том числе и на оккупированных территориях, а с 1943 г. — о Власовском движении. С точки зрения органов СД[1] (по состоянию на июнь — июль 1942 г.), «Парижский Вестник» был органом печати русской националистической монархической эмиграции, и его рекомендовалось закрыть, а все изданные номера — конфисковать.

Пронемецкие ориентации проявились в Русском Зарубежье особенно в первые месяцы побед немецких армий в России. Наконец-то, полагали некоторые, осуществилась та интервенция, которая могла бы сокрушить большевицкую власть. Были люди, служившие у немцев, кто по необходимости, а кто по симпатиям, были нередкие случаи отъездов в качестве переводчиков в немецкую армию и во французский «антибольшевицкий легион».

Летом 1941 г. в Париже в управлении местного отдела РОВС зарегистрировались 1160 русских офицеров, желавших отправиться на Восточный фронт;— в том числе 327 офицеров высказали желание ехать немедленно в строевые части. До июля 1942 г. на Восточный фронт уехал из Парижа 71 русский белый, но затем немцы категорически запретили отправки. С появлением первых известий о Власовском движении весной 1943 г. русская военная эмиграция во Франции проявила к нему интерес, а затем, по мере прибытия с осени 1943 г. восточных батальонов во Францию, и участие. Особенно горячо поддерживал Власовское движение один из самых крупных русских зарубежных теоретиков, профессор Генерального штаба генерал-лейтенант Николай Головин, считавший поражение Сталина меньшим злом и объективно оценивавший ограниченные возможности Германии для распространения своего владычества от Ла-Манша до Поволжья (при этом сын генерала Головина служил в органах военно-технической разведки Великобритании).

В кругах, настроенных против немцев, по мере того как становилось очевидным, что война ведется не одним Сталиным, а всем русским народом, росли патриотические чувства, порой переходившие в просоветские, что сказалось уже после разгрома Германии: не только Бунин и Ремизов, не только митрополит Евлогий и Василий Маклаков, но и адмирал Вердеревский, военный министр в правительстве Керенского, и даже адмирал Михаил Кедров, вице-председатель РОВСа, совершили вроде бы покаянный визит в советское посольство. В пробольшевицкие настроения впал и Николай Бердяев... Те, кто был враждебен к нацизму и вместе с тем сохраняли непримиримость к большевицкому режиму несмотря на русско-советские победы, были немногочисленны (но все же большинство членов РСХД, а из крупных имен назовем историков Сергея Мельгунова, Антона Карташева, философов Семена Франка, Василия Зеньковского, Ивана Ильина, жившего в Швейцарии).

---

[1] СД – Sicherheitsdients, нацистская секретная служба безопасности, разведывательное управление СС. Сформирована в марте 1934 г

Видные общественные деятели, уехавшие после поражения Франции из Европы в Америку, хотя и сочувствовали советским победам, но не разделяли просоветских иллюзий: Георгий Федотов в статьях «Нового Журнала» уже в 1943 г. ставил тревожный вопрос: будут ли эти победы способствовать возврату свободы в России или укреплять коммунистический режим? А писатель Владимир Набоков утверждал в 1944 г.:

> Каким бы полотном батальным ни являлась
> советская сусальнейшая Русь,
> какой бы жалостью душа не наполнялась,
> не поклонюсь. Не примирюсь
> со всею мерзостью, жестокостью и скукой
> немого рабства — нет, о нет,
> еще я духом жив. Еще не сыт разлукой,
> увольте, я еще поэт.

Поэт Георгий Иванов даже победу под Сталинградом назвал «злосчастной», поскольку она служит не столько освобождению России, сколько утверждению над ней большевицких «вурдалаков» и «царя в коммунистическом мундире», то есть Сталина. Но при этом поэт был совершенно чужд и нацистских симпатий. Обе тирании были ему равно отвратительны «эстетически».

Иную картину, чем во Франции, являло собой русское общество в оккупированной немцами Сербии. Там сосредоточились в основном люди правых и крайне правых ориентаций как в церковных кругах, так и в гражданских. После прихода немцев был назначен во главе Бюро по делам русских беженцев генерал М. Скородумов, затем генерал В. Крейтер. Оба они стояли открыто на стороне немцев. В воззвании группы журналистов 22 июня было представлено как «начало решительного боя нового правопорядка с поработившим Великую Россию большевизмом», как «крестовый поход». На здании бывшего русского посольства висел плакат: «Победа Германии — освобождение России». Был арестован по доносу эмигранта и обвинен в симпатии к большевизму видный член русской белградской колонии П.Б. Струве. Митрополит Анастасий (Грибановский), глава Зарубежной Церкви, обличал главу Англиканской Церкви, Кентерберийского архиепископа, за то, что он возносит молитвы за победу советских войск. Сам же митрополит Анастасий в письме от имени Синода Русской Зарубежной Церкви уже в 1937 г., когда Югославия была независимой и нейтральной страной, приветствовал Гитлера как государственного мужа, подающего здоровый пример всей Европе. После оккупации Югославии немцами митрополит Анастасий до самых последних дней войны возносил молитвы за «вождя народа Германии, власти и воинство ея». Член Зарубежного Синода архиепископ Гермоген (Максимов) согласился возглавить автономную Хорватскую Православную Церковь в то время, когда хорватское правительство было союзником Гитлера и подвергло сербское население настоящему геноциду.

По инициативе генерал-майора Михаила Федоровича Скородумова был образован 12 сентября 1941 г. Русский Охранный Корпус. После ареста немцами Скородумова командование корпусом принял генерал-майор Борис Штейфон, герой Кавказского фронта 1916 г. и Белой борьбы на Юге России. Корпус сражался на стороне немцев против югославских коммунистов Тито и в известной мере был средством самозащиты — с мая по сентябрь 1941 г. югославские коммунисты убили более двухсот русских эмигрантов, включая священников, женщин и детей. С партизанами-монархистами (четниками Королевской армии на родине) корпус поддерживал дружеские отношения. Генерал-майору русской службы Штейфону был присвоен чин генерал-лейтенанта Вермахта, хотя Штейфон был крещёным евреем. всего через Корпус прошло в 1941—1945 гг. более 17 тысяч человек, в рядах Корпуса храбро сражался цвет русской военной эмиграции на Балканах, многие участники Первой Мировой и Гражданской войн, офицеры Русской армии генерала П.Н. Врангеля и их дети. В рядах Русского Корпуса в декабре 1941-го был вручен последний в русской военной истории Знак отличия военного ордена — Георгиевский крест IV степени, который получил тяжело раненый в бою с титовцами 17-летний юнкер Сергей Шауб. И с точки зрения немцев, и с точки зрения партизан (титовцев и четников) боевые качества Корпуса были отличными.

Большинство русских в Югославии сочувствовали этой политике сотрудничества с немцами, но в сербском народе, среди сторонников Тито и противников короля Петра II, она вызывала жгучее возмущение: виновные или невиноватые русские эмигранты воспринимались теперь титовцами как предатели и подвергались от партизан жестоким репрессиям. К приходу советской армии большинство русских, во главе с митрополитом Анастасием, бежали из Сербии в Германию.

Литература
Вл. Маевский. Русские в Югославии. Т. 2. Взаимоотношения России и Сербии. Нью-Йорк, 1966.
К.М. Александров. Русские солдаты Вермахта. М., 2005.

4.2.4. Военные действия в июне — ноябре 1941 г.

Поставленные Гитлером стратегические цели — уничтожение основных сил Красной Армии и выход на линию «Архангельск — Астрахань» в Европейской части СССР — далеко не соответствовали оперативным возможностям Вермахта. Противнику, недооценившему силы и возможности сталинской военной машины, не хватало сил для операций по расходящимся направлениям на постоянно увеличивавшемся театре военных действий. Людские и технические ресурсы СССР казались неисчерпаемыми. К 11 июля 1941 г. Красная Армия потеряла 11 783 танка. Гитлер обескураженно заявил, что не начал бы кампании, если бы имел представление о количестве танков у Сталина.

Четыре фактора определили исход противостояния: 1) глубина оперативного пространства, на котором велись боевые действия; 2) безграничные людские, технические и сырьевые ресурсы СССР; 3) огромный военно-промышленный потенциал антигитлеровской коалиции; 4) нацистская колониальная политика, восстанавливавшая против оккупантов советское население. Пока перечисленные факторы в совокупности не начали влиять на ситуацию, немцы удерживали стратегическую инициативу.

Инициированные Ставкой 22 июня контрудары (23—25 июня) привели к огромным потерям в людях и технике. 10 июля Ставку возглавил Сталин, ставший 19 июля и наркомом обороны. За счет высокой профессиональной подготовки и оперативного мастерства Вермахт добивался впечатляющих побед, несмотря на абсурдность плана «Барбаросса» и субъективные ошибки немецкого командования. До декабря 1941 г. Вермахт разгромил 16 советских армий и не менее 248 дивизий — 135 стрелковых, мотострелковых и горнострелковых, 14 кавалерийских и горнокавалерийских, 61 танковую, 28 моторизованных и 10 народного ополчения. Безвозвратные потери Красной Армии к концу ноября 1941 г. превысили 6 млн человек (включая 3,8 млн пленных), безвозвратные потери Вермахта на всех театрах военных действий (в том числе африканском) за тот же период составили 263 тысячи человек (включая менее 5 тысяч пленных).

На *Севере* немецкие горные егеря воевали вместе с финнами. 25 июня 487 советских самолетов атаковали Финляндию, на следующий день объявившую СССР войну. Для финнов началась «война-продолжение». Добившись частных успехов, немцы и финны все же ни на одном участке не смогли выйти к Мурманской железной дороге. В сентябре наступление на Мурманск и Заполярье малочисленной немецкой армии «Норвегия» остановил Карельский фронт генерал-лейтенанта В. Фролова. В августе на Карельском перешейке Маннергейм вышел на границу 1939 г., блокировал Ленинград с северо-запада, но от участия в штурме, несмотря на уговоры немцев, отказался. Это очень способствовало удержанию города. Финны не бомбили и не обстреливали Ленинград, считая свои цели достигнутыми, хотя в Восточной Карелии они вышли 7 сентября на реку Свирь в районе Лодейного Поля и 1—2 октября взяли Петрозаводск. Союзники понимали неоднозначность положения Финляндии — Великобритания объявила войну Суоми лишь 5 декабря 1941 г., а США сохраняли отношения с Хельсинки до 30 июня 1944 г.

На *Северо-Западном направлении* маршала К. Ворошилова войска группы армий «Север» генерал-фельдмаршала В. фон Лееба броском форсировали Западную Двину, овладели Латвией, Литвой, Псковщиной и 13 июля начали наступление на Ленинград. Северный фронт генерал-лейтенанта М.М. Попова задержал Лееба на Лужском рубеже почти на месяц, в течение которого немцы заняли Эстонию и осадили Таллин. На правом крыле немцы захватили Новгород, разбили советские войска под Старой Руссой, а 16-я немецкая армия вышла к Демянску. После преодоления Лужского рубежа 21 августа начались бои в районе Красногвардейска (Гатчины), в 40 км от Ленинграда, для защиты которого 27 августа из части войск Северного фронта был создан Ленинградский фронт (ЛФ) Попова (с 5 сентября комфронтом Ворошилов). 28 августа пал Таллин. Балтийский флот вице-адмирала В.Ф. Трибуца при переходе в Кронштадт 28—29 августа потерял 13 (из 125) боевых кораблей, 31 (из 54) транспортов. Погибли около 18 тысяч человек.

30 августа немцы заняли Мгу, 8 сентября — Шлиссельбург, отрезав Ленинград по суше от страны. Началась мучительная блокада. 5 сентября Гитлер объявил Ленинград «второстепенным театром». После 9 сентября части 18-й армии и 4-й танковой группы захватили Красногвардейск, Красное Село, Царское Село. Но к 19 сентября Гитлер остановил штурм, забрав у Лееба все танки (7 дивизий) и половину авиации, которых не хватало для наступления на Москву. 18-я армия генерал-полковника Г. фон Кюхлера встала в пригородах в 2—5 км от города, фактически окружив войска ЛФ (четыре армии), которым с 10 сентября командовал генерал Жуков.

На *Западном направлении* Тимошенко группа армий «Центр» генерал-фельдмаршала Ф. фон Бока наступала по линии Минск — Смоленск. Подрезанный на флангах Западный фронт генерала Д.Г. Павлова развалился — 28 июня пал Минск, и в «котел» угодили 26 дивизий. Белоруссия была потеряна. К 9 июля фон Бок продвинулся на 450—600 км и вышел на линию Полоцк — Витебск — Орша — Жлобин. 16 июля после упорных боев и контрударов Красной Армии он взял Смоленск, окружив три армии, остатки которых прорвались на восток 3—5 августа. В ходе двухмесячного Смоленского сражения (10 июля — 10 сентября) Западный фронт понес огромные потери (более 210 тысяч человек), но за их счет удалось сбить темп наступления на Москву. Навстречу Боку все время вводились резервы. 13 июля 21-я армия Центрального фронта даже нанесла контрудар, освободила Рогачев и Жлобин и двинулась в общем направлении на Бобруйск. В конце июля ей пришлось отступить, опасаясь фланговых ударов. Особенно отличился 63-й стрелковый корпус комкора Л.Г. Петровского. В жестоких боях под Ярцево (26 июля — 3 августа) отличилась оперативная группа генерал-лейтенанта К.К. Рокоссовского.

Огромный театр военных действий требовал ударов по флангам, но резервов у немцев не было. Поэтому в августе Гитлер, несмотря на протесты Бока, приостановил наступление на Москву — Сталин получил ценную передышку. 8 августа фюрер повернул 25 дивизий (в том числе 6 танковых и моторизованных) резко на юг для выхода в глубокий тыл советского Юго-Западного фронта (ЮЗФ). Фон Бок перешел к жесткой обороне. В авантюрных наступательных операциях августа — сентября 1941 г. Ставка не смогла ее прорвать, щедро кладя солдатские жизни и расходуя технику. Особенно кровавыми и бестолковыми стали атаки войск Резервного фронта генерала Жукова под Ельней. Жуков лишь «вытолкнул» из Ельнинского выступа благополучно отступившего противника. Общие потери немцев за 1 августа — 10 сентября составили под Ельней 23,5 тысячи человек, Резервного фронта — 113 тысяч человек. В итоге накануне наступления на Москву советские войска на Западном направлении были истощены и обескровлены.

На *Юго-Западном направлении* группе армий «Юг» генерал-фельдмаршала Г. фон Рундштедта (949 танков) противостояла превосходящая группировка (4970 танков) Юго-Западного фронта (ЮЗФ) генерал-полковника М.П. Кирпоноса. Сталин назначил маршала Буденного командующим Юго-Западным фронтом. 23—29 июня в районе Луцк — Броды — Ровно разыгралось крупнейшее встречное танковое сражение, в котором участвовали около 2,5 тысячи танков. На неделю удалось приостановить наступление Вермахта, но пять советских механизированных корпусов фактически прекратили существование. Прорвав линию укреплений на старой границе 1939 г., немцы создали угрозу Киеву и 2—8 августа пленили под Уманью в «котле» три армии. Но с ходу взять Киев, который упорно защищала 37-я армия генерал-майора А.А. Власова и киевское ополчение (29 тысяч человек), не удалось. Рундштедт перенес тяжесть усилий далеко на юго-восток, в район Кременчуга. Сталин запретил отвод войск от Киева. 14 сентября в 210 км восточнее Киева в глубоком тылу Кирпоноса встретились танкисты генералов Э. Фон Клейста и Г. Гудериана. В «котел», ликвидированный в конце месяца, попали пять с половиной армий ЮЗФ — около полумиллиона человек. 19 сентября немцы вошли в Киев. Командующий Юго-Западным фронтом генерал-полковник Михаил Петрович Кирпонос, не желая сдаваться в плен, застрелился. По другим данным, генерал Кирпонос погиб при выходе из окружения. Буденный от командования был отстранен.

Семен Михайлович Буденный (1883–1973) родился на Дону, происходил из «иногородних» станицы Платовской. Вахмистр Буденный, полный георгиевский кавалер, храбрый, но недалекий рубака, в 1917 г., подобно многим, был прельщен революционными лозунгами и примкнул к красным. Он не был лишен честолюбия, думал о карьере: «Я решил, что лучше быть маршалом в Красной Армии, чем офицером в Белой». В 1919 г. Буденный вступил в партию большевиков. В годы Гражданской войны командовал 1-й конной армией — ударной силой большевиков. Один из буденовцев, Исаак Бабель, описал нравы своих однополчан в книге «Конармия» (1925). В ней разбой, грабеж, насилие над мирными жителями предстают как привычная повседневность. В бойцах Буденный ценил прежде всего личную преданность себе. Отношения в армии строились по образцу разбойничьей банды, в которой будущий маршал был атаманом. Своей жестокостью войска Буденного удивили даже Сталина, а Ленин не раз был крайне обеспокоен повальным пьянством и разложением в «легендарной» 1-й конной.

Гражданским мужеством Буденный не отличался. В бою с корпусом генерала А.А. Павлова он, вопреки приказу, не прикрыл с флангов дивизии Гая и Азина, и они погибли, не дождавшись помощи. А обвинение пало на Думенко, которого арестовали и отдали под трибунал. В командарме 2-й конной армии Филиппе Миронове он видел конкурента и сделал все, чтобы убрать его. Позже Буденный проголосовал за вынесение смертного приговора своему бывшему командиру Егорову. Когда в 1937 г. была арестована вторая жена Буденного (которую он привел в дом на второй день после гибели первой жены), Семен Михайлович не стал помогать даже ей. В 1939 г. ее приговорили к восьми годам лагерей. К тому времени она уже стала душевнобольной от пыток.

В 1923 г. Буденному довелось стать «крестным отцом» Чеченской автономной области: надев шапку бухарского эмира, с красной лентой через плечо он приехал в Урус-Мартан и по декрету ВЦИКа объявил Чечню автономной областью.

В 1930—1940-х гг. Буденный стал одним из организаторов массовых репрессий среди военных. В 1937 г. именно он обвинил Тухачевского и некоторых других военачальников в государственной измене, предварительно согласовав свое выступление со Сталиным. Как и Ворошилов, Буденный активно поддерживал Сталина во всех его злодеяниях. Буденный и Ворошилов сблизились не случайно. Их объединяло то, что оба они были малограмотны и не могли простить военспецам их превосходства в уме и образовании.

К 1941 г. в действующей армии было множество командиров — выдвиженцев Ворошилова и Буденного, их приятелей по 1-й конной, и это сказалось на ходе военных действий. Героем Второй Мировой войны Буденный не стал; назначенный было командовать войсками Юго-Западного направления, он скандально провалился, загубив десятки тысяч жизней, и был быстро отставлен; других за подобное расстреливали, но «живую легенду» спасли «революционные заслуги». После войны его, как большого любителя лошадей, назначили заместителем министра сельского хозяйства. К трем своим юбилеям в 1958, 1963, 1968 гг. он трижды стал Героем Советского Союза.

На *Южном направлении* войска Приморской армии генерал-лейтенанта Г.П. Софронова (с 5 октября — генерал-майора И.Е. Петрова) защищали Одессу от румынских войск (5 августа — 16 октября). Успех под Киевом позволил Рундштедту в конце сентября прорваться в Донбасс. В октябре 11-я армия генерал-лейтенанта Э. Фон Манштейна ворвалась в Крым и осадила сильно укрепленный Севастополь, защитников которого усилила перевезенная из-под Одессы Приморская армия. В районе Бердянска у Азовского моря 5—10 октября Клейст и Манштейн уничтожили 18-ю армию генерал-лейтенанта А.К. Смирнова. Затем танкисты Клейста овладели Таганрогом, а 21 ноября на пределе сил взяли Ростов-на-Дону. Но уже 28 ноября под давлением свежих советских резервов армий Южного фронта Клейст оставил «ворота в Азию», фронт замер по реке Миус. Оставление немцами Ростова было «первым звонком», свидетельствовавшим о провале авантюрного блицкрига, для которого у Гитлера катастрофически не хватало ресурсов, равно как и для удержания растянутого фронта и оккупированных областей.

3 октября Гитлер позволил себе заявить: «Враг сломлен, и ему уже не удастся вновь подняться на ноги». В те дни это была почти правда. Народ превратился в расходный материал Кремля, который вел за его счет войну на истощение сил и средств противника.

> Опять мы отходим, товарищ,
> Опять проиграли мы бой,
> Кровавое солнце позора
> Заходит у нас за спиной.
>
> Мы мертвым глаза не закрыли.
> Последнего долга отдать
> Мы им не успели, спешили,
> Придется так вдовам сказать.
>
> Не правда ль, мы так и расскажем
> Их вдовам и их матерям,
> Что бросили их на дороге,
> Зарыть было некогда нам... —

писал Константин Симонов и, вспоминая героизм воинов русской Императорской армии в былых битвах, призывал:

> Пусть то безымянное поле,
> Где нынче пришлось нам стоять,
> Вдруг станет той самой твердыней,
> Которую немцам не взять.

Красная Армия, что начинала войну, практически перестала существовать к 1942 г. Начинала складываться новая армия — из резервных частей, пришедших с Дальнего Востока, и новобранцев. Менялся и командный состав: место командиров Гражданской войны заняли новые люди.

Все же и в 1941 г. было немало очагов решительного сопротивления. Как ни старались большевики уничтожить память о славном боевом прошлом русской армии, где-то в глубине народного сознания оно было живо. В рядах Красной Армии стояло еще много боеспособных бывших солдат Первой Мировой и даже Русско-японской войн, а у молодых бойцов отцы и деды, как правило, были участниками этих кампаний и в кругу семьи рассказывали правду о них. Да и двадцать лет оголтелой пропаганды и террора все же не могли враз заслонить собой тысячелетнюю историю России. Именно поэтому первые дни войны явили не только примеры бездарности высшего командования, массового разгрома советских армий и миллионных сдач в плен, но и беззаветное мужество и героизм советских солдат, уже с гордостью начинавших называть себя русскими, вне зависимости от их национальной принадлежности. И наиболее ярким примером воинской доблести первых дней войны явилась Брестская крепость.

Брестская крепость, построенная в 1842 г. русскими военными инженерами, совершенствовалась вместе с развитием боевой техники и к 1941 г. представляла собой достаточно серьезный укрепрайон. В ее казематах и фортах свободно могли расположиться две дивизии. Однако в связи со сталинскими планами войны, основные боевые части были выведены из крепости для подготовки к наступлению. В составе гарнизона остались госпиталь для эвакуации в него раненых и дежурные части полков, ранее там дислоцированных. Полный разгром Красной Армии в приграничных сражениях привел к тому, что крепость сразу оказалась окруженной противником, а малочисленность ее защитников предопределила очаговый характер обороны. Крепость штурмовала 45-я немецкая пехотная дивизия. Ее ударные части переправились через реки Буг и Мухавец, ворвались в Центральную цитадель и внезапным ударом овладели бывшей церковью, в которой размещался полковой клуб, завладев, таким образом, стратегическим ключом обороны. Перед атакой немецкой пехоты по Брестской крепости был нанесен мощный бомбовый и артиллерийский удар. После короткого замешательства гарнизон начал сражение с ворвавшимся противником. Оборону цитадели возглавили полковой комиссар Ефим Фомин и капитан Иван Зубачев. По их приказу бойцы 84-го стрелкового полка под командованием комсорга Самвела Матевосяна внезапной штыковой атакой выбили немцев из церкви. Матевосян в этом бою был ранен: немецкий офицер, заколотый им штыком, изрезал ему ножом спину. Самвел неделю участвовал в боях в крепости, получил еще два ранения, попал в плен, осенью 1941 г. бежал из него и партизанил в белорусских лесах. Войну закончил в Берлине, расписавшись на стене Рейхстага.

Упорный бой шел и у восточных, Кобринских ворот крепости. В районе этого укрепления стоял 98-й отдельный истребительно-противотанковый дивизион под командованием майора Никитина. Под огнем противника большинство боевой техники было уничтожено, погиб и сам командир. Тогда руководство обороной приняли на себя заместитель Никитина по политической части старший политрук Николай Нестерчук и начальник штаба лейтенант Иван Акимочкин. Выкатив оставшиеся пушки на валы, грамотно расположив пулеметчиков и стрелков, бойцы под руководством доблестных командиров остановили наступление немцев на этом участке обороны.

Ожесточенные бои шли у Холмских и Тереспольских ворот, храбро сражались пограничники 9-й погранзаставы лейтенанта Андрея Митрофановича Кижеватова. Отбивая атаки противника штыковыми ударами, они не давали вражеским автоматчикам прорваться через Тереспольские ворота в центр крепости. Лейтенант Кижеватов сражался со своими бойцами до 3 июля и погиб смертью героя при попытке взрыва моста через Буг. Пограничники отличались хорошей воинской подготовкой, были храбры и инициативны. Так, молодой боец 10-й погранзаставы, расположенной невдалеке от Бреста, Алексей Новиков после гибели своих боевых товарищей выбрал огневую позицию в дупле огромного дуба и три дня расстреливал из пулемета немецкую пехоту, уничтожив десятки врагов. Противник долго не мог понять, откуда ведется огонь. Через три дня у Алексея кончились патроны, на предложение сдаться он ответил отказом и погиб как герой.

Гарнизон крепости жил надеждой на скорое освобождение из окружения. Несколько раз бойцы и командиры пытались прорваться с боями, но эти попытки заканчивались неудачами. Лишь 26 июня группе лейтенанта Анатолия Виноградова удалось переправиться через Мухавец, уничтожить на валах крепости пулеметные гнезда противника и выйти на южные окраины Бреста. Там его группа приняла свой последний бой, и немногие оставшиеся в живых, в том числе и Анатолий Виноградов, попали в плен. Крепость обстреливалась из крупнокалиберных орудий, авиация сбрасывала на нее 500-килограммовые и тонные бомбы, гарнизон изнывал от жажды, так как все подступы к рекам простреливались снайперами, но солдаты и командиры сражались геройски, несмотря на все испытания. Имена героев обороны Центральной цитадели – полкового комиссара Ефима Фомина, капитана Ивана Зубачева, лейтенанта Анатолия Виноградова, рядового Александра Филя и многих других – навеки вписаны в славную историю русского оружия. Характерно то, что в составе гарнизона были представители более чем 30 народов, населявших Советский Союз, в том числе и немцы Поволжья. К 1 июля оборона Центральной цитадели была подавлена, но отдельные бойцы и командиры еще долго сражались с врагом. Полковой комиссар Фомин попал в плен и был расстрелян фашистами. Характерна судьба Александра Филя. После освобождения из немецкого концлагеря его допрашивал следователь СМЕРШ. После допроса он попросил Александра подписать протокол. Когда Филь попытался его прочитать, следователь спросил: «Ты что, советской власти не веришь?» «Конечно, верю», – простодушно ответил Филь – и моментально оказался на Колыме с ярлыком «власовца».

Геройски сражались в крепости 15-летние мальчики – воспитанники полков Петр Клыпа и Николай Новиков. Они ходили в разведки, обнаруживали склады боеприпасов, доставляя их бойцам, пробирались за водой под пулями немецких снайперов и даже ходили в штыковые атаки.

Дольше всего продолжалась оборона Восточного форта, которую возглавил командир 44-го стрелкового полка майор Петр Михайлович Гаврилов. Его начальником штаба стал командир батальона 42-й дивизии капитан Константин Касаткин. Жестокие бои на укреплении велись до начала июля, но после применения тяжелых авиационных бомб немцам удалось захватить и его. Майор Гаврилов в одиночку вел бои с противником до 23 июля, когда совершенно изможденный был захвачен в плен. По приказу немецкого генерала ему были отданы воинские почести, когда Петра Михайловича несли на носилках мимо строя солдат. Майор Гаврилов открыто говорил о возможности превентивного удара со стороны немцев и готовил своих солдат к обороне. На него был написан донос, и разбор его персонального дела должен был состояться 27 июня 1941 г. в Минске. Именно в этот день туда вошла германская армия.

Уже в первые дни войны стала проявляться бессмысленная жестокость фашистов. Взбешенные упорством защитников Кобринских ворот, они расстреляли захваченного в плен лейтенанта Акимочкина, а через несколько дней – его жену и двух маленьких детей. В 1942 г. фашистами была расстреляна семья лейтенанта Кижеватова. Естественно, что очень многих колеблющихся в выборе дальнейшего пути на военных дорогах подобные факты навсегда отталкивали даже от мысли компромисса с гитлеровским режимом. Бои в крепости не утихали еще очень долго. Последний ее безвестный защитник был захвачен в плен в апреле 1942 г.

Символом обороны крепости стали надписи на ее стенах, оставленные сражающимися бойцами. «Я умираю, но не сдаюсь! Прощай, Родина!» Эта фраза достойна героев обороны Севастополя в годы Крымской войны, Баязета в 1877 г., Порт-Артура в 1904 г., Прасныша и Осовца в годы Великой войны, с которыми защитники Брестской крепости, бесспорно, стоят в одном ряду, являясь их прямыми духовными наследниками.

Были примеры беззаветного мужества и героизма и на других фронтах. Так, первым эстонцем, получившим звание Героя Советского Союза, стал политрук Арнольд Мери, возглавивший оборону штаба своего корпуса при отражении немецкого десанта в июле 1941 г. Немецкие парашютисты после пятичасового боя так и не смогли сломить упорство советских солдат.

Отражена была атака на Мурманск из Норвегии, памятны оборона Киева в июле — сентябре, оборона Ленинграда начиная с августа, оборона Одессы в августе — октябре, оборона Севастополя с ноября 1941 г. по июль 1942 г. Но несмотря на яркие примеры самоотверженно-мужественной обороны, невероятное количество пленных подчеркивало глубокие нравственно-политические пороки не русских воинов, а режима, пославшего их в бой. Из 11,3 млн бойцов и командиров действующей армии в 1941 г. 3,8 млн оказались в плену, 1,2 млн дезертировали и осели на оккупированных территориях. С 22 июня по 10 октября Особыми отделами и заградотрядами НКВД было задержано 657 364 военнослужащих, «отставших от частей», — эквивалент численности пяти-шести армий. Из них расстреляли дивизию — 10 201 человека.

Убогость сталинской военной машины оплачивалась бесчетными жизнями бойцов и командиров. Как и во время войны с Финляндией, ответственными за преступления и бездарность руководителей Коммунистической партии и советского государства становились не только рядовые, но и представители старшего и высшего командно-начальствующего состава. Так, например, по настоянию сталинского любимца армейского комиссара 1-го ранга Л.З. Мехлиса в сентябре 1941 г. на Северо-Западном фронте в воспитательно-назидательных целях перед строем подчиненных были расстреляны генерал-майор артиллерии В.С. Гончаров и командующий 34-й армией генерал-майор К.М. Качанов, несмотря на то, что 34-я армия своими активными действиями 12—25 августа заставила немцев снизить темпы наступления на Ленинград и позволила оборонявшейся стороне выиграть некоторое время. По приказу командующего Западным фронтом генерала армии Г.К. Жукова 22 октября 1941 г. были арестованы и расстреляны перед строем своих бойцов командир 17-й стрелковой дивизии полковник П.С. Козлов и бригадный комиссар С.И. Яковлев. Жуков приказал расстрелять и командира 53-й стрелковой дивизии полковника Н.П. Краснорецкого, но полковник в тот день успел погибнуть в бою, избежав ареста и расстрела. И далее Мехлис и Жуков продолжали воевать привычными методами. 4 ноября 1941 г. в приказе по фронту Жуков объявил о расстреле перед строем подчиненных командира 133-й стрелковой дивизии подполковника А.Г. Герасимова и комиссара Г.Ф. Шабалова.

Количество пленных по немецким источникам (июнь – сентябрь 1941 г.)

8 июля в районе Белосток – Минск	334 571
16 июля в районе Могилева	35 тыс.
5 августа в районе Смоленска	309 110
9 августа в районе Умани	103 тыс.
19 августа в районе Гомеля	78 тыс.
23 августа в районе озера Ильмень	18 тыс.
30 августа в излучине Днепра	84 тыс.
4 сентября в Эстонии	11 тыс.
15 сентября в районе Демянска	35 тыс.
26 сентября в Киевском «котле»	665 212
30 сентября в Лужском окружении	20 тыс.
ИТОГО	около 1,7 млн

Литература

К. Быков. Киевский «котел». Крупнейшее поражение Красной Армии. М., 2007.
А.В. Исаев. «Котлы» 1941-го: История ВОВ, которую мы не знали. М., 2006.
П. Карелл. Восточный фронт. Кн. 1. Гитлер идет на Восток. 1941–1943. М., 2003.
Л.Н. Лопуховский. Вяземская катастрофа 41-го года. М., 2006.
Б. Мюллер-Гиллебранд. Сухопутная армия Германии, 1933–1945. М., 2003.
1941 год. Уроки и выводы. М., 1992.
С.С. Смирнов. Брестская крепость. М.: Молодая гвардия, 1965.

4.2.5. Московская битва 1941–1942 гг.

За три месяца противник продвинулся вглубь СССР на 800 км на фронте шириной 1650 км. Потеряв драгоценное теплое время на разгром нависавшего на фланге Юго-Западного фронта, лишь 30 сентября – 2 октября Вермахт начал операцию «Тайфун» — генеральное наступление на Москву силами трех полевых и трех танковых армий группы армий «Центр». Войскам Бока (72 дивизии) противостояли соединения Красной Армии (95 дивизий, 13 танковых бригад), в значительной степени измотанные и обескровленные в предшествующих частных наступательных операциях.

Соотношение сил к началу операции «Тайфун»
(процент от числа на Восточном фронте)

	Личный состав (чел.)	Орудия и минометы	Танки	Самолеты
Группа армий «Центр»	1,92 млн (42 %)	14 000 (33 %)	1 570 (70 %)	1 390 (60 %)
Западный, Резервный, Брянский фронты	1,25 млн	10 524	1 044	545

Ставка и Генеральный штаб упустили сосредоточение Вермахта и не смогли определить направление его главных ударов. Прорвав ниточку советской обороны, 7 октября танковые клинья Гота и Гепнера встретились в Вязьме, южнее Гудериан замкнул кольцо под Брянском. В огромных «котлах» оказались 13 армий Западного, Резервного и Брянского фронтов — 64 дивизии (из 95 к началу битвы), 11 танковых бригад (из 13), 50 артиллерийских полков (из 62). Из «котла» выбрались лишь остатки 32 дивизий и 13 артполков. К 17 октября три фронта лишились более 1 млн бойцов, из которых более 600 тысяч попали в плен (в том числе три командующих армиями — генералы М.Ф. Лукин, Ф.А. Ершаков, С.В. Вишневский). Немецкими трофеями стали 1277 танков, 5378 орудий, 87 самолетов. 10 октября в командование Западным фронтом вступил прибывший из Ленинграда генерал Жуков. Ликвидируя «котлы», немцы задержались на Можайской линии обороны.

15–16 октября в Москве на фоне хаотичной эвакуации вспыхнула паника. С 438 предприятий, учреждений и организаций сбежали 779 руководителей, укравших 1,5 млн рублей и угнавших более ста автомобилей. Во дворах жгли документы и портреты советских вождей. Сталин колебался, его ждал спецтранспорт на Куйбышев. Но после раздумий он решил остаться в столице. 20 октября в Москве было введено осадное положение — за антигосударственные действия, преступления, разговоры, распространение слухов патрули и сотрудники НКВД расстреливали виновных на месте. На нелегальное положение для работы в оккупации перешли около 800 коммунистов и комсомольцев, кроме того, органы НКВД подготовили 20 разведывательно-диверсионных и подпольных групп (243 человека, в том числе 47 кадровых чекистов). В случае прихода немцев центр Москвы — вместе с москвичами — взлетел бы на воздух. На территорию Кремля завезли 4 тонны взрывчатки, во Фрунзенский район — 15 тонн. Минировались здания НКВД и советских органов власти, тюрьмы, академии, Дом Правительства, Центральный телеграф, телефонная станция и почтамт, наркоматы, ГУМ, Даниловский, Дзержинский и Таганский универмаги, гостиницы «Савой», «Новомосковская», «Селект», «Метрополь», «Националь», десятки заводов и фабрик, Большой театр, храм Василия Блаженного, Елоховский собор и т. д.; всю работу по взрывам в Москве организовывал и курировал зам. начальника 2-го отдела НКВД СССР А.Ф. Пономарев.

Однако к концу октября Вермахт остановился — перед немцами все время возникали спешно сколоченные формирования, техника вязла в грязи, коммуникации растянулись, требовалась перегруппировка сил. Красная Армия получила трехнедельную передышку. В последнем донесении из Токио разведгруппа Рихарда Зорге сообщила, что Япония окончательно отказалась от планов войны против СССР и с Востока к Москве устремились резервы. 15 ноября Бок возобновил наступление, особенно жестокие бои шли под Клином и Волоколамском. К 1 декабря немцы прошли более 100 км, взяли Ясную Поляну под Тулой и форсировали канал Москва — Волга в районе Красной Поляны. Немецкие авангардные бронетанковые части почти без пехоты прорвались до 21 км Ленинградского шоссе, на окраину Химок.

Со второй декады ноября 1941 г. начались холода, к которым немцы не были готовы и понесли серьезные потери обмороженными. Среди жителей Германии и оккупированных стран срочно начался сбор теплой одежды и белья для армии.

Вермахт окончательно выдохся, истощил силы и средства, остановившись буквально в чистом поле в 28 км от центра Москвы. Противник в легком обмундировании страдал от сильных морозов, резервов и пополнений не было, техника и оружие отказывали на холоде. СССР жил в состоянии непрерывной мобилизации. В 1941 г. в Красной Армии были переформированы или сформированы более 500 (!) соединений, а Вермахт от Бреста до Ростова прошел в неизменном состоянии, исчерпав свои оперативные возможности.

5—6 декабря на выдохшегося и замерзшего противника обрушился контрудар свежих советских войск. Ранним вечером 5 декабря фон Бок доложил: «Сил больше нет». В контрнаступлении 5 декабря 1941 г. — 7 января 1942 г. участвовали 15 армий Калининского, Западного и Северо-Западного фронтов. Особенно отличились войска трех армий: 1-й ударной генерал-лейтенанта В.И. Кузнецова, 16-й генерал-майора К.К. Рокоссовского и 20-й генерал-майора А.А. Власова, освободившие Волоколамск, Истру, Клин, Солнечногорск, Яхрому и другие города. К 7 января 1942 г. Вермахт был отброшен от Москвы на 150—250 км, к концу месяца противник оставил всю Московскую область. Однако упорно оборонявшиеся немцы сумели удержать охваченный полукольцом Ржевский выступ, за который до весны 1943 г. Западный фронт вел кровавые и безуспешные бои.

Под Москвой советские солдаты сражались мужественно. Наиболее известными являются два подвига: Зои Космодемьянской и 28-ми гвардейцев-панфиловцев. Однако и здесь, желая восславить героизм воинов в пример всей стране, власть, не разбираясь в фактах, лгала без зазрения совести. На Волоколамском шоссе шли жестокие бои, и погибло смертью храбрых много бойцов и командиров. Весть о подвиге солдат-панфиловцев стала известна из статьи корреспондента А. Кривицкого, который на месте подвига не был, а пользовался непроверенными данными и слухами. Поэтому всем 28 панфиловцам звание Героя Советского Союза было присвоено «посмертно». Однако на проверку оказалось, что шестеро из них остались живы, причем двое попали в плен, один из которых успел даже послужить в немецкой полиции.

Что же касается Зои Космодемьянской, то несчастная девушка стала жертвой безобразного отношения к человеческой жизни сталинского режима и непрофессионализма готовивших ее людей. После краткосрочной подготовки она была с разведгруппой направлена в район Наро-Фоминска с заданием сжечь 10 деревень, в том числе и деревню Петрищево, во исполнение сталинского приказа № 0428 от 17 ноября 1941 г. – не оставлять врагу ничего, даже крыши над головой. Что будут в лютые морозы делать жители деревень под открытым небом, власти было безразлично. В состав группы входило три человека: командир – 19-летний Борис Крайнов и 18-летние Василий Клубков и Зоя Космодемьянская. Зоя выполнила задачу и подожгла несколько домов, однако Клубков был схвачен немецкими часовыми и на допросе выдал Зою, которую задержал староста деревни, когда она уже шла на встречу с командиром группы. После издевательств и пыток девушка была казнена. Выдавший ее Клубков был завербован немцами и в январе 1942 г. заброшен в расположение частей Красной Армии. Заподозривший его Борис Крайнов разоблачил предателя. 16 апреля Клубков был расстрелян. Из его показаний и стала известной правда о гибели девушки. Материалы этого дела были рассекречены после 1991 г. Смерть Зои сталинская пропаганда использовала в своих целях: фотография повешенной «Тани», как назвала себя на допросе Космодемьянская, была опубликована в газетах, девушке посмертно было присвоено звание Героя Советского Союза, а Сталин издал приказ расстреливать на месте солдат и офицеров 332-го пехотного полка полковника Рюдерера, солдаты которого казнили Зою. О такой же молодой девушке – разведчице Вере Волошиной, пошедшей в составе другой группы и погибшей в тот же самый день в деревне Головково, невдалеке от Петрищево, не было сказано ни единого слова. Выдающийся советский разведчик-диверсант Илья Григорьевич Старинов всю войну боролся с безумием сталинского приказа. По его словам, большей глупости трудно было придумать. Серьезная разведгруппа идет на задание не на один день. Она должна нести с собой боеприпасы, взрывчатку, оружие и продукты питания, которых можно взять максимум на пять дней, ведь разведчик все несет на себе. Дальнейшее пропитание он должен доставать у местных жителей. Кто же и чем будет кормить представителей армии, перед этим все уничтоживших? Именно из-за своей жесткой позиции по принципиальным вопросам И.Г. Старинову так и не присвоили звание Героя Советского Союза, к которому его за годы войны представляли три раза. Его спецоперация по ликвидации в Харькове в ноябре 1941 г. командующего гарнизоном генерала фон Брауна и всего его штаба радиоуправляемой миной по сигналу, поданному из Воронежа, вошла во все учебники по диверсионной подготовке. Заслуженную звезду Героя России он получил к своему 100-летнему юбилею в 2000 г.

Защита столицы и успешное контрнаступление Красной Армии имели не только военно-политическое и моральное значение. «Блицкриг» провалился окончательно, на Востоке началась затяжная война, для которой у Германии не было ни ресурсов, ни достаточных сил. Но соотношение понесенных потерь ясно указывало на ту цену, которую готова была платить сталинская власть ради достижения победы и насаждения коммунистической администрации в Восточной Европе.

Потери в Московской битве (2 октября 1941 – 7 января 1942 г.)

	Личный состав (чел.)	Орудия и минометы	Танки (в т. ч. немецкие штурмовые орудия)
Вермахт	305 239 (в том числе 77 820 безвозвратные)	3 500	950
Красная Армия	1 805 923 (в том числе 926 244 безвозвратные)	21 748	4 171

Литература
Лубянка в дни битвы за Москву. Сб. документов. М., 2002.
Л.Н. Лопуховский. Вяземская катастрофа 41-го года. М., 2006.
М.Ю. Мягков. Вермахт у ворот Москвы. М., 2005.
В. Хаупт. Сражения группы армий «Центр». М., 2006.

4.2.6. Трагедия Ленинграда, 1941–1942 гг.

Фактически блокада Ленинграда началась 30 августа 1941 г., когда противник захватил Мгу и перерезал последнюю железную дорогу, связывавшую страну с городом. С 4 сентября велись его систематические артобстрелы, достигшие особой интенсивности летом 1943 г. 8 сентября 1941 г. немцы овладели Шлиссельбургом на южном берегу Ладожского озера. Отныне сообщение стало возможным лишь по воздуху или через Ладожское озеро по линии Ваганово — Кобона (западнее Волхова) и др. В тот же день состоялись два первых массированных налета Люфтваффе на Ленинград — противник сбросил более 6,3 тысячи бомб, возникли около 180 очагов пожаров, сгорели знаменитые Бадаевские склады с большими запасами сахара, масла и других продтоваров. В сентябре город бомбили 23 раза, в октябре – 39. За время блокады жертвами бомбежек и артобстрелов стали более 35 тысяч ленинградцев.

Без танков и с ослабленными силами авиации фон Лееб в октябре — ноябре 1941 г. еще пытался пробиться вдоль побережья Ладоги, выйти на Свирь и, соединившись с финнами, полностью заблокировать Ленинград. 8 ноября противник занял Тихвин, угрожая Волховской ГЭС, но на этом исчерпал собственные возможности. Через месяц войска 4-й армии, которыми командовал освобожденный из НКВД после жестоких пыток генерал армии К.А. Мерецков, вернули Тихвин. Но несмотря на перевес в силах, особенно в танках, командование Ленинградского фронта (генерал-майор И.И. Федюнинский, затем — генерал-лейтенант М.С. Хозин) не смогло преодолеть полевую оборону Вермахта. Начались перманентные попытки прорвать блокаду, во время которых умело оборонявшийся противник методично перемалывал атакующие советские части и соединения, несшие огромные потери.

Особенно страшной, сравнимой лишь с бойней под Ржевом, стала мясорубка под полустанком Погостье (юго-восточнее Мги). Здесь в лобовых и безуспешных атаках командующий 54-й армией генерал Федюнинский с декабря 1941 г. по апрель 1942 г. методично укладывал в болота личный состав целых дивизий. Всего у Погостья погибло более 60 тысяч человек, а оборонял полустанок немецкий полк численностью около 2 тысяч солдат. Один из немецких пулеметчиков сошел с ума от того, что вынужден был убить столько людей. Русская армия в сражении под Бородино в 1812 г. потеряла меньше солдат, чем пало у безвестного полустанка.

Медленно умиравшим от голода и холода жителям Ленинграда, города, в котором родилась большевицкая революция, пришлось испытать неописуемые страдания. С началом блокады ленинградцы были предоставлены сами себе. В начале сентября 1941 г. по приказу Сталина партийно-военное руководство во главе с А.А. Ждановым и К.Е. Ворошиловым готовили взрыв предприятий, мостов, важнейших объектов и почти всего центра на случай вступления в Ленинград противника. Возможные массовые жертвы среди гражданского населения (около 2,5 млн на сентябрь 1941 г.) никого из них не беспокоили. Отвечал за «спецмероприятия» прибывший 13 сентября в Ленинград замнаркома внутренних дел комиссар госбезопасности 3-го ранга В.Н. Меркулов. В конце октября — начале ноября Сталин еще требовал от Жданова и Хозина пожертвовать частью войск, но прорваться любой ценой на восток, бросив город и население.

После стабилизации фронта население превратилось в заложника высшей партноменклатуры ВКП(б) и органов НКВД, расплачивавшихся жизнями и страданиями ленинградцев за собственную военно-политическую несостоятельность. Еще в первые недели войны Жданов просил Москву не направлять в Ленинград эшелоны и транспорты с эвакуируемым продовольствием и не создавать продовольственных излишков. Голод в Ленинграде начался уже в ноябре 1941 г., 9 ноября Москва приняла решение о доставке продовольствия в Ленинград. 22 ноября успешно выдержала испытания знаменитая «дорога жизни» — ледовая автомобильная трасса через Ладожское озеро, сыгравшая важную роль в снабжении и эвакуации жителей вымиравшего города.

Нормы довольствия по карточкам неуклонно снижались вплоть до декабря 1941 г. С 20 ноября по 24 декабря ленинградцы получали в сутки «хлеба» с эрзац-добавками: 250 г — рабочие, 125 г — служащие, иждивенцы и дети. 25 декабря нормы повысили до 350 и 200 г, а 24 января 1942 г. — до 400 г (рабочие), 300 г (служащие), 250 г (иждивенцы и дети). Но и эти повышенные нормы не обеспечивали выживания людей. В первые месяцы блокады органы НКВД еще фиксировали частые случаи антисоветских и антисталинских высказываний, распространения листовок, но уже зимой 1941—1942 гг. доминирующим состоянием населения стали апатия и мысли о еде. Ленинград превратился в огромное кладбище. С ноября 1941 г. по декабрь 1942 г. органы НКВД за людоедство и употребление человеческого мяса задержали 2136 ленинградцев, более половины из которых расстреляли. Не было ни топлива, ни транспорта. От голода, холода и обстрела ежемесячно умирало более 100 тысяч жителей.

> Пережившая молодой девушкой блокаду в пригороде Ленинграда – Кронштадте, выжившая одна во всем доме, будущая великая русская певица Галина Вишневская вспоминала: «Время было страшное, и нравственно выживали те, в ком не был побежден дух. Люди умирали прямо на улицах и так лежали по нескольку дней. Часто можно было увидеть трупы с вырезанными ягодицами. Бывало, что если в семье кто-нибудь умирал, оставшиеся в живых старались как можно дольше его не хоронить, не заявлять о его смерти, чтобы получать на умершего хлебную карточку. Матери лежали в постели с мертвыми детьми, чтобы получить еще хоть крошку хлеба, пока не умирали сами. Так и оставались замерзшие покойники в квартирах до весны… К весне боялись эпидемий. Ездили собирать мертвецов по квартирам. Для этого был организован специальный отряд из женщин – им выдавали специальный паек за тяжелую работу. Работали они ночью. Выволокут промороженного мертвеца из квартиры на улицу, возьмут за руки, за ноги, раскачают – раз, два, три! – и бросают в грузовик. Звенит, как обледеневшее бревно» (*Галина Вишневская*. Галина. История жизни. М.: Вагриус, 2006. С. 34, 38).

К лету положение улучшилось, появились овощи с огородов, разбитых в парках и на пустырях, а по дну Ладожского озера был проложен трубопровод для нефтепродуктов и электрический кабель с Волховской ГЭС. Ее советские войска хотя и минировали, но (в отличие от Днепровской ГЭС) не взорвали. В то же время в декабре 1941 г. ответственные работники партийно-советских органов и госбезопасности получали копченую колбасу, мясные консервы, икру, шоколад и другие деликатесы. В городе сложилась строгая иерархия продовольственного снабжения, на нижней ступени которой оказалось огромное большинство населения. На черном рынке не прекращалась торговля антиквариатом и произведениями искусства императорской России, в обороте крутились миллионы рублей и килограммы золота, а на обысках у спекулянтов продовольствие изымалось тоннами. Трагедия сплеталась с мародерством, подлостью и человеческим отчаянием. Всего за 900 дней блокады погибло более 850 тысяч ленинградцев. Около 1 млн 400 тысяч удалось эвакуировать, но многие из них от истощения скончались. В декабре 1943 г. в городе оставалось всего около 560 тысяч жителей из 2 812 134 по состоянию на 22 июня 1941 г.

После войны власть, чтобы избежать ответственности за судьбу сотен тысяч погибших, превратила страдания ленинградцев в объект ежегодного помпезного поклонения и возвеличивания, позволяющих до сих пор игнорировать проблему ответственности компартии за блокаду Ленинграда и ее последствия. На самом деле подвиг выживших немногих ленинградцев заключался в ежедневной неравной борьбе со смертью, в битве за спасение своей жизни и жизни близких людей, — и в этих негромких сражениях советско-нацистской войны было немало и милосердия, и доброты, и огромного личного мужества, всю глубину и силу которых нам, не пережившим блокадного ужаса, трудно представить.

Несмотря на полное разложение власти, доблестно сражались советские бойцы и командиры на всех участках Ленинградского фронта, и именно они ценой невообразимых жертв отстояли город. Поэт Павел Шубин в строках «Волховской застольной» воспел мужество защитников Ленинграда намного лучше, нежели советская пропаганда:

> Редко, друзья, нам встречаться приходится,
> Но уж когда довелось,
> Вспомним, что было, и выпьем, как водится,
> Как на Руси повелось!
>
> Выпьем за тех, кто неделями долгими
> В мерзлых лежал блиндажах,
> Бился на Ладоге, дрался на Волхове,
> Не отступал ни на шаг.
>
> Выпьем за тех, кто командовал ротами,
> Кто умирал на снегу,
> Кто в Ленинград пробирался болотами,
> Горло сжимая врагу.
>
> Будут навеки в преданьях прославлены
> Под пулеметной пургой
> Наши штыки на высотах Синявина,
> Наши полки подо Мгой.
>
> Пусть вместе с нами семья ленинградская
> Рядом сидит у стола.
> Вспомним, как русская сила солдатская
> Немца за Тихвин гнала!

> Встанем и чокнемся кружками стоя мы,
> Братство друзей боевых.
> Выпьем за мужество павших героями,
> Выпьем за встречу живых.

На эти строки композитором И. Любаном была написана музыка. Но сталинский режим приписался не только к подвигу народа, но и к сочиненным им песням. Позже к этим строкам был добавлен куплет со словами: «Выпьем за родину, выпьем за Сталина, выпьем и снова нальем», исчезнувший из песни с окончанием правления тирана.

Литература
Н.А. Ломагин. В тисках голода. СПб., 2000.
Н.А. Ломагин. Неизвестная блокада: В 2 т. СПб.; М., 2002.

4.2.7. Эвакуация промышленности на Восток. Создание новой индустриальной базы на Востоке СССР. Тыл

Оправившись от первого потрясения «коварным нападением» вчерашнего союзника, Сталин стал собирать в своих руках все нити военного управления. С мая 1941 г. он уже был председателем Совнаркома, теперь он стал председателем учрежденного 30 июня 1941 г. Государственного комитета обороны (ГКО) — высшего органа власти на время войны. Назначив себя с июля 1941 г. наркомом обороны, Сталин стал потом, подобно Гитлеру, и Верховным главнокомандующим. Он вникал в руководство военными операциями так же детально, как ранее в составление народнохозяйственных планов и расстрельных списков. Членами ГКО были В.М. Молотов, Л.П. Берия, Г.М. Маленков, К.Е. Ворошилов, Н.А. Булганин, Л.М. Каганович, А.И. Микоян и Н.А. Вознесенский. Последний, как председатель Госплана, отвечал за мобилизацию промышленности. На местах были созданы городские комитеты обороны, возглавляемые первым секретарем парторганизации, с участием военных и чекистов.

Оккупация оторвала от страны в среднем 40 %, а в ряде отраслей и более производственных возможностей, так что на оставшейся территории троим надо было работать за пятерых. Рабочий день длился 10 или 12 часов, допускались и сверхурочные бесплатные работы по 2—3 часа в день, оборудование на заводах работало круглосуточно. Для работы в промышленности были мобилизованы мужчины в возрасте от 14 до 65 и женщины от 16 до 55 лет. Мобилизации в армию фактически подлежали мужчины от 17 до 50 лет, всего за время войны было призвано 34,4 млн мужчин. С оружием в руках служило 1,2 млн женщин — на самых разных постах: снайперами, летчиками, радистами. Почти поголовная мобилизация мужчин в армию привела к тому, что тыл держался на женщинах. Например, доля женщин среди трактористов поднялась с 4 до 40 процентов.

Потеря хлебородных районов Украины в 1941 г. и Северного Кавказа в 1942 г. создали очень трудное продовольственное положение. Распределение продуктов было нормировано и введены разные уровни снабжения. Как и до войны, руководящие работники партии и органов госбезопасности обеспечивались в первую очередь. Затем рабочим 1-й категории (тяжелая промышленность, транспорт) полагалось по карточкам 1,2 кг хлеба в день, рабочим 2-й категории — 500 г, служащим —— 450 г, членам семей, детям и прочим — 300—400 г. Полагалось также около 2 кг мяса или рыбы в месяц, 100 г жиров, 1,3 кг круп и макарон, 400 г сахара или кондитерских изделий. В последнюю очередь снабжались заключенные и пленные — отсюда исключительно высокая смертность в лагерях во время войны. В таких местах, как Архангельская и Вологодская области и Якутия, люди в 1942 г. и на свободе умирали от голода (около 20 тысяч в Архангельске), не говоря про осажденный Ленинград. Смертность гражданского населения, особенно больных и детей, была повышенной по всей стране. Снабжение по карточкам шло с перебоями, процветали воровство и черный рынок. Много гражданского населения погибло и в Сталинграде, так как Сталин запретил эвакуировать город при приближении германских войск, заявив, что «армия не защищает пустые города».

Созданный в довоенные годы Урало-Кузнецкий угольно-металлургический комплекс позволил стране с трудом, но существовать без Донецкого бассейна, хотя производство стали снизилось с 18,3 млн тонн в 1940 г. до 8,2 млн в 1942 г. Но планы первых пятилеток не во всем были так дальновидны. Более 80 % оборонной промышленности очутилось в зоне военных действий в западных и центральных областях. Потребовалась срочная эвакуация на восток оборонных заводов, прежде всего авиационных и танковых.

Образованный при Совнаркоме Совет по эвакуации руководил вывозом наиболее ценного оборудования на Волгу, на Урал, в Сибирь и Среднюю Азию. Некоторые эвакуированные заводы стали выпускать военную продукцию уже в конце 1941 г. На Урале, где не было даже прокатных станов для танковой брони, выросли три центра танкостроения: на основе тракторного завода в Челябинске («Танкоград»), вагоностроительного в Нижнем Тагиле и Уралмаша в Екатеринбурге. Все три получили эвакуированное оборудование. Первый выпускал тяжелый танк КВ, а два других средний танк Т-34. Осваивались новые технологии. Так, ручная сварка танковых корпусов была заменена автоматической. Ввиду катастрофических потерь оружия потребность в продукции уральских и волжских заводов была острой. Уже в декабре 1941 — январе 1942 г. в СССР стали выпускать 60—70 танков в сутки, и эта цифра росла.

Наркомат авиационной промышленности вывез на восток 118 заводов, главным образом на Волгу, в район Саратова и Самары (тогда Куйбышева). Здесь освоили производство сравнительно простых в сборке первоклассных истребителей Як-9 и Ла-5, бомбардировщика Пе-2, штурмовика Ил-2. Артиллерийское производство также было переведено на восток. При постройке военных заводов на Волге и на Урале широко использовался труд заключенных.

В отличие от танков и самолетов, более мелкое оружие и боеприпасы не требовали специальных заводов и часто изготовлялись на гражданских предприятиях. Знаменитые минометы «катюша» делались на заводах сельскохозяйственного оборудования. Так одновременно с перемещением заводов на восток шла перестройка всей промышленности на военный лад. Этот переход был предусмотрен мобилизационными планами и прошел быстрее и полнее, чем в Германии или Америке: командно-административная система с таким расчетом и создавалась.

Ежегодное производство времен войны отражают такие цифры:

	1941	1942	1943	1944
Танки (тыс. штук)	6,5	24,0	24,1	29,0
Боевые самолеты (тыс. штук)	12,5	21,7	29,9	33,2
Артиллериские орудия (тыс. штук)	40,2	121,7	130,3	122,5

Жизнь танка на фронте была недолгой – около 10 недель. Потому, чтобы обеспечить единовременное наличие 5 тысяч танков на фронте, надо было производить 25 тысяч в год. Выпуск самолетов, как видим, также резко увеличился. Однако производство на импровизированных заводах неквалифицированными рабочими при слабой подготовке летчиков давало себя знать. По данным за 1944 г., огнем противника было сбито 1750 самолетов, а в не боевой обстановке от катастроф погибло 6223 – то есть в 3,5 раза больше. После войны главный маршал авиации А.А. Новиков был даже осужден за то, что «протаскивал на вооружение заведомо бракованные самолеты». Вина, вероятно, все же не столько его, сколько системы, требовавшей количества любой ценой и не думавшей о жизни летчиков.

Как бы то ни было, нечеловеческими усилиями, на полуголодном пайке, работницы и работники тыла вооруженные силы снабжали. Советские вооруженные силы уже в 1943 г. добились превосходства над немецкими по количеству военной техники; а в 1944—1945 гг. их превосходство стало подавляющим.

> Очень тяжким было положение эвакуированных людей в Узбекистане. Очевидец тех событий, советский дипломатический работник Лев Васильев, бежавший от сталинского режима через Иран на Запад, свидетельствует:
>
> «Средняя Азия 1943 г. поражала убожеством не только по сравнению с годами НЭПа, но даже по сравнению с началом 30-х гг.
>
> Ташкент и Наманган были забиты беженцами из Центральной России. В одной комнате жило зачастую по две семьи – одна местная и одна – беженская. Больше одной комнаты на семью вообще не имел никто в городе, кроме высшего начальства. В магазинах можно было видеть только пустые полки. Продовольственный паек ограничивался фунтом хлеба на человека в день. Люди голодали и умирали от голода. Старый знакомый врач рассказал, что медицинский персонал буквально валится с ног от переутомления – так много в больницах умирающих от голода. Гибли главным образом беженцы, прибывшие «неорганизованно», то есть те, которые приехали сами, а не были эвакуированы с учреждениями или заводами... Но, прибыв на место, эти несчастные не получали ни работы, ни продовольственных карточек, ни крова. Они вповалку спали на площадях и в парках, грязные, обовшивевшие, голодные. Тех, кто от голода уже не мог стать на ноги, подбирали и направляли в больницы» (*Лев Васильев*. Пути советского империализма. Нью-Йорк.: Изд-во им. Чехова, 1954. С. 161–162).

Особенно невыносимым было положение увечных воинов. Солдаты, потерявшие ноги, руки, зрение, получали нищенскую пенсию и вынуждены были просить милостыню, чтобы не умереть с голода. В народе таких несчастных, ездивших на досках с колесами, прозвали «самоварами». Несчастные инвалиды спивались, и смертность среди них была очень высока.

> «Один красочный эпизод, виденный мной в кабинете председателя городского совета города Намангана, хорошо характеризует взаимоотношения власти и инвалидов. Председателя Городского совета, узбека с русской фамилией Назаров, я знал еще по прежней работе. Зашел проститься с ним перед отъездом. Не успели мы закурить и начать разговаривать, как в соседней комнате поднялся какой-то шум, затем дверь кабинета широко растворилась, и на пороге появился слепой в военной форме без знаков различия. Слепой, опираясь на палку и ощупывая стену свободной рукой, решительно устремился вперед. Секретарша, худенькая, слабая женщина, напрасно тянула его сзади за шинель – стуча палкой, слепой подошел к столу.
> – Что вам угодно? – спросил председатель.
> – От голода умираю! – истошным голосом заорал слепой. – Вы что думаете, можно прожить на ваши 150 рублей?
> – У меня нет никаких фондов для помощи инвалидам, – сказал Назаров, – я могу только проверить аккуратность выплаты вам пенсии.
> – Фондов нет, а умирать за вас, мерзавцев, на фронте есть фонды... крысы тыловые! – Слепой ощупью схватил чернильницу и пустил ее в направлении Назарова. Председатель Горсовета вскочил и, боясь себя выдать каким-нибудь звуком, молча прижался к стене.
> Два милиционера, вызванные секретаршей, увели слепца только после того, как он успел снести палкой с письменного стола все лежащие на нем бумаги и предметы. Немудрено, что население, видя подобные сцены, старалось всеми силами уклониться от мобилизации и избежать отправки на фронт. По кишлакам скрывались дезертиры, а на вокзалах разыгрывались трагические сцены» (*Лев Васильев*. Пути советского империализма. С. 161–162).

Цены на продукты были крайне высоки. При средней зарплате 450—500 рублей в месяц, 150-граммовая лепешка стоила 15 рублей, курица — 300, а пара хороших ботинок — 2500 рублей. Естественно, что все это можно было купить только на рынке, так как магазины, по советскому обыкновению, были пусты. Так жили советские люди в эвакуации.

Литература
М.С. Солонин. На мирно спящих аэродромах. М., 2006.
Н.С. Симонов. Военно-промышленный комплекс СССР в 20-е — 50-е гг.: темпы экономического роста, структура, организация производства и управление. М., 1996.

4.2.8. Новый внешнеполитический курс СССР. Присоединение к Атлантической хартии. Ситуация на фронтах Второй Мировой войны к середине 1942 г. Проблема «второго фронта»

Нападение Германии на СССР в корне изменило расстановку сил во Второй Мировой войне. Вступление в войну против Гитлера Советского Союза с его огромной территорией и людскими ресурсами означало для западных демократий

СОВЕТСКО-НАЦИСТСКАЯ ВОЙНА 1941–1945 ГОДОВ И РОССИЯ

как минимум передышку, а в лучшем случае — коренной поворот в борьбе со странами «оси». Уже в первые дни советско-германской войны Уинстон Черчилль и Франклин Делано Рузвельт, не скрывая своей антипатии к большевизму, заявили о поддержке России и готовности оказать ей военную помощь.

«Я не беру назад ни одного слова, сказанного мною против коммунизма. Коммунизм отличается от нацизма не более, чем Северный полюс отличается от Южного, — объявил Черчилль в Парламенте через несколько часов после нападения Германии на СССР. — Но сейчас дело идет не о коммунизме, а о России». Черчилля многие в Великобритании помнили как горячего друга настоящей России, зарекомендовавшего себя таковым еще в годы Белой борьбы, и потому – ярого ненавистника большевизма. К его словам прислушались. Сэр Стаффорд Крипс был незамедлительно послан в Москву для установления рабочих контактов со сталинской администрацией. 12 июля было торжественно подписано советско-английское соглашение о совместных действиях в войне против Германии, по которому обе страны обязались помогать друг другу и не вступать в сепаратные переговоры с противником.

В пресс-конференции 24 июня Президент США Рузвельт дал понять, что Америка поддержит военные усилия СССР. На советские денежные фонды, размещенные в США, были сняты запреты, наложенные после агрессии Сталина против Финляндии.

В конце июля в Москву прибыл специальный представитель президента США Г. Гопкинс, что дало сильный импульс советско-американскому сближению. В октябре Соединенные Штаты предоставили СССР заем в размере 30 млрд долларов для приобретения вооружения и снаряжения (около 333 млрд долларов в ценах 2007 г.). Сталинская пропаганда была быстро перестроена в духе новых отношений с Западом: бывшие «поджигатели войны» превратились в новых союзников, а прежняя «империалистическая война» — в освободительную войну «всех свободолюбивых народов» против фашистской тирании.

14 августа 1941 г. Черчилль и Рузвельт на борту боевых кораблей британского и американского флотов встретились у берегов Ньюфаундленда. Здесь они подписали Атлантическую хартию, в которой, наряду с призывом к уничтожению нацистской тирании, выдвинули положительные цели разрастающейся войны и послевоенного урегулирования.

> Из Атлантической хартии: «США и Великобритания не стремятся к территориальным или иным приобретениям», «не согласны на территориальные изменения вопреки свободно выраженному желанию заинтересованных народов», «стремятся к восстановлению суверенных прав и самоуправления тех народов, которые были лишены этого насильственным путем», будут стремиться, чтобы «все страны, победители и побежденные, имели равный доступ к торговле и мировым источникам сырья»; после победы над нацизмом они будут «стремиться к экономическому сотрудничеству всех стран», «свободе мореплавания», установлению мирового порядка, при котором люди будут жить «свободными от страха и нужды». Такой порядок потребует «отказа от применения силы государствами» и «установления надежной системы всеобщей безопасности».

Хартия ставила вопрос о создании организации Объединенных Наций и оправдывала роль США как «арсенала демократии», взятую ими на себя 11 марта 1941 г.

законом о «займе и аренде». Если Хартию читать буквально, она требовала и упразднения коммунистического режима.

Пункт о непризнании территориальных изменений, «не находящихся в согласии со свободно выраженным желанием заинтересованных народов», противоречивший сталинской практике насильственного присоединения соседних территорий, а также то обстоятельство, что СССР не был заранее проинформирован о принятии Хартии, вызвали немалое раздражение в Кремле: «СССР, — сообщал Молотов советскому послу в Лондоне И. Майскому, — хотят превратить в бесплатное приложение других держав». Но СССР 24 сентября 1941 г. лицемерно принял этот документ, хотя и не без оговорок, оставив за собой право «особого применения» принципов Хартии.

Советская озабоченность территориальными проблемами ярко проявилась во время переговоров с британским министром иностранных дел Э. Иденом, прибывшим в Москву в середине декабря 1941 г. Обсуждался не только проект двустороннего союзнического договора, но и советские предложения о послевоенном устройстве в Европе. Немцы еще стояли в ста километрах от Москвы, а Сталин с Молотовым уже предлагали англичанам договориться о послевоенных границах и сферах влияния. Речь шла о признании границ СССР по состоянию на 1941 г., создании советских военных баз в Румынии и Финляндии, смещении границ Польши на запад, ослаблении и расчленении Германии, а также о существенном усечении территорий ее союзниц — Венгрии, Италии и Болгарии в пользу Польши, Чехословакии, Югославии и Турции. Содержание и даже форма этого плана (по границам предлагалось заключить секретный протокол) напоминали злополучную сделку с Гитлером 1939 г., что говорило об упорном стремлении Кремля нарастить тело большевицкого государства за счет соседних стран.

Однако возможное с Гитлером было неприемлемо для демократической Англии. В ходе переговоров Сталин и Молотов были готовы сократить советские требования до признания границ 1941 г., но Иден, ссылаясь на Атлантическую хартию, отказался решать вопрос о границах до окончания войны и консультаций с вовлеченными государствами (прежде всего — Польшей). Советская сторона, в свою очередь, отказалась подписывать договор о взаимопомощи, продолжая увязывать его с решением вопроса о западных границах.

Поворотным моментом войны стал декабрь 1941 г. Под Москвой 6 декабря началось первое большое контрнаступление Красной Армии, а днем позже атака японцев на американский флот в Перл Харборе на Гавайских островах вовлекла США в войну против Японии. Гитлер сделал очередной самоубийственный шаг: чтобы поддержать Японию, он объявил 11 декабря США войну. Несмотря на мартовский закон о ленд-лизе, американскому общественному мнению еще не было ясно, кому надо помогать: Сталину, Гитлеру или никому из них. Обе фигуры выглядели отвратительно и зловеще. Не следует забывать, что сговор Сталина с Гитлером в августе 1939 г. и последовавшие затем агрессии большевиков против соседних стран оттолкнули от Советского Союза даже многих из его «друзей» на Западе, тем более — убежденных приверженцев христианских и либеральных ценностей. Только инициатива Гитлера бесповоротно склонила решение в сторону, которую отстаивал президент Рузвельт. Но и тогда Сталина предпочитали видеть не союзником (договор, аналогичный британско-советскому, подписан не был) — союз с ним нравственно компрометировал, — а лишь «врагом нашего врага». 1 января 1942 г. была подписана декларация Великобритании, США, СССР и еще 23 государств о создании антигитлеровской коалиции.

Американские сухопутные силы были среди мировых держав самыми малочисленными (мощным был флот), и американцы объявили, что для полноценного участия в большой сухопутной войне им потребуется три года. Этого Сталин не мог понять, а гитлеровская пропаганда подняла за это американцев на смех. Напрасно: чрез три года, в 1944 г., американцы раздавили своей военной мощью и Японию, и во многом Германию.

Спешка Сталина с определением послевоенного устройства Европы объяснялась надеждой на быстрое окончание войны, появившейся в результате успешного контрнаступления Красной Армии под Москвой в декабре 1941 г. и успешными действиями британских войск в Северной Африке, где генерал Окинлек вытеснил Роммеля в Ливию и деблокировал крепость Тобрук с британским гарнизоном. Масштаб тихоокеанской катастрофы союзников в декабре — январе был еще не ясен, силы Америки представлялись безграничными, и освобождение Франции в 1942 г. многим казалось реальностью. Для осуществления своих далеко идущих претензий Сталину надо было спешить. В приказе Верховного главнокомандующего от 10 января 1942 г. говорилось о необходимости обеспечить «полный разгром нацистских сил в 1942 г.». Но к марту предпринятое РККА наступление выдохлось, и общая ситуация на фронтах снова стала меняться в пользу стран «оси». На Восточном фронте силы Вермахта готовили стратегическое наступление на Кавказ и Сталинград; на Тихом океане и в Восточной Азии Япония лишила Великобританию ее имперских владений, захватив Гонконг, Бирму, Малайю, американские Филиппины, важнейшую базу — остров Гуам и другие территории, а также Нидерландскую Ост-Индию (Индонезию). 15 февраля пал под ударами японцев «Гибралтар Востока» — мощнейшая британская крепость Сингапур; 27 февраля в морском сражении в Яванском море японцы разгромили объединенный флот Великобритании и Нидерландов и начали высадку на Яве. В конце марта самолеты японской эскадры адмирала Нагумо, действовавшей в Индийском океане, разбомбили дотла стратегические британские базы на Цейлоне — Коломбо и Тринкомали, разрушили нефтяные терминалы Бомбея. Флот союзников на Тихом океане в декабре 1941 — мае 1942 гг. понес громадные потери. Шли бои за перевалы Пактайского хребта между Бирмой и Индией. Японские войска со дня на день могли прорваться в долину Брахмапутры, где их поджидала «пятая колонна» — прояпонское и противобританское освободительное движение индусов. 9 апреля капитулировали американские войска на полуострове Батан на Филиппинах, а на Новой Гвинее, через хребет Оун-Стэнли, японские войска спускались к административному центру британской части острова Порт-Морсби. От него открывалась удобная дорога через узкий Торресов пролив в Австралию.

В Северной Африке немецко-итальянские войска под командованием Эрвина Иоганна Роммеля с апреля 1942 г. вновь теснили англичан в Египте. Британцам пришлось отступить почти до дельты Нила. Они закрепились под Эль-Аламейном, но особых надежд на успех не было. Британский флот покинул Александрию и пока не поздно ушел через Суэцкий канал в Красное море; главный штаб Британской армии Западной пустыни, расположенный в Каире, жег секретные документы.

К середине 1942 г. еще не начались массированные бомбежки англо-американской авиацией Германии, и германская военная промышленность работала с максимальной интенсивностью, привлекая ресурсы Украины, Донбасса, Майкопскую нефть и колоссальные людские ресурсы — военнопленных и перемещенных лиц со всей Европы. Япония опиралась на все бездонные ресурсы Восточной Азии. Никогда, ни до ни после 1942 г., военная мощь Германии и Японии не была столь сокрушительной. Поражение союзников летом 1942 г. выглядело достаточно возможным, несмотря на потенциальную мощь СССР, США и Британской Империи.

Третий раз повторялся, и всякий раз поразительно удачно для держав «оси», блицкриг — во Франции в 1940 г., в России летом и осенью 1941 г., на Тихом океане в первой половине 1942 г. Поразительно удачно, но всякий раз не до конца. Союзница Франции Англия не была разгромлена в 1940 г., Красная Армия не капитулировала в 1941 г., англичане и американцы отступили, но не сдались в 1942 г., а сжав зубы утроили усилия в борьбе с общим врагом.

Новое ухудшение стратегической ситуации на советско-германском фронте заставляло советское руководство искать более активной военной помощи союзников, прежде всего — в виде открытия второго фронта в Европе, способного оттянуть на себя значительные силы Вермахта. С этой целью в мае 1942 г. состоялась поездка Молотова в Лондон и Вашингтон. Он имел инструкции Сталина добиваться заключения союзного договора с Великобританией и обязательства англо-американцев о скорейшем открытии второго фронта. Переговоры по первому вопросу вновь натолкнулись на упорное нежелание англичан признать послевоенную сферу советского влияния. Молотов рекомендовал Сталину отклонить предложенный англичанами проект договора, назвав его «пустой декларацией, в которой СССР не нуждается».

Сталин смотрел на это уже иначе, сочтя, по всей видимости, что в расширении своей империи сможет добиться большей силой оружия, чем формальными соглашениями: «Там нет вопроса о безопасности границ, — телеграфировал он Молотову, — но это, пожалуй, неплохо, так как у нас остаются руки свободными. Вопрос о границах... будем решать силой». Советско-британский «Договор о союзе в войне против гитлеровской Германии и ее сообщников в Европе и о сотрудничестве и взаимной помощи после войны» был подписан 26 мая 1942 г. сроком на 20 лет. Его немедленным следствием было то, что трем послам Балтийских государств в Лондоне было заявлено в британском МИД, что отныне они исключаются из листа аккредитации. Однако от конкретных обязательств по второму фронту англичане уклонились. Терпя одно поражение за другим, отступая и в Северной Африке, и в Океании, и в Бирме, отражая с немалым уроном разрушительные налеты германской авиации на Британские острова, они не могли обещать открыть еще один фронт немедленно.

Британские, американские, голландские солдаты сражались и погибали на многих фронтах, имевших для их стран и для всей мировой битвы не меньшее значение, чем советско-германский фронт. Но люди в России это плохо понимали. Эль-Аламейн, Яванское море, Порт-Морсби, Гуам, Андаманские острова были знакомы только географам и филателистам. Так далеко от России судьбы войны решаться, по убеждению большинства советских граждан, просто не могли. Поэтому обвинения советской пропагандой союзников в «затягивании» открытия второго фронта советские люди встречали с пониманием.

В Вашингтоне Молотову удалось вписать в коммюнике фразу о достижении «полной договоренности в отношении неотложных задач создания второго фронта в Европе в 1942 г.», на которую затем с большими оговорками согласились и англичане. Но и Рузвельт, и особенно Черчилль рассматривали это обязательство как относительное.

Во время пребывания Молотова в Вашингтоне было также согласовано содержание советско-американского «Соглашения о принципах, применимых к взаимной помощи и ведению войны против агрессии». Подписанное 11 июня 1942 г., оно устанавливало общие правовые принципы оказания военной помощи США Советскому Союзу. Тем самым было завершено международно-правовое оформление союза «большой тройки», хотя союз между столь противоположными социально-политическими системами оставался весьма хрупким. Антибольшевизм сохранял прочные позиции в общественном мнении и государственном аппарате англосаксонских демократий, особенно среди военных и дипломатов. В СССР вынужденное сближение с «классовым противником» создавало немало проблем для советской номенклатуры, озабоченной опасностью «идеологического заражения» и ослабления своего контроля над народом России. Однако пока эти противоречия отступили на второй план в условиях тяжкой совместной борьбы против общего врага.

4.2.9. Помощь и условия новых союзников. Ленд-лиз

В начале октября на трехстороннем совещании в Москве было заключено соглашение о поставках в СССР англо-американской военной техники, материалов и оборудования (так называемый Первый протокол). Поначалу они осуществлялись на платной основе, а с 7 ноября 1941 г. на Советский Союз было распространено действие американского закона о ленд-лизе, позволявшего делать это взаймы, причем последующей оплате (или возврату) подлежала только та часть оборудования, которая уцелеет в ходе войны. Поставки рассчитывались на основе непроверяемых советских запросов и осуществлялись без каких-либо политических условий. Общая стоимость американских поставок по ленд-лизу в СССР за годы войны составила 11 млрд 141 млн 4 тыс. долларов в ценах тех лет. Особенно важными были поставки самолетов (18,7 тысяч) и автомобилей (около 400 тысяч).

Первые поставки из Англии пришли уже в августе 1941 г., первый конвой из США прибыл 4 октября 1941 г. Снабжение шло тремя путями: 1) через Дальний Восток, главным образом на американских пароходах; по воздуху из Аляски в Сибирь перегнали более 8 тысяч самолетов; 2) на грузовиках через Иран, север которого был занят советскими, а юг британскими войсками; 3) северными морскими конвоями через Мурманск и Архангельск. Этот путь был самым коротким, но и самым опасным. В сорок одном конвое плыло 811 транспортов, из которых 115 немецкие подлодки и самолеты потопили.

В числе крупного оружия по ленд-лизу поступили:

Танки (тыс. штук)	12,7
Боевые и транспортные самолеты (тыс. штук)	22,1
Противотанковые и зенитные орудия (тыс. штук)	13,0

А также пулеметы и боеприпасы. Танки армия предпочитала отечественные, зато транспортные самолеты «Дуглас» были популярны, как и истребители «Аэрокобра», на которых летал, в частности, известный ас Александр Покрышкин, сбивший 59 самолетов. Грузовики «Студебеккер» использовались не только для транспорта: на них крепились «катюши». Прибыли (в основном в 1943–1944 гг.):

Грузовики (тыс. штук)	376
Джипы (тыс. штук)	51
Мотоциклы (тыс. штук)	35

Поставки грузовиков в полтора раза превысили советское производство, своих джипов в СССР до 1944 г. было немного. Поставлены были и 11 тысяч железнодорожных вагонов, 2 тысячи локомотивов, 620 тысяч тонн рельс и путеукладчики к ним, а, кроме того, более 500 морских судов. Острой проблемой Красной Армии была нехватка средств связи — некоторые виды радиооборудования в СССР вовсе не изготовлялись. Поставки союзников позволили оборудовать радиостанциями 150 дивизий и 9 тысяч самолетов, полевыми телефонами — 330 дивизий. Советские солдаты носили 15 млн пар американской обуви. Несколько примеров того, какой удельный вес имели поставки различных стратегических материалов и предметов, даны ниже: по отдельным статьям ввоз удовлетворял от одной трети до двух третей потребностей.

Предмет	Доля ввоза по ленд-лизу в сумме ввоза и отечественного производства
Металлорежущие станки	28 %
Ж.-д. рельсы	29 %
Авиабензин	32 %
Порох	35 %
Медь	42 %
Алюминий	49 %
Автомобили (всех видов)	62 %
Ж.-д. локомотивы	71 %

Из продуктов питания поставлялись сухие порошки (яичный, молочный, гороховый) и консервы. Американской тушенкой население питалось до 1947 г. Поставка новых лекарств — сульфаниламидов и пенициллина спасла множество жизней.

Многие советские рабочие чувствовали громадную моральную поддержку, идущую от английских и американских рабочих. Отец одного из авторов книги вспоминал, что, работая на оборонном заводе в Ташкенте, он видел, как вскрывали оборудование, посылавшееся по ленд-лизу, и находили там инструменты, вещи с записками от людей с пожеланиями победы и т. п. Многие люди запомнили это на всю жизнь, хранили признательность и благодарность к союзникам, несмотря на сдержанность, а потом и враждебность советской пропаганды

Часть этих поставок — особенно наземного транспорта, самолетов, бензина, порохов и металлов — имела **стратегический** характер, то есть определяла для СССР возможность вести войну; часть была просто **важной** для армии и населения. Сталин в июне 1945 г. отметил, что соглашение по ленд-лизу «в значительной степени содействовало успешному завершению войны». В СССР было доставлено 17 млн тонн товаров и оборудования. Кроме того, помощь шла через Красный Крест, через Американско-русский благотворительный комитет и другие организации.

Советское руководство, естественно, приветствовало эту поддержку, тем более что, согласно большевицкой логике и морали, демократический Запад вполне мог бы занять позицию выжидания, рассчитанную на взаимное истребление двух враждебных тоталитарных режимов, — позицию, которую в 1939–1941 гг. занимал и желал далее занимать сам Сталин в конфликте между Гитлером и западными демократиями.

8 марта 1943 г. американский посол в Москве адмирал Стэнли выразил разочарование, что американская помощь СССР по ленд-лизу и через Американско-русский комитет помощи не может быть по достоинству оценена русским народом, поскольку правительство СССР очень слабо освещает ее истинные масштабы. После этого советское правительство стало давать намного более полную информацию о помощи союзников в прессе и по радио. Но вскоре после победы об этой помощи на официальном уровне в СССР перестали говорить вовсе, в лучшем случае отговариваясь: «Мы за все втрое заплатили своей кровью». Но те, кто отговаривались так, расплатились с союзниками не своей кровью, а кровью народов России.

Литература
Б.В. Соколов. Роль ленд-лиза в советских военных усилиях, 1941–1945 // Тайны Второй мировой. М., 2001.
М.Н. Супрун. Ленд-лиз и северные конвои 1941–1945. М. 1997.

4.2.10. Прибалтика в годы войны

Когда 22 июня 1941 г. началась война между Германией и СССР, Финляндия, в надежде вернуть потерянные в результате советской агрессии территории, примкнула к Германии. Эстония, Латвия, Литва, лишившись государственности, выбора, подобного финскому, не имела. Красная Армия была вынуждена уйти из Литвы и Латвии за неделю. Приблизительно полтора месяца длилась стабилизация фронта в центральной Эстонии. Передышку НКВД использовал для претворения в жизнь доктрины «выжженной земли». На восток вывозилось все, что имело какую-то ценность: станки, сырье, транспортные средства, домашний скот. Выгнаны с насиженных мест были около 25 тысяч человек, еще 33 тысячи были мобилизованы в «строительные батальоны», из которых не менее трети погибли. «Истребительные батальоны» РККА жгли жилища и убили около 2 тысяч мирных жителей в Прибалтике.

23 июня началось восстание в Каунасе. Было создано временное правительство, о чем сообщило каунасское радио. Вдохновленное население стало восстанавливать органы власти в других городах Литвы — Вильнюсе и более мелких, провинциальных. В Латвии и Эстонии сопротивление носило менее организованный характер, однако противодействие Красной Армии, акты саботажа и локальные нападения были повсеместными. Местами группы сопротивления захватывали власть в уездах и городах в свои руки.

Кое-где группы вооруженных литовцев и латышей (бывшие военные, полицейские, избежавшие депортации) кинулись убивать евреев, которых соединяли с большевицкой властью. Избиение евреев приняло массовый характер еще до прихода немецких айнзацкоманд.

Немецкий оккупационный режим не предусматривал восстановления государственной независимости или хотя бы автономии для Прибалтики. Литовское временное правительство было распущено, все вооруженные отряды ликвидированы и разоружены, политическая деятельность — запрещена. Все же бо́льшая политическая и военная организованность литовцев помогла им избежать призыва в войска «Ваффен СС» в конце войны, в отличие от Латвии и Эстонии. Был создан «Рейхскоммисариат Остланд», под власть которого подпадала Прибалтика и Белоруссия. На территории бывших государств были созданы органы гражданского управления, напоминавшие марионеточные правительства. В экономике ставилась задача обеспечения немецких войск. Национализированные большевиками предприятия возвращены владельцам не были. Их провозгласили военной добычей Германии, и они были включены в германские государственные монополии. Советская земельная реформа была аннулирована, однако землю их владельцам не вернули. Старые хозяева имели право только ее арендовать. В области культурной политики был введен в качестве государственного языка немецкий, однако пользоваться местным языком не запрещалось.

> **Мнение ученого**
> *«Народы Балтии, особенно эстонцы и латыши, переживали вторую германскую оккупацию в 1941—1944 гг. еще с большей горечью, чем первую 1915—1918 гг. Они так надеялись на этот раз, что им позволено будет восстановить свою независимость, и они, безусловно, удовлетворились бы какой-то формой ограниченного суверенитета под германским протекторатом как единственно разумной в тех обстоятельствах возможностью, но Гитлер полностью разрушил все их надежды, отказав им даже в тени (vestige) свободы» (Von Rauch. P. 229).*

Советские репрессии сменились немецкими. В оккупированных территориях была развернута деятельность полиции безопасности — СД. Первыми жертвами СД стали активисты-коммунисты. За ними следовали те, кто оказывал сопротивление оккупационным властям. Нередки были случаи, когда, желая наказать красных партизан, сжигались целые деревни, вблизи которых они действовали. В годы оккупации погибло 73 тысячи местного населения, из них больше всего литовцев — 50 тысяч.

Особенно жестокие репрессии были направлены против евреев. Многие в Прибалтике полагали, что за ужасы недавней советской оккупации 1940—1941 гг. ответственность несут евреи, которых немало было в руководящем составе большевицкой власти. Евреи в глазах населения ассоциировались с советской властью и НКВД. Люди помнили, что немало евреев начало сотрудничать с советской властью в 1939 г. Так удалось сколотить немногочисленные отряды, участвовавшие вместе с нацистами в расправах над евреями. Евреев укрывали главным образом русские староверы и богобоязненные католические и лютеранские священники. Например, отец одного из авторов книги всю войну кормил еврея, прятавшегося в потаенной комнате кирхи.

В Прибалтике долго не возникало сопротивление немецкой оккупационной власти, так как это считалось бессмысленным. С поражением Германии возрастал шанс победы еще более жестокого коммунистического режима. Прибалтийские народы оказались под колесами двух соперничающих гигантов, и ни один не вызывал у большинства ни симпатий, ни сочувствия.

Когда Гитлеру стало ясно, что Вермахт оставит вскоре территорию Эстонии, Латвии и Литвы, он решил преподнести Сталину «подарок». 23 июня 1944 г. главному неофициальному представителю эстонцев при военном германском командовании профессору Я. Улотсу было разрешено создать Национальный Эстонский комитет. 20 сентября, с уходом из Таллина германских войск, Улотс был назначен Комитетом временным президентом Эстонский республики. Премьер-министром Улотс назначил в тот же день Отто Тиефа — министра юстиции в последнем докоммунистическом правительстве республики. Но 22 сентября в Таллин вошли передовые части Красной Армии. Улотс и Национальный комитет успели бежать в Швецию, а Тиеф принципиально отказался покинуть родину и исчез в недрах НКВД в ноябре 1944 г. Из лагерей он вышел в 1956 г. без права проживания в Эстонии.

В Латвии с 1943 г. действовал Латвийский центральный комитет, который призвал в феврале 1944 г. к восстановлению Латвийской республики и просил союзные армии высадиться в Курляндии до прихода советских войск. Понятно, что это был «глас вопиющего в пустыне». В конце 1944 г. Комитет покинул пределы Латвии, но в Курляндии остался отряд латышского генерала Курелиса, действовавший против немцев на стороне союзников, но не СССР.

В Литве Верховный комитет сопротивления был также создан в 1943 г. 16 февраля 1944 г. этот комитет провозгласил себя временным правительством Литовской республики. Часть его членов успели арестовать немцы, другие ушли в подполье. Военные отряды, созданные этим комитетом, получили название «лесных братьев». Одновременно немецкое командование разрешило формирование независимой территориальной обороны в Литве, фактически — национальной армии. Ее командующим стал очень популярный литовский генерал Повилис Плешкавичюс. Он призвал литовских юношей записываться в ополчение. Записалось добровольно около 30 тысяч и еще столько же было отвергнуто по состоянию здоровья и малолетству. Но германские военные власти и дня не позволили существовать ополчению независимо. Они тут же потребовали от ополченцев вступить в формируемую в Литве дивизию СС. Генерал Плешкавичюс и его офицеры отказались подчиниться, были арестованы и заключены в концлагерь. За неповиновение было расстреляно около ста ополченцев-солдат. 3500 ополченцев немцы отправили в качестве аэродромных команд в Западную Европу, а остальные разбежались с оружием и создали вместе с «лесными братьями» ядро партизанского движения — Литовскую освободительную армию (LLA), воевавшую сначала против немцев, а впоследствии восемь лет против СССР.

Литература

George von Rauch. The Baltic States. The Years of Independence. Estonia, Latvia, Lithuania. 1917–1940. L.: Hurst, 1974.

Маарья Талгре. Лео — судьба эстонца. Талин, 1994.

4.2.11. Военные действия в 1942 г. Неудачи СССР

Успехи зимы 1941–1942 гг. вскружили головы Сталину и членам Ставки. Позднее Жуков признавал: «Шапка была набекрень у всех тогда». Сбитая набекрень «сталинско-жуковская шапка» дорого обошлась русскому народу. Цели кампании Сталин формулировал так: «Не дать немцам передышки, гнать их на запад без остановки». К 1 марта общие потери Вермахта на Восточном фронте оценивались Ставкой в 6,5 млн человек. Москва была уверена, что Красная Армия превосходит врага в силах, средствах, качестве боевой подготовки и «организаторских способностях начальствующего состава». Поэтому планировалось осуществить ряд стратегических операций на разных направлениях: деблокировать Ленинград, срезать Ржевский выступ, освободить Донбасс и Крым, а к концу года — изгнать врага за пределы СССР.

На самом деле немецкие потери с 22 июня 1941 г. по 1 марта 1942 г. составили 1 млн 005 шестьсот человек, а в оперативном отношении Вермахт по-прежнему превосходил Красную Армию. Сталинское стремление «наступать везде» привело к распылению сил и резервов, а массированные лобовые атаки «любой ценой» при необеспеченных флангах обернулись огромными потерями. Только в первом квартале 1942 г. они составили около 1,8 млн человек (Вермахта — около 450 тысяч). К лету Сталин и Ставка обескровили войска Красной Армии, бездарно израсходовав накопленные резервы, и позволили немцам перехватить стратегическую инициативу на южном крыле Восточного фронта, где в июле — сентябре 1942 г. Вермахт отбросил советские армии к Волге и Кавказу.

Зимой 1942 г. бои кипели по всему фронту, на котором повторялась одна и та же ситуация. Советские армии прорывали немецкие позиции на *узком* участке и развивали наступление. Их операции плохо поддерживались, а вышестоящее командование не обеспечивало фланги, требуя двигаться вперед. С потерями не считались. Используя тактику маневренной обороны, удержания высот и ключевых опорных пунктов, формируя при острой нехватке резервов многочисленные «боевые группы», командиры Вермахта останавливали наступление, преодолевали кризис, а затем, накопив силы на флангах прорыва, отрезали прорвавшихся. Советское командование требовало от окруженных продолжать операцию — и это заканчивалось катастрофой.

На Волхове во время Любанской операции погибла 2-я ударная армия генерал-лейтенанта Н.К. Клыкова. После зимнего прорыва обороны 18-й армии генерала Г. Линдемана ее отсекли от Волховского фронта в районе Мясного Бора. Сменивший в апреле Клыкова генерал-лейтенант А.А. Власов требовал отвести измождённую армию назад, но Ставка и командующий Ленинградским фронтом генерал-лейтенант М.С. Хозин медлили. В июне Линдеман разгромил армию Власова. К своим вышли около 10 тысяч человек, общие советские потери в боях на Волхове превысили 100 тысяч.

> Вот как передает свои чувства бывший командир 3-го батальона 1002-го стрелкового полка капитан М.Т. Нарейкин, описывающий тяжелейшие бои своего батальона, когда измученные, голодные, израненные люди пытались вырваться из окружения, куда их загнало сталинское командование.

> «Далеко не всем удалось выйти живыми из этого адского котла. Многие встретили свою смерть уже на пороге Большой земли. Многих поглотили волховские болота, многие, обессилев, попали в плен. Этой участи не избежал и я. Части, вышедшие из окружения, влились во 2-ю Ударную армию, которая освобождала Ленинград. Наши потери дорого обошлись фашистам. В сражениях они потеряли свои отборные дивизии, многие из них перестали существовать, и была сорвана попытка штурма Ленинграда. Некоторые связывают 2-ю Ударную с именем Власова, но они не знают настоящей правды. Дело в том, что Власов не уводил с собой и взвода. Он был пленен с шестью подчиненными и уже позже, в сорок третьем, возглавил так называемую РОА, не имеющую ничего общего с нашей 2-й Ударной. Ради правды, ради тех, кого мы потеряли, я пишу все это. В числе потерянных были и мои близкие друзья, с которыми я шел от Новгорода к Ленинграду. Когда я вижу торжественно-скорбную церемонию возложения венков к могиле Неизвестного солдата, то на меня наваливается тяжесть воспоминаний о пережитом и пройденном. Я погружаюсь в свои воспоминания, и мне видится атакующий батальон до и после боя, павшие герои. Многие из них покоятся в братских могилах. Если исключить из состава моего батальона немногих счастливчиков вроде меня, то можно назвать Неизвестными батальоны и даже полки. Мне вспоминаются все: и известные и неизвестные, и живые и мертвые, кто получал награды и те, у кого война отняла все, лишив их и жизни, и имени, и наград» (*М.Т. Нарейкин. 305-я стояла до конца // Трагедия Мясного Бора. СПб.: Изд-во Политехника, 2001. С. 186–196*).

В плен попали 33 тысячи человек, генерала Власова при выходе из окружения местные жители выдали противнику. В то же время советские войска не смогли уничтожить окруженную под Демянском в феврале — мае 100-тысячную группировку генерала пехоты В. фон Брокдорф-Алефельда из 16-й армии. Немцы организовали «воздушный мост», в мае пробили к окруженным «коридор» и спасли свои войска.

На Западном направлении в январе — апреле огромных потерь — 776 919 человек (в том числе 272 350 — безвозвратные) — стоила безуспешная первая Ржевско-Вяземская наступательная операция. В феврале погибли 29-я и 39-я армии генералов В.И. Шевцова и И.И. Масленникова. В июле в районе Белого 9-я армия Вермахта генерал-полковника В. Моделя вторично уничтожила 39-ю армию Калининского фронта, но ее командующий — кадровый чекист — спасся. Командовавший Западным фронтом генерал Жуков погубил под Вязьмой 33-ю армию генерал-лейтенанта М.Г. Ефремова, в апреле застрелившегося в окружении. Затем до осени Жуков провел еще три кровавых наступления, но не смог взять Ржев. В августе в разгар Ржевско-Сычевской операции Жуков терял в среднем в сутки по 8 тысяч бойцов и командиров.

На южном крыле в конце 1941 г. Приморская армия отбила два штурма Севастополя. Потеряв при десанте на Керчь примерно половину вверенных войск, генерал-лейтенант Д.Т. Козлов (с 28 января — командующий Крымским фронтом) занял Керченский полуостров, но прорваться к Севастополю не смог. В штабе фронта наводил на всех ужас представитель Сталина — армейский комиссар 1-го ранга Л.З. Мехлис, один из организаторов «ежовщины». В феврале — апреле фронт потерял более

180 тысяч бойцов и командиров, но лишь топтался на месте, несмотря на двойной перевес в силах. 8—18 мая, имея 8,5 дивизий, Манштейн искусно разгромил три советских армии и вернул Керчь. Козлов потерял более 176 тысяч человек (в том числе 170 тысяч — пленными), 1397 орудий, 284 танка.

Под Харьковом главком войсками Юго-Западного направления маршал Тимошенко и командующий Южным фронтом генерал-полковник Р.Я. Малиновский 12 мая силами 28 дивизий начали наступление с целью окружения 6-й армии генерал-лейтенанта Ф. Паулюса. В разгар наступления танкисты Клейста с юга нанесли удар в тыл наступающим, но Сталин запретил отход. К 25 мая значительная часть советских сил оказалась отрезанной в районе Лозовая — Балаклея, в последующие дни вырвались из «котла» не более 10 % личного состава. Погибли генералы А.Ф. Анисов, Л.В. Бобкин, А.И. Власов (однофамилец генерала А.А. Власова), А.М. Городнянский, Ф.Я. Костенко, К.П. Подлас и др. Потеряв около 20 тысяч человек убитыми и ранеными, Вермахт разбил 28 дивизий и 14 танковых бригад. Общие советские потери составили 280 тысяч человек (в том числе около 240 тысяч пленных). Начальник немецкого штаба сухопутных войск генерал Ф. Гальдер писал в своем дневнике: «Происходит укомплектование разбитых советских дивизий необученными контингентами. Дивизии вступают в бой с марша, малыми раздробленными силами и несут огромные потери». О том же вспоминал и Жуков: «Мы вводили в бой много дивизий, которые совершенно не были подготовлены, были плохо вооружены, приходили сегодня на фронт — завтра мы их толкали в бой; конечно, и отдача была соответствующая». Гальдера удивляли потери русских — советского военачальника волновала только «отдача».

> Несмотря на бездарное руководство, офицеры, солдаты и матросы дрались с выдающимся мужеством. Особенно отличились при обороне Севастополя части морской пехоты, прозванной немцами «черная смерть». Именно в этих боях был тяжело контужен и попал в плен старшина Иван Дубинда. В 1944 г. этому герою-моряку удалось бежать из немецкого плена и присоединиться к частям Красной Армии. За доблесть и мужество, проявленные в боях с врагом, он стал полным кавалером ордена Славы и Героем Советского Союза. Такое сочетание наград за всю войну имело всего 4 человека. Здесь же, в Севастополе, в рядах 7-й бригады морской пехоты доблестно сражался в штыковых атаках на Сапун-горе старшина 2-й статьи Владимир Маков, которому суждено будет в будущем водрузить победное знамя над Рейхстагом. В последний, 245-й день обороны города старшина Маков был тяжело ранен; позже, в госпитале, из его тела извлекли 18 осколков. Наградой за мужество ему стал орден Боевого Красного Знамени.

К 2—3 июля после почти месячного штурма и героической обороны наших войск Манштейн овладел сильно укрепленным Севастополем и всем Крымом. В ночь на 1 июля почти все командование Севастопольского оборонительного района (1228 человек, включая чекистов и партработников) во главе с вице-адмиралом Филиппом Октябрьским и генералом Иваном Петровым бросили мужественно дравшиеся войска и раненых, тайно эвакуировавшись на подводных лодках на Кавказ. Объясняя свое бегство, Октябрьский доложил: «Город как таковой уничтожен и представляет груду развалин».

В ночь на 1 июля 1942 г. из Севастополя бежала группа представителей командования Севастопольского оборонительного района (СОР) во главе с командующим Черноморским флотом и СОР вице-адмиралом Ф.С. Октябрьским. На Херсонесском аэродроме изможденные защитники города, ожидавшие эвакуации по ранению, подняли шум, раздались возмущенные крики и несколько автоматных очередей. От командования отделился военный комиссар 3-й особой авиагруппы главной базы полковой комиссар Борис Евгеньевич Михайлов. Он заявил, что остается с защитниками города, и успокоил тех, кто оказался на аэродроме. В 1 час 40 минут ночи Октябрьский улетел. В то же время с 35-й батареи бежало командование Приморской армии во главе с генерал-майором И.Е. Петровым, которое эвакуировалось морем на подводной лодке.

Полковой комиссар Б.Е. Михайлов остался с войсками в районе 35-й батареи и в последующие дни лично водил в атаку бойцов и командиров, пытаясь защищать район аэродрома. Он был убит разрывом немецкого снаряда утром 3 июля 1942 г. Добровольно остался в городе и начальник Севастопольского горотдела милиции Н.Н. Исаев, погибший в бою 2 июля.

Потери в Севастополе составили более 135 тысяч человек (в том числе 100 тысяч пленных), Манштейн потерял 24 111 солдат и офицеров.

«Кадровая армия погибла на границе. У новых формирований оружия было в обрез. Боеприпасов и того меньше. Опытных командиров – наперечет. Шли в бой необученные новобранцы. "Атаковать!" – звонит Хозяин из Кремля. "Атаковать!" – телефонирует генерал из теплого кабинета. "Атаковать!" – приказывает полковник из прочной землянки. И встает сотня Ива́нов, и бредет по глубокому снегу под перекрестные трассы немецких пулеметов. А немцы в теплых дзотах, сытые и пьяные, наглые, все предусмотрели, все рассчитали, все пристреляли, и бьют, бьют, как в тире. Однако и у вражеских солдат было не все так легко. Недавно один немецкий ветеран рассказал мне о том, что среди пулеметчиков их полка были случаи помешательства: не так просто убивать людей ряд за рядом, а они все идут и идут, и нет им конца.

Полковник знает, что атака бесполезна, что будут лишь новые трупы. Уже в некоторых дивизиях остались лишь штабы и три-четыре десятка людей. Были случаи, когда дивизия, начиная сражение, имела 6–7 тысяч штыков, а в конце операции ее потери составляли 20–25 тысяч за счет постоянных пополнений! И все время людей не хватало! Оперативная карта Погостья усыпана номерами частей, а солдат в них нет. Но полковник выполняет приказ и гонит людей в атаку. Если у него болит душа и есть совесть, сам участвует в бою и гибнет. Происходит своеобразный естественный отбор. Слабонервные и чувствительные не выживают. Остаются жестокие, сильные личности, способные воевать в сложившихся условиях. И только один способ войны известен им – давить массой тел. Кто-нибудь да убьет немца. И медленно, но верно кадровые немецкие дивизии тают. Но хорошо если полковник попытается продумать и подготовить атаку, проверить, все ли возможное сделано. Часто он просто бездарен, ленив, часто пьян. Часто ему не хочется покидать теплое укрытие и лезть под пули. Часто артиллерийский офицер недостаточно выявил цели и, чтобы не рисковать, стреляет издали по площадям, хорошо если не по своим, хотя и такое случалось нередко. Иногда снабженец запил и веселится с бабами в ближайшей деревне, а снаряды и еда не подвезены. Иногда майор сбился с пути и по компасу вывел свой батальон совсем не туда, куда надо. Путаница, неразбериха, недоделки, очковтирательство, невыполнение долга, так свойственные нам в мирной жизни, здесь, на войне, проявляются ярче, чем когда-либо. И за все одна плата – кровь. Иваны идут в атаку и гибнут. А сидящий в укрытии все гонит и гонит их. Удивительно различна психология человека, идущего на штурм и наблюдающего за атакой, когда самому не надо умирать; кажется, все просто: вперед и вперед!

Однажды ночью я замещал телефониста у аппарата. Тогдашняя связь была примитивна, и разговоры по всем линиям слышались во всех точках. И я узнал, как разговаривает наш командующий И.И. Федюнинский с командирами дивизий: "Вашу мать! Вперед!!! Не продвинешься – расстреляю! Вашу мать! Атаковать! Вашу мать!" Года два назад престарелый Иван Иванович, добрый дедушка, рассказывал по телевизору октябрятам о войне совсем в других тонах. Говоря языком притчи, происходило следующее. В доме завелись клопы, и хозяин велел жителям жечь дом и гореть самим вместе с клопами. Кто-то останется, все отстроит заново. Иначе мы не умели и не могли. Я где-то читал, что английская разведка готовит своих агентов десятилетиями. Их учат в лучших колледжах, создают атлетов, интеллектуалов, способных на все знатоков своего дела. Затем такие агенты вершат глобальные дела. В азиатских странах задание дается тысяче или десяти тысячам кой-как, наскоро натасканных людей в расчете, что если все провалятся и будут уничтожены, то хоть один выполнит свою миссию. Ни времени, ни средств на подготовку, ни опытных учителей здесь нет. Все делается второпях – раньше не успели, не подумали и даже делали немало, но не так. Все совершается самотеком, по интуиции, массой, числом. Вот этим вторым способом мы и воевали. В 1942 г. альтернативы не было. Мудрый Хозяин в Кремле все прекрасно понимал, знал и, подавляя всех железной волей, командовал одно: "Атаковать!" И мы атаковали, атаковали, атаковали. И горы трупов у Погостий, Невских пятачков, безымянных высот росли, росли, росли. Так готовилась будущая победа.

Если бы немцы заполнили наши штабы шпионами, а войска диверсантами, если бы было массовое предательство и враги разработали бы детальный план развала нашей армии, они не достигли бы того эффекта, который был результатом идиотизма, тупости, безответственности начальства и беспомощной покорности солдат. Я видел это в Погостье, а как оказалось, это было везде.

На войне особенно отчетливо проявилась подлость большевицкого строя. Как в мирное время проводились аресты и казни самых работящих, честных, интеллигентных, активных и разумных людей, так и на фронте происходило то же самое, но в еще более открытой, омерзительной форме. Приведу пример. Из высших сфер поступает приказ: взять высоту. Полк штурмует ее неделю за неделей, теряя по тысяче людей в день. Пополнения идут беспрерывно, в людях дефицита нет. Но среди них опухшие дистрофики из Ленинграда, которым только что врачи приписали постельный режим и усиленное питание на три недели. Среди них младенцы 1926 г. рождения, то есть четырнадцатилетние, не подлежащие призыву в армию. "Вперрред!!!" – и все. Наконец какой-то солдат, или лейтенант – командир взвода, или капитан – командир роты (что реже), видя это вопиющее безобразие, восклицает: "Нельзя же гробить людей! Там же, на высоте, бетонный дот! А у нас лишь 76-миллиметровая пушчонка! Она его не пробьет!" Сразу же подключается политрук, СМЕРШ и трибунал. Один из стукачей, которых полно в каждом подразделении, свидетельствует: "Да, в присутствии солдат усомнился в нашей победе". Тотчас же заполняют уже готовый бланк, куда надо только вписать фамилию, и готово: "Расстрелять перед строем" или "Отправить в штрафную роту", что то же самое. Так гибли самые честные, чувствовавшие свою ответственность перед обществом люди. А остальные – "Вперрред, в атаку!", "Нет таких крепостей, которых не могли бы взять большевики!" А немцы врылись в землю, создав целый лабиринт траншей и укрытий. Поди их достань! Шло глупое, бессмысленное убийство наших солдат. Надо думать, эта селекция русского народа – бомба замедленного действия: она взорвется через несколько поколений, в XXI или XXII в., когда отобранная и взлелеянная большевиками масса подонков породит новые поколения себе подобных" (*Н.Н. Никулин*. Воспоминания о войне. СПб: Эрмитаж, 2008. С. 25–27).

Поражения и неоправданные потери первой половины 1942 г. позволили противнику завершить подготовку к стратегическому наступлению на южном крыле Восточного фронта, цель которого заключалась в овладении Сталинградом и Кавказом. Для широкого наступления по всему фронту у Германии уже не хватало сил и возможностей.

Литература
В.В. Бешанов. Год 1942 — "учебный". Минск, 2002.
А.В. Исаев. Когда внезапности уже не было. М., 2005.
В. Хаупт. Сражения группы армий "Север". М., 2006.
В. Хаупт. Сражения группы армий "Юг". М., 2006.

4.2.12. Битва под Сталинградом 1942–1943 гг. и перелом в ходе войны. Военные действия в начале 1943 г.

Разведка докладывала Сталину о готовящемся немецком наступлении на юге, но он ей опять не поверил и сосредоточил резервы под Москвой. Немцы же в конце июня 1942 г., вдохновленные своими успехами в Северной Африке и успехами Японии на Тихом океане, перешли в генеральное наступление между Воронежем и Ростовом-на-Дону. За несколько недель до начала немецкого наступления в руки Сталина попал план операции "Блау", предусматривавший удар на Воронеж, Сталинград и Кавказ, но перегруппировать войска с московского направления советское командование не успело.

Группу армий "Юг" Гитлер приказал разделить на две — "А" и "В". "А" должна была наступать на Кавказ, "В" — на Воронеж и Сталинград. На северном участке фронта, под Воронежем, советские войска стояли насмерть и, сдав город, остановили немецкое наступление, и оно стало развиваться в юго-восточном направлении. 17 июля на реке Чир авангарды 6-й немецкой армии встретились с частями 62-й и 64-й советских армий. Началась Сталинградская битва – самое крупное сражение Второй Мировой войны. В начале августа пал советский плацдарм на правом берегу Дона – погибло 8 дивизий. 23 августа соединения Вермахта вышли к Волге севернее Сталинграда, а через два дня 6-я армия достигла окраин Сталинграда. 23 августа Сталинград был подвергнут сокрушительной бомбардировке

Люфтваффе. Горели зернохранилища и резервуары с горючим, пламя пожаров поднималось на несколько сотен метров, огненная река нефти текла вниз по Волге. Под бомбами погибли тысячи мирных жителей. Гитлер в эти дни самодовольно сказал: «Судьбе было угодно, чтобы я одержал решающую победу в городе, носящем имя самого Сталина».

Упорство и бесстрашие советских солдат и офицеров стали проявляться уже на ближайших подступах к Сталинграду. 23 июня на безымянной высотке близ хутора Калмыков в районе станицы Клетской четыре советских бронебойщика: Петр Болото, Григорий Самойлов, Константин Беликов, Иван Алейников – отразили атаку 30-ти фашистских танков, которые двигались на их позиции. 15 танков были подбиты, 15 – повернули назад. Отразили эту атаку четыре бойца при поддержке батареи 76-мм пушек под командованием младшего лейтенанта М. Серого и курсантского полка. Петр Болото из своего противотанкового ружья подбил 8 фашистских танков. За этот подвиг он был удостоен звания Героя Советского Союза одним из первых в Сталинградской битве. 18 августа 1942 г. в бою у станицы Клетской Петр Гутченко и Александр Покальчук – оба из 93-го полка 76-й стрелковой дивизии 21-й армии – закрыли своими телами амбразуру вражеского дзота. Атака началась на рассвете. От успешных действий подразделения во многом зависел весь последующий ход операции, задуманной командованием дивизии. Немцы встретили наступающих шквальным огнем. Особенно яростно бил один из вражеских пулеметов. Он прижал к земле наступающий взвод. Залегли и другие взводы, действующие на флангах и сзади. Атака захлебнулась. Тогда младший лейтенант А. Покальчук вскочил и побежал к стреляющему пулемету. Тут же рядом с ним оказался и зам. политрука П. Гутченко. Они успели добежать до фашистского пулемета и своими телами остановили губительный огонь. Потрясенные бойцы следили за подвигом двоих. Когда смолк огонь пулемета, они бросились вперед. За первым взводом устремились остальные. Враг с высоты был выбит.

Бесстрашно сражались в небе Сталинграда летчики. 6 августа 1942 г. командир звена 182-го истребительно-авиационного полка старший лейтенант Михаил Баранов вступил в бой с группой «мессершмитов». Подбив одного, он продолжал бой с двумя другими. Но в это время летчик увидел шестерку немецких бомбардировщиков. Они направлялись к переднему краю нашей обороны. Баранов мгновенно решает помешать им. Ловко уйдя от «мессершмидтов», летчик начинает преследовать «юнкерсы». Сходу атакует их. Одного поджигает, остальных заставляет повернуть обратно. Вскоре он снова увидел пятерку «мессершмитов», преследующих отставший от своих советский штурмовик. Он тут же поспешил на выручку, ввязался в бой. Подбивает одного из «мессершмитов», ложными атаками сковывает четырех оставшихся. Наш штурмовик благополучно уходит на свою территорию. Но у Михаила Баранова кончились боеприпасы. Он принимает решение таранить врага. Плоскостью своего самолета отрубает хвост немецкой машины. Она закрутилась и рухнула на землю. Но у машины Баранова отвалился кусок плоскости, при этом летчик получил ранение в ногу. Михаил выпрыгнул с парашютом… В этом бою им было сбито 4 вражеских самолета. 12 августа 1942 г. Михаилу Баранову было присвоено звание Героя Советского Союза.

На Кавказе тем временем группа армий «А» захватила Новороссийск, Краснодар, Ставрополь, Грозный и вышла к Главному Кавказскому хребту. Немцы заняли казачьи земли Дона и Кубани, форсировали Терек и водрузили свое знамя на горе Эльбрус. Им не удалось дойти до Каспия, захватить главные нефтеносные районы и отрезать путь американским поставкам через Иран.

В Сталинграде немцы с сентября по ноябрь 1942 г. завязли в ожесточенных уличных боях, но полностью так и не овладели городом. Советские газеты повторяли слова снайпера Василия Зайцева: «За Волгой для нас земли нет».

Василий Зайцев научился стрелять уже в 12 лет, охотясь вместе с отцом и братом в уральских лесах. Спокойный, зоркий, он со свойственной ему смекалкой и хитростью повсюду преследовал и уничтожал противника. Много раз ему приходилось вступать в единоборство с немецкими снайперами, и каждый раз он выходил победителем.

Но особенно прославил Зайцева снайперский поединок с начальником берлинской школы снайперов майором Кенингом, присланным в Сталинград со специальным заданием активизировать снайперское движение в немецких войсках. Об этом поединке Василий Григорьевич написал:

«Было понятно, что пред нами действует опытный снайпер, поэтому решили его заинтриговать, но первую половину дня необходимо было переждать, потому что блеск оптики мог нас выдать. После обеда наши винтовки были уже в тени, а на позиции фашиста упали прямые лучи солнца. Из-под листа что-то заблестело – снайперский прицел. Меткий выстрел, снайпер упал. Как только стемнело, наши пошли в наступление, и в разгар боя мы из-под железного листа вытащили убитого фашистского майора. Взяли его документы и доставили их командиру дивизии».

Более 300 немцев уничтожил Василий Зайцев в уличных боях. Многих бойцов обучил снайперскому искусству. Их называли «зайчатами». Ему и снайперу В. Медведеву за меткий огонь в Сталинграде было присвоено звание Героя Советского Союза.

Приказ Сталина от 5 октября 1942 г. гласил: «Сталинград не должен быть сдан противнику». 62-я армия под командованием генерала Василия Ивановича Чуйкова держалась, сражаясь за каждый дом. Такие объекты, как центральный вокзал и Мамаев курган, переходили из рук в руки по нескольку раз, жестокие бои шли за тракторный завод.

В конце октября 1942 г. генерал фон Паулюс отмечал: «Сопротивляемость красноармейцев достигла такой силы, какой мы никогда не ожидали. Ни один наш солдат или офицер не говорит теперь пренебрежительно об Иване, хотя еще недавно они так говорили сплошь и рядом. Солдат Красной Армии с каждым днем все чаще действует как мастер ближнего боя, уличных сражений и искусной маскировки».

Местом самых ожесточенных боев в Сталинграде стал Мамаев курган. На военных картах он обозначался как высота 102,0 и имел важное стратегическое значение: с его вершины хорошо просматривалась и простреливалась прилегающая территория, переправы через Волгу. Удержать эту высоту для 62-й армии было вопросом жизни и смерти. В середине сентября Мамаев курган несколько раз переходил из рук в руки. Немцы по 10–12 раз в день штурмовали его, но, теряя людей и технику, так и не смогли захватить всю территорию кургана. Особенно упорные бои шли за водонапорные баки, расположенные на самой вершине кургана. В октябре противнику удалось захватить их и превратить в мощные доты. Подходы к ним были заминированы, опутаны колючей проволокой, перед ними был вырыт ров глубиной 2,5 м. Обожженный, изрытый глубокими воронками, дзотами, покрытый осколками от бомб и снарядов, курган и зимой чернел, как обугленный. Об ожесточенности боев на Мамаевом кургане свидетельствует такой факт: весной 1943 г. на каждый квадратный метр земли здесь приходилось от 500 до 1250 осколков. С конца сентября основная тяжесть боев легла на 284-ю стрелковую дивизию под командованием полковника Н.Ф. Батюка. За оборону кургана, организованную командиром дивизии, бойцы назовут его «огнеупорным Батюком», «душой обороны Мамаева кургана». В составе его дивизии было много сибиряков, которые хорошо владели оружием и обладали острым глазом охотника. Когда на Мамаевом кургане в самый напряженный момент боя прекратилась связь, рядовой связист 308-й стрелковой дивизии Матвей Путилов пошел ликвидировать разрыв провода. При восстановлении поврежденной линии связи ему осколками мины раздробило обе руки. Теряя сознание, он крепко зажал зубами концы провода. Связь была восстановлена. За этот подвиг Матвей был посмертно награжден орденом Отечественной войны II степени. Его катушка связи передавалась лучшим связистам 308-й дивизии. Подобный подвиг был совершен и Василием Титаевым. Во время очередной атаки на Мамаевом кургане оборвалась связь. Он отправился ее наладить. В условиях тяжелейшего боя это казалось невозможным, но связь заработала. Титаев с задания не вернулся. После боя его нашли мертвым с зажатыми в зубах концами провода.

Самым юным защитником Сталинграда был Сережа Алешков – сын 142-го гвардейского стрелкового полка 47-й гвардейской стрелковой дивизии, куда он попал в 6-летнем возрасте после гибели всей семьи летом 1942 г. Сережа становится участником Сталинградской битвы. Конечно, непосредственного участия в боевых действиях Сережа принимать не мог, но изо всех сил старался помочь солдатам: приносил им пищу, подносил снаряды, патроны, в перерыве между боями пел песни, читал стихи, разносил почту. Его очень полюбили в полку и называли «боец Алешкин». Однажды он спас жизнь командиру полка полковнику М.Д. Воробьеву. Во время обстрела полковник был завален в землянке. Сережа не растерялся и вовремя позвал бойцов на подмогу. Подоспевшие солдаты извлекли командира из-под обломков, и он остался жив. 18 ноября 1942 г. Сережа вместе с солдатами одной роты попал под минометный обстрел. Осколком мины получил ранение в ногу и был доставлен в госпиталь. После лечения вернулся в полк. Солдаты устроили по этому поводу чествование. Перед строем был зачитан приказ о награждении Сережи медалью «За боевые заслуги» № 013 (Приказ от 24.04.1943). Через два года его отправили учиться в Тульское Суворовское военное училище. На каникулы, как к родному отцу, он приезжал к Михаилу Даниловичу Воробьеву – бывшему командиру полка.

В середине сентября создалась угроза прорыва противника к Волге в районе площади 9 января и мельницы (сейчас ее руины являются историческим памятником). Командир роты 42-го гвардейского стрелкового полка 13-й гвардейской стрелковой дивизии старший лейтенант И.И. Наумов принял решение превратить в опорные пункты два четырехэтажных дома, расположенных параллельно на площади 9 января, и направил туда две группы бойцов. Первая группа состояла из четырех воинов – трех рядовых и сержанта Якова Федотовича Павлова, которые выбили из первого дома немцев и закрепились в нем. Вторая группа – взвод лейтенанта Н.Е. Заболотного – захватила второй дом.

На командный пункт полка, который находился напротив, в разрушенной мельнице, сержант Яков Павлов отправляет донесение: «Немцев выбил, закрепился. Прошу подкрепления. Павлов». Чуть позже рапортовал Заболотный: «Дом занят моим взводом. Лейтенант Заболотный». На третьи сутки в дом Павлова прибыло подкрепление: пулеметный взвод гвардии лейтенанта И.Ф. Афанасьева из 3-й пулеметной роты, группа бронебойщиков и автоматчиков. Гарнизон дома увеличился до 24 человек. Дом стал неприступной крепостью. В течение 58 дней легендарный гарнизон удерживал его и не отдал врагу. Геройски сражался в знаменитом доме командир пулеметного расчета Илья Воронов. Отбивая атаки гитлеровцев, он получил 25 ран. Истекая кровью, пулеметчик зубами срывал кольца гранат и посылал их в гущу врагов. Из дома Павлова вел огонь по врагу один из лучших снайперов 13-й гвардейской дивизии сержант Анатолий Чехов, уничтоживший более 200 немцев. Генерал Родимцев прямо на передовой вручил девятнадцатилетнему Чехову орден Красного Знамени. Немцам удалось разрушить одну из стен дома. На что бойцы шуткой отвечали: «У нас есть еще три стены. Дом как дом, только с небольшой вентиляцией». «Дом Заболотного» в конце сентября 1942 г. немецкая артиллерия полностью разрушила. Под его развалинами погиб почти весь взвод и сам лейтенант Заболотный.

Героически сражался тракторный завод, продолжавший в дни боев ремонтировать танки, которые прямо из цехов завода шли в бой. Один из танков, которым командовал старший лейтенант Митрофан Кириллович Середа, вырвавшись с территории завода, уничтожил немецкую батарею. Доблестный офицер за бои в Сталинграде был награжден орденом Боевого Красного Знамени. Войну он завершил в Праге – полковником, командиром танковой бригады и кавалером семи боевых орденов.

Мнение историка

«Оборона Сталинграда – одно из самых невероятных в современной военной истории сражений по стойкости солдат перед лицом неизмеримо превосходящих сил противника, кровопролитию и понесенным жертвам. Сопротивление русских было столь упорным, а желание Гитлера захватить этот город, раскинувшийся на берегу Волги, столь сильным, что победа в битве за Сталинград стала своего рода вопросом военной чести для Германии.

Как будто завороженные грандиозностью поставленной перед ними задачи, немецкие войска на протяжении всей осени 1942 г. посылали на город дивизию за дивизией, и все они, как морские валы, обрушивались на крепость, стремясь ее сокрушить. Тем временем стянутые с севера и юга от города русские войска начали предпринимать нападения на фланги атакующих. Немецкое командование расценило эти вылазки как стремление ослабить напор на центр и стало посылать еще больше людей на захват небольшого героического очага сопротивления, который все еще отчаянно цеплялся за обледенелый берег Волги» (Георгий Вернадский. Русская история. М., 2001. С. 459–460).

Между тем южный участок немецкого фронта, имевший в июне длину 800 км, стал в сентябре, благодаря выступу к Волге и на Кавказ, более чем в три раза длиннее. За недостатком собственных, немцы поставили на защиту флангов войска венгров, румын и итальянцев. Советские войска Юго-Западного фронта генерала Н.Ф. Ватутина и Сталинградского фронта генерала А.И. Еременко, начав операцию «Уран», прорвали фронт на двух румынских участках к северу и к югу от Сталинграда и 22 ноября замкнули кольцо к западу от Сталинграда, в районе города Калач-на-Дону. Окруженной оказалась вся 6-я армия Вермахта генерала Паулюса. В «котле» размером около 30×50 км очутилось до 240 тысяч войска, в том числе 54 тысячи добровольцев из советских граждан. Паулюс хотел прорвать окружение и отступить на Запад к реке Чир, но Гитлер 24 ноября, на сталинский манер, издал приказ «ни шагу назад», чем обрек свою 6-ю армию на гибель. Немцы попытались снять осаду ударом с юго-запада — на помощь двинулись танковые дивизии группы армий «Дон» фельдмаршала Эриха фон Манштейна, но из-за нового прорыва фронта на участке 8-й итальянской армии им не удалось достичь успеха. На реке Мышкова у Нижне-Кумского и Громославки танковые клинья Манштейна были срезаны срочно развернутыми по фронту армиями.

Для снабжения по воздуху немцам не хватало самолетов, хотя 34 тысячи раненых они воздушным путем из Сталинграда эвакуировали. Немецкий солдат окруженной армии записывал в дневник: «Лошади давно съедены, я бы съел и кошку. Говорят, у нее вкусное мясо. Солдаты скорее похожи на трупы или на лунатиков. Они больше не прячутся от русских снарядов». 8 января советское командование предложило 6-й армии сложить оружие. 10 января Паулюс отказался это сделать, и начался последний этап битвы в руинах Сталинграда. 31 января сдался Паулюс и его штаб. Последние части немцев прекратили сопротивление 2 февраля 1943 г. Погибло примерно 115 тысяч солдат Германии и ее союзников, 91 тысяча сдалась в плен, в том числе 24 генерала. Большинство сдавшихся, истощенные и раненые, погибли в плену тут же, в окрестностях Сталинграда. В Германию после войны вернулось 6 тысяч преимущественно офицеров. В Германии после капитуляции 6-й армии объявили трехдневный траур. Потери советской стороны в Сталинградской битве составили приблизительно 400 тысяч убитыми и 730 тысяч ранеными.

Следом за операцией «Уран», в четыре дня замкнувшей кольцо осады вокруг Сталинграда, Сталин на совершенно ином участке фронта, к северо-западу от Москвы, развернул операцию «Марс». Ее целью было срезать выступ немецкого фронта под Ржевом и разбить группу армий «Центр». Но повторные лобовые атаки под командой маршала Жукова вызвали огромные потери и не дали никакого результата. Пока советские резервы стояли под Ржевом, миллионная немецкая армия на Кавказе в январе 1943 г. спокойно отошла к Ростову-на-Дону и Керченскому проливу, дав возможность уйти от Красной Армии желавшим этого кавказцам, казакам и группе вывезенной в Пятигорск ленинградской интеллигенции.

> В феврале 1943 г. был совершен подвиг, ставший легендарным и в течение многих десятилетий преподносившийся как символ мужества советского солдата. По официальной версии 23 февраля 1943 г. у деревни Чернушка Великолукского района Псковской области на Калининском фронте рядовой Александр Матросов, израсходовав все

гранаты, закрыл грудью амбразуру вражеского дзота, обеспечив тем самым взятие опорного пункта и сохранив жизни десятков своих боевых товарищей. В последние годы российские историки выяснили подлинные обстоятельства этого подвига. Оказалось, что Александр Матросов родился вовсе не в городе Екатеринославе (ныне Днепропетровск), как сообщалось во всех энциклопедиях и справочниках, где после войны был организован музей его имени, а в Башкирии в деревне Кунакбаево, и настоящее его имя – Шакирьян Мухаметьянов. Отец его вовсе не погиб от пуль кулаков, а мать не умерла с горя, как это утверждалось в официальной биографии, выпущенной миллионными тиражами. Мать Шакирьяна умерла в 1932 г., а отец сильно пил и не работал, поэтому мальчика отвезли в детский дом. Отличался он задиристым характером, и поэтому его в 1935 г. перевели в город Иваново в специальный детский дом, где дали новую фамилию Матросов, так как своей, по его словам, он не помнил. Фамилия была дана из-за детской матроски, которую Шакирьян всегда любил носить. Заодно изменили и имя на более «привычное» – Александр. В Иваново он пробыл шесть лет и последний раз приезжал в родную деревню в 1941 г. Перед войной его направили работать в Самару на вагоностроительный завод, но Александр оттуда сбежал, его поймали и направили в Уфу в детскую колонию НКВД. После начала войны Матросов, как и многие его сверстники, рвался на фронт и подготовку проходил в Краснохолмском пехотном училище на реке Урал. Свой подвиг Александр совершил не 23 февраля, а, как следует из архивных документов, 27 февраля 1943 г. Число «23» было придумано политуправлением РККА из идеологических соображений – день Красной Армии. Обстоятельства гибели Шакирьяна Мухаметьянова также отличаются от вымышленных. Молодое пополнение, в рядах которого был Александр Матросов, прибыло под Великие Луки 25 февраля 1943 г. и влилось в состав отдельной 91-й стрелковой бригады. 27 февраля бригада была брошена в атаку, и рота, в которую попал Матросов, должна была атаковать позицию из трех вражеских дзотов, соединенных окопами, в которых залегла немецкая пехота. К трем дзотам поползли четверо бойцов: Галипов, Шарипов, Матросов и Огурцов. Шарипов подобрался к своему дзоту с тыла, перестрелял немцев, захватил пулемет и открыл из него огонь по врагу. Галипов уничтожил свой дзот из противотанкового ружья, захватил пулемет и, как и Шарипов, ударил из него по немцам, уничтожив более 30 солдат противника. После этого остался только один дзот, к которому ползли Огурцов и Матросов. Петр Огурцов, будучи опытным разведчиком, прекрасно понимал, как нужно действовать, но по пути его тяжело ранило. Александр бросил гранату, дзот замолчал, солдаты поднялись в атаку, но пулемет заработал вновь. Тогда Матросов кинулся к дзоту. Дальнейшие события описаны в архивных документах со слов бойцов. Александр попытался расстрелять немцев через отверстие в насыпи сверху, предназначенное для проникновения воздуха в дзот, но то ли был сражен вражеской пулей, то ли, израсходовав патроны, накрыл отверстие своим телом, чтобы лишить немцев доступа воздуха, – не суть важно: задача была выполнена, и немцы стали задыхаться. Вражеские солдаты попытались столкнуть тело Александра, но потеряли время, а подоспевшая пехота уничтожила дзот.

За этот бой старший сержант Шарипов был награжден медалью «За отвагу», а рядовой Галипов – орденом Красной Звезды. Петр Огурцов не получил ничего, Александру Матросову было присвоено посмертно звание Героя Советского Союза. Он не был штрафником, как утверждалось во многих слухах, он не мог закрыть дзот грудью, так как скорострельный немецкий пулемет отбросил бы его тело с почти вертикальной плоскости амбразуры, но это отнюдь не умаляет самого подвига, а делает его только более реальным. Провоевать Шакирьяну Мухаметьянову, или Александру Матросову, довелось всего три дня. В Башкирии в селе Кунакбаево установлен памятник герою, на котором написаны два его имени. О подвиге командующий фронтом Еременко доложил Сталину, и тот своей рукой написал: «Солдат – герой, корпус – гвардейский». Все дальнейшее организовала пропагандистская машина. О боевых товарищах Александра, сделавших не меньше его, но оставшихся в живых вследствие большего военного опыта, не было сказано ни слова. Режиму нужны были такие герои, как Александр Матросов: сироты, без семьи, о которой нужно было бы заботиться и «героическое прошлое» которой можно было придумать любое. Несчастный 19-летний парень, видевший в своей короткой жизни мало счастливых дней, написал в своем последнем письме следующие строки: «Хочу умереть лицом на Запад». Письмо было адресовано девушке из Сталинградской области, с которой Александр случайно познакомился по дороге на фронт, и найдено в его кармане после гибели. Она оказалась самым близким ему человеком на земле. Бог судил сбыться последнему желанию героя.

В 1942 г. в немецкий плен попало еще около 1,4 млн советских солдат, но к концу 1942 г. наступил перелом: число убитых в бою стало превышать число сдавшихся в плен. Этому видны три причины.

1. Военная. Армия перешла в наступление, а при наступлении шансов попасть в плен намного меньше, чем при отступлении.

2. Карательная. 28 июля 1942 г. Сталин издал приказ № 227, получивший на фронте название «Ни шагу назад». Он предусматривал репрессии, вплоть до расстрела, за отступление без приказа. Приказ этот дополнял № 270 от 16 августа 1941 г., по которому следовало расстреливать на месте дезертиров из командного состава, а попавшим в окружение запрещено было сдаваться в плен. Заградительные отряды оставляли один выбор: быть убитым противником при наступлении или «своими» при отступлении.

> Из приказа № 227: «Население, с любовью и уважением относящееся к Красной Армии, начинает разочаровываться в ней, теряет веру в Красную Армию за то, что она отдает наш народ под ярмо немецких угнетателей, а сама утекает на Восток. Мы потеряли более 70 миллионов населения, более 800 миллионов пудов хлеба в год и более 10 миллионов тонн металла в год. У нас нет уже теперь преобладания над немцами ни в людских ресурсах, ни в запасах хлеба. Отступать дальше – значит загубить себя и вместе с тем загубить нашу Родину!»

3. Идейная. Опыт первого года оккупации вызвал гнев обманутых надежд у тех, кто думал, что немцы несут освобождение от большевизма, и укрепил инстинкт национального самосохранения. Душевные и физические силы сосредоточились на изгнании внешнего врага.

> «Войну решили те (большею частью убитые) солдаты, сержанты и офицеры, которые не бежали, хотя справа и слева бегут… Решила вера в ближайшего командира… и умение этого командира управлять ближним боем. Стратегический план? Но он получил

смысл только от того, что Сталинград держался. А в Сталинграде командующие сплошь и рядом не имели связи с частями, батальоны держались сами по себе... Решил дух, охвативший ополченцев и солдат. Откуда он взялся, этот дух, – никто никогда до конца не объяснит... Война вошла в меня. Я внутри стал солдатом и в иные минуты до сих пор чувствую себя солдатом. Солдатом-одиночкой... ведущим свой собственный бой... Таких бесконечно малых сдвигов было много миллионов... У "бездны на краю", во время чумы [русский солдат] показал себя не таким, как в дни мира... Разбивая Ворошилова, Буденного, Тимошенко, немцы проложили дорогу Рокоссовскому, Коневу, Баграмяну, Черняховскому...» (*Григорий Померанц*. Записки гадкого утенка. М., 1998. С. 149–150).

В феврале 1943 г. советские войска вошли в Харьков, но этот успех был временным. В марте немцы перешли в контрнаступление и ловким танковым маневром окружили крупные советские силы. Части солдат удалось из окружения выйти, в плен попали немногие, но на полгода немцы вновь завладели городом.

Во второй половине 1942 г. произошел перелом и на других фронтах Второй Мировой войны. Страны антигитлеровской коалиции стали одерживать победы над войсками держав «оси». Еще 18 апреля 1942 г. американцы совершили символическую «месть» за Перл-Харбор. 16 бомбардировщиков B-25 полковника Д. Дулитла поднялись с палубы авианосца «Хорнет» и сбросили свои бомбы на города Японии — Токио, Иокогаму, Нагою, Кобе. Но это было только предзнаменование перелома. 7–8 мая в сражении палубной авиации японских и американских авианосцев в Коралловом море потери сторон оказались приблизительно равными, но командующий 4-м японским флотом вице-адмирал Сигиеси Иноуэ предпочел вывести свой флот из-под удара. Это было первое отступление японцев на Тихом океане в XX в. Решающее сражение, переломившее ход войны в этой части мира, произошло 4 июня 1942 г. Близ атолла Мидуэй в северной части архипелага Гавайских островов командующий флотом США в Тихом океане адмирал Честер Нимиц разгромил Большой флот Японии под командованием адмирала Ямомото. Все авианосцы японцев были утоплены, большие надводные корабли, в том числе два сверхлинкора «Ямато» и «Мусаси», опасаясь американских самолетов-торпедоносцев, ушли на базы. Это были не столько сражения больших людских масс, как на Восточном фронте, сколько сражения современнейшей по тому времени военной техники. И американцы брали верх в этих битвах над японцами.

Весь июль и август шли кровопролитные сражения под Эль-Аламейном в Египте. Британского командующего генерала Окинлека сменил знаменитый «Лев пустыни» генерал Бернард Лоу Монтгомери. Немцы Роммеля сражались отчаянно, но англичане были мужественны и тверды. Монтгомери методично подготовил контрнаступление, собрав 320 тысяч войск, 1440 танков и 1200 самолетов против 80 тысяч войск, 540 танков и 350 самолетов у германо-итальянцев. 23 октября 1942 г. на правом фланге вдоль берега моря началось английское наступление. 3–4 ноября линия германской обороны была прорвана. 13 ноября Монтгомери вошел в Тобрук, 20 ноября — в Бенгази.

Арабы Переднего Востока и Турция ждали решительной победы Роммеля, чтобы присоединиться к державам «оси» и начать наступление в Закавказье и на Багдад. Тогда, пожалуй, Сталинград бы не выстоял. В случае разгрома американцев под Мидуэем и на Алеутских островах, где действовала японская эскадра вице-адмирала Мосиро Хосагая, Японии ничто не мешало начать военные действия на советском Дальнем Востоке. Это значительно затруднило бы стратегическое положение СССР. Но три победы – под Сталинградом, у атолла Мидуэй и под Эл-Аламейном, взаимно дополняя друг друга, переломили ход войны к концу 1942 г.

8 ноября 1942 г., закрепляя свои победы в Африке, англо-американские войска генерала Дж. Паттона высадились в Марокко и Алжире. Французские войска маршала Петена в начале оказали им сильное сопротивление. Но через несколько дней главнокомандующий французскими войсками адмирал Дарлан приказал своим войскам прекратить сопротивление и перешел на сторону союзников. В ответ Гитлер приказал оккупировать южную Францию. Германо-итальянские войска высадились в Тунисе. 13 мая 1943 г. все силы держав «оси» в Северной Африке капитулировали на мысе Бон. Англо-американские войска взяли в плен более 150 тысяч солдат противника. 10 июля союзные войска перенесли военные действия в Европу – на итальянский остров Сицилия были высажены почти полмиллиона солдат Великобритании и США. К середине 1943 г. разгром армий держав «оси» стал только вопросом времени. Слаженные действия антигитлеровской коалиции обещали победу.

4.2.13. Курская дуга 1943 г.

Февральскими контрударами немцы вновь заняли Харьков и Белгород на юге и Орел на севере, взяв Курск в полукольцо. Это полукольцо фронтов весны 1943 г. от Понырей до Белгорода через долину реки Сейм и называется Курской дугой. Немецкие войска попытались замкнуть кольцо вокруг Курска, в то время как советские войска стремились взять в котел немецкие войска в районе Орла. Советская сторона к этому времени обладала под Орлом и Курском двукратным превосходством в людях и технике. Гитлер медлил отдавать приказ о начале наступления – он ждал прихода в армию новейших танков «Пантера» и «Тигр», которые превосходили советские Т-34 и КВ. Последнее наступление немцев на Восточном фронте, названное ими «Цитадель» и вылившееся в битву на Курской дуге, началось 5 июля 1943 г.

Сталин на этот раз послушал своих генералов и решил вместо наступления подготовиться к стратегической обороне. Также Сталин – что было редко! – поверил донесениям разведки, в том числе хорошо информированным источникам в Великобритании, указывавшим сроки начала операции «Цитадель».

Было решено за три часа до начала немецкого наступления нанести сильный артиллерийский и авиационный удар по выдвинувшимся на рубежи немецким войскам. Врагу был нанесен урон. С первых минут сражение приняло исключительно напряженный характер. На главном направлении удара с севера, на участке Центрального фронта генерала К.К. Рокоссовского, 81-я и 15-я стрелковые дивизии отражали наступление четырех пехотных дивизий и 250 танков, и только после пятой попытки немцам удалось вклиниться в нашу оборону на 6–8 км.

> В ходе оборонительных боев на северном участке дуги особенно отличилась 3-я истребительно-противотанковая бригада полковника В.Н. Рукосуева. В.Н. Рукосуев писал в донесении:

«Противник занял Кашара, Кутырка, Погорельцовы, Самодуровка, в направлении Теплое подтягивает 200 танков и мотопехоту и готовится ко второй атаке. 1-я и 7-я батареи мужественно и храбро погибли, но не отступили ни на шаг. Уничтожено 40 танков. В 1-м батальоне противотанковых ружей 70 % потерь. 2-ю и 3-ю батареи и 2-й батальон ПТР приготовил к встрече противника. Связь с ними имеем. Будем драться: или выстоим, или погибнем».

Не менее напряженные бои проходили в полосе Воронежского фронта генерала армии Н.Ф. Ватутина. 12 июля на Прохоровском направлении произошло знаменитое танковое сражение 5-й танковой армии генерала Павла Ротмистрова и 5-й гвардейской армии генерала Жадова со 2-м танковым корпусом СС Пауля Хауссера. Советская сторона ввела в бой 670, а немцы 420 боевых машин. После боя общие советские потери составили 500, а немецкие — 200 машин (включая и поврежденные, и безвозвратно потерянные). Под Прохоровкой основное число советских потерь было обусловлено некомпетентностью командования, пославшего танки на линию фронта своим ходом на расстояние порядка 150 километров. Боевые машины, израсходовав моторесурс на марше, выходили из строя в бою и становились легкой добычей артиллерии и танков противника. Но, достигнув успеха на южном фланге Курской дуги, на северном немцы вовсе не смогли продвинуться вперед, и операцию «Цитадель» им вскоре пришлось отменить.

В битве под Курском легендарный подвиг совершил молодой артиллерист Михаил Борисов. Батарея, в которой служил Михаил, преградила дорогу колонне немецких танков. Подпустив противника на дистанцию 500 метров, артиллеристы открыли огонь. Сразу загорелось две машины. Немецкие танки, развернувшись, пошли в атаку на батарею, накрыв ее огнем из орудий. Появились убитые и раненые. Михаил, работавший на подаче снарядов, встал на место убитого наводчика и начал поражать танки противника метким огнем. Подбив 6 машин, молодой артиллерист понял, что остался один на батарее. Два немецких танка обошли орудие с левого фланга. Развернув пушку, Борисов поджег один танк, а второму выпустил снаряд в лобовую броню; что-то случилось с машиной, и танк дальше не двинулся, хотя поврежден не был. Ответным выстрелом орудие Михаила было разбито. Последний танк ему не засчитали, но за семь подбитых машин присвоили звание Героя Советского Союза. Сам герой шутил, что подбил семь с половиной танков.

Памятен подвиг летчика старшего лейтенанта Александра Горовца, который 6 июля 1943 г. в районе деревни Засоринье вступил в бой с 20 вражескими бомбардировщиками, из которых 9 сбил. В этом бою он погиб.

Когда англо-американские войска высадились в Сицилии, режим Муссолини пошатнулся, и 17 июля Гитлер срочно перебросил три отборных танковых дивизии СС из-под Курска в Италию, а две других — на средний участок фронта. Там советские войска перешли в наступление. 5 августа 1943 г. были освобождены Орел и Белгород, 23 августа — Харьков. Так, несмотря на поражение под Прохоровкой, битва на Курской дуге закончилась решительной советской победой. Но цена победы была неоправданно высокой. Неумение советских военачальников высшего и среднего звена, их привычка не ценить людей привели к тому, что потери в живой силе Советской армии в 4,5 раза превзошли потери Вермахта. Потери в танках отличались в шесть раз — 6064 и менее тысячи машин в советской и германской армиях, соответственно.

После битвы на Курской дуге советское движение на Запад по всему фронту стало необратимым. Перешли в наступление части Брянского и Центрального фронтов (операция «Кутузов»), затем Воронежского и Степного фронтов (операция «Румянцев»). К осени 1943 г. от немцев была очищена вся левобережная Украина. Сталин приказал как можно скорее форсировать Днепр и освободить Киев. Но западный берег Днепра, высокий и крутой, был тщательно укреплен немцами. На него были выброшены три воздушно-десантных бригады, но — неудачно. Часть десантников упала в Днепр, другие приземлились прямо на немецкие позиции и были уничтожены или взяты в плен. Лобовое форсирование Днепра опять «любой ценой» проходило под ураганным немецким огнем. Солдаты переправлялись на лодках, плотах, порой на досках и бочках. От множества раненых и убитых Днепр окрасился кровью. С очень большими потерями удалось создать и удержать два плацдарма — севернее и южнее Киева. 6 ноября, к большевицкому празднику, Киев был взят. При форсировании Днепра советские солдаты проявили массовый героизм. Около 2500 человек получили звание Героев Советского Союза. Пулеметчик Яков Форзун с товарищами, переправившись на правый берег Днепра, удерживал плацдарм до подхода основных сил своего батальона. В бою он был ранен и звание Героя Советского Союза получал, находясь в госпитале. К 1943 г., в связи с увеличившимся числом награжденных Золотой звездой, ее вручали прямо на фронте, а не, как раньше, в Кремле.

На конец 1943 г. фронт проходил отчасти по Днепру, отчасти немного западнее. Восстанавливался Донбасс.

Совокупная численность советских войск на середину 1943 г. составляла 13,2 млн, немецких — 9,5 млн. Причем немцам приходилось разбрасывать свои силы между восточным фронтом, Италией, тыловыми соединениями по борьбе с партизанами и Атлантическим валом, строившимся для отражения высадки союзников.

3 сентября 1943 г. англо-американские войска армии Монтгомери высадились в Калабрии, на носке Итальянского «сапога». Но еще до этого, 25 июля, итальянцы, с полного одобрения короля Виктора-Эммануила III, арестовали Бенито Муссолини. Король повелел сформировать правительство маршалу Пьетро Бадольо, который подписал тайное перемирие с союзниками. Итальянские войска теперь целыми соединениями сдавались в плен. 8 сентября маршал Бадольо официально объявил о капитуляции Италии. Первая из стран «оси» вышла из войны. Правда, 13 сентября немецкий диверсионный отряд под руководством Отто Скорцени освободил Муссолини из-под стражи, но война теперь шла только между немцами и союзниками на земле Италии. 1 октября союзники после тяжелых боев заняли Неаполь.

На Тихом океане в конце 1943 г. англо-американские и австралийские войска в изнурительных морских и сухопутных сражениях постепенно вытесняли японцев с островов Океании и с Новой Гвинеи.

Литература
Л.Н. Лопуховский. Прохоровка без грифа секретности. М., 2005.

4.2.14. Русское общество и германская администрация на оккупированных территориях

Еще в 1925 г. Гитлер писал: «Когда мы говорим о завоевании новых земель в Европе, мы, конечно, можем иметь в виду в первую очередь только Россию». Оккупированная часть СССР делилась на четыре рейхскомиссариата: «Остланд» (Прибалтика и Западная Белоруссия), «Украина», «Московия» (Центральная Россия) и «Кавказ» (в реальности возникли лишь первые два). По плану «Ост» в течение 30 лет после победы планировалось истребить и частично выселить в Азию около 31 млн славян, а еще 14—15 млн лишить среднего и высшего образования и сделать рабами немецких колонистов.

Но все подобные планы выглядели фантастично, так как сил для их реализации у Германии не было. Даже всех использованных на военной службе людских ресурсов Германии (16—17 млн человек) не хватило бы для контроля над оккупированными в 1941—1942 гг. территориями общей площадью более 2 млн км^2, не говоря уже об остальной части СССР.

Те из советских граждан, кто шел на сотрудничество с немцами, полагались именно на неосуществимость этой политики: «Всю Россию они все равно никогда не займут, необходимость их заставит менять политику». Впрочем, министерству пропаганды было поручено вещать не о колонизации, а об освободительном походе против большевизма. И хотя плакаты «Гитлер — освободитель» были верхом цинизма, в освободительные цели многие готовы были верить. Беспросветность сталинского гнета заставляла людей надеяться на то, что приход немцев поможет этот гнет сбросить. Хотя в общем население иностранного вторжения опасалось, многие встречали германскую армию букетами цветов и хлебом-солью. Не только от Галиции до Эстонии, но и от Киева до Пскова.

Министерство по делам восточных оккупированных территорий и нацистская партия так и не сумели добиться единой оккупационной политики. Оккупационный режим не был однородным. В 200-километровой прифронтовой полосе (Operationsgebiet) хозяевами были военные, заинтересованные прежде всего в хотя бы нейтральном отношении населения. Они приказывали солдатам не останавливаться на постой без разрешения, платить за изъятые продукты (правда, оккупационными марками, которые обменивались на рубли по невыгодному для населения курсу 1:10). Военные не возражали против открытия храмов и занятий в русских школах, поручали жителям восстанавливать местное управление под своим надзором, разрешали частную торговлю, а нередко и роспуск колхозов. Советские граждане, шедшие в местное управление под немцами, не считали, что служат врагу, а считали, что помогают своему народу, которому и под оккупацией надо жить — пользоваться водой, электричеством, школами и больницами. Были и такие, кто сознательно шел служить в гестапо, чтобы отомстить коммунистам.

Интересы общегерманских ведомств, следовавших за фронтовиками, не совпадали с интересами последних. Служба безопасности (Reichssicherheitshauptamt) самым важным считала **истребление евреев**. Массовые убийства рядового еврейства (евреи-партийцы и энкавэдисты эвакуировались) произвели тяжкое, гнетущее впечатление. «Наши расстреливали, и эти расстреливают». Это стало первым ударом по надеждам на освобождение.

Вторым и решающим ударом зимой 1941–1942 гг. стала **гибель военнопленных**. В результате окружений и отступления Красной Армии осенью 1941 г. в плен попало 3,8 млн человек. Их сгоняли на оцепленные колючей проволокой пространства под открытым небом, где большинство и умерло лютой зимой 1941–1942 гг. от голода, холода и болезней. Населению вступать в контакт с пленными, поддерживать их едой, одеждой, медикаментами, как правило, запрещалось. Жуткая гибель пленных на глазах у населения была важной причиной поворота народных настроений против немцев. И хотя в отдельных регионах (Брянская область, Галиция, Дон, Кубань, Северный Кавказ) местные оккупационные власти не проводили в жизнь установки Гитлера на третирование славян как «недочеловеков», люди на оккупированных территориях постепенно стали понимать — пришли не освободители, а новые поработители, столь же жестокие и беспринципные, но еще более методичные и расчетливые, хотя и менее дикие и лучше образованные, чем «свои» большевики.

В глубоком немецком тылу управляли партийные чиновники НСДАП. Особой жестокостью среди них отличались рейхскомиссар Украины Э. Кох и Генеральный комиссар Белоруссии В. Кубе. Территорией вне прифронтовой полосы — рейхскомиссариатами «Украина» и «Остланд» — ведало министерство Альфреда Розенберга, партийных чиновников которого военные по цвету формы называли «золотыми фазанами». Нацистская политика на Востоке стала одним из решающих факторов, предопределивших разгром Германии. Жители в Кривом Роге в 1943 г. мрачно шутили: «Советская власть и за 20 лет из нас не могла сделать большевиков, а немцы сумели этого добиться за два года». Немцы сознательно унижали национальное достоинство русских. В Пскове был, например, расклеен плакат, изображавший здоровенного немецкого крестьянина с огромным мешком зерна, «показывающего нос» тощему и ободранному русскому мужичку в лаптях. Местные жители не допускались к высшему, а зачастую и среднему образованию, для них не было почтовой, телефонной и телеграфной связи. Железные дороги, перешитые на европейскую колею, служили военным нуждам. Порой к поезду цепляли товарный вагон с надписью «Для местных». Трамваи из Пскова увезли в Кенигсберг, а в Минске на них разрешалось ездить только немцам. Другого общественного транспорта не было. В Прибалтике нормы выдачи продуктов были те же, что в Германии, а рядом в Пскове по карточкам выдавали только хлеб, картофель, соль и спички.

Земли, занятые немцами в 1941–1942 гг., были частью страны, где население жило очень бедно. Производство молока, мяса, яиц на душу населения в СССР в 1940 г. было и по официальным данным заметно ниже царского времени, производство зерна таким же, зато более чем вдвое выше было производство картофеля. На нем и пережили войну. Когда эмигранты, помнившие Россию до революции, увидели ее вновь под оккупацией, они с горечью писали: «Что большевики за четверть века сделали со страной!»

Уровень жизни населения был разным, в зависимости от региона и развития торгово-рыночных отношений. В городах жилось труднее, чем на селе. Жизнь в Киеве, Минске, Смоленске была дорогой, с высокими ценами на рынках, а в Орле, Пскове — более дешевой. Положительным фактором стал всплеск частной инициативы. В зоне ответственности Вермахта крестьяне делили колхозную землю по едокам, разбирали «обобществленные» имущество и инвентарь. В отдаленных селах и деревнях немцев не видели. Но в рейхскомиссариатах колхозы («общины») немцы сохранили, что вызвало разочарование. «Декларацию о введении частной собственности на землю в восточных областях» Розенберг подписал лишь в 1943 г. В промышленности преобладало кустарное производство. Расцвела сфера обслуживания — в Брянске, Киеве, Минске, Орле, Симферополе, Смоленске и других городах появились частные кафе, магазинчики, рестораны, ателье и т. д. Работали рынки, базары, привозы, меновые торги. В Прибалтике, на Западной Украине, в Молдавии уровень жизни сельского населения был выше, чем в русских областях.

Район Одессы между Днестром и Бугом — *Транснистрия* — управлялся румынами. Одесса при румынах слыла даже на советской стороне примером благополучия.

Наиболее высокий уровень жизни был там, где немцы предоставляли населению максимум самоуправления, например в *Локотском самоуправляющемся округе* на Брянщине на юге Орловской области. В Локотском округе, состоящем из восьми районов с населением на март 1943 г. более чем в 580 тысяч человек, работали 345 школ (в том числе 10 средних), в которых учились 43 422 учащихся и преподавали 1338 учителей, 9 больниц и 30 медпунктов амбулаторного типа с 51 врачом и 179 медсестрами, действовали более 250 мельниц (в том числе 32 паровые), частные и кооперативные земледельческие хозяйства, 6 госхозов, несколько заводов и т. д. Развивалось животноводство, птицеводство, производство масла, сметаны, молока.

Важным признаком оживления хозяйственной жизни на оккупированных территориях СССР по сравнению со «светлым колхозным прошлым» стало отсутствие массовой смертности населения от голода, характерной для советского тыла в 1942—1943 гг. (Вологодская область, Якутия и другие регионы).

Хотя и в тисках нацистской цензуры, но немного ожила культура. Издавались десятки русских газет и журналов («Голос Крыма» в Симферополе, «Голос народа» в Локте, «Новый путь» в Смоленске, «Речь» в Орле и др.), на страницах которых, наряду с откровенным нацистским официозом, нередко печатались интересные публицистические, мемуарные и литературно-художественные материалы, антисталинские стихи и карикатуры, довольно полно отражавшие суть довоенной действительности. На страницах «Голоса Крыма», например, в 1942—1943 гг. публиковались стихи Г.Р. Державина, Н.С. Гумилева, Ф.И. Тютчева, воспоминания о К.Д. Бальмонте, С.В. Рахманинове, Ф.И. Шаляпине. Редактировались издания русскими сотрудниками, зачастую из представителей репрессированной в 1920—1930-е гг. интеллигенции. Наиболее талантливыми из них были Р.М. Акульшин (Березов), А.И. Булдеев, С.С. Максимов (Широков), Н.Н. Грин (вдова А.С. Грина), Л.Д. Суражевский (Ржевский), Б.Н. Ширяев.

Создавались литературные кружки, работали театры. На сцене театра Локтя в месяц играли до 60 спектаклей, в том числе лучшие пьесы А.Н. Островского. Русскую классику ставила на сцене Смоленского драматического народного театра В.В. Либеровская. По радио выступали В. Блюменталь-Тамарин и Петр Лещенко. Переполненные залы собирали знаменитые солисты оперных театров — Н.К. Печковский (Мариинского), В. Селявин (Одесского) и др. В Пскове в 1943 г. прибывший из Сербии скаутмастер Ростислав Полчанинов создал нелегально действовавший отряд скаутов-разведчиков, возродившийся после перерыва с 1920-х гг.

Трехцветный национальный бело-сине-красный флаг, в отличие от запрещенного красного, широко вывешивался в оккупированной зоне. Находились люди, у которых он хранился ещё с Гражданской войны. Нарукавные значки русского триколора производили швейные мастерские во многих городах — товар пользовался спросом.

Среди бургомистров и сотрудников местного самоуправления были совершенно разные лица. Одни стремились сохранить привычное руководящее положение, другие хотели отомстить за перенесенные при Советах страдания, третьи лакействовали и пресмыкались, к чему их долго приучали большевики, кто-то хотел просто выжить, как при Сталине, но хватало и тех, кто пошел в органы самоуправления, чтобы постараться облегчить положение брошенного большевиками населения (А.И. Булдеев в Симферополе, П.Д. Ильинский в Полоцке, профессор И.А. Кошкин в Кавказских Минеральных Водах, юрист Б.Г. Меньшагин в Смоленске, профессор П.Г. Часовников в Одессе, К.Ф. Штеппа в Киеве и др.). Положение этих представителей «подсоветской» интеллигенции, априори объявленных предателями, было трагичным и противоречивым.

18 июля 1941 г. ЦК ВКП(б) принял постановление о создании партизанского движения. Организация отрядов возлагалась на органы ВКП(б) и НКВД. Практическое руководство разведывательной деятельностью и диверсионной работой в тылу Германской армии в годы Второй Мировой войны осуществлял Павел Судоплатов.

> «Мы сразу же создали войсковое соединение Особой группы – отдельную мотострелковую бригаду особого назначения (ОМСБОН НКВД СССР), которой командовали в разное время Гриднев и Орлов. По решению ЦК партии и Коминтерна всем политическим эмигрантам, находившимся в Советском Союзе, было предложено вступить в это соединение Особой группы НКВД. Бригада формировалась в первые дни войны на стадионе "Динамо". Под своим началом мы имели более двадцати пяти тысяч солдат и командиров, из них две тысячи иностранцев – немцев, австрийцев, испанцев, американцев, китайцев, вьетнамцев, поляков, чехов, болгар, румын. В нашем распоряжении находились лучшие советские спортсмены, в том числе чемпионы по боксу и легкой атлетике, – они стали основой диверсионных формирований, посылавшихся на фронт и забрасывавшихся в тыл врага» (*П.А. Судоплатов*. Разведка и Кремль. М.: ТОО «Гея», 1997. С. 150).

Созданная Судоплатовым бригада, развернутая позже в войска Осназа (Особого назначения), и послужила основой партизанских формирований в годы Второй Мировой войны, ставших тем костяком, куда вливались бежавшие из плена, окруженцы, жители оккупированных территорий, пострадавшие от карательных акций, молодежь, спасавшаяся от угона на работы. В мае 1942 г. в Москве возник Центральный штаб партизанского движения (ЦШПД) под руководством первого секретаря Компартии Белоруссии П.К. Пономаренко. Формальным главкомом партизанами с 1942 г. считался Ворошилов. В 1941 г. активность партизан была низкой, население испытывало по отношению к ним чувства от настороженно-нейтральных до откровенно враждебных. Но с 1942 г. в результате нацистской политики начался рост партизанского движения. Почти над всеми отрядами в 1942 г. был установлен жесткий партийно-политический контроль.

Партизаны уничтожали мелкие группы противника, устраивали диверсии на коммуникациях, представляли советскую власть перед населением, провоцировали немцев на безжалостные «акции возмездия» против целых деревень и уничтожали «изменников» — старост, полицейских, тех, кто делил колхозную землю, издавал газеты, занимался торговлей, вел антисталинскую пропаганду, создавал антисоветские воинские части и т. д. По официальным данным, спецгруппы Ленинградского управления НКВД – НКГБ в 1941–1944 гг. уничтожили на территории области 1160 соотечественников, объявленных «предателями и изменниками». Иногда партизаны уничтожали враждебно настроенные села и деревни полностью.

На жителей оккупированных областей партизанское движение легло тяжким бременем. Часть населения тайком поддерживала партизан, но когда им этого было мало, партизаны нещадно грабили жителей сел: «Мы тот отряд, что берет всё подряд». Многие партизаны больше мародерствовали, чем занимались диверсиями. При поддержке немцев создавались части самообороны, «службы порядка» (Ordnungsdienst, или OD), и разгоралась подлинная гражданская война. Порой самооборона и партизаны между собой договаривались: «Вы нас не троньте – и мы вас не тронем». Но когда немцы узнавали про партизанские налеты, они ограбленных крестьян за связь с партизанами преследовали и расстреливали ни в чем не повинных заложников. Гитлер еще летом 1941 г. утверждал, что «партизанская война дает и нам некоторые преимущества. Она позволяет уничтожать всех, кто против нас». Хрущев же 3 апреля 1943 г. заявил, что партизанские «рейды дают положительные результаты в том смысле, что вселяют страх у неустойчивых элементов из украинцев и русских, проживающих на оккупированной территории, которые бы хотели пойти на сговор [с немцами], но боятся расправы со стороны наших отрядов». Так с обеих сторон партизанское движение делало войну более жестокой и бесчеловечной.

В Западной Белоруссии и на Правобережной Украине с 1943 г. активно действовало национальное антикоммунистическое подполье — отряды польской Армии Крайовой (АК), подчинявшиеся легитимному правительству в Лондоне и Украинской Повстанческой армии (УПА), созданные бандеровским крылом ОУН[1]. Между польскими и украинскими партизанами шла жестокая война. Оба партизанских войска (а они к тому же не были едиными, состояли из многих отрядов, часто действовавших независимо и даже во вражде друг к другу) вели войну на уничтожение и оккупантов немцев, и своих соперников: украинцы сжигали польские села и городки, поляки громили украинские. Осенью 1943 г. в одном из районов под Гродно оперировали партизаны, костяк которых составляли сотрудники бывшего Гродненского НКВД, отряд бывших окруженцев-красноармейцев, несколько групп АК, белорусские националисты и отряд еврейской самообороны. все сражались против всех.

---

[1] ОУН – Организация Украинских националистов. Степан Андреевич Бандера (1909–1959) лидер организации.

Наиболее значительным партизанское движение было в Белоруссии, затем — в Орловской, Смоленской и Ленинградской областях РСФСР. Гораздо слабее — на Украине и в Крыму. Почти не было партизан в Карело-Финской ССР, Прибалтике, Молдавии, на Кубани, на Дону, на Северном Кавказе. Самым известным партизанским командиром стал С.А. Ковпак, чей отряд совершил в 1943 г. рейд по восемнадцати областям РСФСР, Украины и Белоруссии. В 1943 г. партизаны в Белоруссии, на территории Калининской, Ленинградской, Орловской, Смоленской областей и некоторых районов Левобережной Украины провели крупные диверсионные операции «Рельсовая война» и «Концерт» на линиях железнодорожных коммуникаций. Но несмотря на значительное количество поврежденного железнодорожного полотна, немцы быстро восстанавливали сообщение. В советской литературе утверждалось, что партизаны и подпольщики в 1941–1944 гг. уничтожили более 1 млн военнослужащих противника; исследования немецких историков к концу 1990-х гг. дают более скромную цифру — 25–45 тысяч человек. Партизанские диверсии и акты саботажа ни разу не оказали решающего влияния на ход немецких операций.

В апреле 1943 г. на всех оккупированных территориях СССР, по данным ЦШПД, в просоветских партизанских отрядах насчитывалось всего 110–115 тысяч человек, большей частью — в Белоруссии, Смоленской и Орловской областях. В партизанско-подпольном движении во время войны участвовали вряд ли более 250–280 тысяч человек, большая часть из них — в Белоруссии. Общие безвозвратные потери партизан составили до 100 тысяч человек, в основном в конце 1943 – начале 1944 гг. Потери населения, погибшего в результате провокаций немецких репрессий, партизанских грабежей и террора, а также межпартизанских конфликтов, существенно превысили безвозвратные потери партизан. Партизанское движение, безжалостное, в первую очередь, по отношению к самим его участникам и брошенному в оккупации советской властью населению, оказалось еще одним проявлением бесчеловечности гитлеровского и сталинского режимов.

Литература
A. Dallin. German rule in Russia 1941–1945. A Study of Occupation Policies. L., 1957.
Б.В. Соколов. Оккупация. М., 2002.
Б.Н. Ковалев. Нацистская оккупация и коллаборационизм в России, 1941–1944. М., 2004.
К.М. Александров. Русские солдаты Вермахта. Сб. статей и материалов. М., 2005.
И.П. Щеров. Партизаны: организация, методы и последствия борьбы (1941–1945). Смоленск, 2006.

4.2.15. К западу от линии фронта. Беженцы и остарбайтеры. Трагедия Холокоста

В 1925 г. в книге «Моя борьба» Гитлер высказался категорически и недвусмысленно: «Конец еврейского господства в России будет также концом России как государства». В рамках гитлеровской концепции освоения «жизненного пространства» на Востоке евреи, цыгане, гомосексуалисты и душевнобольные на оккупированных территориях подлежали немедленному уничтожению спецподразделениями СД (айнзайтцкомандами). Теоретически к обреченным на гибель относились и представители местной партийной номенклатуры ВКП(б), но на практике ситуация выглядела иначе, особенно в зоне ответственности администрации Вермахта. Бывшим коммунистам и работникам советских органов власти нередко удавалось занимать важные должности в органах самоуправления, что порой приводило к конфликтам с претерпевшими сталинские жестокости людьми, особенно на Дону и Кубани.

Ужас нацистского террора заключался в его организованности и планомерности. Кроме перечисленных категорий, жертвами оккупантов становились советские активисты, подпольщики, партизаны, саботажники и т. д. В ответ на диверсии на коммуникациях и спецоперации партизан, часто мелкие и неудачные, оккупационные власти организовывали беспощадные «зачистки» местности, сжигая села и деревни, порой со всем населением, вплоть до стариков и детей. Нередко и партизаны уничтожали деревни, население которых вело себя по отношению к ним нелояльно. Особенно от антипартизанских «акций возмездия» пострадала Белоруссия. Убитые нацистами гражданские лица записывались в категорию «партизан». Так, например, за период с августа по ноябрь 1942 г., согласно официальному отчету рейхсфюрера СС Г. Гиммлера об итогах борьбы с партизанами на юге СССР, в районе Белостока и на Украине, были убиты в боях 1337 и расстреляны захваченные в плен 8565 партизан. Но при этом каратели уничтожили в качестве «пособников» и «подозреваемых» в связях с партизанами 14 257 человек. Страшной трагедией стала гибель евреев, почти исключительно мирных обывателей, уничтоженных нацистами.

Евреи демонизировались нацистами, ставились в центре идеологии биологического расизма, объявлялись «чем-то вроде бацилл» или «паразитов», которых надо истребить, чтобы спасти от заболевания «арийский организм» и «европейскую цивилизацию». Следуя этой идеологии, национал-социалисты уже в 1933 г. стали ограничивать права «неарийского» населения, а с 1938 г. отправлять евреев в концлагеря. После занятия Польши в 1939 г. местных евреев сселяют в гетто, затем антиеврейские законы распространяются на другие страны. Идет речь о выселении евреев на остров Мадагаскар. Но весной 1941 г. Гитлер склоняется к «окончательному решению еврейского вопроса» (Endlösung der Judenfrage). Летом на территории Польши начинают строить газовые камеры и печи крематориев (их испытывают на русских военнопленных). Только в шести лагерях там вскоре погибнут 3 миллиона евреев, которых свезут из разных стран Европы так, чтобы их бывшие соседи не знали, куда они исчезли. В оккупированных областях СССР такие предосторожности сочли излишними. Карательные отряды СС (Einsatzgruppen) выстраивают евреев в шеренгу у обрыва и расстреливают из пулемета.

Массовое уничтожение нацистами евреев в годы войны называют Холокостом (что означает жертвоприношение или всесожжение). Несмотря на предпринятые советскими органами меры по эвакуации еврейского населения в 1941 г., власть не оповещала евреев Советского Союза о грозящей им опасности со стороны нацистов: на Украине с удовлетворением вспоминали дисциплинированную кайзеровскую армию 1918 г. На оккупированных территориях остались 2,73 млн евреев (примерно 55 % еврейского населения СССР). Первая волна массового убийства евреев, особенно на Западной Украине и в Прибалтике, произошла «силами» местного населения еще до прихода немцев. Евреям мстили, считая их виновниками и пособниками советской оккупации и террора 1939—1941 гг. В убийствах советских евреев активное участие принимали силы местной вспомогательной полиции, особенно в Прибалтике и на Правобережной Украине. Полицейские, члены их семей, любовницы немецких солдат бросались в опустевшие квартиры грабить. На глазах у обреченных евреев они тащили платья, подушки, перины; некоторые проходили сквозь оцепление и снимали платки, вязаные шерстяные кофточки с женщин и девушек, ждущих казни. Массовые расстрелы евреев шли в Вильнюсе, Каунасе, Львове, Пинске, Каменец-Подольске, Житомире, Витебске, Минске, в Румбуле под Ригой, в Яссах, Кишиневе и в занятом румынами Заднестровье (Одесская область). После оккупации нацистами Крыма и Южной России прошли расстрелы евреев в Ростове, Кисловодске, Ессентуках, Керчи, Ялте, Евпатории, Джанкое и других городах.

Черным символом Холокоста стала трагедия еврейского населения Киева. Здесь в Бабьем Яру 29—30 сентября 1941 г. — всего через 10 дней после занятия города — зондеркоманда 4-а уничтожила 33 771 еврея.

В 1944 г. советские журналисты-евреи Илья Эренбург и Василий Гроссман собрали книгу свидетельств о злодеяниях нацистов против евреев. В ней приводились леденящие кровь описания расправы в Бабьем Яру.

«Елена Ефимовна Бородянская-Кныш с ребенком пришла к Бабьему Яру, когда было уже совершенно темно. Ребенка она несла на руках. Она вспоминала: "Никогда не забуду одну девочку лет пятнадцати — Сарру. Трудно описать красоту этой девочки. Мать рвала волосы на себе, кричала душераздирающим голосом: "Убейте нас вместе..." Мать убили прикладом, с девочкой не торопились, пять или шесть немцев раздели ее догола, что было дальше — не знаю, не видела...

С нас сняли верхнюю одежду, забрали все вещи и, отведя вперед метров на 50, забрали документы, деньги, кольца, серьги. У одного старика начали вынимать золотые зубы. Он сопротивлялся. Тогда немец схватил его за бороду и бросил на землю, клочья бороды остались в руках у немца. Кровь залила старика. Мой ребенок при виде этого заплакал.

— Не веди меня туда, мама, нас убьют; видишь, дедушку убивают.

— Доченька, не кричи, если ты будешь кричать, мы не сможем убежать и нас немцы убьют, — упрашивала я ребенка.

Она была терпеливым ребенком — шла молча и вся дрожала. Ей было тогда четыре года...

(Елена и ребенок выжили под горой трупов и выбрались из рва. Они добрались до знакомой Литошенко.) Она обмерла, увидев меня. Она дала мне юбку, платье и спрятала меня и ребенка. Я больше недели была у нее под замком"».

В Крыму с 16 ноября по 15 декабря нацисты расстреляли 17 645 евреев.

В Джанкое один из свидетелей трагедии вспоминал, как евреев согнали в ров для последующей казни:

«Однажды ночью у молодой женщины Кацман начались роды. Тихий плач, прерываемый воплями роженицы, доносился со всех сторон. Ее муж Яков Кацман, молодой комбайнер еврейского колхоза, – где-то на фронте, в рядах Красной Армии. Его непрерывно вспоминают... Никогда не думал он, что его молодая жена будет рожать первенца в этой могиле... На рассвете старший жандарм со своими помощниками пришел контролировать лагерь. Он подошел к роженице, повернул к себе новорожденного, взял у одного из своих помощников винтовку и вонзил штык ребенку в глаз» (Черная книга коммунизма. Преступления, террор, репрессии. М.: Три века истории, 1999. С. 256).

Накануне казни евреев [в Ростове-на-Дону] 10 августа 1942 г. немцы на том же месте, у Змиевской балки, убили 300 красноармейцев. Красноармейцев подвозили в машинах до переезда. Там и сажали в специальную газовую машину. Из нее вытаскивали мертвых. Тех, которые подавали признаки жизни, пристреливали. Евреям приказали раздеться. Вещи складывали в стороне. У Змиевской балки расстреливали и тотчас засыпали глиной. Маленьких детей живыми кидали в ямы. Часть евреев убили в газовой машине. Одну партию вели голыми от Зоологического сада до балки. С ними была красивая женщина, тоже голая, она вела за руку двух крохотных девочек с бантиками на голове. Несколько девушек шли, взявшись за руки, и что-то пели. Старик подошел к немцу и ударил его по лицу. Немец закричал, потом повалил старика и затоптал его.

На следующий день газета «Голос Ростова», которую выпускали немцы, писала: «Воздух очистился...»

Считается, что нацисты и их пособники уничтожили за время оккупации более 2 млн евреев, хотя другие оценки дают цифры от 800 тысяч до 1 млн. Нечастые случаи спасения обреченных евреев местными жителями превращались в акт высокого христианского самопожертвования.

> Дмитрий Пасичный, спрятавшись за памятником на еврейском кладбище, видел, как немцы расстреливали евреев в Бабьем Яру. Жена Пасичного, Полина, и ее мать, Евгения Абрамовна Шевелева, – еврейки. Он спрятал их в шкафу и распространил слухи, что они ушли на кладбище. Затем обе женщины перешли в домик Покровской церкви, на Подоле. Священник этой церкви Глаголев, сын священника, выступавшего в свое время экспертом со стороны защиты на процессе Бейлиса, дал возможность жене Пасичного прожить в церковном доме до августа 1942 г., а потом увез в Каменец-Подольский. Священник Глаголев спас еще многих других евреев, обратившихся к нему за помощью. – Черная книга коммунизма. С. 23–25.

Сталин и глава Агитпропа А. Щербаков наложили вето на публикацию «Черной книги». Холокост евреев оставался запрещенной темой в СССР плоть до 1960-х гг. и не упоминался в советских учебниках истории вплоть до крушения СССР. В глазах уцелевших советских евреев это было невыносимое оскорбление памяти павших и немало способствовало обострению так называемого «еврейского вопроса» в СССР в 1960–1970-е гг.

> Василий Гроссман в романе «Жизнь и судьба», написанном в 1950-е гг., объясняет Холокост на советской территории не только действиями нацистов, но и массовым пособничеством советского населения, отравленного сталинщиной. «Именно в такой атмосфере отвращения и ненависти готовилось и проводилось уничтожение украинских

и белорусских евреев. В свое время на этой же земле, мобилизовав и раздув ярость масс, Сталин проводил кампанию по уничтожению кулачества как класса, кампанию по истреблению троцкистско-бухаринских выродков и диверсантов. Опыт показал, что большая часть населения при таких кампаниях становится гипнотически послушна всем указаниям властей. В массах населения есть меньшая часть, создающая воздух кампании: кровожадные, радующиеся и злорадствующие, идейные идиоты либо заинтересованные в сведении личных счетов, в грабеже вещей и квартир, в открывающихся вакансиях. Большинство людей, внутренне ужасаясь массовым убийствам, скрывает свое душевное состояние не только от своих близких, но и от самих себя... И конечно, еще меньше бывало случаев, когда человек при виде подозреваемой в бешенстве собаки не отвел бы глаз от ее молящего взора, а приютил бы эту подозреваемую в бешенстве собаку в доме, где живет со своей женой и детьми. Но все же были такие случаи...» (*Василий Гроссман*. Жизнь и судьба // Собр. соч. М.: Вагриус, 1998. Т. 2. С. 150–151).

Этническая и культурная карта западных районов СССР необратимо изменилась — исчезли еврейские поселения, «штетли», с их богатой многовековой традиционной культурой. Но еще страшней было то, что были истреблены сотни тысяч носителей этой культуры. Главным образом женщины, дети, старики, так как молодые мужчины были призваны в армию. Страшно и горько, что немалый «вклад» в уничтожение евреев внесли их соседи, часто жившие на той же улице, в том же доме. Одни, не страшась расправы, укрывали, а другие — бестрепетно выдавали несчастных на убийство. Уцелевшие евреи были, как правило, ассимилированы в русскую культуру и жили в городах. Попытки после войны воссоздать культуру на идиш, запрещенную Сталиным в 1948–1953 гг., не имели уже этнокультурной базы.

Другой горькой страницей оккупации стало создание концлагерей на оккупированных территориях, некоторые из них превратились в подлинные комбинаты по уничтожению нежелательных заключенных. Всего, по официальным советским данным, жертвами нацистов пали 7 420 379 человек, однако в это число включены и жертвы партизанского террора, а также остарбайтеры, с которыми прекратилась связь родственников. Статистика жертв оккупации нуждается еще в серьезном уточнении и, возможно, в пересмотре.

Министерство Розенберга было не единственным ведомством, хозяйничавшим на оккупированных землях. Его рейхскомиссары во многом подчинялись непосредственно Гитлеру, а помимо них действовали еще представители главноуполномоченных по четырехлетнему плану и по трудовым ресурсам. Первые вывозили в Германию оборудование и сырье. Вторые увозили людей. Немцы вербовали работников во всех оккупированных странах.

С весны 1942 г. с оккупированных территорий началась насильственная отправка молодежи (восточных рабочих – Ostarbeiter, или остовцы) на работы в Рейх. Первоначально многие ехали в Европу добровольно и действительно в надежде на трудовое устройство. Но на практике лозунг «Приезжайте в счастливую Германию!» обернулся каторжным трудом и скотскими условиями существования для большинства остовцев, вплоть до осени 1944 г. лишенных какой-либо правовой защиты и поддержки. Организатором использования принудительного труда восточных рабочих стал ревностный нацист и генеральный комиссар по использованию рабочей силы в Рейхе Ф. Заукель, который организовал отправку в Рейх со всей Европы и оккупированных территорий СССР от 7 до 10 млн иностранных рабочих, сыгравших важную роль в мобилизации немецкой экономики.

В рабочих лагерях и общежитиях в Германии выходцы с Востока очутились в значительно худшем положении, чем их коллеги из западных стран. Они должны были носить на одежде нашивку «OST», их продовольственный паек был намного хуже немецкого, их рабочий день длился 10—12 часов, они были лишены юридической защиты, не могли без сопровождения выходить в город. Мужчины и женщины были поселены отдельно, разлучались семьи. За мелкие проступки остовцев били, за более серьезные отправляли в концлагерь, а за половые сношения — безразлично, с немцами или со своими, — полагалась смертная казнь. Старые русские эмигранты — и духовенство (священникам разрешался доступ в лагеря остовцев), и частные люди — путем переписки и отправкой посылок старались облегчить тяжелую участь остарбайтеров.

Всего с оккупированных территорий СССР (в границах до 1 сентября 1939 г.) на принудительные работы немцы вывезли приблизительно 3,2 млн человек и еще около 800 тысяч — с территорий, аннексированных СССР в 1939—1940 гг. Труд остарбайтеров использовался преимущественно в германской промышленности и сельском хозяйстве. Положение остарбайтеров в Рейхе начало меняться в лучшую сторону лишь с конца 1944 г. в связи с созданием КОНР, в перечне мероприятий которого предусматривалась и защита прав восточных рабочих. Однако несмотря на тяжкие условия труда, многих остовцев потрясли европейские стандарты жизни, особенно в сельской местности.

Контраст с советской действительностью, со сталинскими колхозами, был разительным. Многие восточные рабочие после войны не желали возвращаться в СССР, но лишь немногим удалось остаться на Западе, избежав насильственных репатриаций. Многих из остовцев при возвращении домой в 1945—1947 гг. преследовал страх за будущее, и не напрасно. Девушек-остарбайтеров красноармейцы называли «немецкими подстилками» и часто насиловали. Вернувшихся после долгих мытарств в родные места (более 3 млн) остовцев ждали многолетние спецпроверки, бытовые тяготы, унижения, обвинения в пособничестве врагу и, в конце концов, нищенский уровень жизни спустя даже полвека после окончания войны.

После Сталинградской битвы, зимой 1942—1943 гг., зародилась «вторая волна» российской политической эмиграции.

> Вслед за Красной Армией возвращалась безжалостная советская власть, грозно вопрошая присмиревшее население: «Как смели жить без нее? Как смели пахать и сеять? Как смели ходить по земле, как смели готовить пищу, нянчить детей и спать по ночам? Как смели стирать белье, топить печи и выносить сор? Как смели кормить козу и делать запасы на зиму? Как смели дышать одним воздухом с теми, с кем она, советская власть, воюет? А ну, кто тут живой остался? Кто не пошел в партизаны, кто надеялся без нас прожить? Кто мечтал, что мы не вернемся, кто тут радовался, что нас прогнали? Кто растаскивал без нас колхозы, кто сдавал немцам сало, кормил фашистских захватчиков? Кто заимел козу, выкармливал поросенка, кто держал без нас курицу, развивал частнособст-

венический инстинкт? Кто тут торговал на базаре? Кто открыл сапожную мастерскую? Кто спекулировал немецкими эрзацами, реставрировал капитализм? Кто подоставал с чердаков иконы, ремонтировал церкви, шил попам рясы, разводил религиозный дурман? Кто без нас тут открывал школы, кто вымарывал из букварей слово "Сталин"? Кто работал в больницах, лечил изменников родины? Кто служил в горуправах, холуйствовал перед оккупантами? Кто тут рвал сталинские портреты, кто ругал советскую власть, издавал грязные газетенки, восхвалял фашистское иго, утверждая, будто немцы сильнее нас? Кто пошел в полицейские отряды, стрелял в славных представителей советской власти, защищал фашистское отребье?» (А.И. Солженицын).

Сотни представителей «подсоветской» интеллигенции и члены их семей, познав на себе всю тяжесть нацистского режима, тем не менее не пожелали дожидаться возвращения «родной» советской власти и выехали на Запад. Среди них — директор Ленинградского финансово-экономического института профессор И.А. Кошкин (в эмиграции — Курганов), директор Института экспериментальной физиологии, доктор медицинских наук Ф.П. Богатырчук, зав. кафедрой иностранных языков Киевского университета Л.В. Дудин, профессор геологии А.Ф. Лебедев, зав. кафедрой патологической анатомии Кубанского медицинского института И.М. Малинин, доцент Днепропетровского химико-технологического института А.И. Поплюйко, профессор, горный инженер В.Г. Постриганев, зав. кафедрой подъемных машин Киевского политехнического института профессор Е.И. Радзимовский, солистка Киевского театра оперы и балета А.Д. Тумковская, профессор исторического факультета ЛГУ Н.И. Ульянов, профессор Киевского университета по кафедре истории Древнего мира и средних веков. К.Ф. Штеппа и многие другие. По осторожным оценкам, в 1942–1944 гг. на Запад выехали с оккупированных территорий СССР около 800 тысяч беженцев.

Литература
Война Германии против Советского Союза. 1941–1945 / Под ред. Р. Рюрупа. Берлин, 1992.
Преступные цели — преступные средства. Документы об оккупационной политике фашистской Германии на территории СССР (1941–1944 гг.) / Сост.: Г.Ф. Заставенко, Т.А. Иллерицкая, А.М. Козочкина, И.М. Лобанихина, В.В. Морозов, Ю.Г. Мурин, Б.П. Тихомиров. Под общ. ред. Е.А. Болтина и Г. Белова. М., 1985.
Г.Г. Вербицкий. Остарбайтеры. СПб., 2004.
П.М. Полян. Жертвы двух диктатур. Остарбайтеры и военнопленные в Третьем рейхе и их репатриация. М., 1996.
Р.Н. Редлих. Предатель. СПб., 1992.

4.2.16. Трагедия плена. Сталин и конвенция о военнопленных

В Русской Императорской армии плен не считался преступлением, к пленным относились как к страдальцам. Им сохранялись чины, награды, денежное довольствие, плен засчитывался в стаж службы. При активном участии Императора Николая II и русских дипломатов появилась знаменитая Гаагская конвенция 1907 г. «О законах и обычаях сухопутной войны», определявшая права военнопленных. В 1914–1917 гг. в плен попали 2,4 млн чинов русской армии, из которых умерли не более 5%.

Основы преступной политики советского государства по отношению к собственным гражданам, попавшим в плен, были заложены задолго до 1939 г. Еще новорожденная РСФСР отказалась признавать конвенцию 1907 г. Ленин заявил: «Гаагское постановление создает шкурническую психологию у солдат». В итоге 16–18 тысяч красноармейцев, плененных во время советско-польской войны 1920 г., умерли от голода и тифа в польских лагерях, брошенные Совнаркомом на произвол судьбы.

Сталин в 1925 г. назвал работу Гаагской конференции «образцом беспримерного лицемерия буржуазной дипломатии». В 1927 г. пленум ЦК ВКП(б) признал: «Нерабочие элементы, которые составляют большинство нашей армии — крестьяне, не будут добровольно драться за социализм». Массовая гибель пленных уменьшила бы вероятность формирования русской антикоммунистической армии на стороне противника. 15 мая 1929 г. Сталин известил Ворошилова о том, что СССР не будет участвовать в Женевской конференции. 27 июля 1929 г. главы делегаций 47 государств подписали женевское «Соглашение об обращении с военнопленными». Советский Союз от присоединения к конвенции отказался. Нацистская Германия признала конвенцию в 1934 г.

Гитлер обосновывал зловещие планы в отношении советских пленных расовой теорией, борьбой идеологий и непризнанием большевиками международных конвенций. 30 марта 1941 г., выступая перед генералитетом, фюрер откровенно заявил: в грядущей войне «красноармеец не будет товарищем». Воспользовавшись отказом правительства СССР от защиты прав своих граждан в плену, нацисты обрекли их на методичное вымирание от голода и болезней, на издевательства и репрессии. Уничтожению подлежали взятые в плен политработники и евреи. В свою очередь, в приказе № 270 от 16 августа 1941 г. Сталин, Жуков и другие члены Ставки предложили уничтожать пленённых врагом бойцов и командиров Красной Армии «всеми средствами, как наземными, так и воздушными, а семьи сдавшихся в плен красноармейцев лишить государственного пособия и помощи». 28 сентября 1941 г. в специальной директиве № 4976 по войскам Ленинградского фронта Жуков потребовал расстреливать семьи советских военнопленных.

В 1941–1942 гг. пленные содержались в нечеловеческих условиях, погибая сотнями тысяч, в первую очередь от голода и тифа. Зимой 1941–1942 гг. умерли около 2,2 млн военнопленных. Трагедия этих людей, преданных своим правительством и павших жертвой нацистской политики, по масштабу не уступает Холокосту и Голодомору. Многие их массовые захоронения остались безвестными, и к местам бывших «шталагов» не возят паломников. Немецкие военные порой утверждали, что были не в состоянии разместить и накормить такое число людей. Но тогда непонятно, почему они запрещали населению кормить пленных. С 25 июля по 13 ноября 1941 г. немцы освободили и отпустили по домам 318 775 человек (личный состав трех армий!) — в основном украинцев, к которым они относились иначе, чем к русским, но затем роспуск прекратился. Суть в том, что смерть миллионов пленных вписывалась в гитлеровскую идею «лишить Россию жизненной силы». Смерть грозила прежде всего рядовым красноармейцам; командный состав помещали в отдельные лагеря, где условия были лучше.

> Начальник разведки адмирал Канарис в сентябре 1941 г. обратился к фельдмаршалу Кейтелю с просьбой проявить благородство в отношении русских военнопленных, но тот ответил, что «солдатские понятия о рыцарской войне» ни при чем, когда речь идет «об уничтожении мировоззрения». Кейтель, видимо, видел в пленных носителей «большевицкой заразы». Впрочем, для журнала Der Untermensch («Недочеловек») фотографии изможденных лиц голодающих пленных служили иллюстрацией «дегенеративного облика восточных орд».

Отдельные офицеры Вермахта (адмирал В. Канарис, граф Г.Д. фон Мольтке, майор К. фон Штауффенберг и др.) протестовали, считая подобную практику несовместимой с кодексом чести и традициями германской армии. Некоторые коменданты, руководствуясь христианскими чувствами, пытались на своем уровне хоть как-то облегчить страдания несчастных. Но такие случаи были единичны. Лишь с осени 1942 г. положение стало несколько улучшаться. В 1942 г. нацисты заинтересовались пленными как рабочей силой, а с весны 1943 г. началось развитие Власовского движения.

Советские военнопленные в 1941–1945 гг.

Годы войны	Количество военнопленных	В том числе перебежчиков
1941	3,8 млн	200 тыс.
1942	1,65 млн	79 769
1943	565 тыс.	26 108
1944	147 тыс.	9207
Январь — март 1945	34 тыс.	?
Всего (вместе с 1945)	6,2 млн	315 тыс.

Из 5,8 млн пленных (исключая перебежчиков) погибли примерно 3,3 млн (60 %). Смертность среди пленных армий союзников составляла от 0,3 до 1,6 %. Из выживших 2,4 млн примерно 950 тысяч поступили на службу в Вермахт и антисоветские формирования (РОА, казачьи и др. части). Около 500 тысяч бежали или оказались освобождены в 1943–1944 гг. Около 940 тысяч дождались весны 1945 г. В подавляющем большинстве они вернулись на родину, где их ждали вновь лагеря, подневольный труд, унизительные спецпроверки и клеймо «изменников». Восстановление прав бывших пленных растянулось на весь послесталинский период.

Литература
И.А. Дугас, Ф.Я. Черон. Вычеркнутые из памяти. Советские военнопленные между Гитлером и Сталиным. Париж, 1994.
П.М. Полян. Жертвы двух диктатур. Остарбайтеры и военнопленные в Третьем рейхе и их репатриация. М., 1996.

4.2.17. Русская Церковь и начало войны. Зарубежье, Внутренняя Россия. Псковская миссия

После вступления СССР в сентябре 1939 г. во Вторую Мировую войну и оккупации Красной Армией Западной Украины, Западной Белоруссии, Прибалтики, Бессарабии и Буковины религиозная ситуация в стране существенно изменилась. Ибо на присоединенных к СССР территориях сохранялась полноценная инфраструктура церковной жизни, принадлежавшая юрисдикции нескольких Поместных Православных Церквей (3342 действующих храма, 64 действующих монастыря, 8 богословских учебных заведений). Начавшаяся уже в первые месяцы советской оккупации репрессивная политика коммунистических властей по отношению к местному православному духовенству к моменту нападения нацистской Германии на СССР в 1941 г. еще не успела принять масштабов, аналогичных тем, которые имели место на остальной территории страны.

В церковной жизни Русского Зарубежья к началу Второй Мировой войны также произошли ощутимые изменения. После смерти 10 августа 1936 г. митрополита Антония (Храповицкого) председателем Синода Русской Православной Церкви Заграницей стал митрополит Анастасий (Грибановский). Пользуясь достаточно благожелательным отношением нацистских властей Германии именно к этой церковной юрисдикции русской эмиграции, Зарубежный Синод получил возможность в 1938 г. перевести в свое ведение все русские православные приходы, которые находились на территории Германии и которые до этого принадлежали юрисдикции Западно-Европейского Экзархата митрополита Евлогия (Георгиевского). Возглавивший, по рекомендации германских властей, Берлинскую епархию этнический немец епископ Серафим (Ляде) не только сумел не допустить гонений со стороны антихристиански и антирусски настроенного нацистского режима на русских православных христиан в Германии, но и способствовал своей дальнейшей деятельностью сохранению православной церковной жизни различных юрисдикций на оккупированных Германией территориях.

Нападение нацистской Германии на СССР обусловило у значительной части духовенства Русского Зарубежья надежду не только на возрождение церковной жизни на территории, освобожденной от большевиков, но и на возможность непосредственного участия зарубежного духовенства в этом «втором Крещении Руси».

«Кровь, начавшая проливаться на русских полях с 22 июня 1941 г., есть кровь, льющаяся вместо крови многих и многих тысяч русских людей, которые будут скоро выпущены из всех тюрем, застенков и концлагерей Советской России, – писал в конце июня 1941 г. архимандрит Иоанн (Шаховской) в статье "Близок час". – ...Лучшие русские люди будут скоро отданы России, лучшие пастыри будут отданы Церкви... Новая страница в русской истории открылась 22 июня 1941 г., в день празднования Русской Церковью памяти Всех святых, в земле Русской просиявших. Не ясное ли это даже для слепых знамение того, что событиями руководит Высшая Воля? В этот чисто русский (и только русский) праздник, соединенный с днем воскресения, началось исчезновение демонских криков "интернационала" с земли Русской... Скоро, скоро русское пламя взовьется над огромными складами безбожной литературы... Откроются оскверненные храмы и освятятся молитвой. Священники, родители и педагоги будут вновь открыто учить детей истине Евангелия... Это будет та «Пасха среди лета», о которой 100 лет тому назад, в прозрении радостного духа, пророчествовал великий святой Русской земли, преподобный Серафим Саровский. Лето пришло, близка русская Пасха» (*Церковно-исторический вестник. № 1 (1998). С. 81–82*).

Оккупационный режим на обширной территории СССР, занятой германскими войсками, к концу 1942 г. первоначально находился под контролем военной администрации, которая по мере дальнейшего продвижения линии фронта передавала управление представителям министерства восточных территорий. Именно военная администрация, состоявшая из офицеров Вермахта, нередко благожелательно настроенных к перспективе религиозного возрождения на оккупированных территориях, оказывала наибольшее содействие стихийно и широко проявлявшемуся среди населения стремлению восстанавливать церковную жизнь прежде всего посредством открытия приходских храмов. Так, например, в июле 1941 г., через две недели после взятия германскими войсками Смоленска, был ликвидирован атеистический музей, располагавшийся в Смоленском Успенском соборе, а 10 августа в возвращенном Русской Православной Церкви соборе в день памяти Смоленской иконы Божией Матери был отслужен молебен перед найденным накануне немецкими солдатами и установленным в соборе чудотворным списком этой иконы. В июле 1941 г. в Пскове после ликвидации немецкими властями антирелигиозного музея, находившегося в Троицком соборе Псковского Крома, этот древний храм был передан Русской Православной Церкви, а 22 марта 1942 г. в соборе была торжественно установлена привезенная немецкими солдатами из закрытого и оскверненного коммунистами Тихвинского монастыря чудотворная Тихвинская икона Божией Матери.

Всего на территории, занятой германскими войсками, за период оккупации было открыто около 9 тысяч храмов. При этом военная администрация разрешала русскому православному духовенству такие формы просветительско-миссионерского и социального служения, как преподавание Закона Божия в приходских и общеобразовательных школах, создание церковных детских садов, катехизация взрослых, просветительская работа духовенства с учителями, предоставление духовенству возможности осуществлять свою миссионерскую деятельность на радио и в газетах. Было открыто и несколько монастырей, например в 40 км от Ленинграда, в Вырицах, — женский Успенский монастырь, а в восьми км от него — Иоанно-Предтеченский мужской, где игуменом был выбран иеромонах Серафим (Проценко).

Письмо в газету «Северное слово» (Ревель. № 41. 27 августа 1942 г.) из «советской Ингерманландии» (то есть из Ингерманландского района Ленинградской области, прилегающего к Эстонии под Ивангородом):

«Мы, жители деревни Куровицы, Манновка и Орлы, приносим свою глубокую благодарность священнику-миссионеру отцу Михаилу Рауд за те отрадные богослужения, которые он совершает безвозмездно в наших деревнях. Никогда никому не отказывая в совершении треб, много отрады вносит он в сердца наши своими простыми, ясными проповедями, призывая заблудших и отпавших от веры православной вернуться к Богу.

Много света, веры, теплоты и любви внес он в сердца наши, и многих привел он снова в лоно Церкви Православной. Очень много наших детей благодаря отцу М. Рауду получили святое крещение и имена святых. Спасибо сердечное отцу Михаилу за то просвещение и великий свет апостольства, что несет он своим служением нашей освобожденной от большевизма бывшей советской Ингерманландии».

Письмо в газету «За Родину» (Псков, 21 сентября 1943 г.):
«При поселке Елизаветино в имении княгини Трубецкой до революции была церковь, которую большевики закрыли и превратили в колхозный склад. За несколько дней до занятия поселка германскими войсками начальство совхоза приказало совершенно разрушить здание церкви. Теперь население по собственной инициативе собрало 9000 рублей и обратилось к окружному старшине с просьбой отвести помещение под церковь. Окружной старшина Н.А. Алексеев отвел специальный дом и выделил из средств округа дополнительно 2000 рублей для этой цели. Верующие приступили к оборудованию храма. Храм украшен иконами, пожертвованными самими верующими».

На протяжении всего периода Второй Мировой войны Русская Православная Церковь являлась единственным общественным институтом, пытавшимся последовательно и бескорыстно оказывать моральную и материальную помощь советским военнопленным. Несмотря на непрекращавшиеся попытки придать этой помощи организованный и систематический характер посредством достижения соглашения с высшим германским военным руководством, русское православное духовенство было обречено ограничивать эту помощь лишь частными мероприятиями, масштаб и продолжительность которых зависели от отдельных представителей лагерной администрации. Из-за того, что большинство лагерей для военнопленных находились на территории, где осуществляли свою деятельность приходы Русской Православной Церкви Заграницей, именно ее духовенству суждено было сыграть наиболее заметную роль в пастырском окормлении и гуманитарной помощи советским военнопленным. Своеобразным продолжением этой деятельности стало возрождение православными священнослужителями Зарубежной Церкви института русского военного духовенства в вооруженных формированиях, которые создавались немецкими властями из советских военнопленных для участия в боевых действиях на стороне Германии. Так, например, благодаря пастырским трудам протопресвитера Александра Киселева и протоиерея Дмитрия Константинова созданные в ноябре 1944 г. Вооруженные силы Комитета Освобождения Народов России восстановили на двадцать лет прерванную большевиками традицию пастырского окормления православными священниками русских солдат.

Определявшаяся директивами министерства восточных территорий и имперской службы безопасности религиозная политика гражданской администрации предполагала по крайней мере временное продолжение деятельности открывавшихся храмов, хотя и оказывалась более сдержанной по сравнению с политикой военной администрации.

«Несомненно то, что стремящимся к религии массам оккупированных бывших советских областей надлежит снова дать какую-то форму религии, – писал начальник имперской службы безопасности Р. Гейдрих в оперативном приказе № 20 от 31 октября 1941 г. – Крайне необходимо воспретить всем попам вносить в свою проповедь оттенок вероисповедания и одновременно позаботиться о том, чтобы возможно скорее создать новый класс проповедников, который будет в состоянии... толковать народу свободную от еврейского влияния религию. Ясно, что заключение "избранного Богом народа" в гетто и искоренение этого народа... не должно нарушаться духовенством, которое, исходя из установки Православной Церкви, проповедует, будто исцеление мира ведет свое начало от еврейства» (*М.В. Шкаровский*. Политика Третьего рейха по отношению к Русской Православной Церкви в свете архивных материалов. Сб. документов. М., 2003. С. 192).

Особенно активную роль в возрождении церковной жизни на оккупированной территории сыграл митрополит Сергий (Воскресенский), являвшийся с начала 1941 г. экзархом в Прибалтике Патриаршего Местоблюстителя митрополита Сергия (Страгородского). Оставшись в июле 1941 г. при отступлении советских войск в Риге, митрополит Сергий заявил о своей лояльности немецким оккупационным властям и возглавил при их поддержке Русскую Православную Церковь в Прибалтике и на Северо-Западе, сохранив при этом юрисдикцию Московской Патриархии.

В одной из своих проповедей 14 марта 1943 г. митрополит Сергий подчеркивал: «Борьба, предпринятая Германией против большевизма, вошла в решительную стадию. Ничего не может быть страшнее господства коммунизма. Если он победит, население многих стран будет обречено нечеловеческим страданиям и даже уничтожению. Чтобы предотвратить эту грозную опасность, необходимо напряжение и полное объединение всех имеющихся сил... Поэтому каждый из нас обязан следовать указаниям властей и приложить все свои силы в борьбе с большевизмом».

Одним из наиболее значительных и успешных церковных начинаний митрополита Сергия следует признать деятельность **Псковской Духовной Миссии**, возродившей менее чем за три года на территориях Ленинградской, Новгородской и Псковской областей практически полностью уничтоженную коммунистами церковную жизнь. Начав свою деятельность в августе 1941 г. в составе 14 священнослужителей и псаломщиков на огромной территории, где проживало 2 миллиона людей, а действовало лишь несколько храмов, Псковская Духовная Миссия, с октября 1942 г. возглавлявшаяся протопресвитером Кириллом Зайцом, к началу 1944 г. смогла открыть более 400 приходов, в которых служили около 200 священников. Среди активных деятелей Миссии были, в частности, такие известные в будущем священнослужители Московской Патриархии, как духовник Санкт-Петербургской епархии архимандрит Кирилл (Начис), профессор Ленинградской Духовной академии протоиерей Ливерий Воронов, которым после войны за их самоотверженные миссионерские труды довелось пережить длительное лагерное заключение.

Находившиеся на территории Прибалтийского экзархата монастырские обители, в том числе Псково-Печерский и Виленский Свято-Духов монастыри, получили возможность не только пополнять ряды своих насельников, но и осуществлять миссионерско-пастырскую деятельность по отношению к местному населению, оказывать гуманитарную помощь военнопленным.

Неизбежно осложняя свое политическое положение, митрополит Сергий постоянно убеждал германские власти в целесообразности поддерживать находившиеся на оккупированной территории епархии и приходы, сохранявшие юрисдикцию именно Московской Патриархии. Вынужденный под давлением нацистских властей издать 19 ноября 1943 г. распоряжение о прекращении епископами Прибалтики поминовения Патриарха Московского, митрополит Сергий сохранил это поминовение на совершавшихся им самим богослужениях. Примечательно, что Патриарх Сергий так и не запретил поминать в священнослужении митрополита Сергия, а в апреле 1944 г. Патриарший Синод постановил, что «рукоположения, совершенные им или подведомственными ему епископами... признаются действительными». Попытавшийся в условиях немецкой оккупации последовательно проводить политику «сергианского диалога» уже не с коммунистической, а с нацистской властью, митрополит Сергий был убит 28 апреля 1944 г. во время поездки из Вильнюса в Каунас диверсионно-террористической группой, состоявшей из сотрудников НКВД.

Литература

Псковская православная миссия // Санкт-Петербургские епархиальные ведомости. Вып. 26—27. СПб., 2002.

4.2.18. Германское антинацистское движение и русское общество

Гитлер к 1939 г. не успел создать завершённое тоталитарное государство. Степень распространения *личной несвободы* в Германии в 1930-е гг. была гораздо меньшей, чем в СССР. В отличие от большевиков, нацисты сохранили в неприкосновенности многие институты культурно-исторической, христианской Германии, надеясь со временем подчинить их нацистской доктрине, — частную собственность, Церковь, семью, социальную структуру, аристократию, высшую школу, академическую науку, офицерский корпус.

В 1934 г. Гитлер связал армию личной присягой. Но уже в ноябре 1937 г. возник первый конфликт между ним и военной элитой. Гитлер понял, что консерваторы, приводя его к власти, хотели величия Германии, но не самоубийственной борьбы за мировую гегемонию, выступали за развитие Вермахта, но не за его истребление в новой европейской бойне, поддерживали национал-социалистический порядок, но не разделяли национал-социалистическое мировоззрение. В отличие от членов СС, офицеры Вермахта не состояли и не имели права состоять в партии, не руководствовались решениями парторганизаций, сохраняя внутреннюю независимость и рыцарское достоинство.

К лету 1938 г. в Вермахте возник заговор, участники которого (генерал-полковник Л. Бек, генерал пехоты Э. Фон Вицлебен, генерал-майор Р. Шмидт, полковник Г. Остер и др.) считали, что политика Гитлера погубит Германию, а языческая нацистская идеология противоречит христианским убеждениям и ценностям. К заговору примкнули бывший обер-бургомистр Лейпцига К. Гёрделер, юрист Г. фон Донаньи, дипломат У. фон Хассель и др. Но попытка переворота в 1938 г. сорвалась.

Британская сторона отказалась от контактов с оппозицией, пристыдив немецких военных... нарушением присяги.

Режим Сталина в глазах заговорщиков представлял не меньшую опасность для Европы, поэтому оппозиционеры стремились установить связи с непримиримой частью русской эмиграции (НТСНП, РОВС и др.). К июню 1941 г. Гёрделер разработал меморандум «Цель», посвященный новой Германии. Независимую Россию автор видел в Европейском Союзе после ликвидации «безбожного коллективизма» и большевизма. Позднее в русское временное правительство заговорщики намечали пригласить известных в эмиграции генерал-майора В.В. Бискупского и редактора закрытого нацистами журнала «Часовой» капитана В.В. Орехова.

В июне 1941 г. заговорщики, многие дипломаты, аристократы и даже некоторые сотрудники Розенберга восприняли войну с СССР как шаг к восстановлению «бисмарковского курса» по отношению к возрожденной, небольшевистской России (курса на союзничество, а не на владычество). Однако возможностями радикального влияния на политику Рейха при живом фюрере эти лица почти не обладали. Преступления нацистов в Польше в 1939—1940 гг. и в оккупированных областях СССР в 1941—1942 гг. возмутили многих идеалистов. Они начали считать политику Германии на Востоке «безумной» и «преступной».

К оппозиции в 1941—1942 гг. примкнули молодые офицеры — полковники Х. Фон Тресков, А. фон Рённе, Р. Гелен, подполковник В. фон Фрейтаг-Лорингхофен, майоры барон Р.К. фон Герсдорф, граф К. фон Штауффенберг и др. В августе 1941 г. в Борисове Тресков впервые намеревался арестовать Гитлера, год спустя Штауффенберг открыто заявил о необходимости «убить эту свинью». В марте 1943 г. Тресков заминировал самолет фюрера, но взрыватель бомбы отказал. Затем вплоть до событий 20 июля 1944 г. заговорщики предприняли еще шесть попыток покушений.

Оппозиция по мере сил боролась за принципиальное изменение оккупационной политики в духе взглядов Гёрделера. Уже летом — осенью 1941 г. ее участники считали необходимым создание русской армии, роспуск колхозов, прекращение нацистского террора, сотрудничество со всеми антибольшевицкими силами, привлечение народов СССР, в первую очередь русских, белорусов и украинцев, на свою сторону в качестве равноправных союзников. Такие «здравые взгляды» поддерживали и некоторые генералы Вермахта, не участвовавшие в заговоре (В. фон Браухич, Э. фон Клейст, М. фон Шенкендорф и др.). Оппозиционеры, не считаясь с Берлином, использовали для этого все служебные возможности. Борьба за изменение восточной политики в 1941—1943 гг. была острой и противоречивой. Ее практическим результатом стало появление в составе Вермахта уже в 1941 г. русских вооруженных формирований, а позднее, в 1943 г., и Власовского движения.

Литература

В. Герлиц. Германский Генеральный штаб. История и структура. 1657—1945. М., 2005.

К. Деметр. Германский офицерский корпус в обществе и государстве. 1650—1945. М., 2007.

К. Финкер. Заговор 20 июля 1944 г. Дело полковника Штауффенберга. М., 1976.

У. Ширер. Взлет и падение Третьего рейха: В 2 т. / Под ред. О.А. Ржешевского. М., 1991.

A. Dallin. German rule in Russia 1941–1945. A Study of Occupation Policies. L., 1957.

4.2.19. Попытки создания Русской Освободительной Армии (РОА)

Война вызвала небывалый всплеск военно-политического сотрудничества наших соотечественников с противником. В 1941–1945 гг. на немецкой военной службе состояли не менее 1,1–1,2 млн советских людей – примерно каждый 17-й военнослужащий Вермахта был гражданином СССР. В годы Первой Мировой войны попытки врага привлечь российских пленных на свою сторону не дали результата.

> **Мнение историка**
>
> «*В войне 1914–1918 гг. Центральные Державы взяли в плен 2 млн 417 тыс. русских, из них умерло 70 тысяч. В 1941–1945 гг. немцы захватили в плен 5 млн 754 тыс. русских, из них умерло 3,7 млн. Можно было бы также предположить, что катастрофические события 1941 г. требовали драконовских мер. Но в 1914 г. информация о хорошем обращении немцев с пленными не влияла на лояльность царских солдат. Русские офицеры прославились тем, что больше других пленных упорствовали в побегах из немецких лагерей; всего сбежало около 260 тыс. русских, и большинство их снова пошло в родную армию. Несмотря на активную немецкую и пораженческую пропаганду в лагерях в 1917 г., лишь какие-то жалкие 2 тысячи украинских националистов согласились дезертировать в немецкую армию. В 1944 г. на этот шаг решилось около миллиона русских военнопленных*» (*Николай Толстой.* Жертвы Ялты. М.: Воениздат, 1996. С. 153).

Спустя четверть века на стороне Вермахта служили сотни кадровых командиров РККА. Причины этого трагического явления необходимо искать в социально-политических и морально-нравственных последствиях большевицкого эксперимента и не прекращавшейся с октября 1917 г. войне большевиков против народа России.

Участник Русского Освободительного Движения Александр Степанович Казанцев очень точно поставил диагноз данного явления.

«Участие русских военнопленных в борьбе Германии против ее врагов, и прежде всего против Красной Армии, – явление невиданное и небывалое ни в истории России, ни в какой бы то ни было другой. Явление это можно объяснить только политикой советского правительства и до войны, и во время нее. Если на сторону врага государства переходят во время войны единицы, то уместно говорить о выродках. Если это делают десятки тысяч, то объяснить это можно моральным падением народа в целом. Но если переходящих приходится считать миллионами, то первый и второй диагнозы неверны и объяснения нужно искать не в психологии переходящих, а в окружавшей их обстановке, в условиях их жизни, в данном случае – в практике советского строя» (*А.С. Казанцев* Третья сила. М.: Посев, 1994. С. 93).

Гитлер категорически утверждал: «Если одной из завоеванных провинций мы когда-нибудь дадим право создать собственную армию или военно-воздушные силы, то с нашей властью над ней будет навсегда покончено». Однако противники нацистской восточной политики и участники антигитлеровской оппозиции считали необходимым создание антисоветских российских вооруженных формирований. Они надеялись, что их существование превратится в мощный политический фактор, который заставит изменить политику на Востоке и повлияет на исход войны. Кроме того, без добровольцев Вермахту было бы значительно труднее удерживать Восточный фронт.

Первые подразделения из граждан СССР на Восточном фронте существовали уже летом 1941 г. Осенью появились многочисленные *хиви* (от нем. «желающие помогать» — Hilfswillige, или HiWi) — добровольцы из пленных и местного населения, зачислявшиеся на штатные должности обслуживающего персонала. Советские «хиви» всю войну усердно служили в Вермахте, поддерживая его боеспособность. В октябре на фронте возникли первые казачьи подразделения, преимущественно из пленных — уроженцев бывших казачьих областей, переживших геноцид и расказачиванье в 1920—1930-е гг.

На оккупированных территориях формировались силы вспомогательной полиции, охранные части и т. д. Осенью 1943 г. в Вермахте (без войск СС) служили примерно 500 тысяч граждан СССР, в том числе 180 тысяч в боевых самостоятельных подразделениях и частях, около 70 тысяч — во вспомогательной полиции, 250 тысяч — среди добровольцев обслуживающего персонала (включая Люфтваффе). В 1942—1944 гг. были сформированы 120 русских, украинских и казачьих боевых батальонов, около 30 саперно-строительных и батальонов снабжения, а также 77 батальонов в составе пяти национальных легионов: 26 туркестанских, 14 азербайджанских, 12 грузинских, 11 армянских, 6 северокавказских, 7 волго-татарских, 1 финно-угорский.

Расчет по национальному признаку граждан СССР, состоявших на германской военной службе в 1941—1945 гг.

Национальности	Количество
Русские	**Ок. 400 тыс.** (в т. ч. в казачьих частях — 80 тыс.)
Украинцы	Ок. 250 тыс.
Белорусы	Ок. 20 тыс.
Литовцы	37 тыс.
Латыши	90 тыс.
Эстонцы	70 тыс.
Народы Казахстана и Средней Азии	Ок. 180 тыс.
Народы Северного Кавказа	28 тыс.
Грузины	Ок. 20 тыс.
Армяне	18 тыс.
Азербайджанцы	38 тыс.
Народы Поволжья	40 тыс.
Крымские татары	20 тыс.
Калмыки	5 тыс.
Ингерманландские финны	Ок. 5 тыс.
Советские немцы	20 тыс.
ВСЕГО	Ок. 1,24 млн

Одни восточные добровольцы делали свой выбор, потому что большевики учили их двадцать лет выживать в любых условиях, другие считали Сталина бо́льшим злом, чем Гитлер, для третьих так сложились обстоятельства, четвертые надеялись перейти к своим. Так или иначе, но большевицкое государство, уничтожившее за 25 предвоенных лет около 25 млн человек и отказавшееся от защиты их прав в плену, не вправе было требовать от советских людей гражданской лояльности.

Очень характерным является объяснение одного из солдат РОА, в прошлом сержанта Красной Армии, сражавшегося с немцами под Одессой, награжденного двумя советскими орденами и раненым попавшего в плен, данное на допросе в СМЕРШе.

«Вы думаете, капитан, что мы продались немцам за кусок хлеба? Но скажите мне, почему советское правительство продало нас? Почему оно продало миллионы пленных? Мы видели военнопленных разных национальностей, и обо всех них заботились их правительства. Они получали через Красный Крест посылки и письма из дому, одни только русские не получали ничего. В Касселе я повстречал американских пленных, негров, они поделились с нами печеньем и шоколадом. Почему же советское правительство, которое мы считали своим, не прислало нам хотя бы черствых сухарей? Разве мы не воевали? Разве мы не защищали наше правительство? Разве мы не сражались за Родину? Коли Сталин отказался знать нас, то и мы не желали иметь с ним ничего общего!» (*Николай Толстой*. Жертвы Ялты. М.: Воениздат, 1996. С. 158).

Мнение ответственного редактора

Невероятный размах сотрудничества с неприятелем в России в годы Второй Мировой войны служит ярким свидетельством тому, в какие нравственные обстоятельства были поставлены люди России при большевицком режиме. За четверть века своего предвоенного господства большевики показали себя лютейшими врагами России, миллионами истребляя ее граждан, уничтожая ее веру, глумясь над национальными святынями, распродавая и разрушая сокровища культуры и природные богатства. В этих обстоятельствах простая логика «враг моего врага — мой союзник» толкнула множество русских людей от Сталина к Гитлеру, так как Гитлер пошел воевать со Сталиным и коммунизмом. Не сразу русские люди поняли, что своей антикоммунистической риторикой нацисты прикрывают циничный экспансионизм. В обстоятельствах страшного выбора — «защищать Россию — значит защищать коммунистический антинародный режим», «бороться с антинародным режимом — значит союзничать с врагом России, Гитлером» — каждый делал свой выбор сам, основываясь на личном опыте, на судьбе семьи, близких в предшествовавшие десятилетия. Страдания народов России под большевиками были столь невыносимы, что мы сейчас не имеем права судить никого, признавая нравственные изъяны в любом выборе судьбы в те годы. Трагично было, защищая Россию, ковать кандалы твоим детям под сталинским режимом; трагично было, воюя против Сталина, ковать такие же кандалы — под гитлеровским. Сам Сталин, пойдя на союз с Гитлером в 1939 г., примером показал, что так могут поступать и отдельные его подданные; сами англосаксонские демократии, объявив Сталина своим союзником, не могли не заронить сомнения в своем принципиальном либерализме в души тех, кто на себе познал сущность большевицкой тирании.

Осенью 1941 г. независимо друг от друга представители противосталински настроенной интеллигенции, группы пленных советских командиров в лагерях, участники антигитлеровской оппозиции направляли в Берлин и другие инстанции доклады и проекты по созданию русского правительства с политической программой и противосталинской армии из пленных и добровольцев. Начальник штаба сухопутных войск Германии фельдмаршал Браухич в декабре 1941 г. на один из таких меморандумов наложил резолюцию: *«Считаю решающим для исхода войны»*. Но Гитлер не хотел слышать ни о чем подобном, полагая, что в случае привлечения народов СССР к политической войне против Сталина планам обретения Германией «жизненного пространства на Востоке» придет быстрый и неизбежный конец. Ситуация приобрела особый драматизм после того, как в июле 1942 г. на Волхове в плен попал один из популярных командармов Красной Армии — генерал-лейтенант Андрей Андреевич Власов. С его именем оказалась связана судьба Русской Освободительной Армии (РОА).

4.2.20. Надежды в русском обществе в СССР на послевоенную свободную жизнь

Как это ни парадоксально, начало войны вдохнуло надежды в русское общество. Мотивы этого явления могли быть самые разные. Для тех, кто верил большевицкой пропаганде, война означала войну на чужой территории и быструю победу коммунистических идей в самом центре Западной Европы. Катастрофа лета — осени 1941 г. (провал советского командования и лично верховного вождя) вызывали приступы отчаяния у этого, может быть, самого многочисленного слоя населения, а у наиболее критически мыслящих представителей этого слоя появлялись сомнения по отношению к политике власти в целом и ее представителей персонально.

Надежды появились, прежде всего, у тех, кто стоял на прямо противоположной точке зрения, у тех, кто в Гражданскую войну воевал на стороне Белых или сочувствовал им. Гибель родных и товарищей, юридическая и моральная незаконность власти, чудовищные репрессии 1920—1930-х гг., четвертьвековое попирание религиозных, национальных, культурных, политических идеалов и символов — все это скапливалось в сознании и душах миллионов русских людей. И начало войны означало для них и возможность соединиться с теми из своих близких, с кем Гражданская война пресекла не только возможность увидеться, но даже и переписываться без страха за собственную жизнь, и отсутствие необходимости лгать и приспосабливаться, скрывать то, что любишь и во что веришь, подчас даже и от родственников, и исцеление от страха за судьбу семьи, который пропитывал жизнь советского человека 1930-х гг. 24 часа в сутки.

> Чудом выживший при большевиках двадцатидвухлетний Алексей Арцыбушев так объясняет свои чувства при попытке уклонения от службы в Красной Армии в начале войны: «Скоро, скоро я пойму свою судьбу, которая вытащила меня из пекла ада, в которое вверг русский народ "гений" всех времен и всех народов. Лезть под танки с его именем на устах мне было не суждено. Для меня он никогда не был ни "отцом родным", ни "мудрым", ни "великим", а всегда "кровавым" и "гнусным", от дня рождения моего и до сей минуты. Когда я слышу некие упреки в том, что я не рвался защищать Родину, как многие, мне хочется сказать: моя Родина, которую я безгранично люблю, пока беззащитна, и если настанет время Ее защищать, то я пойду не раздумывая. Защищать же

то, что Ее поганит, и того, кто Ее топчет, я не желал и не желаю до сих пор! У нас разные понятия о Родине. Для меня это не поля и луга, не березки, леса и перелески, а душа РОССИИ, оплеванная и изнасилованная, затопленная кровью и закованная в кандалы. И те, кто клал свои жизни, вступая перед боем в родную партию, чтоб умереть коммунистом с воплем "За Родину, за Сталина!", умирали не за Родину, а за строй, мне глубоко противный и принесший моей Родине страдание и гибель. Проливать свою кровь или отдавать свою жизнь во имя Сталина это значило для меня быть соучастником в уничтожении многих миллионов человеческих жизней, начиная с первого дня революции и до наших дней. Поэтому я благодарю свою судьбу и благословляю ее за то, что она спасла меня от этого позора» (*А.П. Арцыбушев*. Милосердия двери. М., 2001. С. 76).

Отношение к проблеме «коммунизм — фашизм» в сознании очень многих людей можно было выразить словами булгаковского героя Алексея Турбина: «У нас хуже, чем немцы, — у нас большевики». Другое дело, что немцев образца 1941 г. многие соотечественники представляли себе по образцу немцев 1914 г. В большевицкую пропаганду многие не верили, и слухи о немецких зверствах, о фашистском расизме либо не доходили до глубин населения, либо воспринимались как еще одна коммунистическая ложь. Казалось, что хуже ГУЛАГа и колхозов ничего быть не может, а поскольку едва ли не каждый гражданин СССР либо прошел через тюрьмы, концлагеря и ссылку, либо это коснулось его семьи, учителей, учеников, сослуживцев, — война казалась избавлением от четвертьвекового проклятия над страной.

Однако и эти иллюзии были достаточно быстро развеяны. С одной стороны, начиная с битвы под Москвой был развеян миф о немецкой непобедимости: с другой стороны, варварская политика немецких властей на оккупированной территории свидетельствовала о том, что здесь воистину *сатана восстал на сатану*».

Среди тех, кто думал о будущем России, в первые после начала войны годы были и те, суть позиций которых выглядела примерно так: пускай придут немцы, но они придут ненадолго, завоевать Россию и удержать власть в ней невозможно; но они сметут главарей коммунистического режима, а после того как изгонят и их, народ сам выберет себе достойное правление. Это течение связывало себя скорее с силами антигитлеровской коалиции, которые помогут в конечном итоге установить достойный России государственный строй. И эта надежда не сбылась, а начиная с Ялтинской конференции и в первые послевоенные годы она сменилась горьким разочарованием в тех, кто выдавал сталинским палачам советских пленных и эмигрантов.

И наконец, еще одна часть общества, всегда верящая в лучший исход событий, свои надежды связывала с внутренними силами народа, с его терпением и стойкостью, жертвенным мученичеством, которое одолеет внешнего врага и своим подвигом сумеет преобразить власть, врага внутреннего. Фраза «братья и сестры», сказанная Верховным главнокомандующим взамен набившего оскомину «товарищи», возвращение подвергавшихся забвению или осмеянию выдающихся имен русской истории, появление фильмов и спектаклей, в которых действовали Суворов или Кутузов (наиболее яркий пример — пьеса А. Гладкова «Давным-давно» (1942), известная современному зрителю по фильму «Гусарская баллада»), новые отношения с Церковью, вплоть до возрождения патриаршества (1943), — все это внушало надежды, что коммунистическая власть не сможет не вдохновиться подвижническим образом своего народа и даст ему возможность достойно существовать. Появилась поэзия «без соцреализма» — стихи Симонова, Твардовского и многих других поэтов военного времени. Огромной популярностью и на фронте, и в тылу пользовались веселые строфы из поэмы Александра Трифоновича Твардовского «Василий Теркин», которая начала публиковаться с 1942 г. Василий Теркин — бравый, находчивый и смелый русский солдат — стал всеобщим любимцем.

К патриотической теме обратились гонимые Анна Ахматова и Борис Пастернак. Искренне звучали строки в отдельных стихотворениях Исаковского, в отличие от его довоенной и послевоенной казенной риторики.

Великим памятником любви к страдающей родине стало стихотворное письмо Симонова к Суркову «Ты помнишь, Алеша, дороги Смоленщины...», где совершенно невероятно для сталинского официоза поэт признавал:

«Ты знаешь, Алеша, ведь все-таки родина —
Не дом городской, где я празднично жил,
А эти проселки, что дедами пройдены,
С простыми крестами их русских могил.

Не знаю, как ты, но меня с деревенскою
С безбрежной тоской от села до села,
Со вдовьей слезою и с песнею женскою
Впервые война на проселках свела».

Взрыв патриотических чувств, последовавший за поражениями осени 1941 г. и выяснением подлинного лика нацизма, особенно отразился в песнях военного времени. На смену революционной «Варшавянке» пришло «Прощание славянки», на смену «бодрячкам» 1930-х гг. — лирические песни «Темная ночь», «На позицию девушка провожала бойца», «Вьется в тесной печурке огонь», которые люди помнят и поныне.

Но с каждым годом и с каждым военным успехом коммунистический режим попирал и развеивал эти столь естественные чувства и надежды русского народа.

4.2.21. Новые отношения большевицкой власти с Церковью

Мудрость древних:
«Избрали новых богов,
оттого война у ворот».
Библия. Книга Судей, 5, 8

22 июня 1941 г. митрополит Сергий (Страгородский) после совершения богослужения в Богоявленском соборе в Москве составил послание к своему немногочисленному оставшемуся на свободе духовенству и пастве: «Фашиствующие разбойники напали на нашу родину. Попирая всякие договоры и обещания, они внезапно обрушились на нас, и вот кровь мирных граждан уже орошает родную землю.

Повторяются времена Батыя, немецких рыцарей, Карла шведского, Наполеона. Жалкие потомки врагов православного христианства хотят еще раз попытаться поставить народ наш на колени перед неправдой, голым насилием принудить его пожертвовать благом и целостью родины... вспомним святых вождей русского народа, например Александра Невского, Дмитрия Донского, полагавших свои души за народ и родину... Нам, пастырям Церкви, в такое время, когда отечество призывает всех на подвиг, недостойно будет лишь молчаливо посматривать на то, что кругом делается, малодушного не ободрить, огорченного не утешить, колеблющемуся не напомнить о долге и воле Божией. А если, сверх того, молчаливость пастыря, его некасательство к переживаемому паствой объясняется еще лукавыми соображениями насчет возможных выгод на той стороне границы, то это будет прямая измена родине и своему пастырскому долгу... Положим же души своя вместе с нашей паствой... Церковь Христова благословляет всех православных на защиту священных границ нашей родины. Господь нам дарует победу».

Советские власти разрешили зачитать текст этого послания в храмах лишь 6 июля 1941 г., спустя два дня после того, как советские граждане услышали выступление двенадцать дней молчавшего Сталина. 19 октября 1941 г. по решению большевицкого правительства митрополиты Сергий и Николай с небольшой группой духовенства были эвакуированы в Ульяновск, в котором к этому времени все храмы были закрыты и за исключением двух полностью разрушены.

На территории СССР, не подвергавшейся немецкой оккупации, положение Русской Православной Церкви в первый год войны оставалось без каких-либо ощутимых перемен. В немногочисленных действовавших храмах наряду с совершением богослужений духовенство уже в первые месяцы войны стало проводить сбор денежных и иных материальных средств, вещевых и продуктовых посылок, которые передавались в фонд обороны. К концу войны Русской Православной Церковью было собрано более 300 миллионов рублей, не считая драгоценностей, вещей и продуктов. В подавляющем большинстве случаев материальная помощь, оказывавшаяся Церковью Красной Армии, передавалась без указания источника ее поступления. Одним из редких исключений стала запечатленная в кадрах советской кинохроники передача Красной Армии митрополитом Николаем в 1944 г. построенной на средства Русской Православной Церкви и насчитывавшей 40 танков танковой колонны «Дмитрий Донской».

Последовательная политическая лояльность по отношению к коммунистическому режиму, проявленная руководством Московской Патриархии в первый год войны, и активная деятельность по сбору средств на нужды обороны способствовали некоторым изменениям в религиозной политике государства. Сталин учитывал тот энтузиазм, с которым сотни тысяч людей вернулись в Церковь на оккупированных территориях. Он знал, что в британском Парламенте и в Конгрессе США многие не желали установления союзнических отношений с СССР именно из-за богоборческой политики коммунистического режима (большинство американских и английских политиков были верующими христианами). Во время визита Молотова в Лондон и Вашингтон в июне 1942 г. Черчилль и Рузвельт объясняли всю затруднительность для своих народов сотрудничать с богоборческим и христоненавистническим сталинским режимом.

Стремясь пропагандистски ответить на религиозно терпимую политику оккупационных германских властей и рассчитывая придать цивилизованный вид политическому облику СССР в глазах западных союзников, советское руководство стало предпринимать попытки идеологически использовать Русскую Православную Церковь в своей политике.

В 1942 г. государственная атеистическая пропаганда была резко сокращена, формально сохранявшийся Союз воинствующих безбожников фактически прекратил свою деятельность. Летом 1942 г. 50-тысячным тиражом в роскошном издании была опубликована книга «Правда о религии в СССР», распространявшаяся преимущественно за границей. В этой книге, содержавшей официальные церковные документы военного периода и статьи нескольких священнослужителей и мирян, указывалось на отсутствие серьезных проблем в церковной жизни СССР довоенного времени и подчеркивалось, что главные исторические невзгоды Церкви пришлось пережить лишь в результате германской агрессии. 5 февраля 1943 г. Сталин вопреки действовавшему законодательству удовлетворил просьбу митрополита Сергия об открытии банковского счета Московской Патриархии для внесения средств на нужды обороны. На Пасху 1942 г. в Москве был отменен комендантский час, чтобы верующие могли молиться в церквях на ночном богослужении.

Во второй половине 1942 г. существенно уменьшились репрессии против православного духовенства, хотя отдельные акты мученичества имели место и в 1943 г., и в 1944 г. В Ульяновск стали прибывать за получением назначений на епархии и приходы представители духовенства, многие из которых были освобождены из мест заключения. В конце 1942 — начале 1943 гг. советские власти дали согласие на совершение митрополитом Сергием новых епископских хиротоний. С начала 1943 г. по мере развития наступления Красной Армии на освобождавшихся ею территориях открывшиеся в годы оккупации храмы в большинстве случаев уже не подвергались закрытию, а военная контрразведка «СМЕРШ» (сокращение от слов «Смерть шпионам!») репрессировала лишь небольшое число священнослужителей из той части духовенства, которая оставалась на своих приходах после отступления германских войск. Неоднократно осуждавшиеся в посланиях митрополита Сергия за «сотрудничество с немецко-фашистскими оккупантами» представители православного духовенства оккупированных территорий, как правило, принимались в сущем сане в штат духовенства Московской Патриархии.

4 сентября 1943 г. около полуночи состоялась историческая встреча Сталина с митрополитами Сергием, Алексием и Николаем. Содержание происшедшей во время этой встречи беседы было зафиксировано в стенограмме, составленной начальником 4-го отдела третьего управления НКВД по борьбе с церковно-сектантской контрреволюцией полковником Г.Г. Карповым.

«Товарищ Сталин, кратко отметив положительное значение патриотической деятельности Церкви за время войны, просил митрополитов Сергия, Алексия и Николая высказаться об имеющихся у Патриархии и у них лично назревших, но неразрешенных вопросах.

Митрополит Сергий сказал товарищу Сталину, что самым главным и наиболее назревшим вопросом является вопрос о центральном руководстве Церкви, так как он почти 18 лет является Патриаршим Местоблюстителем и... потому он считает желательным, чтобы Правительство разрешило собрать Архиерейский Собор, который и изберет Патриарха, а также образует при главе Церкви Священный Синод как совещательный орган в составе 5–6 архиереев...

Одобрив предложения митрополита Сергия, товарищ Сталин спросил: а) как будет называться патриарх; б) когда может быть собран Архиерейский Собор; в) нужна какая-либо помощь со стороны Правительства для успешного проведения Собора (имеется ли помещение, нужен ли транспорт, нужны ли деньги и так далее). Сергий ответил, что эти вопросы предварительно ими между собой обсуждались, и они считали бы желательным и правильным, если бы Правительство разрешило принять для патриарха титул "Патриарха Московского и всея Руси", хотя Патриарх Тихон, избранный в 1917 г. при Временном правительстве, назывался "Патриархом Московским и всея России". Товарищ Сталин согласился, сказав, что это правильно.

На второй вопрос митрополит Сергий ответил, что Архиерейский Собор можно будет собрать через месяц; и когда товарищ Сталин, улыбнувшись, сказал: "А нельзя ли проявить большевицкие темпы?" – и, обратившись ко мне, спросил мое мнение, я высказался, что если мы поможем митрополиту Сергию соответствующим транспортом для быстрейшей доставки епископата в Москву (самолетами), то Собор мог бы быть собран и через 3–4 дня...

Товарищ Сталин сказал митрополиту Сергию: "...Правительство вам может предоставить завтра же вполне благоустроенное и подготовленное помещение, предоставив вам трехэтажный особняк на Чистом переулке, который занимался ранее бывшим немецким послом Шуленбургом. Но это здание советское, не немецкое, так что Вы можете совершенно спокойно в нем жить. При этом особняк мы Вам предоставляем со всем имуществом, мебелью, которая имеется в этом особняке..."

После этого товарищ Сталин сказал митрополитам: "Ну, если у вас больше нет к Правительству вопросов, то, может быть, будут потом. Правительство предполагает образовать специальный государственный аппарат, который будет называться Совет по делам Русской Православной Церкви, и Председателем Совета предполагается назначить товарища Карпова. Как вы смотрите на это?"

Все трое заявили, что они весьма благодарны за это Правительству и лично товарищу Сталину и весьма благожелательно принимают назначение на этот пост товарища Карпова...

Затем, обращаясь ко мне, товарищ Сталин сказал: "Подберите себе 2–3 помощника, которые будут членами вашего Совета, образуйте аппарат, но только помните, во-первых, что Вы не обер-прокурор, во-вторых, своей деятельностью больше подчеркивайте самостоятельность Церкви..."»

8 сентября 1943 г. состоялся Архиерейский Собор, в котором участвовали 19 архиереев, многих из которых доставляли в Москву на военных самолетах, а некоторых прямо из мест заключения. Избрание на этом Соборе митрополита Сергия Патриархом происходило даже без формальной процедуры голосования. Патриаршая

интронизация митрополита Сергия состоялась 12 сентября 1943 г. в Богоявленском соборе в присутствии иностранных дипломатов и журналистов и сопровождалась киносъемкой. В этом же месяце в Московской Патриархии был создан Издательский отдел, выпустивший уже в 1943 г. четыре номера «Журнала Московской Патриархии».

Сталин спешил: готовилась встреча «большой тройки» в Тегеране (ноябрь 1943 г.), а на оккупированных территориях открывались все новые храмы, которые буквально ломились от верующих, желавших исповедовать грехи, причащаться, крестить детей, венчаться, отпевать убиенных и умерших.

8 октября 1943 г. был образован Совет по делам Русской Православной Церкви при Совнаркоме, который возглавил полковник Г.Г. Карпов, дослужившийся на этом посту до звания генерал-майора государственной безопасности. 27 октября 1943 г. Патриарх Сергий передал ему прошение об освобождении находившихся в советских лагерях и еще считавшихся живыми 24 священнослужителей. Однако все упомянутые в списке священнослужители кроме одного к этому времени либо были расстреляны, либо умерли в лагерях.

После кончины 15 мая 1944 г. Патриарха Сергия в должность Местоблюстителя вступил митрополит Алексий. 31 января 1945 г. в Москве открылся Поместный Собор, в котором участвовали 46 архиереев, 87 клириков и 38 мирян, а также несколько восточных патриархов (Христофор II Александрийский и Александр III Антиохийский) и представители ряда Поместных Церквей. На первом заседании Собора, на основании доклада архиепископа Псковского Григория (Чукова), единогласно было принято «Положение об управлении Русской Православной Церковью», а на втором заседании Собора открытым голосованием митрополит Алексий был избран Патриархом.

22 августа 1945 г. последовало постановление Совнаркома, предоставлявшее Патриархии, епархиям и приходам ограниченное право юридического лица и возможность открывать финансовые счета, заключать сделки, покупать имущество. До середины 1950-х гг. этого права были лишены другие религиозные объединения.

На завершающем этапе Второй Мировой войны религиозная политика коммунистического режима по отношению к Русской Православной Церкви осуществлялась в рамках, обозначенных Сталиным на встрече с митрополитами 4 сентября 1943 г. Однако советское правительство всячески стремилось сдерживать открытие храмов на территории, не подвергавшейся оккупации, и предпочитало оставлять действующими храмы, открытые на освобождавшейся от германских войск территории. В 1944—1945 гг., получив 12 688 заявлений об открытии 4292 храмов, советское правительство допустило открытие лишь 716 церквей. Общее число храмов, являвшихся действующими, к июню 1945 г. составляло 10 243. Однако если на территории, которая подверглась немецкой оккупации, количество действующих храмов, находившихся в одной епархии, могло достигать нескольких сотен, то в епархиях Поволжья, Сибири и Дальнего Востока действовавшие храмы исчислялись десятками, а то и единицами. При этом деятельность духовенства на всей территории Русской Православной Церкви по-прежнему жестко ограничивалась лишь совершением храмового богослужения и сбором пожертвований на нужды армии.

Период Второй Мировой войны стал временем, когда поставленная в 1930-е гг. на грань полного уничтожения Русская Православная Церковь все же смогла не только сохраниться, но и несколько расширить свое присутствие в жизни русского общества и даже продолжавшего объявлять себя атеистическим сталинского режима. Исторические причины этой перемены в судьбе Русской Православной Церкви представляются вполне очевидными.

Во-первых, возрождение церковной жизни на территории, оккупированной германскими войсками, не только свидетельствовало о сохранившейся у многих советских граждан потребности иметь религиозную жизнь, но и активно использовалось нацистскойй пропагандой. Подобная ситуация требовала от коммунистического режима ответных мер пропагандистского характера в религиозной сфере, которые и стали осуществляться с 1942 г.

Во-вторых, ощутивший в конце 1930-х гг. необходимость обновить скудный арсенал интернационал-большевицкой пропаганды лозунгами национал-большевицкого характера, Сталин еще до войны попытался перейти от идеологической политики замалчивания или поношения исторического прошлого России к политике использования русской истории в целях большевицкой пропаганды. Сыгравшая громадную роль в становлении не только русской культуры, но и русской государственности Православная Церковь не могла не быть использована в этом новом пропагандистском проекте коммунистического режима, и начавшаяся война лишь ускорила данный процесс.

В-третьих, необходимость иметь в войне с нацистской Германией союзников из числа западных демократий, общественное мнение в которых традиционно исходило из признания определяющего значения христианских ценностей, вынуждала Сталина цивилизовать политический облик СССР допущением в стране хотя бы в ограниченных рамках религиозной жизни.

В-четвертых, последовательная политическая лояльность, проявленная руководством Московской Патриархии по отношению к коммунистическому режиму даже в период жесточайших гонений на Церковь и в годы войны, убедила Сталина в готовности митрополита Сергия и его ближайших сподвижников осуществлять свою деятельность именно в тех рамках, которые определит для Русской Православной Церкви возглавлявшийся им режим.

4.2.22. Новое изменение сталинской идеологии — курс на русский национализм

Тема военной славы России и защиты отечества усиленно использовалась официальной пропагандой СССР все годы войны. Сталин быстро понял, что водораздел между воюющими сторонами проходит не по классовому, а по национальному признаку. Большевики стали усиленно культивировать чувство именно национального (а не социалистического) патриотизма среди народа с первых же месяцев войны. Темы социализма, коммунизма, мирового пролетариата были сняты.

Были учреждены воинские награды — ордена Александра Невского, Богдана Хмельницкого, Александра Суворова, Михаила Кутузова, адмирала Нахимова и адмирала Ушакова. Воспроизводя Георгиевский крест, на ленте его цветов — оранжево-черной — был учрежден солдатский орден Славы трех степеней. Выжившие георгиевские кавалеры теперь выкапывали свои награды из земли, где они хранились двадцать лет, и вновь надевали на мундиры. В журналах появились фотографии седоусых солдат, у которых рядом с Георгиями на груди ордена Славы.

22 мая 1943 г. президиум исполкома Коммунистического Интернационала по указанию Сталина объявил о роспуске организации. Подчеркнув важность Коминтерна в прошлом, президиум сделал вывод, что теперь борьба ведется не по классовому признаку, а «силами объединенной антигитлеровской коалиции против фашизма». За строками документа явно сквозила мысль — национальные чувства сильнее классовых: народ России и другие народы коалиции вдохновляются в борьбе не интернациональной классовой солидарностью, но патриотизмом — любовью к отечеству. Национальным коммунистическим партиям, ранее входившим в состав Коминтерна, было рекомендовано разрабатывать свою политическую линию в соответствии с собственными оценками национальной ситуации. По крайней мере, официально для союзников по коалиции Коминтерн прекратил свое существование. Что было подлинным, это угасание духа интернационализма в большевицкой среде. Говорить о «всемирной солидарности трудящихся» стало не модно. Тенденция, наметившаяся уже на VII конгрессе Коминтерна, окончательно победила — заграничные коммунистические партии превратились в проводников политики Сталина. А политика эта стала откровенно националистической.

Лозунг «Пролетарии всех стран, соединяйтесь!» был заменен на «За нашу советскую Родину!» на всех газетах, имеющих отношение к Вооруженным силам, от «Красной звезды», до дивизионных многотиражек. Вместо «Интернационала», с его постоянными обращениями ко всему человечеству, государственным гимном СССР стал положенный на музыку текст Михалкова, начинавшийся словами «Союз нерушимый республик свободных сплотила навеки Великая Русь». Сталин был даже готов ввести в 1942—1943 гг. трехцветный бело-сине-красный флаг как флаг части СССР — Российской СФСР. Опять же, чтобы не выглядеть врагом русского национального чувства в то время, когда армия генерала Власова носила русские цвета на рукавах своих шинелей.

Отказавшись от Коминтерна, Сталин обратился к старому русскому идейному оружию — к панславизму. Гитлер поработил или сделал своими сателлитами все славянские государства Балкан и Центральной Европы — Польшу, Чехию, Словакию, Болгарию, Сербию, а также православные неславянские Грецию и Румынию. Уже в августе 1941 г. в Москве был проведен Первый всеславянский съезд. Среди его организаторов было немало выдающихся писателей, ученых, художников из славянских государств и из славянских республик СССР. Съезд призвал к славянскому культурному единению и сотрудничеству. Через славян Сталин рассчитывал распространить свое влияние в послевоенной Центральной и Юго-Восточной Европе. Возрождение Православной Церкви в России преследовало подобную цель – сделать Москву всемирным центром православия и так распространить влияние СССР на Балканах и на арабском Востоке, где немалая часть населения оставалась православной.

10 апреля 1945 г. состоялась встреча Патриарха Алексия, митрополита Николая и протопресвитера Николая Колчицкого со Сталиным. Основной темой этой беседы стала перспектива участия Русской Православной Церкви в послевоенной

внешнеполитической деятельности советского государства и предложение Сталина о создании в Москве международного православного центра с комплексом зданий.

В октябре 1942 г. был упразднен институт комиссаров, в армии введено единоначалие; 6 января 1943 г. последовал указ Президиума Верховного Совета о знаках различия на военной форме. Для офицерских чинов были введены золотые погоны — символ всего того, против чего Красная Армия боролась в Гражданскую войну. Надел погоны и Сталин, ставший вскоре маршалом Советского Союза, а потом и генералиссимусом. Введение погон вызвало в армии острое недовольство старых политруков, но пришлось переучиваться. В 1946 г. Красная Армия будет переименована в Советскую армию. Переименование подчеркивало, что теперь это не армия авангарда мировой революции, но советского государства. Слово «советский» окончательно утратило смысловую связь с Советами рабочих и солдатских депутатов и стало новым прилагательным, определяющим национальную принадлежность жителей СССР и государственных институтов СССР.

Изменение символики вызывало надежды на перерождение режима. Подобно тому как в Отечественную войну 1812 г. крестьяне надеялись, что в благодарность за их усилия Александр I отменит крепостное состояние, так и теперь множились слухи, что после войны Сталин отменит и колхозы, и концлагеря, и цензуру, — вот тогда заживем! Но вся эта смена внешнего облика была только декорацией. Сущность коммунистического режима вовсе не изменилась. Колхозы Сталин, пожалуй, мог бы переименовать в крестьянские общины, но крестьян он не освободил бы никогда, так же, как и заключенных по 58-й статье, никогда не отменил бы цензуру. Он преследовал все те же большевицкие цели безраздельного властвования над душой и телом России и распространения своей власти как можно шире в окружающем мире. Человек оставался для него средством для воплощения честолюбивых замыслов. Новый идеологический набор был только приспособлением к изменившейся ситуации. Сталин думал, что, оседлав русский национализм, он достигнет своих вожделенных целей быстрее и полнее, чем на охромевшей кобыле пролетарского интернационализма.

4.2.23. Карательная система коммунистического режима в годы войны. Репрессии против военного и мирного населения, штрафные батальоны и заградительные отряды. Обращение с военнопленными

Война ужесточила деятельность репрессивного аппарата, в полной мере использовавшегося для упрочения и совершенствования сталинской власти. Наряду с сохранением и укреплением жесткого контроля над обществом, применением репрессий в целях тотальной мобилизации, карательная система гарантировала личную неприкосновенность Сталину и высшей номенклатуре ЦК ВКП(б), чья политика в 1939–1941 гг., некомпетентность и управленческая несостоятельность привели к гибели кадровой армии летом — осенью 1941 г. и поражениям 1942 г.

Расстрелы и ГУЛАГ, разветвленная вертикаль партийно-комсомольских, советских и чекистских органов, манипуляция общественным сознанием при помощи огромного пропагандистского аппарата, жесткая система принудительного труда, полное отсутствие частной инициативы и независимых от государства институтов делали практически невозможным антисталинский социальный взрыв. Кроме того, на протяжении двадцати предвоенных лет органы ОГПУ—НКВД последовательно проводили «изъятия антисоветских элементов», способных стать катализатором антибольшевицкого сопротивления.

Осужденные в 1941—1945 гг. судами всех видов за «контрреволюционные преступления» (по данным Верховного Суда СССР на 21 января 1958 г.)

1941	86 865
1942	155 245
1943	126 380
1944	119 448
1945	152 691
ИТОГО	640 629 человек

В годы войны репрессии носили не только возмездный характер по отношению к советским гражданам, вступившим в конфликт с государством — дезертирам, уклонистам, торговцам неуничтожимого «черного рынка», уголовникам, повстанцам, идейным врагам советской власти и лицам, сотрудничавшим с противником, а также членам их семей. Террор и массовые смертные приговоры оправдывались «целесообразностью» военного времени. Драконовское трудовое законодательство открывало широкое поле для репрессий по указу 1940 г. и указу ПВС СССР от 26 декабря 1941 г. «Об ответственности рабочих и служащих за самовольный уход с предприятий».

Осужденные за прогулы, опоздания, самовольный уход с предприятий и учреждений в 1941—1945 гг. (в скобках процент к осужденным всего за год; на 1955 г.)

1941	1 769 152 (57,1 %)
1942	1 754 472 (51,4 %)
1943	1 521 633 (52,5 %)
1944	1 449 507 (51 %)
1945	1 183 723 (46,5 %)
ИТОГО	7 678 487 человек

С учетом осужденных по указам военного времени 1942 г. (уклонение от мобилизации на сельхозработы, невыработка колхозниками обязательного минимума трудодней) общее количество осужденных за нарушение трудового законодательства в 1941—1945 гг. составило **8 550 799** человек, из которых 2 080 189 были приговорены к лишению свободы, а остальные — к исправительно-трудовым работам или получили условное осуждение.

Пренебрежение к жизням заключенных вызвало массовую смертность в ГУЛАГе (до 25 % от списочного состава заключенных), особенно в 1941—1943 гг. При численности заключенных в лагерях 1 390 458 человек (в том числе 420 417 судимых за «контрреволюционные преступления») на 1 января 1942 г., за год умерли 352 360 заключенных. Кроме того, в тюрьмах и колониях НКВД на 1 января 1942 г. содержались еще 359 285 человек, но данные об их смертности неизвестны. 60 % среди заключенных ГУЛАГа во время войны составляли русские, 13 % — украинцы, 3 % — белорусы, по 2 % — татары и узбеки, 1,7 % — евреи и т. д. Таким образом, этнические пропорции обитателей ГУЛАГа приблизительно соответствовали национальному составу населения СССР.

Официальная статистика смертности заключенных в ГУЛАГе в 1941—1945 гг. (процент смертности к среднесписочному составу)

1941	115 484 (6 %)
1942	352 560 (25 %)
1943	267 826 (22,4 %)
1944	114 481 (9 %)
1945	81 917 (6 %)
ИТОГО	932 268 человек

В войсках всю войну свирепствовали военные трибуналы, обеспечивавшие не только возмездное наказание, но и практиковавшие показательные репрессии для устрашения личного состава. Только к 1 марта 1942 г. в действующей армии насчитывался 1121 военный трибунал, в которых «трудились» 4501 работник, не считая секретарей. В 1941—1945 гг. военные трибуналы осудили 2 530 663 человека, в том числе 284 344 (9 %) — к расстрелу. Осужденных к расстрелу хватило бы для того, чтобы укомплектовать четыре-пять общевойсковых армий. За просчеты и провалы Ставки, сомнения в гениальности Сталина и «антисоветские разговоры» расплачивались подчиненные. В июле 1941 г. за прорыв немцев к Минску было расстреляно командование Западного фронта во главе с генералом армии Д.Г. Павловым, в октябре — группа ранее арестованных генералов во главе с Я.В. Смушкевичем и П.В. Рычаговым, 10 лет провел в тюрьме герой обороны Севастополя генерал-лейтенант И.А. Ласкин и т. д. Расстрел за военную неудачу — немыслимое для генерала или офицера наказание в Русской Императорской армии.

Штрафные подразделения в Красной Армии появились после знаменитого сталинского приказа № 227 от 28 июля 1942 г. Новым приказом № 298 от 26 сентября 1942 г. Сталин объявил положения о штрафном батальоне и штрафной роте. На каждом фронте формировались 1—3 штрафбата (800 бойцов каждый) — для представителей среднего и старшего командно-начальствующего состава. В каждой армии создавались 5—10 штрафных рот (150—200 бойцов в роте) — для рядовых и младших командиров. Направляли в штрафные подразделения военнослужащих, обвиненных в трусости и нарушении дисциплины, а также уголовников, которым предоставлялась возможность «искупить вину перед родиной кровью». Штрафников, среди которых было очень много невиновных в инкриминируемых им преступлениях бойцов и командиров, безжалостно бросали на минные поля, в разведку боем, на наиболее опасные участки фронта, где выживали единицы. Потери штрафников в 3—6 раз превышали потери обычных стрелковых рот и батальонов. Несмотря на то что уже зимой 1943 г. на фронте произошел перелом в пользу Красной Армии, штрафные подразделения «прорыва» просуществовали до мая 1945 г. В 1944 г. в войсках оперировали 11 штрафбатов (по 226 бойцов) и 243 штрафроты (по 102 бойца); по официальным сведениям за 1944 г. общие потери штрафников составили 170 298 человек. всего в 1942–1945 гг. через штрафные подразделения прошли, по официальным данным, 427 910 военнослужащих Красной Армии.

Фактически с 1941 г. войска НКВД выполняли карательно-фильтровочные функции во втором эшелоне действующей армии. Приказом № 227 Сталин приказал в тылу каждой армии сформировать по 3—5 вооруженных автоматическим оружием заградительных отряда, обязав их «в случае паники... беспощадно расстреливать на месте паникеров и трусов». Заградотряды нередко «обеспечивали» операции штрафников и неоднократно безжалостно расстреливали своих, отступавших по приказу, который не был доведен до командира заградотряда или прекративших атаку под огнем противника. Такие факты отмечались не только в 1942–1943 гг., но и в 1944 г., когда исход войны был предопределен. Статистика жертв заградотрядов неизвестна.

Советское военно-политическое руководство не издавало по отношению к военнопленным противника нормативных актов, подобных нацистскому «приказу о комиссарах». Формально военнопленные Вермахта и союзников Германии считались «обманутыми братьями по классу». Однако убийства немецких военнопленных, в том числе изощренными способами, начались по всему фронту уже в конце июня 1941 г. и в первую очередь касались захваченных летчиков и раненых противника. До катастрофы Вермахта под Сталинградом количество пленных противника оставалось ничтожным: на 1 января 1942 г. – 9147, на 19 ноября 1942 г. – 19 782 человека (к ноябрю 1942 г. в плену оказались более 5 млн бойцов и командиров Красной Армии). В Сталинградском «котле» зимой 1943 г. восточных добровольцев из граждан СССР в плен не брали — их убивали на месте, но участь немецких пленных оказалась не менее печальной: из 91 тысячи сдавшихся в плен в Сталинграде в Германию вернулись не более 6 тысяч.

Главными причинами смертности немецких военнопленных и пленных их союзников в 1942–1943 гг., как и в случае с советскими пленными в 1941–1942 гг., были голод, дистрофия и болезни. К 30 апреля 1943 г. из 292 656 учтенных с начала войны военнопленных в СССР умерли 196 948 человек, или более 60 %. В сентябре 1943 г. в Лунёво под Москвой по инициативе советских политорганов был создан Союз немецких офицеров (СНО) во главе с героем боев под Демянском 1942 г. генералом артиллерии В. фон Зейдлицем-Курцбахом, антигитлеровскую программу которого поддержали около 600 пленных офицеров Вермахта. Но несмотря на искренний идеализм соратников Зейдлица, деятельность СНО не дала особого успеха. Зейдлиц просидел 10 лет (из 25 полученных по суду) в советской тюрьме, в 1955 г. вернулся в ФРГ и был реабилитирован в 1956 г. как враг нацистского режима.

Основная часть военнослужащих противника попала в плен в конце войны и в первые послевоенные месяцы. По данным немецких историков, из 3,15 млн взятых Красной Армией в 1941–1945 гг. немецких военнопленных в советском плену погибли 1,1–1,3 млн. Остальные сумели вернуться на родину, последние (около

10 тысяч) — в 1955 г. Вернулась на родину и большая часть пленных из числа военнослужащих, бывших союзниками Германии (венгров, румын, итальянцев, финнов, испанцев и т. д.). Сегодня многие историки сомневаются в обоснованности многочисленных смертных приговоров, вынесенных немецким военнопленным советскими трибуналами и другими инстанциями в 1940-е гг., рассматривая их вместе с бессудными убийствами пленных в качестве составной части репрессивной политики сталинской власти.

Литература
Военнопленные в СССР, 1939–1956 / Под ред. М.М. Загорулько. М., 2000.
ГУЛАГ 1918–1960. Документы / Сост.: А.И. Кокурин, Н.В. Петров. М., 2002.
История сталинского ГУЛАГа. Массовые репрессии в СССР. Конец 1920-х – первая половина 1950-х гг. Собрание документов: В 7 т. Т. I. Массовые репрессии в СССР / Отв. ред. Н. Верт, С.В. Мироненко. М., 2004.
Проблемы военного плена: история и современность. Материалы международной научно-практической конференции 23–25 октября 1997 г.: В 2 т. Вологда, 1997.
Ю.И. Стецовский. История советских репрессий: В 2 т. М., 1997.
И. Хоффманн. Сталинская война на уничтожение. Планирование, осуществление, документы. М., 2006.

4.2.24. Репрессии против народов России. Насильственные депортации и геноцид

Депортации (от латинского слова *deportatio* – изгнание) – массовое принудительное выселение людей в отдаленные районы страны в целях ликвидации политических противников и неугодных режиму лиц, а также изгнание за границу – были составной частью репрессивной политики большевиков с первых лет советской власти. «Новый класс», номенклатура большевицкой партии, при помощи депортаций обеспечивал незыблемость собственного политического и экономического господства, совершенно не считаясь с тем, что насильственные переселения и новые, часто противоестественные условия жизни и существования не только нарушают естественное право человек жить на земле предков, рядом с могилами отцов, но и обрекает выселяемых на нищету, лишения, страдания и часто гибель.

Так, например, за предвоенное и военное время в Казахскую и Киргизскую ССР из Карачаево-Черкесии были депортированы 79 тысяч карачаевцев (97,1 % этноса), из них погибли в местах поселений более 27 тысяч человек (в том числе 70 % – дети). Депортации играли важную роль в унификации социума в СССР, в создании новой человеческой общности – советского народа и нового типа человека – homo soveticus, советского человека.

Подсчеты современных российских специалистов позволяют говорить о 53 депортационных кампаниях и примерно о 130 соответствующих операциях, проведенных большевиками с 1920 г. по 1952 г. Первыми жертвами депортаций коммунистов стали русские казаки из восьми станиц Терской линии (45 тысяч), а затем они затронули десятки народов и этнических групп, проживавших на территории советского государства.

Основные советские депортационные кампании в 1920–1952 гг.

КАТЕГОРИИ ДЕПОРТИРУЕМЫХ	ГОДЫ
1. Казаки из Притеречья	апрель 1920
2. Казаки из Семиречья	1921
3. Гуманитарная интеллигенция дореволюционной России	сентябрь 1922
4. Бывшие помещики и крупные землевладельцы	1924–1925
5. Финны и поляки в приграничной полосе на Западе и Северо-Западе СССР	1929–1930
6. Корейцы в приграничной полосе на Дальнем Востоке СССР	1930–1931
7. «Кулаки» во время коллективизации	1930–1936
8. Рабочая сила на стройки первых пятилеток	1932
9. Откочевка казахов во время искусственного голода	1933
10. Немцы и поляки в приграничной полосе на Западе СССР	1935–1936
11. Курды на Юге СССР	1937
12. Корейцы на Дальнем Востоке СССР	1937
13. Евреи и персы на Юге СССР	1938
14. Поляки и другие иностранцы в Западной Белоруссии и на Западной Украине	1940
15. Население приграничных районов Мурманской области	1940
16. Население аннексированных территорий и областей: Прибалтика, Западная Белоруссия, Западная Украина, Бессарабия, Северная Буковина	1941
17. Население областей, объявленных на военном положении	1941
18. Немцы и финны	1941–1942
19. «Трудармейцы»	1942–1943
20. Население Крыма и Северного Кавказа при отступлении Красной Армии	1942
21. Карачаевцы	август – ноябрь 1943
22. Калмыки	декабрь 1943 – июнь 1944
23. Чеченцы и ингуши	февраль – март 1944
24. Балкарцы	март – май 1944
25. Курды и азербайджанцы из Тбилиси	25 марта 1944
26. Бойцы ОУН, УПА и члены их семей	1944–1948
27. Крымские татары и другие народы Крыма	май – июль 1944
28. Поляки в Европейскую часть СССР	май – сентябрь 1944
29. Население из прифронтовой полосы	июнь 1944
30. Коллаборационисты и члены их семей	июнь 1944 – январь 1945

31.	«Истинно-православные христиане»	**июль 1944**
32.	Турки-месхетинцы, курды, хемшины, лазы из Южной Грузии	**ноябрь 1944**
33.	Жертвы принудительной репатриации граждан СССР	**1944–1946**
34.	Немецкое население из оккупированных стран Европы	**1944–1945, 1947**
35.	Финны-репатрианты из Ленинграда и Ленинградской области	**февраль – март 1948**
36.	Вторичная депортация контингентов, ранее депортированных из Европейской части СССР в Сибирь и Казахстан	**март 1948**
37.	Бойцы Литовской Освободительной армии (ЛОА), члены их семей, кулаки	**22 мая 1948**
38.	Греки и армяне-дашнаки с Черноморского побережья	**июнь 1948**
39.	«Тунеядцы»	**июнь 1948**
40.	Курды из Азербайджана	**август 1948**
41.	Повстанцы и члены их семей из р-на Измаила	**октябрь 1948**
42.	«Лесные братья», участники подполья и члены их семей из Прибалтики	**29 января 1949**
43.	Армяне-дашнаки, турки, греки с турецким, греческим и советским гражданством и без гражданства с Черноморского побережья и из Закавказья	**май – июнь 1949**
44.	Повстанцы и члены их семей из Молдавии	**июнь – июль 1949**
45.	Кулаки, повстанцы, бандиты из Псковской области	**январь 1950**
46.	Персы без гражданства из Грузии	**март 1950**
47.	Бывшие "басмачи" из Таджикской ССР	**август 1950**
48.	Члены семей бойцов армии генерала Андерса	**февраль 1951**
49.	Иеговисты из Молдавии	**апрель 1951**
50.	Кулаки из аннексированных в 1939–1940-х гг. территорий	**октябрь – декабрь 1951**
51.	Греки из Грузии	**декабрь 1951**
52.	Кулаки из Западной Белоруссии	**март – май 1952**
53.	Сектанты: иннокентьевцы, адвентисты и др.	**март 1952**

Всего в СССР с 1920 по 1952 гг. депортациям подверглись более 6 млн человек (в том числе более 2 млн в результате коллективизации и 2,72 млн в 1939–1945 гг.); кроме того, в результате репатриаций в 1944–1952-х гг. в СССР «вернули» более 5,4 млн соотечественников. Масштабы большевицких внутренних депортаций вполне сравнимы с нацистскими депортациями остарбайтеров — 3,2 млн человек.

В 1941–1944 гг. большевицкая власть депортировала народы и этнические группы по обвинениям в потенциальном или состоявшемся сотрудничестве с противником в период оккупации: *советских немцев* из Поволжья, Москвы и Московской области, южных областей РСФСР, Воронежской области, Закавказья и других мест (сентябрь – октябрь 1941 г., около 800 тысяч), *финнов* и *ингерманландцев* (1941 г., около 100 тысяч человек), *карачаевцев* (август и ноябрь 1943 г., более 70 тысяч), *калмыков* (1943—1944 гг., более 120 тысяч), *чеченцев и ингушей* (февраль 1944 г., более 480 тысяч), *балкарцев* (февраль 1944 г., 38 тысяч), *крымских татар* (май 1944 г., более 180 тысяч) и др. Депортируемых преимущественно расселяли в Алтайском крае, Коми АССР, Киргизской ССР, Иркутской, Красноярской, Новосибирской и Омской областях, Южном Казахстане и т.д. Климатические особенности регионов расселения зачастую оказывались непривычными для людей, прибывших из районов с более мягким или просто другим климатом.

При депортации народов в советской прессе разжигалась ненависть и зависть к репрессируемым. Так, чтобы подготовить население к выселению немцев Поволжья, в «Правде» была опубликована статья Ильи Эренбурга, в которой говорилось, что, поселив на лучших землях России немцев, русский народ пустил за пазуху и согрел змею. В официальных заявлениях утверждалось, что среди немцев Поволжья выявлены «тысячи и десятки тысяч диверсантов и шпионов», что было стопроцентной ложью. Ни одного диверсанта в республике немцев Поволжья выявлено не было, хотя ненавидели большевицкую власть, как и повсюду в России, наверняка очень многие. Свои страхи большевики выдавали за действительность, а в результате — страдали миллионы и гибли сотни тысяч людей.

28 августа 1941 г. президиум Верховного Совета СССР издал указ о ликвидации автономной республики немцев Поволжья. Опубликован указ был на десятый день — 6 сентября. За это время 400 тысяч человек были лишены всего имущества, выброшены из своих домов, посажены в товарные вагоны и почти без еды и питья малой скоростью отправлены на Восток. Вместо двух-трех дней составы шли две-три недели. Из-за нечеловеческих условий транспортировки смертность в пути достигала 10—15 %. Особенно много гибло стариков и детей. Но ликвидация таким образом «нетрудового балласта» входила в расчеты НКВД. Еще не менее 15—20 % умерло в первую суровую зиму, так как были доставлены порой в чистое поле или глухую тайгу без продовольствия, инструментов и стройматериалов в холодные и дождливые осенние дни. В октябре 1941 г. были депортированы немцы с Северного Кавказа и из Закавказья, а также из западных областей СССР, из Москвы, Ленинграда, а чуть позднее — из всей европейской части СССР. Россия лишилась тысяч талантливых ученых и инженеров, десятков тысяч высококвалифицированных мастеров, сотен тысяч трудолюбивых и умелых крестьян. Всего было переселено в Сибирь к концу 1941 г. 687 тысяч немцев.

Ничего подобного советской депортации русских немцев в Германии в отношении русского населения предпринято не было. Русские эмигранты продолжали спокойно жить в своих домах и в Германии, и в других странах, попавших под власть Рейха (в Югославии, Франции, Чехии, Польше), они молились в православных русских церквах, многие работали в государственных учреждениях (например, княжна Мария Васильчикова — в министерстве иностранных дел), занимались бизнесом, вели научную работу (как знаменитый биолог Тимофеев-Рессовский). В расовом нацистском государстве людям с русской кровью жить оказалось существенно легче, чем в интернациональном советском людям с немецкой кровью.

Указ о ликвидации республики немцев Поволжья

«По достоверным данным, полученным военными властями, среди немецкого населения, проживающего в районе Поволжья, имеются тысячи и десятки тысяч диверсантов и шпионов, которые по сигналу, данному из Германии, должны произвести взрывы в населенных немцами районах Поволжья.

О наличии такого большого количества диверсантов и шпионов среди немцев Поволжья никто из немцев, проживающих в районах Поволжья, советским властям не сообщал, следовательно, немецкое население районов Поволжья скрывает в своей среде врагов советского народа и советской власти.

В случае, если произойдут диверсионные акты, затеянные по указке из Германии немецкими диверсантами и шпионами в республике немцев Поволжья или в прилегающих районах, и случится кровопролитие, Советское правительство по законам военного времени будет вынуждено принять карательные меры против всего немецкого населения Поволжья.

Во избежание таких нежелательных явлений и для предупреждения серьезных кровопролитий Президиум Верховного Совета СССР признал необходимым переселить все немецкое население, проживающее в районах Поволжья, в другие районы, с тем чтобы переселяемые были наделены землей и чтобы им была оказана государственная помощь по устройству в новых районах.

Для расселения выделены изобилующие пахотной землей районы Новосибирской и Омской областей, Алтайского края, Казахстана и другие соседние местности.

В связи с этим Государственному Комитету Обороны предписано срочно произвести переселение всех немцев Поволжья и наделить переселяемых немцев Поволжья землей и угодьями в новых районах».

В горных районах Кавказа борьба с большевицким режимом не прекращалась все 1930-е гг. Чеченцы, ингуши, карачаевцы, балкарцы, калмыки, связанные общинной спайкой, поднимали восстания, прятались в горах, мстили карателям. Многие из них ждали немецкую армию как освободителей от ненавистного богоборческого коммунистического режима. Германская пропаганда разбрасывала в горах Кавказа множество листовок. Народам Кавказа нацисты обещали свободную и привольную жизнь по своим законам, по традиционному укладу.

Германский плакат – обращение к народам Кавказа:

«Пришло время действовать! Слушайте, кавказцы! Германская армия и лучшие сыны вашей родины вместе с войсками и добровольцами всех европейских государств – это та сила, которая гарантирует, что большевики больше не вернутся. Мы приходим к Вам не как покорители, а как друзья и призываем Вас к совместной работе по строительству нового светлого будущего. Присоединяясь к нам, Вы сможете беспрепятственно выполнять свои религиозные обряды, свободно заниматься хозяйством и торговлей. Каждый крестьянин вновь получит землю в частное пользование, каждый рабочий будет жить на основе нового, лучшего социального порядка. Да здравствует Свободный Кавказ!»

В Чечне при приближении германских войск вспыхнуло противобольшевицкое восстание, которое немцы широко поддерживали оружием и инструкторами.

Карачаевцы, балкарцы и дезертиры из других кавказских народов сформировали Кавказский легион Вермахта. Калмыцкая конница целыми подразделениям переходила на немецкую сторону — так отозвалась в сердцах кавказцев четверть века большевицкой власти. Когда в середине 1943 г. германская армия отступила на Запад с Кавказа, часть горцев ушла с ней, но для оставшихся наступили мрачные времена. Сталин решил наказать не предателей, но народы, от столетнего старца до еще не рожденного младенца. 6 ноября 1943 г. были высланы карачаевцы (69 тысяч), в декабре — калмыки (93 тысячи), 23 февраля 1944 г. — 496 тысяч чеченцев и ингушей, 8 марта — 33 тысячи балкарцев. Выселять предпочитали в праздники, когда больше людей собиралось по домам.

Спецоперации по высылке проводились войсками НКВД, при участии армейских частей. Например, при выселении чеченцев и ингушей было задействовано 100 тысяч солдат внутренних войск и 19 тысяч оперативных работников НКВД и НКГБ. Выселяемые бросали на произвол судьбы имущество, дома, скот, покидая родные места без надежды на возвращение. Время сборов и размеры ручного багажа жестко лимитировались властями — 100 кг груза и 20 минут на сборы. При депортациях многочисленны были факты преступлений против гражданского населения. Так, например, в конце февраля 1944 г. при невозможности выселить жителей чеченского высокогорного аула Хайбах по приказу полковника М. Гвешиани более 700 чеченцев были загнаны в сараи и сожжены, пытавшиеся бежать расстреливались. Гвешиани «за решительные действия» был повышен в звании и награжден орденом Суворова II степени.

> Один из высылаемых чеченцев вспоминал: «Они прочесывали избы, чтоб никто не остался... Солдату, вошедшему в дом, не хотелось нагибаться, он полоснул очередью из автомата, а под лавкой прятался ребенок. Из-под лавки потекла кровь. Дико закричала мать, бросилась на него. Он застрелил и ее...»

При депортациях войска НКВД привлекали в качестве помощников гражданских лиц из тех народов, которые не подлежали выселению. Осетины, русские, черкесы, народы Дагестана выселяли своих соседей, своих вчерашних друзей, расхищали их имущество. Далеко не все сохранили благородство в этой страшной ситуации, не испугались, не прельстились соседским добром. И между народами пролегла трещина на много поколений вперед, трещина, не увраченная и доныне.

Горцы где могли оказывали сопротивление, немало молодых людей предпочли смерть в бою с энкавэдэшниками изгнанию с родины. Спецотряды НКВД охотились в Кавказских горах за укрывшимися горцами до самой смерти «отца народов» в 1953 г. и, говорят, так и не смогли переловить всех.

18 мая 1944 г., после освобождения Крыма советскими войсками, началось поголовное выселение крымских татар (183 тысячи человек), к которым добавили солдат и офицеров крымско-татарской национальности, отозванных из действующей армии (около 9 тысяч человек). Предлогом для выселения стала служба около 10 тысяч крымских татар в германской армии и в местной полиции. Хотя крымскими татарами были и герой Брестской крепости майор Гаврилов, и доблестный

летчик, дважды Герой Советского Союза Амет-хан Султан, и тысячи других солдат и офицеров, храбро сражавшихся в годы войны на советской стороне. Вслед за татарами, уже вовсе без предлогов, из Крыма было выселено Сталиным 15 тысяч греков, 12 тысяч болгар и 10 тысяч армян. Сталин решил сделать благодатный полуостров землей русских и украинцев, как до того Гитлер предполагал заселить Крым германскими колонистами. Что не удалось фюреру, удалось вождю. Более 200 тысяч людей из древних народов Крыма лишились своей исторической родины по воле «советского правительства», а многие при переселении лишились жизни.

Сталин преследовал и еще одну стратегическую цель. Он планировал войну с Турцией и не хотел иметь в тылу близкородственный туркам народ. По той же причине в ноябре 1944 г. из Западной Грузии в Ферганскую долину были выселены все еще оставшиеся там турки-месхетинцы (110 тысяч человек). Война с Турцией, слава Богу, не разразилась, но татары Крыма и турки Месхетии были уже выселены «на всякий случай» и на радость тем русским, украинцам, грузинам и армянам, которые вселились в их дома. Так счастье, мир и жизнь людей бестрепетно приносились Сталиным в жертву своим экспансионистским мечтаниям.

За успешную операцию по депортации народов России глава НКВД Лаврентий Берия получил из рук Сталина высокую награду – орден Суворова I степени. Так был оценен труд по лишению отечества многих сотен тысяч людей, а заодно и осквернено имя великого русского полководца.

Ликвидированные республики были поделены между соседними республиками и административными областями. Часть Балкарии и Карачая с горой Эльбрус Сталин передал Грузии, часть Ингушетии – Осетии, на месте Чечни и северной части Дагестанской АССР создал Грозненскую область. Осетины переселились в пустые ингушские села, лакцы и аварцы – в чеченские, русские – в городки крымских татар.

Только после 1955 г. начался постепенный процесс возвращения депортированных народов на родину, не завершившийся в полной мере вплоть до распада СССР в 1991 г. Татар в Крым и немцев в Поволжье коммунисты так и не вернули и их республики не восстановили. Вернувшиеся на родину спецпоселенцы и их дети нашли свои дома занятыми, земли – захваченными. И это стало причиной затяжных, а кое-где и кровавых межнациональных конфликтов до сего дня. Большевицкие преступления пережили большевиков и продолжают приносить смертельно ядовитые плоды.

Депортации по признаку этнической принадлежности были осуждены в декларации Верховного Совета СССР от 14 ноября 1989 г. В апреле 1991 г. Верховный Совет РСФСР принял закон «О реабилитации репрессированных народов», однако ликвидировать необратимые последствия состоявшейся полвека назад трагедии вышеуказанные акты не могли.

Литература

Н.Ф. Бугай, А.М. Гонов. Кавказ: народы в эшелонах (1920–1960-е гг.). М., 1998.

П.М. Полян. Не по своей воле. История и география принудительных миграций в СССР. М., 2001.

А.А. Ткаченко. История депортации народов России // Российский демографический журнал. 2002. № 1.

4.2.25. Русское антинацистское сопротивление в Европе

Провозглашенная Гитлером антикоммунистическая политика привлекла некоторых эмигрантов на сторону Германии, но союз Гитлера со Сталиным в 1939—1941 гг. убедил большинство из них, что между двумя диктаторами нет большого различия. Однако вынужденное вступление Советского Союза в войну 22 июня 1941 г. поставило большинство людей в Русском Зарубежье перед мучительным выбором. Германия воевала с Россией, захватывала земли родной страны, оказавшейся теперь перед лицом того безжалостного врага, с которым многие эмигранты или их отцы сражались в войне 1914—1917 гг. С другой стороны, можно ли было поддерживать жестокую тиранию Сталина, которая принесла стране такие страшные страдания?

Большинство русских беженцев за пределами Германии решили, что нужно защищать «Святую Русь» независимо от того, какой режим ею правит. Раболепство перед оккупационной властью назначенного Гестапо руководителем русской общины Юрия Жеребкова вызывало отвращение большинства белоэмигрантов, которые с возрастающим восхищением наблюдали за героической борьбой их родины. Ведущие деятели старого режима, такие как Павел Николаевич Милюков и посол Временного правительства во Франции Василий Алексеевич Маклаков, разделяли этот взгляд. Прославленный командующий Белой армией Юга России генерал Деникин, проживавший тогда во Франции, отверг все попытки немцев использовать его имя для «крестового похода против большевизма», а многие русские эмигранты обращались в советское посольство при правительстве маршала Анри Филиппа Петена за разрешением поступить на службу в Красную Армию.

Выходцы из русской эмиграции оказались у истоков французского антинацистского Сопротивления. Поэт Борис Вильде и его друг Анатолий Левитский, ученые-этнографы, работавшие в парижском Музее человека, включились в подпольную деятельность осенью 1940 г., публикуя на станках музея первые номера подпольного журнала «Резистанс» («Сопротивление»). Это название *(Résistance)* стало нарицательным именем всего противостояния немцам во Франции. Ячейка была вскоре раскрыта, члены ее преданы суду. Приговоренные к смертной казни Вильде и Левитский «явили своим поведением во время суда и под пулями палачей высший пример храбрости и самоотречения». Они были расстреляны в феврале 1942 г.

Тогда же не колеблясь, из любви к поруганной Франции и из неприятия «отбора людей по крови», вошла в Сопротивление замечательная 30-летняя русская женщина Вера (Вики) Макарова (в замужестве княгиня Оболенская) и долго осуществляла связь между Лондоном и партизанами. Арестованная в конце 1943 г., Вики была обезглавлена в Берлине. Те же побуждения неприятия расизма, те же христианские веления совести вдохновляли монахиню Марию (Скобцову) (Е.Ю. Кузьмину-Караваеву) и ее сотрудников по «Новому граду». За помощь уничтожаемым евреям, за отказ от всякого соглашательства с нацизмом они претерпели мученическую кончину в немецких лагерях смерти. Были и другие «сопротивленцы» — Игорь Кривошеин (сын министра земледелия Императорского правительства), Александр Угримов (сын высланного Лениным профессора-агронома), отважная

Скрябина (дочь композитора), из солидарности с евреями переменившая имя, принявшая иудаизм и погибшая в перестрелке.

Молодая русская певица и поэтесса Анна Юрьевна Бетулинская (1917 г. рождения), дочь казненного большевиками 10 декабря 1918 г. русского дипломата, в военном Лондоне создает цикл песен французского Сопротивления (наиболее известная — «Марш партизан»), которые по радио и на дисках переправляются в оккупированную Францию и которые, в тайне от немцев, поют десятки тысяч людей. Впоследствии Анна Марли (литературный псевдоним Бетулинской) будет объявлена героем Франции, станет кавалером ордена Почетного Легиона.

Коммунистическая партия Франции в первый год оккупации была связана пактом Риббентропа — Молотова и против немцев выступать не могла. Выступали в первую очередь французские правые круги, и в этой связи участие русских эмигрантов в антинацистском движении французских правых было логично. Русская группа Сопротивления работала и в Риме, помогая, при содействии Ватикана, советским военнослужащим бежать из немецкого плена. Участие русских эмигрантов в Сопротивлении объяснялось не только стремлением противостоять близкому и очевидному злу нацистской оккупации, но и тем, что многие русские молодые люди были ранее призваны во французскую армию и продолжали ощущать свой долг перед Францией. Всего около восьми тысяч русских участвовали во французском движении Сопротивления и, согласно советским источникам, уничтожили 3500 нацистов.

Среди русских эмигрантов было немало тех, кто с первых же дней примкнул к генералу де Голлю в Англии, например Н. Вырубов, и в Северной Африке — легендарный герой летчик Амилахвари. Многие присоединились к американо-англо-французским войскам после высадки в Нормандии. Несколько офицеров, участников еще русского Белого движения, геройски погибли в боях за «Свободную Францию» в 1944—1945 гг. в Вогезах, Арденнах, при форсировании Рейна. Среди них дважды георгиевский кавалер за Великую войну казачий офицер Иван Зубов. На специальном участке русского кладбища Сен-Женевьев-де-Буа похоронены французские воины русской национальности, отдавшие жизнь за свободу Франции от нацизма.

В сравнении с Францией русское сообщество в Британии было довольно небольшим, но молодые люди призывного возраста шли добровольцами в Вооруженные силы. Например, дядя одного из авторов учебника, Андрей Дейтрих, служил в Королевских ВВС, летал на истребителе «Спитфайр», а его же двоюродный брат Михаил воевал в частях морской авиации. Князь Эммануил Голицын в начале войны оказался в Финляндии. Он был другом маршала Маннергейма и в смятении наблюдал, как многочисленные германские офицеры прибывают в эту страну. «Такое количество свастик мне не по душе», — заметил он маршалу (знаком финской авиации была в то время голубая свастика), который разрешил ему вернуться в Британию, где Голицын поступил в морскую авиацию Великобритании.

В 1944 г. Гитлер перевел тысячи советских военнопленных на запад, где они служили в составе «восточных батальонов» регулярных частей Вермахта и СС или в трудовых батальонах Тодта, которые строили Атлантический вал (полосу укреплений вдоль побережья Атлантического океана). Струйка русских дезертиров, переходивших в Сопротивление, превратилась в настоящий поток после высадки союзников в Нормандии. По мере того как боевые действия перемещались вглубь Франции, «восточные батальоны» все чаще поднимали мятеж, сдавались союзным войскам и переходили в ряды Свободной Франции или Сопротивления. Это требовало большой смелости, потому что войска СС жестоко подавляли подобные попытки. Например, по приказу германского командования были казнены 60 человек, служивших в Азербайджанском легионе, которые планировали поднять мятеж. На хорошо укрепленном голландском острове Тексель при подходе союзных войск поднял мятеж грузинский батальон Вермахта и сдал свою базу канадским частям, очень благодарным за это, так как им предстоял кровавый штурм укреплений. В соответствии с ялтинскими соглашениями, храбрые освободители были переданы НКВД для длительного «расследования». Их дальнейшая судьба неизвестна.

По оценке союзной разведки, около 470 тысяч военнослужащих немецких войск во Франции являлись советскими гражданами, и британское командование было убеждено, что пропаганда дезертирства среди них должна быть успешной, что, в свою очередь, приведет к ослаблению Вермахта, который в это время наносил большой урон союзным армиям. В качестве стимула дезертирам была обещана амнистия. Однако план, который мог бы существенно сократить сроки и уменьшить число жертв войны, был опротестован большевицким правительством на том основании, что *число таких лиц незначительно*».

Некоторые русские пленные, содержавшиеся в лагерях на территории Британии, добровольно согласились десантироваться в тыл в самой Германии и попытаться поднять восстание среди сотен тысяч русских, принужденных работать на немецких заводах и фермах в качестве «восточных рабочих». Однако когда этот план стал известен в представительстве НКВД в Великобритании, его руководитель полковник Чичаев раздраженно заявил своим британским коллегам: «Мы хотели бы определенно сообщить вам, что мы не готовы сотрудничать с вашей организацией в запланированной вами операции, и настоятельно советуем вам забыть о русских в Германии. Зачем вы носитесь с этими жалкими русскими изменниками? Чем быстрее вы о них забудете и оставите их нам, тем лучше будет для наших будущих отношений».

И союзному командованию, и самим перешедшим из плена, военных формирований и трудовых лагерей на сторону антигитлеровской коалиции гражданам СССР становилось все более очевидно, что наградой за их мужество станет смерть от пули сотрудника СМЕРШа или лагерное рабство.

Литература
Анна Смирнова-Марли. Дорога домой. М.: Русский путь, 2004.

4.2.26. Планы послевоенного урегулирования. Тегеранская встреча. Народы Восточной Европы и планы Союзников

Коренной перелом в ходе войны после Сталинграда, сражения у атолла Мидуэй, капитуляции итало-германских войск в Северной Африке и высадки англо-американских войск на Европейском континенте в Италии поставил союзников перед необходимостью координации действий по окончательному разгрому противника и о послевоенном урегулировании. Первый шаг в этом направлении был сделан на Московской конференции министров иностранных дел трех держав в октябре 1943 г. Главной задачей советской дипломатии на конференции являлось ускорение открытия фронта во Франции. В секретном протоколе конференции было зафиксировано положение о том, что фронт во Франции будет открыт в 1944 г.

Другим важным результатом конференции стало принятие американского проекта Декларации о всеобщей безопасности, содержавшей основной замысел будущей Организации Объединенных Наций. Стороны также договорились об учреждении в Лондоне Европейской консультативной комиссии представителей трех держав, которой поручалось разработать конкретные условия капитуляции Германии.

Обсуждался вопрос об Австрии, считать ли ее ответственной за развязывание войны как части Германии, или рассматривать аншлюс как оккупацию и в таком случае считать Австрию первым захваченным Германией государством. В результате была принята «Декларация об Австрии», признававшая аншлюс 1938 г. недействительным и предусматривавшая восстановление независимости австрийского государства.

При поддержке американцев Сталину и Молотову удалось заблокировать британское предложение о создании наднациональных федераций в Восточной Европе. Британская дипломатия пыталась с помощью находившихся в Лондоне эмигрантских правительств восточно-европейских стран создать заслон советской экспансии в виде демократических польско-чехословацкой и югославско-греческой конфедераций. Со временем они должны были стать основой двух более широких объединений — в Центральной Европе и на Балканах. Сходные проекты обсуждались и сотрудниками Государственного департамента США.

Американцы, продолжая традицию Вудро Вильсона, отстаивали право каждой национальной страны восстановить свою полную независимость. Сталин же, отвергая британский план, преследовал иные цели: пренебрегая Атлантической хартией, он жаждал наконец-то реализовать старые устремления московских коммунистов большевизировать Европу, завершить то, что не удалось сделать за двадцать пять лет Коминтерну. Большие конфедерации демократических государств Центральной Европы могли помешать его планам. Намного проще было разбираться с каждой маленькой страной по отдельности. Черчилль знал большевиков и понимал планы Сталина существенно лучше, чем Рузвельт, потому и противился им изо всех сил.

Московская конференция стала большим успехом Сталина, впервые ощутившего себя полноценным членом клуба великих держав. «Замечания и предложения советской делегации весьма серьезно принимались во внимание», — говорилось во внутреннем отчете Молотова об итогах конференции, работа которой по-казенному оценивалась в нем как «удовлетворительная».

28 ноября – 1 декабря 1943 г. в Тегеране состоялась первая встреча руководителей «большой тройки». Главная инициатива в ее созыве исходила от Рузвельта, а место проведения — оккупированный союзниками Иран неподалеку от советских границ – было выбрано по настоянию Сталина. Советской задачей номер

один оставалось закрепить обязательство союзников по второму фронту и добиться определения точных сроков начала этой операции. Хотя англосаксы на конференции в Квебеке договорились было о вторжении во Францию весной 1944 г., Черчилль продолжал ратовать за балканское направление главного удара по «мягкому подбрюшью Европы». Он рассчитывал на помощь греческих и югославских партизан. Такой вариант, по расчетам британского премьера, не только снизил бы потери союзников, но и предотвратил распространение советского контроля на Центральную и Южную Европу. Черчилль рассчитывал на капитуляцию Германии после такого охвата ее с юга и востока. Американцев же больше волновала перспектива затягивания войны и глубокого советского прорыва в Германию (а возможно, и Францию) в случае отказа союзников от лобового удара по нацистской цитадели через Ла-Манш и север Франции (план «Оверлорд»).

Сталин понимал, что союзники «не могли допустить такого скандала, чтобы Красная Армия освободила Париж, а они бы сидели на берегах Африки» (как скажет он после войны главе французских коммунистов Морису Торезу). И хотя лавры вступившего в Париж в 1814 г. Александра I не давали Сталину покоя, он трезво оценил свои возможности: в Париж союзники его вряд ли пустят, а вот хозяином Центральной Европы он вполне может стать.

Вновь, исходя из совершенно разных мотивов, Рузвельт и Сталин оказались вместе против Черчилля. Совместными усилиями они преодолели сопротивление британского премьера, и начало операции «Оверлорд» было назначено на май 1944 г. «Конференция Сталин — Рузвельт — Черчилль, — информировал Молотов советских послов, — пришла к удовлетворительному с нашей точки зрения решению вопроса о сроке операции в Западной Европе». В ответ Сталин впервые открыто заявил о готовности СССР вступить в войну с Японией вскоре после капитуляции Германии, чего давно ждали от него союзники.

Лидеры обсудили проблемы обращения с поверженной Германией после войны, перебирая различные варианты ее расчленения и демилитаризации. Сталин, предупредив об опасности возрождения германской угрозы через 15—20 лет, предложил Рузвельту в развитие его же идеи «четырех полицейских» («большая тройка» плюс Китай) создать в Евразии сеть «стратегических опорных пунктов», с помощью которых вооруженные силы этих четырех держав могли бы совместными усилиями предупредить возникновение новой агрессии со стороны Германии и Японии. Действительно ли Сталин был готов к такому далеко идущему военному сотрудничеству с демократическим Западом после войны, осталось загадкой, поскольку Рузвельт хотя и поддержал эту идею «на все сто процентов», но уклонился от ее дальнейшего обсуждения.

Более предметным было обсуждение новых границ Польши и ее отношений с СССР. Сталин наотрез отказался пойти навстречу союзникам в восстановлении дипломатических отношений с лондонским эмиграционным правительством, разорванных 26 апреля 1943 г. в связи с отказом СССР признать свою вину за массовое убийство польских офицеров в Катыни, останки которых обнаружили в начале апреля 1943 г. немцы. Что же касается границ, то Черчилль и Рузвельт в принципе согласились с передвижкой польских границ на запад в сравнении с довоенными (восточная — по «линии Керзона», западная — по реке Одер), отложив их точную демаркацию на будущее.

Сталин впервые поднял вопрос о своих притязаниях на незамерзающие порты на Балтике (Кенигсберг и Мемель) и Дальнем Востоке (Порт-Артур и Дальний), а также о необходимости пересмотра режима Черноморских проливов в пользу СССР. Союзники весьма сочувственно отнеслись к этим запросам, пообещав их детально изучить, а Рузвельт в беседе один на один даже дал понять Сталину, что США не будут препятствовать восстановлению советского контроля над Прибалтикой при условии соблюдения там демократических форм организации власти. Наивный американец!

Возросшая терпимость западных союзников к советским запросам объяснялась их надеждами на то, что новые шаги Кремля — роспуск Коминтерна, примирение государства с Русской Православной Церковью, оттеснение большевицкой идеологии и символики национально-патриотической — приведут к постепенной либерализации сталинского режима и органическому сближению его с Западом (иллюзия, которую Запад один раз уже испытал в эпоху НЭПа). Таким образом, надеялся Ф. Рузвельт, навыки межсоюзного сотрудничества военных лет превратятся в привычку, а «из дружбы по необходимости может получиться постоянная и длительная дружба». Тегеранская конференция укрепила межсоюзные отношения и за счет установления личного контакта между руководителями трех держав.

По мере продвижения Красной Армии к западным границам СССР и сопредельным государствам Восточной Европы в западных столицах все чаще задавались вопросом о советских намерениях в этом регионе и о той цене, которую им придется заплатить Советскому Союзу за освобождение этих стран от нацизма. Заверения Кремля об уважении независимости и суверенитета своих соседей не вызывали никакого доверия на фоне недавней судьбы Прибалтики, восточной части Польши и Бессарабии, агрессии против Финляндии. Однако к весне 1944 г. стало ясно, что практически вся Восточная Европа окажется оккупированной Красной Армией и речь отныне может идти лишь о формах советского доминирования в этом регионе.

Усилия англо-американской дипломатии переключились на поиски путей ограничения будущего советского контроля, с тем чтобы сохранить восточноевропейские страны свободными от коммунистической диктатуры. Особенно большое значение имело будущее двух крупнейших стран региона — Польши и Югославии, где англичане и американцы поддерживали правительства «в изгнании», а Советский Союз и югославские коммунисты вели дело к созданию послушных им альтернативных органов власти на местах. Летом 1944 г. английская дипломатия предприняла серию безуспешных попыток договориться с Москвой о разграничении сфер военных действий на Балканах, по которому Греция и Югославия оставались бы за Великобританией, а Румыния и Болгария — за СССР. Когда-то в 1940 г. Сталин просил у Гитлера именно такого разграничения Балкан, но теперь вождю хотелось получить все Балканы, по возможности и с Грецией.

Последней попыткой «разграничения» стало «процентное соглашение» о распределении влияния Великобритании и СССР на Балканах, предложенное Черчиллем Сталину во время своего визита в Москву в октябре 1944 г. По этой схеме Великобритании отводилось господствующее влияние в Греции, а Советскому Союзу —

такое же в Румынии, равное влияние СССР и Великобритании в Югославии и Венгрии, а также скромная «двадцатипятипроцентная» роль СССР в Болгарии. Молотов по заданию Сталина охотно вступил в торг с Э. Иденом по этому вопросу, настаивая на полном советском доминировании в Болгарии и преимущественном влиянии в Югославии и Венгрии. Хотя эта (по признанию самого Черчилля) «грязная сделка» не имела юридической силы и серьезных политических последствий, она красноречиво свидетельствовала о подлинном отношении великих держав к малым странам. Впрочем, режимы, которые планировала установить в зоне своего влияния на Балканах Великобритания, понятно, как небо от земли отличались бы от коммунистической сталинской деспотии, вне которой Сталин просто не умел властвовать. Фактически Черчилль этой «грязной сделкой» хотел спасти Балканские страны или хотя бы некоторые из них от коммунизма, как он в конце концов спас Грецию.

К концу войны борьба англосаксонских демократий за Восточную Европу свелась к попыткам затормозить процесс ее постепенной советизации, однако реальных рычагов влияния на ситуацию у них практически не оставалось. Президент Рузвельт, осознав в конце концов действительные намерения Сталина, с горечью признавался близким ему людям, что на оккупированных территориях «русские в состоянии делать всё что хотят». Что и над русскими Сталин уже двадцать лет делал «всё, что хотел», американский Президент, должно быть, так и не понял до конца жизни.

4.2.27. Военные действия в 1944 г. Изгнание врага за пределы СССР

27 января 1944 г. была окончательно снята блокада Ленинграда, облегченная в январе 1943 г. взятием Шлиссельбурга, и советские войска вышли к границам Прибалтики. В первой половине 1944 г. советские войска очищают от немцев правобережную Украину. В феврале 1944 г. особенно кровопролитные бои идут под Корсунью, где окружены крупные немецкие силы. Большинству немцев удается из окружения уйти, но в плен попало 18 тысяч солдат Вермахта. 26 марта советские войска вышли на границу с Румынией.

26 января 1944 г. во время операции войск Ленинградского фронта по ликвидации блокадного кольца 30-я отдельная гвардейская танковая бригада вела упорный бой на подступах к сильно укрепленному противником поселку Волосово. Командование требовало атаковать Волосово в лоб, но командир бригады гвардии полковник Владислав Владиславович Хруcтицкий частью сил навязал немцам бой по фронту, а основные силы бригады повел в обход. Хруcтицкий поразительно отличался тем, что всегда находился в боевой линии, командуя бригадой прямо на поле боя, и, насколько это было возможно, стремился маневрировать, избегая лобовых атак. Волосово танкисты взяли, но связь с командирским танком оказалась потеряна. О дальнейшем повествуют солдатские мемуары: «Его танк искали много часов и наконец нашли – рыжий, обгоревший; когда с трудом открыли верхний люк, в нос ударил густой запах жареного мяса». Именем В.В. Хруcтицкого названа улица в Петербурге.

Особое место занимает подвиг Марии Васильевны Октябрьской – единственной советской женщины-танкиста. Потеряв в первые дни войны мужа, она стремилась отомстить врагу и не раз обращалась в военкомат с просьбой отправить ее на фронт. Однако оттуда следовал повторяющийся отказ по причине возраста: ей было уже около сорока лет. Тогда Мария Васильевна избрала другой путь. По всей стране шел сбор средств в фонд обороны, и Мария Октябрьская решила купить танк. Распродав все, что у нее было, работая день и ночь, она собрала необходимую сумму – 50 тысяч рублей. Танк был назван «Боевая подруга». Мария Васильевна послала телеграмму Сталину с просьбой отправить ее на фронт. После полученного разрешения ее зачислили в Омское танковое училище, и в октябре 1943 г. она попала в действующую армию во 2-й гвардейский танковый корпус механиком-водителем купленного ею танка. На предложение командира корпуса стать его личным механиком-водителем, дабы меньше рисковать жизнью, Мария Васильевна ответила отказом. В первом же бою «Боевая подруга» ворвалась в расположение противника и уничтожила вражескую батарею и до 30 солдат. В непрерывных боях Мария Васильевна проявила настоящее боевое мастерство, ведь от умелых действий механика-водителя зависит 80 % успеха в сражении. В январе 1944 г. «Боевая подруга» приняла свой последний бой в районе Витебска. В атаке на вражеские позиции была повреждена гусеница, и Мария Октябрьская под огнем противника начала ее ремонт. Осколок разорвавшейся мины попал ей в глаз, мужественную женщину отвезли в госпиталь в Смоленск, но через два месяца она умерла. Марию Васильевну Октябрьскую похоронили в Смоленске у стен Кремля, а 2 августа 1944 г. ей посмертно было присвоено звание Героя Советского Союза.

В апреле — мае 1944 г. немцы оставляют Севастополь и Крым. С июля по октябрь длятся тяжелые бои за Прибалтику. 15 октября взята Рига, но Курляндию немцы удерживали до конца войны. После советского наступления на Карельском перешейке летом 1944 г. Финляндия вслед за Италией выходит из войны и 19 сентября заключает перемирие на почетных условиях: страна не подвергается оккупации и советизации, сохраняет границы марта 1940 г.

Сталин не смог оккупировать Финляндию, поскольку Финляндия формально не являлась союзницей Германии, а вела самостоятельную войну. Она не имела договора о союзе с Рейхом и сохраняла дипломатические отношения с некоторыми странами антигитлеровской коалиции, например с США. Союзники СССР были категорически против оккупации Сталиным Финляндии, и советский диктатор смирился, но вовсе без территориального «приза» он остаться не мог и отобрал у финнов их единственный порт на Ледовитом океане — Петсамо (русская Печенга).

Июнь — июль 1944 г. ознаменован мощной операцией «Багратион» между Припятью и Двиной, где 28 немецких дивизий группы армий «Центр» были окружены и полностью разгромлены. 17 июля 1944 г. 57 тысяч пленных немцев армии «Центр», среди которых было 12 генералов, под конвоем автоматчиков провели по центру Москвы. Это был триумф русского оружия и предзнаменование скорой победы.

Успехи на сухопутном фронте были невозможны без поддержки с воздуха. О потерях в авиации и о соотношении побед, одержанных на фронте советскими и германскими летчиками, официозная советская пропаганда долгое время хранила молчание.

Как известно, среди советских летчиков, по официальным данным, наибольшее количество сбитых было у Ивана Кожедуба (62) и Александра Покрышкина (59). Правда, Покрышкину, обладавшему независимым характером, по его словам, не засчитали более 40 побед, одержанных в начале войны. Это вполне возможно, если вспомнить судьбу одного из лучших советских асов – Ивана Евграфовича Федорова, сбившего только в Испании 23 самолета противника. Наиболее результативный немецкий летчик Вернер Мельдерс, первым сбивший сотый самолет противника, одержал в Испании 14 побед. Обладавший независимым, как и Покрышкин, характером, Федоров постоянно вступал в конфликты с начальством и не получил звезду Героя Советского Союза ни за Испанию, ни за всю войну, хотя на его личном счету было 134 сбитых самолета противника. Улетев с авиационного завода на Урале, где он был летчиком-испытателем, на фронт в дивизию, которой командовал известный советский летчик Михаил Громов, Федоров был назначен командиром штрафной эскадрильи. Маразм власти дошел до того, что законы общевойскового боя она пыталась применить в небе, где главными являются индивидуальные качества бойца-летчика. В результате летчики-штрафники, все поголовно – отчаянные асы, ввязывались в воздушный бой с немцами, а их «ведомые», которые должны были в случае чего уничтожить «потенциальных врагов народа», боялись даже подлетать к воздушной схватке, так как однажды подобная попытка кончилась трагически и летчик НКВД был моментально сбит. Закончил свой боевой путь Иван Евграфович в Корее, где в 1951 г. он одержал 7 побед над американцами. Звание Героя Советского Союза ему было присвоено только в 1948 г. Сравнительная таблица побед лучших советских и немецких асов выглядит следующим образом:

Германия		СССР	
Летчики	Число побед	Летчики	Число побед
Эрик Хартман	352	Иван Федоров	Официально: 96
			Реально: 134
Герхард Баркгорн	301	Александр Покрышкин	Официально: 59
			Реально: 110
Гюнтер Ралль	275	Иван Кожедуб	62
Отто Киттель	267	Григорий Речкалов	58
Вальтер Новотны	258	Николай Гулаев	57
Эрих Рудорффер	222	Кирилл Евстигнеев	52
Герман Граф	212	Дмитрий Глинка	50
Гельмут Липферт	202	Александр Клубов	50

Столь большая разница в цифрах имеет ряд причин. Во-первых, сталинская система давила инициативу пилотов. Эрику Хартману, когда он был еще лейтенантом Люфтваффе, дали ведомым майора – бывшего летчика бомбардировочной авиации, несмотря на его большой срок службы и более высокое звание. В советской авиации такое было немыслимым. Во-вторых, сталинская система гнала в бой молодых летчиков, налетавших не больше 18 часов, и они становились легкой добычей немецких асов. В Германии, на последнем этапе войны, при страшной нехватке людей, у молодых летчиков было минимум 100 часов налета. Учитывая то, что по немецким рейтингам за самолет, сбитый на Восточном фронте, присваивался 1 балл, а на Западном – 3, то долгое время лучшим среди немцев считался даже не Эрик Хартман, имевший более 300 сбитых самолетов, а Ханс-Иоахим Марсель, воевавший только на Западном фронте и сбивший 158 самолетов противника. Немецкие летчики были одними из лучших в мире, и поэтому за сбитый немецкий самолет, по их же рейтингу, следовало давать не менее трех баллов. В этом случае разница побед не выглядит столь впечатляюще. Храбро сражались не только летчики-истребители. Огромный вклад в победу внесли пилоты бомбардировочной и штурмовой авиации. Среди летчиков-штурмовиков, сражавшихся на Ил-2, можно назвать Героя Советского Союза Василия Емельяненко, оставившего очень объективные воспоминания о войне «В военном воздухе суровом», что для советского периода являлось большой редкостью.

Через возникший разрыв фронта советские войска прорываются из Белоруссии в Польшу и в середине июля занимают позиции на реке Сан и на Висле. В итоге немцам потребовался год и два месяца, чтобы дойти до Волги, — когда многие отказывались им сопротивляться, и за два года они были изгнаны из страны — когда борьба с врагом стала всеобщей.

Начался третий этап войны — «заграничный поход», который Сталин готовил в апреле — июне 1941 г. и не успел осуществить. В Советском Союзе поход назывался «освободительным», но в странах, по которым он прошел, его далеко не все так воспринимали. Очень многие считали, что одна оккупация сменилась другой, сопровождающейся насильственной сменой политического, гражданского и хозяйственного строя.

На юге советские войска в конце лета 1944 г. переходят границу СССР 1939 г., окружают немецкие и румынские силы под Кишиневом. 20 августа в ходе Ясско-Кишиневской операции в плен были взяты основные силы румынской армии и несколько германских соединений — всего 209 тысяч человек, в том числе 25 генералов. 23 августа румынский король Михаил (Михай) повелел арестовать румынского прогерманского диктатора Иона Антонеску, а 25 августа объявил Германии войну. Решающим ударом по Германии стал 30 августа захват нефтеносных районов Румынии. Гражданские грузовики у немцев давно перешли на древесный газ, но и танки, и новое оружие — реактивные самолеты — требовали жидкого топлива, а синтетического горючего да небольших запасов венгерской нефти для ведения войны было уже явно недостаточно.

В Нормандии 6 июля 1944 г. происходит долгожданная высадка союзников. Общее командование операцией осуществлял американский «пятизвездный» генерал (генерал армии) Дуайт Эйзенхауэр, сухопутными войсками командовал британский генерал Бернард Монтгомери, военно-морскими силами — адмирал Королевского флота Бертрам Рамсей, авиацией — главный маршал авиации Королевских ВВС Траффорд Лей-Меллори. Немцы ожидали высадки союзников, воздвигли Атлантический вал, но предполагали, что попытка вторжения произойдет в самом узком месте Ла-Манша — проливе Па-де-Кале. Союзники высадили десанты южнее —

в Нормандии. Гитлер предупреждал своих генералов: следите за Нормандией, — но на этот раз его не послушали.

Германская армия Запада под командованием генерала Герда фон Рундштедта была сильной и хорошо подготовленной к активной обороне. Передовыми группами войск командовал «лис пустыни» генерал-фельдмаршал Э. Роммель. Союзники тщательно подготовились: они старались добиться успеха, не потеряв ни одного лишнего человека. Своих граждан генералы Великобритании и США ценили. Эйзенхауэр очень боялся неудачи. Она была вполне возможна, но союзникам сопутствовал успех. В тяжелых кровопролитных боях они постепенно расширяли плацдарм. Очень помогло полное господство в воздухе англо-американской авиации. На стороне антигитлеровской коалиции во Франции в дело вступили 1,6 млн человек, 500 танков, 10 тысяч самолетов.

Между тем в Италии 4 июня 1944 г. союзники вступили в Рим.

24 августа наступающие во Франции войска освободили Париж. 11 сентября американские войска вышли на государственную границу Германии. Главнокомандующий союзными силами в Западной Европе Эйзенхауэр отдал приказ приостановить наступление. Армии требовалась перегруппировка перед решительным броском. В октябре — ноябре наступление возобновилось в Эльзасе и Вогезах. Медленно, шаг за шагом, преодолевая жестокое сопротивление немцев, подавляя противника авиацией и артиллерией, щадя своих солдат, английские, американские и присоединившиеся к ним французские войска продвигались на Восток. Во французской освободительной армии сражалось немало русских эмигрантов, добровольно вступивших в ее ряды в 1944 г.

Немцы 13 июня пускают на Англию первое «оружие возмездия» — крылатые ракеты Фау-1, а 8 сентября и второе — баллистические ракеты Фау-2. Они совершат переворот в военной технике в будущем, но осенью 1944 г. существенно повлиять на ход военных действий не могли. Как, впрочем, не смогли справиться с тучами американских «летающих крепостей» и немецкие — первые в мире — реактивные истребители. Англо-американские «ковровые бомбардировки» выжгли исторические центры и жилые районы Вюрцбурга, Гамбурга, Дрездена, Кельна, Нюрнберга, Франкфурта, Касселя и множества других немецких городов, оставив лишь полуобвалившиеся кирпичные стены и более полмиллиона трупов под ними. Это был ответ на геноцид народов Европы, преступно осуществлявшийся Третьим рейхом. Простые немцы стали заложниками того режима, который они поддержали в 1933 г. и за который сражались с 1939 г. Говоривший о величии Германии фюрер погубил и свой народ, и те бесценные культурные сокровища, которые создавались немцами в течение многих веков. Ковровые бомбардировки шли под лозунгом «Back them up» — «Верни им обратно»: то, что принесли нацисты в Европу. Вновь — ожесточение войны, вновь — месть. Но разный спрос с тех, кто кичился своим богоотступничеством, и тех, кто верил Христу, знал Новый Завет, читал слова: «Не мстите за себя, возлюбленные, но дайте место гневу Божию» (Рим. 12, 19). Ковровые бомбардировки немецких городов, стирание с земли древнего Дрездена в последние дни войны стало преступлением против Бога и человечности.

Из важных военных объектов союзная авиация разбомбила секретный центр в Пеменюнде (1943), германские заводы по производству «тяжелой воды» — в результате оказались сорваны или крайне замедлились работы по производству атомного и ракетного оружия Рейха. Кроме того, союзные бомбардировки наносили огромный урон производству синтетического горючего и оставляли без топлива военно-промышленный тыл Германии. Аэродромы Люфтваффе были очень уязвимы для стратегической бомбардировочной авиации Великобритании и США.

В октябре 1944 г. американские войска генерала Дугласа Макартура высадились на Филиппинских островах. 24—25 октября вновь отстроенный после Перл-Харбора линейный флот США под командованием адмирала Томаса Кинкейда разгромил японский линейный флот в проливе Суригао. Началось уверенное продвижение военных сил США на север — к Японским островам.

Второй, а считая Италию, фактически третий фронт во Франции отвлек на Запад примерно 80 германских дивизий (в том числе лучшие танковые дивизии СС), оставив около 240 на Востоке, что сильно облегчило продвижение Красной Армии.

Литература
Р.Ф. Толивер, Т. Констебль. Лучший ас Второй мировой. М., 2002.

4.2.28. Варшавское восстание и занятие Польши. 1944—1945 гг.

До 22 июня 1941 г. Польша считала себя в состоянии конфликта с СССР, хотя формально война объявлена не была. Но после нападения Германии и установления союзнических отношений между Великобританией, где находилось правительство генерала Владислава Сикорского, и СССР англичане попросили поляков установить какое-то подобие союзнических соглашений с большевиками. 30 июня 1941 г. такое соглашение было подписано. Оно спасло жизни многим десяткам тысяч поляков, интернированным в СССР после сентября 1939 г. Теперь те, кто дожили до 30 июня, были отпущены на свободу, и многие из них восстановили свои польские паспорта. Но в этом соглашении ни слова не говорилось о границе между СССР и Польшей. Поляки не признавали аннексии Восточной Польши большевиками, которую советский официоз именовал Западной Украиной и Западной Белоруссией. И тем не менее сам факт соглашения с захватчиком расколол польское общество. Многие, например национальные демократы, его не приняли, и генералу Сикорскому пришлось даже переформировать свой лондонский кабинет министров.

Через две недели между польским правительством и Совнаркомом было подписано военное соглашение, которое предполагало формирование польской армии на территории СССР для участия в борьбе против стран «оси». Бок о бок со вчерашними оккупантами поляки воевать не хотели, и Сталин, дорожа дружбой и помощью союзников, пошел на уступку — летом 1942 г. около ста тысяч польских солдат и офицеров покинули Советский Союз и через Ирак и Иран были вывезены в Великобританию. Еще около одного миллиона польских граждан оставалось в СССР. Отношения между правительством Сикорского и Сталиным, казалось, улучшились. В начале декабря 1941 г. Сикорский побывал в Москве, и после встречи с ним Сталин объявил, что для обеспечения прочного мира в Европе необходимо существование сильного польского государства.

Однако Сталин видел сильную будущую Польшу *своей* Польшей. В 1942 г. польские беженцы-коммунисты создали в Москве Союз польских патриотов (СПП) в противовес Лондонскому правительству и стали издавать на польском языке газету «Свободная Польша». Руководителем движения стала писательница Ванда Василевская. СПП был насыщен коминтерновскими коммунистами и сотрудниками НКВД с польскими фамилиями. Весной 1943 г. на его основе в СССР создается «Народная гвардия» (Gwardia Ludowa), в том числе и 1-я польская дивизия имени Тадеуша Костюшки. С октября 1943 г. она участвует в боях в Белоруссии.

На Западном театре войны польские войска с лета 1941 г. воюют сначала в Ливии и Египте, позднее — в Италии, где они, под командованием генерала Владислава Андерса, отличились в битве под монастырем Монте-Кассино. Польские части сражаются и во Франции, Бельгии, Германии в 1944—1945 гг. Одновременно другая часть польской армии, управляемая из Лондона, воюет в самой Польше как партизанская сила. Это — Армия Крайова (Armia Krajowa, АК; *буквально* — «земская рать»). Ее возглавляет сначала генерал Стефан Ровецкий, а после его ареста — генерал Тадеуш Коморовский.

В конце 1942 г. Советский Союз официально объявил, что граница, установленная с Польшей в октябре 1939 г., пересматриваться не будет. Это заявление вызвало бурю возмущения среди поляков. В ответ в феврале 1943 г. «Правда» опубликовала статью известного украинского драматурга А. Корнейчука, в которой говорилось, что украинцы и белорусы никогда не согласятся, чтобы их земли вновь стали частью Польши. В этой наэлектризованной атмосфере немцы объявили о находке останков тысяч польских военных в Катыни, убитых НКВД в 1940 г. (см. **4.1.2**). Польское правительство потребовало проведения международного расследования, на что большевики не согласились. 26 апреля 1943 г. правительство Сикорского и СССР разорвали дипломатические отношения. Молотов заявил об оскорбительных и лживых обвинениях со стороны Лондонского правительства. У поляков, остававшихся еще в СССР, НКВД отобрал польские паспорта и выдал советский «вид на жительство».

Вскоре при странных обстоятельствах погиб в авиакатастрофе генерал Сикорский (4 июля 1943 г.). Новый премьер-министр Лондонского правительства Станислав Миколайчик не пользуется авторитетом, сравнимым с авторитетом погибшего генерала Сикорского, а его разногласия с главнокомандующим польской армией генералом Казимежем Соснковским еще более ослабляют силы Лондонского правительства.

Тем временем Сталин продолжает готовить почву для коммунизации Польши. Польская советская дивизия Костюшко теперь разворачивается в Народную армию и входит 20 июля 1944 г. в Польшу вместе с советскими войсками. Ее офицерский корпус состоит в основном из русских и польских коммунистов. Поляки уверены, что будущее Польши решается тем, кто освободит Варшаву, — Народная армия или Армия Крайова. Они, даже премьер Миколайчик, не знали, что в Тегеране Великобритания и США согласились признать Польшу сферой преимущественных интересов СССР.

У АК был план действий, согласованный с командованием советской армии и предполагавший совместные действия при освобождении Польши (план «Буря»).

В июле части АК и советской армии совместно освободили Вильнюс. Однако после этого братство по оружию между советской армией и польской Армией Крайовой начало давать сбои. Польским частям АК предлагалось вливаться в Народную коммунистическую армию. Те, кто отказывались, разоружались и отправлялись в лагеря. Кое-где даже расстреливались. Из советских лагерей польские воины (те, кто выжил) смогли вернуться только после 1956 г.

22 июля в Москве был создан Польский комитет национального освобождения под руководством левого социалиста Эдварда Осубка-Моравского. «У Польши не может быть двух правительств», — заявил после этого Сталин. Советское командование и комитет призвали население Варшавы к восстанию и обещали скорую поддержку. Советские дивизии были уже в 70 км от Варшавы. Немецкие войска отступали по всему фронту. Освобождение польской столицы казалось вопросом дней.

1 августа 1944 г. восстание в Варшаве началось, но подняла его Армия Крайова под предводительством генерала Комаровского, по почину польского правительства в Лондоне. Восставшие хотели, чтобы Советскую армию в Варшаве встретило законное правительство Польши, вернувшееся из Лондона на родную землю. Восставшие быстро заняли почти весь город, разоружив немецкий гарнизон. Немцы удержали в своих руках только мосты через Вислу. Но Советская армия остановилась. Сталин осудил восставших. 16 августа он писал Черчиллю: «Варшавская акция представляет собой безрассудную ужасную авантюру, стоящую населению больших жертв». Генерала Комаровского и его бойцов он назвал «кучкой бандитов». Сталин считал Польшу «своей». Он отказывался понимать, что «сфера преимущественно советских интересов» вовсе не предполагала в головах Черчилля и Рузвельта коммунистическое порабощение. Теперь он подозревал Черчилля в коварстве — сами отдали, а теперь с помощью Армии Крайовой хотят Польшу у него забрать.

Стоя на другом берегу Вислы, советская армия выжидала, пока немцы подавят восстание. Сталин даже запретил самолетам западных союзников садиться на аэродромах на занятом советской армией правом берегу Вислы, чтобы лишить поляков снабжения по воздуху. Только ультиматум Черчилля, объявившего, что он полностью прекратит поставки военного оборудования в СССР, заставили Сталина опомниться, и 10 сентября он вновь позволил британским самолетам приземляться близ Варшавы. Видя, как в борьбе за свободу гибнут их соотечественники, даже части польской Народной коммунистической армии вышли из повиновения. Генерал Берлинг на свой страх и риск повел их через Вислу на помощь погибающим братьям. Но Советская армия не двинулась за ними. Потеряв в наступлении 3,5 тысячи бойцов, Берлинг вернулся на правый берег Вислы и был немедленно отстранен от командования.

Восставшие 2 октября капитулировали после 63 дней борьбы. Исторический центр Варшавы немцы сравняли с землей. При подавлении восстания было убито около 20 тысяч бойцов АК и 180 тысяч мирных жителей, в том числе очень много интеллигенции; немцы потеряли около 17 тысяч солдат. Остатки населения были изгнаны гитлеровцами, и город подвергся методическому разрушению. Было уничтожено около 80 % застройки, в том числе прекрасные исторические кварталы XVI–XVIII вв. Советские войска вошли в Варшаву через полгода, 17 января 1945 г., с началом Висло-Одерской операции, и привели с собой созданные в СССР польские части. 18 января 1945 г. Люблинский комитет объявил себя в Варшаве правительством Польши.

Советская сторона предложила Армии Крайовой вступить в переговоры. Однако на первой же встрече польский генерал, представлявший АК на переговорах, Леопольд Окулицкий, и ряд видных деятелей подпольного польского правительства были арестованы НКВД, несмотря на гарантии неприкосновенности. Их вывезли в Москву, устроили в июне 1945 г. показательный процесс — т. н. «процесс 16-ти» — и осудили. Почти все они больше никогда не вышли на свободу.

Польша содрогнулась от такого коварства, а союзники вновь смотрели на сталинский режим как на аморальное и циничное чудовище.

Воинов Армии Крайовой объявили врагами народа. Их отлавливали вплоть до 1950 г. и убивали. Об их подвиге при освобождении Варшавы и в борьбе за свободную Польшу было запрещено писать и говорить и в СССР, и в самой коммунизированной Польше. В 60-ю годовщину Варшавского восстания, в 2004 г., госсекретарь США Колин Пауэлл принес извинения за сговор Рузвельта со Сталиным в Тегеране и публично пообещал, что «Америка никогда больше Польшу не предаст».

Литература
Варшавское восстание 1944 в документах архивов спецслужб. Варшава-Москва, 2007.

4.2.29. Политика Сталина в отношении Восточной Европы. «Народная демократия»

Во время войны Сталин интенсивно работал и над развитием новой тактики мирового коммунистического движения. Он пытался обмануть либеральный Запад, заставив правителей демократических государств поверить, что компартии европейских стран — за исключением, понятно, ВКП(б) — отказались от борьбы за социализм, заменив эту цель некоей идеей построения гуманного общества «народной демократии». По его директивам, европейские коммунисты в начале 1940-х гг. выдвинули крайне либеральные лозунги, обещая в случае своего прихода к власти после войны гарантировать права частных собственников, стимулировать национальное предпринимательство и проводить политику протекционизма, то есть привлекать иностранных инвесторов под строгим государственным контролем. Они заговорили о необходимости развития многопартийной системы, организации коалиционного правительства и осуществлении демократических свобод.

Новая сталинская политика, несомненно, должна была облегчить коммунистам захват власти в их странах после разгрома нацизма. Ведь в качестве национальных «демократических» партий коммунистические организации имели значительно больше шансов установить гегемонию над относительно широкой коалицией антигитлеровских сил. Сталин же только выиграл бы от победы своих сателлитов.

Первые контуры этой тактики были очерчены Сталиным еще во время работы VII конгресса Коминтерна (июль — август 1935 г.). Именно тогда, как мы помним, кремлевский вождь начал ощущать реальную опасность для СССР со стороны нацистской Германии. И именно по этой причине стал менять коммунистический курс, рассчитывая привлечь на свою сторону союзников из числа демократических стран. Дружба с Гитлером в начале Второй Мировой войны на два года отодвинула реализацию этого плана, однако даже в то время Сталин не переставал проигрывать в уме его варианты. Понятно, конечно, что в своих кабинетных расчетах он никоим образом не пересматривал стратегические цели коммунистического движения, направленные на установление мирового господства. Он лишь маневрировал и, желая «надуть капиталистов», в конце концов даже распустил Коминтерн. Сделал он это уже после коренного перелома в войне с нацизмом, в мае 1943 г., однако идея роспуска штаба мировой революции впервые пришла к нему вскоре после вторжения Красной Армии в страны Балтии, то есть где-то в 1940 г. Вот что сам Сталин заявлял позже по этому поводу: «Положение с Коминтерном становилось все более ненормальным. Мы с Вячеславом Михайловичем [Молотовым] тут головы ломаем, а Коминтерн проталкивает свое — и всё больше недоразумений».

Именно обман лежал в основе сталинской «народной демократии», и в своих частных беседах с «товарищами по оружию» большевицкий лидер не скрывал этого. По словам югославского коммуниста Милована Джиласа, «сущность его мыслей состояла... в том, что не надо "пугать" англичан». Под этим он подразумевал, что следует избегать всего, что может вызвать у Запада тревогу по поводу того, что в разных странах после войны к власти придут коммунисты. «Зачем вам красные пятиконечные звезды на шапках? Не форма важна, а результаты, а вы — красные звезды! Ей-богу, звезды не нужны!» — сердился Сталин в разговоре с югославами. «А не сумели бы мы как-нибудь надуть англичан, — размышлял он, — чтобы они признали Тито [главу Коммунистической партии Югославии] — единственного, кто фактически борется против немцев?» Точно так же он мыслил и в отношении других стран Европы.

Сталинская политика имела и еще одно обоснование. Стремясь к коммунизации европейского континента, Сталин в то же время не мог не быть весьма осторожен, думая о последствиях такого события. Будучи русским национал-коммунистом, он должен был опасаться возникновения новых мощных центров коммунистической власти. Титовская Югославия или любая другая коммунистическая страна Европы могла создать угрозу его гегемонии в коммунистическом мире, если бы местная компартия, захватив власть, сразу реализовала советскую модель ускоренной экономической модернизации диктаторскими методами. Ограничивая амбиции зарубежных коммунистов «демократическими» задачами революции, Сталин тем самым привязывал их к себе, а их тактический курс подчинял собственной политической линии.

Литература
Милован Джилас. Разговоры со Сталиным. [Франкфурт-на-Майне, 1970].

4.2.30. Балканские страны в 1941–1945 гг. Красное и белое подполье

В апреле 1941 г. нацисты расчленили Королевство Югославию. Хорватия и Словения стали независимыми, Сербию оккупировали немцы, остальную территорию поделили Германия, Италия, Болгария и Венгрия. В бывшей Югославии вспыхнула кровавая гражданская война, в которой население и противоборствующие стороны несли бо́льшие потери, чем в борьбе с оккупантами. В Загребе вождем *(поглавником)* Независимого государства Хорватия (НГХ) стал А. Павелич, развязавший кровавые этнические чистки. В 1941–1945 гг. в НГХ и пограничных районах *усташи* — личная гвардия поглавника — методично истребляли сербов, цыган и евреев; в концлагере Ясеновац погибли более 700 тысяч человек. НГХ в 1941 г. отправила войска на Восточный фронт и объявила войну союзникам. Павелич сохранял верность Рейху вплоть до мая 1945 г., сбежав затем на Запад.

В Сербии летом 1941 г. в районе Равной горы офицеры под руководством Дмитро Михайловича создали отряды *четников* (чета — отряд, рота; Королевская армия на родине) и заявили о верности легитимному правительству короля Петра II в изгнании. В Боснии коммунисты во главе с Генеральным секретарем Компартии Югославии Иосипом Броз Тито формировали собственные силы. Москва поддерживала маршала Тито, Лондон и Вашингтон — генерала Михайловича. В оккупированном Белграде 29 августа 1941 г. генерал М. Недич возглавил правительство национального спасения Сербии. Он рассчитывал сохранить хотя бы остаток сербского государства, чтобы защитить на его территории гражданское население от усташского и нацистского террора. Недича поддержал популярный у части православной студенческой молодежи южнославянский политик Д. Летич (Льотич), считавший немецкую оккупацию меньшим и временным злом по сравнению с коммунистами. Члены организации Летича («Збор») вступали в Сербский добровольческий корпус (СДК) генерала К. Мушицкого для борьбы с Тито. В коммунистах более опасных врагов видел и бригадный генерал Л. Рупник, возглавивший администрацию в Любляне (Словения) и командовавший словенской *домобраной* (ополчением).

Противники с переменной активностью воевали друг с другом и все вместе — против Тито. Немцы назначили крупную награду и за Михайловича, и за Тито. Воевали против красных партизан и русские соединения: с осени 1941 г. — Белый Русский Корпус, а с осени 1943 г. — и 1-я казачья дивизия (затем 15-й кавалерийский корпус) генерал-лейтенанта Х. фон Паннвица. Корпусники неоднократно спасали сербов от террора усташей. Казаки безжалостно расправлялись с титовцами в Хорватии, Боснии, и жестокость врагов была обоюдной. Четники спасли около 500 сбитых летчиков союзников. Однако к 1944 г. британцы отказались от Михайловича в пользу более многочисленной армии Тито, а в конце 1944 г. помощь четникам прекратили и американцы.

Конституционно-монархическая Болгария, будучи с 1941 г. невольным союзником Германии, против СССР не воевала и войну ему не объявляла. Болгарский царь Борис III рассчитывал избежать активного участия во Второй Мировой войне, ограничившись в 1941 г. оккупацией Македонии и Охрида — давнего предмета территориального спора двух южнославянских государств.

В конце августа 1944 г. советская армия, заняв Румынию, вышла к болгарской границе. 5 сентября СССР объявил Болгарии войну. Болгарское правительство, пытаясь спасти положение, присоединилось к антигитлеровской коалиции и 8 сентября объявило войну Германии. Но это не предотвратило советского вторжения. В тот же день, 8 сентября 1944 г., войска 3-го Украинского фронта генерала армии Ф.И. Толбухина вступили в Болгарию, не встретив сопротивления. За день до этого болгарским войскам был отдан приказ не оказывать сопротивления советской армии. Потери фронта Толбухина составили 154 убитых, 514 раненых и 11 773 заболевших дизентерией.

9 сентября в Софии коммунисты произвели государственный переворот. Новое правительство просоветского Отечественного фронта сформировал К. Георгиев. Регент князь Кирилл и малолетний царь Симеон не имели сил для сопротивления, власть в Болгарии перешла в руки коммунистов Г. Димитрова и В. Червенкова. Армия Болгарии в составе 3-го Украинского фронта 28 сентября начала наступление на Сербию. Болгарские коммунисты вместе с сотрудниками советского НКВД тут же начали политику жестокого террора. Были арестованы, убиты в тюрьмах, вывезены и убиты в СССР многие члены царской фамилии Болгарии, министры прежних правительств, депутаты парламента, офицеры, русские эмигранты.

29 августа 1944 г. восстала союзная немцам Словакия. Организаторы восстания ориентировались на эмигрантское правительство в Лондоне и желали, восстановив демократические институты, сохранить Словакию независимой страной. Но в Словакии были сильны и коммунисты. Чтобы их поддержать, Сталин приказал армии прорываться через Карпатские горы к Братиславе. Но немцы подавили восстание быстрее, чем пришли советские войска.

В занятой в августе 1944 г. Румынии Сталин приказал в марте 1945 г. сформировать прокоммунистическое правительство. Вскоре король Михаил был вынужден покинуть свою страну.

Отбросив противника в Венгрию и Хорватию, Толбухин и Тито в упорных боях 14—20 октября овладели Белградом. В октябрьских боях большие потери (более 3,5 тысячи чинов) понес отступавший Русский Корпус.

Еще до конца войны югославские коммунисты приступили к радикальным социалистическим преобразованиям, четники ушли в подполье. Зимой 1944—1945 гг. Михайлович, Летич, Недич и Рупник выразили готовность подчинить свои силы (более 50 тысяч бойцов) генералу Власову, с тем чтобы вместе бороться на стороне союзников против нацистов и коммунистов. Но к маю 1945 г. войска КОНР не успели стянуться к границам Словении. В 1945 г. Летич разбился в горах, Рупника повесили в Любляне, Недич погиб в тюрьме зимой 1946 г., Михайловича титовцы схватили в марте. После судебного спектакля в Белграде храброго сербского генерала расстреляли 17 июля 1946 г. — в 28-ю годовщину убийства Николая II, которого Михайлович почитал святым царем-мучеником.

Видя судьбу Болгарии, последний союзник Гитлера, регент Венгрии адмирал Милош Хорти, чтобы спасти страну от сталинского порабощения, попытался 15 октября 1944 г. заключить перемирие с союзниками, но был свергнут при поддержке немцев частями венгерской армии. Немцы привели к власти лидера пронацистского венгерского движения «Скрещенные стрелы» — Ференца Салаши. В декабре советские войска осадили Будапешт. Но город был взят только после двухмесячных очень тяжелых боев. Венгры дрались за каждый дом. Упорное сопротивление венгров во многом объясняется исторической памятью — они помнили, сколько страданий причинила их народу коммунистическая власть в 1919 г., и не ждали ничего хорошего от Красной Армии. Только 13 февраля 1945 г. в Будапеште капитулировала 138-тысячная армия.

Все Балканы, кроме Греции, оказались в руках Сталина. Союзники смогли убедиться, что значит для Сталина понятие «сфера преимущественных национальных интересов СССР».

Литература
В.В. Бешанов. Десять сталинских ударов. Минск, 2004.
К.М. Александров. Армия генерала Власова, 1944–1945. М., 2006.

4.2.31. Ялтинская конференция

Ялтинская (Крымская) конференция руководителей трех держав проходила в Ливадийском дворце с 4 по 11 февраля 1945 г. С учетом приближавшегося разгрома Германии она была посвящена в основном проблемам послевоенного урегулирования. По Польше Сталину и Молотову удалось добиться согласия союзников на признание просоветского Временного правительства Польши ценой включения в его состав отдельных представителей «лондонских» поляков и нейтральных политиков из самой Польши. Поскольку количественное соотношение между этими тремя группировками не уточнялось, то у Москвы имелась возможность обеспечить в нем большинство своим ставленникам. Союзники также согласились с советским требованием о проведении восточной границы Польши примерно по «линии Керзона», что оставляло за СССР Западную Украину и Белоруссию, хотя Сталину пришлось вернуть все же Польше Белосток на севере и Перемышль на юге. Сталин предложил возместить полякам потерю половины их довоенной территории передвижением их западной границы на Одер и Нейсу. Предварительная договоренность об этом была достигнута уже в Тегеране, но от поляков ее утаили. Граница с Германией отодвигалась туда, где она была в XI в., аннулируя девять столетий германской колонизации. Немецкое население с территорий восточнее этой границы (Пруссия, Силезия, Померания) должно было быть выселено и произведен обмен населением с СССР так, чтобы все поляки выехали в Польшу, а все украинцы и белорусы – в СССР.

Черчилль был обеспокоен судьбой восточноевропейских стран, которым в результате советской оккупации грозило насильственное насаждение коммунистического строя, и настаивал на гарантиях для демократии. Для предотвращения советизации Восточной Европы англо-американцы предложили принять декларацию «Об освобожденной Европе», в которой заявлялось о приверженности «большой тройки» принципу демократического самоопределения освобожденных европейских народов и предусматривалось создание механизма союзного контроля за его соблюдением. Молотов назвал это положение «вмешательством во внутренние дела» европейских стран и предложил Сталину отказаться от подписания декларации. «Ничего, ничего, поработайте, – ответил тот. – Мы можем выполнять потом по-своему. Дело в соотношении сил». Следуя этому наказу, Молотов смог добиться замены пункта о союзном механизме на положение о взаимных консультациях. Но и в таком беззубом виде Декларация скоро стала основой для обвинений Советского Союза в нарушении принципов демократии в Восточной Европе. Сталин обещал, что строй в этих странах будет «народно-демократическим». Западные союзники согласились на временную оккупацию Советским Союзом Чехословакии, Венгрии и Балкан, кроме Греции.

«Большая тройка» в Ялте согласилась с тем, что довоенные границы Румынии восстанавливались за счет Венгрии и Болгарии, но приобретения Сталина 1940 г. — Бессарабия и Северная Буковина — остались за СССР. Чехословакии возвращалась граница с Германией, существовавшая до 1938 г., а во избежание новых споров о Судетах все немецкое население должно было быть из них выселено. Насильственное переселение противоречило Атлантической хартии и позже было осуждено как «этническая чистка», но в 1945 г. западные державы не возражали, хотя в своей зоне оккупации ничего подобного не проводили. Переселять народы любил «отец народов».

Сталин также заручился присоединением к СССР Подкарпатской Руси (Закарпатской Украины) и половины Восточной Пруссии. Германия западнее Одера-Ниссы должна была быть поделена на оккупационные зоны, причем граница советской зоны проходила намного западнее Эльбы, включая Саксонию и Тюрингию. Берлин подлежал совместной оккупации СССР и западных союзников. Все советские граждане, попавшие за границу в ходе войны, должны быть репатриированы. Исключение было сделано только для жителей Прибалтики, Западных Украины и Белоруссии, не входивших в СССР до 1939 г.

В отношении Германии стороны договорились о целях союзнической оккупации — уничтожении германского милитаризма и создании гарантий против новой агрессии со стороны Германии, а также о методах ее достижения — ликвидации Вермахта и военной промышленности, установлении контроля над остальным промышленным потенциалом страны, уничтожении нацистской партии и ее идеологии, наказании военных преступников. Однако Сталину не удалось добиться согласия союзников на общую сумму репараций в пользу СССР в размере 10 млрд долларов, и пришлось согласиться на участие Франции в оккупации Германии, на котором настаивал Черчилль. Из освобожденной страны Франция, таким образом, превращалась в державу-победительницу наравне с СССР, США и Великобританией. Союзники, и вполне заслуженно, такую же роль отводили Польше, но Сталину удалось не допустить этого.

Принятое в Ялте секретное соглашение по вопросам Дальнего Востока предусматривало, что в обмен на вступление в войну с Японией (через 2–3 месяца после капитуляции Германии) Советскому Союзу дозволяется оккупация Манчжурии и северной части Кореи до 38-й параллели, а также передается Южный Сахалин (потерянный Россией в войну 1905 г.) и Курильские острова (уступленные Россией Японии в 1872 г. в обмен на Южный Сахалин), право на аренду Порт-Артура, а также обеспечены его преимущественные интересы в порту Дальний (Далянь) и по совместной с Китаем эксплуатации Китайско-Восточной и Южно-Маньчжурской железных дорог. Короче говоря, речь шла о передаче Сталину стратегических позиций Императорской России на Дальнем Востоке, утраченных ею в результате Русско-японской войны 1904–1905 гг.

При обсуждении вопроса о создании Организации Объединенных Наций союзники пришли к компромиссу: СССР согласился снять требование о членстве в этой организации всех советских союзных республик (оно было предоставлено только РСФСР, Украине и Белоруссии), а США и Великобритания пошли навстречу в вопросе процедуры голосования в Совете Безопасности. В Ялте было также достигнуто соглашение о репатриации военнопленных и гражданских лиц трех держав, оказавшихся на территории, оккупированной Германией. Провозгласив «единство в организации мира, как и в ведении войны», союзники приступили к окончательному разгрому стран «оси».

4.2.32. Создание русской армии на стороне Гитлера. Идеология РОА. РОА и Русское Зарубежье. Пражский манифест КОНР

Чем больше затягивалась советско-нацистская война, тем более очевидным становился на ее фоне очередной виток застарелой войны гражданской — стихийный, никем не управляемый протест русского населения и национальных меньшинств против большевизма.

На замученных сталинской коллективизацией Дону, Кубани и Тереке в 1941–1942 гг. казачьи повстанческие отряды выступали против большевицкой администрации. Зимой 1943 г. с юга РСФСР с отступавшими войсками Вермахта на Запад от советской власти ушли более 200 тысяч беженцев, включая казаков-добровольцев и членов их семей во главе с последним Походным Атаманом, храбрым русским летчиком Первой Мировой войны полковником С.В. Павловым, избранным на Дону осенью 1942 г. После гибели Павлова в Белоруссии в 1944 г. исход казаков на Запад и Казачий стан возглавлял генерал-майор Т.И. Доманов. Весной 1945 г. в двух казачьих корпусах насчитывалось более 50 тысяч казаков. В Северную Италию к казакам Доманова уехал и начальник Главного управления казачьих войск, известный русский писатель генерал П.Н. Краснов.

В разгар войны в 1942 г. участники антигитлеровской оппозиции в Вермахте во главе с полковником графом Клаусом фон Штауффенбергом и Геленом упорно искали среди пленных советских генералов человека, способного возглавить российское антисталинское сопротивление. С точки зрения противников Гитлера, появление такого сопротивления резко изменило бы ход войны на Востоке, заставив нацистов признать самостоятельное Российское государство. В 1941–1944 гг. в лагерях военнопленных оказались 77 советских генералов и командиров, чьи звания можно приравнять к таковым. Из них 15 сотрудничали с противником и занимались антисоветской деятельностью (И.Г. Бессонов, П.В. Богданов, Б.С. Рихтер, М.Б. Салихов и др.), в том числе 13 погибли после войны. Несмотря на тяготы плена, храбро вели просоветскую агитацию и поплатились жизнью 9 генералов (Д.М. Карбышев, Н.М. Старостин, Г.И. Тхор, И.М. Шепетов и др.), остальные занимали в целом пассивную позицию. Из 62 генералов, отказавшихся сотрудничать с противником, благополучно пережили плен и вернулись на родину 40 (65 %), остальные погибли.

Бывший заместитель командующего Волховским фронтом и командующий 2-й Ударной армией, отличившийся в боях под Киевом и Москвой, генерал-лейтенант А.А. Власов был выдан противнику местными жителями при выходе из окружения и в конце июля 1942 г. помещен в Винницкий лагерь, который курировал граф Штауффенберг. Здесь от имени оппозиции ему предложил возглавить антисталинское движение капитан В.К. Штрик-Штрикфельд — петербургский немец-русофил, бывший обер-офицер Русской армии и участник Белого движения.

После тягостных раздумий генерал Власов согласился. В возможность оккупации России Гитлером он не верил, надеялся мобилизовать противников Сталина и привлечь русских людей положительной политической программой. Началась мучительная борьба с нацистами за создание политического центра и русской армии.

> В 1943–1945 гг. усилия Власова поддержал ряд советских генералов (И.А. Благовещенский, Д.Е. Закутный, В.Ф. Малышкин, Ф.И. Трухин, М.М. Шапошников) и полковников (С.К. Буняченко, Г. Зверев, В.И. Мальцев, М.А. Меандров и др.), Герои Советского Союза (капитан С.Т. Бычков, старший лейтенант Б.Р. Антилевский), отличившиеся в боях с немцами в 1941–1942 гг. командиры-орденоносцы (полковники А.Ф. Ванюшин, К.С. Власов, С.Т. Койда, подполковник М.К. Мелешкевич и др.), партработники и советские журналисты (Г.Н. Жиленков, М.А. Зыков, Н.В. Ковальчук, В. Хаспабов и др.), георгиевские кавалеры Первой Мировой войны (К.Г. Кромиади, А.Н. Севастьянов, С.К. Шебалин и др.), представители «подсоветской» интеллигенции (микробиолог А.Н. Зайцев, архитектор Н.А. Троицкий, доцент Л.В. Дудин, профессора И.А. Кошкин, Ф.П. Богатырчук, И.И. Москвитинов и др.) и белой эмиграции (генералы Ф.Ф. Абрамов, Н.Н. Головин, А.А. фон Лампе, А.В. Туркул, Б.А. Штейфон, члены НТС во главе с В.М. Байдалаковым и др.), патриарший экзарх в Прибалтике митрополит Сергий (Воскресенский) и РПЗЦ во главе с митрополитом Анастасием (Грибановским). В 1943–1945 гг. в движении участвовали более тысячи командиров Красной Армии от лейтенанта до полковника.

27 декабря 1942 г. увидел свет первый власовский программный документ: «Обращение к бойцам и командирам Красной Армии, ко всему русскому народу и другим народам Советского Союза» — так называемое «Смоленское воззвание Русского комитета». Написанный М.А. Зыковым, этот документ декларировал следующие цели:

«Ликвидация принудительного труда <...>, колхозов и передача земли в частную собственность крестьянам; <...> предоставление возможности частной инициативе участвовать в хозяйственной жизни страны; предоставление интеллигенции возможности свободно творить на благо народа; <...> уничтожение режима террора и насилия, введение свободы религии, совести, слова, собраний, печати; <...> гарантия национальной свободы; освобождение политических узников большевизма». Власовцы, признававшие ценности Февраля 1917 г., продолжали традицию ижевцев и воткинцев, кронштадтских и тамбовских повстанцев, участников антиколхозных восстаний.

Власовское движение появилось весной 1943 г., уже после Сталинградской битвы. Однако нацисты категорически запретили его развитие. На фронте распространялись сотни тысяч листовок, русские добровольцы носили на форме шеврон «РОА» — Русская Освободительная Армия, но Власов не имел к ним отношения. В марте 1943 г. не удалось покушение на Гитлера генерала Трескова — одного из покровителей РОА. Власов за независимые и патриотические выступления на оккупированных территориях был посажен под домашний арест и бездействовал до осени 1944 г. Гитлер в июне 1943 г. категорически запретил создание русской армии и любую политическую деятельность генерала Власова. Единственным успехом стало создание под Берлином, в Дабендорфе, командного центра — школы пропагандистов РОА. Здесь готовились кадры будущей армии и при помощи членов НТС разрабатывались политические документы. Руководил школой, через которую в 1943—1945 гг. прошли около 5 тысяч курсантов, генерал-майор Ф.И. Трухин. До своей гибели летом 1944 г. Дабендорф защищали от репрессий Гестапо участники антигитлеровского заговора.

В сентябре 1944 г. санкцию на создание власовской армии и комитета дал рейхсфюрер СС Г. Гиммлер, рассчитывавший поправить свой имидж в глазах союзников. 14 ноября 1944 г. в Праге Власов объявил о создании Комитета освобождения народов России (КОНР) и провозгласил *Пражский манифест* — главную политическую программу власовцев, написанную бывшими «подсоветскими» людьми: Г.Н. Жиленковым, А.Н. Зайцевым, Н.А. Троицким и Н.В. Ковальчуком. Деятельность Комитета и Главного гражданского управления КОНР имели неоценимое значение для улучшения зимой 1944—1945 гг. бытового положения советских военнопленных и остарбайтеров, от защиты прав которых отказалось правительство СССР.

Из Пражского манифеста КОНР

«Два года назад Сталин еще мог обманывать народы словами об отечественном, освободительном характере войны. Но теперь Красная Армия перешла границы Советского Союза, ворвалась в Румынию, Болгарию, Сербию, Хорватию, Венгрию и заливает кровью чужие земли… Цель ее — еще больше укрепить господство сталинской тирании над народами СССР, установить это господство во всем мире».

Вот главные положения Пражского манифеста: свержение сталинской тирании, прекращение войны и заключение почетного мира с Германией на условиях, не затрагивающих чести и независимости России, уничтожение режима террора и насилия, роспуск концлагерей и колхозов, передача земли крестьянам в частную собственность, введение действительной свободы религии, совести, слова, собраний, печати.

В конце 1944 г. все власовские мероприятия безнадежно опоздали. Но, как свидетельствовал хорошо знавший генерала Власова русский эмигрант И.Л. Новосильцев, «Власов хотел этим манифестом показать, за что он и его единомышленники боролись и в конце концов отдали собственные жизни». Пражский манифест ценен именно тем, что он был написан гражданами СССР и, несмотря на условия нацистской цензуры, представлял собой положительный документ, привлекавший к Власову сторонников и в 1945 г. Последние 9 командиров Красной Армии прибыли из лагерей военнопленных для вступления во власовскую армию 8—9 апреля 1945 г. Многие власовцы и рассчитывали не столько на силу оружия, сколько на действенность политической программы.

Власовская армия (Вооруженные силы КОНР) начала создаваться штабом генерала Трухина в ноябре 1944 г. и до апреля 1945 г. так и не завершила формирования. Большую часть Восточных войск немцы не успели передать Власову и Трухину. Власовцы располагали людскими ресурсами среди военнопленных и остарбайтеров в несколько сот тысяч человек, но в 1945 г. у немцев не хватало оружия и снаряжения даже для собственных войск. В апреле 1945 г., после подчинения войскам КОНР двух казачьих корпусов, полка «Варяг», бригады генерала Туркула и Русского Корпуса, под юридическим командованием генерала Власова находились более 120 тысяч человек. На вооружении частей КОНР состояли 44 самолета, около 25 танков и бронемашин, более 570 минометов, 230 орудий, 2 тысячи пулеметов и т. д.

Части власовцев в феврале и апреле 1945 г. участвовали в двух частных операциях против Красной Армии на Одере, показав неплохие качества, и получили перебежчиков с советской стороны. Власову были готовы подчиниться формирования сербских и словенских антикоммунистов. Для соединения с ними войска КОНР стягивались в район Зальцбурга. Однако все власовские части и соединения были разбросаны на большом фронте от Хорватии и Словении до Одера, Богемии и Южной Германии. Это разделение оказалось фатальным: обособленно друг от друга они сдавались англо-американским союзникам, а 1-я дивизия вмешалась в Пражское восстание.

Литература
К.М. Александров. Офицерский корпус армии генерал-лейтенанта А.А. Власова, 1944–1945 гг. Биографический справочник / 2-е изд. СПб., 2007.
К.М. Александров. Армия генерала Власова, 1944–1945. М., 2006.
С.И. Дробязко. Под знаменами врага. Антисоветские формирования в составе германских Вооруженных сил, 1941–1945. М., 2004.
С.И. Дробязко. Русская Освободительная Армия. М., 1999.

4.2.33. Занятие Австрии и Германии

В январе 1945 г. советские войска вошли в Восточную Пруссию. Тяжелые бои продолжались здесь до апреля. С огромными потерями 9 апреля 1945 г. был штурмом взят Кенигсберг.

30 января 1945 г. советская подводная лодка «С-13» капитана III ранга Александра Ивановича Маринеско в 21:08 торпедировала лайнер «Вильгельм Густлофф» капитана Фридриха Петерсена – беженское судно, следовавшее из Готенхафена (Гдыни) в Киль. На лайнере находились 8956 беженцев (в том числе роженицы и младенцы городского роддома профессора Рихтера), гражданских лиц и медперсонала, 918 курсантов II учебного дивизиона подводного плавания, 373 девушки из состава вспомогательного морского корпуса, 173 члена экипажа и 162 тяжелораненых; всего – 10 582 человека. Через 45 минут после атаки лайнер затонул. Прибывшим к месту гибели «Густлоффа» кораблям и судам в ночь с 30 на 31 января удалось спасти 1239 человек, остальные погибли; треть погибших составляли дети. Это самая крупная катастрофа в морской истории.

В СССР считалось, что «Вильгельм Густлофф» был военным кораблем и его потопление лодкой «С-13» не нарушило международного права. После войны А.И. Маринеско (1913–1963) уволили со службы за дисциплинарные проступки. После 1985 г. торпедную атаку «С-13» 30 января 1945 г. в советской печати назвали «атакой века», и в 1990 г. А.И. Маринеско по инициативе общественности посмертно присвоено звание Героя Советского Союза, его именем назвали улицу в Ленинграде (бывшая ул. Строителей).

К концу 1944 г. никаких надежд на победу у стран «оси» уже не было. Не было и самой «оси». Оставалась одна Германия. Гитлер надеялся, что его план защиты «европейской крепости» (Festung Europa) от «коммунистических диких орд» вызовет понимание у союзников и расколет антигитлеровскую коалицию. Действия Сталина в Восточной Европе действительно вызывали все большее возмущение среди политиков США и Великобритании, но Гитлер вызывал отвращение еще большее, особенно после того, как становились известны его преступные деяния в отношении народов Европы, масштабы еврейского геноцида. Нацистский режим однозначно рассматривался как преступный, но, кроме того, он был еще и режимом враждебным, агрессия которого унесла миллионы жизней европейцев. Желание поскорей завершить войну и вернуться к мирной жизни было еще одним аргументом против любых соглашений с Гитлером. Фюрер надеялся на новый Компьен — мир без капитуляции и оккупации, как в ноябре 1918 г. Но союзники были вполне единодушны в своем желании покончить с нацизмом «в его логове» — разрушить нацистскую систему до основания можно было только разрушив германское государство, слившееся за 12 лет с гитлеризмом. Раскола между союзниками не случилось.

Чтобы показать свою силу и вынудить союзников на сепаратные переговоры, Гитлер приказал провести в декабре 1944 г. контрнаступление в Бельгии, в Арденнах. Наступление началось 16 декабря, но уже через неделю остановилось. Слишком неравны были силы. К 16 января немцы отошли на старые позиции. Арденнский удар стоил Вермахту 120 тысяч человек, потерянных убитыми и ранеными, 600 танков и 1600 самолетов. Союзники потеряли в операции 77 тысяч человек ранеными, убитыми и пленными. 7 марта авангард американской армии генерала Паттона захватил переправы на Рейне. К 1 апреля союзные силы были уже на восточном его берегу. 13 апреля советские войска вошли в Вену.

18 апреля союзникам «на милость победителя» сдались 325 тысяч солдат Вермахта группы армий «Б» в Рурской области. Командовавший ими фельдмаршал Модель застрелился со словами: «Фельдмаршал не может быть пленным». Далее союзные войска продвигались по Германии, почти не встречая сопротивления.

Кульминацией войны стала **битва за Берлин**.

Уже к концу января 1945 г. советские войска вышли на восточный берег Одера и в нескольких местах форсировали его. До Берлина оставалось 70 км, но Сталин остановил наступление. Советские войска завершали «зачистку» Балкан и Венгрии. Пересечь Одер они должны были синхронно с пересечением Рейна союзниками. Наступление с реки Одер началось 16 апреля 1945 г. силами 1-го Белорусского и 1-го Украинского фронтов. Окружив Берлин, прорвавшиеся на запад советские части 25 апреля встретились на Эльбе у Торгау с американцами, которым до Берлина осталось 80 км. Им легко было взять город, так как немцы сдавались западным союзникам охотно, а против Красной Армии готовы были стоять насмерть. В этом естественном стремлении выжить Сталин видел заговор фашистов с капиталистами против себя. Чтобы его успокоить, американский верховный главнокомандующий в Европе генерал Эйзенхауэр категорически запретил своим войскам двигаться к Берлину или брать Прагу. Берлин должен был стать «трофеем» Сталина.

Маршалы Жуков и Конев рвались в бой — кто поднесет трофей вождю. Хотя Берлин легче было бы взять, не торопясь, замкнув кольцо осады, но Сталин требовал город к 1 мая. Жуков и Конев сосредоточили у Берлина огромные силы: 190 дивизий, 2,5 млн человек, 16 716 орудий, 7 млн снарядов. С 25 по 29 апреля в городе идут ожесточенные уличные бои, с немецкой стороны противотанковыми «панцерфаустами» вооружены и старики народного ополчения, и мальчишки из Гитлерюгенд. Выступив перед молодыми нацистами с речью, Гитлер 30 апреля кончает в своем бункере жизнь самоубийством. 1 мая красное знамя поднялось над зданием германского парламента — Рейхстагом, 2 мая гарнизон города капитулировал. 134 тысячи немцев сдались в плен. Цена этого финала — не менее 90 тысяч убитых и 330 тысяч раненых советских воинов.

Генерал Александр Васильевич Горбатов так оценил штурм Берлина:
«С военной точки зрения Берлин не надо было штурмовать... Город достаточно было взять в кольцо, и он сам сдался бы через неделю-другую. Германия капитулировала бы неизбежно. А на штурме, в самый канун победы, в уличных боях мы положили не меньше ста тысяч солдат. И какие люди были — золотые, столько всего прошли, и уж каждый думал: завтра жену, детей увижу...» Так, как предлагал генерал Горбатов, поступали англичане и американцы. Они блокировали немецкие крепости и месяцами ждали их капитуляции, щадя своих солдат. Сталин поступал иначе.

Во время штурма Берлина еще раз проявились два противоположных качества: доблесть солдат, штурмующих передовые укрепления врага, и порочность сталинской системы. И наиболее характерным примером этого является история с водружением знамени над Рейхстагом. В бесчисленных советских и постсоветских учебниках, энциклопедиях и фильмах, вышедших с тех пор, утверждается, что Знамя Победы водрузили сержанты Михаил Егоров и Мелитон Кантария. Однако дело было совсем не так. По официальной версии, в Рейхстаг в 14 часов 25 минут 30 апреля 1945 г. ворвалась небольшая группа бойцов 756-го стрелкового полка 150-й дивизии из батальонов капитанов Неустроева и Давыдова, а с ними вместе находились знаменосцы Егоров и Кантария. Дальнейшие события, десятки раз описанные, хорошо известны. Однако в реальности командир полка Зинченко и командир дивизии генерал Шатилов поторопились отправить в штаб корпуса донесение о том, что Рейхстаг взят.

Дневная атака 30 апреля окончилась неудачей, и советские бойцы вынуждены были отступить. Осуществив перегруппировку, к новому штурму подготовились батальоны Степана Неустроева, Якова Лонгвиненко, Василия Давыдова и Константина Самсонова. Вместе с батальоном Степана Андреевича Неустроева бои вела группа артиллеристов-разведчиков капитана Владимира Макова в составе старших сержантов Гизи Загитова, Алексея Боброва, Александра Лисименко и сержанта Михаила Минина. Владимир Маков после боев в Севастополе окончил военное училище, участвовал в сражениях подо Ржевом, где чудом остался в живых, и к 1945 г. имел несколько боевых орденов и звание капитана. Остальные разведчики также воевали с самого начала войны, приобретя очень хороший боевой опыт. Знаменных групп было несколько. Огонь велся очень плотный, поэтому полотнища знамен были обмотаны вокруг тел знаменосцев под гимнастерками. Главным считалось Знамя Военного совета армии, которое и нужно было водрузить над куполом Рейхстага, однако в горячке боя о нем попросту позабыли.

Между тем со скоростью молнии весть о взятии Рейхстага дошла до маршала Жукова, а от него – до Сталина. Жуков издал приказ № 6, гласивший, что Рейхстаг взят в 14 часов 25 минут 30 апреля 1945 г. На основании этого приказа командующий армией Кузнецов выпустил свой, гласивший: «В ознаменование одержанной победы отличившихся генералов, офицеров, сержантов и красноармейцев представить к присвоению звания Героя Советского Союза и к награждению орденами. Да здравствует Верховный Главнокомандующий маршал Советского Союза товарищ Сталин!» Реально же передовые отряды штурмующих батальонов находились на расстоянии 300 метров от Рейхстага. Последовал приказ установить хотя бы флажки на парапете здания. Через многие годы после войны Герой Советского Союза Степан Андреевич Неустроев с болью вспоминал, как он вынужден был послать для выполнения этого преступного приказа своего лучшего бойца – Петра Пятницкого, незадолго до этого спасшего ему жизнь. Отважный солдат погиб, так и не дожив до Победы. Всем стало ясно, что нужно ждать темноты. После артподготовки солдаты батальона Неустроева и группа капитана Макова бросились на штурм. Оказавшись перед массивными воротами, бойцы остановились. Михаил Минин и Алексей Бобров прикрепили к стене Красное знамя, выданное в их артиллерийской бригаде, засунув край полотнища в щель в кирпичной кладке. Вслед за Мининым стали пристраивать свои флаги и другие бойцы, в том числе и командир взвода 674-го полка лейтенант Р. Кошкарбаев. Запертые ворота штурмующие разбили массивным бревном, валявшимся неподалеку, воспользовавшись им как тараном, подобно далеким предкам при штурме крепостей.

Первым в ворота Рейхстага влетел вместе с бревном Гизи Загитов. В сложнейшей обстановке ночного боя командование на себя взяли офицеры, оказавшиеся рядом: капитан В. Маков, замполит неустроевского батальона А. Берест и начальник штаба И. Гусев. Капитан Маков послал свою группу в сопровождении семи пехотинцев для выполнения главной задачи – водружения знамени на куполе Рейхстага. Первым в атаку рванулся Гизи Загитов, за ним последовали Михаил Минин, Александр Лисименко и Алексей Бобров, следом – пехотинцы. По пути Михаил Минин отломал тонкостенную металлическую трубку, которая послужила древком знамени. Достигнув чердака, артиллеристы-разведчики стали искать выход на крышу. Бросив в темноту несколько гранат и прочесав чердак очередями, Гизи Загитов обнаружил огромную цепь лебедки, ведущую наверх. В звено цепи спокойно входила ступня ноги человека. Четыре храбреца полезли вверх: впереди – Загитов, сзади со знаменем – Минин, замыкающими – Лисименко и Бобров. Выбравшись на крышу, бойцы увидели скульптуру богини Победы и привязали к ней знамя, написав на полотнище свои имена. Это случилось в 22 часа 40 минут 30 апреля 1945 г.

При спуске Гизи Загитов был ранен в грудь навылет очередью немецкого автоматчика. Бои в Рейхстаге шли еще весь следующий день, причем Загитов не вышел из боя и сражался рядом с товарищами. После капитуляции немцев, засевших в подвалах Рейхстага, стало непонятным, а что делать со знаменем Военного совета армии? И тут-то и появились Егоров с Кантарией, которые в сопровождении лейтенанта Береста водрузили требуемое знамя над Рейхстагом, которое было далеко не первым. Всем офицерам и солдатам, отличившимся при штурме Рейхстага, было присвоено звание Героев Советского Союза, кроме группы капитана Макова, награжденных орденами Боевого Красного Знамени. Роковую роль в этом сыграла злополучная директива о взятии здания в 14 часов 25 минут. Подделав документы и приписав подвиг водружения первого знамени Егорову и Кантарии, командование предпочло забыть о настоящих героях, ставших неудобными свидетелями. Вопиющая несправедливость, обусловленная административной трусостью высшего командования и раболепством перед Сталиным, привела к личной трагедии героев-артиллеристов. Всю жизнь они безуспешно пытались доказать свою правоту, но бюрократическая машина работала безотказно.

В ноябре 1961 г. состоялась встреча участников штурма Рейхстага, на которой Владимир Маков, Степан Неустроев и другие истинные герои требовали восстановить историческую правду. Однако бюрократы-генералы мертво стояли на своем, не желая ничего менять. Доблестный Гизи Загитов не смог принять участия в этой встрече, так как в 1953 г. трагически погиб в автомобильной катастрофе. Алексей Бобров не смог вписаться в мирную жизнь, терпеть бюрократизм чиновников и насмешки над своим боевым прошлым. За «хулиганские действия в отношении непосредственного начальника» (Алексей запустил ему в голову чернильницей) он был осужден на тюремное заключение, потом был и второй срок. В 1976 г. храбрый солдат умер от сердечного приступа. Александра Лисименко в 1951 г. вновь призвали в армию, после окончания курсов политработников он до 1960 г. служил в войсках, а после демобилизации работал на кожевенном объединении «Красный гигант» директором. Скончался герой штурма Рейхстага в 1987 г., до смерти переживая боль военных лет и обиду за своих боевых товарищей. Капитан Маков в 1977 г. пришел в Истринский райком партии и швырнул в физиономии чиновников свой партбилет, за что был изгнан из рядов КПСС. Даже после развала СССР и ухода из жизни основных заинтересованных лиц правда не была восстановлена.

В альбоме, посвященном 50-летию Победы, изданном в 1995 г., о группе капитана Макова не было сказано ни единого слова. Владимир Маков начал пить, развалилась семья, и в начале марта 1996 г. его нашли мертвым в собственной квартире с рукой, вытянутой в сторону упавшего на пол телефона. Михаил Петрович Минин после демобилизации из армии в 1969 г. живет в Пскове. Борьбу за правду он не закончил и в новом веке, издав в 2001 г. тиражом 1000 экземпляров книгу воспоминаний «Трудные дороги к Победе». Этот истинный герой России выдержал не только огонь войны, холодную воду несправедливости, но и медные трубы испытания временем настоящего солдатского характера.

Литература

С. Неустроев. Русский солдат: на пути к Рейхстагу. Краснодар: Советская Кубань, 1997.

Н. Ямской. Кто брал Рейхстаг. Герои по умолчанию. М.: ОЛМА-ПРЕСС, 2006.

М. Минин. Трудные дороги к Победе. Великолукская городская типография, 2001.

4.2.34. Советская армия в Восточной и Центральной Европе в 1945 г.

Поведение советских войск оставило тяжкий след во многих местах Средней и Восточной Европы. Грабежи армией мирного населения были повседневным явлением, — причем не только в побежденных странах, но и в странах союзных, на что, в частности, югославские коммунисты жаловались Сталину. Образ советского солдата начал в Европе связываться со словами «Дай часы» и «Дай велосипед». В какой-то мере это отражало нищету колхозной деревни, где часы или велосипед почитались большой ценностью. Но не только. «Трофеи» вовсю отправлял домой и командный состав, причем соответственно рангу: младшие офицеры посылками, а генералы — вагонами. Офицерские жены ломали ноги, шаря в углах брошенных и полуразрушенных квартир и вилл европейских городов. Те, кто были честнее, за бесценок, за харч скупали драгоценности и антиквариат у голодных, разоренных войной жителей.

По официальной статистике Главной военной прокуратуры, только с января по март 1945 г. за дебоши, грабежи, убийства и насилия в действующей армии были осуждены 4148 офицеров, не говоря про рядовых. Но это была капля в море. Грузовик-студебекер, задом въезжающий в витрину магазина, из которого потом в кузов перемещается все находившееся на полках, — был явлением совершенно обычным и в Будапеште, и в Берлине, и в Лодзи. Хозяин молчал под дулом автомата, наблюдая за расхищением своего имущества. Советский офицер, прибывший в Будапешт через две недели после штурма, вспоминал, что поскольку уже было разграблено всё, ему пришлось «конфисковать» медно-никелевые слитки на монетном дворе, предназначенные для чеканки монеты, и «толкнуть» несколько грузовиков этих слитков какому-то румынскому спекулянту.

Но часы, велосипеды, картины, столовое серебро, мебель и медно-никелевые слитки были мелочью. Изнасилование женщин советскими воинами-освободителями и убийство их и их близких при малейшем сопротивлении стало столь распространенным явлением и вызывало такое возмущение в союзных армиях, что сталинской Ставке пришлось издать специальный приказ, предусматривавший расстрел виновного на месте преступления или много лет лагерей, если преступление обнаружится позднее (10 лет давали за изнасилование «союзной» польки или чешки, за немку давали пять лет). Но приказ этот почти не исполнялся, так как наряду с простыми солдатами его нарушали и офицеры, и генералы.

> Вот несколько фрагментов из воспоминаний участника боев за Берлин, тогда молодого гвардии лейтенанта, а ныне одного из выдающихся русских мыслителей Григория Соломоновича Померанца.
>
> «Мы въезжаем в город Форст. Я иду выбирать квартиру. Захожу – старушка лежит в постели. "Вы больны?" – "Да, – говорит, – ваши солдаты, семь человек, изнасиловали меня и потом засунули бутылку донышком вверх, теперь мне больно ходить..." Ей было лет 60». Другая остановка на ночлег, теперь в предместье Берлина Лихтенраде на вилле Рут. «Хозяйка Рут Богерц, вдова коммерсанта, была мрачной и подавленной; ее прекрасные темные глаза метали молнии. Прошлую ночь ей пришлось провести с комендантом штаба дивизии, представившем, в качестве ордера, пистолет. Я говорю по-немецки, и мне досталось выслушать все, что она о нас думает: "В Берлине остались те, кто не верил гитлеровской пропаганде, – и вот что они получили!" На первом этаже виллы стояли двухметровые напольные часы. Других в доме не осталось. "Мы издадим закон, чтобы меньших часов не производили, – говорила фрау Рут, – потому что все остальные ваши разграбили". Обычно пистолет действовал, как ордер на

арест. Женщины испуганно покорялись. А потом одна из них повесилась. Наверное, не одна, но я знаю об одной. В это время победитель, получив свое, играл во дворе с ее мальчиком. Он просто не понимал, что это для нее значило. Сталин направил тогда нечто вроде личного письма в два адреса: всем офицерам и всем коммунистам. Наше жестокое обращение, писал он, толкает немцев продолжать борьбу. Обращаться с побежденными следует гуманно и насилия прекратить. К моему глубочайшему удивлению, на письмо – самого Сталина! – все начхали. И офицеры, и коммунисты. Идея, овладевшая массами, становится материальной силой. Это Маркс совершенно правильно сказал. В конце войны массами овладела идея, что немки от 15 до 60 лет – законная добыча победителя. И никакой Сталин не мог остановить армию. Если бы русский народ так захотел гражданских прав!» (*Г.С. Померанц*. Записки гадкого утенка. М., 1998. С. 198–202).

Вот отрывки из воспоминаний четырежды раненого на войне сержанта Николая Никулина, после войны ставшего одним из самых лучших хранителей Эрмитажа, человека совестливого и травмированного всем увиденным и пережитым на войне.

«Войска тем временем перешли границу Германии. Теперь война повернулась ко мне еще одним своим неожиданным лицом. Казалось, все испытано: смерть, голод, обстрелы, непосильная работа, холод. Так ведь нет! Было еще нечто очень страшное, почти раздавившее меня. Накануне перехода на территорию Рейха в войска приехали агитаторы. Некоторые в больших чинах. "Смерть за смерть!!! Кровь за кровь!!! Не забудем!!! Не простим!!! Отомстим!!!" – и так далее. До этого основательно постарался Эренбург, чьи трескучие, хлесткие статьи все читали: "Папа, убей немца!". И получился нацизм наоборот.

Правда, те безобразничали по плану: сеть гетто, сеть лагерей. Учет и составление списков награбленного. Реестр наказаний, плановые расстрелы и т. д. У нас все пошло стихийно, по-славянски: "Бей, ребята, жги, глуши! Порти ихних баб!" Да еще перед наступлением обильно снабдили войска водкой. И пошло, и пошло! Пострадали, как всегда, невинные. Бонзы, как всегда, удрали. Без разбору жгли дома, убивали каких-то случайных старух, бесцельно расстреливали стада коров. Очень популярна была выдуманная кем-то шутка: "Сидит Иван около горящего дома. "Что ты делаешь?" – спрашивают его. "Да вот, портяночки надо было просушить, костерок развел"". Трупы, трупы, трупы.

Немцы, конечно, подонки, но зачем же уподобляться им?

Армия унизила себя. Нация унизила себя. Это было самое страшное на войне.

Трупы, трупы. На вокзал города Алленштайн, который доблестная конница генерала Осликовского захватила неожиданно для противника, прибыло несколько эшелонов с немецкими беженцами. Они думали, что едут в свой тыл, а попали... Я видел результаты приема, который им оказали. Перроны вокзала были покрыты кучами распотрошенных чемоданов, узлов, баулов. Повсюду одежонка, детские вещи, распоротые подушки. Все это в лужах крови» (*Н.Н. Никулин*. Воспоминания о войне: Эрмитаж, 2008. СПб., 1996. С. 117).

«Каждый имеет право послать раз в месяц посылку домой весом в двенадцать килограммов», – официально объявило начальство. И пошло, и пошло! Пьяный Иван врывался в бомбоубежище, трахал автоматом об стол и, страшно вылупив глаза, орал: "УРРРРРА! Гады!" Дрожащие немки несли со всех сторон часы, которые сгребали в "сидор" и уносили. Прославился один солдатик, который заставлял немку держать свечу (электричества не было), в то время как он рылся в ее сундуках. Грабь! Хватай! Как эпидемия, эта напасть захлестнула всех. Потом уже опомнились, да поздно было: черт вылетел из бутылки. Добрые, ласковые русские мужики превратились в чудовищ. Они были страшны в одиночку, а в стаде стали такими, что и описать невозможно!»

«В нашем доме, на самом верху, в мансарде, жила женщина лет тридцати пяти с двумя детьми. Муж ее сгинул на фронте, бежать ей было трудно – с грудным младенцем далеко не убежишь, и она осталась. Солдаты узнали, что она хорошая портниха, притащили материал и заставили ее шить галифе. Многим хотелось помодничать, да и обносились за зиму основательно. С утра и до вечера строчила немка на машине. За это ей давали обеды, хлеб, иногда сахар. Ночью же многие солдаты поднимались в мансарду, чтобы заниматься любовью. И в этом случае немка боялась отказать, трудилась до рассвета, не смыкая глаз. Куда же денешься? У дверей в мансарду всегда стояла очередь, разогнать которую не было никакой возможности» (Там же. С. 127).

«Этот странный и дикий случай произошел однажды поздно вечером. Я сидел в своей комнате и вдруг услышал наверху, в мансарде, пистолетные выстрелы. Заподозрив неладное, я бросился вверх по лестнице, распахнул дверь и увидел ужасающую сцену. Майор Г. стоял с дымящимся пистолетом в руке, перед ним сидела немка, держа мертвого младенца в одной руке и зажимая рану другой. Постель, подушки, детские пеленки – все было в крови. Пуля прошла через головку ребенка и застряла в груди матери. Майор Г. был абсолютно спокоен, неподвижен и трезв как стеклышко. Зато стоящий рядом лейтенант весь извивался и шипел: "Ну, убей! Убей ее!" Этот лейтенант был совершенно пьян – серое лицо, синие губы, слезящиеся глаза, слюни изо рта. Так пьянеют алкоголики на последней стадии алкоголизма. Я на днях видел такого в метро. Он сидел, мычал, а под ним образовалась лужа, тоненькой струйкой растекавшаяся через весь вагон, метров на пятнадцать. А напротив сидели раскрашенные девочки в джинсах и обсуждали, сколько же жидкости может быть в человеке. Лейтенант был пьян до изумления, но, как я понял, все же делал свое дело: подзуживал майора. Зачем? Я не знал. Может быть, у него была цель устроить провокации и слепить дело? Он ведь был из СМЕРШа! А пути и методы этой организации неисповедимы» (Там же. С. 128).

«Как-то ночью я дежурил у телефонной трубки в штабе дивизиона, а Петька занимался тем же делом, но на наблюдательном пункте, который разместился в небольшом крестьянском хуторе между нашими и немецкими траншеями. Было затишье, обе армии спали, и только часовые лениво постреливали из винтовок и пулеметов да пускали осветительные ракеты. Наши разведчики, находившиеся на НП, воспользовались затишьем и предались веселым развлечениям. Они заперли хозяина и хозяйку в чулан, а затем начали всем взводом, по очереди, портить малолетних хозяйских дочек. Петька, зная, что я не вынесу даже рассказов о таких делах, транслировал мне по телефону вопли и стоны бедных девчушек, а также подробно рассказывал о происходящем. Сочные его комментарии напоминали футбольный репортаж. Он знал, что я не имею права бросить трубку, что я не пойду к начальству, так как начальство спит, да и не удивишь его подобными происшествиями – дело ведь обычное! Так он измывался надо мною довольно долго, теша свою подлую душонку. Позже он ожидал от меня ругани или драки, но я смолчал, и молчание мое обозлило Петьку до крайности» (С. 132).

«Группы солдат разбредались по окрестностям, шли за барахлом, водкой и к "фравам". По соседству была улица, получившая название "бешеная". Как только появлялся там рус-Иван, жители выскакивали из домов с трещотками, медными тазами, колокольчиками и сковородками. Поднимался невообразимый звон, шум, гвалт. Так улица оповещала себя о появлении завоевателя и пыталась отпугнуть его, подобно тому как спасаются от саранчи. Однако рус-Ивана нелегко прошибить. Хладнокровно проходит он в кладовку и не торопясь экспроприирует все, что ему понравится» (Там же. С. 147).

«Восстановить дисциплину было трудно, сколько начальство ни старалось. Вояки, у которых грудь в орденах, а мозги сделались от пережитого задом наперед, считали все дозволенным, все возможным. Говорят, что грабежи и безобразия прекратились только после полной смены оккупационных частей новыми контингентами, не участвовавшими в войне».

«Военные девочки набросились на заграничное барахло. Форму носить надоело, а кругом такие красивые вещи! Но не всегда безопасно было наряжаться. Однажды связистки надели яркие платья, туфельки на высоких каблуках и счастливые, сияющие пошли по улице. Навстречу – группа пьяных солдат. "Ага! Фравы!! Ком!" – и потащили девчат в подворотню. "Да мы русские, свои, ай! Ай!" – "А нам начхать! Фравы!!!"

Солдаты так и не поняли, с кем имеют дело, а девочки испили чашу, которая выпала многим немецким женщинам» (Там же. С. 150).

«Петров, как звали почтальона, показавшийся мне таким милым вначале, в конце войны раскрылся как уголовник, мародер и насильник. В Германии, на правах старой дружбы, он рассказал мне, сколько золотых часов и браслетов ему удалось грабануть, скольких немок он испортил. Именно от него я услышал первый из бесконечной серии рассказ на тему "наши за границей". Этот рассказ сперва показался мне чудовищной выдумкой, возмутил меня и потому навсегда врезался в память:

– Прихожу я на батарею, а там старички-огневички готовят пир. От пушки им отойти нельзя, не положено. Они прямо на станине крутят пельмени из трофейной муки, а у другой станины по очереди забавляются с немкой, которую притащили откуда-то. Старшина разгоняет их палкой: "Прекратите, старые дураки! Вы что, заразу хотите внучатам привезти?!"

Он уводит немку, уходит, а минут через двадцать все начинается снова.
Другой рассказ Петрова о себе:
– Иду это я мимо толпы немцев, присматриваю бабенку покрасивей и вдруг гляжу – стоит фрау с дочкой лет четырнадцати. Хорошенькая, а на груди вроде вывески, написано: Syphilis; это, значит, для нас, чтобы не трогали. Ах ты, гады, думаю, беру девчон-

ку за руку, мамане автоматом в рыло, и в кусты. Проверим, что у тебя за сифилис! Аппетитная оказалась девчурка» (Там же. С. 113).

Молодая русская аристократка, княжна Мария Васильчикова, жившая в эмиграции в Германии и участвовавшая в антигитлеровском заговоре 1944 г., писала 31 марта 1945 г. в своем дневнике, что «волосы встают дыбом от рассказов о том, как советские поступают с женщинами в Силезии (массовое изнасилование, множество бессмысленных убийств и т. п.)».

В августе 1946 г., когда Г.К. Жуков был уже начальником Одесского военного округа, на таможне задержали 85 ящиков с мебелью, которую маршал вывозил из Германии. В феврале 1948 г., по показаниям арестованного адъютанта Жукова Семочкина, у маршала изъяли трофейное имущество: 9 золотых часов, 30 колец и кулонов, 3,5 тысячи метров тканей, меха, 36 ковров и гобеленов, 60 картин и многое другое. Чемодан с драгоценностями, о котором сообщил в НКВД Семочкин, так и не нашли. Маршал написал Сталину объяснительное письмо, и вождь до времени этим удовлетворился. Друг Жукова, генерал Крюков, вывез из Германии не только четыре автомобиля, но и... 47 банок гуталина и 78 оконных шпингалетов.

Никогда ранее, ни в 1814—1818 гг. во Франции, ни в 1914 г. в Восточной Пруссии и Галиции, русский солдат не пятнал себя так тяжко, как в 1944—1945 гг. Такое поведение в отношении к мирному населению противника было совершенно немыслимо и среди союзников. Уроки Гражданской войны, опыт богоборчества, ужасы террора и голодомора и соучастие в них извратили облик русского воина, выжгли в нем не только божеское, но часто и человеческое. Да и на самой войне самые честные, смелые, принципиальные и нравственные были большей частью выбиты в первые годы, сгинули в штрафных ротах. Не христолюбивое воинство, но дикая орда наводнила Европу в 1945 г., мстя беззащитным европейским обывателям за собственное горе, потери и унижения, испытанные и от рук гитлеровцев в 1941—1944 гг., и от рук сталинцев за четверть века большевизма.

Безобразное поведение советских солдат в Центральной и Восточной Европе лучше многого иного свидетельствует о той глубине разрушения личности, которая произошла во многих русских людях за годы большевицкой власти. Поэтому немцы и предпочитали сдаваться союзникам и бежали пока не поздно в западные оккупационные зоны, порой бросив весь скарб на разграбление Красной Армии, только бы спасти свою честь и жизнь. 1945 г. показал с очевидностью, что русские люди научились воевать и побеждать, обрели смелость и лихость, от которых их так тщательно отучали большевики голодоморами и ГУЛАГами, но он же обнаружил, что быть людьми, нравственно ответственными личностями, очень многие русские люди так и не научились вновь, пройдя горнило войны. В этом коммунистическая практика жизни одержала победу над их совестью.

Множество преступлений происходило в 1945—1946 гг. и от руки иных народов, попавших в зону советского влияния: на территориях, переданных под управление Польши, и в Чехословакии. Здесь шло насильственное выселение немцев. Из Польши было изгнано 9,3 млн человек, из Чехословакии — 2,9 млн, с Балкан 0,5 млн человек. Порой немцы пытались остаться, объявляя себя онемеченными поляками или чехами, некоторым это удавалось, но далеко не всем. Две трети изгнанных немцев осели в западных зонах оккупации Германии, треть — в советской зоне, но очень многие до Германии так и не добрались.

Выселенцев лишали не только недвижимости, но и движимого имущества, держали под открытым небом без медицинской помощи, морили голодом, гнали на принудительные работы. Случались и изнасилования, и жестокие бессудные убийства. По некоторым сведениям, поляки заморили и убили до 1 млн человек чехи — 0,5 млн. Иные источники говорят осторожнее о «многих сотнях тысяч». Если в случае Польши это еще можно понять как возмездие за массовые убийства поляков, то у чехов потерь, подобных польским, не было, их жизненный уровень во время войны был выше немецкого, и они исправно ковали на своих заводах оружие для германской армии. К тому же в Польше очищенные от немцев земли стали заселять 2,1 млн поляков, выселенных из СССР, а в Чехии избыточного населения не было, и множество земель и построек было просто заброшено после Второй Мировой войны.

Литература
Ther Philipp, Siljak Ana. Redrawing Nations: Ethnic Cleansing in East-Central Europe, 1944–1948. L., Rowman & Littlefield, 2001.
Norman Naimark. Russians in Germany. Harvard University Press, 1996.
Иоахим Гофман. Сталинская война на уничтожение. М.: Астрель, 2006.

4.2.35. Занятие Чехословакии. Пражское восстание 1945 г. Конец власовской армии

После отступления с Одерского фронта 1-я пехотная дивизия ВС КОНР генерал-майора С.К. Буняченко ушла в Богемию и достигла района Праги. 5 мая в Праге началось восстание, которым руководила чешская подпольная военная комендатура «Бартош» во главе с генералом К. Култвашрем. Буняченко согласился поддержать чешских повстанцев после того, как получил ультиматум от немецкого коменданта Праги генерала Р. Туссенна. Туссенн угрожал дивизии силой, если власовцы не подчинятся командованию группы армий «Центр». В жестоких боях 6–7 мая власовская дивизия оказала неоценимую помощь повстанцам, оттянула на себя основные силы немцев и спасла город от уничтожения. Власовцы потеряли более 1,2 тысячи человек убитыми и ранеными, горожане — более 3,2 тысячи, немцы — более 1 тысячи убитыми. Утром 8 мая власовцы покинули Прагу и оказались в тисках между советскими и американскими войсками в Южной Чехии. Вечером 8 мая пражский гарнизон капитулировал перед руководителями повстанцев, а утром 9 мая в Праге появились танки 4-й гвардейской танковой армии генерал-лейтенанта Д.Д. Лелюшенко. Оставшиеся в Праге власовцы, включая раненых, были расстреляны СМЕРШем.

Генерал Франциско Франко предлагал Власову улететь в Испанию, но он отказался, решив добиваться политического убежища для своих солдат у американского командования. После роспуска дивизии 12 мая генерал Власов был арестован советскими автоматчиками в глубине американской зональной территории в автоколонне, ехавшей в Пльзень. Другие власовские генералы были выданы большевикам чехами и американцами.

Трагедия созданной с разрешения немцев и сражавшейся на их стороне до Пражского восстания Русской освободительной армии генерала Власова вполне выявилась в эти последние дни ее существования. За годы немецкого плена, а потом и полусвободной жизни в Рейхе генералы, офицеры и солдаты РОА ясно увидели, что нацисты (в отличие от других немцев) относятся к русским как к недочеловекам, презирают их и используют только для облегчения победы над армиями антигитлеровской коалиции и для пропаганды в советском тылу. Нацисты были слишком умны и расчетливы, чтобы допустить превращение воинских формирований РОА действительно в национальную русскую антибольшевицкую армию и так и не допустили этого до последних дней войны. Союзники, заинтересованные в Сталине и боящиеся раздражать его, отреклись от власовцев, которые совершенно безосновательно надеялись с их помощью освободить Россию. Наконец, большинство солдат и офицеров Красной Армии прониклись за годы войны глубоким русским патриотическим чувством. Мало кто из них молился на Сталина, но стрелять в своих, возобновлять гражданскую войну практически никто в победоносной армии не желал. Все хотели выжить в последних боях и быстрее вернуться домой. Тем более не хотели продолжать воевать, да еще со вчерашним союзником, американские и английские солдаты.

Армия Власова была обречена с самого своего создания – в случае победы Гитлер бы не потерпел ее, в случае поражения ее не потерпел бы победитель – Сталин. Они жаждали правды после лжи большевицкой пропаганды и мира после кошмара подсоветской жизни, но нацистская Германия дала им другую ложь вместо правды и вместо кошмара ГУЛАГа ужас братоубийства на стороне врага. Единственный слабый шанс Власову давала победа графа Штауфенберга и его соратников над нацистами, выход Германии из войны на Западе и продолжение войны на Востоке уже ради не порабощения, а освобождения России. Но шанс этот был столь призрачен, что только от полного отчаяния и безвыходности можно было солдатам и офицерам РОА уповать на него.

Летом 1944 г. после провала заговора Штауфенберга исчезла и эта призрачная надежда. И потому так безнадежно трагически звучали красивые слова маршевой песни РОА:

«Мы идем широкими полями
на рассвете утренних лучей,
мы идем на бой с большевиками
за свободу родины своей.

Марш вперед железными рядами
в бой за родину, за наш народ.
Только вера двигает горами,
только смелость города берет».

У многих солдат РОА была и вера, и смелость, но сам их выбор – выбор между двумя кровавыми, лживыми тираниями – не сулил ничего, кроме уязвления совести и разочарования в собственном выборе.

Генерал-лейтенант Андрей Андреевич Власов — трагическая фигура в новейшей русской истории. Он не был своекорыстным изменником, так как сохранение статуса военнопленного гарантировало ему жизнь и карьеру в гораздо большей степени, чем опасная и неясная перспектива антисталинского лидера. В трагедии Власова отразились изломанные сталинским и нацистским режимами судьбы сотен тысяч советских людей, для которых бело-сине-красная нашивка «РОА» оставалась последним утешением и надеждой перед циничным и страшным оскалом тоталитарных диктатур.

В Москве над А.А. Власовым, С.К. Буняченко, В.Ф. Малышкиным, В.И. Мальцевым, М.А. Меандровым, Ф.И. Трухиным и другими руководителями Власовского движения готовился «открытый процесс». Но, опасаясь политических выступлений «подсудимых», начальник ГУКР СМЕРШ генерал-полковник В.С. Абакумов предложил Сталину судить Власова и его соратников закрыто. 23 июля 1946 г. члены Политбюро ЦК ВКП(б) «приговорили» генерала Власова и 11 его соратников к смертной казни. После формального заседания Военной коллегии Верховного суда СССР в ночь на 1 августа 1946 г. они были повешены. Прах казненных захоронили в ограде Донского монастыря, где в крематории сжигали трупы репрессированных.

Литература
К.М. Александров. Русские солдаты Вермахта. М., 2005.

4.2.36. Капитуляция Германии и Потсдамская конференция

После падения Берлина и освобождения Праги организованное сопротивление вооруженных сил Германии прекратилось. 7 мая 1945 г. во французском городе Реймсе в ставке Верховного главнокомандующего экспедиционными силами союзников в Европе Д. Эйзенхауэра начальник оперативного штаба Верховного командования вооруженными силами Германии А. Йодль подписал акт о безоговорочной капитуляции Германии. От имени советского Верховного командования документ был подписан главой советской военной миссии во Франции И.А. Суслопаровым. По предложению Сталина союзники договорились считать Реймский акт предварительным и провести окончательную церемонию в столице нацистской Германии — Берлине. Церемония началась ровно в полночь по московскому времени с 8 на 9 мая: акт о капитуляции был подписан представителями трех видов вооруженных сил Германии во главе с фельдмаршалом В. Кейтелем, а со стороны союзников принят маршалом Г.К. Жуковым и главным маршалом авиации Великобритании А. Теддером. Из-за разницы во времени западные союзники объявили о конце войны 8 мая, а СССР — 9 мая, который и стал для народов России Днем Победы.

С окончанием войны в Европе стало необходимо договориться об окончательных условиях послевоенного урегулирования, для чего и была созвана новая конференция «большой тройки» в пригороде Берлина — *Потсдаме (17 июля — 2 августа 1945 г.)*. США на ней представлял Гарри Трумэн, ставший новым президентом страны после смерти 12 апреля 1945 г. Ф. Рузвельта, а 28 июля Уинстона Черчилля сменил К. Эттли, избранный новым премьер-министром Великобритании. К началу и в ходе работы конференции советские геополитические запросы стали вполне очевидны. Речь шла уже не только о границах 1941 г., долговременном обезвреживании Германии и Японии, создании просоветских режимов вдоль западных границ СССР, территориальных приращениях на Дальнем Востоке и в Восточной Пруссии, а также о пересмотре режима Черноморских проливов. Были выдвинуты новые, более жесткие требования к Турции — совместный военный контроль над Проливами, возвращение приграничных областей Карса и Ардагана (Турция всю войну сохраняла нейтралитет, а в 1945 г. присоединилась к антигитлеровской коалиции), сделана заявка на получение в опеку одной из бывших колоний Италии на Средиземном море, предпринята попытка использовать пребывание советских войск на острове Борнхольм (Дания) и Медвежий (Норвегия) для создания там военных баз СССР, равно и закрепить пребывание Красной Армии в Северном Иране, где она присутствовала с июля 1941 г., с целью превращения этого региона в зону советского влияния.

> О том, как готовился Сталин к Потсдамской конференции не в политическом, а в бытовом плане, хорошо говорит докладная записка Берии Сталину от 5 июля 1945 г. Берия руководил безопасностью и жизнеобеспечением советской делегации в Потсдаме:
> «НКВД СССР докладывает об окончании подготовки мероприятий по подготовке приема и размещения предстоящей конференции. Подготовлено 62 виллы (10 000 кв. метров и один двухэтажный особняк для товарища Сталина: 15 комнат, открытая веранда, мансарда, 400 кв. метров). Особняк всем обеспечен, есть узел связи. Созданы запасы дичи, живности, гастрономических, бакалейных и других продуктов, напитки. Созданы три подсобных хозяйства в 7 км от Потсдама с животными и птицефермами, овощными базами; работают две хлебопекарни. Весь персонал из Москвы.
> Наготове два специальных аэродрома. Для охраны доставлено семь полков войск НКВД и 1500 человек оперативного состава. Организована охрана в три кольца. Начальник охраны особняка — генерал-лейтенант Власик. Охрана места конференции — Круглов.
> Подготовлен специальный поезд. Маршрут длиной в 1923 км (по СССР 1095, по Польше — 594, по Германии — 234). Обеспечивают безопасность пути 17 тыс. войск НКВД, 1515 человек оперативного состава. На каждом километре железнодорожного пути от 6 до 15 человек охраны. На линии следования будут курсировать восемь бронепоездов войск НКВД».

Эта программа считалась в Кремле умеренной и законной платой за решающий вклад Советского Союза в разгром нацизма. При этом Сталин надеялся совместить получение этих геополитических «трофеев» войны с сохранением — хотя бы на первые послевоенные годы — сотрудничества с западными союзниками. Это позволило бы прочнее узаконить итоги войны, совместно предотвращать возрождение германского нацизма и японского милитаризма, избежать возникновения англо-американского блока против СССР, а также получить финансово-экономическое содействие Запада в послевоенном восстановлении народного хозяйства.

Однако в то время, когда аппетиты Сталина росли, готовность западных союзников к их удовлетворению быстро сокращалась. Разгром Германии устранял главную общую угрозу, соединявшую антигитлеровскую коалицию, резко сокращал нужду западных демократий в помощи Советского Союза, а следовательно, и необходимость считаться с его нескромными запросами, которые к тому же существенно нарушали принципы Атлантической хартии (сами союзники не присоединили к своим странам и пяди земли, только Франция два перевала в Альпах отобрала у Италии — 2 км^2), да и безопасность западных союзников в Европе, Восточной Азии, Средиземноморье и на Среднем Востоке этими бесконечными приращениями сталинской империи ставилась под вопрос.

К лету 1945 г. печальные результаты деятельности сталинской администрации в занятых советской армией странах были уже налицо. Никакой терпимости, никакой демократии, даже «народной», там и помина не было. Общественные и политические деятели из Чехословакии, Польши, Югославии, Болгарии, Румынии все чаще взывали к правительствам Великобритании и США с просьбами о помощи в борьбе с коммунизацией их стран.

Уже в мае — июне 1945 г. военно-политическое руководство США и Великобритании в своих внутренних оценках начало рассматривать СССР как своего главного конкурента, сочетающего мощный военный потенциал с враждебной идеологией и социально-политической системой.

Не удивительно, что в Потсдаме проявились серьезные расхождения между союзниками в подходе к ключевым проблемам послевоенного урегулирования, а разговор лидеров «носил весьма натянутый характер», как вспоминал член советской делегации А.А. Громыко. Англо-американцы были настроены на более щадящее обращение с Германией, видя в ней мотор возрождения европейской экономики и потенциального союзника в противодействии коммунизму. Поэтому они отвергли советские требования по объему репараций с Германии и установлению международного контроля над промышленным сердцем этой страны — Рурской областью. Та же судьба постигла советские заявки на стратегические форпосты в Проливах и Средиземноморье (а еще раньше — на военное присутствие в Дании и Норвегии).

В то же время западные союзники, особенно США, еще нуждались в советской помощи для разгрома Японии, а в общественном мнении Запада сохранялись настроения в пользу сотрудничества с СССР. Рядовые англичане и особенно американцы были полны симпатии к своим союзникам — русским людям и совершенно не понимали характер режима, правящего в СССР. Когда, встречаясь в Европе, в откровенных разговорах советские люди жаловались американским солдатам на сталинскую тиранию, те недоумевали: «Если дядюшка Джо такая свинья, как вы говорите, почему вы его не переизберете?».

Общие нерешенные задачи и позитивное отношение к антигитлеровской коалиции в обществах Америки и Великобритании позволило участникам конференции достичь согласия по ряду проблем. Удалось договориться об основах оккупационного режима для Германии в развитие ялтинских решений, а также о порядке взимания репараций, по которому каждый из союзников получал репарации в виде сырья и промышленного оборудования из своей зоны оккупации. Поскольку основной промышленный потенциал Германии был расположен в западных оккупационных зонах, предусматривалось получение Советским Союзом дополнительных репараций в виде промышленного оборудования из западных зон, частично — в обмен на поставки сырья из советской зоны.

Оккупационный режим в Германии означал верховную власть союзного Контрольного совета (неработоспособного, ибо требовавшего единогласных решений), суд над военными преступниками в Нюрнберге, денацификацию и репарации. Денацификация — устранение нацистов с влиятельных, в том числе преподавательских, должностей — намного тщательнее велась в западных зонах оккупации, чем в советской, а репарации — наоборот. Советские власти тщательно вывозили уцелевшие заводы и их персонал в СССР, а западные ограничились вывозом немногих специалистов и роспуском немецких монополий.

Еще до Потсдамской конференции американские и английские войска ушли из центральной Германии (Саксонии, Тюрингии и Мекленбурга) на линию, оговоренную в Ялте с тем, чтобы в обмен на эту территорию западные союзники заняли свои позиции в Берлине и Вене. Что они и сделали в первые дни июля 1945 г., тогда как Красная Армия продвинулась далеко на запад — до Парижа осталось менее 500 км.

Австрия так же, как и Германия, была разделена на четыре оккупационных зоны. Вена, подобно Берлину, была поставлена под контроль четырех держав-победительниц. Советская зона оккупации Австрии так же, как и в Германии, располагалась вокруг столицы, в то время как американская, британская и французская зоны оккупации заняли южную и западную периферию республики.

После долгих споров было также достигнуто соглашение о западной границе Польши и о принципах выселения немецкого населения из бывших территорий Германии, присоединенных к Польше, Чехословакии и Венгрии. Сталин добился присоединения к СССР части Восточной Пруссии с городом Кенигсбергом и военно-морской базой Пилау. Советская дипломатия отстояла свою ведущую роль в подготовке мирных договоров с европейскими сателлитами Германии (кроме Италии) и отбила попытки союзников установить международный контроль за выборами в Румынии, Болгарии и Венгрии. Тем самым был сделан важный шаг к укреплению коммунистического влияния в Восточной Европе и на Балканах.

Союзники отстояли внутреннюю независимость Финляндии. Мирный договор 1947 г. подтвердил соглашение о прекращении огня от 1944 г., но на Финляндию была наложена огромная контрибуция в 300 млн долларов США, был вновь потерян Карельский перешеек и новые территории в Карелии. Новые беженцы потянулись по дорогам войной разоренной страны. Ценой огромных лишений контрибуция была уплачена финнами к 1952 г.

Для продолжения работы по подготовке мирных договоров и решения других остающихся проблем послевоенного урегулирования создавался Совет министров иностранных дел из представителей СССР, США, Великобритании, Франции и Китая. 16 июля в США в пустыне Аламогордо произошло первое успешное испытание атомного оружия, о чем Трумэн сообщил Сталину в Потсдаме. Внешне Сталин не проявил особого интереса или беспокойства, но тут же приказал ускорить работу по созданию советской атомной бомбы. Между союзниками начиналась большая гонка самых смертоносных вооружений.

Литература:
В.О. Печатнов. Сталин, Рузвельт, Трумэн. СССР и США в 1940-х гг. Москваа: Терра, 2006.

4.2.37. Жертвы Ялты

Во время военных действий в Северной Африке и особенно в период продвижения в Италии тысячи русских из тех или иных военных соединений Вермахта (не забудем, что в рядах германской армии сражалось более полумиллиона советских граждан, перешедших на сторону врага) попали в руки британцев и американцев. Поначалу это не вызывало особых проблем, так как их либо помещали в лагеря наравне с немецкими пленными, либо в особых случаях позволяли присоединяться к войскам союзников.

Проблему, которую они представляли, впервые осознали на высоком политическом уровне после того, как союзные войска высадились в Нормандии в июне 1944 г. Все немецкие пленные, взятые на начальной стадии вторжения, были направлены в Британию, где они содержались в военных лагерях, недавно освобожденных британскими и американскими войсками, принявшими участие в операции «Оверлорд». Именно тогда служащие британской разведки обнаружили во время допросов, что примерно каждый десятый немецкий военнопленный был русского происхождения. Более того, многих из этих военнопленных сковывал ужас при мысли о возвращении в Советский Союз. Некоторые покончили с собой, узнав о такой перспективе.

Данная информация была доведена до сведения британского правительства лордом Сельборном, отвечавшим за разведывательные операции. На протяжении нескольких месяцев на самом высоком уровне шли споры о том, как же поступить с русскими, оказавшимися в британском плену. Изначально Уинстон Черчилль выступал против того, чтобы возвращать кого бы то ни было в Советский Союз против его желания, на том основании, что «этим людям пришлось перенести непосильные испытания». Однако в конце концов он позволил убедить себя, что нельзя уклониться от выполнения требования Сталина репатриировать всех *советских граждан*. В октябре 1944 г. британский министр иностранных дел Энтони Иден на конференции в Москве согласился с тем, что все советские граждане, освобожденные силами союзников на Западе, должны быть репатриированы как можно скорее.

Эта уступка имела решающее значение, однако только когда Черчилль, Рузвельт и Сталин встретились в Ялте в феврале 1945 г., было достигнуто соглашение на официальном уровне. Печально известное соглашение в Ялте о взаимном возвращении военнопленных в то время держали в секрете. Это может показаться странным, так как сам текст довольно безобиден, речь шла о необходимости репатриировать освобожденных граждан союзных держав как можно скорее и безопаснее.

Тем не менее за кулисами Министерство иностранных дел Великобритании оказывало давление на своих коллег в США с тем, чтобы те сотрудничали и приняли настоятельное требование Сталина о возвращении всех освобожденных советских граждан в СССР, независимо от желаний последних. Госдепартамент

США сильно противился такому решению, отчасти по гуманитарным соображениям, отчасти потому, что передача солдат в немецкой форме явно нарушала Женевскую конвенцию 1929 г. Помимо вопроса принципа, немцы могли также отомстить на американских пленных немецкого или итальянского происхождения.

Высокопоставленные чиновники в военных структурах США положительно относились к обязательной репатриации, полагая (как время показало, неверно), что большевики могут задержать американских военнопленных, освобожденных из немецких лагерей в Польше. Как бы то ни было, но делегация Госдепартамента США в Ялте перестала противиться требованию Сталина. Недавно вступивший в должность Госсекретарь Стеттиниус был слабым человеком, назначенный Рузвельтом в обход других более талантливых кандидатов с тем, чтобы предоставить Президенту контроль над внешней политикой.

Фактическим руководителем делегации Госдепартамента был Алгер Хисс, как известно сейчас, являвшийся важным советским агентом. После Ялты он отправился в Москву, где секретно встретился с Вышинским. В какой мере ему удалось оказать влияние на американскую политику, остается неизвестным. Однако сейчас имеется достаточно данных, указывающих на роль, которую сыграли высокопоставленные советские агенты и сторонники СССР в том, чтобы убедить западных союзников принять требование Сталина.

Несмотря на неоднозначное содержание Ялтинского соглашения, и Британия, и США ко времени капитуляции Германии в мае 1945 г. на официальном уровне согласились с насильственной репатриацией всех «русских». Определение «русских» звучало как «все лица с территорий, входивших в Советский Союз на момент начала настоящей войны», а именно 1 сентября 1939 г. Последняя оговорка исключала из числа выдаваемых жителей тех территорий СССР, которые были присоединены к нему после 1 сентября, — жителей Эстонии, Латвии, Литвы, Восточной Польши и Бессарабии с Буковиной.

Вначале вопрос о советских военнопленных главным образом относился к исключительной ответственности британского правительства. Хотя американцы взяли в плен столько же русских, сколько и британцы, до тех пор, пока немецкие войска активно сопротивлялись, на практике единственным способом репатриировать «русских» можно было либо через оккупированный Британией Египет, Ирак или Персию, либо морем через Британию в Советский Союз. Прямо из Британии в Советский Союз было направлено около 32 тысяч советских граждан.

Потакание желаниям Сталина не обошлось без постыдных секретных мер. В соответствии с британским законом, правительство не имеет полномочий отправить какого-либо иностранца, находящегося в Британии, в другую страну против желания последнего. Британское министерство иностранных дел не побрезговало нарушить законы собственной страны. Это было сделано, во-первых, путем распространения положений Соглашения союзных войск (которое оговорило статус освобожденных французов, поляков и других военнослужащих союзных войск на территории Великобритании) на советских военнопленных. В большинстве случаев пленных везли в порт в строгой секретности, держа их в неведении насчет места назначения, пока не было уже слишком поздно. В условиях военной цензуры британское правительство получило возможность проводить незаконные операции в широком масштабе, причем британская общественность об этом не ведала.

Ответственным за проведение всей этой политики был министр иностранных дел Энтони Иден. Иден смог убедить своих коллег в министерстве, и при обстоятельствах, которые до сих пор остаются неизвестными, взял вверх над Уинстоном Черчиллем, озвучившим серьезные опасения в отношении выдачи советских военнопленных. Практически все участники знали об ужасной участи, которая ожидала всех репатриированных независимо от их деятельности в период немецкой оккупации. Защитники такой политики придерживались циничных принципов Realpolitik. Александр Кадоган, будучи постоянным заместителем министра иностранных дел Идена, отмечал: «Советскому правительству понадобится значительное количество рабочей силы для восстановления страны, и люди, которых мы возвращаем, без сомнения, помогут в этом деле». Подразумевалась, конечно, система трудовых лагерей ГУЛАГА, о существовании которой и о бесчеловечном обращении с заключенными в ней Запад был хорошо осведомлен.

После падения Германии в мае 1945 г. западные союзники получили возможность возвратить подавляющее большинство советских граждан, находившихся в их руках, относительно быстро сухопутным путем. Данные действия в основном имели место в оккупированных Австрии и Германии. В это же время Норвегия выдала Советам около 72 тысяч освобожденных из немецких трудовых лагерей русских военнопленных.

Как показывает статистика союзников, за лето 1945 г. было выдано Сталину более двух миллионов русских. Большинство из них смирилось с решением союзников, осознавая, что выбора не было, и представляя, как отреагировали бы советские власти, узнай они, что они сопротивлялись возвращению на родину. После долгих лет страданий в период немецкой оккупации многие, несомненно, хотели вернуться и поверили активной советской пропагандистской кампании, которая вместе с британцами и американцами заверяла русских, что с ними по-доброму обойдутся по их возвращении. Другие считали, что репатриация все равно неизбежна, и поэтому решили, что самым безопасным будет проявить восторг по поводу возвращения на родину. Отсутствует статистика, которая бы дала возможность выяснить, каково было соотношение между теми, кто вернулся по своему желанию, и теми, кто вернулся под воздействием угрозы или применения силы.

Условно можно выделить три категории людей среди тех, кто тогда был возвращен в СССР. Во-первых, это тысячи выживших военнопленных, многие из которых на момент их взятия служили в немецких войсках или в РОА. Ко второй категории относились освобожденные остарбайтеры, вывезенные нацистами с оккупированных территорий Советского Союза и вынужденные трудиться на немецких шахтах, заводах и сельскохозяйственных объектах. Наконец, были беженцы, которые были вынуждены уйти в сердце Европы вместе с отступающими немецкими войсками. Эти, третьи, предпочитали потерять родину, но ускользнуть от большевицкой власти.

После репатриации жестокие сцены разыгрались в лагерях, где американцы держали бывших военнослужащих РОА. В Дахау, печально известном месте нацистских преступлений, ряд бывших солдат Красной Армии покончили с собой, чтобы избежать репатриации. В январе 1946 г. американцы насильно репатриировали тысячи бывших власовцев из лагеря Платтлинг в Германии.

Необходимо сказать, что хотя американцы полностью проводили в жизнь договоренности, достигнутые в Ялте, и насильно репатриировали советских граждан, на всех уровнях, как на военном, так и на дипломатическом, они выражали значительное недовольство тем, что им пришлось участвовать в операциях по насильственной репатриации, которые они находили столь же отвратительными, как и акты геноцида, проводившиеся в недалеком прошлом нацистами. Каждый раз, когда применялась сила, военные всех рангов (включая Эйзенхауэра, Паттона и других старших командующих) громко протестовали, а Госдепартамент давал возможность выразить свою позицию тем, кто желал положить скорый конец этим постыдным действиям.

Однако британцы были решительно настроены проводить взятый курс до тех пор, пока не будут переданы все русские мужчины, женщины, дети. Чиновники в министерстве иностранных дел хвастались в своих документах, что именно благодаря их настойчивости американцы продолжили насильственную репатриацию, несмотря на все протесты.

Наиболее жестокие сцены разыгрались в оккупированной Австрии. Казацкий корпус, сформированный для борьбы с партизанами-коммунистами Тито в Югославии, сдался британским силам, прибывшим из Северной Италии. Немного далее на запад было также большое поселение казацких беженцев; все они, численностью приблизительно в 50 тысяч человек, сдались 5-му британскому корпусу, оккупировавшему юго-запад Австрии.

Британские военные всех рангов, понимая причины, побудившие казаков вступить в борьбу против коммунистов, относились к ним со значительной долей сочувствия. Более того, среди взятых в плен казаков были тысячи пожилых мужчин, женщин и детей. В конце концов, многие из казацких офицеров (в особенности те, кто постарше) были русским эмигрантами Белой армии, осевшими в Восточной Европе после Гражданской войны в России и имевшими заграничные паспорта или сертификаты лиц без гражданства (так называемые нансеновские паспорта), выданные Лигой Наций.

Условиями соглашения в Ялте четко оговаривалось, что только советские граждане подлежали возвращению в Советский Союз, и все приказы, изданные Объединенным Союзным командованием, подтвердили это. В указаниях, полученных командованием 5-го корпуса, с предельной ясностью говорилось, что только те, кто подпадает под данную категорию, подлежат возвращению. Более того, фельдмаршал сэр Гарольд Александер, Верховный командующий союзными силами на средиземноморском театре, лично издал указы о том, что ни при каких обстоятельствах нельзя насильно возвращать русских. Офицер образцовой смелости и рыцарской чести, он до этого был британским служащим в Балтийском легионе, боровшемся с большевиками в 1918—1919 гг., когда был награжден орденом Святой Анны Белым генералом Юденичем.

То, что произошло позже, является самым необъяснимым в репатриации и, следовательно, вызывает много вопросов. Командование 5-го корпуса намеренно проигнорировало приказы Александера и постаралось сделать так, чтобы Белые русские эмигранты были включены в ряды казаков и переданы в руки СМЕРШ в Вольсберге на линии демаркации. 1 и 2 июня британские войска, используя грубую силу, загоняли мужчин, женщин и детей в вагоны для перевозки скота, отправляя их в советскую зону оккупации.

> Лишенные своих командиров, казаки под Лиенцем 1 июня были окружены британскими солдатами, которые палками, прикладами и наездами бронемашин загоняли их в грузовики. Под открытым небом 22 священника непрерывно совершали богослужение, вокруг них люди держались за руки плотным кольцом, но англичане их вырывали поодиночке и кидали в машины. Были убитые и покончившие с собой: каза́чки с грудными младенцами с моста бросались в реку Драва, полноводную от таяния альпийских снегов. За бежавшими в горы англичане охотились еще две недели. Австрийцы на берегу Дравы соорудили кладбище. В нем 20 безымянных могил. А англичане бульдозерами вырыли траншеи, в которых убили восемь тысяч казачьих коней. Помимо советских граждан из Лиенца было выдано и 1430 старых эмигрантов, в их числе видные руководители Белого движения генералы П.Н. Краснов и А.Г. Шкуро. Вместе с четырьмя другими казачьими генералами их повесили в Москве в январе 1947 г. В числе повешенных был и Паннвиц, который мог остаться на Западе, но заявил, что он теперь не немец, а казак и должен разделить участь своего войска. Из его 15-го корпуса англичане насильственно выдали 17 тысяч человек; нескольким тысячам удалось скрыться. Из района Обердраубурга англичане выдали около 5 тысяч чинов формировавшейся Северо-Кавказской дивизии. Через 10 лет несколько старых эмигрантов, отбывших вместе с казаками лагерные сроки, вернулись на Запад и поведали о пережитом.

В отчетах, посланных 5-м корпусом Верховному Союзному командованию в Италию, ничего не говорилось о жестокости и неподчинении приказам. До сих пор неясен мотив этого тайного военного преступления. Тем не менее совершенно определенно то, что главную роль в допущении этих зверств сыграл британский министр-резидент при командовании средиземноморского театра, будущий премьер-министр Гарольд Макмиллан. 13 мая Макмиллан отправился в британскую штаб-квартиру в Австрии, где он издал секретные указания, позволявшие предательство и кровавое побоище, которое произошло через две недели.

В самих США также имел место малоизвестный трагический эпизод, связанный с репатриацией. Многочисленные советские военнопленные, взятые вместе с немцами, были переправлены через Атлантику и помещены в лагеря для военнопленных. В форте Дикс, а также в других местах небольшие группы решительно воспротивились возвращению в СССР, и после некоторого колебания военные США прибегли к силе, чтобы побороть сопротивление и посадить военнопленных на борт кораблей, направлявшихся в Советский Союз. И здесь не обошлось без самоубийств. Тем не менее, в отличие от Британии, в США действовала свободная пресса, и об этих инцидентах стало широко известно. Так как американцы видят себя во многом как нацию, появившуюся в результате бегства от гнета Старого Света, против насильственной репатриации выступили не только русские эмигранты.

Первый опыт насильственной выдачи американцы сделали 29 июня 1945 г. на военной базе Форт Дикс в штате Нью-Джерси в США. Там содержалось 154 добровольца, взятых в плен во Франции и отказавшихся репатриироваться на том основании, что они немецкие солдаты. Забаррикадировавшись в бараке, они подожгли его. Американцы выгнали их слезоточивым газом, а в бараке обнаружили трех повесившихся и несколько пустых петель. В газетах поднялся шум, но два месяца спустя пленных все же тайно отправили в СССР, дав им сильное снотворное перед погрузкой на пароход.

Следующим на очереди был лагерь Кемптен на юге Баварии, где жили гражданские беженцы и власовцы в штатском. В «кровавое воскресенье» 12 августа 1945 г. американская военная полиция стала закрывшихся в храме во время богослужения людей избивать палками и прикладами и поодиночке выгонять. Священника вытащили за бороду, раскидав в алтаре иконы и опрокинув престол. Все же из намеченных к выдаче 410 человек большинство скрылось и только 48 попало в советские руки. Во второй половине августа в Шербуре (Франция) были выданы офицеры власовской авиации. Затем Госдепартамент решил пересмотреть политику, и до конца года наступило затишье.

Подавляющее большинство русских, находившихся в руках двух крупных западных союзнических держав, было передано в течение лета и осени 1945 г. За зиму 1945–1946 гг. растущее недовольство в среде британских и американских военных сил и общественности вынудило МИД Великобритании, в течение некоторого времени в большей или меньшей степени продвигавшее эти действия вопреки всей оппозиции, прибегнуть к более осторожной тактике. Значительному числу русских, все еще находившихся на Западе, было позволено воспользоваться поддельными документами о гражданстве (польскими, балтийскими, румынскими и т. д.) и раствориться среди миллионов перемещенных лиц, содержавшихся в лагерях союзных войск и ЮНРРА (Администрация ООН по оказанию помощи и реабилитации).

Однако несколько тысяч русских продолжало удерживаться в лагерях. Около двух лет шла переписка между МИД Британии и Союзным Командованием на средиземноморском театре. К тому времени главные командующие Союзных войск решительно выступали против выдачи советских граждан в таком виде, так как считали, что она идет вразрез тому духу свободы и уважения к человеческому достоинству, за утверждение которого они боролись против нацизма.

В конце концов стороны пришли к омерзительному компромиссу. Те пленные, которые содержались в лагерях в Италии, подлежали продолжительному процессу досмотра. Военные, участвовавшие в проведении этой операции (кодовое название которой было «Восточный ветер»), признавали позднее, что руководствовались чисто прагматическими, если не сказать циничными, политическими мотивами. Им дано было понять, что операции по репатриации можно завершить, когда Сталин получит назад определенное количество своих граждан. В мае 1947 г., когда уже началась холодная война, несколько сотен несчастных русских были переданы довольным сотрудникам НКВД у перевала Земмеринг в Австрии.

Эта последняя операция носила подходящее для нее зловещее название «Операция Килевание» (килевание — наказание, заключавшееся в протаскивании человека при помощи подкильных концов с борта на борт под днищем корабля.

Часто килевание приводило к смерти наказуемого). Многие участники чувствовали, что несмотря на относительно небольшое число жертв, эта операция во многом была самой омерзительной. По иронии именно в это время британская армия проводила операцию под названием «Горный бросок» (Highland Fling), чьей целью было помочь дезертирующим советским военнослужащим в Европе бежать на Запад.

Обман англичане использовали и в отношении предполагавшихся союзников Власова — сербских монархистов. Их обещали везти в Италию на встречу с королем Петром, а привезли к титовским партизанам, которые тут же расстреляли 16 тысяч человек в ущелье Кочевска Клисура.

Хотя политику насильственной репатриации наиболее активно проводили британцы и американцы, другие европейцы также участвовали в ней. Франция, недавно освобожденная от нацистской оккупации и тысячи граждан которой, попавшие в плен вместе с солдатами Вермахта, все еще удерживались Сталиным, обладала меньшими, чем ее всемогущие союзники, возможностями для более достойных действий. Кроме того, в состав французского правительства входили влиятельные коммунисты, которые были готовы столь же подобострастно исполнять каждое требование Сталина, как их политические противники исполняли волю Гитлера в период режима Виши.

В предместье Парижа был создан большой лагерь Борегар, ставший базой для похищения советских граждан во Франции, куда интернировали несколько тысяч бывших советских пленных. Подобные лагеря были созданы также в других местах Франции. Несколько тысяч этих беженцев и освобожденных пленных были возвращены Сталину таким же образом, как и их соотечественники, оказавшиеся в руках британцев и американцев. Однако на тех территориях Германии и Австрии, которые находились под французской военной оккупацией, французские солдаты благородно старались изо всех сил защитить русских, чтобы те не были похищены вездесущими агентами СМЕРШа. Борегар был закрыт местной полицией в ноябре 1947 г.

Малые страны Западной Европы (за одним примечательным исключением) также выполняли в большей или меньшей степени советские требования. Как и везде, многое зависело от хороших или плохих побуждений конкретного человека, обладавшего властью. Даже нейтральная Швейцария выдала русских беженцев для отправки последних в ГУЛАГ. Особенно неприглядно повела себя нейтральная Швеция, которая в 1940 г. тайно помогала немцам в их вторжении в Норвегию и до тех пор, пока немцы одерживали победы, поставляла им необходимую железную руду и другие важные товары для военной промышленности Германии.

Несколько сотен латышей, эстонцев и литовцев смогли на маленьких лодках переправиться через Балтику в 1945 г., спасаясь от возвращающейся в их страны большевицкой власти. Хотя эти люди не подпадали под категорию «русских», как это было определено Ялтинским соглашением, шведы в конечном счете передали их советскому режиму, чьими подданными те с точки зрения международного права не являлись (мир, как мы помним, никогда не признавал советской аннексии прибалтийских государств). Позже марионеточное польское коммунистическое правительство призналось, что данная выдача произошла в обмен на тонны польского угля. Шведы традиционно высоко ценили качество своих жизненных стандартов.

Эти операции, оказавшие влияние на судьбы миллионов беззащитных мужчин, женщин и детей, были проведены с различной степенью эффективности и желанием всеми странами в Европе, за исключением одной. В течение второй недели мая 1945 г. русский батальон, служивший в немецких войсках под командованием бывшего царского офицера, перешел границу Австрии в Лихтенштейн. Лихтенштейн представляет собой крошечное альпийское независимое княжество, которое не имеет армии, но содержит полицейские силы численностью не более чем 12 человек.

Спустя несколько недель делегация СМЕРШ посетила Лихтенштейн. Несмотря на давление и отсутствие международной поддержки, Лихтенштейн оказался единственным государством, отказавшим большевикам выдать русских против их желания. Княгиня Лихтенштейна Гина возглавляла местный комитет Международного Красного Креста, чьей первой и самой крупной операцией было оказание помощи 800 интернированным русским. Эта маленькая страна полностью взяла на себя расходы по содержанию своих непрошенных гостей, которые обошлись ей в 500 тысяч швейцарских франков, и даже оплатила переезд нескольких сотен из них в Аргентину.

Те русские, которые пожелали вернуться на родину, естественно, получили право сделать это: около половины высказалось в пользу репатриации. Их командир, генерал Хольмстон-Смысловский, говорил одному из авторов этой книги, что возвращавшиеся обратно были снедаемы тоской по родине и чувством вины, что сражались против нее, а также верой в обещания прощения, даваемые советскими представителями. Ни от одного из вернувшихся больше не было никаких известий, и, скорее всего, все они сгинули в ГУЛАГе, сообщал генерал Смысловский.

Никогда не стоит забывать, что это было крошечное, не имеющее значительных ресурсов государство, но обнаружившее смелость и достоинство действовать в соответствии с христианскими и гуманными принципами тогда, когда практически все другие страны отказались от них. В это время советские власти захватили значительную часть имущества князя Лихтенштейна в Чехословакии и Австрии, и никто не мог гарантировать, что советские войска не пройдут еще сотню-другую километров и не войдут в Вадуц (столица княжества). Когда ныне покойного князя Лихтенштейна Франца Иосифа II один из авторов книги спросил, как он решился бросить вызов гигантской мощи Советского Союза, князь ответил: «Я говорил с ними твердо; это, в конце концов, единственный язык, который они понимают».

Секретность, с которой проводились операции по выдаче русских людей в руки Сталина, указывает на то, что государства-участники прекрасно осознавали, что они действуют вопреки воле своих народов. Помимо этого государственные люди отдавали себе полный отчет, что их государства нарушают международное право. Советский Союз отказался присоединиться к Женевской конвенции о военнопленных и, соответственно, не позволял представителям Красного Креста оказывать помощь или проводить инспекции в лагерях. Западные государства, напротив, гордились тем, что они выполняли условия Конвенции. В общих чертах даже немцы соблюдали букву и дух Конвенции в отношении военнопленных американцев, британцев, французов и других народов западных союзников.

МИД Британии в частном порядке признал, что русские, взятые в немецкой униформе, обладают, в соответствии с принятым толкованием Женевской конвенции, теми же правами, что и немецкие солдаты. Их выдача третьей стороне противоречила принятой практике, применяемой во время войны во всех случаях, за исключением такового в отношении русских, находившихся в британских и американских руках. Более того, в данном случае пленных осознанно выдали государству, которое, и это союзники прекрасно понимали, будет убивать, пытать и порабощать этих людей. Британская практика постоянной лжи русским пленным и беглецам с целью заманить их в вагоны и грузовики для выдачи Сталину явно нарушала условия Женевской конвенции 1929 г.

Литература
Józef Mackiewicz. Kontra. Paris, 1957.
Н.Н. Краснов. Незабываемое. 1945–1956. N. Y., 1959.
Великое предательство: выдача казаков в Лиенце и других местах (1945–1947). Сб. документов / Под ред. *генерала В. Науменко*. N. Y., 1962–1970.
Peter J. Huxley-Blythe. The East Came West. Caldwell, Idaho, 1964.
N. Bethell. The Last Secret: Forcible Repatriation to Russia, 1944–1947. L., 1974.
Н.Д. Толстой-Милославский. Жертвы Ялты. М.: Русский путь, 1996.
Nikolai Tolstoy. The Minister and the Massacres. L., 1986.

4.2.38. Война с Японией. Сталин, Мао и судьба русской дальневосточной эмиграции

Следуя решениям Ялтинской конференции, советское правительство 5 апреля 1945 г. денонсировало пакт о нейтралитете с Японией, а 8 августа, через три месяца после завершения войны в Европе, объявило этой стране войну. Вслед за тем Красная Армия перешла границы Южного Сахалина и занятых Японией Маньчжурии и Кореи. Одновременно была начата операция по захвату Курильских островов. Японцы повсеместно оказывали упорное сопротивление, несмотря на то, что их боевая мощь была к тому времени значительно подорвана. В 1944–1945 гг. Императорские армии и флот потерпели серьезные поражения от американцев и англичан. 23 июня, после почти трех месяцев тяжелейших кровопролитных боев, полумиллионная американская армия заняла остров Окинаву. Тяжелые последствия для страны имели и атомные бомбардировки США городов Хиросима (6 августа) и Нагасаки (9 августа). В результате ядерных ударов погибли более 200 тысяч человек. Так что победа советских войск была, по существу, предопределена.

В течение десяти дней крупнейшая на Дальнем Востоке японская Квантунская армия в ходе советской наступательной операции под кодовым названием «Августовский шторм» потерпела сокрушительное поражение. К тому времени, 15 августа, император Японии Хирохито уже объявил о капитуляции, однако командующий Квантунской армией отказывался ее признать вплоть до 19-го числа. В итоге боев, по официальным советским данным, Красная Армия потеряла 12 тысяч убитыми, японская — 84 тысячи. По японским данным, соответствующие потери равнялись 20 и 21 тысячам. Около 600 тысяч японских военнослужащих, то есть почти две трети Квантунской армии, были взяты в плен.

2 сентября в 9 часов 4 минуты утра по местному времени на борту американского линейного корабля «Миссури» в Токийском заливе представители Императора

и правительства Японии, а также Верховный главнокомандующий союзных войск генерал Д. Макартур, советский генерал-лейтенант К.Н. Деревянко и английский адмирал сэр Б. Фрейзер в присутствии представителей Франции, Нидерландов, Китая, Австралии и Новой Зеландии подписали «Акт о безоговорочной капитуляции Японии». Вторая Мировая война завершилась.

Сталин мог торжествовать: в результате войны с Японией СССР существенно укрепил свои геополитические позиции на Дальнем Востоке. По Ялтинским соглашениям к Советскому Союзу отошли Южный Сахалин и Курильский архипелаг. Кроме того, 14 августа СССР заключил договор с гоминьдановским Китаем о дружбе и союзе, который сам Сталин назвал «неравным». Специальные соглашения, сопровождавшие этот документ, давали советской стороне право иметь в течение тридцати лет военно-морскую базу в городе Люйшуне (Порт-Артуре), владеть портом города Далянь (Дальний) на северо-востоке Китая, а также совместно управлять Китайской Чанчуньской железной дорогой (КВЖД).

Присутствие в Китае давало Сталину возможность эффективно влиять на перспективы борьбы за власть между китайскими коммунистами, возглавлявшимися Мао Цзэдуном, и чанкайшистами. К тому времени Мао, так же, как вожди европейских компартий, следуя указаниям Сталина, «перекрасил» свою компартию в «демократическую». Правда, в отличие от коммунистов Европы, он называл будущий революционный строй Китая «новой демократией», а не «народной», однако замена слов не имела никакого значения. Подлинной целью Мао Цзэдуна было осуществление в стране коммунистического переворота.

К концу Второй Мировой войны китайские коммунисты контролировали девятнадцать крупных районов, расположенных в северном, восточном и южном Китае. Общая численность населения, проживавшего там, составляла 95,5 млн человек (в то время в целом в Китае насчитывалось более 600 млн). Гражданская война в этой стране казалась неизбежной. Однако позиция Сталина в отношении будущего китайского конфликта была в то время весьма осторожной. Ради безоговорочной поддержки китайской компартии он не хотел рисковать тем, что уже получил по Ялтинским соглашениям и советско-гоминьдановскому договору.

Кроме того, в своих расчетах кремлевский диктатор принимал во внимание монополию США на ядерное оружие. Будучи неготовым противостоять ядерной атаке Соединенных Штатов, он вынужден был делать все, чтобы не спровоцировать Вашингтон. «Две атомных бомбы США потрясли Сталина, заставив его искать компромисс», — вспоминал позже один из лидеров китайской компартии Чжоу Эньлай. Вот почему вскоре после Второй Мировой войны Сталин начал открыто выражать сомнения в способности китайских коммунистов взять власть. После войны он даже посоветовал Мао Цзэдуну «прийти к временному соглашению» с гоминьдановцами, настаивая на поездке Мао в тогдашнюю столицу Китая Чунцин для личной встречи с Чан Кайши. Мао был страшно подавлен таким «предательством» вождя и учителя, но не мог не подчиниться. «Я был вынужден поехать, поскольку это было настояние Сталина», — говорил он позже. 23 августа 1945 г. он собрал расширенное заседание Политбюро, на котором заявил: «Советский Союз, исходя из интересов мира во всем мире и будучи скован китайско-советским договором, не может оказать нам помощи». 28 августа вместе с Чжоу Эньлаем он вылетел в Чунцин, несмотря на то что ЦК КПК получил письма с протестами против переговоров с Гоминьданом от различных партийных организаций. На аэродроме перед отлетом, прощаясь с членами своего Политбюро, Мао улыбался, но было заметно, что ему далеко не весело. К трапу самолета «он шел как на казнь», — вспоминал один из очевидцев.

Переговоры, однако, ни к чему не привели. Проведя 43 дня в Чунцине и даже согласившись на подписание соглашения о мире, Мао отнюдь не собирался отказываться от борьбы за власть. Он просто делал уступку Сталину, прекрасно понимая, что его столкновение с Гоминьданом могло быть успешным только при условии оказания КПК военной и экономической помощи со стороны СССР. Ему оставалось только ждать, когда «лицемерный заморский чёрт» (так Мао позже в сердцах назовет Сталина) изменит свою позицию. А пока приходилось выслушивать распоряжения маршала Родиона Малиновского, командующего советскими войсками в Маньчжурии. Тот, по требованию Сталина, категорически запрещал коммунистическим войскам занимать города Северо-Восточного Китая до тех пор, пока советская армия их не оставит. «Мы не вмешиваемся во внутреннюю политику Китая, — заявлял он. — Внутренние вопросы Китая должны решаться самими китайцами». Свой «уклон» Сталин начнет преодолевать только весной 1946 г., после того как Мао Цзэдун заверит его в том, что китайская компартия справится со всеми трудностями и разгромит Гоминьдан.

Советские войска, оккупировавшие Маньчжурию, были на первых порах встречены с радостью русскими эмигрантами, как избавители от японского произвола. Однако тринадцать тысяч эмигрантов были арестованы сотрудниками НКВД и отправлены в сибирские лагеря. Руководители фашистской партии казнены. Могилы многих выдающихся деятелей Белого движения, нашедших вечное упокоение в Маньчжурии, — осквернены сотрудниками СМЕРШ (например, могила генерала Каппеля в Харбине). Несмотря на массовые аресты, патриотические эмоции среди молодежи не ослабли, началась советизация обучения русских поселенцев. Когда гражданская война в Китае окончилась победой коммунистов, отъезды в СССР участились (свой коммунизм милее чужого), а уж после смерти Сталина, в 1954—1957 гг., русского населения в Маньчжурии почти не осталось.

Сходная участь постигла русскую диаспору и в остальном Китае. По окончании войны кое-кто вернулся в СССР, а в феврале 1949 г., после провозглашения Китайской Народной Республики, из всей огромной дальневосточной эмиграции не многим более 5 тысяч удалось эвакуировать из Шанхая на Филиппины, на остров Тубабао, откуда они за 5 лет разъехались в Австралию, США, Чили. Около 9 тысяч успели выехать за океан ранее, а остальные были в большинстве своем репатриированы в СССР.

Огромную роль в организации выезда русских беженцев из Китая в США сыграл шанхайский архиепископ РПЦЗ Иоанн (Максимо́вич), сумевший уговорить высокопоставленных чиновников эмигрантской службы США разрешить въезд столь большого числа русских в Америку.

Литература
Нона Райн. Россия — Харбин — Австралия. М., 2005.
А.В. Панцов. Мао Цзэдун. М., 2007.

4.2.39. Итоги и цена Второй Мировой войны для России и сталинского режима. Невосполнимые потери

Вторая Мировая война обернулась для России третьей демографической катастрофой после «военного» коммунизма и коллективизации, причем самой страшной. Вызванные ею людские потери составили, округленно, 27 млн человек, из них 17 млн мужчин призывного возраста и 10 млн прочего населения.

> *Слова мыслителя*
>
> «*Разве было бы возможно, чтобы пролитие людской крови не имело великой причины и великих следствий? Есть только один способ сдержать бич войны — обуздать беспорядки, влекущие эти чудовищные очищения*» (*Жозеф де Местр.* Рассуждения о Франции. М.: Росспэн, 1997. С. 50).

А. Потери мужчин призывного возраста	**17,0 млн**
1. Умерло в немецком плену	3,3
2. Повышенная смертность в советских концлагерях	0,9
3. Боевые потери антисоветских формирований	0,3
4. Расстреляно в Красной Армии	0,1
5. Убито в боях и умерло в Красной Армии	12,4

Последняя строка получена путем вычета из 17 млн четырех довольно точно установимых величин, но сама она — величина спорная. По официальным данным, в Красной Армии убито и умерло от ран и болезней 6,9 млн человек, по иностранным оценкам — до 13 млн, а по некоторым отечественным оценкам — еще больше. Эта цифра в 4,3 раза выше числа убитых и умерших на Восточном фронте немецких солдат. Причина — все те же сталинские методы ведения войны: лобовые атаки на пулеметные гнезда, посылка людей на минные поля, штрафные батальоны, три месяца службы в которых заменяли 10 лет заключения. Да и общее отсутствие заботы о человеческой жизни — посмотрите фотографии войны: советские солдаты, в зависимости от времени года, в пилотках или в ушанках, — какой процент носит каски? Генерал Эйзенхауэр, ужаснувшись той легкости, с которой советские командиры расходовали человеческие жизни, обратился с этим вопросом к маршалу Жукову. Тот, улыбнувшись, ответил: «Ничего, русские бабы еще нарожают!» Общее число погибших мужчин призывного возраста — 17 млн — составляет **половину всех** призванных на военную службу в 1941–1945 гг. — 34,4 млн человек. То есть **половина всех призванных на войну не вернулась домой.**

Велик и разброс оценок гражданских потерь. По советским данным, немцы убили более 6 млн гражданского населения, но обоснования этой цифры нет. Минимально достоверные цифры по двум основным статьям нацистского террора даны ниже. Кроме того, Сталин в 1943–1944 гг. выселил из Крыма и с Кавказа в Среднюю Азию сотни тысяч татар, чеченцев, ингушей, балкарцев, карачаевцев и других, обвиненных в сотрудничестве с немцами. Около 300 тысяч было депортировано из бывшей Польши, сотни тысяч из Прибалтики, а еще в августе 1941-го были выселены на восток немцы Поволжья. К 1946 г. в живых оставалось

2,46 млн спецпоселенцев. Переселение их шло в нечеловеческих условиях и за годы войны могло привести к смерти не менее 10 % высланных. Очевидно, что в прифронтовых районах от боевых действий гибло и гражданское население, но эти потери трудно оценить. Главной причиной гибели гражданского населения по обе стороны фронта были тяжкие общие условия жизни, особенно невыносимые для детей.

Б. Потери остального населения	**10,0 млн**
1. Блокада Ленинграда	1,0
2. Нацистский террор против евреев	более 0,5
3. Нацистская зачистка партизанских районов	0,5
4. Гибель при депортации «ненадежных» народов	ок. 0,3
5. Повсеместно повышенная детская смертность	1,3
6. Общее ухудшение условий жизни	6,4

Трудность оценки суммарных военных потерь состоит в том, что если на июнь 1941 г. население СССР довольно точно известно — 196,7 млн, то сразу после войны его не считали, чтобы скрыть потери. Приходится вести обратный отсчет от переписи 1959 г. До этого года дожили, округленно, 34,5 млн мужчин в возрасте от 30 до 74 лет, то есть тех, чей возраст был призывным в гг. войны и чья численность накануне войны составляла 63,5 млн Уровень смертности мирного времени подсказывает, что из 29 млн не доживших до 1959 г. 11—12 млн могли за 18 лет умереть в силу естественных причин, а, следовательно, 17—18 млн погибли во время войны. Предположить, что военные потери были еще выше, можно только уменьшив «естественный» уровень смертности, который в данном случае отражает и наличие большого числа инвалидов, и голод 1947 г. Сколь огромна и так была потеря, явствует из того, что **в 1959 г. на каждых трех женщин возраста от 30 до 74 лет осталось два мужчины**. Недостача мужчин объясняется не только войной, но и тем, что уже в 1941 г. мужчин призывного возраста было на 4,3 млн меньше, чем женщин тех же лет, — из-за предыдущих катастроф.

Уровень рождаемости после войны резко упал: в 1946 г. он составлял 2,8 рождений в течение жизни одной женщины — в полтора раза меньше, чем в 1940 г. За небольшим всплеском в 1949 г. рождаемость понизилась вновь и по РСФСР упала после 1964 г. до уровня 2,0, не обеспечивающего замещения поколений. Спад числа рождений в годы войны — а следовательно, и готового к воспроизводству населения — имел свое «эхо» 25 и 50 лет спустя в спадах числа рождений около 1970 и 1995 гг. Война надолго оставила свой отпечаток на составе населения по полу и возрасту.

Между ожидавшимся ростом населения российского государства, если бы не было Октябрьского переворота, и реальностью — каскад обвалов в результате «военного» коммунизма, коллективизации и войны 1941—1945 гг. Это — «дефицит населения» из-за катастроф в период советской власти. Дефицит состоит из: 1) людей фактически погибших, умерших преждевременно и 2) не родившихся детей. По приведенным ранее данным, первую группу, по трем катастрофам и периодам между ними, можно себе представить так:

1918–1922	«Военный» коммунизм, голод, Гражданская война	12 млн
1930–1933	Коллективизация, раскулачивание, голодомор	9 млн
1934–1940	Их последствия, террор, лагеря, советско-финляндская война	2,7 млн
1941–1945	Советско-нацистская война	27 млн
1946–1956	Голод 1947 г., подавление повстанцев, лагеря	1,3 млн
Итого до 1956 г.		52 млн

Как указывалось ранее, цифры эти неполные, они используют официальные данные о расстрелах и смерти в лагерях, и в них можно видеть **достоверный минимум.** Никто, например, не вычислял, в какой мере тяжелые условия советского быта повысили общую смертность населения, а это число намного превысило бы число прямых жертв расстрелов.

Вторая часть дефицита населения — дети, которые не родились (в основном потому, что не стало родителей, у которых они могли родиться, или родители были разлучены тюрьмой и лагерем). Это величина довольно условная. Она оценивается примерно в 40 млн человек, создавая общий дефицит около 90 млн. То есть **если в 1990 г. на территории СССР жило 290 млн человек, то без этих потерь население бы было порядка 380 млн.**

Война 1941–1945 гг. вызывала огромные разрушения в зоне военных действий, о которых много написано. Такие города, как Воронеж, Белгород, Орел, Ржев, Севастополь, Харьков, Сталинград, пришлось фактически отстраивать заново. Восстановительные работы длились до 1950 г. Часть эвакуированных в войну предприятий осела на новых местах (например, в Новосибирске, Челябинске), изменив экономическую географию страны.

Война ответственна не только за более чем половину дефицита населения, возникшего в советское время, но имела и длительные идейно-политические последствия. Смягчилось противостояние власти и народа, определявшее атмосферу 1930-х гг. Защита отечества от внешнего врага заставила пойти на компромисс с диктатурой и ее ценностями — бесчеловечными и противохристианскими. Возник *советский патриотизм*, укрепивший диктатуру на долгие десятилетия. Появилось «советское имперское сознание», гордость за то, что чуть ли не четверть мира исполняет волю Кремля, и полностью пренебрегавшее тем, что несло народам и самой России, и Восточной Европы, и Востока насильственное насаждение коммунистической диктатуры. Словно, победив «фашизм», эта диктатура себя уже оправдала.

Тезис о том, что победа стала возможна только благодаря советскому строю, требует нескольких корректив:

1. Развязавший Вторую Мировую войну договор Молотова — Риббентропа, рассчитанный на взаимное ослабление Германии и западных демократий, был вызван стремлением Сталина распространить большевицкий строй на всю Европу. То есть не будь этого строя, очень возможно, не потребовалось бы ни войны, ни победы.

2. Мобилизационная экономика, присущая коммунистическому строю, стала необходимой в условиях нищеты, созданной этим же строем. Без социалистических экспериментов 1918–1921 и 1929–1933 гг. страна к 1941 г. была бы примерно в 4 раза богаче.

3. Тем не менее созданного мобилизационной экономикой военного производства оказалось недостаточно, и для победы потребовалась иностранная помощь в ключевых отраслях и в огромных объемах.

4. Что касается жестокого террора, способствовавшего победе, то тот же террор был и причиной отчуждения от власти, которое привело к поражениям первого года войны. Как это ни парадоксально, но одной из важных причин победы стала бесчеловечная политика Гитлера, сплотившая народ на защиту отечества, несмотря на присутствие советской власти.

5. Наконец, не следует забывать, что высшими ценностями являются жизнь, свобода и достоинство человека, в которых проявляется его божественный образ. Народ создает государство для упрочения этих ценностей, для их развития, а отнюдь не для бессмысленного расползания своей страны по карте мира. Если режим, установившийся в стране, губит жизни, отбирает свободу и попирает достоинство, эти высшие и каждым ценимые блага, — то зачем он нужен? Этот вопрос очень глубоко и по-разному был продуман русскими людьми в тяжкие годы войны.

Литература

Е.М. Андреев, Л.Е. Дарский, Т.Л. Харькова. Население Советского Союза, 1922–1991. М.: Наука, 1993.

Ко всей главе

Великая Отечественная война Советского Союза 1941–1945; краткая история. 3-е изд. М.: Воениздат, 1984.

Княжна Мария Васильчикова. Берлинский дневник, 1940–1945. М., 1994.

Б. Соколов. Вторая мировая. Факты и версии. М.: Аст-Пресс Книга, 2005.

Clark Alan. Barbarossa: The Russian-German Conflict, 1941–1945. N. Y.: Morrow, 1986.

De Jonge Alex. Stalin and the Shaping of the Soviet Union. N. Y.: Morrow, 1986.

Erickson John. The Road to Stalingrad. New Haven: Yale University Press, 1999.

Erickson John. The Road to Berlin. New Haven: Yale University Press, 1999.

Глава 3
РОССИЯ И ПОДГОТОВКА СТАЛИНА К НЕСОСТОЯВШЕЙСЯ ТРЕТЬЕЙ МИРОВОЙ ВОЙНЕ 1946–1953 ГГ.

4.3.1. Несбывшиеся надежды на либерализацию большевицкого режима. Сталинская послевоенная идеология

Уже во время войны, перед лицом опасности и смерти, имея в руках оружие, побеждая умелого и храброго врага, русские люди стали меняться. Забитость и запуганность конца 1930-х гг. отступала. Конечно, это были не люди старой России — ни той культуры, ни той сознательной и ответственной веры в Бога, которая отличала лучших, и довольно многочисленных, выходцев как из высших сословий, так и из простого народа, теперь не было, — но это были смелые люди с возродившимся чувством собственного достоинства, с любовью и гордостью за свой народ-победитель.

В какой-то степени возродилось и совершенно разрушенное чувство взаимной солидарности. Молодые офицеры — а именно они были наиболее яркими носителями новых настроений — пренебрегали опасностью не только перед лицом врага, но и переставали бояться всесильного СМЕРШа. Они помогали друг другу в трудные минуты и с презрением относились к «тыловым энкавэдистским крысам». Люди еще не переродились, и позорное поведение очень многих в оккупированной Красной Армией части Европы — тому свидетельство, но люди *начинали перерождаться*. Слова «честь имею», столь естественные для старого русского офицерства, снова стали наполняться смыслом в сердцах молодых капитанов и даже армейских полковников и генералов с серебрящимися висками. «На передовой — все верующие», — как-то сказал генерал Эйзенхауэр. И действительно, если не все, то весьма многие в Красной Армии получили опыт веры, опыт живого заступничества и богоприсутствия в «окопах Сталинграда» и в жестоких встречных сражениях на Курской дуге. Верующих людей стало больше, а следовательно, и людей совестливых. Тем более что и Церковь, пусть очень дозировано, но была вновь допущена большевиками в русское общество. А те, кто оказались под оккупацией, восстановили связь с Церковью еще глубже.

> Характерным примером является рассказ ветерана войны Константина Шеврова. Родившийся в 1917 г., он по воспитанию был типичным советским человеком, мало задумывавшимся о Боге и религии. В 1941 г. Константин воевал на Южном фронте, отступил с армией на Кавказ и оказался в партизанском отряде, сформированном из попавших в окружение солдат и офицеров, установивших связь с «Большой землей». В один из зимних дней 1942 г. отряду был дан приказ взорвать мост через горную реку. Четыре группы уже погибли при безуспешных попытках: до моста по берегу было не пройти, так как все пространство простреливалось из ДОТов, необходимо было пробираться вплавь по горной реке с бурным течением и температурой воды в 3–4 градуса. Задача, поставленная группе, являлась практически невыполнимой. Константин вспомнил молитвы, которым его учила бабушка, и стал читать «Взбранной Воеводе победительную». Под шквальным огнем в ледяной воде пятеро советских солдат пробирались к мосту. Трое из них утонули. Константин и его товарищ из Грузии Илья Сванидзе добрались до цели, заложили взрывчатку и уничтожили мост, не получив ни единой царапины. В 1962 г. Константин приехал в Грузию к своему фронтовому другу, который стал очень верующим человеком и каждое воскресенье ездил на машине в небольшой городок в церковь. «Какова была наша встреча, Боже мой! Мы, здоровые сорокапятилетние мужчины, плакали, как дети, что-то пытались вспомнить, сказать, а наши жены стояли рядом и не знали, что делать... Вот так я пришел к вере и к Господу нашему Иисусу Христу и несказанно полюбил Матерь Божию, чем сейчас и живу», — написал Шевров в своих воспоминаниях в 1989 г. (*К. Шевров. Мост / Отец Арсений*. М.: Изд-во Свято-Тихоновского гуманитарного университета, 2004. С. 376–383).

Не только нравственный соблазн, но и огромный опыт дала руским людям заграничная кампания Красной Армии 1944–1945 гг., работа в Европе в качестве остарбайтеров, встречи и беседы с «оккупантами» — немецкими солдатами и офицерами. Далеко не все из них были зверями — много встречалось интеллигентных, умных, верующих людей, порой с любовью, интересом и жалостью относившихся к России, русской культуре, нищим и забитым ее людям. Общение с ними освобождало от «классовой ненависти», приучало к более широкому взгляду на мир.

Солдат РККА, большей частью крестьянских парней, еще в финскую войну поразили ухоженные фермы, хромированные поилки для коров в теплых, каменных коровниках, чистота быта, механизация труда. В Германии, Чехии, Венгрии они увидели еще больше иного мира, пусть и разоренного войной, но все равно безмерно более богатого, благоустроенного и свободного, чем мир колхозной деревни

1930-х гг. И опять же, работая на немецкого бауэра, остарбайтеры далеко не всегда испытывали только побои и плеть, на многих фермах между работниками и хозяином устанавливались добрые христианские отношения, а порой между одинокой фермершей и ее работником, в нарушение всех арийских строжайших законов, и отношения «неуставные». Жизнь брала свое, и русские люди, узнавая иную жизнь, поражались ей и начинали мало-помалу понимать, что коммунисты их жестоко обманывали, чтобы выдавливать до последней капли силу и жизнь.

Многие люди, особенно среди женщин-рабочих и демобилизованных военных, увидевших другую жизнь в оккупированной Европе, были разочарованы и недовольны. Работница Московского автозавода писала: «Всю войну работали напряженно, ждали победы, а с ней и облегчения всей жизни. Получилось же наоборот. Заработки наши понизились, мы получаем гроши». Работница одной из подмосковных типографий была арестована за распространение песенки со словами:

> «Будьте здоровы, живите богато,
> Насколько позволит вам ваша зарплата.
> А если зарплата вам жить не позволит,
> Ну что ж, не живите, никто не неволит».

Бывшие солдаты, вернувшиеся из Германии, писали на рабочих собраниях записки: «Вот там действительно свобода. А у нас рабочие завоевали себе не свободу, а угнетение».

> По воспоминаниям дипломата Виктора Исраэляна, «миллионы людей поняли, что в течение десятилетий их обманывали. Жизнь в капиталистических странах Европы оказалась не такой плохой, как ее рисовали в Советском Союзе. Причем больше всего впечатляло, что лучше, чем в СССР, жили не только миллионеры-эксплуататоры, а и простые рабочие и крестьяне». Увиденное в Европе, подытоживает Исраэлян, положило начало «процессу прозрения советских людей. Возвращавшиеся домой после окончания войны пленные, репатриированные лица, демобилизованные воины вначале открыто, порой с восторгом... рассказывали правду о жизни на Западе» (*Виктор Исраэлян. На фронтах «холодной войны». Записки советского посла. М.: Мир, 2003. С. 28*).

Средняя заработная плата на начало 1947 г. составляла 550 рублей в месяц. За эти деньги можно было купить 8 кг сливочного масла или 162 кг хлеба. До революции средний фабричный рабочий за месячную зарплату мог купить 22 кг сливочного масла или 314 кг хлеба. Обнищание рабочих дошло до того, что в ряде промышленных районов местные партийные комитеты просили свое начальство отменить демонстрацию 7 ноября, так как рабочим не в чем выйти на улицу. Народ хотел зажить после победы вольной и сытой жизнью, — но коммунистические вожди и не думали освобождать его и дать людям возможность насыщаться от трудов своих рук.

> В декабре 1952 г. председатель колхоза в Тамбовской области **Иван Ермолаевич Крюков** направил Сталину письмо. Он писал: «...проработав 7 годов, я из года в год не могу обеспечить своих колхозников таким жизненно важным продуктом, как хле-

бом. Наш колхоз из года в год снимает неплохой урожай, колхозники прикладывают все усилия к тому, чтобы вырастить богатый урожай и чтобы сами колхозники были с хлебом. На деле получается все иначе. Сняв урожай, в первую очередь рассчитываемся с государственными поставками, потом рассчитываемся с [машинно-тракторной станцией] за машины, так называемая натуроплата, засыпали семена, как будто все хорошо, но беда в том, что самим колхозникам, которые этот хлеб вырастили, выходили, остается не более как по 200 граммов на трудодень. Спрашивается, может ли человек прокормиться на эти двести граммов? Конечно, нет; но вот я, как председатель колхоза, хотел в первую очередь снабдить хотя бы по 2 килограмма своих колхозников. Но об этом узнал наш райком и райисполком и вызвали меня на бюро. Заявили, что если я не рассчитаюсь с государственными поставками, то меня отдадут под суд, исключат из членов партии. Короче говоря, лишат меня не только семьи, но чуть ли не всей жизни. Дорогой товарищ Сталин, ответьте мне, есть ли такой закон, что пусть колхозники, которые вырастили хлеб, должны сидеть без хлеба. Наши печать, радио говорят, что у нас богатая жизнь колхозников, но эту жизнь богатую при таких вещах сделать нельзя, какие есть в нашем колхозе: колхозники имеют одну зимнюю одежду на 3–4 члена семьи, дети зимой у 60% населения учиться не могут, ибо нет одежды. Я считаю, что если мы готовимся к войне, только такое обстоятельство может вести к такому большому государственному запасу хлеба, ибо из печати и радио известно, что наше государство дает урожай около 8 миллиардов пудов. Я знаю, что нам надо хлеба много, ибо мы помогаем всем демократическим странам, но мне кажется, надо в первую очередь снабдить хлебом свой народ и излишки продавать иностранным государствам».

Подсоветские люди переставали верить и в то, что арестованные, заключенные «политические» — действительно враги. Сидящих по 58-й статье жалели и уважали. Многие понимали, что завтра в таком же положении может оказаться твой брат, твоя мать, жена, ты сам.

Внучатый племянник генерала Краснова, молодой казачий офицер Николай Краснов, также выданный англичанами в Лиенце СМЕРШу вместе со своим дядей и отцом, прошел Лубянку, Бутырку, десять лет лагерей. Выжил и, вернувшись на Запад, первым делом написал воспоминания «Незабываемое» — исключительно важный источник по жизни советских заключенных после 1945 г. В этой книге он говорит: «Нас всех называли "врагами народа", не рискуя дать правильное имя "враги режима", "враги правительства". Народ же в своей толще отлично разбирался в том, кто его враг, и с особенной симпатией относился к заключенным по 58-й статье, к заключенным спецлагерей... Когда заключенных спецлагерей перебрасывали на новые работы и нас вели под усиленным конвоем в сопровождении целых стай (сторожевых. — *Отв. ред.*) собак по улицам сибирских городов, мы слышали реплики: "Сволочи, как изуродовали людей! На что они похожи, кожа да кости! Самим бы чекистским гадам номера всюду налепить, чтобы народ знал и стерегся"» (*Н.Н. Краснов*. 1945–1956. Незабываемое. М.: Рейттар-Станица, 2002. С. 153).

Прозрение наступало не только у простых «подсоветских» людей, но и у многих честных военачальников и гражданских чиновников, головы которых до войны были затуманены невероятно быстрым карьерным ростом (по трупам их предшественников, убитых во время ежовщины) и сталинской пропагандой. Генерал-лейтенант, герой Сталинграда Василий Николаевич Гордов, славившийся своей беспощадностью и презрением к солдатским жизням в годы войны, в декабре 1946 г. с горечью говорил своей жене и заместителю (разговор был подслушан госбезопасностью): «Я поехал по районам, и когда я всё увидел, всё это страшное, — тут я совершенно переродился. Убежден, что если сегодня снимут колхозы, завтра будет порядок, будет рынок, будет всё. Дайте людям жить!» Гордов говорил о Сталине: «Этот человек — разорил Россию, ведь России больше нет!» Генерал видел выход в установлении «настоящей демократии». Вскоре Гордов, обвиненный в «буржуазном перерожденчестве», был арестован и расстрелян вместе с другим таким же «перерожденцем» генерал-майором Филиппом Трофиновичем Рыбальченко.

Особенно бедственным было положение миллионов военных инвалидов. Ни о протезах, ни о колясках, ни о подходящих для них помещениях государство всерьез не заботилось. Зато оно ежегодно заставляло их являться на переосвидетельствование, «точно бы у меня за это время могла вырасти нога», мрачно шутили инвалиды. Инвалидов с самыми тяжелыми увечьями, вместо того чтобы дать им высокие пенсии и необходимые инвалидные устройства, Сталин приказал свозить с глаз долой в бывший Валаамский монастырь и иные малодоступные места, дабы они своим нищенством и жалким видом не портили настроение трудящимся. Инвалидов кормили, давали им вдоволь водки, и они тихо кончали свои дни в алкогольном дурмане и общении друг с другом. Логика была проста: сейчас о человеке думать некогда; надо первым делом вооружаться, чтобы победить капитализм. А когда коммунизм восторжествует во всем мире, тогда все и заживут хорошо. Потому подлинный гуманизм — это производство оружия, а не пенсии и не изготовление протезов и инвалидных колясок. Даже изувеченные солдаты Вермахта, не говоря об инвалидах армий союзников, оказались в бесконечно лучшем положении, чем русские воины-победители.

В мае 1945 г. огромное большинство населения под гром победных салютов и фейерверков с великим облегчением вздохнуло: наконец мир, самое страшное позади! Только Сталин не думал давать народу ни отдыха, ни облегчения. В своей работе «Экономические проблемы социализма в СССР» он говорил о неизбежном загнивании капитализма и связанным с этим ростом его агрессивности по отношению к соцстранам. Он призвал готовиться к новой войне, которая приведет к торжеству «социализма» во всем мире.

Традиционную коммунистическую фразеологию Сталин теперь еще в большей степени, чем в конце 1930-х гг., соединяет с игрой в возрожденную Российскую империю.

В порядке начатого во время войны изменения внешнего облика режима 15 марта 1946 г. **народные комиссариаты** стали называться **министерствами**, а Совнарком — Советом министров, как в настоящей России. Красная Армия стала Советской Армией. По указанию Сталина почти во всех гражданских ведомствах была введена форма для служащих: ее получили дипломаты, связисты, работники суда и прокуратуры. Школьников тоже нарядили в мундирчики и фуражки, девочек — в форменные блузки и фартуки, несколько напоминающие гимназическую форму царского времени. Обучение девочек и мальчиков стало еще в конце войны

Подписание пакта Молотова-Риббентропа

Рабочие Кировского завода уходят на фронт

Немецкие солдаты. Надпись гласит:
«Русские должны умереть, чтобы мы жили»

Изготовление авиационных бомб на оборонном заводе

Первые дни войны. Июль 1941 г.

Служба ПВО города Москвы

И. Сталин подписывает декларацию о дружбе и сотрудничестве с польским правительством в изгнании. Крайний справа В. Молотов, В. Сикорский, В. Андерс, Москва, декабрь 1941 г.

Парад на Красной площади в Москве 7 ноября 1941 г.

Советские солдаты стараются отбить первые атаки врага

На улицах осажденного Ленинграда

«Дорога жизни»

Москвичи строят оборонительные сооружения

Отряд лыжников на ближних подступах в Москве

Атака казаков Красной Армии под Москвой

Горные разведчики под Моздоком, ноябрь 1942 г.

Расстрел партизанами предателя в освобожденной Белоруссии, 1942 г.

Партизаны в боевом походе

Бой за Сталинград

Машинно-тракторная станция в колхозе

Плакат времен Великой Отечественной войны

Портрет Маршала Советского Союза Г.К. Жукова

Портрет Маршала Советского Союза С.К. Тимошенко

Плакат времен Великой Отечественной войны

Плакат времен Великой Отечественной войны

Битва на Курской дуге

«Катюши» в бою под Ржевом

Битва на Прохоровом поле, 1943 г.

Морская пехота на Малой Земле (под Новороссийском), 1943 г.

Морской десант в Керченской проливе

Экипаж бомбардировщика готовится к боевому вылету

Бои на Кавказском фронте

«Вперед, на Запад!». Осень 1943 г.

Парад в освобожденном Витебске, июнь 1944 г.

Возвращение жителей в освобожденный Витебск, 1944 г.

Перед наступлением. 1-й Прибалтийский фронт, 1944 г.

Экипаж танка перед могилой товарища, Польша 1944 г.

София встречает Красную Армию, 1944 г.

Советские танки в Вене, весна 1945 г.

Советские войска вышли к Балтийскому морю, Восточная Пруссия, 1945 г.

Встреча на Эльбе советских и американских войск, 1945 г.

Тегеранская конференция, 28 ноября — 1 декабря 1943 г. Слева направо: глава СССР И. Сталин, президент США Ф. Рузвельт, лидер Великобритании У. Черчилль

Участники Ялтинской (Крымской) конференции (4—11 февраля 1945 г.) среди военных специалистов. Слева направо: У. Черчилль, Ф. Рузвельт, И. Сталин

Солдат Красной Армии

Красное знамя над Рейхстагом, 1945 г.

Советские самолеты бомбят Берлин

Бои в центре Берлина

Уличные бои в Берлине, май 1945 г.

Красное знамя над Бранденбургскими воротами

Солдат Красной Армии

И. Сталин

Парад победы на Красной площади

Нарком иностранных дел, посол СССР в США и на Кубе М. Литвинов

И. Сталин и Г. Трумэн на Потсдамской (Берлинской) конференции, 17 июля — 2 августа 1945 г.

Слева направо: А. Микоян, Н. Хрущев, И. Сталин, Г. Маленков, Л. Берия, В. Молотов, 12 августа 1945 г.

Пленные японские генералы перед отправкой на родину

А. Жданов на встрече европейских коммунистических партий, сентябрь 1947 г.

Плакат к выборам в Верховный Совет РСФСР, 1947 г.

Слева направо: В. Молотов, И. Сталин, Л. Берия, Г. Маленков на трибуне Мавзолея, 1 мая 1949 г.

В. Вихтинский, Б. Жуков, Е. Левин, Л. Чернов, Л. Шматько. Во имя мира (подписание договора о дружбе, союзе и взаимопомощи между Советским Союзом и Китайской Народной Республикой) (фрагмент)

Беломорско-Балтийский канал им. И.В. Сталина

Первая отечественная атомная бомба и ее создатель Ю. Харитон

раздельным. В ряде элитных школ в подражание царским гимназиям ввели изучение древнегреческого языка и латыни.

Вся история дореволюционной России на какое-то время была принята сталинским режимом. Но при этом особое благоволение оказывалось деспотам и тиранам — Ивану Грозному, Петру I. Те государи, которые пытались дать народу свободу, гражданские права: Александр I, Александр II, — игнорировались. Ни одного доброго слова не говорилось и о Манифесте 17 октября 1905 г., о двенадцати годах русского парламентаризма. Прославлялись не политические деятели, а генералы и адмиралы, инженеры, ученые. И Русско-японская, и Первая Мировая война стали темами для патриотических упражнений. Правда, употреблялась обычно формула — ученые изобретали, солдаты воевали, корабли строились *вопреки* «бездарному режиму Николая II». О развале фронта, Брестском мире старались теперь упоминать скороговоркой. Утверждалась единственность и уникальность русского народа, окруженного со всех сторон врагами. Воспевалась извечная борьба с коварным Западом, сначала с «псами-рыцарями», потом с Польшей, Англией, Германией. Единственное, о чем предпочитали не говорить вовсе или если говорили, то с прежним большевицким огнем нетерпимости, — это о Белом движении и об антикоммунистической эмиграции. Здесь никакие компромиссы не допускались.

Цель новой сталинской идеологии была проста:, заставить нищий и голодный народ гордиться сталинской империей и отдавать для нее свое счастье, свой труд и свою жизнь, не получая взамен ничего, кроме новых тягот и призрачного чувства сопричастности строительству великой державы. Те, кто не хотели отдавать себя Сталину добровольно, как и в 1930-е гг., отдавали себя принудительно. Их труд, счастье и саму жизнь отчуждал ГУЛАГ.

Пронесшаяся во время войны птицей надежда на лучшую жизнь исчезла в туманах густой идеологической лжи послевоенных лет и в тяжком, голодном, нищем быте. Люди опустили головы. Мало кто решался даже на нравственное, в глубине собственной совести, противостояние власти. Мечты и надежды военных лет оборвались возродившимся страхом и беспомощностью перед вездесущим сталинским режимом.

4.3.2. Внешняя политика СССР. Организация Объединенных Наций и всемирное признание сталинского режима. Углубление трений с западными союзниками. Дипломатия Сталина — Молотова

Победа над нацистской Германией и Японией сделали СССР великой державой, вершителем мирового порядка наряду с Соединенными Штатами и Великобританией. Казалось, что эта ситуация открывала перед Советским Союзом мирные перспективы на многие годы вперед. По договоренности, достигнутой во время переговоров в Думбартон-Оксе (США) в 1944 г., СССР стал одним из главных учредителей Организации Объединенных Наций (ООН) и получил постоянное место в Совете Безопасности ООН наряду с США, Великобританией и Китаем. 25 апреля 1945 г. делегаты от 50 стран собрались в Сан-Франциско на Конференцию Объединенных Наций и подготовили Устав ООН. 25 июня 1945 г. он был принят и четыре месяца спустя, после ратификации ведущими державами, вступил в силу. Первая сессия ООН открылась 10 января 1946 г. в Лондоне (в последующем ООН переехала в Нью-Йорк). В отличие от Лиги Наций, где СССР был лишь одним из десятков стран-членов, в ООН он мог налагать **вето** на любые неугодные решения. Таким образом, как с гордостью заявлял Молотов, «ни один международный вопрос не может решаться без участия СССР». Первым постоянным представителем СССР в ООН стал А.А. Громыко.

> **Андрей Андреевич Громыко** (1909–1989) родился в семье белорусских крестьян в деревне Громыки Гомельского уезда Могилевской губернии, но считал себя русским. Получил экономическое образование в Минске, сперва в сельскохозяйственном техникуме, потом в институте. В 1931 г. вступил в ВКП(б). В 1934 г. был переведен в ВНИИ экономики сельского хозяйства. В 1939 г. решением кадровой комиссии ЦК ВПК(б) направлен на работу в Наркомат иностранных дел, опустошенный арестами и чистками. Тут же неподготовленный, без знания английского языка, Громыко был направлен в посольство СССР в Вашингтоне. В 1943 г. он стал послом в США, сменив Максима Литвинова. В отличие от своего предшественника, Громыко не страдал «еврейским пунктом» и был абсолютно предан Сталину. В апреле 1945 г. Громыко, замещая Молотова, был главой советской делегации на конференции Объединенных Наций в Сан-Франциско. Принимал активное участие в депортации советских военнопленных из США в СССР. В годы ранней «холодной войны» выдвинулся на пост одного из главных помощников Молотова, а затем Вышинского в МИД СССР. Играл большую роль в дипломатической игре по германскому вопросу, подготовке корейской войны. Опала Молотова задержала его карьерный рост. В конце жизни Сталина был послом в Великобритании, где написал докторскую диссертацию по экономике. После смерти Сталина стал первым заместителем министра иностранных дел, с 1957 г. стал министром и пробыл на этой должности до лета 1985 г. Сталин и Молотов ценили Громыко за неукоснительное выполнение им их инструкций и жесткую манеру вести переговоры. На Западе Громыко получил прозвище «мистер нет». Воспитанник «дипломатической школы» Сталина – Молотова, он считал высшим достижением советской внешней политики соглашения в Ялте и Потсдаме.

Еще в середине 1945 г. казалось, что оптимальным курсом для СССР будет продолжение сотрудничества с Великобританией и прежде всего с США. В июле 1944 г. Громыко принял участие в переговорах в г. Бреттон-Вудс (Нью-Хэмпшир, США) о создании системы регулирования международных финансов. Эти переговоры также шли в рамках обеспечения будущей международной безопасности. 27 декабря 1945 г., после ратификации Бреттон-Вудских соглашений 28 государствами, начали свою работу ***Международный Валютный Фонд (МВФ)*** и ***Всемирный Банк Реконструкции и Развития***. Обе организации оказывали помощь кредитами за счет международного золотовалютного резерва, образованного из добровольных взносов стран-участниц.

В Нюрнберге (Германия) СССР, США, Англией и Францией был создан **Международный военный трибунал**. Он начал работу 20 ноября 1945 г. и закончил ее 1 октября 1946 г. вынесением смертного приговора двенадцати главным военным преступникам, включая Геринга, Риббентропа и главу штаба Вермахта Кейтеля. Главный обвинитель от СССР Роман Андреевич Руденко, выполняя кремлевскую инструкцию, требовал смертной казни для всех обвиняемых.

Руденко и его помощники в Нюрнбергском трибунале работали в прокуратуре с 1929 г., то есть были в полной мере частью репрессивной сталинской машины. Позже, отвечая на вопрос Н.С. Хрущева о сталинских репрессиях, почему невинно осужденные сами оговаривали себя, он усмехнулся: "Тут искусство тех, кто вел следствие, кто проводил суд. Видимо, доводили людей до такого состояния, что у них имелся единственный способ покончить со страданиями и издевательствами – признаться, а следующим шагом была смерть" (Вопросы истории. 1992. № 6, 7. С. 88).

Сталин и его окружение могли торжествовать. Германский национал-социализм был не только повержен физически, но и объявлен вне закона, в то время как коммунистический СССР приобрел мировое признание. Западные журналисты наперебой старались получить у Сталина интервью. Всесоюзное Общество Культурных Связей за рубежом (ВОКС), финансируемое советским правительством, имело к 1946 г. филиалы в 55 странах, тогда как в 1940 г. их было всего четыре. Число членов этих филиалов выросло с 800 человек до трех миллионов. В сентябре — октябре 1945 г. в Париже представители 67 млн организованных в профессиональные союзы рабочих из 56 стран создали Всемирную Федерацию Профсоюзов (ВФП) — организацию, находившуюся в значительной мере под советским и коммунистическим влиянием. Победы Красной Армии побудили миллионы молодых людей по всему миру вступить в коммунистические партии.

Роспуск Коминтерна в 1943 г. и провозглашение "национальных путей" к построению "социализма" оказался удачным шагом по дезинформации. Зарубежным коммунистам теперь было легче утверждать, что они являются не "рукой Москвы", а "выразителями национальных интересов широких слоев трудящихся" своих стран. В мае 1946 г. отдел внешнеполитической информации ЦК ВКП(б), где осел аппарат упраздненного Коминтерна во главе с Георгием Димитровым, с торжеством рапортовал, что "международное коммунистическое движение" выросло до гигантских размеров. Компартия Франции насчитывала 1 млн человек, Итальянская компартия — 1,9 млн человек, в Бельгии и Греции было по 100 тысяч коммунистов, в Китае было 1,2 млн коммунистов, и даже в Великобритании и США, где коммунистические партии никогда не были массовыми, они выросли, соответственно, до 50 тысяч и 80 тысяч человек. Произошло массовое вступление в коммунистические партии в странах Восточной Европы. На первом месте стояла Чехословакия — 1,3 млн коммунистов. Среди них были не только оппортунисты и приспособленцы — вступало также много интеллектуалов и наивной студенческой молодежи, желавшей "строить социализм". (Годы спустя одни из них стали коммунистическими аппаратчиками, другие порвали с коммунизмом и стали его активными противниками.)

*Чешский писатель **Милан Кундера**, тогда школьник, стал убежденным коммунистом и вступил в коммунистическую партию Чехословакии в 1948 г. В автобиографическом романе "Шутка" он описал владевшие им тогда чувства:*

"Перед различными комиссиями я мог приводить десятки доводов, почему я стал коммунистом, но что больше всего в движении меня завораживало, даже пьянило, – это был руль истории, в чьей близости (истинной или лишь мнимой) я оказался. Мы

> *ведь и в самом деле решали судьбы людей и вещей; и именно в ВУЗах: в профессорской среде мало было тогда коммунистов, и в первые годы ВУЗами управляли почти одни студенты-коммунисты, решавшие вопросы профессорского состава, учебных программ и реформы преподавания. Опьянение, какое мы испытывали, обычно называют опьянением властью, но (при капле доброй воли) я мог бы выбрать и менее строгие слова: мы были испорчены историей; мы были опьянены тем, что, вспрыгнув на спину истории, оседлали ее; разумеется, со временем это превратилось по большей части в уродливое стремление к власти, но (так как все людские страсти неоднозначны) в этом таилась (а для нас, молодых, пожалуй, особенно) и вполне идеальная иллюзия, что именно мы открываем ту эпоху человечества, когда человек (любой человек) не окажется ни вне истории, ни под пятой истории, а будет вершить и творить ее».*

Не только коммунисты, но тысячи интеллектуалов и студентов в колониальной и полуколониальной Азии, Африке и Латинской Америке, в том числе в Китае, Индии, Индонезии и Вьетнаме, смотрели на Сталина как на непререкаемый авторитет. Победа СССР над нацистской Германией вызвала восторг и восхищение всех тех, кто ненавидел европейский колониализм и расизм и мечтал прийти к власти под флагом движений и партий «национального освобождения». Георгий Димитров писал летом 1945 г. в Политбюро о том, что существуют благоприятные условия для расширения коммунистического влияния в странах Ближнего Востока «в интересах нашего государства».

В то же время уже весной 1945 г. трения между союзниками по антинацистской коалиции начали усиливаться. 22 апреля, на встрече с Молотовым, новый Президент США Гарри Трумэн в жестких тонах предложил СССР соблюдать ялтинские соглашения в Восточной Европе, прежде всего в Польше. 12 мая американцы остановили поставки СССР по ленд-лизу, что сразу же выявило серьезную зависимость советской военной промышленности от западных поставок (позже они, сославшись на бюрократическую ошибку, возобновили их, рассчитывая на участие СССР в разгроме Японии). В мае британские военные доложили Черчиллю о плане «Операция "Немыслимое"», который предусматривал в случае войны между СССР и западными союзниками ряд чрезвычайных мер, включая вооружение немецких военнопленных.

Сталин, однако, считал, что необходимо как можно дольше сохранять союзнические отношения с США и Великобританией. Это, как был он уверен, облегчало СССР строительство послевоенной империи в Центральной Европе и на Балканах, а также в Северном Китае. На встрече с югославскими коммунистами 9 января 1945 г. Сталин поучал: «Общеизвестно правило, что если не можешь наступать – обороняйся, накопил силу – наступай. В отношении к буржуазным политикам нужно быть осторожными. Они, буржуазные деятели, очень обидчивы и мстительны. Свои чувства надо держать в руках; если чувства руководят – проиграете. В свое время Ленин не мечтал о таком соотношении сил, которого мы добились в этой войне. Нам это удалось: нами руководит не чувство, а рассудок, анализ, расчет».

> Молотов вспоминал: «Сталин не раз говорил, что Россия выигрывает войны, но не умеет пользоваться плодами побед. Русские воюют замечательно, но не умеют заклю-

> чать мир, их обходят, недодают. А то, что мы сделали в результате этой войны, я считаю, сделали прекрасно, укрепили Советское государство. Моя задача как министра иностранных дел была в том, чтобы нас не надули... Мы ни на кого не надеялись – только на собственные силы» (Сто сорок бесед с Молотовым. Из дневника Ф. Чуева. М.: Терра, 1991. С. 78, 82).

Сталин, несмотря на свою коммунистическую фразеологию, уже давно вел великодержавный курс. Ом мыслил категориями начала XX в., категориям геополитики в духе Фридриха Ратцеля и Карла Хаусхофера. Только расширение жизненного пространства нужно было ему не для блага народа, а для удовлетворения собственного тщеславия. Сталин был маньяком властолюбия. Он не собирался помогать зарубежным коммунистическим партиям и движениям в странах, лежавших за пределами периметра «сферы влияния», которая была реальна для СССР.

Сталин категорически отверг в 1944–1945 гг. призывы болгарских и югославских коммунистов оказать помощь коммунистам Греции, которые начали гражданскую войну с правительством греческого короля (болгары заодно хотели захватить кусок греческой территории, а югославы зарились на Албанию и часть Македонии). Сталин ответил отказом, сказав про греческих коммунистов: «Они ошибочно считали, что Красная Армия дойдет до Эгейского моря. Мы не можем послать войска в Грецию. Греки совершили глупость». В 1945 г. надо было переварить то, что уже дала Ялта. Сталин рассчитывал, что западные союзники оценят его сдержанность в Греции и других регионах. Тактика Сталина была в том, чтобы, опираясь на временный союз с США и Великобританией, получить полный и безраздельный контроль над сопредельными территориями и построить там просоветские режимы. Аппетиты в отношении Греции Сталин проявит чуть позже.

> Молотов вспоминал: «Нам надо было закрепить то, что завоевано. Из части Германии сделать свою, социалистическую Германию, а Чехословакия, Польша, Венгрия, Югославия – они же были в жидком состоянии, надо было везде наводить порядок. Прижимать капиталистические порядки» (Сто сорок бесед с Молотовым. Из дневника Ф. Чуева. М.: Терра, 1991. С. 86).

Он, однако, рассчитывал, что США уступят ему по другим вопросам: он хотел получить базы в Турции и в Средиземном море и доступ к нефти в Иране. Сталин также надеялся, что англо-американские противоречия, а возможно, и послевоенный экономический кризис вынудят США увести войска из Европы домой. Тогда СССР смог бы не только закрепить свой контроль над Восточной Европой и оккупированной частью Германии, но распространить свою сферу влияния на остальную Германию, а также на Францию и Италию, где действовали мощные компартии.

Сталин по-прежнему держал в своих руках все рычаги управления внешней политикой СССР. Война состарила вождя, но не ослабила его жажду контролировать всех и вся. Сталинская дипломатия строилась на нехитром, но действенном приеме. Молотов, Андрей Януариевич Вышинский (министр иностранных дел в 1949–1953 гг.) и другие помощники Сталина действовали по его инструкциям с максимальной жесткостью, предъявляли ультиматумы правительствам тех стран, которые Сталин хотел подчинить. Но если дело доходило до международного скандала и малые страны обращались за содействием к Великобритании и США, тогда Сталин вступал в переговоры сам, играя роль «доброго дядюшки Джо» (каким его считали многие на Западе), и предлагал компромисс. Этот компромисс, однако, был почти всегда в пользу советского режима. Сталин, как видно из всех его действий, не рассчитывал на утопию коммунистической «мировой революции». В то же время он использовал зарубежных коммунистов, подчиненные их влиянию профсоюзы и левую европейскую интеллигенцию в своих целях.

Сталин был убежден, что раньше или позднее, но СССР столкнется со своими вчерашними союзниками. Георгий Димитров записал слова Сталина, сказанные в январе 1945 г. во время приема на его подмосковной даче: «Сегодня мы сражаемся в союзе с одной фракцией против другой, а в будущем мы вступим в борьбу и с этой капиталистической фракцией».

Вместе с тем Сталин не хотел преждевременного разрыва с западными державами. Он знал (хотя и скрывал от других), насколько СССР был обескровлен и разорен войной. Вождь понимал, что поднять народ на борьбу с новыми внешними врагами после такой войны будет не просто. К тому же он видел выгоды оттого, чтобы постепенно, тайно строить просоветскую Европу в своей сфере влияния, рассчитывая, что ему, как Гитлеру в 1930-е гг., удастся обвести западных лидеров вокруг пальца, выигрывая время с помощью дипломатических уверток, лживой пропаганды и пацифистских настроений наивных либералов в западных обществах.

Литература
В.О. Печатнов. Сталин, Рузвельт, Трумэн. СССР и США в 1940-х гг. Документальные очерки. М.: Терра — Книжный клуб, 2006.
Советско-американские отношения. 1939—1945 / Под ред. *Г.Н. Севостьянова*. Сост. *Б.И. Жиляев, В.И. Савченко*. М., 2004.
Восточная Европа в документах Российских архивов 1944—1953 гг. / Под ред. *Т.В. Волокитина* и др. Т. I. 1944—1948. М.: Сибирский хронограф, 1997.
The diary of Georgi Dimitrov. 1933—1949, introduced and edited by *Ivo Banac*. New Haven: Yale University Press, 2003.

4.3.3. Советская реакция на атомные бомбардировки Хиросимы и Нагасаки. Начало советского атомного проекта. Гонка вооружений

Американские атомные бомбардировки Хиросимы и Нагасаки в августе 1945 г. придали Президенту Трумэну, государственному секретарю Бирнсу и американским военным уверенность в том, что именно на США лежит главная ответственность за судьбы послевоенного мира и что они смогут разговаривать со Сталиным с позиции силы. «С бомбой и долларом в кармане, — записал в дневнике военный министр Г. Стимсон, — Бирнс не предвидел больших трудностей в достижении согласия... по мирным договорам на условиях Соединенных Штатов». Первые мысли о возможности использования атомного оружия против СССР возникли у американских штабистов уже осенью 1945 г. В августе 1946 г. был разработан первый реальный план на случай войны с СССР с использованием атомного оружия.

Сталин знал об американском атомном проекте «Манхэттен» из донесений разведки задолго до августа 1945 г. Советская разведка, с помощью многочисленных «друзей Советского Союза» среди западных ученых, трагически заблуждавшихся относительно сути советского «социализма» (среди них Клаус Фукс, Юлиус Розенберг, Тед Холл и др.), заполучила важнейшую научно-техническую документацию об американском атомном оружии. По словам Молотова, «разведка сыграла очень большую роль. В Америке были подходящие кадры. Еще старые кадры...»

Все же атомные бомбардировки японских городов и неожиданно быстрая капитуляция Японии стали холодным душем для советских руководителей и военных. Светлана Аллилуева, дочь Сталина, его редко видевшая во время войны, оказалась на его даче в день, когда ему сообщили о Хиросиме. «Все были озабочены этим, и мой отец обращал на меня мало внимания».

> «Новость повергла всех в крайне депрессивное состояние. Со всей очевидностью стало ясно, что в политике мировых держав появился новый фактор, что бомба представляет угрозу для России, и некоторые российские пессимисты, с которыми я разговаривал в тот день, мрачно замечали, что отчаянно трудная победа над Германией оказалась теперь по существу обесцененной», – вспоминал Александр Верт (Россия в войне, 1941–1945. Лондон, 1964. С. 925).

Возникла новая угроза и для завоеванных СССР позиций в Восточной Европе, на Балканах и на Дальнем Востоке. В аннексированной Балтии, Западной Украине, в Польше и Румынии известия о Хиросиме породили надежды на то, что США скоро объявят войну «советскому коммунизму» и сбросят бомбу на Кремль. Такие надежды подрывали советскую власть. С окончанием войны вступали в силу договоренности между союзниками, по которым советские войска, находившиеся в Маньчжурии, Иране и в оккупированной Восточной и Центральной Европе, должны были вернуться домой. Сталину, однако, это было невыгодно. Он сознавал, что только военная сила дает СССР возможность диктовать свои условия народам этих регионов, а силой являлось после Хиросимы именно атомное оружие.

Сталину не потребовалось больших усилий, чтобы убедить военных и ученых в том, что создание советской атомной бомбы является первостепенной задачей, на которую должны быть брошены все силы и средства. 20 августа 1945 г. был создан специальный комитет при Государственном Комитете Обороны для руководства «всеми работами по использованию внутриатомной энергии урана». Комитет составили Георгий Максимилианович Маленков (оргбюро ЦК), Н.А. Вознесенский (Госплан), Б.Л. Ванников и А.П. Завенягин (оборонная промышленность) и физики И.В. Курчатов и П.Л. Капица. Молотов, первый куратор советского атомного проекта до 1945 г., даже побывал в лаборатории Курчатова по энергии атомного ядра. Но председателем комитета Сталин назначил не Молотова, а Берию, который проявил себя в годы войны безжалостным, но эффективным администратором, способным решать, казалось, невозможные задачи. Научным руководителем атомного проекта Сталин выбрал Курчатова.

Игорь Васильевич Курчатов (1903–1960) родился на Урале (ныне Челябинская область) в семье землемера и получил образование в Симферополе (Крым), куда вскоре переехали его родители. Он начал изучать физику атомного ядра с 1932 г. Во время войны Курчатов руководил разработкой защиты кораблей Черноморского флота от магнитных мин противника, а с 1943 г. возглавил Лабораторию № 1 в Москве, занимаясь вопросами создания атомного оружия. Под его руководством был сооружен первый в СССР циклотрон (1944), первая советская атомная (1944) и термоядерная (1953) бомбы, первая в мире атомная электростанция (1954) и атомный реактор для подводных лодок и ледоколов (1958). Академик АН СССР (1943), лауреат Сталинской (1942, 1949, 1951, 1954) и Ленинской (1957) премий, трижды Герой социалистического труда (1949, 1951, 1954). Удостоен Большой золотой медали им. М.В. Ломоносова и золотой медали им. Л. Эйлера АН СССР, Серебряной медали мира им. Жолио-Кюри. Его именем был назван 104-й элемент периодической системы Менделеева – «Курчатовий», позднее переименованный в «Резерфордий».

На встрече с Курчатовым в Кремле 25 января 1946 г. в присутствии Молотова и Берии Сталин отверг предложения ученого сделать дешевую бомбу. Он сказал Курчатову, что «не нужно искать более дешевых путей», что необходимо вести атомные работы «широко, с русским размахом, что в этом отношении будет оказана самая широкая всемерная помощь». Сталин пообещал позаботиться об улучшении условий жизни ученых и о награждении их за достигнутые ими успехи в строительстве атомного оружия. Сталин исполнил свое обещание: в 1946 г. государственные расходы на науку возросли втрое; ученым резко повысили зарплату.

Павел Судоплатов, курировавший по линии НКВД вопросы ядерного шпионажа, в своих воспоминаниях писал, что еще в октябре 1942 г. Сталин принял на своей даче академиков Вернадского и Иоффе, которые посоветовали ему обратиться к Нильсу Бору и другим ученым с просьбой поделиться информацией о разработках ядерного оружия. Сталин тогда сказал, что ученые наивны. Однако они оказались правы. В конце января 1943 г. советской разведкой от резидента Семенова по кличке «Твен» была получена информация о том, что в декабре 1942 г. Энрико Ферми в Чикаго получил первую цепную ядерную реакцию и что он готов поделиться информацией с советскими учеными. Важную роль в передаче сведений играл молодой ученый Бруно Понтекорво, работавший на советскую разведку. 11 февраля 1943 г. Сталин подписал постановление правительства об организации атомных работ в военных целях.

«Наши источники информации и агентура в Англии и США добыли 286 секретных научных документов и закрытых публикаций по атомной энергии. В своих записках в марте – апреле 1943 г. Курчатов назвал семь наиболее важных научных центров и 26 специалистов в США, получение информации от которых имело огромное значение. С точки зрения деятельности разведки, это означало оперативную разработку американских ученых в качестве источников важной информации» (*П.А. Судоплатов. Разведка и Кремль.* М.: «Гея», 1997. С. 220).

За несколько месяцев атомный проект вырос из скромных лабораторных исследований в колоссальный научно-военно-промышленный комплекс, в распоряжении которого были все партийные и государственные органы, десятки академических институтов и «шарашек», органы безопасности и абсолютный приоритет в использовании всех ресурсов страны. Из ведения НКВД в атомный проект были переданы общей сложностью 300 тысяч рабов, заключенных в лагерях. Десятки геологических экспедиций искали запасы урана на пространствах от Сибири и Средней Азии до Восточной Европы. Главные запасы были найдены на месторождении Яхимов в Чехословакии и в Южной Саксонии в оккупированной СССР части Германии. Уран также добывался в польской Силезии и в китайской провинции Синьцзян, находившейся тогда под советским контролем. Одновременно Курчатов, вместе с Николаем Доллежалем, начал работу над созданием первого промышленного реактора к северо-западу от Челябинска, в 15 км от города Кыштым. Расположенный в живописной местности, среди озер, гор и лесов, реактор имел громадные запасы воды, необходимые для охлаждения. Именно там планировалось вырабатывать обогащенный плутоний — сырье для будущих бомб.

Сталин не собирался останавливаться на создании минимального атомного потенциала. Он решил вступить в полномасштабную атомную гонку с богатейшей страной мира — США.

Особое внимание Сталин уделял созданию ракет, как главного средства доставки ядерного оружия. Ничего не понимая в технике, абсолютно не видя перспективы, Сталин разогнал в 1937 г. Ракетное НИИ, расстреляв его руководителей и пересажав в лагеря и тюрьмы талантливых инженеров. Узнав, что немцы серьезно занимаются проблемами создания ракет, а особенно после обстрела Лондона ракетами ФАУ-2, Сталин распорядился освободить арестованных инженеров и направил сразу же после капитуляции Германии в немецкий ракетный центр в Пенемюнде группу специалистов, в составе которой были выдающиеся разработчики отечественной ракетной техники С.П. Королев, Б.Е. Черток, Н.А. Пилюгин и ряд других ученых. В кратчайшие сроки из Германии были вывезены технологии, документация, ряд специалистов, созданы новые НИИ и ОКБ.

Борис Евсеевич Черток в книге «Ракеты и люди» вспоминал: «Осмотр Пенемюнде в мае – июне 1945 г. показал, что фактический размах работ по ракетной технике в Германии намного превосходил представления, которые у нас были. Для нас, советских специалистов, необходимо было разобраться во всем объеме работ в Германии в области ракетной техники. Но не менее важно было получить сведения об истории разработок и методах, которыми пользовались немецкие ученые и инженеры при решении столь трудных задач, как создание баллистических управляемых ракет дальнего действия. Ни мы, ни американцы, ни англичане до 1945 г. не умели создавать жидкостные ракетные двигатели (ЖРД) тягой более полутора тонн. Да и те, что были созданы, обладали малой надежностью, в серию не пошли и никакого нового вида оружия с их применением так и не было создано. А к этому времени немцы успешно разработали и освоили ЖРД тягой до 27 тонн, в восемнадцать с лишним раз больше! И к тому же производили эти двигатели в промышленных масштабах» (*Б.Е. Черток. Ракеты и люди. Кн. 1. М.: Машиностроение, 1995. С. 69–70*).

В 1947 г. было создано ОКБ-1, которое возглавил Сергей Павлович Королев. Ныне это известная всему миру ракетно-космическая корпорация «Энергия». Задачей ОКБ-1 была разработка ракет и ракетных двигателей боевого применения. Научно-исследовательский институт прикладной механики, занимавшийся разработкой гироскопических приборов для систем управления ракетами (НИИПМ), возглавил Виктор Иванович Кузнецов, а Николай Алексеевич Пилюгин возглавил НИИ, разрабатывавший системы управления баллистическими ракетами. Таким образом, создание ядерного оружия и ракетной техники шли одновременно.

В это же время началось создание колоссального военно-промышленного комплекса, нацеленного на строительство ракет, стратегической авиации и большого океанского военного флота. Только в 1946—1947 гг. было создано тридцать восемь новых образцов ракетной техники. На заволжском полигоне Капустин Яр начали проводиться испытания ракет, способных нести ядерное оружие. Было возобновлено строительство четырех линейных кораблей типа «Советский Союз» (проект 1938 г.) и заложены три мощнейших тяжелых крейсера типа «Сталинград» («Проект-84») водоизмещением в 36 тысяч тонн с девятью орудиями главного калибра 304,8 мм и скоростью хода в 36 узлов. «Это будет корсар с длинной рукой», — сказал Сталин, покуривая трубку, когда ему докладывали в 1951 г. «Проект-84». Планировалось и строительство авианосцев и больших серий крейсеров типа «Свердлов». На Дальнем Востоке в Императорской (Советской) Гавани началось создание огромного кораблестроительного завода. Для нищего и подголадывающего русского народа все эти амбициозные программы означали бедность и рабство на многие десятилетия вперед. Только выжимая из людей все соки, заставляя их силой работать даром или почти даром, могла малорентабельная социалистическая экономика изыскать средства для создания сопоставимого с Соединенными Штатами военного потенциала.

Курчатов не задавал себе вопросов о том, что будет делать Сталин с атомным оружием. Он не сомневался в том, что СССР нужна атомная бомба, чтобы восстановить баланс сил в мире и предотвратить новую войну. Не все разделяли эту позицию. А.И. Солженицын в романе «В круге первом» вывел образ советского дипломата Иннокентия Володина, который считал советскую атомную бомбу орудием порабощения и агрессии, и сделал попытку помешать ее созданию, предупредив американское посольство о планирующейся передаче американских атомных технологий в руки советского агента в Нью-Йорке. Такие люди существовали в действительности, хотя обнаружить свои взгляды не могли — это было равносильно самоубийству.

Сталин знал об этих настроениях. Он спрашивал Курчатова о других ученых — А.Ф. Иоффе, А.И. Алиханове, П.Л. Капице. Он сомневался, на него ли они работают и направлена ли их деятельность «на благо Родины». Эти физики полагали, что бомбу не следует создавать «любой ценой», за счет и без того голодного и разоренного народа. Всемирно известный физик Петр Капица обратился с письмами к Сталину в октябре — ноябре 1945 г., попросив освободить его от работы в Специальном (атомном) комитете, ссылаясь на диктаторские замашки Берии и Маленкова, но в действительности страдая от нравственной уязвимости проекта. Сталин удовлетворил его просьбу, а год спустя Капица в наказание был отстранен от руководства институтом физических проблем в Москве и до смерти Сталина жил фактически под домашним арестом на своей подмосковной даче. Другой замечательный физик, Л.Д. Ландау, едва не погибший в сталинской тюрьме в 1937—1938 гг., пошел на компромисс и скрепя сердце согласился работать в атомном проекте, хотя в душе был уверен, что сталинский режим сродни гитлеровскому.

Однако громадное большинство ученых, привлеченных к атомному проекту, среди них крупные физики Юлий Борисович Харитон, Яков Борисович Зельдович, Георгий Николаевич Флеров, не задавались политическими и моральными вопросами. То же самое можно сказать о первых руководителях атомных объектов и разработок, среди них Борис Ванников, Петр Антропов, Ефим Славский, Борис Музруков. Для них, как и для Курчатова, атомный проект стал делом всей жизни. Они работали не за страх, а на совесть, считая строительство бомбы патриотическим долгом.

В первые послевоенные годы советское руководство блефовало, заявляя, что у него есть атомное оружие. В действительности создание атомного комплекса требовало неимоверных усилий и немалых человеческих жертв. Создавались с нуля новые отрасли промышленности, например электроника, первые вычислительные машины, комбинаты по добыче обогащенного урана. Испытание первоначально намечались на 1948 г., но из-за проблем с реактором и неудачи с производством обогащенного урана оно было отложено. Руководитель проекта Берия негодовал — его карьера и жизнь зависели от успеха проекта. К счастью для них, физики смогли продолжать работу в относительно спокойной обстановке. 29 августа 1949 г. над казахской степью в районе города Семипалатинска прогремел взрыв первой советской атомной бомбы — копии американского «Толстяка», плутониевой бомбы, разрушившей Нагасаки. Советские ученые не смогли создать копию урановой бомбы, уничтожившей Хиросиму.

Сталина и Берию волновал вопрос о мощности бомбы. Не слабее ли она американской? Убедившись, что не слабее, Сталин щедро наградил участников атомного проекта. Курчатов, Харитон (научный директор КБ-1, где создавалась первая бомба), Н.А. Доллежаль (конструктор атомного реактора), А.А. Бочвар (руководитель добычи чистого плутония) и сотни других получили денежные премии от ста тысяч до миллиона рублей (астрономическая сумма для советского человека того времени). Кроме этого многие получили от государства в собственность машины и дачи, право на обучение своих детей в любом учебном учреждении и пожизненное право на бесплатный проезд любыми видами транспорта в пределах СССР. По слухам, ходившим среди ученых, список на награждение составлялся на основе другого списка — подлежащих репрессии в случае неудачи испытаний. Но бомба сработала, и кредит доверия к ученым во властных структурах и среди военных заметно возрос.

Вождь не торопился объявлять об успешном атомном испытании всему миру. Он хотел накопить ядерный потенциал и, быть может, опасался возможного превентивного удара США. Американцы все же узнали о советской бомбе по радиоактивным осадкам. В СССР и США ускоренными темпами развернулись работы по термоядерному оружию, неизмеримо более разрушительному, чем атомное.

Литература

Советский атомный проект / Под ред. *Е.А. Негина*. Нижний Новгород; Арзамас-16, 1995.

Д. Холлоуэй. Сталин и бомба. Советский Союз и атомная энергия. 1939–1946. Новосибирск: Сибирский хронограф, 1997.

Советский атомный проект. Конец атомной монополии. Как это было... / Под ред. Е.А. Негина и Л.П. Голеусовой. Нижний Новгород; Арзамас-16, 1995.

Атомный проект СССР. Документы и материалы. Т. II. Атомная бомба 1945–1954. Кн. 1 / Под ред. *Л.Д. Рябева*. Москва; Саров: Наука, Физматлит, 1999.

E. Mark. The War Scare of 1946 and Its Consequences // Diplomatic History, Summer, 1997.

Ю.Н. Смирнов. Сталин и атомная бомба // Вопросы истории естествознания и техники. 1994. № 4.

4.3.4. Восстановление народного хозяйства после победы. Послевоенный голод

СССР потерял в войне не меньше трети своего национального богатства. Десятки миллионов людей жили в нищете, ютились в землянках, голодали. В то же время СССР сохранил и даже обновил свою промышленную, в том числе и металлургическую, базу. В распоряжении государства был громадный запас золота и платины, созданный трудом рабов — лагерных заключенных, и естественные ресурсы (нефть, газ, каменный уголь, руды). Это давало основу для восстановления народного хозяйства и одновременно для улучшения жизни людей.

Однако приоритетом сталинского режима было восстановление и рост тяжелой промышленности и программы вооружений (включая атомный проект). В первой половине 1946 г., несмотря на окончание войны, военные расходы в бюджете СССР были почти равны по величине всем расходам на «народное хозяйство». 9 февраля 1946 г. Сталин выступил с программной речью. Он воскресил большевицкую риторику, напомнив о том, что пока существует «капиталистическая система мирового хозяйства», неизбежна **Третья Мировая война,** и СССР должен к ней готовиться. Вождь поставил задачу утроить довоенный объем промышленного производства. На практике это означало замедление конверсии промышленного производства с военного на гражданский лад и создание новых военных программ. В мае 1946 г. был создан Комитет по реактивной технике (в дальнейшем — второй специальный комитет после первого, атомного). В 1946 г. предприятия авиационной промышленности, к примеру, произвели военной продукции на сумму 2,7 млрд рублей, в то время как гражданской продукции — на сумму 2,1 млрд рублей. В 1947 г. цифры были, соответственно, 3,6 млрд рублей и 2,6 млрд рублей.

По плану четвертой пятилетки 40 % средств было выделено на восстановление причиненных войной разрушений. Вывезенное из Германии в порядке репараций оборудование и заводы (на сумму более 4 млрд долларов), а также неэквивалентная торговля со странами Восточной Европы помогли финансировать восстановление. Эта задача была в основном выполнена в 1950 г. По сравнению с довоенным уровнем заметно выросло производство стали и нефти. Но производство товаров народного потребления не достигло даже довоенного уровня.

Еще до разрыва с западными державами стало ясно, что СССР не сможет получить западные кредиты. США могли дать деньги только в обмен на советские политические уступки, что было неприемлемо для Сталина. По логике сталинского режима, лучше было не брать кредитов и не участвовать в международных финансово-экономических структурах (Всемирный Банк, МВФ), поскольку это вело бы к зависимости, а значит и уязвимости советского типа экономики от «капитализма». Молотов позднее вспоминал, что «мы ни на кого не надеялись — только на собственные силы».

Заключенные ГУЛАГа и военнопленные ГУПВИ (Главного управления по делам военнопленных и интернированных) давали советской экономике около 5 млн человек, но в общей армии труда это составляло не больше 6%. Вместе с тем производительность этого рабского труда была на 50—60% ниже, чем «свободного». Главным ресурсом восстановления народного хозяйства стал не труд заключенных, а сверхэксплуатация населения и его нищенский уровень жизни. Действуют принятые до войны репрессивные законы, прикрепляющие рабочих к рабочим местам, карающие за прогулы и хищения. Рабочие и служащие работали по шесть дней в неделю, их рабочий день длился десять и более часов. Большинство из них жили в переполненных коммунальных квартирах, в бараках и землянках, поскольку никакого постоянного жилья для народа после войны не строилось. Из их мизерной зарплаты вычитались в бюджет не только налоги, но и «государственные займы», оставлявшие немалые прорехи в скудных семейных бюджетах (только один заем в мае 1946 г. был на 20 млрд рублей).

> Галина Вишневская так описывает коммунальную квартиру в Москве на углу Столешникова переулка и Петровки, в которой она, ведущая солистка Большого театра, поселилась с мужем в 1952 г.: «Когда-то, до революции, это была удобная семикомнатная квартира, рассчитанная на одну семью. Теперь ее превратили в набитый людьми клоповник. В каждой комнате жило по семье, а то и по две семьи — родители с детьми и старший сын с женой и детьми. Всего в квартире человек тридцать пять — естественно, все пользовались одной уборной и одной ванной, где никто никогда не мылся, а только белье стирали, а потом сушили его на кухне. Все стены ванной завешаны корытами и тазами — мыться ходили в баню. По утрам нужно выстоять очередь в уборную, потом очередь умыться и почистить зубы... Очереди, очереди... В кухне — четыре газовые плиты, семь кухонных столов, в углу — полати (там жила какая-то старуха), а под полатями — каморка, и в ней тоже живут двое... Когда-то квартира имела два выхода — парадный и черный, через кухню. Так вот, черный ход закрыли, сломали лестницу, сделали потолок и пол, и получилась узкая, как пенал, десятиметровая комната с огромным, во всю стену, окном во двор и цементным полом. Вот в этой комнате на лестничной площадке мы и поселились...» (Галина. История жизни. М.: Вагриус, 2006. С. 104).

В законодательстве о семье проявился отказ от принципов 1920-х гг. Был затруднен развод, введено различие между брачными и внебрачными детьми. Подтвержден категорический запрет аборта. Новшеством эпохи стал закон 1947 г. о запрете браков граждан СССР с иностранцами. Интернационализму был положен конец и в сердечных отношениях. Отныне роман с иностранцем почти неминуемо кончался не браком, а бараком — лагерным сроком.

Но в то же время устои семьи были безнадежно подорваны массовыми репрессиями, богоборчеством, колоссальными потерями среди мужчин на войне, заключением миллионов людей в том возрасте, когда созидаются семьи, в лагеря, наконец, просто невероятной нищетой, страхом и невыносимыми бытовыми тяготами. Множились разводы, обычными стали супружеские измены.

> «Это все-таки удивительно, как быстро сумела наша власть морально развратить людей, разрушить кровное отношение детей к родителям, родителей – к детям, уничтожить вековые семейные традиции. Насильственно оторванные от понятия "мое", "свое", люди легко сходились и также легко расходились; уходя, все бросали, разучившись придавать значение словам "моя семья", "мои дети", "мои родители". Когда тебе долго повторяют, что все принадлежит партии и государству – твоя душа, равно как и стул, на котором ты сидишь, – ты в конце концов начинаешь постигать науку равнодушия, непринадлежности своей ни к кому и ни к чему», — писала как раз о послевоенных годах Галина Вишневская (Галина. История жизни. С. 61–62).

Людей на стройки и предприятия набирали из молодых крестьян по «оргнабору» (через сеть фабрично-заводских училищ). Миллионы людей, в том числе девушки, угнанные немцами в Германию во время войны, были возвращены в СССР и тут же в принудительном порядке направлены на заводы и в шахты. Но сотни тысяч молодых рабочих уходили «в бега», меняли место работы или не работали вообще. В июне 1948 г. был издан специальный указ «О выселении в отдаленные районы лиц, злостно уклоняющихся от трудовой деятельности».

Неисчерпаемым ресурсом Сталин (бравший в этом пример с Петра I) считал крестьянство, прежде всего русских и украинских колхозников. Однако русское крестьянство, главное «пушечное мясо» войны, сократилось с 45 до 36 миллионов человек. В колхозах не хватало мужчин, не было техники и лошадей. Нередко женщины и подростки впрягались вместо лошадей и тянули соху или борону по колхозному полю. Объявив 9 февраля 1946 г. крайне напряженные задания на 4-ю и 5-ю пятилетки, Сталин стал «закручивать гайки» в колхозах, отменять добытые людьми в силу военной необходимости поблажки. А ведь сколь многие надеялись, что колхозы Сталин вовсе отменит, большинство крестьян жило этой мечтой. Но «родное правительство» поступило иначе. Колхозникам ввели налог на приусадебные участки, повысили нормы обязательной сдачи хлеба, колхозы были укрупнены, чтобы легче было ими управлять.

Как признал позже Никита Хрущев, «фактически по производству зерна страна длительный период находилась на том уровне, который имела дореволюционная Россия», несмотря на возросшую численность населения. Также и поголовье крупного рогатого скота на сравнимой территории было в 1951 г. все еще несколько ниже, чем в 1916 г. (57,1 против 58,4 млн голов).

В 1946 г. случилась сильная засуха, урожай составил всего 39,6 млн тонн зерна по сравнению с 95,5 млн тонн в 1940 г. Сельскохозяйственная катастрофа поставила Украину, Поволжье, Кубань и Урал на грань голода. В «государственном резерве» на складах хранилось 5 млн тонн зерна. Министр заготовок Б. Двинский умолял Сталина «решить наболевший вопрос о том, как жить дальше». Но у вождя были другие приоритеты. Сталин готовился к отмене карточной системы на продовольствие в городах, чтобы продемонстрировать всему миру «успехи» в восстановлении советского хозяйства. Имеющийся хлеб также шел на снабжение армии, оккупационных войск в Германии и в Восточной Европе — в общей сложности 4,5 млн человек. Сталина мало волновала судьба крестьянства. Он, вспоминал Анастас Микоян, «знал качество русского мужика — его терпимость». Крестьяне, с их мизерными приусадебными участками и ничтожными выплатами за «трудодни» (почти исключительно не деньгами, а натурой), должны были выживать как могли.

Другой возможностью предотвратить голод была закупка хлеба за рубежом. Для этого лишь нужно было продать некоторое количество золота и платины, которое в обилии добывалось трудом заключенных ГУЛАГа и поступало в государственное хранилище (Гохран). Также в Европе было захвачено немало золота, серебра и драгоценностей. 1 апреля 1948 г. по документам в хранилищах Гохрана имелось: золота в слитках и изделиях — 1414 тонн; серебра в слитках и изделиях — 2133 тонны; платины в слитках и изделиях — 7,6 тонны; драгоценных камней — 558 тысяч карат; Алмазного фонда СССР — 22,414 кг.

Именно за годы войны и послевоенной разрухи золотой запас СССР увеличился на 742 тонны, а серебряный — на 1138 тонн. Однако Сталин запрещал продавать золото. По мнению Геращенко, одного из работников Министерства финансов, будущего двукратного главы Центробанка, вождь страдал «золотым фетишизмом», то есть болезнью Скупого рыцаря. Молотов вспоминал: «Страна была разрушена, люди жили бедно, голодали, а у нас был огромный золотой запас скоплен, и платины было столько, что не показывали на мировом рынке, боясь обесценить!»

> Историк, профессор МГУ С.С. Дмитриев записал в своем дневнике летом 1947 г.: «У всех ощущение тупика. Инженер из Сталино (Юзовка) рассказывал, что этой зимой у них рабочие на почве недоедания мерли, как мухи осенью засыпают. "Прямо гробов не наготовишься. Прежде всего, конечно, пожилые. Очень многие от голода и нищеты резались". ...А под Москвой собирают лебеду – сам видел. Но обо всем этом ни гу-гу».

Председатели колхозов, желавшие смягчить положение крестьян, были наказаны. В 1947–1948 гг. 22 тысячи председателей колхозов и совхозов (12 % от общего числа) получили сроки в исправительно-трудовых лагерях за «разбазаривание колхозного имущества», заключавшееся, в частности, в том, что они давали зерно взаймы голодающим крестьянам до того, как были выполнены государственные поставки. По подсчетам ученых, в 1946–1947 гг. от голода в СССР умерло *около 2 млн человек*, из них полмиллиона — в РСФСР. В советской печати и официальных документах об этом умалчивалось.

> 8 августа 1949 г. умер проживавший в Ейске великий русский борец Иван Поддубный. Несмотря на свои 77 лет, он отличался отменным здоровьем и богатырской физической силой. В 1922–1927 гг. Иван Максимович по контракту работал в США, но потом вернулся в СССР и основал советскую школу борьбы – практически все великие русские борцы эмигрировали за границу. В 1939 г. «за вклад в развитие советского

спорта» Поддубный был награжден орденом Трудового Красного Знамени. В годы войны он проживал в Ейске, причем один из офицеров СС, страстный поклонник Поддубного, чтобы великому борцу полегче жилось, назначил его директором офицерского казино. В 1947 г. Поддубный голодал, продал все свои чемпионские медали, но партийное руководство осталось равнодушным к судьбе великого борца: ему выделялось 500 граммов хлеба в день, а он мечтал о килограмме! Просил прикрепить его к какой-нибудь воинской части, но партийные чиновники не могли простить ему «сотрудничество с немцами» и отказали. «Чемпион чемпионов» вынужден был побираться, как последний нищий. Изможденный голодом, он сломал бедро, окончательно подорвав некогда богатырское здоровье, и сердце его не выдержало. Иван Максимович настолько обнищал, что не имел даже костюма, чтобы быть похороненным по-человечески.

Жертв было бы больше, если бы не гуманитарная помощь из-за рубежа. Уже второй раз благотворительные и международные организации (первый был в 1922 г.) спасали советских граждан. В 1946–1947 гг. СССР получил гуманитарную помощь от Администрации помощи и восстановления Объединенных Наций (ЮНРРА). Сталин согласился подать заявку на помощь для Украины и Белоруссии. Украинцы получили товаров на 189 млн долларов, а Белоруссия — около 60 млн долларов. В то же время Сталин отказался принимать помощь для РСФСР, боясь, что уполномоченные ЮНРРА увидят, что не только оккупированные области, но вся Россия находится в разорении. Русское население некоторое время получало помощь по линии Красного Креста. Самая крупная партия помощи на 31 млн долларов поступила от американской благотворительной организации *Russian Relief* («Помощь России»).

Но коммунистическое правительство, боясь усиления прозападных симпатий среди народов России, под различными предлогами ограничивало эту помощь, в частности, отказалось принимать подарки от частных лиц из-за рубежа. Демонстрируя, что СССР не так уж нуждается в западных «подачках», Сталин демонстративно выделил Болгарии, Румынии, Польше, Чехословакии и другим странам 2,5 млн тонн зерна в качестве продовольственной помощи.

Сталин рассматривал восстановление советской экономики исключительно через призму высших государственных интересов, прежде всего укрепления военного потенциала «державы», которую бы боялись и уважали вовне. Нужды народа, его жизнь и благополучие в эту схему не вписывались.

Сталин и восстановление Севастополя (архивный документ)
ЦК ВКП(б) товарищу МАЛЕНКОВУ ДЛЯ ДРУЗЕЙ [членов Политбюро]

«Был проездом в Севастополе. Город с его разрушениями производит гнетущее впечатление. При существующих темпах восстановление города может быть закончено не ранее 10–15 лет, если не позднее. Без вмешательства Москвы город еще долго будет лежать в руинах, являя собой живую демонстрацию нашей нераспорядительности, которую будут расценивать как наше бессилие... Не мешало бы создать специальную комиссию при Совете министров с поручением, во-первых, выработки плана восстановления города, во-вторых, – организации дела восстановления с расчетом закончить восстановительные работы в 3–4 года».

11.X.48   СТАЛИН

В декабре 1947 г. прошла финансовая реформа: обмен старых рублей на новые десять к одному. Эта реформа укрепила государственные финансы, расшатанные войной и инфляцией, за счет ликвидации частных сбережений, прежде всего крестьян, заработавших во время войны на продаже продуктов.

Одновременно была отменена опротивевшая всем карточная система на продовольствие в городах. При этом цены в государственных магазинах были установлены на уровне, гораздо выше довоенного, близком к коммерческим ценам на базарах и рынках. Уже в 1948 г. государство начало регулярные — вплоть до 1954 г. — снижения розничных цен, прежде всего на хлеб. В результате цены на белый хлеб снизились с 4,4 до 1,55 рубля за килограмм. Эти снижения производились за счет чудовищной эксплуатации крестьянства. Колхозные крестьяне, дававшие этот хлеб, ничего не получали за свой труд. Колхозы были вынуждены «продавать» хлеб государству по ценам, которые даже не окупали транспортные расходы. Многократно возросли налоги на крестьянство: если в 1940 г. средний крестьянин в России платил сельхозналог государству в 100 рублей, то в 1952 г. — уже 1100 рублей. В результате государство даже при снижении цен могло получать с продажи продуктов налог с оборота. В среднем с каждой сотни рублей из кармана покупателя, уплаченных за продовольствие в магазинах, пятьдесят рублей составляли чистую прибыль государства.

Одной рукой государство ликвидировало, отбирало, другой давало. Давало щепотью — отбирало пригоршнями. Отбирало у одних — давало другим, своим, новому классу, номенклатуре. Миллионы людей позже вспоминали, как «при Сталине снижали цены», не вспоминая, да и не догадываясь порой о высоких косвенных налогах и нищенском, рабском положении крестьян. «Дешевая» цена на хлеб и муку после снижений оставалась вдвое большей, чем довоенная, и во много раз превосходила цены последнего дореволюционного (военного!) 1916 года.

По официальным данным, в 1948—1953 гг. население «выгадало» от снижения цен 140 млрд рублей. В долгосрочном плане низкие цены на продукты привели к пагубным привычкам и экономическим перекосам: большинство народа привыкло к дешевым продуктам как компенсации за свой дешевый труд. А уже через несколько лет после «снижения цен» продукты стали исчезать с государственных прилавков опять, как это было до 1947—1948 гг.

Не предполагали простые русские люди и то, как жил в эти трудные годы новый правящий класс. «До поступления в Большой театр я и вообразить себе не могла численность господствующего класса в Советском Союзе. Часто стоя в Георгиевском зале Кремлевского дворца у банкетного стола, заваленного метровыми осетрами, лоснящимися окороками, зернистой икрой, и поднимая со всеми вместе хрустальный бокал за счастливую жизнь советского народа, я с любопытством рассматривала оплывшие, обрюзгшие физиономии самоизбранных руководителей государства, усердно жующих, истово уничтожающих эти великолепные натюрморты. Я вспоминала свои недавние скитания по огромной стране с ее чудовищным бытом, непролазной грязью и невообразимо низким, буквально нищенским уровнем жизни народа и невольно думала, что эти опьяненные властью, самодовольные, отупевшие от еды и питья люди, в сущности, живут в другом государстве, построенном ими для себя, для многотысячной орды внутри завоеванной России, эксплуатируя на свою потребу ее нищий обозленный народ. У них свои закрытые продовольственные и промтоварные магазины, портняжные и сапожные мастерские, со здоровенными вышибалами-охранниками в дверях, где всё самого высокого качества и по ценам, намного ниже официальных цен для народа. Они живут в великолепных бесплатных квартирах и дачах с целым штатом прислуги, у всех машины с шофером, и не только для них, но и для членов семей. К их услугам бывшие царские дворцы в Крыму и на Кавказе, превращенные специально для них в санатории, свои больницы, дома отдыха... В собственном "внутреннем государстве" есть всё. Искренне уверовав в свою божественную исключительность, они надменно, брезгливо не смешиваются с жизнью советских смердов, надежно отгородившись от них высокими, непроницаемыми заборами государственных дач. В театрах для них отдельные ложи со специальным выходом на улицу, и даже в антрактах они не выходят в фойе, чтобы не унизиться до общения с рабами», — вспоминала солистка Большого театра Галина Вишневская.

Литература
Николай Симонов. Военно-промышленный комплекс СССР в 1920–1950-е гг. М.: РОССПЭН, 1996.

СССР и «холодная война» / Под ред. *В.С. Лельчук, Е.И. Пивовар.* М.: Мосгорархив, 1995.

А.К. Сололов. Принуждение к труду в советской промышленности и ее кризис (конец 1930-х – середина 1950-х гг.); // Экономическая история. Ежегодник. М.: РОССПЭН, 2003.

В.Ф. Зима. Голод в СССР 1946–1947 годов: происхождение и последствия. М., 1996. С. 11, 168.

Советская жизнь 1945–1953 / Под ред. *Е.Ю. Зубкова и др.* М.: РОССПЭН, 2003.

В.П. Попов. Крестьянство и государство (1945–1953). Исследования новейшей русской истории. Париж 1992.

А. Блюм; М. Меспуле. Бюрократическая анархия: статистика и власть при Сталине. М.: РОССПЭН, 2008.

4.3.5. От «подсоветского» к «советскому» обществу

Послевоенные годы можно рассматривать как наиболее «советский» период истории СССР. С одной стороны, каждый год уносил людей из поколения, еще заставшего последние годы XIX и начало XX в. Тех, кому во второй половине 1940-х гг. было за 80 или под 80, оставалось чрезвычайно немного, и не они составляли активную часть общества. Актрисы Яблочкина или Книппер-Чехова, начинавшие еще в революционные годы писатели Сергеев-Ценский и Тренев, искусствовед Грабарь, историк Тарле или глава Русской Православной Церкви с 1945 г. Патриарх Алексий воспринимались как случайные обломки, уцелевшие во время кораблекрушения. Стариками казались отнюдь не старые люди. Вернувшееся с полей войны, повзрослевшее не на четыре года, а на целую жизнь поколение фронтовиков (1910–1925 гг. рождения) дореволюционной жизни, естественно, не знали и воспринимали как единственно возможный советский образ жизни, каким он складывался в послевоенные годы. Военный успех страны от осени 1941 г. к весне 1945 г. воспринимался многими как знак верного и даже единственно верного пути. Образ могущественного генералиссимуса в белом кителе и золотых погонах заслонял штатского «интеллигента» в галстуке – Ленина и его «товарищей».

Сталин, его маршалы и генералы – вот идеал для советского человека, вот «победители» (под таким названием шла во МХАТе пьеса, поставленная в 1947 г.). То, что именно Сталин, а не народ и Божий Промысл победил фашизм, казалось бы, подтверждалось успехами вождя в международной политике. Из страны с обрубленными в сравнении с 1916 г. границами, находившейся во «враждебном окружении», какой она была в 1930-е гг., Сталин превратил СССР в страну-победительницу, почти восстановившую границы Российской империи и окруженную почти по всему периметру странами-сателлитами.

«Железный занавес», установившийся в 1946 г., отрезал советского человека от какого-нибудь доступа информации извне, а поднявшаяся в конце 1940-х гг. волна ложного патриотизма оставила гражданам СССР возможность читать либо однотомники иностранных классиков, либо тех зарубежных писателей, кого в СССР называли «прогрессивными» и кто в стихах и прозе славил Сталина и коммунизм не менее усердно, нежели советские писатели, и столь же небескорыстно. Расправа над Зощенко и Ахматовой (1946 г.), вынужденное молчание Пастернака, которому на целое десятилетие уготована была возможность жить только переводами, свидетельствовали о том, что даже относительное веяние свободы, творчества и искренности, пронесшееся в русской подсоветской литературе в начале войны, в условиях послевоенного СССР было невозможно. Под запрет попадало даже то, что вызывало благосклонное приятие властей в недавнем прошлом.

У многих, и отнюдь не только в СССР, но и за его пределами, складывалось впечатление, что Сталину и его режиму подвластно все, до создания атомной бомбы включительно. Философ Алексей Федорович Лосев в эти годы вступил в ВКП(б). Отвечая на недоуменный вопрос своего старинного друга философа Асмуса, зачем он *это* сделал, великий мыслитель сказал: «Валентин Фердинандович, *это* – на тысячу лет». Подобное впечатление соблазнило и тех соотечественников-репатриантов, что возвращались в СССР из Западной Европы, и даже тех, кто не вернулся, но в сознании которых тотальное неприятие советского режима во второй половине 1940-х гг. на какой-то миг дало трещину.

Огромным событием стала передача коммунистами Троице-Сергиевой Лавры обратно в руки Русской Православной Церкви, действительно потрясшая тех, для кого обитель преподобного Сергия никогда не переставала быть святыней. Это сказалось и отчасти сказывается даже в XXI в. на оценке роли Сталина частью духовенства, воспринимающего позднего Сталина в отрыве от предыдущих 20 лет его деятельности. Обилие литературы по русской истории, написанной с большей или меньшей степенью литературной правдивости и одаренности, серия фильмов и пьес «о великих людях», даже серии почтовых марок с портретами дореволюционных ученых, писателей, поэтов – все это создавало видимость возвращения исторического прошлого, соблазнявшее молодые умы, не получившие подлинной религиозно-нравственной подготовки и, соответственно, противоядия ко лжи советской пропаганды.

В допущенной культуре главенствовала антизападная направленность и шпиономания – пьесы «Русский вопрос» и «Чужая тень» Константина Симонова, «Заговор обреченных» Н. Вирты и безудержная лакировка действительности в произведениях искусства на современную тему, включая и изображения последней войны. Едва ли не единственным исключением может служить написанная по-журналистски искренне повесть Виктора Некрасова «В окопах Сталинграда» (1946). Тем, кто хотел глотнуть свежего воздуха настоящего искусства, оставалась возможность почерпнуть его из классической литературы, музыки и отдельных спектаклей по произведениям классики.

И в то же время можно сказать, что именно в эти годы возрождается энергия освобождения. Фронтовики, видевшие своими глазами СМЕРШ и заградотряды, бездарность многих военачальников, их жадность и властолюбие; воины, брошенные «народной» властью в немецком плену и потом получившие вместо просьб о прощении от той же власти уже не немецкие, а советские сроки заключения, — все это заставляло миллионы людей переосмыслить свое отношение к сталинскому режиму, к Ленину и коммунизму вообще. Прошедшие через фронт люди иначе вели себя в лагерях, чем деморализованные интеллигенты или тем более не имевшие прочных моральных устоев партийцы 1930-х гг. Нравственный воздух лагерей и первые попытки сопротивления в конце 1940-х гг. несопоставимы с атмосферой ГУЛАГа 1930-х гг. Об этом явственно свидетельствовал позднее Варлаам Шаламов в своих «Колымских рассказах».

Именно в эти годы не оправдавшихся надежд и новых ожиданий пишет Борис Пастернак свой роман ***Доктор Живаго***, который десять лет спустя был удостоен Нобелевской премии по литературе. Как говорится в предпоследнем параграфе «Доктора Живаго», «хотя просветление и освобождение, которых ждали после войны, не наступили вместе с победою, как думали, но все равно предвестие свободы носилось в воздухе все послевоенные годы, составляя их единственное историческое содержание». Потому-то и сам Пастернак обрел в это глухое время вдохновение и силу, чтобы осуществить свое давнее намерение написать масштабный роман о своей эпохе.

Стихи «доктора» из романа — не только лучшее, что было написано на русском языке в эти годы, но и принадлежит к абсолютным вершинам русской и мировой поэзии. Духовным образом целого поколения стали строки:

> Гул затих, я вышел на подмостки,
> Прислонясь к дверному косяку.
> Я ловлю в далеком отголоске,
> Что случится на моем веку.
>
> На меня наставлен сумрак ночи
> Тысячью биноклей на оси.
> Если только можешь, Авва Отче,
> Чашу эту мимо пронеси.
>
> Мне знаком Твой замысел упрямый,
> И готов играть я эту роль,
> Но сейчас идет иная драма,
> И на этот раз меня уволь.

Но намечен распорядок действий,
И неотвратим конец пути.
Я один, всё тонет в фарисействе.
Жизнь прожить – не поле перейти.

Заметки ответственного редактора
После тех изменений, которые претерпело русское общество в России в 1940-е гг., следует ли перестать называть его русским и начать называть советским или же сохранить за ним его старое родовое определение — русское общество? Авторы учебника не раз обсуждали эту проблему. Мы все же решили не идти вслед за традицией советской пропаганды и не переименовывать русское общество в России в советское, хотя по самосознанию оно действительно в значительной степени стало к этому времени советским, глубоко разойдясь и с русским обществом начала XX в., и с русским обществом современного ему Зарубежья. Мы исходили из того, что сопротивление советизации не прекращалось ни на час в покоренной большевиками России. Сопротивлялись действием, словом, верой, совестью. И поэтому можно говорить об осовеченном русском обществе, но не о советском обществе.

Русское общество оставалось в России в 1940—1980-е гг., как и до 1917 г., как и в Зарубежье, многоэтничным и многоисповедным. Само себя оно часто именовало советским и редко — русским, но все же оно оставалось в глубине своей русским и потому все более стремилось к восстановлению своей тождественности с Россией и восстановило ее, хотя бы формально, в 1993 г., став вновь российским, русским в Российской Федерации. Советским, коммунистическим, большевикским (что правильней, так как Советы были чистой фикцией власти после 1919 г.) был режим, были его институты — армия, академия наук, правительство, союз писателей, коммунистическая партия и идеология. Но наука, культура и сам человек оставались русскими. Драматическая, хотя большей частью и невидимая, борьба между советским и русским в душах и деяниях людей России есть суть русской жизни второй половины XX в. В некотором смысле борьба эта продолжается и ныне.

4.3.6. Попытки захватить Иранский Азербайджан, Западную Армению и Проливы. Фултонская речь Черчилля и реакция Сталина. Начало «холодной войны»

7 июня 1945 г. Молотов по инструкции Сталина предъявил турецкому послу в Москве ультимативное требование создать «совместные» советско-турецкие базы для защиты Босфора и Дарданелл, а также возвратить советским Армении и Грузии территории, которые были до 1917 г. в составе Российской империи и были уступлены Турции ленинским правительством по договору 1921 г. Турецкие проливы были, как мы помним, под прицелом сталинской дипломатии начиная с 1940 г., когда Молотов на переговорах с Гитлером в Берлине ясно дал понять, что СССР нуждается в выходе в Средиземное море. В 1943–1944 гг. Сталин обсуждал вопрос о проливах с Черчиллем и получил от британского премьера устное заверение, что режим проливов, регулируемый международным соглашением в Монтре, будет пересмотрен с учетом советских интересов. Литвинов в МИДе полагал, что этот пересмотр возможен в рамках общего советско-британского «полюбовного соглашения» о сферах влияния.

Сталин, однако, и в этом случае полагался только на собственные силы, не веря в соглашение с союзниками. Ему хотелось сначала сломить волю турок, а потом закрепить свой успех на международной конференции в рамках «большой тройки». Проблема была, однако, в том, что Турция сохраняла нейтралитет в войне и весной 1945 г. вступила в ряды «объединенных наций».

> Молотов вспоминал: «Я ему [Сталину] говорил. Это была наша ошибка. Это было несвоевременное, неосуществимое дело. Проливы должны быть под охраной Советского Союза и Турции. Сталин: "Давай, нажимай! В порядке совместного владения" Я ему: "Не дадут". – "А ты потребуй!"» (Сто сорок бесед с Молотовым. С. 102–103).

Чтобы оправдать и замаскировать давление на Турцию, Сталин решил использовать «армянскую карту». Власти советской Армении в конце Второй Мировой войны получали сотни обращений от армянских эмигрантов в США, Южной Америке и других регионах к «великому Сталину» с надеждой на восстановление справедливости в отношении армянского народа, попранной турецким геноцидом 1915–1916 гг. (см. **1.4.11**). В 1945 г. Сталин разрешил репатриацию армян в СССР.

Антитурецкий национализм раздувался и в Грузии. В декабре 1945 г. в грузинской печати, а затем и в центральной советской печати появилась статья двух историков-академиков, которая напоминала, что территории Северо-Восточной Турции (до Трапезунда и даже Синопа) были исторически грузинской территорией. В Грузии многие с нетерпением ждали войны с Турцией. Дэви Стуруа, сын бывшего председателя Верховного совета Грузинской ССР, говорил в интервью составителям этой книги: «Если бы Сталин присоединил эти земли, он бы стал богом для грузин».

Одновременно Сталин санкционировал давление на Иран с целью получить доступ к нефтяным месторождениям в северной Персии. В 1944 г. советская делегация в Тегеране, возглавляемая Сергеем Кавтарадзе, пыталась получить у иранцев нефтяные концессии, но иранский парламент принял закон, запрещающий подобные сделки до тех пор, пока войска других государств (имелись в виду советские войска, оккупировавшие северный Иран с осени 1941 г.) остаются на территории Ирана. Эта мера выбила из рук Сталина его главный козырь. Как и в случае с Турцией, он решил разыграть другие, «национальные» карты. В июле 1945 г. Политбюро ВКП(б) одобрило «меры по организации сепаратистского движения» азербайджанцев и курдов в северо-западных провинциях Ирана. Сталин дал указание руководителю советского Азербайджана М. Багирову готовиться к «объединению Азербайджана», то есть к присоединению азербайджанских районов Ирана к СССР. Эти шаги вызвали подъем национальных чувств у азербайджанцев.

Однако, как показывают рассекреченные документы, Сталин эксплуатировал национальные чувства в интересах своей политики — расширения советской империи и для давления на Турцию и Иран. Главным вопросом для него было не присоединение армянской Анатолии к советской Армении и Северного Ирана — к Советскому Азербайджану, а контроль над турецкими проливами и над нефтяными запасами. Но в игре, построенной на разжигании националистических чувств, Сталин грубо просчитался. Его политика ударила бумерангом. В Турции начались антисоветские массовые выступления. Турецкое правительство отказалось от переговоров с СССР и обратилось за поддержкой в Лондон и Вашингтон. В турецкие проливы, упреждая советские военные корабли, вошел американский линкор «Миссури». Сталин, не заинтересованный в международном кризисе из-за проливов, не стал идти на обострение «войны нервов» с Анкарой.

В Северном Иране все первоначально развивалось по советскому плану. С сентября 1945 г. шла лихорадочная работа по превращению его в просоветскую «автономную» зону. Багиров и советское военное командование в Северном Иране создали Демократическую партию Азербайджана, разоружили иранскую жандармерию и фактически подготовили почву для провозглашения Северо-Западного Ирана в качестве просоветской автономной области. Премьер-министр Ирана Кавам приехал в феврале 1946 г. в Москву для переговоров со Сталиным. Сталин предлагал Каваму военную поддержку в обмен на предоставление СССР нефтяных концессий на севере Ирана. Вместо этого Кавам повел двойную игру и обратился за поддержкой к американцам. В марте 1946 г. истек согласованный лимит пребывания советских войск в Иране, а Сталин по-прежнему тянул с их отводом, рассчитывая на силовое давление на Тегеран. Разразился международный «иранский кризис», в котором администрация Трумэна выступила в защиту суверенитета Ирана. Под нажимом США 24 марта 1946 г. Сталин был вынужден начать вывод войск. Сталинская политика голой силы потерпела полный провал.

Одновременно Трумэн дал понять Сталину, что США защитят Турцию от советского военного нажима. Летом 1946 г. американские военные, приняв советские военные маневры за подготовку к атаке на Турцию, разработали план атомной бомбардировки СССР. В итоге СССР не получил ни баз в проливах, ни иранской нефти. А Турция и Иран на долгие годы стали американскими союзниками. В Турции разместились американские военно-воздушные базы, а затем и ракеты, нацеленные на СССР.

Вместе с тем для многих политиков на Западе «дядюшка Джо» (от английского Джозеф [Иосиф] — так за глаза они называли Сталина) по-прежнему оставался уважаемым союзником по антигитлеровской коалиции. Окончание войны опьяняло; в советскую экспансию не хотелось верить. Отрезвление западных обществ наступило только когда 5 марта 1946 г. незадолго до того ушедший в отставку британский премьер-министр Уинстон Черчилль впервые за последние годы назвал вещи своими именами и публично обвинил Советский Союз в стремлении к мировому господству. Сделал он это в лекции, прочитанной в США в Вестминстерском колледже города Фултон (штат Миссури). В присутствии Президента США Гарри Трумэна Черчилль объявил о том, что коммунистические партии разных стран представляют собой всё возрастающую опасность «христианской цивилизации», что через весь европейский континент уже «протянулся железный занавес», к востоку от которого Советы установили свой жестокий контроль над оказавшимися в их сфере влияния народами. Черчилль призвал создать американо-английский союз для сдерживания имперских амбиций СССР. Опытнейший британский государственный деятель на этот раз мыслил не в категориях геополитики, а в категориях прав и демократических свобод каждого человека и благополучия «каждого дома». Он призывал защитить эти права к западу от железного занавеса и не допустить их полного попрания коммунистическим тоталитаризмом в России, Восточной Европе, в Китае. Черчилль призвал американцев совместно с британцами и в рамках ООН создать систему сдерживания коммунистической экспансии. Не только экспансии территориальной, но даже в большей степени — экспансии духовной, то есть противиться навязыванию коммунистических идей и методов властвования народам тех стран, которые Сталин поспешил включить в зону своего влияния.

В ответ на выступление Черчилля Сталин дал интервью газете «Правда», в котором обвинил Черчилля в призыве к господству англо-саксонской «высшей расы» над миром, сравнив его «и его друзей» с Гитлером: «Нации проливали кровь в течение пяти лет жестокой войны не для того, чтобы заменить господство гитлеров господством черчиллей».

Еще до речи в Фултоне, наблюдая события на Ближнем Востоке и в Центральной Европе, администрация Трумэна пришла к выводу, что переговоры со Сталиным не ведут к созданию прочного мира. Последовав фултонскому совету Черчилля, США приняли на вооружение стратегию «сдерживания» советского экспансионизма. Постепенно противостояние бывших союзников по антигитлеровской коалиции приобретает открытые формы. Через год после Фултона в марте 1947 г. в обращении к Конгрессу Трумэн сформулировал внешнеполитическую доктрину США, заявив, что его страна будет «поддерживать свободные народы, которые оказывают сопротивление... внешнему давлению». При этом американцы ошибочно истолковали сталинскую внешнюю политику как прежде всего продолжение традиций российской экспансии, путая СССР и Россию. По просьбе Президента Конгресс выделил 400 миллионов долларов на помощь правительствам Греции и Турции: как раз в то время в этих странах возникла угроза коммунистических переворотов. Американо-английский союз против СССР, возникший в это время, просуществовал до самого окончания «холодной войны».

Уинстон Черчилль. РЕЧЬ В ФУЛТОНЕ
Вестминстерский колледж, Фултон, Миссури, 5 марта 1946 г.
(Выдержки)

...Соединенные Штаты достигли ныне вершины мирового могущества. Это – славный момент для американской демократии. С этой мощью должна сочетаться огромная ответственность за будущее. Если вы посмотрите вокруг себя, вы должны ощущать не только чувство исполненных обязательств, но и беспокойство, боязнь не потерять достигнутое. Возможности наши теперь ясны и понятны для обеих наших стран. Если будем отклонять или игнорировать их или растрачивать по мелочам, впоследствии мы получим справедливые упреки. Необходимо, чтобы постоянство убеждений, настойчивость в достижении цели и великая простота решений управляли поведением англо-говорящих народов, как это было во время войны. Мы должны, и я верю, что мы будем соблюдать эти важные принципы.

Когда американские военные стремятся решить какую-то серьезную задачу, они имеют привычку писать во главе их директивы слова «Исчерпывающая стратегическая концепция». Это мудро, так как это ведет к ясности мысли. Что тогда является исчерпывающей стратегической концепцией, которую мы должны провозгласить сегодня? Это не что иное, как безопасность и благосостояние, свобода и прогресс для всех домов и семей, для всех мужчин и женщин во всех странах. И здесь я говорю особенно о великом множестве домов и семей, в которых кормилец борется с трудностями жизни, охраняет жену и детей от нужды и лишений и воспитывает в своей семье страх Божий и иные нравственные принципы, имеющие основополагающее значение.

Чтобы обеспечить безопасность этим бесчисленным домам и семьям, необходимо оградить их от двух гигантских мародеров – войны и тирании. Все мы знаем, в какой хаос погружается любая семья, когда проклятье войны надвигается на кормильца и его близких.

На наших глазах свершилось ужасное разрушение Европы, всей ее красоты, свершилось и разрушение значительной части Азии. Когда проекты злодеев или агрессивные помыслы могущественных государств разбивают на части цивилизованные общества, скромные простые люди оказываются перед трудностями, с которыми они не могут справиться. Для них все искажено, все нарушено, вся их жизнь стерта в порошок.

Стоя здесь в этот тихий полдень, я с дрожью думаю, что случилось с миллионами людей и что еще может случиться ныне, когда голод приходит на землю.

Невозможно исчислить то, что я называю «неподсчитываемой суммой человеческой боли». Наша высшая задача и обязанность состоит в защите всех людей от ужасов и бедствий новой войны. Мы все согласны с этим. Наши американские военные коллеги, объявив их «исчерпывающую стратегическую концепцию» и вычислив имеющиеся ресурсы, всегда переходят к следующему шагу – а именно, к методу. У нас есть широко известное соглашение – мировая организация, созданная главным образом для предотвращения войны – ООН, преемник Лиги Наций, с важнейшим дополнением – Соединенными Штатами.

Мы должны удостовериться, что эта организация является плодотворной, что она – действительность, а не обман, что это действенная сила, а не просто игра слов, что это истинный храм мира, в котором могут быть повешены щиты многих наций, а не Вавилонская башня.

...Было бы, однако, неправильно и неблагоразумно, чтобы вручить секретное знание или опыт создания атомной бомбы, который имеют Соединенные Штаты, Великобритания и Канада, организации, которая все еще в младенческом возрасте. Это было бы преступное безумие... Люди всех стран спокойно спят в своих кроватях, потому что эти знания и опыт атомного оружия по большей части находятся в американских руках.

Я не думаю, что мы бы спали так спокойно, если этим смертельным оружием монопольно обладали некоторые коммунистические или неофашистские государства. Это оружие было бы ими использовано для того, чтобы навязать тоталитарные системы свободному демократическому миру, что привело бы к ужасным последствиям. Видит Бог, это не должно произойти, и мы имеем, по крайней мере, некоторое время для укрепления нашего дома, прежде чем мы столкнемся с этой опасностью, и даже тогда, когда никакие усилия не помогут сохранить монополию на атомное оружие, мы должны обладать огромным превосходством, чтобы использовать это превосходство в качестве устрашения.

В конечном счете, когда братство людей будет создано и воплощено во всемирной организации, располагающей всеми необходимыми практическими гарантиями для эффективной деятельности, полномочия на использование этого оружия должны быть, конечно, предоставлены мировой организации.

Теперь я подхожу ко второй опасности из тех, которые угрожают каждому дому и всем людям, – к тирании. Мы не можем быть слепы к факту, что привилегии, которыми наслаждается каждый гражданин Британской Империи, не имеют силы в значительном числе стран, некоторые из которых являются очень мощными. В этих странах контроль над человеком осуществляется всемогущими полицейскими ведомствами.

Власть государства осуществляется без ограничения или диктаторами, или небольшими олигархиями, действующими через привилегированную часть населения и политическую полицию. Мы не должны в нынешнее трудное время вмешиваться, используя силу, во внутренние дела стран, которые мы не победили в войне. Но мы не должны прекращать бесстрашно проповедовать великие принципы свободы и прав человека, которые являются достижением англоговорящего мира и которые запечатлены в Билле о правах и английской Великой Хартии и проявили себя наиболее полным образом в американской Декларации Независимости.

Люди любой страны должны иметь конституционные права, свободные выборы с тайным голосованием, чтобы они могли свободно выбирать и изменять характер и состав правительства, которое ими управляет. Это свобода слова и мысли, это судьи, независимые от исполнительной власти, несмещаемые, которые должны сообразовывать свою деятельность только с законами, которые получили широкое согласие большинства общества или освящены традицией. Свобода должна быть в каждом доме. Вот обращение британского и американского народов к человечеству. Позвольте нам проповедовать то, что мы практикуем, и практиковать то, что мы проповедуем.

Я указал две больших опасности, которые угрожают людям: война и тирания. Я еще не говорил о бедности и лишениях, которые вызывают во многих случаях беспокойство. Но если опасности войны и тирании удалены, нет сомнения, что наука и сотрудничество, ведущее к миру, приведет постепенно к росту благосостояния.

Ныне, в это одновременно печальное и славное время, мы охвачены голодом и бедствиями, которые являются следствиями страшной войны. Но это пройдет и может пройти быстро, и нет причин, мешающих исцелению, кроме человеческого безумия или сверхчеловеческого преступления.

Я часто привожу слова, которые услышал 50 лет назад от замечательного ирландско-американского оратора, моего друга Бурка Кокрэна: «Всего хватит для всех. Земля – щедрая мать; она обеспечит достаточно пропитания для всех ее детей, если они будут возделывать ее почву по закону и в мире».

...Темные века могут вернуться, каменный век может вернуться на сверкающих крыльях науки, и то, что могло бы теперь быть источником бесчисленных материальных благ для человечества, может принести полное разрушение. Остерегайтесь, говорю я вам, – время лукаво.

Не позволяйте себе плыть по течению жизни, пока еще не поздно. Если имеется какая-либо братская ассоциация, подобная мной описанной, со всей дополнительной силой и безопасностью, которую обе наши страны могут гарантировать, удостоверьтесь, что этот великий факт известен миру и что он содействует стабилизации основ мира. Есть древняя мудрость – предотвращать проще, чем исправлять.

На ту часть мира, которая недавно еще была освещена победой союзников, ныне пала тень. Никто не знает, что советская Россия и коммунистическая всемирная организация намерены делать в ближайшем будущем и каковы пределы их экспансионистских планов и желаний обращать мир в свою веру. Я восторгаюсь и испытываю уважение к храбрым русским людям и к моему боевому товарищу, маршалу Сталину. Англичане глубоко сочувствуют и доброжелательно относятся – я не сомневаюсь в этом – ко всем русским людям. И они полны решимости добиваться, несмотря на множество различий и проблем, установления долгой дружбы между ними и русским народом. Мы понимаем потребность России в безопасности ее западных границ, в устранении какой-либо возможности немецкой агрессии в будущем. Мы приветствуем Россию на ее законном месте среди ведущих народов мира. Мы приветствуем ее флаг на морях.

Прежде всего, мы приветствуем постоянные, частые и все возрастающие контакты между русскими людьми и нашими соотечественниками по обе стороны Атлантики. Заявить об этом я полагаю своей обязанностью. И, однако, я уверен, что вы желаете, чтобы я показал вам существующее положение в Европе таким, каким я его вижу.

От Штеттина на Балтике до Триеста на Адриатике поперек континента протянулся железный занавес. По ту сторону воображаемой линии все столицы древних государств Центральной и Восточной Европы – Варшава, Берлин, Прага, Вена, Будапешт, Белград, Бухарест и София; все эти известные города и области вокруг них находятся в том, что я должен называть советской сферой. Там все подчинено в той или иной форме не просто советскому влиянию, но очень сильному и во многих случаях чрезвычайно сильному контролю Москвы. Только Афины – Греция с бессмертной ее красотой является свободной в выборе своего будущего под британской, американской и французской защитой. Контролируемое русскими польское правительство было поощрено делать большие и неправомерные нападки на Германию и осуществило массовые изгнания миллионов немцев в масштабе печальном и невообразимом. Коммунистические партии, которые были очень небольшие во всех восточно-европейских государствах, дорвались до власти и повсюду получили свой неограниченный тоталитарный контроль над обществами. Полицейские правительства преобладают в этой части мира, и кроме пока Чехословакии, нигде там нет никакой настоящей демократии.

Турция и Персия также глубоко встревожены и обеспокоены требованиями, которые предъявляет к ним московское правительство. Русские сделали попытку создать квазикоммунистическую партию в Берлине, в их зоне оккупации Германии, особо поддерживая группу левых немецких лидеров... ...Если теперь советское правительство попытается отдельно создать прокоммунистическую Германию в их зоне, это причинит новые серьезные трудности в британской и американской зонах и разделит побежденных немцев между Советами и западными демократическими государствами.

Любые выводы могут быть сделаны из этих фактов, и факты таковы: это, конечно, не та освобожденная Европа, за которую мы боролись. Это не то, что необходимо для постоянного мира.

Безопасность мира требует нового единства в Европе, от которого никакая нация не должна быть в стороне. Из-за ссор между сильными расами в Европе происходили все войны как в прошлое время, так и та Мировая война, свидетелями которой мы были...

И по нашу сторону железного занавеса, лежащего поперек Европы, есть много причин для беспокойства.

Серьезные трудности доставляет в Италии Коммунистическая партия поддержкой требований коммунистической клики маршала Тито об изменении границ Италии на Адриатике. Однако будущее Италии устойчиво.

Нельзя представить восстановленную Европу без сильной Франции. Всю мою сознательную жизнь я работал для сохранения сильной Франции, и я никогда не терял веру в ее судьбу, даже в самые темные для нее дни. Я не буду терять веру и теперь. Однако в большом числе стран, далеких от российских границ, и во всем мире коммунистические пятые колонны дестабилизируют жизнь, действуя в полном единстве и абсолютном повиновении указаниям, которые они получают от коммунистического центра. Даже в Британском Содружестве наций и в Соединенных Штатах, где коммунизм еще в младенчестве, коммунистические партии, или пятые колонны, являют собой все возрастающий вызов и опасность для христианской цивилизации.

Эти факты могут многим показаться слишком мрачными, чтобы говорить о них на другой день после победы, достигнутой благодаря великому братству по оружию и стремлению к свободе и демократии, — но мы должны их знать, чтобы не сидеть сложа руки, когда еще есть время что-то сделать.

Беспокоит также перспектива на Дальнем Востоке и особенно в Маньчжурии. Соглашение, которое было сделано в Ялте, к которому я был причастен, чрезвычайно благоприятно для советской России, но оно заключалось в то время, когда все думали, что немецкая война продлится лето и осень 1945 г. и что война с Японией будет продолжаться еще 18 месяцев после завершения войны с Германией. Здесь все вы так хорошо осведомлены о положении на Дальнем Востоке и такие преданные друзья Китая, что нет нужды распространяться далее на эту тему.

Я чувствовал себя обязанным показать ту тень, которая, как на Западе, так и на Востоке, падает ныне на мир. Я был влиятельным министром во время подписания Версальского соглашения и близким другом господина Ллойд Джорджа, который был главой британской делегации в Версале. Я не соглашался со многими вещами, которых тогда был свидетелем, но у меня осталось очень сильное впечатление о той ситуации, и мне мучительно сопоставлять те события с тем, что преобладает теперь. В те дни имелись большие надежды и даже безграничная уверенность, что войны закончены и что Лига Наций — всемогущая организация. Я не вижу и не чувствую той же самой уверенности или даже тех же самых надежд в нынешнем исстрадавшемся мире. Более того, я придерживаюсь мнения, что война надвигается, что она почти неизбежна.

Но я уверен, что наша судьба все еще в наших собственных руках и что в наших силах спасти будущее... Я не верю, что советская Россия желает войны... И на что мы должны обратить внимание сегодня, пока еще есть время, — так это на постоянную работу по предотвращению войны и по обеспечению условий свободы и демократии, насколько это возможно, во всех странах. Наши трудности и опасности не исчезнут, если мы закроем наши глаза на них. Они не исчезнут от простого ожидания того, что должно случиться, и не будут удалены политикой умиротворения. Необходимо урегулирование, и чем дольше это будет отсрочено, тем труднее это будет и тем больше возрастет опасность.

Я видел наших русских друзей и союзников во время войны, и я убежден, что ничем они не восхищаются так, как силой, и ничто не уважают меньше, как слабость, особенно военную. Поэтому старая доктрина равновесия сил необоснованна. <...>

Только теперь, в 1946 г., может быть достигнуто хорошее взаимопонимание по всем пунктам с Россией под общей властью Организации Объединенных Наций. И это взаимопонимание на долгие мирные годы нужно поддерживать всей силой англоговорящего мира и всех его институций...

Если население англоговорящих наций Содружества объединится с США во всем, что такое сотрудничество подразумевает: в воздухе, в море, на суше на всем пространстве земного шара, и в науке, и в промышленности, и в моральной силе, – то не сможет произойти никакого случайного изменения в равновесии сил, чтобы ввести кого-либо в искушение впасть в амбиции или осуществлять авантюры. Напротив, такой союз будет давать высокие гарантии безопасности.

Если мы будем искренне придерживаться Устава Организации Объединенных Наций и идти вперед с уравновешенной и трезвой силой, не стремящейся к захвату каких-либо земель или богатств, не стремящейся к установлению какого бы то ни было контроля над мыслями людей; если вся нравственная мощь британцев и их материальные силы и убеждения будут соединены с вашими собственными братской ассоциацией, – то тогда высокие пути будущего будут ясными не только для нас, но для всех, и не только в наше время, но и в течение грядущих столетий.

Литература
Джамиль Хасанлы. Южный Азербайджан. Начало «холодной войны». Баку; Адильоглы, 2003.
Владислав Зубок. Сталин, Запад и начало «холодной войны» // Посев. 2006. № 5 (1544). С. 39–45.

4.3.7. Советизация Восточной и Центральной Европы. Репрессии и реформы

Главной целью Сталина и его помощников было создание в Европе пояса из «дружественных государств», привязанных к СССР. Мирными средствами такую задачу, однако, решить было невозможно. Восточная и Центральная Европа, регион с населением почти в сто миллионов человек, исторически тяготел к Западу, а не к Востоку. Антирусские настроения в Польше, Румынии и Венгрии уходили вглубь истории.

В начале 1946 г. советские войска, расквартированные в Восточной Европе, по-прежнему находились в состоянии боевой готовности. В большинстве стран, завоеванных Красной Армией, шла активная подготовка к парламентским выборам, и пускать это важное дело на самотек Сталин совсем не хотел. Соответствующие ялтинские решения он выполнять не собирался. В 1945–1946 гг. Сталин еще поддерживал «демократический» фасад в Польше и других странах Восточной и Центральной Европы. В советском лексиконе их назвали «страны народной демократии», подчеркивая отличие их социально-политического строя от советского. Там еще действовали многопартийная система и парламент, не было попыток коллективизации крестьянства. Но одновременно строился фундамент для просоветских режимов. В декабре 1945 г. на переговорах в Москве Сталин обещал американцам и англичанам, что результаты выборов в Болгарии и Румынии (которые оппозиция бойкотировала в знак протеста против коммунистического террора) будут частично пересмотрены и оппозиционеры получат посты в правительствах. Но стоило переговорам закончиться, как Сталин инструктировал болгарских коммунистов: «Выборы закончены. Ваша оппозиция может убираться к черту. Она бойкотировала эти выборы. Три великих державы признали эти выборы. Разве это не ясно из решений Московского совещания о Болгарии?» Сталин заключил: «Главное в том, чтобы разложить оппозицию».

Сталин рассчитывал проводить советизацию Центральной и Восточной Европы постепенно и осторожно, чтобы поставить западные державы перед свершившимся фактом. В публичных репликах Сталин отвергал обвинения в стремлении распространить «коммунистические порядки» на Европу. Он грубовато шутил, что коммунизм годится полякам, чехам, румынам или болгарам, «как кобыле седло». Но на деле советизации удалось избежать лишь Финляндии, и прежде всего благодаря крепкому, солидарному гражданскому обществу, где коммунисты и советские советники при всех усилиях не смогли добиться заметных успехов. Напротив, в Восточной Европе все общества, и даже наиболее цивилизованное из них чешское, были больны — поражены национализмом и расизмом, ненавистью к соседям и этническим меньшинствам, несли в себе бациллы жестокости и массового насилия.

В Польше сразу же после ухода нацистов вспыхнули антисемитские погромы. Массовыми насилиями и жестокостями сопровождалось изгнание миллионов этнических немцев из Польши и Чехословакии, швабов из Венгрии, венгров из Словакии. «Жертвы» легко становились «палачами» и наоборот. Сталину и его подручным было не так сложно в этих условиях манипулировать массовым сознанием и отдельными политиками, создавать себе опору и вербовать агентуру. В Польше и Чехословакии также на Сталина работали страхи перед возможным возрождением германского милитаризма. Почти все польские военные, сотрудничавшие с Советской армией, прошли через советские депортации и репрессии. Но они считали в тот момент, что немцы страшнее русских. Передача Сталиным Польше обширных немецких земель (Силезии, Померании и юга Восточной Пруссии) и жестокое изгнание из этих земель коренного немецкого населения особенно «подцепило» поляков. Теперь многие из них боялись немецкой мести и потому были готовы опираться на Советский Союз.

Войцех Ярузельский родился в 1923 г. в селе Курове (Люблинское воеводство) в семье офицера. До 1939 г. учился в частной гимназии. В 1939 г. арестован НКВД и депортирован вместе с семьей в Сибирь. Работал на лесоповале и затем на угольной шахте в Караганде. В 1943 г. Ярузельский поступил в советское военное училище под Рязанью, а затем записался добровольцем в формируемую на территории СССР польскую армию. Впоследствии смог вернуть из депортации в Польшу мать и сестру. С 1947 г. вступил в Польскую рабочую партию, сделал блестящую военную карьеру, став в 1960-е гг. начальником Главного политического управления Войска Польского, а затем министром обороны Польши.

В Польше, Венгрии, Болгарии и Румынии советские «органы» бросали в тюрьмы тысячи политиков и общественных деятелей, расчищая место для просоветских режимов. Но террор был не единственным средством советизации. Частью планов советизации Восточной Европы были «демократические» реформы, проводимые руками советских военных и политических работников. Они включали национализацию крупных предприятий промышленности, монополию на оптовую торговлю, экспроприацию крупных собственников и должны были, по замыслу, привлечь «рабочих и крестьян» на сторону СССР. Многие начали считать сталинский режим чуть ли не главным двигателем социальных и демократических реформ в Европе. Поэт Борис Слуцкий, капитан Советской армии, позже вспоминал с гордостью о том, как он «землю раздавал крестьянам в Южной Венгрии». Эти реформы действительно меняли облик Восточной Европы. Исчез класс богатейших магнатов-латифундистов и аристократов. Вместе с тем, как и в советской России в 1917 г., передача земли и собственности беднейшим слоям была «отравленным даром». Главным результатом реформ было сталкивание одних групп населения с другими — богатых с бедными, и прежде всего создание системы распределения благ из центра — системы, которая стала главным после террора орудием коммунистической диктатуры.

В числе первых коммунизированных стран Европы была **Албания,** провозгласившая в январе 1946 г. Народную республику. Там коммунисты начали действия против итальянских и немецких оккупантов с осени 1942 г., затем вели гражданскую войну с Национальным фронтом и монархистами. Не придавая военного значения албанским горам, немцы ушли оттуда, и в октябре 1944 г. местные коммунисты взяли власть без помощи Красной Армии.

Польское правительство, сидящее в эмиграции в Лондоне, не делало большой разницы между сталинским режимом и царской Россией. Польские националисты добивались восстановления довоенной Польши с территориями, включавшими Львов и Вильно (Вильнюс). В то же время значительная часть польской интеллигенции и правящих слоев была уничтожена немцами или ушла в эмиграцию. Сталин решил разрубить «польский узел» теми же методами, которые советский режим опробовал на территории СССР, а в 1939—1941 гг. на аннексированных («воссоединенных») территориях Западной Белоруссии, Западной Украины, Бессарабии и стран Балтии. Это были методы систематического террора, всепроникающей слежки с помощью завербованных тайных осведомителей. С августа 1944 по март 1945 г. НКВД и СМЕРШ обезглавили польскую антибольшевицкую Армию Крайову. Советская агентура, завербованная угрозами и пытками во всех сферах общества, от заводов до костелов и университетов, помогла советской госбезопасности быстро выявить и арестовать польское антикоммунистическое подполье.

Прибывший в Варшаву в январе 1945 г. с Красной Армией Люблинский комитет имел уже полугодовой опыт управления восточной частью Польши, где уделял особое внимание искоренению Армии Крайовой и других подпольных структур, верных польскому правительству в Лондоне. Созданные с участием НКВД оперативные группы истребили, по разным оценкам, от 80 до 200 тысяч поляков, готовя советизацию страны. Следуя букве Ялтинского соглашения, 28 июня 1945 г. в Варшаве было создано Временное правительство национального единства, где, как бы на правах легальной оппозиции, несколько второстепенных мест заняли члены Лондонского правительства.

Хотя коммунисты и взяли в свои руки средства массовой информации, на референдуме по трем конституционным вопросам в июле 1946 г. три четверти избирателей проголосовали не так, как хотел Сталин. Тогда против оппозиции, ядро которой представляла крестьянская партия, были приняты политические, административные и полицейские меры. О свободных выборах, обещанных в Ялте, уже не было речи: избирательные комиссии получили план — дать правительственному блоку коммунистов и социалистов 85% голосов. И они его выполнили. Для видимости остатки демократической и крестьянской партий были сохранены. **В феврале 1947 г. в Польше была провозглашена «народная демократия».** На следующий год социалисты и коммунисты были слиты в Польскую объединенную рабочую партию (ПОРП), и начались жестокие чистки подозреваемых в «националистическом уклоне». Командующим польскими вооруженными силами был назначен советский маршал К. Рокоссовский. Католики остались единственным противовесом правящей партии, и глава Польской Церкви кардинал Стефан Вышинский отлучил в 1949 г. от причастия Святых Таин всех коммунистов.

В Болгарии прогерманское правительство было свергнуто 9 сентября 1944 г. коалицией коммунистов и аграриев. В обозе Красной Армии в страну прибыли видные деятели Коминтерна во главе с Георгием Димитровым. Коммунисты заняли ключевые посты внутренних дел и юстиции во временном правительстве и стали готовить выборы, организацию которых американцы оспаривали как недемократическую. В сентябре 1946 г. после референдума (возможно, фальсифицированного) была упразднена монархия и провозглашена Народная Республика. Выборы в ноябре некоммунистические партии бойкотировали, и победил «Отечественный фронт»: Димитров стал премьер-министром.

В Румынии 23 августа 1944 г. король Михаил возглавил переворот, который сверг вовлекшего страну в войну против СССР диктатора Антонеску. За это Сталин наградил короля орденом Победы. К власти пришло коалиционное правительство, в котором коммунисты вскоре взяли верх и объявили, что на выборах в ноябре 1946 г. они получили 89% голосов. Под их давлением король Михаил отрекся от престола 30 декабря 1947 г., и была провозглашена Румынская Народная Республика (с 1965 г. Социалистическая Республика Румыния). Члены последнего королевского правительства были судимы и пожизненно заточены в тюремные казематы.

Политический строй **Чехословакии** перед войной был в Восточной Европе наиболее демократичным, но и компартия здесь была самой сильной. После войны она без труда получила треть голосов на свободных выборах. В руках коммунистов были «народные комитеты» на местах и вооруженные отряды «революционной гвардии». Правительство вернувшегося из эмиграции Бенеша все же стремилось держать средний курс между Востоком и Западом, участвовать в плане Маршалла (см. **4.3.10**). Руководя полицией, коммунисты вели аресты своих политических противников и в феврале 1948 г. вооруженной демонстрацией заставили Бенеша отдать им правительство.

В Венгрии жива была память о красном терроре Белы Куна в 1919 г., и на демократических выборах ноября 1945 г. коммунисты получили 17% голосов. С огромным преимуществом в 57% голосов на этих выборах победила Независимая партия мелких хозяев. Только с помощью силы Сталину удалось тогда добиться сформирования в этой стране коалиционного правительства, в котором ключевые посты получили коммунисты. Войдя в коалицию с Партией мелких хозяев, они провели раздел крупных земельных владений, а затем, в коалиции с социалистами, национализацию банков и промышленности. Эти два шага коммунисты заставили пройти все будущие соцстраны, следуя примеру советской России 1918 г. В руках коммунистов находилось Министерство внутренних дел, и, руководя полицией, они при поддержке НКВД расправились со своими соперниками. Социалисты и коммунисты были слиты в единую партию, и Венгерская Народная Республика провозглашена в августе 1949 г.

Тысячи советских советников работали во всех структурах и на всех уровнях государственного аппарата, в полиции и в армии в странах Восточной Европы. Они создавали советскую агентуру в элитах и обществе, ставшую со временем инструментом контроля над этими странами. Сотни убежденных сталинистов польского, чешского, венгерского, болгарского и румынского происхождения, живших в эмиграции в Москве, вернулись в Восточную Европу вместе с советскими войсками. С помощью Советской Армии и тайной полиции шло вытеснение, а затем и уничтожение деятелей некоммунистических партий, профсоюзов и других общественных организаций. Через несколько лет, когда Сталин отбросил в 1947–1948 гг. камуфляж «плюрализма» и принял курс на ускоренную советизацию Восточной Европы, политэмигранты-сталинисты возглавили просоветские режимы в Польше (Б. Берут, В. Минц), Чехословакии (Р. Сланский), Венгрии (М. Ракоши), Румынии (А. Паукер) и Болгарии (Г. Димитров).

Видимое отсутствие альтернативы советскому господству и коммунистической идеологии подорвало волю национальных элит и обществ в Восточной Европе к сопротивлению. Польский литератор Чеслав Милош в книге «Порабощенный разум» описал, как постепенно сужалось поле для свободного выбора для интеллигенции и как поразительно быстро польская интеллигенция, даже те ее члены, которые недружелюбно относились к Советской России и ориентировались на западную культуру, убедила себя в безальтернативности конформизма. Преступив однажды моральный порог, они начали писать и преподавать то, что от них хотела власть, тем более что это хорошо оплачивалось, а протест карался. В конце концов они сами убедили себя в том, что вместо правды есть марксистская «диалектика» и все существующее имеет право на существование.

В Германии «демократический» камуфляж сталинских политических целей был особенно густым, учитывая присутствие там войск западных держав. Сталин и его окружение, включая маршала Жукова, отвергли предложение США в сентябре 1945 г., а затем в начале 1946 г. заключить советско-американский договор на 25 лет о демилитаризации Германии. Советская пропаганда выступала за единую, свободную, демократическую Германию. На деле Сталин, военные, члены Политбюро и дипломаты были едины во мнении, что выводить войска из Германии значило бы потерять все плоды победы в войне. Их устраивала только длительная оккупация германской территории и создание там «дружественного», то есть просоветского, режима. В феврале 1946 г. Советская Военная Администрация в Германии (СВАГ), управлявшая советской зоной оккупации, провела объединение немецких коммунистов и левых социал-демократов в Социалистическую единую партию Германии (СЕПГ), которая стала главным политическим инструментом проведения влияния СССР в советской зоне оккупации. Сталин, по некоторым данным, рассчитывал, что СЕПГ распространит свою деятельность и на западные зоны оккупации.

Однако другими своими действиями советские оккупационные власти и войска подрывали советское влияние в Германии. Прежде всего — репарациями. 11 мая 1945 г. Сталин инструктировал Маленкова, Молотова, Н. Вознесенского, И. Майского и других ответственных лиц об ускорении вывоза с территории Германии всего военно-промышленного потенциала в СССР. Советские власти вывезли из Берлина все что могли, включая предметы искусства (например, знаменитое микенское «Золото Шлимана» и Пергамский алтарь).

Из советской зоны выкачивались громадные ресурсы. Тысячи немецких заводов были демонтированы и увезены в СССР. На территории Восточной Германии были найдены урановые рудники и был организован проект «Висмут» для их разработки. Там принудительно трудились десятки тысяч немцев. «Висмут» дал уран, из которого был сделан заряд для первой советской атомной бомбы. Тысячи советских военных и служащих продолжали везти из Германии трофеи, от одежды до картин, мебели и драгоценностей. Еще одним фактором советской политики в германском вопросе было то, что СССР нуждался в рабском труде немецких военнопленных, число которых составляло 3,4 млн человек и которые находились в лагерях советского ГУПВИ. В 1944–47 гг. из Центральной и Восточной Европы в СССР в качестве бесплатной рабочей силы было принудительно выведено 284 тысячи немцев, 60 тысяч румын и 53 тысяч финнов. Все они были гражданскими лицами. При торговле со своими сателлитами СССР занижал относительно мировых цены на покупаемые у них товары и завышал цены на свое сырье и материалы, предлагаемые в обмен. Как отмечает американский исследователь П. Марер, в 1945–1953 гг. размеры некомпенсированных потоков ресурсов из Восточной Европы в СССР составили 14 млрд долларов. Это была по тем временам огромная сумма — для сравнения, сумма поставок в СССР по ленд-лизу в годы войны составила 11 млрд долларов. За счет ограбления Восточной Европы Советский Союз во многом и восстановил разрушенное войной хозяйство.

Литература

Советский фактор в Восточной Европе. 1944–1953 гг. / Под ред. Т.В. Волокитина и др. М.: РОССПЭН, 1999. Т. 1.

Т.В. Волокитина, Г.П. Мурашко, А.Ф. Носкова, Т.А. Покивайлова. Москва и Восточная Европа. Становление политических режимов советского типа. 1949–1953. Очерки истории. М.: РОССПЭН, 2002,

СССР – Польша. Механизмы подчинения. 1944–1949 гг. Сб. документов / Ред. Геннадий Бордюгов и др. М.: АЭРО-XX, 1995.

The Establishment of Communist Regimes in Eastern Europe, 1944–1949. Boulder, Colorado: Westview, 1997.

М.И. Семиряга. Как мы управляли Германией. М., 1995.

Г.П. Кынин, Й. Лауфер. СССР и Германский Вопрос. М.: Международные отношения, 2000. Т. 2.

К.И. Коваль. Последний свидетель. «Германская карта» в «холодной войне». М.: РОССПЭН, 1997.

4.3.8. Советская политика в Азии

Начало «холодной войны» подтолкнуло Сталина к принятию решительных мер по организации коммунистических переворотов не только в Восточной Европе, но и в других странах мира. Первостепенное внимание он вновь стал уделять Китаю. Уже весной 1946 г. в Маньчжурии, где еще находились советские войска, стала создаваться военная база КПК. В июне 1946 г. в Китае началась полномасштабная гражданская война. Несмотря на численный перевес вооруженных сил Гоминьдана, поддержку Чан Кайши со стороны США и недостаток техники и вооружения у КПК, китайские коммунисты смогли одержать победу. В течение пяти месяцев, с сентября 1948 по январь 1949 г., они провели три крупных стратегических операции. В результате было уничтожено более полутора миллионов солдат и офицеров противника, взяты несколько больших городов. 31 января 1949 г. коммунисты вошли в Бэйпин (так тогда назывался Пекин). Континентальный Китай оказался в тисках коммунистической диктатуры. Чан Кайши в первой половине октября эвакуировал свои войска на остров Тайвань. На острове вскоре начался экономический подъем.

Сталин, отступивший перед западными силами в Европе, получил нового могучего союзника на Востоке. 1 октября 1949 г. китайские коммунисты провозгласили Китайскую Народную Республику и обратились к Москве с предложением о союзе. Присоединение 600-миллионной страны к «социалистическому лагерю» было важнейшим сдвигом на мировой арене после Второй Мировой войны. Однако заключение советско-китайского альянса оказалось сложным делом. Коммунистический Китай был автономной силой и создавал Сталину много проблем, включая переговоры о советской зоне влияния и базах в Маньчжурии. В декабре 1949 г. Мао Цзэдун приехал в Москву на празднование 70-летия Сталина. Их первая встреча окончилась безрезультатно. Лишь в начале 1950 г. Сталин согласился начать переговоры.

14 февраля 1949 г. новый советско-китайский договор (заменявший договор августа 1945 г. с гоминьдановским Китаем) был подписан. Мао, однако, остался недоволен неравноправными пунктами секретных соглашений, приложенных к договору, по которым СССР сохранял контроль над военно-морской базой в Люйшуне (Порт-Артуре), портом города Далянь (Дальний) на Ляодунском полуострове и железной дорогой в Маньчжурии. По этим соглашениям СССР, кроме того, получал ряд экономических и политических привилегий в Северо-Восточном Китае и Синьцзяне, а также возможность эксплуатации китайских экономических ресурсов.

Между тем в ходе «борьбы с контрреволюцией» в 1950—1951 гг. Мао истребил свыше 2 млн человек. Еще 2 млн были брошены за решетку и отправлены в трудовые лагеря. В то же время войска КНР вторглись в Тибет, присоединили его к Китаю и разрушили многовековой буддийский уклад этой страны.

В 1946 г. началась также война во Вьетнаме между контролировавшими север страны коммунистами, во главе которых стоял бывший агент Коминтерна Хо Ши Мин, и французскими войсками, стремившимися восстановить в Индокитае колониальный порядок. После первых же столкновений коммунисты покинули города, развернув широкомасштабную партизанскую войну. Вскоре в конфликт были вовлечены народы Лаоса и Камбоджи. Коммунисты этих стран тоже взялись за оружие.

В итоге в конце 1940-х гг. у Сталина появился шанс (причем последний) осуществить то, что задумывали большевики еще в начале века. До победы мировой революции, казалось, было уже недалеко. В феврале 1951 г. Сталин через лидеров КПК дал указание индонезийской компартии усилить борьбу за захват власти вооруженным путем. «Основная задача компартии Индонезии на ближайшее время, — подчеркнул он в телеграмме, предназначавшейся ЦК Компартии Индонезии, — состоит не в "создании широчайшего единого национального фронта" против империалистов для "завоевания подлинной независимости" Индонезии, а в ликвидации феодальной собственности на землю и передаче земли в собственность крестьянам". Большевицкой революции в Индонезии, однако, не получилось, но Сталин продолжал раздувать мировой пожар.

Литература
А.В. Панцов. Мао Цзэдун. М., 2007.
А.М. Ледовский. СССР и Сталин в судьбах Китая. Документы и свидетельства участника событий. 1937–1952. М.: Памятники исторической мысли, 1999.
А.М. Ледовский. Сталин, Мао Цзэдун и корейская война 1950–1953 годов // Новая и новейшая история. 2005. № 5.

4.3.9. Борьба с титовской Югославией. Берлинский кризис

Особым случаем была Югославия, где Иосиф Броз Тито начал строить режим советского образца, опираясь на свою победоносную партизанскую армию, но и там ему помогали советские советники из военных и госбезопасности. Югославия, не считая маленькой Албании, была единственной европейской страной, где коммунисты пришли к власти самостоятельно, без помощи советской армии. Югославские коммунисты и их лидер Иосиф Тито были самыми рьяными помощниками СССР в советизации Восточной Европы. Но для Сталина любая самостоятельность была подозрительна. Югославы преследовали прежде всего свои цели — создание *Балканско-адриатической конфедерации*. К началу 1948 г. его подозрительность разожгли донесения о том, что югославы установили слежку за советскими советниками и что они вынашивают намерение «проглотить» Албанию.

> Приехавший с югославской делегацией в Москву в это время сербский коммунист Милован Джилас внезапно открыл для себя «нового» Сталина, который уже был не радушным хозяином, а стареющим подозрительным тираном. «В его физическом упадке было что-то трагическое и уродливое. В 1945 г. он был еще подвижным, с живыми и свежими мыслями, с острым юмором. Но тогда была война, и ей, очевидно, Сталин отдал последнее напряжение сил, достиг своих последних пределов. Сейчас он смеялся над бессмысленными и плоскими шутками».

На последовавших советско-болгарско-югославских переговорах Сталин и Молотов накинулись на Димитрова, обвинив его в том, что болгарское правительство задумало договориться с Югославией за спиной СССР.

> «В этот момент, – вспоминал Джилас, – сама собою, никем не сформулированная, обнажилась вся сущность встречи: между "народными демократиями" не может развиваться никаких отношений, если они не соответствуют интересам советского правительства и им не одобрены. Стало ясно, что для великодержавно мыслящих советских вождей, рассматривающих Советский Союз "ведущей силой социализма" и все время помнящих, что Красная армия освободила Румынию и Болгарию, заявления Димитрова и недисциплинированность и самоволие Югославии не только ересь, но и покушение на их "священные" права» (*Милован Джилас. Лицо тоталитаризма. М.: Новости, 1992*).

В феврале — марте 1948 г. Сталин от раздражительных нападок переходит к действиям, решив устранить Тито и его сторонников от руководства Югославией. Эта затея провалилась, и в июне Югославия была исключена из Коминформа, а «клика Тито» была объявлена *бешеным псом* на службе американского империализма». По всей Восточной Европе начались аресты и уничтожение коммунистов по обвинению в «титоизме». У власти остались те, кто беспрекословно повиновался Сталину и буквально копировал советского «старшего брата». В последующие годы Сталин готовил вторжение в Югославию и покушение на Тито.

Лидер болгарских коммунистов **Георгий Димитров** (1882–1949) с ранней юности отчаянно сражался за социалистическую мечту не только в Болгарии, но и во всей Европе. Он неудачно пытался поднять у себя на родине восстание, сидел в тюрьмах, был членом руководства Коминтерна и в дальнейшем его лидером.

Димитров стал кумиром советской пропаганды после того как 9 марта 1933 г. подвергся в нацистской Германии аресту по обвинению в поджоге здания Рейхстага. (Главным обвиняемым был голландец Ван дер Люббе.) Проходивший в Лейпциге судебный процесс Димитров использовал для коммунистической пропаганды. «Я – за пролетарскую революцию и диктатуру пролетариата, но категорически против индивидуального террора!» – гремел он со скамьи подсудимых. Веских доказательств против болгарина нацисты не нашли, и он был оправдан. Впрочем, его тут же арестовали вновь, как коммуниста, но под давлением Советского Союза выслали в Москву. Освобождение Димитрова принесло ему славу как человеку, который переиграл нацистов.

Но такая слава в сочетании с независимостью характера сыграла с Димитровым злую шутку. После освобождения Болгарии от немецких войск он принялся строить у себя на родине социализм, совместив посты генсека компартии и премьера правительства.

Устранив всех политических противников, в частности социал-демократов, не побрезговав при этом репрессиями, он стал проводить индустриализацию и коллективизацию. И вдруг обнаружил, что начинает превращаться в марионетку сталинского режима. Ему приходилось согласовывать с Москвой все более или менее важные назначения на партийные и государственные посты. Да еще поставлять в Советский Союз товары по сильно заниженным ценам. Димитров решил, по крайней мере, существенно ослабить накинутую на него удавку. Он попытался осуществить идею конфедерации стран «народной демократии» с включением Греции, объявил об этом журналистам и получил поддержку своего заместителя по правительству Трайчо Костова. Такого самоуправства Сталин потерпеть не мог. Он заставил Димитрова униженно каяться. Но тот не успокоился и сделал попытку заключить союз с Югославией, для чего в августе 1947 г. тайно посетил Белград, обещав лидеру этой страны – Тито уступить часть болгарской территории.

Сталин возмутился. Вызвав к себе Димитрова и посланца Тито – Карделя, он исступленно орал в своем кабинете на болгарского лидера: «Вы зарвались, как комсомолец!.. Нечего удивлять своими дурацкими заявлениями весь мир!» Снова Димитрову пришлось каяться, что-то бормоча о своей недальновидности. В июле 1948 г. Димитров подвергся ожесточенной травле на пленуме ЦК своей собственной партии, получившей соответствующую директиву из Москвы, после чего слег с сердечным приступом. А Костов был брошен в застенок службы безопасности и в декабре 1948 г. умер от побоев.

Покаяния Димитрова в советской печати не освещались: его слава была слишком велика. Но от политики он был отстранен и в феврале 1949 г. отправлен на лечение в санаторий в Барвихе под Москвой, где умер в июле того же года.

Как и Ленин, Димитров был долго лишен погребения: для него в Софии был выстроен мавзолей. В освободившейся от коммунизма Болгарии ни от мавзолея, ни от почитания Димитрова не осталось и следа.

«Потеря» Югославии для советского блока и растущая активность США после объявления плана Маршалла вынудили Сталина отказаться от амбициозных планов на юге Европы. Греческие коммунисты остались без советской помощи и проиграли гражданскую войну с правительственной армией. В апреле 1948 г. итальянские коммунисты проиграли парламентские выборы, но воздержались, с согласия Сталина, от вооруженного восстания.

В 1947 г. США, Великобритания и Франция взяли курс на отделение своих зон оккупации в Германии от советской зоны. Они начали, с опорой на все антикоммунистические силы от бывших нацистов до социал-демократов, строить демократическую Западную Германию — со своим правительством и валютой. В ответ Сталин решил использовать самую уязвимую точку в позициях западных держав — блокировать Западный Берлин. По соглашениям Потсдамской конференции, Берлин должен был быть столицей единой Германии, и поэтому три западные державы имели там свои оккупационные зоны. С точки зрения Сталина, поскольку западные державы решили создать «сепаратную» зону в Западной Германии, они теряли право находиться в Берлине.

В 1948 г. Сталин вызвал первый Берлинский кризис, известный на Западе как блокада Берлина. Поводом послужила денежная реформа в западных зонах оккупации. Замена обесцененной рейхсмарки новой немецкой маркой на всей территории Германии готовилась еще с 1946 г., но западные державы не могли договориться с советской стороной, желавшей самой печатать новые деньги в своей оккупационной зоне. Это грозило возобновлением инфляции, и Запад на это пойти не мог. Он создал Банк немецких земель, который 18 июня 1948 г. ввел новую валюту только в западных зонах. О положении в западных секторах Берлина продолжались переговоры с советской стороной, но безуспешно. Тогда новая немецкая марка была введена и там. В ответ советские оккупационные власти по указанию из Москвы 25 июня 1948 г. перекрыли какой-либо подвоз товаров в западные сектора города по улицам, по железной дороге и по водным путям. Сталин как бы ставил ультиматум Западу и делал два миллиона берлинцев советскими заложниками. Американский военный губернатор в Германии генерал Лусиус Клей обратился к командующему военно-воздушными силами США в Европе генералу Кертису Ле Мею, и на следующий день 80 тонн продуктов были доставлены в Берлин по воздуху. Воздушный мост был одобрен Президентом Трумэном и быстро совершенствовался, поставки были доведены до 8 тысяч тонн грузов в день, включая и уголь, и бензин. На каждом из трех западноберлинских аэродромов каждые 3 минуты садился самолет ВВС Великобритании или США.

Двухмиллионный город почти 11 месяцев снабжался только по воздуху. Западные берлинцы ответили на советскую блокаду массовой поддержкой некоммунистических партий и движением солидарности с западными союзниками.

Так же как и два года назад в Турции и Иране, сталинская политика ультиматумов и силы потерпела провал. 12 мая 1949 г. советские власти сняли блокаду Западного Берлина и признали право западных держав держать свои войска в Западном Берлине. Горожане праздновали это событие как победу американцев и свою собственную, одержанную без единого выстрела, хотя 48 летчиков, осуществлявших воздушный мост, погибло от несчастных случаев. Западный Берлин, во главе с его мэром Эрнстом Рейтером, стал «островом свободы» в советском море. Здесь был открыт Свободный университет, здесь проходили «Конгрессы за свободу культуры» и другие антикоммунистические мероприятия, отсюда вещало радио РИАС (Радио в американском секторе), хорошо слышное в советской зоне, сюда бежали те, кто не желал жить под советской властью. И советские власти уже во время блокады стали отделять свой сектор от западных секторов — разделили городскую администрацию (первым делом полицию), отказались участвовать в общегородских выборах.

Это предвещало разделение на две части всей Германии, состоявшееся после бесплодной конференции министров иностранных дел четырех держав в Париже в мае — июне 1949 г. В западных зонах оккупации был подготовлен Основной закон нового германского государства, в августе прошли выборы в Парламент, который, в свою очередь, избрал канцлером 73-летнего христианского демократа Конрада Аденауэра. 15 сентября 1949 г. в Бонне была провозглашена Федеративная Республика Германия (ФРГ). Советский Союз ответил провозглашением 7 октября 1949 г. Германской Демократической Республики (ГДР) в своей зоне оккупации. Оба государства претендовали быть общегерманскими и поначалу не признавали друг друга. Под руководством министра экономики Людвига Эрхардта, последовательно проводившего политику «социально-рыночного хозяйства», в ФРГ шел бурный экономический рост, тогда как экономика ГДР прозябала, будучи социалистической и к тому же лишенной Советским Союзом своего промышленного оборудования в порядке репараций. Население оттуда бежало на Запад.

Создание ГДР завершило закрепление режимов советского типа в Восточной Европе. Берлинский кризис обострил «холодную войну» и окончательно разделил Европу на восточную и западную части. 4 апреля 1949 г. была создана Организация Североатлантического союза, или НАТО (North Atlantic Treaty Organization), которая сделала США главным гарантом безопасности стран Западной Европы от коммунистических переворотов и советских угроз. В рамках Североатлантического договора нападение на одну из стран-участниц рассматривалось как нападение на всех. В НАТО первоначально вошли США, Канада и 10 европейских стран: Англия, Франция, Италия, Бельгия, Нидерланды, Люксембург, Португалия, Исландия, Дания и Норвегия. Вскоре к союзу примкнули Греция и Турция, а позже — Испания и Западная Германия.

Сталин потерпел неудачу в попытке в 1948 г. использовать пацифистскую оппозицию в США, стараясь предотвратить консолидацию Западной Европы под эгидой США. Он предполагал сделать либерала Генри Эгарда Уоллеса, вице-президента (1941—1945) в военном правительстве Рузвельта, снятого президентом Трумэном с поста министра торговли в 1946 г., невольным пособником советского «мирного наступления», призванного убедить западную общественность в мирных намерениях СССР. Также, потеряв источники информации внутри американской политической элиты, Сталин хотел выяснить через Уоллеса, «подлинные намерения» Трумэна. В частности, намерен ли Президент вести «холодную войну» против СССР или готов договориться. Однако Трумэн договариваться со Сталиным не хотел. Вопреки советским надеждам, в США так и не разразился сокрушительный экономический кризис. Становилось ясно, что СССР на многие годы ввязался в борьбу с мощным противником, в несколько раз превосходившим СССР по экономическому и финансовому потенциалу. Однако Сталин не был намерен отступать.

Литература

Л.Я. Гибианский. Коминформ в действии // Новая и новейшая история. 1996. № 1.

М.М. Наринский. Берлинский кризис 1948–1948 гг. // Новая и новейшая история. 1995. № 3.

Милован Джилас. Лицо тоталитаризма. М., 1992.

4.3.10. Отказ от плана Маршалла. Окончательный раскол Европы. Поддержка коммунистического наступления в Греции и Италии

Сталин и его советники надеялись, что послевоенная разруха, экономический кризис и безработица в Западной Европе могут изменить баланс сил в пользу СССР и действующих по инструкциям из Москвы коммунистических партий во Франции, Италии и Греции. Однако, следуя духу Фултона, в июне 1947 г. США провозгласили план Маршалла (названный по имени госсекретаря Дж. Маршалла), обещая выделить щедрую помощь для возрождения народного хозяйства Европы. СССР и страны Восточной Европы получили официальное приглашение участвовать в этом проекте. По словам ветерана советской дипломатии А.А. Александрова-Агентова, американский план был «смелый, далеко идущий шаг», который «с помощью вливания миллиардов американских долларов быстро и эффективно помог поднять на ноги экономику западноевропейских союзников США, а заодно и радикально устранить влияние коммунистов и других левых сил в решающих сферах политической жизни, и прежде всего в правящем аппарате этих государств».

С самого начала американские политики рассчитывали, что сталинский режим ответит отказом от помощи, и оказались правы. Первоначально Сталин и Молотов решили, что речь идет о новом варианте военного ленд-лиза. Многие советские финансисты и хозяйственники надеялись получить доступ к американским кредитам и технологиям. В конце июня 1947 г. Молотов с большой делегацией экспертов выехал в Париж для переговоров с правительствами Франции и Великобритании, стремясь разведать детали американского предложения. 29 июня Молотов телеграфировал Сталину из Парижа, что американцы хотят внедриться в экономику европейских стран и подчинить их торговлю своим интересам.

Советские агенты на Западе, прежде всего в Лондоне, представили данные, которые еще более разожгли подозрения Сталина. Вождь решил, что план Маршалла представляет огромную опасность: США хотят «втянуть» экономику стран Восточной Европы и всей Германии в капиталистическую сферу. Это, с точки зрения Сталина, означало не только угрозу потери советского влияния в Центральной и Восточной Европе, но и строительство экономического, а потом и военно-политического блока европейских стран, направленного против СССР. Под сильнейшим давлением из Кремля правительства Польши, Чехословакии и других восточноевропейских стран были вынуждены отказаться от участия в плане Маршалла.

В конце сентября 1947 г. в укромном местечке в Южной Польше состоялось секретное совещание лидеров компартий стран Восточной Европы, Югославии, Франции и Италии. Сталин послал туда Маленкова и Жданова. Жданов огласил собравшимся новую сталинскую доктрину: мир раскололся на два лагеря: «мира и демократии» во главе с СССР и «антидемократический, империалистический» лагерь во главе с США. По указанию Сталина было создано Информационное бюро компартий (Коминформ), которое действовало, как и Коминтерн, следуя инструкциям Кремля. Сталин мобилизовал всех европейских коммунистов на срыв американского плана. Советизация Восточной и Центральной Европы пошла ускоренными темпами.

Для многих рьяных коммунистов за рубежом создание Коминформа было долгожданным знаком: они давно хотели избавиться от своих «буржуазных попутчиков» и захватить в своих странах власть полностью, если нужно, силой. В феврале 1948 г. коммунисты захватили власть в Чехословакии, отстранив демократическое большинство правительства и парламента. Министр иностранных дел Ян Масарик, сын основателя независимой Чехословакии, погиб при загадочных обстоятельствах, «выпав» из окна своего кабинета в Пражском замке. Накалялся политический климат на юге Европы. В Болгарии, ставшей передовым краем разгоравшейся «холодной войны», сталинисты Димитров и его заместители Коларов и Борачев арестовали лидера оппозиции Николу Петкова. Он был казнен 23 сентября 1947 г.

Настала очередь и Греции, от вторжения в которую Сталин воздержался в 1945 г. В мае 1947 г. лидер греческих коммунистов Никос Захариадис, сидевший во время нацистской оккупации в концлагере Дахау, убедил московских правителей, что его партия (ККЕ) поддерживается большинством «трудящихся» в северной Греции, и предложил «создать новую ситуацию», захватив эту часть страны, включая Фессалоники. Захариадис обещал, в случае советской помощи, набрать 50-тысячную армию. Сталин встретился с Захариадисом и распорядился об оказании тайной помощи грекам оружием и деньгами, но не напрямую, а через югославских коммунистов. Сталин явно хотел прощупать, насколько правительство США, провозгласившее Доктрину Трумэна в марте 1947 г., серьезно относятся к защите Греции от коммунизма. Вскоре Греция пылала в огне гражданской войны.

В Италии многочисленная коммунистическая партия рассчитывала победить на выборах весной 1948 г. Вождь итальянских коммунистов Пальмиро Тольятти (Эрколи) вел осторожную политику, но многие его соратники и соперники по партии, участники Сопротивления в годы войны, рвались в бой, были готовы взять власть силой. ИКП располагала отрядами опытных бойцов с партизанским стажем, а также и припрятанными запасами оружия. В декабре 1947 г. на совещание со Сталиным приехал Пьетро Секкия, второй человек в ИКП, настроенный на вооруженное восстание более решительно, чем глава партии П. Тольятти. Сталин понимал, что, начав первыми, коммунисты предстанут перед миром как виновники развязывания гражданской войны в Италии и спровоцируют англо-американскую интервенцию. На встрече в Москве он сказал Секкии: «Мы считаем, что сейчас на восстание держать курс не следует, но надо быть готовыми к этому, если противник нападет. Хорошо было бы укрепить организации итальянских партизан, накопить оружия побольше. Следует включить нескольких своих человек в штабы и руководящие органы противника... надо иметь глаза, иметь разведку». Итальянские коммунисты попросили 600 тысяч долларов помощи (эквивалент 5 млн долларов сегодня). Деньги сразу же были выданы «черным налом».

> Сталин: «Мы это можем дать даже сейчас, пусть т. Секкия сам их и повезет. <...> Какие купюры нужны итальянским товарищам, в 200 или в 25 долларов или еще какие-либо?»
>
> Секкия: «Лучше получить купюры в 100 долларов». Выражает благодарность товарищу Сталину от имени итальянской компартии.
>
> Сталин: «Не стоит. Это русский рабочий класс помогает. Счастье, что рабочий класс у нас стоит у власти». – Источник, 5–6, 1993. С. 124–135.

Литература
«Холодная война»: новые подходы, новые документы. М., 1995.
М.М. Наринский. СССР и план Маршалла // Новая и новейшая история. 1993. № 2.
Victor Zaslavsky. Lo Stalinismo e la Sinistra Italiana. Dal mito dell'Urss alla fine del communismo 1945–1991. Roma: Mondadori, 2004.
А.А. Александров-Агентов. От Коллонтай до Горбачева. М.: Международные отношения, 1994.
Л.Я. Гибианский. Форсирование советской блоковой политики // «Холодная война». 1945–1963 / Ред. Н.И. Егорова и А.О. Чубарьян. М., 2003.

4.3.11. «Ждановщина»

С 1946 г., своеобразно отвечая на фултонскую речь Черчилля, советская пропаганда, возглавляемая секретарем ЦК ВКП(б) по идеологии Андреем Андреевичем Ждановым и подстегиваемая сталинской волей, обрушивается на настроения «расслабленности» и «низкопоклонничества перед Западом» в интеллигенции и образованных слоях общества. «Ждановщина» имела целью прежде всего вытравить из сознания людей то, что они увидели во время войны в европейских обществах.

В послевоенные месяцы, когда, после невероятного напряжения, люди почувствовали всю тяжесть нищеты и бесправия, духовный вакуум заполнила литература и поэзия. В Ленинграде и Москве поэтические и литературные вечера стали отдушиной, залы были переполнены. Когда на московском вечере поэзии в апреле 1946 г. Анна Андреевна Ахматова, в числе других писателей и поэтов, прочла свои стихотворения, весь зал встал и бурно аплодировал великому русскому поэту. Рассказывали, что когда об этом доложили Сталину, тот спросил: «Кто организовал вставание?»

9 августа в Кремле прошло заседание оргбюро ЦК, где Сталин обрушился на Анну Ахматову и на Михаила Зощенко, чьи иронические рассказы привели вождя в ярость. Приглашенный на совещание А. Прокофьев, глава ленинградского отделения Союза советских писателей, быстро понял, что грядет государственный погром в литературе, и немедленно поддержал его.

> Из стенограммы беседы Сталина с А. Прокофьевым:
> **Прокофьев**: Я считаю, что не является большим грехом, что были опубликованы стихи Анны Ахматовой. Эта поэтесса с небольшим голосом, и разговоры о грусти, они присущи и советскому человеку.
> **Сталин**: Анна Ахматова, кроме того, что у нее есть старое имя, что еще можно найти у нее?
> **Прокофьев**: В сочинениях послевоенного периода можно найти ряд хороших стихов. Это стихотворение «Первая Дальнобойная» о Ленинграде.
> **Сталин**: Одно-два-три стихотворения и обчелся, больше нет.
> **Прокофьев**: Стихов на актуальную тему мало, но она поэтесса со старыми устоями, уже утвердившимися мнениями и уже не сможет, Иосиф Виссарионович, дать что-то новое.
> **Сталин**: Тогда пусть печатается в другом месте где-либо, почему в «Звезде»?
> **Прокофьев**: Должен сказать, что то, что мы отвергли в «Звезде», печаталось в «Знамени».
> **Сталин**: Мы и до «Знамени» доберемся, доберемся до всех.
> **Прокофьев**. Это будет очень хорошо.

Вслед за этим были обнародованы три постановления ЦК ВКП(б) о литературно-художественных журналах, кино и театре, ставившие целью довести до сознания деятелей этих наиболее массовых сфер культуры директивы, которыми они должны были руководствоваться в своей работе. Эти партийные документы были подготовлены Ждановым. Наибольший резонанс получило постановление «О журналах "Звезда" и "Ленинград"» (14 августа 1946 г.), ставшее темой доклада, который сам Жданов на следующий день прочел перед ленинградскими писателями и местным партактивом. В постановлении говорилось, что в советской литературе появилось «много безыдейных, идеологически вредных произведений». Удар обрушился на М.М. Зощенко, которого постановление называло «подонком и пошляком» (это было определение самого Сталина), и А.А. Ахматову. Жданов в докладе добавил еще больше бульварно-площадной ругани в адрес Зощенко и Ахматовой. Сталин был доволен: «Я думаю, что доклад получился превосходный. Нужно поскорее сдать его в печать, а потом выпустить в виде брошюры».

> В постановлении о журналах «Звезда» и «Ленинград» вновь подтверждался принцип советской литературы, заявленный в 1934 г. на Первом съезде советских писателей, на котором до Горького Жданов выступал со вступительным докладом:
> «Сила советской литературы, самой передовой литературы в мире, состоит в том, что она является литературой, у которой нет и не может быть других интересов, кроме интересов народа, интересов государства. Задача советской литературы состоит

в том, чтобы помочь государству правильно воспитать молодежь, ответить на ее запросы, воспитать новое поколение бодрым, верящим в свое дело, не боящимся препятствий, готовым преодолеть всякие препятствия».

Что касается «Звезды», провинившейся в том, что на ее страницах «появилось много безыдейных, идеологически вредных произведений», самая грубая ее ошибка – «предоставление литературной трибуны писателю Зощенко, произведения которого чужды советской литературе. Редакции "Звезды" известно, что Зощенко давно специализировался на писании пустых, бессодержательных и пошлых вещей, на проповеди гнилой безыдейности, пошлости и аполитичности, рассчитанных на то, чтобы дезориентировать нашу молодежь и отравить ее сознание».

Другое тяжкое прегрешение журнала в том, что он «всячески популяризирует также произведения писательницы Ахматовой, литературная и общественно-политическая физиономия которой давным-давно известна советской общественности. Ахматова является типичной представительницей чуждой нашему народу пустой, безыдейной поэзии. Ее стихотворения, пропитанные духом пессимизма и упадочничества, выражающие вкусы старой салонной поэзии, застывшей на позициях буржуазно-аристократического эстетства и декадентства — "искусства для искусства", не желающей идти в ногу со своим народом, наносят вред делу воспитания нашей молодежи и не могут быть терпимы в советской литературе». Кроме того, «в журнале стали появляться произведения, культивирующие не свойственный советским людям дух низкопоклонства перед современной буржуазной культурой Запада».

Такая же ошибка была допущена журналом «Ленинград», который предоставлял свои страницы «для пустых и аполитичных стихотворений Ахматовой» и опубликовал «ряд произведений, проникнутых духом низкопоклонства по отношению ко всему иностранному».

«ЦК устанавливает, что Правление Союза советских писателей и, в частности, его председатель тов. Тихонов не приняли никаких мер к улучшению журналов "Звезда" и "Ленинград" и не только не вели борьбы с вредными влияниями Зощенко, Ахматовой и им подобных несоветских писателей на советскую литературу, но даже попустительствовали проникновению в журналы чуждых советской литературе тенденций и нравов».

Постановление и куда более доклад произвели эффект разорвавшейся бомбы, причем и за пределами СССР, не только из-за нетерпимости этих выступлений, демонстрировавших ужесточение курса партии в руководстве всей культурной жизнью, но и потому, что мишенью нападок стали такие широко известные писатели, как Анна Ахматова и Михаил Зощенко, взятые в качестве «примера», чтобы дать понять всем, что надежды на свежий воздух в литературной и культурной жизни России после победоносного окончания антинацистской войны несостоятельны.

На деле эти выступления не ограничивались узким кругом интеллигенции, которой давалось понять, что принципы «соцреализма» — идейности, классовости, партийности — в литературе и искусстве, как и раньше, священны, — они были обращены к всенародной аудитории, чтобы вовлечь всю страну, мобилизовав ее посредством идеологических кампаний.

Сталинско-ждановская атака метила в русскую культуру, воскресшую было в годы войны, и стремилась вновь заменить ее партийно-великодержавным суррогатом для мобилизации народных сил. «Ждановщина» оборвала наметившийся процесс возвращения в Россию из эмиграции деятелей русской культуры. В частности, знаменитый нобелевский лауреат писатель Иван Алексеевич Бунин принял твердое решение не переезжать в СССР из Франции, как только узнал о постановлении о журналах.

Как вспоминал поэт и писатель Константин Симонов, «и в конце войны, и сразу после нее, и в сорок шестом году довольно широким кругам интеллигенции, во всяком случае художественной интеллигенции... казалось, что должно произойти нечто, двигающее нас в сторону либерализации. Выступления Жданова знаменовали новую фазу репрессий во всех областях культуры и возвещали о том, что после Великой Отечественной войны начинается новая война, которую впоследствии назовут холодной».

По указанию Политбюро появляются пьесы, фильмы, статьи и романы, готовящие граждан СССР к конфронтации с Западом. «Ждановщина» душила искреннее, патриотическое дыхание, обретенное русской культурой в годы войны. Вслед за постановлением о литературных журналах в феврале 1948 г. последовало постановление ЦК, в котором музыка Д.Д. Шостаковича, С.С. Прокофьева и А.И. Хачатуряна была объявлена «формалистичной» и «чуждой народу». Свирепствовала цензура на всех уровнях. Цензоры, редакторы журналов, репертуарные комитеты боялись брать на себя ответственность за появление чего-либо свежего, талантливого и новаторского в литературе, театре и кино. Только личное вмешательство Сталина могло снять цензурные препоны. Так появились талантливые повести о войне Виктора Некрасова «В окопах Сталинграда» и Э. Казакевича «Звезда». При этом писатели и поэты, ветераны войны, были лишены возможности сказать о пережитом в полный голос. В 1946 г. Сталин подверг жестокой критике Сергея Эйзенштейна за вторую часть фильма «Иван Грозный», усмотрев параллели между безумным царем с его опричниками и собственным правлением. После заявления Сталина о том, что советский кинематограф должен снимать только «шедевры», количество фильмов, выпускаемых в прокат, упало до 7–9 в год.

Пропагандистский погром также убивал надежды деятелей культуры и науки покончить с изоляцией, восстановить связи с окружающим миром. В мае 1947 г. был проведен «суд чести» над профессорами Н.Г. Клюевой и Г.И. Роскиным, которые якобы передали американцам секрет технологии изготовления противоракового лекарства (на деле они опубликовали статью в американском журнале об исследованиях, которые впоследствии не дали практических результатов). Последовали и другие «суды чести», после чего советские ученые уже боялись не только печататься в зарубежных журналах, но и встречаться с западными коллегами.

Что касается самого Жданова, то следует сказать, что его личная ответственность, как и ответственность других партийных руководителей, несомненна, хотя и относительна. Как пишет в своих мемуарах Никита Хрущев, руководитель того же типа, «Жданов сыграл тогда отведенную ему роль, но все-таки он выполнял прямые указания Сталина. Думаю, что если бы Жданов лично определял политику в этих вопросах, то она не была бы такой жесткой» (Вопросы истории. 1991. № 10–11. С. 64). Но имя Жданова стало нарицательным, и термин «ждановщина» («ждановизм») в европейских языках обозначает коммунистическую культурную политику, основанную на цензуре и репрессиях, запретах и диктате.

Литература

Власть и художественная интеллигенция. Документы ЦК РКП(б) – ВКП(б) – ВЧК – ОГПУ – НКВД о культурной политике / Сост. А. Артизов и О. Наумов. М., 1999.

Сталин и космополитизм. Документы Агитпропа ЦК КПСС 1945–1953 / Сост. Д.Г. Наджафов и З.С. Белоусова. М., 2005.

Константин Симонов. Истории тяжелая вода. М.: Вагриус, 2005.

Политбюро ЦК ВКП(б) и Совет министров СССР. 1945–1953 / Ред. О.В. Хлевнюк и др. М.: РОССПЭН, 2002.

Д.Л. Бабиченко. Писатели и цензоры. Советская литература 1940-х годов под политическим контролем ЦК. М.: Россия молодая, 1994.

4.3.12. Подготовка советского общества к новой войне. Мобилизационная экономика. СЭВ

В конце 1940-х гг. в связи с обострением конфронтации с Западом конверсия советской экономики на мирный лад сменилась ее ремилитаризацией. В связи с началом Корейской войны (см. **4.3.13**) многократно возросли военные заказы. Авиационная промышленность должна была к 1953 г. выйти на производство 20 тысяч самолетов в год. Сталин приказал создать авиационную армаду в 59 400 самолетов, и почти ежедневно ему на стол ложились данные о ходе ее создания.

В марте 1948 г. в обстановке строжайшей секретности была организована полярная экспедиция под кодовым названием «Север-2». В ней участвовала бо́льшая группа самолетов, в том числе и скоростные Ла-11. Были отобраны высококлассные пилоты, имеющие опыт работы в высоких широтах. Полетами руководил летчик Михаил Водопьянов — герой Советского Союза, получивший это звание в 1934 г. за спасение челюскинцев. Перед экспедицией всех участников собрал Главком ВВС маршал Вершинин, огласив основную ее цель — проверить возможность создания баз дозаправки прямо на дрейфующем льду для доставки пока еще разрабатываемой атомной бомбы на территорию США для нанесения ядерного удара. От летчиков требовалось хладнокровие, мужество и выдающееся мастерство, так как полеты и посадка на дрейфующие льдины с торосами осуществлялись практически вслепую: компас в тех широтах не работал. Капитан Василий Андреевич Попов дважды посадил самолет Ла-11 на дрейфующий лед, впервые в истории авиации. Закрытым указом Президиума Верховного Совета СССР в декабре 1949 г. ему было присвоено звание героя Советского Союза. Такую же высокую награду получили еще 12 летчиков.

В августе 1950 г. военные доложили руководству о том, что им потребуется 1 тысяча ракет ближней дальности (600 км) и 2 тысячи ракет средней дальности (3000 км). Усиленными темпами строился первый советский стратегический бомбардировщик Ту-16, способный достичь территории США. В то же время с 1946 по 1953 гг. удельный вес отраслей промышленности, работающих на гражданские нужды, сократился с 34% до 30%. В начале 1950-х гг. расходы на военно-промышленное производство в СССР удвоились и достигли 92% всех капиталовложений. Жилищное строительство сводилось к строительству немногих домов для номенклатуры. Было заморожено на минимуме производство легковых автомобилей, холодильников и других товаров длительного потребления, хозяйственных и бытовых товаров, одежды и обуви. Страна имела атомные бомбы и ракеты, но была вынуждена пользоваться дореволюционными швейными машинками «Зингер».

Сталинская милитаризация распространилась и на страны Восточной и Центральной Европы. В январе 1949 г. возник Совет Экономической Взаимопомощи (СЭВ) — ответ Сталина на план Маршалла. В документах СЭВ ставилась задача наладить производство промышленной и иной продукции, которая раньше покупалась на Западе. Целью Сталина было привязать экономику Польши, Чехословакии, Венгрии, Румынии и Болгарии (а позже и Восточной Германии) к советской экономике. С началом Корейской войны европейские сателлиты СССР начали по приказу Сталина подготовку к войне. Советские планы войны в Европе в это время все еще не рассекречены. Но дипломат Анатолий Добрынин написал в своих воспоминаниях о разговоре с заместителем начальника Генерального штаба Сергеем Федоровичем Ахромеевым в 1983 г. По словам Ахромеева, советская военная доктрина в начале 1950-х гг. «сводилась к следующему: создать в центре Европы мощный кулак из танковых дивизий для ответного молниеносного удара по европейским союзникам США и полной оккупации их территории вплоть до Ла-Манша и Атлантического побережья Западной Европы». В первых рядах, расчищая путь, должны были идти армии восточноевропейских сателлитов. В январе 1951 г. Сталин инструктировал лидеров стран СЭВ создать за два-три года мощные вооруженные силы. Летом 1952 г. Сталин подключил к военным приготовлениям ГДР: восточные немцы должны были сформировать армию, вооруженную танками и авиацией. В Восточной Европе развернулось строительство гигантских военно-промышленных комбинатов.

Одновременно продолжали падать уровень и качество жизни народа как в СССР, так и в странах-сателлитах. Профессор МГУ С.С. Дмитриев записывал в дневнике в сентябре 1950 г.: «За последнее время снова оживились военные всех мастей. Одно время, примерно 1946–1947 гг., отчасти они повяли, народ был в доброй и наивной вере в то, что усилиями, кровавыми потерями 1939–1945 гг. он приобрел себе право на мир хотя бы на 15–20 лет. Но кто считается с народом? И теперь каждый опять ждет не сегодня-завтра войны. Мы сами ищем повода к войне, конечно, стараясь изобразить дело так, чтобы ее нам объявили, чтоб опять убедить народ в том, что на нас напали и мы обороняемся... В магазинах расхватывают сахар, сахарный песок и все, что может лежать: явно, делать начинают запасы. Пахнет предвоенной тревогой».

Литература
Е.Ю. Зубкова. Общество и реформы, 1945–1964. М.: Россия молодая, 1993.
Политбюро ЦК ВКП(б) и Совет министров СССР 1945–1953 / Сост. О.В. Хлевнюк, Й. Горлицкий и др. М., 2002.
Саймон Монтефиоре. Сталин: двор красного монарха. М.: Олма-пресс, 2006.
Анатолий Добрынин. Сугубо доверительно. М.: Автор, 1997.
C. Cristescu. Ianuarie 1951: Stalin decide inarmarea Romanei / Magazin Istoric. Bucharest. 1995. № 10. P. 15–23.

4.3.13. Война в Корее

В Корее, бывшей японской колонии, попытки создать единое государство и провести свободные выборы встретили отпор СССР. В результате Корея была разделена на Северную и Южную между советскими и американскими войсками в августе 1945 г. по 38-й параллели. Было создано два государства: Северная Корея провозгласила себя 16 февраля 1948 г. **Корейской Народно-Демократической Республикой (КНДР)** со столицей в Пхеньяне, а в Сеуле 15 августа была провозглашена антикоммунистическая **Республика Корея**.

К началу 1950 г. войска СССР и США покинули полуостров. Южане возражали против ухода американцев, так как коммунисты с севера грозились страну «объединить». Корея оказалась на грани войны между коммунистическим режимом, созданным под советским протекторатом на севере, и националистическим правительством на юге.

В коммунистическом руководстве Северной Кореи на первую роль выдвинулся Ким Ир Сен. С 1940 по 1945 г. он жил в эмиграции в СССР и получил звание капитана Красной Армии. В 1948 г. Ким неоднократно обращался к Сталину с просьбой разрешить ему начать превентивную войну за «объединение родины». После победы коммунистов в Китае, ободренный взрывом первой советской атомной бомбы и видимым отступлением США на Дальнем Востоке, Сталин решил рискнуть. 9 февраля 1950 г. вождь, посоветовавшись с Мао, дал Ким Ир Сену добро на подготовку к войне. В Северную Корею было направлено громадное количество военной техники, горючего и боеприпасов.

Вооруженные силы Северной Кореи существенно превосходили армию южнокорейского президента Ли Сын Мана: по численности сухопутных войск и количеству артиллерийских орудий — в два раза, по количеству пулеметов — в семь раз, автоматов — в тринадцать, танков — в шесть с половиной, самолетов — в шесть. Советские генералы разработали план сокрушительного удара. Сталин настаивал на том, чтобы агрессия была замаскирована «пограничным конфликтом», но в последний момент этот замысел сорвался.

Ранним дождливым утром 25 июня 1950 г. вооруженные и обученные Советским Союзом северокорейские войска перешли разделявшую страну 38-ю параллель. Через три дня северокорейцы взяли Сеул и начали быстро продвигаться на юг.

Без одобрения кремлевского диктатора северокорейский вождь никогда не пересек бы 38-ю параллель. Сталин совершенно сознательно провоцировал США, стремясь втянуть «страны империализма» в новый конфликт, который в итоге мог привести к Третьей Мировой войне. Накануне решающего голосования по поводу северокорейской агрессии в Совете Безопасности 25 июня 1950 г. он приказал своему представителю Якову Александровичу Малику проигнорировать заседание под предлогом, что Совет отказывался признать законные права КНР на членство в этой организации. (СССР бойкотировал заседания Совета по этой причине с января 1950 г.). Тем самым Сталин уклонился от возможности использовать право «вето» на решения, принимаемые Советом. Именно это и позволило США и их союзникам осудить северокорейцев и провести резолюцию, требовавшую отразить агрессию Северной Кореи против Южной. Только одна страна воздержалась — ненавидимая Сталиным Югославия, против же не голосовал никто. Через два дня Совет

Безопасности санкционировал использование международных вооруженных сил против Корейской народной армии (КНА), и вскоре 15 стран приняли участие в отпоре агрессору (применение силы одобрили 53 государства). 16 сентября Соединенные Штаты под флагом ООН высадили в тылу коммунистов у Инчхона свои и союзные войска. В итоге Запад оказался вовлечен в кровопролитную бойню.

Из телеграммы Филиппова [И.В. Сталина] советскому послу в Чехословакии [Михаилу Александровичу Силину] для [Президента Чехословацкой Республики] Клемента Готвальда. 27 августа 1950 г.

«Мы ушли временно из Совета Безопасности с четверной целью: во-первых, с целью продемонстрировать солидарность Советского Союза с новым Китаем; во-вторых, с целью подчеркнуть глупость и идиотство политики США, признающей гоминьдановское чучело в Совете Безопасности представителем Китая, но не желающей допустить подлинного представителя Китая в Совет Безопасности; в-третьих, с целью сделать незаконными решения Совета Безопасности в силу отсутствия представителей двух великих держав (кроме СССР Сталин имел в виду КНР. – *Отв. ред.*); в-четвертых, с целью развязать руки американскому правительству и дать ему возможность, используя большинство в Совете Безопасности, совершить новые глупости с тем, чтобы общественное мнение могло разглядеть подлинное лицо американского правительства.

Я думаю, что нам удалось добиться осуществления всех этих целей.

После нашего ухода из Совета Безопасности Америка впуталась в военную интервенцию в Корее и тем растрачивает теперь свой военный престиж и свой моральный авторитет. Едва ли теперь может кто-либо из честных людей сомневаться в том, что в военном отношении она не так уж сильна, как рекламирует себя. Кроме того, ясно, что Соединенные Штаты Америки отвлечены теперь от Европы на Дальний Восток. Дает ли все это нам плюс с точки зрения баланса мировых сил? Безусловно, дает.

Допустим, что американское правительство будет и дальше увязать на Дальнем Востоке и втянет Китай в борьбу за свободу Кореи и за свою собственную независимость. Что из этого может получиться? Во-первых, Америка, как и любое другое государство, не может справиться с Китаем, имеющим наготове большие вооруженные силы. Стало быть, Америка должна надорваться в этой борьбе. Во-вторых, надорвавшись на этом деле, Америка будет не способна в ближайшее время на третью мировую войну. Стало быть, третья мировая война будет отложена на неопределенный срок, что обеспечит необходимое время для укрепления социализма в Европе. Я уже не говорю о том, что борьба Америки с Китаем должна революционизировать всю Дальневосточную Азию. Дает ли все это нам плюс с точки зрения мировых сил? Безусловно, дает.

Как видите, дело об участии или неучастии Советского Союза в Совете Безопасности не такой уже простой вопрос, как это может показаться на первый взгляд» (*А.В. Панцов.* «Великий кормчий» и его эпоха. М.: Рубежи XXI века, 2008. Т. 2. С. 272. Оригинал письма – РГАСПИ. Ф. 558. Оп.11. Д. 62. Л. 71–72).

Вскоре американская авиация и войска раздробили и разгромили северокорейскую армию. Через 10 дней после высадки американцы отбили южную столицу Сеул, а через месяц взяли Пхеньян. Генерал Макартур быстро двигался по Северной Корее и дошел до реки Ялу.

Сталин обратился к Мао Цзэдуну и стал буквально уламывать его послать в Корею китайские войска под видом «добровольцев». В телеграмме от 5 октября вождь уговаривал Мао ударить по американцам, пока они еще «не готовы к большой войне». Сталин давил на гордость и престиж: «Без новой внушительной демонстрации своих сил», писал он, Китай не получит от американцев Тайвань. Даже если США втянется в «большую войну», то и тогда ее не следует бояться, «так как мы вместе будем сильнее, чем США и Англия, а другие капиталистические европейские государства без Германии... не представляют серьезной военной силы». «Если война неизбежна, то пусть она будет теперь», — взывал кремлевский старец. И действительно, если бы США объявили Китаю войну, тогда СССР по условиям советско-китайского договора от 14 февраля 1950 г. должен был бы вступить в военные действия.

> Из шифротелеграммы Сталина Мао Цзэдуну от 2 октября: «Конечно, я считался с тем, что, несмотря на свою неготовность к большой войне, США все же из-за престижа может [так в тексте] втянуться в большую войну, что будет, следовательно, втянут в войну Китай, а вместе с тем втянется в войну и СССР, который связан с Китаем Пактом Взаимопомощи. Следует ли этого бояться? По-моему, не следует, так как мы вместе будем сильнее, чем США и Англия, а другие капиталистические европейские государства без Германии, которая не может сейчас оказать США какой-либо помощи, не представляют серьезной военной силы. Если война неизбежна, то пусть она будет теперь, а не через несколько лет, когда японский милитаризм будет восстановлен как союзник США и когда у США и Японии будет готовый плацдарм на континенте в виде лисынмановской Кореи» (*А.В. Торкунов*. Загадочная война: корейский конфликт 1950–1953 годов. М., 2000. С. 116–117. Оригинал в АПРФ).

Большинство лидеров КНР высказывались против вторжения в Корею. Не поддерживали планы вторжения и многие военные красного Китая. Северокорейская армия был разгромлена. 13 октября Сталин отдал Ким Ир Сену приказ вывести коммунистические войска из Северной Кореи. «Мы считаем продолжение сопротивления бесперспективным. Китайские товарищи отказываются участвовать в военном отношении. В этих условиях Вы должны подготовиться к полной эвакуации в Китай и/или в СССР. Потенциал для борьбы с противником в будущем должен быть сохранен». Но в тот же день, 13 октября, Мао после напряженных переговоров согласился послать китайские войска под командованием Пэн Дэхуая. 24 ноября 1950 г., когда войска ООН уже вышли к северным границам Кореи с КНР и СССР, полумиллионное китайское войско (четыре полевых армии и три артиллерийских дивизии НОАК) без объявления войны атаковало войска США и их союзников. Они отступили, неся тяжелые потери. Китайцы заняли и Пхеньян, и Сеул. В начале 1951 г. китайское наступление захлебнулось, американцы перешли в контрнаступление, вновь заняли Сеул, а в марте 1951 г. и Пхеньян. Наконец фронт стабилизировался почти на той же линии, на которой начались военные действия.

Какое-то время Мао считал, что эта война сможет достичь успеха, если станет, как до того его собственная война в Китае, затяжной. Об этом он писал Сталину, а тот и со своей стороны указывал: «Форсировать войну в Корее не следует, так как затяжная война, во-первых, даст (так в тексте. — *Отв. ред.*) возможность китайским войскам обучиться современному бою на поле сражения и, во-вторых, колеблет режим Трумэна в Америке и роняет военный престиж англо-американских войск». Но время шло, и война оказалась бесперспективной. Китайская и северокорейская армии истекали кровью, и Мао в конце концов начал думать о том, как бы вывести части НОАК из Кореи. Однако Сталин не давал «добро» на завершение конфликта. Корейская война в планах кремлевского диктатора занимала большое место. И не только сама по себе, но и как часть его нового глобального плана мировой революции.

К счастью, Президент Трумэн удержался от эскалации войны. Генерал Макартур требовал перенести военные действия на китайскую территорию, но Трумэн не объявил войну КНР и отрицательно отнесся к предложениям военных о применении атомного оружия в Корее. В июне командование принял генерал Риджвей, воевавший с северокорейскими и китайскими войсками около 38-й параллели с переменным успехом еще 2 года, причем советские летчики на реактивных истребителях МиГ-15 вели воздушные бои с американцами. За годы Корейской войны советские летчики сбили более тысячи американских самолетов.

Война на Корейском полуострове явилась колоссальным бременем как для самой Кореи, так и для Китайской Народной Республики и загубила много миллионов человеческих жизней. Больше всего погибло мирных корейских жителей — по разным данным, от 3 до 4 млн. В этой войне Китай, только по официальным данным, потерял 148 тысяч убитыми и более 300 тысяч ранеными, пленёнными и пропавшими без вести (по другим источникам, общее число потерь достигало 900 тысяч). В то же время северокорейская армия только убитыми и погибшими в результате несчастных случаев потеряла 520 тысяч человек, южнокорейская — 415 тысяч, американская — 142 тысячи. Советский Союз потерял 299 человек, в том числе 138 офицеров и 161 солдата. Советская интервенция в Корее была меньшей, чем в Китае, где в боях с силами Чан Кайши в 1946—1950 гг. пало 936 советских граждан.

Корейская война укрепила союз Сталина и Мао, но вместе с тем поставила мир на порог Третьей Мировой войны. Война сильно подтолкнула развитие вооруженных сил. США резко увеличили свою военную, особенно военно-воздушную, мощь. В ноябре 1952 г. американские ученые испытали первое в мире термоядерное устройство мощностью 10,5 мегатонн (одна мегатонна равна миллиону тонн взрывчатки). За три года военные расходы США учетверились, и в год смерти Сталина авиация США была способна уничтожить СССР внезапным атомным ударом. Япония, Южная Корея и Тайвань стали базами для американского военного присутствия в дальневосточном регионе — присутствия, которое сохраняется и поныне.

Формально СССР остался невоюющей стороной и мог копить силы для будущих схваток. На деле Корейская война резко усилила и без того высокую милитаризацию советской экономики и общества. Тогда же, в сентябре 1950 г., военные начали всерьез готовиться к атомной и биологической войне с США. Советская пропаганда проиграла борьбу за мировое общественное мнение, несмотря на то что шла на подлоги и обман, — утверждалось, например, что Южная Корея атаковала Северную, что американцы используют бактериологическое оружие, что ООН стала «прислужницей американского империализма» и т. п.

Из документа

(Написано от руки, из соображений секретности.) Товарищу Сталину И.В.

1. На основе изучения материалов о результатах испытаний изделия РДС-1 [первой советской атомной бомбы] считаем необходимым провести в 1950–1952 гг. ряд практических мероприятий по подготовке к защите от действия специальных видов оружия (атомного и биологического).

В предлагаемых нами мероприятиях на Министерство [обороны] СССР возлагаются следующие задачи:

– подготовка Советской армии к защите от специальных видов оружия – разработка и внедрение в войска методов и средств защиты личного состава, боевой техники и имущества... по профилактике и лечению специальных поражений;

– разработка и проведение мероприятий по обеспечению эвакуации и медицинской помощи при массовом поражении населения атомным и биологическим оружием.

К работам с отчетами о результатах испытаний изделия РДС-1 и с выписками из них допустить только ограниченный круг ответственных должностных лиц, которым они необходимы для практической работы...

12 сентября 1950 г. – Василевский

2 сентября 1950 г. – Юмашев.

И только после смерти кремлевского диктатора в 1953 г. Мао смог «с честью» выйти из трудного положения: в отличие от Сталина, он не был готов провоцировать мировую революцию в начале 1950-х гг. И не потому, что был «умеренным» коммунистом. Просто НОАК не могла больше вести слишком дорогую войну. Ким Ир Сен протестовал, но Мао был непреклонен. Преемники Сталина — Маленков и Хрущев — также выступили за прекращение конфликта. 27 июля 1953 г. представители Северной Кореи и КНР с одной стороны и командования войск ООН с другой подписали соглашение о прекращении огня.

Литература

А.В. Панцов. «Великий кормчий» и его эпоха. М.: Рубежи XXI века, 2008.

А.В. Торкунов. Загадочная война: корейский конфликт 1950–1953 гг. М., 2000.

4.3.14. Закрепощенная Церковь в России. Львовский собор и запрещение унии

Предполагавший продолжать свою дальнейшую экспансию на Запад и после завершения Второй Мировой войны в Европе коммунистический режим был намерен использовать в своей политике Русскую Православную Церковь как в качестве средства усиления своего присутствия в странах православного мира, так и в качестве орудия в идеологической борьбе против Ватикана, который был объявлен советской пропагандой очередным «оплотом мирового империализма». Продолжавшееся на территории Западной Украины вооруженное сопротивление местного населения советской оккупации побудило коммунистический режим именно здесь впервые использовать свое новое «религиозно-пропагандистское оружие».

В апреле 1945 г. за отказ перейти в Московскую Патриархию советскими властями были арестованы митрополит Иосиф (Слипый) и четыре других епископа

Греко-Католической (униатской) Церкви, появившейся в результате подписания акта об унии с Римско-Католической Церковью нескольких православных епархий Польши на Церковном Соборе в Брест-Литовске в 1589 г.

28 мая во Львове при участии органов государственной власти была образована инициативная группа во главе с протоиереем Гавриилом Костельником по воссоединению униатской Церкви с Русской Православной Церковью. На проходившем 8–10 марта 1946 г. во Львове под жестким контролем органов государственной безопасности, но не соответствовавшем канонам как Греко-Католической, так и Русской Православной Церквей церковном соборе было принято решение о ликвидации Греко-Католической Церкви и о переходе в Московскую Патриархию 204 униатских священников. 5 апреля в Москве делегация участников Львовского собора уже участвовала в богослужении в Богоявленском соборе с Патриархом Московским Алексием I, который возвел Гавриила Костельника в сан протопресвитера. В этот и последующие годы были арестованы 344 униатских священника и монаха из числа отказавшихся перейти в Московскую Патриархию, 3222 униатских прихода были зарегистрированы как православные, 230 храмов и 48 монастырей были закрыты.

Вынужденное согласие Русской Православной Церкви принять в свою юрисдикцию приходы ликвидированной столь жестоким и неканоничным путем Греко-Католической Церкви было обусловлено не только давлением на Московскую Патриархию коммунистического режима, но и желанием русской православной иерархии защитить от полного уничтожения церковную жизнь униатского населения Западной Украины. 20 сентября 1948 г. протопресвитер Гавриил Костельник был убит после литургии на паперти Львовского Преображенского собора. Трагическая и загадочная смерть этого по-своему выдающегося священнослужителя, ставшая результатом действий либо мстивших ему украинских националистов, либо ликвидировавших его за «дальнейшей ненадобностью» органов государственной безопасности, олицетворяла собой всю противоестественность и опасность для Церкви согласия на ее использование коммунистическим режимом.

В контексте участия Русской Православной Церкви в советской внешней политике следует рассматривать инициированные коммунистическим режимом поездки Патриарха Алексия I в Святую Землю (Палестину) и митрополита Николая в Великобританию и Францию в мае – июне 1945 г. Эти поездки были призваны способствовать усилению советского влияния в среде православных христиан Ближнего Востока и в русской эмиграции. Весьма показательно, что именно после переговоров представителей Московской Патриархии с Румынским патриархом Никодимом и Сербским патриархом Гавриилом в 1945–1946 гг. предстоятели этих двух Поместных Православных Церквей заняли лояльную позицию по отношению к прокоммунистическим или коммунистическим правительствам, захватывавшим власть в Румынии и Югославии.

Однако главной советской внешнеполитической акцией, в которой коммунистические власти отводили Русской Православной Церкви играть ведущую роль, явилась начавшаяся в январе 1947 г. подготовка Всеправославного Собора в Москве. В этом Соборе наряду с главами всех Поместных Православных Церквей должны были принять участие главы Сиро-Халдейской, Армяно-Григорианской и Коптской Церквей в связи с обсуждением вопроса об их возможном соединении с Православной Церковью. На этом же Соборе власти намеревались от имени всего православного мира и христиан древних восточных (дохалкидонских) Церквей выдвинуть программу их совместной международной деятельности, состоявшую из девяти пунктов, главные из которых носили политизированный антикатолический и антиэкуменический характер.

14 февраля 1947 г. в своем докладе в ЦК ВКП(б) председатель Совета по делам Русской Православной Церкви Г. Карпов подчеркивал: «Проведенная значительная подготовительная работа за границей позволяет использовать Московскую Патриархию для осуществления в 1947–1948 гг. ряда новых мероприятий, имеющих принципиальное и политическое значение... Разрешенное... на сентябрь 1947 г. предсоборное совещание в Москве глав или их представителей всех автокефальных Православных Церквей и преследует, в качестве основной цели, подготовку созыва в 1948 г. не собиравшегося уже несколько веков Вселенского Собора (всемирного съезда) для решения вопросов о присвоении Московской Патриархии титула Вселенской... Наряду с вопросом о подготовке Вселенского Собора на предсоборном совещании 1947 г. будут обсуждены вопросы об организации более эффективной борьбы Православных Церквей с Ватиканом, об отношении к "зарубежному архиерейскому Синоду" митрополита Анастасия, об отношении Православных Церквей к так называемому "экуменическому движению"... Совет считает, что Православные Церкви должны и имеют возможности к более активной борьбе против Ватикана. В этом плане можно провести следующие мероприятия: а) окончательно ликвидировать униатскую Церковь в СССР; б) подготовить проведение аналогичных мероприятий в некоторых других странах за границей...; в) на предсоборном совещании 1947 г. сделать более сильное осуждение папизма с догматической точки зрения; г) выпустить специальный сборник для заграницы против Ватикана; д) создать альянс христианских Церквей в виде международного движения во главе с Русской Православной Церковью для борьбы с Ватиканом, пригласив участвовать в нем все другие вероисповедания... Московская Патриархия должна предъявить Англиканской Церкви два условия, на которых она примет участие в "экуменическом движении": а) отказ "экуменистов" от политических выступлений и обеспечение чисто церковной деятельности этого движения; б) значительное расширение представительских мест для Православных Церквей во главе с Русской Церковью... удовлетворение приведенных выше условий Московской Патриархии позволит ей обеспечить влияние на "экуменическое движение" в нужном нам направлении» (*М.В. Шкаровский*. Русская Православная Церковь и Советское государство в 1943–1964 гг. СПб., 1995. С. 124–128).

Однако планировавшуюся коммунистическим режимом внешнеполитическую религиозно-пропагандистскую акцию не удалось осуществить в полной мере. В июле 1948 г. в Москве был созван не Вселенский и даже не Всеправославный Собор, а всего лишь совещание, посвященное 500-летию автокефалии Русской Православной Церкви. Причиной этого стал отказ принимать в нем участие делегаций Иерусалимского Патриархата и Кипрской Церкви. Делегации, представлявшие Константинопольский Патриархат и Элладскую Церковь, участвовали лишь в богослужениях и праздничных мероприятиях и отказались рассматривать политизированные постановления «Ватикан и Православная Церковь», «Экуменическое движение и Православная Церковь», «Обращение к христианам всего мира», которые обсуждались и принимались преимущественно членами делегаций Православных Поместных Церквей, находившихся на территории стран с коммунистическими режимами. Несмотря на отказ Русской Православной Церкви участвовать в работе Первой ассамблеи Всемирного Совета Церквей в августе — сентябре 1948 г. и вопреки противодействию Московской Патриархии, три Поместные Православные Церкви вступили в эту экуменическую организацию.

Сталинскому государству удалось успешно использовать руководство Московской Патриархии для политической нейтрализации церковной иерархии ряда Поместных Православных Церквей, находившихся в тех странах Восточной Европы, в которых в это время утверждались у власти коммунистические режимы. К концу 1940-х гг. эти режимы были уже достаточно стабильны и могли не опасаться политической оппозиции со стороны национальных церковных иерархий. В то же время Московское совещание 1948 г. показало невозможность создания под руководством Русской Православной Церкви единого всеправославного церковного блока, который бы стал религиозно-пропагандистским проводником агрессивной внешней политики коммунистического режима и мог содействовать коммунистическому режиму СССР в борьбе с Ватиканом, в стремлении усилить советское влияние в экуменическом движении и на Ближнем Востоке. Не исключая возможности дальнейшего использования Русской Православной Церкви в своей внешней политике, коммунистический режим в своей внутренней политике со второй половины 1948 г. стал последовательно проводить гораздо более естественный и привычный для него курс, направленный на подавление церковной жизни в стране.

Одновременно в коммунистическом руководстве обсуждались варианты раскола Католической Церкви. Серьезно рассматривался вопрос о создании «антипапы» для католиков СССР и Восточной Европы с резиденцией то ли в Киеве, то ли в Будапеште. Но тут дальше разговоров пойти не решились.

> Партийным документом, свидетельствовавшим о готовности коммунистического режима вернуться к политике церковных гонений, стало постановление ЦК ВКП(б) «О мерах по усилению антирелигиозной пропаганды», подготовленное в сентябре 1948 г. по инициативе Михаила Андреевича Суслова, который с 1947 г. являлся секретарем ЦК ВКП(б) по идеологии. «Некоторые члены партии из факта победы социализма и господства социалистической идеологии в нашей стране, — подчеркивалось в этом постановлении, — сделали ошибочный вывод, что теперь можно не вести антирелигиозную пропаганду и что религия будет отмирать сама собой... Нельзя успешно решать задачу коммунистического воспитания трудящихся, не ведя борьбы против религиозной идеологии» (*В. Алексеев.* «Штурм небес» отменяется: Критические очерки по истории борьбы с религией в СССР. М., 1992. С. 206).

Очередная волна арестов духовенства захлестнула Церковь еще весной 1948 г. и продолжалась до 1953 г. включительно. Так, в июле 1948 г. был арестован и приговорен к десятилетнему сроку заключения перешедший в юрисдикцию Московской Патриархии из Русской Зарубежной Церкви митрополит Нестор (Анисимов), в сентябре 1948 г. были арестованы и в дальнейшем получили такие же сроки архиепископ Мануил (Лемешевский) и архимандрит Вениамин (Милов), инспектор Московской духовной академии. Всего же только с января по июнь 1948 г. было арестовано 679 православных священнослужителей.

Постановление Политбюро ЦК ВКП(б) «О распоряжениях Совета министров СССР об открытии церквей и молитвенных зданий» от 28 октября 1948 г. положило конец даже той политике весьма ограниченного открытия храмов, которая проводилась коммунистическим режимом с 1943 г. После принятия этого постановления при жизни Сталина вообще не было открыто *ни одного храма*, хотя деятельность властей, направленная на закрытие уже действующих церквей, заметно активизировалась. За период с 1949 по 1954 г. количество действующих храмов уменьшилось с 14 477 до 13 422, а количество духовенства уменьшилось с 13 483 до 11 912 человек.

Руководство Русской Православной Церкви пыталось снизить интенсивность наступивших гонений активизацией своей деятельности в советской внешней политике. В апреле 1949 г. митрополит Николай был избран в Париже в состав комитета только что созданного Всемирного Совета Мира. В мае 1952 г. в Троице-Сергиевой Лавре с большим размахом была проведена конференция представителей всех Церквей и религиозных объединений СССР «в защиту мира». Однако участие представителей Московской Патриархии в пропагандистских внешнеполитических акциях СССР так и не смогло способствовать смягчению ужесточившегося политического курса коммунистического режима по отношению к Русской Православной Церкви, который оставался неизменным до 1953 г.

4.3.15. Планы Сталина на новую «чистку» коммунистического аппарата. «Ленинградское дело». Был ли заговор Берии?

Сталин сознавал, что не только народ, но даже советская партийно-государственная верхушка устала и хочет более спокойной, комфортной жизни. Маршалы и министры вывезли из Германии немало ценностей, отдыхали с семьями на прибалтийских и восточноевропейских курортах, чувствовали себя привилегированной «элитой». В то же время победа вызвала в этой среде гордость за великую Россию, прилив имперских амбиций и одновременно растущие страхи перед мощью США. Используя это, Сталин сумел подмять номенклатуру, подавить в ней настроения «расслабленности» и начать с ее помощью новую предвоенную мобилизацию общества.

Уже осенью 1945 г. Сталин дал понять своему окружению и военным, что их заслуги не дают им никаких гарантий безопасности. Молотов получил выговор за «либерализм» и «мягкость» в связи с его неосторожным заявлением о смягчении цензуры для иностранных корреспондентов. Осенью 1946 г. досталось Микояну якобы за провалы в торговле хлебом — на деле хлеба в розничной государственной торговле катастрофически не хватало, хотя он был в запасниках. Оба суровых большевика, ветераны партии, каялись, как нашкодившие мальчишки.

Молотов писал Сталину 7 декабря 1945 г: «Вижу, что это моя грубая, оппортунистическая ошибка, нанесшая вред государству. Постараюсь делом заслужить твое доверие, в котором каждый честный большевик видит не просто личное доверие, а доверие партии, которое мне дороже моей жизни».

Микоян в письме Сталину 4 октября 1946 г. приправил покаяние лестью: «Конечно, я, да и другие, не могут ставить вопросы так, как это Вы умеете. Приложу все силы, чтобы научиться у Вас работать по-настоящему. Сделаю все, чтобы извлечь нужные уроки из Вашей суровой критики, чтобы она пошла на пользу мне в дальнейшей работе под Вашим отцовским руководством» Политбюро ЦК КПСС и Совет министров СССР, 1945–1953. С. 224.

В апреле 1946 г. Сталин дал ход «делу авиационных работников», по которому были арестованы нарком авиационной промышленности А.И. Шахурин и главнокомандующий ВВС маршал авиации А.А. Новиков. Сыграла роль жалоба сына Сталина, Василия, генерала ВВС, о якобы недоброкачественных самолетах. Сталин маниакально подозревал «вредительство». В МГБ по его приказу арестованных жестоко пытали. По этому делу Маленков был временно выведен из состава секретариата и отправлен на «хлебозаготовки» в Среднюю Азию. В определении относительно Маленкова указывалось, что он «как шеф над авиационной промышленностью и по приемке самолетов — над военно-воздушными силами, морально отвечает за те безобразия, которые вскрыты в работе этих ведомств (выпуск и приемка недоброкачественных самолетов), что он, зная об этих безобразиях, не сигнализировал о них ЦК ВКП(б)».

В июне 1946 г. Жуков был снят с поста главнокомандующего сухопутными войсками и главы военной администрации в Германии. Доносы из госбезопасности обвиняли его в вывозе из Германии множества трофеев, включая ковры и драгоценности. Но Сталина, видимо, заботило не это — множество советских военачальников и чинов госбезопасности вывозили из Германии трофеи вагонами и самолетами, но далеко не все были привлечены к ответственности. Да и само коммунистическое государство вело себя в Германии как такой же «добытчик».

Сталина раздражала популярность Жукова, которого многие считали подлинным спасителем России. В декабре 1946 г. Сталин отменил празднование дня победы, а вскоре «вождь» стал единственным, кому пропаганда приписывала победу в «Великой Отечественной войне». Жуков, несмотря на понижения в должности и нервотрепку, остался на свободе, возможно, потому, что Сталин нуждался в его услугах на случай будущей войны. Аресты других маршалов и генералов, победителей Гитлера, продолжались вплоть до смерти Сталина.

В постановлении, подписанном генералиссимусом Сталиным, говорилось: «Маршал Жуков, утеряв всякую скромность и будучи увлечен чувством личной амбиции, считал, что его заслуги недостаточно оценены, приписывая при этом себе в разговорах с подчиненными разработку и проведение всех основных операций Великой Отечественной войны, включая и те операции, к которым он не имел никакого отношения. Более того, маршал Жуков, будучи сам озлоблен, пытался группировать вокруг себя недовольных, провалившихся и отстраненных от работы начальников и брал их под свою защиту, противопоставляя себя тем самым правительству и Верховному Главнокомандованию» (*Георгий Жуков*. Документы. М.: РОССПЭН, 2001. С. 16).

Никто из сталинской номенклатуры не оказал сопротивления диктатору, не попробовал устранить его от власти, пусть даже ценой собственной жизни. Советский генералитет за годы войны усвоил лишь внешние регалии, но не традиции старого русского офицерства. Чувство чести и долга перед народом знакомо было немногим. Смелых на поле боя, даже лучших генералов сковывал страх перед генералиссимусом. Помимо страха сказывалось ослепление величием вождя, отождествление сталинской империи с Россией. Многие коллеги Жукова, завидуя его славе, охотно принимали участие в травле. Маршалы и генералы «прозревали» только в отставке.

Сталин подозревал, что его выдвиженцы в армии и госаппарате могут обойтись без него после войны. Чем больше были заслуги человека в годы войны, тем опаснее он становился в глазах вождя. В августе 1949 г. по «ленинградскому делу» была арестована большая группа руководителей, возглавлявших Ленинград в дни блокады и занимавших видные позиции в руководстве — А.А. Кузнецов, П.С. Попков, М.И. Родионов, Н.А. Вознесенский и др.

Николай Александрович Вознесенский (1903–1950). Родился в селе Теплое Тульской губернии. Отец, Алексей Дмитриевич, — младший приказчик у лесопромышленника; мать, Любовь Георгиевна, — домашняя хозяйка. Комсомолец-активист, Николай был послан на учебу в Москву, в Коммунистический университет им. Свердлова. В 1919 г. вступил в партию. После окончания вуза направлен в Енакиево (Донбасс), где на металлургическом заводе возглавил партком. Получил высшее образование в Институте красной профессуры. В 1934 г. на XVII съезде партии Вознесенский был избран в Комиссию советского контроля при Совнаркоме СССР. После убийства Кирова был направлен в Ленинград для руководства городской плановой комиссией и там вошел в «команду» Андрея Жданова. В 1938 г. сменил арестованного Межлаука на посту председателя Госплана СССР. В годы войны был членом Государственного комитета обороны. Любимец Сталина, Вознесенский был ортодоксальный сталинист в вопросах экономики, в 1945 г. выступал против иностранных займов и участия СССР в МВФ. В 1947 г. стал членом Политбюро ЦК. Автор исследования «Военная экономика СССР в период Великой Отечественной войны», за которую получил Сталинскую премию.

Надуманным предлогом для преследования «ленинградцев» стало обвинение их в проведении в Ленинграде Всероссийской оптовой ярмарки якобы без санкции Сталина. Вождь сделал из этого далеко идущие выводы. В 1954 г. Хрущев, выступая перед ленинградским партактивом, признал, что дело было сфабриковано. По его словам, «ленинградская заговорщицкая группа якобы ставила перед собой цель сформировать Центральный комитет партии республики, противопоставить его ЦК Всесоюзной Коммунистической партии и чуть ли не добиваться отделения от Советского Союза».

Восстановление автономной России в любых формах грозило сталинскому владычеству (Сталин никогда не забывал, что он — грузин) и его империи. В то же время «ленинградское дело», как показывают документы, было следствием борьбы в ближайшем сталинском окружении. Эта борьба, прекратившаяся во время войны, возобновилась немедленно после ее окончания и всячески поощрялась самим Сталиным. «Ленинградцы» были новой молодой и энергичной группой партийных руководителей, сформировавшейся вокруг А.А. Жданова. Их быстрый карьерный рост создавал угрозу сталинскому «узкому кругу», сложившемуся в ходе террора 1930-х гг. Судьба Вознесенского и остальных «ленинградцев» была, видимо, предрешена, когда Жданов внезапно умер в 1948 г. и Сталин в узком кругу объявил своим преемником Вознесенского. Другим возможным преемником считался Кузнецов. Маленков и стоящий за ним Берия подбросили Сталину компромат на «ленинградцев» и сделали все, чтобы раздуть тлеющую подозрительность диктатора.

Вознесенскому предъявили обвинение в потере секретных документов, занижении государственных планов, в фальсификации статистики. По приказу Сталина к арестованным применяли жестокие пытки, на их допросах присутствовали Берия, Маленков и министр вооруженных сил Н.А. Булганин. Для расправы с «ленинградцами» было сделано исключение в законодательстве об отмене смертной казни — эта отмена произошла в 1945 г. в честь победы в войне. По Указу Верховного Совета СССР «О применении смертной казни к изменникам Родины, шпионам и подрывникам-диверсантам» 1 октября 1950 г. сталинский суд приговорил Вознесенского, Кузнецова, Родионова, Попкова, второго секретаря Ленинградского горкома Я.Ф. Капустина и председателя исполкома Ленинградского горсовета П.Г. Лазутина к расстрелу. Это была самая крупная и кровавая «чистка» коммунистического аппарата с 1936—1938 гг. Сталин начал уничтожать кадры нового поколения, заменившего истребленных «старых большевиков». Эшелоны увозили из многострадального Ленинграда десятки тысяч арестованных в ссылки и тюрьмы.

> **Мнение историка**
>
> *Историк Олег Хлевнюк полагает, что в послевоенные годы уже нельзя было повторить кровавую вакханалию арестов и публичных процессов, которая имела место в 1936—1938 гг. Сталин стал больше зависеть от бюрократического аппарата, и сам этот аппарат выработал способы защиты от капризов диктатора. В октябре 1952 г. на XIX съезде партии (она сменила название с ВКП(б) на Коммунистическую партию Советского Союза) главный доклад подготовил и сделал Маленков, с участием аппаратных экспертов. —* Yoram Gorlitzky, Oleg Khlevniuk. Cold Peace. Stalin and the Soviet Ruling Circle, 1945–1953. N. Y.: Oxford University Press, 2004).

Сталин не доверял ни своему окружению, ни госбезопасности и готовил новую большую «чистку». Пока шло дознание по «ленинградскому делу», Сталин поручил Маленкову создать специальную тюрьму на 30—40 заключенных из высшего партийно-государственного руководства. Когда дело закончилось, тюрьма осталась, ожидая новых узников. В июне 1951 г. был арестован министр госбезопасности Абакумов. Новый министр МВД С.Д. Игнатьев начал, по приказу Сталина, расследование по обвинению своего ближайшего окружения в сотрудничестве с британской разведкой. Эти обвинения привели к аресту ближайшего помощника Сталина А.Н. Поскребышева и начальника его личной охраны Н.С. Власика.

В октябре 1952 г. после 15-летнего перерыва состоялся съезд партии большевиков — XIX съезд. Сталин к этому времени чувствовал себя старым и разбитым, он думал о преемнике. На этом съезде закончилась ВКП(б). Партия была переименована в Коммунистическую партию Советского Союза — КПСС. Под этим названием своей партии коммунисты в России дожили до ее упразднения в августе 1991 г. Было упразднено и Политбюро, существовавшее в партии коммунистов с 1918 г. Его заменил Президиум ЦК, в который было введено 25 человек, в том числе много сравнительно молодых коммунистических начальников. Сталин хотел потеснить свою старую гвардию — Молотова, Ворошилова, Кагановича, Микояна, Маленкова, Берию. До того он в преемники готовил Маленкова, но, видимо, стал передумывать. В состав самой высшей группы партийных вождей — в бюро президиума — был назначен из секретарей ЦК сталинский выдвиженец *Никита Хрущев*, который до того десять лет возглавлял коммунистическую партию Украины, а с декабря 1949 г. — московскую областную парторганизацию.

Никита Сергеевич Хрущев родился 24 марта 1894 г. в курской деревне Калиновка в крестьянской семье. В детстве был подпаском, а когда его родители отправились на заработки в Донецкий бассейн, выучился на слесаря. В начале Гражданской войны добровольно вступил в Красную армию и стал членом РКП(б). Быстро перешел на партийную работу сначала в Донбассе, а затем в Киевской парторганизации. Окончил рабфак и Промышленную академию в Москве. По воспоминаниям учившихся вместе с ним, Хрущев учился очень плохо, но отличался большой угодливостью и подхалимством в отношении начальства. В Промакадемии Хрущев боролся с «правым уклоном» на стороне Сталина. Это было замечено, и в 1931 г. он назначается первым секретарем райкома в Москве (сначала Бауманского, затем Краснопресненского). С 1935 г. Хрущев — первый секретарь Московского комитета партии. Лично руководил сносом важнейших исторических зданий Москвы — стен Китай-города, Сухаревской башни, храма Христа Спасителя, Триумфальных ворот, старинных церквей. Активно участвовал в репрессиях в Москве. В одной из речей он заявил: «Арестовано только 308 человек. Для нашей московской организации это мало». В январе 1938 г. Хрущев назначается первым секретарем компартии Украины. Вместе с Ежовым, часто его навещавшим, стремился «доканать врагов». Репрессии на Украине при Хрущеве достигли максимальной интенсивности. Председатель КГБ Александр Шелепин позднее рассказывал, что когда Хрущев в 1957 г. достиг вершины власти, он приказал ему изъять и уничтожить все бумаги с расстрельными списками, на которых стоит его подпись. Это было сделано. В 1941–1943 гг. член совета ряда фронтов. С ноября 1943 г. вновь первый секретарь Украины, до перевода в Москву в декабре 1949 г.

На пленуме ЦК КПСС в октябре 1952 г., сразу после XIX партийного съезда, Сталин внезапно обрушился на Молотова и Микояна, обвинив первого в «капитулянстве» перед США, а второго в троцкистских ошибках. Одновременно он заговорил о своей отставке по состоянию здоровья. Зал оцепенел. Налицо была явная провокация в духе Ивана Грозного, которая могла кончиться казнью нелояльных. Писатель Константин Симонов, участник пленума, записал: «Всем было понятно, что Сталин не хотел, чтобы Молотов после него, случись что-то с ним, остался первой фигурой в государстве и партии». Молотов позже вспоминал: «Поживи он, Сталин, годик-другой, и я мог бы не уцелеть».

Сталин не доверял и Берии. С 1945 г. он был отстранен от контроля над госбезопасностью «ввиду перегруженности другой центральной работой». Возможно, успехи атомного проекта, которым заведовал Берия, отсрочили расправу вождя над своим слишком инициативным и энергичным подручным.

В конце 1951 г. в Грузии по приказу Сталина было сфабриковано дело о «группе мингрельских националистов», которую якобы возглавлял второй секретарь компартии Грузии Барамия. Начались аресты в органах госбезопасности Грузии. «Мингрельское дело» было непосредственной угрозой для Берии, поскольку он сам был мингрелом и начинил компартию Грузии своими ставленниками. Эти и другие обстоятельства послужили основой для предположений, что внезапная болезнь Сталина в марте 1953 г. была делом рук Берии. Подозрительно и то, что многотомная история болезни вождя исчезла за исключением последнего, заключительного тома. Молотов не исключал, что это могло быть так. Он вспоминал, что 1 мая 1953 г. на трибуне Мавзолея Берия шепнул ему: «Я его убрал». Видимо, историки никогда не будут в состоянии дать ответ на вопрос, был ли «заговор Берии» против Сталина.

Литература
Р.Г. Пихоя. Советский Союз. История власти.
К. Симонов. Глазами человека моего поколения: Размышления о И.В. Сталине. М., 1990.
Yoram Gorlitzky, Oleg Khlevniuk. Cold Peace. Stalin and the Soviet Ruling Circle, 1945–1953. N. Y.: Oxford University Press, 2004. P. 111–112.
А. Авторханов. Загадка смерти Сталина. Заговор Берии. Франкфурт-на-Майне: Посев, 1976.

4.3.16. Национальная политика Сталина после 1945 г. Выселение этнических меньшинств из «прифронтовой полосы». Спецпоселенцы. Борьба с космополитизмом. Дело врачей

Сталинская национальная доктрина «дружбы народов» получила окончательное завершение 24 мая 1945 г., когда Сталин произнес знаменитый тост «за здоровье русского народа». Вождь похвалил русских за терпение — за то, что они не сбросили его и его режим в 1941–1942 гг., когда сталинские просчеты и ошибки чуть было не привели к победе нацистов. В награду за это «терпение» Сталин провозгласил русских «руководящим народом» над всеми другими народами СССР. Давая официальную идеологическую норму, Большая Советская Энциклопедия в статье «Нация» (1954 г.) указывала: «Наиболее выдающейся нацией в семье равноправных наций, входящих в состав Советского Союза, является русская социалистическая нация. С ее помощью все ранее угнетенные народы создали свою советскую национальную государственность, развили свою национальную по форме и социалистическую по содержанию культуру... Этим русская нация завоевала искреннее уважение и доверие к себе со стороны всех наций и народностей Советского Союза, заслужила общее признание как руководящая нация. Русская культура и русский язык, ставшие достоянием широких масс социалистических наций СССР, помогают их дальнейшему сближению» (Т. 29. С. 309).

Это не означало возрождения русской культуры и улучшения жизни людей в Российской Федерации. Русские оказались, как выразился историк Дж. Хоскинг, «правителями и жертвами» одновременно, они были и оставались «основной строительной массой советской империи». Но значительное число людей, в том числе и критически относящихся к советской власти, клюнули на сталинскую приманку великодержавного шовинизма.

В 1945–1953 гг. продолжалась ожесточенная борьба режима с национальным сопротивлением, подпольем и партизанским движением в странах Прибалтики и в Западной Украине. Тысячи украинских и прибалтийских ветеранов, участников войны на стороне Германии и участников националистических формирований, ушли в леса. Волна террористических актов против советских активистов и тех, кто сотрудничал с «оккупантами», не ослабевала. С советской стороны были задействованы части госбезопасности и регулярной армии. Были арестованы и убиты лидеры униатской Украинской Церкви. В октябре 1948 г. было принято постановление Совета министров СССР о разрешении МГБ выселять на спецпоселение «семьи бандитов, националистов и бандпособников» из Западной Украины. А в ноябре 1944 г. указом Президиума Верховного Совета СССР все спецпоселенцы лишались права вернуться к прежним местам жительства *пожизненно*. За побег с мест поселения давалась каторга на 20 лет. Всего с 1944 по 1952 г. было выселено 203 663 западных украинца, из них 182 тысячи «националистов-оуновцев» и членов их семей. Из Латвии, Литвы и Эстонии были выселены более 50 тысяч человек, и общее число спецпоселенцев из стран Балтии составило, вместе с депортированными до войны, 172 362 человека.

> О масштабах людских потерь, понесенных, например, Эстонией в 1940–1953 гг., все население которой в 1940 г. составляло менее 1 млн человек, свидетельствуют следующие цифры: 26 тысяч немцев и шведов выехали в 1940 г., 2 тысячи уничтожено в застенках НКВД в 1940–1941 гг., 19 тысяч депортировано в 1941 г., 30 тысяч – в 1944 г., 80 тысяч – в 1949 г. (большинство депортированных вернулось в Эстонию в 1950-е гг.), 33 тысячи эвакуировались в Россию в 1941 г. и затем вернулись, 6 тысяч уничтожены немцами в 1941–1944 гг., 33 тысячи мобилизованы в Красную Армию и большинство из них погибли. 25 тысяч мобилизовано Вермахтом и погибли, 117 тысяч бежали на Запад, 71,5 тысячи населяли земли, переданные из Эстонии в Россию – *Tonu Parming*. Roots of Nationality Differences / Ed. by Edward Alwarth. Nanionality Groop Survival in Multi-Ethnic States: Shifting Support Patterns in the Soviet Baltic Region. N. Y.: Reaeser, 1977. P. 34–35.

В Казахстане и Сибири, куда привозили депортированных, образовались целые районы «пецпоселенцев». К началу 1953 г. число спецпоселенцев, по разным данным, колебалось в пределах от 2,5 до 3,3 млн человек. Условия жизни спецпоселенцев были часто не лучше, чем в концлагерях, — не было жилья, воды, пищи, элементарных удобств, свирепствовали эпидемии. В этих ужасных условиях всходили новые ростки этнической и национальной ненависти, направленной прежде всего на русских как на главную опору режима.

Сталин продолжал политику «укрепления» приграничных районов, прежде всего в Причерноморье и на Кавказе, откуда еще в 1944 г. были выселены крымские татары, чеченцы, кабардино-балкарцы и другие этнические меньшинства и диаспоры. На этом фоне аномалией был приезд 90 тысяч армян из зарубежной диаспоры. Сталин рассчитывал использовать их как козырь в давлении на Турцию, а руководители Армении рассчитывали, что области Турции вокруг Карса и Ардагана будут присоединены к СССР. Однако уже в 1948 г. репатриация армян прекратилась, а в 1949 г. прошла окончательная «зачистка» черноморского побережья. Всего с 1944 по 1949 г. из этого региона было депортировано 157 тысяч человек.

Еще во время войны начал развиваться бытовой и государственный антисемитизм. Его объектами стали евреи, ассимилированные в русскую городскую среду и в большинстве своем преданные советскому строю. Во время войны Сталин с успехом использовал международные контакты советских евреев для привлечения средств и симпатий зарубежных еврейских диаспор, необходимых в борьбе против нацистской Германии. В обстановке «холодной войны» те же самые контакты превратили в глазах Сталина самих советских евреев в подозрительную диаспору, которой могли воспользоваться США. Началась «чистка» от евреев органов разведки, МИД и внешней пропаганды.

> Подозрительность Сталина в отношении евреев касалась и членов его семьи. В 1943 г. он отправил в ссылку писателя Алексея Каплера, автора сценария к фильму «Ленин в Октябре», в которого влюбилась его дочь Светлана. «Уж не могла себе русского найти!» – раздраженно говорил вождь, разрывая в клочки письма Каплера к дочери. Когда Светлана вышла замуж за еврея, студента Московского института международных отношений Г.И. Морозова, он в разговоре с дочерью ядовито заметил: «Слишком он расчетлив, твой молодой человек... Смотри-ка, на фронте ведь страшно, там стреляют, а он, видишь, в тылу окопался». Сталинская родня со стороны жены, Аллилуевы, поддерживали дружбу со многими интеллигентами-евреями. Тот факт, что в его окружении было много «космополитов», связанных с Западом и западной культурой, бесило вождя.

Государственный антисемитизм в 1948–1949 гг. выразился в кампании «борьбы с космополитизмом» в «защиту русской культуры и науки», которую якобы оккупировали евреи. В университетах, писательских организациях и других учреждениях науки и культуры шли кампании по изгнанию «космополитов». Студенты и аспиранты «разоблачали» своих учителей. Одновременно Сталин ликвидировал практически все учреждения еврейской культуры (на идиш) на территории СССР за исключением тех, которые находились в Еврейской автономной области в Биробиджане (Хабаровский край). Были закрыты еврейские театры, газеты и журналы. Руководитель Еврейского антифашистского комитета (ЕАК) актер Соломон Михоэлс был убит госбезопасностью по тайному приказу Сталина.

Чиновники, литераторы, деятели культуры и даже ученые, до сей поры скрывавшие свой антисемитизм, теперь были в первых рядах кампании. Но зачастую бытовая юдофобия подпитывалась вполне меркантильным желанием занять доходные и престижные места на кафедрах, в лабораториях, государственных учреждениях, убрав «еврейских» конкурентов.

Поэт Константин Симонов, у которого было множество евреев и среди родни, и среди друзей, счёл за лучшее присоединиться к погромщикам. Он начал обличать космополитизм как глобальную угрозу: «Космополитизм в политике империалистов – это стремление ослабить патриотическое чувство независимости сразу во многих странах, обессилить, связать народы этих стран и выдать их с головой американским монополиям. Космополитизм в искусстве – это стремление подорвать национальные корни, национальную гордость, потому что людей с подрезанными корнями легче сдвинуть с места и продать в рабство американскому империализму» (из выступления 18 февраля 1949 г. на собрании драматургов и критиков Москвы).

28 марта Симонов вместе с писателем Софроновым обратились к Сталину и Маленкову с просьбой санкционировать исключение из Союза писателей «критиков-антипатриотов» И.И. Юзовского, А.С. Гурвича, А.М. Борщаговского, И.И. Альтмана и др. Власть, однако, предпочла отмежеваться от погромщиков в литературе, предоставив им действовать по своему усмотрению.

Евреев было не так легко изгнать и депортировать, как другие этнические диаспоры. Большое число выходцев из еврейской среды было ассимилировано в русскую среду, работало в сфере услуг, госаппарате, научных и культурных учреждениях, органах пропаганды и печати. Обрусевшими еврейками были жены Молотова, Ворошилова, Андреева и ряда других советских руководителей. Многие выдающиеся ученые с «еврейскими фамилиями» работали в атомном проекте и других военных проектах. Не говоря уж о том, что откровенный государственный антисемитизм означал полный разрыв с традициями большевицко-ленинского «Интернационала» и сближение сталинского «социализма» в глазах всего мира с германским нацизмом.

Все это не остановило Сталина. Сразу после образования Израиля, в мае 1948 г., последовали аресты руководителей ЕАК. Почти все арестованные были убиты. Была арестована жена Молотова — Полина Жемчужина (Карп) и некоторые другие «еврейские» жены советских лидеров.

Еврейские гонения вступили в решающую фазу в 1952 г., когда Сталин сделал вывод о том, что Израиль полностью превратился в проводника политического и военного влияния США на Ближнем Востоке. 13 января 1953 г. в «Правде» появилась статья, обвинявшая ведущих профессоров медицины в том, что они, в сговоре с американской разведкой и сионистскими организациями, убивали советских лидеров и военачальников. Статью редактировал сам Сталин, вписавший в текст наиболее зловещие и хлесткие фразы о «рабовладельцах-людоедах из США и Англии» и о «ротозействе» в советском аппарате. В разговоре с приближенными «вождь» был еще откровенней. Он сказал: «Любой еврей — националист, это агент американской разведки». Шла Корейская война, и «вождь» был уверен, что его попытаются «убрать» американцы. В маниакальной подозрительности он был убежден, что с ним поступят так же, как он поступал со своими явными и вымышленными врагами — Троцким, Зиновьевым, Бухариным...

Из статьи «Правды» «Подлые шпионы и убийцы под маской профессоров-врачей», 13 января 1953 г.: «Участники террористической группы, используя свое положение врачей и злоупотребляя доверием больных, злодейски подрывали здоровье последних... Преступники признались, что они, воспользовавшись болезнью товарища Жданова, умышленно скрыли имеющийся у него инфаркт миокарда, назначили противопоказанный этому тяжелому заболеванию режим и тем самым умертвили товарища Жданова... Презренных наймитов, продавшихся за доллары и стерлинги, советский народ раздавит, как омерзительную гадину».

Первой жертвой «дела врачей» стал профессор Яков Этингер — личный врач Берии. Он был арестован в 1951 г., дал признательные показания, что участвовал в умерщвлении секретаря ЦК А. Щербакова, назвал сообщников и умер во время следствия в тюрьме «от сердечного приступа». Осенью 1952 г. последовал арест девяти виднейших врачей, среди которых был и личный врач Сталина В.Н. Виноградов, а также профессора Вовси, Фельдман, Гирнштейн, Яков Раппопорт и другие. Под нажимом следствия все, кроме Раппопорта, признались в своих «преступлениях». Профессора Вовси следователь заставил подписать признание, что он не только английский и американский, но и немецкий шпион. Обливаясь слезами, профессор говорил следователю: «Немцы расстреляли в Двинске всю мою семью...» В ответ, вперемешку с матерной руганью, он услышал: «Профессор... нечего запираться, признавайся, что был и немецким шпионом». И М.С. Вовси подписал, что был и немецким шпионом. После смерти Сталина «дело врачей» было прекращено и оставшиеся в живых профессора вышли на свободу.

В населении антисемитская кампания разбудила черносотенные чувства. На Украине, по сообщениям партийных органов и тайной полиции, некоторые были уже готовы идти убивать евреев. Но и в центральных городах России, и в промышленных центрах Урала бытовой антисемитизм, зависть к «лучше устроенным» евреям прорвалась наружу. Некоторые мечтали поживиться жилплощадью в случае массовой еврейской депортации и распускали слухи о ее подготовке. «Когда же наша славная Русь, родина социализма, освободится от американский наймитов, евреев-националистов?» — писал один «беспартийный большевик» из Челябинской области в анонимном письме.

9 февраля 1953 г. неизвестные взорвали бомбу на территории советской миссии в Тель-Авиве. Несмотря на извинения израильского правительства и готовность компенсировать ущерб, СССР разорвал отношения с Израилем. Началась массовая антисемитская истерия, евреев оскорбляли и избивали на улицах Москвы, Ленинграда, Киева и других городов. Многие факты указывают на то, что «дело врачей» влекло за собой не только массовую депортацию евреев, но и кровавую «чистку» всего аппарата, включая госбезопасность и ближний круг соратников Сталина. В узком кругу Сталин говорил: «Неблагополучно в ГПУ. Притупилась бдительность. Надо лечить».

Одновременно начался в 1952–1953 гг. пересмотр дел людей, отбывших сроки заключения по 58-й статье. Их вновь арестовывали, требовали новых признаний и ссылали в отдаленные места Сибири. Подготовку нового большого террора прервала лишь внезапная болезнь и смерть «вождя».

Литература
Н.Ф. Бугай. Народы Украины в «Особой папке» Сталина. М.: Наука, 2006.

Г.В. Костырченко. Тайная политика Сталина. Власть и антисемитизм. М.: Международные отношения, 2001.

В.Н. Земсков. Спецпоселенцы в СССР. 1930–1960. М.: Наука, 2003.

Geoffrey Hosking. Rulers and Victims. The Russians in the Soviet Union. Harvard Press, 2006.

Джамиль Гасанлы. СССР – Турция: Полигон «холодной войны». Баку Адильоглы, 2005. С. 413–415.

4.3.17. Наука и культура в СССР в 1945–1953 гг. Лысенко и «лысенковщина»

Сталин мобилизовал все силы официальной культуры на нужды «холодной войны». Александр Фадеев, Константин Симонов, Михаил Шолохов, Борис Полевой и другие писали романы, рассказы и повести, где показывали, что русский патриотизм и советский режим – тождественные вещи, что антисоветчики-толстосумы США готовят войну против СССР. Илья Эренбург вовлекал левых и либеральных западных интеллектуалов во всемирную кампанию «борьбы за мир» против США и западных держав, в защиту СССР. Художники, писатели, журналисты, песенники, скульпторы, ведущие театральные и кинорежиссеры создавали иллюзию «счастливой послевоенной жизни». Апофеозом стал фильм И. Пырьева «Кубанские казаки». Официальные писатели, художники, кинематографисты, заключает историк М.Р. Зезина, «вращались в своем кругу, в большинстве своем плохо представляли реальную жизнь народа в те годы». На фоне общей нищеты режим платил им огромные гонорары, обеспечивал их квартирами и дачами, предоставлял бесплатные дома творчества и творческие командировки.

Александр Александрович Фадеев (1901–1956), еще учась во Владивостокском коммерческом училище, выполнял поручения подпольного комитета большевиков. В 1918 г. вступил в партию и принял кличку Булыга. Стал партийным агитатором; в 1919 г. вступил в Особый коммунистический отряд красных партизан. В конце Гражданской войны занимал посты: комиссара 13-го Амурского полка и комиссара 8-й Амурской стрелковой бригады. В 1921 г. участвовал в подавлении Кронштадтского восстания.

После Гражданской войны Фадеев был отправлен партией на Юг России, где работал секретарем одного из райкомов Краснодара, а затем заведующим разделом партийной жизни в отделе печати Северо-Кавказского крайкома. О духовных горизонтах писателя говорят названия его статей, опубликованных под кличкой «Булыга» в газете «Советский Юг»: «Итоги совещания при оргараспреде крайкома по поднятию производительности труда», «Предложения о работе с ленинским набором», «На пороге второго пятилетия», «Окружные газеты о XIV съезде ВКП(б)». В последней из них Фадеев сетует, что решениям съезда местные газеты уделяют мало внимания.

На досуге Фадеев занялся беллетристикой, о которой он заявил: «В большевистском понимании художественная литература есть могущественная служанка политики» («Правда» от 10.01.1931). Политике большевиков он и служил. Повесть «Разлив» (1924), романы «Разгром» (1927) и «Последний из удэге» (1930–1940) посвящены захвату Дальнего Востока большевиками. «Последнего из удэге» автор писал с 1929 по

1940 г., но так и не смог закончить. Жизнь изображается в этих произведениях по одной схеме. Все чуждые советской власти «социальные элементы» (офицеры, священники, промышленники, некоммунистическая интеллигенция, обеспеченные крестьяне) показаны как выродки, достойные лишь уничтожения. Им противопоставлены идейные большевики, которые перевоспитывают темные, но стихийно революционные народные массы в духе коммунистической идеологии.

В докладе 1932 г. «Мой литературный опыт – начинающему автору» Фадеев говорил: «Какие основные мысли романа "Разгром"? ...Первая и основная мысль: в Гражданской войне происходит отбор человеческого материала... Происходит огромнейшая переделка людей. Эта переделка людей происходит успешно потому, что революцией руководят передовые представители рабочего класса – коммунисты...»

Фадеев изображал исторические события не просто с партийной точки зрения, но подчас по прямому заданию партийных органов. Так, «Молодая гвардия» была написана по заказу ЦК ВЛКСМ, который обратился к Фадееву с этой просьбой в августе 1943 г. К началу 1945 г. он закончил роман. Однако в «Правде» от 3 декабря 1947 г. ему было указано, что в «Молодой гвардии» нет главного – «руководящей, воспитательной роли партии...» По воспоминаниям В.В. Вишневского, Фадеев ответил: «Критику понял... Переживаю глубоко... Буду вновь работать над романом, буду писать один, другой, третий раз... Выполню указание партии». Указание было выполнено к 1951 г.: первая редакция «Молодой гвардии», в которой молодежным подпольем руководили комсомольцы, сменилась второй, где руководящая роль отведена партии.

В последние годы жизни Фадеев работал над романом «Черная металлургия». На своем юбилейном вечере (1951) писатель так определил замысел этого произведения: «Я хочу спеть песню о нашей партии как вдохновляющей и организующей силе нашего общества». В письме Сталину от 31 марта 1951 г. он обещал воспеть в этом романе «гигантскую стройку коммунизма», изобразить современную жизнь как победу «партии и комсомола». В план романа входило и «изображение врагов народа и их разгром». По замыслу Фадеева, эти внутренние враги должны были мешать внедрению в жизнь важного технического изобретения. Закономерно, что столь неправдоподобный замысел остался невоплощенным.

Фадеев остался автором всего двух законченных романов: «Разгром» и «Молодая гвардия» (последняя претерпела множество переделок), а также нескольких мелких произведений. Причиной столь скудных результатов была не только противоестественность идей, которым автор пытался придать художественную форму. Фадееву было просто некогда писать. С 1939 г. и до конца жизни он был членом ЦК КПСС, что требовало участия во всех заседаниях партийной верхушки. Кроме того, он занимал крупные посты в Союзе писателей СССР: в 1939–1944 гг. – секретарь, в 1946–1954 гг. – генеральный секретарь, в 1954–1956 гг. – секретарь правления. В 1951 г. Фадеев жаловался Сталину: «Прибавилась огромная сфера деятельности, связанная с борьбой за мир... Следует учесть и работу как депутата Верховного Совета СССР, а теперь и РСФСР». Наконец, писатель возглавлял Комитет по Государственным премиям в области литературы и искусства, что тоже занимало время...»

В конце жизни Фадеев сознавал, что погубил свое дарование. 13 мая 1956 г., перед самоубийством, он составил письмо «В ЦК КПСС», где обвинил в своем творческом бесплодии родную партию: «Меня превратили в лошадь ломового извоза, всю жизнь я плелся под кладью бездарных... неисчислимых бюрократических дел». Но за 17 лет писатель мог отказаться хотя бы от одной из своих номенклатурных должностей, если они так его тяготили.

Прославление культа Сталина достигло, по свидетельству очевидца, «поистине безумных размеров». По всей стране вознеслись новые гигантские изваяния Сталина в дополнение к довоенным. После пышных торжеств по случаю 70-летия Сталина в декабре 1949 г. Музей западного искусства, построенный усилиями Цветаева в 1910-е гг., был переоборудован под экспозицию подарков вождю. Проект строительства колоссального Дома Советов на месте разрушенного храма Христа Спасителя был заморожен — ведь этот проект должна была венчать статуя Ленина, а не Сталина. Вождь играл роль верховного цензора по культуре: он просматривал фильмы, читал повести и распоряжался присуждением Сталинских премий по литературе и искусству. Быть может, и с этим связано неуклонное сокращение числа литературных журналов и кинофильмов — у вождя оставалось мало времени.

Михаил Александрович Шолохов родился, по официальным данным, в 1905 г. (есть и другие версии) в Области войска Донского. Его отец был из купеческого рода, мать – из украинских крестьян. В 1914–1918 гг. Шолохов учился в гимназиях Москвы, затем города Богучара (Воронежской губернии) и, наконец, родной станицы Вешенской. Документальных сведений о его жизни в период Гражданской войны нет. После окончательной победы на Дону советской власти Шолохов работал делопроизводителем в станичном исполкоме, помощником бухгалтера и несколько месяцев – налоговым инспектором (за самовольное снижение налогов во время голода был осужден на год условно). В 1922 г. не смог поступить в московский вуз, так как для этого требовались стаж работы в промышленности и рекомендация комсомола (комсомольцем Шолохов не был). Перепробовав несколько профессий, вернулся в Вешенскую и с 1926 г. жил там с женой-казачкой и детьми.

С 1923 г. публиковал в московских журналах рассказы, посвященные Гражданской войне на Дону. В 1928–1930 гг. вышли первые три книги романа-эпопеи «Тихий Дон», который стал высшим достижением советской литературы и принес Шолохову мировую известность (Сталинская премия – 1941 г., Нобелевская – 1965 г.). В отличие от недавних рассказов Шолохова, не признающий власти большевиков казак изображен здесь с сочувствием и симпатией, что вызвало нарекания партийной критики. Однако молодой писатель стремительно поднялся на вершину не только литературной славы, но и советской правящей элиты: в 1932 г. вступил в партию (с 1961 г. – член ЦК КПСС); в 1937 г. был избран в Верховный Совет СССР и оставался его депутатом до середины 1970-х гг.; с 1934 г. входил в правление Союза писателей СССР, с 1940 г. – в Комитет по Государственным премиям в области литературы и искусства.

При этом его творческая энергия все более угасала. Последняя, четвертая книга «Тихого Дона» появилась только в 1940 г.; первый том романа «Поднятая целина», прославляющего коллективизацию, вышел в 1932 г., а второй был завершен лишь к 1959 г. (Ленинская премия – 1960 г.). Третий роман, «Они сражались за Родину» (1942–1944,

1969), Шолохов много лет пытался, но так и не смог дописать. В послевоенные годы вышли рассказ «Судьба человека» (1956) и ряд пропагандистских статей: «Борьба продолжается» (1948), «Свет и мрак» (1949), «Не уйти палачам от суда народов!» (1950) и др. Далее писатель уже не создавал литературных трудов, хотя прожил до 1984 г. Столь же неуклонно таяли и художественные достоинства произведений. На смену «Тихому Дону», который резко выделялся из советской литературы силой образов, свежестью донской речи и нелицеприятным изображением разрушивших казачью жизнь большевиков, приходили все более стандартные тексты, полные идеологических и языковых штампов. Слова Шолохова: «Мы пишем по указке наших сердец, а наши сердца принадлежат партии» – не были лицемерием: его личная переписка мало отличается от его выступлений на съездах коммунистов.

Сразу же после выхода первых глав «Тихого Дона» возникли слухи о том, что Шолохов использовал рукопись неизвестного автора-казака, погибшего в Гражданскую войну. 24 марта 1929 г. в «Рабочей газете», а 29 марта – в «Правде» появилось письмо А. Серафимовича, Л. Авербаха, А. Фадеева и других членов РАПП: «В связи с тем заслуженным успехом, который получил роман пролетарского писателя Шолохова "Тихий Дон", врагами пролетарской диктатуры распространяется злостная клевета о том, что роман Шолохова является якобы плагиатом с чужой рукописи. <...> Чтобы неповадно было клеветникам и сплетникам, мы просим литературную и советскую общественность помочь нам в выявлении "конкретных носителей зла" для привлечения их к судебной ответственности». После этого обсуждение проблемы авторства стало невозможным: «Усомниться в нем вслух – десятилетиями была верная пятьдесят восьмая статья. После смерти Горького Шолохов числился Первым Писателем СССР, мало-мало что член ЦК ВКП(б) – но живой образ ЦК...» (*А. Солженицын*. Бодался теленок с дубом // Новый мир. 1991. № 12. С. 69).

Однако с 1970-х гг. споры об авторстве «Тихого Дона» возобновились. Сторонники версии о том, что Шолохов приспособил к советским требованиям чью-то чужую рукопись, строят свои доказательства на идейной, композиционной и стилистической разнородности текста романа. Большинство этих исследователей считают первоначальным автором эпопеи донского писателя Федора Крюкова, умершего при отступлении с Белыми. Если же считать Шолохова единственным создателем «Тихого Дона» (чему также есть немало доказательств), то приходится признать: вся дальнейшая творческая судьба писателя говорит о вырождении его таланта, отданного на службу партии большевиков.

Литература
Загадки и тайны «Тихого Дона». Самара, 1996.
Михаил Шолохов: Летопись жизни и творчества: Материалы к биографии / Сост. Н.Т. Кузнецова. М., 2005.

В то же время государственная «русификация» стремилась расколоть деятелей науки и культуры по «национальному» признаку. К примеру, с 1946 по 1948 г., в результате борьбы с «засоренностью еврейскими кадрами» институтов Академии наук СССР и «аттестации», число русских среди заведующих отделами, лабораториями и секторами выросло с 73,6 % до 80 % за счет сокращения числа евреев.

Жданов и отдел ЦК по науке и культуре «сокращали» число евреев в общественных науках. Государственная «русификация» зачастую открывала широкую дорогу антисемитам, посредственностям, прихвостням режима, которые под флагом защиты «русской культуры» делали себе карьеру. Память о подлости, как и благородстве, проявленных в эти годы, стала впоследствии важным фактором в общественных и идейных водоразделах 1950—1960-х гг.

Тем не менее общественный подъем года победы не пропал для русской культуры. Писатели и поэты военного поколения писали рассказы и стихи «в стол», не рассчитывая на их публикацию. В послевоенные годы стремительно росла дистанция между официальной и неофициальной культурой. Образованная молодежь в городах искала заменителей сталинскому культурному суррогату. Сохраняли популярность песни и стихи военной поры. Некоторые молодые люди под влиянием трофейных немецких и американских кинофильмов, американского джаза стали «западниками» и «стилягами» — оказывая таким образом осознанное или неосознанное сопротивление официальной антизападной пропаганде. В студенческой среде быстро рос интерес к подлинному, а не обкорнанному властью дореволюционному русскому наследию — искусству, философии, истории, поэзии и быту. Студенчество распевало песни Вертинского и Петра Лещенко. Но высшие сокровища русской дореволюционной и эмигрантской культуры оставались недоступными, упрятанными в специальные хранилища главных библиотек страны. Имена Владимира Соловьева, Сергия Булгакова, Ивана Шмелева, Николая Лосского, князя Сергея Трубецкого, Владислава Ходасевича, Георгия Иванова, Владимира Набокова знали очень немногие. Их книги опасно было держать в руках без «специального разрешения» МГБ.

Советская фундаментальная **наука** развивалась в основном в «шарашках» и внутри военно-промышленного комплекса, прежде всего в атомном проекте, куда были стянуты лучшие силы и громадные ресурсы. Фундаментальные исследования в Академии наук сдерживал слабый приток молодежи; но там еще работали замечательные ученые с дореволюционным образованием и культурой (Л.А. Орбели, К.В. Островитянов, С.И. Вавилов, А.Н. Несмеянов, И.И. Мещанинов, Е.В. Тарле и др.). Хуже всего ситуация была в университетах, где усиливался идеологический контроль над образованием, библиотеки чистились от «нежелательной» литературы и изгонялись профессора-«космополиты». Тогда наметился принцип, последовательно осуществлявшийся до конца коммунистического властвования, — в академических институтах дозволялось очень умеренное свободомыслие (иначе развитие наук вовсе прекратилось бы), но свободомыслов к университетам и учебным институтам не подпускали на пушечный выстрел, дабы они не растлевали учащуюся молодежь своими идеями. Глубокий раскол между академической наукой и университетской профессурой крайне отрицательно сказался на уровне общей культуры и профессиональной подготовки молодых специалистов. Послевоенные студенты, столкнувшись с громадными прорехами в официальной науке, стремились восполнить их самообразованием.

Почти в каждой научной дисциплине утвердились доминирующие, а нередко и конкурирующие группы ученых, своего рода «научные мафии», имевшие поддержку в Отделе науки ЦК, Отделе агитации и пропаганды ЦК и других властных структурах. Резкий антизападный поворот в государственной политике и идеологии, «борьба с низкопоклонством перед Западом» создал почву для яростной борьбы между научно-партийными кланами по «важному вопросу» — кто из них представляет «истинную» советскую науку, а кто должен каяться в ошибках или, хуже того, отвечать за «вредительство». Так, ряд университетских профессоров-физиков объявили теорию относительности Альберта Эйнштейна и квантовую теорию Нильса Бора «идеалистическими» и «антимарксистскими». Они жаловались на «монополию еврейских физиков». Однако разгром ядерной физики не состоялся — Сталину нужна была атомная бомба.

Гораздо хуже был исход позднесталинских «дискуссий» в биологии. Там столкнулись генетики, опиравшиеся на открытия Г. Менделя, Т. Моргана и А. Вейсмана в области наследственности, и приверженцы агронома Трофима Денисовича Лысенко. Последние провозгласили себя «учениками Мичурина» и утверждали, что с помощью скрещивания можно вывести любые виды растений. По поводу мичуринско-лысенковских «опытов» ходило много шуток («Вы знаете, как погиб Мичурин? Упал с ветвистого арбуза» и т. п.) На деле все сводилось к чистому шарлатанству. Глава Агитпропа ЦК Ю. Жданов (сын А. Жданова) пытался свалить Лысенко, но тот нанес упреждающий удар. В октябре 1947 г. Лысенко обратился к Сталину с личным письмом, жалуясь, что «менделизм-морганизм» и «вейсманизм» (то есть теории западных генетиков), основанные на «буржуазной метафизике», тормозят советскую агрономию. Только «мичуринский» метод может дать СССР изобилие продуктов. Сталин поддержал Лысенко и даже стал его «научным редактором». В августе 1948 г., опираясь на сталинский авторитет, лысенковцы объявили «буржуазную генетику» вне закона. Сотни генетиков потеряли работу и были арестованы. **Лысенковщина** — псевдонаучная монополия в биологии и агрономии, поддержанная режимом, надолго утвердилась в СССР. В Большой советской энциклопедии 2-го издания появилась статья «Ген», в которой утверждалось, что это «лженаучная идеалистическая частица». Разгрому подверглись и «лженауки» кибернетика и социология. Как противоречащая диалектическому материализму, была отвергнута космология. В физиологии единственно научным было объявлено учение Павлова, а в психиатрии как антинаучное отвергнуто учение Фрейда. Люди, имеющие отношение к науке, тихо говорили друг другу на ухо: «Маразм крепчал!»

В конце жизни Сталин выступил «главным ученым» страны. Были опубликованы его заметки по политэкономии и языкознанию, немедленно провозглашенные последним и гениальным достижением «марксистской науки». «Вождь» безуспешно пытался «развить марксизм-ленинизм» на базе «объективных научных законов». Старея и пьянея от прославления, он, видимо, сам начинал считать себя всезнающим и всемудрейшим. Своими безграмотными ремарками он буквально испещрял книги выдающихся ученых. Научная мысль, однако, упорно выламывалась из рамок марксистской ортодоксии.

Литература
М.Р. Зезина. Советская художественная интеллигенция и власть в 1950—1960-е гг.. М.: Диалог-МГУ, 1999.

В.П. Смирнов. На историческом факультете МГУ в 1948–1953 гг. // Новая и новейшая история. 2005. № 6.

Ethan Pollock. Stalin and the Soviet Science Wars. Princeton, N. J.: Princeton University Press, 2006.

4.3.18. Первая и вторая эмиграция. Политика Сталина в отношении Русского Зарубежья. Раскол эмиграции и трагедия «возвращенцев». Уход в обе Америки

Русских людей, которые предпочли, оказавшись вольно или невольно в 1941–1945 гг. в покоренной нацистами Европе, не возвращаться на родину после разгрома Гитлера, но бежать дальше от своего отечества, именуют ***второй волной русской эмиграции***. Их упрямое нежелание возвращаться, порой даже ценой собственной жизни, говорит о многом. Родина стала им хуже смерти. И вовсе не потому, что все они были убежденными предателями и «фашистскими прихвостнями». Многие попали в Европу вовсе не добровольно — как военнопленные или остарбайтеры. Другие ушли сознательно, но унесли любовь к России в своем сердце, что и доказали потом многими трудами по сохранению и приумножению русской культуры в изгнании, а порой и политической деятельностью.

Все они, почти без исключения, были не врагами России, не врагами своего народа, а врагами большевицкого сталинского режима, который терзал их родину, их самих, их родных и близких. Зная не понаслышке, что такое жизнь под большевиками, они люто возненавидели эту жизнь. Некоторые из них были в прошлом неплохо устроены в СССР. Были красными командирами, красными профессорами, красными артистами, дипломатами. В беженских лагерях они были нищими, а порой и голодными. Но они не хотели возвращаться к старому положению советского достатка, потому что платой за него был отказ от духовной свободы, попрание собственной совести. Те, кто ценили свободу и чистую совесть больше куска хлеба, попытались остаться за пределами коммунистической державы Сталина. Не всем, но некоторым это удалось сделать.

К лету 1944 г. за пределами СССР в Западной Европе очутилось около 5 млн советских граждан — восточных рабочих, военнопленных, добровольцев военных формирований и беженцев, уходивших от Красной Армии. После репатриации — «возвращения на родину» — не более 2–3% осталось на Западе. Причина в том, что реально у людей почти не было свободы выбора.

Во-первых, примерно половина территории Германии (в границах 1939 г.) была к июлю 1945 г. занята Красной Армией, и в результате почти 2,9 млн советских граждан, вывезенных или бежавших в Германию, очутились под контролем советской власти.

Во-вторых, даже на территории, оккупированной западными союзниками, выбор — оставаться или возвращаться — был дан немногим. Лагеря остовцев и пленных были у НКВД на учете, и по уходе немцев их сразу брали под контроль советские репатриационные комиссии, старавшиеся вернуть всех. В широком потоке из западных зон оккупации в СССР было возвращено около 2 млн человек. В лагерях преобладала психология «куда все, туда и я». Бежать оттуда было можно, но куда? «В немецкую экономику», как тогда говорили? Но для этого надо иметь место жительства, получить продуктовые карточки и то ли работу, то ли статус немецкого беженца. Паек, к тому же бесплатный, был намного сытнее в лагерях «перемещенных лиц» — *DP* (ди-пи – *deplaced persons*), которыми ведала ЮНРРА — Управление Объединенных наций по помощи и восстановлению. После репатриации французов и прочих западных граждан там жили преимущественно поляки, западные украинцы, прибалтийцы и старые русские эмигранты, бежавшие из стран Восточной Европы. Записавшись в одну из этих групп, можно было избежать репатриации. Для этого требовались поддельные документы и достаточно убедительная «легенда», так как в лагерях время от времени шли проверки.

Лагерь «перемещенных лиц» давал и некоторую защиту от похищений агентами советских репатриационных комиссий, которые отлавливали тех, кто жил на частных квартирах (в подвалах, на чердаках, в углах развалин). По советским данным, на Западе к началу 1950-х гг. осталась 451 тысяча граждан СССР, а по данным Международной беженской организации ИРО — 346 тысяч: из них 172 тысячи были балтийцами, 130 тысяч западными украинцами и белорусами, не подлежавшими репатриации, и только 44 тысячи — советскими гражданами, репатриации избежавшими. Так как значительная доля первых и особенно вторых состояла из скрывавшихся советских граждан, число их среди «перемещенных лиц» было, скорее всего, вдвое больше официального. Кроме того, ИРО не учитывало ряд категорий, например 7 тысяч власовцев, поступивших во французский Иностранный легион; «остовок», вышедших замуж за иностранцев; и рабочих, выехавших на шахты в Бельгию. Реальное число послевоенной эмиграции из СССР (без балтийцев и западных украинцев), вероятно, превысило 100 тысяч. К ним надо добавить довоенных Белых эмигрантов, вторично эмигрировавших из стран Восточной Европы, — реально около 30 тысяч человек. По сравнению с этими небольшими величинами число советских граждан, возвращенных обратно в СССР, было огромно.

Многих из них — лиц с низкой квалификацией или заведомо аполитичных — и впрямь возвращали на родину, хотя возможности учебы и работы им были серьезно стеснены. Около 2 миллионов были посланы на проверку в «фильтрационные лагеря», откуда 900 тысяч отправились в систему ГУЛАГа, а многие другие — на спецпоселения.

Избежавшие репатриации, как правило, меняли свои фамилии, так как опасались, что их родственники, живущие в зоне досягаемости советской власти, будут репрессированы в отместку за их невозвращение. И близкие родственники действительно наказывались, ссылались, поражались в правах, если публично не отрекались от своих мужей, отцов и близких, «избравших свободу».

Первые два послевоенных года все помыслы «старых» русских эмигрантов были направлены на спасение людей от насильственной репатриации. Синод Русской Православной Церкви за рубежом непрерывно направлял ходатайства союзным военным и гражданским властям, сами беженцы дружно помогали прятать подлежавших репатриации, а руководство Народно-трудового союза в июне 1945 г. вывезло из передаваемой американцами советским властям Тюрингии 2 тысячи беженцев в Менхегоф под Касселем и устроило там независимый от ЮННРА лагерь, ставший одним из центров послевоенной эмиграции. Всего в Западной Германии и Австрии было с дюжину русских лагерей «перемещенных лиц».

Ядром каждого лагеря и каждой общины беженцев служил православный храм. В ведении Зарубежного Синода в послевоенной Австрии и Германии было открыто 180 храмов, по большей части временных. В каждом русском лагере была и своя школа. Гимназии были в Менхегофе, в большом лагере Шлейсгайм под Мюнхеном, в самом городе в «Доме милосердного самарянина» и в лагере Парш в Австрии. Скаутскую работу с юношеством вела оформившаяся на съезде руководителей в 1946 г. Организация российских юных разведчиков (ОРЮР) во главе со старшим скаутмастером Борисом Мартино. В альпийском предгорье ежегодно устраивались детские летние лагеря. ОРЮР охватывала 1500 русских детей в 50 городах Германии и Австрии.

Периодическая печать беженцев была поначалу представлена основанными НТС в 1945—1947 гг. еженедельными газетами «Посев», «Эхо» и «Неделя» с общим тиражом до 11 тысяч и литературным журналом «Грани», потом появились и другие издания. Пресса «ди-пи» подвергалась цензуре союзников (о Сталине ничего плохого писать было нельзя), с ноября 1946 по май 1947 г. была просто закрыта, но позже, с началом «холодной войны», ограничения отпали. Оживленной была и культурная деятельность в лагерях русских «ди-пи» — концерты, литературные чтения. Хотя процент интеллигенции среди «второй эмиграции» был меньше, чем среди первой, она выдвинула ряд значительных деятелей культуры. В их числе поэты Иван Елагин, Моршен, прозаик С. Максимов, критик Б. Филиппов, писатель Леонид Ржевский, художник Сергей Голлербах, тенор Иван Жадан, историк Николай Рутченко (псевдоним Рутыч).

Лето 1948 г. принесло в жизнь «ди-пи» перемены. Июньская денежная реформа, сделав немецкую марку твердой валютой, нарушила коммерческую (и издательскую) деятельность беженцев. Их главная валюта в течение трех лет — получаемые от американцев сигареты и кофе — была обесценена. В том же июне Президент Трумэн подписал закон, разрешавший въезд в США сверх обычной квоты двухсот тысяч «ди-пи» (в 1952 г. это число было удвоено).

Впрочем, выезд беженцев в заморские страны начался уже раньше. Летом и осенью 1947 г. одними из первых выехали 600 русских из Менхегофа в Марокко на геодезические работы. В том же году Австралия и Канада стали принимать беженцев. В отличие от США, политическая биография иммигрантов их не интересовала, им требовались молодые и здоровые. Небольшое число русских приняли Аргентина, Бразилия, Венесуэла и Чили. Руководимый младшей дочерью Л.Н. Толстого Александрой Львовной Толстовский фонд в США оказал огромную помощь переселению русских за океан.

Для первой волны эмиграции, уже четверть века прожившей в изгнании, внезапное появление на Западе сотен тысяч советских «перемещенных лиц» была реальной, живой встречей с русскими людьми, большей частью молодыми, на своем опыте познавшими ужасы голода в начале 1930-х гг., ожесточение террора в конце 1930-х гг. и зверства войны — всего того, о чем старые эмигранты знали только понаслышке. По окончании войны в Германии общая судьба свела людей первой эмиграции, бежавших теперь из Прибалтийских стран, из Чехословакии и с Балкан, со всеми теми, кому удалось спастись от насильственной репатриации. Совместные усилия достойно выжить в тяжелых условиях лагерей сплотили обе волны. Большая заслуга в этих усилиях принадлежит духовенству, выехавшему из Прибалтики и Сербии вместе с другими беженцами. Вторая волна оживила первую, встретившую ее с распростертыми объятиями. Оживила молодостью, опытом советской реальности, убежденностью в необходимости непримиримой борьбы с большевизмом.

После 1948–1949 гг. остались в Европе немногие — уж очень хотелось напуганным до смерти бывшим подсоветским людям, чтобы расстояние между «совдепией» и ими было максимальным, а политическая ситуация в Старом Свете воспринималась русскими эмигрантами как очень нестабильная, особенно во Франции из-за наличия в этой стране мощной коммунистической партии. К тому же на первых порах советская военная миссия во Франции действовала вполне бесцеремонно и осуществила ряд похищений невозвращенцев, а потом даже в своей деятельности достигла Французского Индокитая, где в составе Французского Иностранного Легиона надеялись найти надежное убежище от НКВД некоторые бывшие советские граждане. Это маниакальное стремление Сталина и исполнявших его волю чекистов захватить любого бывшего советского человека, а по возможности прихватить и старых эмигрантов, получило в русской эмигрантской прессе название *охота за черепами*.

Сосредоточившись большей частью в Соединенных Штатах, как и многие эмигранты первой волны, перебравшиеся туда из Восточной Европы, из Франции, из Китая, русские беженцы содействовали тому, что Америка стала самым многолюдным и самым живым творческим центром российской эмиграции. Если до войны в Европе находилось около 80% эмигрантов, то пять лет спустя их оставалось всего лишь 30%.

Одновременно в первые послевоенные годы наметилось обратное движение из свободной Франции в СССР эмигрантов первой волны. Длилось оно каких-нибудь два-три года, численно не превысило трех тысяч человек, коснулось преимущественно работающих на заводах во французской глуши, уставших от тягот жизни и изоляции, но захватило кое-кого и из интеллигенции, из тех, кто уверовал, что «народная война» превратила СССР в Россию и потому теперь возвращаться можно. В эти годы в некоторых эмигрантских домах портрет убитого Государя Николая Александровича менялся на картинку Сталина в маршальском мундире. Среди известных в эмиграции людей на «российскую горькую землю» вернулись скульптор С.Т. Коненков, поэт Александр Вертинский.

Советская власть вела в первые послевоенные годы в этом направлении активную пропаганду. В Париж приезжали с целью убедить сомневающихся помимо представителей Московской Патриархии и такие видные писатели, как Константин Симонов и Илья Эренбург. Стала выходить, не без помощи советского посольства, газета «Русский Патриот», почти сразу переименовавшаяся в «Советский Патриот». Несколько позже ее опять переименовали, на этот раз на более нейтральный и эмигрантский лад — «Русские Новости».

«Ждановщина» остановила наметившееся было воссоединение культуры русской эмиграции с Россией «подсоветской» и потушила последние просоветские эмоции как у Бунина, так и у Бердяева, да и среди бывших участников Сопротивления. Советско-русский патриотизм довольно быстро испарился в эмиграции — умные люди быстро разобрались, что все это — фальшь, игра тех же самых циничных и жестоких большевиков на высоких патриотических чувствах «наивных эмигрантов». Да и сами большевики потеряли вскоре интерес к репатриации старой эмиграции. Вернувшиеся никак не вписывались в советскую жизнь, одним своим видом и повадками напоминали согражданам об иной, настоящей России и потому оказались не ко двору в империи Сталина.

Но если Бунин и Бердяев, поняв, что к чему, прекратили свои визиты в советское посольство, то репатриировавшимся деваться было некуда — граница защелкнулась за ними на замок. Некоторые в скором времени, если не сразу, очутились в лагерях (Игорь Кривошеин, Александр Угримов — оба активные участники антинацистского сопротивления), другие в далекой глуши ссылки и спецпоселения. Многие семьи были разлучены. И тем не менее большинство из вернувшихся объективно сыграли в советском обществе положительную роль, принеся с собой воздух Запада и нерастленную большевизмом русскую культуру.

В целом после окончания Второй Мировой войны численность «Зарубежной Руси» резко сократилась, несмотря на пополнение «перемещенными лицами». После смерти Сталина ее общая численность оценивалась в 260 тысяч. Центр тяжести эмиграции сдвинулся из славянских стран Восточной Европы, где легче было сохранить русское национальное лицо, в заокеанские страны, где скорейшая ассимиляция поощрялась государством. Но избегали растворения «в европейском ласковом плену» (слова Н. Туроверова) не те, кто случайно оказались в стороне от основных культурных потоков, а как раз наоборот — те, кто принципиально старался остаться русским и научить быть русскими своих детей и внуков. Немало было таких семей, где строго наказывали детей за употребление дома английского или французского языка, а матери, высовываясь из окна, кричали играющим в футбол во дворе своим ребятишкам: «Дети, говорите по-русски!» И чистая литературная русская речь, и высокая русская культура сохранялись наиболее патриотически мыслящим остатком русской эмиграции и через двадцать, и через семьдесят лет после изгнания, и во втором, и в третьем, и в четвертом поколениях.

Литература
Glad John. Russia Abroad: Writers, History, Politics. Washington D. C.: Birchbark Press, 1999.

Н.А. Кривошеина. Четыре трети нашей жизни. М.: Русский путь, 1999.

В.Д. Поремский. Стратегия антибольшевицкой эмиграции. М.: Посев, 1998,

4.3.19. Русская наука и культура в Зарубежье в 1945–1953 гг.

Культурная и научная жизнь эмиграции, замершая во время войны, возобновилась после 1945 г., но уже по убывающей кривой. Те, кто ушли из России, — старели, многие уже умерли за первые очень трудные в житейском смысле четверть века изгнанничества. Далеко не во всех семьях русского рассеяния сохранялась и передавалась традиция родной русской речи и принцип ответственного служения завоеванному большевиками отечеству и «подсоветскому» русскому народу. Далеко не во всех, но очень во многих. Однако без почвы России, на эмигрантской «гидропонике», русская культура изгнания давала в новом поколении, никогда не жившем в России, в целом более тощие плоды. Отсутствие родной почвы до некоторой степени компенсировалось свободой политической, духовной и нравственной, в которой творили русские люди, и живым и всесторонним общением с национальной культурной элитой тех стран, в которых они жили. Для второго поколения первой волны русского рассеяния языковый барьер уже не стоял вовсе. Свободно говоря на родном языке, выросшие заграницей русские дети столь же свободно владели и основными европейскими языками.

В 1944 г. умер в Париже незадолго до того отпущенный немцами из Белградской тюрьмы замечательный мыслитель и неутомимый политический деятель, строитель антибольшевицкого движения Петр Беренгардович Струве. Еще работал, писал и воспитывал учеников другой крупный русский философ и мыслитель – Николай Онуфриевич Лосский (1870–1965). Во время войны, в Праге в 1941 г., он издает книгу, очень созвучную происходившим событиям, – «Бог и мировое зло». И, утверждая противоположный принцип, после ее издания напряженно работает «под бомбами» над работой, увидевшей свет в Париже в 1949 г., – «Условия абсолютного Добра. Основы этики». Лосский умеет соединить самую высокую философию с догматически точным православным богословием в живом и непротиворечивом синтезе, так как этот синтез составляет сущность его души – христианской и интеллектуально аристократической одновременно. Вслед за тем Лосский открывает западному миру русскую философию, написав и издав на английском языке в Нью-Йорке «Историю русской философии». Чуть позже, уже на русском языке, издаст в Париже свой знаменитый двухтомник по истории русской философии протоиерей Василий Зеньковский. На этих книгах выросло целое поколение русской философски мыслящей молодежи в Зарубежье и те их сверстники в России, до которых достигли всеми правдами и неправдами эти важнейшие для формирования отечественного миросозерцания книги. В 1953 г. Лосский издает свою ставшую классической работу о Достоевском – «Достоевский и его христианское миропонимание», в которой, обходя острые углы духовных опытов писателя («меня всю жизнь Бог мучил»), прекрасно выявил христианское основание его воззрения на мир. Творчество Николая Лосского, постоянно сознававшего свою ответственность перед будущей Россией и ее народом, которому надо вернуть память и интеллектуальную силу, слитую с христианской верой, продолжается и в последующие годы. В 1956 г. он публикует «Общедоступное введение в философию», а годом позже размышление «Характер русского народа» (Франкфурт, 1957). Уже посмертно выйдут, пролагая дорогу в будущую Россию, воспоминания Лосского «Жизнь и философский путь» (Мюнхен, 1968).

Продолжателем миросозерцания и дела Лосского стал его ученик Сергей Александрович Левицкий (1908–1983). По книге Левицкого «Основы органического мировоззрения», вышедшей в 1946 г., целое поколение русской эмигрантской молодежи изучало теорию философского знания. Книга эта стала учебником настоящей философии и для людей из второй волны эмиграции, – она и писалась специально, чтобы «вправлять мозги», вывихнутые примитивным диалектическим материализмом советской философии. В середине 1950-х гг. им была завершена оригинальная работа на сложнейшую философскую тему (соотношение свободы и предопределения) «Трагедия свободы». Профессор философии Джорджтаунского университета в Вашингтоне (США), Левицкий соединил православное мировоззрение с глубоким анализом последних достижений западной философии.

Вынужденный уехать во Францию в 1937 г. из-за преследований евреев в Германии, русский беженец профессор философии Семен Людвигович Франк в 1939 г. создает свое самое глубокое и совершенное произведение — «Непостижимое», подводящее итоги всему его философскому развитию. В годы войны, спасаясь от выдачи СД, он пишет свою последнюю работу — исследование по этике «Свет во тьме», опубликованную за несколько месяцев до смерти мыслителя, последовавшей в Лондоне в 1950 г.

Во время войны и в первые годы после войны продолжает интенсивно работать Николай Бердяев. В 1946 г. выходит его «Русская идея» — книга, одной из первых переизданная на родине после падения коммунизма, а на следующий год — «Опыт эсхатологической метафизики». Замечательная, прочитанная всем культурным зарубежьем, а позднее и «подсоветской» Россией философская автобиография Бердяева «Самопознание» увидела свет уже после смерти мыслителя, последовавшей в марте 1948 г. Бердяев умер за писанием новой книги *Mortuus est scribens*. И завещанием этого, скорее всего, крупнейшего и уж по крайней мере самого известного русского философа XX в. являются слова из эпилога «Самопознания», написанные за несколько месяцев до смерти: «Мое критическое отношение ко многому, происходящему в советской России (я хорошо знаю всё безобразное в ней), особенно трудно потому, что я чувствую потребность защищать мою родину перед миром, враждебным ей... Я продолжаю думать, что изменения и улучшения в России могут произойти лишь от внутренних процессов в русском народе».

Наконец в первые послевоенные годы продолжают издаваться новые труды умершего в 1944 г. протоиерея Сергия Булгакова — крупнейшего не только русского, но и общехристианского богослова XX столетия. Публикация его последних работ была задержана войной. В 1945 г. появляется последняя книга «Большой трилогии» — «Невеста Агнца». «Апокалипсис Иоанна. Опыт догматического истолкования» выходит в свет в Париже в 1948 г. Для православного богословия эти книги имели тогда и продолжают иметь по сей день первостепенное значение. Глубокое вхождение в тайну Церкви вряд ли возможно без них для верующего человека.

В расцвете творческих сил в это время был выдающийся русский богослов протоиерей Георгий Флоровский (1893–1979), преподававший сначала в Париже, а затем, после войны, в Нью-Йорке и в Принстоне и целиком перешедший на английский язык (как во Франции, еще раньше, перешел на французский язык не менее выдающийся богослов Владимир Николаевич Лосский, сын философа). Его научные работы послевоенного периода достигают исключительной философской глубины и высоко ценятся мировым сообществом богословов и патрологов. Георгий Петрович Федотов (1886–1951) тоже попытался дать непосредственно на английском языке исторический обзор русского православия (The Treasury of Russian Spirituality. L., 1950), но в своей блестящей и глубокой публицистике оставался верен русскому языку. Огромную творческую работу в послевоенные годы вел в Швейцарии выдающийся русский философ Иван Александрович Ильин. В 1948 г. он начал писать цикл статей под общим названием «Наши задачи», в котором анализировал итоги русской революции и давал прогнозы на будущее, во многом оказавшиеся пророческими.

Во Франции после войны продолжали творить корифеи русской прозы. Иван Бунин издает в 1947 г. «Темные аллеи» — сборник любовных рассказов, написанных до и главным образом во время войны, в 1943–1945 гг. «Темные аллеи» были встречены по-разному: одни критики увидели в них проявление упадка Бунинского таланта, другие — чуть ли не лучшие рассказы о любви-страсти, когда-либо созданные в русской литературе, которые по художественному мастерству и «парчовому» сиянию языка достигают совершенной красоты (особо отмечали рассказы «Натали», «Чистый понедельник», «Генрих», «Холодная осень», написанные как раз в годы войны). В эти же годы написан Буниным и прекрасный этюд «Возвращаясь в Рим», посвященный последним часам жизни Марка Аврелия. Совсем иным, желчным, злым и нетерпимым, предстает Бунин в своих литературных заметках. Здесь уже ясно чувствуется упадок сил...

Многих смутила распространенная «Советским Патриотом» 28 июня 1946 г. клевета на Бунина, что он якобы вел в советском посольстве переговоры о переезде в СССР и издании своих произведений на родине. Сам Бунин с крайним негодованием отверг эти слухи: «Был приглашен в посольство... и поехал — ...пробыл 20 минут в светской (а не советской) беседе, ничего иного не коснулся и уехал», — пишет он в заметке «Милые выдумки». «...Советский консул и старший советник посольства довели до моего сведения, что если бы я поехал, я был бы миллионер, имел бы дачи, автомобили и т. д. Я остался доживать свои истинно последние дни в истинной нищете...»

«Ждановщина» окончательно отрезвила великого писателя, и лютая ненависть к духовным поработителям русского народа, большевикам, не оставляла его до последних дней жизни. Умер Бунин в 1953 г., написав незадолго до смерти замечательные строки стихотворения «Мистраль», по красоте и четкости сравнимые с античными эпитафиями: «Никого в подлунной нет, только я да Бог...»

Никогда не соблазнялся посулами большевиков и друг Бунина писатель Борис Константинович Зайцев (1881–1972), старавшийся в области политической не отступать от христианской правды, столь ясно выраженной в его художественной прозе. В 1947 г. Зайцев был избран председателем Союза русских писателей и журналистов во Франции. В эти годы он заканчивает тетралогию «Путешествие Глеба», пишет глубокие исследования-размышления о русских писателях Василии Жуковском (1951), Антоне Чехове (1954), собирает книгу воспоминаний, которая под названием «Далекое» увидит свет в 1965 г. Борису Зайцеву было суждено стать последним видным участником блестящего русского ренессанса.

Исключительно плодотворным был послевоенный период у А.М. Ремизова (1877–1957): в автобиографических повестях «Подстриженными глазами» и «В розовом блеске» он подвел итоги своей жизни и своего причудливого искусства, в котором память переплетается со снами и фантастическим восприятием реальности.

До 1952 г. в Свято-Сергиевском Богословском институте в Париже преподает замечательный мыслитель, филолог и литературный критик Владимир Васильевич Вейдле (1895–1979). В конце сороковых годов он завершает и в 1949 г. издает на французском языке книгу «Россия отсутствующая и присутствующая», ставшую событием в интеллектуальных кругах Европы. Вейдле и в этой книге, и в жизни оставался последовательным противником большевицкого режима, который считал причиной губительного отрыва России от западной цивилизации. За «Россию отсутствующую и присутствующую» Вейдле был удостоен Риваролевской премии. Чтобы помочь народу в России вновь обрести «европейскую глубину постижения культуры», прославленный мыслитель идет работать на радио «Свобода», где много лет вел программы, посвященные литературе и искусству.

Но, несомненно, культурный центр эмиграции, укрепленной второй ее волной, перемещается в конце 1940-х гг. в Соединенные Штаты. До войны там обосновалась элита, в основном научная. Мировую известность получили имена таких крупных ученых-изобретателей, начавших свою карьеру в России, а затем эмигрировавших, как Игорь Сикорский (1889—1972), который первым в 1939—1941 гг. изобрел и сконструировал геликоптер (вертолет), и Владимир Зворыкин (1889—1982), создатель в 1924 г. кинескопа (телевизионный приемник), в 1928 г. — цветного телевидения, затем «электронного глаза». Отто Струве (1897—1963), правнук создателя Пулковской обсерватории, внук и сын астрономов, продолжил славную линию своей семьи, став директором двух обсерваторий и президентом международного астрономического общества (1952—1955). Известность в своей области получил невозвращенец 1930-х гг. химик Владимир Ипатьев (1867—1952).

В гуманитарных науках всемирную известность приобрел социолог Питирим Сорокин. Историческая наука дала целую плеяду блестящих ученых, исследователей русского прошлого: Георгий Вернадский (сын академика), Сергей Пушкарев, Николай Рязановский и их учитель Михаил Карпович — только наиболее известные имена. Карпович к тому же основал в 1942 г. в США достойного преемника парижским «Современным запискам» — «Новый журнал», издающийся и поныне. Он, безусловно, вошел первой величиной в историю русской журналистики. В области западной медиевистики и философии истории до своего ареста МГБ в 1948 г. в Каунасе работал Лев Карсавин (умер в заполярном лагере в 1952 г.) и в Софии — Петр Михайлович Бицилли, который с 1949 г. до смерти был отстранен коммунистическими властями Болгарии от профессорской кафедры в Софийском университете и бедствовал как материально, так и интеллектуально, лишенный права публиковаться и выступать где-либо (он умер в 1953 г.).

Крупным событием было создание в 1952 г. на деньги фонда Форда в Нью-Йорке «Чеховского издательства», несколько лет располагавшего крупными средствами. За два года это издательство выпустило в свет сотню книг, большая часть из которых были не переиздания, а работы, заказанные писателям и исследователям обеих волн эмиграции, как старшего, так и приходящего ему на смену нового (второго) эмигрантского поколения, родившегося или на пороге изгнания, или уже в изгнании.

С началом оттепели в СССР издательство свою деятельность прекратило. Но оно позволило открыть миру и России много новых культурных сокровищ. В частности, издательство дало возможность Владимиру Набокову, принципиально перешедшему в своем творчестве на английский язык в 1940 г., вернуться на время к русскому: «Другие берега» — одна из лучших его книг — не просто авторизованный перевод с английского ее «подлинника» (Conclusive Evidence), но заново переработанная для русского читателя автобиографическая повесть.

В издательстве имени Чехова вышла и первая, но весьма удачная книга священника Александра Шмемана — «Исторический путь Православия» (1954), которая стала кратким, очень трезвым и честным по подходу учебником церковной истории, попыткой ее нравственного прочтения через призму верности Христу и единства с Ним. Книга заканчивается главой о России и «коммунистическим эпилогом»:

«На историческом пути Православия сейчас "русская глава", конечно, завершающая, последняя. Тут Православие снова стало историей, осознано было как путь и задача, как творческое вдохновение жизни. Путь оказался оборванным. И уже в гонении кровью мучеников начинается новая глава в истории Православной Церкви. Ими нужно мерить и прошлое: они свидетельствуют о том, что непреодолимым, вечно живым, вечно побеждающим "мир, лежащий во зле" пребывает только то, что укоренено в безраздельной верности Христу».

О том же сказал, то же самое осмыслил в начале 1950-х гг. и один из самых одаренный русских поэтов, сложившихся в изгнании, — Георгий Иванов. Через несколько лет, в 1958 г., ему будет суждено умереть на руках близкого человека в старческом доме на юге Франции. Его творчество, от беспочвенного эстетизма еще на русской земле через глубокое молчание 1930-х гг., обрело после войны новый голос — голос веры и скорби за свой несчастный народ:

> Несколько поэтов, Достоевский,
> Несколько царей, орел двуглавый
> И державная дорога — Невский.
> Что нам делать с этой бывшей славой?
> Бывшей, павшей, обманувшей, сгнившей?
> Широка на Соловки дорога,
> Где народ, свободе изменивший,
> Ищет в муках родину и Бога.

В русской культуре изгнанничества в 1945–1953 гг. было много скорби, много поисков, много метаний и потерь, но были и великие обретения, сокровища, путь к которым открылся в России только через десятилетия после их создания. В то время, когда русская культура на родине стонала и чахла в руках Сталина, когда «маразм» «ждановщины» и «лысенковщины» «крепчал», Зарубежье продолжало творить в условиях «неслыханной свободы», вдохновляясь верой и храня родину в своем сердце. Многие произведения русских мыслителей, писателей, ученых переводились на основные языки мира. Написанные ими статьи, прочитанные на международных симпозиумах доклады открывали миру некоммунистическую русскую культуру в ее цветущей полноте, разнообразии и богатстве.

4.3.20. Русская Церковь за пределами коммунистического лагеря

Победа СССР во Второй Мировой войне и временное изменение политики коммунистического режима по отношению к Русской Православной Церкви вызвали среди части русской эмиграции движение в пользу возвращения в СССР. В контексте этого движения следует рассматривать готовность некоторых церковных иерархов Русского Зарубежья вступить в переговоры о церковном воссоединении с представителями Московской Патриархии. 29 августа 1945 г. после переговоров с прибывшим в Париж митрополитом Николаем (Ярушевичем) митрополит Евлогий (Георгиевский) обратился к Патриарху Московскому Алексию I с просьбой о воссоединении с Московской Патриархией возглавлявшегося им Западно-Европейского Экзархата Константинопольского Патриархата, который насчитывал в это время более 70 приходов в различных странах Западной Европы и Северной Африки. 11 сентября 1945 г. был издан указ Московской Патриархии об удовлетворении прошения митрополита Евлогия, к которому, впрочем, значительное большинство духовенства и паствы Западно-Европейского Экзархата отнеслось критически. После кончины 8 августа 1946 г. митрополита Евлогия епархиальное собрание клира и мирян Западно-Европейского Экзархата во главе со старшим викарием покойного митрополита архиепископом Владимиром (Тихоницким), проходившее 16—19 октября 1946 г., приняло решение о сохранении Экзархата в юрисдикции Константинопольской Патриархии и о каноническом утверждении Вселенским Патриархом главой Экзархата архиепископа Владимира. Данное решение епархиального собрания было утверждено Константинопольским Патриархом Максимом 6 марта 1947 г., и с этого времени, потеряв несколько приходов, перешедших в юрисдикцию или Московской Патриархии, или Русской Зарубежной Церкви, Западно-Европейский Экзархат продолжал осуществлять свою деятельность в составе Константинопольского Патриархата.

Значительно большее число духовенства и мирян перешло в 1945—1946 гг. в юрисдикцию Московской Патриархии из Русской Православной Церкви Заграницей. Причиной подобного перехода для многих из них стали не только иллюзии по поводу нормализации церковной жизни в СССР. Некоторые территории, где находилось значительное число приходов Русской Зарубежной Церкви, как, например, Северная Маньчжурия, Югославия и Болгария, были временно оккупированы Советской армией, и переход в юрисдикцию Московской Патриархии стал казаться многим представителям церковной иерархии единственной возможностью сохранить в этих условиях церковную жизнь. По такому пути пошли все епископы Русской Зарубежной Церкви, осуществлявшие свое служение в Маньчжурии, за исключением архиепископа Шанхайского Иоанна (Максимовича), такие различные по своему нравственному облику иерархи, как почитавшийся в Болгарии в качестве старца архиепископ Серафим (Соболев) и ставший в русском зарубежье символом церковного и политического ренегатства митрополит Серафим (Лукьянов).

Архиепископ Иоанн (Максимович), в миру Михаил, происходивший из украинского дворянского рода, родился в селе Адамовка Харьковской губернии 4 июня 1896 г. Учился в Полтавском кадетском корпусе и в Харьковском университете на юридическом отделении, которое успешно закончил в 1918 г. Михаил Максимович позднее говорил: «С самых первых дней, как начал сознавать себя, я хотел служить праведности и истине». Отличался глубокой преданностью Церкви и еще в годы учения становится духовным сыном выдающихся по духовным дарованиям архиереев – сначала архиепископа Полтавского Феофана (Быстрова), а после его удаления с кафедры Императором Николаем II за обличения «распутинщины» митрополита Антония (Храповицкого), тесное духовное общение с которым будущий архиепископ Иоанн сохранил до последних дней митрополита. В 1921 г., спасаясь от большевиков, семья Максимовичей переезжает в Белград, где Михаил поступает на богословский факультет университета. Михаил отличался слабым здоровьем, тщедушным телосложением, невнятным голосом, но блеск и глубина его ума, сила веры и всесторонняя образованность, соединенная с природной скромностью, вызывала к нему любовь и уважение в руководстве Русской Церкви Заграницей, которое тогда располагалось в Сербии. В 1926 г. митрополит Антоний (Храповицкий) пострижет Михаила с именем Иоанн в монахи, и в течение года он становится священником (иеромонахом). Имя в монашестве было выбрано в память дальнего родственника – Иоанна (Максимовича), архиепископа Тобольского, просветителя Сибири (умер в 1715 г.).

С 1928 г. иеромонах Иоанн – преподаватель в семинарии города Битоля в Охридской епархии. В 1934 г. он рукополагается в епископа Шанхайского и до 1949 г. окормляет русских православных людей в Китае. Эти годы его служения отмечены особой ревностью и неустанной заботой о духовном и нравственном состоянии русских людей в изгнании. Владыка создает приют для сирот (более 300 детей), посещает тюрьмы, больницы, сумасшедшие дома, активно участвует в деятельности благотворительных обществ, совмещая эту общественную деятельность с ежедневными богослужениями. Епископ Иоанн (с 1946 г. – архиепископ) отличался исключительным нестяжательством. Он предпочитал ходить пешком, носить одежду из самых дешевых тканей, часто, отдав нищему сапоги, он оставался босым в течение нескольких дней.

Когда в 1949 г. стало ясно, что китайские коммунисты вскоре захватят власть над всей страной, архиепископ Иоанн рекомендовал своей пастве покинуть пределы Китая и искать приют в странах, где не воздвигают гонений на Бога и Церковь. Он договаривается с властями Филиппин о приезде русских беженцев, которым отводится особый остров Тубабао. На этом острове размещаются пять тысяч русских людей, детский приют, русская школа. Когда святитель убеждается, что жизнь беженцев хотя бы элементарно устроена, он едет в Соединенные Штаты и уговаривает администрацию Президента Трумэна принять русских беженцев в США. В 1951 г. он получает такое разрешение и перевозит свою паству в Америку. Архиепископ Иоанн назначается в Париж, а в 1962 г. он переводится в самую многочисленную епархию русских беженцев – Западно-Американскую и становится архиепископом Сан-Франциско. 2 июля 1966 г. архиепископ Иоанн мирно скончался. Он был погребен в русском соборе Сан-Франциско.

Русская эмиграция и многие иные Православные Церкви еще при жизни почитали архиепископа Иоанна святым за его искренность, полную нестяжательность, прозорливость и неустанное служение ближнему. 2 июля 1994 г. Русская Церковь Заграницей причислила архиепископа Иоанна к лику святых.

Вынужденный покинуть Сремские Карловцы после установления в Югославии коммунистического режима, Архиерейский Синод Русской Зарубежной Церкви продолжил свою деятельность в 1946 г. в Мюнхене под руководством митрополита Анастасия (Грибановского). В это время в его юрисдикцию вошла группа иерархов Автономной Украинской и Белорусской Церквей, которые покинули свои епархии на территории СССР в связи с наступлением Советской армии. Лишившись своих многочисленных приходов на Балканах и в Китае, Русская Православная Церковь Заграницей оказалась перед необходимостью окормлять около 300 тысяч перемещённых лиц из числа бывших советских граждан, находившихся в западных секторах оккупированной союзниками Германии. По мере их дальнейшего переселения в страны Северной и Южной Америки и Австралию Русская Зарубежная Церковь стала увеличивать число своих приходов в этих странах, переведя в 1950 г. Архиерейский Синод из Мюнхена в Джорданвилль, расположенный на севере штата Нью-Йорк (США).

В 1940-е гг. на территории США продолжала осуществлять свою деятельность Американская митрополия, возникшая на основе Алеутской и Северо-Американской епархии Русской Православной Церкви и с 1936 г. на правах автономного округа формально входившая в состав Русской Православной Церкви Заграницей. В 1946 г. Церковный собор в Кливленде объявил как о выходе Американской митрополии из подчинения Зарубежному Синоду, так и о сохранении полной административной независимости от Московской Патриархии, еще в 1935 г. запретившей в священнослужении митрополита всей Америки и Канады Феофила (Пашковского) и подведомственное ему духовенство. Это решение Кливлендского собора по существу предопределило дальнейший курс церковной иерархии Американской митрополии (насчитывавшей тогда около 500 приходов) на создание автокефальной Православной Церкви в Америке, который заметно усилился после 1950 г., когда скончавшегося митрополита Феофила сменил на предстоятельской кафедре митрополит Леонтий (Туркевич).

При всех своих междоусобных юрисдикционных конфликтах Западно-Европейский Экзархат Константинопольского Патриархата, Русская Православная Церковь Заграницей и Православная Церковь в Америке (официально называвшаяся тогда Русско-Православная Греко-Кафолическая Северо-Американская митрополия) продолжали в послевоенные годы осуществлять плодотворную пастырскую деятельность среди почти двухмиллионной русской диаспоры. При этом внесший наибольший вклад в православное богословие XX в. Западно-Европейский Экзархат, строго сохранявшая традицию русского церковного, прежде всего монашеского, благочестия Русская Зарубежная Церковь и обращенная в своем свидетельстве о Православии к инославному миру Православная Церковь в Америке всегда глубоко ощущали свою духовную и культурную связь с гонимой Православной Церковью в России. В 1940-е гг., когда смягчившиеся церковные гонения стали совмещаться в политике коммунистического режима с пропагандистским использованием до конца не уничтоженной в России Православной Церкви, представители всех трех церковных юрисдикций Русского Зарубежья были готовы не только подвергать критике (порой не всегда справедливой) лишенную свободы действий православную церковную иерархию в СССР, но и в меру своих возможностей содействовать сохранению и развитию церковной жизни гонимых и бесправных русских православных христиан.

Вторая половина 1940-х гг. стала временем увеличения в Зарубежье числа приходов Московской Патриархии, когда к созданному в 1933 г. под управлением митрополита Вениамина (Федченкова) Северо-Американскому Экзархату в 1946 г. прибавился Западно-Европейский Экзархат Московского Патриархата, возглавлявшийся митрополитом Серафимом (Лукьяновым). В то же время образованный в Северо-Восточном Китае в 1946 г. под руководством митрополита Нестора (Анисимова) Восточный Экзархат прекратил свое существование под давлением коммунистических властей Китая в 1955 г. Однако значение приходов Московской Патриархии в церковной жизни русского зарубежья в это время еще не могло проявиться ощутимым образом.

4.3.21. Антикоммунистические движения в Зарубежной России

Среди беженцев в Европе в первые же месяцы «холодной войны» началось политическое оживление. Отпала опасность репатриации, и отношения между Западом и СССР обострились так, что сделали антикоммунистический опыт эмигрантов востребованным. Но политическая деятельность русской эмиграции в этот период стала полной противоположностью богатой, многообразной и ценной для всего мира культуре русского зарубежья. Она вызывала разочарование и в самой русской среде, и в большинстве стран, приютивших изгнанников.

Вторая Мировая война внесла глубокие изменения в облик и состав российской эмиграции. Большинство довоенных политических организаций просто исчезли или численно сократились до микроскопических размеров. Прекратил существовать как всезарубежное объединение РОВС. В целом сохранились отдельные монархические группы и осколки былого левого лагеря вокруг «Социалистического вестника» и Лиги борьбы за народную свободу. Но самое главное изменился духовно-политический строй эмиграции.

Вторая волна принесла не только опыт подсоветской жизни, энергию борьбы и молодость — она принесла с собой в зарубежье и те глубокие болезни, которыми коммунизм и террор заразили русское общество на родине. Души новых изгнанников были искажены многими недугами. Первым из них был дух идеологизма. Всесильность коммунистов в СССР на уровне подсознания убеждала, что идеологию можно победить только идеологией. То, что для самих большевиков коммунистическая доктрина давным-давно перестала быть непререкаемым догматом, а превратилась в оружие пропаганды, в средство для удержания власти «любой ценой», понимали плохо. Эмигранты неустанно разрабатывали антикоммунистические теории, но вокруг каждой из этих теорий складывался только небольшой круг единомышленников, непримиримых не только к большевизму, но и к сторонникам иных антибольшевицких идеологий. Смещение буквально на несколько градусов на политической шкале делало русских людей не только разными сторонами политической дискуссии, но и личными врагами.

В этом состоял второй советский недуг — нетерпимость к инакомыслию. Тоталитарный строй сознания, закрытость к относительной правоте иного мнения, трезвость в отношении ограниченности твоих собственных убеждений — все эти непременные условия здорового человеческого сотрудничества были развеяны ветром большевизма в душах подсоветских людей. Оставались жесткость и нетерпимость.

Эта жесткость и нетерпимость проистекала из третьего недуга — потери веры и здоровой религиозной интуиции. Изгнанники второй волны совершенно не были богоборцами, многие из них на умозрительном уровне соглашались с необходимостью и полезностью присутствия веры в жизни, но сами утратили церковность, христианское сознание. Даже в тех случаях, когда вера сохранялась или возвращалась, она возвращалась на уровне православно-русского (для русских людей) церковного обряда, принадлежности «своей» общине. Глубокой, умной веры, нравственной христианской рефлексии, характерной для большинства общественных деятелей первой волны — Струве, Бердяева, Лосского, Левицкого, в них не было. Их советское образование и жизнь были внецерковными и уж тем более — внебогословскими.

Отсюда вытекал следующий недуг: уникальность, бесценность человеческой личности, не сводимой ни к каким земным корпорациям — класса, нации и т. п., многими эмигрантами второй волны плохо сознавалась. Большевицкий классовый подход, равно как и европейский национализм, отравили их духом главенства общих интересов над частными, представлением о человеке как о средстве для реализации политической доктрины, а не о доктрине как средстве для освобождения человека. В пределе целью виделось не столько общество свободных людей, сколько общество, «правильно» организованное на основании той или иной идеи — социалистической, имперской, монархической у русских, националистической у иных народов России. Мертвящий дух большевицкого тоталитаризма очень ощущался в этом подсознательном подходе к человеку как к средству для обретения «светлого будущего».

Столь понятная для англо-саксонского общества мысль, что в случае угрозы свободе и достоинству человека все люди должны объединить свои усилия в защите своей и своего ближнего свободы и достоинства, права на разномыслие, и уже восстановив свободу, позволить себе роскошь идейной борьбы друг с другом, — эта мысль русскими эмигрантами второй волны вовсе не принималась. В СССР было иначе. Там боролись за «чистоту рядов» против любых уклонов. Так же надо было действовать и в борьбе против СССР — за Россию, были убеждены многие.

Наконец, и чисто политический контекст послевоенного мира был против политической русской эмиграции, хотя объективно «холодная война» давала русским антикоммунистам сильнейшего и заинтересованного в них союзника — западные демократии, США, НАТО. Но вся беда была в том, что большая часть политически активной эмиграции и первой, и второй волны в послевоенной Европе была замарана сотрудничеством (коллаборационизмом) с нацистско-фашистскими режимами. Если коммунистический СССР действительно отличался от нацистской Германии не более, чем южный полюс отличается от северного (слова Черчилля), то англо-саксонские демократии отличались от тоталитарной Германии действительно кардинально. «Сессии парламента не менее сильное оружие в войне с нацизмом, — повторял Черчилль, — чем флот и "спитфайеры"». В демократической Европе победившей антигитлеровской коалиции, заплатившей за победу миллионами жизней и безмерными страданиями сотен миллионов людей, вчерашние пособники тоталитарного агрессора не просто выносились на периферию общественной жизни — они преследовались и по закону, и даже без закона. В одной Италии в 1944–1946 гг. антифашисты безнаказанно убили несколько десятков тысяч своих политических противников, прибегая к простому самосуду (позднее об этих постыдных бессудных расправах предпочитали не вспоминать). Дух послевоенной Европы, США, британских доминионов был враждебен вчерашним власовцам и прочим *ХИВИ*, а сами власовцы вовсе не стыдились своего выбора, не раскаивались в нем, хотя в глубине души и понимали, что их нравственный выбор был далеко не безупречен. Это понимание уязвимости собственного выбора и слабости своего положения в победившем нацизм мире ожесточало беженцев и против приютивших их стран, и в отношениях друг с другом.

Политическая карта эмигрантских группировок послевоенной Европы была очень пестрая. Появились десятки, часто карликовых, партий и объединений. Все они, как правило, находились в состоянии беспрерывной конфронтации между собой. Например, в одном лагере Парш насчитывалось среди ди-пи шесть политических партий: монархисты, солидаристы (НТС), власовцы, казаки, демократы и социалисты.

После десяти лет подпольного существования в Германии в 1948 г. публично заявил о себе НТС (половина членов его Совета были недавними узниками нацистских концлагерей). Появилось пять конкурирующих одно с другим власовских объединений. Долговечным оказался только молодежный Союз борьбы за освобождение народов России (СБОНР), ставший в политическом спектре левее НТС. Союз отмежевался от Белого движения, называя себя преемником «кронштадтцев», и сблизился с социалистами старой эмиграции. Позднее СБОНР обосновался в Канаде.

Оживилось и правое крыло. Автор популярной книги «Дроздовцы в огне» генерал Туркул создал Комитет объединенных власовцев, не скрывавший своих симпатий к монархизму. Появился также Союз Андреевского флага, задуманный генералом Глазенапом как «военная организация, отрицающая февральские завоевания» и рассчитывавшая на поддержку бывших немецких военных кругов. Это оказалось иллюзией, и САФ распался в начале 1950-х гг. Молодой монархист первой эмиграции и власовец Арцюк создал и возглавил Российское общенациональное народно-державное движение (РОНДД). Принципиально отвергая Пражский манифест как «февральский», движение понадеялось на опору правых национальных сил в России и в Германии. Его политическая агрессивность вносила смуту в ряды эмиграции. В 1949 г. был проведен в Мюнхене монархический съезд с делегатами из двенадцати стран. Съезд провозгласил проживавшего в Мадриде Великого князя Владимира Кирилловича претендентом на престол. Его «программа» сводилась, в частности, к осуждению выдач власовцев и к призывам не смешивать СССР и Россию.

Год 1948-й был отмечен и громким процессом Виктора Кравченко, который ушел в 1944 г. из советского посольства в Оттаве, долго скрывался от выдачи, написал книгу «Я избрал свободу», обличающую сталинский строй, а затем подал в суд на оклеветавший его французский коммунистический еженедельник «Леттр франсез» и выиграл дело. В его пользу свидетелями выступали многие новые эмигранты.

В Париже был создан Союз борьбы за свободу России под председательством историка С.П. Мельгунова (1879–1956). Позднее он руководил Координационным центром антибольшевицкой борьбы. До своей смерти Мельгунов издавал тоненький, но ценный журнал «Свободный голос» и стал первым редактором возобновившегося литературно-общественного журнала «Возрождение». С 1947 г. стала издаваться в Париже еженедельная антибольшевицкая газета «Русская мысль» в противовес просоветским и фактически – официозу посольства СССР в Париже

«Русским новостям». В 1951 г. А.Ф. Керенский возглавил Российское народное движение.

В целом антикоммунистическая деятельность утратила свое стремление к элементарной солидарности. Каждая зарубежная организация разрабатывала свою собственную политическую программу и выступала в одиночку. Попытки нахождения общего языка проваливались одна за другой. Возобновились или появились различные печатные органы, главным образом правого толка: в Аргентине бежавший в 1930-е гг. из советского концлагеря в Финляндию Иван Солоневич стал издавать монархическую газету «Наша страна», в Австралии издавалось солидаристское «Единение», в Сан-Франциско оживилась газета «Русская жизнь», в Нью-Йорке монархический еженедельник «Знамя России» и многие другие. В 1950 г. в том же Нью-Йорке родился Российский антикоммунистический центр под председательством князя Белосельского-Белозерского, в который вошли 62 эмигрантские организации самого различного общественного профиля, но долго он не продержался.

Кроме того, выходцы из разных народов России — украинцы, латыши, грузины, армяне, северо-кавказские горцы, народы Поволжья, калмыки, буряты, туркестанцы — создавали свои политические движения, занимавшие непримиримые позиции в вопросе о национальной независимости. Все они видели в сталинской фразеологии «великого русского народа» продолжение «царского шовинизма», все исстрадались под большевиками и полагали большевиков русской властью, от которой надо бежать как можно дальше. С большинством русских антикоммунистических организаций, более или менее явно стоявших на позициях «единой и неделимой России», «националы» не желали сотрудничать.

С усилением «холодной войны» США предпринимают попытки консолидировать безнадежно расколотое русское антикоммунистическое движение. Первая попытка в 1948 г. создать центр, объединяющий власовцев, НТС и монархистов, была неудачной, но побудила американцев в 1949 г. создать в Нью-Йорке для равновесия леводемократическую Лигу борьбы за народную свободу с участием меньшевиков.

Союз Мельгунова, Движение Керенского и Лигу борьбы, а также НТС и СБОНР американцы пригласили в августе 1951 г. в Штутгарт на совещание по выработке общей платформы. Керенский, Мельгунов и НТС отстаивали единство России, а СБОНР и Лига были готовы на компромиссы с сепаратистами. Сговорились на непредрешенческой платформе — праве народов свободным голосованием определить свою судьбу. Создана была Лига борьбы за народную свободу, в которой согласились участвовать СБОНР, НТС и Лига борьбы за свободу в России. Лига Борьбы за народную свободу была разрекламирована всеми СМИ западного мира. Однако в ней отказались участвовать меньшевики из-за присутствия власовцев и НТС. Российское зарубежье в целом тоже встретило предложение в штыки из-за участия в нем Александра Керенского.

Неудача побудила американцев предложить создание Американского комитета за свободу в России. Состоявшиеся в Висбадене в ноябре 1951 г. обсуждения между одиннадцатью организациями привели к новому расхождению: российские «непредрешенцы» полностью разошлись с представителями националистических группировок. Шесть национальных движений в Висбадене настаивали на независимости для их народов без всяких плебисцитов. Причем крайних сепаратистов из руководимого украинцами Антибольшевицкого блока народов (АБН) даже не приглашали. Русские же эмигранты более всего опасались повторения «розенберговщины» — ставки на расчленение России.

Поле того как представитель Американского комитета в Европе оказал на русские группы финансовое давление, НТС отказался участвовать в дальнейших заседаниях. В октябре 1952 г. было создано новое объединение под названием Координационный центр антибольшевицкой борьбы (КЦАБ) с центром в Мюнхене под председательством Мельгунова. КЦАБ получал в свое распоряжение созданную американцами радиостанцию «Освобождение» и основанный в Мюнхене Институт изучения СССР.

В 1952 г. в переговоры включилось ЦОПЭ — Центральное объединение послевоенных эмигрантов, то есть перебежчиков из Советской армии. Еще в 1946 г. их, опросив, возвращали в СССР на суд за «измену родине», теперь же стали финансировать. В послевоенные годы из Группы советских войск в Германии бежало около 13 тысяч человек. ЦОПЭ создал в 1950 г. автор книги «Берлинский Кремль» Георгий Климов на американские средства. Организация проявила с самого начала активную деятельность, издала ряд ценных книг и выпускала общественно-литературный сборник «Мосты». Но после прекращения американских субсидий ЦОПЭ добровольно самоликвидировалась в 1960 г.

В США существенную политическую роль играли преподававшие на кафедрах русской истории М.М. Карпович (Гарвард) и Г.В. Вернадский (Йель), позже Н.В. Рязановский (Калифорнийский университет), создавшие школу россиеведения, переросшую в советологию. Некоторое политическое влияние при Госдепартаменте имели и меньшевики, издававшие в Нью-Йорке до 1965 г. «Социалистический вестник» и причастные к американскому либерально-антикоммунистическому журналу «New Leader».

Переговоры о едином антибольшевицком фронте народов России не привели ни к какому положительному результату. Соединенные Штаты убедились, что российское антикоммунистическое движение создать невозможно — все партии и союзы находятся друг с другом в постоянном конфликте. Американские чиновники, ответственные за этот проект, разводили руками: какие странные эти русские — каждый в отдельности умный, смелый, всё понимающий человек, а все вместе — скандал и ничто. Сами русские эмигранты тоже переживали неудачу всех попыток объединения. «Где три русских соберутся — там четыре партии», — горько шутили они. Американцы первоначально думали создать русскую эмигрантскую радиостанцию — мощное средство воздействия на подсоветскую Россию, организовать большое книгоиздательство, поддержать периодические издания. Никогда раньше ни одно зарубежное правительство не готово было так поддерживать русскую эмиграцию, как США, видевшие в русских антикоммунистах своих союзников в «холодной войне». Раньше о таком можно было только мечтать...

Но убедившись в том, что в русской эмигрантской среде все ведут войну со всеми, американцы отказались искать эмигрантского хозяина радиопередач и прямо подчинили радио «Освобождение» (позже «Свобода») одноименному Американскому комитету. Станция вышла в эфир в дни смерти Сталина. Ее передачи были главным образом посвящены внутрисоветским делам, в них была и сатира на советских вождей, и много критики советских порядков. Под одной крышей с большой русской редакцией работало несколько небольших, ведавших передачами на других языках СССР.

Еще до создания радио «Освобождение», в самом начале «холодной войны», чтобы парировать одностороннюю информацию, подававшуюся населению за «железным занавесом», и объяснять американскую политику, США начали 17 февраля 1947 г. передачи «Голоса Америки» на русском языке, посвященные главным образом международным отношениям и жизни в США. В июне 1950 г. вышло в эфир радио «Свободная Европа», вещавшее на языках Восточной Европы. В октябре начались русскоязычные передачи «Радио Канада», а в 1951 г. в Мюнхене открылась европейская редакция «Голоса Америки», откликавшаяся прежде всего на события в СССР. Ее передачи, как и начатое ранее вещание британской корпорации Би-Би-Си, приобрели в Советском Союзе широкий круг слушателей. В 1963 г. начала вещать на русском языке из Кёльна и «Немецкая волна».

Политическое руководство всеми этими передачами было в руках западных чиновников, но тексты писали и дикторами были уроженцы соответствующих стран, находившие свой подход к слушателю. Возможно, что несколько сот русских эмигрантов, прошедших за 40 лет через штат западных «голосов», сделали больше для изменения политического строя в СССР, чем вся разноголосица послевоенных русских союзов, партий и движений. В «голосах», работали люди с разными биографиями: Белые эмигранты 1920-х гг. и их дети, советские перебежчики 1930-х гг. и послевоенных лет, власовцы и члены НТС, известные литераторы и журналисты и те, кто создал себе имя уже на радио.

Как государственные радиостанции, «голоса» были связаны государственной политикой и дипломатическим этикетом. Они не могли призывать, скажем, к свержению сталинского строя. Именно поэтому по мере обострения «холодной войны» зрела мысль, что надо создать независимую от правительств радиостанцию, выражающую точку зрения российской эмиграции. Однако здесь союзников постигла неудача.

Работа на радио представляла собой одно крыло политической деятельности послевоенной эмиграции. Другое представляла работа НТС, прямо призывавшего к свержению советской власти. Поскольку революция немыслима без активного или хотя бы пассивного участия армии, то уже в 1948 г., когда масса беженцев думала только об отъезде за океан, подальше от Советской армии, НТС направил своих людей в Берлин для контактов с этой армией. Чтобы снять сомнения в том, возможна ли вообще в СССР революция, член совета НТС Владимир Поремский выдвинул *«молекулярную теорию»* революции в тоталитарных условиях. Теория эта предполагала создание множества малых групп (по 2–3 человека), между собою не связанных, но дающих о себе знать, рисуя символы НТС и лозунги на стенах, и получающих указания от находящегося за рубежом центра по радио и в листовках. Следуя этой схеме, НТС в 1950 г. расширил свои типографские мощности и наладил передачу литературы через советских моряков в западных портах. «Молекулярная теория» предусматривала и «каркас» организации — опорные точки из членов НТС, с Запада ведущих по радио двустороннюю связь с центром.

Как справедливо утверждал Поремский, молчаливое недовольство сталинским режимом было никем не отрицаемой реальностью. Не теряя времени, НТС приступил к отстройке собственных каналов связи. Напечатанная на Западе литература закладывалась в ящики с товарами, идущими в страну, сбрасывалась в непромокаемых обертках в реки, текущие через границу. С начала пятидесятых годов миллионы листовок и легких брошюр забрасывались в СССР при помощи больших воздушных шаров дальнего действия, изготовляемых своей специальной «бригадой». Более 20 метров в диаметре, эти шары поднимали до 90 килограммов полезного груза и пересекали огромные расстояния. Специальный сбрасыватель, тоже самодельный, обеспечивал разброску литературы каждые 400—500 километров на пути полета. Получателям рекомендовалось создавать не связанные между собой миниатюрные группы и слушать передачи «Свободной России».

НТС наладил в 1951 г. собственное радиовещание, которое началось с любительского передатчика на частоте военных раций. С годами оно значительно усовершенствовалось и усилилось. Позывные «Радио Свободная Россия» — музыкальная фраза из Пятой симфонии Чайковского — звучали в эфире до 1976 г. Ряд лет станция, смонтированная на старом грузовике, колесила по европейским лесам, каждый день меняя месторасположение. Ежедневно, зимой и летом, по пояс в снегу и под проливным дождем, забрасывали «радисты» антенну на деревья повыше и пускались в десятичасовую дуэль с десятками «глушилок». В 15—20 километрах в другой машине сидел «наблюдатель» и на катодном экране следил за тем, как «глушилка» искала в эфире передатчик НТС. Вот сейчас сядет на волну! «Пять вправо!» или «Три влево!» — передавал наблюдатель по радиотелефону, и «Свободная Россия» уходила в сторону, выигрывая три-четыре минуты незаглушенного вещания.

Усиливая свою мощность, радиостанция перестала быть передвижной. Высокие «направленные» антенны концентрировали волны на восток, до Урала. Одновременно слегка сокращенные передачи транслировались также мощными тайваньскими и южнокорейскими радиостанциями. Выявить слушателей таких радиопередач было для КГБ очень сложно, так как число радиоаппаратов, оборудованных для приема коротковолновых передач, было в СССР велико.

Пока закрыты архивы КГБ этого периода, трудно сказать, каких успехов добился Союз в России, но знали о его деятельности очень многие и благодаря его собственным действиям, и из-за того, что в советской прессе регулярно помещались статьи о «самой злобной эмигрантской организации». В самой же эмиграции молодежь в послевоенное первое десятилетие с энтузиазмом вступала в Союз или становилась его «друзьями», так как Союз предлагал живую работу, доступную каждому в борьбе за Россию — от работы в закрытом секторе до контактов с советскими людьми, приезжающими на Запад.

В 1951—1956 гг. США пытались перейти от стратегии «сдерживания» коммунизма к стратегии «освобождения» и с этой целью поддерживали различные эмигрантские группировки. НТС они дали возможность переброски своих людей в СССР по воздуху при условии, что НТС будет делиться с ними политической информацией, но не информацией военной (НТС не желал исполнять роль разведки) и не будет выдавать своих контактов в России. Парашютистов готовили в секретной «каркасной школе», где большинство преподавателей были молодые эмигранты. С 1952 г. американскими самолетами было заброшено 13 человек, пока 27 мая 1953 г. ТАСС не сообщил, что четверо парашютистов, «засланных для саботажа, террора и шпионажа», захвачены и расстреляны. Это Сергей Горбунов, Александр Лахно, Александр Маков и Дмитрий Ремига — молодые члены Союза, видевшие в работе на родине свой долг. После их казни полеты были сразу отменены, но остальные парашютисты были обнаружены далеко не стразу: аресты продолжались до 1960 г. В приказе по МВД от 5 ноября 1953 г. НТС был назван «единственной эмигрантской организацией, активно действующей на территории Советского Союза» и «пользующейся широкой финансовой и технической помощью американской разведки».

4.3.22. Антикоммунистические движения на территории СССР

Во время войны число заключенных в СССР упало, отчасти из-за возросшей смертности, отчасти из-за ухода почти 1 млн на фронт в штрафные батальоны. Три месяца службы в штрафном батальоне засчитывались за 10 лет лагеря. После войны, в результате новых репрессий, население лагерей достигает в 1950 г. максимума — 2,6 млн человек (не считая заключенных в тюрьмах), что составляло 3,5% всего занятого населения страны. Число спецпоселенцев достигло к 1953 г. 2,7 млн человек — втрое больше, чем в 1939 г.

Примечание ответственного редактора

Из-за секретности всей лагерной системы на Западе бытовали преувеличенные представления о числе заключенных в СССР: исследователи называли цифры от 8 до 12 млн и более. Но это, безусловно, преувеличение. Ускоренный рост наблюдается в 1932–1935 гг. в связи с коллективизацией и «законом о трех колосках», затем в 1938 г. в связи с ежовщиной и перед войной с Германией в связи с присоединением западных областей. По существующим оценкам, за 25 лет через сталинскую систему лагерей прошло 18 млн человек, из них более 3 млн по «контрреволюционным», политическим статьям. Значительно большее число узников, получивших сравнительно короткие сроки по «уголовным» или «бытовым» статьям, тем не менее были на деле жертвами политического режима. Сложнее вопрос о том, сколько узников лагерей погибло. Официальные данные о смертности в лагерях выражены как процент от среднегодового числа заключенных и показывают повышенную смертность в 1933 г. (15,3%), в 1938 г. (5,4%) и особенно во время войны: в 1942 и 1943 гг. (24,9% и 22,4%). Только в 1956 г. смертность в лагерях снизилась до уровня гражданского населения среднего возраста — 0,4 %. То есть даже в «благополучные» годы до войны лагерная смертность была в 6–12 раз выше гражданской. Процентным данным соответствуют следующие абсолютные цифры умерших по периодам: 1930–1933 гг. — 77 712; 1934–1940 гг. — 302 668; 1941–1945 гг. — 1 088 332; 1946–1956 гг. — 281 066. Итого — 1 749 777.

В этих цифрах, вычисленных по официальным показателям смертности, бросается в глаза число умерших в сталинских лагерях во время войны. Оно того же порядка, что число советских военнопленных, умерших в гитлеровских лагерях: здесь почти 1,1 млн — там 3,3 млн. При этом цифры смертности в сталинских лагерях далеко не полные. Они опираются на лагерные больничные отчеты. В них не входят не попавшие в лагерные больницы — погибшие на лесоповале, расстрелянные охраной, умершие в тюрь-

> мах и при пересылке. *Ради улучшения статистических показателей зэков порой отпускали по инвалидности, чтобы они умирали дома. Полный баланс арестованных, умерших и вышедших на свободу, с выделением арестованных повторно, никогда подведен не был.*

Как мы помним, в заключительных строках романа «Доктор Живаго» Борис Пастернак писал: «Хотя просветление и освобождение, которых ждали после войны, не наступили вместе с победою, как думали, но все равно предвестие свободы носилось в воздухе все послевоенные годы, составляя их единственное историческое содержание». Это предвестие широко разнеслось лишь после смерти Сталина и XX съезда КПСС – через 11 лет после войны. В ранние же послевоенные годы активное сопротивление было сосредоточено на двух флангах – вооруженной борьбы и интеллектуального подполья.

Военные действия на территории Советского Союза не прекратились в День победы 9 мая 1945 г. «Третья гражданская» война продолжалась. Повстанческие отряды боролись против советской власти: на Украине – созданная весной 1943 г. Украинская повстанческая армия (УПА); в Литве – Армия освобождения, ведшая свою преемственность от довоенного литовского государства, а также на Брянщине и Орловщине, где продолжали действовать созданные в Локотском округе отряды РОНА. Последняя их группа была подавлена войсками МГБ в деревне Лагеревка Брянской области в феврале 1951 г. Репрессии против военных и гражданских деятелей Локотского округа продолжались и после подавления повстанцев, до 1970-х гг. В 1944 г. через фронт в Белоруссии для партизанской борьбы против советской власти перешла и группа НТС Георгия Хомутова, но была, по-видимому, к 1946 г. подавлена.

Следуя программе Организации украинских националистов (ОУН), украинские повстанцы выступали за «незалежну» (независимую) Украину, но в остальном их цели были сродни целям русских антикоммунистов: упразднение колхозов, передача земли в собственность крестьянам на основе семейного землевладения, но без возвращения собственности «помещикам и капиталистам» (которые в этом регионе были польского происхождения), свобода торговли и общественных организаций.

Размах послевоенного повстанческого движения выяснился главным образом по архивным материалам МВД на Украине и в Прибалтике. Было убито около 200 тысяч повстанцев, большинство из них на Западной Украине; 340 тысяч было взято в плен и осуждено на 20—25 лет исправительно-трудовых лагерей. Они сыграли ключевую роль в лагерных восстаниях после смерти Сталина. Повстанцы, со своей стороны, убили около 15 тысяч советских чиновников, главным образом в сельской местности, и 13 тысяч военнослужащих карательных отрядов (соотношение смертей карателей к смертям покоренных 1:15, как и в Гражданскую войну). На одной только Западной Украине для «искоренения бандитизма» были задействованы войска численностью в 131 тысячу человек. После зачистки повстанческих районов около 400 тысяч украинцев и 250 тысяч балтийцев были отправлены вглубь СССР на спецпоселение. Командующий УПА **генерал Роман Шухевич** был убит в бою в предместье Львова, а ушедшие в эмиграцию лидеры ОУН **Лев Ребет** и **Степан Бандера** были там убиты в 1957 и 1959 гг. советскими агентами.

Существенным шагом в борьбе с украинским национализмом было запрещение Греко-Католической (униатской) Церкви, которая в 1946 г. была насильственно объединена с Православной. Но подпольно униатская Церковь продолжала существовать все годы коммунистической власти.

В Прибалтике антикоммунистические вооруженные формирования составляли в 1945 г. в Литве — 30 тысяч бойцов, в Латвии — 15 тысяч, в Эстонии — 10 тысяч. Организованное партизанское движение продолжалось в Латвии и Эстонии до 1950 г. В Латвии последнее сражение национальной партизанской армии с войсками МГБ произошло в феврале 1950 г. В Литве около 5 тысяч бойцов продолжали борьбу до конца 1952 г., когда руководство движения, видя бесперспективность сопротивления, предложило бойцам самодемобилизоваться и бороться за свободу Литвы мирными средствами. За эти семь лет бойцы сопротивления казнили около 13 тысяч своих соотечественников за сотрудничество с советскими оккупантами.

Некоторые отряды не согласились на самороспуск и продолжали борьбу до конца 1954 г. Ряд видных партизанских командиров согласились стать агентами МГБ (Декшниш, Маркулис, поэт Кубилинскас) и выдали своих соратников. В результате — тысячи партизан и членов их семей, вплоть до малых детей, были уничтожены истребительными отрядами МГБ.

Через отряды сопротивления в Литве прошло около ста тысяч человек, в Латвии — 40 тысяч, в Эстонии — 30 тысяч. Чтобы подавить сопротивление, МГБ уничтожались не только бойцы и их семьи, но вся поддерживающая их общественная среда. В 1945—1951 гг. около 9% населения Балтии было депортировано в Сибирь и Казахстан. Особенно многолюдной была депортация 1949 г.

Особой формой вооруженной (или частично вооруженной) борьбы против сталинской диктатуры были восстания в исправительно-трудовых лагерях. Во время войны строились планы заброски десантов русских добровольцев в районы расположения лагерей, чтобы открыть «второй фронт гражданской войны», но немцы в итоге поддержать такую операцию отказались. Волна беспорядков, забастовок и восстаний в лагерях, начавшаяся после войны, при жизни Сталина не прекращалась.

Весной 1946 г. восстания на Колыме, в Устьвымлаге и Джезказгане. В 1947 г. вооруженный побег около 50 заключенных со строительства атомного объекта «Арзамас-16» (Саров). Все бежавшие были окружены отрядами МГБ и убиты. Летом 1948 г. происходит восстание заключенных офицеров Советской армии в Печорских лагерях под руководством полковника Бориса Мехтеева. Они пошли с оружием на Воркуту поднимать другие лагеря. Отряд Мехтеева был рассеян при помощи боевой авиации. В том же году восстают под руководством полковника Воронина заключенные, строящие железную дорогу Сивая Маска — Салехард. В 1949 г. происходит массовый вооруженный побег из Нижнего Атуряха на Колыме под руководством Семенова. Все участники побега были убиты. В этот же год вспыхнуло вооруженное восстание на приисках Эльгенуголь на той же Колыме. В 1950 г. вновь восстает Салехард под руководством осужденного за «контрреволюционную деятельность» генерал-лейтенанта Беляева, в том же году — восстание в Тайшете. В 1951 г. — вооруженное выступление в Краслаге, в результате которого 64 восставших убиты, попытка вооруженного побега заключенных в Джезказгане и голодовка на Сахалине. В январе 1952 г. голодовка 5 тысяч заключенных в Экибастузе в знак протеста против убийства заключенных конвоирами. В том же году восстания заключенных в Коми АССР и в Красноярском крае вооруженное восстание на строительстве заполярной дороги Салехард — Игарка, возглавляемое Ершовым.

Борьба повстанцев с превосходящими силами советской системы была заведомо безнадежной, и все же они ее упорно вели. Почему? Одна причина – жизненная: если тебе все равно грозит расстрел, то лучше погибнуть в бою, чем – сдавшись противнику. Советская власть на Украине пять раз обещала повстанцам амнистию, если они сложат оружие, но они ей, как видно, не очень верили (расстрелянным в Крыму солдатам Врангеля тоже была обещана амнистия). Другую, философскую причину определил мыслитель из русского зарубежья член НТС Роман Редлих: «Мы боремся против большевизма не потому, что наша победа близка или даже возможна, а потому, что борьба – это единственное нравственно достойное поведение по отношению к большевизму».

Сопротивление не обязательно было вооруженным. Среди студентов, большинство которых после войны составляли бывшие фронтовики, оно приняло вполне мирный вид неформальных кружков.

> Об одном из студенческих кружков его участник вспоминает:
> «Понятием "катакомбная культура" воспользовались я и мои друзья в 1949 г. для того, чтобы определить, чем мы хотим заниматься. Я в то время учился в Академии художеств и одновременно на философском факультете МГУ и обнаружил, что при существующей системе образования мы, после огромных трудов и нагрузки, выйдем из университета безграмотными людьми. <...> Мы решили заниматься самообразованием. Никаких политических задач мы перед собой не ставили. <...> Однако все мы понимали, что самообразовываться надо широко и что чтение, скажем, Троцкого, или Святого Августина, или Оруэлла, или Бердяева – наказуемо. Потому и нужна конспирация. <...> Только четыре человека знали, что делают. Остальные принимали косвенное участие. Чем мы занимались? Еще до самиздата нам удалось перевести Оруэлла и напечатать его в ограниченном числе экземпляров. Еще до Самиздата мы частично доставали, а частично копировали весь круг "веховцев" – Шестова, Лосского, не говоря уже про Соловьева. Мы слушали доклады. <...> Поскольку мы знали, что создание любой серьезной группы карается законом, мы разыгрывали из себя веселых пьяниц. Мы писали песни, которые потом пела вся студенческая Россия, не подозревая, кто их автор. В том числе "Лев Николаевич Толстой", "Венецианский мавр Отелло", "Входит Гамлет с пистолетом", "Я бил его в белые груди". Последнюю пели в вагонах нищие, принимавшие иронию всерьез. Некоторые из бывших участников кружка стали в период оттепели довольно крупными функционерами. <...> Сплетение между "катакомбной культурой" и правящим слоем – сложнее, чем кажется на первый взгляд» (*Эрнст Неизвестный*. Говорит Неизвестный. Frankfurt: Посев, 1984. С 37–39).

Между этими двумя полюсами — повстанческим движением и культурным подпольем — существовал целый спектр политически оппозиционных настроений. Еще в последние годы войны в газеты стали поступать многочисленные письма в редакцию с предложениями послевоенных реформ: расширять товарно-денежные отношения, создавать акционерные общества, развивать кооперативное движение. Все эти предложения отправлялись в архив с пометкой «вредные взгляды». Но взгляды эти укрепились после войны и среди фронтовиков, повидавших Европу, и среди 14—16-летних юнцов, не выносивших газетных статей о счастливой жизни, когда кругом люди умирали от голода. В Воронеже была раскрыта подпольная Коммунистическая партия молодежи, насчитывавшая 50 членов и выступавшая за демократические свободы. В Москве существовал Союз борьбы за дело революции, рассматривавший октябрьский переворот как контрреволюцию. Подобного рода группы возникали в Ленинграде, Челябинске, Свердловске и других городах. Их коммунистическая символика объясняется тем, что доступа к другой у них не было. Большинство этой молодежи было «наивными коммунистами», то есть реагировали буквально на обещание справедливости и равенства, в то время как вокруг них, нередко в их семьях, царил режим бесстыжих привилегий, вопиющего неравенства между роскошью начальственного быта и нищетой простого народа, постоянного двуличия. Трое членов московского Союза были расстреляны, 13 осуждены на лагерные сроки от 10 до 25 лет. В Ленинграде три члена Марксистской рабочей партии были расстреляны, 9 получили сроки от 10 до 25 лет.

Но что-то изменилось в русском «подсоветском обществе». Жестокости коммунистического режима больше не сковывали страхом. Напротив, они возбуждали, подвигали на сопротивление и даже на высмеивание тирана. По стране всячески вышучивали плакат с «мудрым изречением вождя»: «Жить стало лучше, жить стало веселее». То в подписи «Сталин» подписывали в конце букву «у» — жить веселее и лучше стало Сталину, то распевали стишки: «Жить стало лучше, жить стало веселее — шея стала тоньше, но зато длиннее». Смех и бесстрашие убивали режим не хуже повстанческих пуль. Многие уже давно расшифровывали буквы СССР как «Смерть Сталина Спасет Россию».

Литература
В. Левентейн По-над нарами табачный дым... М.: Русский путь, 2008 г.

4.3.23. Отношение общества к смерти Сталина. Март 1953 г.

В ночь с 28 февраля на 1 марта Маленков, Берия, Булганин и Хрущев очередной раз собутыльничали со Сталиным на его «ближней даче» в Кунцево. Вечером 1 марта 1953 г. Сталина, лишившегося речи и способности двигаться, обнаружили в его личных покоях сползшим с дивана на пол сотрудники охраны. Вождя сразил инсульт, — но по заведенному правилу в личные покои без вызова входить не мог никто. Когда охрана решилась открыть, наконец, бронированную дверь, Сталин уже много часов как был без сознания. Стали звонить начальству. В ночь с 1 на 2 марта на дачу приезжали Хрущев, Булганин, Берия и Маленков, но они почему-то приказали охране не беспокоить Сталина. Врачи появились на даче только утром 2 марта и констатировали кровоизлияние в мозг. Ближайшее окружение некоторое время наблюдало агонию Сталина (он несколько раз, казалось, приходил в себя), и убедившись, что вождь обречен, немедленно занялось переделом власти. Медицинский журнал о болезни вождя был, видимо, уничтожен. Политическая инициатива оказалась в руках Берии, который согласовал с Маленковым распределение государственных постов.

Вечером 5 марта в Кремле состоялось беспрецедентное, в нарушение всех советских установлений, совместное заседание Пленума ЦК КПСС, Президиума Совета министров и Верховного Совета СССР. Сталин еще был жив, когда, по предложению Берии, новым главой правительства стал Маленков. В свою очередь Маленков предложил Берию своим первым заместителем и главой Министерства внутренних дел, то есть всего карательно-репрессивного аппарата. Сталинские ветераны-олигархи оттеснили от власти более молодых выдвиженцев и сформировали, в нарушение партийного Устава и решений недавнего съезда, **узкий Президиум**. В его состав вошли Маленков, Берия, Молотов, Ворошилов, Хрущев, Булганин, Каганович, Сабуров и Первухин. По официальной версии, 5 марта в 21:50 Сталин скончался.

Новые лидеры, опасаясь массовых волнений, хотели «подготовить» народ к смерти «отца народов». Рано утром 4 марта диктор Ю. Левитан зачитал по радио сообщение о болезни Сталина. Вскоре все радиостанции СССР начали передавать классическую музыку и периодические бюллетени о состоянии здоровья вождя. А в 6 утра 6 марта радио объявило о смерти Сталина. Позже последовало объявление о том, что гроб с его телом будет установлен в Колонном зале Дома союзов и будет открыт для прощания в течение двух дней.

Миллионы людей ощущали в те дни потрясение, растерянность и страх. В армии и на улицах были разговоры о том, что подлые врачи-убийцы и, возможно, евреи стали причиной смерти Сталина. Сотрудники посольства США отмечали, что многие люди «просто сошли с ума», «плачут на улицах». Даже многие жертвы сталинских репрессий, дети расстрелянных «врагов народа» и те, кто критиковал отдельные стороны советского режима, были подавлены и плакали. Общей была мысль: как жить дальше? Не будет ли хуже? Не будет ли новой войны? Профессор МГУ русский историк С.С. Дмитриев записал в личном дневнике: «Великая, гигантская эпоха это тридцатилетие: она всем наполнена, и больше всего Сталиным».

Но были и другие русские люди, которые не боялись радоваться смерти тирана. В лагерях и тюрьмах заключенные бросали в воздух шапки и кричали «свобода!». В Пензенской области одна колхозница, по донесению госбезопасности, заявила: «Я ему сама вырою могилу и закопаю».

5–6 марта сотни тысяч людей, москвичей и иногородних, ринулись к Дому союзов увидеть тело Сталина. Беспомощность милиции, не привыкшей контролировать гигантские массы людей, привела к кровавой давке в районе Садовой-Самотечной. Были задавлены сотни людей, прежде всего женщин, пожилых людей и подростков. Ходынка при восшествии на престол Николая II повторилась при «сошествии с престола» Иосифа Сталина.

Деятели культуры, писатели, поэты и просто «трудящиеся» предлагали правительству наперебой проекты увековечивания «великого» усопшего, один грандиознее другого. Массовая истерия, однако, быстро спадала. Новые руководители давали понять, что никакой катастрофы не произошло, жизнь продолжается, и она, возможно, будет лучше и легче, чем при Сталине. На это указывала сама скоропостижность «прощания» с вождем («прощание» с Лениным в 1924 г. длилась много дней). Историк Дмитриев записал в дневнике: «Впечатление каких-то геолого-политических смещений целых пластов, могучих слоев, смещений быстрых, продуманных, давно выношенных. Решения и действия (новых руководителей. – *Отв. ред.*) быстрые, слаженные».

9 марта на Красной площади прошла церемония похорон. Половина из присутствовавших там «представителей трудящихся» были сотрудники госбезопасности. Многие заметили, что новые руководители СССР прощались со Сталиным без особых эмоций (за исключением Молотова). Все проекты «увековечивания памяти вождя», включая даже дом-музей на его даче, остались на бумаге. Забальзамированное тело генералиссимуса «всех времен и народов» было помещено в Мавзолее рядом с Лениным. В течение последующих восьми лет советские руководители приветствовали проходящих мимо демонстрантов с трибуны, на которой было выложено два слова – «Ленин. Сталин». Портреты Сталина и его статуи остались на своих местах, именем покойного по-прежнему назывались города, поселки, заводы, корабли и трудовые коллективы.

Литература

А.А. Фурсенко. Россия и международные кризисы. Середина XX века. М.: Наука, 2006.

Р.Г. Пихоя. Советский Союз. История власти.

Литература к главе 3

Сто сорок бесед с Молотовым. Из дневника Ф. Чуева. М.: Терра, 1991.

А.И. Микоян. Так было. Размышления о минувшем. М.: Вагриус, 1999.

R.B. Levering, V.D. Pechatnov. Debating the Origins of the Cold War. Lanham: Rowman & Littlefield, 2002.

V. Zubok, Pleshakov. Inside the Kremlin's Cold War.

Литература к части IV

Другая война. 1939–1945 // Под общ. ред. Ю.Н. Афанасьева. М., 1996.

М.М. Наринский. История международных отношений 1945–1975. М.: РОССПЭН, 2004.

М.В. Шкаровский. Русская Православная Церковь при Сталине и Хрущеве (1939–1964). М.: Крутицкое подворье, 1999.

Donald Busky. Communism in History and Theory. Asia, Africa and the Americas. Westport, CT: Praeger, 2002.

Donald Busky. Communism in History and Theory. The European Experience. Westport, CT: Praeger, 2002.

Michael Kort. The Soviet Colossus: History and Aftermath. 6th ed. Armonk: M.E. Sharpe, 2006.

Часть 5
РОССИЯ В ПЕРИОД ДЕГРАДАЦИИ КОММУНИСТИЧЕСКОГО ТОТАЛИТАРИЗМА (1953–1991)

Глава 1
РОССИЯ В ГОДЫ «МИРНОГО СОСУЩЕСТВОВАНИЯ» (1953–1985)

5.1.1. Борьба за сталинское наследство. Свержение Берии

Новое руководство СССР немедленно отказалось от сталинских планов подготовки к Третьей Мировой войне. Преемники Сталина, прежде всего **Маленков, Берия и Молотов**, отчетливо понимали гибельность такой войны для СССР. В ноябре 1952 г. США первыми испытали термоядерное устройство. Первое советское термоядерное устройство испытано было только через десять месяцев (см. **5.1.14**), а к тому времени находилось еще в стадии разработки. Американская стратегическая авиация со своих баз могла достичь Москвы. СССР не имел аналогичных возможностей в отношении США. Все, что мог сделать Сталин и военные, — это построить дорогостоящую систему ПВО вокруг Москвы и готовиться к молниеносному захвату Западной Европы и Турции, чтобы лишить американцев их передовых плацдармов. Все это вряд ли предотвратило бы разгром СССР в случае войны.

Через десять дней после смерти Сталина, 16 марта 1953 г., Маленков публично заявил, что США и СССР могут договориться по любой международной проблеме. Крупнейшей из них была Корейская война. Во время похорон Сталина Молотов обменялся мнениями с приехавшим на похороны премьером Государственного совета КНР Чжоу Энлаем о возможности положить конец войне в Корее.

19 марта были направлены официальные письма Мао Цзэдуну и Ким Ир Сену, в которых предлагались меры, чтобы «обеспечить выход Кореи и Китая из войны

в соответствии с коренными интересами китайского и корейского народов». Мао и Ким, которые не ставили этого вопроса перед Сталиным из-за гордости или боязни показать «слабину», немедленно согласились. 27 июля 1953 г. на нейтральной полосе в Корее было подписано соглашение о перемирии. Война закончилась, но Корея осталась разделенной.

В СССР антиамериканская истерия и шпиономания начали спадать. Советские женщины — жены иностранных дипломатов получили разрешение выехать из страны (до этого они жили на территории иностранных посольств, так как по сталинскому закону 1947 г. брак с иностранцем означал немедленный арест). Была ослаблена цензура для иностранных журналистов (раньше за публикацию в своих газетах статей с критикой советского режима их тут же лишали аккредитации). Журналистов даже стали приглашать на приемы в Кремль.

В апреле — мае 1953 г. Президиум Совета министров, во главе которого встал Маленков, был вынужден вплотную заняться кризисом сталинской политики в Восточной Германии. Военные приготовления и слухи вызвали массовое бегство немцев, молодежи и специалистов в Западную Германию. На предприятиях и в сельской местности усиливалось недовольство непосильными темпами работ, снижением расценок и зарплат, «раскулачиванием» крестьян. Молотов и большинство Президиума решили отказаться от «ускоренного» темпа строительства «социализма» в Восточной Германии, но считали, что нужно сохранить ГДР — передовую базу советского присутствия в Центральной Европе.

В марте — июне 1953 г. Берия был самым активным членом нового руководства. Он стремился к верховной власти, но понимал, что после всех тех преступлений, которые он сотворил при Сталине, его шансы невелики — соратники его боятся, народ ненавидит, зарубежные политики смотрят как на кровавое чудовище. После смерти вождя крайним ответчиком за преступления сталинского режима становился он. Желая себя обелить и получить поддержку и в мировом общественном мнении, и среди руководства компартии, и в русском народе, Берия, будучи человеком вовсе неглупым, продумал целый ряд шагов. По некоторым серьезным свидетельствам, он советовал пойти на объединение Германии — «пожертвовать» ГДР ради окончания «холодной войны». Он же стремился как можно быстрее прекратить войну в Корее.

Внутри страны его самой заметной инициативой была реформа госбезопасности и прекращение «дела врачей». 16 марта Берия арестовал главного следователя по делу врачей Рюмина и освободил арестованных врачей. В записке Президиуму Берия, пользуясь тем, что с 1946 г. он формально не возглавлял МВД и МГБ, сообщал о невиновности врачей и о том, что убийство Михоэлса — дело рук органов безопасности. 3 апреля Президиум ЦК КПСС признал, что дело врачей сфабриковано, и возложил ответственность за это на бывшего министра МГБ С.Д. Игнатова. 4 апреля Берия подписал приказ по министерству, в котором осудил то, что сам и его предшественники применяли многие годы. Приказ запрещал «изуверские методы допроса — грубейшие извращения советских законов». Берия приказал уничтожить орудия пыток в тюрьмах МГБ. А еще за несколько месяцев до приказа он сам с удовольствием принимал участие в пытках заключенных, особенно женщин, в подмосковной тюрьме в Суханово, где у Лаврентия Павловича были специальные покои.

> Приказ 4 апреля 1953 г.: «Министерство внутренних дел СССР установило, что в следственной работе органов МГБ имели место грубые извращения советских законов, аресты невинных граждан, разнузданная фальсификация следственных материалов, широкое применение различных методов пыток: жестокое избиение арестованных, круглосуточное применение наручников на вывернутые за спину руки, продолжавшееся в некоторых случаях в течение нескольких месяцев, длительное лишение сна, заключение арестованного в раздетом виде в холодный карцер и др... Такие изуверские "методы допроса" приводили к тому, что многие из невинно арестованных доводились следователями до состояния упадка физических сил, моральной депрессии, а отдельные из них до потери человеческого облика. Пользуясь таким состоянием арестованных, следователи-фальсификаторы подсовывали им заблаговременно сфабрикованные "признания" об антисоветской и шпионско-террористической деятельности» (*Н.Г. Охотин, Н.В. Петров, А.Б. Рогинский, С.В. Мироненко*. Экспертное заключение к заседанию Конституционного суда РФ 26 мая 1992 г. М., 1992. С. 15).

6 апреля советские люди узнали из печати о том, что «дело врачей» было сфабриковано. Говорилось также о том, что «был оклеветан честный общественный деятель, народный артист СССР Михоэлс». Эффект этого сообщения для миллионов людей был сравним разве что со смертью Сталина. Евреи, ожидавшие депортации, вздохнули с облегчением. Посвященные благодарили «Лаврентия Павловича». Антисемиты прикусили язык. Для многих людей «дело врачей» стало сильнейшим ударом по их слепой вере в Сталина и началом долгого процесса нравственного выздоровления и духовного прозрения.

По инициативе Берии были освобождены и реабилитированы многие военные и политические деятели начиная от жены Молотова до осужденных по «делу авиаторов» и «мингрельскому делу». Он же был инициатором указа Президиума Верховного Совета «Об амнистии» от 27 марта. Этот указ освободил около миллиона человек, более трети узников ГУЛАГа. Освобождались только те, кто имел срок заключения до 5 лет, а также несовершеннолетние, женщины с детьми и беременные. Амнистия не распространялась на политических заключенных, осужденных по статье 58 за «антисоветскую деятельность».

Берия предложил прекратить сталинские «стратегические» стройки, такие как железные дороги Салехард — Игарка, Красноярск — Енисейск, Байкало-Амурская магистраль, тоннель под дном Татарского пролива к острову Сахалин, военно-морскую базу и кораблестроительный завод для строительства линкоров и авианосцев максимального тоннажа в Советской (Императорской) гавани тихоокеанского Приморья и многие другие. Все это были «проекты» ГУЛАГа, строившиеся трудом заключенных. Другие, менее дорогостоящие и более необходимые стройки Берия передал из ГУЛАГа в гражданскую экономику. На осень 1953 г. Берия наметил освобождение 1,7 млн спецпоселенцев, включая немцев, бывших кулаков и членов семей «врагов народа». Остальных спецпоселенцев планировалось освободить в течение последующих одного-двух лет.

Несомненно, именно Берия сделал первые шаги к слому сталинского механизма террора и демонтажу системы рабского лагерного труда. Историки до сих пор спорят, почему такой страшный и беспощадный человек оказался в роли реформатора?

С точки зрения историка Р.Г. Пихоя, «моральные принципы Берии были не выше и не ниже, чем у его товарищей по партийному руководству» (*Пихоя.* Советский Союз. История власти. С. 108). Но из сталинского окружения только Берия своими руками убивал, пытал и насиловал, предпочитая (как рассказывал позднее Булганин Галине Вишневской) несовершеннолетних девочек. Берия поддерживал до поры до времени Маленкова в роли главы государства, чтобы впоследствии самому стать новым «вождем народов». Чувствуя, что его страшная репутация ему мешает, Берия стремился реабилитировать себя благими делами и дистанцироваться от почившего Сталина.

Слишком многие, однако, боялись и ненавидели «маршала с Лубянки». Среди них были партийные секретари и военные, настрадавшиеся от репрессий и слежки «особистов». Неистовая энергия, которую проявил Берия после смерти Сталина, испугала его коллег в правящей верхушке. Хрущев, Маленков, и Молотов видели, что Берия вторгается во все, пытается стравить их друг с другом. В июне 1953 г. Берия подготовил записку о замене русских чиновников в Латвии, Белоруссии, Украине и других республиках местными кадрами. Для Хрущева это стало последней каплей. Украина была его вотчиной, и он решил, что Берия ведет под него подкоп. Хрущев обратился к Молотову, а затем и к Маленкову и сумел, избегнув вездесущих ушей госбезопасности, договориться об устранении Берии. В заговор вовлекли маршала Георгия Жукова и командующего Московским военным округом генерала Константина Москаленко, Лазаря Кагановича, Николая Булганина. Заговор завершился полным успехом 26 июня 1953 г. На экстренном заседании в Кремле Берия был арестован Жуковым и армейскими генералами и заключен в тюрьму Московского военного округа.

> В своих воспоминаниях и в рассказах Федору Бурлацкому Никита Хрущев так описывает арест Берии: «Сели все, а Берии нет. Ну, думаю, дознался. Ведь не сносить нам тогда головы. Но тут он пришел, и портфель у него в руках. Сел и спрашивает "Ну, какой вопрос сегодня на повестке дня? Почему собрались так неожиданно?" А я толкаю Маленкова ногой и шепчу: "Открывай заседание. Давай мне слово". Тот побледнел, смотрю – рта раскрыть не может. Тут я вскочил сам и говорю: "На повестке дня один вопрос. Об антипартийной раскольнической деятельности агента империализма Берии. Есть предложение вывести его из состава Президиума, из состава ЦК, исключить из партии и предать военному суду..." Маленков все еще пребывал в растерянности и даже не поставил мое предложение на голосование, а нажал сразу секретную кнопку и вызвал таким образом военных. Из соседней комнаты вышли ожидавшие там генералы. В руках они держали револьверы. Большинство сидевших за столом замерли от неожиданности. Георгий Жуков скомандовал Берии: "Встать! Вы арестованы. Руки вверх!"»

Москвичи, современники тех событий, рассказывают, что в подъездах многих домов московского центра 26 июня они видели отряды вооруженных солдат под командованием армейских офицеров. Возможно, эти войска были введены в центр Москвы на случай сопротивления войск госбезопасности аресту своего шефа. Но сопротивления не последовало.

Попытки Берии вымолить себе жизнь были обречены. В печати немедленно появилось сообщение, где он объявлялся «изменником Родины», заговорщиком и «британским шпионом». 2—7 июля состоялся чрезвычайный пленум ЦК КПСС «О преступных антипартийных и антигосударственных действиях Берии». Хрущев, Маленков и Молотов обвинили Берию во всех преступлениях сталинского режима, в том числе и в тех, к которым он был непричастен. Инициативы и реформы Берии были отменены или отложены. В декабре 1953 г. на закрытом заседании Верховного Суда СССР Берия и его люди из госбезопасности — В.Н. Меркулов, В.Г. Деканозов, Б.З. Кобулов, С.А. Гоглидзе, П.Я. Мешик, Л.Е. Влодзимирский — были осуждены по статье 58 по обвинению «в измене Родине, совершении террористических актов и создании антисоветской изменнической группы». Все они были немедленно расстреляны и закопаны в безымянных могилах. С ними поступили так же, как они поступали с миллионами русских людей, с тысячами граждан других государств. Возмездие свершилось. Правда, их никто не пытал, разве что их собственная совесть...

> Прокурор В.А. Антонов-Овсеенко описал казнь Берии: «Казнили приговоренного в том же бункере штаба МВО. С него сняли гимнастерку, оставили белую нательную рубаху, скрутили веревкой сзади руки и привязали к крюку, вбитому в деревянный щит. Этот щит предохранял присутствующих от рикошета пули. Прокурор Руденко зачитал приговор. Берия: "Разрешите мне сказать..." Руденко: "Ты уже все сказал. (Военным) Заткните ему рот полотенцем. Прошу привести приговор в исполнение". Батицкий нажал на курок. Пуля угодила в середину лба. Тело повисло на веревках».

Победа над Берией была и победой над гидрой госбезопасности. Областные управления МГБ жгли свои архивы. Президиум ЦК выступил, в глазах партийной номенклатуры, в роли спасителя от террора. Но прежде всего члены Президиума думали о себе. По уговору между кремлевскими вождями, была прекращена практика подслушивания и записи разговоров руководителей партии и правительства, а также высших военных органах госбезопасности. Документы с компроматом, найденные в сейфе Берии, были также уничтожены. Даже его многотомное следственное дело, полное чудовищной грязи и разоблачений, было засекречено, а информация о результатах расследования была направлена только партийной номенклатуре.

Устранение Берии скомпрометировало многие начинания весны 1953 г., в том числе курс на «мирную инициативу» в отношениях с Западом и на радикальные перемены в Германии. На время оказался снятым и вопрос о возвращении спецпоселенцев. Были попытки поставить под вопрос прекращение антисемитской кампании. В то же время 26 июня стало еще одним «звонком», будившим подсоветское российское общество. Актер и ученый-библиограф Н.П. Смирнов-Сокольский в частном разговоре заметил: «Как ни сильна машина, а развал начался. Это все оттого, что у нас огосударствили не только всякие отрасли, но даже дыхание, болезни, сны людей. В этих условиях любая сволочь как хочет, так и воротит».

Лауреат Сталинской премии артист И.С. Набатов по донесению МВД говорил: «От смены руководства режим у нас не меняется. Он был и есть по существу полицейский. Я не верю ни в какие идейные мотивы в поступках не только Берии, но и других. Это откровенная борьба за власть. Так или иначе, крах этой структуры рано или поздно неизбежен» (АП РФ. Ф. 3. Оп. 24. Д. 484. Л. 21–28; цит. по: *Пихоя*. С. 127).

Народ же распевал частушку: «Лавретий Палыч Берия / не оправдал доверия. / Осталися от Берии / только пух и перия».

О нравах высшего руководства СССР первых послесталинских лет хорошо говорит зарисовка, сделанная Галиной Вишневской во время празднования 60-летия Булганина летом 1955 г. узким кругом соратников на его даче: «Дача Булганина была в Жаворонках, по дороге на Николину Гору... Слово "прием" тут не подходит... это была наша родимая, нормальная русская пьянка, и я приехала в самый ее разгар – дым идет коромыслом... Улыбающийся "новорожденный" провел меня на место рядом с собой, и под многозначительными взглядами присутствующих я села между ним и Хрущевым... Собрался здесь очень тесный круг гостей – члены Политбюро, их семьи, несколько маршалов (среди них – знаменитый Жуков...). Впервые я видела наших вождей, с детства знакомых по портретам, всех вместе, да еще "дома", с чадами и домочадцами. Как странно выглядят они в домашней обстановке! За большим столом, заваленным едой и бутылками, тесно прижавшиеся друг к другу... Разговаривают громко, властно, много пьют. Чувствуется в них какой-то неестественный внутренний напор, будто собрались вместе волчьи вожаки и не рискуют друг перед другом расслабиться. Так вот они – "мозг и сердце нашей партии". Нет среди них только в бозе почившего Сталина и расстрелянного недавно Берии. Остальные верные соратники все на местах, и я имею возможность наблюдать за ними... У всех беспородные обрюзгшие лица, грубые голоса, простецкое, вульгарное обращение между собой. В этом гаме постоянно слышен резкий, хриплый голос Кагановича с сильным еврейским акцентом. Даже здесь, среди своих, вместо тостов – лозунги и цитаты из газет: "Слава Коммунистической партии!", "Да здравствует Советский Союз!"... Женщины – низкорослые, полные, больше молчат. Внутренне скованные, напряженные... Конечно, ни о каких туалетах, об элегантности не может быть и речи – ни одной в длинном платье, ни одной с красивой прической... Их мужья не появляются с ними в обществе, и ни на каких официальных приемах я этих дам не видела... Я разглядываю их, стараюсь угадать, кто же из них побывал в тюрьмах. В разное время арестованы были как сионистки жены Молотова, Калинина, Буденного, Андреева, Поскребышева, жены маршалов... Кто из них остался жив и вернулся из сталинских лагерей?..» (*Галина Вишневская*. Галина. История жизни. М., 2006. С. 158–159).

Литература

В. Наумов, Ю. Сигачев. Лаврентий Берия. 1953. Стенограмма июльского пленума ЦК КПСС и другие документы. М.: Международный фонд «Демократия», 1999.

У. Таубман. Хрущев. М.: Молодая гвардия, 2005.

Б. Старков. Сто дней лубянского маршала // Источник. 1993. № 4.

5.1.2. Волнения в Восточной Европе. Восстание в Восточной Германии. Русское общество и восточноевропейские восстания

Смерть Сталина положила начало разложению его империи, построенной на пепелище войны, страхе, насилии и магическом культе вождя-победителя. Если в России советская власть приобрела некоторую «легитимность» в сознании части людей в результате победы над нацизмом, то в странах Восточной Европы режимы были явно навязаны силой извне и не могли завоевать сколько-нибудь широкую поддержку среди населения. В последние годы жизни Сталина террор в восточноевропейских странах достиг апогея: в одной маленькой Венгрии с населением около 9 млн человек было **полмиллиона** арестов (некоторых людей арестовывали по нескольку раз).

В мае — июне 1953 г. Берия и Маленков, информированные о степени недовольства в восточноевропейских странах, начали менять там кадры и политику. В частности, в Венгрии Матьяш Ракоши был заменен на опального и поэтому популярного в народе Имрэ Надя (позднее выяснилось, что он был агентом НКВД в 1930-е гг.). Повсеместно в Восточной Европе прекратился террор госбезопасности.

Но волнения в подсоветской Европе предотвратить не удалось. Сперва в Чехословакии в начале июня 1953 г. вспыхнули забастовки и демонстрации рабочих в Пльзене и Моравской Остраве. Начавшись на экономической почве, они быстро обратились против правительства чешских сталинистов, но со временем утихли без кровопролития.

Через несколько дней в Восточной Германии — там, где его меньше всего ожидали, — произошло первое в сталинской империи народное антикоммунистическое восстание. Этому способствовали особые обстоятельства, прежде всего открытая граница с Западом и хозяйственный кризис, вызванный в ГДР политикой подготовки к войне. Наличие открытой границы объяснялось двойственностью советской стратегии в «германском вопросе» — укрепляя ГДР, московские власти пытались в то же время поддерживать у немцев иллюзию, что не советский режим, а западные державы виновны в расколе Германии. Берлин в результате оставался уникальным местом, где ежедневно десятки тысяч людей могли свободно переходить из «социалистического» восточного сектора в «капиталистический» западный. Под влиянием ухудшения жизни и слухов о войне многие уходили на Запад и не возвращались.

В марте 1953 г. лидер ГДР Вальтер Ульбрихт предложил советскому руководству закрыть границу с Западным Берлином, но получил отказ. 6 мая 1953 г. Берия информировал Президиум, что с начала 1952 г. 220 тысяч человек перешло из ГДР на Запад. Виновниками этого Берия считал Ульбрихта и Отто Гротеволя, коммунистических лидеров ГДР. Молотов, политический советник в ГДР В. Семенов и руководители советской военной администрации в Германии И. Чуйков и В. Соколовский были согласны в том, что без коренных реформ ГДР обречена. Из нее все просто уйдут на Запад. Останутся только агенты госбезопасности.

Однако вместо реформ Ульбрихт провозгласил, к ужасу Москвы, в ГДР «диктатуру пролетариата». Кремлевское руководство тайно вызвало Ульбрихта и Гротеволя в Москву и дало им указания отказаться от левацкой политики и перейти к «ленинскому НЭПу». Это означало — прекратить массовые аресты, отменить «коллективизацию» бауэров, вернуть собственность, отнятую у Церкви и мелких предпринимателей, отказаться от сверхэксплуатации рабочих в промышленности, снизить нормы выработки, разрешить негосударственную торговлю, закрыть «фильтрационные лагеря» для немцев, вернувшихся из Западной Германии, и т. п.

Приказ Москвы деморализовал коммунистический режим ГДР. Хотя Совет министров ГДР под председательством Гротеволя формально одобрил «новый курс» Политбюро, но статья, напечатанная 16 июня в органе профсоюзов «Трибюн», вызвала возмущение рабочих. В ней предостерегали от «разногласий» в вопросе норм и подчеркивалось, что «постановления, касающиеся повышения норм, в целом абсолютно правильны».

Ознакомившись с этой статьей, 80 строительных рабочих из «Блока-40» на аллее Сталина в Восточном Берлине в полдень 16 июня 1953 г. прекратили работу и решили организовать демонстративное шествие к «Министерскому центру». За короткое время более 10 тысяч человек присоединились к двигавшейся в полном порядке колонне демонстрантов. Люди требовали снижения норм выработки и цен в государственных магазинах, повышение которых лично объявили Ульбрихт и Гротеволь. Не добившись положительного ответа, демонстранты двинулись к центру города. По дороге они обращались к прохожим, крича им: «Присоединяйтесь к нам! Не будьте трусами! С нас хватит! Завтра будет общая забастовка!» К жителям Восточного Берлина присоединились люди из Западного Берлина. Демонстранты требовали восстановления гражданских свобод, отставки Ульбрихта и Гротеволя. Лидеры ГДР, объятые страхом, укрылись в берлинском районе Карлсхорст, где находилась штаб-квартира Группы советских войск в Германии.

Кроме того, делегация восточно-берлинских рабочих обратилась к главному редактору американской радиостанции РИАС в Западном Берлине Эгону Бару с настоятельной просьбой проинформировать население ГДР о намечаемой общей забастовке. Бар наотрез отказался. Западные державы, в ситуации наметившейся после смерти Сталина «разрядки», боялись даже тени вмешательства в восстание.

Ранним утром 17 июня началось новое шествие демонстрантов, которое привело к первым столкновениям с Народной полицией. Демонстрации превратились в восстание по всей территории ГДР. 200 тысяч рабочих бастовали. Демонстранты на улицах говорили о том, что «коммунисты разделили Германию и превратили народ в рабов». Скандировали: «Долой партию!», «Долой Ульбрихта!» Восставшие штурмовали здания судов и тюрем, освобождали политических заключенных, жгли партийные помещения. Рабочие требовали не только повышения зарплаты и снижения норм выработки, но и свободы слова, свободных выборов по всей Германии, отмены внутринемецкой границы, вывода оккупационных войск, упразднения военизированной полиции, освобождения политзаключенных и военнопленных. Коммунистический режим рухнул. Советские военные по указанию из Москвы объявили военное положение. Около часа дня на улицы Восточного Берлина и других городов ГДР вышли первые советские танки. Советским войскам был отдан приказ огнем рассеять толпу. В Берлине, Магдебурге, Лейпциге и других городах сотни людей были убиты и ранены. 19—20 июня восстание прекратилось, забастовки пошли на спад. «Фашистская провокация не удалась» — таков был титульный заголовок коммунистической газеты «Нойес Дойчланд» от 18 июня, вышедшей всего лишь на одной странице.

Несмотря на неустойчивость своего положения на Западе, русское зарубежье не оставалось безучастным к таким событиям. Еще в 1951 г. в Берлине был основан русскими и немецкими антикоммунистами Свободный Союз русско-немецкой дружбы. Целью Союза было сближение и дружба немецкого и русского народов в борьбе против общего врага — коммунизма. Членами Союза как с немецкой, так и с русской стороны были люди, принадлежавшие к самым различным социальным слоям и профессиям.

В дни июньского восстания, когда на его подавление были двинуты танки, Союз обратился к советским солдатам и офицерам по радио и в листовках, призывая не стрелять в немецких трудящихся, а помогать им в борьбе с коммунистической тиранией. И этот призыв был услышан, он нашел отклик в сердцах русских людей, одетых в советскую форму. Немецкие демонстранты видели, что не все советские солдаты повинуются своим командирам и открывают огонь на поражение. Многие стреляли в воздух, другие отказывались применять оружие. Но они не знали в дни восстания, чего стоило солдатам это непослушание.

Через своих доверенных лиц Народно-трудовой союз выяснил, что в воскресенье 28 июня рано утром в летнем военном городке 73-го стрелкового полка, расположенного в районе местечка Бидеритц, были расстреляны 18 военнослужащих из сводной команды автоматчиков дивизии, в которую входил этот стрелковый полк. Расстрел производился в лесу на поляне перед строем всей сводной команды автоматчиков, приведенной к месту расстрела безоружной. Расстреливали партиями по три человека у края вырытой братской могилы. Производила расстрел специальная команда особой части. Установить, кем был подписан приказ о расстреле, и точное название особой части пока не удалось. В числе восемнадцати были расстреляны ефрейтор Александр Щербина, младший сержант Николай Тюляков и рядовой Василий Дятковский. Фамилии других расстрелянных установить не удалось. 23 советских военнослужащих были расстреляны особистами в Берлине. Имена этих советских солдат, отказавшихся открыть огонь по мирной демонстрации, пока неизвестны.

17 июня было провозглашено в Западной Германии днем памяти. В этот день вспоминали погибших, чтили их память, произносили речи, возлагали венки. В Западном Берлине на Потсдамском шоссе немцы установили памятный камень и тем русским воинам, которые отказались стрелять в немецких рабочих и заплатили за этот свой нравственный выбор жизнью...

Через два месяца после восстания Российский Комитет помощи беженцам в Берлине и берлинская редакция «Посева» организовали открытое собрание на тему «Революционная борьба против коммунизма». На собрании, под огромным полотнищем национального русского трехцветного флага, выступили председатель Российского комитета помощи русским беженцам (в западный сектор Германии) Александр Трушнович; ушедший на Запад в апреле 1953 г. майор Советской армии Леонид Ронжин; главный редактор еженедельника «Посев» Евгений Романов и руководитель Института изучения СССР при НТС Роман Редлих. Собрание происходило в помещении Дома студентов Берлинского университета. В основном зале и в боковых крыльях здания, оборудованных громкоговорителями, присутствовало более полутора тысяч человек. В их числе было немало жителей Восточного Берлина и советской зоны оккупации.

Открывая собрание, Трушнович подчеркнул, что обещаниям коммунистов верить нельзя. Если в духовных основах какого-либо движения или партии заложены отрицательные ценности, воля к мировому господству, если человек служит только средством для достижения цели, если господствуют чувства ненависти и властолюбия, то никакого изменения основных принципов ожидать невозможно. Его слова о том, что народы должны сами решать свою судьбу в борьбе против коммунистического рабства, вызвали дружные аплодисменты присутствующих. На собрании присутствовало большое число представителей берлинской и западногерманской прессы.

Бо́льшие или меньшие собрания русских эмигрантов прошли также в Париже, Лондоне и Нью-Йорке. 15 июля в Мюнхене состоялся большой митинг, организованный Координационным центром антибольшевицкой борьбы (КЦАБ). Митинг, проходивший под председательством Г.И. Антонова (СБОНР), был открыт вступительным словом Александра Керенского (РНД). В.Д. Поремский (НТС) прочел большой доклад о последних событиях в СССР. Небывалая для русского Мюнхена аудитория в 600—700 человек проявила горячую симпатию и сочувствие к выступлениям ораторов.

Народное восстание в Восточной Германии, по словам советского дипломата Александрова-Агентова, «явилось настоящим шоком для руководства в Москве, ибо показало, сколь непрочной может оказаться социальная основа режимов в странах народной демократии». Официальная комиссия в составе В. Соколовского, В. Семенова и П. Юдина, назначенная для расследования событий, оценила восстание как заговор «фашистских и других организаций», руководимых американской разведкой. Вместе с тем комиссия рекомендовала продолжать «новый курс» и устранить от власти Ульбрихта.

Но обстановка в Кремле после ареста Берии изменилась. В июле 1953 г. на пленуме ЦК КПСС Хрущев обвинил Берию в намерении «отдать 18 миллионов немцев» под власть США и заявил, что это означало бы, что народные жертвы и победа над Германией встанут под вопрос. Молотов заявил, что «трезвомыслящий марксист» не может «верить в буржуазную, мирную Германию». «Новый курс» стал казаться слишком радикальным отходом от «социализма». Было решено руководство ГДР не менять, а, напротив, укрепить власть Ульбрихта подачками. В Москве прошли правительственные переговоры между СССР и ГДР. С января 1954 г. СССР прекратил взимание репараций, передал ГДР 33 крупных предприятия и сократил платежи ГДР на содержание оккупационных советских войск на ее территории.

Литература
Uprising in East Germany, 1953: The Cold War, the German Question, and the First Major Upheaval behind the Iron Curtain / Ed. Christian F. Ostermann. Budapest: Central European University Press, 2001.

5.1.3. «Холодная весна» 1953 г. Восстания в лагерях

Неспокойно было и в России. Апрельские разоблачения незаконных приемов госбезопасности встретили горячий отклик среди населения. Стихийно возникло движение против произвола властей, не только госбезопасности, но и милиции и любых чиновников. В редакции газет, в прокуратуру и в партийные органы посыпалось множество жалоб, а также прошений о пересмотре дел. Под таким натиском многие начальники пришли в растерянность, сделались вежливыми и доступными.

По амнистии, объявленной 27 марта 1953 г., из мест заключения было отпущено 1,2 млн заключенных, отбывавших сравнительно небольшие сроки, в том числе за грабежи и разбои. Этот элемент хлынул в города. Освобождение примерно 40% всех заключенных не предупредило забастовок и восстаний оставшихся.

Через два с лишним месяца после смерти Сталина, 26 мая 1953 г., вспыхнуло **восстание в норильском Горлаге**. Более тысячи прибывших сюда ранее из Караганды заключенных, украинцев и балтийцев, создали подпольную организацию, и когда охрана убила одного из них, часть заключенных объявила забастовку. Вскоре охрана снова открыла стрельбу, ранив нескольких человек. Заключенные сломали забор штрафного барака, освободили сидевших там 24 человек и взяли в заложники одного из начальников. На работу отказались выходить все 16 тысяч заключенных. После неудачной попытки переговоров лагерь был оцеплен войсками, получившими приказ его очистить. Несколько сотен сопротивлявшихся было убито.

Про восстание в Восточной Германии из западных радиопередач узнали заключенные Речлага в воркутинском угольном бассейне и решили следовать примеру немецких рабочих. Опыт забастовок у них уже был с 1951 и 1952 гг. 30 июня заключенные шахты Капитальная распространяли листовки «Прекратить подачу угля», а на стене шахты появилась надпись: «Угля не будет, пока не будет амнистии». За Капитальной последовала шахта № 7 и другие. К 29 июля 1953 г. бастовало 15 тысяч заключенных. Управление лагерями взяли на себя организованные заключенными стачкомы. Подавление забастовки шло по примеру Норильска.

Летом 1953 г. последовали забастовки в Караганде и на Колыме. В апреле 1954 г. в **Кенгире** (Казахстан) вспыхнуло самое большое восстание, длившееся 42 дня. В нем участвовало 9 тысяч мужчин и 4 тысячи женщин. Они проломили стену между мужским и женским лагерем, разрушили штрафной изолятор, освободив оттуда 252 человека, захватили кухню, склады и мастерские, где изготовляли холодное оружие. Прибывшая из Москвы комиссия вела переговоры о пересмотре приговоров, смягчении режима, ограничении рабочего дня, снятии номеров с одежды, расследовании незаконных расстрелов. Когда выяснилось, что переговоры ведутся для отвода глаз, пока будут стянуты войска, забастовка стала всеобщей. Избранный ее возглавлять заключенный полковник К. Кузнецов выдвинул лозунг «Да здравствует советская конституция». В неравном 4-часовом бою 26 июня 1954 г. восстание подавили 1,7 тысячи солдат с пятью танками. Затем каратели отправились в Джезказган, где 20 тысяч заключенных неделей ранее объявили забастовку солидарности. Но они не подготовились к сопротивлению и сдались. В том же 1954 г. произошли волнения заключенных в лагерях Ревда (Свердловская область), Карабаш, Тайшет, Решоты, Джезказган, Балхаш и на Сахалине. В 1955 г. была повторная забастовка на Воркуте.

Под напором восстаний ЦК КПСС 10 июля 1954 г. постановил существенно облегчить лагерный режим: ограничить рабочий день, разрешить переписку, дать возможность покупать товары в лагерных ларьках. Была создана система комиссий по пересмотру политических приговоров. Заключенных, чей срок близился к концу, стали отпускать и без пересмотра. В 1955 г. была объявлена амнистия лицам, осужденным за сотрудничество с немцами во время оккупации. В связи с дипломатическим признанием ФРГ и визитом канцлера Аденауэра в СССР освобождены были и все немецкие граждане, остававшиеся еще в советском плену или в заключении.

«Реабилитация» осужденных по политическим статьям и роспуск лагерей очень ускорились после XX съезда КПСС в феврале 1956 г. До конца года было «реабилитировано» 617 тысяч заключенных. ГУЛАГ как ведомство был упразднен; его предприятия, такие как Норильск, Воркута, Дальстрой, были переданы гражданским министерствам; оставшиеся заключенные, преимущественно уголовники, размещены по тюрьмам и колониям, перешедшим в ведение Министерства юстиции.

Возвращение политзаключенных стало большим событием в жизни страны, и встречи их как с родными, так и с теми, кто донес на них, были порой драматическими.

В феврале 1957 г. было разрешено вернуться из ссылки депортированным в 1944–1945 гг. чеченцам, ингушам, балкарцам, карачаевцам и калмыкам. Многие запретам вопреки стали возвращаться самовольно еще в 1956 г., после того как Хрущев осудил депортации с трибуны XX съезда. Правительство лишь узаконило реальное положение дел. На немцев Поволжья, месхетинских турок и крымских татар это решение не распространялось, хотя режим спецпоселенцев был отменен и для них. Первые стали впоследствии выезжать в Германию, вторые вернулись в Крым при Горбачеве. Возвращение репрессированных на родину сопровождалось межэтническими столкновениями, как в 1958 г. в Грозном.

25 декабря 1958 г. Верховный Совет принял новые **«Основы уголовного законодательства»**, которые окончательно отменяли сталинские процессуальные нормы и понятия вроде «враг народа», требовали обязательного присутствия обвиняемого на процессе и его защиты знающим его дело адвокатом.

5.1.4. Реформа органов госбезопасности и создание КГБ. Борьба в коммунистическом руководстве СССР и возвышение Хрущева

Арест Берии был первой и неожиданной для многих заявкой **Никиты Сергеевича Хрущева** на лидерство. Хрущев был известен до этого как малообразованный, но фантастически энергичный выдвиженец Сталина, который стал в 1938 г. партийным лидером Украины, а в 1949 г. был поставлен вождем во главе Московского городского комитета партии, чтобы «укрепить» его после ареста членов ленинградской группы (см. **4.3.15**).

В день смерти Сталина Хрущев не получил никакого правительственного поста, однако был назначен главой похоронной комиссии и вошел в состав Секретариата ЦК КПСС. Берия и Маленков недооценили Хрущева и неосторожно отдали в его руки партийно-кадровые рычаги. В годы войны Хрущев получил «фронтовую закалку», в том числе участвуя в Сталинградской битве, и по характеру был готов пойти на смертельный риск. Связи с маршалом Жуковым, генералом Москаленко и другими военными помогли ему организовать арест Берии и нейтрализовать силы МГБ, в том числе кремлевскую охрану. Успех заговора придал Хрущеву уверенности, расковал его недюжинную инициативу. В июле на пленуме ЦК он раскритиковал Маленкова за его близость с Берией и вынудил главу правительства присягнуть принципам «коллективного руководства». Следующий пленум ЦК в сентябре

1953 г. утвердил Хрущева *Первым* секретарем. В Президиуме ЦК Хрущева поддерживали Молотов, а также Анастас Иванович Микоян – два наиболее опытных и авторитетных члена партийной верхушки.

Георгий Максимилианович Маленков родился 26 декабря 1901 г. в Оренбурге в дворянской семье. Маленковы – выходцы из Македонии. Дед Г.М. Маленкова был полковником Императорской армии, брат деда – контр-адмиралом. Отец служил по железнодорожному департаменту. Мать, Анастасия Георгиевна Шемякина, дочь кузнеца. По официальным данным, Маленков ушел добровольцем на фронт, в 1920 г. вступил РКП(б) и служил политработником эскадрона, полка, бригады. С мая 1920 г. женат на Валентине Алексеевне Голубцовой, сотруднике аппарата ЦК РКП(б) Политуправления Восточного и Туркестанского фронтов. По другим данным, он не воевал, а был писарем в политотделе и хорошо вел делопроизводство. После окончания Гражданской войны Маленков приехал в Москву и поступил в Высшее техническое училище. Будучи студентом, проявил активность в выявлении среди однокашников сторонников Троцкого. Оставил институт в 1924 г. ради получения освободившегося места технического секретаря Оргбюро ЦК РКП(б). В 1930 г. Л.М. Каганович выдвинул Маленкова на должность заведующего орготделом Московского комитета ВКП(б). В 1934 г. Сталин при перестройке аппарата ЦК ВКП(б) после XVII съезда назначил Маленкова зав. отделом руководящих партийных органов ЦК. Маленков стал близким другом Н.И. Ежова, под руководством которого активно участвовал в проверке партийных документов в 1936 г., что фактически явилось еще одной чисткой ВКП(б). Формально не входя ни в какие государственные органы, Маленков в репрессиях играл важную роль. По его инициативе, одобренной Сталиным и всем Политбюро, был начат «большой террор» 1937–1938 гг., особенно репрессии против верующих и Церкви. В 1937 г. вместе с Ежовым он выезжал в Белоруссию, где был учинен настоящий разгром партийной организации республики. Вместе с работниками НКВД Маленков выезжал для организации репрессий против партийного актива в Саратовскую, Тамбовскую и ряд других областей. С конца 1938 г. Маленков стал тесно сотрудничать с новым главой НКВД Берией. Было немало случаев, когда он лично присутствовал на допросах и пытках арестованных партийных руководителей. Именно таким путем Маленков вместе с Берией сфабриковали дело о контрреволюционной организации в Армении.

В 1939 г. Маленков был избран членом ЦК ВКП(б), членом Оргбюро ЦК, продолжая возглавлять Управление кадрами ЦК ВКП(б). В 1941 г. Маленков стал кандидатом в члены Политбюро. С началом советско-нацистской войны Маленков был в составе Госкомитета обороны (ГКО) и выезжал на фронт: был в Ленинграде (август 1941), под Москвой (осень 1941), в Сталинграде (август 1942). В 1943 г. был удостоен звания Героя Социалистического Труда. Осенью 1944 г., выполняя директиву Сталина о постепенном вытеснении евреев с руководящих должностей в государственных и партийных органах, обосновал необходимость «повышения бдительности» к еврейским кадрам. В директивном письме («маленковский циркуляр»), подписанном Маленковым, были перечислены должности, на которые не нужно назначать евреев. После войны Маленков стал членом Политбюро. Он сыграл важную роль при создании «Ленинградского дела», лично руководя следствием и принимая участие в допросах, на которых применялись пытки. Маленков участвовал в создании «дела Еврейского антифашистского комитета». В 1950–1952 гг.

Маленков стал вторым по значению человеком в Коммунистической партии. Ему было поручено руководство сельским хозяйством, вмешивался Маленков в дела промышленности, являлся одним из кураторов «идеологического фронта». После смерти Сталина Маленков занял пост Председателя Совета министров СССР. Он отказался от поддержки Л.П. Берии и выступил против «политики культа личности». Летом 1953 г. Маленков предложил значительно снизить налоги с крестьян и аннулировать все прошлые колхозные долги, увеличить производство товаров потребления за счет уменьшения производства средств производства. Уже тогда в народе ходили слухи, что «Маленков не такой, как другие вожди, – он в Бога верит». Посол США Чарльз Болен находил Маленкова симпатичным: «...он отличался от других советских лидеров тем, что не очень много пил». Однако в борьбе за власть Маленков проигрывает Хрущеву, и в 1955 г. он освобожден от поста главы правительства, но оставался одним из руководителей страны до 1957 г. 29 июня 1957 г. Маленков был снят с работы, выведен из Президиума ЦК и из ЦК КПСС за принадлежность к «антипартийной группе». С 1957 г. директор ГЭС в Усть-Каменогорске, затем ТЭЦ в Экибастузе. После XXII съезда КПСС в 1961 г. Маленкова исключили из КПСС. В 1968 г., после выхода на пенсию, Маленкову позволили вернуться в Москву. Он жил с женой на Фрунзенской набережной, отоваривался в спецмагазине для партийных функционеров и ездил электричкой на свою дачу в Кратово. Там его видели в деревенской церкви. Встречали чету Маленковых и в Елоховском соборе. И Маленков, и его жена постепенно стали глубоко верующими православными людьми. По воспоминаниям священнослужителей церкви Рождества Иоанна Крестителя на Пресне, Маленков в последние годы жизни всю церковную службу простаивал на коленях, не сдерживая рыданий. Маленков скончался 14 января 1988 г., был отпет по православному обряду и погребен без каких-либо государственных почестей на Кунцевском кладбище Москвы. Его предсмертным желанием было, чтобы о его смерти нигде не сообщалось.

На одном из первых мест в повестке кремлевского руководства была реформа госбезопасности. Главной целью ее было обезопасить партийных олигархов и исключить возможность возвращения к массовому террору. МГБ был вновь разделен на два ведомства. Все функции охраны внутреннего порядка, милиция и ГУЛАГ отошли в Министерство внутренних дел (МВД). 8 февраля 1954 г. Президиум ЦК принял постановление об образовании **Комитета государственной безопасности** при Совете министров СССР (КГБ). В ведении этой организации оказались все функции разведки и контрразведки, включая агентурную работу заграницей, охрану партийных и государственных органов и высших советских руководителей. С 1957 г. в ведение КГБ перешли из МВД пограничные войска.

МВД и КГБ уже не были двумя карательными монстрами, конкурирующими между собой, чья грызня и взаимная слежка обеспечивала личную безопасность их хозяину — Сталину. Были упразднены «особые совещания» с их беззаконными приговорами, арестами и пытками. Сокращалась штатная численность оперативных управлений, отделов и отделений госбезопасности. Отделения МГБ (теперь КГБ) были упразднены в большинстве административных районов страны за исключением Прибалтики, Западной Украины и военно-промышленных объектов. Штатный аппарат КГБ и МВД сократился на 20%, или на 26 тысяч человек.

Из рядов КГБ было уволено около тысячи ветеранов террора. В 1954 г. были расстреляны Абакумов и Рюмин, а в 1956 г. были расстреляны следователь-садист Б. Родос и бериевский ставленник в Азербайджане М. Багиров, который, кстати, в последнем слове сказал, что он расстрелял действительно много людей в Азербайджане, «но не больше, чем Хрущев на Украине». Организаторы политических покушений, включая убийство Троцкого (П. Судоплатов и Н. Эйтингон), оказались за решеткой. Была закрыта лаборатория, изготавливавшая специальные яды для террористических акций. Многих чекистов переводили с понижением жалования в милицию или отправляли на пенсию без льгот. Первоначально кремлевское руководство «укрепляло» КГБ проверенными партийными кадрами, избегая набора туда молодых (свежа была память о том, как с помощью молодых чекистов Сталин уничтожал кадры старой партийной гвардии). Постепенно, однако, в КГБ была призвана по линии комсомола молодежь с высшим юридическим или инженерным образованием. Вместо костоломов и убийц 1930—1940-х гг. на Лубянке появились предупредительные и образованные бюрократы.

КГБ, как уже упоминалось, не мог следить за членами ЦК и арестовывать их без санкции ЦК. Он даже не имел права вызывать для «профилактической беседы» членов семей номенклатурных работников без согласия последних. Заработная плата и льготы местных начальников КГБ и МВД были урезаны, они были подчинены первым секретарям областных, районных и городских комитетов компартии. Партийная элита могла чувствовать себя в безопасности. Кроме того, началось радикальное сокращение агентуры, как платных, так и добровольных, завербованных из населения доносчиков-сексотов (секретных сотрудников), сыщиков-«филёров». Наконец, КГБ уже не мог без суда и следствия пытать, уничтожать и запрятывать в тюрьмы. Арестованных чекисты должны были передавать в органы суда, где осуществлялись, по крайней мере формально, процедуры «социалистической законности», действовала адвокатура.

Вместе с тем КГБ остался гигантской организацией с разветвленной структурой и с агентурой, которая продолжала пронизывать все поры советского общества. Его подчиненность Совету министров была фикцией. На деле руководство КГБ назначалось Первым секретарем и докладывало по наиболее серьезным вопросам лично ему. Остался засекреченным бюджет «органов» (так, без дальнейших разъяснений, с 1920-х гг. именовали в народе ОГПУ — НКВД и при этом едко шутили: если есть члены [партии], то должны быть и органы). Не был соблюден и принцип четкого разделения между органами внешней и внутренней безопасности, принятый в демократических странах. КГБ по-прежнему оставался «карающим мечом» советского режима и его деятельность не имела четких конституционных ограничений. Представители КГБ по-прежнему сидели в «первых отделах» предприятий и учреждений, в аппаратах всех «творческих союзов», в академических и учебных институтах. По сути советское общество оставалось пронизанным структурами тайной полиции, как больной организм — метастазами.

Личности первых начальников КГБ и МВД красноречиво говорят о сталинском наследии в «органах». Иван Серов и Сергей Круглов оба были крупными чинами НКВД. Серов в 1940 г. руководил кровавыми депортациями из Западной Украины после ее аннексии Советским Союзом. В 1944 г. участвовал в выселении чеченцев, ингушей, калмыков, крымских татар. В начале 1945 г. он был направлен в Польшу, где руководил арестами командиров польской Армии Крайовой. В 1945–1946 гг. был руководителем НКВД в Германии. Круглов «отличился» во время выселения чеченцев и ингушей, убивая больных стариков и женщин с детьми. В январе 1946 г. он заменил Берию во главе МВД и руководил ГУЛАГом. Серов и Круглов избегли участи Берии только потому, что вовремя переметнулись на сторону заговорщиков.

Иван Серов был старым знакомым Хрущева. В роли Председателя КГБ он немало потрудился, помогая его возвышению. Именно люди Серова «навели порядок» в архивах, уничтожив там сведения о причастности Хрущева к преступлениям сталинского времени. Там же они подобрали компромат на других членов Президиума ЦК, прежде всего на главу правительства — Маленкова.

Борьба за власть в Кремле, как определил ее когда-то Черчилль, напоминала «схватку бульдогов под ковром». Нельзя было понять, что происходит, пока из-под ковра не вылетят кости очередной жертвы. В подковерной борьбе второй половины 1953–1954 гг. Хрущев и Молотов держались вместе против Маленкова, которому вменяли в вину «близость к Берии» и ошибки во внутренней и внешней политике. О каких ошибках шла речь? 8 августа 1953 г. Маленков выступил перед Верховным Советом СССР с программной речью, где объявил о крупном сокращении налогов на крестьянство и повышении производства потребительских товаров и предоставлении новых услуг. Он также заявил, причем преждевременно, что в СССР создана и испытана водородная бомба. Хрущев расценил речь Маленкова как демагогию, желание заработать авторитет в народе за счет других членов руководства. Особенно его разъярило вторжение Маленкова в область сельского хозяйства, которую Хрущев считал своим безраздельным владением. Но в глазах вымирающего русского крестьянства Маленков надолго остался самым популярным из советских лидеров.

Еще одной ошибкой, вменяемой Маленкову, стало то, что в феврале 1954 г. он заявил в речи перед «избирателями» в Верховный Совет, что будущая война между ядерными державами может привести к «гибели цивилизации». Физик по образованию, Маленков был под впечатлением проходивших тогда американских ядерных испытаний в Тихом океане. В это же время И.В. Курчатов и ряд советских физиков-ядерщиков направили Маленкову, Молотову и Хрущеву записку, в которой предупреждали о том, что ядерная война может привести к уничтожению жизни на Земле. Молотов, однако, обвинил Маленкова в заигрывании с пацифизмом и в «демобилизации прогрессивных сил» в борьбе с Западом. Признать угрозу ядерной войны для *всего* человечества означало для коммунистов отказаться от партийной догмы о непримиримой классовой борьбе. Тогда некоторые в России уже начали об этом задумываться. Чемпион мира по шахматам Михаил Ботвинник направил письмо в ЦК КПСС, в котором спрашивал, как быть с тезисом о неизбежной связи насильственной «социалистической революции» с Третьей Мировой войной. Он предлагал «материально заинтересовать» подавляющее большинство западных собственников в социалистических преобразованиях, чтобы добиться мирного перехода к социализму. Молотов и Хрущев выступили против ревизии идеологии. Под их давлением Маленков капитулировал, заявив, что если произойдет мировая война, то она приведет лишь к «гибели империализма».

Хрущев и большинство Президиума ЦК КПСС не могли простить Маленкову, что весной 1953 г. он вместе с Берией пытался править через их голову. Стали известны документы о причастности Маленкова и Берии к «Ленинградскому делу», о роли Маленкова в создании специальной тюрьмы для высшей партийной номенклатуры. К тому же Хрущев и Молотов считали, что Маленков слаб и «политически незрел» для того, чтобы вести переговоры с западными державами в качестве главы правительства. Маленков сдался без борьбы. 22 января 1955 г. на заседании Президиума ЦК КПСС его сняли с поста главы правительства. Это решение было формально утверждено в феврале на пленуме ЦК и сессии Верховного Совета СССР.

Частушку про Берию в народе тут же переделали не без смысла: «Как товарищ Берия / не оправдал доверия, / так товарищ Маленков / получил под зад пинков».

Новым Председателем Совета министров стал Н.А. Булганин, до этого министр обороны. Этот человек, несмотря на свою благообразную внешность дореволюционного рантье, был куда менее образованным и инициативным, чем Маленков. Даже подозрительный Сталин доверил ему армию после войны.

Новым министром обороны стал Г.К. Жуков. Булганин и Жуков были креатурами Хрущева. Кроме того, Хрущев встал во главе Совета обороны, нового органа, укрепившего его прямой контроль над военными. Имея под своей властью Секретариат, КГБ и армию, не имея конкуренции со стороны безвольного главы правительства, Хрущев с 1955 г. стал первым лицом в коммунистическом руководстве СССР.

Литература
У. Таубман. Хрущев. М.: Молодая гвардия, 2005.
Никита Петров. Первый председатель КГБ Иван Серов. М.: Материк, 2005.

5.1.5. Изменение стратегии коммунистического режима с неизбежной войны на мирное сосуществование. Нейтрализация Австрии. Варшавский договор. Примирение с Тито. Женевское совещание. Борьба за влияние в третьем мире

Несмотря на то что главные архитекторы «мирной инициативы» 1953 г. Берия и Маленков, проиграли борьбу за власть, советское руководство продолжало курс на разрядку напряженности с Западом.

> По воспоминаниями ветерана советской дипломатии Александрова-Агентова, была принята на вооружение новая стратегия – «не агрессивная, а скорее оборонительная. Она была подсказана и изменившимся к невыгоде Советского Союза соотношением сил двух лагерей на международной арене, и внутренней обстановкой в СССР: новому советскому руководству нужно было укрепить свой авторитет, завоевать доверие народа»
> (*А.А. Александров-Агентов.* От Коллонтай до Горбачева. С. 93).

Международное соотношение сил менялось не в пользу Кремля. В октябре 1954 г., несмотря на разногласия между членами НАТО, дверь для вступления в этот блок Западной Германии была открыта. США наращивали свое стратегическое преимущество над СССР, окружили его военными базами. На Ближнем Востоке и в Юго-Восточной Азии возникли военно-политические союзы, направленные на сдерживание советского и китайского коммунизма.

На момент смерти Сталина армия СССР насчитывала 5,4 млн человек, почти половина ее численности во время войны с Гитлером. К августу 1955 г. в армии было 4,8 млн человек. Поддержание такой громадной армии в мирное время лежало свинцовым грузом на экономике страны, тормозило ее восстановление и рост. Вместе с тем новое руководство уже не готовилось, как Сталин, к мировой войне и не считало ее неминуемой. Началось постепенное сокращение армии, освобождавшее людей для мирного и плодотворного труда.

Новая стратегия Кремля состояла из трех основных элементов. *Первое* — максимально укрепить и сплотить вокруг Советского Союза страны Восточной и Центральной Европы, реформировать зашатавшуюся сталинскую империю. *Второе* — создать нейтральную «прокладку» между двумя противостоящими военно-политическими блоками. *Третье* — постепенно налаживать экономические и другие «нормальные» формы мирного сотрудничества со странами НАТО. Московское руководство начало выступать с предложениями разоружения и сокращения вооружений в Европе.

В мае 1955 г. в Варшаве была создана военно-политическая организация, в которую вошли кроме СССР Польша, ГДР, Чехословакия, Румыния, Венгрия, Болгария и Албания. **Организация Варшавского договора**, как называлась эта организация, по своей структуре была почти копией НАТО и ответом на включение туда Западной Германии. Варшавский договор был, однако, не просто фикцией. Он был нужен советскому руководству как новая «законная» структура, без которого было бы все труднее обосновывать присутствие советских войск в Центральной и Восточной Европе. Были образованы Объединенные вооруженные силы Договора. Их главнокомандующим стал маршал Советского Союза И.С. Конев.

В мае 1955 г. Хрущев направился с большой партийной делегацией в Югославию, пытаясь помириться с Тито и его соратниками, которых советское руководство и пресса с 1948 г. называли не иначе, как «кровавой собакой Тито и его бандой» и «прислужниками американского империализма» (см. **4.3.9**). Хрущев и советские военные надеялись, что им удастся вернуть Югославию в советский блок. В ходе визита они обвиняли «банду Берии — Абакумова» в советско-югославском разрыве. Югославы только саркастически улыбались. В дальнейшем Тито, вопреки советским надеждам, предпочел возглавить движение «неприсоединившихся» стран и попытался создать третью силу на международной арене, независимую и от Запада, и от Москвы.

Сценку из переговоров Иосипа Тито с московскими вождями сохранила Галина Вишневская, за которой в то время безуспешно ухаживал «премьер-министр» СССР Н.А. Булганин и которая потому была приглашена в Белград и присутствовала на приеме в советском посольстве: «Тито был преувеличенно спокоен, очень сдержан — чувствовалось, что поставил стену между собой и гостями и не собирается убирать ее сразу, в один день. У наших все роли, видно, были расписаны заранее: Микоян как тамада провозглашал тосты, Булганин поддерживал светский тон беседы, а Хрущев этаким своим в доску рубахой-парнем напирал и все лез целоваться. "Йося, да перестань ты сердиться! Ишь, какой обидчивый! Давай лучше выпьем, и — кто старое помянет, тому глаз вон!..." Но Тито всем своим видом показывал, что память у него хорошая, а глаз ему не выклюешь: в своей стране он царь и бог» (*Галина Вишневская*. Галина. История жизни. С. 146).

Хрущев и Микоян пошли на ряд миролюбивых жестов в адрес Австрии и Финляндии. Поддерживая «нейтралитет» этих стран на водоразделе «холодной войны», они надеялись, что за ними последуют другие западные страны. А там, может быть, весь блок НАТО расползется по швам.

В марте 1955 г., после предварительного зондажа, в Москве с успехом прошли советско-австрийские переговоры. По настоянию Хрущева Москва пошла на вывод из Австрии советских войск при условии, что из страны будут выведены и другие оккупационные войска и Австрия станет нейтральным государством, на территории которой не будет военных баз. Все советские предприятия на австрийской территории, в том числе нефтяные и дунайское пароходство, были проданы австрийцам. 15 мая 1955 г. министры иностранных дел СССР, США, Великобритании, Франции и Австрии подписали в Вене Государственный договор о восстановлении единой, независимой и демократической Австрии. Это был, наряду с примирением с Югославией, наиболее впечатляющий отход от сталинского курса, первый большой успех новой стратегии. На этих переговорах осторожный Молотов играл скорее тормозящую роль. Хрущев, напротив, энергично настаивал на соглашении и торжествовал, когда оно состоялось.

В отношениях с Финляндией Москва делала ставку на финского политика премьер-министра Урхо Кекконена, сторонника «нейтрального» курса, а также тесных торгово-экономических отношений Финляндии с СССР. В январе 1956 г. было подписано советско-финское соглашение о возвращении Финляндии полуострова Порккала-Удд, на котором с 1945 г. располагалась большая советская военно-морская база. Этот полуостров, расположенный в 12 км от Хельсинки, был советским «ножом в сердце Финляндии». Благодарные финны избрали Кекконена президентом, надеясь, что он своей мудрой политикой сможет вернуть Финляндии и утерянную южную Карелию с Выборгом. Советские военные с большой неохотой оставляли прекрасно оборудованную базу. На всякий случай они схоронили под толстым слоем земли все доты — а вдруг удастся вернуться?

11 июля 1956 г. СССР убрал еще один «нож», направленный на Финляндию. Верховный Совет СССР принял закон об упразднении Карело-Финской СССР. Она была создана как плацдарм для возможной аннексии остальной финской территории в случае, если бы в 1940 г. финские «трудящиеся» «поддержали социализм», на манер Прибалтики.

Александр Городницкий, служивший на базе Порккала-Удд, вспоминал: «У нас было 280 пулеметных дотов, 208 артиллерийских дотов. Все было сделано в скалах, очень надежно. В случае наступления врага мы могли бы в Финляндии высадить целую армию. На 35—40 км стояли пулеметные и артиллерийские доты. А когда уходили, мы месяца три подрывали эти доты... Финны, конечно, были рады, что мы уехали. Такой кусок земли! Это же юг Финляндии. Здесь жили самые состоятельные люди... Финны изготовили высокий флагшток. Повесили на него свой флаг. Только поезд [с советскими военными] тронулся, они стали поднимать флаг. Я тогда подумал, что такая маленькая страна по сравнению с нами, а какое уважение к своему флагу. Это меня очень тронуло. Они гордились своей страной» (*Лев Лурье, Ирина Малярова*. 1956 год. Середина века. СПб.: Издательский дом «Нева», 2007. С. 38–39).

Хрущеву, однако, было важнее иметь мирного соседа, через которого, кстати, советская экономика могла получать новинки западной технологии. Не менее важно для него было побудить западные страны, Норвегию и Данию прежде всего, отказаться от членства в НАТО и убрать со своей территории американские базы. Этого, однако, не произошло. Не вернулся к Финляндии и Выборг.

В июле 1955 г. состоялась первая после 1945 г. встреча в верхах четырех держав-победительниц в Женеве. СССР представляли Хрущев, Булганин, Молотов и Жуков. Советская дипломатия пыталась, не без успеха, улучшить отношения с Францией и Великобританией. В сентябре 1955 г. в результате визита канцлера Западной Германии Конрада Аденауэра в Москву произошло установление дипломатических отношений между двумя странами.

В 1955 г. усилилось расхождение между Хрущевым и Молотовым по вопросам внешней политики. Молотов возражал против вывода советских войск из Австрии и был противником примирения с Тито. В июле 1955 г. на пленуме ЦК Хрущев обвинил Молотова в догматизме и ответственности вместе со Сталиным в развязывании кризисов «холодной войны», в том числе Корейской войны. В ходе пленума оба обвиняли друг друга в отходе от «ленинизма» во внешней политике. Хрущеву, однако, было проще обвинить Молотова в совместной со Сталиным ответственности за прошлые ошибки.

Из стенограммы Пленума ЦК КПСС 9 июля 1955 года

Молотов начал рассказывать делегатам о том, что перед поездкой в Югославию члены Президиума ЦК уговорились всю вину за разрыв с югославами возложить на «интриги Берии и Абакумова». Иначе, мол, ответственность за разрыв падет на Сталина, а этого допустить нельзя.

Хрущев перебил Молотова: «На Сталина и Молотова».

Молотов: «Это новое».

Хрущев: «Почему новое?»

Молотов: «Мы подписывали от имени ЦК партии».

Хрущев: «Не спрашивая ЦК».

Молотов: «Это неправильно».

Хрущев: «Это точно».

Молотов: «Вы можете говорить сейчас то, что Вам приходит в голову».

Немного позже Хрущев опять перебил Молотова: «Вячеслав Михайлович, если Вы, как министр иностранных дел, проанализировали бы целый ряд наших шагов, то мы мобилизовали против себя людей. Корейскую войну мы начали. А что это значит, это все знают».

Микоян: «Кроме наших людей, в нашей стране».

Хрущев: «Войну мы начали. Теперь никак не расхлебаемся. Кому нужна была война?»

Постепенно Молотов был отстранен от ведения внешней политики. На должность его преемника выдвинулся Дмитрий Трофимович Шепилов, самый молодой и образованный член Секретариата, бывший главный редактор «Правды».

Шепилов стал министром иностранных дел лишь в июне 1956 г., но еще за полгода до этого помог Хрущеву в выработке новой коммунистической доктрины, отвечающей целям новой внешнеполитической стратегии. На обсуждениях в Президиуме ЦК Хрущев и его сторонники заявляли, что нужно *в пропагандистских целях* признать возможность мирного перехода к социализму, без войн и диктатуры, с тем чтобы «завоевать колеблющихся» среди «мелкой буржуазии», снизить страх перед советской угрозой на Западе. В январе 1956 г. Микоян выразился об этом так: «Мы отталкиваем массы (на Западе. – *Отв. ред.*), когда только твердим: мы придем и будем вас резать». Шепилов сформулировал: «Фатализм войны – отвергаем, нельзя держаться за закостенелый марксизм. Мы не за войну, а за сосуществование». XX съезд КПСС в феврале 1956 г. признал, что мировая война не является неизбежной, что возможен парламентский переход к социализму и длительное мирное сосуществование между двумя идеологически противоположными блоками.

Однако новая стратегия не дала улучшения отношений с Западом, на которое рассчитывал советский режим. Попытки Кремля заинтересовать западный бизнес перспективами доходной торговли и размягчить общественное мнение Запада пропагандой разоружения дали ограниченный эффект. Они не смягчили антикоммунистический курс США. В ответ на советскую пропаганду разоружения президент Дуайт Эйзенхауэр ответил своим пропагандистским ходом – предложением «открытого неба», то есть беспрепятственного облета СССР и США самолетами-разведчиками с целью демонстрации взаимного доверия. Жукова это предложение заинтересовало, но Хрущев отверг его как попытку «откровенного шпионажа», который бы открыл американцам слабости военного потенциала СССР. К исходу 1955 г. «дух Женевы» выветрился, и «холодная война» продолжилась. «Нормализация» отношений с Западной Германией не изменили курса Аденауэра на непризнание ГДР, на ремилитаризацию и, в перспективе, на приобретение атомного оружия для защиты от коммунистической агрессии.

Новая стратегия Кремля не изменила сути коммунистической доктрины, по-прежнему построенной на вере в неизбежную победу над капитализмом и «империализмом». Одновременно с тактическим отказом от агрессивных идеологических установок в отношении Европы произошло оживление старых «коминтерновских» установок на то, что подрыв западного капитализма и империализма легче осуществлять не в Европе, а в странах Азии, Африки и Ближнего Востока, используя радикальную энергию антиколониальных движений. Советские руководители также надеялись размягчить и разрушить американские военно-политические блоки в Азии и на Ближнем Востоке.

Советское руководство протянуло руку дружбы премьер-министру Индии Джавахарлалу Неру и поддержало его пять принципов (*панча шила*) мирного сосуществования и взаимного невмешательства государств. Эти принципы приняла в Бандунге (Индонезия) в мае 1955 г. конференция азиатских стран, освободившихся от колониальной зависимости, а также Китай. В ноябре 1955 года Хрущев и Булганин впервые для советских руководителей поехали в Афганистан, Индию и Бирму.

Поездка по этим странам, особенно Индии, широко освещалась в советской печати и была явным вызовом позициям Великобритании и США. Наконец во второй половине 1955 г. по совету Тито Хрущев и советское руководство начали энергично помогать лидеру Египта Гамаль Абдель Насеру, а затем и другим радикальным арабским политикам на Ближнем Востоке.

Надо сказать, что США, Великобритания и Франция невольно облегчили советской политике прорыв на юг. Американцы с недоверием, если не хуже, относились к Неру, Насеру и другим лидерам национальных антиколониальных движений. Великобритания и Франция пытались сохранить свои колониальные приобретения, среди них Суэцкий канал и Алжир. Именно из-за своекорыстной и недальновидной политики Запада многие страны Азии и Ближнего Востока стали частью третьего мира, в котором стремительно росли симпатии к Советскому Союзу, советскому и китайскому коммунизму.

Первоначально советское руководство, помня об уроках Корейской войны, вело себя осторожно и избегало ситуаций, когда борьба в третьем мире могла бы привести СССР к открытому столкновению с западными державами. В 1954 г. СССР и Китай не поддержали желания вьетнамских коммунистов захватить весь Вьетнам и вместо этого заключили с Францией и США соглашение о мирном объединении Вьетнама после выборов. Хотя, как выяснилось очень скоро, у Хрущева и большинства советского руководства чесались руки «дать империалистам по морде».

Литература
А.А. Фурсенко. Россия и международные кризисы. Середина XX века. М.: Наука, 2006.

А.А. Александров-Агентов. От Коллонтай до Горбачева. М.: Международные отношения, 1994.

Докладная записка Г. Жукова в ЦК КПСС, 12 августа 1955 г.; Докладная записка Г. Жукова и В. Соколовского в ЦК КПСС 9 февраля 1956 г. // Источник. 2001. № 5. С. 122–128.

5.1.6. «Оттепель». Реабилитации и смягчение репрессивного строя

Пробуждение общества, новые сомнения и вопросы, вызванные потрясениями и переменами 1953 г., нашли себе выход, как уже не раз это бывало в России, в литературе и литературной полемике. В конце 1953 г. в литературном журнале «Новый мир» появилась статья никому не известного Владимира Померанцева «Об искренности в литературе». Автор, работавший после войны в СВАГе – советской администрации в Восточной Германии, писал, что современная советская литература занимается «лакировкой», а не отражением действительности. Померанцев обращался к традициям русской классики и призывал повернуть литературу лицом к правде жизни. Простота мысли и стиля статьи произвели ошеломляющий эффект на фоне помпезной лжи и пошлой писанины того времени. Дискуссии о статье захватили не только литературных критиков, но и широкие массы читателей, студенчество.

Статья не случайно появилась в «Новом мире». Редактор журнала Александр Трифонович Твардовский, талантливый поэт и баловень советской власти, лауреат нескольких сталинских премий, был из раскулаченной семьи. В 1953 г. он, еще переживая смерть Сталина, которого считал вторым «отцом», начал мучительную моральную переоценку своей жизни и, через себя, жизни всего советского общества. Твардовский начал писать поэму «Теркин на том свете», где его знаменитый герой, русский крестьянин и солдат, попадает в царство мертвых, в котором читатель с изумлением узнает бюрократическое и омертвевшее общество «сталинского социализма».

Весной 1954 г. появилось и еще одно литературное произведение, принадлежавшее другому видному литератору и пропагандисту сталинского времени — Илье Эренбургу. Самым примечательным в нем было его название «Оттепель». Эренбург угадал первые признаки пробуждения в обществе. Всё вместе порождало в узких кругах образованной элиты, прежде всего Москвы и Ленинграда, смешанные настроения надежд на либерализацию режима и неопределенности. За «оттепелью» могла последовать весна, но могли грянуть и новые морозы. Оказалось, что последнее. Литературные дискуссии вызвали опасения идеологических цензоров и чиновников от культуры. Руководство Союза советских писателей, а затем и партаппарат сделали выволочку Твардовскому. В июле 1954 г. Секретариат ЦК осудил «ошибки» «Нового мира» и предложил Твардовскому уйти с поста редактора журнала. Твардовский, оставаясь «верным солдатом партии», беспрекословно подчинился.

В конце 1954 г. состоялся второй съезд советских писателей. Он происходил после двадцатилетнего перерыва и явил собой ужасную картину гибели русской литературы. Сотни писателей и поэтов, участвовавших в первом съезде 1934 г., были арестованы, погибли или разложились духовно и творчески, многие спились, перестали писать. На съезде, широко освещавшемся печатью, заседали постаревшие литературные чиновники, сотрудники госбезопасности, циничные аппаратчики. Историк С.С. Дмитриев, наблюдавший за съездом, записал в дневнике, что лучше всего было бы «распустить Союз писателей, не создавать другой и прекратить созывать съезды писателей вообще». Тем не менее в литературных кругах, особенно среди коммунистов-идеалистов и людей, задетых борьбой с «космополитизмом», теплились надежды, что в какой-то момент партия и правительство протянет им руку и призовет их к совместной работе «на благо социализма». В этой среде ходили по рукам ненапечатанные стихотворения Бориса Слуцкого, Леонида Мартынова, Наума Коржавина, осуждавшие сталинизм и воспевавшие «социализм с человеческим лицом». Вскоре лидером этого литературного направления стал молодой поэт Евгений Евтушенко.

В сентябре 1954 г. коммунистический режим совершил одно из страшных преступлений против человечности. Маршал Жуков, который в то время был первым заместителем министра обороны, приказал во время учений на Тоцком полигоне под Оренбургом осуществить настоящий атомный взрыв и сразу же после того бросить в атаку через эпицентр сорок тысяч солдат и офицеров. Из участвовавших в этом броске три четверти вскоре умерли от непереносимых доз радиации. Жуков, никогда не ценивший человеческой жизни, бестрепетно посылавший солдат в атаку через неразминированные поля, на этот раз в жестокости превзошел все мыслимые границы. Но ответом на это преступление стали не разжалование и суд, а назначение в феврале 1955 г. на должность министра обороны и избрание членом Президиума ЦК КПСС. Человеческую жизнь коммунистический режим продолжал считать ничтожно малой величиной.

Между тем на вершинах власти, втайне от общества, действительно происходили серьезные перемены. 4 января 1954 г. были созданы центральная комиссия (во главе с Аверкием Борисовичем Аристовым) и местные комиссии по пересмотру дел людей, осужденных за контрреволюционные преступления и содержащихся в местах лишения свободы. Почему Президиум ЦК занялся вопросом о реабилитации жертв сталинских репрессий?

Прежде всего, это связано с ликвидацией ГУЛАГа и необходимостью пересмотра дел тысяч и тысяч заключенных. В 1955—1958 гг. численность армии сократилась с 5,3 до 3,2 млн. Миллионы людей, включая студентов, не призывались теперь на военную службу или служили два-три года вместо прежних пяти-шести. В 1954—1956 гг. были выпущены на свободу 2,5 млн спецпоселенцев, в том числе бывшие кулаки, украинцы и прибалты, а также репрессированные народы — немцы, крымские татары, чеченцы, ингуши, карачаевцы, калмыки и другие. Большинство из них смогли вернуться на прежнее место жительства. По предложению Г.К. Жукова были амнистированы тысячи людей, попавших в немецкий плен во время войны. К январю 1956 г. ГУЛАГ, в качестве экономической системы, построенной на рабском труде, был в значительной мере демонтирован. Численность заключенных в исправительно-трудовых лагерях (ИТЛ) и колониях уменьшилась до 781 630.

Из лагерей, тюрем и ссылок стали возвращаться близкие родственники и друзья членов Президиума и других руководителей, репрессированные военные, руководители зарубежных коммунистических партий. Нарастал поток обращений в ЦК родственников репрессированных.

Произошло то, о чем говорила А.А. Ахматова: две России — та, что сажала, и та, которую сажали, — взглянули друг другу в глаза. Освобожденные рассказывали о пытках и истязаниях во время следствия, о нечеловеческих условиях содержания в лагерях. Расследование «дела Берии» подтвердило, что все «признания», на которых строился террор, были сфальсифицированы, получены избиениями и пытками. Микоян, который отправлял просьбы семей репрессированных Генеральному прокурору, был удивлен, что «ни разу не было случая, чтобы из посланных мною дел была отклонена реабилитация».

Верхушка, сама натерпевшаяся страху в годы произвола, начала реформу правоохранительной системы. Они включали прокурорский надзор, ревизии судебных органов, смену старых кадров молодыми юристами, возрастание роли адвокатуры и элемента состязательности адвоката и прокурора в судебном процессе. В то же время суды оставались полностью зависимы — правда, теперь уже не от органов госбезопасности, а от партийных комитетов и бюро.

Хрущев первым поставил политический вопрос — об ответственности Сталина за террор. Но в июне 1955 г. он еще говорил: «Сталина не допустим ронять» (Президиум ЦК. Т. 1. С. 48). Что же побудило его изменить свою позицию? Сам он в своих воспоминаниях объяснял это желанием «восстановить справедливость». Он пишет, что был возмущен тем, что Сталин обманул и уничтожил многих «честных» членов партии, включая большинство «ленинской старой гвардии». На Хрущева подействовали письма и рассказы людей, которых он знал, — большевиков А.В. Снегова и О. Шатуновской. И все же возмущение совести смешивалось у Первого секретаря с личным и политическим расчетом. Микоян вспоминал, что он говорил с Хрущевым один на один и предостерег: если мы сами не расскажем о репрессиях и роли Сталина на следующем съезде партии, тогда это сделает кто-то другой после съезда, — и тогда «все будут иметь законное основание считать нас полностью ответственными за происшедшие преступления».

В декабре 1955 г. на Президиуме ЦК возникла острая дискуссия об обстоятельствах убийства С.М. Кирова и о том, каким образом оказались возможными массовые репрессии против большинства всего состава членов и кандидатов ЦК ВКП(б), избранного XVII съездом. Была сформирована комиссия под руководством члена секретариата П.Н. Поспелова для разбора этих вопросов. Комиссия просмотрела, с помощью работников КГБ, громадное количество материалов и регулярно информировала о своей работе Президиум. 1 февраля 1956 г. на заседание Президиума доставили из тюрьмы бывшего следователя по особо важным делам МГБ Б.В. Родоса. Тот подтвердил, что пытал арестованных членов ЦК Косиора и Чубаря по приказу Сталина, выбивая из них показания о том, что они враги народа. Аристов спросил Хрущева: «Хватит ли у нас мужества сказать правду?» Молотов, Каганович и Ворошилов высказались против обличения Сталина. Хрущев подытожил: «Сталин был предан делу социализма, но всё делал варварскими способами. Он партию уничтожил. Не марксист он. Всё святое стер, что есть в человеке. Всё своим капризам подчинил» (Президиум ЦК КПСС. Т. 1. С. 95—97).

8 февраля 1956 г., накануне съезда партии, комиссия Поспелова представила доклад Президиуму. По данным комиссии, только за два года (1937—1938) было обвинено в антисоветской деятельности 1 548 366 человек и 681 692 из них были расстреляны. Из 1966 делегатов XVII съезда партии было арестовано 1108 и расстреляно 848. Даже те высшие советские руководители, у многих из которых руки были по локоть в крови, были потрясены открывшейся им бездной преступления и человекоубийства. Микоян вспоминал: «Хотя многое мы знали, но всего того, что доложила комиссия, мы, конечно, не знали. А теперь это все было проверено и подтверждено документами» (*В.П. Наумов*. К истории секретного доклада Н.С. Хрущева на XX съезде КПСС). Хрущев опять поставил вопрос: поделиться ли этими фактами с делегатами съезда или утаить их? И как оценивать Сталина? Молотов настаивал на том, чтобы вывести Сталина из-под удара: «Тридцать лет партия жила и работала под руководством Сталина, осуществила индустриализацию страны, одержала победу в войне и вышла после ее окончания великой державой». Лазарь Каганович, чей брат покончил с собой из-за угрозы ареста в 1937 г., колебался: «Мы несем ответственность, но обстановка была такой, что мы не могли возразить». Он боялся развязать «стихию на съезде».

Споры шли только о том, как оценивать действия Сталина после 1934 г. До этого, выразил общее мнение Микоян, Сталин, несмотря на недостатки и ошибки, «вел себя героически». В конце концов Молотов, Каганович, Маленков и Ворошилов выступили против доклада на съезде. Микоян, Булганин, Шверник, Кириченко, Пономаренко, Первухин, Шепилов, Сабуров и Аристов выступили за доклад. Хрущев заявил, что будет делать доклад, но обещал «не смаковать» прошлое (Президиум ЦК КПСС. Т. 1. С. 99—103.) Свое обещание Первый секретарь не выполнил.

Литература

Е.Ю. Зубкова. Послевоенное советское общество. Политика и повседневность. М., 2000.

Советское общество: будни холодной войны / Под ред. В.С. Лельчук. М.; Арзамас: ИРИ РАН – АГПИ, 2000.

М.Р. Зезина. Советская художественная интеллигенция и власть в 1950–1960-е годы. М., 1999.

В.П. Наумов. К истории секретного доклада Н.С. Хрущева на XX съезде КПСС // Новая и новейшая история. 1996. № 4.

Ю.В. Аксютин, А.В. Пыжиков. Постсталинское общество: проблема лидерства и трансформация власти. М.: Научная книга, 1999.

5.1.7. Борьба с русской политической эмиграцией

В связи с умножающимися в канун войны успешными и безуспешными переходами границ СССР молодыми членами НТС советская власть обратила на организацию внимание и включила ее в список своих активных врагов. Политика «третьей силы», то есть борьба против Сталина и против Гитлера, побудила и гестапо к активным действиям против НТС в 1941–1945 гг. Десятки членов организации были расстреляны или оказались в немецких концлагерях.

После окончания войны НТС с удвоенной энергией принялся за борьбу с советской властью. К концу пятидесятых годов Союз остался практически единственной активной русской антисоветской политической организацией, что и объясняет растущее противодействие со стороны КГБ.

Начиная с конца сороковых годов и до самого падения советской власти были проведены десятки операций КГБ против НТС. Как теперь выясняется на базе архивных данных, продолжая разработанную Сталиным политику, Хрущев дал распоряжение любыми средствами прекратить деятельность Народно-трудового союза. В этом отношении основную роль должен был играть КГБ, располагавший богатым арсеналом методов борьбы и преданными сотрудниками. Главной задачей было поставлено либо похищение ответственных руководителей организации с их дальнейшим использованием в качестве заложников, либо хотя бы их физическое уничтожение.

Летом 1948 г. в предместье немецкого города Лимбурга-на-Лане была проведена попытка похищения супруги руководителя закрытой работы НТС Георгия Сергеевича Околовича для дальнейшего шантажирования организации. Попытка провалилась. В брошенной машине были найдены шприцы и усыпляющее средство.

Три года спустя в Рункеле-на-Лане планировалось похищение самого Околовича. Операция снова провалилась благодаря предупреждению, поступившему от друзей НТС из советской зоны Германии. Три разоблаченных и арестованных восточно-германских агента тоже располагали автомобилем и набором усыпляющих препаратов.

Неудачи нисколько не снизили активность руководства КГБ. Директивы были ему даны Политбюро безотлагательные, и чекистам следовало пытаться их выполнять любыми способами. Кроме того, каждая новая попытка повышала профессиональный уровень исполнителей. Некоторые операции все же им удавались. Так, в сентябре 1947 г. был похищен в Берлине член НТС Юрий Трегубов, приговоренный затем к длительному заключению в концлагере и освобожденный восемь лет спустя как немецкий гражданин. Он написал ныне изданную в России книгу «Восемь лет во власти Лубянки».

1954 г. был отмечен несколькими попытками завлечь оперативных работников НТС в умело расставленные сети КГБ. Так, в мае месяце был похищен в Австрии член НТС В. Треммель, а в конце года три члена организации в Потсдаме и в Бранденбурге.

13 января 1954 г. провалилась очередная попытка убийства Околовича. В начале 1954 г. его физическое уничтожение было поручено, с санкции Политбюро, капитану МВД Николаю Хохлову, уже исполнявшему во время войны опасные задания по ликвидации немецкого руководства на оккупированных территориях СССР. Для отвода глаз он должен был сперва провести время в Румынии, а затем лететь в Вену с поддельными документами. Группа сообщников с тайным, мастерски сконструированным оружием должна была приехать на машине из ГДР. Однако, по настоянию своей жены, которой он раскрыл часть задания, Хохлов решил от него отказаться. Он явился на квартиру к Околовичу и сообщил, что должен его убить. В ответ услышал: «Присаживайтесь, чаю хотите?» Оба стали думать, как выйти из такого положения. Обойти американские оккупационные власти было невозможно, и Хохлову пришлось идти на их условия, то есть выступать на шумной пресс-конференции, ставя под удар жену и сына. Хохлов также сообщил, что КГБ разработал план физического уничтожения «не в меру политически активного» старого Александра Керенского. Оглашение этого плана заставило, видимо, КГБ отказаться от его осуществления.

Николай Евгениевич Хохлов родился в 1922 г. в Нижнем Новгороде. В сентябре 1941 г. в Москве был призван в формировавшийся истребительный батальон НКВД и затем направлен в разведывательную школу. Неоднократно перебрасывался в немецкий тыл для участия в спецоперациях на оккупированных территориях. Участвовал в подготовке убийства генерального комиссара Белоруссии СС группенфюрера Вильгельма Кубе (27 сентября 1943 г.). После 1945 г. служил во внешней разведке, учился в Московском государственном университете. Капитан МВД (1953).

В 1953 г. 9-м спецотделом МВД СССР (с 1954 г. – 13-й отдел Первого Главного управления КГБ при СМ СССР) готовился к переброске в Западную Германию для убийства по решению Президиума ЦК КПСС участника Белого движения на Юге России и руководителя «закрытого сектора» НТС Околовича, в годы войны возглавлявшего деятельность НТС на оккупированных территориях Советского Союза. Готовился к операции известными чекистами, специализировавшимися на физическом уничтожении врагов Коммунистической партии за рубежом: генерал-лейтенантом П.А. Судоплатовым и генерал-майором Н.И. Эйтингоном. 13 января 1954 г. рейсом «Аэрофлота» вылетел в Вену для проведения спецоперации. Еще в период подготовки в Москве, под влиянием жены и мучительных размышлений, решил отказаться от выполнения полученного задания. Для такого решения, с учетом всех специфических особенностей атмосферы, в которой жил советский человек, требовалось большое гражданское мужество. Тем более в Москве у Хохлова осталась семья – мать, жена Янина и маленький сын.

18 февраля 1954 г. во Франкфурте-на-Майне явился домой к Г.С. Околовичу и рассказал детали операции, затем выдал сотрудникам американской разведки приданную ему в помощь группу немецких коммунистов (Ф. Куковича и Ф. Вебера), спецсредства и оружие и попросил политического убежища на Западе. 22 апреля 1954 г. выступил на международной пресс-конференции с разоблачительными заявлениями. Член НТС в 1954–1975 гг. В СССР приговорен к смертной казни в 1954 г. Жена и сын Хохлова были высланы из Москвы. Свою драматическую эпопею описал в автобиографической повести «Право на совесть» (Франкфурт-на-Майне, 1957), пользовавшейся большой популярностью на Западе в 1960-е гг.

15 сентября 1957 г. во Франкфурте-на-Майне во время конференции общественно-политического еженедельника «Посев» советским агентом был отравлен радиоактивным таллием – американские врачи с трудом спасли ему жизнь, но следы отравления остались навсегда. В 1960-е гг. служил в Южном Вьетнаме советником по подготовке «коммандос» для операций на территории коммунистического Северного Вьетнама, затем работал профессором психологии в одном из американских университетов. Н.Е. Хохлов посетил Россию после крушения власти КПСС в августе 1991 г. и встретился с взрослым сыном. Жизнь Николая Евгеньевича Хохлова – исторический пример драмы советского человека, вынужденного делать мучительный выбор между верностью антихристианской системе и совестью. Предполагал издать в России свои воспоминания. Хохлов умер 17 сентября 2007 г. в Сан-Бернардино (Калифорния, США).

13 апреля 1954 г. на квартире у немецкого провокатора Глезке в Западном Берлине, был похищен председатель Комитета помощи российским беженцам Александр Рудольфович Трушнович. Несмотря на широкую кампанию в западных СМИ, советская сторона не признала, что доктор Трушнович в ее руках. Лишь в 1992 г. пресс-центр Службы внешней разведки сообщил об обстоятельствах гибели Трушновича, который был задушен при сопротивлении во время его перевоза в Восточный Берлин. Тело его было закопано в одном из восточногерманских лесных массивов.

Попытки похищений и убийств продолжались еще до конца пятидесятых годов. Так, 29 декабря 1955 г. из Восточной зоны Германии был послан молодой агент Вильдпретт с задачей убийства председателя НТС В.Д. Поремского. Но агент сдался немецкой полиции и раскрыл подробности планируемой операции.

Одновременно КГБ предпринял несколько террористических действий с целью запугать немецкое население и побудить его требовать запрета деятельности НТС. Летом 1958 г. был взорван двухэтажный дом в пригороде Франкфурта Шпрендлингене, в котором жили семьи работников радиостанции «Свободная Россия». Дом развалился. К счастью, жертв не было. В июле 1961 г. ночью разорвалась бомба во дворе издательства «Посев» в центре города, и жители расположенных по соседству домов получили подметное письмо с предупреждением о дальнейших «операциях», если эмигрантов не выгонят. Издательству пришлось искать новое, хотя бы временное, убежище.

Между 10 и 13 июня 1963 г. в радиусе 170–700 метров от хорошо защищенного передатчика «Свободная Россия» взорвалось шесть бомб. Крестьяне, на участках которых они были заложены, получили «извинительное письмо» якобы от «дирекции радиостанции», что вызвало волну негодования, которую с большим трудом удалось успокоить.

Все послевоенные годы в советских СМИ проводилась яростная кампания против НТС, печатались сотни клеветнических статей, изображающих членов организации как пьяниц, наркоманов и развратников, выпускались даже целые книги. Свойственники Леонида Брежнева, как, например, Семен Цвигун, не гнушались уделять свое внимание «антинародной деятельности» Народно-трудового союза.

Начиная с 1965 г. было устроено в Москве несколько шумных процессов против иностранцев, захваченных при передаче литературы НТС советским гражданам. Цели организации не раскрывались, а ее курьеры, солидарные с русским освободительным движением и жертвенно ездившие в Россию для распространения некоммунистических идей, правды о недавнем прошлом и нынешнем положении страны, изображались как агенты иностранных разведок. Аналогичные процессы были организованы против отдельных представителей советской молодежи, обвиняемых в сотрудничестве с Народно-трудовым союзом, например москвичей Юрия Галанскова, Александра Гинзбурга, Александра Добровольского и Веры Лашковой.

Советской пропаганде пришлось признавать частичные успехи русских зарубежных центров и присутствие в СССР людей, поддерживающих с ними контакт. Тем самым весь многогранный набор применяемых КГБ «методов работы» оказался тщетным, и борьба русского зарубежья против коммунистической диктатуры на родине продолжалась до падения коммунизма в России.

Литература
НТС. Мысли и дело. М.: Посев, 2000.

5.1.8. XX съезд и развенчание Сталина Хрущевым. Большевицкий ренессанс: «Назад к Ленину!»

В регламенте съезда КПСС, открывшегося в Москве 14 февраля 1956 г., не было упоминания о докладе по Сталину. Большой шум среди делегатов съезда, в том числе иностранных коммунистов, произвел доклад Микояна, где он впервые критиковал «культ личности» Сталина. Большинство делегатов осуждало оратора. Когда съезд уже завершился и были переизбраны руководители партии, делегатам объявили, что 25 февраля утром состоится дополнительное закрытое заседание, без приглашенных и без иностранных коммунистов, «о культе личности».

Хрущев избрал такой сценарий лишь в последний момент и провел его на пленуме партии за день до открытия съезда. Его доклад «О культе личности» не был обсужден с остальными членами Президиума ЦК. Это была комбинация доклада Поспелова и экспромта самого Первого секретаря. В своем докладе Хрущев вышел за рамки «большого террора» 1930-х гг. Он давал оценку, эмоциональную и часто фактически неточную, роли Сталина в войне и в послевоенное время. В докладе, по заключению историка Р. Пихоя, было «много от страха перед Сталиным, от того соперничества между советскими лидерами, которое проявилось в последние годы жизни Сталина». При всей сумбурности и эмоциональности, Хрущев был последователен в одном — он стремился «возложить вину за все плохое в прошлом на Сталина и Берию и тем самым реабилитировать Коммунистическую партию, реабилитировать идеи социализма и коммунизма».

Доклад вызвал последствия поистине исторического масштаба. Хрущевская атака на Сталина повергла коммунистическую номенклатуру в шок. Она вызвала раскол в сознании, разбила капище сталинского культа. Вскоре после съезда Президиум постановил «ознакомить с докладом всех коммунистов и комсомольцев, а также беспартийный актив рабочих, служащих и колхозников». В итоге с отпечатанным текстом доклада (который разослали по парторганизациям и учреждениям с грифом «не для печати») ознакомилось около 7 млн членов КПСС и 18 млн членов ВЛКСМ и многие другие — почти всё взрослое население страны. Сцены шока, слез и — что было гораздо реже — радостного удовлетворения торжеством, пусть и относительным, правды повторялись тысячекратно по всей стране. В подавляющем большинстве случаев, как и на самом съезде, за докладом не следовало никакого обсуждения, и люди расходились. Гигантский пропагандистский аппарат коммунистического режима не получил никаких дополнительных инструкций и информации, кроме самого текста доклада. События застигли его врасплох.

Еще до чтения доклада Москва и другие города и области страны напоминали разворошенный муравейник. Множились слухи. Чтение доклада в университетах, школах, научных коллективах, творческих союзов спровоцировало бурю вопросов и обличительных речей. Многих не удовлетворило разведение Хрущевым Сталина и коммунизма, плохого и хорошего в прошлом. Вызывало недоумение, что Сталин оставался лежать в Мавзолее. В некоторых школах учащиеся срывали портреты Сталина. И среди «старых большевиков», и среди научной молодежи находились те, кто указывал на то, что дело не в Сталине, а в режиме. У сталинского террора было слишком много пособников и участников. На собрании в Теплотехнической лаборатории АН СССР, одном из объектов атомного комплекса, выступающие говорили: «Мы говорим о силе партии и власти народа; ее не было и нет. Мы со Сталиным пошли бы и к фашизму»; «Хрущев навалил нам великую кучу всяких фактов, а нам надо разбираться». Молодой ученый Юрий Орлов, выпускник МГУ, сказал: «Власть принадлежит какой-то кучке прохвостов... Наша партия пропитана духом рабства. Наш государственный и партийный аппарат завален такими людьми. Пресса состоит из проходимцев и приспособленцев. В лице госбезопасности мы вырастили такого ребенка, который бьет нас по морде». Орлова поддержала почти половина участников собрания.

В других случаях развенчание Сталина вызывало не столько гнев против покойного тирана, сколько массовый протест против развенчавших его властей. В Грузии 4—9 марта, еще до чтения в республике доклада Хрущева, разразилось народное восстание. Студенты и служащие требовали «реабилитации» вождя и отставки Хрущева и Микояна, создания нового правительства «во главе с товарищем Молотовым». Какой-то человек влез с бутылкой вина на постамент памятника Сталину, разбил о него бутылку и прокричал: «Пусть так же погибнут враги Сталина, как эта бутылка». Народ на площади неистовствовал. Особый гнев вызвало то, что доклад был распространен в Грузии в дни годовщины смерти Сталина. 9 марта в Тбилиси, Гори, Сухуми, Батуми строились баррикады из автобусов и троллейбусов, в демон-

РОССИЯ В ГОДЫ «МИРНОГО СОСУЩЕСТВОВАНИЯ» (1953–1985)

страциях участвовали сотни тысяч людей. Грузины негодовали на Хрущева и Микояна, считая, что они стремятся «обвинить весь грузинский народ» вместе со Сталиным. Восставшие пытались обратиться к Молотову, настаивали на реабилитации Багирова и избрании в ЦК КПСС сына Сталина, Василия. Они также взывали за помощью к китайцам, маршал Чжу Дэ тогда находился с визитом в Грузии.

Поздно вечером 9 марта срочно прибывшие из Москвы секретари ЦК КПСС Аристов и Суслов отдали приказ командующему Закавказским военным округом генералу Ивану Ивановичу Федюнинскому применить против демонстрантов войска. Иначе как по ленинско-сталински разбираться с народом большевики так и не научились, даже после XX съезда. Около полуночи первая кровавая стычка произошла у Дома связи. На проспекте Руставели народ попытался сражаться с войсками. В ход пошли охотничьи ружья, бутылки с зажигательной смесью, ножи. Солдат называли извергами, фашистами, гестаповцами. Раздавались крики «Смерть русским!», «Смерть армянам!» «Кровь за кровь!». К утру восстание было подавлено танками. Несколько десятков восставших были убиты при подавлении. По всей Грузии прокатились массовые аресты.

В Ставропольском крае Михаил Сергеевич Горбачев, проводивший там «разъяснительную работу» в роли комсомольского аппаратчика, обнаружил, к своему удивлению, что многие отказывались верить хрущевскому докладу. Сам личностный, эмоционально обличающий характер доклада вызывал у многих не поддержку, а недоверие. В сознании простых людей господствовала совершенно другая версия репрессий: мол, наказаны в 1930-х гг. Сталиным были те, кто притеснял народ. Вот им и отлились наши слезы. И это говорилось в крае, который прошел через кровавую мясорубку тех страшных тридцатых годов!

Хрущев знал о происходящем, но был уверен, что ему удастся овладеть ситуацией. В апреле 1956 г. было объявлено о подготовке пленума ЦК по «культу личности». Маршал Жуков готовил, по согласованию с Хрущевым, доклад, в котором подробно и критически разбиралась деятельность Сталина в годы войны. Хрущев и его сторонники рассчитывали, что разгром «культа» приведет к ренессансу «настоящего» коммунизма. Эта установка легла в основу постановления Секретариата ЦК от 27 марта 1956 г. о подготовке «популярного марксистского учебника» по истории КПСС. «Краткий курс истории ВКП(б)», на котором были воспитаны десятки миллионов коммунистов и советских граждан, был отвергнут как «чуждый марксизму».

На пьедестал лидера революции и мирового коммунизма, освобожденный Сталиным, вернули Ленина. Марксизм-ленинизм, было подчеркнуто в постановлении, остается «самым прогрессивным учением современности», и его сила в том, что он «постоянно развивается нашей партией, ее руководством, братскими коммунистическими и рабочими партиями, обогащается опытом коммунистического строительства, опытом социалистических преобразований в странах народной демократии, опытом международного революционного движения». Говоря кратко, новая коммунистическая установка гласила: *Ленин плюс мировой революционный опыт минус Сталин и его террор с 1934 по 1953 гг.*

Американцы достали копию доклада, и он был опубликован в мировой печати и использовался в радиовещании на страны Восточной Европы и СССР. Поскольку иностранные коммунисты некоторое время были не в курсе событий и отрицали наличие «секретной речи» Хрущева о Сталине, они оказались в ужасающем положении. В очередной раз руководство СССР своими руками всадило нож в спину международному коммунизму. На совещании коммунистических партий в Москве 22—26 июня 1956 г. главы режимов Восточной Европы и лидеры западных компартий настаивали на сворачивании критики «культа личности» или, по крайней мере, на «теоретических разъяснениях», как такой культ мог возникнуть в «первой стране победившего социализма». Мао Цзэдун в Китае, Ким Ир Сен в Корее и Энвер Ходжа в Албании затаили ненависть к Хрущеву.

Давление извне и нарастание брожения в самой России вынудило Хрущева отменить апрельский пленум по Сталину. 30 июня 1956 г. ЦК выпустило постановление, в котором, к радости партийных пропагандистов, указывались рамки критики. Террор и преступления сталинского режима оправдывались «историческими условиями», прежде всего «враждебным окружением» и назревающей войной. Подчеркивалось, что борьба с оппозициями в партии, а также коллективизация и ведение войны относятся к заслугам покойного вождя. От радикализма доклада в постановлении не осталось и следа. ЦК издало грозное постановление, осуждающее «отдельные гнилые элементы» в Теплотехнической лаборатории.

События, однако, подтвердили, что Хрущев выпустил «джинна из бутылки». Раны, нанесенные развенчанием Сталина мировому коммунизму и идеологии советского режима, оказались глубокими и неизлечимыми.

Литература
Р.Г. Пихоя. Советский Союз. История власти. М.: РАГС, 1998.
Михаил Горбачев. Жизнь и реформы. Кн. 1. М.: Новости, 1995.

5.1.9. Польская и венгерская революции 1956 г. и русское общество

В 1954—1955 гг. общественное недовольство в странах Восточной Европы продолжало нарастать. Напуганные восстанием в Восточной Германии, советские лидеры в 1954 г. подталкивали коммунистические режимы в Восточной Европе к реформам. К примеру, в 1954 г. Президиум ЦК направил письмо лидерам Чехословакии и предложил «незамедлительно вплотную заняться вопросами улучшения снабжения населения» (Президиум ЦК КПСС. Т. 1. С. 92). Но большая часть руководства этих стран, занятая борьбой за власть, была неспособна на обновление курса. В Венгрии вернулся к власти ненавидимый народом Ракоши. В Польше оставались у руля твердокаменные сталинисты — Берут, Берман и Минц.

«Шоковая терапия» XX съезда оказалась для этих групп убийственной. Берут умер в Москве сразу после съезда, и в коммунистическом руководстве Польши началась грызня. 28—29 июня 1956 г. вспыхнуло восстание рабочих в польском городе Познань. По уже установившейся в коммунистических странах методике диалога с недовольным народом, польские войска вошли в город и открыли огонь: было убито 70 человек, ранено около 500. В Москве это восстание, как водится, объяснили происками западных спецслужб. Политический кризис обострился. Польские лидеры запросили у Москвы срочной помощи продовольствием и деньгами, а также отсрочки уплаты кредитов. Реформистская часть правившей ПОРП (Польской объединенной рабочей партии) считала, что нужно вернуть в руководство Владислава Гомулку, исключенного за «правый уклон» в 1948 г. и находившегося несколько лет в заключении. Тот же Гомулка стал знаменем польской оппозиции режиму, в немалой степени потому, что он был этнический поляк, в отличие от других лидеров ПОРП — евреев. 12 октября Гомулка вошел в Политбюро ПОРП. Через неделю был намечен пленум ЦК ПОРП, где, по всем данным, Гомулку должны были избрать новым лидером.

Польские руководители, испытывая давление народного движения, демонстрировали независимость от Москвы и не пригласили советскую делегацию на пленум. Также без консультаций с Москвой польское руководство начало разговоры о том, что министр обороны Польши маршал Константин Рокоссовский должен вернуться на свою «родину» в Советский Союз. Микоян вспоминал: «Особенно нас поразило не то, что внутри Польской рабочей партии пошел разброд, а то, что руководство во главе с Охабом повернулось к нам спиной. Если спиной к нам, то лицом к Западу, другого выхода не может быть. Это было большой угрозой для нас». Нависла угроза удаления советских войск из Польши, что значило бы обрушение всей советской империи в Восточной Европе.

Импульсивный Хрущев, в сопровождении других членов Президиума и военных, прилетел в Варшаву без приглашения. Увидев на аэродроме, что Рокоссовский стоит отдельно от польских руководителей, Хрущев взорвался и обрушился на польских коммунистов с угрозами. Забыв о «плане» найти компромисс с поляками, он угрожал: «Решайте сами, но мы хотим посмотреть, в какую сторону вы хотите решать, мы не можем оставаться в стороне. Наши войска стоят в Германии, они опираются на коммуникации в Польше, а вы можете повернуть в сторону Запада». Советские войска по приказу Хрущева начали приближаться к польской столице. Гомулка и другие лидеры ПОРП убеждали советских руководителей, что они не собираются выходить из Варшавского договора. Но при этом требовали убрать из Польши многочисленных советских советников, сидевших во всех министерствах, а также Рокоссовского. После острого обмена репликами Хрущев и Гомулка несколько успокоились и начали обсуждать польские претензии к СССР. Хрущев даже отменил приказ маршалу Коневу выдвигаться в сторону польской столицы. Обсуждая ситуацию между собой, Хрущев, Микоян и Булганин заключили: «Гомулка — искренний человек, хотя и обозлен, немножко националист, но коммунист, который не продастся капиталистам».

Вместе с тем ряд советских лидеров и военные продолжали рассматривать возможность вооруженной интервенции. Уже вечером после возвращения делегации члены Политбюро, а также глава КГБ Серов и министр обороны Жуков собрались в особняке Хрущева на Ленинских (Воробьевых) горах.

> Микоян вспоминал: «Лежу в ванне. Стучит мой сын, что звонит генерал Серов и просит, по поручению т. Хрущева, прибыть на совещание в дом». По дороге в дом Хрущева Микоян увидел нескольких членов Политбюро, которые, стоя в саду, возбужденно «говорили, что надо принять меры военного характера, что дела в Польше идут плохо, неизвестно, как повернется дело. Я стал возражать: почему обсуждаем так втихую, в саду, заседание это или что?» – Из диктовки А.И. Микояна 28 мая 1960 г.

Пока кремлевское руководство судило и рядило о Польше, 23 октября вспыхнула народная революция в Венгрии. Студенты, интеллигенция, рабочие Будапешта и других венгерских городов вышли на улицы, требуя привести к власти Имре Надя и убрать ненавистную группу сталинистов. И хотя Ракоши под давлением из Москвы уже ушел в отставку и страной правил его «правая рука» Эрне Гере, это не предотвратило взрыв недовольства. В ответ на угрозы Гере к студентам присоединилась полиция Будапешта и части венгерской армии. Демонстрации перерастали в вооруженное восстание. Народ свалил памятник Сталину, и его отвезли к советскому посольству и бросили перед ним. По всей Венгрии жгли портреты Сталина, Ракоши, Гере, из национальных венгерских флагов вырезали красную звезду, которая появилась на венгерском триколоре вместо королевского герба в 1949 г. Восставшие заняли радиокомитет, телефонную станцию, редакции основных газет, в том числе и партийного официоза «Сабад Нэп». Среди правителей Венгрии началась паника. В ночь на 24 октября ЦК правящей прокоммунистической Венгерской партии труда назначил премьер-министром Надя и одновременно обратился к руководству СССР с просьбой ввести в Будапешт советские войска. На свои вооруженные силы венгерские коммунисты положиться не могли — по всей Венгрии в войсках возникли «революционные антикоммунистические комитеты», которые и взяли на себя руководство вооруженными силами.

Внимание Кремля переключилось с Польши на Венгрию. Президиум ЦК отдал приказ советским войскам, дислоцированным в Венгрии, войти в Будапешт для наведения порядка. Ответом было вооруженное сопротивление народа и частей венгерской армии, расценивших ввод войск как покушение на независимость страны. Будапешт, едва восставший из руин войны, стал 24 октября опять местом кровопролитных боев. Погибло, по советским данным, 600 венгров и 350 советских солдат (Президиум ЦК КПСС. Т. 1. С. 971). «Кровавый четверг» в Будапеште вызвал антикоммунистическое восстание по всей Венгрии.

Напуганные правители сняли с поста руководителя ВПТ Гере и назначили на этот пост Имре Надя (немало посидевшего в тюрьме при Ракоши за «правый уклон»). Надь отдал венгерским войскам приказ не выступать против беспорядков. Он называл происходящее «национально-демократической революцией». 28 октября это определение было официально принято и руководством ВПТ.

Кремлевская правящая группа столкнулась с серьезной угрозой советскому блоку в Восточной Европе и всей новой внешнеполитической стратегии. По всему миру шли протесты против советской интервенции. Среди советских союзников не было единства: китайские и польские руководители считали, что Кремль действует в духе «великодержавного шовинизма». Против Москвы работала и история — память о подавлении войсками царской России польских восстаний 1830 и 1863 гг., а также венгерской революции 1848—1849 гг. Даже между советскими руководителями были разногласия. Микоян и Суслов, специальные эмиссары Президиума ЦК в Венгрии, рекомендовали вывести войска и признать правительство Имре Надя. Посол Юрий Владимирович Андропов стоял за подавление восстания военной силой.

28 октября руководство ВПТ обратилось к руководству КПСС с просьбой вывести советские войска из Будапешта и объявило народу о победе национально-демократической революции. Органы госбезопасности объявлялись распущенны-

ми, а вооруженным отрядам восставших присваивалось звание частей национальной венгерской армии.

На совещании Президиума 29 октября Хрущев признал, что воевать с венгерским народом нельзя, надо готовить Обращение к населению. Жуков, Маленков, Шепилов, Сабуров и даже Каганович стояли за вывод войск. В тот же день по решению Президиума советские войска начали уходить из Будапешта, но не из страны. Советские танки впредь до дальнейших указаний занимали позиции вокруг венгерской столицы.

29 октября вечером революционная толпа и части венгерской армии штурмом взяли горком ВПТ, разгромили здание и расправились с его немногочисленными защитниками и не успевшими сбежать функционерами. На следующий день Имре Надь объявил о роспуске ВПТ и об отмене однопартийной системы. В то же время лояльный Москве Янош Кадар возглавил обновленную ВПТ, которая теперь называлась Венгерская социалистическая рабочая партия (ВСРП).

30 октября советское руководство обсуждало, что делать дальше со сталинской империей. Шепилов говорил о «кризисе наших отношений со странами народной демократии» и признавал, что «антисоветские настроения широки». Сабуров заметил: «На XX съезде сделали хорошее дело, но затем не возглавили развязанную инициативу масс. Нельзя руководить против воли народа». Президиум принял Декларацию о новых, равноправных принципах отношений между СССР и другими членами Варшавского договора, которая была передана по радио и опубликована в печати. (Президиум ЦК КПСС. Т. 1. С. 190.)

Однако уже на утро следующего дня ситуация изменилась. В ночь на 30 октября Израиль атаковал Египет, а 31 октября в войну с Египтом вступили французские и английские войска. Франция и Великобритания добивались свержения режима Насера и отмены его решения о национализации Суэцкого канала. Советское руководство выступило в защиту Египта. Рабочая запись Президиума донесла до нас мнение Хрущева: «Пересмотреть оценку. Если мы уйдем из Венгрии, это подбодрит американцев, англичан и французов — империалистов. Они поймут это как нашу слабость и будут наступать. Нас не поймет наша партия. К Египту им тогда прибавим Венгрию. Выбора у нас другого нет» (Президиум ЦК КПСС. Т. 1. С. 191). К тому же, посол Андропов сообщал из Венгрии о народных расправах с сотрудниками госбезопасности и коммунистами. Тысячи агентов тайной полиции и партийных функционеров были убиты восставшими. Из тюрьмы в ночь на 31 октября был освобожден глава Католической Церкви Венгрии кардинал Йожеф Миндсенти, отказавшийся в свое время подписать конкордат (соглашение) с коммунистическим режимом и проведший за это восемь лет за решеткой. Кардинал обвинил Надя в том, что тот участвовал в утверждении коммунистического режима в Венгрии, и заявил, что место Надя на скамье подсудимых, а не во главе правительства. Кардинал Миндсенти выдвинул свою программу — независимая Венгрия, объединенная христианской верой и уважением к принципу собственности. Вокруг кардинала стал быстро формироваться правый центр восстания.

В Будапешт через вновь открытую границу с Австрией ринулись венгерские эмигранты, часто с оружием в руках, западные наблюдатели и корреспонденты. Среди въехавших в эти дни в Венгрию были и русские эмигранты. Радио «Свободная

Европа», финансируемое США, призывало повстанцев бороться за национальную независимость от Советского Союза до конца. 31 октября Имре Надь объявил, что Венгрия выходит из Варшавского договора и объявляет себя нейтральным государством. Хрущев испугался, что вслед за этим весь советский блок рассыплется, как карточный домик.

Решившись на интервенцию, лидеры Кремля хотели осуществить ее, заручившись круговой порукой других «социалистических стран». К их удивлению, Гомулка, Тито и Мао Цзэдун целиком поддержали советское решение. Восторжествовала солидарность коммунистических лидеров перед лицом общей угрозы — народного восстания. 4 ноября советские армии под командованием маршала Ивана Конева перешли советско-венгерскую границу и начали операцию «Вихрь». Одновременно Кадар выступил с заявлением по радио, в котором призывал венгров выступить против контрреволюции и за независимость страны от западных империалистов. Он полностью солидаризировался с Москвой. Бои в Будапеште продолжались до 11 ноября, а в некоторых местах Венгрии и до начала 1957 г.

Всего за время боев в Венгрии с советской стороны погибло 720 человек, было ранено 1540. Погибли примерно три тысячи венгров, прежде всего молодежь и подростки. На границах Венгрии встали советские танки, но почти 200 тысяч венгров успели бежать на Запад. В Москве было сформировано «рабоче-крестьянское правительство» во главе с Яношем Кадаром, которое объявило революцию «контрреволюцией» и начало террор против ее участников. КГБ провел успешную операцию, которой руководил лично И. Серов, по аресту И. Надя и членов его правительства. Имре Надь, получивший убежище в югославском посольстве, вышел из него под гарантию Андропова, чтобы выехать в Югославию, но на границе с Румынией советские агенты его арестовали. Кардинал Миндсенти до 1971 г. укрывался в посольстве США, когда, наконец, ему было дозволено выехать в Ватикан. Там он умер в 1975 г., написав интересные воспоминания о своей жизни.

Имре Надь и члены его кабинета были переданы в руки Кадара и в июне 1958 г., после закрытого «суда», убиты. Всего по приговорам судов убито было 229 человек, а более 30 тысяч прошли через тюрьмы и ссылки. В 1958 г., после казни Надя, была проведена широкая амнистия среди осужденных за события 1956 г.

Венгерская революция и способы ее подавления нанесли сильнейший моральный и политический удар по идее коммунизма. Даже в лагере «нейтралистов» и «попутчиков» подавление революции вызвало пересмотр прежних позиций.

Революции в Польше и Венгрии вызвали большой резонанс в СССР. Осенью 1956 г. в университетах и иных высших учебных заведениях Москвы, Ленинграда и других российских центров нарастало студенческое брожение. Студенты стремились установить «прямую демократию» в низовых комсомольских организациях, избирали своих лидеров, вывешивали стенные газеты, свободные от цензуры, вели бурные дискуссии о свободе культурной и научной жизни. Особенно остро стоял вопрос о культе личности. Некоторые студенты, молодые интеллектуалы, и писатели — Константин Паустовский, Владимир Дудинцев — открыто говорили, что в СССР правит новый бюрократический класс, который презирает народ и губит русскую культуру. Многие студенты учили польский язык, чтобы больше узнать о польских событиях. Вторжение в Венгрию вызвало острые споры.

В Ленинграде группа студентов собиралась устроить на площади Искусств митинг солидарности с венграми.

КГБ доносило об этом партийному руководству. Хрущев и его коллеги знали, что интеллектуалы и студенты сыграли роль детонатора венгерской революции. Они всерьез опасались, что нечто подобное может произойти в Москве. В течение ноября КГБ начало проводить аресты среди студентов. 6 декабря группу писателей, членов партии, вызвали в ЦК и приказали им перестать «мутить воду». 19 декабря ЦК разослал всем партийным и комсомольским организациям секретную директиву о «срыве махинаций антисоветских вражеских элементов». Эта директива стала основанием для разгрома студенческого движения. (Президиум ЦК КПСС. Т. 1. С. 202, 212, 979–980, 984.) Тысячи студентов были отчислены или распределены в дальние уголки страны. 2500 студентов, а также рабочих и крестьян были арестованы и осуждены за «контрреволюционную деятельность». Между тем большая часть осужденных студентов считала себя «истинными марксистами» и «социалистами», хотя и осуждала партийную диктатуру.

Небезучастным к венгерским событиям осталось и российское зарубежье. Во всех западных странах состоялись митинги протеста и сочувствия венгерским революционерам. Наиболее активной организацией в этом отношении вновь был Национально-трудовой союз российских солидаристов. Своей главной задачей он счел разъяснение советским войскам в Венгрии того, что там на самом деле происходит, и призывал их не стрелять в восставших, а брататься с ними и посильно поддерживать их.

25 и 26 октября литература НТС на русском и венгерском языках была срочно отпечатана и всеми доступными средствами распространена в Венгрии. Члены организации начали устанавливать контакты с венгерскими борцами за свободу и через них продвигали свое слово к армии и народу.

Подвергавшаяся усиленному глушению радиостанция НТС «Свободная Россия» перешла на круглосуточную работу и начала передавать четыре программы в день на разных волнах. Давалась информация о происходящем, обращения и призывы, практические советы по методам привлечения российских людей к содействию и инструкционные указания для советских солдат и офицеров.

Исполнительное бюро Совета НТС выпустило обращение «Ко всем гражданам Советского Союза», а также обращение «Братья венгры» на венгерском и русском языках. Это обращение передавалось в понедельник 29 октября по-венгерски сетью государственных французских радиостанций.

Текст обращения Исполнительного бюро Совета НТС

Братья венгры!

Мы приветствуем ваше восстание. Вместе с нашим народом мы боремся за те же идеалы, что и вы: за идеалы христианства, свободы, справедливости, демократии.

Ваша героическая борьба найдет отклик и в других порабощенных странах, в том числе и в России. Поднятое в Будапеште знамя борьбы за свободу увидят и в Москве.

Вашими руками разрушены мифы, которыми коммунистическая диктатура пытается обмануть наш народ. Миф о том, что народы хотят коммунизм. Миф о том, что марксистско-ленинское учение победоносно шествует по всему миру.

> Сейчас коммунистическая пропаганда в нашей стране пытается представить ваше восстание как дело рук «кучки контрреволюционеров», но мы доведем до сведения наших соотечественников правду о вашем восстании и его политическом значении; мы будем указывать на ваше восстание как на достойный пример.
>
> Ваши призывы о поддержке и солидарности будут нами доведены, всеми нам доступными средствами, до сведения друзей свободы по обе стороны «железного занавеса».
>
> Ваши коммунистические диктаторы призвали, а наши – послали русских солдат и офицеров подавлять восстание. Вся вина и весь позор за это преступление ложится на коммунистическую власть, которую мы, русские, ненавидим так же, как и вы.
>
> Призывайте наших солдат и офицеров переходить на вашу сторону!
>
> ДА ЗДРАВСТВУЕТ СВОБОДНАЯ ВЕНГРИЯ!
>
> ДА ЗДРАВСТВУЕТ СВОБОДНАЯ РОССИЯ!

В эти же дни Совет НТС и все его заграничные группы были призваны в своих странах содействовать любым мероприятиям, которые будили бы совесть свободного мира и способствовали борьбе венгерского народа. Перед западными странами НТС выступил как антикоммунистическая организация, защищающая честь, достоинство и волю к свободе не только венгров, но и всех народов России, также порабощенных коммунистической властью.

Кроме того, НТС принял участие в оказании медицинской помощи раненым борцам за свободу и направил медикаменты в распоряжение революционных комитетов в Венгрии. Берлинский Комитет помощи российским беженцам имени похищенного в Берлине доктора Трушновича послал в Венгрию автобус с лекарствами и продовольствием.

Председатель Комитета О.А. Красовский, сопровождавший автобус, затем рассказывал о первых минутах, проведенных в Венгрии: «Навстречу нашей машине быстрыми шагами шел человек... с повязкой на рукаве и осязаемой кобурой револьвера... Он был членом ревкома близлежащего города, знал, кто мы и почему стремимся в Венгрию. Крепко и долго пожимал нам руки, благодарил за помощь, благодарил от имени своего народа...»

НТС обратился также в Международный Красный Крест в Женеве по вопросам правовой защиты советских солдат и офицеров, перешедших на сторону революции и вынужденных в ходе дальнейших событий уйти на Запад. Со своей стороны председатель НТС В.Д. Поремский обратился с телеграммой к президенту США генералу Эйзенхауэру и к президенту свободного Китая Чан Кайши с призывом поддержать венгерскую революцию.

НТС направил в восставшую Венгрию своих членов Георгия Околовича и Николая фон Шлиппе с целью установления контакта с революционными комитетами и передачи им специальной литературы для советских военнослужащих. По «настойчивой рекомендации» западных государств, опасавшихся «неприятностей» с Советским Союзом, участникам организаций, желавшим поддержать восставших, въезд в Венгрию категорически воспрещался. Таким образом, прорвавшаяся туда при очень рискованных обстоятельствах группа членов НТС была единственным представителем общественности западных стран. В маленькой легковой машине, загруженной до отказа антикоммунистической литературой, и встречаясь по пути с наступающими советскими танками, посланцы НТС, без знания венгерского языка, достигли все же поставленной цели и передали свой груз венгерскому ревкому.

В знак признательности за боевое товарищество один из членов венгерского ревкома передал приехавшим с литературой членам НТС венгерский флаг с разбитым древком, который был благополучно вывезен и водружен на почетном месте в штаб-квартире НТС во Франкфурте. Затем, в 1989 г., после свержения коммунистического режима в Венгрии, Роман Редлих и Фридрих Незнанский вернули его венграм на торжественной учредительной церемонии большого студенческого союза в Будапеште. Присутствовавшие при этом тысячи венгерских студентов стоя бурно приветствовали посланцев НТС.

Столь же активными были группы НТС в западных странах. Так, 5 ноября 1956 г. состоялся в Париже большой митинг протеста, созванный социалистической партией. Собралось около тысячи человек. Сперва раздавались крики: «Русские — убийцы!». Но очень скоро один французский участник, друг НТС, не вытерпел и, перекрывая толпу, закричал: «Русские не убийцы! Убийцы — Советы!» Его поддержал ведущий собрание, напомнив, что многие советские солдаты перешли на сторону венгерских революционеров. В ответ на это раздались крики «ура», сменившиеся выкриками: «Советы — убийцы!»

«После окончания бурного собрания его участники направились к зданию ЦК французской компартии. По дороге толпа возросла до 3 тысяч человек. В конце концов манифестация переросла в настоящее карательное шествие. Были разбиты витрины книжного магазина Центрального комитета и сожжена вся коммунистическая литература. Когда приехала полиция, было уже поздно.

На следующий день в 17:30 началась новая антисоветская демонстрация, устроенная французскими и венгерскими организациями. Общее число участников приближалось к 100 тысячам человек.

Хотя манифестация проводилась официально только французскими и венгерскими антикоммунистическими движениями, местному руководству НТС удалось добиться разрешения официально в ней участвовать. Таким образом группа в 25 представителей НТС, в 4 шеренги по 6 человек, с большим трехцветным русским флагом с надписью «За Россию!» примкнула к процессии. Непосредственно за ними двигалась группа венгерских студентов со своим флагом и многочисленные французские студенты с плакатами «Советы — убийцы!», «Тореза на фонарь!», «Свобода Венгрии!», «Распустить компартию!».

К членам НТС присоединялись по пути русские парижане с радостными приветствиями: «25 лет не видели русского флага на улицах Парижа!», «Пустите нас к себе! Наше место здесь, с вами!»

В Лондоне 26 октября члены НТС пикетировали здание советского посольства. Пикетчики носили на себе большие плакаты с лозунгами на английском языке: «НТС протестует против использования русских солдат для подавления революционного восстания в Венгрии».

7 ноября в Нью-Йорке у здания постоянной советской делегации в ООН состоялась массовая демонстрация, в которой приняло участие около 3 тысяч человек. Колонна российской эмиграции насчитывала до 600 человек. Над рядами русских

демонстрантов поднялись транспаранты с надписями: «Слава героическим венгерским повстанцам!», «Свободу Венгрии!», «Свободу России!». Головная группа русской колонны с национальным русским флагом впереди и криками «Ура!» рванулась к подъезду советской делегации, но была остановлена тремя рядами полицейских.

В Мельбурне (Австралия) в воскресенье 28 октября состоялся митинг протеста российской колонии, организованный НТС, СБОНР и РЦА. На митинг прибыла также делегация Венгерского национального объединения. Собрание было открыто представителем НТС О.В. Перекрестовым.

В Афинах местные антикоммунистические силы провели 7 ноября массовую пропагандистскую акцию, во время которой по всему городу было распространено 10 тысяч обращений от имени НТС к греческим друзьям с призывом поддержать борьбу русского и венгерского народов против коммунистической диктатуры.

Даже в Тайбее, на Тайване, состоялся митинг протеста, созванный китайскими антикоммунистами. Представитель НТС Роман Редлих сделал краткий доклад, который закончил словами: «Простой факт, что десятку дивизий под жесточайшим командованием понадобилось десять дней, чтобы овладеть Будапештом, говорит о многом». Факт этот говорил и о решимости венгров, и о нежелании советских солдат выступать в роли палачей чужой свободы.

Литература

В. Мусатов. Предвестники бури. Политические кризисы в Восточной Европе (1956—1981). М.: Научная книга, 1996.

А.С. Стыкалин. Прерванная революция: Венгерский кризис 1956 года и политика Москвы. РАН. Институт славяноведения; М.: Новый хронограф, 2003.

В. Козлов, С. Мироненко. Крамола. Инакомыслие в СССР при Хрущеве и Брежневе, 1953—1982. М.: Материк, 2005.

Исторический архив. 1996. № 3. С. 90—99.

5.1.10. Завершение борьбы за власть в Кремле и утверждение единоличной власти Хрущева

Кризисы 1956 г. дорого обошлись СССР. Кремлевское руководство пыталось, помимо «кнута» интервенции, использовать «пряник» — Польша и Венгрия получили многомиллиардную экономическую помощь, продовольствие и кредиты. В Президиуме ЦК КПСС Молотов, Каганович, Ворошилов и Маленков считали, что Хрущев своими непродуманными действиями и шараханьями поставил мировой коммунизм и Варшавский договор на грань развала. В январе 1957 г. во время визита китайских коммунистов в Москву Хрущев заявил, что Сталин должен быть примером для коммунистов, и «дай Бог, чтобы каждый коммунист умел так бороться, как боролся Сталин». Это разительное отступление от доклада на XX съезде только усугубило разброд и сумятицу среди коммунистов и в общественном мнении и еще больше подорвало репутацию Первого секретаря.

Соперники Хрущева решили этим воспользоваться. На заседании Президиума ЦК 18—21 июня 1957 г. подавляющее большинство членов Президиума, включая бывших сторонников Хрущева — Булганина, Первухина, Шепилова, Сабурова, приняло решение ликвидировать должность Первого секретаря, то есть отстранить Хрущева от власти. Он, однако, не сдался. На стороне Хрущева был Секретариат ЦК, армия и КГБ. Маршал Жуков пригрозил большинству Президиума, что армия за ними не пойдет и «ни один танк не тронется с места» без его команды.

Серов обеспечил созыв внеочередного пленума ЦК 22—26 июня. На нем Хрущев и его сторонники, используя секретные архивы, предали гласности причастность Молотова, Кагановича и Маленкова к расстрелам и пыткам членов ЦК в 1930-е гг. Чувствуя, что бой проигран, Булганин, Первухин и Сабуров публично раскаялись. В то же время Каганович, Маленков, Молотов и Шепилов не сдались. Каганович, взывая к партийному аппарату, состоящему в основном все еще из сталинских кадров, осуждал развенчание вождя: «Я воспринимаю с большой болью... Я любил Сталина». Молотов критиковал Хрущева за нарушение принципов коллективного руководства и грубые манеры. «Ноги на стол товарищ Хрущев положил», — резюмировал он. Большинство ЦК, однако, сочло, что противники Хрущева представляют больше опасности для них, чем сам Хрущев. В итоге Молотов, Каганович, Маленков «и примкнувший к ним Шепилов» были объявлены заговорщиками и «антипартийной группой». Хрущев не решился арестовать поверженных противников и даже не исключил их из партии. Первый секретарь сделал вид, что «простил» Булганина и Ворошилова, чтобы не признавать того, что против него было большинство Президиума. В течение нескольких лет, однако, он отправил их на пенсию. В Президиум пришли «верные» Хрущеву члены Секретариата, среди них Л.И. Брежнев, Ф.Р. Козлов, М.А. Суслов, Е.А. Фурцева и Г.К. Жуков.

В октябре 1957 г., опасаясь Жукова, которого уважали в армии и народе, Хрущев внезапно сместил его с поста министра обороны. Микоян рассказал Хрущеву о том, что Жуков создал, без согласования с ЦК, школу спецназа. В частности, в одну из задач бригад спецназа ГРУ входила ликвидация ракетных баз стратегического назначения предполагаемого противника. Подобные подразделения создавались и в войсках НАТО. На срочно созванном пленуме аппарат и коллеги Жукова, маршалы Соколовский, Конев, Рокоссовский, Малиновский, с готовностью помогали Хрущеву обливать Жукова грязью, обвиняя его в «бонапартизме», хамстве и произволе. **Родион Яковлевич Малиновский** (1898–1967), ветеран двух Мировых войн и Гражданской войны, стал новым министром обороны. В феврале 1958 г. Хрущев, убрав Булганина, занял пост Председателя Совета министров, сохранив при этом за собой высший партийный пост. В стране опять утвердилась власть одного лица, не имевшая сдержек и противовесов. Президиум ЦК утратил характер коллективного органа, где обсуждались и критиковались политические решения. За редкими исключениями, члены Президиума соглашались со всем, что предлагал Хрущев. Но ценой победы Хрущева стала его зависимость от партийного аппарата, который поддерживал его до той поры, пока это соответствовало его собственным интересам.

Литература
Молотов, Маленков, Каганович, 1957. Стенографический отчет об июньском пленуме ЦК КПСС и другие документы / Под ред. Н.А. Ковалевой, С. Короткова, С. Мельчина и др. М.: Международный фонд «Демократия», 1998.

У. Таубман. Хрущев. М.: Молодая гвардия, 2005.

Георгий Жуков. Стенограмма октябрьского (1957) пленума ЦК КПСС и другие документы / Под ред. В.П. Наумова, М.Ю. Прозуменщикова и др. М.: Международный фонд «Демократия», 2001.

5.1.11. Приоткрытие «железного занавеса». Контакты с внешним миром. Фестиваль 1957 года

После смерти Сталина «железный занавес» между Россией и окружающим миром начал приоткрываться. Особенно заметные перемены начались в 1955 г. Они были связаны с практикой «народной дипломатии», которая должна была, по мнению советского руководства, усилить новую внешнеполитическую стратегию, снизив страх перед коммунизмом в мире. Была дозволена переписка людей с родственниками за границей, прерванная в годы террора. Возобновился туризм, прекращенный в 1930-е гг. Была создана государственная компания «Интурист» с сетью отелей и гостиниц, отведенных исключительно для проживания иностранных туристов. В Москве, Ленинграде и других крупных городах России впервые с 1945 г. появились живые иностранцы. В качестве туристов впервые в Россию приехали русские эмигранты, уехавшие после революции и Гражданской войны.

В то же время советские граждане смогли поехать за границу в качестве туристов: в 1956 г. съездили полмиллиона, в 1957 г. уже 700 тысяч. Лишь 20% из них выезжали в «капиталистические страны», большинство ехали в страны Восточной Европы. Выехать можно было по-прежнему только самым благонадежным, по рекомендации партийных и профсоюзных органов и с разрешения КГБ. В первых рядах туристов была партийная номенклатура и члены их семей, а также привилегированные члены «творческой интеллигенции». Летом 1956 г. советский теплоход «Победа» (взятый по репарациям в Германии) совершил несколько круизов вокруг Европы. На нижних палубах ехали рабочие и служащие по профсоюзным путевкам. В каютах люкс ехала номенклатура, советские писатели и деятели искусств.

Правда, туристы отправлялись за рубеж под надзором «нянек» из КГБ, следивших за тем, чтобы не было недозволенных контактов. Перед отъездом с ними проводили инструктаж. Призывали игнорировать антисоветские провокации, избегать контактов с иностранцами, тем более пить с ними, заводить романы, ходить к ним домой без сопровождающего «товарища» и паче всего сторониться русских эмигрантов-«белогвардейцев». В советских посольствах в то время бытовала шутка: если хочешь быстро попасть на родину – пройдись перед посольством с русским эмигрантом.

Начался интенсивный «культурный обмен» с западными странами. В России начиная с 1955 г., гастролировали британские, американские, французские и итальянские театральные, оперные и танцевальные коллективы. Начались первые за десятилетия гастроли на Западе выдающихся русских исполнителей – Эмиля Гилельса, Мстислава Ростроповича, Галины Вишневской, Владимира Ашкенази, артистов Большого и Мариинского театров, танцевальных ансамблей. Когда Хрущев ехал за границу, вместе с ним ехали балерины, певцы и музыканты, чтобы создать ему «культурный фон». Русская культура, уже не в первый раз, оказалась в услужении советской внешней политики.

Табу, наложенное Сталиным в 1947 г. на научные и общественные контакты с внешним миром, рухнуло. Ученые получили возможность для профессиональных стажировок и работы за рубежом. Поехали за границу представители советских «общественных организаций» (профсоюзы, общества дружбы), ученые и инженеры, включая даже «невыездных» физиков-ядерщиков. Начались контакты между учеными-обществоведами. Журналисты и писатели получили возможность съездить в «творческие командировки» в Париж, Рим и Нью-Йорк. В учебных заведениях Москвы и Ленинграда появились молодые иностранные исследователи. Программы помощи для «братских» стран привели к тому, что десятки тысяч советских инженеров и других специалистов работали во второй половине 1950-х гг. в Китае, Египте, Индии и других странах.

Советское руководство считало, что «народная дипломатия», расширение контактов между общественными организациями и гражданами поможет размягчить антикоммунистические настроения на Западе. Отчасти это было так. Но приоткрытие «железного занавеса» еще больше меняло российское общество.

> Федор Бурлацкий, молодой работник журнала «Коммунист», вспоминал позже о своей поездке вокруг Европы на теплоходе «Победа»: «Я даю вам честное слово, что я этой поездкой был потрясен больше, чем XX съездом партии. Я увидел такую культуру, такой образ жизни, который нам не мог и во сне присниться. То, что Хрущев приоткрыл нам Запад, – это было колоссальное событие для всей страны» (*Лев Лурье, Ирина Малярова*. 1956 год. С. 111).

Выражая настроения части образованной молодежи, Евгений Евтушенко писал в 1955 г.: «Границы мне мешают. Мне неловко / не знать Буэнос-Айреса, Нью-Йорка. / Хочу шататься сколько надо Лондоном, / со всеми говорить, пускай на ломаном».

Разрушались пропагандистские мифы о том, что жизнь людей за рубежом, особенно в развитых капиталистических странах, ужасна и опасна. Напротив, становилось ясно, в какой нищете и убогости десятилетиями жили граждане «первого государства рабочих и крестьян». Вместо этого росло ощущение, что «там лучше». Коммунистическая номенклатура усвоила это в первую очередь. Ксенофобия, внедряемая Сталиным, обернулась у многих огромным любопытством перед всем «заграничным», а у некоторых — комплексом неполноценности. Вокруг иностранных туристов возник новый вид черного рынка — фарцовка, перепродажа иностранной одежды и товаров, которых не было в советской торговле.

Событием, изменившим лицо Москвы, стал Всемирный фестиваль молодежи, проходивший в июле – августе 1957 г. Это была кульминация «народной дипломатии», задуманной Кремлем. Подготовкой фестиваля руководил комсомол, были задействованы громадные людские и материальные ресурсы. В Москву приехали 30 тысяч молодых иностранцев со всего мира. Огромное любопытство и радушие москвичей поразили их. Фестиваль превратился в народный «карнавал», в котором участвовало до трех миллионов людей. Рухнули или были отменены многие табу. Город украсился множеством флагов всех наций — от флага Соединенных Штатов до флага Самоа, а не только красными. Символом фестиваля был «голубь мира» Пабло Пикассо, а не серп и молот со звездой, на выставках можно было увидеть невиданные дотоле абстрактные картины, на концертах услышать давно забытую «буржуазно-упадническую» эстрадную музыку.

Впервые со дня победы молодежь свободно танцевала на Красной площади и даже в Кремле. На площадях и улицах играли недавно запрещенный американский джаз, танцевали танцы, которые советская печать считала «развратными» и «буржуазными». Несмотря на комсомольский актив и КГБ, иностранцы «пошли по рукам», всем хотелось узнать из первых рук, какова жизнь за рубежом. Позже в Москве даже появились «дети фестиваля», плоды непродолжительных знакомств русских девушек с симпатичными иностранцами. Это было только начало нашествия иностранцев: в 1964 г. в СССР уже приехало 1 миллион 33 тысячи интуристов.

Литература
Алексей Козлов. Козел на саксе. М.: Вагриус, 1998.

5.1.12. Гуманизация советского строя, курс на повышение жизненного уровня населения, отмена деревенского рабства и репрессивного рабочего законодательства

Фестиваль продемонстрировал относительную гуманизацию советского строя. Под флагом «восстановления социалистической законности» продолжалась реабилитация. Были реабилитированы расстрелянные в 1937 г. четыреста крупных военачальников, в том числе М.Н. Тухачевский, И. Якир, Я. Гамарник. Вместе с тем Хрущев побоялся реабилитировать лидеров «оппозиций» — Н.И. Бухарина, А.И. Рыкова и других «правых», не говоря уж о Каменеве, Зиновьеве и Троцком.

В Кремле понимали, что становится все труднее оправдывать массовую бедность и нищету в СССР. Об этом говорили тысячи писем, некоторые из которых доходили до партийных властей.

> Рабочие Тарханов и Корнеев из г. Мурома писали Хрущеву в 1955 г.: «*Рабочему классу, который проживает в гор. Муроме и его районах, с каждым днем становится жить все труднее... Мы помним, что после войны мы досыта могли кушать черный хлеб. А что происходит теперь? Для того чтобы получить 2 кг хлеба, необходимо простоять в очереди 3 часа, и то при условии, что очередь надо занимать в 7 часов утра. Становится странным; судя по печати и по словам, мы сейчас вырабатываем продукции больше, чем после войны. Но куда же все девается, что ничего невозможно достать? Надо прямо сказать, что если Вы, как наши правители, не в состоянии обеспечить рабочих хлебом, то введите карточки...*»

> Из Ростова-на-Дону в анонимном письме говорилось: «*Прошло десять лет после окончания войны, но в дни войны нашему народу жилось лучше, чем сейчас. Около каждого продуктового магазина в очереди за эти несчастные полкило сахара или масла стоят по тысяче и более человек*».

> Голубев А.А, рабочий-монтажник из Челябинской области, писал: «*Почему мы (рабочие и крестьяне) в СССР живем в материальном смысле намного хуже, чем живет народ во многих народно-демократических странах и некоторых капиталистических*

странах? Наверное, виноваты во многом Вы лично, весь Центральный комитет и Совет министров — Вы плохо руководите и управляете страной, вы почти за сорок лет не сумели обеспечить народу хорошей жизни».

В.Ф. Мячин из Кировской области писал в январе 1957 г.: *«Когда это все кончится. В сороковой год Советской власти пьем чай без сахара. Обидно до слез, наши отцы отдали жизнь за революцию».*

Письма с мест возымели свое действие. Социальные программы, которые при Сталине обслуживали лишь «элиту», получили при Хрущеве массовый характер. Хрущеву хотелось, чтобы люди стали жить лучше и веселее на самом деле, а не только на плакате и вновь поверили бы в коммунистический «рай на земле». Началось крупномасштабное строительство жилья — дешевых крупноблочных пятиэтажных домов. При Сталине дома строились только для номенклатуры и «знатных» людей (стахановцев, героев-летчиков, чинов госбезопасности, «народных» артистов, художников, выдающихся ученых и т. п.). Остальные ютились в коммуналках, жили в одной комнате по три семьи за ширмами — как придется. Хрущевские пятиэтажки были третьесортным жильем и были быстро прозваны «хрущобами». Тем не менее они сделали возможным переселение миллионов семей из коммуналок и бараков в отдельные квартиры с элементарными современными удобствами.

Резко улучшилась санитарная ситуация в больших городах, где раньше повсеместно были трущобы, грязь и инфекция. За десять лет начиная с 1956 г. около 109 млн людей вселились в новые дома с канализацией, центральным отоплением и водоснабжением. Это было «бесплатное» жилье (фактически компенсация за годы сверхэксплуатации и высоких налогов), которое распределялось по месту работы или в порядке ликвидации городских трущоб. Сознавая, что массовое строительство более комфортных домов ему не по карману, государство разрешило в ограниченных пределах рост «кооперативного строительства» на деньги пайщиков. Вокруг крупных городов строились десятки тысяч дач.

Государственное планирование по-прежнему отдавало приоритет военным нуждам и тяжелой промышленности перед конкретными человеческими нуждами. Тем не менее советские лидеры, прежде всего Хрущев, пытались развивать сектора гражданской экономики, транспорт, коммуникации. Считая личные автомобили роскошью, Хрущев и кремлевское руководство развивали общественный транспорт — метро, автобусы, троллейбусы. Электрифицировались железные дороги. Быстро развивалась гражданская авиация. Вместе с тем начались попытки улучшить массовый быт, облегчить домашний труд женщин (в значительной мере вынужденная мера в связи с тем, что женщины все больше заменяли нехватку мужского труда в различных отраслях экономики).

Впервые с 1941 г. началось массовое производство бытовых товаров: холодильников, стиральных машин, радиоприемников, телевизоров, посуды и десятков других изделий, которых нельзя было раньше сыскать днем с огнем. Появились первые супермаркеты без продавцов, кафе и столовые самообслуживания — эти признаки современной цивилизации пропагандировались как «ростки коммунизма». В массовой продаже появилась сравнительно удобная и даже элегантная одежда и обувь, произведенная по импортным образцам в СССР и в странах «народной демократии». Последняя ценилась особенно высоко.

Военизированные и казарменно-невольнические аспекты сталинского общества начали ослабевать. Одновременно с демонтажом ГУЛАГа была демонтирована система тотальной трудовой мобилизации. Первой это почувствовала номенклатура: вместо «ночных бдений» сталинского времени руководители и чиновники были обязаны покидать рабочие места к 17—18 часам. В 1955—1956 гг. были отменены сталинские законы, принудительно удерживающие рабочих на предприятиях, принуждающие рабочих к труду. К этому моменту уже стало очевидно, что людей можно было удержать на производстве только материальными стимулами, обещанием жилья. В трудовом законодательстве исчезли репрессивно-принудительные статьи и начали появляться другие пункты, которые хотя бы в теории защищали права рабочих и служащих.

Хрущев и другие новые советские руководители торопились перейти от принуждения к новой системе всеобщей занятости, построенной на снижении рабочего дня, стабильном росте заработной платы и различных социальных привилегиях. В 1957—1960 гг. произошел переход рабочих и служащих на 7-часовой рабочий день, на шестидневную рабочую неделю с «короткой субботой». Сокращался рабочий день для подростков. Был установлен гарантированный минимум заработной платы. Начали расти доходы малооплачиваемых групп трудящегося населения. Эти реформы были одобрены уже в январе 1956 г.

Был отменен запрет на свободу передвижения внутри СССР. Вся страна, кроме специально выделенных запретных зон (связанных с военными заводами и базами), стала вновь доступной для поездок и путешествий. Обязательная регистрация приезжих отменялась. Эти новые послабления и появление свободного времени и минимального достатка привели к всплеску туризма внутри СССР. Дешевый и доступный железнодорожный транспорт позволил многим молодым людям из городов, с рюкзаками и палатками, открывать пространства России от Алтая, Тянь-Шаня, Кавказа и Крыма до Карелии, Урала и Сибири. Туризм давал чувство свободы — куда хочу, туда и пойду; где хочу, там заночую. С туризмом было связано появление множества туристских песен, полных романтики дальних дорог, лирических и совершенно свободных от идеологического коммунистического содержания.

При Хрущеве государство начало заботиться о массе пожилых людей, главном «человеческом материале» первых пятилеток, а также об инвалидах войны. Число пенсионеров, составлявшее 6,2 млн в январе 1941 г. выросло к 1956 г. до 13,4 млн. С мая 1956 г. вводились пенсии для всех горожан: для мужчин с 60 лет и для женщин с 55 лет, при наличии трудового стажа не менее 20—25 лет. (Президиум ЦК. Т. 2. С. 273—279.)

Пенсии и нормированный труд еще не распространялись на крестьянство. Вместе с тем доходы крестьян от приусадебных участков, продажи мяса и молочных продуктов от личного скота и «трудодней» росли быстрее, чем доходы других групп населения. Колхозникам был облегчен режим получения паспортов для передвижения по стране и поездок в города. Их прикрепление к земле было фактически ликвидировано. Наступил второй 1861 г. — закончилось крепостное право большевиков. Правда, до 1970-х гг. крестьянам еще не выдавались постоянные паспорта, а только временные, на случай поездки.

В 1955 г., с целью уменьшить громадное число жертв от нелегальных абортов, был отменен запрет на аборты. До того полицейскими мерами удалось предупредить 1,9 млн абортов. Но многие женщины, не имея возможности планировать семью, найти мужа или даже пользоваться противозачаточными средствами, продолжали обращаться к подпольным акушеркам, нередко лишаясь жизни и здоровья. Результаты легализации абортов, однако, были сомнительными. В 1956 г. число зарегистрированных абортов составило 4,7 млн, а в 1965 г. достигло 8,5 млн. Число разводов в семьях неуклонно ползло вверх, а количество новорожденных, напротив, падало.

Реагируя на эту проблему, государство стало развивать программы здравоохранения, ухода за детьми и помощи многодетным семьям. Развернулось впервые за советские десятилетия массовое строительство яслей, детских садов, больниц и медицинских комплексов. Резко упала детская смертность: с 18 детей на 1000 рожденных в 1940 г. до 7 в 1965 г. Комбинированный показатель смертности достиг в конце 1950-х — начале 1960-х гг. самой низкой отметки за всю советскую историю. Государство развивало массовый спорт. В несколько раз увеличилось количество спортивных сооружений. Но ассигнований на социальные нужды было недостаточно. Провинциальные города, как правило, оставались за пределом этого «прогресса». Даже в этом деле, однако, коммунистическая идеология являла свои гримасы. Главный общедоступный бассейн Москвы был построен, по приказу Хрущева, на месте взорванного храма Христа Спасителя, в котловане так и не воздвигнутого гигантского Дворца Советов (сейчас на этом месте стоит восстановленный собор).

Гуманизация второй половины 1950-х гг. была относительной. Милитаризация общества и принуждение к труду утратили тотальный характер, но продолжали существовать в новых формах. Десятки городов и районов СССР были закрыты для иностранцев. Многие бывшие репрессированные не могли вернуться в Москву, Ленинград и другие крупные города. Хотя КГБ не был заинтересован «накручивать вал» арестов и был обязан прежде «профилактировать» подозреваемых (то есть вызывать их на беседу-допрос и отпускать домой с «отеческим» напутствием), с 1958 г. опять начала расти численность заключенных в лагерях (ГАРФ. Ф. 9401. Оп. 2. Д. 505. Л. 304). Многим из спецпоселенцев не разрешали вернуться на родину (в 1957—1958 гг. чеченцы и другие кавказцы нарушили этот запрет, преодолев сопротивление властей). Были вынуждены остаться в Казахстане немцы Поволжья, крымские татары, а также греки и турки-месхетинцы, депортированные из Крыма и с черноморского побережья в 1940-е гг. Многие «бандеровцы» и другие осужденные за «контрреволюцию» и «бандитизм» оставались в спецпоселениях вплоть до 1964 г.

Больше половины людей, включая большинство колхозников, оставалось на пороге бедности, люди не могли купить новое пальто, экономили на еде. Резкое сокращение армии привело к тому, что сотни тысяч офицеров и кадровых военнослужащих сержантско-старшинского состава были практически выброшены без средств к существованию, пособий по безработице и программ переквалификации.

Наконец, общество оставалось глубоко больным духовно, искалеченным десятилетиями крови, насилия, разрушения норм человеческого общежития, веры в Бога. В результате послевоенной нехватки мужчин и государственного законодательства, создававшего категорию «матерей-одиночек» (мужчины-сожители освобождались от какой-либо ответственности, юридической и материальной) для преодоления демографической катастрофы, в 1945–1955 гг. в СССР родилось 8,7 млн детей без отцов. Росшие в нищете и горькой безотцовщине, некоторые из этих «униженных и оскорбленных» детей, становясь взрослыми, мстили обществу и легко перенимали нравы уголовного мира.

В 1950-х гг. произошел резкий всплеск хулиганства, алкоголизма и бытового насилия. Значительная часть хулиганов была безработными и бомжами (БОМЖ — «без определенного места жительства», полицейская аббревиатура) — то есть теми, наличие которых отрицала советская пропаганда.

> МВД СССР сообщало в ЦК КПСС: «Большое количество совершаемых молодежью и подростками преступлений объясняется тем, что многие из них не работают и не учатся. Эти лица, как правило, праздно коротают время в парках, садах, у кинотеатров и клубов, на вокзалах и рынках, нередко допускают хулиганские действия и совершают карманные кражи и другие преступления» (*А. Козлов*. Массовые беспорядки в СССР. М.: Сибирский хронограф, 1999. С. 187).

Но бандитами и хулиганами становились также дети «порядочных родителей», в том числе комсомольцы. Прекращение террора и увеличение свободного времени — без адекватного доступа к культурным и духовным ценностям, при прекращении религиозного воспитания в большинстве семей — еще больше способствовало разгулу хулиганства. В конце 1950-х гг. в стране было 2,2 млн человек «на учете» в органах МВД, от репрессированных до преступников и проституток (ГАРФ. Ф. 9401. Оп. 2. Д. 505. Л. 204–205).

Из ГУЛАГа в общество, в молодежь шли криминальные волны. В городах и поселках действовала «шпана», молодежь сбивалась в шайки. Поскольку МВД и милиция не справлялись, были сформированы из студенческой и рабочей молодежи «бригады содействия милиции» (бригадмилы) для борьбы с хулиганством. 10 марта 1959 года по решению ЦК на предприятиях и учреждениях были образованы «товарищеские суды», которые напоминали органы «революционного правосудия» в первые годы большевицкого режима. «Товарищеские суды» должны были бороться с массовым хулиганством, падением трудовой дисциплины, бытовыми преступлениями и «аморалкой» (например, супружескими изменами). В то же время эти органы придавали вид «народного волеизъявления» репрессивным решениям советских и партийных органов.

Литература

Н.Б. Лебина, А.Н. Чистиков. Обыватель и реформа. Картины повседневной жизни горожан. СПб., 2003.

А.К. Соколов. Принуждение к труду в советской промышленности и его кризис (конец 1930-х – середина 1950-х гг.) // Экономическая история. Ежегодник / Ред. Л.И. Бородкин и Ю.А. Петров. М.: РОССПЭН, 2003.

Philip Hanson. The Rise and Fall of the Soviet Economy. An Economic History of the USSR from 1945. N. Y.: Pearson Education Ltd., 2003.

5.1.13. Экономическое развитие СССР в годы правления Хрущева. Совнархозы. Целина. «Догнать и перегнать Америку». Сельскохозяйственный волюнтаризм и приписки. Программа «построения коммунизма»

Годы после смерти Сталина, а также первые годы единоличного правления Хрущева (1957—1958) были отмечены высокими темпами экономического роста — до 10% в год. Большая часть инвестиций по-прежнему шла в тяжелую промышленность — металлургию, машиностроение, на военно-промышленные нужды. Тем не менее гораздо большие средства шли в социальную сферу, на нужды людей. В целом экономика продолжала оставаться экстенсивной, а ее планирование, осуществляемое из центра, грубым и приблизительным. В 1957 г. очередной план был переделан, по чисто политическим соображениям, в «семилетку» (1959—1965), в ходе которой был запланирован громадный рывок.

10 мая 1957 г. Верховный Совет СССР принял закон, по которому вместо ряда союзных министерств создавались региональные Советы народного хозяйства (совнархозы), совпадавшие с границами краев, областей и автономий. В Российской Федерации было создано 70 совнархозов, на Украине — 11 и т. д. Совнархозы были инициативой Хрущева, частью его политики «возвращения к Ленину» — впервые они возникли после большевицкого переворота и действовали в 1920-х гг. Теперь учреждение совнархозов было вызвано желанием децентрализовать управление экономикой, вызвать «прилив крови» в народном хозяйстве. В ходе интенсивного обсуждения в Президиуме ЦК КПСС и в Совете министров с февраля по май 1957 г. эту реформу, после многих доработок, поддержали секретари обкомов и многие хозяйственники включая министров. Лишь Молотов до конца возражал против реформы, ввиду «чрезмерной децентрализации». (Президиум ЦК. Т. 1. С. 224—227, 243—246.)

Совнархоз был коллегиальным, комплексным органом управления, и на первых порах его деятельность имела определенные плюсы. Усилилась региональная кооперация, сократились неоправданные расходы на транспортировку товаров и сырья. Вместе с тем реформа привела к упрочению власти и самоуправства секретарей обкомов, составлявших большинство делегатов пленумов ЦК, а следовательно, главную политическую опору Первого секретаря. В результате создание совнархозов не решило проблем, вызванных пороками советского планирования и командной экономики. В совнархозах не было подготовленных кадров, опытных экономистов и хозяйственников. Их начали направлять туда в приказном порядке из Москвы; люди относились к этому как «ссылке на поселение» и норовили при первой возможности уехать. Совнархозы были ликвидированы немедленно после снятия Хрущева.

Внутри страны, так же, как и в отношении своих сателлитов в Восточной Европе, новые хозяева Кремля стремились предпринять немедленные меры к преодолению народной нужды и предотвращению массового голода, который мог бы привести к кризису режима. Маленков был инициатором снижения налогов с крестьянства. Отмена налогов на владение коровами и свиньями в 1953—1954 гг. позволили увеличить производство мяса, хлеба и молочных продуктов. Микоян настоял на увеличении импорта мяса, фруктов и товаров народного потребления за золото (Президиум ЦК. Т. 2. С. 32).

В начале 1954 г. Хрущев настоял на освоении громадных целинных земель Северного Казахстана, Восточной Сибири и Приуралья. Поскольку казахи начали возражать против проекта резкого изменения уклада жизни и этнического состава Казахской ССР, во главе Казахстана были поставлены «русские» партийные секретари — Пантелеймон Кондратьевич Пономаренко и Леонид Ильич Брежнев. Был создан Целинный край, куда потоком пошла техника и поехали люди. Первоначальный план предполагал распахать за три года 13 млн гектаров. Освоение целины осуществлялось по сценарию гигантских «народных» строек первых пятилеток. Комсомол направил на целину добровольцев. За первые четыре года туда переселились 56 тысяч семей. Кроме того, там временно работали миллионы школьников и студентов из центральных городов России. На пустом месте, где раньше были отгонные пастбища, возникли совхозы и «агрогорода».

Освоение Целины имело огромное стратегическое значение — разоренная коллективизацией и войной деревня не обеспечивала страну товарным хлебом. Народ вновь оказался на грани голода, на этот раз уже не спланированного, но порожденного хозяйственными ошибками и преступными деяниями ленинской и сталинской власти. Голод породил бы общественное возмущение и поставил под вопрос само существование коммунистического режима. Переходить же к широкомасштабному террору народа России Хрущев и не желал, и не мог.

За шесть лет (1954—1960) было распахано и засеяно зерновыми около 42 млн гектаров земель в Восточном Казахстане и степных областях России. На маломощных черноземах Целины широко использовались тракторы, комбайны и обычная агротехника с отвальной вспашкой земли. В первые годы вырос хороший урожай, однако уже к 1958 г. удалось собрать в среднем только 9,6 центнера с гектара. Начались пыльные бури как результат разрушения растительного покрова и тонкого слоя почвы. Значительная часть распаханных земель стала непригодной не только для растениеводства, но и для традиционного отгонного скотоводства. На больших пространствах степи Целины превратились в пустыню.

Не были построены дороги, зернохранилища, часть урожая гибла. Энтузиазм молодых целинников, о котором трубила пресса, бездумно растрачивался. Молодые осваивали Целины (целинники) годами жили в бараках, без электричества и водопровода. Себестоимость целинных урожаев была больше, а стабильность урожаев — меньше, чем на землях центральной России. Вопрос о Целине вызывал немалые споры на Президиуме ЦК в 1955—1956 гг. Молотов, Каганович и Маленков критиковали проект Хрущева. С исторической дистанции видно, что Целина поглотила громадные денежные и трудовые ресурсы, которые при восстановлении рыночной экономики могли бы поднять из нищеты и отсталости районы исторического земледелия в России.

Некоторые специалисты, однако, оправдывают действия Хрущева. В сочетании с ослаблением гнета крестьянства, Целина облегчила продовольственный дефицит. Она давала от одной четверти до двух пятых всех урожаев. В 1954—1958 гг. валовая продукция сельского хозяйства, согласно официальной статистике, увеличилась на 50%, в том числе продукции земледелия — на 50%, а животноводства — на 24%.

В мае 1957 г. Хрущев заявил, что «народы в прошлом отсталой России, взявшие власть в свои руки... получили возможность поставить вполне реальную задачу — *догнать и превзойти США по уровню производства на душу населения*». Соревнование с первой по уровню развития национальной экономикой мира, превосходящей советскую по объему в три-четыре раза, а по производительности труда — в четыре-пять раз, было ярким проявлением хрущевского экономического своеволия («волюнтаризма»), упования на всесилие пропаганды, партийного приказа. Возрождение лозунга «догнать и перегнать», который уже использовали Сталин и большевики в 1930-е гг., привело к губительным последствиям для экономики, и в особенности для российского крестьянства. В народе пели частушку: «Ура, ура, догоним США по производству мяса, молока, и перегоним США по потребленью водки, табака». По этим последним показателям СССР действительно оставил все развитые страны мира далеко позади себя в 1950—1960-е гг. Образ жизни большинства русских людей оставался весьма нездоровым.

Начиная с 1958 г., уже не сдерживаемый критикой товарищей по Президиуму ЦК, Хрущев начал перестраивать сельское хозяйство. В его представлении единоличное крестьянское хозяйство и даже колхоз должны были уступить место государственным сельским фабрикам — совхозам, а крестьяне должны были освободиться от личного скота и переселиться из своих изб в квартиры и особняки благоустроенных «агрогородов». Хрущев мечтал перенести на российскую почву крупные фермерские хозяйства, которые существовали в США.

Непродуманные инициативы Хрущева сыпались на советскую экономику одна за другой: ликвидация машинно-тракторных станций (МТС) и продажа техники колхозам без подготовки кадров для ее использования, чрезмерное укрупнение колхозов, всеобщая химизация и безмерное использование гербицидов и пестицидов, посадка кукурузы на лучших землях от Кубани до Архангельска и т. д.

Областные партийные секретари, оказавшиеся в роли крупных феодалов, наперебой стремились потрафить прихотям нового хозяина. Вскоре лозунг «догнать и перегнать» стал прежде всего означать — «по производству мяса, молока и масла на душу населения». Местные партийные владыки наперебой принимали нереальные обязательства с тем, чтобы получать награды, ордена и продвижение по службе. Лидером этого «движения» стал Рязанский первый секретарь обкома (областного комитета КПСС) А.Н. Ларионов, который в начале 1959 г. принял фантастическое обязательство увеличить за год производство мяса в колхозах и совхозах в 3,8 раза. Ларионов добился этого результата и получил орден — с помощью чудовищного обмана. Он скупил у крестьян и перерезал весь личный скот, включая коров и коз. Прежде чем эта афера открылась, Ларионов застрелился.

По пути обмана пошли и многие другие партийные секретари, а также хозяйственники, руководители крупных и мелких государственных предприятий. Возникла гигантская и систематическая система **приписок**, перед которой меркли даже фальшивые рапорты об успехах эпохи первых пятилеток.

Эта кампания происходила одновременно с борьбой против приусадебных участков и сельхозкооперации. Колхозников не только заставляли продавать личный скот. Урезались их приусадебные участки, отбирались покосы. Начали закрывать и запрещать животноводческие, пчеловодческие, рыболовецкие и прочие кооперативы, которые поставляли немалую долю продуктов на государственные прилавки. В августе 1958 г. Бюро ЦК по РСФСР издало постановление «О запрещении содержания скота в личной собственности граждан, проживающих в городах и рабочих поселках». Около 12,5 млн человек, живущих в малых городах и поселках, лишились права иметь коров, свиней и коз. У них отнимались приусадебные наделы. Коммунисты продолжали, как и во времена Ленина и Сталина, расправляться с имуществом людей по своей прихоти, совершенно не считаясь с правами на собственность у «своих» подданных.

В начале 1959 г. Хрущев на XXI съезде КПСС предложил разработать новую программу компартии, в которой бы провозглашалась цель — построение «коммунизма» за два десятилетия. «Коммунизм» понимался как социальное государство «всеобщего благоденствия», где еда, жилье и услуги будут бесплатны для всех трудящихся; общество, в котором бы осуществлялся принцип «от каждого по способностям — каждому по потребностям». Партийно-государственная номенклатура жила так уже при Сталине: помимо двойных зарплат (одна официальная, другая «в конверте») и премий, партийные и государственные чиновники бесплатно отдыхали в роскошных по советским стандартам санаториях, имели машины с шоферами, лечились в специальных хорошо оборудованных поликлиниках и больницах, имели спецпайки редких деликатесов по заниженным ценам и специальную секцию ГУМа (Государственный универсальный магазин на Красной площади Москвы и его филиалы) для приобретения за полцены товаров, которые никогда не появлялись на прилавках обычных магазинов. Даже хорошие книги, которые стали труднопроиобретаемым «дефицитом» в 1950-е гг, ответственные работники могли заказывать по особым спискам в «Специальной книжной экспедиции».

Хрущев как всегда торопился. Он считал, что некоторые группы населения — прежде всего дети, учащиеся и пенсионеры — уже могут полностью оплачиваться государством. Была отменена плата за ясли и детские сады, затем за школы и высшие учебные заведения. В общественном транспорте отменили контролеров. Хлеб в столовых стал бесплатным.

Стенографическая запись заседания Президиума ЦК КПСС, 14 декабря 1959 г.
«Хрущев: "А что такое программа? Это не то, что будет по потребности – кто хочет и кто не хочет, кушай, а нам по этапам надо идти… Это значит, всех детишек взять в интернат, всех детей от рождения до окончания образования взять на государственное обеспечение, всех стариков от такого-то возраста – обеспечить всем… А это значит, что треть населения будет содержаться на коммунистических принципах, полностью будет обеспечена за счет коммунистического общества.

Я думаю, что когда мы одну-две пятилетки поработаем, мы сможем перейти к тому, чтобы всех людей кормить, кто сколько хочет. У нас хлеб будет, мясо… еще две пятилетки (это максимум) – и пожалуйста, кушай. Даже в капиталистических странах есть рестораны, где можно заплатить столько-то, и ты можешь кушать что хочешь. Почему же при нашем социалистическом и коммунистическом строе нельзя будет так сделать? Но если человек скажет: дай мне птичьего молока, то ему можно сказать, что ты – дурак"» (Президиум ЦК КПСС 1954–1964 / Ред. А.А. Фурсенко. М.: РОССПЭН, 2003. С. 198–199).

Хрущев настаивал, чтобы Программа КПСС была выдержана в духе его лозунга «догнать и перегнать» США. Советское Центральное статистическое управление под большим давлением ЦК КПСС подверстывало цифры советских достижений, преувеличивая их и создавая впечатление, что СССР не так уж далеко позади американской экономики и общества. На 1958 г., сообщало ЦСУ, советская экономика почти догнала американскую по производству чугуна и стали, по количеству промышленных станков, вагонов, а по производству руды, угля, рубке леса, добыче угля даже перегнала. При этом совершенно не ставился вопрос – а сколько нужно всего этого и зачем? Официальная статистика констатировала отставание от США по производительности труда в 2–2,5 раза, а в сельском хозяйстве — гораздо больше и громадный перевес американцев по числу телевизоров, холодильников и прочих бытовых товаров. Сравнивать качество жизни, уровень зарплат ЦСУ боялось. (РГАНИ. Ф. 5. Оп. 30. В. 325. С. 7–16.)

Программа КПСС была готова к июлю 1961 г. и пестрела фантастическими «расчетами». Программа обещала к 1970 г. догнать и перегнать США по основным показателям (от стали и цемента до масла и яиц). К 1980 г. было обещано полное изобилие. В июле 1961 г. Хрущев громогласно объявил: «Нынешнее поколение советских людей будет жить при коммунизме!» По всей России тут же запестрели лозунги: «Нынешнее поколение людей будет жить при коммунизме». Нереальность цифр Программы была ясна любому экономисту, но никто не смел возражать или критиковать Программу партии, поскольку цифры исходили от Хрущева и его пропагандистских помощников. Новый состав Президиума ЦК, из которого были изгнаны все конкуренты Хрущева, подобострастно восхвалял хрущевскую химеру. (Президиум ЦК КПСС. Т. 1. С. 401, 404, 406, 408.)

Впрочем, даже скептики разделяли веру в «светлое будущее», которой дышала Программа. Конец репрессий, ослабление страха, относительное улучшение условий жизни после ужасной войны, террора и крайних лишений, высокие показатели экономического роста — все это породило атмосферу оптимизма и радостных ожиданий в обществе. После шумного публичного обсуждения на собраниях коммунистов и беспартийных, в прессе и по телевидению Программа была «единогласно одобрена» на XXII съезде КПСС в октябре 1961 г.

Литература
О дальнейшем совершенствовании организации управления промышленностью и строительством. М., 1957.
В.А. Шестаков. Политика Хрущева в аграрной сфере: преемственность и новации // Отечественная история. 2006. № 6. С. 106–119.
Народное хозяйство СССР в 1958 г.: Статистический ежегодник. М., 1959.

5.1.14. Ракетно-ядерная гонка и выход в космос

Важным обстоятельством, создавшим фон для хрущевского шапкозакидательства и романтического оптимизма тех лет, стали успехи советского ракетостроения. 4 октября 1957 г., после нескольких неудачных стартов, советская ракета Р-7 вывела на геоцентрическую орбиту первый искусственный спутник Земли. До этого события, как ни странно, в СССР и США мало кто придавал значение покорению космоса. Военные, главные спонсоры и заказчики ракетостроения, требовали надежных «носителей» ядерных боеголовок. Появлением спутника и успехами космической программы СССР был обязан человеку, имя которого было до его смерти засекречено, – Сергею Королеву.

После Второй Мировой войны советские танки стояли в центре Европы. Страны Запада жили в страхе, что они вот-вот двинутся дальше, тем более что во Франции и Италии их готовы были встречать многолюдные компартии. Американцы не могли им противостоять наземными силами. Они стали развивать те виды оружия, в которых у них было преимущество: бомбардировщики дальнего действия и атомную бомбу. Советский Союз не мог состязаться с американской авиацией и отдал предпочтение ракетам. За это ратовало командование гвардейских минометных частей, чьи системы залпового огня «катюша» прославились на войне.

Интерес к ракетному делу в России восходит к работе 1903 г. Константина Эдуардовича Циолковского «Исследование мировых пространств реактивными приборами». В 1921 г. было положено начало Газодинамической лаборатории (ГДЛ), а в 1930-е гг. Группа изучения реактивного движения (ГИРД) проводила с небольшими ракетами опыты, подобные тем, что велись тогда в Германии и в Америке. Опыты были прерваны сталинскими репрессиями.

В мае 1946 г. вышло постановление Совмина построить ракету, которая и была испытана в сентябре 1948 г. За ней в 1949 и 1953 гг. следовали более совершенные образцы. Последний из них много лет оставался на вооружении Советской армии, став известен на Западе как *Scud* («Скад»). Его боеголовка содержала 780 кг тротила и радиус действия был около 580 км. Но появившаяся к тому времени в СССР атомная бомба требовала более мощной ракеты. Ракетное ведомство было названо Министерством общего машиностроения.

По проекту А.Д. Сахарова и В.И. Гинзбурга была создана термоядерная бомба, взорванная 12 августа 1953 г. Ее сила, равная 400 тысячам тонн тротила, в 20 раз превышала силу первых атомных бомб, а конструкция отличалась от американских, взорванных в 1952 и 1954 гг. на островах в Тихом океане. Советскую бомбу, в отличие от американских термоядерных конструкций, можно было устанавливать на ракете-носителе. Но ранние термоядерные бомбы были неуклюжи и весили от 3 до 5,5 тонны. Чтобы их поднять, требовались огромные ракеты. Первая в мире ракета с атомной боеголовкой была запущена 2 февраля 1956 г. с полигона Капустин Яр в заволжских степях и заряд взорван над Аральским морем. Следующей задачей было доставить более тяжелое термоядерное устройство не за 1200 км, а за 12 тысяч км – в Америку. Первая межконтинентальная ракета сама весила 280 тонн, и ее испытания начались в мае 1957 г. В ходе этих испытаний и был выведен на орбиту первый искусственный спутник Земли.

Сергей Павлович Королев родился в семье учителя русской словесности в городе Житомире в 1907 г. С юности он увлекался ракетостроением и вдохновлялся идеями Константина Эдуардовича Циолковского, верившего в необходимость освоения космоса для нужд человечества. В 1930 г. окончил МВТУ им. Баумана. С 1931 г. Королев и Ф.С. Цандер основали Группу изучения реактивного движения (ГИРД) и разработали модель первой в мире крылатой ракеты. С 1932 г. Королев возглавил ГИРД, а с 1933 г. стал заместителем начальника Ракетного научно-исследовательского института (РНИИ) и в 1934 г. – начальником отдела ракетных летательных аппаратов. В 1938 г. Королев был арестован НКВД и после жестоких избиений приговорен к десяти годам заключения. Он работал на золотых приисках и умер бы там от истощения, но авиаконструктор А.Н. Туполев затребовал его в свою «шарашку», где проектировались бомбардировщики. Судьба спасла Королева еще раз: при отъезде с Колымы он опоздал на отходящий корабль, который потерпел аварию и утонул, причем все заключенные, находящиеся на нем, погибли. Королев, работая в КБ Туполева, занимался проблемой оснащения серийных боевых самолетов жидкостными ракетными ускорителями. В 1944 г. инженер Королев был освобожден из заключения, а в 1945 г. командирован в Германию в составе Технической комиссии для ознакомления с немецкой ракетной техникой. В подмосковном Калининграде (ныне – город Королев) руками заключенных был построен ракетный комплекс и было организовано НИИ-88, куда в 1946 г. С.П. Королев назначается Главным конструктором баллистических ракет дальнего действия. С 1956 г. С.П. Королев – Главный конструктор и начальник ОКБ-1, выделенного из НИИ-88 в самостоятельную организацию. В 1947 г. на заводе НИИ-88 были собраны первые 10 ракет А-4 из узлов и агрегатов, вывезенных из Германии, и 18 октября того же года на полигоне Капустин Яр (на южной Волге) состоялся первый успешный пуск ракеты А-4, представляющей собой улучшенную копию немецкой ракеты Ф-2. В 1948 г. были разработаны ракеты Р-1 и Р-2, а 10 октября того же года состоялся первый успешный пуск ракеты Р-1 с дальностью полета 3 тысячи км и массой головной части 3 тонны. В декабре 1953 г., после успешного испытания советской водородной бомбы, Королев получил задание построить ракету, способную донести водородный заряд до территории США. Была разработана двухступенчатая баллистическая ракета Р-5 с дальностью полета 7–8 тысяч километров, успешно испытанная 19 апреля 1954 г. В апреле 1954 г. началась разработка межконтинентальной баллистической ракеты Р-7, а уже в мае Королев обратился к Д.Ф. Устинову с докладной запиской «Об искусственном спутнике Земли». 15 мая 1957 г. состоялся первый пуск ракеты Р-7, а 21 августа – первый ее пуск на расчетную дальность. 4 октября состоялся запуск первого в мире искусственного спутника Земли. 26 октября решением Высшей аттестационной комиссии и Президиума АН СССР С.П. Королеву и В.П. Мишину за выдающиеся заслуги в разработке ракетно–космической техники были присвоены ученые степени докторов технических наук без защиты диссертаций. Еще в 1953 г. Королев становится членом-корреспондентом АН СССР, а в 1958 г. и ее действительным членом. В 1957 г. он становится лауреатом Ленинской премии, в 1956 и 1961 гг. – дважды Героем Социалистического Труда. В 1958 г. АН СССР наградила С.П. Королева Золотой медалью К.Э. Циолковского.

Сергей Павлович Королев скончался 14 января 1966 г. Он ушел очень рано из жизни, не встретив даже 60-летний юбилей. Сказались годы заключения в лагерях и нервозная обстановка постоянного давления коммунистического руководства, которое стремилось осуществлять запуски космических кораблей к юбилейным датам. Сергей Павлович никогда не допускал технических авантюр, а это стоило многих сил и здоровья. По свидетельству работавших с ним людей, Королев последние годы жизни выглядел очень уставшим человеком.

Успех спутника был всемирным и оглушительным. Американцы, считавшие Россию технически отсталой страной, были посрамлены. Советский режим одержал большую пропагандистскую победу в «холодной войне». Его авторитет в третьем мире необычайно вырос. Руководители стран Азии и Африки увидели в «русском социализме» пример для подражания, модель для быстрого преодоления отсталости. Русское слово «спутник» вошло во многие языки мира.

Хрущев, окрыленный успехом, продолжал поддерживать космические проекты Королева. Триумфы следовали один за другим: 2 января 1959 г. была запущена автоматическая межпланетная станция «Луна-1», совершившая первый пролет Луны, а 12 сентября — станция «Луна-2», которая достигла поверхности планеты 14 сентября и в 0 часов 2 минуты 24 секунды по московскому времени доставила на нее советские вымпелы. 4 октября того же года состоялся запуск межпланетной станции «Луна-3», впервые совершившей облет Луны и передавшей на Землю фотографии обратной стороны планеты. Под руководством С.П. Королева начинается разработка твердотопливных ракет РТ-1 и РТ-2. 20 января 1960 г. принимается на вооружение ракета Р-7 и с ее помощью 15 мая того же года на орбиту выводится первый космический корабль — спутник «Восток-1» с целью функциональных проверок работы систем космического аппарата. 19 августа того же года выведен второй корабль — спутник «Восток-1» с собаками Белка и Стрелка, тем самым впервые осуществляется пуск живых существ на орбиту, причем 20 августа животные возвращаются на Землю. 1 декабря 1960 г. состоялся третий пуск того же типа космического корабля с собаками Пчелкой и Мушкой.

Королев готовился послать в космос человека. Был сформирован отряд космонавтов во главе с генералом Н.А. Каманиным, одним из спасателей челюскинцев в 1934 г. Отбор в отряд космонавтов был чрезвычайно жестким. Из более чем 2500 летчиков было отобрано по состоянию здоровья 20 человек. Из них были отобраны три основных летчика для первого полета в космос: старшие лейтенанты Юрий Гагарин и Герман Титов и капитан Григорий Нелюбов, причем практически до последнего дня перед стартом не было известно, кто из них полетит.

12 февраля 1961 г. был осуществлен вывод на орбиту тяжелого искусственного спутника Земли, с которого стартовала управляемая космическая ракета с межпланетной станцией «Венера-1». 9 и 25 марта были запущены четвертый и пятый космические корабли типа «Восток» с собаками, тем самым были отработаны задачи по обеспечению жизнедеятельности человека в космосе. 12 апреля 1961 г. русский человек, старший лейтенант ВВС **Юрий Алексеевич Гагарин,** стал первым космонавтом Земли. Космический корабль «Восток-1» (ЗКА № 3) стартовал в 9 часов 06 минут 59,7 секунды. Он был выведен на орбиту ракетой-носителем 8К72 (впоследствии названной РН «Восток») со стартовой массой 287 тонн на орбиту с перигеем 181 км и апогеем 327 км. Пуском первого в мире космического корабля с человеком на борту руководили С.П. Королев, А.С. Кириллов и Л.А. Воскресенский. За 108 минут Юрий Гагарин облетел земной шар. Приземление произошло в 10 часов 55 минут на мягкую пашню у берега Волги вблизи деревни Смеловка Терновского района Саратовской области.

В этот день впервые со дня победы толпы москвичей и людей в других городах России без всякой санкции властей вышли на улицы и площади, празднуя великое событие. По свидетельству очевидцев, лица людей светились радостью и гордостью за свою страну. 14 апреля Гагарина чествовали на Красной площади как национального героя. Миллионы людей смотрели телевизионный репортаж об этом событии. Обаятельный космонавт стал олицетворением «новой России» для всего мира.

Выдающиеся успехи, достигнутые при освоении космоса, были бы невозможны без целой плеяды талантливых ученых, инженеров и конструкторов, объединенных одной идеей и блестящей организацией разработок, инициатором которых был академик Королев. Именно он предложил создать совет Главных конструкторов, который определял стратегию освоения космоса. В первую «великую шестерку» Главных входили: С.П. Королев (общее руководство проектом), В.П. Глушко (разработка ракетных двигателей), Н.А. Пилюгин (разработка систем управления), В.И. Кузнецов (разработка командных гироскопических приборов для систем управления), М.С. Рязанский (разработка средств связи и радиоизмерительных комплексов) и В.П. Бармин (разработка стартовых комплексов и наземного оборудования). На космическую программу работали сотни заводов и конструкторских бюро. Огромный вклад в разработку первых искусственных спутников Земли, баллистических ракет, космических кораблей, систем управления, гироскопических приборов и стартовых комплексов внесли выдающиеся ученые и инженеры Борис Евсеевич Черток, Борис Викторович Раушенбах, Виктор Павлович Легостаев, Михаил Клавдиевич Тихонравов, Александр Альбертович Лапин, Василий Павлович Мишин, Мстислав Всеволодович Келдыш, Константин Давыдович Бушуев, Евгений Николаевич Токарь, Анатолий Константинович Ваницкий, Михаил Федорович Решетнев и многие другие. Все работы были строго засекречены. Шведская академия наук обратилась к правительству СССР с просьбой назвать имена ведущих разработчиков для присвоения Нобелевских премий за первый спутник и первого человека в космосе. Хрущев ответил в демагогическом духе, что автором всего является советский народ, ведомый Коммунистической партией. Таким образом страна лишилась шести нобелевских лауреатов, так как, по правилам Нобелевского комитета, лауреатами одной премии может быть не более трех человек.

6–7 августа впервые был осуществлен суточный полет летчика-космонавта Германа Титова на космическом корабле «Восток-2». В то же самое время были разработаны и пущены в лёт первые спутники-разведчики класса «Зенит» и спутники связи класса «Молния». 16 апреля 1962 г. вышло постановление ЦК КПСС и Совета министров СССР «О разработке комплекса "Союз" для пилотируемого облета Луны». Начинается разработка эскизного проекта сверхмощной ракеты Н-1. С 11 по 15 августа 1962 г. был осуществлен запуск космических кораблей «Восток-3» и «Восток-4», пилотируемых А.Г. Николаевым и П.Р. Поповичем, осуществлен их успешный совместный полет в космосе и возвращение на Землю.

> Всем первым летчикам-космонавтам присваивалось звание Героя Советского Союза, так как риск полетов был очень большим. На первых космических кораблях еще не было управляемого спуска, он осуществлялся баллистическим способом, и перегрузки иной раз достигали 15–20 единиц. После срабатывания парашютной системы космонавт должен был катапультироваться с высоты около 10 километров, так как система мягкого приземления корабля с человеком еще не была разработана. В рамках программы подготовки космонавтов 1 ноября 1962 г. в районе г. Вольска Саратовской области были выполнены парашютные прыжки со стратостата «Волга», поднявшегося

на высоту 24 500 метров. Прыжок из глубин стратосферы осуществили парашютисты-испытатели Евгений Андреев и Петр Долгов. Целью эксперимента было определить максимально возможную высоту покидания космонавтом спускаемого аппарата в случае нештатной ситуации. Андреев должен был первым катапультироваться и, пролетев в свободном падении 23 500 метров, раскрыть парашют. Задача Долгова была более опасной и сложной: он должен был на высоте 24 500 метров раскрыть парашют и спускаться под раскрытым куполом в разреженных слоях стратосферы вплоть до Земли. По расчетам такой спуск должен был продолжаться 38 минут. Евгений Андреев, катапультировавшись, после 5 минут свободного падения успешно выполнил задачу. Петр Долгов, как и было предписано, через минуту начал отделяться от стратостата. Однако при расчете прыжка не учли разреженность воздуха в стратосфере: кабина стратостата продолжала раскачиваться от отдачи при катапультировании Андреева, и Долгов случайно ударился остеклением шлема высотного компенсационного костюма об острый болтик крепления трубопровода на стратостате. Нелепая случайность, которую невозможно предусмотреть ни на одной из тренировок: произошла разгерметизация костюма, и отважный испытатель моментально скончался. Парашютная система сработала нормально, но Петр Долгов приземлился уже мертвым. За этот выдающийся прыжок испытателям были присвоены звания Героев Советского Союза, одно из которых, к великому сожалению, посмертно, а их рекорд был зафиксирован в книге рекордов Гиннеса.

1 ноября 1962 г. был осуществлен запуск межпланетной автоматической станции «Марс-1», осуществившей 19 июня 1963 г. первый пролет Марса, 2 апреля 1963 г. — автоматической станции «Луна-4», а 14–19 июня — космического корабля «Восток-5», пилотируемого В.Ф. Быковским. Через два дня в космос полетела первая женщина-космонавт Валентина Терешкова, завершившая свой полет одновременно с Валерием Быковским.

Эти события взволновали военных, прежде всего американцев, понемногу развивавших ракетную технику, родословная которой тоже восходила к немецкой Ф-2. В США работал автор этого проекта — Вернер фон Браун, переехавший после капитуляции Германии в Америку. Теперь же президент Джон Кеннеди обещал «высадку человека на Луне до конца десятилетия». США запустили в космос космонавта Джона Гленна, но явно отставали. В июне 1962 г. президент США Джон Кеннеди в ежегодном послании Конгрессу заявил, что США начинают масштабную программу по подготовке высадки человека на Луну. Началась дорогостоящая гонка в космосе, которую, как постепенно выяснилось, выигрывала Америка, у которой были бо́льшие средства и научно-технический потенциал.

24 декабря 1968 г. американская ракета «Сатурн-5» вывела космический корабль «Аполлон-8», пилотируемый космонавтами Ф. Борманом, Дж. Ловеллом и У. Андерсом, который совершил облет Луны, а 19 мая 1969 г. эту же задачу выполнил экипаж «Аполлона-10» в составе Т. Стаффорда, Дж. Янга и Ю. Сернана. 16 июля 1969 г. космический корабль «Аполлон-11» вышел на орбиту Луны, а спускаемый аппарат достиг поверхности планеты. Космонавты Н. Амстронг и Э. Олдрин вышли на поверхность Луны в зоне моря Спокойствия и пробыли там с 20 по 21 июля в течение 21 часа 36 минут. Космонавт М. Коллинз находился в космическом ко-

рабле. С этого времени американские космонавты стали именоваться *астронавтами*, как побывавшие на другой планете. С 1969 по 1972 г. на Луне побывали экипажи «Аполлонов-12, 15, 16 и 17», причем последний экипаж в составе Ю. Сернана, Х. Шмидта и Р. Эванса с 11 по 15 декабря 1972 г. провел на поверхности планеты (Сернан и Шмидт) 75 часов. Последние две экспедиции для перемещения по поверхности Луны использовали луноходы типа «Ровер». Генерал Каманин в своем дневнике признавал, что СССР не только потерпел поражение в гонке, но и упустил шанс завоевать господство в космосе — решающий, на его взгляд, фактор в грядущей победе коммунизма во всем мире.

Однако о победе коммунизма думали идеологи в ЦК КПСС, а не разработчики ракетно-космической техники. Главная причина поражения была в слишком большом спектре задач, решаемых советской космонавтикой: здесь и лунная программа, и создание орбитальных космических станций, и разработка межпланетных спутников для полета к Марсу, Луне и Венере. Если США бросили все силы на реализацию лунной программы, то в СССР, кроме всего прочего, должны были решаться задачи достижения военного паритета с блоком НАТО после погрома, устроенного Хрущевым в начале 1960-х гг. в авиации и флоте. Отставание было ликвидировано лишь к началу 1980-х гг. Естественно, сказывалась и бо́льшая эффективность экономики США.

1964 г. ознаменовался полетом трех космонавтов — В.М. Комарова, К.П. Феоктистова и Б.Б. Егорова — на космическом корабле «Восход». 18—19 марта 1965 г. совершил полет космический корабль «Восход-2» с космонавтами П.И. Беляевым и А.А. Леоновым, причем Алексей Архипович Леонов впервые в мире вышел в открытый космос. Этот эксперимент едва не закончился трагедией, так как у космонавта внезапно раздулся скафандр, и он только чудом смог втиснуться в открытый шлюз космического корабля уже на пределе достаточности воздуха.

К 1966 г. под руководством Королева были осуществлены разработки новых космических кораблей класса «Союз», до сих пор успешно летающих в космос. 1 марта 1966 г. межпланетная станция «Венера-3», запущенная 16 ноября 1965 г., впервые достигла Венеры, доставив на ее поверхность вымпел с гербом СССР. 6 марта 1966 г. ОКБ-1 было преобразовано в Центральное конструкторское бюро экспериментального машиностроения (ЦКБЭМ), а 11 мая Главным конструктором и его начальником был назначен В.П. Мишин.

Не обошлось и без жертв. 23 апреля 1967 г. с космодрома Байконур стартовал новый космический корабль «Союз-1», который пилотировал летчик-космонавт Владимир Комаров. Корабль имел много недоработок, а запуски в беспилотном режиме были неудачными. 28 ноября 1966 г. полет первого автоматического «Союза-1» закончился аварийным сходом с орбиты. 14 декабря того же года пуск «Союза» также окончился аварийно, да еще и с разрушением стартового стола. Несмотря на все это, советское политическое руководство настояло на срочной организации нового космического достижения к 1 мая. Ракету спешно готовили к старту, первые проверки выявили более сотни неполадок. При жизни С.П. Королева данный полет не состоялся бы ни при каких обстоятельствах, однако к возражениям В.П. Мишина никто прислушиваться не хотел. Корабль вышел на орбиту, но дефектов оказалось так много, что его пришлось срочно сажать. При посадке произошел отказ парашютной системы, и Владимир Комаров погиб при ударе о землю. Доработки проекта велись более года. 25 октября 1968 г. состоялся запуск космического корабля «Союз-2» в автоматическом режиме, а 26—30 октября — комического корабля «Союз-3», пилотируемого Героем Советского Союза летчиком-космонавтом Георгием Тимофеевичем Береговым, получившим это звание в годы войны. В задачу полета входила стыковка двух кораблей, однако ее осуществить не удалось из-за перерасхода топлива.

С 1967 по 1971 гг. было совершено 10 полетов космических кораблей «Союз». С 14 по 15 января 1969 г. состоялась первая стыковка космических кораблей «Союз-4», пилотируемого космонавтами В.А. Шаталовым и Б.В. Волыновым, и «Союз-5», управляемого А.С. Елисеевым и Е.В. Хруновым, причем два последних космонавта вышли в открытый космос и пересели в другой корабль. 19 апреля 1971 г. был осуществлен запуск первой в мире орбитальной космической станции «Салют-1». 23—25 апреля 1971 г. космический корабль «Союз-10» доставил на станцию первый ее экипаж в составе В.А. Шаталова, А.С. Елисеева и Н.Н. Рукавишникова. Следующая экспедиция должна была работать на станции 23 дня, что было рекордом по длительности пребывания в космосе. 6 июня 1971 г. экипаж космического корабля «Союз-11» в составе Георгия Добровольского, Владислава Волкова и Виктора Пацаева стартовал с космодрома Байконур и успешно состыковался со станцией. На космодроме перед стартом основной экипаж (Алексей Леонов, Валерий Кубасов и Петр Колодин) был заменен дублирующим (Добровольский, Волков, Пацаев). 30 июня 1971 г. при возвращении на Землю произошла разгерметизация спускаемого аппарата, и экипаж погиб. С тех пор космические полеты осуществляются только в скафандрах.

Работы по созданию сверхмощной ракеты Н-1 для полетов на Луну окончились неудачей. Проект получил название Н-1 — Л-3. Лунный орбитальный корабль Л-3 был рассчитан на двух человек и на 13 суток полета, имел массу (с учетом топлива) 9850 кг. Масса спускаемого аппарата составляла 2804 кг. Размеры и технические характеристики всего комплекса РКК Н-1 — Л-3 (7-Л) потрясали воображение: высота — 105,3 м, диаметр — 16 м, масса выводимого полезного груза на орбиту — 90 т, стартовая масса — 2820 т, масса топлива: кислорода — 1730 т, керосина — 680 т, суммарная тяга двигателей — 4615 тс. На проект были потрачены огромные средства. 21 февраля 1969 г. состоялся первый пуск Н-1, однако ракета взорвалась на 70-й секунде полета. Аварийно закончился второй запуск 3 июля того же года. Третий запуск состоялся 27 июня 1971 г., а четвертый — 23 ноября 1972 г. Они также закончились неудачами. Многочисленные аварии вызвали неудовольствие правителей СССР. 22 мая 1974 г. В.П. Мишин был освобожден от должности начальника ЦКБЭМ, которое было преобразовано в научно-производственное объединение (НПО) «Энергия», генеральным конструктором и директором которого был назначен академик В.П. Глушко. Очередной пуск системы Н-1 — Л-3 (№ 8-Л) намечался на май 1974 г., однако по решению комиссии ЦК КПСС, возглавляемой Д.Ф. Устиновым, и с молчаливого согласия Академии наук СССР все работы по дальнейшему развитию комплекса были прекращены. Приоритет в освоении космоса пилотируемыми аппаратами окончательно перешел к США, которые к этому времени развернули работы по созданию системы «Спейс — Шаттл».

По воспоминаниям академика Чертока, Сергей Павлович Королев еще на рубеже 1950—1960-х гг. говорил, что «мы стреляем городом», так как пуск каждой из первых советских ракет стоил приблизительно столько же, сколько тратилось денежных средств на строительство нового города с населением в 30 тысяч человек.

Была и субъективная причина неудачи в лунной гонке: главный конструктор ЦКБЭМ В.П. Мишин считал, что наиболее эффективным и безопасным является исследование поверхности Луны при помощи автоматов, и у этой точки зрения также было много сторонников. И действительно, исследования Луны с применением спутников шли достаточно успешно. 15 сентября 1968 г. автоматическая станция «Зонд-5» после семисуточного полета, облетев Луну, возвратилась на Землю, а 10 ноября с успехом завершила полет автоматическая станция «Зонд-6». К 1970 г. было запущено 16 межпланетных автоматических станций для исследования Луны. В ноябре 1971 г. межпланетная космическая станция «Луна-17» доставила на поверхность планеты автоматический самоходный аппарат «Луноход-1», который с 17 ноября 1970 г. по 4 октября 1971 г. прошел по поверхности планеты 10 540 метров, обследовав площадь в 80 000 квадратных метров, было получено более 200 панорам лунной поверхности и сделано около 20 тысяч снимков, переданных на Землю. Аппарат весом 756 килограмм провел исследование грунта планеты. 16 января 1973 г. с помощью автоматической станции «Луна-21» в район моря Ясности на поверхности Луны был доставлен автоматический аппарат «Луноход-2», который за пять лунных дней прошел 37 километров пути и провел более детальные исследования. США к этому времени уже завершили лунную программу. Таким образом, СССР к 1974 г. отстал от США в этой области освоения космоса на 5 лет.

Этого пережить советское правительство не могло, и все силы были брошены на создание орбитальных космических станций. К началу 1980-х гг. было запущено в космос 7 станций типа «Салют», осуществлены полеты международных космических экипажей, начало которым положил запуск 15—21 июля 1975 г. космического корабля «Союз-19» с экипажем в составе А.А. Леонова и В.Н. Кубасова. На орбите произошла стыковка с американским космическим кораблем «Аполлон», пилотируемым астронавтами Т. Стаффордом, В. Брандтом и Д. Слейтоном. Именно тогда было положено начало сотрудничеству двух держав в космосе. 2—10 марта 1978 г. состоялся запуск космического корабля «Союз-28», доставившего на орбитальную станцию «Салют-6» международный экипаж в составе летчика-космонавта А.А. Губарева и чехословацкого космонавта В. Ремека. В дальнейшем на орбите побывали представители всех социалистических стран.

Развитие программ по запуску орбитальных космических станций потребовало систематических доставок грузов и топлива на орбиту. Пилотируемые космические корабли «Союз» не могли справиться с решением данной задачи. Поэтому было принято решение о создании грузового транспортного корабля «Прогресс», разработка эскизного проекта которого началась в середине 1973 г. Проектирование конструкторской и эксплуатационной документации велось в течение 1974—1976 гг., а к ноябрю 1977 г. работы по созданию транспортного корабля были завершены. Первый грузовой корабль «Прогресс-1» был запущен 20 января 1978 г. В течение двух суток велись маневры и летные испытания корабля, а в начале третьих суток полета он успешно состыковался с орбитальной станцией «Салют-6». Грузовой корабль имел массу 7020 кг, массу доставляемого груза 2300 кг, в том числе в грузовом отсеке 1300 кг, а в отсеке дозаправки — 1000 кг. С этого времени стали реальностью длительные пребывания экипажей на орбите. Время показало эффективность принятых технических решений, так как доставка грузов на орбиту при помощи «Прогрессов» оказалась приблизительно в 6 раз дешевле, нежели на кораблях многоразового использования типа «Спейс — Шаттл».

Американцы тоже осуществили запуск в космос своей орбитальной станции «Скайлэб». Это событие произошло 14 мая 1973 г. Экипаж астронавтов Ч. Конрада, Дж. Кервина и П. Вейца с 25 мая пробыл на станции 28 суток, а следующий экипаж А. Бина, О. Гэрриота и Дж. Лусмы пробыл на ней два месяца. В это же время США начали уделять большое внимание созданию межпланетных автоматических станций для исследования дальнего космоса. С июля 1972 г. по февраль 1973 г. автоматическая станция «Пионер-10» осуществила пролет сквозь пояс астероидов Солнечной системы и 4 декабря 1973 г. приблизилась к Юпитеру. В это же время начались работы по созданию станции для посадки на спутник Сатурна «Титан». В 1997 г. осуществился запуск автоматической станции, совершившей в конце 2004 г. посадку на поверхность этой планеты.

В СССР также продолжали межпланетные исследования. 19 мая 1971 г. автоматическая станция «Марс-2» достигла поверхности Марса, а 28 мая была осуществлена мягкая посадка спускаемого аппарата «Марс-3». Всеми делами в космосе сначала ведало Министерство обороны, потом часть их была выделена в гражданское ведомство Министерства общего машиностроения.

Тем временем конструкторы атомного оружия создавали все более легкие и компактные образцы. Сверхтяжелые ракеты стали для доставки оружия не нужны. Их использовали для запуска спутников, необходимых для военной разведки, связи, картографии, наблюдения за погодой, а также для отправки зондов на Луну, Марс и Венеру.

Совершенствование атомного оружия позволило уменьшить размеры военных ракет, но требовало испытаний, число которых угрожающе нарастало и вводило в атмосферу опасные дозы радиоактивности. Об этом, помимо западных ученых, лично предупреждал Хрущева академик Сахаров. В 1958 г. начались переговоры между СССР и США, и обе стороны два года воздерживались от испытаний.

Советские успехи в космосе скрыли от многих отставание СССР от США в ракетно-стратегическом состязании. 15 декабря 1959 г. было объявлено о создании нового рода вооруженных сил — Ракетных войск стратегического назначения (РВСН). В 1958—1961 гг. доля расходов на военные разработки и производство техники увеличилась с 2,9% до 5,6% от всего советского бюджета. Научно-конструкторское бюро **Михаила Кузьмича Янгеля** разработало несколько военных типов баллистических ракет. В 1957—1959 гг. были испытаны первые советские атомные подводные лодки, способные нести баллистические ракеты.

Но СССР отставал от США в электронике и радиотехнике, двигателях и топливе, в общей научно-технической базе, культуре и организации труда. Число советских баллистических ракет, способных достичь США, росло медленно: в 1959 г. их было 4–6, к 1962 г. их стало 20. Гигантская ракета Королёва не годилась для боевого использования. Ракеты Янгеля были на жидком топливе (в то время как американские ракеты – на твердом), и их нужно было долго готовить к пуску. В октябре 1960 г., в результате спешки и нарушения всех мер техники безопасности, произошел случайный запуск двигателей ракеты Р-16 в Тюратаме (Казахстан). В адском огне сгорело 74 человека, в том числе всё конструкторское бюро Янгеля, инженеры, техники и руководитель испытаний глава РВСН маршал М. Неделин. Сам Янгель отошел от пусковой площадки, чтобы поговорить по телефону, и только поэтому уцелел.

От русского общества скрыли эту катастрофу. Однако в США о ней узнали. С 1955 г. американский самолет-разведчик У-2 совершал облеты советской территории и фотографировал ракетные базы и другие объекты. США наращивали количественное и качественное преимущество в стратегических бомбардировщиках, ракетах среднего и дальнего радиуса действия и в строительстве подводного атомного флота. С американских передовых баз в Европе и Турции американские ракеты могли поразить русские города через несколько минут после запуска.

Литература
Б.Е. Черток. Ракеты и люди. Горячие дни холодной войны. М., 1999.
Г. Озеров. Туполевская шарага. Посев, 1973.
Н.П. Каманин. Скрытый космос. 1960–1963 гг. М.: Инфортекст ИФ, 1995.
И.В. Быстрова. Развитие военно-промышленного комплекса. Ракетно-космическая корпорация «Энергия» имени С.П. Королева, 1946–1996. М.: Изд-во РКК «Энергия», 1996.

5.1.15. Автономизация восточноевропейских сателлитов СССР. Внешняя политика в противостоянии с Западом. Попытка Хрущева принудить Запад к «разрядке». Берлинский кризис

Подавив венгерскую революцию в ноябре 1956 г., советское руководство было вынуждено пойти на значительную либерализацию контроля над внутренней и внешней политикой своих союзников по Варшавскому договору. Еще в 1956 г. был распущен Коминформ – сталинское орудие контроля над странами Восточной Европы (Президиум ЦК. Т. 1. С. 106). Одновременно, боясь падения жизненного уровня в ГДР, Чехословакии и других странах Восточной Европы, что почти неизбежно привело бы к новым народным волнениям, Кремль предоставляет странам «народной демократии» все возрастающую безвозмездную помощь – поставляет в кредит хлеб, дешевое сырье и топливо, покупает восточноевропейские товары.

На политику Кремля оказывал влияние и ускорившийся процесс западноевропейской интеграции: в 1957 г. возникло Европейское экономическое сообщество (ЕЭС). Москва также попыталась перестроить отношения внутри СЭВ на основах кооперации, разработать правильное соотношение валют. Но получалось это плохо, и вскоре все стороны стали считать себя «в проигрыше». На высшем уровне советские руководители договаривались с руководителями восточноевропейских стран о том, что Польша, ГДР или Чехословакия будут специализироваться на производстве определенной продукции и будут продавать ее СССР. Но эти обещания

> **Термин**
>
> *Автаркия* (от греч. слова αυταρκκεια — букв. самоудовлетворение), то есть независимость, самостоятельность, наличие в себе самом достатка сил и всего необходимого.

нарушались, потому что советская экономика по-прежнему следовала сталинскому принципу *автаркии* — производить все и вся внутри себя. В результате СССР производил точно такие же электровозы, как Венгрия, и такие же прессы, как Чехословакия, и, разумеется, не нуждался в «импорте» из этих стран. Напротив, все страны СЭВ все больше были заинтересованы в торговле с западными странами, где они могли приобрести то, что никто из них не был способен производить или производил некачественно, и получить твердую валюту за свои качественные и ценимые на Западе товары.

Возникали проблемы и другого рода. Если раньше экономика ГДР и восточноевропейских стран была в значительной мере подчинена советским интересам, то начиная с 1956 г. СССР и Российская Федерация в частности все больше выступали в роли экономического «донора» других стран коммунистического блока. С этого времени в Президиуме ЦК стали раздаваться жалобы на перенапряжение советской экономики в связи с поставками оборудования Китаю, помощью Польше и Венгрии. Особенно значительным бременем для СССР становилось экономическое «спасение» ГДР. (Президиум ЦК. Т. 1. С. 140, 944—945, 988.)

Главной проблемой советской внешней политики оставались отношения с США, «холодная война» со странами НАТО. Министром иностранных дел после падения Шепилова с июня 1957 г. стал Андрей Андреевич Громыко. Громыко был за осторожное и постепенное продвижение к «разрядке» с Западом с помощью накапливания сил и упорных, жестких переговоров. Но Громыко панически боялся взрывного и грубого Хрущева и никогда ему не прекословил. Фактически Хрущев творил внешнюю политику по своему разумению, используя МИД в качестве профессиональной обслуги.

Оставаясь убежденным большевиком, Хрущев верил, что только сильно напугав «империалистов» и западного «обывателя» можно принудить их к «мирному сосуществованию» и к «разрядке». Нетерпеливая натура Хрущева-большевика часто брала верх над нуждами дипломатии, ломала ее расчеты. Еще в 1957 г. Первый секретарь заявил американцам на приеме: «Мы вас похороним», — имея в виду неизбежность победы коммунистического строя над капитализмом. Этой опрометчивой фразой Хрущев перечеркнул многолетние усилия советской дипломатии и пропаганды по размягчению в США образа СССР как врага.

Главным средством давления на западные державы в руках Хрущева стало ракетно-ядерное оружие. Во время войны в Египте в октябре — ноябре 1956 г., советский лидер поверил в эффективность атомных ультиматумов Западу. То, что СССР сильно отставал в стратегических вооружениях от США, не смущало Хрущева. Он рассчитывал на психологический эффект ядерных угроз, то есть на ядерный блеф. Кроме «эффекта спутника» у СССР к началу 1960-х гг. были сотни ракет среднего радиуса действия, способных поразить Западную Европу.

Осенью 1958 г. советский лидер решил использовать ядерный блеф для разрешения германской проблемы в советских интересах. В Кремле и МИД понимали, что объединение Германии по австрийскому образцу 1955 г. будет означать исчезновение «социалистической» ГДР. Дело шло именно к этому. В 1957—1958 гг. канцлер ФРГ Конрад Аденауэр, опираясь на мощный подъем западногерманской экономики, вел политику изоляции и подрыва ГДР. Западный Берлин стал форпостом западного влияния на восточных немцев, символом экономической свободы, демократии и более высокого материального уровня. Туда продолжали прибывать все новые перебежчики из советизированной Восточной Германии.

В ноябре 1958 г. Хрущев предъявил США, Великобритании и Франции ультиматум. Он настаивал на заключении до конца года мирного договора по Германии и признании западными державами Западного Берлина в качестве «вольного города». В противном случае, грозил Хрущев, СССР подпишет договор с ГДР, а все соглашения, которые давали западным державам доступ в Западный Берлин по суше и по воздуху, станут недействительными.

Руководители и военные США и других стран НАТО отвергли советский ультиматум и, опасаясь новой советской блокады Западного Берлина, начали готовиться к ответным мерам. Они не исключали использование силы, чтобы пробиться к Западному Берлину через территорию ГДР. Хрущев, зная об этих планах из донесений разведки, распорядился в начале 1959 г. тайно разместить на территории Калининградской области (части Восточной Пруссии, отошедшей в 1945 г. к СССР) и Восточной Германии советские ракеты средней дальности. В Центральной Европе впервые с 1948 г. возник политический кризис, грозящий вооруженным конфликтом. Хрущев, однако, полагал, что он всегда сможет удержаться на грани, не доводя до «горячей» войны. Хрущев считал, что США и его союзники по НАТО не будут воевать «из-за Аденауэра», то есть Западной Германии, и пойдут на уступки. В зарубежной печати то и дело появлялись его сенсационные заявления о том, что в случае войны Англия и другие западные страны исчезнут с лица земли.

Западные политики были обеспокоены безответственными заявлениями Хрущева. Премьер-министр Великобритании Гарольд Макмиллан, президент Франции Шарль де Голль, а затем и президент США Эйзенхауэр предложили Хрущеву сесть за стол переговоров. В сентябре 1959 г. Хрущев стал первым советским лидером, приехавшим с официальным визитом в США. После шумного пропагандистского турне по стране Хрущев встретился с Эйзенхауэром, и тот, к удовольствию советского лидера, признал ситуацию в Берлине «ненормальной». Была достигнута договоренность о том, что в начале следующего года в Париже состоится встреча лидеров четырех держав по германскому вопросу. Советский руководитель вернулся в Москву в эйфории от своих дипломатических достижений.

Хрущеву показалось, что Эйзенхауэр признал СССР равноправным партнером и германская проблема будет решена с учетом советских интересов. В декабре 1959 — январе 1960 г. Хрущев начал готовиться к разрядке. Он рассчитывал на то, что сможет высвободить громадные средства, шедшие на военные нужды, и направить их на построение «экономики коммунизма». Этого требовал и острейший демографический кризис в СССР — растущей советской экономике катастрофически не хватало рабочих рук, а количество вступавших в рабочий возраст уменьшилось на много миллионов из-за «эха войны» — нерождения миллионов детей. В январе

1960 г. было объявлено о сокращении армии на 1,2 млн, прежде всего за счет офицерского состава. Хрущев заявил Президиуму ЦК, что будущее — за ракетами, а большая кадровая армия и океанский военно-морской флот будут скоро не нужны. Прекратилось строительство военно-морского флота, а почти достроенные крупные боевые надводные корабли, в том числе авианосцы и тяжелые крейсера, были списаны на металлолом.

Существенно сократилась и авиация. Тысячи молодых первоклассных военных летчиков увольнялись из армии и были вынуждены искать себе работу в гражданской и сельскохозяйственной авиации. Сокращение проводилось бездарно. Не принимались в расчет ни опыт, ни личные качества офицеров. Приспособленцы и подхалимы, обладающие низкой квалификацией, зачастую оставались в войсках, а людей независимых подводили под сокращение.

> Не минули сокращения и отряд космонавтов. Летчик-космонавт № 3 Григорий Нелюбов так и не полетел в космос, хотя обладал блестящими данными летчика-испытателя и был одним из лучших в отряде. Виной был его независимый характер. После полетов Гагарина и Титова лететь должен был он. Однако Хрущев решил послать «интернациональный» экипаж Поповича и Николаева (один из космонавтов был по национальности украинцем, а второй – чувашом). Следующей полетела Валентина Терешкова – первая женщина-космонавт. Естественно, что Нелюбов не мог быть в восторге от принятых решений, о чем не раз открыто говорил товарищам. Воспользовавшись инцидентом в привокзальном ресторане, когда Григорий достаточно резко поговорил с военным комендантом, его отправили служить в воинскую часть на Дальний Восток и так и не вернули в отряд, несмотря на все ходатайства и просьбы. В 1966 г. Григорий Нелюбов трагически погиб, бросившись под поезд.

Ранее закон от 27 июля 1959 г. установил пенсии военнослужащим только после сорока лет службы; это значило, что уволенные из вооруженных сил офицеры оставались без средств к существованию. Негодованию военных не было предела. Маршалы и генералы в разговорах между собой ругали Хрущева последними словами. Они считали, что СССР, вопреки пропагандистской браваде, все более отстает по боевой мощи от Соединенных Штатов.

Встреча в верхах в Париже была намечена на середину мая 1960 г. 1 мая советская ПВО сбила американский самолет-разведчик У-2 в районе Свердловска. При этом одной из ракет сбили свой же самолет-перехватчик, летчик которого погиб. Но это не омрачило ликования Хрущева. Если бы У-2 выполнил свою миссию, США имели бы бесспорные доказательства советского ракетного отставания. К тому же летчик Г. Пауэрс, работавший по контракту ЦРУ, был пойман живым и стал давать показания. Хрущев решил на этом сыграть, поскольку Эйзенхауэр, не подозревая о Пауэрсе, отрицал причастность американского правительства к шпионскому полету. Через неделю торжествующий Хрущев «поймал» американцев «с поличным», предъявив американского летчика как «говорящую улику». К удивлению советского лидера, президент США не стал валить ответственность на ЦРУ, а признал свою ответственность за полет. Эта неожиданная честность Эйзенхауэра создала Хрущеву большую проблему.

Он считал, что вести переговоры с президентом США после этого — значит выказать слабость. Надо отметить, Хрущев никогда не чувствовал себя уверенным на переговорах с западными лидерами, предпочитая громкие заявления и силовые жесты.

12 мая 1960 г. директивы Президиума ЦК для встречи в Париже были еще направлены на конструктивные переговоры с западными державами. Ожидалось, что летом 1960 г. Эйзенхауэр приедет в СССР. Были даже построены коттеджи для его приема. Внезапно, перед самым отлетом в Париж, в аэропорту Внуково-2 Хрущев сообщил коллегам по Президиуму, что вместо переговоров надо бойкотировать встречу. Те не посмели возразить. В Париже Хрущев отказался встречаться с Эйзенхауэром, пока тот не извинится за У-2. Де Голль и Макмиллан тщетно упрашивали советского лидера передумать и сесть за стол переговоров. Хрущев устроил пресс-конференцию и закатил на ней настоящую истерику, обвиняя Эйзенхауэра и Аденауэра, грозя всевозможным врагам зримым кулаком и невидимыми ракетами. Про американского президента он кричал: «Он не хозяин в нашей стране... Если таким наглецам спустить, то они прямо на шею сядут». Уже давно большевицкая дипломатия не представала перед миром в таком хамском, неприглядном обличье.

Хрущев ударился в «революционную дипломатию», походившую на большевицкие и коминтерновские акции в 1920-е гг. Он искал новых союзников среди левых националистов Африки, раздавал безвозмездную помощь Алжиру, Гвинее, Египту и другим странам третьего мира. СССР вмешался в гражданскую войну в Конго на стороне президента Патриса Лумумбы против сепаратистов Катанги, которых поддерживали западные наемники. Когда Лумумба был убит, Хрущев обвинил в его смерти западных «империалистов» и генерального секретаря ООН Дага Хаммаршельда.

Кульминацией «революционной дипломатии» была поездка Хрущева в Нью-Йорк для участия в Генеральной сессии ООН. Единственный советский самолет ТУ-104 (переоборудованный из стратегического бомбардировщика), который мог доставить советского лидера в США, был в ремонте. В результате Хрущев отправился туда на теплоходе, захватив с собой и лидеров восточноевропейских стран. Он пробыл в Нью-Йорке около месяца, выступая в ООН и яростно обличая «империалистов и их пособников». На одном из заседаний ООН Хрущев снял с ноги ботинок и пытался стучать им по столу. Это стало мировой сенсацией, но в советской прессе этот эпизод стыдливо замалчивали. 10 октября Хрущев писал своим коллегам в Президиум из Нью-Йорка: «Уже начинаем считать часы, сколько нам осталось пробыть в этой распроклятой капиталистической стране и вернуться в свою социалистическую страну, сколько осталось пробыть в этом логове Желтого Дьявола, как образно о нем сказал Максим Горький» (Источник 6, 2003. С. 116–117).

Провал Парижского совещания вернул мир и Европу к худшим временам «холодной войны». Сокращение Советской армии было прекращено, к удовольствию высших военных. Хуже всего была ситуация с советским форпостом в Германии. Хрущев оставил Берлинский кризис тлеть, а между тем ГДР таяла на глазах: число немцев, убежавших из ГДР в Западную Германию, в 1959–1960 гг. достигло полумиллиона. Советский режим нянчился с ГДР, как с больным ребенком, оказывая режиму все возрастающую финансовую помощь.

Литература
А.А. Фурсенко. Россия и международные кризисы. Середина XX века. М.: Наука, 2006.
Ю. Квицинский. Время и случай: записки профессионала. М.: Олма-пресс, 1999.

5.1.16. Конфликт российского и китайского коммунистических режимов. Развал единого коммунистического лагеря

Польское и венгерское восстания и дистанцирование от СССР югославских коммунистов явились лишь первыми симптомами того глубокого кризиса, который поразил мировое движение коммунистов после XX съезда КПСС. Коммунистическое движение лишилось главного — своего идола. Если при Сталине поддержка СССР ценой ущемления интересов других стран и народов была «догматом веры», то после развенчания Сталина лидеры почти всех коммунистических режимов в целях выживания начали прибегать к националистической демагогии и демонстрировать обособление (зачастую показное, а не реальное) от Москвы. Они надеялись, что эта дистанция поможет им самим обрести в глазах своих народов образ законных национальных элит.

С начала 1960-х гг. портятся советско-румынские отношения. Румынское коммунистическое руководство начало громко заявлять, что Молдавия (Бессарабия) и уж тем более населенные румынами районы Северной Буковины (округ Герцы) должны вернуться в Румынию.

Еще в конце 1950-х гг. начали стремительно ухудшаться и советско-китайские отношения. Мао не мог простить Хрущеву развенчания Сталина, а также того, что это было сделано без его ведома и согласия. В октябре 1956 г. руководство КПК выступило посредником между польскими коммунистами и Кремлем и приняло участие в обсуждении советской интервенции в Венгрии. Метания Хрущева и его коллег в ходе польских и венгерских событий убедили Мао, Чжоу Эньлая и других китайских лидеров, что преемники Сталина слабоваты и что пришел их черед встать во главе коммунистического мира. Мао заявлял в своем окружении, а затем и в партийной прессе, что Хрущев совершил непростительную ошибку. Сталин, говорил он, был мечом в руках коммунистов. Теперь «советские товарищи» уронили этот меч, и его подобрали враги коммунизма.

Хрущев лавировал. В январе 1957 г., во время визита Чжоу Эньлая в Москву, он заявил, что всем надо учиться у Сталина борьбе с врагами. Внешне советско-китайские отношения были на подъеме. Советская помощь КНР продолжала нарастать. По объему она была соизмерима с американским планом Маршалла для Западной Европы. СССР строил для Китая танковые, артиллерийские, авиационные и кораблестроительные заводы, фактически создавал из НОАК современную армию. В 1958 г. в Пекин приехала делегация советских конструкторов ядерного оружия, которая подробно инструктировала китайских коллег. На железнодорожных путях в ядерном центре Арзамас-16 (Кремлёв) стоял состав с готовым атомным «изделием»; ждали только сигнала сверху для его отправки в Китай.

Изгнав из Президиума своих врагов (Молотова, Кагановича и др.), Хрущев вновь воспрянул духом. В его речах проскальзывал тезис о том, что только СССР и США являются великими державами, от которых зависят судьбы мира. Это явно не устраивало китайцев. В конце июля 1958 г. Мао заговорил с Москвой решительным языком. В ответ на обращение советских военных с предложением построить вдоль побережья КНР станции радиолокационного слежения за флотом США и разместить в портах КНР «совместный» советско-китайский стратегический подводный флот он обрушился на советского посла, обвиняя советское руководство в шовинизме и даже в желании «колонизовать Китай».

Хрущев ринулся в Пекин для тайных консультаций. Переговоры были трудными. Хрущев пытался успокоить китайского лидера, предложил ему убрать из КНР военных советников и отказался от идеи «совместного» подводного флота. Но Мао не собирался признавать тезис Хрущева о том, что лишь СССР и США являются сверхдержавами. В мае 1958 г. Мао начал «большой скачок» — крестьян коммунисты загоняли в коммуны, в народе проводилась тотальная военная мобилизация, в каждом дворе строили домны, где из металлолома выплавлялся металл, и т. д.

Одновременно китайская армия получила от Мао приказ начать бомбардировку прибрежных островов, удерживаемых китайской армией Чан Кайши и охранявшихся американским флотом. Москву Мао об этом не информировал. Советское руководство было в растерянности, так как конфликт на Дальнем Востоке грозил втянуть СССР в большую войну на стороне КНР. Кремлевские политики не видели или не хотели видеть, что Мао обращается с ними так, как обращался Сталин с другими компартиями в течение десятилетий. Раздраженный Хрущев отменил посылку атомного устройства китайцам. Позже он объяснит, что ему стало просто обидно: «Нас так поносят... а мы в это время, как послушные рабы, будем снабжать их атомной бомбой?» Охлаждение «дружбы выше гор и глубже моря» не могло, разумеется, произойти в одночасье — десятки миллионов людей в СССР и Китае были воспитаны на идеях коммунистического сотрудничества.

Открытая идеологическая конфронтация между Пекином и Москвой началась после поездки Хрущева в КНР в октябре 1959 г. на празднование десятилетия КНР. Советский лидер появился там после своего официального визита в США, поданного советской пропагандой как триумф его внешней политики. В то время на китайско-индийской границе вспыхнул вооруженный конфликт в Восточных Гималаях. Сама граница в горах проводилась очень приблизительно еще в XIX в. между Британской и Китайской Империями. Северо-восточная пограничная территория (будущий штат Арунчал-прадеш), населенная народом *лоба* тибето-бирманской группы языков (административный центр Рианг), по старым договорам принадлежала Китаю, но сами племена лоба считались вассалами Императора Индии, то есть британского монарха. Поэтому правительство независимой Индии приняло решение взять племена лоба под свою защиту от эксцессов коммунистического режима. Индийские пограничники вошли в Рианг. К тому времени отношения двух стран и без того были напряженными из-за подавления китайцами в марте 1959 г. восстания тибетцев, требовавших предоставления независимости своей стране. Духовный лидер Тибета Далай-лама бежал тогда в Индию, переодевшись простым солдатом, и Неру выступил в его защиту. Китайско-индийский пограничный конфликт, в ходе которого один индиец был убит, а другой ранен, был совершенно не нужен Хрущеву перед его встречей с американским президентом. Китайские коммунисты требовали от Москвы поддержать их, но Хрущев, считая Индию важным потенциальным союзником, отказался это сделать. Напротив, он занял позицию «нейтралитета», которую Мао Цзэдун расценил как «предательство».

В Пекине Хрущева ждал холодный душ. Запись советско-китайских переговоров, теперь опубликованная, похожа на кухонную перепалку. Хрущев взорвался первым и бросил китайскому министру иностранных дел маршалу Чень И: «Вы не плюйте на меня с высоты Вашего маршальского жезла! У Вас слюны не хватит. Нас нельзя запугать». Вернувшись в Москву, раздраженный и подавленный Хрущев говорил в ближнем кругу, что от Мао пора избавиться. Но большинство советских чиновников, военных и руководителей промышленности не могло себе представить, как «коммунисты не могут договориться с коммунистами», и винили в ссоре Хрущева, его невыдержанность.

В конце апреля 1960 г. китайская пресса обвинила КПСС в отходе от ленинизма. Поводом послужило празднование как в СССР, так и в КНР девяностолетней годовщины со дня рождения Ленина (22 апреля). К этой дате теоретический журнал КПК *Хунци* опубликовал обширную редакционную статью «Да здравствует ленинизм!», которая была непосредственно заострена против КПСС, а особенно против хрущевской политики «мирного сосуществования двух систем» и его же тезиса о возможности «мирного перехода от капитализма к социализму».

В середине июля 1960 г. на съезде Румынской коммунистической партии Хрущев схлестнулся с главой китайской делегации Пэн Чжэнем — заместителем Генерального секретаря ЦК КПК и мэром Пекина. Вернувшись в Москву, он принял решение отозвать из Китая всех советских специалистов. За полтора месяца из КНР на родину выехали 1390 советских инженеров и техников, ученых, конструкторов и других экспертов. С собой они вывезли всю научную документацию, проекты и чертежи. Многие стройки оказались законсервированы, научные проекты — свернуты.

Эмоциональное и спонтанное решение Хрущева осложнило и без того глубокий кризис в китайской экономике, вызванный провалом «большого скачка». Мао решил сплотить вокруг себя коммунистов на платформе конфронтации со «старшим братом», Советским Союзом. И это в тот момент, когда советская помощь хлебом могла спасти жизнь миллионам китайцев, умиравших от голода в результате безумной экономической политики китайских коммунистов! Для Мао, однако, было гораздо важнее подорвать власть Хрущева и стать в глазах мирового коммунизма «истинным ленинцем», чем спасти жизнь десятков миллионов собственных граждан. Китайцы обвиняли вождей КПСС в «социал-демократизме», а советские коммунисты кричали об «ультралевизне» лидеров КПК.

В 1963 г. у Хрущева вновь не выдержали нервы. В ответ на очередное письмо ЦК КПК Центральный комитет КПСС обратился с открытым посланием ко всем коммунистам Советского Союза. В нем было заявлено о «пагубности курса» китайской компартии, о «вопиющем противоречии» действий китайского руководства «не только с принципами взаимоотношений между социалистическими странами, но в ряде случаев и с общепризнанными правилами и нормами, которых должны придерживаться все государства». На это органы ЦК КПК газета «Жэньминь жибао» и журнал «Хунци» разразились редакционной статьей, в которой «хрущевские ревизионисты» были объявлены «предателями марксизма-ленинизма и пролетарского интернационализма». В мае 1964 г. на одном из заседаний китайского руководства Мао, уже не сдерживая эмоции, заявил: «Сейчас в Советском Союзе диктатура буржуазии, диктатура крупной буржуазии, немецко-фашистская диктатура гитлеровского типа. Это шайка бандитов, которые хуже, чем де Голль».

От амбиций коммунистических лидеров пострадали миллионы людей, прежде всего это те, кто умер от массового голода в Китае. Тысячи китайских студентов, обучавшихся в российских университетах, вначале использовались как идеологическая «пятая колонна» в Москве и других крупных городах, а впоследствии были отозваны в КНР (или высланы советскими властями). Когда коммунистический вождь Албании Энвер Ходжа встал на сторону Пекина и выдворил советские военные корабли с базы на Влере, Хрущев прекратил экономическую помощь албанцам. Две коммунистические верхушки тратили многие миллионы долларов, субсидируя десятки радикальных режимов в Африке и Юго-Восточной Азии только для того, чтобы на партийных съездах можно было рапортовать о росте числа «их» сателлитов и показать своему населению, что «их ленинизм» распространяется по всему миру быстрее ленинизма соперника.

Китайское руководство подняло болезненный территориальный вопрос. Оно заявило, что русские в XIX в. захватили у Китая Дальний Восток и другие прилегающие территории. В 1962 г. Москва согласилась на секретные пограничные переговоры с Пекином. Они начались в феврале 1964 г. В октябре, однако, Хрущев прервал их, считая требования китайцев абсурдными. Территориальный вопрос на долгие годы стал главной темой, эксплуатировавшейся и китайскими, и советскими коммунистами. В 1969 г. он привел к кровавым столкновениям на границе на острове Даманском. Лишь в правление Горбачева начались переговоры, которые завершились успешно после краха коммунистического режима в СССР.

Советская партийно-государственная элита долго еще испытывала тоску по дружбе с китайским гигантом. Ссора с КНР была вменена в вину Хрущеву и была одной из многочисленных причин, которые привели к его смещению в октябре 1964 г. Чжоу Эньлай приехал в Москву на празднование 7 ноября 1964 г. Мао ожидал, что Москва признает его правоту и отменит решения XX и XXII съездов о развенчании Сталина. Многие из кремлевской верхушки были не прочь действовать в этом направлении. Но это означало бы уступить китайцам руководящую роль в коммунистическом мире. На это Президиум пойти не мог. После торжественного заседания в Кремле изрядно подвыпивший маршал Малиновский, обращаясь к Чжоу Эньлаю, заявил: «Ну вот, мы свое дело сделали — выбросили старую галошу — Хрущева. Теперь и вы вышвырните свою старую галошу — Мао, и тогда дела у нас пойдут». Китайский премьер покинул Москву. Дальнейшие попытки Политбюро (Косыгина, Шелепина и других сторонников советско-китайской «дружбы») договориться с КПК ни к чему не привели. В 1966 г. Мао развязал в КНР «великую пролетарскую культурную революцию», в которой СССР играл ту же роль, что троцкизм играл в эпоху сталинского террора.

В образованных кругах советского общества, включая небольшую группу «просвещенных» консультантов ЦК КПСС, критика безумных маоистских экспериментов стала формой завуалированной критики собственных сталинистов. «Просвещенные» консультанты пытались внушить членам Политбюро, что вместо тщетных попыток примирения с Пекином следует пойти на отказ от жестких идеологических установок и вести дело к «разрядке напряженности» с западными демократиями.

В народе, особенно среди русских, широкое распространение получили расистские взгляды, подкрепляемые тезисом об «исторической желтой опасности» и «панмонголизме». Одновременно в 1960-е гг. в обществе рос страх перед «миллиардной китайской массой», которая может затопить «всю Россию», несмотря на мощь советского ядерного оружия. Тема «захватят ли нас китайцы» на целых полтора десятка лет стала одной из любимых в «кухонных салонах» русской интеллигенции.

Литература
А.В. Панцов. Мао Цзэдун. М.: Молодая гвардия, 2007.

5.1.17. XXII съезд КПСС и новая атака Хрущева на Сталина

Единоличная власть развращала Хрущева. Бесконтрольность обостряла худшие черты его характера. Он все чаще принимал важные решения без совета со специалистами, под влиянием эмоций. Так же грубо, по-хамски он обращался с министрами, партийными аппаратчиками, военными, писателями и учеными. Эти черты проявились и в его «дипломатии», и в разрыве с китайскими лидерами.

Вместе с тем Хрущев оставался главным двигателем «десталинизации» сверху, то есть официальной политики развенчания Сталина и его преступлений. Далеко не один Хрущев начал раскачку сталинского монолита. Большинство сталинских подручных начиная с Берии было заинтересовано в отходе от террора, сталинской мобилизационной экономики, агрессивной внешней политики. Но после того как из всех из них у власти остался один Хрущев, политический импульс десталинизации не усилился, а ослабел. Большинство партийного аппарата и военных продолжало боготворить Сталина, несмотря на его преступления, за его победу в войне и построение могучей империи, а также потому, что были «повязаны» сотрудничеством со Сталиным. Импульсивный и говорливый Хрущев, живой контраст Сталину, порождал в партийном аппарате тайную ностальгию по «мудрому вождю».

У Хрущева не было другого инструмента власти, кроме партийного аппарата и госбезопасности, где его славословили, а за глаза все больше обливали помоями. Хрущев, скорее всего, сознавал ненадежность этой опоры. Во всяком случае, он постоянно пытался перетасовать аппарат, меняя его структуру, омолаживая кадры. 9 января 1959 г. председателем КГБ вместо Серова стал **Александр Николаевич Шелепин** (1918—1994). Уроженец Воронежа, выпускник элитного московского Института философии, литературы и истории, он сделал карьеру в комсомоле. Шелепин возобновил чистку госбезопасности от старых кадров, заменяя их комсомольскими работниками. Всего было сменено до 20 тысяч офицеров КГБ. 13 января 1960 г. Хрущев упразднил МВД и общесоюзное управление лагерей, а вместо него были созданы республиканские ведомства, в Российской Федерации — Министерство охраны общественного порядка.

Став главой правительства, Хрущев начал вольно или невольно ущемлять всевластие партаппарата, прежде всего могущественных секретарей обкомов. В апреле 1960 г. по постановлению Совета министров СССР директора крупных предприятий и строек начали входить в руководство совнархозов. Это означало, что хозяйственники могли действовать более независимо от обкомов партии. В октябре 1961 г. на XXII съезде КПСС был принят новый Устав партии, предусматривавший систематическое обновление партийных органов. Низшие организации на каждых выборах должны были обновляться наполовину, обкомы и республиканские органы — на треть, а ЦК и его Президиум — на одну четверть. Было записано, что один человек не может быть избран несколько раз в один и тот же орган. Хрущев немедленно испробовал нововведение, обновив состав Секретариата. Оттуда были исключены Екатерина Алексеевна Фурцева и грузинский партийный лидер В.С. Мжеванадзе и включен Шелепин. Фурцева, узнав о своем исключении из Секретариата лишь на съезде, была в таком шоке, что пыталась покончить с собой.

На XXII съезде Хрущев выступил с новыми разоблачениями Сталина и на этот раз его «пособников» Молотова, Кагановича и Маленкова. Возвращаясь к первоначальному сценарию для XX съезда, он дал слово «старым большевикам», которые заклеймили сталинские преступления. Тут же, по предложению одной из выступавших, съезд принял решение убрать тело Сталина из ленинского мавзолея. Еще съезд не завершил работу, а труп «вождя» был спущен в вырытую у кремлевской стены яму. Сверху был налит из самосвала цементный раствор. Слово «Сталин» исчезло с мавзолея. По всей стране уничтожались портреты и статуи «вождя». Его гигантские изваяния пришлось взрывать тротилом, срывать с пьедесталов вертолетами и тягачами. Множество городов, улиц и предприятий, названных именем Сталина, было быстро переименовано. Сталинград стал Волгоградом, Сталинабад — Душанбе, Сталинири — Цхинвали, Сталино — Донецком. Пик Сталина на Памире превратился в пик Коммунизма. Заодно Молотов снова стал Пермью, Чкалов — Оренбургом, и даже город Каганович превратился просто в «поселок Каширской ГРЭС».

Вторичная атака на сталинизм проходила на фоне разрыва с Китаем и была своеобразным ответом Хрущева на китайские упреки в «ревизионизме». Также это был ответ на стремительное падение авторитета Первого секретаря в народе и номенклатуре на фоне нарастающего кризиса с продовольствием, сокращений в армии и других реформ. Не случайно Хрущев воспользовался съездом, чтобы окончательно «добить» своих бывших товарищей по руководству. Молотов, занимавший тогда должность постоянного представителя Международного агентства по атомной энергии (МАГАТЭ) в Вене, критиковал новую программу КПСС и политику Хрущева в отношении Китая. Он был отправлен в отставку и позже исключен из партии. Маленкова и Кагановича также исключили из партии и запретили им проживание в Москве.

Новые разоблачения сталинских преступлений были важны для тех, кто хотел верить в необратимость десталинизации. В то же время они не вызвали таких общественных потрясений, как в 1956 г. Сложилось неустойчивое равновесие между консервативным просталинским большинством в аппарате и «либеральным» меньшинством — сторонниками «возврата к Ленину» и построения «социализма с человеческим лицом». Омоложение руководства и аппарата не ослабило позиций сталинистов. Шелепин (прозванный среди интеллигенции «железный Шурик»), к примеру, восхищался Сталиным и активизировал борьбу КГБ с «разлагающими влияниями» среди молодежи и творческих элит. Руководство комсомолом перешло к В. Семичастному, а затем С. Павлову, которые стояли на таких же позициях.

5.1.18. Вторая «оттепель». Пределы хрущевской «либерализации»

Кратковременный энтузиазм конца 1950-х гг. стал спадать, и проницательные умы уже видели идеологический тупик хрущевской «либерализации». Сквозь иллюзии «оттепели» проступали все те же черты партийно-государственного деспотизма.

> Профессор С.С. Дмитриев записал в своем дневнике 29 марта 1961 г.: «Хрущев всем надоел. Его поездки и бессодержательно-многословные словоизвержения приобрели вполне законченное идиотское звучание. Вообще все чаще чувствуется в общественно-политической атмосфере какая-то совершенная прострация, сгущающаяся пустота, топтанье в пределах все того же давно выбитого пятачка, круга... Лица неподвижны, мыслей и движения нет...» (Из дневников Сергея Сергеевича Дмитриева // Отечественная история. 2000. № 5. С. 176).

В печати появлялось некоторое количество искренних, честных произведений литературы. В то же время не были отменены репрессивные сталинско-ждановские постановления 1946—1948 гг. о «социалистическом реализме» и «партийности» в искусстве. Не ослабевала цензура и произвол партийных чиновников в области культуры на всех уровнях. В 1961 г. комсомольские дружинники и КГБ разогнали «островок свободы» у памятника Маяковскому в Москве, где молодежь читала свои стихи, знакомилась и обменивалась мыслями о происходящих событиях.

Мнение историка

«Поэты стали символом российской молодежи, принадлежавшей к тому же самому поколению. Поэтические выступления, всегда пользовавшиеся популярностью в России, стали массовым явлением. Тысячи людей выходили на улицы, чтобы читать свои стихи в Дни поэзии, и их выступления собирали на стадионах аудитории в 30—40 тысяч человек» (The Soviet Union: The Fifty Years / Ed. Harrison Salisbury. P. 127).

И все же период с весны 1960 г. вошел в историю под названием «вторая оттепель». Он был связан прежде всего с выходом на общественно-культурную арену новых талантов, которые не могли до этого открыто заявить о себе. В общественно-культурном авангарде принимали участие и молодые, и ветераны-фронтовики, и даже люди более старших поколений, стремившиеся сбросить с себя груз молчания, неискренности и сотрудничества с террористическим режимом. Поэты Евгений Евтушенко, Андрей Вознесенский, Белла Ахмадулина, Роберт Рождественский, Юнна Мориц собирали громадные аудитории восторженных слушателей. Их запрещенные к публикации стихи расходились в тысячах копий и читались равно в студенческих «общагах» и в салонах просвещенной коммунистической знати, позволявшей себе отклонение на несколько градусов от «линии партии». Вышел альманах «Тарусские страницы» с рассказами Константина Паустовского, Булата Окуджавы, стихами Марины Цветаевой, Давида Самойлова и др. 19 сентября 1961 г. в «Литературной газете» была напечатана поэма Евтушенко «Бабий яр» об истреблении евреев Киева нацистами в 1941 г. В журнале «Юность» появились повести В. Аксенова и А. Гладилина о «сердитой» молодежи, недовольной окружающим ее лицемерием. Журнал «Новый мир», вновь под руководством Твардовского, стал флагманом «искренней» литературы, где начали печататься Борис Можаев, Виктор Астафьев, Владимир Войнович, Владимов и др. Рязанский учитель и бывший зэк Александр Исаевич Солженицын направил в «Новый мир» свои первые рассказы. В кинематографе работали над фильмами о современниках Г. Чухрай, М. Хуциев, Михаил Ромм, вырастали новые таланты (Андрей Тарковский, Андрей Кончаловский, Георгий Данелия, Леонид Гайдай, Эльдар Рязанов). В живописи, скульптуре, музыке происходила проба новых форм и стилей, раздвигались границы «социалистического реализма». Начал распространяться самиздат — литература, публицистика, религиозные сочинения в рукописных списках или перепечатанные «под копирку» на пишущих машинках.

СССР называли самой читающей страной в мире, ссылаясь на астрономические тиражи книг. Но советское книгоиздательство в большой мере работало на выпуск макулатуры: «классиков» марксизма, сборников партийных решений, «классиков» советской литературы — то есть писателей, чьи книги вышли тиражом более 1 млн экземпляров.

Большинство людей стремилось достать произведения русской и мировой классики, интересных современных писателей, мыслителей. Такие книги были в дефиците. Поэтому еще в 1950-е гг. возникли книжные барахолки, где люди покупали или обменивали интересующие их книги. Там можно было купить и запрещенную литературу, в том числе изъятую при обысках. Показателем спроса была цена. В 1970 г. издававшийся НТС журнал «Посев», нелегально ввозимый в СССР, стоил 25 рублей, книги издательства «Посев» от 30 до 50 рублей, а Библия, которую нельзя было приобрести в храме, в начале 1980-х гг. поднялась в цене до 65—70 рублей (0,7 средней месячной зарплаты). В магазине один том собрания сочинений Ленина стоил 55 копеек. Но спросом он не пользовался.

Помимо книжных барахолок были и музыкальные, где продавались западные пластинки (с запрещенной рок-музыкой) или их копии, сделанные на рентгеновской пленке, а также магнитофонные ленты с записями отечественных бардов (Визбора, Галича, Городницкого, Высоцкого, Кима, Окуджавы). Магнитофонная кассета, очень дефицитный товар, стоила 4 рубля по госцене и 7—15 рублей у продавца-«фарцовщика». Милиционеры разгоняли такого рода частную торговлю, но барахолки неизменно возникали вновь.

Круг людей, охваченных этим общественно-культурным подъемом, был довольно узок — прежде всего столичные литературные круги, образованные слои крупных городов, университеты, основные научно-технические центры. Но ясно ощущались страшные последствия культурной катастрофы 1920—1940-х гг. — подавляющее большинство этих людей были преданы «социалистическому выбору», были воинствующими атеистами и искренне верили, что большевицкий переворот открыл новую светлую эпоху в жизни России и мира. Вместе с тем можно говорить о появлении — впервые со времен войны — общественных и культурных сил, которые внутри России стремились освободиться от государственно-партийной диктатуры, изменить господствующий режим.

В стране говорили об утверждении «социалистической законности». В 1960 г. вступил в силу новый уголовный кодекс РСФСР, из которого исключались сталинские репрессивные статьи. В то же время в лагерях сидели тысячи политзаключенных, а в 1960–1961 гг. КГБ арестовал по политическим мотивам около 500 человек.

Хрущевский режим строго преследовал «тунеядцев» (нигде не работающих людей), «фарцовщиков» (подпольных торговцев) и особенно «валютчиков» (торговцев иностранной валютой). В 1959 г. международным скандалом закончился процесс по делу Яна Рокотова и его сообщников. Рокотов, молодой подпольный финансист и предприниматель, организовал целую сеть по продаже валюты и дефицитных западных товаров. Он и его товарищи были арестованы. Им грозили большие сроки заключения — 10–15 лет. Тут вмешался Хрущев: «Это что же, когда они выйдут на свободу, у нас уже будет коммунизм? Нельзя таких в коммунизм с большой ложкой и вилкой пускать». Был принят новый закон о смертной казни за финансовые преступления в особо крупных размерах. Ему придали обратную силу — Рокотова и его товарищей осудили и убили по советскому суду. Правозащитники и юристы во всем мире были возмущены таким вопиющим нарушением норм юриспруденции. Но Хрущеву на это было наплевать.

Литература
У. *Таубман*. Хрущев. М.: Молодая гвардия, 2005.
Л. *Поликовская*. Мы предчувствие... предтеча... Площадь Маяковского 1958–1965. М.: Звенья, 1997.

5.1.19. Русская Православная Церковь при Хрущеве

Первое постановление, направленное против религии и Церкви в годы нахождения Н.С. Хрущева у власти, увидело свет 7 июля 1954 г. и было посвящено анализу «крупных недостатков в научно-атеистической пропаганде и мерам по ее улучшению». Советский народ информировался о том, что с пассивностью в отношении религии необходимо покончить, что необходимо «с научных позиций» разоблачать сущность религии, в том числе Православия. Подчеркивалось, что воспитательную работу среди учащихся необходимо вести в духе воинствующего материализма. Для советских педагогов, выросших и сформировавшихся в сталинские годы, слова о *воинствующем материализме* могли ассоциироваться только с декларациями *воинствующих безбожников* 1920–1930-х гг. Казалось, что прежняя терминология вновь становится востребованной коммунистическими идеологами.

Однако власти довольно скоро поняли, что поторопились. Некоторые сталинские соратники — Молотов, Маленков, Ворошилов — полагали, что новая конфронтация с Церковью, осуществлявшаяся под демагогическими лозунгами улучшения научно-атеистической работы, может повредить престижу Советского Союза за рубежом, а также вызвать нездоровую реакцию внутри страны. Их позиция — позиция прагматиков, заботившихся вовсе не о благе верующих, а о стабильности созданной Сталиным политической системы, в которой Православная Церковь занимала свое место и использовалась по мере надобности во внешнеполитических целях. В результате 10 ноября 1954 г. и появилось новое постановление Центрального комитета КПСС, пояснявшее, что борьба против религиозных предрассудков — это идеологическая борьба научного (материалистического) мировоззрения против антинаучного (религиозного), в которой нельзя допускать оскорбления религиозных чувств верующих и клириков. Тем самым косвенно доказывалось, что такого рода оскорбления допускались, и постановление от 7 июля лишь стимулировало их.

Уже то, что в течение нескольких месяцев Коммунистическая партия дважды поднимала вопрос, связанный с атеистической пропагандой, показательно. В 1954 г. перспективы развития коммунистической системы были еще не ясны. Они прояснялись по мере укрепления позиций Н.С. Хрущева, на что ушло несколько лет. Поэтому не случайно, что период между 1954 и 1958 г. оказался самым благоприятным для Русской Православной Церкви после 1947 г. С 1954 по 1957 г. (включительно) число храмов и молитвенных домов Русской Православной Церкви не уменьшилось, оставаясь приблизительно на одном уровне: если в 1954 г. их было 13 422, то в 1957 г. — 13 430. То же самое можно сказать о состоянии монастырей и численности монашествующих: в 1954 г. было 59 монастырей с 4481 иноком и инокиней (монахинь было значительно больше, чем монахов), а в 1957 г. — 57 с 4661 иноком и инокиней. Год от года росло число учащихся восьми духовных семинарий и двух духовных академий. Более того, с 1955 г. православные иерархи стали присутствовать на приемах в Верховном Совете СССР и в зарубежных посольствах. Тогда же впервые в СССР разрешили напечатать Библию и Евангелие тиражом 50 тысяч экземпляров. После разоблачения «культа личности» Сталина в 1956 г. из лагерей вернулись уцелевшие клирики, многие из них снова стали служить.

Для Русской Православной Церкви тяжелые времена наступили в 1958 г., после победы Хрущева в 1957 г. над «антипартийной группой Молотова, Кагановича, Маленкова и примкнувшего к ним Шепилова». Давление на Церковь осуществлялось двумя способами: посредством финансового гнета и политически. 16 октября 1958 г. Совет министров СССР выпустил два постановления: «О свечном налоге» и «О монастырях». Постановления были приняты в соответствии с требованием ЦК КПСС развернуть наступление на религию и связывались единой задачей: подорвать материальное положение Православной Церкви и максимально сократить численность монастырей. Вполне понятно, что уменьшение средств напрямую влияло на возможности Церкви содержать монастыри: постановление запрещало монастырям применять наемный труд и предусматривало сокращение арендуемой у государства земли. К тому же повышение налогов на землю делало нерентабельным труд насельников, «естественным» образом приводило обитель к экономическому упадку. К такому же упадку приводило приходы резкое повышение налога на свечи. До 1959 г. Церковь платила за свечи годовой налог в сумме чуть более 1 млн рублей, а в 1959 г. — 71 154 038 рублей!

Кроме того, советские власти активно боролись за сокращение сети духовных учебных заведений. С этой целью предпринимались всевозможные меры по уменьшению (и даже полному прекращению) приема в духовные школы. Под нажимом властей был ликвидирован заочный сектор в Ленинградских духовных школах, прекращен прием лиц с высшим и средним светским образованием, выдвинуто требование принимать только тех, кто отслужил в Вооруженных силах СССР, и т. д. Принимались меры к закрытию трех из восьми духовных семинарий. И действительно, в 1960 г. были закрыты Ставропольская и Киевская семинарии, затем Саратовская. После 1963 г. прекратила свое существование Минская семинария. За период с 1958/59 по 1964/65 учебные годы число студентов духовных школ сократилось более чем в четыре раза. С сентября 1959 г. стал выходить атеистический журнал «Наука и религия», на долгие годы превратившийся в идеологический рупор борцов с религией и Церковью. Возможности вести с атеистами полемику РПЦ не имела, хотя и продолжала издавать ежемесячный «Журнал Московской Патриархии», подвергавшийся строжайшей цензуре.

16 марта 1961 г. Совет министров СССР принял закрытое постановление «Об усилении контроля за выполнением законодательства о культах», подключавшее к обеспечению «контроля» местные органы власти.

> Журнал «Наука и религия» в апреле 1961 г. разъяснил своим читателям, что значит нарушение клириками советских законов о культах: «Церковники и сектантские проповедники злоупотребляют весьма чутким, деликатным отношением нашей партии к религиозным чувствам трудящихся верующих. ...С нарушениями советского законодательства о культах мириться дальше нельзя, их нужно пресекать. Это – одно из условий освобождения наших верующих из-под духовной опеки церковников, одно из условий полного и окончательного преодоления религиозных пережитков в нашей стране».

В апреле 1961 г. власти сумели навязать Синоду РПЦ постановление «О мерах по улучшению существующего строя приходской жизни». В июле оно было утверждено Архиерейским Собором. В результате клирики отстранялись от руководства приходами, которыми с тех пор стали руководить приходские советы. Священнослужитель оказался в положении наемного работника, привлекаемого общиной для совершения религиозных служб. Советские власти получили право отвода членов приходских советов, назначения проверенных ими людей и т. п. Староста же, в отличие от священника, оказался «главным человеком» на приходе, что было в интересах коммунистического режима, так как подбор старост находился в его руках. Сильным ударом по Церкви стало и введение к лету 1962 г. регистрационных книг, в которых на основе паспортных данных должно было отмечаться, кто заказывал совершение крещений, венчаний, отпеваний. На основании этих данных власти могли теперь усилить контроль над верующими. Зарегистрированное крещение, венчание или отпевание тут же становилось темой рассмотрения на партийном или комсомольском собрании или, если человек был беспартийным, на собрании профсоюзном. Такое рассмотрение неизбежно приводило к неприятностям — исключению с работы, прекращению карьерного роста, отказу в предоставлении путевок и иных «льгот».

Председатель Отдела внешних сношений митрополит Николай (Ярушевич) одним из первых выступил против начатой Хрущевым в октябре 1958 г. антирелигиозной кампании. Передавалась легенда, что, выйдя как-то на церковный амвон, он поднял газету «Правда», в которой была напечатана статья с нападками на Церковь, и сказал церковному народу: «Вот видите, газета носит имя "Правда", а в ней — всё ложь». Под нажимом КГБ митрополит Николай был отправлен в отставку («на покой») и в декабре 1961 г. при странных обстоятельствах умер в больнице.

Принятые в июне 1961 г. изменения приходского устава, резко ограничившие права духовенства и мирян, вызвали новые протесты. В 1965 г. архиепископ Калужский Ермоген (Голубев) написал резкое письмо Патриарху Алексию с требованием отменить новый приходской устав. К письму присоединились 4 архиепископа и 3 епископа. Вскоре Ермогена тоже отправили «на покой». В том же 1965 г. с протестами против наступления на Церковь выступили священники Н. Эшлиман и Г. Якунин. Их открытые письма распространялись в самиздате.

В истории хрущевских гонений на Церковь особое место занимает XXII съезд КПСС. На съезде, проходившем в октябре 1961 г., была рассмотрена и принята новая Программа КПСС, внесены изменения в Устав КПСС. Если XXI съезд выработал экономический план строительства нового общества, то XXII съезд занимался по преимуществу идеологической работой, вырабатывая основные морально-нравственные принципы бесклассового строя. В этих условиях формирование «научного мировоззрения» стало одной из первостепенных задач. Под научным мировоззрением понималась система философских, экономических и социально-политических взглядов. Разумеется, предполагалось, что в такой системе не будет места религиозным «пережиткам» — так как претворяемая в жизнь теория станет зримым примером всемогущества человека, без всякой помощи «свыше» построившего новый коммунистический мир.

Правда, говоря о научно-атеистической пропаганде, новая Программа также не забыла указать на необходимость терпеливого разъяснения верующим несостоятельности религиозных верований, «возникших в прошлом на почве придавленности людей стихийными силами природы и социальным гнетом, из-за незнания истинных причин природных и общественных явлений». Из сказанного следовало, что верующие просто не видят (в силу различных причин) подлинных корней религии, слабо разбираются в естествознании и обществоведении. Получалось, что именно это — главная причина существования религиозных «пережитков». А такую причину можно ликвидировать методами просвещения и агитации.

В новой Программе КПСС нашел место *моральный кодекс строителя коммунизма*, включавший в себя среди прочих такие нравственные принципы, как добросовестный труд (с характерным пояснением «кто не работает, тот не ест»); коллективизм и взаимопомощь; гуманные отношения между людьми (так как «человек человеку — друг, товарищ и брат»); честность, нравственную чистоту, скромность; взаимное уважение в семье; непримиримость к несправедливости, тунеядству и стяжательству; нетерпимость к национальной и расовой неприязни и т. п. Намного позднее составители этого кодекса из Института марксизма-ленинизма при ЦК КПСС, смеясь, признавались, что просто списали его с десяти заповедей Моисея и Нагорной проповеди Христа, «подправив, где что нужно».

Смысл морального кодекса очевидно прост: доказать, что коммунистическое общество — прежде всего общество нравственное. А так как оно должно быть в основном построено в ближайшее двадцатилетие (то есть к началу 1980-х гг.), то и на формирование нового атеистического человека отводится короткое время. Преодоление религиозности в СССР стало программной задачей компартии, ибо научный атеизм считался одним из обязательных условий общества будущего. Как только был опубликован проект новой Программы КПСС, журнал «Наука и религия» включился в идеологическую полемику, называя религию тормозом на пути построения гуманного общества. Журнал заранее предрекал полное торжество атеизма, «ибо к этому ведет сама... жизнь». А уже в ноябре 1961 г. руководство журнала, совместно с кафедрой теории атеизма Московского Государственного университета и Научно-методическим советом Всесоюзного общества по распространению политических и научных знаний, провело конференцию, обсудившую задачи научно-атеистического воспитания трудящихся.

Стремясь в максимально короткие сроки покончить с религией, что на практике означало и организационный разгром Церкви, атеисты сделали весьма характерный вывод *о необходимости усиления научно-атеистической пропаганды по мере приближения коммунистического общества*. Это был явный перифраз сталинского положения об усилении классовой борьбы по мере строительства социализма. Тем самым Церковь и ее служители недвусмысленно выставлялись идейными врагами строившегося общества — со всеми вытекавшими отсюда последствиями (хотя речь и не шла о физическом устранении «врагов» — акцент делался на контроле за церковными кадрами).

В хрущевский период «верховным распорядителем» Русской Церкви оставался регулирующий государственно-церковные отношения Совет по делам РПЦ при Совете министров СССР, созданный еще в 1943 г. Реальной властью на местах пользовались уполномоченные Совета, с которыми архиереи должны были согласовывать все свои решения, в том числе и назначения священников на приходы. Кроме того, Совет дозволял епископские хиротонии, а уполномоченные — священнические и диаконские рукоположения. Не случайно Патриарх Алексий (Симанский) в конце своей жизни с горечью говорил: «*В начале моего патриаршества из десяти кандидатов в епископы я выбирал девять, а они* [советские органы] — *одного, теперь они дают девять, а я подбираю одного*». Понятно, что руководство КПСС «продвигало» в епископы или убежденных атеистов — сотрудников КГБ, или лиц нравственно неустойчивых, разложившихся, которые будут растлевать и разрушать Церковь, управляя ею.

Стремясь дискредитировать православное духовенство, власти всячески поощряли вероотступничество. Различными мерами в конце 1950-х — начале 1960-х гг. им удалось добиться заявления о разрыве с религией от почти двухсот священнослужителей. Кроме того, за 1958–1964 гг. число приходов Русской Православной Церкви уменьшилось на 5863 (на 1 января 1966 г. РПЦ имела 7523 храма и 16 монастырей).

Впрочем, развалить Церковь изнутри не удалось, не помог и всеобъемлющий кадровый контроль. Одна из причин этого — внешнеполитическая деятельность Русской Православной Церкви, которая коммунистическим правителям была весьма необходима. Коммунистические руководители проявляли заинтересованность в православной критике западных «религиозных антисоветчиков», в бойкоте РПЦ работ Второго Ватиканского Собора (чего не получилось), в том, чтобы Русская Церковь стала объединяющим центром всех Православных Поместных Церквей.

Парадокс государственно-церковных отношений в том и заключался, что власти пытались решать две взаимоисключающие проблемы: стремясь окончательно уничтожить (как заявлялось, «идеологическими средствами») религию и Церковь с одной стороны, они хотели использовать авторитет РПЦ в своих политических целях — с другой. Более того, коммунистические руководители тех лет проявляли откровенную заинтересованность в нормализации отношений с крупными религиозными исповеданиями, и прежде всего с Католической Церковью. Хрущев, например, вел переписку с Папой Римским Иоанном XXIII.

Выдающийся церковный деятель второй половины XX в. митрополит Ленинградский и Новгородский Никодим (Ротов) (1929—1978) в начале 1960-х гг. активно использовал эту политико-идеологическую двусмысленность, но и он не сумел остановить воинственный напор антирелигиозной пропаганды. Помощь коммунистическому государству в деле «борьбы за мир» и участие, по воле руководства КПСС, в международном экуменическом движении не спасало Церковь от грубых атеистических нападок, ибо *использование Церкви для коммунистической власти было делом тактики, стратегическая же задача ее уничтожения оставалась неизменной*.

Заключительным аккордом публичной антирелигиозной деятельности эпохи Хрущева стало расширенное заседание Идеологической комиссии при ЦК КПСС в ноябре 1963 г., посвященное обсуждению вопроса атеистического воспитания населения. На заседании был заслушан доклад Л.Ф. Ильичева, стремившегося играть роль главного советского идеолога. Его доклад — развернутая программа тотального наступления на религию и Православную Церковь в СССР. Впрочем, не стоит считать этот доклад лишь «памятником идеологической мысли» тех лет. Некоторые наблюдения Ильичева вполне заслуживают внимания. В частности, замечание об изменении облика верующего, об усилившейся активности деятелей Церкви и т. п. Показательно, что Ильичев не забыл заявить о противоположности морального кодекса строителей коммунизма и религиозных ценностей. Разумеется, он должен был отдать дань и «чистой» идеологии, напомнив, что время поблажек «церковникам» кончилось и что именно в последние годы были восстановлены положения ленинского декрета о свободе совести. Не забыл Ильичев и о «крайностях» в отношениях к Церкви, то есть о грубом администрировании, напомнив также, что «*наш атеизм является последовательным и принципиальным, глубоко воинствующим*».

Даже западные коммунисты осудили доклад Ильичева. «*Для нас*, — говорил по этому поводу лидер французской компартии Морис Торез, — *свобода совести — вопрос не тактики, а принципа*». Но в России новое атеистическое наступление верующие восприняли со страхом. Учащиеся семинарий молились, чтобы Бог дал им возможность после рукоположения отслужить хотя бы одну литургию. Уполномоченные, вызывая молодых людей, которые желали получить религиозное образование и стать священниками, объясняли им: «Вы враги советской власти. Мы всех врагов истребили — капиталистов, троцкистов, белогвардейцев, а вы еще остались. Вас истреблять пока не разрешают, но помните: вы — наши враги». В 1961—1964 гг. в СССР по религиозным мотивам было осуждено 1234 человека.

Большинством мирян и клириков антирелигиозная политика СССР персонифицировалась непосредственно с Хрущевым. Его авторитет среди населения к середине 1960-х гг. был невысок. На религиозность народа хрущевские гонения повлияли незначительно, более того, в начале 1960-х гг. в некоторых регионах РСФСР (например в Чувашии, Тамбовской, Рязанской, Ульяновской и Кемеровской областях) наблюдался заметный рост обращений верующих к священнослужителям для совершения церковных обрядов (крещения, венчания и отпевания). Обещание Хрущева, что в 1980 г. он пожмет руку «последнему советскому попу», не исполнилось. До 1980 г. Никита Сергеевич дожить не сумел — 11 сентября 1971 г. он умер от инфаркта миокарда.

Литература
Архимадрит Августин (Никитин). Церковь плененная. Митрополит Никодим и его время Спбу, 2008.

5.1.20. Христианская жизнь вне Московской Патриархии

Катакомбная, или Истинно Православная Церковь (ИПЦ), находилась на нелегальном положении с 1920-х гг. Из-за репрессий в ней осталось мало священников. Тем не менее общины ИПЦ продолжали действовать во многих регионах России и не соглашались на регистрацию Советом по делам религий и культов при Совмине СССР (СДРК). Десятилетиями сохранялись тайные монастыри и скиты. Многие верующие отказывались получать паспорта, участвовать в выборах, служить в армии. У ИПЦ были связи с Русской Православной Церковью за рубежом (РПЦЗ). Несмотря на репрессии, ИПЦ продержалась в подполье до падения коммунистического режима. Имели свои тайные скиты и **старообрядцы.**

Активно сопротивлялись госатеизму общины протестантов. Руководство официально признанного Всесоюзного совета евангельских христиан-баптистов (ВСЕХБ) под нажимом властей в начале 1960-х гг. приняло два документа, ограничивавших религиозную деятельность верующих. В мае 1960 г. образовалась **Инициативная группа**, добивавшаяся их отмены и проведения всесоюзного съезда баптистов. ВСЕХБ пытался лавировать, идя на уступки то верующим, то властям. КГБ арестовал около 200 сторонников Инициативной группы. В 1964 г. «инициативники» образовали Совет родственников узников евангельских христиан-баптистов в СССР, помогавший арестованным и их семьям и распространявший в СССР и за рубежом информацию о преследовании верующих. В итоге раскол в баптистской Церкви стал неизбежен. В 1965 г. общины, выступившие против курса ВСЕХБ, создали независимый, нелегальный Совет церквей евангельских христиан-баптистов (СЦ ЕХБ). Многие его члены были арестованы и отбыли по несколько сроков в заключении. СЦ ЕХБ создал подпольное издательство «Христианин», выпускавшее типографским способом книги и журналы, общий тираж которых превысил полмиллиона.

Всесоюзная Церковь верных и свободных адвентистов седьмого дня (ВСАСД) действовала в подполье с момента своего основания и непрерывно преследовалась. Ее руководитель Владимир Шелков провел 26 лет в лагерях и ссылках. Он был автором десятков книг и статей на религиозные и правозащитные темы. Его произведения и другая литература печатались нелегальным издательством ВСАСД «Верный свидетель». В 1976 г. адвентисты создали правозащитную группу, публиковавшую материалы о преследовании верующих.

Пятидесятники подвергались репрессиям с 1929 г. Более половины их общин отказались от государственной регистрации. Гонения вынудили пятидесятников выступить за право на эмиграцию. Первый список пятидесятников, добивавшихся выезда из СССР, был передан за рубеж в 1965 г. К 1979 г. в таких списках было 30 тысяч человек. В июне 1979 г. в Москве прошел съезд незарегистрированных общин, на котором избрали Братский совет христиан веры евангельской пятидесятников. С 1970-х гг. началось их сотрудничество с правозащитным движением. В мае 1980 г. пятидесятники создали свою самостоятельную правозащитную группу.

5.1.21. Берлинская стена. Кубинская революция и Карибский кризис

В 1961–1962 гг. действия Хрущева привели к самому глубокому кризису «холодной войны», грозившему перейти в прямое вооруженное столкновение между СССР и США. Молодой президент Джон Фицджеральд Кеннеди, сменивший Эйзенхауэра в Белом доме в январе 1961 г., немедленно столкнулся с острыми ситуациями — тлеющим кризисом вокруг Западного Берлина и нарастающей конфронтацией с Кубой, где в декабре 1959 г. пришел к власти революционный режим во главе с Фиделем Кастро, Раулем Кастро и Че Геварой.

В апреле 1961 г. провалилась высадка на Кубу «контрас» — кубинских эмигрантов-антикоммунистов, подготовленных и вооруженных в США, — операция, спланированная еще при Эйзенхауэре. Кеннеди отказался от прямой военной интервенции, в результате «контрас» были разгромлены и взяты в плен кубинскими коммунистами.

Кеннеди стремился к мирному урегулированию разногласий по германскому вопросу и другим острым вопросам «холодной войны» и предложил встретиться с советским лидером. Хрущев, однако, расценил это как слабость молодого неопытного президента. На встрече в Вене 2–3 июня 1961 г. Хрущев оказал грубый нажим на Кеннеди, отверг его опасения о возможности ядерного столкновения между СССР и Западом, и вновь представил ультиматум по Германии и Западному Берлину. Хозяин Кремля начал новый виток балансирования на грани войны.

В ночь с 12 на 13 августа 1961 г., по тайному согласованному решению Хрущева и лидера ГДР Ульбрихта, граница между восточным и западным Берлином была закрыта. В считанные часы были перекрыты улицы, забаррикадированы подъезды, обрезана телефонная связь, разобраны рельсы надземного и подземного транспорта. Тысячи берлинцев оказались отрезаны от своих родных и близких, потеряли место работы. В последующем на границе была построена пограничная полоса с колючей проволокой, минными полями и бетонной стеной с обзорными вышками и пулеметами. При попытках перебежать на Запад пограничники ГДР открывали огонь на поражение. 17 миллионов восточных немцев остались в «социалистической Германии», словно в клетке. Хрущев был доволен: таяние людских ресурсов ГДР было остановлено таким простым способом. Администрация Кеннеди и руководство других западных держав, опасаясь военных стычек в Берлине, заняли позицию наблюдателей и даже не объявили ГДР экономическую блокаду.

Опасения были не напрасными. 26–27 октября протокольный конфликт между американским военным и пограничниками ГДР на пропускном пункте в Берлине привел к быстрой эскалации и появлению американских танков на границе. Советские власти ошибочно решили, что США решили снести Берлинскую стену. В течение суток американские и советские танки стояли напротив друг друга с работающими моторами. К счастью, у Хрущева, после переписки с Кеннеди по тайным каналам, хватило здравого смысла отвести советские танки первым. Этому примеру последовали американцы.

Этот эпизод не охладил пыл Хрущева, а, наоборот, укрепил его уверенность, что США войны не желают и из Кеннеди можно выдавить уступки. 1 сентября 1961 г. СССР в одностороннем порядке возобновил наземные испытания ядерного оружия (прекращенные по взаимному уговору с США в 1958 г.) и довел их число до 80 в год. На совещании с физиками-ядерщиками Хрущев сказал, что ему нужна супербомба, которая «висела бы как дамоклов меч над империалистами». Такую бомбу изготовила группа физиков во главе с Андреем Дмитриевичем Сахаровым. Бомба в 100 миллионов тонн тротила, самая мощная в истории, имела взрывную силу больше, чем все количество взрывчатки, использованной за Вторую Мировую войну. Эта бомба была 30 октября 1961 г. сброшена с бомбардировщика Ту-95 над северным островом архипелага Новая Земля. С целью избежать разрушений на советской же территории бомба была испытана вполсилы. Последний советский ядерный взрыв состоялся в октябре 1990 г. По официальным данным, за 42 года было проведено 715 испытаний 969 устройств.

Несмотря на стабилизацию ГДР за счет возведения Берлинской стены, Хрущев не был заинтересован в снижении напряженности в Германии. На заседании Президиума ЦК в январе 1962 г. он сравнил свою политику давления с наполненным до краев стаканом, где жидкость едва не переливается через край. Если такого давления «не будем иметь», говорил Хрущев своим коллегам, то «врагу дадим спокойно жить».

Соревнуясь с США, КГБ и военно-промышленный комплекс рождал в этот период проекты один чудовищнее другого: от подготовки диверсий на базах НАТО до строительства ядерной суперторпеды, которая могла бы вызвать цунами и смыть с лица земли Нью-Йорк. Действуя в этом духе, 18 мая 1962 г. Хрущев предложил на Совете обороны направить на Кубу советские ракеты с ядерными боеголовками. 21 мая «ручной» Президиум поддержал это предложение (сомнение выразил лишь один Микоян). Просматриваются три причины, по которым Хрущев пошел на эту рискованную акцию. Во-первых, он боялся, что рано или поздно США вторгнутся на Кубу и свергнут режим Кастро. Это означало бы политическое поражение СССР и лично Хрущева, поскольку с весны 1960 г. Куба фактически стала частью советского блока и получала большу́ю советскую помощь, а кубинская революция пользовалась громадной популярностью в советском обществе.

Во-вторых, советские ракетные базы на Кубе позволяли подправить вопиющее стратегическое неравенство между СССР и США (на тот момент соотношение по «носителям» ядерного оружия составляло 1 к 17). Военные с энтузиазмом поддержали решение Хрущева. Разработанная ими операция «Анадырь» предусматривала доставку на Кубу 42 ракет средней дальности и 40-тысячный контингент советских войск. В августе советскую группу войск на Кубе усилили атомными тактическими и крылатыми ракетами, а также фронтовыми бомбардировщиками, способными нести атомное оружие.

В-третьих, Хрущев хотел продемонстрировать, что СССР может действовать под носом у американцев точно так, как США действовали под боком у СССР, например, когда они развернули свои ракеты в Турции. В июле 1962 г. на переговорах в Москве был заключен секретный договор с кубинцами, предоставивший Кубе советский ракетно-ядерный зонтик, — подобно тому как это делали США для союзников по НАТО.

Операция «Анадырь» началась успешно. Советские войска, ракеты и прочее вооружение в глубокой тайне на борту сухогрузов тайно достигли Кубы. Строительство ракетных баз почти завершилось, когда 14 октября американский самолет У-2 сфотографировал эти базы, отлично видные среди редких пальмовых рощ и практически не замаскированные. На следующее утро Кеннеди получил неопровержимые данные о тайном развертывании советских ракет. Это могло стать поводом для войны, тем более что советско-кубинский договор о совместной обороне, заключенный в Москве в июле 1962 г., сохранялся в секрете, и советские действия предстали миру как беззаконная акция, по сути — скрытая подготовка СССР к нападению на США.

Американские военные единодушно рекомендовали нанести внезапный и сокрушительный удар. 22 октября Хрущев созвал экстренное ночное заседание Президиума ЦК, где признался, что сложилось трагичное положение: «Они могут напасть, мы ответим. Может вылиться в большую войну». Советский руководитель признал, что «мы хотели припугнуть, сдержать США в отношении Кубы». Но в случае, если американские войска высадятся на Кубе, Хрущев и министр обороны маршал Малиновский считали неизбежным использование против них тактического ядерного оружия. «Если мы не применим ядерное оружие, то они могут захватить Кубу», — подытожил Хрущев. В этот момент в обсуждение вступил Микоян, который считал, что применение любого ядерного оружия должно быть исключено. После многочасового обсуждения Хрущев был вынужден признать его правоту. Командующий советскими войсками на Кубе генерал И.А. Плиев получил четкие инструкции не применять ядерных средств даже в случае американской атаки. (Президиум ЦК КПСС. Т. 1. С. 617—619.)

Кеннеди, к счастью, также стремился избежать действий, которые могли бы спровоцировать термоядерную войну. 22 октября президент обратился к стране и к ООН, изложил факты и объявил о военно-морском «карантине» (блокаде) Кубы. Началась открытая фаза кризиса, который стал известен на Западе как «кубинский» и «ракетный», а в России как «карибский». Советское общество имело очень смутное понятие о том, что мир стоит на грани войны. Лишь посвященные люди, в основном из номенклатуры, отправляли свои семьи подальше от Москвы. Между Хрущевым и Кеннеди началась лихорадочная переписка по дипломатическим каналам и обмен посланиями и сигналами через разведку. Советский лидер еще хорохорился, но был не на шутку испуган.

Хрущев и министр обороны Малиновский вновь направили командующему советской группой войск на Кубе генералу И. Плиеву приказ, ни при каких обстоятельствах не применять ядерного оружия. 27 октября советские ракетчики сбили У-2, убив американского летчика. В тот же день Кастро написал Хрущеву, что американское вторжение на Кубу почти неминуемо «в ближайшие 24—72 часа».

В ответ он предлагал, используя «законное право на самооборону», нанести по США сокрушительный удар. «Как бы ни было тяжело и ужасно это решение, но другого выхода, по моему мнению, нет». Хрущев расценил это предложение Кастро как призыв первым начать ядерную войну. (Вестник МИД СССР. 1990. № 24. С. 68.)

В МИДе и разведке некоторые считали, что нужно ответить на американскую блокаду Кубы блокадой Западного Берлина. Но Хрущев понял, что игра зашла слишком далеко. 28 октября, в страшной спешке, не поставив в известность ни кубинцев, ни военных и МИД, кремлевское руководство передало по радио американцам свое решение «демонтировать оружие, которое вы называете наступательным, погрузить его на суда и вернуть обратно в Советский Союз» («Известия», 30 октября 1962 г.).

Кризис начал спадать, хотя драматичные и сложные переговоры с американцами и кубинцами об условиях вывода советских войск и вооружения, которые вел Микоян, продолжались в течение всего ноября. Президент Кеннеди и его брат Роберт Кеннеди, министр юстиции, по тайным каналам обещали советскому правительству не нарушать суверенитет Кубы, а также убрать из Турции американские ракеты. В целом, однако, кубинский кризис нанес сокрушительный удар по престижу Хрущева и его политике балансирования на грани войны. Операция «Анадырь» стоила советскому бюджету миллиарды рублей. Несмотря на все уверения советского лидера в том, что «мы спасли Кубу», США одержали политическую и моральную победу. Хрущев пытался свалить провал операции «Анадырь» на военных и разведку. Но сами военные, а также дипломаты, КГБ и многие из окружения Хрущева, восприняли развязку кризиса как унизительную капитуляцию. Когда Хрущев рассказал о кризисе пленуму ЦК, многие партийные лидеры задним числом ужаснулись той опасности, которой подверг их Первый секретарь. После кубинского кризиса дни Хрущева у власти были сочтены.

Литература

Г.М. Корниенко. Холодная война. Свидетельство ее участника. М.: Международные отношения, 1994.

А.А. Фурсенко, Т. Нафтали. Безумный риск. Секретная история Кубинского ракетного кризиса 1962 г. М.: РОССПЭН, 2006.

Alexander Fursenko and Timothy Naftali. Khrushchev's Cold War: The Inside Story of an American Adversary. N. Y.: W. W. Norton, 2006.

5.1.22. Советское народное хозяйство в 1960–1964 гг. Военный и гражданский секторы советской экономики. Обсуждение реформ. Нарастание кризиса в сельском хозяйстве. Смерть деревни. Финансовые трудности. Восстание в Новочеркасске

Цифры о развитии советской экономики нуждаются в тщательной проверке и уточнении в связи с гигантским масштабом приписок и обмана, в котором участвовала армия производственников и чиновников. Едкие слова британского премьера XIX в. Дизраэли, что есть «ложь, большая ложь и статистика», ходили как шутка именно в это время. Но, судя по всему, с 1959 г. начинается резкое снижение темпов экономического развития. По осторожным западным оценкам, темпы роста упали в среднем с 6,1% в 1953–1960 гг. до 4,7% в 1960–1964 гг. Отчасти замедление роста было неизбежно, ведь советская экономика восстановила потери и разрушения военного времени, и рост исчислялся от все большего объема производства. Но тревожило то, что при значительном росте капиталовложений, расходов и издержек на производство показатели эффективности экономики отставали. Рост производительности труда был очень незначителен. Семилетка по основным показателям, прежде всего сельскохозяйственным, провалилась.

Исключением был военный сектор экономики — «оборонка». Расходы на военное производство и программы несколько снизились после смерти Сталина, но с 1955 г. стали опять возрастать. Только в 1958–1961 гг. объем производства военной продукции увеличился более чем в два раза, а ее доля в общем объеме промышленной продукции составила 6%. Военные расходы составляли 18–20 млрд рублей, или 5–6% национального дохода. Эта цифра кажется низкой, но надо учесть, что военные «покупали» продукцию у предприятий по сильно заниженным ценам. В конце 1961 г. на производстве вооружения и боеприпасов работало 700 тысяч человек, в авиапромышленности — 1,2 млн, на строительстве боевых кораблей и подводных лодок — 427 тысяч, в военной радиоэлектронике — более миллиона, в ракетно-космическом комплексе — 350 тысяч, в атомной промышленности — не менее миллиона. Собственно ВПК насчитывал 600 предприятий и 367 опытно-конструкторских и научно-исследовательских организаций с общим числом работающих 3,7 млн человек, или 5% от общего числа занятых в промышленности, образовании, науке, культуре и здравоохранении.

Кроме того, от 60% до 80% всей промышленности СССР было обложено «военным оброком». Например, в 1957–1958 гг. десятки совнархозов по всей стране почти полностью переключились на ракетное производство. Когда в 1961 г. понадобился специальный парашют для «супербомбы», в стране исчезли нейлоновые чулки. Главными заказчиками были Министерство среднего машиностроения (атомный проект), военный и авиационный главки, ракетные фирмы. Фактически они работали вне рамок советского планирования, подчиняясь не Госплану, а разнарядкам Военно-промышленной комиссии при ЦК КПСС.

Военно-промышленный комплекс был многоярусным и вездесущим. Во-первых, было построено, в основном трудом лагерных заключенных, около двух десятков «закрытых» секретных городов, не нанесенных ни на одну гражданскую карту. Первым из них стал город Кремлев (Арзамас-16) на месте прославленной в русской духовной истории Саровской обители вблизи Арзамаса — центр по созданию ядерного оружия. В 1955 г. был построен еще один секретный город Снежинск (Челябинск-70) вблизи Свердловска, где расположился второй ядерный центр. Были выстроены гигантские военно-ядерные комбинаты под Томском (Северск) и на Енисее рядом с Красноярском (Железногорск). Железногорск (Красноярск-26) стал самым большим построенным при Хрущеве закрытым городом. Здесь в 1958 г. вошел в строй завод по выработке оружейного плутония. Реактор и двадцать две лаборатории комплекса расположились внутри гранитной скалы на глубине 200–250 метров. Город имел прекрасную инфраструктуру и снабжение товарами, в том числе теми, которые были острым дефицитом в СССР.

Во-вторых, в Москве, Ленинграде, Свердловске и других городах существовали сотни «закрытых» предприятий, научно-исследовательских институтов и конструкторских бюро, которые имели секретный номерной знак («почтовый ящик») и работали на «оборонку». По сути оставалось мало заводов и исследовательских институтов, где не было бы секторов, отделов или специальных проектов, занятых в военном производстве.

В закрытых городах и в «ящиках» работали сотни тысяч лучших советских ученых и инженеров, туда направляли из лучших университетов молодых специалистов. В это время распределение в «оборонку» считалось престижным и выгодным. На «оборонку» работали или стремились работать самые подготовленные и самые высокооплачиваемые ученые, инженеры и техники.

Хотя у военно-промышленного комплекса СССР и был гарантированный заказчик, но в его работе был элемент конкуренции — он постоянно пытался догнать США. Сказывался и фактор конкуренции между руководством отдельными главными конструкторами. Например, в ракетостроении соперничество и амбиции Королева, Янгеля и В.Н. Челомея (у которого работал Сергей Хрущев, сын советского лидера) задавали мощный импульс их подчиненным. В 1960 г. было организовано новое специальное конструкторское бюро для создания противоракетной обороны. После этого ракетчики стремились строить ракеты, которые смогли бы избежать поражения противоракетами.

«Оборонка» создавала новейшие технологии и технику. Значительная часть ее поступала в гражданский сектор (то, что на Западе получило название spin-off). К примеру, гражданская авиация, телевидение и бытовая электроника были целиком побочным продуктом «оборонки». 7 декабря 1957 г. Президиум ЦК КПСС принимает специальное решение о создании гражданской реактивной авиации на базе военного бомбардировщика ТУ-16, переоборудованного в лайнер Ту-104 (Президиум ЦК. Т. 1. С. 285). Некоторые «закрытые» центры (г. Дубна) были рассекречены и начали работать на «мирный атом». И все же чрезмерная секретность и инертность, незаинтересованность хозяйственных руководителей в успехе их товаров на рынке тормозили процесс конверсии.

Уже через пару лет после принятия Программы КПСС стало ясно, что при существующем положении дел в экономике СССР не только не догонит США, но и будет от них все более отставать. Коммунистическому руководству самым слабым звеном виделась система планирования, учета и распределения ресурсов и контроль. На Госплан и Комитет государственного контроля после создания совнархозов была возложена главная обязанность в выравнивании многочисленных экономических диспропорций. Но еще в конце 1956 г. председатель Госплана Николай Байбаков признал, что для советской экономики характерен «провал планирования. Омертвляются капиталовложения» (Президиум ЦК. Т. 1. С. 214).

Сталинское «планирование» строилось на волевых решениях начальников снизу доверху, постоянном «расшитии узких мест» и наказаниях. Ряд видных статистиков и математиков считали, что развитие и внедрение компьютерной техники позволит перестроить плановую систему на новых, научных основах. Одним из них был академик **Василий Сергеевич Немчинов** (1894—1964), родившийся в крестьянской семье в Пензенской губернии. Он работал землемером и статистиком в земстве, а в советской России возглавил разработку принципов измерения экономических процессов. Другим экономистом-реформатором был **Леонид Витальевич Канторович** (1912–1986), который родился в семье врача в Санкт-Петербурге. В 1939 г., в возрасте двадцати семи лет, он написал работу «Математические методы организации и планирования производства», которую безуспешно пытался донести до сведения Сталина (позже он получил за нее Нобелевскую премию).

В 1958 г. Немчинов и Канторович, при поддержке правительства и Госплана, создали лабораторию математико-экономических исследований в Академии наук СССР. Ученые обратились к исследованиям экономистов 1920-х гг., забытых или уничтоженных в годы террора. Началось обсуждение роли «цены и стоимости», использования «материальных стимулов» и элементов «рыночной экономики». 9 сентября 1962 г. в «Правде» с помощью Немчинова была опубликована статья харьковского экономиста Евсея Либермана «План, прибыль, премия», где он утверждал, что соединение плана с автономией предприятий и их материальным стимулированием даст новую жизнь советской экономике. Предложения Либермана и Немчинова вызвали экономическую дискуссию на страницах партийной прессы и обсуждались на пленуме ЦК в ноябре 1962 г. На следующий год Немчинов стал директором нового Центрального института экономики и математики (ЦЭМИ). В мае 1964 г. в журнале «Коммунист» появилась его статья «Социалистическое хозяйствование и планирование производства» о необходимости перехода на «хозрасчет», то есть систему государственных заказов при гибких ценах. Такой порядок, писал Немчинов, «необходим как фильтр против голого волюнтаризма и вполне реален».

Экономические дебаты начала 1960-х гг. развивались в рамках коммунистической идеологии. Их участники не хотели видеть, что без частной инициативы и рыночных цен, без слома коммунистического государственно-партийного строя и большевицкого подхода к деньгам и прибыли любые эксперименты с компьютерами и научным менеджментом обречены на провал.

Между тем в 1958–1961 гг. хрущевский «волюнтаризм» и эксперименты привели страну к продовольственному кризису. Существенно упало поголовье скота. Средняя урожайность зерновых на Целине и других землях не росла, а в 1963 г. резко упала. Душевой урожай зерна в 1963 г. был ниже, чем в России 1913 г., — 483 кг против 540 кг. Потребление зерна росло быстрее, чем его производство. Государственные резервы зерна, довольно большие при Сталине, сократились до 10,2 млн тонн в 1960 г. и упали до 6,3 млн тонн в 1963 г. В рапортах секретарей обкомов производство молока, мяса и других продуктов приближалось к показателям США. В действительности с прилавков исчезли молоко, масло, сыр, яйца, рыба, овощи, фрукты и даже базовые продукты — крупы, сахар, макароны.

Первый секретарь не желал принимать во внимание ни социально-психологические особенности русского крестьянства, веками складывавшийся уклад деревни, ни научные исследования. Авторитетом для Хрущева, помимо его самого, был шарлатан Т.Д. Лысенко.

Освободив деревню от сталинской барщины и бесправия, советская власть при Хрущеве продолжала относиться к крестьянам как к людям второго сорта. В то время как горожане получали пенсии и другие социальные гарантии, пенсия колхозникам была введена только в 1964 г. и составляла в среднем 30% от городской

(16–20 рублей). Деревенские старухи часто не имели тридцати копеек, чтобы купить пачку чая. В деревне не было доступа и к культурным ценностям, во всяком случае, до массового распространения телевизоров в конце 1960-х гг. Сельские церкви, оплот традиционной деревенской культуры, были закрыты и разрушены.

С 1958 по 1964 г., пока действовала хрущевская политика зажима приусадебных хозяйств, в сельской Центральной России произошли необратимые перемены. В условиях относительно бо́льшей свободы передвижения второсортность деревенской жизни и невозможность хорошо заработать трудным сельским трудом побуждала деревенскую молодежь бежать в города. Из деревни при Хрущеве ушли прежде всего молодые мужчины, которые после армейской службы находили работу в городах. Попытки советских лидеров после Хрущева возродить сельское хозяйство, вкачивая туда колоссальные средства, ни к чему не привели. В центрально-русской деревне уже не осталось социальной опоры для возрождения. Молодежь ушла в город, остались большей частью старики, пьяницы и самые никудышные работники. Передача навыка сельскохозяйственного труда прекратилась.

Желая создавать вместо деревень и деревенек, разбросанных по всему пространству европейского центра, агрогорода по примеру крупных американских ферм, Хрущев продолжил политику Сталина, нацеленную на укрупнение и одновременное сокращение числа сельских населенных пунктов. Земельное поравнение 1918 г. не только смело 100 тысяч барских усадеб, но и умножило дробление крестьянских дворов и полей. Все межи и всю чересполосицу смела коллективизация, создав пригодные для машинной обработки большие поля. Затем при Сталине в 1950–1953 гг. укрупнение колхозов сократило их число с 123,7 тысячи до 93,3 тысячи, а при Хрущеве в 1958–1964 гг. до 37,6 тысячи. Число совхозов выросло с 4,8 до 6 тысяч.

Малым сельским населенным пунктам отреза́ли электричество, закрывали в них магазины и школы. В них переставали заезжать рейсовые автобусы. Все это делалось для того, чтобы принудить крестьян переселяться из маленьких деревень на центральные усадьбы колхозов. И крестьяне, многие без большой охоты, бросали свои избы, отцовские поля, могилы дедов и переселялись. Хрущев и его теоретики в области сельского хозяйства совершенно не принимали во внимание, что при малой плодородности земли Средней России только ее обжитость, только близость крестьянина к своему полю и лугу может обеспечить качественную обработку земли и, следовательно, рентабельный урожай. Отрыв мужика от дедовских угодий рвал последнюю связь его с землей. На центральной усадьбе мало кто продолжал крестьянствовать – одни шли в механизаторы, другие подавались в город, а третьи спивались от безделья и отправлялись на погост. Бесчисленное множество малых деревень было постепенно заброшено, и на огромных пространствах, где в начале XX в. население было избыточным, вообще не осталось селений. Деревни запустели, поля одичали, луга заросли мелколесьем. А в агрогородах стояли, большей частью недостроенные, громадные пустые коровники и птицефермы. Коммунистическая аграрная политика привела за полвека к полному запустению сельского центра России.

Мнение историка

«Хрущев и его сподвижники — от ЦК партии до горкомов и райкомов — разрушили традиционный быт миллионов людей, сохранявших связь с землей, с сельским хозяйством. Не только покосы, поддерживаемые десятилетиями, заросли за это время кустарником, превратились в неудобия, но и люди привыкли вставать на работу двумя часами позже, не заботиться о том, чтобы покормить скотину, подоить корову; люди вдруг обнаружили, что отпуск летом — это не время для того, чтобы косить и заготавливать сено на год, а месяц, который можно провести, не обременяя себя дополнительными работами. Произошел разрыв в поведении поколений» (*Р.Г. Пихоя*. Советский Союз. История власти. С. 196—197).

В начале 1960-х гг. тяжелая ситуация сложилась и в финансах страны. Капиталовложения в промышленность, социальные программы, повышение зарплат, пенсии, дорогостоящие военные проекты, растущая поддержка партнеров по СЭВ и стран третьего мира, освоение космоса, посылка ракет на Кубу — все это едва позволяло сводить концы с концами. На XX съезде советские вожди опрометчиво обещали народу отменить налоги и начали их снижение. Советский бюджет трещал по швам. В результате, одной рукой раздавая блага, другой рукой режим был вынужден их отбирать. В 1958 г. было объявлено об отсрочке на 20 лет выплат по облигациям внутренних займов — их общая сумма достигла 260 млрд рублей. В 1960 г. была проведена очередная ревальвация рубля 1 к 10, которая привела к скачку цен. Но в действительности рубль был девальвирован. Цены внутри страны были изменены в десять раз, а отношение рубля к зарубежным валютам увеличилось примерно в пять раз даже по официальному курсу. Т.е. в долларовом эквиваленте все зарплаты в СССР уменьшились в два раза в 1960 г. В бюджете на 1962 г. при расходах в 80 млрд рублей подоходный и сельскохозяйственный налоги давали лишь 5,4 млрд. Остальное нужно было добирать за счет добычи золота, продажи сырья, доходов госпредприятий, совхозов и колхозов, а также повышения цен (то есть косвенных налогов) на различные товары — алкоголь, автомобили, предметы роскоши и, наконец, продовольствие.

31 мая 1962 г. Хрущев обнародовал Постановление ЦК КПСС и Совмина СССР о повышении на 35% цен на мясо и птицу и на 25% — на масло и молоко. Даже после этого цена на эти продукты оставалась субсидированной, то есть ниже того, что платило государство колхозникам. Но людей это не интересовало — они помнили, что при Сталине цены снижались и что Программа КПСС совсем недавно обещала им продовольственный рай.

В городах произошел взрыв недовольства. В Москве, Ленинграде, Донецке, Днепропетровске, на Урале, на Дальнем Востоке на домах были расклеены листовки с требованиями снять Хрущева и снизить цены на продукты. По данным КГБ, широко распространились призывы к забастовкам. Программа КПСС стала в глазах населения посмешищем, а Хрущев — объектом ненависти.

1 июня 1962 г. начались волнения рабочих на огромном электровозостроительном заводе имени Буденного к северу от Новочеркасска. Для рабочих повышение цен было болезненным вдвойне — одновременно были повышены нормы выработки, то есть упал их заработок. Рабочие обратились к директору завода Б. Курочкину

с просьбой помочь им, но от директора они услышали: «Если не хватает денег на мясо и колбасу, кушайте пирожки с ливером...» Эта фраза вызвала возмущение рабочих. Рабочие собрались на митинг, прекратили работу. В приехавшего первого секретаря ростовского обкома А. Басова, когда он призвал митингующих «потерпеть», полетели бутылки, и он был вынужден спускаться в свою машину через окно.

На следующий день рабочие вышли на улицы Новочеркасска с требованиями мяса, молока и повышения зарплаты. В колонне демонстрантов несли портреты Ленина, пели «Интернационал». Толпа остановила поезд Саратов — Ростов и стала гудком созывать горожан на центральную площадь. На тепловозе кто-то написал: «Хрущева — на мясо!» Начальство в панике скрылось, а милицию разогнали рабочие. 2 июня демонстранты ворвались в здание горкома, сорвали красные флаги и сняли портрет Ленина со словами: «Он не ваш, он наш». Ужас перед перспективой повторения в России польских и венгерских событий 1956 г., восточно-германского восстания 1953 г. туманил головы коммунистических правителей.

В город по приказу Президиума ЦК вошли войска Северо-Кавказского округа. Чтобы предотвратить братание войск и рабочих, по личному распоряжению Хрущева был отдан приказ командующему Северо-Кавказским военным округом генералу армии Иссе Александровичу Плиеву очистить город, если надо, открывая огонь на поражение. Огонь был открыт, но 3 июня, несмотря на жертвы, начала собираться новая толпа. В Новочеркасск приехали четыре члена Президиума ЦК (Микоян, Козлов, Полянский и Кириленко), председатель КГБ Владимир Семичастный, секретарь ЦК Леонид Ильичев. Анасатас Микоян и Фрол Козлов начали переговоры с делегацией рабочих, которой руководил Б.Н. Мокроусов. В это время войска «наводили порядок», а КГБ арестовало 116 зачинщиков, включая рабочих делегатов. В ходе подавления «беспорядков» было убито 24 человека. Около 40 человек, в том числе и дети, получили огнестрельные ранения разной тяжести. В августе, после короткого суда, по распоряжению из Москвы семеро «зачинщиков» — Мокроусов, Зайцев, Кузнецов, Черепанов, Коркач, Сотников и Шуваев — были расстреляны, другие получили тюремные сроки от 10 до 15 лет.

Власти утаили эту трагедию, но слухи о ней ползли по стране. Шеф КГБ Семичастный передал Хрущеву, что среди военных говорилось, в частности: «Если сейчас народ будет бунтовать, то мы своих не пойдем усмирять». С этого времени советские вожди, боясь повторения такого сценария, не решались повышать цены на базовые продукты питания, а предпочитали субсидировать их за счет госбюджета. Когда в 1963 г., после катастрофического неурожая, выяснилось, что могут быть перебои с хлебом, советские вожди пошли на беспрецедентные закупки продовольствия за границей, включая 12 млн тонн зерна. СССР продал 500 тонн золота, треть золотого запаса, на покрытие расходов по импорту (Президиум ЦК. Т. 1. С. 778).

Заметки ответственного редактора

В отношениях между коммунистической властью и народом России в 1950-е гг. происходит решительный сдвиг. Если все первые 35 лет владычества большевиков (1918–1953) народ страшился власти, то после смерти Сталина власть, чем дальше, тем больше, начинает страшиться «своего» народа. Методы устрашения, такие как расстрел в Новочеркасске, применяются все реже, все более точечно, а методы улеще-

ния, подкупа — все шире. Причина этого изменения — не подобрение большевицких руководителей, но внутреннее духовное освобождение самого русского народа от сковывающего его страха, начавшееся еще во время Второй Мировой войны и постепенно усиливающееся от года к году. В 1950-е гг. ушло поколение, которое сделало судьбоносный для России и себя выбор в Гражданской войне. Этот выбор во многом и обессилил его перед лицом советской власти, которую граждане России предпочли Белым. Новое военное поколение подсознательно ощущало себя свободным от выбора отцов, хотя и было вполне советским по воспитанию и убеждениям. Но, ощущая себя свободным, оно готово было вести со «своей» властью диалог на равных. И этот новый дух силы коммунистическая власть вполне ощущала.

Литература
И.В. Быстрова. Военно-промышленный комплекс СССР в годы холодной войны (вторая половина 40-х — начало 60-х годов). М., 2000.
Н.С. Симонов. Военно-промышленный комплекс СССР в 1920-е — 1950-е годы: темпы экономического роста, структура, организация производства и управление. М.: РОССПЭН, 1996.
Steven J. Zaloga. Target America. The Soviet Union and the Strategic Arms Race, 1945–1964. Novato, CA: Presidio Press, 1993.
И.Е. Зеленин. Аграрная политика Н.С. Хрущева и сельское хозяйство страны // Отечественная история. 2000. № 1.
В.А. Козлов. Массовые беспорядки в СССР при Хрущеве и Брежневе (1953– нач. 1980-х гг.). Новосибирск: Сибирский хронограф, 1999.
Яков Ладыженски. «Красноярск-26» // Дружба народов. 1996. № 6.
Е. Гайдар. Гибель Империи. Уроки для современной России. М.: РОССПЭН, 2006.

5.1.23. Культурные сдвиги в русском обществе в СССР

После смерти Сталина в русском обществе постепенно начинают происходить глубокие сдвиги. Как только перестает жестко действовать механизм репрессий, у человека возникает время для того, чтобы задуматься; задумавшись — понять; поняв — устыдиться; устыдившись — измениться. Если в первой трети 1953 г. человек привык ежедневно видеть в газете определенное количество ссылок на товарища Сталина, то постепенно эти ссылки появляются все реже и реже, затем сводятся к минимуму, а потом и вовсе исчезают.

После разоблачения так называемого «культа личности Сталина» у любого мало-мальски думающего человека возникал вопрос: «А где были те, кто его разоблачал? Не были ли они ближайшими сподвижниками Сталина?» И не только те, кто были «разоблачены» как «антипартийная группа» (Маленков, Молотов, Каганович), но и сам инициатор разоблачения Первый секретарь Никита Хрущев. Если ставится под сомнение четвертьвековая безоговорочная вера в истинность любого слова вождя, то надо ли верить каждому слову нового вождя, тем более что в скором времени народился и его культ, пусть не такой тотальный и разветвленный, как «культ личности Сталина», и скорее не страшный, а смешной и глупый. Во всяком случае, анекдоты о Хрущеве и кличка «Никитка-кукурузник» появились почти одновременно с его восхождением к власти.

Для подавляющего большинства российских интеллигентов того времени лозунгом стала двусмысленная и фальшивая фраза «восстановление ленинских норм». Из-за полного незнания настоящей отечественной истории, закрытости архивов, жесточайшей цензуры в области исторической науки легендарный, воспетый советской пропагандой период правления Ленина, по сравнению с известным на своей шкуре каждому сталинским деспотизмом начала 1950-х гг., казался недостижимым идеалом. «Малое возрождение» послесталинской России в известной мере опиралось на обращение к русской культуре 1920-х гг.

К «оттепели» из тех, кто представлял собой вершину русской культуры 1920-х гг., уцелели в поэзии прежде всего Ахматова и Пастернак, чье творчество в течение 10 лет находилось под гласным и негласным запретом. Публикация стихотворений Пастернака в журнале «Знамя» за 1954 г., первый почти за 20 лет маленький сборничек стихотворений Ахматовой в 1958 г. становятся тем, что сам Пастернак в одном из стихотворений назвал «ломкой взглядов», в которой увидел *симптомы вековых перемен*».

Постепенно снимались запреты на произведения писателей, погибших в лагерях, или тех, чье творчество было запрещено в годы сталинского правления. Уже постановка пьесы Булгакова «Дни Турбиных» в Московском театре имени Станиславского (1954), а затем и маленький однотомник его пьес (1955) оказались симптомом действительно «вековых перемен» в восприятии его наследия, происшедших в читательском сознании в середине 1960-х гг. в связи с переизданием романа «Белая гвардия» и первой публикацией романа «Мастер и Маргарита» (1967).

Снимается запрет с изданий стихотворений Есенина, прозы Зощенко, Артема Веселого. Быть может, самое главное — впервые за долгие годы выходит десятитомное собрание сочинений Достоевского и однотомники его произведений. В театрах снимается запрет с трагедии Шекспира «Гамлет», поставленной в театре имени Маяковского в 1954 г., и других пьес Шекспира, в которых тема преступной власти и преступного властителя могла зародить хотя бы отдаленные ассоциации с современностью в сознании российского зрителя. Менялось представление о значении и достоинстве рядового труженика — человека, личности, ценной самим фактом своего существования, а не только его преданностью государству и вождям. Человек — не меньшая ценность, чем государство, класс, народ. В каждом есть такие глубины и такие вершины, на обладание которыми власть не имеет права претендовать.

Драматургия Виктора Розова и спектакли, поставленные по его пьесам, говорили о том, что не полководцы и генералы, а рядовые участники войны и народ в целом и есть «Вечно живые» — название его пьесы, которой открылся молодой театр «Современник» (1956). Символичны названия и двух других пьес Розова — «В добрый час!» (1954) и «В поисках радости» (1957). Всенародная любовь к киногероям Алексея Баталова с середины 1950-х гг. — это любовь к простому человеку, солдату или врачу, говорящему простыми словами и совершающему героические поступки без ложного пафоса, без цитирования газетных передовиц.

И в культуре, и в жизни, отразившейся в культуре того времени, характерен повышенный «спрос на нравственность», то есть на личное чувство правды. Любимыми персонажами становятся в 1950-е гг. косноязычный мужик Аким из пьесы Льва Толстого «Власть тьмы» в исполнении И. Ильинского (Малый театр, 1956) и носитель идей христианства князь Мышкин в исполнении Иннокентия Смоктуновского (БДТ, Ленинград, 1957). Фильм И. Пырьева «Идиот» (1958), обнаруживший, что молодые актеры Ю. Яковлев (князь Мышкин) и Ю. Борисова (Настасья Филипповна) способны потрясать массового зрителя трагедией вольной жертвы и страдания, способствовал расширению круга русских людей, вновь приобщавшихся к христианским идеям Достоевского.

Однако Хрущев и ближайшее его окружение недалеко ушли от своих предшественников. Конечно, можно только догадываться, каким мукам подвергся бы Пастернак, если бы он позволили себе передать за границу рукопись романа «Доктор Живаго» при жизни Сталина, и тем не менее печатанье этого романа за рубежом (1957) и присуждение Пастернаку Нобелевской премии (1958) вызвало гнев правящего режима, после чего последовало обсуждение этого события в Союзе писателей, исключение Пастернака из Союза и фактический запрет на издание его произведений вплоть до смерти, последовавшей в 1960 г. Пастернак умер, затравленный новой ждановщиной. Но реакция на его смерть совсем не походила на отношение позднесталинского общества к жертвам «гражданской казни».

Похороны Пастернака на кладбище в подмосковном селе Переделкино, собравшие несколько сот людей, включая и тех, кому звонили из КГБ и правления Союза писателей с требованием проигнорировать это событие, обнаружили, что не только в узком кругу его друзей, но и среди молодых читателей и почитателей его таланта нашлись на этот раз душевные силы для выражения несогласия с официальной идеологической линией.

Важным этапом на пути медленного внутреннего освобождения русского общества стала публикация в журнале «Новый мир» произведений Александра Солженицына «Один день Ивана Денисовича» (1962) и «Матренин двор» (1963), повлиявших на развитие не только ведущих тенденций в русской литературе 1960—1970-х гг., но и на утверждение нравственности и самосознания в русском обществе, обращения его к собственным истокам и корням. «Иван Денисович» был правдой, потрясающей, страшной и в то же время обыденной правдой совсем недавнего прошлого, о котором знали все. Знали, но не решались говорить, часто даже не хотели вспоминать. Твардовский решился опубликовать в «Новом мире» «Ивана Денисовича» только заручившись одобрением Первого секретаря ЦК. Хрущев увидел в этом рассказе продолжение того дела десталинизации, которое он осуществлял. Правда первых опубликованных в «Новом мире» рассказов нового писателя, который сам, как рассказывали друг другу читатели, получил горький опыт лагерей, очищала души от страха, распрямляла спины вчерашних лагерников, учила людей вновь смотреть друг другу в глаза.

Немалую роль в этом сыграли и труды выдающегося ученого, также прошедшего через ГУЛАГ, Дмитрия Сергеевича Лихачева. Подготовленная им публикация текстов древнерусской прозы в книге «Художественная проза Киевской Руси» (1957), его умение сочетать подлинную научность с доступностью в таких книгах, как «Человек в литературе Древней Руси» (1958), «Культура Древней Руси времени Андрея Рублева и Епифания Мудрого» (1962) и «Поэтика русской литературы» (1967), открывали целые пласты прошлого, подвергшиеся еще недавно забвению и оплевыванию, и заставляли людей разных поколений с укором и болью всматриваться в настоящее. А где же наша культура и что же мы оставим после себя, если мы уже растеряли все наше прошлое?

Существенную роль в деле духовного пробуждения общества играли искусствоведческие труды Михаила Алпатова и Владимира Лазарева, посвященные древнерусской иконе, живописи Андрея Рублева и Феофана Грека. Вообще, как это ни парадоксально, но именно через древность, причем древность не только русскую, но и общечеловеческую — античность, древняя Индия, Китай, в сознание русского человека конца 1950-х — начала 1960-х гг. входила живая сила, способная не только осмыслить тысячелетнюю историю России, но и наметить выход из начинавшего осознаваться тупика, в который его загнал Октябрьский переворот и последующие десятилетия большевицкой диктатуры.

Возвышенный взгляд, широта эрудиции и охват огромных объемов человеческой культуры отличали труды прошедших через сталинские репрессии Михаила Бахтина («Проблемы поэтики Достоевского» (1963), «Творчество Франсуа Рабле» и «Народное средневековье» (1965)) и начавшую выходить в 1963 г. многотомную «Историю античной эстетики» А. Лосева. На фоне исследований такого масштаба невозможно было читать десятилетиями пережеванную марксистскую жвачку, освежавшуюся цитатами из последних передовиц и решений пленумов ЦК.

Возможность изучения прошлого мировой и русской культуры во всей трагической подлинности, встреча с миром церковной живописи, архитектуры и музыки, чтение Достоевского и Тютчева пробуждали у молодых и не только молодых людей интерес и к религиозной философии, и к богословию, тогда еще недоступным широкому читателю. Произведения литературы, в которых герой обретает глубокое понимание себя, осознает свое богоподобие, научали советских людей и себя видеть не только частью народа, класса, государства, но и бесценной и уникальной личностью. Вся литература от Эсхила и Платона до Пастернака и Солженицына учила оттаивавшие души с уважением и вниманием отнестись к самим себе, ответственно — к своим путям в мире. От «взвейся-развейся» 1920-х гг. русский человек вновь возвращался к почти забытому пониманию, что «под поверхностью — бездна». И что эта бездна — в нём самом. Шёл трудный процесс духовного выздоровления. Его результаты обнаружились во второй половине 1960-х — 1970-х гг.

5.1.24. Советская система народного образования и воспитания. Коммунистическая идеология и советское общество. Начало идеологического размежевания в советских элитах

Относительная гуманизация и либерализация советского общества сказались и на сфере народного образования. В школах отменили раздельное обучение девочек и мальчиков. С 1 сентября 1956 г. была отменена введенная после войны плата за обучение в старших классах средних школ, в средних специальных и высших учебных заведениях. В связи с этим быстро росла численность студентов — к 1960 г. только в ВУЗах обучалось 2,4 млн человек. Начал расти класс профессионалов — врачей, работников образования, служащих, инженеров, ученых. Численность профессиональных групп с высшим образованием в СССР, однако, оставалась еще небольшой по меркам развитых стран — по всему СССР 3,5 млн при населении свыше 200 млн.

В системе воспитания и преподавания истории для детей и молодежи место «отца» — Сталина — занял «дедушка» Ленин. Стало меньше появляться книг о русских царях, «чудо-богатырях» и завоевательных походах. Российская имперская история начиная с Ивана Грозного и особенно с Петра Первого продолжала трактоваться как прелюдия к истории СССР и была выдержана в духе «классовой борьбы» и «угнетения народов царизмом». Учебники советской истории, написанные под диктовку Сталина, были изъяты. Тем не менее в школах продолжали воспитывать детей на примере Павлика Морозова, Зои Космодемьянской, Павки Корчагина и других «героев сталинского пантеона».

После 1956 г. власти приняли меры по предотвращению студенческих волнений. В мае 1957 г. Президиум ЦК решил, что студенчеству нужна «рабочая косточка», и принял постановление, чтобы при приеме в ВУЗы преимущество давалось абитуриентам с двухлетним рабочим стажем (Президиум ЦК. Т. 1. С. 1007). Практически все школьники 7–10 классов и большинство студентов теперь работали на Целине, в колхозах и совхозах, помогая собирать урожай, проходили «практику» на заводах и фабриках. С 1957 г. «ленинский» комсомол превратился из политического клуба коммунистической молодежи в организацию с обязательным членством для всех учащихся в возрасте от 14 до 28 лет. К 1958 г. численность ВЛКСМ выросла до 18,5 млн человек.

Партийные и комсомольские идеологи опасались конфликта «отцов и детей», отхода молодежи от коммунистической идеологии. Новое поколение рабочей молодежи и студенчества было значительно образованнее, чем прежнее, и слишком многое не принимало на веру. Догмы марксизма-ленинизма, преподаваемые в школах и ВУЗах, рассматривались студентами как постылая необходимость. Сталинский аппарат пропаганды, с его суконным языком и дефицитом информации, подталкивал задышавшую свободней молодежь к поиску других, неофициальных источников. Росла популярность западных радиопередач, сперва — музыкально-культурных, затем и общеполитических и религиозных. Уже в 1957 г. выяснилось, что режим тратит на глушение западных радиостанций больше средств, чем на развитие радиовещания внутри страны.

Хрущев, в отличие от пропагандистского аппарата, считал, что лучший агитатор за коммунизм — это рост уровня жизни и социальных благ. Он верил, что расширение социальных программ позволит воспитывать детей и городскую молодежь в коммунистическом духе. Государство не жалело средств на сеть «соцкультбыта» — школы-интернаты, пионерские и спортивные лагеря, дома и «дворцы» пионеров и школьников.

Эффективность коммунистической пропаганды в конце 1950-х гг. выросла. Сыграл свою роль приток в советскую прессу молодых и образованных людей, веривших в «социализм с человеческим лицом» и в высокую миссию просвещения масс. Газеты «Комсомольская правда» и «Известия», оставаясь пропагандистскими органами советского государства, стали флагманами критической, «думающей» журналистики. Стремясь привлечь массового читателя, редакции этих газет начали печатать письма читателей, реагировать на «сигналы с мест», проводить первые опросы общественного мнения и даже обличать «недостатки», мешающие «движению к коммунизму».

С 1960 г. во главе «Известий» встал *Алексей Иванович Аджубей* (1924—1993). Аджубей родился в Самарканде в русской семье, его мать работала портнихой, а отец одно время был церковным певчим. Одаренный организатор и талантливый журналист, Аджубей имел немалое преимущество перед своими коллегами — он был зятем Хрущева. Поддержка могущественного тестя позволила ему превратить «Известия» в газету, которую читали больше, чем официозную «Правду». Аджубей и его коллеги по «новой» журналистике верили, что они лучше могут мобилизовать молодежь и народ на «строительство коммунизма», чем партийные бюрократы. В 1961 г. журналисты «Известий» реанимировали «движение за коммунистический труд», организовав на станции Москва-Сортировочная бесплатный трудовой день в субботу, по образцу большевицких субботников 1918—1919 гг. Партийные идеологи, прежде всего Михаил Суслов, ненавидели Аджубея, но были вынуждены до поры скрывать свои чувства.

«Новая» журналистика развивалась в те годы также на радио и на молодом еще телевидении. Радио стало практиковать прямые включения из-за рубежа, интерактивные интервью. Телевидение практически полностью, за исключением фильмов, шло в прямом эфире в силу слабой техники видеозаписи. Некоторые телепередачи получили общенародную популярность («Голубой огонек», «Кинопанорама», «Клуб веселых и находчивых», «Вокруг света»). По телевизору часто выступали видные деятели науки и искусства, талантливые актеры и музыканты, показывали документальные фильмы о других странах, о культурных сокровищах городов Европы, Азии, Америки. Кругозор русского человека расширялся.

С другой стороны, работа на Целине, в колхозах и на фабриках открывала молодым людям глаза на бесхозяйственность, моральную и физическую деградацию и ложь государственной пропаганды. Этот опыт заодно развеял и революционные иллюзии о «союзе интеллигенции и рабочих», которые бродили в 1950-е гг. в некоторых горячих головах молодых марксистов-идеалистов. Уже в конце 1961 г. социолог «Комсомольской правды» Б. Грушин после опроса 1300 читателей газеты с удивлением обнаружил, что «движение за коммунистический труд» пользуется нулевой поддержкой в обществе. Люди связывали с «коммунизмом» улучшение жизни, но пропускали идеалистические призывы к бесплатному труду мимо ушей. Разумеется, газета воздержалась от публикации этого неудобного факта.

Часть образованной молодежи, в том числе дети номенклатурных чиновников, оформляется в андеграунд (подполье), своего рода неконформистскую элиту. Вначале это были «стиляги», поклонники джаза и западной моды, затем музыкальная и литературно-политическая богема. Они собирались в «компании», где старались вести себя подчеркнуто не по-советски, стремились выразить себя вне официальных институтов, искали новые формы в искусстве и культуре. Веселые песенки антисоветского содержания, пародии на гимн СССР — «Союз нерадивый республик голодных...», едкие карикатуры на Хрущева были нормой в этой среде. Культовыми стали для андеграунда фигуры Эрнеста Хемингуэя, а также молодежные писатели и поэты Аксенов, Гладилин и Андрей Вознесенский. Отрицая «социалистический реализм», андеграунд увлекался западной молодежной музыкой, импрессионизмом и абстракционизмом в живописи, западной социологией, философией и эстетикой. В этой среде начинает распространяться *самиздат* — перепечатки (на пишущих машинках) книг, которых нельзя было прочесть в СССР, или рукописей, которые не могли быть напечатаны из-за цензуры. Одним из первых героев самиздата, его авторов и распространителей стали **Владимир Буковский** и **Александр Гинзбург**. Также появляется *тамиздат* — попадавшие различными путями в СССР заграничные публикации, в том числе русские эмигрантские журналы и книги. Травля в прессе и слежка КГБ лишь сплачивали «стиляг» и литературно-артистическое «подполье».

Многие, однако, оставались в СССР патриотами советского строя. В начале 1960-х гг. сформировался «мир советского человека», реальности и ценности советского строя воспринимались как норма даже теми, кто не верил в посулы «коммунистического рая». Опросы «Комсомольской правды» среди молодежи показали, что очень многие, критикуя порядки в стране, тем не менее еще ниже ставили дореволюционную Россию и западный капитализм, мыслили свое будущее только в связи с укреплением и улучшением советского «социализма». Советский строй (но не конкретные руководители!) сохранял и даже расширял общественно-политическую базу в начале 1960-х гг.

Творческие элиты — писатели, художники и музыканты — продолжали служить коммунистическому режиму. В их мотивах преобладала уже не вера или страх, но безраздельно господствовал карьеризм, цинизм и стремление жить в гарантированном комфорте. Система привилегированных профессиональных союзов, созданная при Сталине для «инженеров человеческих душ», с ее громадными гонорарами, бесплатными «домами творчества» и оплаченными командировками, полностью сохранилась при Хрущеве. Многие деятели литературы и искусства (Сергей Михалков, Алексей Сурков, Константин Федин, Тихон Хренников) были по сути опытными государственными чиновниками, обладали талантом приспосабливаться к любой власти. Другие писатели, музыканты и художники стремились делать свое дело, оставаясь, по возможности, в стороне от власти.

В то же время начавшаяся в общественном сознании деградация тоталитарной идеологии не могла оставить творческие элиты равнодушными. В их среде шла борьба не только за доступ к государственной кормушке, но и за популярность в обществе. Сложились враждующие лагеря «левых» и «правых». Левыми считались те, кто искренне или по другим причинам поддерживал решения XX съезда, «большевицкий ренессанс» и десталинизацию, верил в реформы и построение «социализма с человеческим лицом». Среди них было немало детей репрессированных большевиков — детей ассимилированных в русскую культуру евреев, которые поддерживали когда-то большевизм, поклонников советской культуры 1920-х гг.

В образованной элитарной Москве «левых» было большинство. Это были выдающиеся журналисты (Алексей Аджубей, Илья Эренбург, Анатолий Аграновский), большинство кинорежиссеров и театральных деятелей (Михаил Ромм, Марлен Хуциев, Алексей Арбузов, Виктор Розов, Александр Володин, Олег Ефремов в театре «Современник» и Юрий Любимов в Театре на Таганке), поэты и писатели (Александр Твардовский, Борис Слуцкий, Евгений Евтушенко и др.), экономисты и социологи (Юрий Левада, Борис Грушин), философы (Игорь Бестужев-Лада, Эвальд Ильенков) и историки (Александр Некрич, Рой Медведев и др.). Большинство из них были членами компартии и имели значительные связи среди образованной части партийных аппаратчиков, прежде всего в центральных органах власти.

«Левые» получили мощную поддержку в научном сообществе, прежде всего среди влиятельных ученых, связанных с военно-промышленным комплексом. Конец 1950-х — начало 1960-х гг. было пиком влияния ученых в правящих структурах и обществе — ввиду зримого вклада науки в создание ракетно-ядерного потенциала и в освоение космоса. Ассигнования на фундаментальные исследования быстро росли и вместе с ними число высокооплачиваемых позиций, число докторов и кандидатов наук.

В марте 1957 г. Хрущев поддержал инициативу академика М. Лаврентьева о создании Академгородка рядом с Новосибирском. В 1960 г. там открылось Новосибирское отделение Академии наук с филиалами в Иркутске, Красноярске, Владивостоке и на Сахалине. В сибирские центры переехали тысячи молодых ученых из Москвы и Ленинграда. Их привлекала хорошая зарплата и благоустроенные квартиры, а также творческая свобода и доступ к информации. Среди молодых ученых были распространены идеи **технократии** — то есть веры в то, что интеллектуальная элита и профессионалы сменят полуграмотных партаппаратчиков у власти. Возник неформальный союз «физиков и лириков»: среди первых были Л.Д. Ландау, П.Л. Капица, ученые Курчатовского института и Дубны, Новосибирского отделения Академии наук.

«Правыми» считались сторонники сталинского подхода к культуре, прежде всего, поборники имперских, шовинистических, часто антисемитско-националистических идей. Среди них были писатели и журналисты старшего поколения (М.А. Шолохов, А. Софронов, Б. Грибачев, В. Кочетов, В. Кожевников), которые называли себя «автоматчиками партии», а также придворные художники и скульпторы сталинских лет (Е. Вучетич, П. Корин, А. Герасимов). К «правым» примкнули в начале 1960-х гг. и молодые писатели, поэты и художники (В. Солоухин, И. Глазунов, Ю. Бондарев, М. Алексеев, В. Бушин, М. Лобанов, А. Марков, И. Стаднюк, В. Кожинов, С. Куняев, С. Семанов, Ф. Чуев, В. Чалмаев и др.). В отличие от старших, Сталин был для них в лучшем случае двойственной, а то и отрицательной фигурой. Коммунизм многие из них именовали «еврейской выдумкой». Молодые «правые» считали себя русскими патриотами, увлекались дореволюционной национально-религиозной литературой, а некоторые из них общались с эмигрантами-националистами, так или иначе оказавшимися в СССР, — Александром Казем-Беком, Василием Витальевичем Шульгиным. Стержнем идеологических исканий «правых» была мечта о преобразовании большевицкого СССР в «великую Россию». Некоторые из «правых» отрицали хрущевскую критику Сталина, считая последнего великим государственником, очистившим аппарат и культуру от «еврейского засилья». По этим пунктам «правые» находили сочувствие и поддержку в КГБ, аппарате комсомола и пропагандистских структурах партии. Вместе с тем они, как и «левые», стремились использовать влияние на аппарат власти для продвижения своей идеологической программы.

Хрущев и партийный аппарат поддерживали то левых, то правых, пытаясь консолидировать «советскую интеллигенцию». Вместе с тем Хрущев, «мужик на троне», не знал, как обращаться с образованными элитами. При всех переменах и зигзагах, его политика в области образования и культуры не содержала кардинальных различий со сталинской. 1 декабря 1962 г. Хрущев, науськанный идеологами и консервативными академиками, в сопровождении Суслова и других членов руководства явился на выставку московских художников в Манеже, напротив Кремля, и устроил грубый разнос группе молодых художников, чье искусство, далекое от «социалистического реализма», он не понимал и не хотел понимать.

Высказывания Хрущева на выставке (Источник. 2003. № 6. С. 162–167).
(Обращаясь к молодым художникам, ожидавшим его у входа):
– Ну, идите, показывайте мне свою мазню, так мне представили ваше искусство. Я тоже так думаю по тому, что я видел.
– Слушайте, вы педерасты или нормальные люди?! Это педерасты в живописи! Что вы, на самом деле! Копейки вам не дадим!
А.Н. Шелепин (КГБ):
– 2600 человек таких типов, из них большинство не работает.
– Вы дайте нам списки, мы вам дадим на дорогу за границу, бесплатно довезем и скажем счастливого пути... Всякое г... понарисовали, ослиное искусство.
– Господа, мы объявляем вам войну, и мы, конечно, никогда вам там, где вы соприкасаетесь с молодежью, работы не дадим, и оформление художественных книг мы вам не дадим.
– Мы сейчас пройдемся по всем учреждениям, вузам. Мы почистим, потому что если бы мы не чистили грязь, мы были бы плохими руководителями... Вот эта вся мазня, она вред наносит.
Голос:
– Большое спасибо за посещение. Вы «протерли» очки.

Хрущев сдержал слово и «прошелся» по советской культуре. В правительственной резиденции на Ленинских горах и в Кремле прошли две разгромные встречи Хрущева с интеллигенцией. Гнев премьера обрушился на «левых» поэтов, писателей, кинорежиссеров, многие из которых искренне воспевали «возврат к ленинизму». На встречах с интеллигенцией в декабре 1962 г. и в марте 1963 г. Хрущев накинулся на Евтушенко, Вознесенского и Аксенова, запретил фильм Хуциева.

Из стенограммы встречи Хрущева с творческой интеллигенцией 7–8 марта 1963 г. (*Андрей Вознесенский*. На виртуальном ветру. М.: Вагриус, 1998. С. 81).
Хрущев (обращаясь к поэту Андрею Вознесенскому):
– Молоко еще не обсохло. Ишь какой. Он поучать будет. Обожди еще! Мы предложили Пастернаку, чтобы он уехал. Хотите, завтра получите паспорт, уезжайте к чертовой бабушке, поезжайте туда, к своим.
Вознесенский:
– Я русский поэт. Зачем мне уезжать?
Хрущев:
– Ишь ты какие! Думаете, что Сталин умер, и все разрешено? Нет, вы – рабы. Рабы!.. Мы хотим знать, кто с нами, кто против нас. Никакой оттепели: или лето, или мороз... В тюрьму мы вас сажать не будем, но если вам нравится Запад – граница открыта.
Вознесенский, бледный от унижения и страха, заявил, что он «считает себя коммунистом», и был отпущен с миром.

Пережившим шок бессилия при общении с «высшей властью» молодым поэтам и художникам пришлось на годы лишиться возможности печататься и выставляться. Многие из них остались без работы и средств к существованию.

Литература
П. Вайль, А. Генис. 1960-е. Мир советского человека. 2-е изд. М.: Новое литературное обозрение, 1998.
С.В. Волков. Интеллектуальные слои в советском обществе. М.: Фонд развитие, 1999.
Российская социология 1960-х годов в воспоминаниях и документах. СПб.: Издательство Русского христианского гуманитарного института, 1999.
Пресса в обществе (1959—2000). Оценки журналистов и социологов. Документы. М.: Московская школа политических исследований, 2000.
Николай Митрохин. Русская партия. Движение русских националистов в СССР, 1953—1985. М.: Новое литературное обозрение, 2003.

5.1.25. Сокровища национальной культуры в 1950—1960-е гг.

К 1953 г. основная часть музейных собраний крупных городов, включая Ленинград, была возвращена из эвакуации военных лет. Экспозиция Третьяковской галереи после юбилейной выставки 1948 г. в честь 70-летия И.В. Сталина, занимавшей практически все пространство, была восстановлена. В полной мере функционирует Эрмитаж, никогда, кстати, не прерывавший своей деятельности, даже в блокадном Ленинграде. Уже с 1956 г. музей активно участвует в отечественной и зарубежной выставочной деятельности.

Вторая Мировая война нанесла непоправимый урон древнейшим городам — Киеву, Великому Новгороду, Пскову. Погибли фрески XII в. в Успенском соборе Киево-Печерской лавры, взорванном советскими партизанами на Рождество 1941—1942 гг., и церкви Спаса на Нередице в Новгороде. Погиб великий и всемирно известный шедевр XIV в. — росписи церкви Успения на Волотовом поле, оказавшейся в 1942—1943 гг. на линии фронта. Страшные разрушения постигли пригородные дворцы Ленинграда. В местах активных боевых действий практически не осталось ничего. Отнюдь не все удалось эвакуировать, и многие провинциальные музеи после 1944—1945 гг. буквально начинали жизнь заново. В 1948 г. появляется сборник «Памятники искусства, разрушенные немецкими захватчиками в СССР», затем более локальные издания, полные страшных цифр и подробностей. Впрочем, к разрушенному руками немцев было «для простоты» отнесено и то, что погубили партизаны, истребительные отряды НКВД, отступающие советские войска, например ансамбль Воскресенского Ново-Иерусалимского монастыря под Москвой, колокольня XVI в. Иосифо-Волоколамского монастыря, Успенский собор Киево-Печерской лавры, соборы XV—XVI вв. в Гдове и Гдовская крепость этого времени.

Реставрационно-восстановительные работы на разрушенных объектах шли многие десятилетия. В Новгороде они не прекращаются до сего дня и, видимо, займут еще 1—2 десятилетия. С одной стороны, это свидетельствует о традиционном пренебрежении к отечественной культуре, недостатке финансирования. С другой — о невозможности ударных темпов в области реставрации.

Патриотический подъем послевоенного времени обусловил необходимость сохранения открытых во время оккупации храмов и монастырей, в том числе и таких замечательных памятников, как кафедральные соборы в Чернигове, Пскове, Смоленске, Киево-Печерского монастыря, сохранения таких памятников древнерусской архитектуры, доставшихся СССР вместе с присоединениями 1939—1949 гг., как Псково-Печерский монастырь, крепости в Изборске и Ивангороде, Почаевский монастырь в Восточной Галиции, деревянные храмы XVII—XIX вв. в Прикарпатье, Валаамский монастырь.

В обстановке празднования 800-летия Москвы восстанавливаются несколько ее важнейших памятников, создается Музей имени Андрея Рублева, единственный специализированный музей древнерусского искусства в СССР. К концу 1950-х — началу 1960-х гг. начинается повальное увлечение древнерусским искусством, открываются выставки многих забытых и сознательно скрытых от зрителей художников XIX—XX вв., не только «левых», но вообще гуманистических в главных тенденциях своего творчества, особенно Иванова, мирискусников.

«Оттепели» сопутствуют последующие идеологические ухищрения 1960-х гг., ставящие своей целью приближение светлого будущего. И вновь в обстановке «развернутого построения коммунизма» сокращается пространство собственно духовного наследия. Предполагается, что в будущем нет места религии и, соответственно, религиозному искусству прошлого, нет места любым художественным течениям, кроме соцреализма, о чем было заявлено с трибуны партийных съездов и при посещении знаменитой «манежной» выставки 1963 г. лично Н.С. Хрущевым.

Некоторая легализация свободных контактов с западным миром и собственным наследием переплелась в 1950—1960-е гг. с новым витком гонений на церковную культуру, памятники храмовой архитектуры (был взорван, в частности, Софийский собор XII в. в Витебске, построенная Растрелли Сергиева пустынь под Петербургом). Продажи, но уже менее заметные и многочисленные, икон за рубеж возобновились (правда, на более короткий период, не затрагивая произведений «первого ряда»). Антирелигиозный пафос приобретал подчас комические формы: так, возникшее после очередного реставрационного раскрытия предположение о том, что на одной из створок алтарных дверей церкви Покрова в Филях 1690-х гг. под видом мученика-архидиакона иконописцем изображен молодой Петр I, вызвало к жизни статью «Известий» под красноречивым заглавием: «Одним святым меньше!» Отношение к иконам выражалось в их использовании в качестве подсобного материала — музейных полок и обтянутых холстиной стендов (Дмитров), размещении их не просто «подальше от глаз», но с полной безответственностью — в подвалах для хранения дров и угля (Муром), в неотапливаемых пристройках и т. д.

Вполне обыкновенными оставались уничтожение икон в закрываемых сельских церквях и последующее приспособление храмовых зданий под зернохранилища, склады, гаражи колхозной техники и т. д. А порой из больших иконостасных икон XVI—XVII веков делали стенки между бодучими коровами в колхозных коровниках, закрашивая их «для спокойствия» голубой масляной краской...

Рассказывает реставратор К.Г. Тихомирова: «В экспедиции в самые глухие села и деревушки всегда ехали с надеждой. Бывало, заранее предвкушаешь, радуешься,

> а как увидишь... Даже вспоминать страшно. Заходишь в храм, а там МТС. Фресок и в помине нет. Кирпич только виден и помет на полу. А иной раз заходишь в церковь, там кучей насыпаны удобрения. И вот в этих-то стенах мы находили иногда бесценные жемчужины. За них многое готовы были отдать, только бы не пропустить, не опоздать. А опоздали чуть-чуть – и все. Перед церковью – костер. Но мы шли и шли. Часто пешком, иногда в распутицу, без гроша в кармане. Благо всегда были яйца под рукой. Реставрационный продукт запасали неукоснительно. Нечего есть – съели пяток сырых яиц, и пошли дальше».

И все же в 1960–1970-е гг. можно констатировать постепенное нарастание цивилизованных форм восприятия мира, культурного пространства и собственного культурного наследия, в том числе религиозного. В 1960 г. для посетителей был открыт Музей имени Андрея Рублева. Но перелом отношения к культурным сокровищам России в общественном сознании еще не наступил. Он произойдет в конце 1960-х гг. под влиянием «открытия» деревянной архитектуры Русского Севера (прекрасно известной специалистам во всем мире, но не Министерству культуры в СССР) и книги Владимира Солоухина «Черные доски», посвященной забытым сокровищам древнерусского искусства.

Литература
Памятники искусства, разрушенные немецкими захватчиками в СССР. М.; Л., 1948.
Лазарев В.Н. Искусство Новгорода. М.; Л., 1947.
Аксенова А. Суздаль XX век: Страницы истории. Владимир, 2002.

5.1.26. Переворот 1964 г. и приход к власти Брежнева. Попытки экономических реформ

14 октября 1964 г. пленум ЦК снял Хрущева со всех его должностей и отправил на пенсию. Причин для отставки Первого секретаря было более чем достаточно. Против него было настроено большинство народа. Крестьяне не могли простить ему ограничения на приусадебные участки. Рабочие винили его в повышении цен и трудовых расценок, ухудшении положения с продовольствием. Ученые, деятели культуры, профессиональные группы населения возмущались невежеством и грубостью Никиты Сергеевича. Военные негодовали из-за сокращений армии и флота, а также уступок американцам во время кубинского кризиса. Многие винили Хрущева в разрыве с Китаем, в расточительной помощи странам третьего мира за счет неотложных нужд страны. По всей России ходили злые частушки про незадачливого «кукурузника».

Даже те, кто был благодарен Хрущеву за реабилитацию родных и близких, не могли простить Хрущеву его грубых наскоков на людей и самодурства. И все же Хрущев своими руками, собой уничтожил феномен тоталитарного вождизма. Коротконогий, пузатый, с безграмотной речью, он внушал раздражение, презрение, возмущение, смех – только не мистическое благоговение и ужас. Прекращение террора и снижение уровня страха, наряду с ростом массовых ожиданий, меняло умонастроение людей.

Эти перемены коснулись и номенклатурной «челяди», которая впервые за тридцать лет посмела сплотиться и свергнуть своего «хозяина». Снятие Хрущева поддержала практически вся партийно-хозяйственная верхушка, даже те, кого он поддерживал и продвигал. В числе последних были А.Н. Шелепин, стоявший в 1964 г. во главе новой могущественной структуры — Комитета партийно-государственного контроля, и В.Е. Семичастный — глава КГБ. Хрущева предали даже его старые «друзья» Микоян и маршал Малиновский. В семье Хрущева рассказывали, что, приехав домой после отставки, Хрущев сказал близким: «И все-таки моя заслуга перед историей в том, что меня уже можно было снять простым голосованием».

Секретари обкомов и руководители министерств отвернулись от Хрущева потому, что его непрестанная кадровая чехарда и сумятица реорганизаций мешали их работе и не давали им вкушать плоды власти. К тому же Хрущев явно запутался и исчерпал свой потенциал реформатора. В ноябре 1962 г. Первый секретарь разделил партийные организации начиная с обкомов по производственному принципу — на городские промышленные и сельские. Он хотел поделить даже КГБ и милицию. Ходил анекдот: обнаружив пьяного, лежащего на улице, милиционер должен принюхаться. Если пахнет коньяком — пьяного нужно отправлять домой, водкой — в городской вытрезвитель, самогоном — в сельский. Другой анекдот говорил, что следующим этапом хрущевских реформ будет разделение министерства путей сообщения на министерство «туда» и министерство «обратно».

Шелепин выступил главным организатором свержения Хрущева. Но для руководства страной у него не было достаточного авторитета. Первым секретарем ЦК стал Брежнев, Председателем Совета министров СССР — А.И. Косыгин, а Председателем Президиума Верховного Совета — Н.В. Подгорный. Все трое были сталинскими выдвиженцами в ходе террора 1930-х гг. На первых порах, подобно олигархам после смерти Сталина, преемники Хрущева вели себя как «коллективное руководство».

В то же время олигархический, «келейный» характер смены руководства в октябре 1964 г. оскорбил тех людей, которые еще верили в советский «социализм» и надеялись на его демократизацию. Всего через шесть месяцев после шумного празднования 70-летия «дорогого Никиты Сергеевича» он внезапно канул в небытие. Не было ни «закрытых писем», ни обсуждения. Его имя не упоминалось в прессе и даже исчезло из обновленных учебников советской истории.

Алексей Николаевич Косыгин (1904–1980) родился в Санкт-Петербурге, в семье рабочего. Учился в кооперативном техникуме и текстильном институте. В 1937–1939 гг. поднялся от поста директора фабрики до члена ЦК. В годы войны руководил эвакуацией промышленности Ленинграда и пытался наладить снабжение блокадного города. В конце 1940-х гг. Косыгин остался один из всей когорты ленинградских руководителей. Остальные были истреблены Сталиным в результате «ленинградского дела». Хрущев назначил его председателем Госплана и включил в состав Президиума ЦК. В 1965–1967 гг. Косыгин фактически стоял во главе управления всей экономикой. Он также представлял советское государство на международных переговорах.

Брежнев казался временной фигурой, но постепенно, к удивлению многих, именно он стал выдвигаться на роль лидера.

Леонид Ильич Брежнев (1906–1982) родился в семье русского рабочего в поселке Каменка (Днепродзержинск). Работал на заводе, затем землеустроителем, учился в техникуме, служил в бронетанковых войсках. В 1939 г., всего через несколько лет после вступления в партию, стал секретарем Днепропетровского обкома. Во время войны был политработником в чине полковника, в конце войны получил чин генерала. Принимал участие в параде Победы на Красной площади. В последние годы жизни Сталина стал партийным лидером Молдавии и даже был введен в Секретариат ЦК и «расширенный» Президиум ЦК. При Хрущеве осваивал Целину, в Секретариате курировал «оборонку», включая атомный проект, а в 1960–1964 гг. занимал пост Председателя Президиума Верховного Совета СССР.

Брежнев многим нравился. Внешне добродушный, негрубый, он умел располагать к себе людей. В первой же публичной речи после снятия Хрущева он отменил «необоснованные» ограничения на личные приусадебные участки, чем заработал авторитет среди крестьян. В мае 1965 г. его упоминание Сталина как организатора победы в войне на встрече с военными вызвало овацию. Брежнев завоевал на свою сторону партаппарат и секретарей обкомов, демонстрируя к ним уважение и обещая кадровую стабильность.

На пленуме ЦК в декабре 1965 г. Брежнев лишил реальной власти Комитет партийно-государственного контроля — институт, на который опирался Шелепин, его самый энергичный конкурент. В 1967 г. он отправил в отставку Семичастного, соратника Шелепина, и заменил его Ю.В. Андроповым. В том же году, после смерти Малиновского, новым министром обороны стал близкий Брежневу человек, его бывший начальник в годы войны маршал А.А. Гречко. На другие должности он расставлял фронтовых друзей (С.К. Цвигун, С.П. Трапезников) и верных порученцев (К.У. Черненко). На XXIII съезде КПСС в 1967 г. Брежнев стал Генеральным секретарем, а Президиум ЦК стал опять называться Политбюро, как во времена Ленина и Сталина.

В сентябре — октябре 1965 г. в СССР началась экономическая реформа. 27 сентября на пленуме ЦК Косыгин объявил об отмене совнархозов, восстановлении отраслевых министерств и одновременно о расширении хозяйственной самостоятельности предприятий. Косыгин, опираясь на статьи Немчинова и других экономистов-реформаторов, употребил в своем докладе понятия рынок, прибыль, эффективность капитальных вложений. Вместо вороха плановых показателей предприятия теперь должны были отчитываться только по десяти пунктам — прежде всего по объему продукции, прибыли и внедрению новых продуктов и технологий. Руководители предприятий, переходивших на новую систему, получали право сокращать число работников и при этом удерживать часть прибыли в фонде зарплат. Иными словами, меньшее число работников могло, хорошо работая, заработать больше. Это был радикальный отход от уравнительного распределения благ, утвердившегося при Хрущеве.

Экономисты спорят о значении этой реформы. Большинство российских экономистов считают, что именно из-за реформы 1965—1970 гг. стали самой удачной советской пятилеткой. По официальным оценкам, объем промышленного производства вырос на 50%, а производительность труда — на треть. По оценкам западных экономистов, рост производства был более скромным — около 5% в год. Ряд экономистов считает, что влияние реформ было незначительно и что советская экономическая система в принципе не могла быть качественно изменена. Улучшения в экономике произошли просто потому, что прекратилась разрушительная череда перестроек, а хозяйственников и колхозников на время оставили в покое.

Литература
  Ю.В. Аксютин, А.В. Пыжиков. Постсталинское общество: проблема лидерства и трансформация власти. М.: Научная книга, 1999.
  С. Губанов. «Косыгинская реформа»: итоги и уроки // Экономист. 2004. № 4.

5.1.27. Коммунистическая номенклатура и русское советское общество в первые годы после Хрущева. Истоки застоя

Нередко годы после ухода Хрущева оцениваются как время «неосталинизма». Но когда китайские коммунисты стали зондировать, собирается ли Политбюро осудить решения XX и XXII съездов, они услышали «нет». Политбюро нового состава несколько раз обсуждало вопрос о Сталине, и каждый раз было видно, что оно опасается трогать память о репрессиях и в то же время не может вычеркнуть память о Сталине, так как речь идет об их собственной коллективной биографии. В связи с 90-летием покойного вождя в декабре 1969 г. на Политбюро разгорелись дебаты. Суслов, Шелепин, Мазуров, Гришин, Шелест, Косыгин, Устинов, Андропов поддержали публикацию статьи в память о Сталине. «Я считаю, — сказал Суслов, — что такую статью ждут в стране вообще, не говоря о том, что в Грузии особенно ждут. Мне кажется, молчать совершенно сейчас нельзя. Скажут, что ЦК боится высказать открыто свое мнение по этому вопросу... Неправильно могут понять Солженицын и ему подобные, а здоровая часть интеллигенции (а ее большинство) поймет правильно». Подгорный возразил, что тогда «надо писать, кто погиб и сколько погибло от его рук... Сейчас все успокоились. Никто нас не тянет, чтобы мы выступали со статьей, никто не просит. Нас значительная часть интеллигенции не поймет». Кириленко добавил: «Нет такой партии в Европе, которая будет аплодировать подобного рода статье».

Брежнев первоначально стоял на этой же позиции: зачем будоражить умы, когда «у нас сейчас все спокойно, все успокоились, вопросов нет в том плане, как они в свое время взбудоражили людей и задавались нам». Но после бесед со многими секретарями обкомов партии Брежнев решил присоединиться к большинству. «Ведь никто не оспаривает и не оспаривал никогда его (Сталина. — *Отв. ред.*) революционных заслуг». Статья была опубликована, но одновременно благодаря цензуре поток полемических заметок и воспоминаний о Сталине и сталинизме был сведен до минимума. Новая власть, устранив хрущевские «перегибы» в десталинизации, не хотела ворошить прошлое.

Уход Хрущева, по мнению большинства историков, ознаменовал собой полный и окончательный триумф партийно-хозяйственной номенклатуры. Брежневское руководство, несмотря на «сталинский антураж», было уже продуктом разложения тоталитаризма, приобретало **олигархические** черты. Генеральный секретарь «жил сам — и давал жить другим», прежде всего секретарям обкомов и руководству министерств, но также и чиновникам пониже. Лозунгом брежневского правления была «стабильность кадров» — полный контраст правлению Сталина и Хрущева. По мнению М. Восленского, опубликовавшего на Западе книгу «Номенклатура», речь шла об оформлении закрытого правящего класса, куда было уже трудно попасть извне.

Мнение философа
> Иван Александрович Ильин в цикле статей «Наши задачи» еще в 1953 г. предрекал: «Нет никакого сомнения в том, что за последние двадцать лет умственно-образовательный уровень компартии повысился, а моральный уровень понизился. Первое потому, что в партию стала входить и впускаться столь нужная ей интеллигенция — и техническая, и военная, и работающая в области искусства... Эта новая большевицкая интеллигенция (уровень которой несравненно ниже прежней, русско-национальной) не обновила, однако, ни партию, ни ее программу: она служила за страх, приспособлялась, всячески страховалась и утряслась, наконец, в несколькомиллионный кадр чиновников, спасающих себя и губящих Россию и Церковь. Но именно поэтому морально, патриотически и, конечно, религиозно — ее уровень таков, какого Россия еще никогда не имела. Эти устроившиеся бюрократы не верят в партийную программу, не верят своим властителям, не верят и сами себе. И назначение ее стоит в том, чтобы верно выбрать близящийся ныне момент (1953 г.), предать партию и власть, сжечь все то, чему поклонялись все эти долгие годы, и поклониться тому, над чем надругивались и что сжигали доселе. Но возрождения России она не даст: для этого у нее нет ни веры, ни характера, ни чувства собственного достоинства. Возрождение придет только от следующих поколений» (Иван Ильин. Что за люди коммунисты? / Наши задачи. ПСС. Т. 2. Кн. 2. М: Русская книга, 1993. С. 213).

Многие аппаратчики пришли из среднего и низшего слоя управленцев сталинского призыва. Их отличало отсутствие высшего образования (техникумы, система партшкол), приверженность догмам «Краткого курса» и, в значительной мере, русско-советский шовинизм. Мертвящее влияние на интеллектуально-культурную сферу оказывали Секретарь ЦК по идеологии Михаил Андреевич Суслов, которого знающие русскую историю люди сравнивали с Победоносцевым и называли «серым кардиналом», и заведующий Отделом науки и учебных заведений ЦК С.П. Трапезников. Еще одну группу составляли образованные и прагматичные циники-карьеристы. В их числе был новый руководитель Гостелерадио С. Лапин, начальник Госкино Ф. Ермаш и многие другие. Именно в те годы в народе был популярен анекдот: «Вопрос: что такое КПСС? Ответ: набор глухих согласных».

В годы после XX съезда в номенклатуру пришло некоторое, сравнительно небольшое, количество относительно образованных людей, которые играли роль «аппаратной интеллигенции». Это были прежде всего консультанты, которых набрал Юрий Владимирович Андропов — бывший посол в Венгрии, а в 1957—1967 гг. глава отдела ЦК по связям с социалистическими странами. В эту группу входили политологи и международники Ф.М. Бурлацкий, Г.А. Арбатов, Н. Шишлин, Н.Н. Иноземцев, О. Богомолов, А.Е. Бовин, Г.Х. Шахназаров. Кроме того, ряд «просвещенных» аппаратчиков оказался в Международном отделе ЦК (А.С. Черняев, К.Н. Брутенц) и ряде других отделов. В силу своих талантов и образованности некоторые из этих людей вошли в группу спичрайтеров и помощников Брежнева.

Мнение историка

В 1968 г. русский историк Георгий Вернадский, работавший в США, писал о современном ему советском обществе: «Несмотря на то что материальные условия повседневной жизни в Советском Союзе в последнее время улучшились, российское общество вошло в состояние глубокого психологического кризиса. В целом его можно охарактеризовать как конфликт между стремлением Коммунистической партии к жесткому контролю над умами людей и растущими надеждами интеллигенции и молодежи на обретение свободы мысли и самовыражение. Основа марксистской философии, марксизм, окостенел и превратился в догму, в обязательную для всех официальную идеологию, не удовлетворяющую даже многих коммунистов. Нет ничего удивительного, что его идейная ценность подвергается сомнению у всего народа. Сопротивление марксистской догматике — как тайное, так и явное — начало постепенно развиваться, как только эпоха сталинского террора отошла в прошлое. Это явственно проявлялось в самых разных аспектах культурной жизни России — в религии, литературе, искусстве, науке» (Г. Вернадский. Русская история. М., 2001. С. 508).

Среди большинства общества, в том числе студенчества и образованных слоев, кредит доверия к режиму в 1965—1967 гг. оставался довольно высоким, а недовольство последних хрущевских лет пошло на спад. Происходила дальнейшая стабилизация режима, на которую работали следующие факторы:
- Большая социально-культурная мобильность общества, позволявшая выходцам из крестьянских и малообеспеченных городских семей за одно поколение «перескочить» в профессиональные группы и даже в привилегированную номенклатуру.
- Возрастание, не только в пропаганде, но и в действительности, социального равенства; зримый рост «социального государства» с его пусть минимальными, но все же реальными благами, бесплатным общедоступным образованием, хорошо развитым спортом, медициной, обеспечением детства и старости.
- Ослабление страхов перед голодом и нуждой, государственным террором и произволом и появление, впервые за много десятилетий, ощущения социальной стабильности.

Эти факторы до сих пор питают в российском обществе тоску по советскому строю Брежневской эпохи.

Кроме того, стабилизации советского строя и ограничению оппозиционных движений способствовала международная обстановка и неразвитая политическая культура русского общества. Продолжение «холодной войны» способствовало вытеснению массовых страхов и недовольства вовне, переносу их на «внешнего врага», прежде всего на «американский империализм и милитаризм». Война США во Вьетнаме и беспощадные бомбежки американскими самолетами Ханоя и Хайфона облегчили работу советской пропаганде.

Советские пропагандистские органы, от ЦК до комсомола, от политуправления армии до союза писателей, обратились к теме войны. Брежневское руководство в мае 1965 г. восстановило празднование Дня Победы, отмененное в 1946 г. По всей стране открывались «вечные огни», «памятники неизвестному солдату», проводились «рейды школьников по местам боевой славы», награждались «города-герои». Нет сомнений, что и для Брежнева, и для многих миллионов людей война действительно была самым жертвенным моментом и самым трагическим воспоминанием их жизни.

Мнение современника

*«Для нашего воевавшего поколения она была и остается "звездным часом" обретения подлинных гражданских чувств, великим подвигом жертвенности, принесенной на алтарь отечества, временем незабываемым и очень значимым, оставшимся в нас до конца дней. Но спрашивается: не зря ли воевали? Я убежден: не зря! Если что и было настоящее в нашей семидесятилетней истории, — это была война. Вот почему, несмотря на кровь, на муки, на нечеловеческие тяготы войны, мы — ее участники — вспоминаем о ней как-то светло. Видимо, потому, что в то время мы брали выше себя, и оно освящалось великой целью защиты своего отечества, когда мы ощутили себя **гражданами**. Больше такого в нашей жизни не было...»* (Вячеслав Кондратьев. *Оплачено кровью*. М.: Родина, 1991. № 6–7. С. 8).

Восстановление почитания Великой Отечественной войны и Победы утверждало единство между режимом и народом и напоминало, что даже при худой власти мир — лучше войны. Теперь даже в малообеспеченных слоях, ругая последними словами начальство, многие считали коммунистическую власть «своей». Продолжали сказываться полная разрушенность гражданского общества и ответственного политического самосознания, социальная апатия, весьма ограниченное представление об идейных и бытовых альтернативах советскому образу жизни. Даже критики режима отмечали многочисленные скрепы, связавшие номенклатуру и народ и придающие стабильность режиму. Они заключали, что советская власть действительно является «народной», а не навязанной сверху.

По наблюдениям скульптора Эрнста Неизвестного, во всех сферах и нишах, от промышленности до литературы и искусства, сложились сети, внутри которых перекачивались и разворовывались деньги и ресурсы. По его словам, советская власть «пронизывает все слои общества, сверху донизу. Верхи не всевластны, они зависят от среднего звена, среднее звено зависит от низов. Режим держится на иерархии искусственно созданных привилегий, которые работают в условиях нищеты и бесправия... Круговая порука действует и в заводском цеху или дворовом комитете пенсионеров, и на самых верхах... Люди этого братства вездесущи — от политика до исполнителя эстрадных куплетов. Это — "ученые", "журналисты", "врачи", "кинорабочие", "художники"... Они узнают друг друга по какому-то чутью, по цинизму — "мы одной крови, ты и я"».

Попытки экономических реформ грозили привилегиям, статусу, самому образу жизни больших общественных групп: управленцев низшего и среднего звена и полуквалифицированных рабочих. Также реформы угрожали и быстро растущему классу инженеров, специалистов и техников, которые рассчитывали на гарантированную занятость. Наконец, вся традиция социального равенства, поддержанная идеологией и «уравниловкой» хрущевских лет, питала широкие настроения против движения к рынку. Уже в 1968 г. плоды «косыгинских реформ» были в значительной степени съедены советским «социальным государством». Наращивание общенародных программ оказалось более привлекательным, чем обеспечение эффективного труда меньшинства. Позже именно эти факторы развились в брежневский «застой».

Советское руководство предложило большинству народа негласный общественный договор: хлеб и зрелища в обмен на покорность. По американским оценкам, общественное потребление СССР ежегодно вырастало на 4,6% в 1964—1973 гг. по сравнению с 3,2% ежегодно в 1960—1964 гг. За тот же период рост капиталовложений снизился с 7,1% до 6,4% в год. И это несмотря на то, что режим проводил дорогостоящие программы вооружений. Кремль делал и пушки, и масло одновременно. Впрочем, «масло» не столько производили, сколько приобретали на стороне. Неуклонно росли закупки продовольствия за рубежом. В странах Восточной Европы и в западных странах советские торговые представители закупали все большее количество товаров народного потребления.

В СССР, в ответ на рост потребительской культуры, началось массовое производство индивидуальных автомобилей. Итальянский ФИАТ строил «под ключ» гигантский завод в Ставрополе Волжском (Тольятти), рассчитанный на сборку 600 тысяч легковых машин ежегодно. В 1960—1970 гг. число легковых автомобилей в СССР выросло всего с 500 тысяч до 1,7 млн.

Оборотной стороной общественной стабильности был неуклонный рост пьянства и алкоголизма. К исходу 1970-х гг. потребление спиртных напитков по сравнению с 1960 г., выросло в два раза. На учете милиции стояло 2 млн алкоголиков. Лишь в одном 1978 г. 15 млн граждан были доставлены в милицию «по пьянке».

Особенно заметен был алкоголизм среди групп, ведущих полунищенское, убогое существование. Там водка стала заменой и духовных ориентиров, и материальных благ. Но сильно пьющими были и люди, прошедшие войну, — фронтовики после ежедневных «наркомовских ста грамм» спирта, брошенные обществом калеки, безутешные вдовы. Пили многочисленные жертвы ГУЛАГа. Печать и общественные организации вели «борьбу с пьянством», но налогово-финансовая система нуждалась в возрастании продаж водки и алкоголя в целом. На смену коктейль-холлам, «рюмочным» и «четвертинкам-мерзавчикам» хрущевского времени пришли застолья, банкеты и «сообразим на троих» в брежневские годы. В лабораториях, институтах, цехах праздники с выпивкой устраивались чуть ли не два-три раза в неделю. В официально санкционированное алкогольное застолье втягивалась и студенческая молодежь, и инженерно-технические средние слои, и даже интеллигентская элита. Неумеренно пила и номенклатура, потому что пил «первый». На Косыгина косились и считали, при всех его заслугах перед советским режимом, чужаком, потому что он «воздерживался» от братской чарки.

Это всеобщее пьянство, совершенно не свойственное как социальное явление, например, русской эмиграции, свидетельствовало о глубоком духовном кризисе, поразившем общество в России. Примерно такой же кризис, и тоже с пьянством, был в России в 1910-е гг. предвестником революционного обвала. Распределение благ не по результатам труда, а по «положению», исчезновение положительного общественного жизненного идеала — все это растлевало людей. В коммунизм уже не верили, в Бога еще не верили; трудиться из-под палки уже перестали, трудиться ради достатка, успеха — было почти невозможно, да и разучились трудиться хорошо, на уровне «мировых стандартов». Пьянство, да еще разврат, заметное ослабление семейных устоев стали характерной особенностью конца 1960-х — начала 1970-х гг. — эпохи нравственного безвременья при относительном материальном благополучии.

Литература
М. Восленский. Номенклатура. М.: Советская Россия, 1991.

Г.А. Арбатов. Затянувшееся выздоровление (1953—1985). Свидетельство современника. М., 1991.

Robert English. Russia and the Idea of the West. Gorbachev, Intellectuals, and the End of the Cold War. N. Y. Columbia University Press, 2000.

Victor Zaslavsky. The Neo-Stalinist State. Armonk, NY.: M.E. Sharpe, 1982.

Крамола. Инакомыслие в СССР при Хрущев и Брежневе, 1953—1982 гг. Рассекреченные документы Верховного суда и Прокуратуры СССР / Ред. В.А. Козлов и С.В. Мироненко. М.: Материк, 2005.

5.1.28. Русское Зарубежье в 1950—1970-е гг. «СССР — не Россия». НТС, РСХД

Последним совместным действом русской эмиграции, в котором участвовало девять ее политических группировок и которое было как бы ответом на XX съезд КПСС, стал Гаагский конгресс «За права и свободу в России» в апреле 1957 г. В новых условиях можно было себе представить не только революционное свержение диктатуры по венгерскому образцу, но и ступенчатый ее снос, «разбор по кирпичам». С этой целью гаагский конгресс выставил «130 народных требований», каждое из которых само по себе не было антикоммунистическим, но которые взятые вместе означали бы упразднение большевицкого режима в России. Требования эти простирались от права на выезд за границу и права на выдвижение более чем одного кандидата на выборах до права на религиозное воспитание детей. Конгресс предвосхитил правозащитное движение, начавшее складываться в стране восемь лет спустя.

В 1960-е гг. политический климат в русской эмиграции быстро менялся, отзываясь на изменение политики западного мира в отношении СССР и его империи. «Сосуществование» и «разрядка напряжения» в глазах западных правительств все больше означали примирение с диктатурой в СССР и прекращение всякой политической борьбы против нее. НТС пришлось прекращать радиовещание «Свободной России» и запуск шаров с антисоветской литературой. Западные правительства больше не поддерживали таких начинаний ни политически, ни тем более финансово. Новое время требовало новых форм деятельности для установления связей между Зарубежьем и внутренней Россией.

Чтобы поддержать нарождающееся на родине общественное движение, осенью 1956 г. франкфуртский русский журнал «Грани» поместил *Обращение российского антикоммунистического издательства "Посев" к деятелям литературы, искусства и науки порабощенной России*» с призывом присылать произведения, которые из-за цензурных ограничений не могут быть напечатаны в СССР. Самиздатские рукописи стали поступать в «Посев», как только в стране появились курьеры от НТС. Было положено начало устойчивым связям внутрироссийской оппозиции с эмиграцией. Пик книгоиздательской деятельности «Посева» пришелся на 1968–1978 гг., когда выходило по 13 книг в год и материалы самиздата непрерывно публиковались в журналах «Посев» и «Грани».

Другими производителями тамиздата были YMCA-Press в Париже, Фонд имени Герцена в Амстердаме и созданное американцами в Лондоне издательство OPI (Overseas Publications Interchange). Важным хранилищем попавшего на Запад самиздата стал в Мюнхене архив радио «Свобода», которое постоянно транслировало материалы из России. Важные новости оппозиционного движения передавали и другие радиоголоса. Русские эмигранты во многих странах устраивали демонстрации перед советскими представительствами и учреждениями ООН в защиту верующих и политзаключенных.

В США в 1973 г. был создан Конгресс русских американцев (КРА). Его задачи – представлять перед правительством интересы граждан русского происхождения, разъяснять разницу между русскими и коммунистами, противостоять русофобии, защищать гонимых в СССР и сохранять русское культурное наследие. Помимо КРА в США было еще десятка два русских общественных и благотворительных объединений. Принципиальными лозунгами КРА и многих других эмигрантских организаций того времени были: «СССР – не Россия», «Чем меньше СССР – тем больше России», «СССР – поработитель и палач России». Под СССР по уже устоявшейся традиции русского зарубежья понималась не страна, не родина, а преступный режим, овладевший Россией и пытавшийся представить себя законной российской властью и естественным государственно-политическим явлением родины – России. Эмиграция, за исключением ее левой, коммунофильской части, категорически возражала против такого подхода. Но этот подход был распространен не только в обывательской среде «свободного мира», где Советский Союз продолжали именовать Россией, а советскую власть – русской властью, этот подход был общепринятым среди многих национальных эмигрантских движений, от польского и венгерского до татарского и туркменского. В СССР эмигрантские национальные движения видели «продолжателя российского империализма и колониализма». Порой западные политики прислушивались к таким утверждениям.

Особое возмущение русской эмиграции вызывал принятый в 1959 г. американскими законодателями с подачи украинцев закон о порабощенных нациях (PL86-90). Он называл множество стран – от Албании до придуманного Розенбергом Идель-Урала – «жертвами *русского* коммунизма» и обещал им помощь в борьбе за независимость. Русских же в числе порабощенных народов не было. Несмотря на усилия КРА, закон не удалось отменить.

Вслед за второй, военной волной эмиграции в послевоенные годы появилась и «вторая с половиной» волна – небольшая, но заметная категория невозвращенцев и перебежчиков. Некоторое их число появилось на Западе уже в период между двумя мировыми войнами, и, как писал британский автор Брук-Шеферд Гордон, «они помогли определить ход грядущего великого столкновения между Востоком и Западом». Сразу же после войны это были главным образом военнослужащие Группы советских войск в Германии. Многие из них были заочно присуждены к расстрелу за «измену родине» (закон 1934 г., называвший уход за границу «изменой родине», был отменен только в 1959 г.).

По мере расширения возможностей выезда из СССР стали бежать не только военные. Так, с 1969 по 1982 г. бежали 32 артиста, 31 научный работник, 24 музыканта, 21 дипломат и 12 танцоров. Бежали и спортсмены, летчики, моряки, разведчики. Способы побега бывали самые невероятные: на надувной лодке через Черное море или на реактивном истребителе в Японию. В среднем в это время бежало по 15—25 человек в год. Отношение западных властей к ним было разным. Переход таких, как дочь Сталина Светлана Аллилуева, в 1967 г. был мировой сенсацией, переход иных держался в секрете. Советская пресса о побегах молчала.

Благодаря расширению «народной дипломатии» в СССР — туризма, научных и культурных поездок — широко развернулась так называемая «зарубежная оператика»: встречи с моряками, тургруппами, делегациями, спортсменами. В этой работе участвовали многие сотни молодых членов и друзей Народно-трудового союза по всей Европе и Америке. Сотни советских туристов стали тайно увозить с собой в Россию тысячи книг, журналов, брошюр, газет, нелегально полученных или подброшенных союзниками. Такая работа НТС создавала поток тамиздата, текущий в СССР.

Одновременно СССР начал интересоваться западными туристами как источником валюты. Для зарубежной базы НТС это открыло возможность более систематической связи с Россией. Начались акции, направленные на расширение борьбы за гражданские права в Советском Союзе. Помимо многочисленных форм поддержки инакомыслия с Запада, были проведены девять открытых демонстраций солидарности на улицах Москвы и Ленинграда. Демонстранты, преимущественно западная молодежь, разбрасывали листовки с фотографиями политических заключенных в СССР и призывали поддержать их, раздавали материалы самиздата. В 1968 г. в Москве раздавали листовки британцы Джон Карсвелл, Вивиан Бротон, Джанет Хаммонд, 6 октября 1969 г. шведка Элизабет Ли и норвежец Харальд Бристоль, приковав себя наручниками к перилам в московском ГУМе, разбрасывали листовки и призывали прохожих бороться за свои гражданские права. Подобные акции, подготовленные НТС, продолжаются и в последующие годы, неизбежно кончаясь высылкой из СССР, а то и осуждением митингующих к различным срокам тюремного заключения.

Однако эти действия друзей НТС большинство русских людей в России встречало равнодушием, непониманием и осуждением. Говорили, что такие действия — «это вмешательство во внутренние дела нашей страны», что они организованы «западными разведками», «портят международные отношения». Две России — зарубежная и внутренняя — практически перестали понимать друг друга в тихие «застойные» годы. Сознание советского человека успокоилось, стало принимать режим как свой. Политические акции НТС в этой ситуации оказывались почти бесплодными. Требовалось иное — пробуждение уснувшего сознания, не столько политическая, сколько интеллектуальная и духовная деятельность. Эту линию во многом осуществляла другая крупнейшая организация активного Зарубежья — *Российское студенческое христианское движение (РСХД)*.

Как и многие другие эмигрантские организации, РСХД проходило в середине 1930-х гг. через тяжелый кризис, по крайней мере во Франции. Живым оно осталось только в Прибалтике, где вело разнообразную деятельность не только среди студентов, но и среди крестьянской молодежи, а в нацистско-советскую войну Движение включилось активно в Псковскую миссию.

Во время немецкой оккупации Франции РСХД было запрещено и возродилось после войны, сначала в Германии, где продержалось до отъезда русских в США, а затем и во Франции, где в 1950–1980 гг. пережило новый период расцвета. РСХД никогда не мыслило себя в политических категориях; его, в отличие от НТС, нельзя назвать антикоммунистическим движением, хотя, разумеется, оно отвергало советскую власть как противобожескую, а тем самым смертоносную физически и духовно. Но деятельность и жизнь Движения строилась не как борьба против кого-то, а как созидание ценностей, независимых от борьбы и применимых «здесь и там». Считая себя наследником всемирной (кафолической) религиозной традиции, завещанной отцами Церкви первых веков христианства, РСХД не ограничивало себя Россией, было широко открыто и на восточное православие (сербское, греческое, румынское, арабское), и на западную культуру. Уходящее старшее поколение сумело передать наследие приходящим на смену. Среди них следует особо отметить протоиерея Александра Шмемана, разрывавшегося между проповедью православия в Америке, писанием богословских книг и неизменным участием в съездах Движения.

Несмотря на обращенность к Западу, РСХД, укорененное в русской культуре, сыграло немалую роль в высвобождении отечества от сталинского наследства и в свидетельстве о подлинной России на Западе. В частности, когда Хрущев возобновил открытые гонения на Церковь, обещая покончить с Богом к 1980 г., члены Движения подняли широкую кампанию протеста, создали в Париже Комитет защиты христиан в СССР, состоящий из представителей трех христианских исповеданий (православного, католического и лютеранского), под председательством самого крупного в те годы писателя, католического мыслителя Франсуа Мориака.

Довольно скоро, благодаря издательству YMCA-Press, возглавляемому членами Движения еще с 1950 г., и движенческому журналу «Вестник РСХД», попадавшему «воздушными путями» в Россию, завязалась живая переписка, а затем и тесное подпольное сотрудничество между Парижем и российскими церковными и диссидентскими кругами. Множество произведений русской православной эмиграции — работы протоиерея Сергия Булгакова, Георгия Федотова, Николая Бердяева, протоиерея Георгия Флоровского — достигало России в 1960-е гг. благодаря РСХД.

В 1971 г. к издательству YMCA-Press обратился Александр Солженицын с просьбой опубликовать не принятый «Новым миром» его роман «Раковый корпус», а через два года и «Архипелаг ГУЛАГ», книгу, которая подписала окончательный приговор советской системе и ускорила ее разложение и падение.

Александр Дмитриевич Шмеман (протопресвитер). Родился в Таллинне в 1922 г. Из Эстонии семья переехала сначала в Сербию, затем во Францию. Окончил среднюю школу и Свято-Сергиевский богословский институт в Париже, где был оставлен преподавателем. В 1945 г. принял священство. В 1951 г. с женой и тремя детьми переехал в Нью-Йорк, где вскоре возглавил Свято-Владимирскую семинарию и играл центральную роль в управлении Православной Церкви в Америке, добившись для нее статуса автокефалии. Ежегодно посещал съезды РСХД во Франции. Известен был в СССР (анонимно, как отец Александр) своими регулярными проповедями и культурными передачами по радио «Свобода». Был человеком трех культур: русской, французской и английской. Основные его книги написаны по-русски: первая, «Исторический путь православия» (1956), докторская диссертация «Введение в литургическое богословие»(1961), и последняя, «Евхаристия – Таинство Царства» (1983). Его десятилетний «Дневник» (1973–1983), изданный через двадцать лет после его смерти, пользуется исключительно большим интересом среди священства и интеллигенции современной России. Перу о. Александра Шмемана принадлежат также едва ли не лучшие статьи на русском языке о А. Солженицыне. Умер протоиерей Александр Шмеман в Нью-Йорке 13 декабря 1983 г. от тяжелой раковой болезни. Закончив за месяц до ожидаемой им смерти свою последнюю книгу, он в ноябре 1983 г. написал в авторском предуведомлении к ней: «Я писал ее – с думой о России, с болью и одновременно радостью о ней. Мы здесь, на свободе, можем рассуждать и думать. Россия живет исповеданием и страданием. И это страдание, эта верность – есть дар Божий, благодатная помощь. И если хотя часть того, что я хочу сказать, дойдет до России, и если хотя в чем-то окажется полезной, я буду считать, с благодарностью Богу, дело мое исполненным» (*Прот. Александр Шмеман.* Евхаристия – Таинство Царства. М.: Паломник, 1992. С. 5).

Литература
Brook-Shepherd Gordon. The Storm Petrels: The Flight of the first Soviet Defectors. N. Y.: Harcourt Brace, 1978.
Прот. Александр Шмеман. Дневники. 1973–1983. М.: Русский путь, 2005.
Krasnov Vladimir. Soviet defectors. Stanford, CA.: Hoover Institution, 1986.

5.1.29. Культурные процессы в русском обществе. Встреча двух Россий. Появление правозащитного движения. Еврейский вопрос

Попытки некоторых из новых вождей обелить Сталина и предать забвению его преступления вызвали активное сопротивление у людей, поверивших в XX съезд и торжество справедливости. Вдруг показалось, что кровавый деспотизм и террор могут вернуться на русскую землю. В сентябре 1965 г. КГБ арестовал двух писателей, Юлия Марковича Даниэля и Андрея Донатовича Синявского, за то, что они публиковали «антисоветские» повести и рассказы за границей под псевдонимами Николай Аржак и Абрам Терц. Арест и суд над ними вызвал к жизни первый, пусть малочисленный, общественный протест – **движение правозащитников и инакомыслящих.**

Это движение возникло на стыке культурного андеграунда и левых интеллектуально-культурных элит. Подавляющее большинство правозащитников прошло путь от молодых коммунистов-идеалистов до противников революций и политического насилия. Они верили, что преодоление тоталитаризма невозможно без индивидуального интеллектуального роста и морального очищения. Один из инициаторов движения, Александр Есенин-Вольпин, сын поэта Сергея Есенина, предложил собраться у памятника Пушкину в центре Москвы с требованием гласного, открытого судебного разбирательства дела Даниэля и Синявского. 5 декабря 1965 г.

в день советской Конституции, прошло первое такое собрание. Год спустя митинг повторился, уже в знак уважения к конституционному закону. В условленный час пришедшие на митинг молча сняли шапки, смотря на памятник Пушкину. Среди них был «отец» советской водородной бомбы академик Андрей Дмитриевич Сахаров, вскоре ставший одним из моральных лидеров правозащитного движения.

Другим лидером, получившим к тому времени всемирную известность, стал писатель Александр Исаевич Солженицын. Еще до снятия Хрущева началась травля писателя комсомольскими вожаками. С 1965 г. за ним начал следить КГБ, которому удалось захватить в рукописи новое произведение Солженицына — «В круге первом».

> КГБ и «консультанты» из Союза писателей доносили партийному руководству, что писатель стремится доказать, что «строительство социализма – это прежде всего необузданная эксплуатация людей, система лагерей, бесправный труд заключенных... На протяжении всей книги, – сообщали они, – автор пытается проводить нить, что вся история советского государства – это неоправданные и ненужные жертвы (Гражданская война, коллективизация, первые пятилетки, Отечественная война)... Мысль о том, что Октябрь себя не оправдал...» (Кремлевский самосуд (Сб. документов) / Сост. А.В. Коротков и др. М., 1994. С. 17).

10 марта 1967 г. Секретариат ЦК оценил деятельность Солженицына как *антисоветскую*. По словам Петра Николаевича Демичева, секретаря ЦК КПСС по культуре, «это свихнувшийся писатель... с ним надо вести решительную борьбу». В.В. Гришин добавил: «Он клевещет на всё русское, на все наши кадры». Председатель КГБ Семичастный предложил исключить Солженицына из Союза писателей.

Перед лицом опасности Солженицын перешел в наступление. Он направил IV Съезду советских писателей открытое письмо, призывая добиваться отмены цензуры, которая десятилетиями душила русскую литературу. Письмо поддержали около ста литераторов. Одновременно Солженицын передал письмо через своих друзей-иностранцев в мировую печать. Началась неравная борьба между всесильным аппаратом и писателем.

В 1965–1967 гг. правозащитному движению сочувствовали уже десятки тысяч человек, прежде всего в Москве и Ленинграде. Илья Эренбург, Корней Чуковский, Вениамин Каверин, Белла Ахмадулина, Булат Окуджава, Давид Самойлов и другие подписали коллективное письмо, требуя освободить Синявского и Даниэля. КГБ арестовало тех, кто собирал материалы о суде и направлял их за границу, — Юрия Галанскова, Александра Гинзбурга, Веру Лашкову и Александра Добровольского. Правозащитников коммунистическая пропаганда умышленно называла нерусским словом «диссиденты».

Новые аресты вызвали еще больший поток писем поддержки арестованных. «Подписанты» были во многих институтах, университетах, учреждениях культуры России. Люди, преодолевая страх, собирали одежду и деньги женам арестованных. Некоторые историки — Рой Медведев, Александр Некрич — собирали и суммировали факты о преступной деятельности Сталина. Сопротивление «неосталинизму» также пользовалось поддержкой среди «старых большевиков» и «просвещенных» аппаратчиков в ЦК. Солженицын вспоминал: «Самиздат пошел как половодье, множились имена, новые имена в протестах, казалось, еще немножко, еще чуть-чуть — и начнем дышать».

Энергия движения питалась еще живой памятью сталинской эпохи. Политика новой власти: замалчивание, извращение, обеление недавних событий — оскорбляла эту память. Александр Твардовский в своей поэме «По праву памяти» (1966—1969) писал:

> Забыть велят и просят лаской не помнить — память под печать,
> Чтоб ненароком той оглаской непосвященных не смущать.
> О матерях забыть и женах, своей не ведавших вины,
> О детях, с ними разлученных, и до войны, и без войны.
> А к слову, — о непосвященных: где взять их? Все посвящены.

В салонах, в том числе и высокопоставленных, читали и стихотворение Евтушенко «Памяти Есенина», запрещенное к публикации:

> Есенин, милый, изменилась Русь,
> И плакаться от этого — напрасно.
> Но говорить, что к лучшему — боюсь,
> А говорить, что к худшему — опасно.

Евтушенко признавался, что ему «не хочется, поверь, задрав штаны, бежать вослед за этим комсомолом». В стихотворении было еще много наивной веры в «хороший ленинский социализм», но и было уже решительное утверждение неправды нынешней жизни. И слушатели соглашались с поэтом.

Томясь в забвении, бывший первый секретарь ЦК КПСС Никита Сергеевич Хрущев тоже стал «диссидентом». Нарушив запрет ЦК писать мемуары, он надиктовал сыну Сергею на магнитофон воспоминания. Прежде всего, говорил он сыну, «я хочу рассказать... о Сталине, о его ошибках и преступлениях. А то, я вижу, опять хотят отмыть с него кровь и возвести на пьедестал». Также, говорил он, «хочу рассказать правду о войне. Уши вянут, когда слушаешь по радио или видишь по телевизору жвачку, которой пичкают народ». В 1971 г. книга под названием «Хрущев вспоминает» вышла в Бостоне. И хотя перед смертью Хрущева вынудили подписать заявление, что издаваемая за границей книга — «это фальшивка», все же сам факт написания и заграничной публикации бывшим Первым секретарем своих мемуаров — совершенно новое явление в советском обществе, свидетельствующее о его ускоряющемся разложении.

Георгий Константинович Жуков тоже написал воспоминания, которые оказались слишком «правдивыми» для новой власти. Мемуары маршала были изданы только после того, как из них была выкинута критика Сталина и сделаны многочисленные купюры в описании войны. (Рабочая запись заседаний Политбюро ЦК КПСС. 1968. Л. 92.)

Но все меньшая часть русского общества соглашается оставаться в прокрустовом ложе официальной идеологии, определяемой «мудрецами» в ЦК КПСС. Даже их собственные жены и дети часто становятся активными потребителями несанкционированной сверху культуры.

Поездки за рубеж и встречи в России с представителями иностранных деятелей науки и культуры, обмен гастролями, как бы он ни был дозирован и как бы он ни распространялся только на избранные коллективы (Большой театр, МХАТ и др.), приезд крупнейших иностранных музыкантов, выставки, издания альбомов зарубежных художников XX в., демонстрация современных французских и итальянских фильмов, учреждение журнала «Иностранная литература» и публикация романов зарубежных писателей XX в. в толстых литературных журналах, издание однотомников и двухтомников незаурядных иностранных писателей (кумирами советской интеллигенции становятся Ремарк и Хемингуэй), возможность включать в репертуар театров зарубежных и современных драматургов (итальянца Эрнесто де Филиппо, француза Жана-Поля Сартра, американца А. Миллера и др.) — все это расширяло кругозор молодого и не очень молодого русского читателя и зрителя. Конечно, Запад уже перестал быть для русских людей «страной *святых* чудес», как для западников XIX в., но в XX в., после десятилетий разрыва с ним, Запад становился «страной чудес» в конце 1950-х гг. и особенно в 1960-е гг.

Однако для становления российского самосознания куда более важную роль сыграла встреча и постепенное усвоение опытов «другой России» — России эмиграции, России изгнания. Так, со второй половины 1950-х гг. стал постепенно возвращаться в русскую культуру Иван Бунин. Издание однотомника его прозы, затем пятитомного собрания его сочинений в качестве приложения к журналу «Огонек» и, наконец, девятитомное собрание сочинений (1966—1967), включившее в себя и такие произведения, как «Жизнь Арсеньева», сборник «Темные аллеи» и даже часть его публицистики, привлекло к нему внимание читателей России. С Александром Куприным, поскольку он еще при жизни вернулся в Советский Союз, было еще проще, и его творчество (разумеется, еще не в полном объеме) становится доступным российскому читателю, включая и лучшее из всего, что он написал, — полуавтобиографический роман «Юнкера». Издаются дореволюционные произведения Ивана Шмелева, проходят выставки и выпускаются буклеты таких художников, как Коровин, Бенуа, Рерих. Очереди на эти выставки выстраиваются огромные. Чтобы попасть «на Рериха» в музее культур Востока в Москве, люди стояли чуть ли ни с вечера предшествующего дня. Это была колоссальная тяга к культурному и духовному обогащению опустошенного в сталинские десятилетия русского общества.

С каждым годом действует все энергичнее и активнее тамиздат и самиздат. Трудно перечислить каналы, по которым запретная литература притекала в Россию из-за рубежа и преодолевала препоны советских спецхранов. Кто-то, рискуя карьерой, привозил с собой неизданные на родине произведения Бунина, включая даже «Окаянные дни»: кто-то, движимый научным интересом, получал разрешение на работу в спецхранах и не ленился и не боялся переписать от руки многостраничные произведения, затем не удержался дать почитать другу-единомышленнику, тот перепечатал — и все: запретная книга становится свободной.

В 1960-е гг., в период появления читательского спроса на свободную богословскую и философскую мысль, привозятся из-за рубежа, переписываются, перепечатываются, копируются на гектографе, позднее — на ксероксе, под носом у начальства, произведения классиков русской мысли первой половины XX в., сначала Николая Бердяева и Федора Степуна, как наиболее публицистичных и доступных по манере изложения, затем и более глубоких и сложных: о. Сергия Булгакова, Николая Лосского, Семёна Франка.

Достаточно посмотреть на каталог издательства YMCA-Press, чтобы убедиться в том, что подъем книгопечатанья русских религиозных мыслителей, издания «Антологии русской мысли» и переиздания работ 1920-х гг. приходится на вторую половину 1960-х гг., то есть как раз на то время, когда в России сложилось движение навстречу проблемам и решениям, которые ставили и о которых размышляли выдающиеся российские мыслители, творившие в Зарубежье.

Задолго до того, как стали прокладываться газопроводы из России в Европу, образовались невидимые тоннели, по которым в Россию шли высочайшие достижения русского духа, накопленного за полвека изгнания. Любовь к дореволюционной России и ее культуре, подчас болезненная и надрывная, и надежда на выздоровление больной страны становились смыслом жизни пока еще незначительной части поколения 1960-х гг.

Аналитики КГБ, отчитываясь перед руководством, пытались объяснить появление интеллектуальной и политической оппозиции главным образом активностью «лиц еврейской национальности». С исторической дистанции видно, что «еврейский вопрос» действительно сыграл особую роль и в десталинизации, и в правозащитном движении. Молотов, сам женатый на еврейке П. Жемчужиной-Карп, говорил Чуеву: «У них [евреев] активность выше средней, безусловно. Поэтому есть очень горячие в одну сторону и очень горячие в другую. В условиях хрущевского периода эти, вторые, подняли голову, они к Сталину относятся с лютой ненавистью».

Как в эпоху революции и становления коммунистической деспотии, среди людей, вставших во главе большевизма, было немало евреев, так и теперь, в 1960-е гг., среди евреев, ассимилированных в русскую культуру, было велико число людей, горячо выступивших против коммунистического тоталитаризма, поддержавших после XX съезда идеалы «социализма с человеческим лицом». Некоторые из этих людей, как бы исправляя заблуждения дедов и отцов, в середине 1960-х гг. стали диссидентами.

Эти люди мучительно расставались со своими иллюзиями о «демократическом социализме» и «интернационализме». Теперь они, с прежней страстностью, отстаивали новые идеи — свободы, законности, гласности и либеральной демократии. Некоторые из них, вслед за молодым священником, сильным богословом и проповедником Александром Менем, обратились к православию, другие стали увлекаться Талмудом, мистическими учениями каббалы или одной из восточных религиозных систем. Но большинство оставалось в секулярном политическом инакомыслии правозащитного движения.

Среди еврейской части правозащитников и им сочувствующих росту антисоветских настроений способствовала также память о холокосте, о котором в СССР не упоминалось, дискриминация евреев при приеме в учебные заведения и на работу, сохранившаяся со времен «борьбы с космополитизмом», а также рост интереса и симпатий к Израилю. Укрепление еврейского самосознания вызвала победа Израиля над коалицией арабских стран (Египет, Сирия, Иордания) в июне 1967 г. Некоторые правозащитники-евреи, например весьма эрудированный мыслитель

Григорий Соломонович Померанц, сравнивали это событие с победой греков над персами под Марафоном. Русские не часто разделяли этот энтузиазм и настороженно относились к движению, добрую половину которого составляли евреи. Но среди самих правозащитников, как когда-то и среди большевиков, на национальную принадлежность обращали мало внимания. Более того, возмущенные казенным антисемитизмом современного им коммунистического режима, правозащитники русской национальности поддерживали своих друзей-евреев в их праве, оставаясь евреями, быть полноправными гражданами СССР, а если кто-то из них желает этого, то и возвращаться на историческую родину – в Землю обетованную – Израиль. Именно желая поддержать своих еврейских друзей, русский литературовед Андрей Синявский взял псевдоним Абрам Терц.

В КГБ и партаппарате пытались против правозащитников разыграть карту русского национализма, исподволь проводя мысль, что «евреи *как всегда* против русского государства». При этом новые большевицкие идеологи делали вид, что забывают, что историческое русское государство разрушили как раз их, коммунистов, политические отцы и деды, люди многих национальностей, те самые Ленин, Дзержинский, Свердлов, Урицкий, Воровский, Киров и иные, имена которых носят множество городов, заводов, улиц, кораблей и воинских частей по всему СССР.

Обостряемый провокациями КГБ, «еврейский вопрос» не подорвал единство правозащитного движения. Та ожесточенная полемика, а впоследствии и разрыв между сторонниками возрождения России на национально-религиозных основаниях и поборниками «космополитической» либеральной демократизации страны, которая действительно в 1970-е гг. расколола правозащитников, прошла вовсе не по линии этнического разделения: и евреи, и русские, хотя и в разных соотношениях, входили в оба эти интеллектуальные лагеря. Но за пределами правозащитного движения семена антисемитизма дали свои ядовитые всходы в русском народе. В те годы распевали шуточную песенку известного барда Владимира Высоцкого: «Зачем мне считаться вором и бандитом? / Не лучше ль пробраться мне в антисемиты? / На их стороне хоть и нету закона, / поддержка и энтузиазм миллионов». В этой шутке было немало горькой правды.

Литература
А.И. Солженицын. Двести лет вместе. Ч. 2. М.: Вагриус, 2006.
А.И. Солженицын. Из-под глыб. Париж: YMCA-Press, 1974 (Переизд. в: Русская интеллигенция. История и судьба / Под ред. Д.С. Лихачева. М.: Наука, 1999).
С.Н. Хрущев. Пенсионер союзного значения. М.: Новости, 1991.
Диссиденты о диссидентстве // Знамя-плюс, 1997–1998.
Юрий Слезкин. Эра Меркурия: евреи в современном мире / Пер. с англ. С. Ильина. М.: Новое литературное обозрение, 2005.

5.1.30. «Пражская весна» и отношение к ней в русском обществе. Раскол и конформизм элит

Общественное движение в Чехословакии в январе – августе 1968 г., известное как «Пражская весна», оказалось поворотным для европейского коммунизма и для России.

Чехословакия, как и другие «страны народной демократии», в ускоренном темпе прошла тот же путь, какой с 1920-х гг. проходила Россия. Пользуясь присутствием Советской армии в стране после 1945 г., чешские коммунисты потребовали себе основные посты в правительстве республики. Президент Чехословакии Эдуард Бенеш, вернувшийся из эмиграции, в феврале 1948 г. вынужден был уступить грубому давлению Сталина и коммунистов. Он дал согласие на формирование коммунистического правительства, а в июне подал в отставку. Президентом Чехословакии стал коммунист Клемент Готвальд. Он провел конфискации земельной и иной собственности, запретил антикоммунистические партии и органы печати и начал широкую полосу жестоких репрессий. В тюрьмы и лагеря было брошено более четверти миллиона человек (из 12 млн населения), многие представители былого ведущего класса вынуждены были покинуть пределы страны. Немало чехов и словаков было убито в застенках, порой даже без судебного решения. В 1952 г. состоялся большой процесс над четырнадцатью бывшими руководителями чехословацкой компартии, среди которых был и генеральный секретарь ЦК Коммунистической партии Чехословакии Рудольф Сланский. Их обвинили в сотрудничестве с западными разведками и повесили. В тюрьму попали и такие видные деятели коммунистического переворота 1948 г., как министр обороны Людвиг Свобода и министр внутренних дел Йозеф Павел. Много словацких коммунистов было обвинено в национализме. Министр иностранных дел Владо Клементис был казнен, а глава компартии Словакии Густав Гусак заключен в тюрьму. Простудившийся на похоронах своего кумира Сталина, вскоре умер Готвальд. Новое руководство КПЧ во главе с Антонином Запотоцким с 1956 г. прекращает массовые убийства и репрессии. Когда в 1957 г. умер Запотоцкий, президентом Чехословакии стал Антонин Новотный. Если Готвальд разрушил чешское общество репрессиями, то Новотный разрушил народное хозяйство богатой и развитой когда-то страны бессмысленными реформами и подражанием Хрущеву в экономике.

5 января 1968 г. пленум ЦК КПЧ сместил Антонина Новотного, Первым секретарем чехословацкой компартии стал лидер словацких коммунистов 46-летний Александр Дубчек. Президентом Чехословакии стал старый коммунист, испытавший на себе застенки Готвальда, — генерал Свобода.

Накануне пленума в Чехословакию приехал Брежнев и дал добро на перемены. В Политбюро ЦК КПСС верили Дубчеку, который провел юность в России, учился в советской школе, а в 1955—1958 гг. окончил Высшую партийную школу в Москве. Дубчек помогал свержению прогерманского режима Тиссо в Словакии в 1944 г. У него были дружеские отношения с Брежневым. Советский лидер часто беседовал с ним по телефону и называл «Сашей».

Вместе с тем Дубчек, под влиянием хрущевской «оттепели» и общения со словацкими интеллектуалами, стал сторонником реформ и «социализма с человеческим лицом». В Чехословакии была фактически отменена цензура печати. К руководству радио и телевидением пришли коммунисты-реформаторы. Началась замена руководства силовых структур, запятнанного преступлениями эпохи Готвальда. Общество гласно обсуждало преступления сталинизма и пути будущего развития страны. Дубчек стал знаменем освобождения для студентов и интеллектуалов, а затем и общенационального движения. Вскоре это движение получило журналистское название — *«Пражская весна»*.

Размах гласности и спонтанного общественного движения в Чехословакии испугали руководителей Кремля. Критика сталинизма влекла за собой с неизбежностью пересмотр отношений между СССР и странами Восточной Европы, при Сталине установленных, распад Варшавского договора. В чехословацкой печати эти темы уже начали обсуждаться. Мирный характер освобождения Чехословакии от коммунизма виделся московским коммунистам прелюдией к новым народным восстаниям по примеру ГДР в 1953 г. и Венгрии в 1956 г.

Под влиянием «Пражской весны» началось студенческое брожение в Польше. С другой стороны, в Румынии сталинистский режим Чаушеску продолжал разыгрывать «национальную карту» и, оставаясь формально в Варшавском договоре, поступал наперекор воле Москвы всюду, где только мог. В ЦК КПСС серьезно опасались, что «Пражская весна» может «перекинуться» на Прибалтику, Украину, Белоруссию и даже в Москву, где многие с огромным вниманием следили по «вражьим голосам» за происходящим в Чехословакии.

Уже в марте — апреле ряд деятелей в советском руководстве (Косыгин, Подгорный, Шелепин, первый секретарь КП Украины П.Е. Шелест, министр обороны Гречко и военные, верхушка военно-промышленного комплекса, глава КГБ Ю.В. Андропов, министр иностранных дел А.А. Громыко, посол в Праге С.В. Червоненко) считали, что надо готовиться к военному вторжению в Чехословакию. Главы ГДР, Польши, Венгрии (Ульбрихт, Гомулка, Кадар) требовали принять меры для усмирения Чехословакии, так как «троны» под ними начинали ощутимо трещать. Несмотря на многократные предостережения из Москвы, реформы в Чехословакии продолжались. Начались массовые отставки секретарей райкомов и обкомов, митинги в армии. Чешские и словацкие интеллектуалы в обращении *Две тысячи слов* выступили за политические свободы и обличали деградацию общества, происшедшую после прихода коммунистов к власти. Экономисты обсуждали переход к «социалистическому рынку».

Документ «Две тысячи слов» принадлежит перу чешского писателя Людвига Вацулика. Он были опубликован 27 июня 1968 г. в пражской газете «Литерарни новины» и других чехословацких газетах за подписями около шестидесяти интеллектуалов. «Две тысячи слов» в том числе объявляли:

«Порядки коммунистической партии явились причиной и моделью таких же порядков в государстве. Ее союз с государством привел к тому, что исчезло преимущество глядеть на исполнительную власть со стороны. Деятельность государства и хозяйственных организаций не критиковалась. Парламент разучился обсуждать, правительство – управлять, а руководители – руководить. Выборы потеряли смысл, законы – вес. Мы не могли больше доверять своим представителям ни в одном комитете, да если б захотели, то не могли бы от них ничего требовать, потому что они все равно ничего не могли добиться. Еще хуже было то, что мы уже не могли верить друг другу. Личная и коллективная честь исчезли. Честностью добиться чего-либо было невозможно, а о вознаграждении по способностям нечего говорить. Поэтому большинство потеряло интерес к общественным вопросам и заботилось только о себе да о деньгах, причем даже и на деньги нельзя было полагаться. Испортились отношения между людьми, исчезла радость труда, короче, пришли времена, которые грозили духовному здоровью и характеру народа».

Предупреждая обвинения со стороны СССР о том, что «контрреволюционеры» пытаются вывести Чехословакию из советского блока, документ гласил:

«Большое беспокойство в последнее время вызывает возможное вмешательство иностранных сил. Оказавшись лицом к лицу с превосходящими силами, мы должны будем только стоять на своем, не поддаваться на провокации. Свое правительство мы можем заверить в том, что будем следовать за ним даже с оружием в руках, лишь бы оно продолжало делать то, на что получило наши полномочия, а своих союзников мы можем заверить, что союзнические, дружеские и торговые отношения выполним».

За неделю воззвание «Две тысячи слов» было подписано более чем десятью тысячами граждан Чехословакии.

Многие советские интеллектуалы узнали об этом документе из иностранных «радиоголосов». А.Т. Твардовский записывал в своем дневнике 19 августа 1968 г.: «Слушал вчера и "2000 слов". По совести говоря, я подписал бы это относительно нашего положения. А написал бы? И написал бы, только написал бы лучше... Сколько людей слушает у нас все это — одни с величайшим сочувствием и симпатией, другие — с напряженной опаской и ненавистью: вон чего захотели!» (Рабочие тетради 60-х годов // Знамя. 2003. № 9. С. 149).

Брежнев и большинство Политбюро колебались. Экономист и писатель Николай Иванович Шмелев, работавший тогда в ЦК, вспоминал, что «советское руководство находилось в полнейшей растерянности: что делать? Давить или не давить?» Эксперты двух отделов ЦК, занимавшихся связями с «братскими» партиями и странами советского блока, писали записки руководству, указывая на то, что «крайние меры», то есть вторжение, не нужны, по крайней мере, преждевременны.

Вожди СССР опасались утраты управляемости в «их» стране и даже внутри партии, где обозначился раскол между сталинистами и антисталинистами. События в Чехословакии они воспринимали через призму сталинской идеологии: как победу «антисоветских, праворевизионистских сил» над «здоровыми элементами». Вместе с тем они не стремились к возрождению сталинского произвола. Пугали и возможные международные последствия ввода войск в Чехословакию. Брежнев к тому же сознавал свою роль в выборе Дубчека лидером Чехословакии и хотел дать ему шанс «урегулировать ситуацию» самому. Косыгин, съездив в Чехословакию, тоже усомнился в целесообразности военной интервенции. «Просвещенные» аппаратчики-международники (А.Е. Бовин, В.В. Загладин и др.), некоторые советские журналисты, работавшие в Чехословакии, писали записки руководству, предупреждая, что интервенция приведет к расколу «в мировом коммунистическом движении», возможному выходу Румынии из Варшавского договора, изменению сил в мире не в пользу СССР.

Кремлевские руководители сделали последнюю попытку уломать Дубчека, заставить его свернуть реформы. 29 июля — 3 августа в Чиерне-над-Тисой, на советско-чехословацкой границе, прямо в советском правительственном поезде, прошли драматичные переговоры. Казалось бы, был достигнут компромисс. Но уже 13 августа в телефонном разговоре с Дубчеком Брежнев обвинил своего «друга» в «обмане» — в продолжении демократизации общества. Подгорный и Шелест вели тайные переговоры со словацкими сталинистами о подготовке правого переворота. Советские военные и КГБ готовились к вторжению. Донесения Андропова и посла Червоненко помогли убедить Брежнева в том, что без интервенции СССР «потеряет» Чехословакию, а Брежнев может потерять свой пост. 21 августа 170-тысячный контингент советских войск и войск пяти других стран, членов Варшавского договора, оккупировал Чехословакию.

Западные страны и США отреагировали на интервенцию слабыми и кратковременными протестами. В то же время коммунисты Западной Европы отмежевались от советской агрессии, пытаясь сохранить иллюзию того, что коммунизм и демократия — вещи совместимые. В глазах народов Восточной Европы СССР вновь предстал агрессором. По всему миру прошла новая гигантская волна антисоветских настроений, часто принимавшая откровенно антирусский характер. Чехословакия из самой дружественной в отношении русских людей страны превратилась в одну из самых русофобских. Общественные силы в этой стране еще долго сопротивлялись оккупантам и навязанному им режиму. По данным КГБ, на 8 сентября 1968 г. был убит 61 советский военнослужащий, из них 11 офицеров; ранено 232 человека, выведены из строя 1 танк, 1 вертолет, 1 самолет и 43 машины и бронетранспортера. В январе 1969 г. чешский студент Ян Палах сжег себя в центре Праги в знак протеста против советской агрессии.

Большая часть русского общества в СССР отнеслась к этим событиям равнодушно и с апатией. Образованные классы, веровавшие в демократизацию социализма и надеявшиеся на трансформацию режима, оказались неспособны на открытый протест. Исключением оказались семь правозащитников (Константин Бабицкий, Лариса Богораз, Наталия Горбаневская, Вадим Делоне, Владимир Дремлюга, Павел Литвинов, Владимир Файнберг). 25 августа 1968 г. они вышли на Красную площадь к Лобному месту и развернули лозунги: «Да здравствует свободная и независимая Чехословакия» (на чешском языке), «Позор оккупантам», «Руки прочь от ЧССР», «За вашу и нашу свободу». Они были арестованы КГБ прежде, чем публика успела прочесть содержание плакатов. Поэт Евгений Евтушенко направил телеграмму в Кремль с выражением несогласия. Большинство «подписантов», однако, не протестовало. Научная и литературно-художественная интеллигенция боялась связываться с властями.

Студенчество также оставалось в массе пассивным, хотя часть студентов была возмущена и потрясена. По закрытым каналам партийной пропаганды и КГБ распространялась информация о «сионистском заговоре» в Чехословакии и о том, что вторжение якобы спасло эту страну от натовской оккупации. Но в убеждении думающей молодежи эти «концепции» не помогали. Многие молодые люди тогда, в 1968 г,. впервые почувствовали отвращение к режиму, сотворившему такое беззаконие, и, подобно В. Набокову в 1939 г., говорили власти: «Отвяжись, я тебя умоляю». Сотрудничество с коммунистической властью, служение ей, карьера стали для таких «детей 21 августа» делом нравственно невозможным, эстетически отвратительным. Таких юношей и девушек было немного, но они были и в Москве, и в Петербурге, и в Новосибирске. Они узнавали друг друга по одной-двум фразам и старались быть вместе.

Многие «левые» не только разуверились в марксизме и коммунизме, но и объявили Россию «страной рабов». Часть из них ушла во внутреннюю эмиграцию — отошла от политико-общественного движения, сосредоточилась на работе и частной жизни. Один из участников студенческого движения 1956 г. Игорь Дедков записал в своем дневнике: «Чешский студент сжег себя. Вчера он умер. Наши радио и газеты молчат. Говорят о чем угодно, только не о Чехословакии. Все, что мы пишем, бессмысленно: бездарное, трусливое актерство. И лакейство. И проституция». В университетах некоторые студенты тайно зажигали свечи и молча пили за упокой Палаха.

Для «просвещенных» коммунистов-реформистов интервенция стала сокрушительным ударом. Уже поколебленное здание веры в гуманный, демократический вариант социализма рухнуло. Один из авторов этого учебника помнит, каким гробовым молчанием (отнюдь не радостным обсуждением новости и не спором) встретило за завтраком известие о вводе войск в Чехословакию утром 22 августа «избранное» общество правительственного санатория «Нижняя Ореанда» в Крыму. Полторы сотни ответственных работников самого высокого советского уровня ковыряли в своих тарелках, не поднимая глаз друг на друга, даже на своих домашних.

Разгром «Пражской весны» и явное бессилие Запада предотвратить оккупацию Чехословакии придали Брежневу небывалую уверенность. Генеральный секретарь поучал своих помощников: «Наша акция — героический, мужественный поступок. Армия хорошо себя показала. Страху нагнали, но без кровопролития». О протесте за рубежом Брежнев сказал: «Пройдет месяц-другой, и все опять будут нас слушать». Демонстрация грубой силы в Чехословакии развязала руки сталинистам и правым в советском обществе. Идеологическая реакция, направляемая Сусловым, Тяжельниковым и тысячами партийных пропагандистов и чиновников, постепенно удушала очаги либерального общественного движения. Даже самые робкие реформаторские предложения «улучшения советской системы» отныне попадали в категорию опасных мечтаний. СССР после августа 1968 г. стал во многом напоминать Россию после 1848 г., когда деспотизм режима Николая I достиг своего апогея.

В январе 1970 г., в результате многомесячной кампании тихого удушения «Нового мира», служившего публичным авангардом либерального движения, Александр Твардовский ушел из журнала и вскоре умер. Эпоха общественного подъема и демократических надежд закончилась.

Для тех в русском обществе, кто уже был на пути освобождения от коммунистической идеологии, крах социал-демократических иллюзий был благом, важным этапом на пути преодоления многолетней болезни.

Литература

В. Мусатов. Предвестники бури. Политические кризисы в Восточной Европе (1956—1981). М.: Научная книга, 1996.

А. Черняев. Моя жизнь и мое время. Мемуары. М., 1996.

Р.А. Медведев. Неизвестный Андропов: политическая биография Юрия Андропова. М.: Права человека, 1999.

И. Дедков. Как трудно даются иные дни! Из дневниковых записей 1953—1974 годов // Новый мир. 1996. Май. № 5.

А. Бовин. XX век как жизнь. Воспоминания. М.: Захаров, 2003.

Н. Шмелев. Curriculum vitae // Знамя-плюс, 1997—1998.

5.1.31. Внутреннее освобождение русского общества в СССР в 1970-е гг. Религиозные искания. Линия Сахарова и линия Солженицына на противодействие коммунистическому режиму

При Брежневе (разумеется, не благодаря, а вопреки ему и его соратникам) Россия понемногу начинает подниматься с колен. То, на что во второй половине 1950-х гг. еще не было бы ни спросу, ни отклика, в 1970-е гг. начинает пользоваться массовым интересом. Достаточно вспомнить однотомники пьес Михаила Булгакова, лежавшие нераскупленными на прилавках в метро в начале 1960-х гг., и его неслыханную популярность после публикации «Театрального романа» и в особенности «Мастера и Маргариты» (1966—1967).

1965 г. — это не только арест Синявского и Даниэля, арест рукописей Солженицына, но и выход стихотворений Пастернака со стихами из «Доктора Живаго» и с предисловием того же Синявского. Выход наиболее полного прижизненного сборника стихотворений Анны Ахматовой, издание «Процесса» и новелл Ф. Кафки и книги М. Бахтина «Творчество Франсуа Рабле и народная культура Средневековья и Ренессанса», принесшая 70-летнему мыслителю мировую славу.

Во второй половине 1960-х гг. обновляется язык театра, неслыханным успехом пользуется поэзия, формируется ядро русской прозы: творения С. Залыгина, Ф. Абрамова, К. Воробьева, Е. Носова, Б. Можаева, В. Астафьева, Ю. Трифонова, В. Шукшина, Г. Владимова, Ю. Казакова, В. Максимова, В. Белова, В. Распутина, А. Битова украсили бы любую из иноязычных литератур. Серо-голубые невзрачные обложки «Нового мира» притягивали к себе читателей, не расстававшихся с ними в вагонах метро, троллейбусах и автобусах.

Достижения искусства и литературы привлекают умы представителей точных наук. Проблемы стиховедения изучают математики школы А. Колмогорова, а на премьерах Театра на Таганке можно было увидеть академиков, занимающихся проблемами космоса. Оживляется гуманитарная наука, прошедшие школу сталинских репрессий и чудом выжившие Лосев, литературоведы Бахтин и Лихачев, их последователи и ученики Юрий Лотман и Владимир Топоров, Сергей Аверинцев, Александр Панченко и Борис Успенский в спорах и дискуссиях противостоят марксистско-ленинской «теории», навевавшей тоску и уныние на молодую студенческую аудиторию конца 1960—1970-х гг.

В 1960—1980-е гг. бурно развивается авторская песня. Концерты Александра Галича, Булата Окуджавы, Владимира Высоцкого, Юрия Визбора и других поэтов собирали тысячные аудитории. Александр Аркадьевич Галич за политическую остроту песен был лишен советского гражданства и выслан во Францию, где погиб от удара электрическим током в 1978 г.

Особенной популярностью пользовались песни Владимира Семеновича Высоцкого. Начав с увлечения дворовым романсом, к середине 1970-х гг. Высоцкий вырос в своем творчестве до поэта общенационального масштаба. Его поэзия да и сам образ жизни: женитьба на французской актрисе Марине Влади (Поляковой) — дочери офицера Русской Императорской армии, эмигрировавшего после революции во Францию, бросали вызов коммунистическому режиму. Высоцкий находился в полузапрещенном состоянии: с одной стороны, выходили немногочисленные пластинки с его песнями на фирме «Мелодия», он выступал по всей стране с концертами, записи которых моментально расходились в магнитофонных лентах, а с другой — при жизни не было издано ни единой строчки его стихов. Первый сборник «Нерв» был выпущен при содействии Роберта Рождественского в 1981 г., уже после смерти поэта. Фильмы с участием Владимира Высоцкого, спектакли в Театре на Таганке, его песни и стихи были для миллионов русских людей отдушиной, а сам поэт стал символом своего времени. Его смерть в дни Московской олимпиады вызвала потрясение всей страны. 28 июля 1980 г. Москва хоронила Высоцкого, а залы спортивных состязаний были пусты.

Серьезно изменился и кинематограф. Фильмы Эльдара Рязанова, Леонида Гайдая, Станислава Ростоцкого, Юрия Озерова, Сергея Герасимова, Сергея Бондарчука и многих других режиссеров вошли в сокровищницу мирового кино и ныне, спустя десятилетия, смотрятся с не меньшим интересом. Вместе с тем снималось много и проходных фильмов, политизированных в угоду режиму, которые не выдержали испытания временем. Особую тему составляла Великая Отечественная война. О ней не могли сказать всей правды, но тем не менее режиссеры и сценаристы фронтовики максимально стремились приблизить фильмы к истине. В глобальных эпопеях, таких как «Освобождение», это не всегда получалось, а фильмы о «малой» войне, об отдельных ее эпизодах, созданные, как правило, по литературным произведениям, удавались блестяще. Киноленты «А зори здесь тихие», «Долгие версты войны», «Летят журавли», «Баллада о солдате» и многие другие показывали ратный труд простого солдата, брали за душу и вызывали слезы на глазах. Сила создаваемых образов, в том числе была обусловлена и тем, что многие из артистов, как, например, Георгий Жженов и Петр Вельяминов, прошли тюрьмы и лагеря при сталинском режиме, а иные, как, например, Анатолий Папанов и Юрий Никулин, — огонь боев Второй Мировой войны.

В конце 1960-х — начале 1970-х гг. резко изменилась тенденция освещения событий Гражданской войны. Фильмы «Тихий Дон» (1957–1959), «Служили два товарища» (1968), «Адъютант его превосходительства» (1970), «Бег» (1972), конечно, подвергались жесткой цензуре и не могли сказать всей правды о Гражданской войне, но некоторую долю ее — говорили. По крайней мере, образы поручика Брусенцова (Владимир Высоцкий), капитана Кольцова (Юрий Соломин), генералов Чарноты (Михаил Ульянов) и Хлудова (Владислав Дворжецкий), донского казака Григория Мелехова (Петр Глебов), созданные выдающимися артистами, заставляли многих задуматься над вопросом: кто же был прав в Гражданской войне? Белые офицеры в этих фильмах показаны честными, храбрыми, хотя и «потерявшимися» в гражданской смуте людьми. Это был колоссальный шаг вперед: на смену палачу и садисту сталинского кинематографа пришел совершенно другой тип Белого офицера, вызывающий скорее симпатию и ностальгическую грусть. Песни, романтизирующие Белое движение — «Поручик Голицын», «Вальс юнкеров» и др., при всей их наивности, знала и с чувством пела молодежь по всей России. Выжженное за полвека до того в застенках ЧК Белое дело возвращалось теперь романтической сказкой, волновавшей молодые сердца.

Снятые в СССР киноленты смотрели на Западе участники Белой борьбы. Полковник Михаил Левитов и поручик Эраст Гиацинтов в своих воспоминаниях, ныне изданных в России, высказывали критические замечания по поводу некоторых кинокартин. Так, в фильме «Служили два товарища» абсолютно неверно показана эвакуация из Крыма, прошедшая в образцовом порядке. Белые офицеры в 1918 г., кутящие в ресторанах в мундирах с иголочки и золотых погонах, как это представлено в фильме «Адъютант его превосходительства», были абсолютно нереальными фигурами, так как их обмундирование было латано-перелатано и полностью изношено в беспрерывных боях и походах, но тем не менее даже жесткие критики и свидетели событий отмечали положительную динамику в освещении Гражданской войны в России, так как они прекрасно понимали, что режиссеры просто не знали всей правды, но, безусловно, тянулись к ней.

В 1960—1980-е гг. стали появляться на массовом экране в СССР фильмы западных кинорежиссеров. Жан Маре, Жан Поль Бельмондо, Пьер Ришар, Ален Делон, Дастин Хоффман и многие другие артисты кино полюбились зрителю. Западные фильмы свидетельствовали против официозной коммунистической пропаганды. С киноэкранов врывалась в советский зрительный зал совершенно другая жизнь. Например, Бельмондо, играющий полицейского, заходит во французское казино, преследует преступника на автомобиле по парижским улицам, а молодые русские парни и девушки, которым в вузах на лекциях по истории КПСС твердят о «преимуществах социализма», по выходе из кинотеатра обсуждают увиденное. «Ну и машины!», «А какой бар!», «А квартира у полицейского из пяти комнат! А у нас?» — такие реплики были системой, а не исключением из правил. С появлением в середине 1980-х гг. видеомагнитофонов мировое кино хлынуло на видеорынок еще более мощным потоком, вынося смертельный приговор советской системе.

Бурно развивалась эстрада. В конце 1960-х — начале 1970-х гг. для того, чтобы отвлечь советскую молодежь от «крамольных» идей, «насаждаемых диссидентами», ЦК КПСС и ЦК ВЛКСМ приняли решение о создании достаточно большого количества вокально-инструментальных ансамблей. Всего по стране их было организовано более 10 тысяч. Если учесть, что в каждом из них было как минимум по 4—5 солистов, к которым добавлялся обслуживающий персонал, то порядка 250 тысяч молодых людей, склонных к подвижному и независимому образу жизни, были отвлечены совершенно в другую область, не связанную с политикой.

Образовались очень популярные и профессиональные группы, такие как «Песняры», «Самоцветы», «Синяя птица», «Поющие гитары», «Цветы», «Машина времени» и ряд других, творчество которых и по сей день вызывает восторг у слушателей. Однако коммунистическая идеология не раз добиралась и до эстрады. Так, например, певцу Валерию Ободзинскому было запрещено петь в РСФСР, и он вынужден был гастролировать по союзным республикам. Такая же судьба постигла и Юрия Антонова, внезапно «исчезнувшего» с эстрады в середине 1980-х гг. из-за конфликта на концерте с нагло ведущими себя партийными функционерами. Но несмотря ни на что, именно в те годы были заложены основы современной эстрады.

Оживление происходит даже и на том фронте, на котором, казалось бы, власть одерживала свою победу, — на фронте философии. Пятый том «Философской энциклопедии» (1970) невозможно было купить, настолько свежими, яркими и точными формулировками описывалось философское наследие русских мыслителей, чьи фамилии пришлись на последние буквы русского алфавита, — Владимир Соловьев, князья Сергей и Евгений Трубецкие, Семен Франк, Николай Федоров, священник Павел Флоренский и др.

Если в середине 1960-х гг. том дореволюционного издания Владимира Соловьева стоил у букинистов копейки, то к середине 1970-х гг. книгу Флоренского «Столп и утверждение истины» можно было купить с рук не дешевле, чем за месячную зарплату инженера. Появился спрос, а значит и предложение. Теперь уже не для единиц, как в начале 1960-х гг., а для многих и многих самым ценным подарком, привезенным из-за рубежа, становятся не тряпки и не бутылки с алкоголем, а тайно доставленные издания В. Розанова, Н. Лосского, протоиерея С. Булгакова, Н. Бердяева, протоиерея В. Зеньковского.

Это движение коснулось даже наиболее подцензурной части литературы — изданий Московской Патриархии. В издававшихся мизерным тиражом и не поступавших в открытый библиотечный доступ «Богословских трудах» печатаются переводы с английского и французского современных богословов эмиграции — архиепископа Василия (Кривошеина), Владимира Николаевича Лосского, архиепископа (позднее митрополита) Антония (Блума), протоиерея Иоанна Мейендорфа. В двух выпусках «Богословских трудов» в начале 1970-х гг. печатаются труды отца Павла Флоренского, убитого в ленинградском НКВД в декабре 1937 г. Их произведения также копируются, переписываются и распространяются в сотнях экземпляров среди интеллигентной молодежи, начинающей интересоваться христианством.

На смену пожелтевшим страничкам папиросной бумаги со стихами Ахматовой и Гумилева во многих и многих частных библиотеках появлялись и привезенные из-за рубежа книги запрещенных ранее писателей и мыслителей и изящно переплетенные ксерокопии их трудов. Понемногу начинала возрождаться и Церковь, разумеется, не административная структура ее, по рукам и ногам скованная советской властью, а жизнь прихода. В 1950-е гг. и даже в начале 1960-х гг. столичные храмы заполнялись стариками и пожилыми людьми и немногочисленными детьми, а молодежь и среднее поколение отсутствовали практически полностью. Ситуация начала меняться примерно с 1967—1968 гг., после публикаций стихов из романа Пастернака, «Мастера и Маргариты» Булгакова и не опубликованного в печати, но получившего широкую известность рассказа Солженицына «Пасхальный крестный ход».

Человека тянуло в храм сначала «от противного», от городской суеты, от разгульной жизни, от циничной лжи на собраниях и на работе, от одиночества; его могла захватить красота церковной живописи или музыки, этическое начало веры, но раз попав в храм, он уже оставался в нём, иногда как прихожанин, а порой, пройдя сквозь ряд мытарств и унижений, и как священнослужитель. В стенах храма, в строе древнего богослужения многие русские интеллигенты нашли тогда, казалось бы, потерянную навсегда настоящую Россию. Вне стен шла советская жизнь; внутри храма, как им казалось, продолжается та Россия, в которой жили Пушкин и Толстой, Хомяков и Владимир Соловьев, Нестеров и Васнецов.

В прогремевшем на всю страну письме IV Международному съезду Союза советских писателей (6 мая 1967 г.) Солженицын отстаивал право писателя «высказывать опережающие суждения о нравственной жизни человека и общества». Год спустя, в 1968 г., вся думающая Россия читала в самиздате трактат академика Сахарова «*Размышления о прогрессе, мирном сосуществовании и интеллектуальной свободе*». В начале 1970-х гг. стала известна вызванная этим трактатом статья Солженицына «*На возврате дыхания и сознания*». И точно: русское общество на родине впервые с 1920-х гг. начинало свободно дышать и сознавать себя.

Статья Сахарова, названная Солженицыным «бесстрашным выступлением» и «крупным событием новейшей русской истории», вызвала огромный резонанс благодаря авторитету создателя водородной бомбы, трижды Героя социалистического труда, впервые за десятилетия подвергшего критике многие устои советской жизни, казавшиеся незыблемыми. Но не меньшее значение для формирования национального самосознания русского человека 1970-х гг. имела и работа самого Солженицына. Вдохновляющим и одновременно взывающим к трезвости и ответственности было его «опережающее суждение»: «...обратный переход, ожидающий скоро нашу страну, — возврат сознания и дыхания, переход от молчания к свободной речи».

Едва ли не самым «опережающим суждением» Солженицына оказалось то, где он спорил с идеей Сахарова относительно конвергенций двух противостоящих друг другу систем: «В решении нравственных задач человечества перспектива конвергенции довольно безотрадна: два страдающих пороками общества, постепенно приближаясь и превращаясь из одного в другое, чтó может дать? Общество безнравственное вперекрест». Разошлись Солженицын и Сахаров и в вопросе о значении тех движущих сил, на которые надеялся Сахаров: *левые коммунисты-ленинцы*» и «*левые западники*». Солженицын считал: «*...были бы мы действительно духовно нищи и обречены, если бы лишь этими силами исчерпывалась сегодняшняя Россия*». Сахаров, по мнению Солженицына, явно недооценивал национальное движение в мире, а сам Солженицын считал, что человечество «*квантуется нациями не в меньшей степени, чем личностями*», и в этом видел одно из «лучших богатств человечества».

Поддерживая призыв к интеллектуальной свободе, в которой Сахаров видел «*ключ к прогрессивной перестройке государственной системы в интересах человечества в качестве некоторого идеала*», провозглашавший «*очень интеллигентное общемировое руководство*», Солженицын указывал на недостатки западной демократии и задавал вопрос: «И если Россия веками привычно жила в авторитарных системах, а в демократической за 8 месяцев 1917 г. потерпела такое крушение, то, может быть, — я не утверждаю это, лишь спрашиваю, — может быть, следует признать, что эволюционное развитие нашей страны от одной авторитарной формы к другой будет для нее естественнее, плавне, безболезненней?»

В 1972–1973 гг. Солженицын пишет свое знаменитое воззвание «Жить не по лжи». Текст его был окончательно готов к сентябрю 1973 г. После публикации «Архипелага ГУЛАГ» (январь 1974) этот текст был заложен в несколько тайных мест с уговором — в случае ареста автора через сутки пускать в печать. Так и сделали. 13 февраля 1974 г. текст был передан в самиздат и на Запад. Впервые воззвание «Жить не по лжи!» было опубликовано в Лондоне (Daily Express от 18 февраля 1974 г.) и вслед за тем многократно перепечатано в разных изданиях, на разных европейских языках. Оно было включено в самиздатовский сборник «Жить не по лжи», который в 1975 г. вышел и в Париже в YMCA-Press.

Жить не по лжи!

Когда-то мы не смели и шепотом шелестеть. Теперь вот пишем и читаем самиздат, а уж друг другу-то, сойдясь в курилках НИИ, от души нажалуемся: чего только *они* не накуролесят, куда только не тянут нас! И ненужное космическое хвастовство при разорении и бедности дома; и укрепление дальних диких режимов; и разжигание гражданских войн; и безрассудно вырастили Мао Цзедуна (на наши средства) – и нас же на него погонят, и придется идти, куда денешься? И судят, кого хотят, и здоровых загоняют в умалишенные – всё «они», а *мы* – бессильны.

Уже до донышка доходит, уже всеобщая духовная гибель насунулась на всех нас и физическая вот-вот запылает и сожжет и нас, и наших детей, – а мы по-прежнему всё улыбаемся трусливо и лепечем косноязычно:

– А чем же мы помешаем? У нас нет сил.

Мы так безнадежно расчеловечились, что за сегодняшнюю скромную кормушку отдадим все принципы, душу свою, все усилия наших предков, все возможности для потомков – только бы не расстроить своего утлого существования. Не осталось у нас ни твердости, ни гордости, ни сердечного жара. Мы даже всеобщей атомной смерти не боимся, Третьей Мировой войны не боимся (может, в щелочку спрячемся), – мы только боимся шагов гражданского мужества! Нам только бы не оторваться от стада, не сделать шага в одиночку – и вдруг оказаться без белых батонов, без газовой колонки, без московской прописки.

Уж как долбили нам на политкружках, так в нас и вросло, удобно жить, на весь век хорошо: *среда*, социальные условия, из них не выскочишь, бытие определяет сознание, мы-то при чем? Мы ничего не можем.

А мы можем – всё! – но сами себе лжем, чтобы себя успокоить. Никакие не «они» во всём виноваты – мы сами, только мы!

Возразят: но ведь действительно ничего не придумаешь! Нам закляпили рты, нас не слушают, не спрашивают. Как же заставить *их* послушать нас?

Переубедить их – невозможно.

Естественно было бы их переизбрать! – Но перевыборов не бывает в нашей стране.

На Западе люди знают забастовки, демонстрации протеста, – но мы слишком забиты, нам это страшно: как это вдруг – отказаться от работы, как это вдруг – выйти на улицу?

Все же другие роковые пути, за последний век отпробованные в горькой русской истории, – тем более не для нас, и вправду – не надо! Теперь, когда все топоры своего дорубились, когда всё посеянное взошло, – видно нам, как заблудились, как зачадились те молодые, самонадеянные, кто думали террором, кровавым восстанием и гражданской войной сделать страну справедливой и счастливой. Нет, спасибо, отцы просвещения! Теперь-то знаем мы, что гнусность методов расплождается в гнусности результатов. Наши руки – да будут чистыми!

Так круг – замкнулся? И выхода – действительно нет? И остаётся нам только бездейственно ждать: вдруг случится что-нибудь само?

Но никогда оно от нас не отлипнет само, если все мы все дни будем его признавать, прославлять и упрочнять, если не оттолкнёмся хотя б от самой его чувствительной точки.

От – лжи.

Когда насилие врывается в мирную людскую жизнь, – его лицо пылает от самоуверенности, оно так и на флаге несёт и кричит: «Я – Насилие! Разойдись, расступись – раздавлю!» Но насилие быстро стареет, немного лет – оно уже не уверено в себе и, чтобы держаться, чтобы выглядеть прилично, – непременно вызывает себе в союзники Ложь. Ибо: насилию нечем прикрыться, кроме лжи, а ложь может держаться только насилием. И не каждый день, не на каждое плечо кладёт насилие свою тяжёлую лапу: оно требует от нас только покорности лжи, ежедневного участия во лжи – и в этом вся верноподданность.

И здесь-то лежит пренебрегаемый нами, самый простой, самый доступный ключ к нашему освобождению: *личное неучастие во лжи!* Пусть ложь всё покрыла, пусть ложь всем владеет, но в самом малом упрёмся: пусть владеет *не через меня!*

И это – прорез во мнимом кольце нашего бездействия! – самый лёгкий для нас и самый разрушительный для лжи. Ибо когда люди отшатываются ото лжи, – она просто перестаёт существовать. Как зараза, она может существовать только на людях.

Не призываемся, не созрели мы идти на площади и громогласить правду, высказывать вслух, что думаем, – не надо, это страшно. Но хоть откажемся говорить то, чего *не* думаем!

Вот это и есть наш путь, самый лёгкий и доступный при нашей проросшей органической трусости, гораздо легче (страшно выговорить) гражданского неповиновения по Ганди.

Наш путь: *ни в чём не поддерживать лжи сознательно!* Осознав, где граница лжи (для каждого она ещё по-разному видна), – отступиться от этой гангренной границы! Не подклеивать мёртвых косточек и чешуек Идеологии, не сшивать гнилого тряпья – и мы поражены будем, как быстро и беспомощно ложь опадёт, и чему надлежит быть голым, – то явится миру голым.

Итак, через робость нашу пусть каждый выберет: остаётся ли он сознательным слугою лжи (о, разумеется, не по склонности, но для прокормления семьи, для воспитания детей в духе лжи!) или пришла ему пора отряхнуться честным человеком, достойным уважения и детей своих, и современников. И с этого дня он:

– впредь не напишет, не подпишет, не напечатает никаким способом ни единой фразы, искривляющей, по его мнению, правду;

– такой фразы ни в частной беседе, ни многолюдно не выскажет ни от себя, ни по шпаргалке, ни в роли агитатора, учителя, воспитателя, ни по театральной роли;

– живописно, скульптурно, фотографически, технически, музыкально не изобразит, не сопроводит, не протранслирует ни одной ложной мысли, ни одного искажения истины, которое различает;

– не приведёт ни устно, ни письменно ни одной «руководящей» цитаты из угождения, для страховки, для успеха своей работы, если цитируемой мысли не разделяет полностью или она не относится точно сюда;

– не даст принудить себя идти на демонстрацию или митинг, если это против его желания и воли; не возьмёт в руки, не подымет транспаранта, лозунга, которого не разделяет полностью;

– не поднимет голосующей руки за предложение, которому не сочувствует искренне; не проголосует ни явно, ни тайно за лицо, которое считает недостойным или сомнительным;

– не даст загнать себя на собрание, где ожидается принудительное, искаженное обсуждение вопроса;

– тотчас покинет заседание, собрание, лекцию, спектакль, киносеанс, как только услышит от оратора ложь, идеологический вздор или беззастенчивую пропаганду;

– не подпишется и не купит в рознице такую газету или журнал, где информация искажается, первосущные факты скрываются.

Мы перечислили, разумеется, не все возможные и необходимые уклонения ото лжи. Но тот, кто станет очищаться, – взором очищенным легко различит и другие случаи.

Да, на первых порах выйдет не равно. Кому-то на время лишиться работы. Молодым, желающим жить по правде, это очень осложнит их молодую жизнь при начале: ведь и отвечаемые уроки набиты ложью, надо выбирать. Но и ни для кого, кто хочет быть честным, здесь не осталось лазейки: никакой день никому из нас, даже в самых безопасных технических науках, не обминуть хоть одного из названных шагов – в сторону правды или в сторону лжи, в сторону духовной независимости или духовного лакейства. И тот, у кого недостанет смелости даже на защиту своей души, – пусть не гордится своими передовыми взглядами, не кичится, что он академик или народный артист, заслуженный деятель или генерал, – так пусть и скажет себе: я – быдло и трус, мне лишь бы сытно и тепло.

Даже этот путь – самый умеренный изо всех путей сопротивления – для засидевшихся нас будет нелёгок. Но насколько же легче самосожжения или даже голодовки: пламя не охватит твоего туловища, глаза не лопнут от жара, и чёрный-то хлеб с чистой водою всегда найдётся для твоей семьи.

Преданный нами, обманутый нами великий народ Европы – чехословацкий – неужели не показал нам, как даже против танков выставляет незащищенная грудь, если в ней достойное сердце?

Это будет нелегкий путь? – Но самый легкий из возможных. Нелегкий выбор для тела, – но единственный для души. Нелегкий путь, – однако есть уже у нас люди, даже десятки их, кто годами выдерживает все эти пункты, живёт по правде.

Итак: не первыми вступить на этот путь, а – присоединиться! Тем легче и тем короче окажется всем нам этот путь, чем дружнее, чем гуще мы на него вступим! Будут нас тысячи – и не управятся ни с кем ничего поделать. Станут нас десятки тысяч – и мы не узнаем нашей страны!

Если ж мы струсим, то довольно жаловаться, что кто-то нам не даёт дышать, – это мы сами себе не даём! Пригнемся ещё, подождём, а наши братья биологи помогут приблизить чтение наших мыслей и переделку наших генов.

Если и в этом мы струсим, то мы – ничтожны, безнадежны, и это к нам пушкинское презрение:

К чему стадам дары свободы?..
Наследство их из рода в роды
Ярмо с гремушками да бич.
12 февраля 1974 г.

Сопротивление коммунистическому режиму затронуло и оплот власти – армию и КГБ. В 1961 г. руководитель одной из кафедр академии имени Фрунзе боевой офицер генерал-майор Петр Григорьевич Григоренко (1907–1987), с 1931 г. служивший в РККА, на партсобрании в присутствии секретаря ЦК КПСС Пономарева выступил с требованием восстановления «ленинских принципов». За это он был уволен с работы, переведен служить на Дальний Восток. Но он не прекратил борьбы «за правду». Генерала поддержали его сыновья, жена. В полной генеральской форме он на проходных московских заводов раздавал листовки, в которых рассказывалось о расстреле в Новочеркасске и Тбилиси, о преступлениях Сталина и Хрущева. Его арестовали в феврале 1964 г., но судить не решились, объявили сумасшедшим и поместили в психиатрическую лечебницу. Председатель КГБ обещал вернуть свободу генералу, если тот публично покается. Григоренко отказался. В сентябре 1964 г. он был лишен всех наград, разжалован в рядовые и оставлен с солдатской пенсией в 22 рубля. По приказу Брежнева, который знал Григоренко по службе в армии во время войны, тот был выпущен в апреле 1965 г. из больницы. Но в 1969 г. вновь помещен на принудительное лечение, от которого был избавлен только заступничеством международных организаций в 1974 г. В 1978 г. генерал был лишен советского гражданства. Скончался он в Нью-Йорке, куда выехал в 1976 г. для проведения сложной хирургической операции.

> В психбольнице Григоренко решил: «Уходить в подполье – непростительная ошибка. Идти в подполье – это давать возможность властям изображать тебя уголовником, чуть ли не бандитом и душить в тайне от народа. Я буду выступать против нарушения законов только гласно и возможно громче. Тот, кто сейчас хочет бороться с произволом, должен уничтожить в себе страх к произволу. Должен взять свой крест и идти на Голгофу. Пусть люди видят, и тогда в них проснется желание принять участие в этом шествии» (*П.Г. Григоренко. Наши будни*).

Известным стало покушение В. Ильина на Л.И. Брежнева в январе 1969 г. у Боровицких ворот. Несколько десятков офицеров, знавших о настроениях Ильина, были уволены в отставку. В том же году КГБ раскрыл созданный офицерами Балтфлота **Союз борьбы за демократические права** во главе с Г. Гавриловым. В ноябре 1975 г. во время военно-морского парада в Рижском заливе произошло **восстание на противолодочном корабле «Сторожевой»**, поднятое капитаном 3-го ранга Валерием Саблиным. Восставшие направились в Ленинград, где Саблин собирался выступить по радио в прямом эфире с обличением брежневского режима. Эсминец был атакован с воздуха и захвачен. Саблина в июле 1976 г. расстреляли. В прощальной записке жене капитан писал: «Что меня толкнуло на это? Любовь к жизни... Причем я имею в виду не жизнь сытого мещанина, а жизнь светлую, честную... Я убежден, что в нашем народе, как и 58 лет назад, вспыхнет революционное сознание...»

В недрах управления по борьбе с правозащитниками КГБ тоже были люди, не только сочувствовавшие, но и помогавшие им. Одним из таких стал в середине 1970-х гг. капитан Виктор Алексеевич Орехов. Считая, что «нужно помогать чем-то таким людям», он стал предупреждать диссидентов о предстоящих обысках и арестах. 25 августа 1978 г. капитана Орехова разоблачили и арестовали. Он был приговорен к восьми годам лишения свободы и вышел на волю только в 1986 г.

5.1.32. Московская Патриархия и коммунистическое государство в 1960—1970-е гг.

Отстранение Н.С. Хрущева в октябре 1964 г. от власти позитивно сказалось на положении Русской Православной Церкви: прекратились грубые демарши официальных идеологов и пропагандистов атеизма, ослаб жесткий контроль за совершением обрядов, резко выросло число треб. Смягчение государственной политики в отношении Церкви было продемонстрировано правительством буквально через несколько дней после октябрьского пленума ЦК КПСС: 19 октября митрополит Никодим (Ротов) и епископ Питирим (Нечаев) стали официальными участниками правительственного приема в честь запуска в космос корабля «Восток». Вскоре, в январе 1965 г., Президиум Верховного Совета СССР принял постановление «О некоторых фактах нарушения социалистической законности в отношении верующих», результатом чего стало освобождение и реабилитация ранее осужденных священнослужителей и мирян. Тогда же были остановлены две антирелигиозные серии: «Ежегодник Музея истории религии и атеизма» и «Проблемы истории религии и атеизма». Кроме того, в феврале 1965 г. Председатель Совета министров СССР Косыгин отправил в адрес Патриарха Алексия (Симанского) поздравительную телеграмму по случаю двадцатилетия избрания его на патриарший престол.

Однако все это не значило, что стратегические цели коммунистического руководства в отношении религии претерпели какие-либо изменения. Атеистическая направленность курса идеологической машины СССР и далее оставалась неизменной. Со второй половины 1960-х гг. возрастает влияние Совета по делам религий при Совете министров СССР, с 1960 по 1984 г. возглавлявшегося В.А. Куроедовым. Именно тогда Совет постепенно стал выходить из-под влияния КГБ, все более ориентируясь на ЦК КПСС. С конца 1965 г. именно на Совет было возложено проведение церковной политики в СССР. По словам чиновника, работавшего в Совете, анализируя церковно-государственные отношения брежневской эпохи, возможно «говорить о "возрождении" системы дореволюционного обер-прокурорства: ни один мало-мальски важный вопрос деятельности религиозных организаций не мог быть решен без участия Совета по делам религий. Но одновременно сам Совет действовал в тех рамках, какие определяли ему высшие партийные и государственные органы». Со сказанным можно согласиться только с одной оговоркой: обер-прокуроры Святейшего Синода, даже если и были людьми малоцерковными (что случалось и в XVIII, и в XIX вв.), все же считались личными представителями православного Императора в Церкви. Задачей обер-прокурора была защита Православной Церкви «от враждебных на неё поползновений». В СССР государство было антирелигиозно по своей сути, и Совет защищал режим «от поползновений церковников».

Подобная ситуация не могла не волновать тех верующих, кто задумывался над парадоксальным положением Церкви в Советском Союзе. Так, в июне 1966 г. с открытым письмом к Патриарху Алексию I обратились православные Вятской епархии, обращавшие внимание Первосвятителя на нарушение заповеди отдавать кесарю кесарево, а Божие Богу (Мф. 22, 21). «В нарушение этой заповеди, — говорилось в письме, — первые иерархи Церкви, возлюбив человеческую славу и богатство, стали на погибельный путь рабского подчинения всем незаконным распоряжениям Совета, направленным на разрушение Церкви и искоренение христианской веры в нашей стране! Практическая деятельность Патриархии начиная с 1960 г. была направлена на то, чтобы сделать всех епископов и священников послушным орудием в руках власть имущих атеистов». Подобные заявления, публиковавшиеся на Западе, замалчивались в СССР. Патриарх христианам Вятской епархии не ответил.

Впрочем, дело было не в ответе вопрошавшим: система, в основание которой первые камни положил Патриарх Сергий (Страгородский), развивалась по своим правилам. Председатель Совета по делам религий В.А. Куроедов без стеснения заявлял, что на всех этапах социалистического строительства в СССР политика государства в отношении религии и Церкви преследовала главную цель — объединение советского общества для решения социально-экономических и политических проблем коммунистического строительства! Получалось, что верующие активно участвовали в построении того общества, в котором, согласно программным партийным документам, места для них не предусматривалось.

В официальных церковных выступлениях всегда подчеркивался секулярный характер советского общества, но при этом отмечалась его положительная секулярность, *«ибо в нем наблюдается развитие не простого материального секуляризма, но такого, в котором исключительно важное значение имеет развитие духовных сторон человеческой личности, ее нравственной чистоты и полной готовности служить и помогать другим»* (Патриарх Алексий I). То есть социалистическое общество живет по евангельским заповедям. Основные задачи в этой жизни у верующих и атеистов, по словам православных деятелей, не расходятся. Поэтому верующие не имеют другого мнения, чем их неверующие сограждане, и в вопросах о войне и мире, и в деле построения наиболее справедливого общества. Отличие лишь в понимании вечного бытия.

Подобные заявления продолжали звучать и после кончины Патриарха Алексия I и избрания Поместным Собором 1971 г. нового предстоятеля Русской Православной Церкви — митрополита Крутицкого и Коломенского Пимена (Извекова; 1910–1990). Собор, 2 июня избравший нового Патриарха, был самым представительным церковным собранием с 1945 г., когда на Поместном Соборе был избран Патриархом митрополит Алексий (Симанский). На Соборе присутствовало 236 делегатов, среди которых было 75 архиереев, 85 клириков и 78 мирян.

Помимо избрания Патриарха, Собор принял историческое решение «Об отмене клятв на старые обряды и на придерживающихся их», что было шагом к примирению со старообрядцами (хотя раскол Церкви этим актом преодолеть оказалось невозможно). В конце заседаний Собора произошел символический эпизод, характеризовавший отношение советских атеистических властей к религии и Церкви в СССР: участники и гости Собора были приглашены в Большой театр, где шла Пушкинская «Сказка о попе и работнике его Балде». Участники вынуждены были стерпеть этот антицерковный пасквиль и наблюдать преуспевающего над священником Балду, опасаясь, что их уход может быть истолкован как проявление нелояльности, — со всеми вытекающими отсюда последствиями. Театр покинули лишь Грузинский Патриарх Ефрем II и митрополит Японский Владимир.

Избранный Собором Патриарх считался «консерватором», однако этот консерватизм правильнее назвать традиционализмом. У него была большая практика церковной жизни, но яркой политической фигурой Пимен не был. По словам знавших его лиц, Патриарх был архиереем, из рамок своих обычных дел не выходившим. Вплоть до своей кончины осенью 1978 г. наиболее влиятельным церковным политиком оставался митрополит Никодим, награжденный правом совершения богослужения с преднесением креста, то есть «по-патриарши».

Серьезных конфликтов в то время между руководством Церкви и советскими властями, «курировавшими» религиозную жизнь, не было. Регулярно издавался «Журнал Московской Патриархии», где печатались статьи и сообщения, читая которые неискушенный человек (особенно за границей) мог поверить в «нормальность» государственно-церковных отношений. Церковные иерархи в официальных интервью советским органам массовой информации в год 60-летия Октябрьской революции заявляли, например, что материальную помощь государство Церкви не оказывает, так как последняя существует исключительно на добровольные пожертвования верующих, причем церковные доходы не облагаются никаким государственным налогом, подчеркивая, что в СССР живут миллионы верующих, «верующих убежденно, искренне и сознательно, чего нельзя было сказать о Церкви Российской Империи, когда за верующих часто принимались лица, принадлежащие к Церкви формально, по соображениям конъюнктуры».

Иерархи повторяли старую (на тот момент) «истину»: каких-либо общих проблем во взаимоотношениях между государством и Церковью в СССР не существует. Действительно, сталинские гонения, равно как и послевоенный «церковный ренессанс», давно ушли в прошлое, хрущевские гонения также остались «за историческим поворотом». Критика религии и Церкви стала носить преимущественно научно-популярный и публицистический характер, хотя и при Брежневе в среднем закрывали до 50 приходов в год.

Отношения «стабилизировались» или, в определенном смысле, «законсервировались». Правила были известны и той и другой стороне. Политкорректность иерархии в отношении советских властей выдержала проверку временем. Особенно ярко это было доказано в 1977 г., когда принималась новая Конституция СССР – Конституция «развитого социализма». Священноначалие в церковной прессе приветствовало принятие нового Основного Закона страны, подчеркивая, что «Советский Союз прошел большой и славный путь социалистического развития, накопив огромный опыт становления советского общества». Церковно-политический язык за эти годы стал вполне советским, шаблонным. Указания на речи Генерального секретаря ЦК КПСС, на то, что Конституция обсуждалась и принималась «в славном юбилейном году 60-летия Великой Октябрьской социалистической революции», не казались уже чем-то неуместным или излишним.

Православная Церковь существовала в отведенной ей государством нише, платя за это вынужденными реверансами коммунистическим лидерам и системе в целом. Казалось само собой разумеющимся указывать, что «располагая прекрасными храмами, переданными государством религиозным объединениям в бесплатное пользование, наша Церковь также при необходимости может строить новые», что «свободное и невозбранное совершение богослужений, проповедь, удовлетворение религиозных запросов верующих» — это главное, что характеризует церковную жизнь и деятельность в СССР. При этом выражалась уверенность в том, что все верующие граждане поддержат проект новой Конституции, ибо он гарантирует максимум свобод и прав (статья 52 Конституции 1977 г. гласила: «За гражданами СССР признается свобода совести, то есть право исповедовать любую религию, отправлять религиозные культы или не исповедовать никакой религии, вести атеистическую пропаганду. Возбуждение вражды и ненависти в связи с религиозными верованиями запрещается. Церковь в СССР отделена от государства и школа от Церкви»). «Максимум» не включал право на религиозное образование общества, хотя право пропаганды атеистической нашло конституционное закрепление.

Стратегическая цель коммунистического воспитания — *построение безрелигиозного общества* — оставалась актуализированной в Программе и Уставе КПСС. Декларируя отделение Церкви от государства, советская власть ни на минуту не отказывалась от контроля над религиозными структурами в стране, и прежде всего над РПЦ. Советские власти осуществляли контроль за церковными кадрами. Куроедов в узком кругу похвалялся, что «епископы теперь все наши, проверенные люди, а вот со священниками еще есть проблемы — не все лояльны на все сто процентов». В Церковь засылалось много агентов, говорили о том, что даже знаменитый митрополит Никодим (Ротов) пришел «по путевке комсомола». С епископами и священниками агентами спецслужб приходилось сталкиваться практически всем, жившим активной церковной жизнью до 1988 г. Но вся проблема была в том, что далеко не все приходившие в Церковь «по путевке» комсомола или КГБ продолжали служить этим организациям «не за страх, а по совести». Как раз совесть при совершении литургии, при соприкосновении со святыней веры часто возмущалась и требовала выбора. И многие выбирали правду Божью и прикрывали верующий народ собой, делая вид, что продолжают служить коммунистам. Таким был, например, архиепископ Курский Хризостом (Мартишкин). Те же, кто оставались агентами «по совести», а священнослужителями «по лукавству», очень часто спивались или сходили с ума, подтверждая ту вечную истину, что «близ Меня, как близ огня».

> Лучше других знавший состояние церковно-государственных отношений в 1970-е гг. Александр Яковлев (секретарь ЦК по идеологии при Горбачеве) писал: «Всю религиозную деятельность контролировали спецслужбы. Они подбирали людей для учебы в религиозных учебных заведениях, вербовали их на службу в разведке и контрразведке. Многих двойников я знаю, знаю даже их клички, но обещаю эти знания унести с собой» (*А.Н. Яковлев*. Сумерки. М.: Материк, 2003. С. 401).

ЦК КПСС направлял и внешнюю политику Церкви — благодаря последнему обстоятельству православная иерархия могла, между прочим, иногда добиться от властей тех или иных послаблений для Церкви внутри страны. Коммунистические руководители Православную Церковь 1970—1980-х гг. не воспринимали в качестве «реакционной» силы, существующей в советском обществе, но религия рассматривалась как сила, противостоящая коммунистической идеологии.

После закрытия в 1950—1960-е гг. многих монастырей, в том числе и открытой немцами во время советско-нацистской войны Киево-Печерской лавры, покинувшие их монахи создавали тайные скиты. Непокорные священники и миряне пытались активизировать приходскую жизнь, распространяли религиозный самиздат.

В самиздате ходили сочинения русских религиозных философов начала XX в. и авторов 1960—1970-х гг. годов о. С. Желудкова, А. Краснова-Левитина, Б. Талантова, В. Шаврова. Возникают религиозно-философские кружки и семинары.

В 1970-е гг., по мере роста интереса к религии в российском обществе, Церковь, помимо воли руководства Московской Патриархии, превращалась в один из центров противостояния коммунистическому тоталитаризму. В этом процессе видную роль играли православные миряне и священники, но среди архиереев им были увлечены всего несколько человек. Вокруг таких священников, как Николай Голубцов, Дмитрий Дудко, Александр Мень, Всеволод Шпиллер, Василий Ермаков, Георгий Бреев, собирались кружки интеллигентной, ищущей молодежи, передавались и обсуждались книги, велись богословские и историософские споры.

Огромное значение в интеллектуальной жизни христиан России имел выход книги филолога-античника Сергея Сергеевича Аверинцева «Поэтика ранневизантийской литературы» (1978), впервые познакомившей очень многих с современным осмыслением православного святоотеческого богословия. Многие пришли от неопределенной веры в Бога к «умному» и деятельному церковному христианству благодаря этой книге. Кого-то за активную религиозную жизнь выгоняли из комсомола, кого-то — из института или с работы, но эти неприятности уже не останавливали молодых христиан.

За более глубоким духовным окормлением верующие отправлялись к архимандриту Серафиму (Тяпочкину) в Ракитное под Белгород, схиигумену Савве (Потапенко) и к архимандриту Иоанну (Крестьянкину) в Псково-Печерский монастырь, к архимандриту Тавриону в Елгавскую пустынь под Ригой, к схиигумену Кукше в Почаев, к архимандритам Севастиану в Караганду, Кириллу (Павлову) и Тихону (Агрикову) в Троице-Сергиеву лавру и к другим опытным старцам. Зная тех немногих епископов, которые умели договориться с властями и не боялись рукополагать интеллигентных молодых людей (например, архиепископ Хризостом (Мартишкин)), к ним устремлялись ищущие священнического сана. В России 1970-х гг. независимо от Патриархии, и уж конечно от коммунистической власти, вновь создавалась православная культурная среда. Страх уходил, а вера распространялась.

5.1.33. Конфликт на Даманском. Вьетнамская война. КПСС и международное коммунистическое и национально-освободительное движение. «Деньги партии»

Брежневское Политбюро состояло из людей, воспитанных сталинской системой и воспринимавших мир через призму «Краткого курса истории ВКП(б)». В 1965—1966 гг. большинство советских руководителей (Шелепин, Косыгин, Подгорный, Полянский и др.) считало советско-китайский разрыв досадной нелепостью, вызванной ошибками Хрущева. Косыгин считал, что «коммунисты всегда смогут договориться с коммунистами», надо только организовать встречу лицом к лицу. Все попытки договориться, однако, провалились: Китай скатывался в пучину *Великой пролетарской культурной революции*, и его руководство объявило СССР врагом номер один. Беженцы из Китая, а затем и толпы воинственных «красногвардейцев» (хунвейбинов) с цитатниками Мао Цзэдуна стали все чаще нарушать советскую границу.

Прохождение российско-китайской границы было установлено многочисленными правовыми актами еще до русской и китайской революций — начиная с XVII в. и вплоть до 1911 г. В соответствии с общепринятой практикой границы на реках проводятся по главному фарватеру. Однако, пользуясь слабостью Китая, императорское правительство России сумело провести границу на реке Уссури совершенно иначе — по урезу воды вдоль китайского берега. Таким образом вся река и находившиеся на ней острова оказались российскими. Данное положение дел сохранялось до 1969 г. Мао Цзэдун и другие китайские руководители не раз поднимали вопрос о корректировке пограничной линии. Советское правительство в принципе было не против пойти навстречу Китаю, но когда идеологические противоречия взяли верх над государственными, вопрос о границе зашел в тупик.

2 марта 1969 г. китайские военные обстреляли советских пограничников на острове Даманский (река Уссури). СССР и Китай оказались на грани войны. В Политбюро и Генеральном штабе с тревогой обсуждали вопрос: что делать, если сотни тысяч китайцев перейдут советские границы? 15 марта советские военные нанесли мощный удар по китайским войскам на Даманском и прилегающей территории. Убиты были реактивным огнем многие сотни китайских военнослужащих. После этого военные столкновения прекратились, но страх перед китайской угрозой, подогреваемый расистскими тезисами о «желтой опасности», еще долго витал в советском обществе.

Конфликт на острове Даманский. От советского берега до острова было около 500 м, от китайского – порядка 300 м. С юга на север Даманский вытянут на 1500–1800 м, а его ширина достигает 600–700 м, однако в период разлива Уссури остров практически полностью заливается водой. Первое крупное столкновение между китайцами и советскими пограничниками на Даманском произошло 23 января 1969 г., но все обошлось без кровопролития. Трофеями пограничников стали несколько карабинов, при осмотре которых выяснилось, что боевые патроны уже находились в патронниках, то есть любой случайный выстрел уже тогда мог привести к серьезным последствиям. 2 марта начался вооруженный конфликт, продолжавшийся до 15 марта. Впервые с 22 июня 1941 г. пограничные части СССР подверглись атаке регулярных войск сопредельного государства. Бои разгорелись на участке Уссурийского пограничного отряда полковника Демократа Владимировича Леонова. В ночь с 1 на 2 марта около 300 китайских военнослужащих переправились на Даманский и залегли на более высоком западном берегу острова, укрывшись среди кустов и деревьев.

Утром с советского наблюдательного пункта на заставу Нижне-Михайловскую», расположенную на шесть километров южнее острова, сообщили о движениях китайских военнослужащих на Даманском. Начальник заставы старший лейтенант Иван Иванович Стрельников поднял своих подчиненных по тревоге, после чего позвонил оперативному дежурному погранотряда. Погрузившись на БТР и два грузовика, пограничники двинулись к острову. Одна машина, в которой находились солдаты под командованием младшего сержанта Юрия Бабанского, обладая менее мощным двигателем, несколько отстала от основной группы. Приехав на место, командирский

ГАЗ-66 и БТР остановились у южной оконечности острова. Спешившись, пограничники двинулись в направлении китайцев двумя группами: первую из семи человек вел по льду сам начальник заставы, а вторую из тринадцати солдат – старший сержант Рабович.

Старший лейтенант Стрельников, увидев, что большое число китайцев нарушило границу, подумал, что опять началась очередная провокация, и в сопровождении старшего лейтенанта Николая Буйневича и пяти пограничников вышел навстречу нарушителям и приказал им покинуть территорию СССР. Один из китайцев что-то громко ответил, затем раздались два пистолетных выстрела. Первая шеренга расступилась, а вторая открыла внезапный автоматный огонь. Вместе со Стрельниковым был пограничник – фотограф Николай Петров, которому удалось заснять все, до последних секунд боя. Все пограничники во главе с командиром погибли, Петров упал на фотоаппарат, который не был замечен врагами. Позже фотографии, сделанные Петровым, стали бесспорным доказательством вины китайской стороны в разразившемся конфликте. Толпы китайцев ринулись на группу Рабовича. Пограничники приняли бой, отстреливаясь до последнего патрона, но ничего не могли сделать против сотен китайцев, ведущих огонь из автоматов. В это время подоспела группа Юрия Бабанского, которая, закрепившись, открыла огонь по китайцам. Пограничники видели, как их раненых товарищей китайцы добивали ножами и штыками.

Метким автоматным и пулеметным огнем бойцы Юрия Бабанского вынудили китайцев остановить наступление. В это время в тыл противнику зашел бронетранспортер с пограничниками с соседней заставы Сопки Кулебякины под командованием старшего лейтенанта Виталия Дмитриевича Бубенина. Оставив нескольких солдат во главе с младшим сержантом В. Каныгиным поддерживать огнем группу Юрия Бабанского, Бубенин посадил остальных солдат в БТР, сам встал к крупнокалиберному пулемету, а пограничники, открыв амбразуры, вели автоматный огонь по противнику. Атака, проведенная по всем правилам воинского искусства, посеяла панику в тылу китайцев. Старший лейтенант Бубенин, несмотря на ранения и контузию, продолжал руководить боем, обойдя остров и закрепившись на берегу реки. Покинув разбитый БТР, Бубенин сел в бронетранспортер погибшего Стрельникова и, прорвавшись к командному пункту китайцев, уничтожил его. Это и стало кульминацией боя, китайцы отступили на свой берег. К месту конфликта были выдвинуты 135-я мотострелковая дивизия, танки, артиллерия, реактивные установки залпового огня «Град». Китайцы сосредоточили 24-й пехотный полк Народно-освободительной армии Китая (НОАК) численностью до 5 тысяч человек. Дни тянулись в перестрелках и коротких стычках.

К середине 14 марта пришел приказ от советского командования оставить остров, и пограничники ушли, но к вечеру последовал новый приказ – занять Даманский вновь. Высшее начальство ждало приказаний из Москвы, а их все не было – отсюда и противоречивые распоряжения. За нерешительность и бездействие верховной власти расплачиваться жизнями приходилось простым солдатам и офицерам. В ночь с 14 на 15 марта вперед на четырех бронетранспортерах двинулся отряд пограничников подполковника Яншина численностью не более 60 человек. 15 марта китайцы начали обстреливать Даманский артиллерией и минометами, а находившиеся на нем солдаты и офицеры вступили в схватку с ворвавшейся на остров китайской пехотой численностью около 500–600 человек. Особенно в этом бою отличился взвод гранатометчиков под командованием сержанта Ильи Кобца – двухметрового богатыря, который очень удачно расположил стрелков и не давал китайцам поднять головы от земли. Илья был несколько раз ранен и контужен, но не покинул поле боя, участвуя в рукопашных схватках с противником. Полковник Леонов решил поддержать пограничников и на четырех танках попытался прорваться на остров. Во время атаки командирская машина была подбита выстрелом из гранатомета, а контуженный Леонов убит пулей, попавшей в сердце. Попытка прорыва окончилась неудачей.

Около 17:00 15 марта был получен приказ нанести артиллерийский удар по позициям китайцев. Отдельный реактивный дивизион установок «Град» под командованием М. Ващенко открыл огонь по расположению частей НОАК. Подключилась и ствольная артиллерия. Ошеломленные китайцы были добиты атакой пограничников и солдат 199-го мотострелкового полка 135-й дивизии. В бою погиб смертью храбрых младший сержант 199-го полка Владимир Орехов. Находясь в атакующей цепи, он уничтожил пулеметную точку противника, будучи раненым, не вышел из боя, продолжая вести огонь до самой смерти. Всего за время конфликта советские войска и пограничники потеряли 58 человек убитыми. Потери китайской стороны тщательно скрывались и колебались от нескольких сотен до 3000, но точных данных до сих пор нет. За доблесть и мужество звание Героев Советского Союза было присвоено посмертно полковнику Д.В. Леонтову, старшему лейтенанту И.И. Стрельникову и младшему сержанту В.В. Орехову. Имена Виталия Бубенина и Юрия Бабанского, также получивших звание Героев Советского Союза, прогремели на всю страну. Юрий Бабанский стал офицером, принимал участие в боях в Афганистане и закончил службу в пограничных войсках в звании генерал-лейтенанта. Виталий Бубенин стал первым командиром группы антитеррора «Альфа», которую возглавлял с 1974 по 1978 г., и завершил службу в погранвойсках в звании генерал-майора. Ордена и медали получили многие офицеры и солдаты – участники боев. Илья Кобец был награжден орденом Красной Звезды. Более высокой награды он не был удостоен из-за «морального облика»: герой-сержант отличался дерзким и независимым характером, но главное – упорно не хотел вступать в комсомол.

Советская пресса до 8 марта 1969 г. достаточно скупо сообщала о событиях в районе Даманского, очевидно, ориентируясь на указания политического руководства страны, но после этого дня начался обвал публикаций. Героев Даманского искренне чествовала вся страна.

Попытка помириться с Китаем, а затем борьба с китайцами оказали громадное воздействие на политику КПСС в отношении международного коммунистического движения и национально-освободительного движения в третьем мире. В 1965–1968 гг. Политбюро рассматривало поддержку вьетнамских коммунистов, которые начали войну против Южного Вьетнама и его союзника, Соединенных Штатов, как повод для совместных действий с китайцами. Брежнев, министр иностранных дел Громыко и глава международного отдела ЦК (с 1967 г. председатель КГБ) Андропов вначале полагали, что СССР не следует ввязываться в конфликт в Индокитае, поскольку это приведет к ухудшению отношений с США. Напротив, большинство в Политбюро и военные настаивали на выполнении «интернационального долга».

На Политбюро Шелепин обвинил Громыко и Андропова в отсутствии «классового подхода» во внешней политике. Американские бомбежки Северного Вьетнама и жертвы среди населения вызвали бурю возмущения в Политбюро. В СССР были организованы многочисленные демонстрации и митинги солидарности с коммунистическим Вьетнамом, и некоторые, особенно из молодежи, были даже готовы ехать туда и воевать добровольцами. Через китайскую территорию в Северный Вьетнам пошла военная техника и другая помощь. К 1970 г. экономическая помощь СССР Северному Вьетнаму достигла 316 млн рублей, почти половину от всей ежегодной помощи социалистическим странам. 40% этой помощи было безвозмездной. Во Вьетнаме воевали 400—500 советских военных, помогавших вьетнамцам сбивать американские самолеты.

Однако, к удивлению и раздражению советских лидеров, их щедрая помощь вызывала все большую враждебность Китая и все меньшую благодарность со стороны вьетнамских коммунистов. Как и в случае с многомиллиардной «братской» помощью КНР в 1950-е гг., помощь «вьетнамским товарищам» не купила СССР ни дружбы, ни лояльности его клиента. Напротив, СССР с его внешнеполитическими интересами превратился чуть ли не в заложника вьетнамских коммунистов.

С конца 1960-х гг. Москва выделяла все больше средств на финансирование компартий и леворадикальных националистов в Азии и Африке, поскольку вела теперь борьбу за влияние на два фронта — против США и западных стран и против Пекина. Средства шли из специального партийного фонда, существовавшего с 1920-х гг. для организации «мировой революции» и коммунистических переворотов. Деньги в этот фонд поступали в основном от 18-миллионной армии рядовых коммунистов, которые платили членские взносы.

В 1966 г., когда в Индонезии военные во главе с Сухарто предотвратили коммунистический путч, санкционированный из Пекина (при этом погибло около 300 тысяч индонезийцев, в основном китайского происхождения), международный отдел послал туда 600 тысяч долларов США для помощи пострадавшим. Помимо «денег партии» помощь шла через КГБ и ГРУ (Главное разведывательное управление армии) из государственных средств. Расписки за эту помощь можно обнаружить в частично открывшихся партийных архивах.

В ходе соперничества в третьем мире обе стороны, СССР и США, проявляли неразборчивость в средствах и нередко поддерживали террористические организации. На Ближнем Востоке работники международного отдела ЦК действовали рука об руку с КГБ, финансируя различные организации палестинцев и ливанцев, которые вели борьбу с Израилем террористическими средствами. В апреле 1974 г. Андропов докладывал в ЦК КПСС, что один из деятелей Народного фронта освобождения Палестины (НФОП) В. Хаддад попросил у КГБ «оказать помощь его организации в получении некоторых видов специальных технических средств, необходимых для проведения отдельных диверсионных операций». Андропов, подчеркнув «наше отрицательное отношение в принципе к террору», тем не менее рекомендовал предоставить диверсионные средства НФОП с целью «оказывать на нее выгодное Советскому Союзу влияние, а также осуществлять в наших интересах силами его организации активные мероприятия при соблюдении необходимой конспирации». На языке «холодной войны» «активные мероприятия» означали теракты и физическое устранение противников.

В 1970-х гг. даже работникам международного отдела ЦК КПСС было ясно, что коммунистическое движение мертво и многочисленные компартии являются советскими иждивенцами, имитирующими «полезную» деятельность и втирающими очки советским лидерам. В феврале 1976 г. А. Черняев записал в дневнике: «Основная масса братских партий – чистая символика. И не будь Москвы, они значили бы (если бы вообще существовали) не больше любых других мелких политиканских группочек, которые есть в любой стране "свободного мира"».

Сотни иностранных коммунистов подолгу и бесплатно отдыхали в лучших партийных санаториях, лечились в Четвертом Главном управлении Министерства здравоохранения, созданном для обслуживания номенклатуры. К примеру, лидер компартии США Гесс Холл действовал как циничный предприниматель, выколачивая из советских «товарищей» немалые средства. Пленники идеологии, одержимые великодержавной гордыней, руководители КПСС и советского государства закрывали на это глаза, предпочитая иметь всемирную «свиту» прихлебателей. К тому же эта «свита» должна была символизировать первенство КПСС в мировом коммунизме — для этого в 1969 г. в Москве было созвано всемирное совещание коммунистических и «рабочих» партий. Также делегации зарубежных коммунистов придавали, пусть с долей фальши, всемирный размах съездам КПСС, которые во времена Брежнева собирались в Москве регулярно: в 1966, 1971, 1976 и 1981 гг. Такое интернациональное «обрамление» было тем более важно, что сами эти съезды превратились в рутинные, скучнейшие мероприятия и то, что там говорилось, имело все меньше отношения к окружающей действительности.

Литература
А.М. Александров-Агентов. От Коллонтай до Горбачева. Воспоминания. М.: Международные отношения, 1994.

К.Н. Брутенц. Тридцать лет на старой площади. М.: Международные отношения, 1998.

А.А. Арбатов. Затянувшееся выздоровление. 1953–1985. Свидетельство современника. М.: Международные отношения, 1991.

Odd Arne Westad. The Global Cold War. Third World Interventions and the Making of Our Times. L.: Cambridge University Press, 2005.

5.1.34. Еврокоммунизм и КПСС

Просвещенные консультанты ЦК не зря опасались, что советское вторжение в Чехословакию в 1968 г. расколет европейских коммунистов. Действительно, компартии Франции, Италии и Испании демонстративно отмежевались от действий СССР и провозгласили себя сторонниками «еврокоммунизма», то есть чего-то отличного от коммунизма советского, «азиатского». Термин *еврокоммунизм* впервые был использован в 1975 г. в одной итальянской газете югославским журналистом Фране Барбьери для обозначения позиций секретаря Испанской коммунистической партии Каррильо, которые расходились с советской политикой и были ориентированы на Европейское сообщество. Термин прижился и возобладал над предложенным в то время термином «неокоммунизм», потому что был идеологически менее обязывающим, так как ограничивался указанием на определенный географический ареал, а именно западноевропейский, не имея при этом определенного теоретического содержания. Еврокоммунистической была не только испанская компартия, но и две важнейшие западноевропейские компартии: французская и итальянская. Это особенно верно для Итальянской коммунистической партии, которую возглавлял тогда Энрико Берлингуэр (1922—1984), с 1972 г. занимавший пост ее генерального секретаря.

Еврокоммунизм являл собой совокупность новых политических позиций этих трех партий, однако он захватил также и менее значительные европейские компартии, например английскую, нашел отзвуки и за пределами Европы (японская компартия), а также в правящих восточноевропейских компартиях, в то время как вызвал сопротивление со стороны Советского Союза.

Еврокоммунизм представлял собой не организованное в полном смысле движение, а скорее тенденцию, возникшую в различных компартиях, которые более или менее осознавали необходимость поисков политической линии, адекватной новой европейской и мировой ситуации и процессам внутри соцлагеря и в самом Советском Союзе.

До 1956 г. все западноевропейские компартии были тесно связаны с СССР и КПСС («югославский случай» с отпадением Тито — дело совершенно особого рода), разделяли советскую внешнюю политику, восхваляли внутреннюю и получали от советской власти огромную поддержку, в том числе и финансовую.

Положение стало меняться с XX съездом КПСС и разоблачением «культа личности» Сталина, вызвавшим первый кризис внутри компартий, который усугубился венгерской революцией и советским военным вмешательством. Компартия Великобритании, к примеру, просто развалилась после этого. Но в это время компартии, несмотря на выход из их рядов многих членов, твердо сохраняли верность Советскому Союзу и, как Пальмиро Тольятти, полностью поддержали подавление венгерского восстания. Двенадцать лет спустя, в августе 1968 г., советская интервенция в Праге уже не была поддержана, тем более что «социализм с человеческим лицом», то есть предпринятый Дубчеком курс демократических реформ, вызвал симпатию и надежды и среди западных компартий, которые выразили свое «осуждение» интервенции советских войск.

Мировая ситуация требовала перемен в политике западноевропейских компартий и изменений в их отношениях с СССР и КПСС. Еврокоммунизм с его поисками демократического пути к нетоталитарному социализму и хотя бы относительной автономии от советского «центра» был попыткой ответа на эту новую ситуацию: он умеренно критически относился к некоторым формам советской политики, считавшимся неприемлемыми или ошибочными, но не допускал разрыва традиционных отношений с советским «центром».

Хотя три крупнейшие еврокоммунистические партии на официальных встречах и в межпартийных контактах стремились достичь определенного единства, каждая из них вела собственную линию: самым непримиримым в критике СССР был Каррильо, лидер наиболее мелкой партии, в то время как французская компартия, несмотря на некоторые формально критические позиции, оставалась наиболее верной советской политике. Самую последовательную еврокоммунистическую политику, но всегда в рамках отказа дистанцироваться от Советского Союза, а тем более порвать с ним, вела Итальянская коммунистическая партия, при сопротивлении определенной части ее руководства. Но неизбежно это была двусмысленная и бесперспективная политика, потому что проект коммунизма, уважающего свободу и демократию, плюрализм и права человека, автономию национальных компартий и критику «реального» коммунизма, не имел ни малейшей возможности развития и не вызывал доверия в рамках традиционных схем (миф Октябрьской революции, ленинизм и т. д.), которые еврокоммунизм принимал или, по крайней мере, формально признавал.

Недолгий сезон еврокоммунизма был обречен на неудачу: политика Берлингуэра строилась на хрупких иллюзиях и упованиях, хотя и была продиктована самыми благими демократическими намерениями. Кроме того, независимость компартий была показной, на публику. Не следует также забывать, что ИКП, так же, как и другие еврокоммунистические партии, продолжали даже в 1970-е гг. получать тайную помощь из Москвы в размере многих миллионов долларов. Советские партийные функционеры (среди них М.С. Горбачев) ездили «туристами» в Италию, на коммунистические фестивали. Уже в последний период жизни Берлингуэра термин «еврокоммунизм» вышел из употребления. В каком-то смысле, правда без этого термина, некоторые еврокоммунистические импульсы проявились в СССР с Перестройкой, с теми же противоречиями и иллюзиями. И так же потерпели неудачу.

Литература
J.B. Urban. Moscow and the Italian Communist Party from Togliatti to Berlinguer. London, 1986.
Victor Zaslavsky. Lo Stalinismo e la Sinistra Italiana. Dal mito dell'Urss alla fine del communismo, 1945–1991. Rome: Mondadori, 2004.

5.1.35. Разрядка и соглашения с Западом. Продолжение военной гонки. Хельсинские соглашения и русское общество. Борьба за права человека

В 1970–1972 гг., после переговоров по тайным каналам, канцлер Западной Германии Вили Брандт и президент США Ричард Никсон пошли на заключение важных договоров и соглашений с советским руководством. 12 августа 1970 г. в Москве был подписан договор между СССР и ФРГ о ненападении и признании границ, сложившихся в 1945 г. В сентябре 1971 г. три западные державы согласились с СССР, что Западный Берлин не является частью ФРГ. Брандт также признал режим ГДР и подписал договор с Польшей о признании польско-германской границы. 29 мая 1972 г. в Москве Ричард Никсон и Брежнев подписали соглашение об ограничении стратегических вооружений, договор об ограничении противоракетной обороны и «основные принципы советско-американских отношений». Были также подписаны документы о советско-американском сотрудничестве в торговле, науке, образовании, освоении космоса и т. п.

Такого дипломатического урожая СССР не собирал давно. Брежнев торжествовал. Ему удалось, без кризисов и бряцания оружием, то, что не удалось сделать ни Сталину, ни Хрущеву: Запад фактически признал половину Европы и треть Германии частью советской империи. В народе Брежнев предстал миротворцем, а среди своих коллег в Политбюро — признанным лидером сверхдержавы. Опираясь на такой авторитет, Брежнев завершил кадровую перестройку правящей верхушки, убрав соперников и критиков — Шелепина, Шелеста и др. и выдвинув верных соратников — Громыко и Андропова.

Исследования и документы показывают, что главный импульс для разрядки пришел с Запада. Брандт и западные немцы, особенно на социал-демократическом фланге, разуверились в объединении Германии. Никсон и его советник Генри Киссинджер пытались с помощью СССР вытащить США из трясины вьетнамской войны. Политическая поддержка разрядки на Западе, особенно в Западной Европе, исходила из левых кругов, питалась страхом перед ядерной войной, иллюзиями о том, что СССР стал «нормальной» страной, а также в ожидании растущих выгод от торговли с СССР.

В партийно-государственной верхушке, особенно среди военных и верхушки ВПК, было большое сопротивление улучшению отношений с западными странами. Многие идеологически убежденные аппаратчики не верили в возможность мирного сосуществования с капитализмом и считали, что «хорошие коммунисты» при любой возможности должны стремиться подорвать позиции США и «дать по морде империализму». Министр обороны маршал Гречко, секретарь ЦК КПСС по оборонной промышленности Дмитрий Федорович Устинов, председатель Военно-промышленной комиссии В.Л. Смирнов, генералы и маршалы верили в то, что СССР должен готовиться к победе в любой, даже ядерной, войне. Военные считали дипломатов, ведущих переговоры с американцами, потенциальными предателями. Весной 1972 г., когда США вели интенсивные бомбежки Вьетнама, страсти в Политбюро накалились. Многие хотели отменить приезд Никсона в Москву.

Брежневу и его союзникам пришлось потратить немало сил и нервов, чтобы разрядка не сорвалась. Его поддерживали министры-хозяйственники, прежде всего Косыгин, которые рассчитывали на западные кредиты и технологии. Громыко и Андропов уже давно пытались убедить «ястребов» в том, что лучше наращивать экономическую и военную мощь, маскируя ее мирными инициативами. Еще в январе 1967 г. Громыко писал в Политбюро: «В целом состояние международной напряженности не отвечает государственным интересам СССР и дружественных ему стран. Строительство социализма и развитие экономики требуют поддержания мира. В обстановке разрядки легче добиваться укрепления и расширения позиций СССР в мире». Он же писал: «Все же именно от состояния отношений между СССР и США зависит ответ на вопрос — быть или не быть мировой ракетно-ядерной войне».

В то время как Брежнев говорил о мире, советские военные интенсивно вооружались. Как мы помним, в декабре 1959 г. в СССР были основаны Ракетные войска стратегического назначения и начато их оснащение межконтинентальными ракетами. В последующие два с половиной десятилетия этот вид оружия стремительно развивался. Число пусковых установок было взаимно ограничено договором между СССР и США 1972 г., но начиная с 1974 г. Советский Союз, следуя американскому примеру, стал ставить на одну ракету несколько боеголовок. Потому, хотя число ракет остановилось на уровне около 1300, число боеголовок в конце 1980-х гг. превысило 6600. Если считать, что в США около 310 городов с населением от 100 тысяч до 10 млн, то на каждый из них приходилось по 30 советских боеголовок, каждая из которых была в десятки раз сильнее бомб, сброшенных на Хиросиму и Нагасаки. На языке военных это называлось «сверхдостаточностью». Атомные заряды создавались не только для стратегических ракет, но и для армейской артиллерии и флота — атомные торпеды, артиллерийские снаряды и крылатые ракеты.

Ранние советские ракеты создавались для первого удара, могущего предупредить взлет самолетов, несущих атомные бомбы, с баз противника. Американцы же стали размещать ракеты на подводных лодках, обнаружить которые крайне трудно. Их задачей было нанести противнику сокрушительный ответный удар. «Гарантия взаимного уничтожения» разрушала сталинскую идею о том, что в атомной войне погибнет только капитализм, а социализм останется победителем. Крушение этой идеи способствовало взаимному ограничению развертывания противоракетной обороны (ПРО) по договору 1972 г. В СССР была построена система ПРО вокруг Москвы, американцы же от своей ПРО, защищавшей ракетные базы в Монтане, отказались.

Чтобы обеспечить себе возможность ответного удара, Советский Союз стал тоже строить атомные подводные ракетоносцы. Дизель-электрические подлодки для этого не годились, так как им надо было периодически всплывать для зарядки аккумуляторов. «Неуязвимая» подлодка должна была иметь не только атомный двигатель, но и запускать ракеты из-под воды. Лодки с атомным двигателем вышли в море в США в 1955 г. Работа над советским проектом началась при Сталине в атомном ведомстве министра В.А. Малышева под руководством отпущенного из тюрьмы конструктора В.Н. Перегудова. Первая советская лодка с атомным двигателем вышла в море в 1958 г. Американцы построили лодку с 16 стратегическими ракетами на борту в 1960 г. и за 7 лет ввели в строй 41 такой корабль. СССР создал подобный подводный крейсер в 1967 г. и за 10 лет ввел в строй 56 кораблей. На верфи в Северодвинске, где строились подводные ракетоносцы, работало тогда до 40 тысяч человек. Лодки с атомным двигателем использовались не только для несения стратегических ракет, но и для ведения морского боя. Общее число атомных подлодок в советском флоте достигало 228 по сравнению со 133 у США и 26 — у других стран (Великобритания, Франция, позднее — Китай).

Было около двух десятков разных типов советских атомных подводных лодок. Они поставили мировые рекорды скорости (44,7 узла, или 80,4 км/ч), глубины погружения (до 1000 м) и размера (33 800 т водоизмещения). Атомный подводный флот требовал не только колоссальных средств (американцам один атомный подводный ракетоносец стоил порядка 100 млн долларов). Потребовал он и человеческих жертв. Сотни моряков погибли от пожаров и утечки радиации. Затонули подлодки «К-129» — 8 марта 1968 г. в Тихом океане (часть ее американцы позже подняли), «К-8» — 11 апреля 1970 г. в Бискайском заливе, «К-429» — 24 июня 1983 г. в бухте Крашенникова на Тихоокеанском побережье, «К-219» — 6 октября 1986 г. около Бермудских островов, «Комсомолец», или «К-278» — 7 апреля 1989 г. в Норвежском море. Такие происшествия были в советское время строго засекречены. Военным морякам запрещалось даже подавать международный сигнал SOS.

На подводный атомный флот было затрачено не меньше усилий, чем на выход в космос. Но огромный флот использовался неэффективно. На боевом дежурстве находилось меньше подводных лодок, чем у американцев. Большинство их стояло на базах, дожидаясь очереди на обслуживание. И главное, лодки были шумными. Американцы их приближение слышали издалека, а они их — только в непосредственной близости. На войне это могло стать фатальным. Американцы уложили на дно моря сеть подслушивающих устройств, которые давали им картину движения советского подводного флота. Договор ОСВ-1 в 1972 г. ограничил число стратегических подлодок с каждой стороны.

Наряду с подводным строился и надводный флот, получивший в результате советской экспансии в третий мир новые базы, в частности бывшую американскую в заливе Кам Ран во Вьетнаме и бывшую британскую в порту Аден. Хребтом американского флота были атомные авианосцы. Чтобы им противостоять, СССР строил крейсеры, вооруженные крылатыми ракетами. В середине 1970-х гг. Политбюро ЦК КПСС приняло решение о создании авианосного флота в СССР. Первые авианосцы были небольшими — «Москва» и «Ленинград» — и предназначались для вертолетов и самолетов с вертикальным взлетом и посадкой. Но вслед за ними в Николаеве и в Ленинграде были заложены и построены мощные авианосцы типов «Киев» и «Тбилиси» (четыре единицы). Эти корабли стоили огромных денег. Кроме того, для их безопасности создавался специальный флот сопровождения — фрегаты, корветы, корабли технического обслуживания. К началу 1980-х гг. СССР, как того и желал когда-то Сталин, обладал надводным океанским флотом, уступавшим только американскому.

Но ценой этих невероятных военно-технических успехов была большая бедность народа, так как социалистическое хозяйство СССР существенно уступало в богатстве рыночной экономики США, а на военные нужды приходилось тратить сравнимые средства.

В декабре 1975 г. Брежнев говорил своим помощникам: «Я против гонки. Это искренне. Но когда американцы заявляют о наращивании, Министерство обороны мне говорит, что они не гарантируют тогда безопасность. А я председатель Совета обороны? Как быть? Давать им 140 миллиардов или 156? Вот и летят денежки...»

Факты ставят искренность Брежнева под сомнение. В апреле 1976 г. министром обороны стал Устинов, сторонник достижения военного превосходства. Советский ВПК наконец освоил производство надежных твердотопливных ракет и стремился развернуть их в количестве, равном всем стратегическим силам НАТО. С 1976 г. началось производство ракет средней дальности «Пионер» (в НАТО их называли СС-20). С 1975 г. в шахтах устанавливались гигантские ракеты Р-20 под кодовым названием «Сатана». Это были самые большие боевые ракеты в мире. Каждая несла по десять мегатонных боеголовок. В строй продолжали вступать одна за другой гигантские атомные подводные лодки-ракетоносцы. Был испытан новый тяжелый бомбардировщик (известный в НАТО как «Бэкфайр») для уничтожения стратегических целей в Западной Европе. За 1972–1982 гг. советский ядерно-стратегический арсенал увеличился на 4125 ракет (по сравнению с 929 в США). Советские военные полностью «сквитались» с американцами за свое отставание в 1960-е гг. и продолжали наращивать ядерную мощь.

Череде побед советской внешней политики положило конец принятие Конгрессом США поправки Джексона-Вэника к советско-американскому договору 1972 г. о торговле. По этой поправке кредитование торговли и больших коммерческих проектов ставилось в зависимость от свободы эмиграции из СССР. Главный автор поправки сенатор Генри Джексон (демократ от штата Вашингтон) опирался на влиятельную коалицию еврейских сионистских организаций и имел поддержку в прессе. Целью поправки было не столько облегчить выезд советских евреев (они выезжали и без этого, по негласной договоренности между Брежневым и Никсоном), сколько торпедировать разрядку и нанести политическое поражение СССР. Сторонники Джексона впервые за много лет заговорили о тоталитарной природе СССР, о нарушении советским режимом прав человека.

Вопрос о правах человека всплыл и при подписании заключительного Хельсинкского акта, главного документа Совещания по безопасности и сотрудничеству в Европе (СБСЕ). Этот документ был подписан 1 августа 1975 г. в Хельсинки на встрече лидеров 35 европейских стран, СССР, США и Канады. Эту встречу сравнивали с Венским конгрессом в 1814–1815 гг. В Хельсинки подводились итоги и Второй Мировой, и «холодной войны», и СССР выглядел там главным победителем. В заключительном акте говорилось о нерушимости установленных в 1945 г. границ. Однако говорилось и о праве народов на самоопределение, что подразумевало возможность вывода восточноевропейских государств из-под контроля СССР.

Западноевропейцы настаивали на том, чтобы акт включал в себя облегчение человеческих контактов и бо́льшую свободу информации между Западом и Востоком. Эта часть документа («третья корзина» на дипломатическом жаргоне) вызвала большие сомнения в Политбюро, поскольку создавала легальную основу для действий диссидентов, оппозиции в СССР. Спорам положил конец Громыко, который, как Сталин в 1945 г. в связи с Декларацией освобожденной Европы, сказал, что рычаги выполнения (или невыполнения) этого соглашения остаются в руках советского государства: «Мы хозяева в собственном доме». Брежнев согласился с этим. Для него подписание акта было венцом его международной карьеры, упрочением мира в Европе под эгидой СССР. Акт СБСЕ к тому же не имел обязательного значения для подписавших его государств.

За борьбу с диссидентами отвечал Андропов, и вели ее офицеры 5-го управления КГБ. В 1970–1974 гг. им удалось выпроводить из СССР тысячи и тысячи активных сторонников оппозиции, используя для этого «еврейскую эмиграцию». Андропов даже сумел, без больших потерь для своей карьеры, «решить проблему» с Солженицыным, который хотел вести борьбу с режимом, оставаясь в России. Ряд членов Политбюро предлагали отправить писателя, нобелевского лауреата, в лагеря. Брежнев и Андропов, однако, не хотели международного скандала и позора. В результате писателя насильно выдворили в Западную Германию, предварительно договорившись с западногерманским правительством.

Диссиденты не только в Восточной Европе, но и в СССР, однако, воспрянули духом. Их оптимизм достиг пика в январе 1977 г., когда президентом США стал Джимми Картер, провозгласивший демократизацию и права человека главными целями американской внешней политики наряду с безопасностью и торговлей. По воспоминаниям правозащитницы Л.М. Алексеевой, они поверили тогда, что «коалиция западных политиков и советских диссидентов начала складываться». В Москве, на Украине, в Литве, Грузии и Армении возникли «хельсинские группы» по наблюдению за соблюдением хельсинских обязательств. Эти группы через зарубежную печать передавали о нарушениях прав человека в СССР. К ним обращались организации «еврейских отказников», то есть евреи, которым было отказано в праве на эмиграцию в Израиль, русские патриоты, крымские татары, турки-месхетинцы, католики, баптисты, пятидесятники и адвентисты.

В январе – феврале 1977 г. КГБ арестовал активистов московской хельсинкской группы Юрия Орлова, Александра Гинзбурга и Анатолия Щаранского. Советские лидеры предупредили Картера, что поддержка правозащитников рассматривается ими как вмешательство во внутренние дела. Но для Картера, глубоко верующего христианина, свобода совести и защита людей от преследования за веру и убеждения были вопросами принципа: в феврале 1977 г. он принял в Белом доме диссидента Владимира Буковского.

Вопрос о правах человека стал мощным политическим оружием против советского режима. Правда, с точки зрения властей и большинства советских людей эти диссиденты были западной «пятой колонной». Работник ЦК КПСС Черняев, соглашаясь с этим, записал в дневнике, что диссидентство «превращено в ходе реальной классовой борьбы между двумя мирами в главное орудие против нас». Вместе с тем еще в мае 1976 г. он признал: «Задуманная в штабах антисоветизма и проведенная с помощью Солженицына, Сахарова и Кº кампания по дискредитации Советского Союза и советского социализма удалась. Нашему престижу в глазах самой широкой мировой общественности нанесен удар огромной силы, с длительными и почти невосстановимыми последствиями».

Литература
А.Ф. Добрынин. Сугубо доверительно. М.: Автор, 1997.
Людмила Алексеева. История инакомыслия в СССР. На сайте http://www.memo.ru/history/diss/books/alexeewa/
Ludmila Alexeyeva and Paul Goldberg. The Thaw Generation. Coming of Age in the Post-Stalin Era. Pittsburgh: University of Pittsburgh Press, 1990.
Стратегическое ядерное вооружение России / Ред. Павел Подвиг. М.: ИздАт., 1998 (доступно на http://www.armscontrol.ru).
Steven J. Zaloga. The Kremlin's Nuclear Sword. The Rise and Fall of Russia's Strategic Nuclear Forces, 1945–2000. Washington, DC: Smithsonian Institution Press, 2002.
Кремлевский самосуд. Секретные документы Политбюро об А. Солженицыне. М., 1994.

5.1.36. Советские авантюры в Африке и Центральной Америке. Распыление средств. Кризис советской всемирной «империи»

На пике международного признания и военного могущества СССР начал испытывать экономические и финансовые трудности. Экономика, которая еще несколько лет назад росла на 5–6% в год, то есть темпами более высокими, чем у большинства западноевропейских стран, стала все больше работать вхолостую. Росли капиталовложения в промышленность, но падала их отдача. Нарастали торговые противоречия между СССР и его партнерами по Варшавскому договору. СССР потреблял все возрастающее количество польских, чешских, румынских и болгарских товаров и промышленного оборудования, но ему нечем было расплачиваться. Советские товары были низкокачественны. Пытаясь решить эту проблему, советское руководство расплачивалось нефтью. В середине 1970-х гг. началось строительство большого и дорогостоящего нефтепровода из Западной Сибири (Тюмень) в Европу. На встрече с лидерами восточноевропейских коммунистических стран 18 марта 1975 г. Брежнев признал, что «социалистическая торговля» вызывает растущее раздражение со всех сторон. «Насчет прибылей не знаю, — заявил он, — а вот долги вашим странам уже имеются». Брежнев пожаловался на «серьезные трудности» советской экономики в связи с огромными капиталовложениями. Он признал, что СССР все труднее осуществлять «благотворительность» в отношении своих партнеров и союзников, даже с помощью дешевой нефти.

«Освоить новые месторождения — дело не такое легкое. Надо и тайгу расчистить, и жилье выстроить, и школы, и кинотеатры построить, и трубопроводы продолжить... Мы осуществляем поставки и Кубе. И ее не оставишь без хлеба или без топлива. Мы и армию кубинскую одеваем бесплатно. И платим им за сахар по льготным ценам. Поставки зерна идут в ряд стран. Польша и ГДР, например, тоже пока еще не обеспечивают себя своим хлебом. Все это, конечно, не означает, товарищи, что я заявляю вам: не просите больше ничего, не выйдет».

В середине 1970-х гг. СССР начал все больше увязать в третьем мире. Идеологические установки («интернациональный долг» и «антиимпериалистическая борьба») подкрепляло новое сознание того, что СССР впервые может потеснить США и стать глобальной державой. Поражение американцев во вьетнамской войне и уотергейтский скандал привели к изоляционистским настроениям в США. Американский Конгресс запретил выделение средств на новые войны в третьем мире. В Кремле это расценили как сдвиг соотношения сил в пользу «социализма».

В то время как основное внимание Брежнева и его помощников было по-прежнему направлено на Запад, советские военные и КГБ, а также кадры советских арабистов и африканистов выступали за расширение советского присутствия в Африке, где вновь усилились антизападные, леворадикальные силы. С 1970 г. КГБ получил зеленый свет на проведение операций на африканском Юге, где самым главным союзником СССР был Африканский национальный конгресс, марксистская организация Южно-Африканской Республики, выступавшая за свержение белого меньшинства и установление власти чернокожих африканцев в этой самой богатой и благоустроенной стране Африки.

В апреле 1974 г. «революция гвоздик» в Португалии похоронила португальскую колониальную империю. Возник соблазн вовлечения Анголы и Мозамбика, бывших португальских колоний, в сферу советского влияния и организации с этой базы подрывной деятельности против режима ЮАР. КГБ и ЦРУ уже давно участвовали в тайных операциях в южно-африканском регионе, весьма богатом полезными ископаемыми. В Анголе советские агенты и советники поддерживали левомарксистское Народное движение за освобождение Анголы (МПЛА), лидер которого Агустиньо Нето был старым другом кубинского вождя Фиделя Кастро. Американцы заключили тайный союз с ЮАР и поддержали ангольские группировки, которые развернули наступление на позиции МПЛА. Первоначально Брежнев и Громыко опасались советско-американского столкновения в Анголе, поскольку это могло повредить «разрядке». Напротив, военные во главе с Устиновым, КГБ и африканисты в аппарате ЦК стояли за расширение советской помощи. Важную роль сыграла позиция кубинского режима, который направил в Анголу войска для поддержки Нето.

У советского руководства возник соблазн убить двух зайцев: улучшить отношения с кубинцами и укрепиться на Юге Африки. К весне 1976 г. кубинские войска, получив советское оружие и поддержку, одержали победу над армией ЮАР. Впервые советские военные смогли чужими руками выиграть войну с американскими ставленниками и союзниками за тысячи километров от СССР. Советские и кубинские инструкторы в Анголе и соседнем Мозамбике организовали лагеря по подготовке партизан для засылки в ЮАР.

Победа в Анголе подтвердила впечатление, возникшее в Москве после падения Сайгона под ударами Северного Вьетнама в апреле 1975 г. США отступали из третьего мира, и тем самым создались возможности для наступления там коммунистов. К тому же в Африке американское правительство скомпрометировало себя в глазах многих африканских лидеров сотрудничеством с «режимом апартеида» (то есть раздельной и разноправной жизни чернокожих и белых жителей) в Южной Африке.

Успех в Африке компенсировал урон, понесенный советской политикой на Ближнем Востоке. В 1974 г. египетский лидер Анвар Садат сменил просоветскую ориентацию на проамериканскую. Вместе с Египтом советский режим потерял десятки миллиардов рублей, кредиты и безвозмездную помощь, которые получил Египет с 1955 г. Брежнев, КГБ и советские военные тяжело переживали этот провал. Они продолжали, однако, считать это временной неудачей. В Ираке, Сирии и Йемене Кремль поддерживал радикально-националистические арабские режимы, уповая на то, что они будут двигаться в сторону «социализма» и со временем в них возьмут верх марксистско-ленинские деятели. В Сомали, где правил диктатор Сиад Барре, советские военные имели военно-морскую базу в г. Бербера и военные аэродромы.

В 1977 г. та же коалиция (советские военные, КГБ и кубинцы) оказались вовлечены еще в одну региональную войну, на этот раз в районе Африканского Рога, на стороне Эфиопии. Майор Менгисту Хайле Мариам, один из лидеров эфиопской «марксистской народной революционной партии», захвативший власть в этой стране, взял на вооружение принципы «научного социализма» и развязал красный террор. В Эфиопии начался кризис, страна разваливалась на куски. США прекратили экономическую помощь Эфиопии. СССР, напротив, выступил главным спонсором «эфиопской революции». Когда лидер Сомали С. Барре попытался аннексировать часть эфиопской территории, советское руководство выступило на эфиопской стороне. Советские военные организовали «воздушный мост»: по нему были доставлены, по западным данным, 600 танков, 400 артиллерийских орудия, средства ПВО, 48 истребителей МиГ-21 различных модификаций и 26 вертолетов и 1500 советских военных инструкторов. В Эфиопию с помощью советской военно-транспортной авиации был доставлен кубинский военный контингент, который вступил в бой с сомалийцами. Общее руководство всей операцией осуществлял первый заместитель главкома сухопутных войск СССР генерал армии В.П. Петров. В ответ в ноябре 1977 г. сомалийский режим разорвал союзный договор с СССР, закрыл советскую базу в Сомали и стал искать поддержки у американцев.

Африканские авантюры стоили СССР недешево. Ангола, несмотря на доходы от своей нефти и громадную безвозмездную советскую помощь, оказалась должна Москве 2 млрд долларов. «Воздушный мост» Эфиопии стоил 1 млрд долларов. К тому же СССР предоставил Эфиопии кредиты на 2,8 млрд долларов. В Африку потоком шли советские вооружения, которые оплачивались из советского бюджета. Африканская экспансия, однако, стала выгодным предприятием для тысяч советских представителей. Социолог Г. Дерлугян, служивший в студенческие годы в Мозамбике советским переводчиком, вспоминает, что «несение интернационального долга» в Африке, на Ближнем Востоке и в других регионах мира «оплачивалось весьма щедро». Советские командированные получали зарплату в инвалютных чеках специальных магазинов «Березка», превышавшую в пятнадцать и больше раз размер средней зарплаты в СССР. В этом, несомненно, «была одна из причин бездумного расширения советской помощи странам третьего мира: служивый народ, в погонах или без, даже помимо всякой идеологии и державного порыва имел свой кровный интерес в поддержке социалистической ориентации. Как во многих империях, расширением сфер влияния подчас двигала элементарная ведомственная интрига, направленная на создание должностей и кормлений».

Сотрудничество с кубинцами не прошло бесследно для советской политики в Латинской Америке. Советская помощь Кубе выросла и достигла 5 млрд долларов в год. После столкновения с США во время кубинского кризиса 1962 г. (да и до него) кремлевские лидеры остерегались оказывать поддержку леворсволюционным группировкам в странах Карибского бассейна и Латинской Америки. Однако со второй половины 1970-х гг. кубинцы стали выступать как посредники между СССР и этими группировками, помогая им оружием и специалистами, а иногда и делясь советской нефтью, которую получали в качестве безвозмездной помощи.

В июле 1979 г. в Никарагуа к власти пришел Фронт национального освобождения имени Сандино, во главе которого стояли харизматические революционеры-марксисты Даниэль и Умберто Ортега. Первоначально Москва выжидала, опасаясь, что прямая помощь Никарагуа вызовет американскую интервенцию. Однако в 1981 г. с приходом власти Рональда Рейгана США начали тайную войну против режима братьев Ортега, поддерживая его противников «контрас», чьи базы были в соседнем Гондурасе. В нарушение запрета Конгресса администрация Рейгана добывала деньги для этой войны за счет выручки от тайных продаж оружия за рубежом. В ноябре 1981 г. Брежнев принял Д. Ортега в Кремле. Никарагуа получила первую партию советской помощи, включая танки, ракеты «земля — воздух» и вертолеты. В 1982—1984 гг. СССР все более вовлекался в войну в Никарагуа, что немало способствовало росту антисоветских настроений в США, особенно в южных штатах. Размеры советских кредитов Никарагуа составили более 1 млрд долларов.

Литература

Odd Arne Westad. The Global Cold War. Third World Interventions and the Making of Our Times. L.: Cambridge University Press, 2005.

Г.М. Корниенко. Холодная война. Воспоминания очевидца.

И.В. Быстрова. Военно-промышленный комплекс СССР в 1920—1980-е гг.: экономические аспекты развития // Экономическая история. Ежегодник. М.: РОССПЭН, 2003.

Андрей Сахаров. Воспоминания. Нью-Йорк: Изд-во им. Чехова, 1990.

5.1.37. Афганская война и отношение к ней русского общества

В Африке и Никарагуа советский режим воевал чужими руками. Советские летчики и зенитчики воевали в Корее и Вьетнаме, но это всячески скрывалось. Вторжение Советской армии в Венгрию в 1956 г. и Чехословакию в 1968 г. было как бы «внутренним делом» Варшавского договора. На этом фоне громом с неба стало вступление «ограниченного контингента советских войск» в Афганистан 25 декабря 1979 г. Как и почему это случилось?

Возникновение государства Афганистан стало результатом попыток объединения пуштунских племен. Временем его рождения принято считать 1747 г., когда страну возглавил король Ахмад-шах Дуррани, значительно расширивший пределы своего государства. В правление его сына Тимур-шаха Кабул превратился в центр будущего Афганистана. Династия Дурранидов правила до 1818 г., и с тех пор королями были только пуштуны. Вся вторая половина XIX в. в плане разделения сфер влияния в Средней Азии прошла в соперничестве двух империй — Российской и Британской. Афганистан занимал в этой борьбе немаловажную роль. Россия, связанная войной на Кавказе, не могла уделять достаточно много внимания своему южному соседу, зато Британия дважды вела войну в Афганистане, и оба раза терпела поражение. Первая попытка покорения Афганистана была предпринята англичанами в 1839 г., а вторая — в 1876—1878 гг. В 1893 г. была установлена восточная граница Афганистана, проходившая по территории пуштунских племен. Естественно, что, постоянно воюя с англичанами, правители Афганистана обращали свой взгляд на север, к России. После успешных среднеазиатских походов генералов Комарова, Кауфмана и Скобелева в 1885 г. англо-русское соглашение установило границу России и Афганистана, практически не изменившуюся до сего дня.

В феврале 1919 г. был убит проанглийски настроенный король Хабибулла, которому наследовал его сын Аманулла. Британское правительство было недовольно исходом дворцового переворота. Начались боевые действия, вновь не приведшие к успеху британского оружия. 19 августа 1919 г. мирный договор, подписанный в Равалпинди, скрепил независимость Афганистана, которая сразу же была признана ленинским правительством, стремившимся максимально упрочить свое положение в Средней Азии. Между Лениным и Амануллой началась оживленная переписка. 28 февраля 1921 г. был подписан советско-афганский договор о дружбе. Несмотря на голод в Поволжье, Советская Россия дала Афганистану миллион рублей экономической помощи, несколько самолетов, начала закупать шерсть и скот. 31 августа 1926 г. заключен афгано-советский договор о нейтралитете. В мае 1928 г. Аманулла нанес визит в Москву, после которого в Герате и Мазари-Шарифе открылись советские консульства.

Правительство Афганистана, однако, никогда не могло контролировать полностью территорию собственной страны. В северных афганских провинциях в конце 1920-х — начале 1930-х гг. сложилась база национально-освободительного движения, добивавшегося свержения большевицкой власти в Средней Азии. Один из его вождей, Рахманкул, будучи уже старым человеком, в начале 1980-х гг. успел повоевать с советскими войсками, то есть с внуками своих давних противников.

3 января 1929 г. в результате мятежа Аманулла был свергнут с престола. К власти пришел таджик Бачаи-Сакао, провозгласивший эмират, но он правил недолго. Трон

занял Надир-шах, и в стране вновь водворилось относительное спокойствие. 24 июля 1931 г. был вновь заключен советско-афганский договор о невмешательстве во внутренние дела друг друга. В 1933 г. Надир-шах был убит и на престол вступил его сын, 20-летний Захир-шах, правивший 40 лет и ушедший из жизни в 2007 г.

В 1947 г. организовалось Национальное демократическое молодежное движение, возглавил которое Нур Мохаммед Тараки. В организацию вошли в основном представители интеллигенции. В 1949 г. в Кабуле прошли первые демонстрации и забастовки, во время которых были выдвинуты требования проведения парламентских выборов. В 1953 г. в Иране пришел к власти шах Реза Пехлеви, и США стали делать ставку на Иран и Пакистан, которые вместе с Турцией и Великобританией вошли в пакт СЕНТО, призванный защитить страны западной и центральной Азии от советской агрессии. Афганистан остался единственной дружественной советскому режиму страной на южных границах СССР. С 1953 по 1963 г. премьер-министром при короле Захир-шахе был Дауд, стремившийся к ликвидации центробежных устремлений некоторых влиятельных пуштунских вождей и к консолидации страны под своим управлением.

В 1955 г. были заключены соглашения с СССР о поставках оружия и экономической помощи. Хрущев и Булганин санкционировали денежные субсидии в размере 100 миллионов долларов, Дауд получил гарантии политической поддержки в объединении пуштунских племен. С 1960 г. Афганистан попал в полную политическую и экономическую зависимость от Советского Союза. На протяжении последующих лет были построены ГЭС в Мазари-Шарифе, проложен туннель на перевале Саланг, расширены аэродромы в Баграме, Шарифе и Шинданде, построен газопровод и более 190 различных важнейших объектов — дорог, ирригационных сооружений, промышленных предприятий. В Афганистане работали сотни советских специалистов, а тысячи афганцев учились в СССР. Все вооружение афганской армии было советским, более трех тысяч афганских офицеров прошли подготовку в военных академиях в СССР. К 1977 г. в Афганистане находилось более 350 технических и военных советников из Советского Союза.

Между тем внутреннее положение в стране было не столь радужным. Экономика СССР сама оставляла желать лучшего, и, естественно, малоразвитая афганская экономика не могла не повторить недугов своего северного «патрона». Расширение советской помощи в условиях «холодной войны» означало сокращение помощи Запада. К 1973 г. внешний долг Афганистана вырос до 650 млн долларов. Все это привело к тому, что практически все политические движения Афганистана были недовольны режимом. В 1963 г. Захир-шах отправил Дауда в отставку, заменив его на посту премьера Мухаммедом Юсуфом. Дауд затаил обиду.

1 января 1965 г. небольшая группа во главе с Нур Мохаммедом Тараки и Бабраком Кармалем нелегально основала Народно-демократическую партию Афганистана (НДПА). США расценивали Тараки и Кармаля как агентов КГБ. В апреле 1966 г. была опубликована программа партии, основанная на «научном социализме». Программа представляла собой слегка видоизмененную программу КПСС и заявляла, что НДПА представляет интересы рабочих. Среди 20-миллионного населения Афганистана рабочих было не более 60 тысяч человек. В 1967 г. партия распалась на две фракции: Хальк (Народ) и Парчам (Знамя). Хальк, возглавляемая

Тараки, была радикальнее, отстаивая интересы рабочих; Парчам под руководством Кармаля избрала более умеренный курс, опираясь на крестьянство. В Хальке были представлены в основном пуштуны, а в Парчаме — обитатели северных провинций Афганистана — таджики, узбеки и туркмены. В армии преобладали офицеры-халькисты, обучавшиеся в СССР. Король Захир-шах не доверял выпускникам советских академий, и им труднее было сделать карьеру в армии, что порождало оппозиционные настроения в военной среде. Наряду с НДПА действовали и иные политические партии, среди которых наиболее влиятельными были Братья мусульмане и Мусульманская молодежь. Из их рядов вышли будущие вожди «борцов за веру» (моджахедов) Гульбеддин Хекматияр, Ахмат-шах Масуд, Бурхануддин Раббани.

В 1971 г. в Афганистане разразился голод, унесший жизни более 500 тысяч человек. Пользуясь массовым недовольством во всех слоях афганского общества, бывший премьер Дауд во время заграничной поездки короля 18 июля 1973 г. устроил государственный переворот при помощи офицеров-халькистов. Захир-шах был свергнут и удалился в изгнание, а в Афганистане была провозглашена республика. Для Брежнева и его правительства переворот стал полной неожиданностью, тем не менее, в соответствии с марксистско-ленинской теорией революции, он был воспринят как положительное явление, полностью ее подтверждающее. В 1974 г. Дауд впервые приехал в Москву, но к 1977 г. его политика стала носить двойственный характер с переориентацией на США. Во время своего последнего визита в СССР Дауд, выслушав неодобрительные замечания Брежнева по поводу афганской внешней политики, напомнил генсеку, что советский лидер говорит не с представителем одного из восточноевропейских сателлитов, а с президентом независимого Афганистана. После этого один из советников сказал Дауду, что он — конченный человек.

В связи с независимой позицией Дауда КГБ и ЦК КПСС стали ориентироваться на лидеров НДПА. Дауд же, желая упрочить свою власть и подавить просоветскую оппозицию, арестовал к 1976 г. более 200 офицеров-халькистов и 600 офицеров-парчамистов. Обе фракции под давлением внешней угрозы предприняли попытки объединения. Во фракции Хальк к середине 1970-х гг. видное положение стал занимать Хафизулла Амин, которому все более и более доверял Тараки. Амин с 1977 г. поддерживал связи с агентом КГБ Владимировым. Будущий председатель КГБ СССР Крючков, в те годы курировавший «афганское направление», внес Амина в число неофициальных агентов под кличкой Казем, а Тараки — под кличкой Нур. Продолжалось сближение фракций НДПА, которая насчитывала более шести тысяч членов. Не дремала и оппозиция. С 1975 г. в Афганистане фактически началась гражданская война. Лидеры исламских партий Хекматияр (Исламская партия Афганистана) и Раббани (Исламское общество) установили связь с президентом Пакистана Зия-уль-Хаком и начали формировать отряды моджахедов. На севере начал организовывать отряды сопротивления Ахмат-шах Масуд.

В 1977 г. была принята новая афганская конституция, однако положение дел в стране становилось все хуже. Афганистан к 1978 г. оказался одной из самых отсталых стран мира: треть крестьян не имела земли, а 88% населения оставались неграмотными. Более трех миллионов человек эмигрировало в Иран и Пакистан, так что население страны сократилось до 16 млн человек, из которых рабочих осталось

Слева направо: В. Молотов, Г. Маленков, Н. Хрущев, 23 августа 1953 г.

Слева направо: Е. Фурцева, лидер коммунистического Китая Мао Цзэдун,
маршал Н. Булганин, Н. Хрущев, 4 октября 1954 г., Пекин
Сзади слева: советский посол в Китае П. Юдин, министр иностранных дел Китая
Чжоу Эньлай

Н. Хрущев поддерживает движение национального освобождения.
Э. Че Гевара в Кремле, 1960 г.

Н. Хрущев на заседании ООН в 1959 г.

Группа руководителей организации российских
юных разведчиков, Мюнхен, 1948 г.

Старшие разведчики — руководители организации российских юных разведчиков,
Мюнхен, 1948 г. Сидит скаут-мастер Б. Мартино

Учащиеся русской гимназии при Доме «Милосердный самарянин», Мюнхен, 1947 г.

Отряд разведчиц мюнхенской дружины, Мюнхен, 1947 г.

Руководительницы первого лагеря разведчиков в Камп-Було, Марокко, 1949 г.

Палаточный городок русских беженцев из Китая на острове Тубабао, Филиппины, 1950 г.

Свадьба русских беженцев из Китая на острове Тубабао, Филиппины, 1950 г.

Православное богослужение на острове Тубабао, Филиппины, 1950 г.

Л. Оболенская во время радио передачи европейского отдела «Голоса Америки», Мюнхен, 1954 г.

Сотрудник радио «Свобода» Ю. Шлиппе берет интервью у американского пианиста В. Клиберна, Брюссель, 1958 г.

Русский хор под управлением Е. Евца, Касабланка, 1952 г.

Н. Хрущев и Дж. Кеннеди на официальной встрече в Вене, 1961 г.

Н. Хрущев

Авиаконструкторы А. Туполев (слева) и А. Микоян. Конец 1950-х гг.

Испытания термоядерной бомбы. Самолет-носитель Ту-95

Ю. Гагарин

Г. Титов

Запуск космической ракеты

Космическая система «Энергия — Буран»

Новый лидер Коммунистической партии Л. Брежнев приветствует в Кремле выпускников военных училищ на банкете 7 ноября 1964 г.

Советский танк в Праге, 1968 г.

Л. Брежнев и президент США Р. Никсон в Крыму, июль 1974 г.

Л. Брежнев и президент США Дж. Картер подписали договор ОСВ-2, 1979 г.

Л. Пахомова, Е. Чайковская и А. Горшков — триумвират победителей

Игры Доброй воли, 1986 г.

Мемориал на Мамаевом кургане в Волгограде

Павильон СССР на всемирной выставке «Экспо-70» в Осаке

Б. Окуджава

В. Высоцкий

Выставка И. Глазунова в Манеже, июнь 1978 г.

А. Солженицын читает главы «Красного колеса» для «Голоса Америки». Сотрудница «Голоса Америки» Н. фон Мейер (Кларксон), Кавендиш (шт. Вермонт), 1987 г.

Выдающийся физик-ядерщик,
академик И. Курчатов

Общественный деятель
и правозащитник академик
А. Сахаров

Писатель Ч. Айтматов

Парад в Москве на Красной площади

XXVI съезд КПСС, 23 февраля — 3 марта 1981 г.

М. Горбачев и Р. Рейган во время двухдневной встречи в верхах в Женеве, 1985 г.

М. Горбачев и Р. Рейган подписывают договор РСМД, 1987 г.

Последний Генеральный секретарь
ЦК КПСС и первый президент СССР
М.С. Горбачев

Советские солдаты в Афганистане

Ограниченный контингент советских войск в Афганистане

Первый советский сверхзвуковой самолет Ту-144

Атомный ледокол «Сибирь»

Б. Ельцин — первый президент России

Памятник жертвам политических репрессий — Соловецкий камень

В. Черномырдин — председатель правительства (1992—1998), Чрезвычайный и Полномочный посол России на Украине (с 2001)

А. Собчак, первый мэр Санкт-Петербурга

Ю. Лужков — мэр Москвы и один из основателей партии «Единая Россия»

Патриарх Московский и Всея Руси Алексий II (1990—2008)

Р. Хасбулатов

А. Руцкой, вице-президент России (1991–1993)

Г. Явлинский, основатель партии «Яблоко», ее председатель до 2008 г.

Б. Немцов, один из лидеров оппозиционного Объединенного Демократического движения «Солидарность»

Ввод войск в Чечню (1994)

Российские солдаты проверяют дома в Грозном

А. Солженицын

М. Ростропович на концерте

Российская международная книжная ярмарка

Б. Ельцин вручает Государственную премию художнику А. Васнецову 11 июня 1999 г.

Слева направо: С. Кириенко (в центре), В. Яковлев

Слева направо:
С. Степашин, В. Яковлев

Б. Ельцин на церемонии инаугурации второго президента России В. Путина

Президент В. Путин вручает Государственные награды представителям субъектов РФ. Москва, апрель 2000 г.

Президент Казахстана Н. Назарбаев и Президент России В. Путин

Дворец Конгрессов — новый дипломатический центр России

не более 45 тысяч. В стране было всего лишь 1027 врачей и 71 больница с 3600 койками, причем 84% врачей жили в Кабуле.

В ночь с 25 на 26 апреля 1978 г. Дауд отдал приказ об аресте лидеров НДПА, однако арестовали лишь Тараки и Кармаля, Амин же остался на свободе. 27 апреля началось восстание. Армия перешла на сторону НДПА, полковник Абдул Кадыр взял авиационную базу Баграм, а президентский дворец был окружен танками и войсками. Президентская гвардия оказала сопротивление, но часть ее была уничтожена, часть попала в плен, а сам Дауд и вся его семья расстреляны по приказу Амина. 28 апреля лидеры НДПА официально объявили о победе *Апрельской революции* и образовании Демократической Республики Афганистан (ДРА). На собрании ЦК НДПА в составе 35 человек главой государства был избран Нур Мохаммед Тараки, его заместителем — Бабрак Кармаль, министром обороны — Ахмат Кадыр, первым заместителем премьер-министра и министром иностранных дел по предложению Тараки стал Амин. Целью революции провозглашалось социалистическое преобразование общества.

Советский режим не устоял перед соблазном присоединить Афганистан к списку «социалистических» стран. В Афганистан поехали делегации партийных деятелей среднеазиатских республик, идеологи и кураторы «международного коммунистического движения» из Москвы. Руководство Министерства обороны и КГБ рассчитывало использовать Афганистан как оплот против американцев и заодно как плацдарм влияния на Иран, где в это время началась исламская революция и стало рушиться влияние США.

Однако хотя НДПА разрослась до 18 тысяч членов, но в широких массах народа революция поддержки не получила, а негативные явления вроде разрушения мечетей и глумления над мусульманскими святынями сразу стали отталкивать от правящей партии широкие слои крестьянства и кочевников. 10 мая 1978 г. руководством НДПА была опубликована программа реформ, включающая создание независимой экономики, продолжение аграрных преобразований, «ликвидацию феодализма», обеспечение равноправия народностей страны и, в конечном счете, построение социализма. По примеру ленинского, 30 ноября 1978 г. был издан «Декрет о земле», по которому предполагалось изъять у 3,5 тысячи землевладельцев 740 тысяч гектар земли. Более 11 млн крестьян (80% сельского населения) были освобождены от долгов. Однако религиозные вожди объявили, что конфискация земли — нарушение законов ислама, охраняющих собственность. Землевладельцы к тому же пользовались большим авторитетом в народе, и землю никто не хотел брать.

Тогда революционное правительство объявило Братьев мусульман врагами государства и начало против них репрессии, о чем публично 22 сентября заявил Тараки. Духовенство в свою очередь создало Национальный фронт спасения с центром в Исламабаде (Пакистан), возглавил который Бурхануддин Раббани. В этот центр вошло восемь радикальных исламских группировок. Восстания вспыхнули в Панджшерской долине, где властвовал Ахмат-шах Масуд, в Кандагаре и Герате. Правительство НДПА в борьбе с повстанцами применило отравляющие вещества и напалм, уничтожив несколько деревень. После этих варварских акций сопротивление левым вспыхнуло с утроенной силой. Повстанцам начали помощь оружием Пакистан, Саудовская Аравия, Египет и Израиль.

Между тем внутри самой правящей партии назревал раскол. Противоречия между Хальком и Парчамом с приходом НДПА к власти обострились. Власть в партии все более захватывали халькисты, применив против парчамистов репрессии. 1 июня Амин с согласия Тараки провел чистку, в результате которой Кармаль, Наджибулла и ряд других чиновников были отстранены от власти и направлены послами в различные страны, в частности Кармаль — в Чехословакию, а Наджибулла — в Иран. 17 августа был арестован министр обороны Кадыр и около 800 сержантов и офицеров армии. Амин хотел их всех физически уничтожить. Советский Союз через посла Пузанова пытался воздействовать на руководство ДРА, и на этот раз массовой казни удалось избежать. Амин начал раздувать культ личности Тараки. В начале декабря 1978 г. между Афганистаном и СССР был подписан договор о дружбе из 15 статей, опирающийся на договоры 1921 и 1931 гг. В статьях договора говорилось об экономической и культурной помощи. Статья 4 оговаривала и вопросы военной помощи для обеспечения целостности и безопасности страны. 28 декабря 1978 г. Амин через Пузанова потребовал 20 миллионов рублей, которые были переданы афганскому руководству. В феврале 1979 г. Председатель Совета министров СССР А.Н. Косыгин предложил афганскому режиму расширенную помощь.

Между тем обстановка вокруг Афганистана становилась критической. В январе — феврале 1979 г. в Иране произошел переворот, шах Реза Пехлеви был свергнут с престола, а к власти пришел радикальный исламский фундаменталист аятолла Хомейни. В марте 1979 г. в Пакистане произошел переворот Зия-уль-Хака. Таким образом, соседние с ДРА страны обрели радикальные исламские правительства. Оба режима поддержали исламских повстанцев в Афганистане. В этих обстоятельствах Политбюро ЦК КПСС решило усилить военную помощь Афганистану. За партийно-политические отношения отвечал секретарь ЦК КПСС Пономарев, а за военные — командующий сухопутными войсками генерал армии Павловский.

15 марта 1979 г. началось восстание в Герате. 17-я дивизия афганской армии частично перешла на сторону восставших, а все офицеры-халькисты были убиты. К 17 марта власть в Герате фактически взяли партизаны. Погибли в том числе и несколько советских советников и члены их семей. Тараки и Амин в панике звонили в Москву, требуя ввода советских войск «для спасения революции».

С 17 по 19 марта 1979 г. шло заседание Политбюро по вопросам положения в ДРА. Лейтмотивом этого совещания стала фраза: «Мы ни при каких условиях не можем потерять Афганистан. Вот уже более 60 лет мы живем с ним в мире и добрососедстве. И если сейчас Афганистан мы потеряем, он отойдет от Советского Союза, то это нанесет сильный удар по нашей политике». На заседании 18 марта обсуждался вопрос о вводе войск в Афганистан, но было принято отрицательное решение. Председатель КГБ СССР Ю.В. Андропов и министр иностранных дел СССР А.А. Громыко высказались против данной акции, мотивируя это тем, что в ДРА нет пролетариата, слабо развита экономика и «страшное засилие религии», советские войска вынуждены будут воевать со всем народом и превратятся в агрессора, а политических выгод от этого не просматривается практически никаких. 19 марта на заседании Политбюро присутствовал Брежнев, одобривший принятые решения. Брежнев велел сообщить Тараки, что он должен ликвидировать кризис силами самих афганцев (РГАНИ. Ф. 89. Перечень 25. Док. 1).

Тараки принял это указание. Жесткими мерами с применением авиации за два дня мятеж был подавлен. Погибло по различным сведениям от 3 до 30 тысяч человек. 20 марта Тараки прибыл в Москву, где встретился с Косыгиным и членами Политбюро. Ему официально было сказано, что надо укреплять авторитет собственного руководства, а не надеяться на военную помощь СССР.

Между тем влияние Тараки все более падало, а власть в стране прибирал к рукам Амин. Оппозиция продолжала наступление. 25 марта правительственные войска оставили город Бала Муграб, бои шли в районе Джелалабада и в Кунарской долине. На сторону повстанцев стали переходить части афганской армии. Так под Гардезом на сторону моджахедов перешел 59-й полк. К июлю 1979 г. Кабул контролировал лишь 5 провинций из 28. В Афганистан последовательно совершили визиты начальник политуправления ВС СССР Епишев и командующий сухопутными войсками Павловский. Резко увеличивается число военных советников: к декабрю 1979 г. их стало более 5 тысяч. Только в 1979 г. ДРА было поставлено 200 танков Т-54, 900 – Т-55 и 100 – Т-62.

1 сентября 1979 г. Тараки вновь приехал в Москву после посещения Кубы. Состоялась встреча с Брежневым. Тараки было рекомендовано устранить Амина, об интригах которого стало известно по линии КГБ. Брежнев усиленно повторял, что партию раскалывать нельзя. 11 сентября Тараки вернулся в Кабул, где его на аэродроме встретил Амин. 16 сентября Тараки по приказанию Амина был отстранен со всех своих постов, обвинен в попытке покушения на последнего и задушен офицером президентской гвардии. Убийство Тараки было ударом по престижу Брежнева, ведь он поддерживал Тараки. Однако утром 17 сентября Брежнев и Косыгин поздравили телеграммой Амина как нового Генерального секретаря ЦК НДПА. Амин же начал физически уничтожать своих политических противников. К 27 октября насчитывалось более 11 тысяч казненных по его приказу людей.

Хотя Амин подчеркивал, что действует «по-сталински» (портрет Сталина висел в его кабинете), представители КГБ из Кабула сообщали, что Амин может «изменить» СССР с американцами, как до этого сделал в Египте Садат. К этому времени положение на Среднем Востоке резко обострилось: в ответ на захват в Иране американских дипломатов США начали стягивать силы в Персидский залив. Советский Генеральный штаб не исключал, что американцы попытаются захватить Афганистан и превратить его в свою базу. Под впечатлением этих фактов многие члены Политбюро стали менять свое первоначальное мнение о целесообразности ввода войск в ДРА. 3 ноября вернувшийся из Афганистана генерал армии Павловский заявил министру обороны Устинову, что без советской помощи кабульский режим не выживет, так как ряды оппозиции насчитывают уже более 100 тысяч человек и все более растут. К декабрю 1979 г. Андропов, Громыко, Устинов, Суслов и Пономарев считали ввод советских войск в Афганистан полностью оправданным. Андропов направил Брежневу записку, в которой предупреждал о возможной «измене» Амина и писал, что в этом случае вся Средняя Азия и Казахстан окажутся под прицелом американских ракет.

На совещании у министра обороны представители Генерального штаба — маршал Огарков, генерал армии Ахромеев и генерал армии Варенников — высказывались против ввода войск, так как, по их мнению, это только усилит оппозицию. Но Устинов и Андропов не согласились с этим мнением военных.

Началась подготовка к операции по устранению Амина и изменению политического режима в Афганистане. 10 декабря на аэродром в Баграме под Кабулом приземлился самолет, в котором находился будущий глава НДПА и ДРА Бабрак Кармаль и несколько его приближенных под охраной офицеров группы «А» КГБ СССР. Андропов предлагал использовать этих офицеров для устранения Амина. Устинов предложил «на всякий случай» ввести в Афганистан войска, чтобы нейтрализовать возможные действия США. Планирование акции вторжения было ускорено. Предполагалось разместить войска гарнизонами для охраны важнейших объектов и не искать боев с моджахедами. Численность советского экспедиционного корпуса оценивалась в 75 тысяч человек. 12 декабря 1979 г. Политбюро, на котором появился почти невменяемый Брежнев, единогласно проголосовало за план Андропова и Устинова о «вводе ограниченного контингента советских войск в ДРА».

В Политбюро ЦК КПСС предполагали отравить Амина и заменить его «надежным» Кармалем. После провала этой попытки 14 декабря группа улетела в Ташкент на виллу Первого секретаря ЦК Узбекистана Шарафа Рашидова. Политбюро изменило решение, отдав приказ брать дворец Амина штурмом. Практически одновременно с дворцом Амина бойцы «Грома» и «Зенита» при поддержке десантников взяли штурмом еще несколько важнейших военных и административных объектов в Кабуле: Генеральный штаб, Министерство внутренних дел, или Царандой, Штаб ВВС, тюрьму Пули-Чархи, где томились арестованные Амином люди, и Центральный телеграф.

В ночь с 22 на 23 декабря тридцать сотрудников группы «А» вылетели в Афганистан. В Баграме самолет садился с потушенными фарами. Находившийся на окраине Кабула в Дар-уль-Амане трехэтажный президентский дворец Тадж-бек был выстроен как крепость – на высоком, поросшем деревьями и кустарником крутом холме. Его толстые стены могли выдержать удар мощной артиллерии, включая современные системы. Местность вокруг Тадж-бека простреливалась из танков и пулеметов, а подступы к нему были заминированы. Система охраны была организована очень продуманно. Внутри дворца несла службу личная гвардия Амина, состоявшая из родственников и особо доверенных лиц, прекрасно обученных советскими инструкторами. Вторую линию составляли семь постов, на каждом из которых располагалось по четыре часовых, вооруженных пулеметом, гранатометом и автоматами. Внешнее кольцо охраны – пункты дислокации батальонов Бригады охраны, в которую входили три мотострелковых батальона и один танковый. Подходы ко дворцу охраняли два танка Т-54, вкопанных на одной из господствующих высот. Всего Бригада охраны насчитывала около 2,5 тысячи человек. Операция получила кодовое наименование «Шторм-333». Подготовкой к штурму и непосредственно ходом операции руководили начальник Управления «С» (нелегальная разведка) ПГУ КГБ СССР генерал-майор Ю.И. Дроздов и старший офицер ГРУ ГШ полковник В.В. Колесник. Участники штурма были разбиты на две группы – «Гром» (ее возглавлял заместитель начальника группы «А» Михаил Романов) и «Зенит» (командир – Яков Семенов из «Вымпела»). Во «втором эшелоне» находились бойцы так называемого «мусульманского» батальона майора Х.Т. Халбаева (520 человек), сформированного из представителей народов Средней Азии, и рота десантников старшего лейтенанта Валерия Востротина (80 человек). Таким образом, советским спецназовцам нужно было решить сложнейшую задачу: взять штурмом крепость с гарнизоном, имеющим более чем четырехкратное численное превосходство. Все участники штурма были переодеты в обычную афганскую форму без знаков различия. Условный пароль по именам командиров штурмовых групп: «Яша» – «Миша». Все участники операции повязали на рукава белые повязки, чтобы отличать своих от охраны Амина. Руководство действиями спецназа КГБ осуществлял полковник Григорий Иванович Бояринов. Вечером в Кабуле прогремел взрыв: это офицеры «Зенита» взорвали «колодец связи», отключив столицу Афганистана от внешнего мира. 27 декабря в 18 часов 25 минут, на 4 часа 35 минут раньше срока, начался штурм дворца, по которому ударили две установки ЗСУ-23-4 («Шилка»). К огневой атаке подключились автоматические гранатометы АГС-17, не дававшие экипажам подойти к танкам. Группа «А» понесла первые потери: погиб капитан Д.В. Волков и был тяжело ранен лейтенант П.Ю. Климов. Их отряд должен был захватить танки и открыть из них огонь по дворцу Амина, однако штурмующие были встречены огнем и приняли бой, отвлекая противника. Бойцы «Зенита» и «Грома», десантировавшись из БМП, пошли на штурм. Во время атаки погиб командир подгруппы «Зенита» Борис Суворов. Офицеры группы «Гром» Виктор Карпухин и Александр Плюснин, будучи легко ранеными, залегли и открыли огонь по окнам дворца, дав тем самым остальным спецназовцам прорваться внутрь Тадж-бека. Начался комнатный бой. Практически все бойцы «Зенита» и «Грома» получили ранения различной степени тяжести, но продолжили выполнение поставленной задачи. Группа полковника Бояринова вывела из строя узел связи дворца, забросав его гранатами Ф1. Мужественный офицер, участник Великой Отечественной войны, он погиб в этом бою. Виктор Карпухин позже вспоминал: «По лестнице я не бежал, я туда заползал, как и все остальные. Бежать там было просто невозможно. Там каждая ступенька завоевывалась… примерно как в Рейхстаге. Сравнить, наверное, можно. Мы перемещались от одного укрытия к другому, простреливали все пространство вокруг и потом – к следующему укрытию». На втором этаже дворца возник пожар, и личная охрана Амина начала сдаваться. Сам диктатор был найден мертвым возле стойки бара. За 40 минут штурма потери советских спецназовцев составили убитыми 10 человек (5 в атакующих группах и 5 в мусульманском батальоне).

Все участники операции были отмечены высокими государственными наградами. Вернувшихся офицеров встречали с почестями, но об операции приказано было забыть. Однако выполнить данный приказ было невозможно. Через многие годы командир группы «Гром» Михаил Романов вспоминал: «…Я по-прежнему живу этими воспоминаниями. Время, конечно, что-то стирает из памяти. Но то, что мы пережили, что совершили тогда, – всегда со мной и во мне. Как говорится, до гробовой доски. Я год мучился бессонницей, а когда засыпал, то видел одно и то же: Тадж-бек, который вновь и вновь нужно брать штурмом, моих ребят…»

Одновременно с захватом важнейших объектов в Кабуле начался ввод советских войск в Афганистан. Первым перешел советско-афганскую границу в 15:00 по московскому времени 25 декабря 1979 г. отдельный разведывательный батальон

108-й стрелковой дивизии. Одновременно на самолетах военно-транспортной авиации границу пересекли части 103-й Витебской воздушно-десантной дивизии, которые десантировались посадочным способом на кабульском аэродроме. Сразу же произошла первая трагедия: при столкновении с горой разбился самолет Ил-76 с личным составом и техникой. Погибло 44 десантника. Командующий 40-й армией генерал Ю.В. Тухаринов с маршалом С.В. Соколовым утром 26 декабря совершили облет выдвигающихся колонн. К середине января на территории Афганистана были сосредоточены 5-я и 108-я мотострелковые дивизии, 103-я дивизия ВДВ, 56-я отдельная десантно-штурмовая бригада, 860-й отдельный мотострелковый полк и 345-й отдельный парашютно-десантный полк. Мотострелковые части разворачивались в ходе частичной мобилизации Туркестанского и Среднеазиатского военных округов из кадрированных дивизий и укомплектовывались мобилизованными из запаса сержантами, офицерами и рядовыми, среди которых было много представителей среднеазиатских народов. В дальнейшем Ограниченный контингент советских войск в Афганистане был полностью укомплектован солдатами срочной службы и кадровыми офицерами.

Вначале советские войска встречались местным населением дружелюбно и даже с цветами. Многие афганцы надеялись, что в стране водворится порядок. Только в северных провинциях, где жили потомки тех, кто боролся с большевицким режимом в 1920—1930-е гг., сопротивление началось сразу. Однако и в других районах страны спокойствие было весьма недолгим. 20—23 февраля 1980 г. в Кабуле восстало местное население, появились первые жертвы среди советских солдат, а к лету война полыхала в полную силу. Политбюро ЦК КПСС просчиталось полностью: оно хотело, чтобы Ограниченный контингент находился на территории восточной разноплеменной страны, охваченной гражданской войной, вне этой войны. Сбылись самые худшие предположения: большинство афганцев стали воспринимать советские войска как агрессора, и это объединило между собой даже враждующие группировки повстанцев.

Советские солдаты сражались мужественно в войне, о которой на их родине мало кто знал. Бои на территории Афганистана разгорались, приобретая все более ожесточенный характер.

> 29 февраля 1980 г. погиб, прикрывая отход своих товарищей, командир отделения разведроты 317-го воздушно-десантного полка 103-й Витебской дивизии ВДВ старший сержант Александр Мироненко. Оказавшись окруженным моджахедами, он подорвал себя и их связкой гранат. В тот же день аналогичный подвиг совершил заместитель командира инженерно-саперного взвода того же полка старший сержант Николай Чепик. Подразделение, в котором служил Николай, получило приказ взорвать в пещере склад боеприпасов противника. Возвращаясь после успешного выполнения задания, десантники попали в засаду. Моджахеды значительно превосходили их своей численностью. В ходе перестрелки Чепик был ранен в ногу. Привязав осколочную мину направленного действия к дереву, мужественный воин-десантник направил ее на противника и взорвал, поразив около тридцати врагов, заплатив за это собственной жизнью. За эти подвиги оба десантника были удостоены званий Героев Советского Союза.

Маршал Устинов обещал, что советские войска пробудут в Афганистане не больше «пары месяцев». Вместо этого они остались там на восемь лет.

США и Западная Европа были потрясены советским вторжением. Президент Картер и его помощник по национальной безопасности Збигнев Бжезинский сочли, что СССР добивается выхода к Персидскому заливу и его нефтяным сокровищам. Американское правительство наложило экономические санкции на СССР и призвало к бойкоту Олимпийских игр 1980 г. в Москве. Брежнев был разочарован и удручен: разрядка, которой он гордился как личным достижением, лежала в руинах.

В советском обществе новость о вторжении в Афганистан вызвала единичные протесты диссидентов, среди них академика Сахарова. 8 января Политбюро постановило лишить Сахарова титула академика и всех наград и отправить в ссылку в город Горький (Нижний Новгород), закрытый для иностранцев. В то же время начало войны в Афганистане имело в русском обществе скрытый общественный резонанс, не меньший, чем ввод войск в Чехословакию в 1968 г. В партийно-академической элите, МИДе и даже аппарате ЦК многие увидели в этой бессмысленной авантюре свидетельство полной деградации брежневского режима, влияние «застоя» во внутренних делах на внешнюю политику.

> Работник международного отдела ЦК КПСС А.С. Черняев записал: «Мы вступили уже в очень опасную для страны полосу маразма правящего верха, который не в состоянии даже оценить, что творит и зачем. Это... бессмысленные инерционные импульсы одряхлевшего и потерявшего ориентировку организма, импульсы, рождаемые в темных углах политического бескультурья, в обстановке полной атрофии ответственности, уже ставшей органической болезнью» (из дневника А.С. Черняева, 20 декабря 1979 г.).

В обществе росло ощущение униженности, бессилия перед самодурствующей властью, тупика. Главный аргумент в пользу власти в массовом сознании — «лишь бы не было войны» — начинал звучать издевательски. Власти наложили информационную блокаду на сведения об Афганской войне. Телевидение и газеты сообщали, что советские войска строят школы и больницы. Между тем в Россию стало прибывать все больше и больше «похоронок» и цинковых гробов. Из сообщений западных радиостанций люди узнавали, что советские войска ведут кровопролитные сражения в Афганистане с моджахедами и проводят карательные операции против афганских селений, что кровь в Афганистане льется рекой.

Литература
А.А. Ляховский. Пламя Афгана. М.: Вагриус, 1999.
Б.В. Громов. Ограниченный контингент. М.: Прогресс, 1994.
Пьер Алан, Дитер Клей. Афганский капкан. М.: Международные отношения, 1999.

5.1.38. Общества «союзных республик» в эпоху застоя. Прибалтика, Закавказье, Восточная и Западная Украина, Средняя Азия и Казахстан, Белоруссия. Национальная политика коммунистов в 1960–1970-е гг.

Нерусские республики развивались в 1970-е – первой половине 1980-х гг. в целом быстрее, чем РСФСР. В связи с тем, что нерусские республики имели, согласно ленинско-сталинскому замыслу, больший удельный вес в органах власти, им удавалось получить относительно большие куски бюджетного пирога (хотя Москва, как союзная столица, была всегда исключением). По советским законам все дети получали доступ к «бесплатному» образованию, медицине, другим социальным благам. В результате та же Средняя Азия в 1960–1970-е гг. получала из общесоюзного бюджета в два с лишним раза больше ресурсов, чем производила сама. Это еще больше способствовало происходившему там демографическому взрыву.

По молчаливому уговору союзные власти производили негласный «подкуп» нерусских регионов и республик для нейтрализации там традиционных антирусских и антисоветских настроений — прежде всего Прибалтики, Западной Украины и Закавказья.

В Казахстане и Средней Азии продолжалась модернизация традиционных обществ. Там современная промышленность, сельскохозяйственные комплексы, образование и наука развивались за счет субсидий из союзного бюджета и держались в значительной мере на квалифицированном труде русских, немцев и других мигрантов. На территории Прибалтики и Украины наряду с многочисленными военными объектами строились громадные предприятия и торговые порты (через них шло более 80% всего союзного грузооборота). На эти стройки привозили рабочих из других регионов СССР. Приезжие оставались в более богатой Прибалтике и теплой приморской Украине, что существенно меняло этническую структуру населения. В связи с развитием традиции летнего «дикого» (то есть не по санаторной путевке) отдыха на берегах Черного моря и «теневой» торговлей южными фруктами невероятно разбогатела Грузия и особенно Абхазия, где сложился массовый слой «подпольных» богачей, строились громадные особняки. Богатству Закавказья в значительной степени способствовали и малоконтролируемые субсидии союзного центра на развитие промышленности и сельского хозяйства этого региона. Значительная, если не большая часть отпускаемых Москвой средств исчезала в карманах партийной номенклатуры края и относительно небольшого слоя торговцев и подпольных промышленников («теневиков»). Простой же народ — рабочие и особенно земледельцы — продолжали жить совсем небогато.

В 1970-е гг. быстрее, чем до этого, уменьшался удельный вес этнических русских в общем населении СССР. Сказывалось разорение русской деревни, большие потери среди русских в годы Второй Мировой войны, повальное пьянство в русских деревнях и небольших городах.

Советская модернизаторская политика, прежде всего поощрение всеобщего среднего образования и развитие системы высшего образования, привели к парадоксальному результату. Во всех нерусских республиках без исключения, где складывался средний класс, прежде всего среди деятелей культуры и специалистов в области гуманитарных наук, вызревал и усиливался национализм. К тому же брежневская кадровая стабильность привела к быстрому складыванию в республиках Средней Азии и Закавказья национально-этнических кланов, организованных прежде всего на экономической основе, — в них расцветала крупномасштабная коррупция и «теневая экономика». В Узбекистане и Грузии теневая экономика по сути пронизала все поры общества. Именно на борьбе с коррупционерами, совершенно, впрочем, безуспешной, сделал свою карьеру Эдуард Амбросиевич Шеварднадзе (вначале председатель КГБ Грузии, а затем первый секретарь республиканской компартии). В недрах этих национальных кланов получили закалку и вышли наверх люди, которые вскоре преобразовали «союзные республики» в независимые государства: Гейдар Алиев в Азербайджане, Сапармурад Ниязов в Туркмении и Рустам Каримов в Узбекистане.

Разумеется, никакие субсидии и подачки из союзного бюджета не могли изгладить память о депортациях и терроре, которая среди масс нерусского населения ряда республик трансформировалась в ненависть и презрение к русским. В Прибалтике литовцы, латыши и эстонцы относились к «русским» (куда зачисляли всех трудовых мигрантов, включая украинцев, белорусов, татар и других чужаков) как к оккупантам, малокультурным «варварам». В Казахстане росли трения между образованными казахами и русскими поселенцами, оставшимися жить в Целинном крае. Особенно серьезным было напряжение в Латвии, где русскоязычные составляли половину населения (против 12% в 1940 г.). В Грузии коррумпированные «теневики» и молодежь нередко не скрывали своего превосходства и презрения к русским «отдыхающим». Наконец, на Западной Украине, во Львове, Луцке, Станиславе (Ивано-Франковске) и других городах население нередко проявляло враждебность к людям, говорящим по-русски. Исключением в этом регионе была Карпатская Русь (Закарпатская область), где традиционно хорошее еще с XIX в. отношение к России распространялось на русскоговорящих приезжих. Себя самих карпатороссы не считали украинцами, но особым четвертым восточнославянским народом — русинами (чему есть немалые этно-лингвистические основания).

В годы застоя складывается временное «братство» диссидентов-националистов, от русских до евреев и прибалтов. У них был общий враг — коммунистический режим. Большинство диссидентов, включая Сахарова, полагало, что СССР должен быть разрушен. Мало кто из них задумывался над опасностью этого процесса, экономической и социально-культурной ценой «независимости». На поверку некоторые из диссидентов (например Завиади Гамсахурдия в Грузии) вынашивали планы построения «малых империй» и насильственной ассимиляции малых народностей, живущих на территории «своих» республик. Из видных борцов с советским режимом А.И. Солженицын был в меньшинстве, когда заявлял, что нужно сохранить «славянское ядро», восстанавливая историческую Россию не за счет развала, а на основе добровольной интеграции, прежде всего РСФСР, Украины, Белоруссии и русскоязычных областей Казахстана.

Некоторые западные демографы уже тогда начали предсказывать кризис национальной политики СССР на почве растущего перевеса нерусских народов над русским. В то же время нельзя однозначно говорить о провале советской национальной политики и неизбежности распада советского общества на национальные части. Возрастало количество нерусских по крови людей, для которых русский язык был первым и родным. Центральная и Восточная Украина и вся Белоруссия, как и прежде, была двуязычной, причем в городской среде господствовали русский язык и культура.

Отчасти это было результатом централизованной государственной политики преподавания русского языка, фактом, что русский был языком государственного делопроизводства, экономики, воинского приказа, образования, научной литературы. Главным механизмом обрусения оставались бюрократия, армия, современное производство, школы и университеты. В целом брежневские годы показали прогресс межэтнической ассимиляции. Миллионы семей были построены на основе межэтнических, «смешанных» браков. В 1979 г. уже каждый седьмой брак в СССР был межнациональным. В РСФСР, из-за абсолютного доминирования русского этноса, таких браков было несколько меньше — 12%, но в республиках с большим этническим многообразием межнациональным был каждый пятый (Казахстан), а то и каждый четвертый (Латвия) брак. И хотя формально, по паспорту, каждый советский гражданин имел национальную принадлежность, но фактически, отрываясь от земли отцов, теряя связь с религией предков, забывая язык, вступая в межэтнические браки, люди интернационализировались. Идеи этно-национального сепаратизма не распространялись широко, громадное большинство людей, за исключением Прибалтики и Западной Украины, считало себя гражданами единого союзного государства.

Единственным мягко дискриминируемым этносом в СССР оставался еврейский. После смерти Сталина жестокие гонения на евреев тут же прекратились, но антисемитизм, отмененный на уровне официальной идеологии, полностью сохранился в политическом быту и в тайных инструкциях о «квотах» для евреев в университетах и госучреждениях. Евреи больше не могли надеяться сделать в СССР номенклатурную карьеру. Пресловутый «пятый пункт» анкеты отдела кадров, в котором фиксировалась национальность, стал серьезным препятствием для евреев даже при поступлении в престижные институты и при выезде за границу. В особо важных для режима случаях выяснялась национальность родителей до третьего колена, совсем как в нацистской Германии. Постепенно, как и в XIX в., в этом отсеченном от высоких социальных позиций и при этом высокообразованном и энергичном народе вновь начинает накапливаться протестный потенциал.

Представитель иного народа СССР мог надеяться высоко подняться по карьерной лестнице и даже достичь уровня Политбюро, но это теперь было осознанное допущение режимом тщательно отобранных немногих представителей «национальных республик» в группу власти, а не стихийный, как в 1920-е гг., процесс. Национальные партийные элиты практически замкнулись в «своих» республиках. Здесь они могли управлять, вести клановую борьбу, оттеснять малые народы, считаясь только с влиятельным имперским восточнославянским субстратом, из которого в республиках обычно назначалось «око государево» — второй секретарь республиканского ЦК, осуществлявший контроль Москвы над политикой республики.

Обнаружив, что «своя» союзная республика почти обязательно превращается в предельный уровень политической карьеры, национальная элита принялась не столько прилагать силы к проникновению в Москву, как это было в 1930-е гг. и даже в хрущевские 1950-е гг., но обустраивать власть на местах. Из абсолютистской сталинской монархии Советский Союз при Брежневе превращается в феодальную, с РСФСР в роли королевского домена. Это не могло не сказаться на потенциальном — пока — усилении центробежных тенденций. Чтобы их как-то компенсировать, из инструментария марксистско-ленинской теории было извлечено учение о постепенном сближении наций.

> «Коммунисты не сторонники увековечивания национальных различий, они поддерживают объективный, прогрессивный процесс всестороннего сближения наций, создающий предпосылки их будущего слияния... Марксисты-ленинцы выступают как против сдерживания этого процесса, так и против его искусственного формирования. Отчетливое знание перспектив развития наций особенно важно для социалистических стран, общественные отношения которых, в том числе национальные отношения, научно регулируются и направляются к определенной цели. Опираясь на марксистско-ленинскую теорию можно предвидеть, что полная победа коммунизма во всем мире создаст условия для слияния наций, и все люди будут принадлежать к всемирному бесклассовому и безнациональному человечеству, имеющему единую экономику и единую богатейшую и многообразную коммунистическую культуру», – писал, обобщая партийные документы 1960–1970-х гг., С.Т. Калгахчян (Нация // Философский энциклопедический словарь. М., 1983. С. 418).

В СССР этот процесс был объявлен уже во многом завершившимся. *«На основе сближения всех классов и социальных слоев, юридического и фактического равенства всех наций и народностей, их братского сотрудничества сложилась новая историческая общность людей – советский народ»*, – утверждала Конституция СССР 1977 г. «Межнациональным языком» провозглашен был русский язык.

Принятие русского языка и русской культуры было большей частью добровольным процессом. Обрусение подчинялось той же логике, что и ассимиляция (до недавнего времени) иммигрантов в США, растворение их в английском языке и англо-протестантской культурной традиции. Незнание русского языка закрывало дороги к социальному и карьерному росту, обрекало нерусских на непрестижные работы и позиции (например, в армии среднеазиатов почти автоматически направляли в строительные батальоны). Работы социолога В. Заславского показывают, что советская система «ассимиляции» нерусских народов в русскую массу была в долгосрочном плане довольно эффективной. Для тех, у кого в роду кто-то был по паспорту русским, можно было сменить национальность, записавшись в паспорте русским или записав русскими своих детей. К исходу брежневского периода от 25 до 50 млн людей, живших в «союзных республиках», были этническими русскими или считали себя русскими по культуре и языку. По мнению другого исследователя, если бы СССР просуществовал еще несколько десятилетий, то большинство советских граждан стало бы «русскими» если не этнически, то по паспорту, языку и самосознанию.

На практике «постепенное слияние народов» в новую историческую общность с русским «межнациональным» языком было не чем иным, как чуть-чуть приукрашенной русификацией. Реализуя эту идеологическую норму, были ликвидированы все национальные районы и сельсоветы, образованные в таком изобилии в 1920—1930-е гг., закрыты школы на многих национальных языках. В национальных автономиях образование на родном языке превратилось в образование второсортное. К 1982 г. в РСФСР школа существовала на 15 языках, кроме русского, но только на четырех языках — тувинском, якутском, татарском и башкирском — она превосходила уровень начальной ступени (1—3 класс). Лучшие, элитные школы были русскими. За пределами автономий можно было получить большей частью образование только на русском языке. Национальные школы — татарские, армянские, еврейские, украинские — в крупных городах России с большими массивами нерусского населения были закрыты все до единой. Резко сократилось число изданий на языках народов СССР. Высшее образование большей частью было переведено на русский.

Вместе с этнической диффузией русификация привела к существенному размыванию этнических ареалов, к ослаблению этнической самоидентификации у многих граждан Советского Союза. Повсеместным было желание «записаться» русским. Поскольку русификация носила достаточно мягкий, ненасильственный характер, она, как и в дореволюционное время, не вызвала активного сопротивления в народной массе. Главными жертвами и потому главными противниками «объективного процесса» национальной конвергенции были наиболее яркие представители национальных интеллигенций. Целые регионы Прибалтики и Закавказья и «новые» националисты в профессионально-бюрократических слоях других наций сопротивлялись этому процессу, сопоставляя его с дореволюционной политикой насильственной русификации. КГБ непрерывно выявляло и арестовывало националистические группы. Националисты из партийной бюрократии и диссидентства вместе возглавили борьбу за национальное возрождение своих народов в период Перестройки.

И все же, хотя традиционные этнические и культурные противоречия, державшиеся под спудом при Сталине, а также «новый» национализм в средних слоях иногда и вырывались наружу, советское многонациональное общество в целом оставалось спокойным. Межэтнические конфликты были придавлены властью, во-первых, силой, но также и одной важной особенностью национальной политики брежневского времени — русификация осуществлялась при Брежневе без русского национализма. Возрождение русского национального духа преследовалось еще жестче, чем попытки национального возрождения в республиках. В отличие от сталинского национализма, брежневский стремился действительно создать «новую историческую общность» — *русскоязычную, но не русскую*.

К середине 1980-х гг. образовался сравнительно мощный слой людей, сознающих себя национально «никакими» — только советскими. Порой, подавив естественное чувство неловкости, спрашиваешь случайного попутчика к слову: «А Вы какой национальности?» И в ответ тоже неловкая улыбка: «Я — советский. Отец — немец, мать — болгарка, ее мать — русская, а о других ничего не знаю, не помню. Значит, советский». Твердо исповедовали свою национальность прибалты, украинцы-«западенцы», принципиальные националисты среди русских и еврейских интеллигентов, представители коренных народов Кавказа.

Национально-территориальная федерация советского типа являлась как раз идеальным средством разрушения национальной обособленности, быстрейшим способом перемешать народы при видимости заботы об их национальном благополучии. Быстрая индустриализация неизбежно отрывала людей от земли, перебрасывала их за сотни верст от родного очага, от могил предков. Оказываясь вне границ своих национальных образований, создавая семью на новом месте, люди быстро теряли этническую идентичность.

В подавляющем большинстве национально-территориальных образований РСФСР (в 23 из 31) титульный этнос не составлял к концу 1970-х гг. абсолютного большинства, а нередко оказывался и в абсолютном меньшинстве: в Башкирии лишь каждый четвертый был башкир, в Адыгее каждый пятый — адыгеец, в Карелии каждый десятый — карел. Автономные образования тоже превратились, в соответствии с партийными установками, в национальные по форме и социалистические по содержанию.

Литература
А.Б. Зубов. Послесловие к эпохе этнических революций. // Знамя (Москва), 1993. № 5.

5.1.39. Мусульманское общество в России в 1950—1970-е гг.

В середине советско-нацистской войны наметилось некоторое улучшение отношения партийных и советских органов к исламской религии. На короткий период вновь было разрешено открывать новые мечети, совершать паломничество в Мекку. До распада СССР в стране существовало четыре духовных управления — Северного Кавказа (сначала в Буйнакске, потом в Махачкале), Закавказья (в Баку), Средней Азии и Казахстана (в Ташкенте), Европейской части СССР и Сибири (Уфа). Среднеазиатское духовное управление (САДУМ) было самым влиятельным. На его территории находилось единственное официальное медресе в СССР – Мири-Араб в Бухаре, открытое в 1946 г. Мусульманским организациям позволили заниматься хозяйственной деятельностью и открыть счета в банке. Однако контроль над служителями мусульманского культа не ослабел. Их принуждали быть информаторами КГБ и пропагандировать мероприятия компартии и советского правительства.

Несмотря на определенное смягчение отношения к религии, КПСС не могла смириться с влиянием мусульманства на население. В 1950-х гг. вопрос о повышении эффективности атеистической пропаганды несколько раз обсуждался на пленумах КПСС и других партийных форумах. Новое наступление на ислам началось в 1960-х гг., когда вновь начали закрывать мечети, изымать книги, написанные с использованием арабского шрифта, полностью закрыли доступ к мусульманскому образованию для молодежи. Особый размах приобрела борьба с «мусульманскими пережитками» в быту. Строго наказывалось исполнение древних обрядов (обычно сопровождавшихся молитвой) в праздники и знаменательные даты: свадьбы, похороны, годовщины. Особенно это касалось сельской местности, где продолжали праздновать мусульманские праздники. В 1985 г. в СССР с более чем 30-миллионным мусульманским населением функционировало всего 129 мечетей.

Однако в тайниках души население сохраняло уважение к религии и старалось хотя бы отчасти соблюдать религиозную обрядность. Борьба советского режима с мусульманством провалилась. Это стало ясно в конце 1970-х гг. В ходе Афганской войны Афганистан посетило много молодежи с мусульманских территорий СССР (в качестве военнослужащих, переводчиков, советников). Знакомство с бытом местного афганского населения, доступ там к религиозной литературе, общение с мусульманскими интеллектуалами привели к невиданному всплеску подпольного мусульманского движения в СССР и в особенности в Таджикистане и Узбекистане, а также к росту сочувственного интереса к истории и богословию ислама в среде светской российской интеллигенции.

В 1980-х гг. на территории Таджикистана и Узбекистана возникают подпольные мусульманские школы и кружки изучения арабского языка, необходимого в богослужении и чтении Корана в оригинале, появляется мусульманский религиозный самиздат. В Средней Азии и на Северном Кавказе возрождается и активизируется деятельность суфийских братств. Подпольщики не выступали открыто против властей, но их приверженность исламу шла вразрез с официальной политикой и идеологией.

Власти преследовали и репрессировали мусульманских подпольщиков. Мусульмане-подпольщики не имели связей с диссидентским движением, а значит и доступа к западным средствам информации. Об их деятельности до сих пор мало известно. В эпоху Перестройки начинается сложение подпольных политических организаций в Средней Азии и на Северном Кавказе.

В официальной культуре в 1960 г. в СССР сложилась поистине братская атмосфера, олицетворением которой были представители творческой интеллигенции, а в первую очередь писатели и поэты. Всесоюзную известность получили аварец Расул Гамзатов, балкарец Кайсын Кулиев, калмык Давид Кугультинов, башкир Мустай Карим. Всех их связывала искренняя дружба со столпами послевоенной русской поэзии – Дудиным, Твардовским, Исаковским, Наровчатовым, Тихоновым. Престиж поэзии и литературы был столь велик, что первые секретари КПСС охотно входили в состав Союзов писателей. Одним из первых «писателей» среди высокопоставленных работников ЦК был первый секретарь компартии Узбекистана Шараф Рашидов.

Однако известный лозунг КПСС «народное по форме и социалистическое по содержанию» стал давать заметные сбои. Они заключались в том, что на ниве «народного» сразу после войны в мусульманских регионах возросли колоски сопротивления. Некоторые из них коммунисты тут же пресекали. И все же «народность» во многих случаях стала естественным предлогом для обращения различных народов России к своему этническому прошлому. КГБ и соответствующие отделы ЦК КПСС, призванные следить за любой крамолой, очень поздно среагировали на нарастающую угрозу. Особенно явственно эта тенденция нашла свое проявление в тех республиках СССР, чей культурный багаж насчитывал тысячелетия.

Это были Азербайджан и Таджикистан, где воссоздавалась старинная инструментальная и песенная традиция, возрождались традиции средневековой поэзии, активизировались языковедческие, литературоведческие и исторические исследования. В Азербайджане и Таджикистане сформировалась особая внутренняя атмосфера национальной культуры, о полноте которой не подозревали за пределами республик.

Коммунисты не заметили того, что «народная форма» на самом деле оказалась сферой отчуждения от «заветов партии», областью обновленного национализма и сопротивления мировоззренческим постулатам коммунистов. Начиная с 1960-х гг. в мусульманских республиках вырастает новое поколение выдающихся литераторов, художников и композиторов: вдохновенный казахский поэт Олжас Сулейменов, мудрый киргизский романист Чингиз Айтматов, талантливый и трагичный таджикский поэт Лоик Шерали, одаренный живописец Таир Салахов и мощный по выразительности композитор Кара-Караев (оба из Азербайджана), мастер литературных иносказаний узбек Тимур Пулатов, умный и насмешливый абхаз Фазиль Искандер. Последующее поколение генерации «шестидесятников» намного увереннее заявляло о своих национальных ценностях, зачастую вступая в открытую конфронтацию с властями. Некоторые из этих людей в конце 1980-х — 1990-е гг. встали на путь политической борьбы за национальный суверенитет.

В 1950—1960-е гг. в мусульманских регионах СССР сформировалось многочисленное русскоязычное (русские, немцы, евреи) поколение выдающихся ученых и деятелей искусств, которых судьба забросила в эти регионы страны. Их судьба неотделима от перипетий коренных жителей, с котрыми им привелось работать бок о бок. Они жили в Азербайджане, Казахстане, Таджикистане, особенно активны они были в Ташкенте. Многие из этих ученых и деятелей искусства приобрели мировую славу: историки искусства Г.А. Пугаченкова, Л.И. Ремпель в Ташкенте, историки и этнографы А.А. Семенов, М.С. Андреев и историк архитектуры Средней Азии С.Г. Хмельницкий в Таджикистане, санскритолог Б.Л. Смирнов в Туркмении.

5.1.40. Жизнь российских буддистов в 1950—1970-е гг.

В 1946 г. в 30 км от столицы Бурятии г. Улан-Удэ был построен Иволгинский дацан. Второй дацан, Агинский, в том же году был открыт снова: его закрыли в 1941 г. Причины, по которым правительство СССР решило открыть заново два буддийских монастыря после того, как всего лишь несколько лет назад их закрыло, носили политический характер: идеологические штампы о свободе совести и свободе любого вероисповедания в «первой в мире стране социализма» были, конечно, лживы, но подкрепить их можно было только открытием ряда храмов, церквей, монастырей разных конфессий, что и было сделано.

При Иволгинском дацане было образовано Центральное духовное управление буддистов (ЦДУБ), которому были подчинены буддисты не только Бурятии, но также Калмыкии и Тувы. Главой его считался Бандидо-Хамбо-лама Бурятии, ему подчинялся совет из наиболее уважаемых лам, в него же входили настоятели обоих монастырей. В дацанах отмечали шесть главных буддийских праздников: Новый год по буддийскому календарю; День рождения и день ухода в нирвану Будды Шакьямуни, основателя буддизма; круговращение Майтреи, Будды будущего, и др. Какая-либо религиозная деятельность вне стен этих двух монастырей, обслуживавших три буддийских региона, была запрещена. В 1976 г. по соглашению между Монголией и СССР в Улан-Баторе открыли Буддийскую духовную академию, которая начала готовить кадры будущих лам для Монголии и России. Нехватка их была весьма ощутима: старых лам почти не осталось ни в одной из трех автономных республик РСФСР.

Однако религиозная жизнь, несмотря на бдительность властей и органов КГБ, существовала и в совершенно светской среде. Буддизм как вид духовного поиска и самоусовершенствования привлекал к себе многих представителей интеллигенции, не только бурятской, но и русской. Собираясь на дому друг у друга, изучая основы теории, занимаясь практикой медитации, они понимали, что в СССР и это было преступлением, но не боялись опасности. В 1972–1973 гг. Бурятию потряс громкий антибуддийский процесс, вошедший в историю под названием «Дело Дандарона».

Бидия Дандарон — буддист, ученый, учитель и наставник в тантре (тайной форме буддизма), отсидевший в сталинских лагерях два срока общей продолжительностью в 14 лет, объединил вокруг себя группу философов, востоковедов, искусствоведов, художников, увлеченных и самим буддизмом как видом знания, и личностью Дандарона как Учителя. Конец группы был естественным для того времени: арест, следствие, «общественное осуждение», суд, приговор. Дандарон получил пять лет лагерей и через год погиб «при невыясненных обстоятельствах»; несколько его учеников были направлены на принудительное лечение в психиатрические клиники, остальные на долгие годы лишились возможности работать по специальности. В Калмыкии и Туве столь громких процессов не было.

Но всё разрушить и уничтожить не удалось, были люди и целые семьи, которые сумели сохранить в тайниках священные книги, буддийские иконы и скульптуру, которые знали, что наступит час, когда все это будет востребовано заново.

Литература
М.В. Монгуш. История буддизма в Туве. Новосибирск, 2001.
Буддизм: каноны, история, искусство. М., 2006.
Историко-культурный атлас Бурятии. М., 2001.

5.1.41. Поиски коммунистической элитой новой идеологии. Новая версия советско-русского национализма

Несмотря на высылку за границу и посадку в тюрьму тысяч диссидентов, КГБ не мог торжествовать победу. Сам Андропов в узком кругу признался, что в Советском Союзе — сотни тысяч людей, которые либо действуют, либо готовы (при подходящих обстоятельствах) действовать против советской власти (из дневника А.С. Черняева, 3 января 1976 г.).

Особенно мощным становилось движение русских националистов. Несмотря на то что пропаганда русского шовинизма со времен Сталина присутствовала в арсенале партийно-государственной власти, коммунисты всегда давили спонтанные проявления любого национализма, в том числе и русского. Если движение еврейских националистов было небольшим, сплоченным и громко заявлявшим о себе, русское движение было крайне широким, неоднородным и (за исключением Солженицына и единичных диссидентов) существующим в «скрытом» виде — то есть его сторонники вели двойную жизнь русских патриотов и советских конформистов.

В движение русских патриотов входили православные верующие, сторонники российской монархии, поклонники философа, этнографа и историка Льва Николаевича Гумилева (сына Анны Ахматовой и поэта Николая Гумилева), любители русской старины, сторонники сохранения церквей и других памятников русской культуры (ВООПИК — Всероссийское общество охраны памятников истории и культуры). Движение поддерживали, не выступая открыто в оппозиции к советскому режиму, многие деятели культуры. Среди них были художник Илья Сергеевич Глазунов, академик Дмитрий Сергеевич Лихачев, кинорежиссер Никита Михалков, писатели-«деревенщики» Сергей Залыгин, Виктор Астафьев, Валентин Белов, Владимир Солоухин, историки архитектуры Савелий Ямщиков, Кира Рожнова и Петр Ревякин. Большинство из них были возмущены разрушением России в годы коммунистической диктатуры и в той или иной форме стремились послужить делу национального возрождения. Одни писали книги, другие собирали молодежные группы для реставрации часовен и церквей, сохранившихся в глухих углах Каргополья и Обонежья, на берегах Водлы и Белого моря.

Внутри широкого движения, однако, были также антисемиты, русисты-сталинисты, сторонники «великой России» как военно-промышленной империи. К последним, к примеру, относились писатели и журналисты, группировавшиеся вокруг журналов «Молодая гвардия» и «Наш современник», а также их многочисленные покровители в отделах ЦК, в армии и КГБ. Такой национализм мог со временем помочь режиму сбросить обветшавшие коммунистические одежды и переодеться в национальный костюм, мало что меняя в персональном составе властвующего слоя и его владении национальными ресурсами России.

Между «темным» и «светлым» в русском национальном движении не было и не могло быть четкого водораздела. Тяжелой дилеммой для русских патриотов был вопрос: какую Россию нужно любить и строить? Можно ли построить новую Россию на основе СССР? Многие русские националисты справедливо обвиняли коммунистическую идеологию и тех, кто ей служил, в разрушении русской культуры и общества. Но порой те же самые люди выступали идеологами нетерпимости, проповедовавшими, ради «великой России» авторитаризм, насилие и ненависть к «инородцам», были «ушиблены» еврейским вопросом.

Новому поколению советского партаппарата понятна была русская националистическая идеология, построенная на старых коммунистических принципах борьбы с врагами, ненависти, пусть теперь не классовой, а этнической, главенства ценности народа и особенно державы над личностью и ее свободой. Это была несколько трансформированная версия «советского патриотизма» эпохи Сталина или в редакции 1936 г., или в редакции 1946 г. Настоящий же русский патриотизм, направленный не против кого-то и вовсе не на величье державы за счет народа, а на духовное, культурное и гражданское становление и развитие русского человека, патриотизм, скорее, Белого движения, а не Сталина и Жданова, — такой патриотизм был непонятен и опасен идеологам из ЦК КПСС и пятого управления КГБ. Особенно опасен был для коммунистической власти русский патриотизм, четко разделяющий Россию и большевицкий режим, утверждающий, что большевики поработили Россию и продолжают властвовать над ней в своих, а не в национальных интересах.

Именно такой, не советский, а русский патриотизм, открытый к иным народам и имеющий главным объектом любви человека, а не пространство и силу войска, исповедовали многие русские люди в зарубежье. Сторонником этого патриотизма был и Александр Солженицын. Но в народе он воспринимался в 1970—1980-е гг. с большим трудом. Сказывались полвека советского воспитания. Русское общество, давно лишенное христианской подпитки, оказывалось нравственно глубоко больным и политически весьма нетерпимым.

Протоиерей Александр Шмеман записывает в свой дневник: «Дима Григорьев, в Вашингтоне, рассказывает о России, куда он часто ездит. То же самое, животный национализм, животный антисемитизм. Всегда – *мы, наше*... Или же уж тогда – хула и самооплевание. Но вот и каемся мы "лучше всех". "Духовное возрождение", "очищение страданием" и т. д. А на деле то, что ползет "оттуда", – непомерно жутко. И иногда, признаюсь, слушая рассказы... об их "приходских собраниях", о воплях вроде: "Там, где дело касается народа, касается нашей русскости, кончаются любовь и терпение..." ...хочется проститься со всем этим "вечным расставанием". Запись 10 апреля 1978 г.

Рассказы Л. [жены Ульяны] о России, о Москве, Ленинграде, прогулках, поездках, церквах... И то самое – и у неё, и у меня – чувство. Близость, кровная близость России нам и одновременно, ужас от нее...» – Запись 8 апреля 1982 г. (*Прот. Александр Шмеман. Дневники. 1973–1983.* М., 2005. С. 424, 627).

И все же настроение «Белого патриотизма» исподволь пробивалось. Знаменитый поэт и бард Булат Окуджава уже в 1957 г. посвятил Евгению Евтушенко «Сентиментальный марш», который заканчивался более чем двусмысленными, хотя внешне и вполне комсомольскими словами: «Я все равно паду на той, на той далекой, на гражданской, / и комиссары в пыльных шлемах склонятся молча надо мной». Почему «молча», почему не снимая будёновок? Так смотрят на убитого врага, а не на товарища. Намек многие поняли. Через четверть века писатель Владимир Солоухин посвящает Белому движению несколько горячих строф и, главное, связывает с ним свою судьбу:

> В людей вселяя тень надежды,
> Наперевес неся штыки,
> В почти сияющих одеждах
> Шли Белой гвардии полки.
> А пулеметы их косили
> И кровь хлестала как вода.
> Я мог погибнуть за Россию,
> Но не было меня тогда...

Стихотворение кончалось словами: «Не надо слез, не надо грусти – сегодня очередь моя». Ленинградский бард, в прошлом советский офицер-подводник Кирилл Ривель, был еще откровенней и связывал своего лирического героя с Белым делом накрепко: «В те года роковые, в перехлестье судеб, / когда мы – за Россию, а они – за совдеп»; «На столетье бы раньше, ах что ж Ты, Господь, не спешил, / мне бы встретиться с пулей в рядах отступавших дроздовцев, / навсегда упокоясь в одной из безвестных могил». Белый патриотизм, несмотря на все старания и коммунистического официоза, и нового русского казенного – «от КГБ» – национализма, шаг за шагом овладевал вновь сердцами людей.

Литература
Geoffrey Hosking. Rulers and victims. The Russians in the Soviet Union. Cambridge, MA: Harvard University Press, 2006.
А.Б. Зубов. Третий русский национализм // «Знамя», №1, 1993.

5.1.42. Третья волна русской эмиграции

В самом начале 1970-х гг. Брежнев, идя на уступки США и Израилю, дал возможность покидать СССР согражданам еврейского происхождения, полагая, что это не нанесет большого вреда режиму. Но это решение пробило первую существенную брешь в железном занавесе. В течение двадцати лет, по мере того как границы права на выезд расширялись, им воспользовались до 250 тысяч человек, среди которых оказывались и люди смешанного, очень разбавленного, а иногда и вовсе нееврейского происхождения. Выезжающие по прибытии в Вену или в Рим выбирали себе дальнейшее следование в Израиль или в США. Так в Нью-Йорке на Брайтон Бич образовался очень своеобразный квартал, еврейский по быту и по мирочувствию, русский по языку, к тому же довольно быстро приобретший и американские навыки. Характерным ответом на вопрос эмигрантов третьей волны, почему вы уехали, было: «Россия – это кладбище, я не желаю жить на кладбище».

Несколько позже ФРГ добилась от Брежнева разрешения на выезд этнических немцев из СССР в Германию. Вчерашние спецпоселенцы 1941 г. и их дети стали десятками тысяч выезжать из Казахстана, Алтая, Урала, Киргизии в ФРГ, так же, как и евреи из России в США и Израиль, с большим трудом встраиваясь в жизнь своих преуспевающих буржуазных соплеменников. Проблемы интеграции «русских» немцев и евреев в Германии и США остаются до сего дня, и на своей исторической родине их называют «русскими», да и они сами нередко так именуют себя, по крайней мере в первом эмигрантском поколении.

Заодно с национальной эмиграцией воспользовались брежневским послаблением, идущим вместе с постепенным идеологическим зажимом, диссиденты и работники культуры, писатели, художники, музыканты, чьи имена были широко известны в свободном мире. Многие из них выезжали и оставались на Западе добровольно, иных высылали. Происходил полный разрыв между коммунистическим государством, закосневшим в тоталитарной бесплодной идеологии, и творческой, освобождающейся Россией. Это обстоятельство, не менее чем экономические и политические факторы, повлекло за собой падение коммунистического колосса, который в 1970-е гг. действительно оказался «на глиняных ногах».

На Запад переместились лауреат сталинской премии Виктор Некрасов, нобелевский лауреат Александр Солженицын, будущий нобелевский лауреат Иосиф Бродский, около сорока менее крупных, но достойнейших писателей и поэтов – Вл. Максимов, Андрей Синявский, Ф. Горенштейн, Анатолий Кузнецов, Юрий Кублановский, Александр Галич... Уехали звезды театра – Юрий Любимов, кинематографа – Андрей Тарковский, балета – Рудольф Нуриев, музыки – Мстислав Ростропович и Галина Вишневская, всех и не перечтешь.

Самым известным из оказавшихся на Западе в третьей волне был Александр Солженицын, поселившийся, после кратковременной остановки в Швейцарии и Норвегии, в штате Вермонт США и работавший там над историческим повествованием «Красное колесо» до своего возвращения в Россию в 1994 г. По американским оценкам, тираж его книг в это время превысил 30 млн экземпляров. Александр Солженицын оценивался в «свободном мире» как неизмеримая величина по силе его художественного дара и по гражданскому мужеству. Хотя вскоре его авторитет среди американских либералов резко пошел вниз – они не разделяли его национально-патриотических воззрений.

В Париже Владимир Максимов начал издавать журнал «Континент», Андрей Синявский – «Синтаксис», в Мюнхене Кронид Любарский – журнал «Страна и мир», которые попадали в СССР. В Израиле выходили «толстые журналы» «Время и мы», «22», расходившиеся по всему свету. В США Василий Аксенов и Иосиф Бродский выступали перед американскими аудиториями, Мстислав Ростропович и Галина Вишневская давали концерты, а картины ряда художников-неконформистов, которых в третьей волне было много, попали в американские музеи. Возникло много газет с названиями вроде «Новый американец», но основанное русскими евреями еще до Первой Мировой войны «Новое русское слово» с тиражом в 50 тысяч экземпляров оставалось наиболее читаемым.

Первая эмиграция, да и вторая, с восхищением встретила третью волну, доказывавшую, что их многолетняя жизнь за рубежом не прошла втуне. Особенно приподняло ее дух отношение к ней Солженицына, признававшего исключительные заслуги Русского Зарубежья перед Россией и призвавшего писать и присылать ему мемуары о дореволюционной России, о Гражданской войне и о жизни в эмиграции.

Разумеется, полного единства между третьей волной и первой эмиграцией не могло быть, но не было его и внутри самой третьей волны. В частности, не было единства между Солженицыным и теми, кто, по левым убеждениям, унаследованным от советского воспитания, то ли по некоторой национальной чужести, к исторической России подходил сугубо критически, а иногда и просто отрицательно. Основная тема спора касалась очевидного теперь для всех провала коммунистического эксперимента. Порочна ли в основе сама идея марксизма, сама его изначальная доктрина, или идея хороша, но ее не сумела осуществить и вконец извратила вековечно варварская Русь? Во втором случае от России уже нечего ждать.

Сам себя Солженицын не причислял к третьей эмиграции, поскольку не одобрял тех, кто покидал Россию *добровольно*, считая, что борьбу за самостояние надо поскольку возможно продолжать вести в самой стране, на родной земле. Он полагал себя продолжателем Белого дела, ушедшим в изгнание вынужденно, не для того, чтобы сладко жить, а для того, чтобы продолжать вести борьбу за «душу России».

Споры доходили иногда внутри «третьих» и до наветов, до полных разрывов по идейным соображениям. Попытки Владимира Максимова в Париже как-то объединить различные течения успехом не увенчались (как это случалось обыкновенно и в первые эмигрантские десятилетия). Третья волна принесла угасающей эмиграции большое оживление. Существующие журналы и газеты первой и второй волны («Новый журнал», «Вестник РХД», «Грани», «Посев», «Русская мысль») включились в полемику с новыми журналами Максимова, Любарского, Синявских. Жизнь Русского Зарубежья снова забила ключом во второй половине 1970-х гг.

С расширением Перестройки после 1986 г. поток эмигрантов из СССР стал быстро нарастать. Он вскоре перерос в четвертую волну эмиграции, уже вовсе не политическую, а чисто бытовую, уходившую от расстройства экономики и от нищеты, вызванных падением советской власти, и вовсе не думавшую «строить новую Россию», а старающуюся поскорее забыть о кошмаре СССР.

5.1.43. Подъем антикоммунистических настроений в Восточной Европе. Польская революция 1980—1981 гг. Движение «Солидарность»

В конце 1970-х гг. резко ухудшилось экономическое положение крупнейшего европейского сателлита СССР — «народной» Польши. Чтобы выправить положение, правительство Эдварда Герека стало увеличивать экспорт традиционных польских товаров — в первую очередь продуктов животноводства. Полки польских продуктовых магазинов опустели. Расцвел «черный рынок». 1 июля 1980 г. правительство подняло цены на мясо и мясные изделия. В ответ уже 12 июля начались забастовки на заводах Люблина в восточной Польше. К люблинским рабочим присоединялись все новые забастовки солидарности. 14 августа 1980 г. забастовали огромные судоверфи имени Ленина в Гданьске. На следующий день бастовало уже 304 предприятия. Лидером «Солидарности» стал Лех Валенса, рабочий-электрик гданьской судоверфи, ревностный католик.

> **Лех Валенса** родился 29 сентября 1943 г. в деревне Попово, недалеко от города Влоцлавека в семье плотника. Он получил традиционное в Польше католическое воспитание, закончил школу и техникум. С 1967 г. начал работать электриком на судоверфи имени В.И. Ленина в Гданьске. В декабре 1970 г. Лех Валенса участвовал в рабочей демонстрации, которую расстреляли коммунистические польские войска. Это событие открыло ему глаза, и молодой рабочий стал решительным противником существовавшего в Польше режима. Он активно включился в работу подпольных профсоюзных организаций. В августе 1980 г. Лех Валенса возглавил забастовку гданьских рабочих и вскоре стал председателем Межзаводского стачечного комитета Гданьска, Сопота и Гдыни. Под руководством Валенсы был создан и развивался всепольский свободный профсоюз «Солидарность». После введения в Польше военного положения почти год провел под арестом. В 1983 г. Лех Валенса был удостоен Нобелевской премии мира. После падения коммунистического режима в Польше в 1989 г. Валенса был избран 9 декабря 1990 г. президентом Польши. Этот пост он занимал до 1995 г. Все ордена многих стран мира и свои президентские регалии Лех Валенса сложил к ногам Богородицы в самом почитаемом в Польше Ченстоховском монастыре, желая воздать должное Ее заступничеству, освободившему Польшу, и остаться «просто поляком».

Победе протестного движения 1980 г. способствовал опыт трагических столкновений рабочих с коммунистической властью в прежние годы (в 1956 г. в Познани и в 1970 г. в Гданьске) и события за пределами Польши — в Венгрии и Чехословакии. Они были кроваво подавлены и не заставили коммунистические власти пойти на серьезные уступки. Используя отрицательный опыт прошлого, сформировались ключевые черты польского протеста 1980 г.: во-первых, принципиальный отказ от какого бы то ни было насилия; во-вторых, объединение усилий рабочих, интеллигенции и Церкви.

На активизацию интеллигенции и на ее широкомасштабное включение в антикоммунистическую деятельность решающее влияние оказали события марта 1968 г. в Польше, когда из компартии в ходе антисемитской кампании была выброшена значительная часть интеллигенции. Часть уехала на Запад, часть осталась в Польше, но и для тех, кто не был непосредственно в партии, эти события казались знаковыми.

Более того, они заставили даже убежденных социалистов потерять всякую надежду на эволюцию и реформирование компартии.

В 1970-е гг. польская интеллигенция, в том числе бывшие марксисты, стала активно включаться в поддержку рабочих, страдавших от тяжких условий работы на крупных предприятиях. В 1976 г. был организован так называемый Комитет по защите рабочих (KOR). Его члены — интеллигенты политических взглядов самого широкого спектра — собрались вместе и открыто объявили свои фамилии и адреса (их транслировали по радио «Свобода», «Свободная Европа»). Страх был преодолен: в первый раз антикоммунистическая организация публично заявила о своих членах и программе. Многих из них неоднократно арестовывали. Но социальный статус, известность, а также количество не позволили посадить всех в тюрьму, и остановить процесс было уже невозможно.

Одновременно в кругах KORa разрабатывалась модель диалога между разными течениями польской политической интеллигенции. В состав KORa входили левые (бывшие коммунисты, социалисты, атеисты), но также и консерваторы и глубоко верующие, церковные люди. Процесс выработки общей антикоммунистической линии укрепился после приезда в 1979 г. в Польшу Папы Иоанна Павла II.

Польский католический епископ Кароль Юзеф Войтыла был избран в октябре 1978 г. Папой под именем Иоанна Павла II. Епископ Войтыла ненавидел и нацизм, и коммунизм и с коммунистическим богоборчеством боролся непримиримо, следуя в этом за кардиналом Польши Стефаном Вышинским. Нынешний рижский католический митрополит Иоанн рассказывал недавно, что в 1975 г. он встретил тогда еще архиепископа краковского Войтылу в Риме и тот его с подозрением спросил: «Не смирились ли вы случайно с коммунизмом?» «А это было время, когда все считали коммунизм утвердившимся навсегда», — резюмировал рижский митрополит.

Епископ Войтыла страстно желал и духовного, и политического освобождения своей родины, порабощенной Сталиным в 1945 г. 2 июня 1979 г. в первый свой приезд в Польшу в качестве римского понтифика на варшавской площади Победы он провозгласил: «Я, сын польской земли и одновременно Иоанн Павел II, Папа, взываю из глубины тысячелетия, взываю в преддверии праздника Сошествия Святого Духа, взываю вместе с вами — да снизойдет Дух Твой и обновит обличье земли, *этой* *земли*». Папа объединил всех противников коммунизма, призвал к отваге и бескомпромиссности в борьбе за правду и достоинство. Он не произносил слово «коммунизм», однако все понимали его проповеди однозначно. Тогда же встречать Папу на улицы польских городов вышли миллионы людей, которые увидели друг друга и поняли, что их намного больше, чем верных слуг коммунизма и Советского Союза.

В течение нескольких дней августа 1980 г. польские рабочие, с помощью левых польских интеллектуалов и Католической Церкви, образовали первый в Восточной Европе свободный антикоммунистический профсоюз «Солидарность» и выдвинули к правительству требования, так называемый «21 пункт». 31 августа, после того как лидер ПОРП Эдвард Герек ушел в отставку, польские власти признали «Солидарность» и подписали с ней соглашение, которое предусматривало право рабочих создавать независимые от режима профсоюзы, отмену цензуры и освобождение политических заключенных. «Мы договорились как поляк с поляком», — сказал своим коммунистическим контрагентам Лех Валенса. В «Солидарность» за несколько месяцев вступило 10 миллионов поляков, тогда как все население страны составляло 37 млн человек. Записались даже многие члены компартии, большинство которых сдало партбилеты.

Коммунистический режим в Польше, как и в 1956 г., оказался на грани развала. Появление «второго Гомулки» было исключено. Все варианты «польского пути к социализму» — давно скомпрометированы. Кумиром поляков являлся в этот раз не коммунист-реформатор Гомулка, а Папа Иоанн Павел II. Он всячески поддерживал борьбу свободного профсоюза «Солидарность» и понуждал робеющих польских епископов не оставаться вне политики, но встать на защиту чести, свободы и достоинства людей и поддержать бастующих рабочих. «Сопротивляйтесь всему, что оскорбляет человеческое достоинство», — учил Папа. Следуя его примеру и призывам, преобразился даже старый чешский кардинал Томашек, который на девятом десятке лет становился все более непримиримым к коммунистическому режиму, утвердившемуся после августа 1968 г. в Чехословакии.

Московское коммунистическое руководство было в ужасе от польских событий. Была образована Комиссия Политбюро по Польше, которую возглавил Суслов. КГБ и партийные лидеры из западных районов СССР докладывали о брожении населения под влиянием происходящего в Польше. Особенно тревожным казалось положение в Латвии, Литве и Белоруссии — районах с многочисленным польским населением.

Были немедленно прекращены туристские поездки советских граждан в Польшу, приостановлена подписка на польские журналы и газеты. Телевидение прекратило даже трансляцию передачи «Кабачок 13 стульев», где использовались польские персонажи. Советские военные справедливо полагали, что выход Польши из Варшавского договора приведет к падению всей советской империи в Восточной Европе. Немедленно началась подготовка к военной интервенции. Лидеры других «социалистических» стран, включая румынского лидера Чаушеску, требовали, чтобы СССР угомонил поляков. Но, к удивлению многих, Суслов с самого начала заявил, что СССР не может пойти на военное вмешательство в Польше. Его поддержал Андропов, который сказал: «Квота на интервенции за рубежом исчерпана». Глава КГБ знал, что Брежнев не хочет получить «второй Афганистан». Кроме того, в Польше в ответ на советское вторжение могло вспыхнуть вооруженное восстание, как в 1956 г. в Венгрии.

На позиции советского руководства оказало сильнейшее воздействие экономическое положение СССР и Восточной Европы. В течение 1970-х гг. Москва тратила все больше экономических ресурсов для удержания региона. В марте 1973 г. Брежнев говорил в узком кругу: «Мы им преподнесли революционный процесс, социализм на штыках, на жертвах советского народа. Вы хотите только слова произносить "дружба, дружба" и за это вас будут целовать? Чепуха. Если вы не дадите нефть, газ, ничего не выйдет» (Вестник архива Президента. Специальное издание. М., 2006. С. 131—132).

В ноябре 1980 г. Брежнев информировал лидеров ГДР, Чехословакии, Венгрии и Болгарии не о планах интервенции в Польшу, а о том, что СССР будет вынужден сократить поставки дешевой нефти в эти страны, поскольку нуждается в запасах нефти для продажи на «капиталистическом рынке» для выручки валюты, которая могла бы пойти для помощи польскому режиму. Лидеры стран «народной демократии», однако, запротестовали, угрожая, что это вызовет обвал уровня жизни в их странах и, как результат, политические волнения. Советскому руководству и экономистам было прекрасно известно, что СЭВ превратился в механизм перекачки советских ресурсов в страны Восточной Европы, а сами эти страны все больше ориентируются на торговлю с Западной Европой. Набрав за 1970-е гг. западных кредитов на 58 млрд долларов, страны Восточной Европы попали в полную финансовую зависимость от Запада.

Советское руководство опасалось, что в случае советского вторжения в Польшу страны НАТО объявят экономические санкции. В этом случае СССР, даже при всех резервах нефти и нефтяных запасов, не смог бы «выкупить» у Запада Польшу и другие страны Варшавского договора. А.С. Черняев, один из консультантов Брежнева, записал в дневнике в августе 1981 г. слова Брежнева: «Взять Польшу на иждивение мы не можем».

К тому же в конце 1980 г. Папа Иоанн Павел II обращается с личным посланием к Брежневу, в котором предостерегает советского партийного лидера от шага, который приведет к «трагическим и непредсказуемым последствиям», и сравнивает возможную оккупацию Польши с советско-нацистской оккупацией сентября 1939 г. Ответом на это обращение были пули агента болгарских, а соответственно, и советских спецслужб турка Али Агаджи, поразившие Иоанна Павла II на ступенях собора святого Петра в Риме 13 мая 1981 г., кстати, в день памяти Фатимского явления Божией Матери.

Отказавшись от вторжения по военным, политическим и экономическим причинам, Политбюро тем не менее рассчитывало подавить польскую мирную революцию силами самого польского режима. В декабре 1980 г. новый лидер ПОРП Каня и глава польских вооруженных сил генерал Войцех Ярузельский были вызваны в Москву, где их подвергли сильнейшему давлению. Советские войска в Польше проводили «маневры» с целью убедить поляков, что вот-вот начнется советское вторжение. Однако ни Каня, ни Ярузельский не хотели брать на себя роль палачей. Каня запил, и вскоре его пришлось устранить от руководства. Ярузельский поддался на давление. В свое время он воевал в «войске польском» в составе сталинских армий, в то время как его мать и сестра были в числе спецпоселенцев в Сибири.

Шестнадцать месяцев существования «Солидарности» в 1980—1981 гг. поляки называют «фестивалем свободы». Это был период всеохватывающей эйфории, бесчисленных надежд и невероятного в современности идеализма. Вместе с тем это было время опасений за будущее, период политического напряжения и экономического кризиса. Но никакие опасения не могли в те дни уничтожить позитивной энергии. Тогда возник не только миф о первой «Солидарности», но и было сделано множество конкретных дел: издание сотен запрещенных цензурой книг, создание журналов, общественных организаций, неформальных структур, наследие которых сохраняется в Польше до сих пор. Коммунисты видели в «Солидарности» смертельную опасность для себя и активно готовились к ее уничтожению.

В конце 1981 г. генерал Ярузельский подготовил введение в Польше военного положения. В последний момент он сделал отчаянную попытку заручиться поддержкой советских войск в Польше в случае провала. Но из Москвы ему было сказано, что военного вмешательства не произойдет ни при каких обстоятельствах.

На заседании Политбюро 10 декабря Андропов твердо заключил: «Мы должны думать прежде всего о нашей собственной стране и об укреплении Советского Союза». КГБ знал о растущем недовольстве и в советском обществе нехваткой товаров и бесконечными очередями за продуктами.

В ночь с 12 на 13 декабря 1981 г. «фестиваль свободы» был прерван — введено военное положение, арестованы тысячи активистов «Солидарности», убито несколько десятков людей и полностью запрещены все гражданские права и свободы. На несколько месяцев полностью прекратилась социально-культурная жизнь страны, а потом на годы были возвращены законы деспотического коммунистического режима.

В Кремле вздохнули с облегчением. Несмотря на нежелание брать поляков «на иждивение», Политбюро выделило Ярузельскому дополнительно 2,7 миллиарда рублей кредитов, а также зерно, масло и мясо из государственных резервов. За предыдущие два года польской революции советская помощь польскому режиму достигла 4 млрд «переводных» рублей, из них 3 млрд в твердой западной валюте. Польша, однако, оказалась бездонной бочкой. В марте 1982 г. Ярузельский потребовал дополнительной помощи.

Первая «Солидарность» быстро стала недостижимым идеалом. Особенно сильно он пострадал после падения коммунизма в 1989 г. Оказалось, что мечты первой «Солидарности» реализовать уже невозможно, что идеал столкнулся с суровыми реалиями «нормальной» капиталистической и демократической жизни, в которой запас идеализма быстро истощился.

Несмотря на военное положение, «Солидарность» продолжала существовать в подполье, при поддержке широкого спектра доноров и союзников от профсоюзов США и Католической Церкви до социал-демократов Западной Германии, Норвегии и Швеции. Ситуация в Польше напоминала котел под спудом, который в будущем должен был обязательно взорваться. Польский кризис 1980—1981 гг. показал, что политические и экономические ресурсы удержания Восточной Европы в коммунистической империи исчерпаны. Сталинский замысел вырвать стомиллионный регион из тела Европы и переориентировать его на СССР окончился провалом. Законы рыночной экономики, неэффективность коммунистического хозяйствования и глубокая неприязнь восточных европейцев к тоталитарному СССР предопределили это провал. Не зная, что делать, Брежнев и его окружение двигались по инерции, боясь трогать сложившиеся структуры, включая СЭВ. Единственное, что еще удерживало Восточную Европу в орбите Москвы, был страх перед советской военной силой. Факт, что Кремль не был готов пойти на интервенцию в 1980—1981 гг., оставался тайной для всех, кроме нескольких посвященных.

Заметки ответственного редактора

Наследие первой «Солидарности» остается самым главным капиталом и главным объединяющим фактором современной Польши. До сегодняшних дней память о «Солидарности» 1980—1981 гг. воодушевляет многих общественных деятелей и подтверждает веру в то, что объединение во имя идеалов возможно, что в польском народе существует скрытая позитивная энергия, которую нужно раскрывать и использовать. «Солидарность» является для поляков важным аргументом в пользу того, что гражданское мирное сопротивление тоталитарному режиму может победить. Даже бывшие коммунисты, то есть Социал-демократическая партия, признала идеалы первой «Солидарности», а вернее требования гданьской забастовки 1980 г., своими во время избирательной кампании 2005 г. «Солидарность» доказала силу веры, силу идеализма и смысл бескорыстного страдания во имя религиозных и гражданских идеалов. Она стала, наконец, доказательством силы человеческой солидарности как таковой. Идея «Солидарности» стала также и фактором укрепления польской национальной идентичности и гордости. Для многих поляков период первой «Солидарности» — один из самых важных моментов современной истории страны, которым можно гордиться, который показал, чего может добиться народ и его элиты, и дал возможность верить в себя и свою страну.

Литература

В. Мусатов. Предвестники бури. Политические кризисы в Восточной Европе (1956–1981). М.: Научная книга, 1996.

Н.С. Леонов. Лихолетье. М.: Международные отношения, 1995.

Matthew J. Ouimet. The Rise and Fall of the Brezhnev Doctrine in Soviet Foreign Policy. Chapel Hill: The University of North Carolina Press, 2003.

Г.С. Шахназаров. С вождями и без них. М.: Вагриус, 2001.

В.И. Воронков. События 1980–1981 гг. в Польше. Взгляд со Старой площади // Вопросы истории. 1995. № 10.

5.1.44. Назревающий кризис брежневского «общества благоденствия». Экономика и ее пороки, скрытая инфляция, постоянный дефицит. Временное облегчение за счет «нефтедолларов» и импорта западных товаров. Цена системы

С середины 1970-х гг. в советской экономике обострились кризисные явления и обозначились пределы ее модернизации. Почти остановилось техническое переоснащение производства, устаревали станки и оборудование. Стремительно падала отдача от капиталовложений в промышленность и особенно — в сельское хозяйство. В дискуссиях и спорах того времени не было ясности, что же является источником торможения. Некоторые западные экономисты тогда и позже считали, что большую роль в экономическом застое сыграл ограниченный доступ СССР к западным технологиям в связи с барьерами на экспорт этих технологий, созданными со стороны Запада в годы «холодной войны». Однако факты показывают, что это не было главным препятствием, особенно в годы разрядки. При Брежневе были построены «под ключ» гигантские современные предприятия, в том числе автомобильные заводы КАМАЗ в Набережных Челнах и ВАЗ в городе Тольятти; советское телевидение было переоборудовано на французской технике и т. п. Вместе с тем многие закупленные за золото за границей станки и целые заводы ржавели и растаскивались по винтику.

Несостоятельно и предположение о том, что советские министерства и ведомства стали «механизмом торможения», препятствовавшим инновациям. Напротив, министерства наперебой выбивали фонды на закупку оборудования и технологий за границей. На этой почве образовались многочисленные контакты между советскими хозяйственниками и управленцами и западными «фирмачами» — контакты, которыми дорожили обе стороны. А.С. Черняев писал под впечатлением обсуждения проблем советской экономики в январе 1977 г. «Огромное впечатление от наших министров, особенно Антонова (электротехническая промышленность). Сколько ума и таланта в наших людях, мысли, хватка и широта характера! Если б им дать волю делать так, как они могут, — за пять лет преобразили бы страну».

Сами министры и производственники считали, что главной консервативной силой в экономике является план с его устаревшими, негибкими требованиями. В это время появился анекдот: «Во время парада на Красной площади после ракет и танков появились люди в костюмах с портфелями. Брежнев спрашивает: "А это кто?" Ему отвечают: "Это работники Госплана. Обладают громадной разрушительной силой"».

И в самом деле, «косыгинская реформа» оказалась бессильна заменить количественные показатели плана (вал) на качественные. Все большее число предприятий и заводов (в том числе и в ВПК) работали по инерции, производя продукцию, большая часть которой была устаревшей и не находила спроса. К примеру, многочисленные заводы сельскохозяйственной техники производили сотни тысяч тракторов и комбайнов, но большая их часть была устаревших образцов и низкого качества. Отчитывались эти заводы, однако, по валу, то есть по количеству произведенных единиц техники и объему затраченного на их производство металла и другого сырья.

Корень проблемы заключался, однако, в другом: советская экономика, несмотря на реформы и преобразования, в сущности оставалась такой же, какой она сложилась при Сталине. В отличие от экономики рыночного типа, советская экономическая система могла модернизироваться и развиваться только благодаря волевым решениям политического руководства страны. Попытки частичного перевода такой экономики на саморегулирование, самоконтроль, саморазвитие были обречены на провал — они отторгались всей сложившейся системой производственных отношений.

В советской экономике почти полностью отсутствовали главные факторы, обеспечивающие спонтанный динамизм, — мотив прибыли и конкуренция между производителями за потребительские рынки. Отношения в советской экономике оказались все больше подчинены помимо плана логике советского «социального государства», то есть политике социальных гарантий и всеобщей занятости. Право на работу в СССР было гарантировано конституцией, а права работников защищали профсоюзы и законодательство о труде (КЗОТ). Безработицы в советской верхушке боялись и по социальным, и по идеологическим соображениям. В 1970-е — начале 1980-х гг. этот фактор стал главнейшей причиной торможения советской экономики и ее сопротивления дальнейшей модернизации. СССР просто не мог — по политическим и идеологическим причинам — пойти по пути США, Японии и Западной Европы, где происходило сокращение числа работающих за счет автоматизации и роботизации производства.

На практике советская экономика полной занятости вела к все более уравнительной оплате за все менее эффективный труд для огромного большинства работающих. Сталинская система, помимо принуждения к труду, имела высокооплачиваемую «элиту»: зарплаты «героев труда», ведущих инженеров и техников, заведующих лабораториями и кафедрами была во много раз выше зарплаты массы рабочих.

Хрущев и его сторонники считали такой разрыв доходов социально несправедливым. При Хрущеве начинается рост минимального уровня заработной платы и относительное снижение зарплат специалистов и инженерно-технических работников. Курс на социальную «справедливость» поддержали низовые советские структуры, особенно государственные профсоюзы. В 1970-е гг. разница в зарплатах между специалистами высокой квалификации и неквалифицированными рабочими, прогульщиками и лодырями сократилась до минимума. Происходило «размазывание каши по тарелке».

В СССР существовали способы заработать большие деньги: работа за границей (суда дальнего плавания, советские представительства за рубежом и т. п.), работа на Севере и в Сибири, где платили двойную и тройную зарплату «за трудность», и студенческие строительные отряды. Главным источником дохода вне государственной зарплаты была коррупция и работа в теневой экономике и на черном рынке. С приходом к власти Брежнева коррупция охватила органы МВД, которые фактически срослись с «теневиками». В 1970-е гг. сотни тысяч людей тайно разбогатели, множилось число «подпольных миллионеров». Тащили с производства все кто мог, без зазрения совести. Режиссер Ю. Любимов вспоминал, как пытался нанять рабочего в Театр на Таганке. Тот покрутил носом и отказался. Его спросили почему, ведь зарплата неплохая: «У вас украсть нечего».

Большинство советских граждан, однако, привыкло к небогатому, но гарантированному существованию на небольшую зарплату. Средняя месячная заработная плата неуклонно повышалась: в 1956 г. она была 67 рублей, в 1970 г. — 113 рублей, в 1975 г. — 146 рублей, в 1980 г. — 170 рублей, а в 1985 г. — 240 рублей. С 1970 по 1985 г. реальные доходы на душу населения, по официальным данным, возросли вдвое. Реальный рост был наверняка значительно меньше (за счет скрытой инфляции), но и он был «незаработанным». Повышение зарплат не было подкреплено ростом производительности труда и доходов. В обществе появилось выражение: «Они делают вид, что нам платят, а мы делаем вид, что работаем». Семейный бюджет, как правило, включал пенсии бабушек и дедушек, которые часто жили с работающими детьми и растущими внуками. Молодые люди подолгу оставались экономически зависимыми от родителей. «Советский человек» хотя и роптал на недостатки системы, но предпочитал жить на государственном иждивении, имея гарантированную крышу над головой и минимум достатка.

Заметным выражением деградации трудовых стимулов (и в целом потери стимулов к активной, значимой жизни) и морального разложения стало дальнейшее распространение повального пьянства. В 1970-е гг. оно охватило студентов, школьников и даже женщин. В прессе и пропаганде велась борьба с этим социальным злом. Среди женщин в особенности раздавались голоса, требовавшие наказывать пьяниц и изолировать их от общества. Одновременно многие, от Брежнева до руководителей «трудовых коллективов», подавали пагубный пример, участвовали в возлияниях и провозглашали пьянство старинной русской традицией. К 1984 г., по данным М.С. Горбачева, в стране было пять миллионов только зарегистрированных алкоголиков.

К исходу 1970-х гг. происходит перенасыщение рынка квалифицированного труда, а также непроизводственных профессий. Возник излишек инженеров, врачей, преподавателей, «работников культуры» и различных групп служащих. Общая численность «управленческого персонала» к 1980 г. составила 17 млн человек. В то же время с исчерпанием резервов деревенской молодежи неоткуда стало рекрутировать пополнение для физического и «непрестижного» труда на заводах, в строительстве, легкой промышленности и автотранспорте. Москва первой стала импортировать рабочую силу «по лимиту» из нерусских республик. После нескольких лет работы «лимитчики» получали жилье и московскую прописку. К 1982 г., когда «нехватка» рабочих только в РСФСР достигла 1,8 млн человек, советские хозяйственники стали выписывать рабочих из Вьетнама и Северной Кореи (Источник. Специальный выпуск. 2006. С. 186).

В 1970-е гг. обостряется нехватка товаров и продовольствия. Дефицит, как показали авторитетные исследования, являлся неустранимой чертой командной экономики советского типа — прежде всего потому, что отсутствовала гибкая связь между производителем и потребителем. Исчезновение товаров было также связано с быстрым ростом покупательного спроса в обществе. Гарантированные доходы, при полной занятости и индивидуальном жилье, создали условия для «революции потребления». Миллионы семей, переселившихся из коммуналок и бараков в отдельные квартиры, хотели наконец-то пожить с комфортом. Многократно возрос спрос на мебель, холодильники, ковры, модную одежду, белье и другие товары для дома и семьи. Спрос обгонял предложение.

Особенно острый дефицит возник с продовольствием. К концу 1970-х гг. во многих регионах страны повторилась ситуация начала 1960-х гг.: исчезло мясо, колбасы, масло, яйца, фрукты и овощи. Эти товары еще были в московских магазинах, поскольку столица находилась на режиме особого снабжения. Жители многих районов регулярно ездили в Москву с «колбасными рейдами», то есть за продуктами. Удаленные районы на Севере, на Урале, в Сибири должны были решать «продовольственную проблему» своими силами. Историк Р.Г. Пихоя, живший в это время в Свердловске (Екатеринбург), вспоминает, что секретарь обкома Свердловской области Б.Н. Ельцин приказал предприятиям этой почти целиком промышленной области создавать теплицы, свинофермы, птицефабрики, сажать огороды — как во время войны.

Дефицит товаров и продовольственный кризис был в значительной мере искусственным — то есть вызванным структурными дисбалансами в финансах и экономике, прежде всего скрытой инфляцией. Государство сохраняло низкие цены на продукты и компенсировало скрытую инфляцию все возрастающими субсидиями. К примеру, на исходе 1970-х гг. коровье масло и мясо больше чем на половину субсидировались из госбюджета. В результате возникал огромный соблазн изъять субсидированные товары и продукты из сферы государственного распределения и продать их по рыночным (на языке того времени — «спекулятивным») ценам. Многие работники госторговли оказались в сфере теневой экономики, среди них возникли мафиозные структуры, распределявшие нелегальную прибыль. Фактически в 1970-е гг. в СССР черный, или теневой, рынок стал вытеснять государственную распределительную систему. Дефицитная продукция (а таковой стало при Брежневе почти все) оседала на складах, откуда продавалась втридорога «своим» клиентам. Остальные люди проводили бесконечные часы в очередях практически за всем необходимым. На юге СССР и на многочисленных продовольственных складах гнили и гибли от одной трети до половины фруктов и овощей, но в магазинах, за исключением Москвы, они появлялись редко и уже «с гнильцой».

Выходом из этой ситуации могло быть введение рыночной цены на продукты (это, например, сделал Сталин в 1947 г. накануне отмены карточной системы). Но советские лидеры боялись взрыва недовольства. Пытаясь разрешить назревающий продовольственный кризис, советское государство увеличивало эрзац-добавки в хлеб, колбасу и другие продукты, пытаясь решить проблему количества за счет ухудшения качества. В 1981 г. Брежнев провозгласил «продовольственную программу», поручив ее исполнение своему ставленнику, Председателю Совета министров Н.А. Тихонову, который сменил Косыгина. 14 апреля 1982 г. Тихонов рапортовал на совещании в ЦК, что «наш народ по калорийности питается свыше нормы. 20% населения страдают тучностью». Это говорилось в то время, когда перебои со снабжением и очереди распространились на всю страну. Скрытая инфляция была выражением растущего неблагополучия в советских финансах.

Растущие социальные расходы на пенсии, зарплаты, помощь колхозам и т. п. поглощали более трети всех госдоходов советского «социального государства». Громадной «черной дырой» для бюджета с начала 1970-х гг. стало сельское хозяйство, из которого при Сталине государство выжимало все соки. Теперь крестьянство стало невероятно «дорогим» для советского бюджета. Государство повысило на 16 млрд рублей закупочные цены на продовольствие и затратило 40 млрд рублей на животноводство. К 1983 г. колхозы и совхозы были должны государству 100 млрд рублей при нулевой отдаче. По сути они оказались в положении помещиков в предреволюционной России, живущих в долг. До 16% бюджета (в прямом и скрытом виде) уходило на военные расходы и ВПК. Наконец, большие средства уходили на помощь многочисленным союзникам, клиентам и просто прихлебателям в 69 странах по всему миру.

Между тем резервы для повышения доходов были крайне ограничены. СССР мог бы зарабатывать торговлей оружия, на рынке которого он занимал второе место. Четверть продукции ВПК шло на экспорт. Но экспорт вооружений почти не приносил валютного дохода, поскольку оплачивался за счет советских же кредитов или шел в зачет исполнения «интернационального долга» перед национально-освободительными режимами. Во внутренней торговле, чтобы свести концы с концами, государство повышало цены на «предметы роскоши» — автомобили, золото, меха, ковры, хрусталь. Самым главным резервом стало увеличение производства алкоголя и повышение его акцизной цены. К 1985 г., алкоголь, прежде всего водка, обеспечивал почти треть государственных доходов. И все же всего этого не хватало. Государство регулярно «одалживало» у народа, в тайне от него, его сбережения — по сути, расплачиваясь с рабочими и пенсионерами теми же деньгами, которые те откладывали на свои сберегательные книжки.

Четырехкратный скачок цен на нефть после арабо-израильской войны 1973 г. дал СССР временное облегчение финансовой ситуации. Приток западной валюты в советский бюджет вырос в 22 раза и достиг 20 млрд долларов в год. В 1979 г. цены на нефть подскочили еще раз в результате революции в Иране и нестабильности в Персидском заливе. СССР стал первым в мире производителем нефти. В 1984 г.

валютные заработки СССР достигли 30—40 млрд долларов. Однако к этому времени были максимально использованы все разведанные нефтяные месторождения, прежде всего в Западной Сибири. Кроме того, себестоимость производства нефти резко возросла. Строительство нефтяных трубопроводов (только в 1976—1981 гг. их было построено 50 тысяч километров) также требовало миллиардов рублей капиталовложений. Наконец, на продажу за валюту могла пойти только одна пятая добываемой нефти — остальную СССР поставлял за полцены или бесплатно режимам Восточной Европы, на Кубу и другим союзникам в третьем мире.

Еще более серьезной финансовой проблемой была растущая зависимость СССР от международной торговли, экспортно-импортного баланса и наличия валютного резерва. За минувшие со смерти Сталина десятилетия советская экономика частично утратила свой замкнутый характер (автаркию) и таким образом стала уязвима для процессов и колебаний на мировом рынке. Наиболее сильным фактором такой зависимости стал фактор закупки продовольствия и товаров массового спроса за рубежом. Доля импорта хлеба за рубежом в общем советском «пироге» возросла с 13,2% в 1973 г. до 41,4% в 1981 г. В 1982 г. СССР закупил почти 30 млн тонн пшеницы, а в 1984 г. — уже 46 млн тонн. На эту закупку уходило большое количество выручки от продажи нефти, но и ее не хватало. Кремль покупал хлеб за золото — на это ушло в 1970-е гг. более 2 тысяч тонн золота, и золотой запас страны, несмотря на постоянную добычу желтого металла, сократился втрое, составив в 1981 г. 452 тонны. СССР все больше жил «не по средствам».

Этот факт, однако, был тайной за семью печатями. Лишь глава партии и несколько доверенных лиц в Госплане и Центральном статистическом управлении (ЦСУ) имели доступ к цифрам госбюджета. В 1975 г. Брежнев, зная о том, что финансы трещат по швам, даже хотел отменить проведение в Москве Олимпийских игр, стоимость которых оценивалась в 4 млрд рублей. Однако летом 1980 г., после вторжения СССР в Афганистан, проведение этих игр превратилось в важнейший момент престижа. Советское руководство потратило гораздо больше, чем рассчитывало. Вслед за этим последовали еще большие расходы на спасение просоветского режима в Польше.

К концу брежневского периода руководство страны и ведущие экономисты ясно видели кризисные явления в народном хозяйстве СССР, но не представляли себе их масштаба и, главное, не понимали, какими методами и средствами эти кризисные явления можно компенсировать и преодолеть.

Литература

А.К. Соколов. Трудовая политика на советских предприятиях с середины 1950-х гг. до конца 1980-х гг.: деградация стимулов к работе // Экономическая история. Ежегодник. М.: РОССПЭН, 2003.

Е. Гайдар. Гибель империи. Уроки для современной России. М.: РОССПЭН, 2006.

И.В. Быстрова. Военно-промышленный комплекс СССР // Экономическая история. Ежегодник. М.: РОССПЭН, 2003.

Стенограмма совещания в ЦК, 14 апреля 1982 г. Вестник архива Президента. Специальное издание. Генеральный секретарь Л.И. Брежнев. 1964—1982. М., 2006.

Янош Корнаи. Социалистическая система. Политическая экономия коммунизма / Пер. с англ. М.: НП Редакция журнала «Вопросы экономики», 2000.

Б.А. Грушин. Четыре жизни России в зеркале опросов общественного мнения. Жизнь 2-я. Эпоха Брежнева. Ч. 1. М.: Прогресс-Традиция, 2003.

Михаил Горбачев. Жизнь и реформы. Кн. 1. М.: Новости, 1995. С. 339.

Л. Тимофеев. Технология черного рынка, или крестьянское искусство голодать // Грани. 1981. № 120.

5.1.45. Советский быт в 1950—1980-е гг.

Человек появлялся на свет в СССР обычно в родильном отделении какой-нибудь государственной больницы. Появлялся — если ему повезло. Даже в 1980 г., по официальным данным, округленно 60% всех беременностей кончалось абортом и только 40% — родами. Противозачаточные средства были крайне скудны. Презервативы стали производить в 1944 г. по секретному приказу Сталина, чтобы ограничить распространение венерических болезней в армии. Женских противозачаточных средств почти не было. Снижение рождаемости с 5,8 детей на женщину в 1928 г. до приблизительно 2,0 (около этого уровня рождаемость колебалась с 1964 по 1990 г.) произошло преимущественно за счет абортов. Хотя формально аборты были с 1936 по 1955 г. запрещены, делали их за мзду и врачи, и знахарки. Половое просвещение отсутствовало, никто не учил, например, как избежать зачатия, следуя естественному ритму женского организма. Власть делала вид, что секса в СССР нет.

В родильных домах, порой в одном помещении, принимали роды сразу у 16—20 женщин. Питание было плохим, а передавать роженицам скоропортящиеся продукты запрещалось: их негде было хранить. Мужей в родильные отделения не допускали. После родов мать перемещали в послеродовое отделение, куда младенца приносили для кормления. Смертность в младенческом возрасте резко снизилась между 1940 и 1960 г., главным образом благодаря антибиотикам. И все же, по данным ООН за 1983—1984 гг., детская смертность в 90 странах из 200 была ниже, чем в СССР.

Серьезной проблемой для женщин было соблюдение гигиены в критические дни. В СССР не существовало гигиенических прокладок. Когда в аптеках «выкидывали» вату, за ней выстраивались очереди.

Формально в СССР число больничных коек на 10 тысяч душ было одним из самых высоких в мире. Но условия в больницах и поликлиниках, медицинская аппаратура находились на уровне слаборазвитых стран. Хотя врачей было много, специалистов не хватало. Больные неделями добивались приема. Из-за низкой зарплаты многие врачи работали по совместительству, на нескольких должностях. Наиболее квалифицированные заводили нелегальную частную практику. За сложные хирургические операции обычно платили прямо медперсоналу. Была поговорка, которую приписывали то одному, то другому видному медицинскому академику: «Лечиться даром — даром лечиться!»

После выписки мать и младенец возвращались домой, чаще всего в коммунальную квартиру. В 1955 г., перед началом массового строительства жилья, в коммуналках и общежитиях жило 82% горожан. Часто отсутствовали ванна, горячая вода и центральное отопление. Готовили еду и грели воду на керосинках, зимой — на дровяных или угольных плитах. Большинство городов РСФСР было полностью газифицировано только к 1970 г. Одноразовых пеленок для младенцев не было и в помине — пеленки до середины 1980-х гг. каждый день надо было стирать вручную и сушить тут же, в комнате.

Крещение младенца создавало трудности. Священник был обязан сообщать о нем данные, которые попадали в госбезопасность и на работу родителей. Последние обычно оправдывались тем, что ребенка крестил кто-либо из пожилых родственников. ГБ же заводила на него досье, и не тайно крещеный становился человеком второго сорта. Например, он не мог получить допуска к секретности. С женщин у КГБ был меньший спрос. Крестить детей носили жены, бабушки или няни даже у многих советских начальников. Бытовала поговорка: «Жена — это религиозный орган совработника».

Если в семье не было бабушки, то по достижении ребенком полутора лет родители старались пристроить его в ясли, чтобы мать не лишилась работы. Ясли могли быть в ведении местного совета или принадлежать какому-либо ведомству по месту работы матери или отца. В последнем случае ребенка приходилось возить туда рано утром в переполненном городском транспорте. Ясельные дети часто болели. Тогда матери приходилось брать больничный лист по уходу за ребенком.

После двух лет в яслях ребенок попадал в детский сад, где находился с четырех до шести лет. Если он был крещен, то родители «сдавали» его в детское учреждение без креста, чтобы избежать насмешек со стороны воспитательниц и других детей. Малыша предупреждали никому вне дома не рассказывать об этом. Так уже в раннем детстве возникало двоемыслие: с родными говорить одно, а с посторонними — другое. Содержание в яслях и в детском саду было платным, но стоило дешево.

Школа начиналась с 7-летнего возраста. Ребенку надо было купить тетради, ручки, карандаши и ранец или портфель. Все, кроме ранца, стоило недорого. Но со второй половины августа в канцелярских магазинах выстраивались очереди, и не было гарантий, что на твою долю хватит нужного товара.

Следующей трудностью была школьная форма. Для девочек она состояла из коричневого платья и двух фартуков: белого — парадного и черного — повседневного. Для мальчиков, после попытки введения формы, напоминавшей гимназическую старой России, придумали одеяние наподобие военного, состоящее из гимнастерки и брюк мышино-серого цвета. К этому полагался черный клеенчатый пояс с бляхой. Форма была из сукна или хлопчатобумажной ткани. Первая стоила значительно дороже, 200—250 рублей в ценах до 1961 г. В середине 1950-х гг. это составляло 30—40 % месячного заработка горожанина и 20—25% годового заработка колхозника. Форму покупали на вырост, и дети выглядели соответственно. А дешевая хлопчатобумажная форма быстро превращалась в тряпку. Городские юноши форму носить не желали, но для их сельских сверстников она была предметом несбыточных желаний. В начале 1970-х гг. ввели синюю форму нового образца и стали закручивать идеологические гайки. Форму заставили носить: не одетых в нее не пускали в школу. Помимо школьной была пионерская форма: красный галстук, «белый верх, темный низ». Но по причине всеобщей бедности ее носили немногие.

С момента поступления в школу ребенку начинали «промывать мозги». По всем предметам были единые учебники, причем даже в школах с обучением не на русском языке базовыми были учебники, переведенные с русского. Они писались по заказу Министерства просвещения и проходили тщательную проверку в ЦК КПСС.

Все школьники со 2-го по 4-й классы должны были состоять в младшем звене пионерской организации — октябрятах и носить красную звездочку с изображением курчавого ребенка-Володи на лацкане пиджака или у девочек — на фартуке. В 4—5 классах детей принимали в пионеры. Вступающий в пионеры должен был произнести «Торжественное обещание» — «стойко стоять за дело Ленина и Коммунистической партии, бороться за победу коммунизма».

Комсомол и партия направляли работу пионерской организации — совета дружины, управлявшей пионерами школы, районных и городских пионерских штабов. На каждую школу полагался освобожденный функционер — старший пионервожатый. Пионерам-активистам делались поблажки по учебе, их направляли в привилегированные летние лагеря на Черном море «Артек», «Орленок» и др. Остальные дети проводили отдых в обычных пионерских лагерях, принадлежавших предприятиям и учреждениям.

После 1965 г. была сделана попытка оживить захиревшую в годы «оттепели» пионерскую организацию. Подростков заставляли носить пионерские галстуки до 15 лет, чего многие делать не хотели. Был возрожден институт политинформаций. В начале 1960-х гг. на политинформации можно было обсуждать «Один день Ивана Денисовича» Солженицына или безоценочно рассказать о творчестве Николая Гумилева. Но потом в школах, как и на предприятиях, ввели «единые политдни», следовавшие единой тематике, утвержденной местным обкомом КПСС.

По достижении 15 лет подростков старались привлечь в ВЛКСМ (комсомол). Первыми принимали пионерских активистов, затем всех остальных. ВЛКСМ престижем не пользовался, но членство в нем было полезно, а порой и необходимо для поступления в вуз.

Хотя многие пропускали пропаганду мимо ушей, ложь заполняла все школьные учебники по гуманитарным предметам и невольно вдавливалась в сознание учащихся. Историю СССР, которая почему-то начиналась с Урарту (государства на Армянском нагорье, существовавшего в II тысячелетии до Р. Х.), свели к тому, что все народы СССР до 1917 г. были жестоко угнетены и поэтому всегда боролись против власти. Зато после 1917 г. наступила идиллия, прерванная лишь вероломным нападением фашистов. Их разгромили «10 ударов Советской армии» — ранее известных как «10 сталинских ударов». Обществоведение сводилось к заучиванию преимуществ социалистического строя над капиталистическим. Русскую литературу изучали, избегая какого-либо упоминания о влиянии православия на отечественную словесность. На Достоевского отводилось ничтожная часть необязательных часов по учебному плану. Зато очень много времени отводилось «классикам» советской литературы — от Максима Горького и Маяковского до Михаила Шолохова — и дореволюционным писателям-революционерам Чернышевскому, Белинскому, Добролюбову. О них и надо было писать сочинения — хотя можно было и на вольную тему вроде «Быть коммунистом — значит мечтать, думать, хотеть, сметь!» Люди, развитые в гуманитарной области, становились ими вопреки школе, благодаря домашнему воспитанию и юношеской любознательности.

В процессе обучения школьникам дважды приходилось делать выбор. Первый раз по окончании 7-го, а с 1962 г. — 8-го класса предстояло решить, оставаться ли в средней школе или поступать в техникум либо в производственно-техническое училище (ПТУ). Второй раз — по окончании средней школы надо было выбрать вуз и форму обучения в нем (дневную, вечернюю или заочную). Открыто верующих в вузы не принимали.

Со второй половины 1970-х гг. власти старались загнать выпускников 8-х классов в ПТУ — не хватало рабочих рук. Уровень образования в этих училищах был крайне низок, хотя их выпускники получали и аттестат зрелости, и документ о производственном разряде по той или иной специальности. Техникум давал гораздо более глубокие знания. Его выпускников охотно принимали на работу и через некоторое время нередко назначали на должности старших инженеров.

Выпускники полного курса средней школы старались поступить в вузы. В 1961—1964 гг. студенты дневных отделений младших курсов технических вузов должны были совмещать учебу с работой на производстве. Правила о призыве на военную службу и отсрочке от нее несколько раз менялись. С половины 1960-х гг. при вузах создавались платные подготовительные курсы, а потом и бесплатные «подфаки» (подготовительные факультеты) для рабочих.

В ВУЗе «промывание мозгов» продолжалось. Обязательному изучению подлежали: история КПСС, политэкономия, марксистско-ленинская философия, «научный» коммунизм, а со второй половины 1970-х гг. также и «научный» атеизм. Помимо изучения подобных дисциплин, около месяца ежегодно выпадало из учебного времени студентов на сельхозработы в колхозах, переборку картошки и капусты на овощных базах. Во время каникул многие по собственной инициативе работали в студенческих строительных отрядах, так как здесь можно было неплохо заработать.

Активных комсомольцев, особенно спортсменов, привлекали в оперативные отряды, чтобы содействовать КГБ, применяя грубую физическую силу, в борьбе с неформальными молодежными группами и с религией.

В большинстве вузов студенты-дневники, учившиеся без троек, а также спортсмены и комсомольские активисты получали стипендию. До начала 1980-х гг. она составляла 28—40 рублей в месяц. Затем ее повысили до 40—60 рублей. В 1960—1970 гг. пара зимних женских сапог стоила 60—90 рублей, а в 1980-х гг. — до 130 рублей.

Поисками работы выпускник вуза в советское время не занимался: защитившие диплом на дневном отделении подлежали *распределению*. Их могли направить на работу на 3—5 лет в любую точку СССР. При этом до 1956 г. не считались с семейным положением, и уклонившимся от работы по распределению могли дать срок до трех лет.

Основным удостоверением личности в СССР служил паспорт. Его получали в возрасте 16 лет. Паспорт давал относительную свободу передвижения. Его ввели в 1932 г. только для жителей городов, чтобы предотвратить бегство крестьян от коллективизации. С 1959 г. паспорт стали выдавать некоторым категориям крестьян. Они могли его получить и после службы в армии. Полностью крестьян уравняли с остальными гражданами лишь при выдаче паспортов нового образца в 1976—1981 гг.

Паспорт не давал свободы выбора места жительства. Существовала прописка. Каждый советский человек был прописан на определенном месте и постоянно проживать мог только в этом городе, в этом доме и квартире. Переезд на новое место жительства мог быть разрешен властью только по мотивированным обстоятельствам (брак, уход за больными родителями и т. п.). Переехав, следовало тут же прописаться. В крупных городах прописаться можно было лишь к родственникам, если у них были излишки площади свыше санитарной нормы. Свободно приобрести квартиру в СССР было нельзя. Нарушение правил прописки каралось тюремным заключением.

Прописка означала право на жилье. Осужденные к лишению свободы через шесть месяцев теряли прописку, если на их жилплощади не были прописаны близкие родственники. Впрочем, местная практика позволяла лишить людей прописки и жилья без судебного приговора. Например, в 1970-х гг. в Ленинграде лиц, рассказавших публично антисоветский анекдот, вызывали в райотдел КГБ для «профилактической» беседы, при этом паспорт они сдавали охраннику. По результатам беседы им выносилось предостережение, а паспорт могли вернуть с аннулированной ленинградской пропиской. Тогда в течение 30 суток человек подлежал принудительному выселению в назначенный ему пункт за 101-й километр от города.

Паспорта имели определенную систему нумерации, оговоренную в секретных инструкциях. По ней можно было определить, был ли судим владелец и по какой статье. Право проживания граждан, имевших судимости по политическим статьям, к которым относилась и религиозная деятельность, было ограничено. Такие люди не могли селиться в Москве, Ленинграде и их окрестностях.

Помимо паспорта для всех работающих была обязательна трудовая книжка. Ее выдавали на руки только при увольнении, и она была необходима для получения пенсии. Уйдя с работы, человек был обязан устроиться на другую в течение трех месяцев, при этом через месяц терялся непрерывный стаж (то есть право на прибавку 10% к пенсии) и понижалась шкала оплаты больничных листов. А через три месяца не устроившегося на работу могли привлечь к уголовной ответственности за тунеядство. Эта норма действовала до 1988 г.

Существовал еще военный билет. Его обладателю надлежало в течение трех суток по приезде (даже временном) в другую местность встать на воинский учет.

И наконец, ссыльнопоселенцам полагались не паспорта, а специальные удостоверения, лишавшие их свободы передвижения. Но, отбыв ссылку, они все же имели больше прав, чем колхозники.

На посетителей из-за границы самое удручающее впечатление в СССР производили магазины. Пустые полки, обсиженные мухами муляжи товаров, отсутствие упаковки, товар, отпущенный «в тару покупателя» или завернутый в оберточную бумагу (полиэтиленовые пакеты были такой редкостью, что их хранили и стирали), отсутствие холодильной техники, назойливый запах гнилой капусты и тройные очереди: сначала за тем, чтобы выбрать товар, потом для того, чтобы за него уплатить у кассы, наконец за тем, чтобы его получить по кассовой квитанции. Систему эту придумали, чтобы продавцы не касались денег.

Выпускники вузов, техникумов или ПТУ при поступлении на работу в 1961—1970 гг. получали 60—110 рублей в месяц. Дешевый мужской костюм стоил 40—50 рублей, приличный 160—220 рублей. Дамское демисезонное пальто стоило 160—180 рублей. Приличные мужские туфли стоили 35—45 рублей, а в 1980-е гг. до

65–76 рублей. Дамские туфли в 1960–1970-е гг. стоили 35–50 рублей, а в 1980-е гг. уже 80–100 рублей. Дамская шуба из искусственного меха в 1970-е гг. стоила 400 рублей, в 1980-е гг. — 1200 рублей.

Цены на одежду не означали, что ее можно было свободно купить. Про приличную одежду, продукты говорили не «купил», а «достал». Как правило, все субботы (в воскресенье промтоварные магазины не работали) люди проводили, бегая по магазинам и простаивая в очередях «за дефицитом», а последним было всё начиная от импортного нижнего белья и кончая сосисками, колбасой, ветчиной и сливочным маслом.

Соответственно, и граждан СССР за границей легко было определить по их внешнему виду: мужчин по мешковатой одежде, дам по резким оттенкам краски для волос. Те, кто мог, стремились за границей прежде всего «отовариться». Обычной реакцией простых людей, ставших попадать на Запад в 1970-е гг., были истерически-удивлённые слова: «Здесь *всё* есть».

В 1970-е гг. в провинции власти начали вводить талоны на многие продукты. Эта практика во второй половине 1980-х гг. стала повсеместной. Трудно было купить не только шампунь, но и банное мыло. В очередях стояли и в рабочее время.

До 1961 г. холодильников в быту практически не было. Когда их выпуск наладили, ждать покупки «по записи» приходилось года два. В Ленинграде в 1961–1965 гг. их было продано 300 тысяч штук, хотя средняя цена холодильника (140–160 рублей) почти вдвое превышала среднемесячную заработную плату.

Распространение холодильников имело неожиданные последствия: жители провинции стали ездить в крупные города, чтобы достать скоропортящиеся продукты. Появились «колбасные электрички»: «Длинное, зеленое и колбасой пахнет — что это? — спрашивали шутники и сами разъясняли: — Это электричка "Москва — Тула"». Массовый вывоз продуктов «иногородними» ухудшил снабжение больших городов, и часть дефицитного продовольствия направили в систему «столов заказов». К этой системе были прикреплены предприятия и учреждения. Один-два раза в месяц их работники могли приобрести набор дефицитных продуктов. Дефицитом были: сырокопченая колбаса, копченая рыба, кукурузное масло, майонез, шпроты, сгущенное молоко, зеленый горошек. Иногда к советским праздникам в состав заказов включали 140-граммовую баночку красной икры. Кроме дефицитов полагалась и «нагрузка» в виде банки несъедобного консервированного борща или рыбных консервов в томате с перловой крупой. Важной разновидностью дефицита были свежие овощи и фрукты. Если летом и осенью их можно было купить, отстояв большую очередь, то зимой продавались только яблоки, апельсины и мандарины.

Дефицитом почти до конца советской власти оставались цветные телевизоры, которые к тому же имели свойство взрываться. Легковые автомобили из предмета роскоши превратились в дефицит. Если в начале 1950-х гг. они были просто недоступны, то уже к началу 1960-х гг. очередь за ними длилась 5–7 лет. После 1970 г., когда в Италии было куплено оборудование для выпуска фиат-124, к середине 1980-х гг. ожидание в очереди снизилось до двух лет.

Несмотря на тотальный дефицит, люди все же были одеты, доставали что-нибудь вкусное к праздникам. Объяснялось это тем, что советская система породила «блат» — совокупность отношений, основанных на оказании взаимных услуг. Причем со своих знакомых люди, как правило, ничего не брали «сверху». При этом начинали складываться обширные горизонтальные связи. Сыну продавца надо было поступать в институт, а институтскому профессору нужна была приличная меховая шапка. Между продавцом и профессором находились посредники, которые и организовывали сделку. Особым видом блата было оказание бытовых услуг. Здесь действовали чисто денежные отношения. Например, в швейных ателье не было выбора тканей, фурнитуры, а качество пошива для «человека с улицы» было безобразным. Но если вы попадали к закройщику по рекомендации знакомых, то тут же находилось все нужное, и вещь была сшита прилично. Платили вы при этом лично закройщику.

Так как госорганизации ничего не делали качественно, то возникли целые отрасли полуподпольного бытового обслуживания: строительство дачных домов и ремонт квартир, радиоэлектроники, автомобилей. При этом самодеятельные предприниматели, несмотря на все препоны, добивались высокой степени кооперации. Примером может служить подпольный пошив джинсов. 80% этих брюк, сработанных под лучшие западные фирмы, были почти полностью изготовлены в СССР. Текстильные комбинаты выпускали никем не учтенную джинсовую ткань. Прядильно-ниточные — никем не учтенные нитки. Полуподпольные артели производили фурнитуру и лейблы. Кары незаконным предпринимателям («цеховикам») полагались сравнительно мягкие — до четырех лет заключения, но чтобы их избежать, они давали взятки, а за это можно было получить и расстрел. Подпольное предпринимательство было делом рискованным, и большинство сограждан предпочитали подпольному бизнесу государственную службу. Но здесь были свои проблемы.

Поступив на работу, надо было вступить в профсоюз: оплата больничных листов для членов профсоюза была вдвое выше, чем для остальных. Профсоюзы были вертикальными (рабочий состоял в одной организации с директором) и делились по отраслевому принципу. Их члены должны были платить взносы в размере 2% от заработка. Помимо оплаты больничных листов профсоюзы давали возможность приобретения льготных путевок в дома отдыха. Лучшие, понятно, доставались начальству.

Обязательной частью советского производственного ритуала были собрания (партийные, производственные, профсоюзные, комсомольские), политинформации и митинги. Все это происходило в рабочее время. В дни 7 ноября и 1 мая устраивались демонстрации — шествия по главным улицам с красными знаменами, партийными лозунгами и портретами вождей. От участия в них люди старались уклониться, и на больших предприятиях выработался прейскурант: нести транспарант и знамя предприятия стоило 25—30 рублей, обычный транспарант — 15—20 рублей, дешевле всего стоило нести физиономии членов Политбюро (в народе их звали «свиными рылами»): 10—15 рублей. После демонстрации «носильщикам» наливали стакан водки или полстакана спирта. Бесплатные демонстранты сами устраивали себе возлияния.

Важной заботой людей, которые уже обзавелись семьями, было жилье. Коммуналками становились и малогабаритные хрущевские квартиры. Их обитатели создавали семьи, рожали детей, разводились, создавали новые семьи. Иногда в 25-метровой «распашонке» (квартира, где одна из комнат проходная) жило 4—6 человек. Система прописки и государственной собственности на жилье привязывала людей к своим углам, вынуждая их по 10—12 лет ждать очереди на получение новой, отдельной или большей квартиры. Если ее получали от предприятия, то очередь была короче: 5—7 лет. В 1990 г. в коммуналках все еще жило 45% ленинградцев и 16% москвичей.

В середине 1960-х гг. власть отказалась от государственной монополии на жилье и разрешила жилищно-строительные кооперативы (ЖСК). Люди платили вступительный взнос и ждали получения жилья 3—4 года. Затем еще 15 лет выплачивали оставшуюся сумму. Чтобы снизить затраты, члены кооперативов сами работали на постройке («метод народной стройки»). В 1966—1970 гг. ЖСК построили в Ленинграде 20% нового жилья, в Москве в 1971—1975 гг. около 10%.

Получив новую квартиру, ликвидировать оставшиеся после постройки недоделки было трудно: ни материалов, ни инструмента в продаже не было. Многое приходилось воровать на работе. Коллеги на это смотрели сквозь пальцы: «Тащи с работы каждый гвоздь — ты здесь хозяин, а не гость!»

Все же получение отдельных квартир изменило советский быт. Людям была дана возможность уединяться в узком кругу, свободно вести «разговоры на кухне», проводить праздники вместе. Помимо дней рождения люди праздновали Новый год, старостильный Новый год, разговлялись на Пасху (в храмы попасть было трудно). 8 марта отмечали, забыв про его коммунистический смысл. 1 мая и 7 ноября для большинства были лишь поводами для посиделок, 9 мая поминали погибших. На Радоницу и Троицу посещали могилы предков. 23 февраля пили на работе, но особенно в войсках. Характерным учреждением советского времени был **вытрезвитель**, куда свозили найденных на улице пьяных.

В застойное двадцатилетие (1964—1985) окончательно сформировался «советский человек». Это отнюдь не был беззаветно преданный идеям коммунизма, братству трудящихся бескорыстный и гениально умелый, чуждый предрассудков человек социалистического завтра, как о том грезили революционеры начала века, писали Плеханов, Ленин и Бухарин. Вовсе нет. Советский человек получился совсем иным. В коммунизм, социализм, братство пролетариев и все другие догмы научного коммунизма он совершенно не верил, а большей частью и не знал о них ничего определенного, отделываясь на уроках политграмоты несколькими заученными фразами типа «материя первична, сознание вторично» (шутники, правда, эту фразу продолжали: «...а партия прикажет, так все наоборот»).

Никакой бескорыстности у советского человека не было и в помине, но было иное, действительно необычное для людей свойство — он не стремился стать богаче, используя свои таланты и силы. Он знал: путь к благам — это партийная карьера, а отнюдь не честный труд. Трудиться советский человек разучился. На работе все ставки были нормированы, и больше весьма ограниченного максимума заработать было практически невозможно. По всему СССР распевали грубую песенку: «Справа — молот, слева — серп. Это наш советский герб. Хочешь — жни, а хочешь — куй, все равно получишь...» Тем более нельзя было приложить смекалку и труд в создание собственного дела. Трудиться можно было только на советское государство. Поскольку хороший труд не отличался по оплате от плохого, все почти шли по пути минимализации усилий — работали спустя рукава. И в застойные годы работать разучились окончательно. Советские изделия легко было отличить от аналогичных западных по низкому качеству, частым поломкам, браку, грубо сделанным деталям.

Те же, кто хотели жить лучше и притом не вступать в конфликт с законом, занимаясь подпольным бизнесом, делали служебную карьеру. Чтобы стать начальником в любой области — офицером в армии, доктором наук в Академии, директором института или начальником департамента, надо было вступить в компартию. К вступлению в партию в 1970-е гг. все относились предельно цинично, кроме тех, кто не вступали в нее по принципиальным соображениям. Те же, кто вступали, с первой же минуты принуждались лгать, что они верят в марксизм-ленинизм, отрицают Бога, готовы отдать все силы партии. И эта ложь становилась частью натуры. Чтобы сделать карьеру, надо не трудиться в поте лица, а лгать и проталкиваться наверх. Наложившись на наследие 1930-х гг., привычка к циничной лжи, к хитрости стала характерной особенностью советского карьерного человека.

Наконец, на место задавленной веры в Бога пришли многочисленные суеверия. Партийные начальники не меньше деревенских бабок боялись каких-то примет, черных кошек и т. п. Их жены боялись сглаза детей. Порой, тайком от мужей, они даже забегали в церковь поставить свечку или осеняли своих младенцев крестным знамением. Но это были не сознательные действия верующего человека, а все те же магические обереги. Убежденных научных атеистов воспитать удалось немного, а вот создать из христиан старой Руси примитивных магистов — это у большевиков получилось. Когда в апреле 1988 г. рухнули запреты коммунистической власти и Церковь обрела свободу, магическое отношение к религии стало главнейшей болезнью религиозной жизни, распространившейся не только среди мирян, но даже и среди части нового духовенства.

5.1.46. Спорт в 1950—1980-е гг.

В дореволюционной России массовый спорт был развит мало. Это хорошо продемонстрировали Олимпийские игры 1912 г. в Стокгольме, где соревновались спортсмены-любители. Команда России, представленная 178 участниками, завоевала лишь две серебряных и две бронзовых медали. Лидерами были команды Швеции (24 золотых, 24 серебряных и 16 бронзовых медалей), США (соответственно — 23, 19, 19), Великобритании (10, 15, 16), Финляндии (9, 8, 9), Германии (5, 13, 7) и Франции (7, 4, 3). Финляндия, которая входила в состав Российской Империи, выставила свою команду, обогнав Германию и Францию и заняв четвертое место в общекомандном зачете.

Профессиональный спорт в России был развит хорошо. Русские борцы и тяжелоатлеты были одними из лучших в мире, наездники и стрелки, представленные в основном военными, также не уступали иностранным. После неудачного выступления на Олимпиаде императорское правительство начало разрабатывать программы развития массового спорта, но они были задержаны Первой Мировой войной и последующими событиями.

РОССИЯ В ГОДЫ «МИРНОГО СОСУЩЕСТВОВАНИЯ» (1953—1985)

В начале 1920-х гг. спортсмены считались большевиками чуть ли не контрреволюционерами, а спорт — буржуазным предрассудком. Только с середины 1920-х гг. ситуация начала меняться. Спортивное движение стало массовым: стране требовались хорошо подготовленные солдаты. Тем не менее изоляция от мирового спортивного сообщества приводила к тому, что в результативных видах спорта, таких как, например, бег, штанга и т. п., советские спортсмены могли равняться на достижения мирового уровня, так как результаты, показанные на международных соревнованиях, до них доводились, а, например, в игровых видах или единоборствах, где исход решает само соперничество между командами и спортсменами, о предполагаемом исходе можно было только гадать. Так, например, сборная СССР по футболу проиграла в 1937 г. испанской команде басков, причем партийные чиновники после двух неудачных матчей, понимая, что шансов на успех в третьем нет, пытались споить испанцев, подсунуть им на ночь проституток, но безуспешно. Третий матч был проигран.

Сказался отрыв советских спортсменов от мировых методик тренировок. Вторая Мировая война нанесла удар по спорту во всех воюющих странах. Очень многие спортсмены сражались на фронтах, погибли в боях, получили ранения, не позволившие им выступать на крупных международных состязаниях после войны. А так как в войне участвовали все мировые спортивные лидеры: США, Германия, Англия, Франция, Италия и ряд других стран, то СССР оказался с ними практически в равных условиях к началу 1950-х гг. В 1947 г. Международный Олимпийский комитет (МОК) обратился к спортивным организациям СССР с предложением принять участие в Олимпийских играх 1948 г., но советские спортсмены не успели подготовиться и не смогли поехать на Олимпийские игры в Осло. Лидерами оказались норвежские спортсмены, завоевавшие по числу медалей первое место в общекомандном зачете, на втором была команда США, ФРГ — на пятом, а Великобритания и Франция — на 11 и 12-м местах. Результаты показали, что страны, истощенные войной в Европе, выступили намного ниже своих потенциальных возможностей.

В апреле 1951 г. в СССР был создан Олимпийский комитет, который в мае того же года был признан МОК. Первая в истории русского спорта золотая олимпийская медаль была выдана 20 июля 1952 г. в Хельсинки метательнице диска Н. Ромашковой (Пономаревой). Команды СССР и США разделили первое место, набрав в неофициальном командном зачете (НКЗ) по 494 очка. Результат говорил сам за себя: несмотря на международную изоляцию, уровень российских спортсменов был высок. С этого момента спорт в СССР становится важнейшей политической составляющей, встав в один ряд с достижениями в освоении космоса и научно-техническим прогрессом. Денег на развитие спорта правительство СССР не жалело: организовывались детско-юношеские спортивные школы, строились мощные спортивные базы, стадионы, комплексы. Результаты спортсменов не замедлили сказаться, а их лучшей иллюстрацией являются сравнительные таблицы олимпийских достижений команды СССР. В таблицах указывается год, страна проведения игр, число медалей по категориям, очки НКЗ (в случае, если о них есть информация у авторов учебника) и первые два или три места, занятые странами-победительницами.

Летние Олимпийские игры

Год	Страна проведения	Медали			Очки НКЗ	Страны-победительницы
		Золотые	Серебряные	Бронзовые		
1952	Финляндия (Хельсинки)	22 40	30 19	19 17	494 494	СССР США
1956	Австралия (Мельбурн)	37 32	29 25	32 17	622,5 497,5	СССР США
1960	Италия (Рим)	43 34	29 21	31 16	682,5 463,5	СССР США
1964	Япония (Токио)	30 36	31 26	35 28	607,8 581,8	СССР США
1968	Мексика (Мехико)	29 45	32 28	30 34	590,8 713,3	СССР США
1972	ФРГ (Мюнхен)	50 33	27 31	22 30	664,5 638,5	СССР США
1976	Канада (Монреаль)	49 40 34	41 25 35	35 25 25	792,5 638 603,75	СССР ГДР США
1988	Корея (Сеул)	55 37 36	31 35 31	46 30 25	 636 632	СССР ГДР США
1992	Испания (Барселона)	45 37 33	38 34 21	29 37 28		СНГ США Германия

Как видно из приведенной таблицы, лишь в 1968 г. США удалось обогнать СССР и выйти на первое место по очкам НКЗ, но в 1976 и 1988 гг. США уступили второе место ГДР. Олимпиады 1980 г. в Москве и 1984 г. в Лос-Анджелесе проходили в условиях разгоревшейся «холодной войны» из-за советского вторжения в Афганистан и взаимно бойкотировались Олимпийскими комитетами обеих стран, поэтому сравнения их результатов некорректны. Достаточно сказать, что на Московской олимпиаде в 1980 г. спортсмены СССР завоевали 80 золотых, 69 серебряных и 46 бронзовых медалей, а спортсмены США на олимпиаде в Лос-Анджделесе в 1984 г. — 83 золотых, 61 серебряную и 30 бронзовых медалей. Эти цифры выглядят полным диссонансом с остальными по вполне понятным причинам: сильнейшие спортсмены ведущих держав мира поочередно не участвовали в играх. О результативности косвенно можно судить по установленным мировым рекордам, так как известно, что олимпийские рекорды всегда ниже мировых. Спортсмены, как правило, не хотят идти на риск на олимпиадах, проводящихся раз в четыре года. В Москве было установлено 97 мировых рекордов, в Лос-Анджелесе — 11. В 1992 г. СССР уже распался, но так как распад произошел незадолго до игр в Барселоне, было принято решение, что в последний раз будет участвовать объединенная команда СНГ, правда, без спортсменов стран Балтии. Несмотря на негативные для спорта процессы, которые происходили на территории бывшего СССР, объединенная команда, выступавшая под олимпийским флагом, завоевала первое место, опередив сборную США.

Не менее впечатляюще выглядят результаты советских спортсменов на зимних Олимпийских играх, в которых сборная СССР участвовала с 1956 г.

Зимние Олимпийские игры

Год	Страна проведения	Медали			Очки НКЗ	Страны-победительницы
		Золотые	Серебряные	Бронзовые		
1956	Италия (Кортина д'Ампеццо)	7 4	3 3	6 4	103 66,5	СССР Австрия
1960	Италия (Скво-Вэлли)	7 3	5 4	9 3	146 62	СССР США
1964	Австрия (Инсбрук)	11 3	8 6	6 6	162 89,5	СССР Норвегия
1968	Франция (Гренобль)	6 5	6 5	2 3	103 92	Норвегия СССР
1972	Япония (Саппоро)	8 4	5 3	3 7	120 83	СССР ГДР
1976	Австрия (Инсбрук)	13 7	6 5	8 7	192 135	СССР ГДР
1980	США (Лейк-Плэсид)	10 10	7 6	7 6	154,5 147,5	ГДР СССР
1984	Югославия (Сараево)	6 9	10 9	9 6	167 165	СССР ГДР
1988	Канада (Калгари)	11 9	9 10	9 6	204,5 173	СССР ГДР
1992	Франция (Альбервиль)	10 9	10 6	6 8	181 163	Германия СССР

Таким образом, на зимних Олимпийских играх только дважды — в 1968 и 1980 гг. — сборная СССР уступила пальму первенства командам Норвегии и ГДР, а в 1992 г. команда СНГ — сборной объединенной Германии. Но на зимних Олимпиадах главного соперника, как на летних, у советской сборной не было; лишь последние 20 лет — с 1972 по 1992 гг. — шла упорная борьба с командами ГДР и объединенной Германии. Из приведенных результатов видно, что СССР в 1950–1980-е гг. по праву считался ведущей спортивной державой мира.

Многие русские спортсмены становились двукратными и трехкратными олимпийскими чемпионами, а в некоторых видах спорта Советский Союз стал признанным лидером. В 1950–1960-е гг. имена многих русских спортсменов стали известны всему миру. В спортивной гимнастике Лариса Латынина стала первой русской трехкратной олимпийской чемпионкой (1956, 1960, 1964), завоевав в общей сложности 18 олимпийских медалей (9 золотых, 5 серебряных и 4 бронзовых). В боксе наилучших результатов советская сборная добилась в середине 1960-х гг., когда на чемпионате Европы 1965 г. все 8 золотых медалей достались русским спортсменам. Мастерство двукратного олимпийского чемпиона (ОЧ) Бориса Лагутина (1964, 1968), Валерия Попенченко (ОЧ 1964), Геннадия Шаткова (ОЧ 1956) и ряда других боксеров было признано всеми ведущими специалистами мира. Впечатляющих успехов добились штангисты. В 1952 г. Аркадий Воробьев стал бронзовым призером Олимпийских игр в Хельсинки в полутяжелом весе, а на олимпиадах в Мельбурне в 1956 г. и Риме в 1960 г. он одержал победы, став первым советским двукратным олимпийским чемпионом по штанге. В супертяжелом весе традиционно победу одерживали спортсмены США, среди которых выделялся Пол Андерсон. Победа Юрия Власова в 1960 г. в Риме положила конец первенству американских спортсменов в этой весовой категории: в 1964 и 1968 гг. олимпийским чемпионом стал Леонид Жаботинский, а в 1972 и 1976 гг. — Василий Алексеев. Среди борцов наивысших успехов добились Александр Медведь (ОЧ 1964, 1968 и 1972) и Иван Ярыгин (ОЧ 1972, 1976), ставшие, соответственно, трехкратным и двукратным олимпийскими чемпионами по вольной борьбе. Серьезных успехов добились русские футболисты, завоевавшие в 1956 г. золотые олимпийские медали. Всеволод Бобров стал единственным в мире спортсменом, вошедшим в сборную своей страны как по футболу, так и по хоккею. Он участвовал как футболист в олимпийском турнире 1952 г. и стал олимпийским чемпионом по хоккею в 1956 г., забив 9 шайб. В 1966 г. сборная СССР заняла четвертое место на чемпионате мира по футболу. Это лучшее достижение как сборной СССР, так и сборной современной России в этих соревнованиях, непревзойденное до сих пор. Однако наиболее триумфальными были успехи сборной СССР по хоккею с шайбой. С 1960 по 1976 г. русские спортсмены не проиграли ни одной Олимпиады и выигрывали практически все чемпионаты мира. Тренером советской сборной был Анатолий Тарасов, воспитавший два поколения выдающихся спортсменов, добившихся непревзойденных никем результатов. Александр Рагулин, Виктор Кузькин и Анатолий Фирсов стали трехкратными олимпийскими чемпионами (1964, 1968, 1972); позже этот результат повторил Владислав Третьяк (ОЧ 1972, 1976, 1984), также воспитанник Анатолия Тарасова.

Развивались не только олимпийские, но и военно-прикладные виды спорта. Практически в каждом областном центре работали аэроклубы, в которых культивировались самолетный, вертолетный, планерный и парашютный спорт. Русские парашютисты с 1954 г. с успехом выступали на чемпионатах мира, неизменно завоевывая золотые медали. Двукратными абсолютными чемпионами мира стали И. Федчишин (1954, 1956) и Н. Ушмаев (1974, 1980). Практически на каждом чемпионате мира кто-нибудь из русских спортсменов становился абсолютным чемпионом мира по парашютному спорту. В 1980 г. Анатолий Осипов и Юрий Баранов первыми в истории спорта перешагнули десятитысячный рубеж числа парашютных прыжков и попали в Книгу рекордов Гиннесса. Чемпионкой мира по самолетному спорту в 1970 г. была Светлана Савицкая, дважды летавшая в космос. В 1992 г. спортсмены Саратовского аэроклуба имени Ю.А. Гагарина Александр Злобин и Владимир Панарин стали абсолютными чемпионами мира по вертолетному спорту. Это очень почетное звание, так как дважды его пока не удалось завоевать ни одному спортсмену на планете.

Между тем, как и во многих других областях жизни, кризис в советском спорте начал зарождаться именно в годы его наиболее выдающихся успехов. Как и в любом другом деле, советское государство, вкладывая деньги в развитие спорта, считало всё, в том числе и личность спортсмена, своей собственностью. Если в странах Запада в дуэте тренер — спортсмен главным действующим лицом был спортсмен, который сам мог выбирать себе тренера и получал за каждую победу весьма серьезные гонорары, способные обеспечить его будущее после ухода из спорта, то в СССР и странах социалистического лагеря все было иначе. Гонорар за золотую олимпийскую медаль на Западе составлял сотни тысяч долларов, а в СССР — 5 тысяч рублей, что по официальному советскому курсу 66 копеек за 1 доллар США составляло 3300 долларов, а по спекулятивному, то есть реальному (3 рубля за 1 доллар США), — 1667 долларов. И в первом, а уж тем более во втором случае гонорары спортсменов в СССР и странах Запада были просто несопоставимы.

Тренер в Советском Союзе был для спортсмена «богом и царем»: это, конечно, с одной стороны, давало высокие результаты, о чем свидетельствуют достижения спортсменов, а с другой — отучало спортсмена от самостоятельности в принятии решений. Хорошо если тренер был не только профессионалом высокого класса, но и неординарной личностью, как, например, Анатолий Тарасов, но, к сожалению, это случалось редко. Зачастую тренеры оказывались людьми не очень высоких моральных качеств и нещадно эксплуатировали спортсменов, что приводило иной раз к трагедиям. Так, например, выдающаяся гимнастка Ольга Корбут в 1972 г. после триумфа на Олимпийских играх в Мюнхене была изнасилована своим тренером. В любой демократической стране мира тренера ждал бы тюремный срок на долгие годы, тем более что юная спортсменка была несовершеннолетней, но девушка вынуждена была молчать, а написала об этом лишь многие годы спустя, работая в США.

Но главной проблемой в советском спорте стала другая. На Западе спортсмен уходил из спорта состоятельным, а то и богатым человеком, а в СССР его судьба была незавидной. Спортивная жизнь в разных видах спорта имеет различную длину. Выигрышны те виды, откуда уходят либо слишком рано, как, например, из спортивной гимнастики, либо поздно, как, например, из парусного спорта. В первом случае человек еще молод и может заново построить свою судьбу, во втором — спорт до седин становится его профессией. Но в большинстве случаев спортивная карьера заканчивается в 35—40-летнем возрасте. Что же ждало советского спортсмена за этим рубежом? Как правило, спортсмены числились за каким-либо спортивным обществом. «Трудовые резервы» объединяли спортсменов промышленных предприятий, «Буревестник» — студентов, ЦСКА — спортсменов армии, «Динамо» — спортсменов МВД и т. д. Статуса у спортсмена в этих обществах не было никакого. В армии он числился на какой-либо должности в воинской части, в «Буревестнике» — был «вечным студентом», обучавшимся по нескольку лет на одном курсе, на промышленных предприятиях числился токарем или фрезеровщиком в каком-либо цехе. После ухода из спорта человек вынужден был идти на свою официально занимаемую должность. Но становиться в 40 лет учеником токаря мало кто желал, а идти на тренерскую работу мог не всякий: ведь не из каждого даже великого спортсмена может получиться хороший тренер. Подобные ситуации возникали сплошь и рядом и нередко заканчивались трагедиями. Многие спортсмены спивались, что приводило к раннему уходу из жизни. Привыкшие с молодых лет к известности и славе, они не могли смириться со своим новым положением. Спортивные чиновники относились к судьбе спортсменов с равнодушием, как к отработанному материалу. Выдающийся хоккеист Александр Альметов работал могильщиком на Ваганьковском кладбище, невдалеке от стадиона ЦСКА, где он тренировался и играл за родную команду. На этом же кладбище он и лег навеки прожив немногим более 50 лет. Трагедией закончилась жизнь выдающейся гимнастки Тамары Лазакович. Уйдя из большого спорта, она долгое время не могла найти себя, начала пить и бросилась под поезд с зажатой в руке золотой олимпийской медалью. Подобных примеров немало.

Были, конечно, и другие судьбы. Так, выдающийся штангист Аркадий Воробьев стал доктором медицинских наук, разработал теорию подготовки спортсменов-штангистов, стал автором многочисленных учебников; боксер Геннадий Шатков — доктором юридических наук. Очень многие бывшие спортсмены стали выдающимися тренерами. Всеволод Бобров сменил Анатолия Тарасова на посту тренера сборной СССР по хоккею, и триумф в Канаде в 1972 г. происходил уже под его руководством, а Давид Ригерт и Василий Алексеев стали тренерами по штанге. В парашютном спорте, как правило, все тренеры спортивных команд сами в прошлом были выдающимися спортсменами. Наиболее удачным было будущее спортсменов армейцев и работников МВД. По крайней мере, они имели шанс получить офицерское звание, окончить военную академию (как это сделал, например, Владислав Третьяк) и продолжать службу в армии или МВД, обеспечив тем самым свою дальнейшую жизнь и получив хоть какую-то социальную защиту. Именно поэтому очень многие спортсмены стремились перейти в армейские команды или команды МВД. Однако везде и повсюду их судьбы решали чиновники от спорта, которые, будучи абсолютно некомпетентными в вопросах спорта, имея, как правило, партийное и комсомольское прошлое, пользовались своим положением для загранкомандировок, премий, нанося своим «руководством» только вред. Так, например, выдающийся тренер по хоккею Анатолий Тарасов был удален от работы со сборной СССР в 1972 г. из-за конфликта с бюрократами от спорта.

Спортсмены видели всю несправедливость сложившейся ситуации, сравнивали свои достижения с достижениями западных спортсменов и приходили к неутешительным выводам. В 1984 г. Владислав Третьяк попросил дать ему возможность поиграть в Канаде, но выдающемуся вратарю было отказано, и он покинул спорт, хотя мог еще играть как минимум пять лет. К концу 1980-х гг. конфликты между чиновниками и спортсменами усилились, а в 1989 г. 20-летний хоккеист Александр Могильный сбежал в Канаду, будучи лейтенантом Советской армии. В обществе этот поступок не вызвал никакого осуждения, хотя формально налицо имело место воинское преступление. С начала 1990-х гг. отъезды русских спортсменов за рубеж на тренерскую работу и по контрактам стали массовым явлением.

Литература
Б. Хавин. Все об олимпийских играх. М.: Физкультура и спорт, 1979.
В.А. Смирнов. Справочник инструктора-парашютиста. М.: Изд-во ДОСААФ, 1989.
А. Тарасов. Настоящие мужчины хоккея. М.: Физкультура и спорт, 1987.
В. Дворцов. Хоккейные баталии СССР – Канада. М.: Физкультура и спорт, 1979.

5.1.47. Природа России. Ее охрана и разрушение в 1950–1980-е гг.

Стремительная и во многом насильственная смена уклада жизни русского общества во много раз усилила давление человеческой деятельности на природный мир в 1930–1980-е гг. Российский крестьянин издревле строил свою жизнь в соответствии со словами *«что Бог пошлёт»*, а советский человек в 1960-х гг. совершенно уверенно утверждал, что «и на Марсе будут яблони цвести».

О масштабах и степени влияния на природу предвоенных пятилеток дает представление простое перечисление наиболее крупных объектов промышленности и энергетики, возведенных за эти годы: Зуевская, Челябинская, Сталинградская, Белорусская, Дубровская, Новомосковская, Кемеровская, Среднеуральская, Рионская и Канакерская электростанции; Кузнецкий и Магнитогорский металлургические комбинаты; угольные шахты в Донбассе, Кузбассе и Караганде; Сталинградский и Харьковский тракторные заводы; Московский и Горьковский автомобильные заводы; Кондопожский и Вишерский целлюлозно-бумажные комбинаты, Березниковский азотнотуковый завод; Ивановский меланжевый комбинат; Уральский и Краматорский заводы тяжелого машиностроения, Уральский вагоностроительный и Челябинский тракторный заводы, Криворожский, Новолипецкий, Новотульский, «Азовсталь» и «Запорожсталь» металлургические заводы, Ташкентский текстильный и Барнаульский хлопчатобумажные комбинаты. Всего было введено в действие около 4500 таких предприятий. В конце 1930-х гг. стремительно осваивались новые топливные районы. За второй пятилетний план добыча угля была удвоена, а в Кузбассе увеличилась в 2,6 раза, добыча нефти выросла на 37%, а в Башкирии и Казахстане – почти в 4 раза. Грузооборот по железным дорогам за 1933–1937 гг. увеличился почти вдвое. С 1938 до 1941 г. было запущено еще около 4000 больших индустриальных объектов. Кураховская, Кувасайская и Ткварчельская тепловые электростанции; Угличская и Комсомольская гидроэлектростанции; Новотагильский и Петровск-Забайкальский металлургические, Среднеуральский и Балхашский медеплавильные заводы; Уфимский нефтеперерабатывающий завод; Московский завод малолитражных автомобилей; Енакиевский цементный завод; Сегежский и Марийский целлюлозно-бумажные комбинаты. В годы войны вновь построено и запущено производство еще на 3500 крупных объектах промышленности.

В конце 1930-х гг. начато строительство грандиозного каскада волжских водохранилищ. К 1941 г. Волга была перекрыта плотинами в Дубне, Угличе и Рыбинске. Почти десятилетие, до 1947 г., вода постепенно поглощала естественно-исторические ландшафты Верхней Волги. В 1955 г. было заполнено Горьковское водохранилище. Его площадь составляет 1591 км^2 в Нижегородской, Ивановской, Костромской и Ярославской областях, наибольшая ширина достигает 16 км, а длина –

434 км. Подпор воды этого водохранилища начинается немного выше Ярославля. В 1955–1957 гг. Волга перекрыта на входе в Самарскую Луку и заполняется громадное Куйбышевское водохранилище, начинающееся немного выше Казани. Водой залита широкая долина Средней Волги и Нижней Камы. Площадь водохранилища достигает 5900 км^2, длина — 510, а наибольшая ширина 27 км; уровень воды в нем поднялся на 30 метров. В течение 1958–1961 гг. происходило заполнение Волгоградского водохранилища, образованного плотиной Волжской ГЭС, возведенной выше Волгограда. Площадь водохранилища составляет около 3117 км^2, объем 31,5 км^3, длина 540 км, наибольшая ширина 17 км, средняя глубина 10,1 м.

В результате этих строек река Волга практически перестала существовать как река и превратилась в непрерывный каскад искусственных озер, которые поглотили самые богатые в биологическом и культурном смыслах земли. Рыбинским водохранилищем практически была затоплена небольшая аграрная страна с одной из самых успешных в России культурой земледелия; Куйбышевское водохранилище до сих пор ежегодно «растворяет» в себе не менее 100 гектар пахотной земли и лесов береговой линии. В середине 1980-х гг. ЦК КПСС и Совет министров СССР оценили ежегодный ущерб гидротехнического строительства на Волге только от утраты пойменных и заливных лугов в 10 млрд рублей.

При этом волжские гидроэлектростанции вырабатывают электричество, по водохранилищам стало возможно стабильное судоходство, обеспечившее большой объем грузоперевозок. Баланс плюсов и минусов превращения Волги в энергетическую и транспортную артерию страны оценить с рациональных позиций невозможно. Очевидно, однако, что с утратой реки Волги была прервана история и потерян длинный опыт гармоничного развития русского человека в природе. Несомненно также, что биологическое разнообразие на Волге претерпело сильное обеднение. Достаточно только вспомнить, что город Рыбинск изначально назывался Рыбной слободой и славился необыкновенным разнообразием и богатством рыбы, в том числе осетровых, а также волжской сельдью, знаменитым заломом — бешенкой. Теперь в Рыбинском водохранилище обитают обыкновенные карпы, окуни, щуки, сомы и налимы, всего только 24 вида. Подобные же «жертвы» принесены по всему течению Волги и на Нижней Каме.

Послевоенное восстановление промышленности происходило вплоть до середины 1950-х гг. В этот период времени появилось относительно немного новых промышленных объектов. Наиболее опасные из них возводились в местах «отдаленных», заключенными ГУЛАГа. Именно в это время на проектную мощность производства вышли Норильский и Мончегорский металлургические комбинаты, строительство которых было начато еще в середине 1930-х гг. Влияние этих производств на небогатую и очень неустойчивую природную среду лесотундры обернулось масштабной и развивающейся во времени гибелью лесов. Техногенные ландшафты, возникшие по розе ветров от труб Норильска и Мончегорска, являются одними из самых больших «грязных» пятен на пространствах всей России.

На 1940–1950 гг. приходится наибольшая активность печально известного «Дальстроя». Добыча золота и оловосодержащей руды — кассетерита была развернута на необъятных просторах Колымского края. Сотни приисков и драг «фильтровали» породу и русла многочисленных речек. «Дальстрой» распоряжался самостоятельно и безоглядно всей природой края, реками, рыбой, зверем, лесом и людьми. Во всех его владениях царили порядки ГУЛАГа, которые ярко описаны А. Жигулиным («Черные камни»), Варлаамом Шаламовым («Колымские рассказы»), О. Куваевым («Территория»). Экологические потери безоглядной эксплуатации Колымского края, видимо, еще никто не оценивал. Можно только предполагать, что они сопоставимы со страшными гуманитарными увечьями от деятельности «Дальстроя».

Во второй половине 1940-х гг. по-прежнему было голодно. Пыльные бури, не только повреждающие урожай, но и срывающие плодородный слой почвы на больших площадях, происходили в степных районах России на протяжении нескольких веков. Засухи и суховеи 1946 г. в Черноземной зоне России и на Украине привели к большим потерям урожаев и к голоду 1947 г. В 1947 и 1948 гг. погода и урожаи были лучше.

Осенью 1948 г. Совет министров СССР и ЦК ВКП(б) приняли постановление «О плане полезащитных лесонасаждений, внедрения травопольных севооборотов, строительства прудов и водоемов для обеспечения высоких и устойчивых урожаев в степных и лесостепных районах Европейской части СССР». По этому «сталинскому» плану предусматривалось посадить несколько тысяч километров полезащитных лесных полос, развивать оросительные системы, строить пруды и водоемы. Лесными полосами и лесоразведением советская власть намеревалась «задержать» губительные суховеи и качественно улучшить условия для сельского хозяйства в степной зоне Юга России. На этот план работала вся государственная машина, от «передовой» советской науки до пропаганды. Т.Д. Лысенко «изобрел» знаменитый квадратно-гнездовой (то есть посев групп семян деревьев по «гнездам» — небольшим прикопкам в естественном травостое) метод посева, киностудии снимали ленты фильмов о людях страны Советов, преобразующих природу.

Несмотря на то что степное лесоразведение было теоретически подготовлено целой школой русских ученых, от Докучаева до Сукачева, штурмовые методы возведения лесных полос, естественно, были часто неэффективны. Усилия десятков тысяч людей нередко мгновенно сводились на нет поздними заморозками, весенней засухой, осенними проливными дождями, другими капризами природы. Со смертью Сталина в 1953 г. про план довольно быстро забыли, тем не менее на двух миллионах гектаров были созданы лесные полосы, более чем на ста тысячах гектаров вдоль рек были посажены лесные массивы. Лесные полосы теперь стали для нас неотъемлемой частью степного культурного ландшафта, и мы почти забыли о пыльных бурях, а по левому берегу Дона, ниже Воронежа и на Северском Донце, зеленеют обширные массивы сосновых лесов, выращенных на голых песчаных холмах. В значительной степени в черноземной зоне Европейской части России преодолена эрозия почв. Однако скорого решения продовольственной проблемы эти положительные перемены не дали да и не могли дать.

Между тем острота состояния продовольственного вопроса требовала экстренного решения. В разграбленной деревне не оставалось сил ни пахать, ни жать, да и приказывать было уже некому — всех деловых, активных людей перемолол ГУЛАГ и индустриализация. Дефицит продовольствия явно угрожал «светлому коммунистическому будущему». Необходим был быстрый и ощутимый результат, которого не могли дать старопахотные земли, нуждающиеся в длительной мелиорации, а главное, в восстановлении сельского уклада жизни, что явно противоречило идее коммунистического строительства, видевшего на земле сельхозрабочего, но никак не самобытного самостоятельного крестьянина. Быстрый успех могло дать только что-то новое, как по географии, так и по организации. Именно поэтому лично Никита Хрущев настоял на «целинном» варианте.

На начало 1950-х гг. приходится и наступление на заповедники. В эту первую волну реорганизаций были ликвидированы полностью и «освоены» или сильно сокращены в размерах 88 из 128 заповедников. Сильно урезанными оказались старейшие заповедники России — «Центральный лесной», Печеро-Илычский и Баргузинский. Уже в конце 1950-х площади заповедников в большинстве случаев были восстановлены или приближены к первоначальным размерам. Хрущевская «оттепель» спровоцировала многие социальные явления, в том числе и всплеск агрессивного отношения к природе как препятствию для «строек коммунизма». Именно на начало 1960-х приходится вторая волна сокращения площадей заповедников, вплоть до полной ликвидации шестнадцати из них. Аргумент приводился простой: «Коммунисты рационально эксплуатируют природу, и потому она в особом сохранении не нуждается. Заповедники нужны только для научных исследований».

В середине 1950-х гг. начато своеобразное покорение Сибири. В 1957 г. в Новосибирске перекрыта река Обь плотиной высотой в 33 м. В эти же годы в Иркутске перекрыта река Ангара. Высота плотины 44 м, водохранилищем стал Байкал, уровень воды в котором поднялся на один метр. Эта плотина стала первой в грандиозном каскаде Енисейско-Ангарских гидроэлектростанций, последняя из которых, Богучанская, еще не возведена и поныне. В 1961 г. пущена Братская ГЭС с высотой плотины 124,5 м, затем в 1963 г. — Усть-Илимская ГЭС с плотиной 105 м. На Енисее, выше Красноярска, в 1967 г. введена в строй Красноярская ГЭС, высота плотины — 117 м. Самая грандиозная Саяно-Шушенская ГЭС с высотой плотины 242 м дала первое электричество в 1974 г.

Как и в Европейской части России, водохранилища на сибирских реках затапливали наиболее обжитые земли и поймы с максимальным биологическим разнообразием. Все русское заселение Сибири происходило по рекам. Вдоль сибирских рек в течение трех столетий формировался сельский уклад жизни русского вольного крестьянства. Водохранилища уничтожили долины рек, которые были единственным возможным местом в Восточной Сибири для существования такого уклада жизни. Переселение живых сел и деревень из зон затопления происходило особенно трагично, о чем ярко рассказал Валентин Распутин в рассказе «Прощание с Матерой». Потери биологического разнообразия были также весьма заметны. Так, даже в наиболее узком из всех сибирских водохранилищ, Саяно-Шушенском, при минимальном разливе по площади, произошли необратимые изменения. В результате на большей части склонов, обращенных к Енисею, из состава растительности на многие десятилетия практически выпала сосна, которая прежде составляла наибольший удельный вес в биомассе приенисейских ландшафтов.

Дешевая электроэнергия сибирских рек позволила развернуть масштабное промышленное строительство в регионе. Стройки того времени в Сибири отличались гигантскими масштабами. Каждый завод, каждая фабрика должны были стать если не самыми большими в мире, то, по крайней мере, крупнейшими в СССР.

Во второй половине 1960-х — 1970-х гг. в Сибири были построены такие опаснейшие для окружающей среды гиганты, как Братский и Красноярский алюминиевые заводы, Братский и Усть-Илимский целлюлозно-бумажные комбинаты. Алюминиевые заводы выбрасывают в атмосферу свободный фтор. Соединяясь в атмосфере с водой, он превращается в токсичную и очень агрессивную плавиковую кислоту. Уже к концу 1970-х гг. вокруг Братска площадь погибших от промышленных выбросов в атмосферу лесов составляла тысячи гектаров.

Гигантские целлюлозные производства (ЦБК) потребляли в огромных количествах древесину из окружающих лесов. Феномен знаменитой ангарской сосны, возобновляющейся на вырубках без смены пород, позволял проектировщикам рассчитывать на большой и воспроизводящийся сырьевой ресурс. Один из самых больших в мире Усть-Илимский ЦБК проектировался и строился в расчете на неограниченные ресурсы древесины региона и минимальные транспортные издержки в себестоимости сырья. В реальности из-за неизбежного роста затрат на заготовку и транспорт древесины близлежащие к комбинату леса в 1970—1980-х гг. вырубались безоглядно для выполнения планов и ради побед в социалистическом соревновании. В результате к концу 80-х гг., уникальная по качеству древесины и способности к естественному воспроизводству сырьевая база — массив ангарской сосны (запас древесины — сотни миллионов кубических метров, ежегодный прирост — миллионы кубических метров) — была сильно подорвана перерубами. Комбинат начал испытывать острый дефицит сырья, а до 40% производственных мощностей — простаивать.

Абсурдность социалистического природопользования ярко проявилась в практике лесозаготовок. В 1960—1980-е гг. леспромхозы получали раздельные планы по заготовке, то есть по вырубке леса и вывозке древесины на склады. Так как все «командиры производства» стремились заработать грамоты, медали, ордена и премии, бригады лесорубов рубили, сколько могли, а вывозить срубленную древесину всегда не успевали — на строительстве дорог «отличиться» было гораздо сложнее. Вследствие ведомственного обособления на «нижних» складах, куда стекалась вывезенная древесина со сплавных рек, в ожидании железнодорожных вагонов годами простаивали и гнили гигантские штабели леса.

Одним из масштабных последствий разграбления деревни и ведомственной разобщенности в 1970—1980-х гг. явились результаты мелиорации сельскохозяйственных земель. Комплекс мер по улучшению качества сельскохозяйственных земель основывается на регулировании водного режима почв и включает множество других взаимосвязанных действий, включая сложные агрономические приемы. План по гидротехнической мелиорации получал и успешно выполнял Минводхоз. Это ведомство громко отчитывалось «перед партией и правительством» миллионами гектаров осушенных болот, километрами каналов и спрямленных речек, получая громкие награды и поощрения.

Остальная же, агрономическая и не столь эффектная, часть мелиорации доставалась совхозам, у которых не было ни средств, ни большого желания доводить начатые «улучшения» до конца. Урожаи росли медленно, заставляя партийное и хозяйственное руководство расширять мелиоративные работы для выполнения планов по заготовкам сельхозпродукции. Наиболее пострадали от таких «улучшений» области так называемого Нечерноземья, где мелиоративные работы ежегодно проводились на площади около 1 млн га. Средств на содержание мелиоративных систем, как правило, не хватало, и каналы довольно быстро засорялись, теряя дренажную способность. Обобществленное сельское хозяйство не в состоянии было «переваривать», в Нечерноземье особенно, такой объем мелиорированных земель. На больших площадях начинался процесс вторичного заболачивания, и мелиорированные земли постепенно выбывали из пользования, удивляя прохожих бессмысленными канавами на заливных лугах и курганами на опушках лесов, куда мощные бульдозеры сгребали «лишнюю» землю, выкорчеванные кусты и деревья.

Похожая на мелиорацию ситуация сложилась с применением минеральных удобрений и пестицидов. В 1980-х гг. среди советских городских обывателей было распространено мнение о чрезмерной химизации сельского хозяйства и повсеместном заражении сельхозпродукции остатками удобрений и пестицидов. Между тем средние удельные объемы применения минеральных удобрений, и особенно пестицидов, в СССР были в несколько раз меньше, чем соответствующая химическая нагрузка на полях в Европе и США. Однако безответственность государственных крестьян позволяла лихому механизатору свалить кучу суперфосфата или аммиачной селитры на краю поля у речки, а не вносить равномерно удобрения по всему полю. Механизатору в совхозе платили за вывоз удобрений в поля, вот они и «вывозили». Подобными «приписками» не брезговало и начальство ради отличий в соцсоревновании и вожделенных наград. Страдали в первую очередь мелкие речки, пруды и озера, в которых из-за стока сотен тонн удобрений буйно развивалась растительность и стремительно сокращалось видовое разнообразие рыб, а раки, особо чувствительные к загрязнению вод, и вовсе стали большой редкостью.

С конца 1950-х гг. с профессорских кафедр авторитетных факультетов, прежде всего МГУ, «сеялись зерна сомнения» в разумности идеи «покорения» природы. В 1958 г. в Петербурге в Лесной академии (тогда Ленинградская лесотехническая академия) возник студенческий кружок, участники которого хотели воздействовать на реальную практику ведения лесного хозяйства. Первоначально коммунистическая власть отнеслась к начинанию враждебно-настороженно — ведь это было движение «снизу». Один из основоположников движения и идеолог «Кедрограда» Ф.Я. Шипунов в 1958 г. был исключен из ВУЗа в день защиты диплома за самодеятельную рассылку анкет по лесхозам. Но вскоре отношение изменилось. В 1959 г. в кедровых лесах Алтая было позволено провести общественно-научный эксперимент по комплексному и щадящему использованию лесов (так называемая программа «Кедроград»). Идея «Кедрограда» получила известность. Поток писем от желающих участвовать измерялся мешками, однако вскоре начинание молодых питерских лесоводов увязло в партийно-советской бюрократии (см. В. Чивилихин, «Кедроград»).

В 1970-е гг. в студенческой среде стало развиваться движение дружин охраны природы (ДОПов), выросшее из того же питерского кедроградского студенческого кружка. Дружинники занимались популяризацией идей охраны природы, по-настоящему ловили браконьеров, охраняли елки в лесу от вырубки перед новогодними праздниками, помогали заповедникам в охране и хозяйстве. Скорее всего, благодаря усилиям ДОПов научный термин «экология» сделался популярным словом. Движение сплачивалось неминуемыми жертвами от браконьерских пуль и под давлением со стороны властей. Лидером движения стала дружина биофака МГУ, хотя и «периферийные» ДОПы были весьма активны. Примечательно, что движение осознанно дистанцировалось от комсомола и официальных структур охраны природы (ВООП – Всесоюзное общество охраны природы).

К концу 1970-х гг. ДОПы действовали в десятках ВУЗов во всех регионах страны, объединяя несколько тысяч студентов и молодых преподавателей. Периодически проводились семинары и конференции, на которые съезжались дружинники из многих городов. Комсомол и партийные организации старались «приручить» ДОПы, однако эффект был скорее обратным: сталкиваясь с твердой уверенностью студентов в своей правоте, власти и общество быстро «зеленели», то есть переходили на сторону дружинников. В 1982 г. по итогам Казанской конференции движение направило письмо Правительству СССР и в ООН с предложением «переключить часть потенциала ВПК и армии на решение экологических задач». Ответ из ЦК КПСС пришел через партком Казанского химико-технологического института с припиской: «Выясните, чего они хотят, и дайте им, чего они просят».

> Ярким эпизодом отношения к природе советского общества времен «застоя» была история противостояния сотрудников музея-усадьбы Льва Толстого «Ясная Поляна» с окружающими промышленными предприятиями. Начиная с середины 1970-х гг. на территории музея-усадьбы наблюдались химические ожоги листвы деревьев. Музейные сотрудники начали писать жалобы во все инстанции, в ответ поехали разнообразные комиссии, от ученых до партийных. История получила огласку в газетах и на телевидении. Сам факт влияния был весьма спорным, так как феномены ожогов сложно было зафиксировать документально, а других явных последствий не было в наличии. На территории музея-усадьбы поставили автоматизированный пост мониторинга чистоты воздуха. Обнаруженные примеси действительно часто превышали предельно допустимые концентрации для производственных помещений. На протяжении всего этого периода, длившегося почти десятилетие, непримиримые музейные сотрудники продолжали писать властям об «ужасных» подробностях «целенаправленного уничтожения национального достояния». Объективных же доказательств влияния по-прежнему не было видно, деревья росли и усыхали преимущественно от старости. Тем не менее количество написанных писем, которые поддерживала озабоченная общественность, сделало свое дело. Было выпущено специальное постановление Правительства СССР, которое существенно ограничивало производственные возможности ненавистного музейщикам Щекинского «Азота».

В 1980-е гг. организуется много новых заповедников, особенно в РСФСР, появляются различные формы ограничения хозяйственной активности на прилегающих к ним территориях (буферные зоны, биосферные полигоны и т. п.). В этот же период возникают национальные парки. Общая площадь охраняемых природных территорий достигает в 1983 г. 14 млн га.

Кульминацией «зеленых» настроений общественности стала борьба с «поворотом» рек. Идея масштабного перераспределения стока многоводных российских рек, текущих на север, родилась еще в конце XIX в. в конкурсном сочинении киевского гимназиста Я.Г. Демченко «О климате России». В советское время периодически появлялись разнообразные проекты, а в 1960-х гг. началось инженерное обоснование переброски части стока Оби в Арал. Разросшееся на гидротехнической мелиорации ведомство, Минводхоз СССР, обладая большим весом в партийно-советской бюрократии, активно «пробивало» проект, рассматривая его как обширный фронт работ для своих многочисленных подразделений. Аргументация была довольно простая: в Средней Азии наблюдается острый дефицит воды, преодолев который возможно качественное увеличение объемов выращивания в этом регионе сельхозпродукции и решение пресловутой продовольственной проблемы.

Первоначальные проекты рассматривали также и варианты переброски стока северных рек из Европейской части России в Волгу и основывались на понижении уровня Каспия. Многолетние проектные работы к середине 1980-х гг. стали обретать пугающую общество реальность. В газетах и на страницах популярнейших в это время «толстых» журналов развернулась широкая кампания против Минводхоза. Тон в ней задавали известные писатели-«деревенщики» Василий Белов, Валентин Распутин и академик А.Л. Яншин. Аргументы противников проекта также не отличались широтой научных оценок и опирались в основном на риски гуманитарных и культурных потерь, а также на печальный опыт засоления почв на поливных землях в аридной зоне. Кампания охватила широкие слои общественности, и после чернобыльской трагедии у властей не оставалось никакого выхода. Летом 1986 г. было принято постановление ЦК КПСС и Совмина СССР «О прекращении работ по переброске части стока северных и сибирских рек». В последующие три года люди, отстоявшие естественное течение рек, объединились в борьбе за восстановление Волги. В январе 1989 г. состоялась Учредительная конференция Общественного комитета спасения Волги.

В 1988 г., наконец, был создан союзный комитет по охране природы — Госкомприроды СССР. Первое предложение по такому ведомству подавал еще в 1954 г. президент АН СССР академик А. Несмеянов. В 1956 г. академическая комиссия разработала первый проект Закона об охране природы СССР. В начале 1960-х гг. из академической среды исходило много природоохранных инициатив, однако только в 1972 г. Верховный Совет СССР признал заботу об охране природы одной из важнейших задач советского государства, а ЦК КПСС и Совет министров СССР приняли постановление «Об усилении охраны природы и улучшении использования природных ресурсов».

В большинстве республик СССР в 1970-х — начале 1980-х гг. были приняты законы об охране природы. Союзное же законодательство развивалось по отдельным «ведомственным» направлениям окружающей природной среды — охрана недр, воздуха, редких видов и т. п. Между тем широкая общественность России стремительно «зеленела». На фоне нарастающего кризиса советской экономики повсеместно возникали различные экологические объединения. В 1987–1988 гг. возник Социально-экологический союз (СоЭС). В 1989 г. в кампании против строительства канала Волга — Чограй участвовало уже около миллиона человек. Неудивительно, что на выборах народных депутатов СССР, состоявшихся в этом же году, большинство лидеров экологического движения получили убедительную поддержку.

Литература
С. *Мухачев*. Краткие заметки к истории Движения ДОП вузов СССР.

5.1.48. Новое обострение «холодной войны». Реакция на вызов Рейгана. Экономический и духовный склероз советского коммунизма. Смерть Брежнева

Вторжение советских войск в Афганистан нанесло последний и смертельный удар советско-американской разрядке. Поддержка ее в американском обществе рухнула. Президент Джимми Картер, раньше колебавшийся между поддержкой прав человека в СССР и подписанием соглашений о контроле по вооружениям с брежневским руководством, сделал всё возможное, чтобы «наказать» Кремль за Афганистан. В январе 1981 г. его сменил в Белом доме Рональд Рейган, взявший курс на восстановление военной мощи США и поддержку всех сил, борющихся с коммунизмом. Американский военный бюджет вырос вдвое: из-за этого вырос дефицит бюджета, но США, в отличие от СССР, могли себе это позволить, поскольку доллар был международной валютой и американские финансы поддерживались всей мировой валютной системой. На оснащение армии, авиации и флота США начали поступать новые виды оружия и «умные» военные технологии, основанные на передовой электронике.

В марте 1983 г. Рейган выступил со «стратегической оборонной инициативой» (СОИ) — идеей создания противоракетной обороны для США и его союзников. Рейган, казалось, перестал считать СССР великой державой и назвал ее в одной из речей *империей зла*, которая должна вновь стать не опасной для мира страной. Американцы делали все, чтобы подорвать коммунистическую экономику, прежде всего, лишить ее нефтяных доходов. В частности, США наложили эмбарго на поставку в СССР нефтегазового оборудования, пытаясь помешать строительству газопровода «Уренгой — Помары — Ужгород — Западная Европа». Американские военные корабли и самолеты вели агрессивное «прощупывание» всего периметра морских и воздушных границ СССР.

Советские руководители вначале считали, что Рейган «образумится». Брежнев пытался разрядить обстановку, заявляя, что СССР не ищет военного превосходства и не рассчитывает на победу в ядерной войне. Постепенно, однако, кремлевские вожди осознали грозившую СССР опасность. Бывший советский посол в США Добрынин позже вспоминал, что «никогда в послевоенные десятилетия положение в мире не было столь напряженным, как в первой половине 1980-х гг.». Брежнев и Андропов осознали, что нужно выводить страну из международной изоляции, в которую она попала после вторжения в Афганистан. Однако сделать это было непросто.

Мировая система социализма
(Народные демократии и страны, формально принявшие марксизм-ленинизм)

Страна	Установление режима	Год отказа	Население (млн чел.) в 1990 г.
1. Советский Союз	1922 дек.	1991	290,0
2. Монголия	1924 нояб.	1991	2,2
3. Югославия	1945 нояб.	1990	23,8
4. Албания	1946 янв.	1991	3,3
5. Болгария	1946 сент.	1989	8,9
6. Польша	1947 февр.	1989	37,8
7. Румыния	1947 дек.	1989	23,3
8. Чехословакия	1948 май	1989	15,7
9. Северная Корея	1948 сент.	Доныне	21,4
10. Венгрия	1949 авг.	1989	10,6
11. Китай	1949 окт.	Доныне	1133,7
12. Восточная Германия	1949 окт.	1990	15,9
13. Гвинея	1958 окт.	1984	7,2
14. Куба	1961 дек.	Доныне	10,6
15. Южный Йемен	1967 нояб.	1990	4,8
16. Сомали	1970 окт.	1990	6,7
17. Конго (б. фр.)	1970 дек.	1990	2,2
18. Гвинея-Бисау	1974 сент.	1991	1,0
19. Мадагаскар	1976 март	1990	11,8
20. Кампучия (Камбоджа)	1975 апр.	1998	7,0
21. Лаос	1975 дек.	Доныне	4,0
22. Эфиопия	1975 дек.	1991	51,4
23. Вьетнам (объединенный)	1976 июль	Доныне	66,2
24. Ангола	1977	1990	8,4
25. Мозамбик	1977	1989	14,5
26. Бенин (Дагомея)	1977	1989	4,7
27. Афганистан	1978 апр.	1992	15,6
28. Гренада	1979 март	1983	0,1
29. Никарагуа	1979 июль	1990	3,6
30. Зимбабве (Родезия)	1980 февр.	1996	10,4
Всего:			1816,8
			34 % от населения Земли

В Западной Европе по каналам КГБ развернулась помощь массовому движению за безъядерный мир и против размещения там американских ракет. При этом, однако, советские военные продолжали развертывать все новые советские ракеты СС-20 — отказываясь уступать США в гонке вооружений. В Азии Брежнев и Андропов начали отходить от жесткого курса на конфронтацию с Китаем и искать с ним сближения. Однако МИД во главе с Громыко и большинство китаистов-аппаратчиков во главе с О. Рахманиным, секретарем Китайской комиссии Политбюро, были склонны продолжать старый курс. КНР, в свою очередь, требовал прекращения советской помощи Вьетнаму (который китайские коммунисты считали зоной своего влияния), вывода советских войск из Афганистана и Монголии и пересмотра советско-китайской границы. При этом китайские коммунисты продолжали развивать политические и особенно экономические отношения с США.

10 ноября 1982 г. умер Брежнев, получив при жизни 8 орденов Ленина, 4 звезды Героя Советского Союза, звезду Героя Социалистического Труда, Алмазную звезду ордена Победы и более сотни других наград. За восемнадцать лет его правления советские ракетно-ядерные силы стали крупнейшими в мире, военно-морской флот вышел в мировой океан, число «социалистических» стран возросло с 15 до 30 и они охватили треть человечества. А в стране, несмотря на замедлившиеся темпы роста, заметно повысился уровень урбанизации и образования. Но за это же время был накоплен бесценный опыт бесплодности внешнеполитической экспансии и безумия всего ленинского замысла всемирной коммунистической революции, попытка воплощения которого так безмерно дорого обошлась России да и всему миру. Но инерция 65 лет большевицкого режима была еще велика. Замедляя скорость и совершая бессмысленные зигзаги, СССР еще несколько лет двигался по привычному пути...

5.1.49. Геронтократия. Андропов, Черненко. Тупик власти

Новым лидером КПСС и страны стал председатель КГБ Юрий Андропов. Чтобы еще больше укрепить свою власть, он, как и Брежнев, совместил должность Генерального секретаря ЦК партии с постом Председателя Президиума Верховного Совета СССР. Придя к власти, Андропов был уже тяжело больным человеком и после неудачной операции в октябре 1983 г. оказался прикован к постели и к аппарату почечного диализа.

Юрий Владимирович Андропов (1914–1984) родился в станице Нагутская Ставропольской губернии в семье состоятельного еврейского ювелира. Андропов позже скрывал свои еврейские корни, полагая, что антисемитизм в партийном руководстве помешает его карьере. В 14 лет Андропов осиротел и стал работать – вначале помощником киномеханика, затем рабочим на телеграфе, матросом речного флота. В 1936 г. закончил Рыбинский техникум водного транспорта; это было его единственное оконченное образование (позже он какое-то время учился в Петрозаводском университете, а также получил диплом без обучения в Высшей партийной школе при ЦК КПСС). Карьера молодого Андропова складывалась типично: сначала комсорг, потом освобожденный комсомольский работник. В 1939 г. он вступил в ВКП(б), в 1940 г. стал первым секретарем ЦК комсомола Карелии. Уезжая на работу в Петрозаводск, оставил в Ленинграде первую жену с двумя детьми (младший из этих детей, Владимир, стал трижды судимым уголовником). В Карелии Андропов женился на молодой диверсантке из отряда, готовившегося к засылке на финскую территорию.

С середины 1930-х гг. Андропов стал работать на НКВД в качестве осведомителя. Он добровольно продолжил это занятие даже после приказа Берии, предписавшего в 1938 г. сотрудникам госбезопасности прервать агентурную работу с членами партийнокомсомольской номенклатуры. Во время войны с Германией, курируя по линии ВЛКСМ партизанское движение Карелии, Андропов также не забывал «давать информацию» на своих коллег опекавшему его чекисту Гусеву. По протекции первого секретаря ЦК компартии Карело-Финской АССР Куусинена Андропов стал вторым секретарем этого ЦК, а в 1951 г. – инспектором ЦК ВКП(б). Приняв новую должность, Андропов тут же послал в МГБ донос на своего бывшего шефа (за что в ЦК его будут называть «человеком с душком»). После смерти Сталина и ареста Берии Андропова перевели на работу в МИД. С 1954 г. он служил в посольстве СССР в Будапеште: сначала советником, затем послом.

В Венгрию он попал накануне Венгерской революции 1956 г., стал очевидцем расправ восставших венгров с сотрудниками карательных органов и сталинистами. «Вы не представляете, что это такое – стотысячные толпы, никем не управляемые, выходят на улицы…» – рассказывал позже Андропов советскому дипломату Трояновскому.

При подавлении Советским Союзом Венгерского восстания Андропову была поручена роль «доброго следователя». Он вел переговоры с Имре Надем, убеждал его, что СССР стоит за демократические преобразования, тогда как в Ужгороде уже формировалось лояльное Москве правительство Яноша Кадара. Андропов заманил в ловушку и арестовал одного из руководителей восстания, начальника будапештской полиции Шандора Копачи. Последний потом писал, что за несколько минут до ареста он «увидел Андропова, улыбающегося своей знаменитой добродушной улыбкой. Но при этом казалось, что за стеклами его очков разгорается пламя. Сразу становится ясно, что он может, улыбаясь, убить вас, – это ему ничего не стоит».

Чтобы выманить Имре Надя из югославского посольства, где тот скрывался после подавления революции, Андропов дал ему честное слово, что выпустит его из страны. Слово свое Андропов не сдержал.

После возвращения из Венгрии Андропов стал завотделом ЦК по связям с социалистическими странами, а в 1967 г. занял пост председателя КГБ. На этом посту Андропов продолжил начатую до него «чистку» КГБ от питомцев Берии, но, увольняя их, находил им «теплые» места в разных НИИ и министерствах. Эти старые чекисты продолжали сотрудничать с КГБ, получая в качестве агентурного вознаграждения разницу между прежним и новым окладом. Умение сохранять старое в новой оболочке характерно для всей деятельности Андропова. Например, когда в 1971 г. к англичанам перешел капитан Лялин, сотрудник управления, занимавшегося организацией терактов и убийств, Андропов объявил о ликвидации этого управления, но на деле лишь преобразовал его в отдел и запретил офицерам КГБ самим участвовать в «акциях». Для совершения заграничных терактов КГБ стал использовать немцев, болгар или арабов. Не брезговал Андропов и организацией терактов внутри страны. Многие полагали, что гибель в результате несчастных случаев нескольких высокопоставленных представителей советской номенклатуры, например первого секретаря ЦК КП Белоруссии Петра Машерова в 1980 г., а также нескольких диссидентов (например Богатырева), была организована подчиненными Андропова по его приказу.

Главным своим делом на посту председателя КГБ Андропов считал борьбу с инакомыслием. На время его правления этим ведомством приходится жестокая борьба с правозащитным движением. Многих диссидентов в те годы отправили в психиатрические больницы под тем предлогом, что нормальный человек не может быть противником советской власти. Принудительное «лечение» психотропными препаратами превращало и здоровых людей в физически и душевно больных. По инициативе Андропова были изгнаны за границу Александр Солженицын, Александр Галич и другие писатели, деятели культуры, правозащитники.

Взгляды Андропова на политику во многом сложились под влиянием венгерской революции 1956 г. Андропов был за жесткие меры против диссидентов (именно он предложил высылать диссидентов «по еврейской линии» из СССР и отправить Сахарова в ссылку в Горький), но при этом «приручал» советских интеллектуалов и даже пригласил ряд из них на работу консультантами в аппарат ЦК. Во внешней политике, как и Громыко, он был сторонником сохранения сталинской империи и советского присутствия на всех континентах.

«Юрий Андропов, всесильный шеф КГБ в течение пятнадцати лет, судя по всему, понимал ситуацию. Это был, пожалуй, последний из более или менее убежденных жрецов революции. Верил в большевизм, в насилие, в командные методы управления, владел обширной информацией о положении дел в стране, презирал окружавших его соратников, ибо знал мерзопакостную подноготную их жизни» (*А.Н. Яковлев*. Сумерки. М.: Материк, 2003. С.559).

Большинство партийной номенклатуры и большинство народа приветствовали приход нового «хозяина». От него ждали прежде всего «наведения порядка», преодоления «застоя», борьбы с коррупцией и курса на динамичную модернизацию. Тайные «либералы» из числа консультантов ЦК, работавших там при Андропове, ждали от него ухода из Афганистана, снижения военных расходов, уменьшения субсидий режимам в Восточной Европе и третьем мире, освобождения политзаключенных.

Андропов начал с уголовных преследований коррумпированных партийных, хозяйственных деятелей и чиновников МВД — прежде всего тех, кто были связаны с брежневским кланом. Прошла волна арестов, в том числе главы Краснодарского края (Кубани) Сергея Медунова, начальника главного управления торговли Москвы Николая Трегубова (вместе со 130 директорами московских универмагов и заведующих складами), министра внутренних дел Николая Щелокова. Было возбуждено дело против зятя Брежнева Юрия Чурбанова, арестована дочь Брежнева Галина. В результате Трегубов и ряд директоров магазинов были расстреляны. Медунова отправили в отставку. Щелоков застрелился. Покончил самоубийством после вскрытия гигантских злоупотреблений и первый секретарь Узбекистана Шараф Рашидов. Но потенциальных дел обнаружилось более 100 тысяч, и довести их все до суда не представлялось возможным.

Внутри партии и даже в прессе началось обсуждение тяжелого положения дел в стране. Андропов набрал в Политбюро и Секретариат новых лиц, не запятнанных коррупцией. Среди протеже и помощников нового Генсека выделялись Михаил Сергеевич Горбачев, Егор Кузьмич Лигачев и Николай Иванович Рыжков.

Из-за многолетней работы во главе в КГБ Андропов был единственным помимо Брежнева человеком в СССР, кто получал реальную информацию о положении дел в стране и в мире. Ему было известно о тяжелом положении в экономике и финансах. Он возлагал большие надежды на государственное стимулирование научно-технического прогресса. Комиссию Политбюро по этому вопросу возглавил Гейдар Алиев, потом его сменил Горбачев. Вместе с тем Андропов, по собственному признанию, не разбирался в экономике. Образованный в духе ленинских и сталинских догматов, Андропов не мог осмыслить исторические, социальные и духовные истоки кризиса коммунистической системы в России. Он верил, что с помощью КГБ и «здоровых элементов» в партийной номенклатуре можно излечить государство и мобилизовать общество на новый виток модернизации. Развернулась борьба «за дисциплину на производстве». Людей ловили в рабочее время на улицах, в очередях в магазинах и даже банях, уличая в прогулах во время рабочего дня. Началось сокращение раздутых штатов сотен научно-исследовательских институтов и проектных контор, не дававших никакой отдачи.

Главное внимание Андропова, однако, было поглощено противоборством с США. Он опасался, что Рейган может развязать войну, и инструктировал разведчиков КГБ следить за признаками американской подготовки к внезапному ракетно-ядерному нападению на СССР. Андропов, как и министр обороны Устинов, твердо верили, что ответом Рейгану может быть только военная мощь. Добрынин вспоминал, что в 1983 г. первый зам. начальника Генерального штаба маршал Ахромеев сказал ему: «Мы исходим из наихудшего сценария: с нами воюют одновременно не только США, но их союзники из Западной Европы, а возможно, и Япония. Надо быть готовым к любой войне с применением любого оружия. Военная доктрина СССР, если говорить кратко, сводится к следующему: 1941 г. никогда больше не должен повториться». По рекомендации группы ученых во главе с физиком Евгением Павловичем Велиховым началась работа над военно-конструкторскими проектами для противодействия рейгановской СОИ.

Советско-американское противоборство накалилось до предела, когда 1 сентября 1983 г. советский самолет-перехватчик сбил южнокорейский пассажирский самолет, летевший над Курильскими островами в сторону Сахалина. Погибли пилоты и 269 пассажиров. Позже выяснилось, что советский военный летчик принял рейсовый «Боинг» за американский разведывательный самолет РС-135, совершавший облеты советских баз и станций слежения. Этот трагический инцидент стал возможен в результате взаимного нагнетания милитаристской истерии. Но вместо того чтобы признать вину и выразить соболезнование, Устинов и военные хотели спрятать концы в воду.

Андропов, в это время слегший в больницу (у него отказали почки, и его жизнь поддерживалось аппаратом искусственной почки), согласился заявить, что самолет СССР не сбивал. Рейган был вне себя, а кое-кто в ЦРУ и пропагандистских структурах его администрации увидел в этом шанс развенчать «империю зла» в глазах всего мира. Американская пресса клеймила «Советы» за цинизм, жестокость и полное равнодушие к человеческой жизни. После нескольких недель лживых увёрток советские военные признали факт уничтожения «Боинга», продолжая при этом называть инцидент «американской провокацией». Разъяренный антисоветской кампанией Андропов выступил 25 сентября 1983 г. с заявлением: «Если даже кто-то имел иллюзии относительно возможной эволюции к лучшему в политике нынешней администрации США, то сейчас они окончательно рассеялись». В 1983–1985 гг. достигли своего апогея бои в Афганистане.

В советском обществе впервые за много лет поползли слухи о большой войне. В октябре США вторглись на остров Гренада в Карибском море, свергнув марксистский режим, поддерживаемый Кубой и СССР. А в ноябре в Западной Германии началось, несмотря на мощные протесты, размещение американских ракет, нацеленных на советские командные пункты и центры политического руководства. Одновременно страны НАТО на военных маневрах отрабатывали атаку на советские вооруженные силы. Андропов, Устинов и Громыко решили ответить на «наглость» США и их союзников, хлопнув дверью. СССР прервал переговоры по сокращению ядерных вооружений в Европе. На полученную в больнице просьбу канадского премьера Пьера Трюдо облегчить гуманности ради участь осужденного на 13 лет диссидента Анатолия Щаранского Андропов велел резко ответить, что советское общество по природе своей гуманно и в доказательствах гуманности не нуждается.

Смертельно больной Андропов оказался в положении Николая I: вместо реформ он оставлял советское государство в плохом состоянии, почти на грани войны с мощной коалицией великих держав. Андропов умер 9 февраля 1984 г., не реализовав свой «курс». Его краткое правление оставило, однако, след в массовом сознании советского общества: многие считали, что только авторитарный лидер железной рукой мог бы «навести порядок» в стране. Мог бы, да не успел.

На этот миф активно поработала «прогрессивная» партийная верхушка времен Горбачева (все они, включая и самого Михаила Сергеевича, были андроповскими выдвиженцами, а потому о своем бывшем покровителе отзывались уважительно, как о человеке умнейшем и культурнейшем). Бытовала даже версия, будто и сама Перестройка была спроектирована в недрах КГБ под чутким руководством Андропова.

Смерть Андропова обнажила, однако, всю глубину разложения политического режима. В кремлевской верхушке начинается новый виток борьбы за власть. Цепляясь за власть, уходящее поколение сталинских назначенцев, на восьмом десятке, выдвинуло не молодого лидера (как ожидалось, это будет второй секретарь ЦК Горбачев), а немощного чиновника, Константина Черненко.

> **Константин Устинович Черненко** (1911–1985) происходил из семьи русских крестьян. Уроженец Красноярского края, Черненко вступил в партию в 1931 г. и работал в органах коммунистической пропаганды. С 1950-х гг. входил в окружение Брежнева. С 1965 г. Черненко стал управляющим делами ЦК КПСС, то есть шефом брежневской канцелярии. Это был безотказный исполнитель, склонный к аппаратной работе с бумагами. К 1984 г. он был безнадежно болен и с трудом говорил и передвигался. «Что ты наделал, Костя! Зачем согласился?» – воскликнула жена Черненко, узнав о его назначении. Он ответил: «Нет другого выхода».

За Горбачева были секретари ЦК, но против него было настроено несколько влиятельных брежневских выдвиженцев в Политбюро во главе с Н.А. Тихоновым. Устинов и Громыко считали, что с Черненко им будет спокойнее. Тем не менее фактическим лидером Секретариата остался Горбачев, который вел Политбюро в отсутствие Черненко.

Во внутренних вопросах «старцы» в Политбюро не скрывали ностальгии по сталинским временам и ругали Хрущева за развенчание Сталина. Политбюро единогласно проголосовало за восстановление Молотова в партии. Устинов, оказавшийся монопольным авторитетом в вопросах безопасности, продолжал проводить политику «твердости» в отношениях с США и западными странами. Но он же отправил в отставку начальника Генштаба маршала Н.В. Огаркова после того, как тот на заседании Совета обороны сказал, что без резкого повышения военных расходов и модернизации СССР не сможет сохранить военный паритет с США. «Старцы» поговаривали о специальном «оборонном фонде» и об увеличении рабочей недели. Но они понимали, что общество уже нельзя вернуть к началу 1950-х гг. (Запись заседания Политбюро 12 июля 1984 г.)

В конце 1984 г. умер Устинов. Черненко умер 10 марта 1985 г. В обществе говорили о «гонках на лафетах» — гробы с умершими вождями доставлялись к Кремлевской стене (месту большевицких почетных захоронений) на орудийных лафетах, то есть с воинскими почестями. Никогда еще, даже накануне отставки Хрущева, престиж советской власти не падал так низко, как в этот момент. В то же время уход поколения, нерасторжимо связанного со сталинским временем, открыл стране возможность выбора дальнейшего пути. Рок-певец Виктор Цой, одна из молодых звезд советского рок-андеграунда, выразил общее настроение в словах своей песни: «Мы ждем перемен!»

Литература

А.В. Шубин. От «застоя» к реформам. СССР в 1977–1985 гг. М., 2001.

С. Ахромеев, Г. Корниенко. Глазами маршала и дипломата. М.: Международные отношения, 1992.

В.И. Воротников. А было это так... Из дневника члена Политбюро ЦК КПСС. М.: Книга и бизнес, 2003.

Виктор Прибытков. Аппарат. 390 дней и вся жизнь генсека Черненко. М.: Молодая гвардия, 2002.

Roald Sagdeev. The Making of a Soviet Scientist. My Adventures in Nuclear Fusion and Space from Stalin to Star Wars. N. Y.: John Wiley, 1994.

Анатолий Добрынин. Сугубо доверительно. М.: Автор, 1997.

Peter Schweizer. Victory: The Reagan Administration's Secret Strategy that hastened the collapse of the Soviet Union. Boston: Atlantic Monthly Press, 1996.

Vladislav M. Zubok. A Failed Empire. The Soviet Union in the Cold War from Stalin to Gorbachev. – Chapell Hill: univ of North Carolina Press. 2003.

Глава 2
ПОПЫТКА ПЕРЕСТРОЙКИ КОММУНИСТИЧЕСКОГО РЕЖИМА
(1985–1991)

5.2.1. Михаил Горбачев: перестройка в рамках системы

11 марта 1985 г. мир узнал о смерти Генерального секретаря ЦК КПСС Константина Черненко. В тот же день состоялся внеочередной пленум ЦК КПСС, избравший новым Генеральным секретарем самого молодого члена Политбюро, пятидесятичетырехлетнего Михаила Горбачева.

В наследство новому генсеку досталось возглавление «лагеря мира и социализма», охватившего 30 стран и 31% земной суши, где жило 34% населения Земли. Однако дальнейшее расширение этого «лагеря» по земному шару завязло в войнах в Анголе, Мозамбике, Эфиопии, Никарагуа и Сальвадоре и, главное, в Афганистане. 18 октября 1983 г. США ликвидировали коммунистический плацдарм на Гренаде, высадив там морскую пехоту. Вопреки доктрине Брежнева, «победная поступь социализма» перестала быть необратимой. Ленинский мираж «мировой советской республики» рассеивался.

В наследство новому генсеку досталась и величайшая в истории военная сила, обладавшая 62 тысячами танков, 2354 стратегическими ядерными ракетами (против 1803 у США и их союзников), 228 атомными подводными лодками (больше, чем у всех остальных стран мира вместе взятых) и располагавшая общей мощностью ядерных зарядов в полмиллиона раз большей, чем бомба, сброшенная на Хиросиму.

Но американцы начали изучать возможности «звездной войны» — противоракетной обороны из космоса. Осуществимость такой обороны была крайне сомнительной, но психологически ход президента Рейгана был удачным: он встревожил советское руководство.

В наследство новому генсеку досталась экономика, построенная как единое казенное военно-промышленное предприятие. Но командно-административный подход, отчасти действенный на ранних ступенях индустриализации, не годился для сложной и зрелой экономики. Он не давал стимулов ни для технического прогресса, ни для сбережения трудовых и материальных ресурсов и не удовлетворял спрос людей. «Темпы роста» с середины 1970-х гг. снижались, а огромные вложения капитала, особенно в сельское хозяйство, не давали отдачи. К этим системным проблемам вскоре добавилась конъюнктурная. Резкое падение цен на нефть на мировом рынке сократило доходы от экспорта, на которые закупались зерно, фабричное оборудование и ширпотреб, то есть обеспечивалось относительное благополучие «советского народа», организованного и активного недовольства которого коммунистический режим боялся больше всего, особенно после общественно-политических возмущений в Восточной Германии, Венгрии, Польше.

Наконец, в наследство новому генсеку досталось общество, разрушенное и нравственно опустошенное 70-летним тоталитарным господством. Неограниченная власть при отсутствии сталинского террора развила в правящем слое кумовство и взяточничество. Коммунистическая фразеология давно превратилась в условность, за которой могли скрываться какие угодно воззрения и мотивы. Принудительная жертвенность превращалась в свою противоположность — в безоглядный эгоизм. В мемуарах Николая Ивановича Рыжкова, ставшего при Горбачеве Председателем Совета министров СССР, облик правящего слоя рисуется так: «Ни чёрта не делали толком, пили по-чёрному, воровали у самих себя, брали и всучивали взятки, врали в отчетах, в газетах и с высоких трибун, упивались собственным враньём, вешали друг другу ордена».

В широких слоях общества господствовали апатия, безынициативность и безответственность. Каждый почти, копируя власть имущих, старался жить для себя, по—лагерному — выживать в одиночку, воруя у «общенародного государства» все, что плохо лежит. А к тому времени «плохо лежало» практически всё. Люди большей частью понимали, что все лозунги и призывы, исходящие с вершин коммунистической власти, — полная ложь, и потому жили, делая вид, что работают для блага общества, в действительности делая только то, что выгодно и интересно им самим. Эта естественная форма жизни, приводящая нормальное общество, построенное на принципах частной инициативы, к процветанию, в советском социализме, где официально всякая частная хозяйственная деятельность была запрещена, только разрушала государственный организм и ничего не созидала. Но она приучала людей к воровству, безделью, лжи, ловкачеству и двуличию.

Горбачев и его единомышленники понимали, что «развитый социализм» завел страну в тупик. Но как из него выходить, ясно не было. Путь стали нащупывать опытным путем, в порядке «совершенствования социализма». Его для того и избрали генсеком старцы Политбюро, чтобы молодой лидер постарался найти выход. Ведь ему еще жить да жить...

ПОПЫТКА ПЕРЕСТРОЙКИ КОММУНИСТИЧЕСКОГО РЕЖИМА (1985–1991)

Будучи уже несколько лет близ вершины коммунистической власти, Горбачев составил себе представление, что и как надо менять. Горбачев обладал практической сметкой — принимал перемены, которые, по его мнению, были продиктованы самой жизнью, носили естественный характер и были необходимы как для модернизации общества, так и для удержания собственной политической власти. Другое дело, что у него был опыт только коммунистического администрирования (в компартию вступил он, сельский мальчик, двадцати лет) и искренняя вера в принципиальное превосходство социализма коммунистического типа над иными формами общественного устроения. Этому его учили на юридическом факультете МГУ в 1950–1955 гг., этому он сам учил, являясь сначала секретарем комсомольской организации факультета, потом первым секретарем Ставропольского крайкома ВЛКСМ, а с 1970 г. первым секретарем Ставропольского крайкома КПСС. С ноября 1977 г. Горбачев — секретарь ЦК КПСС, ответственный за знакомое ему сельское хозяйство (до университета он с отцом работал комбайнером в родном селе Привольное на Ставрополье). Даже после избрания генеральным секретарем Горбачев еще говорил в первые дни вещи, приятные скорее консерваторам: «Не секрет, когда Хрущев довел критику Сталина до невероятных размеров, это принесло только ущерб, после которого мы до сих пор в какой-то мере не можем собрать черепки» (заседание Политбюро, апрель 1985 г.).

Через месяц после прихода к власти, в апреле 1985 г., Горбачев провел пленум ЦК КПСС, на котором поставил задачу *ускорения* технического и социально-экономического развития. Решать эту задачу попробовали привычными путями, не выходя за рамки системы. На последующую пятилетку резко увеличили размеры инвестиций в отрасли машиностроения, то есть в тяжелую промышленность, на гигантскую по тем временам сумму — более 200 млрд рублей. Начали покупать оборудование — целыми заводами — в западных странах. При этом не менялась ни система организации производства, ни система стимулов: производственники были по-прежнему заинтересованы в выполнении «вала», а не в инновациях.

Началась перестановка кадров. Со своих постов были сняты очевидные противники перемен: Гейдар Алиев, В.В. Гришин, Д.А. Кунаев, Г.В. Романов, В.В. Щербицкий. Вместо Н.А. Тихонова председателем Совета министров стал Николай Рыжков. Андрей Громыко, который, выдвинув кандидатуру Горбачева в генеральные секретари, сам отошел на «тихий» пост Председателя Президиума Верховного Совета. Будущий главный «прораб перестройки» Александр Николаевич Яковлев, с которым Горбачев познакомился, когда тот служил послом СССР в Канаде, стал заведовать отделом пропаганды ЦК КПСС. Секретарем Московского горкома назначен был ровесник Горбачева Борис Николаевич Ельцин, ранее возглавлявший Свердловский обком компартии. Ельцин за год сменил почти все партийное руководство столицы. Сам же Горбачев за первые полтора года у власти заменил 70% членов Политбюро, 60% секретарей обкомов, 40% членов ЦК.

На апрельском 1985 г. пленуме генеральный секретарь признал серьезные экономические проблемы, укоренившиеся в брежневское правление (вскоре оно стало обозначаться как «эпоха застоя»), но вместе с тем высказал убеждение в непорочности основ советского социализма. Проблема, по его словам, заключалась в том, что «потенциальные возможности социализма использовались недостаточно».

Задачей было провозглашено создать «*больше социализма*», ускорить его развитие. «Перестройка» и «ускорение» — эти слова стали ключевыми в избранной Горбачевым реформаторской стратегии. Еще одним ключевым словом с 1986 г. стала ***гласность***, означавшая вскрытие недостатков, мешавших «перестройке» и «ускорению».

Во главу угла экономической модернизации была поставлена новая инвестиционная и структурная политика, которая предполагала перенести упор с нового строительства, покончив тем самым с разорительной практикой «долгостроев» и «незавершенок», на техническое перевооружение действующих предприятий и производств. Задачей номер один было признано ускоренное развитие машиностроения, в котором усматривалась основа быстрого перевооружения всего народного хозяйства. Программа «ускорения» предполагала опережающее (в 1,7 раза) развитие машиностроения по отношению ко всей промышленности и достижение ею мирового уровня уже в начале 1990-х гг. Но ни в одном из партийных документов, ни в одном из официальных расчетов не говорилось, что для достижения цели «догнать Америку» за пять лет в важнейшей отрасли необходимо было, чтобы производство оборудования для самого машиностроения развивалось, в сравнение с ним, еще в два раза быстрее. Советской экономике это было совершенно не под силу. Предпринятые массированные денежные, в том числе валютные, вливания в машиностроение не дали эффекта ни через год, ни через два после провозглашения этого направления приоритетным.

В волюнтаристском духе иллюзий 1960-х гг. была выдержана школьная реформа, одной из задач которой ставилось всеобщее компьютерное обучение школьников. Явно подразумевалось, что выпускники станут вровень с «синеворотничковым» рабочим классом Запада и создадут прочную кадровую базу для научно-технического прогресса. Из виду была упущена «малость»: советская промышленность не могла произвести и толики компьютеров, необходимых для осуществления реформы. Ряд командно-административных реформ, направленных на укрепление производственной и исполнительской дисциплины, начатых Горбачевым, напоминал хрущевский и, еще в большей степени, андроповский подходы. К ним относился Закон о госприёмке, согласно которому на промышленных предприятиях создавались специальные комиссии по контролю за качеством продукции. Реформа привела к разбуханию административного аппарата, но не дала позитивных практических результатов. Горбачев также сильно надеялся на внедрение компьютеров в планирование и поощрял группу ученых (Е.П. Велихов и др.), которая обещала ему прорывы в этой области. Это оказалось очередной иллюзией.

Среди командно-административных мер наибольшую известность приобрело постановление ЦК КПСС «О мерах по преодолению пьянства и алкоголизма». Бытовое пьянство и алкоголизм стали к 1980-м гг. подлинной трагедией России. Злоупотреблял алкоголем каждый третий взрослый мужчина, каждая восьмая женщина. Пили студенты, учащиеся ПТУ, школьники старших классов. Ходила крылатая фраза: «Выпил с утра — и весь день свободен». Народу явственно угрожало физическое вырождение. Сам Горбачев практически алкоголя не употреблял. Со стороны ему еще яснее была видна обширность бедствия. Но бороться с ним он умел только старым партийным методом — запрещать производить, запрещать продавать, запрещать употреблять.

Антиалкогольная кампания проводилась энергично, с опережением намеченных сроков; уже к концу 1986 г. производство алкогольных напитков сократилось почти вдвое. Хотя напивались в основном водкой, были заодно вырублены прекрасные виноградники Крыма, Закавказья, Молдавии. Эта реформа, как и большинство других, дала неожиданные и непредвиденные результаты. Потребление алкоголя населением не сократилось, но вместо государственной продукции стали употреблять самодельные, зачастую суррогатные напитки. В магазинах возник хронический дефицит сахара — самогон варили все: от сельских бабок до профессоров. Был нанесен серьезный ущерб государственной казне: массированная антиалкогольная кампания сократила поступления в бюджет от продажи спиртных напитков на 37 млрд рублей в течение трех лет и впервые в истории коммунистического режима привела к острому бюджетному дефициту.

Апофеозом стратегических установок первого этапа правления Горбачева явился XXVII съезд КПСС, состоявшийся в марте 1986 г. Обещания, данные советскому народу «родной» Коммунистической партией, были обширны. Особенно заманчиво звучали обещания удвоить к 2000 г. экономический потенциал СССР, в 2,5 раза повысить за тот же срок производительность труда и обеспечить каждой советской семье отдельную квартиру. В последнее обещание из здравомыслящих людей не поверил практически никто.

На съезде Горбачев говорил, что Сталин истребил ленинскую гвардию и исказил ленинские идеи и надо вернуться к истокам коммунизма. Он призывал «активизировать человеческий фактор», вновь освоить опыт НЭПа и фабрично-заводских комитетов 1918 г. Выросший на «Кратком курсе ВКП(б)», Горбачев, скорее всего, не подозревал, чем был НЭП в действительности и для чего он замышлялся Лениным. «Возродить НЭП», объединить социализм и рынок призывал главный консультант Горбачева в области экономики академик Л.И. Абалкин. Идя в этом направлении, съезд среди прочего одобрил Закон о трудовых коллективах, предусматривавший выборы директоров предприятий советами трудовых коллективов и утверждавший принцип хозрасчета на предприятиях.

XXVII съезд подверг критике за утопизм прежнюю, хрущевскую программу КПСС (она обещала полное построение коммунизма в СССР к 1980 г.), но его собственные решения были выдержаны в том же духе. Преемственность с прежними целями КПСС подтверждалась названием передовицы газеты «Правда», посвященной итогам съезда: «Наша цель — коммунизм!»

Конкретная реальность развивалась в явном противоречии с реформаторскими замыслами и обещаниями, свидетельствуя о полной исчерпанности возможностей коммунистической государственно-мобилизационной модернизации. Кризис советского социализма не ослабевал, но усиливался. Его зримым и трагическим проявлением стала **катастрофа на Чернобыльской атомной электростанции**.

В ночь с 25 на 26 апреля 1986 г. в 1 час 23 минуты на четвертом блоке Чернобыльской АЭС (самом новом на станции, введенном в действие в 1984 г.) произошла крупная ядерная авария, равнозначная по выбросу радиации 500 атомным бомбам, сброшенным в 1945 г. на Хиросиму и Нагасаки. В атмосферу было выброшено около 190 тонн радиоактивных веществ и 8 тонн радиоактивного топлива. Пожар на станции длился почти две недели. С огнем боролись войска и мобилизованные по всей стране «ликвидаторы». Радиоактивному облучению подверглось около 7 млн человек. Тысячи людей получили запредельные дозы облучения. Площадь загрязнения долгоживущими радионуклидами составила сотни миллионов гектаров на территории Украины, Белоруссии и России. Отдельные пятна обнаруживались в Прибалтике и Польше. Катастрофу пытались скрыть. Первомайская демонстрация в Киеве проходила под радиоактивным дождем, о чем люди не ведали. О резком скачке радиоактивности первой объявила Швеция, до которой достигла повышенная радиация. На ликвидацию катастрофы были брошены 84,5 тысячи человек, из которых к началу XXI в. более половины умерли от облучения или стали инвалидами.

Вскоре после Чернобыльской катастрофы был, впервые за семьдесят лет, снят запрет на публикацию репортажей об авариях, повлекших многочисленные жертвы, о стихийных бедствиях и о том, чего в СССР якобы не существовало: о взяточничестве, воровстве, наркомании, проституции, СПИДе. Облик советской прессы начал меняться.

Литература
Чернобыль: долг и мужество: В 2 т. М.: Изд-во Минатома России, 2001.
А.В. Иллеш, А.Е. Пральников. Репортаж из Чернобыля. М.: Мысль, 1988.
В.А. Легасов. Из сегодня в завтра. М., 1996.

5.2.2. Новое политическое мышление. Приоритет общечеловеческих ценностей

Сразу после прихода к власти Горбачев, наряду с разработкой мер внутриполитической перестройки, обратился к обоснованию нового внешнеполитического курса. Его суть заключалась в установлении полномасштабного мирного сосуществования с некоммунистическими странами, замораживании и даже прекращении «холодной войны». Инициатор Перестройки был убежден, что масштабные внутриполитические преобразования неосуществимы без высвобождения огромных средств, тратившихся на оборону, что создать в СССР «больше социализма» невозможно без прекращения гонки вооружений. Серьезность внешнеполитических замыслов Горбачева подтверждалась радикальными кадровыми переменами: во главе Министерства иностранных дел вместо Андрея Громыко, давно и прочно известного на Западе как «Мистер "нет"», был назначен прагматичный Эдуард Амвросиевич Шеварднадзе, а ответственным за идеологическое обеспечение нового внешнеполитического курса и его куратором от ЦК КПСС был утвержден опальный в недавнем прошлом свободомысл Александр Яковлев.

Внешняя политика Горбачева была от начала до конца весьма последовательна, снискав советскому руководителю необычайную популярность в мире, особенно в странах Запада. **Горбачев первым из большевицких лидеров не только на словах, но на деле отказался от фундаментального коммунистического принципа всемирного социалистического государства, от агрессивного ленинско-сталинского наследия во внешней политике.**

В 1985 г. А.Н. Яковлев писал в докладной записке Горбачеву: «*Политические выводы марксизма неприемлемы для складывающейся цивилизации, ищущей путь к при-*

мирению. Мы уже не имеем права не считаться с последствиями догматического упрямства, бесконечных заклинаний в верности теоретическому наследию марксизма, как не можем забыть и жертвоприношений на его алтарь».

Сразу после прихода к власти Горбачев объявил односторонний мораторий СССР на проведение подземных ядерных испытаний (сохранялся до конца 1986 г.), а 15 января 1986 г. выступил с инициативой уничтожить все запасы ядерного оружия в мире к 2000 г. Во время первой встречи с президентом США Рональдом Рейганом в ноябре 1985 г. правитель СССР проявил готовность к самым смелым соглашениям и радикальным уступкам.

В документах партийного съезда появилось крылатое выражение горбачевской поры — «новое мышление». Оно использовалось прежде всего для разговора о внешней политике и подразумевало тихую ревизию сталинского идеологического наследия противостояния «холодной войны». В углубление хрущевского тезиса о «мирном сосуществовании» Горбачев и его образованные помощники начали говорить о том, что безопасность в ядерный век «неделима». Иначе говоря, начисто отвергался сталинско-ждановский тезис о противостоянии «двух лагерей». Поэтому выражение «новое мышление» вызвало раздражение в международном аппарате ЦК. Ветеран Коминтерна, глава Международного отдела Борис Николаевич Пономарев ворчал: «Пусть американцы меняют свое мышление!» Но открытой оппозиции генсеку не было, да и сам термин на первых порах воспринимался как дань пропагандистской риторике «мирного сосуществования». Никто не мог предполагать, что в дальнейшем под флагом «нового мышления» произойдет демонтаж коммунистической идеологии в СССР.

17 сентября 1987 г. Горбачев поместил в «Правде» статью, где дал теоретическое обоснование своим действиям: отказ от «классовых интересов» во внешней политике, первенство «общечеловеческих ценностей», призыв к «новому мышлению». Горбачев призывал сограждан осознать единство мира, ценность, взаимозависимость всех стран, государств, народов. Такой призыв никогда не звучал из уст коммунистических правителей. «Новое мышление» способствовало росту доверия Запада к руководителям СССР.

Традиционному для СССР агрессивно-идеологическому определению приоритетов внешней политики, основанному на догме непримиримой классовой борьбы, был противопоставлен примат общечеловеческих ценностей и интересов. Среди общечеловеческих ценностей главными были признаны, что совершенно необычно для коммунистической идеологии и тем более практики, *сама человеческая жизнь, благоденствие каждого отдельного человека и человечества в целом*. Ради них страны и народы должны были преодолеть классовые, национальные и государственные разногласия, объединившись в решении глобальных проблем разоружения, сохранения окружающей среды, преодоления голода, нищеты, болезней и иных бед.

В декабре 1988 г. Горбачев выступил на Генеральной Ассамблее ООН и заявил, что применение силы в международных отношениях не может быть оправдано никакими интересами. Это заявление было воспринято с особым вниманием в странах Восточной Европы, — но некоторые еще сомневались, будет ли Генеральный секретарь следовать высоким принципам, если начнется выход стран региона из коммунистического блока.

В практической реализации «нового политического мышления» центральное место заняли отношения СССР с США. В течение шести лет пребывания Горбачева у власти между ним и президентами США, сначала Рейганом, а затем Джорджем Бушем-старшим, состоялось несколько официальных переговоров и встреч, в ходе которых были достигнуты немыслимые в прежние годы договоренности.

Уже в 1985 г. Горбачев достиг соглашения с американцами о прекращении установки новых ракет средней дальности в Европе. Это соглашение было уже подготовлено предыдущим руководством, но требовало политической воли для своего претворения в жизнь. Испытания ракеты «Скорость» были отменены. В ноябре 1985 г. Горбачев встретился с Рейганом в Женеве, в октябре 1986 г. — в Рейкьявике, и в декабре 1987 г. в Вашингтоне они согласились на обоюдную ликвидацию ракет средней дальности. Было решено уничтожить ракеты средней (с радиусом действия от 1000 до 5500 км) и меньшей (от 500 до 1000 км) дальности на основе американского «нулевого варианта», который до Горбачева советским руководством категорически отвергался. Окончательный договор был подписан в Москве 2 июня 1988 г. В итоге США уничтожили 247 «Першингов-2», а СССР — 660 ракет типа «Пионер». Было уничтожено и много другого атомного оружия средней и меньшей дальности.

Буш, став президентом США в январе 1989 г., первоначально относился к реформам Горбачева с осторожностью. Но стремительная демократизация в Восточной Европе убедила его в том, что Горбачев не готов применить силу. 11 сентября 1989 г. Буш в разговоре с Генеральным секретарем НАТО Манфредом Уорнером сказал, что будет убеждать Горбачева отказаться от Варшавского договора. Когда Уорнер в этом усомнился, Буш отреагировал: «Быть может, это кажется наивным. Но кто мог предсказать те изменения, которые мы наблюдаем сегодня?» На Мальте 2–3 декабря 1989 г. Горбачев встретился с Бушем уже как партнер, а не соперник. Горбачев подтвердил, что судьбу ГДР и будущего устройства «двух Германий» должен решить сам немецкий народ. Горбачев и Буш договорились, что они будут делать все, чтобы в Прибалтике, где ширилось движение за отделение от СССР, не была пролита кровь. Буш был в особенности заинтересован, чтобы СССР прекратил «экспорт революции» в Латинской Америке и, в частности, перестал помогать режиму Кастро на Кубе. На это, однако, Горбачев в тот момент не пошел. Президент и Генеральный секретарь совместно объявили прессе, что они «похоронили холодную войну в водах Средиземного моря».

31 июля 1991 г. Горбачев и новый президент США Буш подписали договор о сокращении числа межконтинентальных стратегических ракет на одну треть. Соглашение СНВ-1 предусматривало взаимный наземный контроль, в частности, за ликвидацией ракетных шахт, чего прежние советские правители не допускали. Убраны были главным образом ракеты устаревших образцов, новейшая советская система «Тополь» сохранилась. Советское руководство, в отличие от своей традиционной позиции, согласилось не принимать в расчет ядерные силы Великобритании и Франции, союзников США. *Ядерная гонка*, начавшаяся еще в годы Второй Мировой войны и измотавшая народное хозяйство России намного больше, чем США, *была Горбачевым полностью прекращена.*

5.2.3. Завершение Афганской войны

Духу «нового мышления» отвечал вывод советских войск из Афганистана. 1985 г. не принес мира на афганскую землю, более того, бои становились все более ожесточенными. Бабрак Кармаль абсолютно не годился на роль лидера Афганистана. По воспоминаниям Бориса Громова, Кармаль обладал всеми качествами партийного функционера в худшем своем варианте: он был демагогом, искуснейшим фракционером, мастерски мог прикрываться революционной фразой. Что же касается реальной работы, то он ее просто не вел, а поэтому не пользовался авторитетом практически ни у кого. Все эти качества усугублялись хроническим алкоголизмом. В мае 1986 г. Кармаль был заменен Наджибуллой, который до этого занимал должность начальника службы безопасности Афганистана. Наджибулла выгодно отличался от своего предшественника: он был человеком властным и волевым, однако его назначение не изменило общей обстановки в стране. Всем было ясно, что режим НДПА держится только военной и экономической помощью СССР.

> В одной из схваток с моджахедами совершил подвиг ефрейтор Александр Корявин, служивший в 103-й Витебской воздушно-десантной дивизии. Во время боя в горах он закрыл грудью от пуль душманов своего командира взвода – лейтенанта Андрея Ивонина. За этот подвиг воину-десантнику было присвоено звание Героя Советского Союза. Спасенный им офицер долгое время каждый год приезжал из Витебска к матери Александра в город Сергиев Посад Московской области. Свою дочь он назвал Сашей в честь солдата, спасшего ему жизнь ценой своей жизни.

К 1987 г. обстановка в Афганистане ничуть не улучшилась. Гражданская война шла почти восемь лет, перспектив ее окончания видно не было, а средства на нее тратились громадные, не говоря уже о гибели людей. Наладить отношения с Западом и США было невозможно без решения вопроса о выводе войск. И наконец, война становилась в народе все более непопулярной: жили в СССР всё хуже и хуже, домой возвращались физически и нравственно искалеченные молодые ребята, а слова об «интернациональном долге» превратились в пустую демагогию, так как все понимали, что за исключением правящей клики весь афганский народ превратился во врага СССР.

Конец 1987 г. ознаменовался ожесточенными боями в округе Хост, который был занят войсками непримиримой оппозиции, намеревавшейся создать в нем правительство, альтернативное кабульскому.

> Генерал–лейтенант Борис Громов, в то время командующий 40-й армией, так описывает сложившуюся обстановку: «Группировка оппозиции в этом районе состояла в основном из военизированной части племени джадран. Это очень гордые люди, которые в своей истории не подчинялись вообще никакому правительству и действовали так, как считали нужным. Общее руководство формированиями моджахедов осуществлял Джелалуддин, выходец из этого племени. Начать операцию решено было в ноябре. Одновременно с планированием и подготовкой боевых действий командование 40-й армии предпринимало одну попытку за другой для того, чтобы добиться деблокирования Хоста мирным путем. Переговоры пришлось вести в том числе и мне, как

> командующему армией и руководителю предстоящих боевых действий. Несмотря на то что я вместе с несколькими офицерами поднимался на перевал, который служил разграничительной чертой между владениями племени джадран и всей остальной территорией Афганистана, личная встреча с Джелалуддином так и не состоялась. Он не шёл на контакт с советскими. Наше общение с ним ограничилось несколькими письмами» (*Б.В. Громов*. Ограниченный контингент. М.: Прогресс, 1994. С. 299–300).

22 ноября началась операция «Магистраль», продолжавшаяся до 30 декабря 1987 г. К исходу 28 ноября части 103-й воздушно-десантной дивизии под командованием П.С. Грачева овладели перевалом Сатыкандав. В ходе боев был блокирован, а затем уничтожен базовый район Срана. В операции участвовали также 108-я и 201-я мотострелковые дивизии и 56-я десантно-штурмовая бригада. Со стороны вооруженных сил Афганистана действовало 5 пехотных дивизий и одна танковая бригада, а также силы госбезопасности и Царандоя. В результате боев было захвачено более ста складов с оружием и боеприпасами, девять бронетранспортеров и четыре танка. С 30 декабря 1987 г. по 19 января 1988 г. в Хост было доставлено более 24 тысяч тонн различных грузов, в основном горючего и продовольствия.

Но несмотря на успехи отдельных войсковых операций, общее положение дел в Афганистане было критическим. 14 апреля 1988 г. в Женеве министры иностранных дел Афганистана, Пакистана, СССР и США подписали пять документов по вопросам урегулирования положения вокруг ДРА. Согласно достигнутой договоренности, «Ограниченный контингент советских войск» должен был покинуть территорию республики в течение 9 месяцев, начиная с мая 1988 г. Вывод проводился в три этапа и был тщательно спланирован. Афганцам была передана вся инфраструктура 40-й армии, огромное количество снаряжения и военной техники: 184 городка на сумму 699 миллионов рублей и коммунального оборудования и различной техники (без учета военной) на сумму 98,3 миллиона рублей.

Раскол афганского общества за годы гражданской войны стал очень глубоким. К январю 1989 г. в рядах оппозиции находилось 176 тысяч человек, из которых 85 тысяч воевали постоянно, а остальные — от случая к случаю. Правительство Наджибуллы контролировало лишь 18% территории страны, но у него были и свои приверженцы: в рядах афганской армии находилось более 150 тысяч солдат и офицеров. В Кабуле на митинги 15 и 16 мая 1988 г. провожать советские войска вышло более 100 тысяч человек.

Операция по выводу войск имела кодовое название «Тайфун». Моджахеды полевого командира Ахмад-шаха Масуда попытались вести обстрел советских войск во время движения к границе. По ним были нанесены ракетно-бомбовый и артиллерийские удары. 15 февраля 1989 г. советские войска покинули территорию ДРА. Последним по мосту, соединяющему два государства, прошел командующий 40-й армией генерал Борис Громов.

Каковы же были результаты войны в Афганистане? Понадеявшись на «авось», высшее политическое руководство обрекло страну на абсолютно бесперспективную военную авантюру.

С точки зрения экономической Афганская война была безумием. СССР, экономика которого к началу 1980-х гг. входила в кризис, потратил на войну в Афганистане колоссальные средства. К концу 1980-х гг. премьер-министр Н.И. Рыжков сформировал комиссию из экономистов, которая произвела полный учет советских расходов на Афганскую войну. Окончательные результаты так и не были подведены: Рыжков ушел в отставку. Но известно, что в период с 1978 по 1990 гг. расходы Советского Союза только на подготовку национальных профессиональных кадров для народного хозяйства Афганистана, на помощь в приобретении и использовании технологий, на льготное кредитование и отсрочки по платежам для правительства Афганистана, а также на безвозмездную помощь составили 8 миллиардов 48,6 миллиона инвалютных рублей.

Совершенно очевидно, что, учитывая стоимость современной военной техники, погибшей в боях, расходы на вооружение, ремонт и амортизацию, а также коррумпированность советского военного и партийного чиновничества, приведенную цифру можно увеличить минимум на порядок, а то и на два. Более того, даже после вывода войск СССР продолжал помощь оружием кабульскому режиму. В 1989 г. была поставлена военная техника на сумму 2,6 млрд рублей, а в 1990 г. — не менее чем на 1,4 млрд. В условиях экономического кризиса подобные расходы разрушали народное хозяйство России.

Структура потерь убитыми советских войск по категориям военнослужащих выглядит следующим образом.

Наименование категории	Потери, чел.
Офицеры	1979
Прапорщики	691
Сержанты	3166
Рядовые	7879
Рабочие и служащие воинских частей	118
Военные советники	180
Представители других министерств и ведомств	584
Итого	14 597

Ранено было 53,7 тысячи человек, из которых инвалидами стали 6669, в том числе 1-й группы — 1479 человек. 172 офицера вынуждены были прекратить службу в вооруженных силах из-за ранений. Инфекционным гепатитом было поражено 115 308 человек, а брюшным тифом — 31 080 солдат и офицеров. Боевыми орденами и медалями было награждено более 200 тысяч человек из 620 тысяч, принимавших участие в боевых действиях за 9 лет войны.

Война в Афганистане, как и любая другая, явила примеры как беззаветного мужества, так и воинских преступлений. Борис Всеволодович Громов достаточно объективно оценивает их соотношение: «Среди нескольких сот тысяч военнослужащих встречались, конечно же, преступники. Так было во всех странах и во все времена. Не стал, к сожалению, исключением и Ограниченный контингент советских войск в Афганистане. Но истинное лицо 40-й армии определяли солдаты и офицеры, которые не на словах знают, что такое мужество, доблесть, воинский долг. Практически во всех частях и подразделениях 40-й армии царила уникальная атмосфера братства и взаимовыручки.

> Показателен эпизод, который произошел осенью 1988 г., перед завершением вывода советских войск из Афганистана. Сотни солдат и сержантов, которые уже должны были увольняться в запас, выступили с предложением оставить их еще на несколько месяцев в составе 40-й армии, чтобы не подвергать риску только что прибывших. А ведь они знали, что пуля не выбирает, молодой это солдат или не очень. Погибнуть мог каждый»
> (*Б.В. Громов*. Ограниченный контингент. С. 335).

Многие старшие офицеры, отличившиеся в Афганистане, заняли высшие командные должности в Советской, а позже — в Российской армиях, стали видными политическими деятелями. Так, Александр Иванович Лебедь стал командующим 14-й армией в Приднестровье, а затем — кандидатом на пост Президента России и губернатором Красноярского края; Герой Советского Союза Руслан Аушев — Президентом Ингушской республики, а Александр Руцкой, также удостоенный звезды Героя, — вице-президентом России. Командующий 40-й армией Борис Всеволодович Громов был избран «губернатором» Московской области.

Война в Афганистане нанесла колоссальный вред как отношениям между народами, более ста лет бывшими дружескими, так и оставила глубокую рану в душах всех людей, участвовавших в ней. В средствах массовой информации даже в эпоху Перестройки, не говоря уже о брежневском периоде, распространялись «лакокрасочные» представления об этой войне. Солдаты и офицеры, вернувшиеся с нее, не могли слушать телевизионные передачи и в бешенстве выключали звук, а основная масса советских людей, ничего не знавшая о реалиях необъявленной войны, относилась к ней с прохладцей. До сих пор в крупных городах, в Москве и Санкт-Петербурге можно увидеть искалеченных солдат-афганцев, просящих подаяние: пенсия солдата-инвалида в 2007 г. составляла не более 4 тыс. рублей. Подобные картины были немыслимы в Императорской России. Не все ветераны-афганцы смогли вписаться в послевоенную жизнь. Сказался «синдром локальной войны», исследованный американскими учеными после окончания вьетнамской кампании.

Еще одним штрихом Афганской войны, вызвавшим возмущение во всем обществе, стал факт практически полного отсутствия в рядах 40-й армии детей партийных функционеров даже районного масштаба. Борис Громов пишет о двух известных ему случаях службы в Афганистане сына секретаря Астраханского обкома партии и еще одного сына партийного чиновника, но это исключения, подтверждающие правило. Призывая народ к исполнению «интернационального долга», правители СССР не распространяли его на своих домочадцев.

Афганская война для Советского Союза в военном отношении кончилась ничем. Советские войска не могли в Афганистане одержать победы по определению, равно как и потерпеть поражение. Победа над народом, который практически весь взялся за оружие, невозможна, более того, перед 40-й армией подобных задач никто не ставил, а нищая и разоренная страна не могла одолеть сверхдержаву, обладающую полным господством в воздухе и ракетно-ядерным оружием, что для современной войны является определяющими факторами победы. Гражданская война в Афганистане началась до ввода советских войск и не кончилась до сего дня. Режим Наджибуллы, подпитываемый советским оружием, продержался более трех лет после вывода советских войск из Афганистана и пал в апреле 1992 г., через 4 месяца после прекращения помощи в связи с распадом СССР. В Афганистане выросло уже два поколения людей, не знающих мирной жизни, что привело к радикализации исламского терроризма, появлению движения «Талибан», повесившего Наджибуллу в сентябре 1996 г., а главное, привело эту страну к полномасштабной национальной катастрофе.

Съезд народных депутатов СССР признал в 1989 г. необъявленную войну в Афганистане «грубой политической ошибкой прежнего руководства СССР».

5.2.4. Антикоммунистические революции в Восточной Европе

С 1990 г. Советский Союз начал сокращать помощь и другим прокоммунистическим режимам в третьем мире, которая в 1986–1989 гг. составляла еще около 93 млрд долларов. В то же время Кремль продолжал оказывать масштабную помощь некоторым режимам, прежде всего Кубе, Вьетнаму, Эфиопии, Ираку и Сирии, вплоть до развала СССР осенью 1991 г. В мае 1989 г. впервые за 30 лет глава Советского Союза посетил Пекин, начав нормализацию отношений с Китаем и переговоры по советско-китайской границе. Также в 1989–1991 гг. были установлены дипломатические отношения с Южной Кореей, состоялись переговоры с Японией (неудачные) об урегулировании территориальной проблемы «северных территорий» (то есть Курильских островов).

Народы Польши, Венгрии, Румынии, Чехословакии, Болгарии, Восточной Германии, воспользовавшись радикальными изменениями в позиции советского руководства, обнаружили твердое намерение выйти из социалистического лагеря, в котором они сорок лет назад оказались по воле сталинского руководства. В Восточной Европе люди поняли, что с «новым мышлением» отпала угроза советской военной интервенции, такой как в 1953 г. в Восточной Германии, в 1956 г. в Венгрии и в 1968 г. в Чехословакии. В результате коммунистические правительства были сметены в восточноевропейских странах в течение нескольких месяцев, и Горбачев с удовлетворением воспринял эти события как *народное волеизъявление*. 12 июня 1989 г. Горбачев и германский канцлер Гельмут Коль подписывают в Бонне документ о праве европейских народов самим выбирать форму своего правления.

Репутацию «самого веселого барака в социалистическом лагере» имела **Польша**, и крушение коммунистического блока началось именно там. Генерал Войцех Ярузельский, объявивший в 1981–1982 гг. военное положение, чтобы подавить рабочую «Солидарность» и предотвратить вторжение советских войск, вступил в переговоры с Гражданским комитетом, созданным в конце 1988 г., после ожесточенных забастовок, под председательством лидера «Солидарности» Леха Валенсы. На выборах 4 июня 1989 г. побеждает Гражданский комитет. В сентябре 1989 г. в Польше к власти приходит первое некоммунистическое правительство. Его возглавил издатель газеты католического направления, выходец из старой польской аристократии Тадеуш Мазовецкий.

В **Венгрии** осторожное ослабление коммунистического режима началось уже в 1970-е гг. Правивший страной с 1957 г. Янош Кадар в 1988 г. ушел в отставку. Пришедшие к власти радикальные реформаторы во главе с Имре Пошгаи отказались в январе 1989 г. от утвержденной конституцией «руководящей и направляющей» роли компартии, разрешили образование других партий. В сентябре они открывают границу с Австрией, в октябре отказываются от статуса Венгрии как «народной демократии» — причем компартия Венгрии голосует за самороспуск — и в декабре 1989 г. приводят страну к свободным выборам. На них побеждает Демократический форум — партия христианско-демократического толка, во главе которой стоял Йозеф Анталл. Коммунистическая эмблема с красной звездой над щитком с цветами венгерского флота заменяется на древний герб Венгерского королевства, увенчанный короной святого Штефана.

В *Чехословакии* «бархатная революция» проходила более сложно. В августе 1988 г. начались демонстрации по поводу 20-летия советской оккупации. Возникшие на месте репрессированной Хартии-77 новые оппозиционные группы создают Гражданский форум, организуют массовые выступления. Под их напором 24 ноября 1989 г. коммунистическое правительство подает в отставку. Парламент отменяет статью конституции о руководящей роли компартии и выбирает своим председателем лидера «Пражской весны» 1968 г. Александра Дубчека, а 29 декабря Президентом страны — лидера Хартии-77, проведшего несколько лет в заключении драматурга Вацлава Гавела. Он обещает привести страну к свободным выборам, которые состоялись в июне 1990 года. В следующем году последние советские войска покинули страну, а еще через год завершается мирный развод федерации чехов и словаков: с 1 января 1993 г. Чешская республика и Словакия становятся двумя независимыми государствами.

В *Восточной Германии* открытие венграми австрийской границы в сентябре 1989 г. вызвало наплыв в венгерские и чешские консульства граждан, жаждавших выехать к соотечественникам на Запад. Под лозунгом «Народ — это мы» ширятся массовые демонстрации с требованием политических реформ. Реформы рекомендует и Горбачев, но шеф ГДР Эрих Хоннекер изрек: «Я не обязан клеить новые обои, если сосед занят перестройкой своей квартиры». Однако остановить демонстрации и поток беженцев через Венгрию он был не в силах. Сменивший его Эгон Кренц, перед лицом массовых демонстраций с обеих сторон, **открыл 9 ноября 1989 г. проход через Берлинскую стену** и границу с Западной Германией. После 28 лет разделения ликованию народа не было предела. Горбачев заявил о невмешательстве в объединительный процесс, а на последовавших за тем встречах с канцлером ФРГ Гельмутом Колем поддержал полное объединение Германии и согласился с членством объединенной Германии в НАТО.

В декабре к власти в Восточном Берлине пришло некоммунистическое правительство, следующим летом в ГДР была введена западногерманская валюта, а 3 октября 1990 г. ГДР юридически вошла в состав Федеративной Республики Германии согласно § 23 Конституции 1949 г. За уход советских войск Горбачев взял с Германии 13 млрд немецких марок. Несравнимо большие суммы Западной Германии приходилось много лет вкладывать в Восточную, чтобы несколько выровнять жизненный и культурный уровень немцев бывшей коммунистической части с остальной страной.

В *Румынии* режим Николае Чаушеску довел страну до полной нищеты и политического бесправия народа. К началу 1980-х гг. ради экономии электроэнергии запрещалось продавать лампочки мощнее 40 ватт, днем электрический свет отключался принудительно. Прилавки магазинов были пусты. Невозможно было купить не только мясо, но и хлеб, молоко, яйца, — и это в богатой природными ресурсами

ПОПЫТКА ПЕРЕСТРОЙКИ КОММУНИСТИЧЕСКОГО РЕЖИМА (1985–1991)

преимущественно сельскохозяйственной стране! В довершение хозяйственных трудностей, Чаушеску стал разжигать конфликт между румынами и венграми, православными и протестантами, выставляя себя поборником «православной румынской цивилизации». Дело в том, что венгры Трансильвании требовали восстановления автономной области, упраздненной Чаушеску в 1970-е гг., и тянулись к более свободной этнической родине. В стране тайная полиция осуществляла немало похищений и убийств.

Когда Чаушеску приказал изгнать из Румынии жителя Трансильвании пастора-венгра и известного антикоммуниста Ласло Текеша, 16 декабря 1989 г. начались демонстрации в Тимишоаре. Их пытались подавить военной силой, но стрельба в народ взорвала общество — и венгров, и румын. Началось общенародное восстание, к которому примкнула армия. Чаушеску был 22 декабря свергнут и через три дня расстрелян вместе с женой, соучастницей его преступлений. В мае 1990 г. на выборах побеждает Фронт национального спасения. Вместо коммунистического на национальный флаг Румынии вновь помещается старый королевский герб.

В *Болгарии* 10 ноября 1989 г. решением пленума ЦК Болгарской компартии был смещен коммунистический диктатор Тодор Живков (про него в Болгарии шутили: «Вы знаете, кто лучший мичуринец в Болгарии? — Это отец Тодора Живкова — он вырастил говорящую тыкву»). В заговоре по смещению Живкова кроме кандидатов в члены Политбюро болгарской компартии Луканова и Младенова активное участие принимало и советское посольство (посол В. Шарапов, представитель КГБ в Болгарии полковник А. Одинцов). Болгарская компартия, освободившись от Живкова, переименовала себя в Болгарскую социалистическую партию и победила на первых соревновательных выборах в июне 1990 г. Но после длительных дискуссий в парламенте президентом страны был избран лидер антикоммунистического Союза демократических сил Желю Желев. Победа бывших коммунистов на выборах 1990 г. задержала реформы по декоммунизации Болгарии до середины 1990-х гг.

В сентябре 1989 г. *Словения* приняла поправку к конституции с целью выхода из состава Югославии, что она и сделала в июне 1991 г. одновременно с *Хорватией*. В 1992 г. независимость объявила *Македония*. Иначе сложилась судьба республики *Босния и Герцеговина*. Она на много лет оказалась ввергнутой в огонь жестокой межконфессиональной войны между православными, католиками и мусульманами (все они говорят на практически одном и том же сербско-хорватском языке, хотя и пользуются различной графикой). В оставшейся части Югославии (Сербии и Черногории) удержался национал-коммунистический режим Слободана Милошевича.

За 1989–1991 гг. в Восточной Европе рухнуло 8 коммунистических диктатур.

В *Китае* во время визита Горбачева с 17 по 20 мая 1989 г. повсеместно шли радостные митинги за демократизацию, но после его отъезда власти 3 июня — через два дня после свободных выборов в Польше — расстреляли 2 тысячи демонстрантов на Площади небесного мира. Китайское руководство уже в 1978 г. начало осторожный переход к рыночным отношениям в экономике, но не думало менять политический строй и идеологию, полагая, что может обеспечить «порядок и благосостояние», тогда как в СССР нет ни того ни другого.

Освобождением Восточной Европы и воссоединением Германии, произошедшей для него неожиданно, отчасти даже против его воли, хотя он этому решил и не противиться, Горбачев заработал огромный престиж на Западе, получил Нобелевскую премию мира. По добровольному согласию советского руководства в феврале 1991 г. был ликвидирован Варшавский договор, а вместе с ним и социалистический военно-политический блок. 27 июня 1991 г. прекратил существование и Совет экономической взаимопомощи социалистических стран. Начался и быстро осуществился вывод советских войск из бывших стран-союзниц СССР.

Все эти события означали ликвидацию мировой системы социализма — советского блока, а вместе с этим **прекращение всемирного противоборства двух противоположных лагерей и окончание «холодной войны»**. В «холодной войне» не было ни победителей, ни побежденных — русский народ выиграл от ее завершения не меньше народов Европы и Северной Америки, скорее всего, даже больше: война коммунистического режима со всем некоммунистическим миром в течение 70 лет, то «горячая», то «холодная», совершенно измотала и обескровила Россию. Но кто действительно потерпел поражение в этой войне, это коммунистический режим СССР. Не прошло и года после завершения «холодной войны» — и коммунистическая власть рухнула в самой России.

Мнение участника событий:
«Коммунистический режим... 70 лет вел против своих подданных перманентную гражданскую войну всеми мыслимыми и немыслимыми способами... Завершение семидесятилетней гражданской войны в России, развязанной Лениным и унесшей десятки миллионов жизней наших соотечественников, — главная заслуга команды Горбачева...» (*А.Н. Яковлев*. Большевизм — социальная болезнь XX века // Черная книга коммунизма. М., 1999. С. 15).

Литература
История антикоммунистических революций конца XX века / Под. ред. Ю.С. Новопашина. М.: Институт славяноведения РАН; Наука, 2007.

5.2.5. Начало внутриполитической демократизации и экономической либерализации

Реформы 1985–1986 гг., предпринятые Горбачевым, не удавались. Причина неудач была вполне объективной — сформированная коммунистами за семь десятилетий общественно-экономическая система отторгала от себя и рабочее самоуправление, и элементы рыночных отношений. Но одновременно реформы натолкнулись на сильное сопротивление коммунистического руководства из-за верного ощущения, что они приведут к крушению строя. Горбачев, опять же следуя привычным среди коммунистов формам осмысления политического процесса и веря в непорочность и прогрессивность социализма, счел именно своих противников, которые тогда группировались вокруг члена Политбюро Егора Лигачева, главным препятствием на пути реформ. Он и его друзья-реформаторы были в меньшинстве. И тогда, чтобы преодолеть сопротивление «консервативного большинства» ЦК, Горбачев решил опереться на независимую общественность. Такого, с самого Октябрьского переворота 1917 г., большевики никогда не допускали. На народ большевики рассчитывали как на субъект политического действия только для захвата и удержания власти. Но Горбачев верил, что «советский народ» пойдет за ним, а не за ретроградами из ЦК, и решился на политическую демократизацию. С 1987 г. начался второй этап Перестройки.

В январе 1987 г. на пленуме ЦК КПСС Горбачев предложил новую концепцию и стратегию реформ. Если прежде предполагалось, что практиковавшийся в СССР 70 лет социализм в основе своей здоров и нужно только «ускорить» его развитие, то теперь «презумпция невиновности» с советской социалистической модели («командно-административной», как она стала именоваться) была снята. У нее были обнаружены серьезные внутренние пороки, которые нужно устранять, направив усилия на создание новой, *демократической модели* социализма. Новый принцип был провозглашен лозунгом «*Больше демократии!*». По замыслу Горбачева, политические нововведения, соединяя социализм с демократией, приведут к отстранению от власти консерваторов и бюрократов, то есть тех, кто, по его представлению, были истинными виновниками саботажа и срыва предшествующих реформаторских усилий. Генеральный секретарь, видимо, не сомневался, что политически «освобожденный народ» поставит во главе общества сторонников Горбачева, которых стали именовать «прорабами Перестройки».

В июне 1988 г. на XIX партийной конференции из программы КПСС была практически снята «несвоевременная» цель построения коммунизма (обещанного в 1961 г. Хрущевым к 1980 г.) и заменена лозунгами о гласности, демократизации и техническом переоснащении народного хозяйства. Более того, на конференции впервые был провозглашен курс на создание *правового государства*. Хотя оно должно было быть «социалистическим», это был третье, после отказа от «классовой» внешней политики и привлечения народа к политической деятельности, коренное отступление от ленинского наследия. Государство теперь основывалось не на воле правящего класса, а на законе и общечеловеческом праве. И это было вполне логично. Без правового государства демократия в принципе невозможна. Право теперь должно было определяться свободно избранным парламентом, а не незаконно узурпировавшей власть в России партией большевиков.

Первой в духе демократизации политической реформой, провозглашенной Горбачевым, стали «альтернативные выборы». И по политологическим, и по литературным канонам эта формула звучала как нонсенс, являлась откровенной тавтологией, ибо любой выбор заключает в себе альтернативу. Но в СССР 1987 г. никто не обратил на это внимание: в советской политической практике безраздельно господствовали выборы без альтернативы, которые на самом деле могли быть в лучшем случае поименованы голосованием или избранием, но в коммунистической идеологии преподносились неизменно как самые демократические из всех возможных. Нововведение Горбачева по советским меркам было действительно радикальным, но он, скорее всего, не предполагал, что введение классической формулы выборов обернется политической революцией, разрушительной не только для командно-административной модели, но и для коммунистического режима в целом, и для КПСС, и для СССР.

На XIX июньской конференции КПСС была одобрена серия мер по демократизации политической системы. Альтернативные выборы становились основой избрания депутатов Советов всех уровней. Сами Советы предполагалось преобразовать в соответствии с канонами парламентаризма и передать им государственные функции, узурпированные прежде партийными органами. То есть впервые с 1917—1919 гг. государственная власть в России из большевицкой становилась «советской».

В соответствии с новым подходом были намечены выборы первого Съезда народных депутатов СССР. Партийная конференция также высказалась в пользу развития разделения властей, гражданского общества, а также расширения прав республик в составе СССР. Этими решениями коммунистической партийной конференции *все* внеправовые средства, с помощью которых коммунистическая верхушка управляла народом России, отбрасывались и уничтожались.

План перестройки высших государственных учреждений был закреплен 1 декабря 1988 г. в законах, принятых Верховным Советом. Высшим законодательным органом СССР стал *Съезд народных депутатов*, избираемый на 5 лет и собирающийся раз в год. В новых законах было предусмотрено выдвижение более чем одного кандидата на одно место.

Убежденные в том, что только экономически свободный субъект может быть политически независимым, Горбачев и его сторонники предложили в 1987—1988 гг. соединить социализм не только с демократией, но также с рынком (а не с его отдельными элементами, как в 1985—1987 гг.). Рыночные реформы, означавшие начало экономической либерализации, были достаточно многочисленны, но они не смогли поколебать основ командно-административной экономики, созданных за семь десятилетий на крови принудительных национализаций и коллективизации. Да и человек в СССР был за эти десятилетия крепко отучен от самостоятельного и самоответственного труда, привык к тому, что «все вокруг колхозное, все вокруг — ничье». Законы об индивидуальной трудовой деятельности, о кооперации, об аренде, о фермерских хозяйствах и другие воплощались в жизнь с огромными трудностями, удельный вес новых экономических явлений оставался ничтожно малым и не смог повлиять на ослабление кризисных явлений в экономике.

Наиболее важное место среди рыночных реформ отводилось «Закону о государственном предприятии (объединении)», одобренному в июне 1987 г. и вступившему в силу с 1 января 1988 г. Закон перераспределял прерогативы между министерствами и предприятиями, наделяя последние большой экономической самостоятельностью и создавая тем самым конкурентную среду. Роль центральных планирующих органов сводилась к подготовке контрольных цифр хозяйственного развития и определению государственного заказа, долю которого предполагалось постоянно снижать. Продукция, произведенная сверх госзаказа, могла реализовываться по свободной цене на любых выгодных для предприятий рынках. Кроме того, предприятия получили «свободу рук» в определении численности работающих, установлении заработной платы, выборе хозяйственных партнеров. За трудовыми коллективами закреплялось право выбора администрации.

Предполагалось, что в 1988 г. закон будет распространен на 50% промышленных предприятий, а в 1989 г. — на другую половину. Но уже в 1988 г. выяснилось, что закон прочно забуксовал, а в следующем году стало ясно, что его воплощение потерпело неудачу. Тому было несколько причин. Одна заключалась в том, что предприятия столкнулись с полным отсутствием инфраструктуры, которая позволяла бы им более или менее уверенно пускаться в «свободное плавание». В стране не было посреднических организаций, товарно-сырьевых бирж, которые наладили бы механизмы закупок сырья и сбыта продукции. В таких условиях большинство руководителей предпочитали не рисковать, а получать по максимуму госзаказ, который служил гарантией централизованного снабжения сырьем и сбыта готовой продукции. Но они меняли ассортимент в пользу более дорогих изделий, приносивших большую прибыль. Дешевые изделия стали исчезать из торговой сети: росли дороговизна и дефицит. Добавочный доход предприятия пускали не на совершенствование или расширение производства, а на повышение зарплаты.

Индивидуальная трудовая деятельность и смешанные предприятия с участием иностранного капитала были разрешены еще в конце 1986 г., но теперь при госпредприятиях могли создаваться так называемые «кооперативы» — фактически частные фирмы, арендующие у госпредприятий помещения. «Кооперативы» при предприятиях, главной долей которых обычно владели директора, получали высокие барыши за счет разницы между дешевым государственным сырьем и высокими свободными ценами на свои изделия.

Основной результат реформы 1987 г. состоял в том, что она дала возникнуть новому слою деловых людей. Начало многим банкам и другим предприятиям, развившимся после реформ 1992 г., было положено именно в 1988 г. В то же время несовместимость директивных отношений в системе госпредприятий с рыночными становилась очевидной. Одновременно усилилось жестокое преследование подпольных предпринимателей, сформировавшихся в брежневское время независимо от государства. Они получили большие лагерные сроки и перестали быть конкурентами новому слою.

Рыночные отношения не сложились и в силу утвердившихся стереотипов сознания советского человека, характерных и для администрации, и для государства, и для рабочих. Накануне вступления закона в силу было известно, что в стране насчитывается более 30 % убыточных предприятий, кроме того, еще 25% получали очень небольшую прибыль, а это обрекало всех их в условиях перехода к самофинансированию и прекращения государственных дотаций на банкротство. Возможность и условия банкротства были предусмотрены статьей 23 закона о предприятиях. Но статья эта так и не была введена в действие: лоббистские усилия партийно-хозяйственных органов, министерств, как и активность профсоюзов и трудовых коллективов, оставили «на плаву» даже самые безнадежные предприятия. Ничего не дало и право сокращения числа работающих: перспектива возникновения безработицы была решительно осуждена и трудовыми коллективами, и обществом в целом. Общественное мнение не приняло и перспективы повышения цен как следствия экономической свободы предприятий.

Неудачи экономических реформ углубляли хронический продовольственный и товарный голод. Горбачев пытался гасить общественный кризис и сохранить политическое лидерство с помощью своего главного и любимого нововведения — демократизации. Но демократизация быстро обрела собственную жизненную силу, оборачиваясь, вопреки помыслам архитектора Перестройки, против ее творца.

5.2.6. «Гласность». Подъем общественной активности. Национальные и демократические движения

Гласность под руководством курирующего средства массовой информации А.Н. Яковлева быстро выходит за первоначальные рамки «критики и самокритики». В январе 1987 г. Горбачев объявил: «В советском обществе не должно быть зон, закрытых для критики». В печати, по радио и на телевидении начинаются острые дискуссии по самым разным вопросам современности. В январе 1987 г. появляются статьи Юрия Нагибина и Михаила Горбаневского о возвращении городам и улицам их исторических имен. Предстоящее 70-летие Октября дает повод раскрывать правду о советском прошлом, о репрессиях и терроре.

Оживают искусство, литература и издательское дело. В мае 1986 г. Союз кинематографистов на съезде в Москве избавляется от партийного руководства и выбирает председателем режиссера Э. Климова. Съезд театральных деятелей также выбирает реформаторское руководство. После встречи с Горбачевым в июне 1986 г. тем же путем следует съезд Союза писателей. Происходит смена редакций основных журналов: во главе «Нового мира» становится С.П. Залыгин, во главе «Знамени» Г.Я. Бакланов, во главе «Огонька» В.А. Коротич.

Следующие три года становятся подлинным праздником запрещенной ранее литературы. В размывании коммунистического режима огромную роль сыграли литературные и публицистические журналы, такие как «Новый мир», «Знамя», «Октябрь», «Дружба народов», «Огонек». Тиражи толстых журналов взмыли вверх и стали соперничать с тиражами многих газет. Особую популярность приобрели появившиеся в журналах прежде строго-настрого запрещенные и даже не упоминавшиеся романы и повести русских писателей, уничтоженных когда-то системой или эмигрировавших за рубеж.

До русского читателя на родине наконец доходят «Мы» Евгения Замятина, «Доктор Живаго» Бориса Пастернака, «Жизнь и судьба» Василия Гроссмана, «Белые одежды» Владимира Дудинцева, «Реквием» Анны Ахматовой, а в 1989 г. «Архипелаг ГУЛАГ» Александра Солженицына. Выходят и ранее недоступные «Окаянные дни» Ивана Бунина, «Лето Господне» и «Солнце мертвых» Ивана Шмелева, «Дар» и «Другие берега» Владимира Набокова: струя культуры русского зарубежья, вливаясь в общий поток, способствует раскрепощению сознания. Очень важным для освобождения от пут марксизма стало издание в России философских и социологических трудов Николая Бердяева, Ивана Ильина, Николая Лосского, Николая и Евгения Трубецких, Питирима Сорокина, Георгия Федотова. Посмертно деятели первой эмиграции участвуют в свержении коммунистического режима.

Из современных произведений пользуются популярностью пьеса Михаила Шатрова «Брестский мир», роман Анатолия Рыбакова «Дети Арбата», связанные с разоблачением сталинщины. И особенно фильм Тенгиза Абуладзе «Покаяние». Его смотрит практически вся Россия, а главная тема — покаяние детей за страшное прошлое, сотворенное отцами, и финальный вопрос героини: «Зачем же дорога, если она не ведет к храму?» — до сего дня продолжают для многих из поколения Перестройки быть камертоном происходящих в стране преобразований.

Сталинский период был определяющим в становлении Советского Союза, и его разоблачение логически ведет к нравственному выводу о необходимости не «перестраивать», а устранять власть компартии. В 1989 г. был отменен запрет на ввоз литературы из-за границы и рассекречена часть архивов, в частности вывезенный в 1945 г. из Праги Русский заграничный исторический архив (РЗИА). Партийная цензура и монополия государства на средства массовой информации были отменены законом СССР «О печати» от 12 июня 1990 г. После этого в стране стали печатать практически всё.

За идейным раскрепощением следует самоорганизация общества. Из объекта политического управления и той тени, которую чем дальше, тем больше боятся коммунистические правители, российское общество превращается, как в 1905—1917 гг., в важнейшего субъекта политического процесса.

Центры притяжения общественной самоорганизации поначалу самые разные: спортивные клубы, музыкальные рок-группы, творческие союзы, научные семинары и, наконец, политические клубы. Из научно-интеллектуальных центров свободной мысли 1986—1990 гг. можно назвать ежемесячный семинар в Центральном экономико-математическом институте в Москве и семинар по ретроспективной и сравнительной политологии «Полития», проводившийся в различных академических институтах Москвы, но чаще всего в Институте востоковедения.

Политклубы, возникшие не только в Москве и Ленинграде, но также в Свердловске, Саратове, Челябинске, Набережных Челнах, объединены целью демократизации и радикализации процесса перестройки. Было создано много дискуссионных клубов типа «Московской трибуны», собиравших по преимуществу творческую интеллигенцию и ставших генераторами программ и идей углубления Перестройки. Они уже не удовлетворялись концепцией демократического социализма, предложенной Горбачевым, а, как с осуждением говорил сам архитектор Перестройки, стали «подбрасывать идею о политическом плюрализме, многопартийности и *даже* частной собственности».

Первым видным достижением организованного протеста стал отказ правительства в июле 1986 г. от очередного проявления гигантомании — проекта переброски вод сибирских рек в засушливые районы Средней Азии. Протесты были массовыми: помимо писателей и ученых письма подписывали сотни людей в городах Сибири. В том же июле общественный протест в Москве уберегает от сноса ряд исторических зданий в Лефортово. Общественность не только протестует, но и работает над выдвижением альтернатив. В августе 1986 г. на Змеиной горке под Ленинградом проходит семинар молодых экономистов по вопросам перехода от плановой экономики к рынку. В числе участников Егор Гайдар, Анатолий Чубайс и другие известные впоследствии фигуры.

В марте 1987 г. в Ленинграде идут демонстрации по поводу сноса гостиницы «Англетер», где окончил жизнь поэт Сергей Есенин. Они кладут начало культурно-экологическому движению «Спасение», которое затем перерастет в эколого-политическое. Его одно время возглавлял писатель Даниил Гранин, и в нем впервые нашли себя будущие демократические деятели города. Зрителей привлекают новые программы телевидения — «Взгляд» Владислава Листьева и другие.

В том же марте 1987 г. в Москве состоялась первая дискуссия на экономические темы, организованная клубом «Перестройка». Клубы эти быстро распространяются по всей стране. Выступая в поддержку Горбачева, против реакционных сил в компартии, они со временем становятся основой радикально-реформаторского крыла самой компартии, которое в августе 1989 г. начало оформляться как *Демократическая платформа КПСС*.

В июле и августе 1988 г. в Москве начинают выходить неформальные газеты «Гласность» и «Экспресс-хроника», осенью в Ленинграде проходит уже съезд редакторов неформальных изданий. Тем же летом бывшие политзаключенные организуют первые группы общества «Мемориал». Замысел построить величественный памятник миллионам жертв коммунистического террора со временем становится нереальным. Но около двухсот групп заняты увековечением их памяти иными путями: составляют списки погибших, находят места захоронения, организуют помощь выжившим и их потомкам, ведут научно-исследовательскую и политическую работу. Из-за сопротивления властей «Мемориал» только в январе 1989 г. был оформлен как Всесоюзное добровольное историко-просветительское общество.

6 сентября 1987 г. в Москве группа деятелей Всесоюзного общества охраны памятников истории и культуры (ВООПИК) под руководством Д.Д. Васильева создает Национально-патриотический фронт «Память», проводит первый большой несанкционированный митинг. Вскоре мишенью национал-патриотов сделались, помимо компартии, и евреи (демонстрация против «Тель-Авидения» в Останкино в 1989 г.).

В том же сентябре в Москве создаются филиал Международного общества прав человека (МОПЧ) и организация либералов «Гражданское достоинство», позднее ставшая Партией конституционных демократов. Быстро растут казачьи объединения: как «белые», так и «красные».

23 августа 1987 г., в 48-ю годовщину пакта Молотова — Риббентропа, вызвавшего советскую оккупацию, в балтийских республиках проходят митинги. Они положили основу **Народным фронтам** стремящихся к освобождению своих стран. Поначалу их требования шли в направлении развития резолюций XIX партконференции, но с конца 1988 г. появились признаки того, что они не удовлетворятся расширением суверенитета республик в рамках СССР. В средствах массовой информации, на собраниях и митингах, организуемых Народными фронтами, все чаще и громче звучали фразы о советской оккупации Прибалтики, необходимости восстановления государственной независимости трех республик.

Кроме Прибалтики, Народные фронты добились наибольшего влияния в закавказских республиках. В Армении Народный фронт во главе с Левоном Тер-Петросяном наряду с общедемократическими требованиями выдвинул цель возвращения в состав республики Нагорного Карабаха, что привело к резкому обострению противоречий с Азербайджаном. Осенью 1988 г. шесть руководителей армянского Народного фронта были арестованы и переправлены в московскую Бутырку, но 31 мая следующего года освобождены в полном составе и с ликованием встречены в Ереване. В Грузии Народный фронт во главе с Завиади Гамсахурдиа постепенно вошел в жесткое противоборство с коммунистическим руководством республики, завершившееся трагическими событиями 9 апреля 1989 г., когда власти использовали силы Советской армии для разгона массового митинга в центре Тбилиси, созванного, чтобы выразить протест требованию абхазов о независимости от Грузинской ССР (см. **5.2.9**). В ходе жестокого столкновения было убито 20 сторонников Народного фронта, после чего в Грузии начался быстрый рост антирусских настроений.

7 мая 1988 г. в Москве возникает **Демократический союз (ДС)**. В годовщину начала красного террора 5 сентября он проводит митинги в Москве и Ленинграде. Их разгоняет милиция, но с полдюжины неформальных групп объединяются в политическое движение. В Кратово под Москвой 7 сентября 1988 г. проходит учредительный съезд ДС. Руководители — Валерия Новодворская, Д. Стариков, И. Царьков и другие — стоят на радикальных позициях и не намерены участвовать в выборах, пока у власти КПСС. ДС занят агитацией и проведением уличных выступлений.

В июне — сентябре 1988 г., по примеру Прибалтики, во многих русских городах возникают **Народные фронты за Перестройку.** Чтобы не навлечь на себя подозрения в «контрреволюции», они выступают за «совершенствование» строя и общенациональной организации не создают. Тем не менее многолюдные выступления ширятся повсеместно. В июне в Томске проходит митинг под лозунгом «Перестройка в опасности!», в августе, в годовщину вторжения в Чехословакию, ДС устраивает митинг на Пушкинской площади в Москве (разогнан милицией), клуб «Перестройка» — в Красноярске (митинг хотя и разрешен, тоже разогнан), в Куйбышеве (Самаре) 20-тысячный митинг требует снятия местного первого секретаря обкома (смещен).

Прибалтийцы выступали на митингах под своими национальными флагами, вывешивание которых строго наказывалось после 1940 г. Российская оппозиция коммунистам так же заявила о себе: 7 октября 1988 г. в Ленинграде на стадионе «Локомотив» недавно вышедший из заключения член НТС Р.Б. Евдокимов и его единомышленники впервые на подконтрольной советской власти территории подняли **российский трехцветный флаг.** Это вызвало потрясающий эффект «ниспровержения основ» строя, хотя многие русские люди к 1988 г. уже забыли, каков русский национальный флаг. Вскоре трехцветный флаг (или как его на французский манер почему-то стали называть — триколёр) стал повсеместно символом антикоммунистических демонстраций в России.

В 1988 г. самостоятельную позицию проявили не только демократические и национальные группы и движения, но также консервативно-охранительные круги. Самая жесткая контратака партийной бюрократии пришлась на март — апрель. В марте в газете «Советская Россия» появилась ортодоксальная статья «Не могу поступаться принципами», в которой Нина Андреева, преподаватель одного из ленинградских институтов, решительно осуждала архитекторов Перестройки за утрату классового подхода и попытку под видом «улучшения социализма» насадить в стране чуждую идеологию и строй. Не ограничившись этим, она выступила в защиту Сталина и проводившейся им политики. Статья Андреевой появилась в тот момент, когда Горбачев находился в зарубежной поездке, и явно застала сторонников Перестройки врасплох. Поскольку «Советская Россия» являлась газетой ЦК КПСС, быстро распространились слухи, что в верховном политическом эшелоне страны вызрел заговор консерваторов во главе со вторым секретарем ЦК КПСС Егором Лигачевым, а статья Андреевой является для их сторонников сигналом к контрнаступлению. После того как стало известно, что статья перепечатана в десятках областных партийных газет, тревога сторонников Перестройки сменилась паникой. В течение трех недель газеты, поддерживавшие реформаторский курс, пребывали в шоке, не решаясь вступить в полемику с газетой ЦК КПСС.

И только 5 апреля самая главная партийная газета «Правда» ответила на статью Н. Андреевой публикацией «Принципы Перестройки: революционность мышления и действий». Публикация шла без подписи, как редакционная статья, выражающая, следовательно, официальную линию ЦК КПСС. По стилю и идеям авторство ее установить было несложно: она принадлежала перу Александра Яковлева. Одно за другим в ней решительно отвергались все положения Андреевой. После этого в течение полутора лет охранительно-коммунистические круги не решались на открытое выступление против Перестройки.

Важным шагом в направлении демократизации стало **освобождение политзаключенных.** Всего на середину 1980-х гг. в местах лишения свободы находилось около 2000 политзаключенных.

Что касается состава осужденных за «антисоветскую агитацию и пропаганду», то 90% из них были мужчины, причем преимущественно молодые и образованные: 36% были в возрасте от 18 до 30 лет — вдвое больше, чем среди населения в целом. Около 15% имели высшее образование — несколько больше, чем среди населения в целом. По национальности среди осужденных было мало представителей азиатских народов и непропорционально много прибалтийцев и евреев.

Национальность	Процент осужденных	Процент населения	Соотношение
Узбеки	0,32	5,8	0,06
Туркмены	0,10	0,9	0,11
Казахи	0,35	2,8	0,12
Азербайджанцы	0,72	2,3	0,31
Белорусы	2,58	3,5	0,74
Татары	1,79	2,3	0,78
Русские	**47,07**	**50,8**	**0,93**
Украинцы	20,84	15,4	1,35
Грузины	1,04	1,3	1,57
Молдаване	1,99	1,1	1,81
Немцы	1,27	0,7	1,81
Армяне	2,96	2,6	1,85
Поляки	0,75	0,3	2,48
Литовцы	5,37	1,0	5,37
Эстонцы	2,31	0,3	7,70
Латыши	4,67	0,5	9,34
Евреи	4,89	0,4	12,23

16 декабря 1986 г. Горбачев позвонил в Горький и сказал А.Д. Сахарову, что тот может вернуться из ссылки в Москву. Сахаров напомнил про недавнюю смерть Анатолия Марченко в заключении, про других «узников совести». Горбачев ответил, что многих уже отпустили, другим улучшили условия. В феврале 1987 г. их тоже стали небольшими партиями освобождать, хотя некоторым пришлось сидеть до 1990 г. На осень 1986 г. их было 477 человек, осужденных по ст. 70 («антисоветская пропаганда») и 190-й прим. («клеветнические измышления»), плюс около

500 (включая религиозных активистов), осужденных по разным статьям. Статьи 70 и 190' из Уголовного кодекса были исключены в 1989 г.

Другим шагом к развитию «гласности» стало **прекращение глушения западных радиопередач** 30 ноября 1988 г. Глушение было начато в конце 1940-х годов и с тех пор совершенствовалось. К 1980-м гг. работало около 3500 «глушилок» как в системе дальнего радиоподавления, так и местных, стоявших в каждом из 200 крупных городов СССР. Их суммарная мощность более чем в пять раз превышала мощность западных радиостанций, которые они подавляли. Глушение официальных радиостанций — «Голос Америки», «Би-би-си», «Немецкая волна» — прерывалось в периоды «разрядки» 1963–1968 и 1973–1980 гг. и временами шло выборочно. Передачи на русском языке таких стран, как Канада, Франция, Швеция, после 1968 г. вообще перестали глушить. А радио «Свобода», «Свободная Европа» и небольшую «Свободную Россию», вещавшую с 1950 по 1976 гг., глушили непрерывно. Но несмотря на сильные помехи, народ находил возможности «голоса» слушать. В августе 1991 г. на баррикаде перед Белым домом кто-то вывел: «Спасибо "Голосу Америки" за правдивую информацию».

Послабления коснулись и **эмиграции**. Число выехавших за границу на постоянное жительство росло. В 1987 г. СССР покинуло, как они объявили, «навсегда» 39 129 человек, в 1988 г. — 108 189, в 1989 г. — 234 994; в 1990 г. — 452 262 человека. Выезжали преимущественно евреи — в Израиль, этнические немцы — в Западную Германию, греки — в Грецию и кто угодно — в США, причем во всех этих потоках было много русских.

5.2.7. Возвышение Бориса Ельцина

На октябрьском 1987 г. пленуме ЦК КПСС в руководстве КПСС начинает оформляться радикальная фракция — с критикой непоследовательности и медленности проведения реформ в стране выступил первый секретарь Московского городского комитета КПСС Борис Николаевич Ельцин. По всей видимости, он, обнаружив в будущем большой политический талант, уже тогда понял, что власть в стране ускользает из рук партийной номенклатуры Политбюро и будет принадлежать тому, кто станет кумиром революционной толпы. Народ же в первую очередь желал покончить с ложью и несправедливостью в распределении богатств страны, когда правители, называя себя «слугами народа» и «строителями коммунизма», живут сами уже «как при коммунизме», а народ, которому они якобы служат, держат в бедности. Особенно раздражали людей скрытые привилегии — продуктовые распределители, спецаптеки, спецполиклиники, спецсанатории и т. п.

Ельцин знал, на что он шел. Когда консервативное большинство пленума и сам генсек стали осуждать его за отсутствие реализма, он тут же вместо того, чтобы оправдываться или доказывать свою правоту, хлопнул дверью — подал в отставку с поста первого секретаря МГК КПСС.

В июне 1988 г. на партконференции он уже заявляет, да так, чтобы это стало слышно по всей стране: «Должно быть так: если чего-то не хватает у нас, в социалистическом обществе, то нехватку должен ощутить в равной степени каждый без исключения. Надо наконец ликвидировать продовольственные "пайки" для, так сказать, голодающей номенклатуры, исключить элитарность в обществе, исключить и по существу, и по форме слово "спец", так как у нас нет спецкоммунистов». Годом позже Ельцин продолжал развивать ту же тему: «Пока мы живем так бедно и убого, я не могу есть осетрину и заедать ее черной икрой, не могу мчать на машине, минуя светофоры и шарахающиеся автомобили, не могу глотать импортные суперлекарства, зная, что у соседа нет аспирина для ребенка. Потому что стыдно» («Исповедь на заданную тему»).

Эти слова, расходясь в сотнях тысяч экземпляров по всей стране, вызывали колоссальную симпатию к секретарю ЦК — диссиденту. Людей привлекала не только глубокая честность этих слов, достойных Махатмы Ганди, но, главное, то, что говорил их не нищий и гонимый правозащитник «из зависти», а все имеющий представитель высшей комноменклатуры, готовый от всего отказаться ради правды, ради людей, «потому что стыдно». Ельцин, строитель по профессии, умеющий говорить с простыми людьми на понятном для них языке, с 1989 г. становится кумиром толпы, далеко обходя «заумных интеллигентов» — академика Сахарова, Юрия Афанасьева и тем более «заморского Солженицына», который из далекого Вермонта присылает для большинства неудобопонятный, слишком умный и честный текст — программу «Как нам обустроить Россию». Солженицын советует создавать пирамиду земств от уезда до Всероссийской Думы — это что-то сложное и невразумительное. А вот отказаться от спецпайков и спецмашин, как объявил Ельцин, это понятно, просто. Это — по-нашему. Все бы начальники так поступили. На митингах в Москве в 1990 г. повсюду плакаты: «Народ и Ельцин едины!», «Дядя Горби обманул нас с бабушкой. Мы за Ельцина — он честный».

Вчерашний первый секретарь Свердловского и Московского партийных комитетов смог взойти на самый гребень поднимающейся волны народного негодования коммунистическим режимом и мастерски удержаться на этом гребне вплоть до того момента, когда этот вал смял под себя его главного соперника — архитектора Перестройки Михаила Горбачева.

5.2.8. Освобождение Церкви

В начале 1980-х гг. на территории СССР оставалось всего 6700 православных храмов и 16 монастырей (2 — в РСФСР). На восьмимиллионную Москву приходилось лишь 46 православных храмов; в Ленинграде на 4 миллиона жителей — 12. Подавляющее большинство приходов было сосредоточено в Западной Украине, Западной Белоруссии, Молдавии и балтийских республиках — регионах, присоединенных в 1939–1940 гг., а потому менее подвергшихся принудительной атеизации. Советское государство, не желая роста влияния православия на умы граждан, до 1987 г. ограничивало регистрацию православных общин. В 1984 г. в СССР были зарегистрированы лишь две православных общины, тогда как лютеранских — 12, баптистских — 19, пятидесятнических — 26, адвентистских — 12.

С 1984 по 1987 г. были зарегистрированы 234 общины этих четырех протестантских деноминаций и только 31 православная община. Председатель Совета по делам религии при Совмине СССР Константин Харчев в лекции перед преподавателями Высшей партийной школы в марте 1988 г. признал: «Раньше мы давили Русскую Православную Церковь и не сдерживали сектантов, так как боялись, что они уйдут в подполье и мы окончательно потеряем над ними контроль. Но ведь католики, протестанты, баптисты, евангелисты и многие другие имеют центры и органы управления вне досягаемости советской власти, и потому их бурный рост чреват непредсказуемыми последствиями» (Русская мысль. № 3725. 20 мая 1988).

В первые годы правления Михаила Горбачева вопросы религиозной свободы были на периферии интересов государства и общества. XXVII съезд КПСС привычно призывал утверждать «научно-атеистическое мировоззрение для преодоления религиозных предрассудков» и «широко внедрять новые советские обряды и обычаи». Егор Лигачев в сентябре 1986 г. на совещании глав кафедр общественных наук порицает творческую интеллигенцию за «заигрывание с боженькой», за «выступления в пользу терпимого отношения к религиозным идеалам, в пользу возвращения к религиозной этике». В конце 1986 г. по указке ЦК КПСС разворачивается всесоюзная антирелигиозная кампания, в ходе которой такие газеты, как «Правда», «Правда Востока», требуют от интеллигенции и молодежи покончить с «кокетничаньем с боженькой», а от Церкви «прекратить спекулировать на эстетических и этических потребностях людей». Главный атеист И.А. Крывелев возмущается такими новыми произведениями литературы, как «Плаха» Чингиза Айтматова и сборник рассказов Виктора Астафьева «Место действия». Верующих продолжали выгонять с работы и дискриминировать иными способами.

Но это была уже последняя богоборческая кампания коммунистов. Год чернобыльской катастрофы вызвал резкое усиление в обществе мистических настроений. Многие вспоминали слова из Апокалипсиса Иоанна: «...упала с неба большая звезда, горящая подобно светильнику, и пала на третью часть рек и на источники вод. Имя сей звезде "полынь"; и третья часть вод сделалась полынью, и многие из людей умерли от вод, потому что они стали горьки» (Откр. 8, 10—11). Чернобыль — по-украински «полынь». Возмущение коммунистическим руководством, допустившим, а потом скрывавшим эту страшную аварию, соединялось у многих с чувством, что начинаются новые казни Божии за богоотступничество власти и народа. Эти мысли звучали в печати, об этом говорили делегаты Съезда писателей. «Вот если бы на головы современных осквернителей храмов... богохульников... низверг вселенский свинцовый дождь — на всех человеконенавистников, на гонителей чистой морали...» — говорил, например, Виктор Астафьев. Настроения общества в условиях гласности и демократизации не могли игнорироваться коммунистической властью. Несмотря на сопротивление партийных традиционалистов, освобождение религии, как одной из форм общественного сознания, началось вместе со вторым этапом Перестройки.

В 1987 г. Церкви была возвращена Оптина пустынь, постепенно снимались ограничения с регистрации православных общин. Свой вклад в повышение общественного статуса Церкви внесли выступления и публикации академиков Дмитрия Лихачева, Бориса Раушенбаха, филолога Сергея Аверинцева, журналистов Юрия Щербака, Александра Нежного.

Внимательных христиан радостно удивили слова Горбачева, сказанные в конце января 1988 г. в британском Парламенте: «В этом году **мы** собираемся праздновать тысячелетие Крещения Руси». Эти слова произнес генеральный секретарь ЦК КПСС, партии, объявлявшей атеизм одним из своих принципиальных оснований. Он тем не менее собирался праздновать тысячелетие Крещения Руси.

Во второй половине апреля 1988 г. Горбачев назначил встречу патриарху Пимену, чтобы расспросить его о нуждах Церкви. Митрополит Филарет (Вахромеев), в то время председатель отдела Патриархии, ведающего внешними связями (в том числе и с государством), рассказывал авторам этого учебника, как они с Патриархом готовились к встрече: «Мы составили список просьб, от самых незначительных до очень важных, системных. Решили начать с самых простых вопросов, а если Горбачев отнесется к ним благосклонно, то предложить к рассмотрению более сложные и существенные. Вопросов всего было 24. Когда на встрече Горбачев увидел, что я смотрю в список, он попросил разрешения взглянуть в него сам и, посмотрев, на минуту задумавшись, сказал: "Все эти вопросы считайте решенными; что еще нужно для восстановления Церкви?"» Следует добавить, что ни сам Горбачев, ни члены его семьи в то время не были верующими людьми. Внимание к нуждам Церкви было для Генерального секретаря следствием сложившегося его убеждения в приоритете «общечеловеческих ценностей» над классовыми и партийными.

1988 г. вошел в историю как год радикальных перемен в отношениях Церкви и государства, Церкви и общества, ознаменовав смену эпох в государственно-церковных отношениях: Церковь гонимая, Церковь мучеников становится Церковью свободной. После апрельской встречи Горбачева с Патриархом Пименом юбилейные церковные торжества приобрели статус общегосударственного торжества.

В мае 1988 г. в Оружейной палате Московского Кремля состоялась торжественная передача Церкви древних святынь, хранившихся в кремлевских запасниках, — частиц Древа Господня, десницы апостола Андрея Первозванного, главы святителя Иоанна Златоуста, частиц мощей русских святых. Накануне Юбилейных торжеств, проходивших с 5 по 12 июня, была возвращена Церкви часть Киево-Печерской лавры. На празднование 1000-летия Крещения Руси, подтверждая всехристианское значение этого торжества, в Москву прибыли первоиерархи Вселенских и Поместных Церквей — патриархи Антиохийский, Иерусалимский, Грузинский, Болгарский, главы Кипрской, Польской, Чехословацкой, Американской Церквей, архиепископ Кентерберийский, Католикос всех армян, глава Коптской Церкви.

Поместный Собор открылся 6 июня (в Неделю всех святых) в Богоявленском соборе. 9 июня Собор провозгласил в лике святых, впервые с начала гонений (отдельные канонизации проходили только в Автономных Церквах Московской Патриархии — Японской и Американской), восьмерых деятелей Русской Церкви: одного из основателей русского монашества преподобного Паисия Величковского; благоверного Великого князя Димитрия Донского; иконописца преподобного Андрея Рублева; богословов преподобного Максима Грека, святителя Феофана Затворника, святителя Игнатия (Брянчанинова); митрополита Макария Московского; преподобного Амвросия Оптинского; блаженной Ксении Петербургской. Собор также принял «Устав об управлении Русской Православной Церковью», основные положения которого были приведены в соответствие с решениями Поместного Собора 1917–1918 гг. На Соборе впервые за многие десятилетия развернулось живое и даже полемическое обсуждение церковных проблем. Выступающие, в частности, подчеркивали, что хотя со времени Поместного Собора 1971 г. крещение приняло свыше 30 млн человек, большинство крещеных оставались невоцерковленными, духовных школ было мало, уровень подготовки пастырей в них был низок, а религиозное образование для мирян отсутствовало вообще.

10 июня в Большом театре состоялся юбилейный торжественный акт, на котором в докладе о 1000-летнем пути Русской Церкви говорилось, что в последние 70 лет «складывающиеся между государством и Церковью отношения не были однозначными... Среди тех, кто подвергся массовым репрессиям, были и священнослужители, верующие. Церковь разделила с народом тяготы выпавших на его долю испытаний». Впервые за многие десятилетия Церковь официально, хотя и осторожно, заговорила о гонениях на верующих в России в XX веке.

За Поместным Собором юбилейные торжества продолжились по всем епархиям, возрождая для русских людей красоту богослужения и церковного искусства, глубину богословской мысли, выдающуюся культурную роль православия для России. Впервые за все годы существования СССР Церковь оказалась в центре общественного внимания. Если катастрофа в Чернобыле вызвала волну массовых крещений на фоне роста апокалиптических настроений, то торжества 1988 г. способствовали почти двойному увеличению числа крещений на фоне роста общественных ожиданий в отношении православия. Одновременно началось массовое открытие монастырей и приходов. Если в 1987 г. было открыто 16 приходов, то в 1988 г. — 809, а в первые девять месяцев 1989 г. — 2039. Ко времени распада СССР в декабре 1991 г. число православных приходов достигло 10 тысяч.

В октябре 1989 г., в год празднования 400-летия учреждения патриаршества на Руси, на Архиерейском Соборе были канонизированы не только первый Патриарх Московский Иов, но и Патриарх Тихон (Белавин), чья канонизация положила начало прославлению сонма новомучеников и исповедников Российских, пострадавших в годы большевицкого террора. На этом же Соборе было принято решение о создании Белорусского экзархата. Через год на другом Архиерейском Соборе была дарована самостоятельность Украинской Православной Церкви. В условиях децентрализации государственной власти, угадываемого грядущего распада СССР Церковь формировала свою церковно-административную структуру для духовного служения в обстоятельствах возможных государственно-политических разделений.

В мае 1990 г., после 19-летнего управления Церковью, скончался патриарх Пимен (Извеков), и на июньском Поместном Соборе Патриархом Московским и всея Руси с именем Алексий II был избран митрополит Ленинградский и Новгородский Алексий (Ридигер).

Но в том же году русское общество было потрясено зверским убийством известного православного богослова священника Александра Меня (9 сентября 1990 г.), убийством, не раскрытым и по сей день. Его похороны стали своеобразной манифестацией православной интеллигенции России.

Опрос общественного мнения, проведенный журналом «Огонек» в 1990 г., удивил социологов: после семидесятилетия государственного атеизма Православная Церковь оказалась наиболее авторитетным институтом общества — ей доверяли около 67% граждан. В последующие годы ситуация не изменилась: граждане больше всего доверяли Церкви и армии.

Распоряжением Совмина РСФСР от 24 августа 1990 г. за № 322 Совет по делам религий при Совете министров РСФСР был упразднен, а вместе с ним и институт уполномоченных. В октябре 1990 г. был принят закон СССР «О свободе совести и религиозных организациях», а через месяц — более либеральный закон РСФСР «О свободе вероисповедания», предусматривавший вместо Совета по делам религий создание Комиссии по свободе совести и вероисповедания при Верховном Совете РСФСР, допускавший преподавание вероучения на факультативной основе в дошкольных и учебных заведениях, а также предоставлявший религиозным организациям права юридических лиц. 5 ноября 1990 г. Патриарх Алексий II в обращении к народу оценил «октябрьскую революцию 1917 г. как событие, определившее скорбный путь России в XX в., и призвал не платить впредь человеческими судьбами за эксперименты политиков. С 1991 г. по просьбе Патриарха российские власти объявили Рождество Христово выходным днем.

Закон о свободе совести по-особому отразился на Западной Украине. Множество людей объявили себя приверженцами запрещенных со сталинских времен конфессий — греко-католической (униатской) и православно-автокефальной (независимой от Москвы). Опрос марта — апреля 1990 г., проведенный Академией наук СССР, показал, что во Львовской области 28% взрослых привержены униатской Церкви, столько же — Православной, 15% — автокефальной. На Волыни униатство было слабым, но сторонниками автокефальной Церкви были очень многие. Началась борьба за храмы, отобранные у униатов и автокефалов после Львовского собора 1945 г. (см. **4.3.14**). Взаимная нетерпимость, укорененная в тех репрессиях, которым десятилетиями подвергались со стороны коммунистических властей сторонники украинской независимости и даже самобытности, привела к жестокостям, насилию, крови. Умирающий дракон коммунизма продолжал отравлять людей своим ядом.

Литература
Д.В. *Поспеловский*. Русская Православная Церковь в XX веке. М.: Республика, 1995.

5.2.9. Межэтнические конфликты в Карабахе, Осетии, Абхазии и Приднестровье (1988–1991)

Для коммунистического руководства, верившего собственной пропаганде о том, что национальный вопрос в СССР решен окончательно, само его возникновение было неожиданным. Но с наступлением гласности и особенно с началом демократизации вышли наружу скрытые антагонизмы, вызванные подавлением национального самосознания и советской политикой национально-территориальной автономии, создающей неизбежно многонациональные территории с главными и второстепенными народами, на них проживающими. Масла в огонь подлили и результаты сталинских депортаций народов, еще более перемешавших этносы.

Первым было выступление казахов в феврале 1986 г. после снятия Д. Кунаева с поста первого секретаря. Это было «первой ласточкой».

Затем как гром среди ясного неба, даже для самих армян и азербайджанцев, стал конфликт в **Нагорном Карабахе** (*арм.* Арцах). Нагорно-Карабахская автономная область (НКАО) в составе Азербайджана была создана в 1923 г. в результате сталинской перекройки политической карты Кавказа. Армяне чувствовали в ней себя ущемленными. Республиканские азербайджанские власти содействовали вытеснению армян Карабаха азербайджанским населением, препятствовали обучению на родном языке, игнорировали хозяйственные нужды, разрушали древние памятники армянской культуры — храмы, монастыри, хачкары (памятные и надгробные камни, часто очень древние, с вырезанными на них крестами высокой художественной работы). Несмотря на репрессии, в десятилетия коммунистического режима разговоры о необходимости воссоединения Карабаха с Армянской ССР не прекращались среди армян, тем более что между двумя образованиями был коридор всего в четыре километра шириной. Время от времени проходили митинги с требованием включить Карабах в состав Армении. С этой просьбой обращались к союзному центру даже партийные власти НКАО.

Горбачевская Перестройка вызвала надежды армян на реализацию их давнего устремления. 80 тысяч жителей НКАО поставили свои подписи под обращением о ее присоединении к Армении. 18 февраля 1988 г. областной совет обратился с этой просьбой к Верховным Советам СССР, Азербайджана и Армении. Через несколько дней случилось первое столкновение между армянами и азербайджанцами, повлекшее человеческие жертвы. После сообщения о нем при полном невмешательстве милиции и местных властей произошел трехдневный армянский погром в Сумгаите 28 февраля — 2 марта, сопровождавшийся всеми ужасами кавказской межнациональной резни. За семьдесят лет своего владычества коммунисты ни в малой степени не разрешили этот межнациональный конфликт и не смягчили нравы — они просто подавили армяно-азербайджанские противоречия грубой силой, и теперь, когда внешней силы не стало, они вырвались на свободу во всем своем первобытном ожесточении.

Центральные власти оказались неспособны обеспечить общественную безопасность, что имело далеко идущие последствия для всего бывшего СССР. В ответ начались массовые выступления в Армении, где партийное руководство на глазах теряло власть. Все попытки коммунистических властей Армянской ССР пресечь массовое движение за присоединение Карабаха к Армении привели только к тому, что это руководство полностью утратило народное доверие и стало игнорироваться. Выдвинулись новые общественные вожди. Верховный Совет Армении, желая не остаться за бортом событий, удовлетворил просьбу областного совета НКАО о воссоединении. Вскоре, поздней осенью 1988 г., возобновились акты насилия против армян в Азербайджане. Они вызвали массовый исход армянских беженцев из Баку, Гянджи, Шамахи и других городов и спровоцировали насилие против азербайджанского населения Армении. Опасаясь массовой резни, почти все азербайджанское население Армении (около 12%) ушло в Азербайджан. В Азербайджане началось свое массовое общественное движение за сохранение Карабаха в составе республики. Оно, как и в Армении, развивалось помимо коммунистических структур, возглавляемое учеными, журналистами, писателями.

В Азербайджане, а вскоре и в Армении было объявлено чрезвычайное положение. Безуспешные и половинчатые попытки центральной власти разрешить кризис путем введения прямого правления и с помощью других мер убедили лидеров выросшего в массовое движение Народного фронта Азербайджана в неспособности Москвы вернуть НКАО под контроль их республики. В единую силу слились демократические и националистические группировки, выступавшие за независимость и выход Азербайджана из СССР. Продолжавшиеся армянские погромы дали союзному руководству повод ввести в Баку войска. Вступление частей Советской армии в город было отмечено попытками сопротивления, живыми заслонами и, как результат, многими жертвами среди мирного населения. Вскоре первый секретарь ЦК компартии Азербайджана А. Везиров бежал в Москву. Новое руководство республики во главе с А. Муталибовым и партийно-хозяйственная номенклатура поначалу успешно смогли повести за собой национально-демократическое движение, променяв коммунистические символы на национальные. Опасаясь дальнейшей дестабилизации и стремясь сохранить СССР, союзное руководство на этом этапе поддерживало Муталибова.

В начале декабря 1988 г., когда по заледеневшим горным тропам шли в двух направлениях бесчисленные потоки беженцев с замерзшими младенцами на руках — армян из Азербайджана в Армению, азербайджанцев из Армении в Азербайджан, на севере Армении в Шираке и Гугарке произошло мощное разрушительное землетрясение. Погибли многие тысячи человек в Ленинакане (Гюмри, до революции — Александрополь) и в Спитаке, а также во многих селах и поселках армянского севера. Оказалось, что жертв было бы на порядок меньше, если бы не страшное воровство на строительстве нового жилья, когда цемент в бетоне без меры замещали песком. Почти в каждой армянской семье были друзья или родные, погибшие или пострадавшие от стихийного бедствия. Это еще подлило масла в огонь конфликта. Люди теряли голову, поползли слухи, что Кремль применил в Армении новое «геотектоническое оружие», азербайджанцы же говорили, что «Аллах наказал армян».

В этой напряженной обстановке А.Н. Яковлев предложил общественности урегулировать конфликт, перед которым оказались бессильны армия и компартия. Попытку предпринял академик Сахаров и этнолог Галина Старовойтова. Они воспользовались проектом политического решения конфликта, подготовленным в Институте востоковедения Академии наук группой молодых специалистов, в том числе и авторов этой книги. В середине декабря Сахаров, Старовойтова и один из авторов проекта посетили, при государственной поддержке миссии, Баку, Ереван и административный центр Карабаха Степанакерт, а также район, пострадавший от землетрясения. Эта миссия не увенчалась успехом — повсюду страсти армянской и азербайджанской общественности были накалены до крайности. Каждый хотел иметь всё и не потерять ничего. Лидеры народных движений боялись, если они пойдут на уступки, потерять популярность, которую тут же перехватят более отчаянные националисты. Переговоры зашли в тупик. Но важен был факт — компартия обращалась ко вчерашним диссидентам с просьбой о помощи.

Еще ранее декабря 1988 г. НКАО была оккупирована советскими частями, проводившими «проверки паспортного режима» в армянских селах и депортации «экстремистов». Это привело к деморализации армии. Главой временной администрации был назначен московский партийный чиновник Аркадий Вольский. После провала путча в Москве Баку объявил о восстановлении независимой Республики Азербайджан, существовавшей в 1918—1920 гг., что означало отмену автономного статуса Нагорного Карабаха. В ответ 2 сентября 1991 г. была провозглашена Нагорно-Карабахская республика (НКР) в границах НКАО и Лачинского района, который ранее в нее не входил. В конце 1991 г. части Советской армии были выведены из Карабаха. Начались военные действия, переросшие в настоящую войну с применением тяжелой техники, продолжавшуюся около трех лет (1991–1994).

За Карабахом последовала *Абхазия*. Абхазы относятся к адыгской языковой группе и родственны адыгским народам, живущим в России, — адыгейцам, кабардинцам, черкесам, абазинам. В отношениях Абхазии с Россией и Грузией были разные периоды. Глубокий след в национальном сознании оставила национальная катастрофа — мухаджирство, то есть уход значительной части абхазского народа в Османскую империю после перехода Абхазии от Турции к России в 1810 г. и после поражений Турции в войнах с Россией в 1829 и 1878 гг. Однако еще в канун Гражданской войны абхазы составляли абсолютное большинство населения Сухумского округа. Захватив власть в Закавказье, коммунисты сначала дали Абхазии статус союзной республики, но затем быстро включили ее в состав Грузии на правах республики автономной. Сталинские репрессии уничтожили абхазскую интеллигенцию и политическую элиту. Грузинское коммунистическое руководство поощряло колонизацию Абхазии переселенцами из малоземельной Мингрелии, продолжавшуюся до начала 1950-х гг. В результате к 1989 г. доля абхазов в населении Абхазии снизилась до 17,8%, тогда как доля грузин составляла 45,7%, армян — 14,6%, русских — 14,3%. Преподавание на абхазском языке было практически запрещено, абхазский язык переведен на грузинскую графику, абхазские топонимы заменены грузинскими.

Протесты абхазов против ущемления их языка и культуры в 1957, 1964, 1967 и 1978 гг., несмотря на репрессии, принимали формы массовых митингов и демонстраций. 18 марта 1989 г., пользуясь объявленной Горбачевым «гласностью и демократизацией», многотысячный сход абхазского народа в селе Лыхны — древнем политическом центре Абхазии — принял обращение к Москве о возвращении Абхазии статуса союзной республики. Это послужило поводом для кровавых грузино-абхазских столкновений. 8 апреля в Тбилиси состоялся десятитысячный митинг против отделения Абхазии и за выход Грузии из СССР. Советские войска разогнали митинг; в панике многие были задавлены, некоторые получили ранения от руки солдат, использовавших в качестве оружия дубинки и саперные лопатки. 20 человек, из них 16 женщин, погибли. Грузины был безмерно возмущены насилиями во время разгона демонстрации. Сепаратистское движение в Грузии окрепло. На выборах в Верховный Совет Грузинской ССР, оттесняя руководителей компартии Грузии, победило движение «Круглый стол — свободная Грузия», возглавляемое фанатичным приверженцем национальной независимости Звиади Гамсахурдиа. Он призывал покорить Абхазию и не отдавать ни пяди земли Грузии, кто бы на ней ни жил — грузины, осетины, армяне, азербайджанцы. Гамсахурдия, пренебрегая решением Верховного Совета СССР, запретил туркам-месхетинцам, переселенным Сталиным в Среднюю Азию, возвращаться к себе на родину.

Вторым острым национально-территориальным конфликтом в Грузии стал кризис в Южной Осетии. Корни этого конфликта уходят в докоммунистическое прошлое. Осетины были в основном безземельными крестьянами, работавшими у грузинских землевладельцев. Во время Гражданской войны правительство Грузинской Республики беспощадно подавило поддержанное большевиками восстание осетин, желавших разделить помещичью землю. По мнению грузин, территория Южной Осетии — исконно грузинская, а ее осетинское население — недавние пришельцы и потому никаких прав на землю, а тем более на независимость не имеют. Многие грузины таких же взглядов придерживались и в отношении абхазов.

В 1921 г. в составе советской Грузии была образована Юго-Осетинская автономная область (ЮОАО). По переписи 1989 г., две трети ее 100-тысячного населения составляли осетины, 29% — грузины. При этом, хотя половина семей была смешанного осетино-грузинского происхождения, грузины третировали осетин как граждан второго сорта. Осетины протестовали против дискриминации по этническому признаку. 10 ноября 1989 г., в целях защиты интересов осетинского населения, совет народных депутатов ЮОАО принял решение о ее преобразовании в автономную республику. Верховный Совет Грузинской ССР признал это решение неконституционным, после чего колонны вооруженных грузинских националистов двинулись на столицу Южной Осетии Цхинвал, на окраинах которого их остановили советские внутренние войска. Город был взят в осаду, продолжавшуюся несколько месяцев. С обеих сторон появились первые жертвы.

Поскольку региональным партиям запретили участвовать в новых выборах грузинского парламента, Южная Осетия бойкотировала их. В сентябре 1990 г. была провозглашена Южно-Осетинская республика, и 9 декабря 1990 г. прошли выборы в ее Верховный Совет. На следующий день Верховный Совет Грузии упразднил осетинскую автономию. Началась новая блокада Южной Осетии, длившаяся около семи месяцев. Грузинские военизированные формирования вторгались на территорию самопровозглашенной республики, жгли деревни, угоняли скот, грабили и убивали мирных жителей. Люди страдали от голода и других лишений. В ответ осетины также чинили жестокости в отношении их соседей — грузин. Союзное руководство практически ничего не сумело сделать для разрешения конфликта. Тем не менее на общесоюзном референдуме 17 марта 1991 г. население Южной Осетии проголосовало за сохранение СССР, так как только в его рамках могло произойти воссоединение с Северной Осетией.

В западной части СССР острый национально-территориальный конфликт разгорелся в 1990 г. в **Приднестровье**.

Территория нынешнего Приднестровья была включена в состав России по Ясскому миру (1791) в результате войн с Османской империей. Эти плодородные земли в течение нескольких десятилетий были заселены казаками, русскими и украинскими беглыми крестьянами, румынскими крестьянами из-за Днестра, а также колонистами — немцами, болгарами, сербами, армянами и др. В 1812 г. в состав России было включено и населенное румынами междуречье Днестра, Прута и Дуная — Бессарабия, которая стала особой, долго сохранявшей некоторую автономию Бессарабской губернией. В 1918 г., во время Гражданской войны в России, Бессарабия была аннексирована Румынией, а Приднестровье стало частью советской Украины. В 1924 г. советские власти образовали Молдавскую Автономную ССР (МАССР), имея в виду создание предпосылок для присоединения Бессарабии. Территория МАССР включала нынешнее Приднестровье и часть Одесской области, где молдавского населения практически не было. Центром МАССР сначала был город Балта, а с 1929 г. — Тирасполь.

Когда в 1940 г., в соответствии с секретными протоколами к договору Молотова — Риббентропа, Советский Союз занял Бессарабию, 11 районов МАССР из 17 были возвращены Украине, а 6 вошли во вновь образованную Молдавскую ССР. Так Молдавии была «компенсирована» потеря Южной Бессарабии с городом Измаилом и частью гирла Дуная, переданных Украине. В 1941 г. Молдавия была оккупирована Германией и передана ее союзнику — Румынии. В 1944 г. Молдавская ССР была восстановлена в прежних границах. Таким образом, левый берег Днестра был частью Румынии только на протяжении нескольких военных лет. Поэтому самосознание жителей левобережья, в том числе и молдаван, существенно иное, чем в Бессарабии, обитатели которой не пережили в СССР ломку первых 25 лет коммунистической диктатуры.

Приднестровье было самым промышленно развитым, урбанизированным и богатым регионом советской Молдавии. Его доля в населении составляла всего 17%, но там производилось 35% ВВП и 56% потребительских товаров, треть сельскохозяйственной продукции, почти вся электроэнергия. Через Приднестровье проходили основные коммуникации всей Молдавии с остальной частью СССР (железные и автомобильные дороги, газопровод, линии электропередачи), что было использовано приднестровскими лидерами во время конфликта.

Строительство крупных предприятий, благоприятные природно-климатические условия и процесс советизации Молдовы привлек в республику, в особенности в Приднестровье, значительное число мигрантов, в основном русских и украинцев. Вместе с тем индустриализация вызвала перемещение массы бывших молдавских крестьян в города. Там они замещали тех, кто был выслан при Сталине как «враждебный элемент», вымер в голодные послевоенные годы, был мобилизован на освоение целины, эмигрировал или был уничтожен нацистами (в первую очередь евреи) и т. п.

Естественные процессы смены поколений и передачи культурных традиций, в том числе национальной терпимости, были нарушены. К концу 1960-х гг. выходцы из Бессарабии захватили господствующие позиции в партийно-государственном аппарате, включая и Приднестровье. В социальной и межэтнической конкуренции за руководящие посты, престижную работу и другие блага они стали все больше опираться на групповую солидарность. Знание румынского языка, принадлежность к «истинно европейской» румынской нации превратились в политический ресурс. Создался типичный для многих регионов бывшего Советского Союза блок местной партийно-советской номенклатуры и националистически настроенной части интеллигенции, ориентировавшейся на румынский период истории Молдавии. В экологических бедах, вызванных непродуманной химизацией и интенсификацией сельского хозяйства, винили московские власти, «пришельцев-немолдаван».

Местные националисты «забыли», что при румынах жители Бессарабии считались «людьми второго сорта» и подвергались, хоть и не очень жесткой, дискриминации: им трудно было занять какой-либо административный пост, стать офицером румынской армии и т. п. Именно поэтому в годы Второй Мировой войны в Бессарабии не было никакого партизанского движения: ни антирумынского, ни антисоветского, как, например, в Прибалтике. Националистам эти факты было просто невыгодно помнить. Их лозунги были как будто списаны с лозунгов организации «Сфатул Цэрий» эпохи 1918 г. Доходило до курьезов: не знавшие румынской грамматики националисты писали плакаты на латинице с грамматическими ошибками.

В Приднестровье к моменту распада СССР молдаване, украинцы и русские составляли примерно по 30% населения, остальные 10% приходились на сербов, болгар, немцев, евреев и др. При этом до половины жителей региона имели этнически смешанное происхождение. В регионе не наблюдалось признаков межнациональной розни, религиозной или этнической нетерпимости.

В 1988—1989 гг., пользуясь возможностями демократизации и гласности, ранее потаенный румынский патриотизм молдаван оформился в ряд общественно-политических движений, выдвигавших антикоммунистические и антирусские лозунги и выступавших за возрождение румынского языка и культуры. В 1989 г. эти движения объединились в Народный фронт Молдовы. Наиболее радикальная часть руководителей этой организации призывала к воссоединению с Румынией, изгнанию «мигрантов» и запрещению русского языка. Публикация законопроектов о государственном языке и переводе его на латинскую графику вызвала на левом берегу Днестра протесты организовавшегося в августе 1989 г. Объединенного совета трудовых коллективов (ОСТК), который провел мощные политические забастовки. Население Приднестровья выступало за сохранение русского как одного из государственных языков, возражало против латинской графики и протестовало против перспектив объединения с Румынией. Народный фронт завоевал большинство мест в избранном в 1990 г. новом Верховном Совете Молдавии. Представители Приднестровья подвергались в нем остракизму и вскоре отказались от участия в его работе. На левом берегу стали создавать альтернативные органы власти.

В июне 1990 г. Верховный Совет Молдавии принял Декларацию о суверенитете, фактически означавшую выход из СССР, и Заключение по пакту Молотова — Риббентропа, объявлявшее Бессарабию и Северную Буковину незаконно оккупированными румынскими территориями. В Кишиневе шли массовые антикоммунистические и патриотические манифестации. В конце августа Верховный Совет Молдавии, несмотря на всеобщую забастовку протеста в Приднестровье, принял законы о языке. В ответ 2 сентября 1990 г. была провозглашена Приднестровская Молдавская Социалистическая Республика (с ноября — Приднестровская Молдавская Республика, ПМР), которую возглавил председатель ОСТК, в прошлом директор одного из тираспольских заводов Игорь Смирнов. Началась «война законов». Правительство Народного фронта послало «для восстановления порядка» на левый берег Днестра полицейских и добровольцев, ОСТК создал отряды самообороны. Появились первые жертвы. И в этом случае коммунистическая номенклатура была оттеснена с обеих сторон конфликта активными вождями национальных движений, сумевших разжечь страсти и повести за собой народ.

Коммунистическая администрация совершенно не представляла себе, как поступать с волеизъявлением этнических сообществ, обычном повсюду в мире. 70 лет единственным методом решения всех несанкционированных массовых выступлений было — подавить их вооруженной силой и выморить голодом. В условиях Перестройки, демократизации и гласности старые эти методы явно не годились, а иные применять не умели. Кроме того, и сами участники межнациональных конфликтов, являясь воспитанниками советской системы, совершенно не умели идти на компромисс и старались добиться своего грубой силой, запугиваниями и жестокостью, как это практиковали коммунисты.

Столкнувшись с массовыми народными движениями, пока еще в рамках СССР слабыми и локальными, администрация Горбачева обнаружила полную растерянность и бессилие. И конфликты продолжали разрастаться. Вскоре к ним добавились столкновения осетин с ингушами, нового славянского населения Крыма с возвращающимися его коренными обитателями — татарами, выселенными Сталиным в Среднюю Азию в 1944 г. Авантюристы, часто из местной партийно-хозяйственной номенклатуры, попытались создать национальные движения против кого-то и за независимость (автономию) у многих народов и региональных групп от сибирских автономистов до сепаратистов талышского юга Азербайджана.

5.2.10. Первые свободные выборы органов власти в России за 72 года. Съезд народных депутатов 1989 г.

По замыслу конституционной реформы, принятой 1 декабря 1988 г., Съезд народных депутатов СССР (СНД) должен был заложить в стране основы парламентаризма, обеспечить широкое представительство основных социально-профессиональных групп населения, способствовать обновлению политического руководства, приведя в него новых, демократически мыслящих людей. Съезд должен был собираться всего лишь раз в год, и к тому же съезд, состоявший из 2250 депутатов, был слишком громоздким органом, чтобы заниматься законотворчеством, и был обречен выполнять преимущественно символические функции. Характерно, что в Кремлевском Дворце съездов, где предполагалось проводить заседания Съезда, не было даже оборудования для голосования. Реальные законотворческие и контрольные полномочия должны были принадлежать Верховному Совету в составе 400 членов, избираемому из числа депутатов Съезда. Отбор членов Верховного Совета мог позволить руководству КПСС сохранить контроль над деятельностью нового парламента.

С этой же целью избирательная система была чрезвычайно усложнена. Напрямую избиралось лишь 1500 депутатов: по 750 от территориальных и национально-территориальных одномандатных округов по мажоритарной системе (по 32 депутата от каждой союзной и 11 — автономной республики, по 5 — от каждой автономной области и по 1 — от каждого автономного округа). Таким образом, «вес» голоса избирателей, проживавших в разных частях страны, был разный. К примеру, житель Абхазии имел целых три голоса, так как должен был избрать депутата от своего территориального округа и двух национально-территориальных — от Грузинской ССР и своей автономной республики.

Остальные 750 депутатов избирались от общественных организаций по нормам, установленным законом о выборах народных депутатов. Так, КПСС получила право на 100 мандатов (так называемая красная сотня), а Академия наук СССР — 10. Избрание депутатов от общественных организаций давало возможность партийной номенклатуре и ее ставленникам в их руководстве использовать многочисленные рычаги влияния на решения их съездов, выдвигавших кандидатов. Опыта проведения конкурентных выборов в стране не было, поэтому в их организации были допущены просчеты, приведшие к нарушениям избирательных прав граждан: число избирателей сильно варьировало между округами, причем городские округа были более крупными, что вело к дискриминации относительно более демократически настроенного городского населения. На компактность избирательных округов, конфигурацию их и соответствие их границ территориальным общностям не обращали внимания, чем воспользовались в балтийских республиках, большинство депутатов от которых представляло сельские округа с преимущественно коренным населением.

СНД был правомочен рассмотреть любой вопрос, отнесенный к ведению СССР. К исключительной компетенции Съезда относились наиболее значительные вопросы: принятие и изменение Конституции СССР; изменение национально-государственного устройства и границ между союзными республиками; утверждение основных направлений внутренней и внешней политики; одобрение государственных планов и общесоюзных программ экономического и социального развития; избрание ряда высших должностных лиц и т. п.

Несмотря на не вполне демократический характер формирования СНД и недостатки в организации выборов, голосование 26 марта 1989 г. стало первым свободным волеизъявлением избирателей за 72 года русской истории, истекших со времени выборов в Учредительное собрание 1917 г.

Подготовка к голосованию 26 марта 1989 г. протекала в условиях исключительной политической активности в крупных городах и во многих регионах. В десятках из них возникли народные фронты, сотни неформальных организаций, политических клубов, начали формироваться политические партии. В республиках Прибалтики и Закавказья, на Украине и в Молдове бурными темпами развивались национальные движения. Страну сотрясали забастовки, политические митинги собирали сотни тысяч участников. Политика стала главной темой газет и журналов. Тиражи наиболее популярных из них подскочили до многих миллионов экземпляров. Так, тираж газеты «Аргументы и факты», первоначально возникшей при правлении Всесоюзного общества «Знание» и предназначенной для информирования ограниченного числа лекторов и «пропагандистов», взметнулся до более чем 30 млн, и эта газета была занесена в Книгу рекордов Гиннесса.

Но общество еще только начинало возрождаться к полноценной политической жизни: четких политических водоразделов не существовало, программы народных фронтов были невнятными. В центре политической жизни оставалась КПСС, в которой усиливались внутренние разногласия. Господствующей темой политических народных дискуссий чаще всего была критика или защита КПСС, содержание «социалистической идеи». Нарастал экономический кризис, с прилавков постепенно исчезали товары первой необходимости, повседневная жизнь становилась все труднее.

В этих условиях выборы стали мощным каналом выражения протестных настроений и часто принимали характер референдума — «за» или «против» руководителей региона, других «начальников», на которых возлагалась ответственность за кризисное состояние страны. Почти все первые секретари республиканских и областных комитетов КПСС, многие другие партийные, советские и крупные хозяйственные руководители были вынуждены «по должности» выставить свои кандидатуры. Партийно-советский аппарат применил весь имевшийся в его распоряжении арсенал административно-бюрократических методов, чтобы предотвратить выдвижение нежелательных кандидатов, которые могли составить конкуренцию его ставленникам. Для этого затягивали сроки регистрации политических противников, им не предоставляли залы для выдвижения по месту жительства, с помощью подставных кандидатов имитировали альтернативность выборов, искусно манипулировали окружными предвыборными собраниями, во многих случаях организовывали гонения неугодных. Однако эти меры часто давали обратные результаты. Российское общество все более решительно настраивалось против существовавшей коммунистической власти, что в условиях общественной свободы вело к революционному кризису.

Первым главным итогом выборов стало громкое поражение 38 первых секретарей обкомов КПСС и ряда других руководителей — председателей облисполкомов, командующих военными округами и др. В то же время оглушительным успехом у избирателей пользовались представители гуманитарной интеллигенции — известные критическими выступлениями писатели, публицисты, ученые, артисты. Несмотря на бюрократические препоны, немало выдающихся фигур стало депутатами от общественных организаций — творческих союзов, Академии наук и др. Среди избранных были люди, известные своим свободомыслием, — академик Андрей Сахаров, экономисты Николай Шмелев и Гавриил Попов, адвокат Анатолий Собчак, историк Юрий Афанасьев, социолог Екатерина Заславская, этнолог Галина Старовойтова, избранная от Армении.

Второй очевидный итог голосования состоял в том, что оно выявило огромные контрасты в политической активности и настроениях избирателей, отразившие этнокультурные различия и разрыв в уровне социально-экономического развития между союзными республиками и регионами. Прежде всего, на выборах ярко обозначилась исключительная роль Москвы, Ленинграда и других крупных городов, население которых решительно поддержало оппозиционных кандидатов, прежде всего из числа демократической интеллигенции. Особую известность получила убедительная победа Бориса Ельцина в Московском национально-территориальном округе, охватывавшем всю столицу (он получил около 90% голосов).

Обнаружилась четкая закономерность «центр — периферия»: чем больше город, тем в большей степени идеологически раскрепощенными были его жители, тем сильнее были их протестные настроения. В более урбанизированных и промышленных округах севера Европейской территории РСФСР и Западной Сибири, на Урале и Дальнем Востоке выборы проходили под знаком «презумпции виновности» «начальников», КПСС. Напротив, в регионах с большой долей сельского населения на юге и юго-западе России избиратели послушно голосовали за кандидатов, предложенных «сверху».

Итоги выборов в союзных республиках стали провозвестниками скорого распада СССР. В Прибалтике и трех галицийских областях Западной Украины голосование вылилось в хорошо организованное противостояние между народными фронтами и структурами КПСС. В предвыборной дискуссии абсолютно доминировала тема национального возрождения и суверенитета. В Казахстане, Средней Азии и Закавказье в целом еще господствовала традиционная для советского времени модель голосования: высокая явка избирателей сочеталась с поддержкой предложенных партийным аппаратом кандидатов. Альтернативность порой даже не обозначалась.

21 мая на стадионе в Лужниках в Москве проходит 150-тысячный митинг в поддержку дальнейшей демократизации политической жизни. 25 мая 1989 г. открылся I Съезд народных депутатов.

Работа I Съезда народных депутатов СССР произвела на российское общество ошеломляющее впечатление своей открытостью, непредсказуемостью, зрелищностью, отразила широкие надежды на быстрое обновление общества и улучшение жизни. Заседания съезда напоминали непрерывный многодневный митинг и транслировались на всю страну по радио и телевидению, их слушали даже в общественном транспорте. Люди не отходили от телевизоров до поздней ночи, когда повторно показывали дневные заседания. Общество, совершенно отученное от гражданской свободы в течение жизни трех поколений, смотрело и не верило в реальность происходящего. Люди щипали себя за руку — не сон ли все это.

С первых же шагов съезд раскололся на радикально-оппозиционное меньшинство и консервативное большинство. Столкновение позиций меньшинства и большинства, смелое отстаивание меньшинством своих взглядов стало уроком гражданского и политического поведения для всей страны. Однако и меньшинство, и большинство были явно неоднородны. Внутри большинства выделилась неустойчивая группа «реформаторов», по некоторым вопросам поддерживавшая меньшинство, а также так называемых агрессивных консерваторов, тоже, впрочем, разнородных и состоящих прежде всего из сил аппарата, а также из части так называемых «патриотов», объяснявших трудности страны чуждым влиянием и происками подыгрывающих им «космополитов». Наметилась тенденция к созданию групп депутатов по корпоративному и региональному признакам.

Одной из наиболее оформленных фракций на СНД была Межрегиональная депутатская группа (МДГ) — первая легальная оппозиция в СССР, вокруг которой соединилось меньшинство съезда — около 360 человек, но по отдельным вопросам ее поддерживало до 800 депутатов. МДГ была создана 7 июня. Ее сопредседатели — Борис Ельцин, Юрий Афанасьев, Гавриил Попов, академик Андрей Сахаров и Анатолий Собчак. Группа требует отмены «святая святых» — 6-й статьи Конституции, говорящей о «руководящей и направляющей роли» КПСС, требует также свободных и прямых выборов руководства страны и передачи существенных полномочий местным советам.

Деятельность МДГ вызывала резкие протесты большинства депутатов, опасавшихся «подрыва коренных устоев социализма». Большой резонанс получило выступление на съезде академика Сахарова, в котором выражалась крайняя обеспокоенность ситуацией в стране и несогласие с предложенными правительством компромиссными мерами по выходу из кризиса. В ответ на это выступление «агрессивное» большинство стало освистывать академика Сахарова всякий раз, когда он поднимался, чтобы выступать на съезде. Сахаров умер 14 декабря 1989 г., после очередной хамской выходки большинства на II Съезде, которой не выдержало его сердце (но некоторые говорили и о сведении с академиком счетов КГБ).

Все больше вопросов инициировали депутаты от союзных республик, особенно прибалтийских. Они последовательно и настойчиво боролись за национальный суверенитет. Они не мыслили его без признания и осуждения факта оккупации своих стран Советским Союзом в соответствии с секретными приложениями к советско-германскому договору о ненападении от 23 августа 1939 г. Это открывало легальный путь к восстановлению независимости и правопреемству с довоенными государствами. Существование приложений к договору долгое время отрицалось официальными советскими властями, в том числе даже во время съезда. Специально созданная депутатская комиссия добилась доступа к архивным материалам, в результате чего было принято постановление о политической и правовой оценке советско-германского договора.

СНД СССР уделил много внимания экономическим вопросам, в частности правительственным программам по выходу из кризиса, а также концепции нового Союзного договора, рассмотренной в декабре 1990 г.

Первый съезд народных депутатов избрал Председателем Верховного Совета СССР Михаила Сергеевича Горбачева, его заместителем стал Анатолий Иванович Лукьянов. В ходе выборов членов Верховного Совета большинство депутатов отвергло кандидатуры А. Сахарова, Б. Ельцина и других будущих лидеров МДГ. В этой связи в Москве начали распространяться призывы к политической забастовке. Депутат от Омска, юрист А. Казанник, избранный в члены Верховного Совета, снял свою кандидатуру в пользу Ельцина.

Второй и особенно последующие съезды народных депутатов СССР были менее зрелищными. В глазах общественного мнения постепенно пропал эффект их новизны. Напротив, по мере нарастания кризисных явлений в экономике и в политической сфере росло недовольство избирателей отсутствием видимых результатов деятельности съезда и долгими дебатами по, казалось бы, второстепенным вопросам. Общество, становясь все более радикальным, оставляло съезд с его коммунистическим большинством позади.

Оставался позади настроений народа и правитель Горбачев, который во многом был в плену тех коммунистических идей, которым его учили в университете и на комсомольской работе и которые с ним разделяла его верный соратник — жена Раиса Максимовна, выпускница отделения научного коммунизма философского факультета МГУ, «комсомольскую свадьбу» с которой Михаил Горбачев сыграл на день Октябрьского переворота — 7 ноября 1953 г. Горбачев, кстати, был первым (и, естественно, последним) коммунистическим правителем СССР, жена которого была не бесцветной домашней тенью, но другом и политическим alter ego.

Кроме того, Горбачев, как глава государства, ясно видел пределы возможного, за которыми неизбежно была потеря им власти и распад государственного организма. Он старался эти пределы, определяемые для него коммунистическим воспитанием, не переходить. Но общество хотело большего, и, коли оно наконец стало свободным и обрело деятельную силу, нашлись у него и предводители, которые, как и в 1917 г., готовы были обещать толпе всё, чтобы получить только одно — власть.

Литература
Весна 89-го: География и анатомия парламентских выборов / Под ред. В.А. Колосова, Н.В. Петрова, Л.В. Смирнягина. М.: Прогресс, 1990.

5.2.11. Восстановление независимости стран Балтии

Политическое движение за независимость в Прибалтике началось исподволь, как сопутствующий процесс горбачевских реформ. В Латвии борьбу начала маленькая группа в провинциальной Лиепае в июле 1986 г. Три скромных рабочих Л. Грантиньш, Р. Битениекс и М. Барис решили использовать то обстоятельство, что СССР в 1975 г. в Хельсинки подписал заключительные протоколы Совещания по безопасности и сотрудничеству, где содержались известные статьи о правах человека (см. **5.1.35**). Свою группу они назвали «Хельсинки-86» и стали наблюдать за выполнением властями подписанных ими же соглашений.

В числе отмеченных группой «Хельсинки-86» нарушений были искусственное изменение этнического состава Латвии посредством экономически необоснованной иммиграции, дискриминация языка титульной нации, экономические проблемы. 6 июля 1986 г. они обратились к генсеку ЦК КПСС Горбачеву с просьбой «помочь реализовать пункт 69-й Конституции Латвийской ССР», который предусматривал право выхода республики из СССР. Летом следующего года группа призвала население Латвии отметить 14 июня как день красного террора, собравшись у памятника Свободы в Риге и возлагая там цветы. Призыв распространяли зарубежные радиостанции, вещавшие на латышском языке. Членов численно уже возросшей группы в начале июня кого арестовали, а кого — призвали в армию для «переподготовки». Властями были предприняты и другие превентивные меры. Площадь у памятника забаррикадировали автобусами, были выставлены наряды милиции и внутренних войск. Демонстрация все же состоялась, возник спонтанный митинг. В итоге — сотни арестованных. Еще большая манифестация прошла 23 августа, в годовщину подписания договора Молотова — Риббентропа. Народ оказался готовым выйти на улицы с политическими требованиями. С каждым разом демонстрации становились все многолюдней.

В Эстонии недовольство стало нарастать в конце ноября 1986 г., когда писатели А. Валтон и Л. Мери подняли тему разработки фосфоритов на севере Эстонии. Проект был экологически небезупречным, к тому же для реализации его нужны были не менее 3,5 тысячи новых пар рабочих рук, что вместе с семьями рабочих означало не менее 10 тысяч новых иммигрантов (то есть примерно одна сотая всего населения Эстонии). Власти Эстонии заверяли общественность, что проект заморожен и возврата к нему нет. Эстонское телевидение в феврале следующего 1987 г. организовало интервью с московскими официальными лицами, ответственными за освоение месторождения фосфоритов. Они подтвердили: к 2000 г. месторождение должно дать на-гора всю проектную добычу.

Удельный вес эстонцев в республике за 40 лет (1945—1985) и так снизился на 30%, и сознание этнической угрозы стало поводом для «фосфоритной войны». Эстонские общественные лидеры поставили вопросы: значит ли вообще что-либо Эстонская ССР для Советского Союза, когда дело касается волеизъявления республики? На каком юридическом основании Прибалтика в целом и Эстония – в частности стала частью СССР? То, что история «социалистической революции» 1940 г. в Прибалтике, как ее объясняли школьные и вузовские учебники, являлась ложью, — ни для кого в Прибалтике не было секретом. Семейная история, передававшаяся от родителей к детям, свидетельствовала об ином. И это устное предание никогда не забывалось практически ни в одной семье. Часть историков и иной интеллигенции знали и то, что за «революцией» стоял секретный торг Гитлера со Сталиным. Однако подавляющая часть населения этого не знала, но хотела, чтобы им сказали правду.

Не случайно поэтому за экологическими и этническими возмущениями последовали акции по осуждению пакта Риббентропа — Молотова и сговора двух тоталитарных режимов за спиной балтийских народов. 23 августа 1987 г. прошла демонстрация в таллинском Хирвепарке, публично осужденная властями как сборище отщепенцев, проведенное по заказу западных спецслужб. Демонстрации в Таллине, однако, не привели к репрессиям со стороны властей.

26 сентября в провинциальной тартуской газете *Edasi* на третьей странице появилась статья с крупным заголовком, излагающая идею полного территориального хозяйственного расчета Эстонии. В 1970—1980-е гг. по поводу идеи «хозяйственного расчета», иными словами, экономически, а не идеологически мотивированного хозяйствования, широко теоретизировали в газетах и вузовских аудиториях. Официальные разговоры велись о хозяйственном расчете на уровне предприятий или отраслей, а не территорий. Идея территориального хозяйственного расчета появилась в связи с опустевшими полками в магазинах. Начался нешуточный дефицит основных продуктов и предметов первой необходимости. В обществе тем временем складывалось представление, что промышленность Эстонии все производит в достаточном объеме, однако власти способствуют вывозу продукции за пределы республики. Это мнение было распространено повсеместно, и оно привело к территориальному потребительскому обособлению: введению региональных «визитных карточек», дающих право посещения магазинов только жителям городов, выдавших эти карточки. Введены они были в Риге, Таллине, как, впрочем, и в Москве и нескольких других городах. Идея в Эстонии мгновенно приобрела популярность, обросла новыми идеями — о конвертации рубля, конкуренции предприятий и др.

В 1987 г. вышло несколько литературных произведений, в том числе воспоминаний о депортациях 1941 и 1949 гг. Последовали и сообщения в печати о количестве сосланных с точностью до человека — 20 702. Правда о методах советской власти, отсутствие сковывающего волю страха сообщали народному движению все большую силу и размах. Власти стали медленно отступать. 14 ноября Совмин СССР принял решение о приостановке проектирования фосфоритных рудников в Эстонии.

События в Литве развивались во многом по тому же сценарию, что в Латвии и Эстонии. Поддержка горбачевским реформам началась со сравнительно внеполитичных требований — остановить разведку нефти на шельфе Балтийского моря у берегов Литвы, прекратить бездумное использование химических удобрений, засоряющих водоемы. Инициатором экологического движения был Союз писателей Литвы. Материалы дискуссий публиковались в журнале союза «Литература ир менас» («Литература и исскуство»). Дух свободного обсуждения ранее запретных тем быстро перекинулся на историко-политическую тематику, а именно — к вопросу о законности или незаконности советской власти в Литве. Дискуссия также быстро пришла к оценке договора Риббентропа — Молотова.

Небольшая группа литовских диссидентов — А. Терляцкас, В. Богушис, П. Цидзикас и Н. Садунайте — сообщили о своем намерении собраться 23 августа 1987 г. у памятника А. Мицкевичу в старом городе Вильнюса. Из-за боязни, что это может быть провокацией КГБ, желающей «засветить» всех инакомыслящих, на демонстрацию вышло не более 300—500 человек. Двое из демонстрантов имели уже тюремный стаж за сопротивление режиму. Литовская советская пресса осудила случившееся, вновь взвалив ответственность на западные спецслужбы. Призыв диссидентов действительно огласили западные средства информации, прежде всего радиостанции, вещавшие на литовском языке. В Москве, однако, выступления диссидентов официально были восприняты как «признак демократии». Местные органы госбезопасности пытались запугать диссидентов, однако вильнюсские власти не давали санкций на их репрессирование, боясь осложнений с Москвой.

10 сентября трудовой коллектив Молодежного театра по указке ГБ пытался «исключить» Богусиса из своих рядов. Судилище началось с обвинительной речи директора. Богусис, в свою очередь, обвинил руководителей театра в «сталинизме». Начались выступления в поддержку диссидента, и задуманное властями мероприятие провалилось. Это событие получило широкую огласку. В ноябре подняли бунт художники: они отказались голосовать за партийными властями предложенную кандидатуру и избрали «несогласованную» кандидатуру председателем творческого союза. Первый секретарь компартии Гришкявичус, присутствовавший на собрании, ночью скончался. Говорили, что от переживаний.

16 февраля 1988 г. исполнилось 70 лет со дня провозглашения независимости Литвы в 1918 г. Подготовка к празднованию в значительной мере проходила под знаменем дискуссии, развернувшейся вокруг учебника «История Литвы», изданного в 1936 г. Это была «другая» история, многие годы скрываемая от народа. Интерес и дискуссии по поводу запрещенного учебника привел к полному перевороту во всех четырех академических институциях, занимавшихся историей Литвы, — от администрации до философии и содержания исторических исследований. Вместе с научными дискуссиями, выливавшимися на страницы печати, менялись политические настроения в сторону радикализма целей и методов общественной борьбы. Демонстрация в день годовщины литовской независимости собрала около 15 тысяч человек.

Следующий, 1988 г. был годом создания национальных фронтов во всех трех республиках Прибалтики. Собрание Академии наук Литвы, начав обсуждение вопроса о проекте новой Конституции Литовской ССР, закончила его непредусмотренным решением — создать Национальный фронт по содействию Перестройке *(Sajudis)*. Это было 2 июня. В числе обсуждаемых и позднее решаемых вопросов были включены такие, как ликвидация привилегий советской номенклатуры, улучшение экономического положения рабочих, спасение литовского культурного наследия, восстановление литовского в качестве официального языка образования и делопроизводства, ограничение межрегиональной миграции населения в СССР.

Месяцем позже объявила о своем существовании праворадикальная группа Лига свободы Литвы *(Lietuvos laisves lyga)*, сокращенно — ЛСЛ, в рядах которой оказались участники первой демонстрации — Терляцкас, Цидзикас, Богушис и Садунайте. Союз требовал восстановления литовского гражданства вместо «советского», восстановление официального статуса литовского языка, права Литвы содержать собственную армию, восстановить Закон Божий как изучаемый предмет в школе, право эмиграции и, в итоге, восстановления национальной независимости. ЛСЛ оказалась в политическом спектре на правых позициях; «Саюдис», своей готовностью сотрудничать с властями в достижении менее радикальных целей, на позициях более центристских. Возрастающие народные симпатии к радикалам вынуждали и умеренный «Саюдис» действовать активнее и радикальнее.

Аналогичная схема общественно-политической жизни утвердилась и в остальных прибалтийских республиках: массовое сравнительно умеренное движение и праворадикальный немногочисленный политический спутник его. Праворадикальная группа выдвигала, казалось бы, утопические цели, массовый национальный фронт поначалу их осуждал и отмежевывался от них, однако постепенно усваивал радикальные идеи и проводил их в жизнь.

На 24 июня «Саюдис» призвал народ устроить встречу с лицами, назначенными компартией Литвы в качестве делегатов на планируемую 19-ю партийную конференцию в Москве. Консервативный первый секретарь партии Р. Сонгайла побоялся участвовать на этом собрании и представлять на нем компартию. Выполнить работу вызвался секретарь, ответственный за промышленность, — А. Бразаускас. В своей речи он поддержал инициативу «Саюдиса», правда, призывая не выходить за пределы правового поля. С этого момента он стал приобретать политический вес в глазах народа.

7 июля газета «Комяунимо тиеса» («Комсомольская правда») опубликовала на первой странице скучный отчет первого секретаря ЦК компартии Литвы Р. Сонгайла о 19-й партконференции в Москве. Однако на предпоследней странице были напечатаны сведения о литовском национальном флаге и его истории, а также «мнение юриста», гласящее, что выход на улицу с национальным флагом не является нарушением общественного порядка. Вечером следующего дня огромные толпы народа, численностью около 100 тысяч человек, с наспех сшитыми стягами вышли на улицы, требуя вернуть национальный флаг и суверенитет Литвы. На собрании выступил А. Бразаускас и без разрешения ЦК своей партии дал «добро» на публичное использование литовского национального флага. Далее он пообещал, что будет сделано предложение Институту языка и литературы литовской Академии наук подготовить законопроект о предоставлении литовскому языку статуса официального. Его выступление было поддержано многотысячной толпой. Собрание приняло резолюцию, призывающую бойкотировать центральный орган литовских коммунистов «Тиеса» («Правда») как «тенденциозное и неправдивое издание». За месяц тираж газеты сократился на 40 тысяч экземпляров. Желая спасти издание, партийные власти сделали неслыханное: назначили главным редактором беспартийного журналиста.

11 августа в Литву приехал член Политбюро ЦК КПСС, ответственный за идеологию, — А.Н. Яковлев. Он начал свой визит со встреч с учеными Академии наук и представителями творческих союзов. На суд московского партийного чиновника высшего ранга были поставлены практически все вопросы, волновавшие общество Литвы. Яковлев дал понять, что его симпатии не на стороне местных партийных консерваторов. Визит Яковлева поддержал начавшийся политический процесс. Еще длительное время в Литве использовались цитаты из выступлений Яковлева в качестве аргументов против партийных ретроградов.

В сентябре основное внимание «Саюдиса» было сосредоточено вокруг Игналинской АЭС. Обнаружилось, что, вопреки заверениям местных властей, третья очередь этой электростанции, построенной по проекту Чернобыля, все же будет возводиться, что проектирование и финансирование проекта продолжается обходным путем — через Ригу. Эти сведения появились в печати. В довершение всего 5 сентября возник пожар на электростанции. Атомную электростанцию пришлось остановить полностью. В конце недели вокруг электростанции собралось 15 тысяч человек с намерением провести там двое суток, требуя остановить АЭС навсегда. В республике начались перебои с подачей электроэнергии. Только к концу месяца внимание общества переключилось на другое.

Это была опять историческая тема — торг Сталина с Гитлером о Литве и окончательной передаче ее Советскому Союзу согласно дополнительным договоренностям от 28 сентября 1939 г. Вечером 28 сентября ЛСЛ призвала народ собраться на митинг в Вильнюсе. Власти, в свою очередь, приняли решение разогнать демонстрацию, поскольку инициаторами ее были крайне правые. Организаторы демонстрации планировали поднять на башне Гедеминаса в Вильнюсе национальный трехцветный флаг, зная, что это вызовет сопротивление властей и возможное насилие. До начала демонстрации площадь Гедеминаса была заполнена внутренними войсками. Демонстранты вынуждены были собраться в небольшом сквере около Министерства внутренних дел, военные стали разгонять демонстрантов, и там в ход пошли дубинки с одной стороны и камни с другой. Последовали аресты. Были раненые. Когда демонстранты разошлись по старому городу и наступили вечерние сумерки, военные оставили пустующую площадь. Народ быстро занял освободившийся сквер Гедеминаса, и 15-тысячное собрание вступило в свои права. Попытка властей запугать население провалилась. 4 октября состоялся чрезвычайный пленум литовской компартии, на котором было решено уступить требованиям народа и поднять национальный флаг над башней Гедеминаса. 4 октября в 10 утра в присутствии ликующей толпы красный флаг Литовской ССР был спущен, а национальный флаг поднят.

Противостояние партийных властей саюдистам стало стремительно размываться в связи с тем обстоятельством, что многие рядовые коммунисты участвовали в движении «Саюдис». В октябре 1988 г. секретарем партийной организации Вильнюсского университета стал Б. Гензелис — один из активистов «Саюдиса». Он отменил преподавание научного коммунизма и других предметов идеологического цикла, заменив их историей философии и политологией. Тогда же с поста первого секретаря вынужден был уйти Сонгайла, на его место был назначен А. Бразаускас. Чрезвычайный пленум ЦК обвинил первого секретаря Сонгайла и второго секретаря Митькина в том, что разгоном демонстрантов они подорвали доверие народа; районные секретари обвиняли первых партийцев республики в том, что те, оглядываясь на Москву, привели республику к экономическим проблемам. На место ненавистного ставленника Кремля Митькина был избран местный русский В. Березов.

22–24 октября 1988 г. состоялся Великий сейм Вильнюса, организованный «Саюдисом». Партийная верхушка старалась участвовать в этом мероприятии, показывая, что она намерена работать вместе с народом в решении проблем, поставленных общественностью на повестку дня. На сейм собрался 1021 делегат, почти все были литовцами по национальности. Выступил новый лидер литовской компартии Бразаускас. Аудитория периодически его высмеивала, однако он сумел завоевать слушателей на свою сторону и ушел на место, сопровождаемый аплодисментами. Он обещал, что компартия и «Саюдис» будут работать вместе. На сейме было объявлено, что партия и правительство возвращает кафедральный собор Католической Церкви. Это вызвало неописуемый восторг среди участников, и было решено незамедлительно отправиться шествием из дворца спорта на соборную площадь. Опять речь, наряду с лидерами «Саюдиса», произносил Бразаускас. Радость была неописуема, народное гуляние продолжалось далеко за полночь, а утром архиепископ Вильнюсский кардинал Винсентас Сладкявичус служил литургию на пороге возвращенного собора при огромном стечении народа.

Летом, поддержанная Горбачевым, Литва получила право с 1 января 1990 г. осуществлять хозяйственную самостоятельность. Однако когда, к 50-й годовщине пакта Риббентропа — Молотова, Литва законодательно приняла резолюцию о его незаконности, Москва стала протестовать. Свою правоту «Саюдис» и литовская компартия отстаивали вместе.

В декабре 1989 г. литовская компартия избрала новый ЦК. Он оказался наполовину состоящим из людей, симпатизирующих «Саюдису». Последний формально объявлял себя в оппозиции компартии, тогда как ЛСЛ объявил обе организации предателями. Однако равнодействующая всех сил была направлена на возвращение утерянной в 1940 г. независимости. В целом процессы в Прибалтике проходили по удивительно похожему сценарию. Глава латвийского КГБ Я. Трубиньш в одном из интервью признался, что организации типа народных фронтов первоначально создавались в недрах КГБ, люди, руководившие ими, были доверенные лица компартии и КГБ. Однако очень быстро эти организации вышли из повиновения властей и пошли своим, непредвиденным путем. Сказалась полная и горячая солидарность всех почти эстонцев, латышей и литовцев с идеями народофронтовцев.

Три прибалтийские республики предприняли специальные усилия, чтобы продемонстрировать свое единство. В мае Эстония инициировала воссоздание Балтийской Антанты под названием Балтийской Ассамблеи, народные фронты трех республик постоянно совещались по вопросам стратегии и тактики, координации лозунгов и требований. 23 августа 1989 г. жители трех республик совершили уникальную акцию — образовали живую цепь через всю Прибалтику от Таллина до Вильнюса, в которой участвовали сотни тысяч людей.

В ноябре 1989 г. в Верховном Совете СССР был, наконец, принят закон о хозяйственном расчете Прибалтики. Закон предусматривал возможность провести денежную реформу сначала в Эстонии, а потом и на территории Латвии и Литвы.

1990 г. стал годом повторного (после 1918 г.) провозглашения независимости Эстонии, Латвии и Литвы. Первые свободные выборы в истории СССР делегатов Съезда народных депутатов СССР в Прибалтике завершились убедительной победой «народных фронтов». 11 марта 1990 г. Верховный Совет Литовской ССР провозгласил независимость восстановленной. 30 марта аналогичное заявление сделала Эстония, назначив переходный период к независимости, за ней последовала Латвия 4 мая 1990 г. Летом 1990 г. были сформированы делегации для ведения переговоров с СССР и РСФСР.

Переговоры с РСФСР в августе 1990 г. проходили без больших проблем. Основной на них был вопрос о гражданстве. Переговоры с Эстонией завершились подписанием договора 12 января 1991 г. Эстонскую сторону представлял Арнольд Рюйтель, российскую — Борис Ельцин. Ответом СССР было кровопролитие в Литве, которое началось ночью того же дня. 13 гражданских лиц погибло, когда советские подразделения спецназа в ночь на 13 января штурмовали телебашню в Вильнюсе. Сотни получили ранения.

Той же ночью прошла волна телефонных звонков по рижским и латвийским квартирам; «В Литве началось», — сообщали друг другу участники предшествующих демонстраций и митингов. В дни, совпадающие календарно с событиями 1905 г., в Риге стали возводиться баррикады вокруг рижского телецентра, телефонной станции, старого города, где размещался Верховный Совет и латвийское радио. В столицу потянулись автобусы с жителями сел и других городов, тяжелая сельхозтехника с камнями, бревнами и арматурой, необходимой для возведения баррикад. Население ждало вооруженных репрессий, все понимали, что предстоит противостоять армии с голыми руками. Готовность умирать за свою родину в Латвии была всеобщей. Но события в Риге ограничились тем, что при попытке ОМОНа захватить Министерство внутренних дел погибло 5 человек.

Ввиду тревожной обстановки таллинские власти пригласили Б. Ельцина, чтобы предотвратить наихудшее. Приглашены были и председатели Верховных Советов Литвы и Латвии В. Ландсбергис и А. Горбунов. В срочном порядке по образцу договора с Эстонией были изготовлены тексты договоров с Литвой и Латвией. Ландсбергис свою подпись поставил по факсу, так как сам стоял на вильнюсских баррикадах.

Переговоры же с СССР шли медленно. Президент Горбачев не хотел и слышать о независимости, однако переговоры не прекращал, потому что ему необходимо было заключить Союзный договор любой ценой. Путч ГКЧП стал мощным катализатором отложения Прибалтики от СССР. 20—21 августа они полностью восстановили свою независимость. Период двоевластия, длившийся с момента провозглашений деклараций о независимости, когда параллельно существовали национальные властные органы и советская администрация, завершился. Через неполный месяц — 17 сентября 1991 г. все три прибалтийских государства были приняты в ООН, став полноправными субъектами международных отношений.

5.2.12. Отказ Коммунистической партии от тотальной власти над обществом. Возникновение многопартийности

В 1988—1989 гг. в стране растут дороговизна и нехватка товаров. То, что на многие продукты питания введены карточки, не означает, что их легко достать. За всем нужным стоят длинные, часто безнадежные очереди. Летом начинаются **массовые забастовки шахтеров**. Первая — 10 июля 1989 г. в Междуреченске. Требования преимущественно экономические: повышение зарплаты и сдаточных цен на уголь. К середине месяца в Кузбассе бастует 180 тысяч шахтеров. Забастовка перекидывается в Донецкий бассейн, где вскоре бастует 300 тысяч человек, затем на Печорский бассейн и на Караганду. Повсюду проходят митинги, создаются стачечные комитеты, с которыми правительственные комиссии вынуждены вступать в переговоры. Кратковременные забастовки охватывают отдельные предприятия в разных частях страны. В октябре — ноябре 1989 г. возобновляются забастовки в Печорском бассейне.

> Шахтеры Воркуты направляют в Верховный Совет СССР политические требования, в том числе:
> 1. Действительно передать власть – советам, фабрики – рабочим, землю – крестьянам.
> 2. Отменить выборы в Верховный Совет от общественных организаций.
> 3. Отменить 6-ю статью Конституции.
> 4. Проводить прямые и тайные выборы Председателя Верховного Совета, председателей местных советов, городских и районных начальников милиции...

6. Отменить антидемократические законы о митингах.

7. Прекратить финансирование «братских» тоталитарных режимов...

10. Утвердить право граждан объединяться в политические партии, «стоящие на платформе ненасильственных действий»...

12. Запретить совмещение постов Генерального секретаря ЦК КПСС и Председателя Верховного Совета.

13. Вывести средства массовой информации из-под контроля КПСС.

О расцвете неформальной прессы свидетельствовала конференция в декабре 1989 г. в Москве, представлявшая 45 независимых изданий и библиотек, в их числе ранее строго запрещенный «Посев», выходивший тогда за границей, но тиражировавшийся в России. В январе 1990 г. НТС открыто провел в Центральном доме литераторов вечер издательства «Посев», на котором выступили печатавшиеся в журнале «Грани» Белла Ахмадулина, Леонид Бородин, Юрий Кублановский, Булат Окуджава, Владимир Солоухин.

В конце 1989 г. началась подготовка к республиканским и местным выборам в РСФСР. По инициативе Московского объединения избирателей проходит конференция ассоциаций избирателей 50 городов в поддержку Межрегиональной депутатской группы. В январе 1990 г. создается избирательный блок **Демократическая Россия**. Туда входят «Мемориал», «Щит», «Московская трибуна», «Народный фронт РСФСР» и др. 4 февраля в Москве состоялся 150-тысячный митинг против монополии на власть КПСС, в поддержку Демократической России. 25 февраля за ним последовал второй, собравший около 250 тысяч человек, под трехцветными флагами и с лозунгами «Отменить 6-ю статью Конституции», «Долой КПСС», «Долой КГБ». Его в шутку прозвали «февральской революцией».

Отмена 6-й статьи Конституции СССР становится главным требованием демократической оппозиции со второй половины 1989 г. Натолкнувшись на твердое нежелание Горбачева идти на уступку в этом вопросе, демократы предприняли ряд маневров для укрепления своих позиций. В январе 1990 г. ими была создана Демократическая платформа в КПСС, в которую вошли коммунисты-диссиденты во главе с Борисом Ельциным. Реакция Горбачева на новый вызов была неоднозначной: с одной стороны, он возглавил атаку на «еретиков» и санкционировал исключение из КПСС некоторых членов Демплатформы, с другой — пытался расколоть партийных реформаторов и привлечь часть из них на свою сторону в преддверии выборов Президента СССР на III Съезде народных депутатов.

После того как пленум ЦК КПСС согласился на отмену 6-й статьи Конституции, III Съезд народных депутатов, состоявшийся в середине марта 1990 г., после бурных дискуссий исключил 6-ю статью из Конституции СССР (закон об этом подписан 14 марта 1990 г.). Это решение открыло путь к созданию многопартийности, но, самое главное, стало основанием передачи реальных властных полномочий от региональных комитетов КПСС избираемым всем населением Советам народных депутатов. Отмена 6-й статьи по сути разрушала становой хребет коммунистической власти и созданного ею на пространствах России государственного режима. Этот акт ликвидировал правовые основания влияния коммунистической партии на отбор государственной администрации, освобождал от контроля московского Политбюро сложившиеся на местах элиты. После ликвидации всевластия КПСС государственный аппарат превращался в конгломерат сотрудничающих и противоборствующих кланов. Возникло требование о разделении функций Генерального секретаря ЦК КПСС и главы государства. КПСС теперь надо было доказывать свое право руководить страной на свободных выборах. Однако после длительных обсуждений это предложение было отвергнуто.

Согласие Горбачева на отмену 6-й статьи Конституции обеспечило поддержку избрания его первым Президентом СССР со стороны группы демократически настроенных депутатов. Но другая часть демократов во главе с Ельциным продолжала выступать против кандидатуры Горбачева. С оппозицией его кандидатуре выступала также большая часть консерваторов, в первую очередь из съездовской фракции «Союз». В конце концов Горбачеву удалось добиться избрания Президентом, но проголосовало за него менее 60% депутатов. Председательское кресло в Верховном Совете занял Лукьянов. Инициатор Перестройки, терявший популярность, опасался прямых президентских выборов и возможных связанных с ними споров и столкновений, что поставило его позже, в дни борьбы за сохранение Советского Союза, в невыгодное положение по сравнению с президентами республик, избранными всенародным голосованием.

Расширение Горбачевым после избрания Президентом СССР собственной политической власти не было подкреплено никакими видимыми успехами во внутренней политике. Более того, кризисные явления в СССР продолжали усугубляться. Сокращалось промышленное и сельскохозяйственное производство, был близок к параличу товарообмен между республиками. Углублялись центробежные тенденции, во многих регионах до предела обострились межнациональные противоречия, а Горбачев проявил полное бессилие в решении всех этих проблем. Он все время, со всех высоких трибун повторял: «Нужно действовать, действовать и еще раз действовать»; «Настала пора энергичных и сплоченных действий!»; «Поумнеть надо всем, все понять, не паниковать и действовать конструктивно всем и каждому». Он призывал к действию, он действовал, но плоды его действий до людей доходили развалом хозяйства, углубляющимся хаосом, дороговизной, всполохами межнациональных войн.

В условиях все большего ослабления коммунистической власти влияние демократической оппозиции неуклонно возрастало. На выборах в народные депутаты РСФСР 4 марта 1990 г. коммунисты получили немногим больше половины голосов, но потерпели полное поражение в крупных городах, особенно в Москве и Ленинграде. Лидеры демократов Гавриил Попов и Анатолий Собчак возглавили органы представительной власти, соответственно, в Москве и Ленинграде. Уйдя с поста коммунистического начальника Москвы, Ельцин через два с половиной года вернулся главой Верховного Совета РСФСР. Правительство РСФСР было сформировано из сторонников Ельцина и приступило к подготовке радикальных экономических реформ.

Уже в 1989 г. начинают возникать политические партии. В сентябре 1989 г. создан Державный рух Украины, а в декабре 1989 г. — Либерально-демократическая партия (ЛДПР). В апреле 1990 г. прошли съезды, учредившие Российское христианско-демократическое движение (РХДД) Виктора Аксючица и Республиканскую народную партию России (РНПР) Николая Лысенко. КПСС запретила членам Демократической платформы состоять в партии, и большинство из них ушло в созданную в мае

Николаем Травкиным Демократическую партию России (ДПР). Несколько объединений создали социал-демократы. Все эти партии, ловя главенствующие в обществе настроения, твердо отвергали коммунизм, предлагали ориентироваться на построение капитализма. Даже социал-демократическая партия провозгласила своей целью не социализм, а «либерализм плюс гуманное решение социальных проблем». Антикоммунистическая тенденция отечественной многопартийности отразила разочарование масс в возможностях реформирования социализма. Горбачевская стратегия не приносила позитивных изменений в экономике, кризисные явления в обществе постоянно углублялись, и в стране возобладало мнение о необходимости смены самого общественного строя.

По крайней мере некоторые из первых некоммунистических партий были созданы, по всей вероятности, в недрах ЦК КПСС и КГБ. Они на первых порах активно субсидировались из бюджета КПСС и использовали «административный ресурс» для распространения своего влияния. А.Н. Яковлев вспоминает такой случай: «Во время перерыва между заседаниями какого-то очередного собрания члены ПБ [Политбюро] сели пообедать. Михаил Сергеевич был хмур, молча ел борщ. Поднялся Крючков и сказал примерно следующее: "Михаил Сергеевич, выполняя Ваше поручение, мы начали формировать партию, назовем ее по-современному. Подобрали несколько кандидатур на руководство". Конкретных фамилий Крючков не назвал. Горбачев промолчал». На деятельность либерально-демократической партии через ЦК КП РСФСР (только что созданной) было переведено заместителю председателя партии Завидии три миллиона рублей.

> Один из руководителей КГБ в годы Перестройки Филипп Бобков вспоминал: «ЦК КПСС предложила создать псевдопартию, подконтрольную КГБ, через которую направить интересы и настроения некоторых социальных групп. Я был категорически против, это была чистая провокация. Тогда за это взялся сам ЦК. Один из секретарей партии занимался этим. Так они "родили" известную Либерально-демократическую партию и ее лидера, который стал весьма колоритной фигурой на политическом небосклоне» (Диалог. 2000. № 10). А.Н. Яковлев полагает, что этим заявлением Бобков отводит «вину» за создание ЛДПР от КГБ, где в действительности эта партия и была создана, в сотрудничестве с ЦК КПСС. – *А.Н. Яковлев*. Сумерки. М.: Материк, 2003. С. 574–575.

В 1988–1990 гг. возникло и много других политических объединений, от монархических до анархо-коммунистических. В обществе, раздавленном тоталитарным прессом, шли постоянные ссоры и расколы, личные амбиции часто брали верх. И все же 20 октября 1990 г. в Москве на объединительном съезде в кинотеатре «Россия» в движение **Демократическая Россия** вошло 9 партий, 19 общественных организаций и ряд депутатских групп; 37% делегатов съезда были прежде в КПСС. Из Демроссии позже ушли ДПР Травкина, РХДД Аксючица и Конституционные демократы, но движение сохранило около 150 депутатов в Верховном Совете СССР и развернуло работу в регионах. Оно выступило за отставку правительства Горбачева – Рыжкова, за радикальную экономическую реформу с быстрым переходом к рынку и за выборы Президента в РСФСР. С укреплением Демроссии завершилось становление открытой политической оппозиции КПСС.

В самой КПСС в июле 1990 г. на XXVIII съезде, который оказался последним, обнаружился разлад. Новую программу партии не удалось принять. Консервативное крыло образовало в рамках КПСС Компартию РСФСР. Сторонники коренных реформ из партии уходили. Если на заре Перестройки в ряды партии приходили новые люди и ее численность достигла 21 млн, то теперь около 6 млн ушло.

Ельцин объявил в своем выступлении на XXVIII съезде, что «большинство рядовых коммунистов связывает будущее партии с демократическим крылом», предложил переименовать КПСС в Партию демократического социализма, допустить в ней свободу фракций, провести ряд реформ, отстаивавшихся Демократической платформой. После того как его предложения были отклонены, Ельцин заявил о выходе из КПСС и покинул съезд. По его примеру о выходе из КПСС заявили десятки других политиков-демократов, в том числе мэры «столиц» — Г.Х. Попов и А.А. Собчак. Их выход из КПСС сопровождался решительным переходом на антикоммунистические позиции. «Никакого коммунизма, никакого социализма!» — таков был новый лозунг. Это был второй умелый уход Ельцина.

Тем не менее Съезд под давлением Горбачева и его сторонников — Яковлева, Шеварднадзе — принял весьма радикальные для коммунистов решения о разграничении обязанностей партии и государства, в частности о свертывании существовавшей с 1919 г. системы номенклатуры, то есть назначения государственных чиновников по воле партии.

Сложнее, чем вопрос о роли компартии, был **вопрос экономической реформы**. Теоретически необходим был переход от государственно-административной экономики к рынку и частной собственности. Но в то время такой переход еще не был осуществлен нигде в мире. Он представлял собой задачу интеллектуально трудную и политически опасную. Горбачев был согласен на «поэтапный» переход к рынку, который чешский экономист 1960-х гг. Отто Шик уподоблял поэтапному переходу от левостороннего уличного движения к правостороннему: сначала с правой стороны поедут только такси, потом автобусы, потом другой транспорт. Опыт 1988—1990 гг. да отчасти и опыт НЭПа показывали, что сосуществование административно установленных цен с рыночными не исправляет, а ухудшает положение. Тем не менее Правительство СССР строило планы перехода к рынку за 6—8 лет, в ходе так и не состоявшейся 13-й пятилетки.

Экономисты и политики Демроссии считали такой поэтапный переход безумным экспериментом, которого страна просто не вынесет. Положение осложнялось тем, что в союзных республиках, за исключением Прибалтики, серьезного интереса к реформе вообще не наблюдалось. Поэтому вопрос реформы экономики был сцеплен с не менее трудным вопросом государственного единства. И политики демократического лагеря уже в 1989 г. приняли стратегию коренной реформы «в одной отдельно взятой республике», а именно в РСФСР. В надежде, что в случае успеха другие последуют ее примеру. Отсюда огромное внимание, которое уделялось выборам Съезда народных депутатов РСФСР, созданию поста Президента российской республики и выдвижению на него кандидатуры Бориса Ельцина.

Консервативное крыло КПСС, убедившись в своем бессилии отстранить беспринципного, по их убеждению, центриста Горбачева от руководства всесоюзной партией, решились на создание собственной Российской коммунистической партии. Учредительный съезд российской компартии состоялся в июне 1990 г. в Москве. Ее первым руководителем был избран Иван Полозков. Врагом № 1 российские коммунисты объявили радикал-демократов, которые, по признанию Полозкова, увлекли за собой «немалую часть граждански активных людей». Но Полозков категорически отвергал и горбачевскую концепцию «общечеловеческих ценностей», доказывая, что «общечеловеческими являются ценности передового класса, то есть пролетариата». На одной из ведущих позиций в российской компартии утвердился Г. Зюганов, любимой идеей которого стало приписывание перемен в СССР тлетворному влиянию Запада, в первую очередь подрывным усилиям западных спецслужб. КГБ от поддержки саморазрушающейся КПСС переключился в 1991 г. на обеспечение КПРФ. «Плодя под наблюдением и при помощи КГБ разного рода националистические и профашистские группировки, сама российская компартия оставалась партией верхушки коммунистической номенклатуры, заботящейся больше всего о личном благосостоянии и власти» (А.Н. Яковлев). О том же самом заботилась и ВКП(б)-КПСС все десятилетия своего обладания властью над Россией.

5.2.13. Парад суверенитетов. Борьба за власть между Ельциным и Горбачевым. Поиски формы Союзного договора

Очевидная неудача экономических реформ на фоне снижения мировых цен на главный экспортный товар СССР — нефть, а вместе с ними и доходов федерального бюджета в сочетании с гласностью и демократизацией с неизбежностью вели к усилению напряженности межнациональных отношений и дальнейшей активизации сепаратистских движений. Желая удержаться у власти в «своих» республиках, местные коммунистические руководители списывали усугублявшиеся экономические трудности на действия союзного центра («обворовывание республик Москвой») и вступали в коалицию с националистически настроенной местной интеллигенцией. Выборы в республиканские верховные советы, состоявшиеся в начале 1990-х гг., принесли народным фронтам убедительную победу.

Предложения о заключении нового Союзного договора звучали еще в начала 1989 г., но Горбачев осознал срочную необходимость пересмотра отношений с союзными республиками только к концу года. Верховный Совет СССР принял закон «О порядке решения вопросов, связанных с выходом союзной республики из СССР». Горбачев полагал, что отделение союзных республик крайне нежелательно, но препятствовать республикам в реализации их конституционного права на самоопределение нельзя. Право на выход республик из Союза имелось во всех советских конституциях, оставаясь безусловной фикцией при всевластии коммунистической олигархии над всем СССР; теперь, после отмены всевластия скрепляющей СССР компартии, право на выход становилось реальностью. Горбачев полагал, что коль скоро выход некоторых республик из СССР становился неизбежным, необходимо придать этому процессу в каждом случае индивидуальный и «цивилизованный» характер: провести референдум, предусмотреть переходный период сроком до пяти лет, в ходе которого должны быть урегулированы территориальные, экономические, оборонные, имущественные вопросы, обеспечены права меньшинств и определены принципы взаимоотношений.

Президент СССР искренне верил, что достаточно объяснить народам катастрофические последствия распада СССР, чтобы они отвергли притязания своей новой правящей элиты на независимость. Президент СССР доказывал, что разрыв хозяйственных связей в условиях глубоко интегрированной экономики чреват резким спадом производства и массовой безработицей, что дезинтеграция СССР вызовет острые межнациональные и территориальные конфликты и особенно больно отзовется в судьбах этнических меньшинств и смешанных семей в самих отделяющихся республиках, что оборонный, и в том числе ядерный, комплекс представляет собой единое целое, и т. п. Однако народ в республиках полагал, что союзный центр цепляется за любую возможность, чтобы «не отпустить» их на свободу, и не верил Горбачеву, а республиканские политики, чтобы опередить конкурентов, на все лады расхваливали радужные перспективы независимого существования. В Азербайджане вождь Народного фронта Эльчибей говорил, что без СССР Азербайджан превратится во второй Кувейт по богатству своих граждан; латвийские политики обещали, что Латвия станет новой Данией; Эстония — Финляндией; Мирча Снегур видел объединенную с Румынией Молдавию преуспевающей центральноевропейской страной, а возглавивший национальное движение на Украине второй секретарь республиканского ЦК Леонид Кравчук сулил украинцам полное продуктовое изобилие и поток валюты с крымских курортов.

Ряд республик прекратили отчисления в союзный бюджет, и без того сводившийся с огромным дефицитом, покрываемым внешними займами. В балтийских республиках объявили части Советской армии и подразделения МВД, дислоцированные на их территории, оккупационными и стали чинить препятствия их деятельности, приняли дискриминационные меры в отношении военных пенсионеров и ветеранов службы госбезопасности.

Последовательный курс прибалтийских республик, Грузии и Молдовы на независимость еще не вел неизбежно к распаду СССР. В Казахстане и республиках Средней Азии практически не было влиятельных сторонников отделения от СССР. В Белоруссии силы, выступавшие за суверенитет и независимость, были весьма слабы. Украина долго колебалась: жители Западной Украины, национальная интеллигенция и часть номенклатуры в Киеве и некоторых других крупных городах горячо отстаивали идею восстановления «незалежности», но большинство населения относилось к ней настороженно.

Кроме того, волна радикально-националистических настроений во многих республиках натолкнулась на сопротивление собственных меньшинств, оказавшихся естественными союзниками центра. Они быстро поняли, что в малых странах с доминированием титульного населения их положение будет гораздо сложнее, чем в Союзе. В такой ситуации оказались, в частности, русскоязычные жители Эстонии и Латвии, абхазы и осетины в Грузии, русскоязычное население, болгары и гагаузы Молдавии.

Горбачев был убежден, что союзное государство представляет собой наилучшую форму политической организации территории, занимаемой СССР, а значит должно быть спасено. Для этого Союз нужно было реформировать, резко усилив самостоятельность республик и оставив центру лишь делегированные ими общие функции. Кроме того, коль скоро во главе РСФСР встал его соперник Ельцин, Горбачеву было совершенно ясно — без Союза ССР нет и Горбачева как политической фигуры. Президент подвергался все большим нападкам как слева, так и справа. Либералы обвиняли его в великодержавных устремлениях, попытках сохранить империю, свою власть. Консервативное крыло КПСС и часть его соратников, напротив, критиковало его за содействие процессам развала «нашего» Союза.

Решающий удар по СССР нанес Верховный Совет РСФСР – самой крупной республики Союза, его «несущей конструкции», – вскоре после избрания Бориса Ельцина его Председателем. 12 июня 1990 г. новоизбранный российский парламент принял Декларацию о государственном суверенитете РСФСР. «За» проголосовало 907 депутатов, «против» – 13 и 9 воздержалось. Добившись провозглашения суверенитета РСФСР, Ельцин сделал политический шаг, позволивший ему временно сплотить под своими знаменами в борьбе против союзного центра широкую коалицию политических сил. Единодушие стало возможным потому, что «за» голосовали и демократы, и коммунисты, каждый по своим причинам.

Демократы вынашивали планы быстрой и радикальной экономической реформы и не хотели, чтобы союзное законодательство ей стало помехой. Коммунисты же хотели избавиться от «перестроечного» руководства Горбачева, а заодно, как не раз прежде, играли на русских национальных чувствах. Год спустя Верховный Совет РСФСР объявил 12 июня государственным праздником.

Если до декларации о суверенитете 12 июня 1990 г. РСФСР рассматривалась как вполне искусственное образование, созданное большевиками без всякого согласия населения и вырезавшее из состава России часть ее произвольно и без какой-либо разумной мотивации (границы РСФСР вовсе не соответствовали этническим границам расселения русского народа), то провозглашение суверенитета Верховным Советом РСФСР узаконило, по крайней мере отчасти, эти границы и это вычленение РСФСР из тела Российского государства. Но об этом никто тогда не думал на пространствах России. Советское государство и РСФСР, и СССР – мало кто считал тогда от начала незаконным образованием.

За РСФСР и другие республики примкнули к «параду суверенитетов»: 20 июня – Узбекистан, 23 июня – Молдавия, 16 июля – Украина, 27 июля – Белоруссия. Объявление суверенитета еще не означало выход из Советского Союза. Советские законы, не противоречащие местным, оставались в силе. Но явно Союз, в котором центральная власть уже не могла диктовать свою волю составляющим его республикам, должен был стать совершенно иным, чем тот, что существовал с 1922 г.

«Демократическая Россия», которая привела Ельцина к победе, инициировала дискуссию об ущемленном положении русской республики и русского народа в СССР, отсутствии у Российской Федерации институтов и атрибутов государственности, имевшихся у других республик. Союзный бюджет представлялся механизмом невыгодного для России перераспределения средств. Был выдвинут тезис о том, что, избавившись от бремени поддержки других республик, богатая природными ресурсами Россия сможет в короткие сроки достичь уровня жизни высокоразвитых стран.

Начали активно обсуждаться вопросы о равноправии автономий Российской Федерации разного уровня друг с другом и с административными областями и краями РСФСР, много говорилось о национальном возрождении малых народов и о полном восстановлении прав народов, репрессированных сталинским режимом. На широкую поддержку Декларации независимости депутатами Верховного Совета РСФСР, включая коммунистов, повлияли и антироссийские кампании, развернутые в других союзных республиках. Декларация объявляла верховенство Конституции и законов РСФСР на всей ее территории. В ней признавалась необходимость существенного расширения прав автономных республик, автономных областей и округов, краев и областей РСФСР, а также необходимость заключения нового Союзного договора.

Против пересмотра договора 1922 г. выступило Политбюро ЦК КПСС и сильная депутатская группа «Союз» в Верховном Совете СССР. Горбачев прекрасно понимал, что старый Союз без принуждения силой, и принуждения теперь уже весьма мощного, сохранить не удастся. Но он, во-первых, был принципиальным противником использования грубой военной силы, во-вторых, сомневался в ее эффективности, а в-третьих, не сомневался, что если сила все же победит, то она раздавит и его, Горбачева, и к власти придет консервативно-охранительное крыло руководства КПСС в блоке с КГБ и армией. Чтобы противостоять им, Горбачев вынужден был опереться на руководителей республик, объявивших суверенитет, в первую очередь — на председателя Верховного Совета РСФСР Бориса Ельцина.

Но союз Горбачева с Ельциным, как и можно было предположить с самого начала, оказался недолговечным. Ельцин требовал предоставления широких полномочий союзным республикам и ускорения всесоюзной экономической реформы. Осенью 1990 г. шла параллельная работа над проектом нового Союзного договора и над планами коренной экономической реформы. Обсуждались «план Шаталина», план Явлинского «500 дней». Однако в процессе согласования в союзном правительстве и Верховном Совете СССР рыночные принципы программ выхолащивались. В ответ на это Ельцин заявил о намерении самостоятельно перейти к радикальным рыночным преобразованиям, разделив с союзным центром собственность, бюджет, армию, таможни, создав отдельную банковскую систему.

На основании Декларации о суверенитете была развязана «война законов» между РСФСР и союзным центром. В октябре 1990 г. Верховный Совет РСФСР установил ответственность за исполнение на территории РСФСР актов Союза ССР, не ратифицированных российским парламентом. Затем предприятия союзного подчинения были переведены под юрисдикцию РСФСР. Закон о бюджете на 1991 г. вводил одноканальную систему налогообложения, лишая союзный центр собственных источников доходов.

«Парад суверенитетов» сильно осложнил разработку нового Союзного договора. В стране возникало множество центров власти. В декларациях о суверенитете предусматривалось создание многочисленных национальных государств на основе права на самоопределение. Руководство РСФСР, стараясь остаться на гребне протестной волны и разрушить поле власти союзного президента Горбачева, неизменно поддерживало стремление союзных республик к обособлению и выходу из Союза.

Ельцин выбросил лозунг «Берите суверенитета, сколько хотите!». Права принять участие в работе над Союзным договором потребовали представители бывших российских автономий. Союзные власти получали возможность использовать в непримиримой борьбе за власть противоречия между Москвой и автономиями, однако теперь создавались предпосылки для распада уже не только СССР, но и Российской Федерации.

Увидев, что Ельцин и суверенная РСФСР зашли далеко, Горбачев совместную работу с ним прекратил и в ноябре 1990 г. дал обратный ход. Министром финансов стал противник реформ Валентин Павлов, а министр иностранных дел Шеварднадзе подал в отставку, предупреждая о назревшей «угрозе фашизма». Горбачев окружил себя сторонниками сохранения прежнего строя. Бывший шеф латвийского КГБ Борис Пуго стал министром внутренних дел вместо налаживавшего отношения с республиками Бакатина. Министром обороны стал Дмитрий Язов, председателем КГБ Владимир Крючков.

В декабре 1990 г. на IV Съезде народных депутатов СССР поименным голосованием было принято решение о сохранении федеративного государства и его названия — Союза Советских Социалистических Республик. На съезде в пользу консерваторов были перераспределены и другие посты в правительстве, а их выдвиженец Геннадий Янаев занял созданный съездом пост вице-президента СССР.

Видимо, новые министры Горбачева, желая перехватить инициативу и начать «обратный ход», инспирировали в январе 1991 г. отправку войск в прибалтийские страны, чтобы сместить правительства Народного фронта. В ночь на 13 января в Вильнюсе местный неизвестно откуда взявшийся Комитет общественного спасения при поддержке частей Советской армии попытался осуществить государственный переворот, отстранив от власти законное правительство Литвы. Был открыт огонь, имелись жертвы. При штурме телецентра, в том числе и под гусеницами советских танков, погибло 14 демонстрантов, старавшихся остановить войска. В результате активного сопротивления мятеж был подавлен. В числе жертв оказался и один боец «Альфы», от гибели которого, как и от факта отдачи приказа о штурме телецентра, моментально начал открещиваться Горбачев и высшее партийное руководство. Все это произвело резко отрицательное впечатление не только на демократически настроенную общественность, но и на работников силовых ведомств.

Ельцин от имени Верховного Совета РСФСР резко осудил насилие. В Москве состоялись массовые митинги и собрания, на которых были приняты резолюции, гневно осуждавшие действия «комитетчиков» в Прибалтике и прямо обвинявшие Горбачева в потворстве антидемократическим переворотам. Предпринятая консервативным крылом попытка сместить Ельцина с поста Председателя Верховного совета РСФСР не увенчалась успехом. После мощных уличных демонстраций, проведенных вопреки запрету, одна из коммунистических фракций в ВС РСФСР проголосовала за Ельцина, обеспечив ему большинство.

Горбачев тогда вновь сменил тактику. Он заявил, что применять силу нужно только в экстремальных обстоятельствах, как, например, в Баку ради прекращения погромов. Однако союзный центр предпринял попытку подвергнуть Литву энергетической блокаде, прекратив поставки нефти. Но события в Вильнюсе и блокада только укрепили решимость Литвы бороться за независимость. В феврале 1991 г. на референдуме о дальнейшем пребывании республики в составе СССР 90% избирателей проголосовало за независимость. Как и годом раньше, за Литвой последовали Эстония и Грузия. Горбачев заранее объявил эти референдумы незаконными.

Январские события имели следствием усиление поляризации политических сил. Следующий раунд политической дуэли принес определенный успех Горбачеву. 17 марта 1991 г. Горбачеву удалось организовать на большей части СССР референдум о сохранении «обновленного» СССР на основе волеизъявления граждан. Республики Балтии, Грузия, Армения и Молдова участвовать в нем отказались. Формула референдума включала в себя сразу несколько вопросов и допускала разные толкования: «Считаете ли Вы необходимым сохранение Союза Советских Социалистических Республик как обновленной федерации суверенных республик, в которой будут в полной мере гарантированы права и свободы человека любой национальности?» В России сторонники Ельцина призывали сказать «нет» сохранению СССР, усматривая в отрицательном исходе голосования верный способ отстранения Горбачева от власти. Но большинство граждан РСФСР все же сказали «да» СССР, хотя в процентном выражении положительных голосов (71,3%) РСФСР и заняла предпоследнее место среди участвовавших в референдуме республик (на последнем с 70,2% была Украина).

На Украине три западные области (Львовская, Ивано-Франковская и Тернопольская) проголосовали против Союза, но в других областях доля голосов в его поддержку оказалась примерно столь же высокой, как в среднем по СССР, – 76,5%.

На референдуме в РСФСР к вопросу о сохранении Союза был добавлен вопрос о создании поста Президента республики, избранного всеобщим голосованием. На него 70% ответили «да». Благодаря этому решению Борис Ельцин смог укрепить свои позиции на внеочередном Съезде народных депутатов РСФСР в конце марта. Искусными маневрами он расколол коммунистическую часть Съезда, добившись перехода на свою сторону фракции полковника Александра Руцкого «Коммунисты за демократию» в составе 170 человек. Он добился расширения полномочий Председателя Верховного Совета РСФСР и проведения в середине июня выборов российского Президента. Июньские прямые выборы Президента обернулись политическим триумфом Ельцина, серьезно упрочившим легитимность его власти. Против Ельцина боролись пять претендентов, причем четверо среди них — Николай Рыжков, Аман Тулеев, Альберт Макашов и Владимир Бакатин — представляли разные части спектра Коммунистической партии, а шестой, лидер ЛДПР Владимир Жириновский, как подозревали многие, был ставленником КГБ. Но Ельцин был единственным из шести кандидатов, предложившим четкую программу коренных реформ. Победа Ельцина уже в первом туре была впечатляющей: он получил 57,3% голосов, в то время как четверо коммунистических кандидатов вместе собрали немногим более 30% голосов. Теперь власть Ельцина опиралась на волеизъявление народа, а не на полукоммунистический Верховный Совет.

Антикоммунистический синдром, прочно укоренившийся в массовом сознании в течение предшествующих двух лет, стал одним из главных факторов, определявших поведение российских избирателей в июньской кампании 1991 г. Его сила была продемонстрирована и в ходе проведенного одновременно с президентскими выборами референдума избирателей Ленинграда по вопросу о переименовании города. Большинство жителей высказались за возвращение городу названия Санкт-Петербург, отказавшись именовать его впредь в честь основателя русского коммунизма. Также одновременно с избранием Ельцина Президентом в Москве и Ленинграде два известных демократических лидера, Гавриил Попов и Александр Собчак, добились избрания мэрами.

Опираясь на результаты референдума, Горбачев начал в апреле 1991 г. переговорный процесс по выработке договора о создании Союза Советских Суверенных

Республик, получивший название «Новоогаревского процесса», по имени подмосковной правительственной резиденции, где он проходил. 23 апреля 1991 г. было принято Совместное заявление о безотлагательных мерах по стабилизации обстановки в стране и преодолению кризиса, получившее известность как «Заявление 9+1». Его подписали Президент СССР и руководители высших государственных органов девяти союзных республик — РСФСР, Украины, Белоруссии, Узбекистана, Казахстана, Азербайджана, Таджикистана, Киргизстана и Туркмении.

Заявление рассматривалось как реальный путь к сохранению обновленного Союза, переход от конфронтации к согласию в отношениях между Горбачевым и Ельциным. Документ предусматривал признание суверенитета и независимости всех республик и создание Союза «снизу», на основе полномочий, которые участники договора соглашались ему передать, касающихся в основном регулирования единого экономического пространства, а также обороны и внешней политики. До подписания договор должен был быть одобрен верховными советами республик. В течение полугода после заключения договора должны были пройти одновременные выборы союзных органов — Парламента и Президента, если это было бы предусмотрено новой Конституцией. Было также признано право шести республик, не принявших участие в референдуме 17 марта, на самостоятельный выбор своего пути.

Конец весны и первые два месяца лета 1991 г. прошли под знаком Новоогаревского процесса. В конце июля Горбачев объявил о его завершении. В проекте договора республики назывались суверенными государствами, а сам Союз — Союзом Суверенных Государств (ССГ). Во имя достижения компромисса Горбачеву пришлось пожертвовать упоминанием о социалистическом выборе и советском строе. Ни народы, ни старавшиеся теперь выражать их волю вожди, еще совсем недавно высшие партийные чиновники, больше не желали иметь ничего общего ни с социализмом, ни с советской властью. Многие коренные вопросы (раздел собственности, принципы организации налоговой системы) конкретно не раскрывались. Участникам переговоров так и не удалось до конца решить самый принципиальный вопрос: будет ли Союз федерацией, конфедерацией или ассоциацией полностью независимых государств. Предполагалось, что работа над договором будет продолжаться в ходе его ратификации и разработки новой конституции. Но в любом случае было ясно: республики усиливаются, союз — слабеет, антикоммунистические настроения растут, Горбачев теряет власть.

Между тем ситуация в стране продолжала ухудшаться, быстро росли цены. Даже в Москве трудно было купить не только мясо и колбасу, но молоко и даже спички и мыло. Страна жила предчувствием гражданской войны, о чем и пел в те дни известный рок-музыкант Юрий Шевчук.

Ельцина избрали Президентом РСФСР, и он вскоре издал указ «о департизации», направленный на окончательное удаление КПСС с предприятий и учреждений. В печать просочился новый проект договора, в последний момент измененный Ельциным, Горбачевым и главой Казахстана Нурсултаном Назарбаевым. В нем предполагаемые функции союзного центра были еще ослаблены — Союз превращался в рыхлую конфедерацию. Россия и Украина требовали одноканальной налоговой системы, предлагая отчислять центру часть своих налоговых поступлений только после объяснения им цели финансирования, а это предполагало раскрыть бюджет армии, КГБ и других ведомств. Подписать договор были готовы только Россия, Казахстан и Узбекистан. Белоруссия и Таджикистан колебались, Украина, Туркмения, Азербайджан и Киргизия обещали принять свое решение только осенью 1991 г. Торжественное подписание договора было назначено на 20 августа, после возвращения Горбачева из отпуска в Крыму.

5.2.14. Неудача коммунистического реванша и Августовская революция 1991 года. Запрет КПСС

Накануне своего отъезда на отдых в Крым Горбачев провел секретную встречу с Борисом Ельциным и Президентом Казахстана Назарбаевым. На встрече было достигнуто соглашение, прямо направленное против консервативного ядра политического руководства СССР. После подписания Союзного договора, намеченного на 20 августа, предполагалось отстранить от должности премьер-министра СССР Валентина Павлова, министра обороны Дмитрия Язова и председателя КГБ Владимира Крючкова. В кабинете, где состоялась встреча Горбачева, Ельцина и Назарбаева, оказались вмонтированы подслушивающие устройства, и о ее содержании знал Крючков. 5 августа, после отбытия Горбачева на отдых в Крым, консервативные руководители СССР приступили к подготовке переворота, направленного на пресечение реформ, восстановление в полном объеме власти центра и КПСС и сохранение своей собственной власти.

18 августа они в Крыму встречались с Горбачевым, и тот не сказал ни да ни нет проектам военного переворота: «Давайте принимать чрезвычайные решения, другие меры...» Многие исследователи этих событий полагают, что Горбачев, видя, как далеко он зашел в разрушении коммунистического строя, и что власть уже ушла из его рук в руки Ельцина, сам предложил вариант переворота Янаеву и Крючкову, но при этом предпочел, для достоверности и чтобы не замараться кровью, остаться в стороне, в Форосе.

Переворот (который получил тут же название «путч») начался на православный праздник Преображения Господня 19 августа и продолжался три дня. Утром 19 августа радио и телевидение стали оглашать серию документов, в частности: 1) заявление Председателя Верховного Совета СССР А.И. Лукьянова о том, что Союзный договор в нынешнем виде неприемлем и требует доработки; 2) заявление «советского руководства» о том, что «по состоянию здоровья» Горбачев не может исполнять обязанности Президента и его полномочия перешли к вице-президенту Г.И. Янаеву.

«В целях преодоления глубокого и всестороннего кризиса, политической, межнациональной и гражданской конфронтации, хаоса и анархии» в ряде мест вводилось **чрезвычайное положение.** Управление страной принял **Государственный комитет по чрезвычайному положению (ГКЧП),** который в народе тут же прозвали «хунтой». Уличные выступления и забастовки строго запрещались, издание демократических газет было остановлено. Заявления ГКЧП не упоминали о компартии, а были выдержаны в охранительно-державном тоне «Слова к советскому народу», с которым за месяц до того выступили 12 писателей и общественных деятелей. Двое из них вошли в ГКЧП. Кроме того, помимо Янаева в ГКЧП вошли недавние сотрудники Горбачева Крючков, Павлов, Пуго и Язов, а также О.Д. Бакланов, ранее секретарь ЦК КПСС по военно-промышленному комплексу. В ночь на 19 августа КГБ изолировал Горбачева в Форосе.

С утра 19 августа ГКЧП начал вводить в Москву войска. Весь центр был занят танками и бронемашинами. Солдаты не были ориентированы, своей задачи не понимали. А отношения с жителями города у них складывались вполне дружеские. Москвичи вступали с ними в разговоры, несли им еду, цветы и трехцветные флаги, дети залазили на бронемашины, спускались в люки танков. Никакого барьера между армией и народом не было. Стало ясно – армия в народ стрелять не будет.

Организаторы переворота не решились арестовать Ельцина, как и других руководителей России. Не были отключены телефоны, международная связь. Белый дом, в котором расположилось российское правительство, получил возможность без промедления приступить к организации сопротивления путчу. Утром Ельцин со своими сотрудниками приехал из загородного Архангельского в Белый дом, резиденцию Верховного Совета РСФСР в Москве, и в 10:30 издал обращение «К гражданам России», где назвал выступление ГКЧП «антиконституционным переворотом» и объявил противозаконными на территории РСФСР все его решения и распоряжения. Он призвал военных «не принимать участия в реакционном перевороте» и начал готовить защиту Белого дома.

Жители Москвы стали сооружать вокруг Белого дома баррикады из опрокинутых троллейбусов, автомобилей, строительных материалов и чего попало. Командующий Воздушно-десантными войсками (ВДВ) генерал Павел Грачев, желая помочь Ельцину, вызвал из Тулы части десантников под командой генерала Александра Лебедя еще 17 августа, когда члены будущего ГКЧП только готовились к перевороту на одном из секретных объектов КГБ. Поздно вечером 19 августа отряды Лебедя заняли позиции для охраны Белого дома.

На пресс-конференции, организованной вечером 19 августа, руководство ГКЧП вело себя нервозно, у человека, объявившего себя главой СССР – Геннадия Янаева, тряслись руки. Путчисты не смогли представить медицинское свидетельство, которое служило бы основанием для прекращения исполнения обязанностей Михаилом Горбачевым «по состоянию здоровья». Законность действий, на которую претендовал ГКЧП, оказалась дезавуированной, развитие событий первого дня обнаружило, что заговор «повис в воздухе».

Куда большее впечатление произвела передача «Время», в которой кадры на тему «в Москве все спокойно» вдруг сменились показом шествия Демроссии от Манежной площади к Белому дому и Ельцина, вскочившего на танк и читающего свое обращение. Кадры эти попали в передачу якобы по чистой случайности, но произвели огромное впечатление во всей стране. Непрерывный репортаж о происходящем давали радио «Эхо Москвы» и западные радиостанции. На вторые сутки редакции запрещенных демократических газет объединились и стали выпускать «Общую газету», появились и листовки.

Газета «Содействие» сообщала:
20 августа, 15:00. Пушкинская площадь... Толпы читают расклеенные на стенах экспресс-выпуски «Мегаполис экспресс», «Московских новостей», «Российской газеты», листовки. Много листовок НТС – белогвардейцы призывают весь народ в поддержку Ельцина. При раздаче принесенных листовок жуткий ажиотаж. Дают только тем, кто протиснулся через толпу и обязуется (устно) после прочтения наклеить. Человек вы-

прашивает комплект из трех листовок, только предъявив заводской пропуск и объяснив, что на заводе 30 тысяч человек. Другой предъявляет удостоверение офицера. Говорит – отвезти в часть. Его пропускают через толпу без слов.

20 августа, 19:00. На сторону России перешел с оружием в руках Московский ОМОН. Таманскую и Кантемировскую дивизии, как несправившиеся и «разложившиеся», из Москвы выводят. Остается Дзержинская. <...> Какие-то части, верные хунте, накапливаются у Кировской, еще в нескольких местах. Им выданы боевые патроны, газовые баллоны.

20 августа, 20:00, Белый дом. На подступах – у Баррикадной, на Калининском – люди в мегафоны и просто охрипшими, сорванными голосами зовут мужчин «защищать последний клочок свободной Москвы». Митингующие группы в 10–15 человек. Истерически кричит пожилая женщина: «Хватит митинговать!» Потоки идущих к Белому дому от всех близлежащих метро, по всем улицам. Над Домом советов – привязанный аэростат с огромными флагами: триколор России, жовтоблакитный, под ним еще два. Сам аэростат – как флаг, ориентир, на который идут. <...> На ближних подступах в виде баррикад составляют уличные туалеты. Вонища. На памятнике повстанцам 1905 г. на винтовке рабочего – триколор. Он всюду. На баррикадах, на танках, у людей. Со стороны – зрелище крепости с линиями баррикад по краям, танковыми орудиями, гигантским Белым домом в центре, десятками тысяч людей вокруг него и массой флагов. Снаружи впечатляет. Изнутри – большой бардак. Баррикады – лишь одна более-менее серьезная. Остальные для танкового удара – ноль. Грозные стомиллиметровки Евдокимова – без снарядов. Интересно, что нападающие об этом знают, а защитники – нет. Лозунги. Масса про хунту и про фашизм. «Долой восьмибоярщину!», «Язов – говно!», «Дадим краснопузым последний бой!», «Путчисты, сдавайтесь!» <...> Там и сям проходят женщины с листами ватмана на груди: «На Москву идут войска! Помогите отстоять Москву!» Само здание защищает ОМОН. <...> Нервозно. Всеобщее беспорядочное движение. Оценивая взглядом позицию, можно сказать, что в случае бойни этим десяткам тысяч просто некуда будет деваться, кроме Москва-реки. Тысячи потенциальных жертв. И со всех сторон такой русский, такой раздолбайский, но такой душевный подъем: «А ништо! Одолеем!»

21 августа, 15:00. Баррикадная. У листовок и экспресс-выпусков все так же, как и вчера, толпы людей. Подбегает человек и орет во все горло: «Да что вы еще читаете! Все! Путчистам – пи...ец!» И все читавшие, в том числе женщины, девушки, старушки, на этот ликующий мат кричат «Ура!». – *Валерий Шамбаров*. Государство и революции. М.: Алгоритм, 2001. С. 517–523.

В ответ на выступление ГКЧП волна демонстраций протеста прошла по десяткам городов от Минска до Сахалина. Мэр Москвы Гавриил Попов и городские власти Москвы тесно сотрудничали с правительством Ельцина, а в Санкт-Петербурге мэр Анатолий Собчак выступил в его поддержку, возглавив массовые демонстрации жителей города 19 и 20 августа. В других городах митинги были менее многолюдными, но выступлений в пользу ГКЧП не было нигде. Местные власти в первый же день поддержали Ельцина на Воркуте, на Камчатке, в Львове, в Кемерово, Нижневартовске, Томске. На некоторых шахтах начались забастовки. Утром 20 августа Верховный Совет РСФСР обратился к гражданам. Вслед за Ельциным он расценил действия ГКЧП как государственный переворот и объявил их незаконными.

Более двух суток на баррикадах у Белого дома охрану несли 100 тысяч москвичей и поспешивших в столицу жителей других городов. Оружия у них не было, их задачей было своими телами создать надежный щит. На баррикадах уже реяли трехцветные русские флаги, хотя над самим Белым домом развевался на августовском ветру еще красный с синей полосой у древка флаг советской России.

Три раза ГКЧП принимал решение о штурме Белого дома, и три раза оно ни к чему не вело, в том числе и последняя попытка – использовать отряд спецназа КГБ «Альфа». Военное командование, равно как и рядовой состав, кровопролития не желали. К ночи на 20 августа часть введенных в Москву войск перешла на сторону Ельцина, а другие заняли выжидательную позицию. Дальнейшее использование ГКЧП силовых методов в подобной ситуации означало бы развязывание кровопролитной, с катастрофическими последствиями гражданской войны, на что путчисты не решились. По несчастной случайности в тоннеле под Новым Арбатом в ночь с 20 на 21 августа бронетранспортерами были задавлены три молодых человека. Им посмертно присвоили звания Героев Советского Союза.

Исход противостояния между ГКЧП и российскими властями решился 20 августа, когда Ельцин и его сторонники пресекли попытки захвата Белого дома путчистами, переломили ход событий в свою пользу и взяли под контроль ситуацию в России. А утром 21 августа Борис Ельцин на экстренном заседании Верховного Совета РСФСР сообщил, что «группа туристов» из числа лидеров ГКЧП едет в аэропорт Внуково, чтобы лететь оттуда в Крым для замаливания грехов перед законным Президентом СССР. Горбачев их принять отказался. По приказу Ельцина они были арестованы. Вечером того же дня члены ГКЧП были возвращены в Москву в качестве арестантов. Подавленный Горбачев вернулся в Москву, по собственному признанию, как «в другую страну». На пресс-конференции он обмолвился, что «всего всё равно не расскажет». Ельцин до правды и не докапывался.

Безусловно, что как политический стратег Ельцин, уже утром 19 августа заклеймивший действия ГКЧП как «самое тягчайшее государственное преступление», а его участников как «государственных преступников» и предпринявший решительные и четкие меры по организации сопротивления, оказался на голову выше путчистов. Именно в августовские дни 1991 г. он приобрел известность гроссмейстера экстремальных ситуаций. Но главные просчеты путчистов были все же связаны отнюдь не с недоучетом «фактора Ельцина».

Среди таковых на первом месте оказалась неспособность ГКЧП реалистически оценить возможную реакцию на его действия российского населения. Эта реакция со стороны политически активных масс характеризовалась решительным неприятием заговора и твердой поддержкой российского правительства. Особенно ярко это проявилось в Москве.

Другой главный просчет путчистов заключался в явной переоценке власти центра над союзными республиками. Большинство среди них достигли уже той степени суверенности, которая исключала в их глазах легитимность действий ГКЧП. Они заняли в отношении акций путчистов позицию или осуждения, или непризнания. С точки зрения возможностей подчинения республик указам ГКЧП путч безнадежно запоздал, он в условиях августа 1991 г. мог только ускорить процесс их «разбегания» из СССР. Это и стало важнейшим следствием августовских событий, начавшихся как заговор с целью сохранения СССР, КПСС, власти старой партийно-государственной элиты, но обернувшихся антикоммунистической «бархатной революцией», которая разрушила союзные государственные структуры, власть КПСС, ее саму и, наконец, «Союз нерушимый республик свободных».

С 22 августа Ельцин и российские демократы стали пожинать плоды своей политической победы. 23 августа, во время встречи с депутатами Верховного Совета РСФСР, Горбачеву было предъявлено требование немедленно подписать указ о роспуске КПСС. Президент СССР скрепя сердце принял этот и другие ультиматумы Ельцина. Начался обвальный распад союзных структур: Горбачев был вынужден принять ультимативные требования Ельцина и Верховного Совета РСФСР: отказаться от поста Генерального секретаря ЦК КПСС и распустить компартию «как преступную организацию», ликвидировать союзный кабинет министров и КГБ. ЦК КПСС заявил о самороспуске. Имущество КПСС было объявлено национализированным. Здание ЦК КПСС на Старой площади в Москве было опечатано сторонниками Ельцина (Евгением Савостьяновым и Александром Музыкантским). Вооруженные силы, КГБ и МВД перешли под фактическую власть Президента РСФСР Ельцина. Над Белым домом 24 августа был спущен красный флаг РСФСР и взвился бело-сине-красный национальный флаг России, объявленный указом Президента Ельцина государственным символом страны.

Огромная энергия общества, мобилизованная противостоянием 19–21 августа, искала себе выхода, и возникло стремление, очистив помещения ЦК КПСС, очистить и здания КГБ на Лубянке. Правительство Ельцина этому воспротивилось и «перенаправило» энергию толпы на снос памятника Дзержинскому. Тем не менее КГБ был переподчинен правительству РСФСР под руководством В.В. Бакатина. Вскоре из него были выделены внешняя разведка, служба связи, пограничная охрана и другие подразделения. За два года около половины сотрудников покинуло «органы».

В эти дни почти всеобщего ликования почти незаметными прошли четыре странные смерти. 23 августа у себя дома был найден Борис Пуго и его жена, убитые выстрелами из пистолета. Убийца аккуратно положил пистолет на тумбочку. На следующий день в своем кабинете в Кремле был найден повешенным советник Горбачева маршал Сергей Ахромеев. 26 августа с балкона своей квартиры выпал и разбился насмерть управляющий делами ЦК КПСС и всеми деньгами партии Николай Кручина. Ни убийц, ни причин гибели этих людей не сыскали и по сей день. Все эти смерти предпочли объявить самоубийствами.

Роспуск 19-миллионной компартии СССР не вызвал нигде ни одной попытки сопротивления или протеста. Несколькими днями позже на V внеочередном съезде объявил о самороспуске Съезд народных депутатов СССР.

5.2.15. Последняя осень СССР. Беловежские соглашения

Теперь Президент СССР Михаил Горбачев обладал только тенью былой власти. Вся реальная власть сосредоточилась в руках Ельцина и той огромной массы его сторонников, которые, выйдя по всей России на демонстрации поддержки Президента России, не позволили антидемократическому путчу осуществиться. Горбачев был побежден, и перед Ельциным открывалась возможность пойти по тому пути, который как раз в этот год одна за другой выбирали все восточноевропейские страны, от Польши до Эстонии. На гребне народных устремлений продолжить антикоммунистическую революцию. Объявить коммунистический режим от начала незаконным (это было так естественно после объявления вне закона КПСС), провозгласить преемство с докоммунистической Россией и ее правопорядком (восстановление трехцветного флага, казалось бы, символически уже начинало этот процесс), объявить о восстановлении прав собственности, попранных незаконной большевицкой властью (так называемая реституция вещных прав), провести очистку государственного аппарата от лиц, запятнавших себя сотрудничеством с преступным режимом (так называемое очищение – люстрация), и, наконец, провести свободные выборы в восстановленную Государственную Думу (коль уж с советской властью покончено). Выборы, безусловно, принесли бы Ельцину и его движению, как бы он его ни назвал, убедительную победу в ту осень.

Но Президент России не сделал ничего подобного. Волна народного воодушевления спала, трудные будни продолжились, серьезные преобразования не наступили. Почему Борис Ельцин избрал не путь продолжения антикоммунистической революции, как восточноевропейские страны, а путь ее угашения? Возможно, он понимал, что начни он люстрации и правопреемство, то сам и попадет под них, как активный и инициативный партийный функционер на протяжении многих лет. И придется тогда ему разделить судьбу Горбачева, а гребень революционной волны поднимет иного народного избранника, чистого от сотрудничества с большевицким режимом.

А скорее всего, он просто не видел ясно этого пути. Ведь за 70 лет большевизма память о старой России была практически изглажена в головах русских людей, тем более коммунистических аппаратчиков. Если в Прибалтике, Западной Украине, странах подсоветской Европы все помнили о докоммунистическом прошлом своих народов, идеализировали его и мечтали его возродить, то в России почти никто не помнил, почти все если и знали, то безоглядно осуждали «царизм», а уж о возрождении его думали только «отщепенцы». Мы забыли свою историю, и плохое и хорошее в ней, даже флага русского не узнавали, когда он поднялся над зданием Верховного Совета 24 августа, – позволили коммунистам флаг, с Петра I развевавшийся над Россией и вместе с Белой армией ушедший в Зарубежье, именовать «власовским». В августе 1991 г. наступила расплата за наше забвение собственной истории. Коммунистическое семидесятилетие принесло еще один ядовитый плод – о возрождении исторической России Президент тогда не вспомнил. Убедившись, что Горбачев побежден и власть прочно в его руках, Борис Ельцин уехал отдыхать в Сочи; как говорили в его окружении, «лег на дно». А в народе поползли слухи, что «у Президента запой от перенапряжения». Популярности такие слухи не прибавляли.

> «Первые месяцы после подавления мятежа прошли вяло. Участники событий у Белого дома спрашивали друг друга: а что там делают руководители страны? Нужна платформа действий в новых условиях. Но одни говорили, что Борис Николаевич заболел, другие – что формирует правительственную команду.
>
> Все обстояло гораздо проще. Ельцин и все те, кто окружал его в тот момент, просто не знали, что делать дальше. Они не были готовы к такому повороту событий. И это можно понять. Как рассказывали мне его сподвижники, ельцинисты готовились взять власть на основе свободных выборов через год-полтора. А тут она свалилась, как

льдина с крыши, да прямо на голову. Наступил период политических импровизаций» (*А.Н. Яковлев*. Сумерки. С. 620).

Путч резко ускорил распад СССР. Сразу после его провала объявила о независимости Украина, через несколько дней — Белоруссия, Молдавия, Азербайджан, Узбекистан, Киргизия, Туркмения. Последним принял декларацию о независимости Казахстан. В начале сентября Россия признала независимость республик Прибалтики.

26 августа было опубликовано вызвавшее бурю возмущения на Украине и в других республиках заявление пресс-секретаря Ельцина. В нем шла речь о том, что Россия считает возможным сохранить существовавшие границы с новыми независимыми государствами только при условии сохранения с ними союзнических отношений, так как многие из этих границ стали результатом произвола советской власти. Возможно, это заявление сыграло определенную роль в создании общих переходных структур на период до подписания нового Союзного договора.

Высшим представительным органом Союза ССР стал Верховный Совет из двух самостоятельных палат — Совета Республик и Совета Союза. В первую из них вошло по 20 депутатов от каждой союзной республики и по одному от каждой автономии из числа народных депутатов СССР и республиканских парламентариев, назначенных высшими органами государственной власти республик. При этом для обеспечения равноправия каждая республика имела один голос. Совет Союза формировался по квотам депутациями союзных республик из числа народных депутатов СССР. Вместо упраздненных союзных министерств был создан межреспубликанский Экономический комитет, впрочем, не располагавший реальными полномочиями. Для решения вопросов внутренней и внешней политики, затрагивающих общие интересы, образовали Государственный Совет СССР, состоявший из Президента СССР и высших должностных лиц союзных республик. Назначения на союзные посты проводились по прямому указанию Ельцина.

Горбачев предпринял последнюю попытку склеить почти развалившийся Союз. Пользуясь большим авторитетом среди руководителей ведущих мировых держав, советский Президент развил большую дипломатическую активность, пытаясь опереться на международную помощь в попытках сохранить союзное государство и президентскую власть. Горбачев настаивал на возобновлении подготовки договора о Союзе Суверенных Государств, сохранении единых вооруженных сил, в том числе ракетно-ядерных, и т. п. 18 октября руководители восьми государств подписали в Кремле Экономическое соглашение, подготовкой которого занимался молодой экономист, автор программы «500 дней» Григорий Алексеевич Явлинский.

Но этот успех стал для Горбачева последним. Несмотря на его призывы к радикальным экономическим преобразованиям и заклинания о необходимости сохранить Союз, руководству республик казалось, что в одиночку им будет легче справиться с всесторонним кризисом и обеспечить население продуктами первой необходимости. Известного своей риторикой, колебаниями и склонностью к компромиссам Президента СССР не воспринимали более политиком, способным на решительные практические действия. В конце октября 1991 г. Ельцин заявил, что РСФСР, которую он все чаще именовал просто Россией, подобно государству, уничтоженному большевиками в ходе Гражданской войны, начнет экономические реформы самостоя-

ПОПЫТКА ПЕРЕСТРОЙКИ КОММУНИСТИЧЕСКОГО РЕЖИМА (1985–1991)

тельно, без согласования с другими республиками, и в скором времени «отпустит» цены. Председатель Верховного Совета Украины, бывший второй секретарь ЦК КП Украинской ССР Леонид Кравчук отказывался принимать какие-либо политические решения до предстоявших на Украине 1 декабря референдума о независимости и президентских выборов. Успокоенные заявлениями Кравчука, Горбачев и в значительной мере Ельцин недооценивали глубину процессов, происходивших на Украине, и не верили в ее полное отделение от РСФСР.

До середины ноября руководители новых независимых государств обсуждали варианты Союзного договора. Союз Суверенных Государств виделся участникам переговоров то конфедерацией, то «слабой» федерацией, наделенной государственными органами, то просто ассоциацией суверенных государств. В итоге было принято решение образовать конфедеративное государство, выполняющее делегированные ему государствами — участниками договора функции. В последнем варианте от 5 ноября 1991 г. Союз Суверенных Государств (ССГ) определялся как «конфедеративное демократическое государство, осуществляющее власть в пределах полномочий, которыми его добровольно наделяют участники договора». Большинство лидеров республик согласились поддержать договор. Однако 25 ноября Ельцин отверг предложение Горбачева парафировать Союзный договор, поскольку в нем говорилось о союзном государстве, а не конфедерации государств и поскольку парафировать документ накануне референдума на Украине не имело смысла.

Вопреки надеждам Горбачева, референдум принес результаты, прямо противоположные итогам мартовского референдума: если в марте 70% украинских избирателей проголосовали за сохранение СССР, то 1 декабря из 84% избирателей, явившихся на референдум, 90,3% высказались за независимость Украины. Президентом был избран Леонид Кравчук. На следующий же день РСФСР признала итоги этого волеизъявления. Кравчук объявил о выходе Украины из Союзного договора 1922 г.

В этих условиях руководители РСФСР, Украины и Белоруссии решили вернуться к обсуждавшемуся еще за год до этих событий предложению о заключении трех- или четырехстороннего договора (с участием Казахстана). Украинский референдум, а также позиция руководства России и Белоруссии, не видевших после этого возможностей спасения союзного государства, поставили крест на надеждах Президента СССР сохранить хоть в какой-нибудь форме Союз.

8 декабря Борис Ельцин, Леонид Кравчук и Президент Белоруссии Станислав Шушкевич, не известив Горбачева, объявили, собравшись в Беловежской пуще, о роспуске СССР и создании Содружества Независимых Государств. Межгосударственное соглашение, известное как «беловежское», гласило: «Мы, руководители Республик Беларусь, РСФСР, Украины, отмечая, что переговоры о подготовке нового Союзного договора зашли в тупик, объективный процесс выхода республик из состава Союза ССР и образования независимых государств стал реальным фактом... заявляем об образовании Содружества Независимых Государств, о чем сторонами 8 декабря 1991 г. подписано Соглашение».

В заявлении говорилось, что Содружество остается открытым для других государств, пожелавших к нему присоединиться. 10 декабря Соглашение о создании Содружества Независимых Государств было ратифицировано верховными советами Украины и Белоруссии. 12 декабря его подавляющим большинством (против проголосовали шесть человек) ратифицировал Верховный Совет РСФСР. При этом в Верховном Совете РСФСР поддержали «Беловежские соглашения» не только сторонники Ельцина, но и депутаты-коммунисты.

Категорическим противником соглашения выступил только Михаил Горбачев, но к его мнению не прислушалась ни одна из республик. Напротив, они (за исключением Эстонии, Литвы, Латвии и Грузии, не хотевших вообще никаких альянсов с бывшими «республиками-сестрами») в течение нескольких дней изъявили желание присоединиться к Содружеству. 21 декабря на встрече в Алма-Ате одиннадцать бывших советских республик, а теперь независимых государств объявили о создании Содружества с совещательно-координационными функциями и без каких-либо законодательных, исполнительных и судебных полномочий.

В одном из решений провозглашалось: «С образованием Содружества Независимых Государств Союз Советских Социалистических Республик прекращает свое существование». Так, накануне 69-й годовщины образования СССР, была подведена черта под его бытием. Созданное невероятным насилием и морями крови государственное образование большевиков исчезло без единого выстрела и без применения какой-либо грубой силы при полном спокойствии всех народов когда-то завоеванной большевиками России. Михаил Горбачев, проявив незаурядную выдержку и явно желая придать драматическому и для него, и для СССР событию цивилизованную форму, в оглашенном им самим обращении 25 декабря заявил о добровольном сложении с себя полномочий Президента СССР.

В этом последнем его выступлении в качестве Президента СССР Михаил Горбачев, в частности, сказал: «Общество получило свободу, раскрепостилось политически и духовно... Реальными стали свободные выборы, свобода печати, религиозные свободы, представительные органы власти, многопартийность. Права человека были признаны высшим принципом... Началось движение к многоукладной экономике, утверждается равноправие всех форм собственности... Покончено с "холодной войной", остановлена гонка вооружений и безумная милитаризация страны, изуродовавшая нашу экономику, общественное сознание и мораль».

Получивший еще в 1990 г. Нобелевскую премию мира, Горбачев ушел с поста Президента исчезнувшего СССР с высоко поднятой головой — он, желая того или не вполне желая, освободил Россию от кровавой семидесятилетней тирании богоборческой и человеконенавистнической власти. 25 декабря 1991 г. Михаил Сергеевич Горбачев сознавал это с полной ясностью.

Литература
Е. Гайдар. Гибель империи. Уроки для современной России. М.: РОССПЭН, 2006.
М.С. Горбачев. Жизнь и реформы. Кн. 1–2. М.: Новости, 1995.
Б.Н. Ельцин. Записки президента. М.: Огонек, 1994.
В.В. Согрин. Политическая история современной России. 1985–2001: от Горбачева до Путина. М.: Весь мир, 2001.
А. Черняев. Шесть лет с Горбачевым. М.: Прогресс, 1993.
Г. Шахназаров. Цена свободы. Реформация Горбачева глазами его помощника. М.: Росика, 1993.
Андрей Сахаров. Горький, Москва, далее везде. Нью-Йорк: Изд. им. Чехова, 1990.

Часть 6
ОТ СОВЕТСКОГО СОЮЗА К ВОЗРОЖДЕННОЙ РОССИИ (1991–2007)

Глава 1
РОССИЙСКАЯ ФЕДЕРАЦИЯ В ГОДЫ ПРЕЗИДЕНТСТВА БОРИСА ЕЛЬЦИНА И ВЛАДИМИРА ПУТИНА

6.1.1. Освобождение России от коммунизма. Радикальные экономические реформы Гайдара и их последствия

Сразу же после августовских событий Борис Ельцин и его сторонники обратились к радикальным реформам, призванным искоренить основы коммунистической государственности и экономики. Эту цель преследовали президентские указы конца августа, направленные на роспуск компартии России, конфискацию имущества КПСС и компартии России, осуждение коммунистической идеологии. Коммунисты в ответ обжаловали действия новой власти в Конституционном суде РСФСР. Ельцин принял вызов, надеясь, быть может, превратить судебные слушания в российский антикоммунистический Нюрнберг.

Решения суда, вставшего на позицию буквалистской защиты конституционных прав, привели к иным результатам. Примерно половина из 17 пунктов президентских антикоммунистических указов были признаны юридически несостоятельными или несовершенными. Суд счел невозможным запретить коммунистическую идеологию и признал право ее сторонников на объединение, но не по месту работы, как это в большинстве случаев было прежде, а по территориальному признаку. Это послужило воссозданию компартии на обновленной организационной основе в 1992–1993 гг.

Судебный процесс над КПСС хотя и вскрыл преступления коммунистической власти, не дал им ни правовой, ни даже нравственной оценки. Главный советник Ельцина по юридическим вопросам Сергей Шахрай привел на суде убедительные доказательства преступлений компартии, но отклика это не вызвало. Дело в том, что КПСС судили в системе законов, написанных самими коммунистическими правителями после захвата ими власти над Россией. Понятно, что в системе этих законов коммунистическая партия оказывалась виновной только в том, что не соблюдала законы, которые сама для себя писала.

Полная оценка деятельности коммунистов была возможна только исходя из внесоветских юридических норм. Но для того чтобы выйти за пределы советского закона, надо было дать правовую оценку самому октябрьскому перевороту 1917 г. в системе законов докоммунистических, как это сделал Правительствующий Сенат России 22 ноября 1917 г. (см. **2.2.1**). Для этого надо было совершить акт формального правопреемства с докоммунистической Россией. Тогда бы все коммунистическое право предстало, как говорят юристы, «от начала порочным» — *ab initio vitiosum*. Именно путем правопреемства и отвержения того в праве коммунистического периода, что противоречит докоммунистическому правопорядку, пошли все восточноевропейские страны и с этого начали восстановление своей политической и правовой жизни.

Ельцин мог избрать тот же путь, но не избрал. Он решил следовать советским законам (признав молчаливо их изначальную правомерность), что решительно сузило рамки разбирательства и сохранило под антикоммунистическим российским режимом зыбкое и ложное основание советского права. Подобный же принцип лег в основу реабилитации жертв коммунистического режима. Если кто-то был расстрелян как шпион, а на самом деле шпионом не был, а служил, скажем, Сталину не за страх, а по партийной совести, то он подлежал реабилитации («необоснованная репрессия»). Если же он действительно боролся против коммунистической власти, как боролись генерал Кутепов или вождь Тамбовского восстания Антонов, то реабилитации не подлежал, оставался «врагом».

Ельцин, пришедший к власти на волне народного протеста против тоталитарного коммунизма, разрушать правовую основу старой власти не решился или не захотел. И новая Россия осталась в системе коммунистической государственности, продолжательницей именно СССР, со всеми его беззакониями и преступлениями против человечности.

Меры по ограничению деятельности КПСС начались еще до августа, 20 июля 1991 г., когда Ельцин указом о департизации запретил первичные ячейки компартии в учреждениях и на производстве. Указ об окончательном запрете КПСС и КП РСФСР вышел 6 ноября 1991 г., но он не распространялся на коммунистические партии под другими названиями.

КГБ, хотя и был разделен на несколько ведомств и не раз переименован (на короткое время слит с МВД), сохранил свою преемственность от Дзержинского и Андропова. Отстраивать «с чистого листа» службу безопасности демократического государства, раскрывать все архивы — и жертв, и доносчиков, как было сделано в послевоенной Германии, — и не пытались. По существу между силовыми ведомствами и Ельциным был заключен негласный контракт: вы нас не трогайте, а мы вам будем служить. ВЧК – ОГПУ – МГБ – КГБ не был объявлен преступной организацией, как, например, Гестапо. Это тоже внесло двусмысленность в антикоммунистическую позицию Ельцина.

Придя к власти на гребне августовской народной революции, Ельцин (подобно большевикам в конце 1917 – начале 1918 г.) попытался стихию общественного возмущения как можно быстрее успокоить, чтобы исключить возможность появления нового лидера, более радикального (тем более что антикоммунистическая революция далеко не была завершена), а потому и более популярного, чем он сам. Президент РСФСР предпочитал теперь общаться не с народом, а с чиновниками, «отстраивать вертикаль власти».

В сентябре – октябре 1991 г. Ельцин уделил большое внимание радикальному обновлению исполнительной власти в регионах России, назначив в них своих наместников, призванных возглавить на местах фундаментальные преобразования. В кабинет в качестве вице-премьеров вошли Геннадий Бурбулис, Александр Шохин и Егор Гайдар – тридцатипятилетний профессиональный экономист, ответственный за переход к рынку и в 1992 г. исполнявший обязанности премьер-министра.

К концу 1991 г. в России магазины были пусты, люди стояли по 3–4 часа в очередях, чтобы хоть что-то получить по государственным ценам, а по предприятиям, а порой даже и прямо на улицах, европейские организации бесплатно раздавали масло, сыр и другие продукты в порядке «гуманитарной помощи» («гумпо», как тогда ее называли). Между тем на руках у населения скопился избыток денег: с 1985 по 1991 гг. средняя зарплата поднялась с 190 до 580 рублей, а производство многих товаров сократилось. Деньги, выданные населению советской властью, были в значительной мере фиктивны, поскольку купить на них было нечего. В 1990 г. Г.А. Явлинский предлагал начать массовую продажу населению государственной собственности, чтобы сперва избавиться от «денежного навеса», а потом уже отпускать цены. Но такая продажа требовала подготовки и времени, которого в конце 1991 г. уже не было.

Положение становилось критическим. К концу ноября, за 7 месяцев до нового урожая, правительство располагало примерно двухмесячным запасом зерна. Дефицит госбюджета, составлявший на заре Перестройки около 2% валового внутреннего продукта (ВВП), составил в последнем квартале 1991 г. 30%. Накопленный советским правительством иностранный долг вырос с 20 млрд долларов в 1985 г. до 76 млрд долларов в 1991 г. и требовал платежей. Между тем от почти полутора тысяч тонн золотого запаса в стране осталось 290 тонн. Мировые цены на нефть упали почти на половину по сравнению с 1985 г. и, соответственно, упали доходы от советского экспорта. В конце 1991 г. Внешэкономбанк прекратил какие-либо платежи за границу, кроме процентов по займам. Это стало одним из крупнейших международных финансовых скандалов. Внутреннее производство за 1991 г. упало на 11–15%. Оставалось поощрять внутреннее производство освобождением цен и полагаться на новые кредиты и импорт.

Выступив 28 октября 1991 г. с большой речью по программе реформ, Ельцин получил от Съезда народных депутатов РСФСР чрезвычайные полномочия и **6–8 ноября 1991 г. образовал «кабинет реформ», а затем подписал 10 указов о переходе к рыночной экономике.**

С конца 1991–1992 гг. были запущены три главные экономические реформы: либерализация внутренней и внешней торговли, свободное ценообразование и, чуть позднее, массовая приватизация. Последовательность реформ, предложенных Гайдаром (приватизация по порядку не первая, а третья), как и их реализация на основе «шоковой терапии», то есть в максимально краткий срок, по сути молниеносно, вызвали серьезные возражения даже среди экономистов-рыночников. Отвечая критикам, Гайдар указывал, что у России в конкретных условиях конца 1991 г. иного выбора не существовало. Главным среди этих условий были распад властных институтов, способных хоть как-то управлять промышленностью и сельским хозяйством, и плачевное состояние экономики, приблизившейся вплотную к полной остановке хозяйственной деятельности. Реформаторы были убеждены, что экономику могли спасти только силы и законы рынка в их наиболее чистом виде.

В декабре началась свободная продажа валюты населению по курсу 90 советских рублей за доллар — вместо официального курса 90 копеек за доллар (то есть средняя советская зарплата стала равняться 4—6 долларам в месяц). Вышли указы о принципах приватизации и, следуя примеру Европы, о введении налога на добавленную стоимость. 2 января 1992 г. Ельцин подписал указ «О свободе торговли».

Люди с экономическим образованием понимали, что отпуск цен приведет к многократному удорожанию всех товаров и услуг. При этом зарплата будет расти существенно медленней, чем цены, что ввергнет большую часть населения в нищету. Но «народу» реформаторы говорили несколько иное — «все быстро стабилизируется». Восточноевропейский вариант перехода к рынку также предполагал отпуск цен «в свободное плавание», но эта мера компенсировалась другой — в соответствии с правопреемством, признававшим действия коммунистических режимов противозаконными, гражданам возвращалась конфискованная у их отцов и дедов собственность (или в натуральном виде, например крестьянская земля, или в форме государственных обязательств). Обретение собственности в условиях бедности, порожденной отпуском цен, стимулировало индивидуальную хозяйственную активность и сравнительно быстрое складывание широкого слоя мелких и средних собственников-хозяев, которые и должны были вытянуть народное хозяйство из упадка, а заодно и создать прочную базу гражданского общества. Человек, обладающий собственностью, обычно более ответственен в принятии политических решений — ведь от его решений зависит сохранность его богатства.

Известно, что советники Ельцина, в частности Егор Гайдар, обсуждали возможность проведения реформ в России по восточноевропейской схеме еще в июле 1991 года и отвергли ее. «Слишком долго и сложно, а нам надо было сделать победу рынка необратимой в кратчайшие сроки, чтобы исключить коммунистический реванш», — как сказал Егор Гайдар еще в середине 1990-х гг. одному из авторов этой книги. Команда Ельцина предпочла свой путь к капитализму.

Цены в России отпустили, а о возвращении собственности никто и не заикнулся из руководителей «демократического государства». Нищета, без перспектив обретения собственности естественными и законными путями, направила силу большей части общества с политической активности на простое выживание, а меньшинства — на добывание этой ставшей «ничейной» собственности всеми правдами, а чаще — неправдами. Общество, где одни выживают, а другие безоглядно наживаются, не может быть политически бурливым. Подобно большевицкому голоду 1921—1922 гг., экономическая реформа уняла политические страсти, переключила интерес толпы с политики на «хлеб насущный» и позволила Президенту действовать без постоянной оглядки на общество.

Предприятия получили право сами устанавливать цены на свою продукцию, сами решать вопросы закупок и сбыта. Временно под контролем остались цены на некоторые сельхозпродукты, на топливо и жилищные услуги. Это означало конец политике безрыночного обмена, начатой ленинским декретом 21 ноября 1918 г. и усиленной при Сталине. В результате полки магазинов в течение двух недель наполнились товарами, исчезли очереди. Но поскольку товаров было немного, а денег много, цены подскочили: в три раза за один только январь. Это быстро исчерпало покупательную способность населения. Вместо очередей появилась их противоположность: у магазинов и остановок общественного транспорта выстроились шеренги граждан (преимущественно гражданок), стремящихся продать с рук у кого что было: от овощей до нижнего белья. Быстро исчерпав свои сбережения, многие люди чувствовали себя ограбленными. Впрочем, «трудовые сбережения» были давно проедены коммунистическим режимом, суммы, написанные в сберкнижках, — не обеспечены ценностями. Но людям это не объяснялось советской властью.

Упразднив свою монополию на внешнюю торговлю, правительство широко открыло двери ввозу заграничных товаров: продуктов, одежды, инструмента, бытовой техники и электроники, автомобилей. Со второй половины 1992 г. появилось множество «челноков»: мужчин и женщин, ездящих в Турцию, Грецию, Китай, чтобы везти оттуда огромные клетчатые сумки, полные ширпотреба. А в порядке оптовой торговли через Белоруссию, Прибалтику и Украину ползли с Запада колонны грузовиков.

Наплыв импорта в 1992 г. впервые за 75 лет снял вопрос дефицита товаров в стране. Но он на 5—6 лет отсрочил развитие отечественного производства, которое тогда не в силах было состязаться с импортными товарами. И он же способствовал накоплению богатства в руках небольшого числа оптовых торговцев. Опасаясь голода, правительство выделило крупные суммы на ввоз продуктов. Импортеры платили всего один процент действовавшего обменного курса, покупая у государства валюту на ввоз продовольствия, а правительство финансировало эту субсидию за счет западных товарных кредитов. Ввезенные продукты продавались населению по рыночным ценам, так что субсидия шла по большей части в карман торговцам. В 1993 г. новый министр финансов Борис Федоров отменил импортные субсидии. Но они стали только одним из источников непомерного обогащения немногих.

Другим источником стали льготные промышленные кредиты. Старые советские предприятия повсеместно терпели убытки, и чтобы они не закрылись, им выделяли кредиты. Деньги оседали в новообразованных банках, которые их быстро «прокручивали». Только годовой уровень инфляции в 1992 г. составил 2500%, потому деньги можно было давать в рост по значительно более высокой ставке, а государству за них надо было платить всего 10—25% в год. Банки процветали, высокая инфляция отвлекала средства из реального хозяйства на всякого рода финансовые махинации.

Третьим источником непомерного обогащения в начале 1990-х гг. стал экспорт энергоносителей и металлов. Опять же в интересах якобы заботы о потребителе, введение свободных цен в январе 1992 г. не коснулось этой отрасли. Цены на энергию и сырые материалы на внутреннем рынке России удерживались на уровне, в десятки раз более низком, чем мировые цены. Тот, кто обладал нужными связями или при помощи взятки получал экспортную лицензию, мог продавать их за рубежом по мировым ценам, получая огромные барыши. Только после 1995 г. внутренние цены на нефть стали приближаться к мировым.

При подлинно свободном рынке ни одного из этих трех источников обогащения не существовало бы, но вся система экономической реформы была сконструирована так, чтобы позволить немногим «своим», имеющим доступ к власти, быстро сосредоточить в своих руках огромные деньги как раз на изъятиях из рыночной экономики. А эти изъятия (которые в народе получили простое название — «доступ к трубе») находились под контролем администрации Президента и его представителей на местах.

Владельцы новых богатств не видели возможности надежно вложить эти деньги у себя дома — широкого поля собственности и, соответственно, мест вложения капитала без возвращения отобранных большевиками имуществ в России создать не удалось. Новые богатые предпочли держать деньги за границей (в виде недвижимости, акций или банковских вкладов). С 1992 по 1999 гг. правительство Ельцина с трудом получило от МВФ и Всемирного банка кредитов на 27,4 млрд долларов, в то время как **утечка частного капитала** составляла порядка 15—20 млрд долларов ежегодно.

Но торговля и банковское дело процветали, а в уличном пейзаже коммерческая реклама заменила коммунистические лозунги. Магазины быстро меняли свой облик: ставились охлажденные витрины для колбас и сыров, стеклянные шкафы для замороженных продуктов; исчезали отдельные кассы (продавцы принимали деньги), да и сами продавцы становились более приветливыми и услужливыми. Через несколько лет магазины не только крупных, но и районных городов уже ничем не отличались от западноевропейских.

Тем временем значительная часть населения беднела. Старым советским предприятиям нечего было делать на новом рынке — никто, например, не желал покупать советские телевизоры. А оборонный заказ правительство сократило на 68%. Переход на гражданское производство (конверсия) шел вяло, и гигантский военно-промышленный комплекс сидел без денег. Крайне обеднело и само государство: старая система, основанная на налоге с оборота предприятий, уходила в прошлое, а новая не была налажена. Доверия к государству не было, люди налоги платить не хотели, большинство государственных доходов поступало от небольшого числа крупных, доходных предприятий. Государственные служащие, не имевшие возможности брать взятки, не говоря уже о пенсионерах, очутились в крайне трудном положении. По оценкам, более половины населения оказалось за чертой бедности, которую тогда определяли как доход на человека ниже 50 долларов в месяц.

Экономическая либерализация и стремительный переход к «дикому», неуправляемому капитализму привели к распаду старой экономики и складыванию на ее руинах новой. Десятки миллионов людей были вынуждены искать новую работу, овладеть новыми навыками и профессиями. В то же время ряд важнейших социальных групп общества, среди них сфера военно-технических исследований, а также образования, гуманитарные и фундаментальные науки, оказались под угрозой тотальной деградации — в связи с отменой громадных государственных дотаций. Та самая «интеллигенция», которая составляла самый активный и организованный отряд, поддержавший реформы Горбачева, а затем и радикальный курс десоветизации, взятый Ельциным, оказалась перед перспективой исчезновения. Сотни тысяч ученых начали уезжать на Запад или подыскивать возможность для трудоустройства в западных странах. Писатель Даниил Гранин писал в газете «Известия» 19 декабря 1991 г.: «Я не вижу права их удерживать. Хотя в современных условиях интеллект обеспечивает прогресс, наша разрушенная экономика вряд ли сумеет его востребовать... Найдем ли мы сейчас пути сохранения интеллекта? Утраты трудно будет восстановить. Мы это уже проходили... Боюсь, что интеллигенцию в том понимании, которое дали наша история и литература, мы можем растерять». В той же газете 10 марта 1992 г. академик Борис Раушенбах писал: «Государство практически перестало финансировать науку и культуру... Ученым нужны не только зарплата, но и лаборатории, опытные установки, приборы, реактивы. Фундаментальная наука страдает больше всех. Сотрудники бегут на Запад за возможностью реализовать себя». Он продолжал: «Если российское правительство бросило науку и культуру на произвол судьбы, значит надо спасать их всем миром, пока не поздно. В первую очередь здесь многое могут сделать коммерческие структуры. Наш фонд «Культурная инициатива» (учредители: отечественные фонды мира и культуры совместно с американским фондом Сороса) пока сражается в одиночку... На 1992 г. ни РАН, ни университеты не получили ни цента на иностранные научные журналы. Это — катастрофа! Обратились к Соросу. Он выделил 100 тысяч долларов. Отобрали для подписки 162 журнала — по одному экземпляру».

Когда-нибудь отечественные историки смогу взвешенно, со статистикой на руках, оценить деятельность Фонда Сороса, Карнеги, Макартура, Аденауэра и других западных фондов (а также многочисленных религиозно-благотворительных обществ) в России и других республиках бывшего СССР в 1992—1995 гг. Очевидно, что каждый из этих фондов имел свою программу и свои идеологические установки и рассматривал обнищавшую, разваленную Россию как полигон для их отработки. Фонд Сороса, в частности, пытался за счет своих грантов и программ создать на обломках советских средних слоев некое подобие «открытого общества», сконструированного в трудах западных теоретиков — Толкотта Парсонса и др. Параллельно он попытался участвовать в приватизации российской экономики, конкурируя с российскими олигархами. По прошествии многих лет программы западных благотворителей выглядят по меньшей мере утопическими. В то же время можно предположить, что без грантов и других видов помощи (компьютеры, литература, оплата поездок на конференции в России и за рубеж) удар «шоковой терапии» по российской науке и культуре было бы гораздо сильнее, и «утечка мозгов» на Запад превратилась бы в повальное бегство ради простого выживания (о научной работе уже и не говорим) себя и своих детей. Один Сорос потратил в России около 100 миллионов долларов. Десятки тысяч ученых получили разовые гранты в несколько сотен долларов, которые в тот момент спасли их от голода. Программы фонда Сороса помогли выжить Новосибирскому академгородку, центральным библиотекам и музеям, позволили тысячам российских физиков (в том числе ядерщикам) не уйти из науки (в том числе и на службу криминализированному бизнесу).

Призрак массовой безработицы витал над страной, но он не воплотился в жизнь. Реальная безработица не поднялась существенно выше 10%. Стихийно родилось решение, совершенно небывалое в мировой практике: рабочим переставали платить зарплату, а они продолжали числиться на работе и даже приходить на рабочие места. Сказывалась «закалка социализмом» в течение трех поколений. Люди выживали благодаря садово-огородным и дачным участкам, где можно было растить собственную картошку, благодаря родственникам на селе и случайным приработкам в городе. Но **кризис неплатежей** не ограничился работниками, он охватил и предприятия и надолго сделался серьезной хозяйственной помехой. Нехватку денег возмещал обмен натурой — бартер.

Современный рынок требует опоры на целый ряд институций: на банки и законодательство, регулирующее их работу, на биржи, где складываются цены; страховые компании, которые защищают от рисков, юридические конторы, которые подготовляют решение спорных вопросов через суд, действующая судебная система, способная взыскивать долги, развитая система законодательства, в частности по процедуре банкротства и по защите прав потребителей. Ничего этого в России не было с Гражданской войны, все постепенно и хаотично создавалось. Так, в первые же дни 1992 г. возникло много товарно-сырьевых бирж, где устанавливались рыночные цены. Позже их сменила нормальная оптовая торговля, а биржи сосредоточились на ценных бумагах.

Неспособность судов обеспечить исполнение договоров вела к самосуду и убийству неплательщиков, а неспособность милиции защитить предпринимателей — к созданию мафиозных группировок, которые брались обеспечить своим клиентам «крышу». Эти группировки часто сами занимались вымогательством — принято считать, что «крыша» стоила предприятию около $1/10$ его доходов. Расплодилось и множество вполне законных частных охранных фирм, в них заняты были десятки тысяч человек, ушедшие из армии, МВД и КГБ, где тоже платили теперь гроши.

Коммерческие дела тесно сплелись с уголовными. Новый класс предпринимателей был политически и социально крайне пестрым: там можно было найти всех: от «демократов» до коммунистов и от отставных чекистов до уголовников. Поскольку в советское время предпринимательство было уголовно наказуемо, многие «цеховики» тех лет познакомились в заключении с воровским миром и с ним сблизились. Постепенно все же отстраивалась рыночная инфраструктура: биржи, валютный рынок, банковская система, регулирование которой совершенствовалось. Широко известным провалом в этой области стало возникновение в 1992—1993 гг. финансовых **«пирамид»** — операций по вкладам, обещавшим неимоверно высокую прибыль, которая выплачивалась из денег, взятых взаймы. Острая инфляция делала это возможным. Когда инфляция пошла на убыль, пирамиды («Властелина», «МММ» — «У МММ нет проблем» и другие) рухнули. Множество «обманутых вкладчиков» во второй раз (после потери советских сбережений) разочаровались в политике реформ. Государство не потрудилось предупредить вкладчиков, что такое пирамиды и почему в них деньги вкладывать не надо. Это упущение было не единственным: правительство вообще не очень стремилось объяснять обществу свои действия.

Главнейшая опора рыночного хозяйства — это государственный механизм бюджетной и денежной политики. Его тоже надо было создавать заново, в труднейших политических условиях, когда все требования обнищавшего народа потворствуют, а не противодействуют инфляции.

В принципе бюджетная политика (то, как государство расходует деньги) должна быть строго отделена от кредитно-денежной (того, как государство деньги создает), иначе инфляция обеспечена. Только в СССР этот принцип не действовал, так как деньги самостоятельной силы не имели; и выпуск, и трату денег определял план. Эту систему унаследовала послесоветская Россия с двумя важными изменениями: никакой план более не ограничивал Центральный банк в выпуске или расходовании денег, а сам банк был подчинен Верховному Совету, который вскоре стал в оппозицию правительству. В Верховном Совете возобладали интересы «красных директоров», которые «выбивали» своим предприятиям дешевые кредиты, тем самым раздувая инфляцию. Деньги в бюджет выделялись Центральным банком напрямую и лишь позже стали выдаваться взаймы.

Помимо субсидий промышленности важным источником инфляции стали соседи России — бывшие советские республики. Хотя печатать наличные советские рубли мог только Центробанк России, 14 других центральных банков могли выдавать безналичные рублевые кредиты, что бесконтрольно ускоряло инфляцию. Значительная доля валового внутреннего продукта России в 1992 г. утекла в бывшие союзные республики — за исключением прибалтийских, которые поспешили ввести свои валюты. Единое рублевое пространство было полезно для сохранения торговых связей, но оно (как и планировавшаяся тогда единая европейская валюта) требовало единого центрального банка, на что бывшие союзные республики не соглашались.

Только **в конце июля 1993 г. советские рубли были объявлены недействительными** и заменены российскими. Это помогло укрепить рубль, но больно ударило по предприятиям, у которых поставщики или потребители находились в других странах бывшего СССР. Наспех созданные там новые валюты подверглись взрыву беспорядочной инфляции. Взаиморасчеты с этими странами стали налаживаться не скоро. Разрыв старых хозяйственных связей ускорил общий спад производства.

Все три радикальные реформы — либерализация внутренней и внешней торговли, свободное ценообразование, массовая приватизация — в своей основе были воплощены в жизнь в течение одного «гайдаровского» года, а в последующий период, вплоть до ухода Ельцина в отставку в 1999 г., развивались с некоторыми только изредка важными корректировками, не менявшими сути дела.

Среди позитивных следствий главным стало создание полнокровного рынка и реанимация российской экономической жизни. Российская экономика, находившаяся в 1991 году в состоянии коллапса, свидетельствовавшая о себе пустыми полками магазинов и реально обозначившая для российских масс угрозу голода, преодолела товарный дефицит в течение одного года. В последующие годы наполнение товарами стремительно расширявшейся сети магазинов привело к товарному изобилию, российская розничная торговля по ассортименту товаров практически перестала отличаться от западной, и уже не покупатели «охотились» за продуктами питания, одеждой, мебелью, электротоварами, а торговые фирмы боролись за покупателей, привлекая их к себе разнообразными средствами.

Вторым позитивным следствием явилось преодоление экономической автаркии, все более активное вхождение в мировое экономическое сообщество. Введение внутренней конвертируемости рубля сделало российский рынок привлекательным для мировой экономики, зарубежные товары потекли в Россию. Российские товаропроизводители, со своей стороны, резко повысили активность на мировом рынке. Правда, ими стали почти исключительно производители и поставщики нефти, газа, металлов, леса, которые только и были конкурентоспособны на мировом рынке. Но их успехи стали важным фактором утверждения рыночных отношений в российской экономике. Есть масса примеров в странах третьего мира, когда успехи сырьевых монополий не стимулируют рост экономики в целом. Россия испытала нечто подобное до дефолта 1998 г.

К позитивным изменениям можно отнести возникновение слоя бизнесменов, складывание нового среднего класса, включающего представителей разнообразных профессий с предпринимательским сознанием. Среди структурных общественных изменений очень заметным явилось резкое расширение сферы услуг, в которой теперь было занято не менее трети трудоспособного населения.

Среди отрицательных следствий радикальных реформ одним из главных было резкое падение промышленного производства, деиндустриализация и вхождение России в мировую экономику в качестве ее топливно-сырьевого придатка. Спад производства также произошел в большинстве отраслей легкой и пищевой промышленности и в сельском хозяйстве. С 1991 по 1999 г. сокращение валового внутреннего продукта (ВВП) составило 40%, а спад промышленного производства около 55%. Но вместе с тем, как ни парадоксально, при таком экономическом спаде в послесоветской России на смену тотальному товарному дефициту коммунистического времени пришло полное товарное насыщение, в чем-то и перенасыщение, а безработица не приобрела катастрофических размеров (ее максимальная цифра составляла в ельцинский период 12%, то есть в четыре раза меньше спада производства).

Двумя важными объяснениями полнокровного товарного насыщения является, с одной стороны, свободный ввоз в постсоветскую Россию иностранных товаров и продовольствия, а с другой стороны, низкая покупательная способность социальных слоев, составляющих большинство населения. Реформы «съели» старый советский средний класс. Его представители большей частью погрузились в нищету.

Еще одно очень важное объяснение заключается в том, что советская экономика, в отличие и от досоветской, и послесоветской, носила ярко выраженный антипотребительский характер. Так, если Россия в 1913 г. по индикатору подушевого потребления отставала от стран Запада примерно в 3,5 раза, то для СССР в 1990 г. это отставание составляло уже 6 раз. Львиную долю в советском ВВП составляло военное производство. Еще большую часть составлял так называемый омертвленный капитал (незавершенное строительство, неиспользуемое оборудование и т. д.). И именно эти составляющие и сократились в первую очередь в постсоветской рыночной экономике, сориентированной на максимально быструю реализацию товарной продукции и извлечение прибыли. А высвобождаемое в результате упадка нерентабельных отраслей трудовое население в значительной мере переместилось в сферы, созданные рыночной экономикой, — торговли и услуг.

К негативным сторонам радикальных экономических реформ относится возникновение резких социальных контрастов, разделение общества на богатое и сверхбогатое меньшинство и малоимущее и бедное большинство, складывание капитализма номенклатурно-олигархического типа. Важным механизмом подобной трансформации российского общества явилась массовая приватизация 1992 г.

6.1.2. Приватизация «общенародной» собственности

Впервые со времен НЭПа частные предприятия появились в СССР в 1988 г. Были разрешены так называемые кооперативы, арендующие у государственных предприятий производственные площади и оборудование. В это же время стали возникать частные банки, управлявшие средствами кооперативов, а также мелкие предприятия типа закусочных. В пределах РСФСР 25 декабря 1990 г. был принят Закон о предприятиях, допускавший разные формы предпринимательской деятельности, в том числе акционерные общества. Ликвидация учреждений правительства Союза ССР в 1991 г. вызвала волну стихийной приватизации: директора переоформляли различные учреждения как частные объединения и концерны.

> В программной речи 28 октября 1991 г. Б.Н. Ельцин отметил:
> «Мы недопустимо долго обсуждали, необходима ли частная собственность. Тем временем партийно-государственная элита активно занималась личной приватизацией. Их размах, предприимчивость и лицемерие поразительны. Приватизация в России идет уже длительное время, но неупорядоченно, спонтанно, часто на криминальной основе. Сегодня необходимо перехватить инициативу, и мы намерены это сделать».

Спорным в деле приватизации был, в частности, вопрос, продавать ли предприятия в частные руки или раздавать их паи даром. Аргументами против продажи за деньги служило то, что в Венгрии и Польше она шла очень вяло, как и то, что в России люди с деньгами, будь то старая номенклатура или «новые русские», популярностью не пользовались. Противников приватизации было предостаточно, и ее сторонникам надо было искать поддержку среди тех, кто был материально заинтересован в ее исходе: среди работников и директоров предприятий.

Верховный Совет 3 июля 1992 г. принял предложенные министром экономики Е.Ф. Сабуровым компромиссные законы о приватизации и о бесплатных приватизационных чеках («ваучерах»), следовавшие чешскому опыту. Законы давали значительные поблажки как работникам, так и директорам предприятий. Причем среди подлежавших передаче в частные руки предприятий были не только построенные при советской власти, но и какая-то доля тех, что Ленин в 1918 г. отобрал у законных владельцев. Вопрос о правах этих владельцев даже не возникал. Не возникал и вопрос компенсации бесплатного труда заключенных, вложенного в ряд прибыльных предприятий, ни о компенсации имущества раскулаченных крестьян.

Стояла задача: провести приватизацию как можно быстрее, чтобы предотвратить «возврат к социализму». Спешка объяснялась и тем, что сложившаяся после 1988 г. «смешанная экономика» — где прибыль течет в частные карманы, а убытки должно нести государство — долго существовать не могла. Масштаб задачи был небывалым. Ее выполнение было поручено Госкомимуществу, которое на правах министра возглавил Анатолий Чубайс. Подчиненные ему комитеты по управлению имуществом были образованы во всех 87 регионах России и в крупных городах. Ход приватизации можно разделить на пять частично перекрывающихся этапов.

1. Приватизация жилища началась в заметных масштабах в октябре 1991 г. и заключалась в том, что жильцы квартиры могли практически бесплатно зарегистрировать ее на себя как частную собственность, со всеми вытекающими правами: продажи, сдачи в аренду, залога, дарения и завещания. Приватизация квартир вызвала радужные надежды на то, что Россия сможет стать первой страной, где почти 100% семей будет владеть собственным жилищем (в СССР им владело около 14%, в США — 68%). На самом деле люди привыкали к владению квартирой медленно. После приватизации 2,6 млн квартир в 1992 г. и 5,8 млн в 1993 г. интерес упал, и всего за 15 лет, к концу 2005 г., было приватизировано 23,7 млн квартир, или 63% от общего числа подлежавших приватизации. С возникновением рынка недвижимости быстро возникла и новая отрасль — агентств по торговле недвижимостью.

2. Малая приватизация состояла в передаче частным лицам мелких предприятий — магазинов, ресторанов и мастерских. Они продавались с торгов, а чаще сдавались в аренду работникам с правом позднейшего выкупа. Работникам при этом давалось предпочтение перед посторонними лицами. Доход от продажи шел местным властям. К сентябрю 1994 г. было приватизировано 106 тысяч мелких предприятий, более 83% от общего числа. Малая приватизация прошла быстро и положила основу успешному развитию розничной торговли. Правда, приватизированы были только сами фирмы; приватизация помещений, где они находились, шла отдельно.

3. Так называемая **массовая приватизация** касалась 25 тысяч средних и крупных предприятий в 10 отраслях, определенных законом. Предприятие сперва оформляло себя как акционерное общество. Затем собрание трудового коллектива решало, какому из трех вариантов приватизации следовать. По первому варианту 25% акций отдавались работникам предприятия бесплатно, по второму они могли выкупить 51% акций на льготных условиях, а третий предусматривал выкуп акций директорами. Огромное большинство предпочло второй вариант. Акции, поступавшие в продажу, продавались не за деньги, а за ваучеры. Каждый российский гражданин получил по ваучеру. Чтобы выяснить цену акций предприятия в ваучерах, проводились **ваучерные аукционы**. Доступ на них был широко открыт, и видную роль там играли ваучерные фонды, скупавшие ваучеры у населения за рубли. Это давало возможность концентрировать пакеты акций, чтобы влиять на дирекцию предприятия. Когда не менее 29% акций предприятия было продано на аукционе за ваучеры, оно считалось приватизированным. Всего было 16 462 таких предприятия.

Население к ваучерам отнеслось по-разному: 13% отдали их даром, 26% продали за деньги, но 30% вложили их в ваучерные фонды, а 14% — в акции предприятий. На Западе владельцы акций составляют меньшую часть населения. По данным на 1990 г., их больше всего в Швеции — 28%, затем в Норвегии и США — 23%. Тем не менее ваучерная приватизация вызвала было мечты если не о «народном капитализме», то хотя бы о «новом среднем классе». В них пришлось разочароваться, так как по принятым Верховным Советом правилам приватизации держатели ваучеров получили лишь небольшую долю приватизируемого имущества, а рыночная цена ваучера оказалась невелика. Один из руководителей процесса приватизации М.В. Бойко отметил, что ваучерные аукционы оценили всю промышленность России примерно в 5 млрд долларов, что равно стоимости одного крупного американского предприятия. Главной причиной такой низкой оценки он счел неуверенность акционеров в том, какая доля прибыли им достанется после того, как ее между собой поделят директора предприятий, работники и государство.

И действительно, народного капитализма не было создано. Подавляющее большинство россиян, не зная, как самим распорядиться ваучерами, передали их в чековые инвестиционные фонды (ЧИФы), которые обязывались вкладывать их с выгодой в приватизируемые предприятия. Однако большинство из двух тысяч ЧИФов, аккумулировавших львиную долю ваучеров, в течение одного-двух лет бесследно исчезли, немало обогатив их руководство (по запоздалой оценке Чубайса, «неквалифицированное, а то и просто полууголовное»). Большая часть рядовых акционеров на предприятиях также достаточно быстро распростилась с государственными «дарениями»: акции в результате манипуляций, махинаций и нажима перекочевали в руки руководства и его окружения. Большинство россиян (около 60%) остались в итоге и без ваучеров, и без акций, а большинство из тех, кто сохранил акции, как засвидетельствовали социологические опросы, являлись работниками нерентабельных предприятий и не получали дивидендов.

4,5. Денежная приватизация и **залоговые аукционы.** Массовая приватизация имела тот недостаток, что после акционирования состав руководства и работников предприятий оставался прежним, советским. А предприятиям требовался прежде всего **хозяин,** который по-новому организует работу. Им мог стать человек, который в предприятие вложит собственные деньги. Правительству деньги были нужны; в 1994 г. оно от дальнейших выпусков ваучеров отказалось и перешло к денежной приватизации на основе **инвестиционных конкурсов.** Планы капитальных вложений по ним представляло старое советское начальство, которое очень удивилось, когда от него потребовали коммерческого обоснования этих планов. Только 2% предложений были признаны коммерчески выгодными. В 1995 г. денежная приватизация приняла необычную форму **залоговых аукционов** (см. **6.1.6**).

Итоги приватизации отражает доля занятых в негосударственных предприятиях по годам:

1990	17,4%
1995	57,8%
2000	62,2%
2005	66,3%

Важный рубеж был перейден в марте 1994 г., когда Анатолий Чубайс сказал: «Я счастлив объявить официально, что обещанный развал не произошел и больше не может произойти. Более половины нашего валового национального продукта производится вне государственного сектора».

В **банкротстве** многие экономисты видели не только очень желательное средство передачи собственности более эффективным владельцам вообще, но, в частности, и средство приватизации. В России оно было крайне непопулярно, и число банкротств стало значительным только после законодательства 1998 г. С другой стороны, в результате введения частной собственности на предприятия в России стихийно и очень энергично развился **рынок ценных бумаг**.

Приватизация, как она была провозглашена официально, могла состояться при наличии целого ряда условий — рациональной, обладающей прочными морально-нравственными устоями бюрократии; сильного правового государства, уравновешивающего и обслуживающего по закону граждан; развитого гражданского общества, контролирующего деятельность государства и бюрократии; наличия у граждан примерно равных стартовых возможностей и предпринимательских способностей. Поскольку ни одного из этих условий в российском обществе не существовало, на практике не осуществилось ни демократической приватизации, ни демократического капитализма.

Владельцами госсобственности стали государственные чиновники, в первую очередь высшего звена, «красные директора», отечественные и зарубежные финансовые корпорации и просто ловкие финансовые спекулянты, криминально-теневые структуры. Они сумели не только «вытянуть» ваучеры и акции у рядовых граждан, но и обеспечить доступ к самым прибыльным отраслям. Среди тех, кто в наибольшей степени выиграл от российской приватизации, были и политики, вошедшие во власть на волне «бархатной революции» 1991 г.

Сразу после августа 1991 г. стали множиться факты, свидетельствовавшие, что люди, которые активно боролись со старым режимом под лозунгами уничтожения всех и всяческих привилегий, критиковавшие разрыв между словом и делом у советско-коммунистической номенклатуры, укрепившись у власти, стали с поразительным цинизмом распоряжаться государственной собственностью, приватизируя ее для себя, своих родственников, в своих интересах. Еще большую часть новой бизнес-элиты, около 60%, составила бывшая советская номенклатура, занявшая выгодные стратегические позиции в экономике еще во времена Горбачева. Егор Гайдар, осмысливая после отставки характер приватизации, должен был признать, что ее главным компонентом явился «обмен номенклатурной власти на собственность». Но реформатор считал, что в российских условиях это был «единственный путь мирного реформирования общества, мирной эволюции государства».

Однако совершенно очевидно, что на волне народного массового возмущения коммунистическим режимом, приведшей Ельцина и его команду к власти, никакого силового сопротивления, никакой гражданской войны номенклатура развязать не смогла. Речь в приватизации шла совсем не о войне и мире, а о том, кому владеть богатствами России, ее производительными силами. Этот вопрос новая власть, отстранив народ от влияния на политику, разрешила в свою пользу.

Литература

А. Ослунд. Россия: рождение рыночной экономики. М.: Республика, 1996.

Питер Реддавей и *Дмитрий Глинский*. Трагедия российских реформ. Рыночный большевизм против демократии. Вашингтон, 2001.

6.1.3. Восстановление системы правосудия

В июне 1990 г., сразу же после выборов народных депутатов РСФСР, по инициативе депутата Б.А. Золотухина в составе Комитета Верховного Совета по законодательству образовался подкомитет по судебной реформе, к работе которого были привлечены видные юристы, исповедовавшие реформаторские взгляды: С.Е. Вицин, А.М. Ларин, И.Б. Михайловская, Т.Г. Морщакова, И.Л. Петрухин, Ю.И. Стецовский и др. Именно там и родился первый официальный программный документ в сфере государственного строительства — *Концепция судебной реформы*. 21 октября 1991 г. Президент Ельцин внес ее на рассмотрение Верховного совета РСФСР, а уже 24 октября 1991 г. Концепция была одобрена.

По радикализму предлагаемых мер Концепция 1991 г. не уступала судебной реформе 1864 г., проведенной в России Императором Александром II. Да и по содержанию между этими реформами есть много общего, поскольку Концепция обращается к отечественному (до 1917 г.) опыту. Поэтому фактически речь шла о воссоздании системы правосудия. Хотя речь в этом документе шла не только о судах, но и о реформе всей системы юстиции, включая прокуратуру и полицейские службы.

Цель, поставленная в Концепции, — создание надежного механизма правовой защиты человека от государственного произвола. Достижению такой цели должно было служить решение шести крупных задач:

1. *Создание системы всеохватного судебного контроля* (в том числе подконтрольность суду действий дознавателей, следователей и прокуроров).

2. *Доступность правосудия и юридической помощи* (в том числе территориальная близость и удобство режима работы судов; введение института мировых судей).

3. *Независимость судей как залог их объективности* (в том числе пожизненное назначение судей на должность и их несменяемость; высокая оплата судейского труда и высокий уровень социальных гарантий судей; лишение председателей судов административных полномочий в отношении судей; образование судебных округов и судебных участков с границами, не совпадающими с административно-территориальным делением).

4. *Гарантии состязательности судебного процесса и равноправия сторон* (в том числе введение суда присяжных; твердые процессуальные гарантии обвиняемых и подсудимых, ответственность должностных лиц за их нарушение; ликвидация всех остатков обвинительной функции суда; укоренение роли прокурора в процессе лишь как одной из сторон, а не как «государева ока», надзирающего за судьями).

5. *Изменение правового сознания судейского корпуса* (в том числе понимание судьями, что они творцы правосудия, а не помощники государства; что при рассмотрении дела судья не является ступенью в бюрократической системе).

6. *Изменение образа полицейской деятельности* (в том числе переориентация этих органов на защиту граждан и в целом правового порядка от незаконных посягательств).

На фоне того, что большевицкая судебная система являлась частью общей репрессивной системы тоталитарного СССР, меры, предусмотренные Концепцией, представляли собою самую настоящую «революцию в праве». Законодательно были полностью обновлены правовой статус судей, судебный процесс (гражданский и уголовный), в меньшей степени судоустройство, введено конституционное и арбитражное правосудие, в России вновь появились институты присяжных заседателей и мировых судей. В 1997 г., в связи со вступлением России в Совет Европы, был установлен мораторий на смертную казнь.

С формальной точки зрения современные российские процессуальные кодексы соответствуют международным стандартам судопроизводства, хотя и подвергаются излишне частым изменениям. Впервые учрежденные в 1991 г. арбитражные суды были призваны разрешать споры между участниками хозяйственной деятельности — юридическими лицами и частными предпринимателями. Нужно было создать суды, которые могли бы быстро и квалифицированно разрешать самые сложные, возникающие в условиях новых рыночных отношений дела — например, о банкротстве, налоговые споры, дела в области защиты конкуренции и т. д. В целом арбитражные суды показали себя достаточно эффективными, уровень компетентности судей в них существенно выше, чем в судах общей юрисдикции.

Однако в реальности «революции» не произошло. Нельзя сказать, что страна обрела сильную, подлинно независимую судебную власть, которая бы сумела обеспечить реальность конституционных положений, определенных Конституцией 1993 г. и гласящих, что высшей ценностью является человек, его права и свободы (ст. 2), что права и свободы человека и гражданина определяют смысл, содержание и применение законов, деятельность законодательной и исполнительной власти, местного самоуправления и обеспечиваются правосудием (ст. 18). Причиной тому — половинчатость, незавершенность, а в некоторых случаях и искажение мер, предусмотренных в Концепции судебной реформы.

Определяющим фактором неудачи судебной реформы стал неверный выбор стратегических приоритетов. Новые «элиты», чье сознание еще было пропитано большевицкими стереотипами, не придали значения правовым инструментам социальных и экономических преобразований. А именно эти инструменты помогли бы существенно смягчить болезненность других реформ. Но такая связь политической властью не осознавалась, что особенно ярко выразилось в структуре расходов государственных бюджетов, принимавшихся в 1990-е гг. Судебная система долгое время сидела «на голодном финансовом пайке». В середине 1990-х гг. в администрацию Президента РФ шли панические телеграммы от председателей судов разного уровня, в которых сообщалось, что судопроизводство останавливается, так как нет денег даже на вызов свидетелей в суд. Показателем политического небрежения судебной властью стало также отсутствие настойчивости в выполнении распоряжения Президента Ельцина от 3 сентября 1991 г., согласно которому судам должны были быть переданы здания соответствующих территориальных органов КПСС (райкомов, горкомов, обкомов). Эти здания мгновенно заняли и уже не освободили главы территориальных администраций, которые, кстати, зачастую были бывшими первыми секретарями партийных комитетов.

Дело, однако, не только в материально-финансовом обеспечении судов. В годы президентства Владимира Путина зарплаты судей были существенно повышены. По данным Судебного департамента при Верховном суде, средняя зарплата федеральных судей в феврале 2006 г. составляла 56 700 рублей (для сравнения, средняя заработная плата по России в 2006 г., по данным Росстата, составила 10 727 рублей). Беда в том, что судьи и при прежних низких зарплатах, и при нынешних высоких ощущали себя не столько служителями права, сколько государственными чиновниками. Сказалось психологическое наследие советской эпохи. К тому же политическая бюрократия, существенно улучшив финансовое обеспечение судебной власти на фоне общего роста государственных доходов, фактически «задушила ее в своих объятиях». Не единственным, но весьма значимым рычагом здесь стали законодательные поправки 2001 г., усилившие зависимость судов от бюрократии, главным образом посредством системы назначения и переназначения председателей судов.

Россия с огромным трудом становится ныне правовым государством, то есть государством, жизнь которого определяется принятыми им правовыми нормами, а не «телефонным правом» и вообще произволом властей. Даже через полтора десятка лет после Августовской революции заявления некоторых политических или общественных деятелей относительно тех или иных государственных проблем создают впечатление, что Россия находится в каком-то безвоздушном пространстве, а не в правовом контексте, где есть Конституция прямого действия, законы, международные соглашения, Декларации, решения Страсбургского суда и т. д. Россия добровольно обязалась соблюдать все эти положения. Если Россия не согласна с некоторыми из них, она может от них официально отказаться, но это повлечет соответствующие — иногда очень серьезные — последствия. Формальное же соблюдение этих положений, при одновременном сознательном их нарушении или выборочном применении, не может не подрывать всю судебную систему, да и все государство, которое, по словам Солженицына, останется тогда «пиратским государством под демократическим флагом».

И в обществе в целом, и в его ведущем слое крепнет убеждение, что без влиятельной и авторитетной судебной власти нормальное развитие страны невозможно. Создание независимого правосудия становится ныне приоритетной задачей российской политики.

Литература

Судебная власть / Под ред. И.Л. Петрухина. М., 2003.

Питер Соломон. Состояние судебной реформы в современной России // Конституционное право: Восточно-европейское обозрение. 1999. № 2 (27).

М.А. Краснов, Е.А. Мишина. Открытые глаза российской Фемиды / Под общ. ред. Т.Г. Морщаковой. М.: Фонд «Либеральная миссия», 2007.

Эпоха Ельцина. М.: Вагриус, 2001.

6.1.4. Кризис 1993 г. и разгон Советов. Новая конституция 12 декабря 1993 г.

Августовская революция и последовавшие за ней радикальные реформы вызвали к жизни широкую политическую оппозицию. Во главе нее выступила законодательная власть в лице Верховного Совета и Съезда народных депутатов РСФСР. В предшествующие полтора года в деятельности Верховного Совета и Съезда главными были вопросы борьбы за суверенитет России, введение поста Президента, ограничение влияния КПСС. При такой повестке большинство депутатов поддерживали Ельцина. К концу 1991 г. все эти вопросы были решены, и теперь на главное место в повестке законодательной власти выдвинулись вопросы радикальной экономической реформы, а также соотношения прерогатив законодательной и исполнительной власти. В результате большая часть прежних сторонников Ельцина во главе с Председателем Верховного Совета Русланом Хасбулатовым перешла в ряды противников правительства, сомкнувшись с противниками Демократической России 1990—1991 гг. и составив с ними большинство законодательной власти. Голосования на Съезде народных депутатов в 1992 г. показывают, что только 240 депутатов так или иначе поддерживали правительство, около 570 голосовали против радикальных экономических реформ, около 230 занимали промежуточную позицию.

В феврале 1992 г. в оппозицию Президенту встал вице-президент Александр Руцкой, прежде член одной из коммунистических фракций, поддержавших Ельцина, — Демократической партии коммунистов России.

В первые месяцы 1992 г. Гайдару удалось освободить большую часть цен и удержать бюджет без дефицита, но дальнейшая либерализация цен, от которой могли пострадать лобби аграриев и энергетиков, была объявлена «экономическим геноцидом русского народа» и остановлена. А подчиненный Верховному Совету Центробанк стал щедро раздавать кредиты, в том числе бывшим советским республикам, ускоряя тем самым инфляцию.

Чтобы провести через Верховный Совет законы о приватизации, Ельцин пошел на уступки. В мае он ввел в правительство по одному представителю от топливного и военно-промышленного комплексов, согласился на процедуру приватизации, формально дающую преимущества работникам («Фабрики — рабочим!»), а по существу — директорам предприятий. Используя свой личный авторитет, Ельцин добился принятия компромиссного варианта приватизации 3 июля 1992 г. Это был последний акт сотрудничества Верховного Совета с правительством.

Действуя на основании особых полномочий, данных ему Верховным Советом в ноябре 1991 г., Ельцин мог один год издавать имеющие силу закона указы. Но когда срок этих полномочий истек, лобовое столкновение с Верховным Советом стало неизбежным. Депутаты потребовали отставки Гайдара, и 14 декабря 1992 г. 36-летнего Гайдара на посту премьера сменил 54-летний Виктор Степанович Черномырдин, бывший при Горбачеве министром нефтяной и газовой промышленности СССР. После выдвижения Черномырдина и создания фактически коалиционного правительства реформаторов и умеренных антиреформаторов никакой речи о «шоковой терапии» быть не могло.

Ухудшение экономического положения усиливало недовольство правительством. В октябре 1992 г. разноликая оппозиция объединилась во Фронт национального спасения (ФНС). В феврале 1993 г. прошел «восстановительный съезд» Коммунистической партии Российской Федерации (КПРФ). Ее возглавил Геннадий Зюганов, призвавший к борьбе с «антинародным режимом Ельцина» (в прежние времена антикоммунисты называли советский режим антинародным).

Спор с народными депутатами теперь разгорелся не только по вопросу экономической политики, но и по вопросу об основах власти. Верховный Совет и стоявший над ним Съезд народных депутатов считали себя высшей и неограниченной властью в стране. Повторяя все время лозунг октябрьского переворота 1917 г. «Вся власть советам!», они то и дело изменяли старую советскую конституцию РСФСР 1979 г. и, в частности, внесли туда ряд поправок, ограничивающих полномочия Президента. При этом Верховный Совет прочно заблокировал принятие новой Конституции. Президент же опирался на тот факт, что он был единственной свободно избранной народом и потому подлинно законной властью. Отказ от объявления в августе — сентябре 1991 г. коммунистического периода незаконным и, следовательно, от выборов в новое некоммунистическое законодательное собрание (скажем, в V Государственную Думу) теперь завел Россию в тупик — диалог советской власти с президентом-антикоммунистом не мог быть созидательным.

Ельцин видел способ разрешения конфликта между Президентом и Верховным Советом в вынесении принципиальных вопросов российской политики на всенародный референдум. Он был уверен, что, несмотря на жизненные трудности, большинство граждан не желают возвращения в советское вчера. Депутаты наложили вето на проект референдума, пытаясь, как и прежде, опираться на старую конституцию. Тогда 20 марта Президент собственным указом назначил на 25 апреля общенародный референдум о доверии Президенту, а также по вопросу о проекте новой конституции. Депутаты в ответ попытались подвергнуть Президента импичменту (отстранение от власти за злоупотребление ею), но, потерпев неудачу, согласились провести референдум с формулировкой вопросов, утвержденных законодательной ветвью. На голосование были поставлены вопросы о доверии Президенту лично, о доверии его социально-экономической политике, о необходимости досрочных выборов Президента и досрочных выборов народных депутатов. Люди проголосовали «да», «да», «нет», «нет». В голосовании участвовали 64,2% избирателей, из которых 58,7% выразили доверие Президенту, а 53% — его социально-экономической политике. Референдум отклонил идею досрочных перевыборов и Президента, и законодателей. Только 31,7% были за его досрочные выборы и 43,1% за досрочные выборы народных депутатов. При этом «запас прочности» у Ельцина оказался много больше, чем у его оппонентов (за досрочные перевыборы Президента высказалось 34 млн человек, а народных депутатов — 46,2 млн). Казалось, что поддержка Ельцина в сравнении с президентскими выборами 1991 г. даже возросла. Но в действительности она не могла возрасти после шоковой терапии. На исходе референдума сказалась полная политическая прострация народа. А все каналы телевидения вдалбливали избирателям: «ДА — ДА — НЕТ — ДА».

Эти результаты не порадовали оппозицию, и 1 мая она провела в Москве многолюдные манифестации на Садовом кольце. Произошли беспорядки, пожары. Далее масла в огонь подлила публикация несовместимых проектов новой конституции — президентского и советского. Верховный Совет выдвинул и свой инфляционный проект бюджета, который Президент отверг. Ельцин еще в декабре 1992 г. на Съезде народных депутатов заявил, что «с таким Съездом работать невозможно», но терпел его. К роспуску Верховного Совета его призывала Демократическая Россия.

Социально-экономическая и политическая платформа Верховного Совета все более смыкалась с реставрационными требованиями коммунистов и национал-коммунистов. Дальнейшее существование российского государства в рамках сохранявшегося конституционного поля было затруднительно. Любые договоренности между законодательной и исполнительной властями об его изменении были также исключены. Вопрос — вперед в некоммунистическую Россию или назад в СССР — стоял летом 1993 г. очень явственно.

21 сентября 1993 г. Президент подписал **Указ № 1400 «О поэтапной конституционной реформе»**, который отменял съезды народных депутатов и распускал Верховный Совет. Последний обвинялся в том, что он противодействует социально-экономическим реформам, проводит обструкцию политике Президента, стремится взять на себя функции исполнительной власти вместо совета министров, стремится узурпировать и судебную власть, причем сам нарушает свой собственный регламент работы. Президентским указом назначались на 11–12 декабря 1993 г. выборы в ***Государственную Думу***, которая должна была стать вновь, как и в 1906–1917 гг., главным институтом российского парламентаризма. Одновременно должен был состояться всенародный референдум по проекту новой конституции России.

Указ Президента, по его собственному признанию, «вошел в формальное противоречие с действующей Конституцией и резко обострил отношения с Верховным Советом». Но такое противоречие, такой разрыв конституционного преемства был совершенно естественным. Нельзя было выйти из коммунизма, оставаясь в системе созданного коммунистическим режимом закона. Так же, как в коммунизм русское общество было введено через совершение насилия над российским правопорядком, через его разрушение, так и из коммунизма оно могло выйти только через разрушение правопорядка коммунистического. Указ № 1400, при всех оговорках и непоследовательностях, и был тараном, разрушающим советский в основании своем порочный правопорядок.

В ночь с 21 на 22 сентября Конституционный суд признал указ № 1400 не соответствующим Конституции, что дало депутатам Верховного Совета формальное право объявить о прекращении президентских полномочий Ельцина. Той же ночью Александр Руцкой, стоя на трибуне Верховного Совета, принес присягу в качестве исполняющего обязанности Президента РФ. Верховный Совет призвал население к демонстрациям, забастовкам, другим актам неповиновения и попытался создать собственные исполнительные органы. Вокруг Белого дома собралась толпа. Вожди Верховного Совета, Руцкой и Хасбулатов, рассчитывали на то, что активная часть общества, испытав на себе трудности экономической реформы, пойдет за ними, что Ельцин и Демроссия утратили доверие народа. Вновь, как и два года назад, в августе 1991 г., от того, за кем пойдет общество, его политически активное меньшинство, зависела судьба России. Конфликт двух ветвей власти стремительно перерос в силовую фазу. Инициативу силовых действий проявил Верховный Совет. В ночь с 23 на 24 сентября вооруженные сторонники Белого дома, в котором располагался Верховный Совет, предприняли неудачную попытку захватить штаб объединенных вооруженных сил СНГ, в результате чего пролилась первая кровь.

Делались разные попытки мирного решения конфликта. Представители регионов предлагали одновременные перевыборы Президента и народных депутатов. Патриарх Алексий II в Даниловом монастыре вел переговоры с обеими сторонами. Президент предлагал депутатам выйти из Белого дома, мирно разойтись, перешедшим на сторону Президента обещали высокие посты на государственной службе, различные блага. Но большинство депутатов отказалось покинуть здание.

Тогда от Белого дома отключили все бытовые коммуникации — водопровод, электроэнергию, телефонную связь. Вокруг Белого дома были поставлены бетонные ограждения, натянута колючая проволока. Сторонники советской власти устроили несколько демонстраций в центре Москвы под красными флагами, сопровождавшихся драками и пожарами. Многолюдные митинги перед зданием городской управы на Тверской собирали под трехцветными русскими флагами и сторонники Президента.

Около трех часов дня в воскресенье 3 октября от Крымского моста к Белому дому по Садовому кольцу двинулась вооруженная стальными прутьями и камнями многотысячная толпа. Она легко смяла кордоны милиции и ОМОНа и разблокировала здание Верховного Совета. Торжествующий Руслан Хасбулатов с балкона Белого дома, совсем как за два года до того Ельцин, обратился к толпе своих сторонников: «Я призываю наших доблестных воинов привести сейчас сюда войска, танки для того, чтобы взять Кремль с узурпатором... Ельцин сегодня же должен быть посажен в "Матросскую тишину" (следственный изолятор. — *Отв. ред.*), вся его продажная клика должна быть размещена в одиночках». Толпа приветствовала эти призывы ревом согласия. «Над толпой повис, — как вспоминает один из участников тех событий, — один-единственный, повторяемый на десятки ладов возглас: "Оружия, оружия..."»

Тогда в Белом доме, где были собраны значительные запасы оружия, депутаты приняли решение начать вооруженное наступление. Вечером 3 октября вооруженные автоматами, гранатометами, пистолетами сторонники Белого дома, среди которых немало было «гвардейцев» из Приднестровской республики и бывших «афганцев», по призыву Руцкого и генерала Альберта Макашова штурмом взяли близлежащее здание московской мэрии, захватили в плен и избили дежурного вице-премьера Московского правительства Александра Брагинского (это избиение привело к его тяжкой болезни и смерти). Вооруженные формирования Верховного Совета также захватили здание ИТАР-ТАСС, краснопресненское УВД, организовали пулеметные гнезда на чердаках зданий в районе Новинского бульвара и двинулись, под командованием генерала Альберта Макашова, к студиям Центрального телевидения в Останкино. Грузовые машины, мчавшиеся от Белого дома по пустынной Москве в Останкино, были буквально набиты добровольцами, большей частью с огнестрельным оружием в руках. Опытные «афганцы» поучали новичков-добровольцев: «Ребята, если и дадут оружие, то всем его едва ли хватит. Но в бою автоматчика могут убить. Идите следом, только не вплотную, подбирайте. Автомат не должен молчать».

Грузовики пробили стеклянные двери телецентра в Останкино. Нападавшие бросились в здание, но хорошо подготовленные войска спецназа тут же открыли огонь на поражение. Слышались взрывы гранат, пулеметные и автоматные очереди, отрывисто хлопали пистолетные выстрелы. Бой в Останкино продолжался всю ночь с воскресенья на понедельник. Телепередачи были прерваны. Только РТР вещало через передатчик на Шаболовке. Потери среди нападавших были очень велики. В Москве с улиц исчезла милиция. Город был совершенно пуст.

Но армия и войска милицейского спецназа, памятуя недавние прецеденты, не желали участвовать в операциях против гражданских лиц, вмешиваться в разгоравшуюся гражданскую войну, остались верны своему главнокомандующему —

Президенту. Ельцин в эту ночь проявил железную волю — он не дал себя запугать даже перспективой кровопролития. Впрочем, его поддержали и многие москвичи, собравшиеся ночью по призыву Егора Гайдара на митинг на Тверской у здания городской управы (мэрии). Бледный Гайдар по телевизору обещал, что добровольцам будут раздавать на митинге оружие, но оружия раздавать не стали. Митинг прошел вполне мирно — демонстрация поддержки заполнила всю Тверскую улицу от Страстной до Манежной площади.

Утром в понедельник центр Москвы проснулся от грохота винтов десантных вертолетов, низко летевших над домами. По Кутузовскому проспекту к Белому дому подтягивались танки. Указом Президента в Москве было введено чрезвычайное положение. «Населению» Белого дома было предложено сложить оружие. Но защитники Верховного Совета отказались это сделать. В 11:20 утра 4 танка с Новоарбатского моста дали залп по Белому дому. Из окон Белого дома и из ранее подготовленных пулеметных и снайперских гнезд на президентские войска обрушился ответный огонь. Вскоре Белый дом горел, а пулеметные точки были подавлены. Ко второй половине дня 4 октября стрельба прекратилась — отряды спецназа «Альфа» и «Вымпел» проникли в Белый дом и вывели оттуда всех депутатов — целых и невредимых во главе с Александром Руцким и Русланом Хасбулатовым. Многие тут же были арестованы. Руцкой и Хасбулатов были препровождены в одиночные камеры Лефортовского следственного изолятора.

Число жертв этих трагических дней точно не известно, но, по разным подсчетам, погибло от 180 до 1000 человек, в том числе и среди посторонних зрителей и случайных прохожих, много сотен людей были ранены. Антипрезидентская сторона всю ответственность за трагические события возложила на исполнительную власть и персонально на Президента Ельцина. Президентская сторона всю ответственность возложила на Верховный Совет и законодательную власть. Исторический смысл трагических событий в оценке сторонников Президента заключался в крушении системы советов и советской власти, которая после ухода с исторической сцены КПСС оставалась последним оплотом большевицкого строя и главным барьером на пути декоммунизации.

6 октября Ельцин обратился к народу по телевидению и назвал участвовавшие в мятеже организации. В их числе был Фронт национального спасения, входившие в него коммунистическая Трудовая Россия, неонацистское Русское национальное единство. Президент сказал: «В этом черном деле сомкнулись фашисты с коммунистами, свастика с серпом и молотом».

Егор Гайдар вернулся в правительство уже в конце сентября. Теперь же сельскохозяйственные цены были отпущены, сокращена раздача дешевых кредитов, и на следующий год инфляция спала с 18% до 4,6% в месяц. Ельцин специальным указом разрешил частную собственность на землю, но это решение позже не было утверждено законодателями. А 9 октября был издан президентский указ, упразднявший всю систему местных советов (хотя некоторые из них и имели проельцинское большинство). Это ознаменовало собой — через 76 лет — ***формальное окончание советской власти***.

Примечательно, что и конец Советского Союза, и конец власти Советов в России произошел по их же инициативе и подобен актам самоубийства. Конца союзному государству не было бы, если бы ГКЧП не выступил против новоогаревских соглашений. И расстрела сторонников Верховного Совета не было, если бы они не подняли вооруженного восстания.

> ***Замечания ответственного редактора***
>
> *Расстрел этот и в России, и на Западе стали называть «расстрелом избранного народом парламента», что во всех отношениях неверно.*
>
> *Во-первых, ни один народный депутат расстрелян не был. Со временем все они получили возможность продолжать политическую деятельность.*
>
> *Во-вторых, весьма многие из них были избраны народом отнюдь не свободно, как Ельцин, а по-большевицки, как единственные кандидаты от КПСС.*
>
> *И в-третьих, Верховный Совет никак парламентом не был. Для коммунистов парламент существовал в буржуазных странах, а Советский Союз был государством нового типа, где Советы от парламента четко отличались. Они не признавали разделения властей (законодательной, исполнительной, судебной), а могли совмещать все три, то есть олицетворять собой диктатуру, и повестку дня им диктовала компартия. Когда ее не стало, Верховый Совет занял позицию «Верховный Совет может все». На такой основе строить демократическое государство и настоящий парламентаризм невозможно.*

Место прежней государственности должна была занять новая система, принципы которой закреплялись в проекте российской Конституции. 12 декабря он был вынесен на всенародный референдум.

На референдуме за Конституцию проголосовало 32,9 млн избирателей, против — 23,4 млн. Конституция провозглашала Россию демократическим федеративным государством с республиканской формой правления. Со старым названием «Российская Советская Федеративная Социалистическая Республика» было покончено. Теперь страна, границы которой соответствовали большевицкой РСФСР, приняла имя исторического российского государства и стала именоваться равнозначно Россией или Российской Федерацией. Все субъекты федерации, невзирая на их название (республика, край, область, автономный округ) равноправны, их отношения с центром определяют Конституция и ранее принятые договоры о разграничении полномочий. Внутри федерации обеспечено верховенство федеральных законов, свободное передвижение не только людей, но и товаров, услуг и финансовых средств.

Гербом новой России стал несколько измененный старый герб Российской Империи — двуглавый орел под тремя императорскими коронами, со скипетром и державой в лапах и с гербом Москвы (Св. Георгий, поражающий копьем дракона) на груди. Вместе с восстановлением имени «Государственная Дума» герб и название страны также стали ясными знаками преемства новой России со старым Российским государством. Чтобы укрепить свое положение, Ельцин осенью 1993 г. поступил так же, как и в августе 1991 г.: он от коммунистического режима еще дальше отошел в сторону исторической докоммунистической России. Но, как и в 1991 г., он и на этот раз не прошел весь путь одним шагом, а, сделав шаг-другой, остановился и дальше идти не решался и так и не решился. Собственное и народа коммунистическое прошлое сковывало его политическую волю. Преодолевать прошлое было чрезвычайно нелегко.

Новый высший закон России воплотил классические принципы либерально-демократического конституционного права. В нем, в полном соответствии с общепризнанными нормами, закреплялись неотчуждаемые права человека на жизнь, свободу, владение и свободное распоряжение собственностью, неприкосновенность частной жизни, ряд других. После 70 лет бесправия Конституция новой России должна была быть в этом отношении безупречной. Например, Конституция позволяет российским гражданам обращаться в международные судебные инстанции, «если исчерпаны все внутригосударственные средства правовой защиты». Допускает Конституция и двойное гражданство, альтернативную военной гражданскую службу. Свобода слова ограничена запретом на пропаганду, «возбуждающую социальную, расовую, национальную или религиозную вражду». Конституция закрепляла политическое и идейное многообразие, свободу религиозных объединений и одновременно их отделение от государства, равенство перед законом. Российская Федерация объявлялась социальным (то есть ориентированным на интересы людей) государством, политика которого направлена на создание условий, обеспечивающих достойную жизнь и свободное развитие человека.

Конституция закрепляла принципы правового государства и разделения властей. Исполнительная, законодательная и судебная ветви не только были разделены, но и получили возможность контролировать друг друга. Так, законодательная власть может отстранить Президента от должности в случае свершения им тяжкого преступления, подтвержденного Верховным судом.

В Основном законе отразился опыт политических конфликтов предыдущих лет. Еще в Белом движении бытовала идея, что переход от большевицкого режима к демократическому потребует твердой единоличной власти. И Конституция наделила Президента широкими полномочиями. Он не только «гарант Конституции», но и руководитель исполнительной власти. Законодатели только одобряют назначение премьера, а в остальном на состав правительства влияния не имеют. Если законодатели трижды отклоняют намеченного Президентом кандидата в премьеры, он имеет право назначить его, распустить Думу и назначить новые выборы. Выражение недоверия правительству не обязательно вызывает его отставку. Президент имеет право отлагательного вето в отношении решений Федерального собрания, а для преодоления президентского вето в каждой из палат при повторном голосовании необходимо собрать не менее двух третей голосов, что сводит возможность отклонения вето к минимуму. Зато бюджет, по которому живет правительство, проходит через ежегодную процедуру утверждения парламентом.

В духе преемственности с дореволюционной Россией нижняя палата парламента названа Государственной Думой, а верхняя — Советом Федерации (вместо Государственного Совета). В Совет Федерации входят по два представителя от каждого субъекта федерации (от местной исполнительной и законодательной власти), а Дума состоит из 450 депутатов, избираемых населением. Конституция не дает никаких правил, которым эти выборы должны следовать, оставляя возможность менять избирательный закон.

Специалисты по государственному праву многократно отмечали близость многих положений Конституции 12 декабря к положениям Основных законов 23 апреля 1906 г. Это произошло не из-за копирования конституции России начала

XX в. (о ней тогда никто и не вспоминал), а в силу объективных обстоятельств. Так как участники конституционного совещания, разрабатывавшего проект Основного закона, понимали, что на этот раз они создают не правовую фикцию, не идеологическую ширму диктатуры, как в 1936 или 1977 гг., а закон, по которому действительно надо будет жить, они его и сообразовали с условиями русской жизни, и получилась государственно-правовая система, похожая на ту, что была разработана Сергеем Витте в начале XX в. Но формальное преемство с Российским государством, разрушенным большевиками в ходе Гражданской войны 1917–1922 гг., все же в новой Конституции объявлено не было.

Неизбежные расхождения между нормами Конституции и реальностью жизни усугубляли два обстоятельства. Первое, это проблема социально-экономических прав (на медицинское обслуживание, обеспечение старости и т. д.), которые, в отличие от прав юридических (свобода слова, неприкосновенность жилища), можно продекларировать, но нельзя гарантировать без необходимых бюджетных средств. Другое состоит в том, что множество положений Конституции оговорены условием «в соответствии с федеральным законодательством». А законодательства этого долгие годы не было. Например, Конституция утверждает право граждан иметь землю в частной собственности, но Дума 10 лет не могла принять нужные законы.

Принятие новой Конституции 12 декабря 1993 г. подвело итог процесса формирования правовых основ современного демократического государства в России. Наступил не менее ответственный период испытания их жизнеспособности общественно-политической практикой.

Литература
Е.Т. Гайдар. Гибель империи. Уроки для современной России. М., 2006.
Б.Н. Ельцин. Записки президента. М.: Огонек, 1994.
В.В. Согрин. Политическая история современной России. 1985–2001: От Горбачева до Путина. М.: Весь мир, 2001.

6.1.5. Выборы в Государственную Думу 12 декабря 1993 г.

Согласно новому избирательному закону, половина депутатов Государственной Думы должна была избираться по пропорциональной системе (как избирались в ноябре 1917 г. депутаты Учредительного собрания). Такая система, по идее авторов закона, должна была способствовать возникновению общенациональных партий.

Однако после 70 лет диктатуры русское общество было явно не готово к введению пропорциональной системы – в 1917 г. за плечами русских людей было 12 лет активной думской жизни и давно сложившийся общественный строй. Теперь же новая структура общества еще только начинала складываться, и интересы социальных групп не были осознаны и артикулированы их представителями. Советские стереотипы сознания оставались чрезвычайно сильными. Как показывают опросы, российские граждане до сих пор с недоверием относятся к политическим партиям и не выражают готовности принимать активное участие в законных формах политической деятельности. Люди считают, что партии служат средством достижения их лидерами своих корыстных целей.

Тем не менее голосование по пропорциональной системе на декабрьских выборах 1993 г. впервые детально выявило политические ориентации избирателей в разных регионах и населенных пунктах. Ведь выбирая партийный список, избиратели в большей степени руководствуются своими ценностными политическими ориентациями, чем голосуя за конкретного кандидата в одномандатном округе при мажоритарной системе. Конечно, и при пропорциональной системе людей привлекают часто не столько программные установки партий, сколько известные им лидеры, возглавляющие избирательные списки. Однако в 1993 г. воспользоваться общероссийской популярностью могли далеко не все руководители партийных структур, по большей части наспех сколоченных в короткий промежуток между восстанием начала октября в Москве и днем выборов. Всего в выборах приняло участие 13 избирательных объединений. За исключением КПРФ и отчасти ЛДПР они не имели тогда определенной социальной базы и разветвленной сети региональных отделений, были малочисленны.

Большинство граждан определяло свое отношение к партиям по нескольким характерным лозунгам: за или против Ельцина; за возвращение к коммунистической эпохе или за продолжение рыночных реформ; за демократические, правовые формы государственного управления или за силовые чрезвычайные меры, «революционную целесообразность», «твердую руку»; наконец, за строительство обособленной от враждебного мира «Великой России» или за интеграцию страны в мировое хозяйство, западное сообщество. Эти антитезы представляют собой четыре оси координат, по которым структурировалось многомерное российское политическое пространство.

Наиболее значительные избирательные объединения, выступавшие на выборах 1993 г., можно разделить на три группы. Основной *партией власти* стал блок «Выбор России» (ВР), в котором объединились занимающие крупные правительственные посты «демократы», стремившиеся к продолжению радикальных рыночных реформ (лидер Егор Гайдар). Учредителями блока стали движение Демократическая Россия и ряд более мелких партий и организаций.

Разновидностью ВР предстало Российское движение демократических реформ (РДДР), ассоциировавшееся в представлениях россиян с первой волной демократической оппозиции Михаилу Горбачеву, выдвинувшей лидеров партии, мэров Москвы и Петербурга Гавриила Попова и Анатолия Собчака. Многие руководители РДДР сохранили властные посты и избегали критиковать администрацию Ельцина. Идея рыночной экономики рассматривалась партией как универсальная общечеловеческая ценность. Поэтому она воспринималась как партия, выступавшая за сохранение существующего порядка.

Еще одной «партией власти» стала Партия российского единства и согласия (ПРЕС) во главе с министром Сергеем Шахраем. Она была призвана представлять на общероссийском уровне интересы регионов, обеспечивать развитие федерализма и местного самоуправления. С. Шахраю, министру регионального развития, удалось привлечь на свою сторону руководителей нескольких республик и регионов, где ПРЕС собрала намного больше голосов, чем в среднем по стране. Вопреки желанию ее создателей дистанцироваться от ВР, избирателям эта партия виделась как его инвариант.

Влиятельным демократическим объединением считался блок «Явлинский — Болдырев — Лукин» («ЯБЛоко»), включивший социал-демократическую, республиканскую и христианско-демократическую партии, несколько независимых профсоюзов и др. Его поддерживали финансовая группа «Мост», возглавляемая миллиардером В. Гусинским, принадлежавшие ей телеканал НТВ и другие СМИ.

К *политическому центру* принадлежала Демократическая партия (ДПР) бывшего «прораба Перестройки» Николая Травкина, пережившая множество расколов. В конце 1993 г. в ДПР состояло несколько известных политиков и деятелей науки и культуры: Гражданский союз А. Вольского — партия «генералов промышленности», желавших сохранить власть в новых условиях; движение «Женщины России» (лидер А. Федулова) и множество мелких группировок.

Наконец, к крупным партиям *радикальной оппозиции*, ратовавшим за коренные изменения в политической системе, относились Коммунистическая партия Российской Федерации (КПРФ), Аграрная партия России (АПР) и Либерально-демократическая партия России (ЛДПР).

КПРФ во главе с Геннадием Зюгановым была воссоздана незадолго до выборов как преемница запрещенной КП РСФСР. Она отстаивала сохранение советов и социалистический путь развития, социальные гарантии, целостность России и воссоединение бывших союзных республик в СССР, низвержение законным путем режима Ельцина. Коммунисты выступали за народную собственность в форме государственной, корпоративной и собственности общественных организаций, а частную собственность допускали лишь на индивидуально-трудовой основе. Провозглашая «свободное и равноправное развитие всех народов России», КПРФ подчеркивала, что именно русский народ является «становым хребтом» страны и что государство обязано защищать интересы соотечественников за ее пределами. Согласно опросам, за КПРФ голосовало больше женщин, чем мужчин, людей пожилого возраста, неквалифицированных работников, жителей села и малых городов. Ее поддерживала и немалая часть интеллигенции и служащих.

АПР была создана еще до октябрьских событий 1993 г. бывшими крупными руководителями советского сельского хозяйства и претендовала на выражение интересов крестьянства и фермеров. Партия протестовала против правительственной политики в области сельского хозяйства, учреждения частной собственности на землю, добивалась государственных субсидий и гарантий аграрному сектору и разделяла большинство идеологических установок КПРФ.

ЛДПР была учреждена еще в советское время, в марте 1990 г. (см. **5.2.12**). В августе 1991 г. она поддержала путчистов, осенью 1993 г. оказалась на стороне Верховного Совета. Вместе с тем ее подозревали в тайных связях с администрацией Ельцина и называли личным лоббистским предприятием ее единоличного лидера Владимира Жириновского. Позже, несмотря на декоративную оппозиционность, ЛДПР во время решающих голосований в Думе защищала позицию правительства. Однако не вызывает сомнений, что ЛДПР выражала протестные настроения значительной части общества. Официально партия Жириновского выступала за многоукладную экономику и политический плюрализм. Пропаганда Жириновского отличалась крайним популизмом, противоречивостью и эклектичностью. Она основывалась на резкой критике правительственного курса, непризнании распада СССР и вместе с тем на принципиальном антикоммунизме. Опросы показывали, что избирательную базу ЛДПР составляли преимущественно мужчины среднего возраста, квалифицированные рабочие и служащие, инженерно-технические работники, жители малых и средних городов.

Главными темами избирательной кампании стали отношение к рынку и российской государственности. В зависимости от восприятия избирателями отношения партий к этим двум темам их можно расположить в политическом пространстве следующим образом.

ВР, «Яблоко», ПРЕС, РДДР, ДПР ясно провозгласили в своих программных документах и лозунгах ориентацию на рыночную экономику и приватизацию (их также называли реформаторскими). Напротив, КПРФ, АПР и Гражданский союз представали партиями социалистического направления, резко критиковавшими рыночные реформы и призывавшими к восстановлению обобществленной экономики, широкому вмешательству в нее государства, протекционизм.

КПРФ, АПР, Гражданский союз, ЛДПР, ДПР и отчасти «Яблоко» декларировали государственнические, «почвеннические» или даже националистические лозунги, призывая к восстановлению сильного и влиятельного государства, которое могло бы играть важную роль в мире и стать центром реинтеграции постсоветского пространства.

ВР и РДДР были относительно индифферентны к лозунгам державности, полагая, что укрепление государственности есть производная от решения наиболее приоритетной задачи — развития экономики на основе рыночных и либерально-демократических принципов, включения России в мировое хозяйство и сообщество демократических стран.

Из четырех возможных сочетаний, которые условно можно назвать «почвенничество — капитализм», «почвенничество — социализм», «интернационализм — капитализм» и «интернационализм — социализм», реально представлены в предвыборной кампании оказались первые три. КПРФ и близкие к ней группировки шли на выборы под жестко государственническими, державными лозунгами. «Государственническо-капиталистическую» позицию заняли ЛДПР, ПРЕС, ДПР и «Яблоко». В сущности это была типичная для дореволюционной России идеология, варьировавшая от крайне правых («Союз русского народа», «Палаты Михаила Архангела») до либеральных и даже левых версий конституционных демократов и прогрессистов в палитре III и IV Дум.

Чисто западнической, «глобально-капиталистической» ориентации придерживались ВР и РДДР (несмотря на некоторые государственнические высказывания Гавриила Попова), связанные в сознании избирателей с Демократической Россией и Межрегиональной депутатской группой времен Перестройки.

Всего установленный новым избирательным законом пятипроцентный порог для получения депутатских мандатов преодолели восемь избирательных объединений. АПР получила 8,0% голосов (21 мандат по спискам), КПРФ — 12,4% (32 места), ЛДПР — 22,9% (59), «Женщины России» — 8,1% (21), ДПР — 5,5% (14), ВР — 15,5% (40), ПРЕС — 6,7% (17), «Яблоко» — 7,9% (20). РДДР завоевала только 3,6% голосов и не участвовала в распределении мандатов (правда, некоторые его члены стали депутатами от одномандатных округов).

Таким образом, триумфатором стала ЛДПР, победа которой при голосовании по партийным спискам вызвала сенсацию (но в одномандатных округах либерал-демократам победить почти не удалось). Наибольшую поддержку им оказали почти все регионы европейской части страны к югу от Карелии, республики Коми, Архангельской и Ленинградской областей и к северу от Калмыкии, Ростовской и Астраханской областей, а на востоке — все области западнее Самарской и Ульяновской и республик Поволжья. В Сибири мощным ареалом поддержки ЛДПР стали Красноярский и Алтайский края, Кемеровская и Новосибирская области, Хакасия. За нее активно голосовали также избиратели средних и малых промышленных центров, всего нового южного приграничья, где люди ближе всего столкнулись с катастрофическими последствиями распада СССР — спадом производства, этническими конфликтами, потоками беженцев и т. п., а также на Дальнем Востоке, хозяйство которого всегда держалось на прямой и косвенной государственной поддержке — «северных коэффициентах» к зарплате, военной промышленности и обслуживании гарнизонов.

Результаты выборов для главной правящей партии — ВР — оказались столь же катастрофическими, сколь для Жириновского — триумфальными. В 20 субъектах РФ ее поддержка составляла менее 10% и только в четырех — выше 25%, лишь в Москве достигая трети электората. Больше всего избирателей за блок Гайдара проголосовало на европейском Севере, на Урале, центральных и северных округах Западной Сибири, Московской и нескольких соседних с ней областях Центра, а также в Хабаровском крае. Наиболее слабыми оказались позиции ВР в автономиях и приграничных областях. Почти никто не проголосовал за сторонников Гайдара в большинстве республик Северного Кавказа, на Ставрополье, многих областях Центрально-Черноземного района. Титульные народы республик не усматривали в ВР защитника своих особых интересов, а русские в бывших автономиях были еще менее склонны связывать с ним свои упования, чем во «внутренней» России.

Но поражение главной партии реформаторов отнюдь не сопровождалось коммунистической «реконкистой». Нигде, кроме нескольких бывших автономий (в том числе Дагестана), в 1993 г. КПРФ не удалось получить более 20% голосов. В наибольшей степени отозвалась на призывы коммунистов южная половина Европейской части России. От Башкирии и Оренбурга на востоке до Смоленска на западе протянулся сплошной массив регионов, где 13—20% избирателей оказало доверие КПРФ. Но за пределами этого массива высокий уровень поддержки коммунистов был редкостью (Ставрополье, Бурятия, Омская и Амурская области). АПР нашла опору не столько в основных земледельческих районах юга, сколько в европейском Нечерноземье, но особенно — в Дагестане, Башкирии, Оренбургской области и Алтайском крае.

Если суммировать результаты голосования за партии разной ориентации, то обращает на себя внимание безусловное доминирование двух из названных четырех ориентаций — государственнической и рыночно-«капиталистической». За партии, провозгласившие национально-государственные лозунги, проголосовало в общей сложности 66,9% избирателей, за движение к рыночной экономике — 60,4%. В то же время интернационализацию России поддержало только 17,3%, а социалистическую — 23,8%. Выборы 1993 г. ясно показали, что в России имеют будущее только партии, исповедующие, с одной стороны, идею построения эффективной рыночной экономики, а с другой — национально-государственного возрождения.

Усиление государственнических и патриотических настроений оказалось самым значительным сдвигом в политических ориентациях российских граждан со времени президентских выборов 1991 г. Распад Советского Союза, всесторонний общественный кризис, беспрецедентное ослабление государства, оказавшегося неспособным выполнять даже минимальные обязательства перед гражданами, мощные сепаратистские движения в республиках уже самой Российской Федерации глубоко травмировали сознание многих людей. Вместе с тем эйфория, вызванная заманчивой, но оказавшейся несбыточной надеждой в короткие сроки войти в клуб самых богатых стран мира, к декабрю 1993 г. уже почти прошла. Не было ни одного субъекта РФ, в котором поддержка государственно-патриотических идей опустилась бы ниже 54% активного электората. Но особенно популярны они оказались на юге и в центре Европейской России, где их поддержало более двух третей избирателей.

В этом сказались фундаментальные особенности региональных политических культур, сформировавшихся в ходе длительного исторического развития. Достаточно отчетливо прослеживается влияние на современную расстановку партийно-политических сил распространения барщины и оброка (отходничества) до отмены крепостного права. Барщина, более прочно привязывавшая крестьян к узкому мирку своей деревни, была распространена в основном в более плодородных губерниях юга России. В этих же районах устойчивее традиции коллективизма — крестьянской общины (мира). Южные области России были сравнительно меньше и позже затронуты индустриализацией, в том числе в советское время. Большинство этих территорий к концу 1993 г. относились к числу депрессивных или отсталых. Избиратели здесь оказали высокую поддержку ЛДПР и/или КПРФ и другим радикальным силам. Либералы назвали их «красно-коричневым» (позже — «красным») поясом.

Напротив, на севере Европейской территории в эпоху крепостного права практиковалось главным образом отходничество. Работая по найму в Петербурге, Москве и других крупных городах, крестьяне приобретали более широкий кругозор и общественный опыт. За пределами зоны устойчивого земледелия — на Европейском Севере, в регионах нового освоения: в старопромышленных областях Урала, в северных регионах Западной Сибири, на Дальнем Востоке — дворянских усадеб и прочных традиций крестьянской общины не было, что способствовало формированию иной региональной политической культуры, отличавшейся большей активностью, самоответственностью и открытостью. Большая часть населения здесь уже давно жила в крупных городах, отличалась большей социальной и территориальной мобильностью и потеряла всякую связь с сельским хозяйством.

Именно в этой части страны расположены экспортно-ориентированные регионы, экономика которых ныне основана преимущественно на добыче топлива и сырья, большая часть сравнительно более благополучных крупных городов и территорий с многообразным хозяйством. Хотя жесткой, определяющей зависимости между социально-экономической структурой региона и уровнем жизни людей не наблюдалось, жители большинства северных районов и особенно крупных городов

ПЛАНЫ ГЕРМАНИИ И СССР в 1941 г. НА СЛУЧАЙ ВОЙНЫ

ОБЩИЙ ХОД ВОЕННЫХ ДЕЙСТВИЙ В ПЕРВОМ ПЕРИОДЕ СОВЕТСКО-НАЦИСТСКОЙ ВОЙНЫ 22 июня 1941 г. - 18 ноября 1942 г.

Административно-территориальное устройство оккупированной территории СССР (1942 г.)

ОБЩИЙ ХОД ВОЕННЫХ ДЕЙСТВИЙ ВО ВТОРОМ ПЕРИОДЕ СОВЕТСКО-НАЦИСТСКОЙ ВОЙНЫ
19 ноября 1942 г. - конец 1943 г.

ОБЩИЙ ХОД ВОЕННЫХ ДЕЙСТВИЙ В ТРЕТЬЕМ ПЕРИОДЕ СОВЕТСКО-НАЦИСТСКОЙ ВОЙНЫ Январь 1944 г. – 9 мая 1945 г.

Примечание: границы государств даны по состоянию на 22.06.1941 г.

Административно-территориальное устройство СССР на 1953 г.

ЦИФРАМИ НА КАРТЕ ОБОЗНАЧЕНЫ:

- 17 Кабардинская АССР
- 18 Северо-Осетинская АССР
- 19 Грузинская ССР
- 20 Абхазская АССР Грузинской ССР
- 21 Аджарская АССР Грузинской ССР
- 22 Усть-Ордынский Бурят-Монгольский н. о. Иркутской обл.
- 23 Агинский Бурят-Монгольский н. о. Читинской обл.
- 24 Еврейская а. о. Хабаровского края
- 25 Полесская обл. Белорусской ССР
- 26 Волынская обл. Украинской ССР
- 27 Закарпатская обл. Украинской ССР
- 28 Каменец-Подольская обл. Украинской ССР
- 29 Крымская обл. РСФСР
- 30 Юго-Осетинская а. о. Грузинской ССР
- 32 Северо-Казахстанская обл. Казахской ССР
- 33 Восточно-Казахстанская обл. Казахской ССР
- 34 Кара-Калпакская АССР Узбекской ССР
- 35 Кашка-Дарьинская обл. Узбекской ССР
- 36 Сурхан-Дарьинская обл. Узбекской ССР
- 37 Районы, непосредственно подчинённые республиканским органам
- 38 Гармская обл. Таджикской ССР
- 39 Тянь-Шаньская обл. Киргизской ССР
- 40 Иссык-Кульская обл. Киргизской ССР
- 41 Нахичеванская АССР Азербайджанской ССР
- 42 Нагорно-Карабахская а.о. Азербайджанской ССР

1 Австрия 3 Сирия
2 Венгрия 4 Пакистан 5 Индия

СОВЕТСКАЯ "ИМПЕРИЯ" И ГЕОПОЛИТИЧЕСКИЕ ПРИТЯЗАНИЯ СССР В 1945-56 г.г.

Карта 1. Ядро российского государства — демографическая яма мирового масштаба

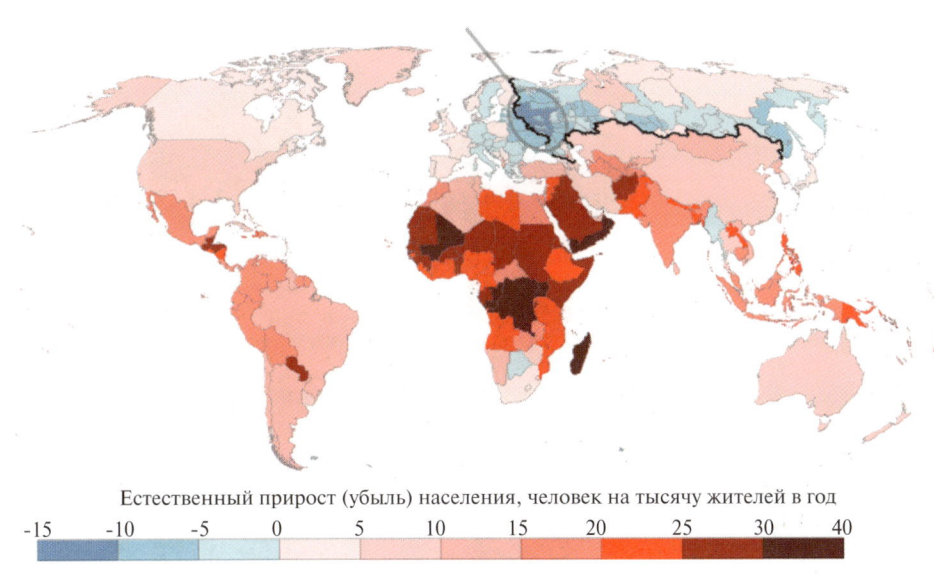

Естественный прирост (убыль) населения, человек на тысячу жителей в год

-15   -10   -5   0   5   10   15   20   25   30   40

Составитель: Лаборатория устойчивого развития территорий (МГУ). Данные: Росстат, U.S. Census Bureau

Карта 2. Демографические прогнозы не оставляют России места на карте мира будущего
Карта-анаморфоза стран мира по численности населения в 2050 г.

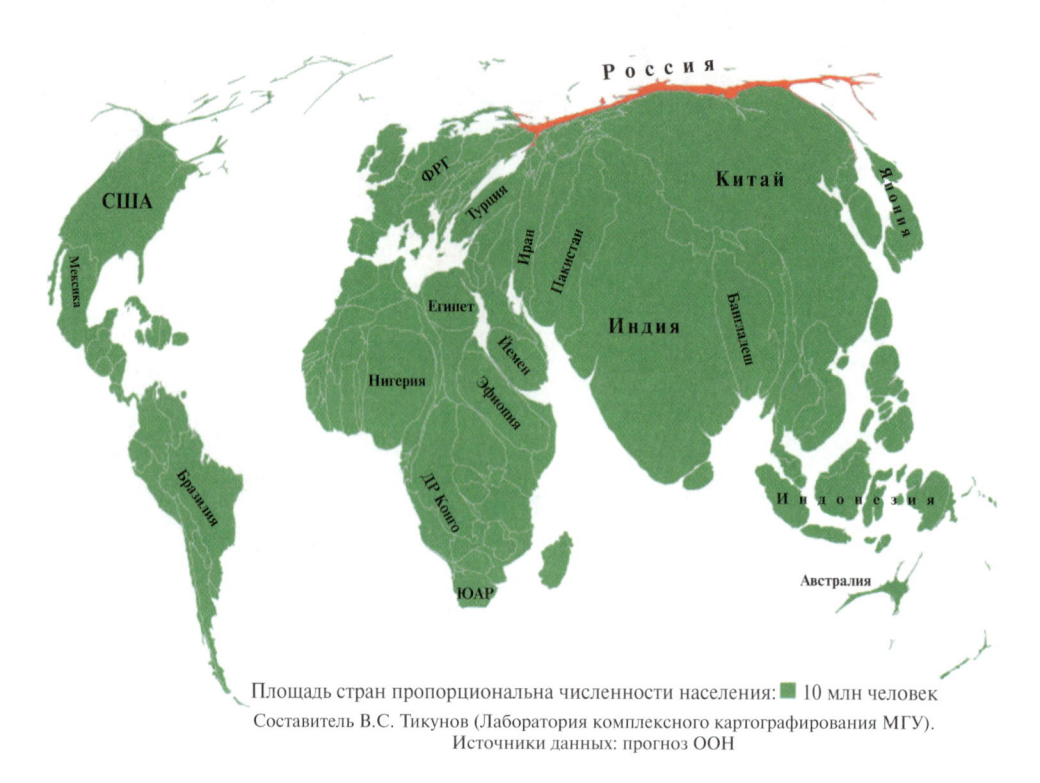

Площадь стран пропорциональна численности населения: ■ 10 млн человек

Составитель В.С. Тикунов (Лаборатория комплексного картографирования МГУ).
Источники данных: прогноз ООН

Референдумы СССР и РСФСР 17 марта 1991 г.
Разница между долями ответивших «да» на референдуме СССР и на референдуму РСФСР

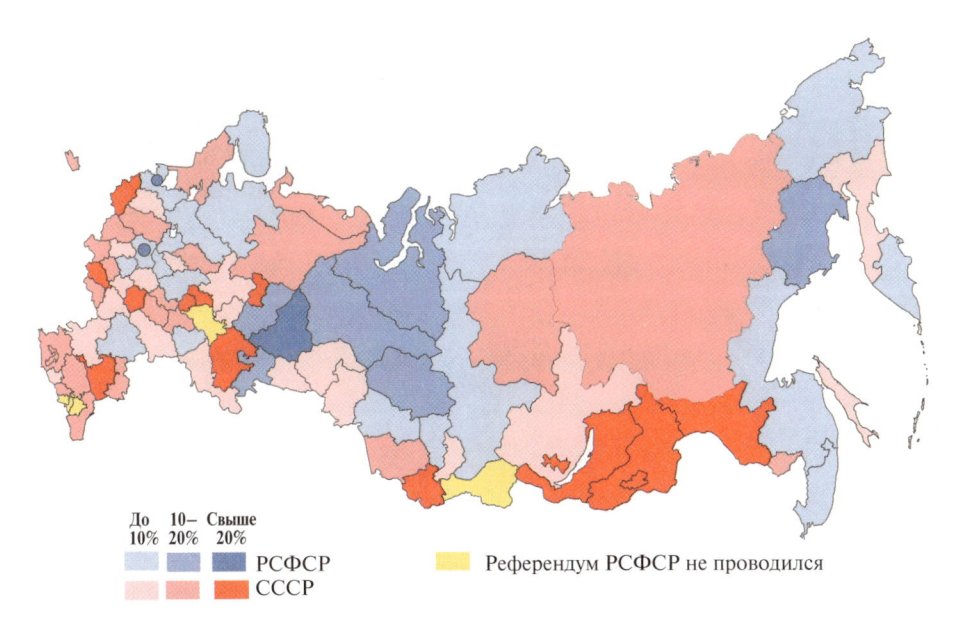

До 10% | 10–20% | Свыше 20%
РСФСР
СССР

Референдум РСФСР не проводился

Выборы Президента РСФСР 1991 г.: победители по регионам

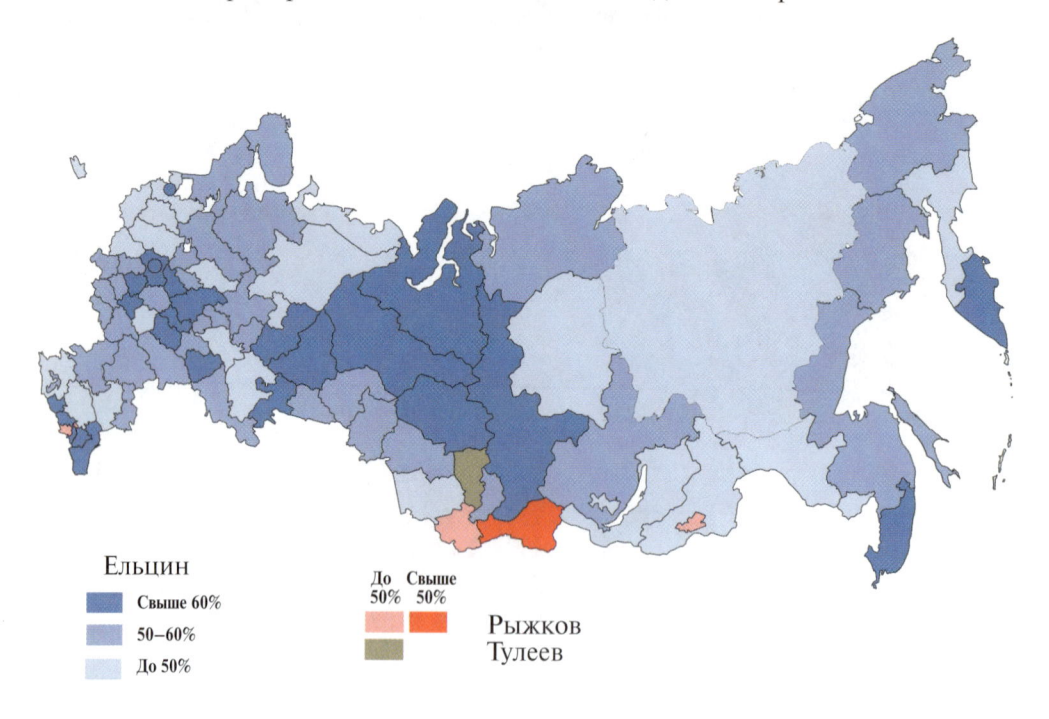

Ельцин
- Свыше 60%
- 50–60%
- До 50%

Рыжков
- До 50%
- Свыше 50%

Тулеев

Выборы Президента РСФСР 1991 г.: третьи кандидаты (кроме Б. Ельцина и Н. Рыжкова)

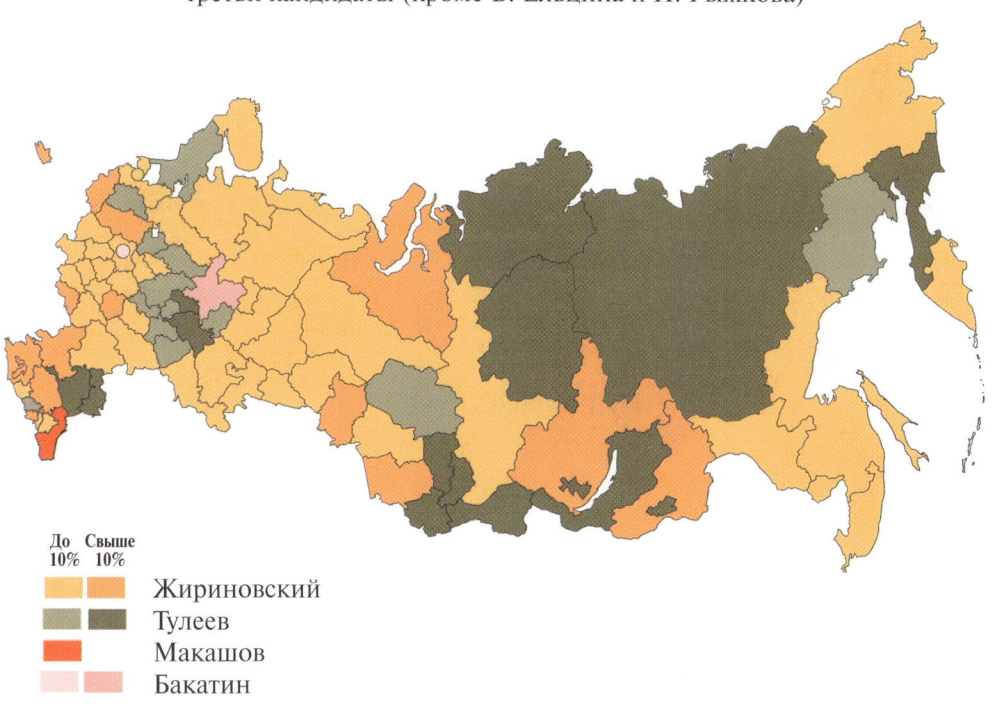

До 10%   Свыше 10%
- Жириновский
- Тулеев
- Макашов
- Бакатин

Референдум 25 апреля 1993 г.
Голосование по первому вопросу:
«Доверяете ли Вы Президенту Российской Федерации Б.Н. Ельцину?»

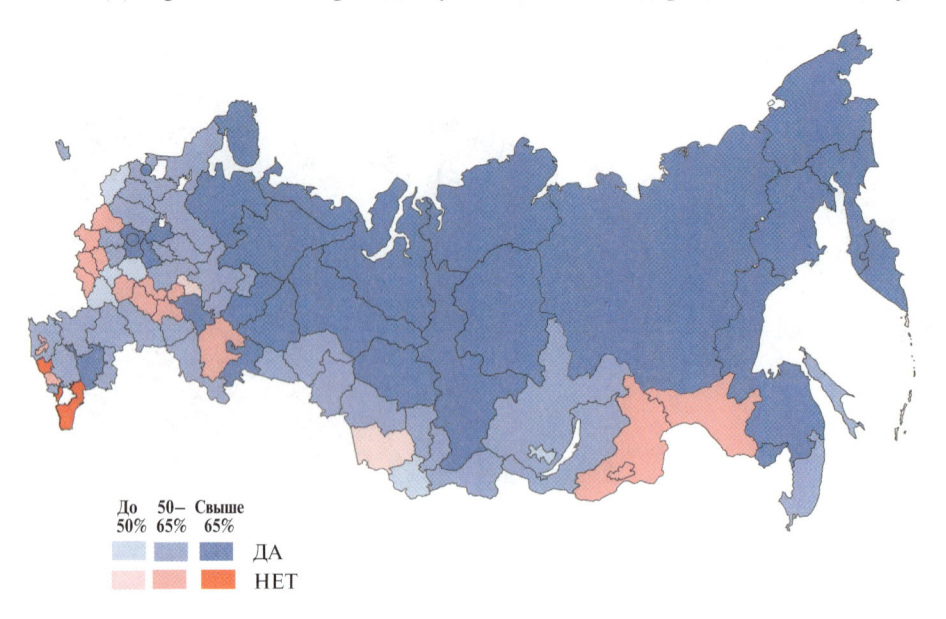

До 50% | 50–65% | Свыше 65%
ДА
НЕТ

Всенародное голосование 12 декабря 1993 г.:
«Принимаете ли Вы Конституцию Российской Федерации?»

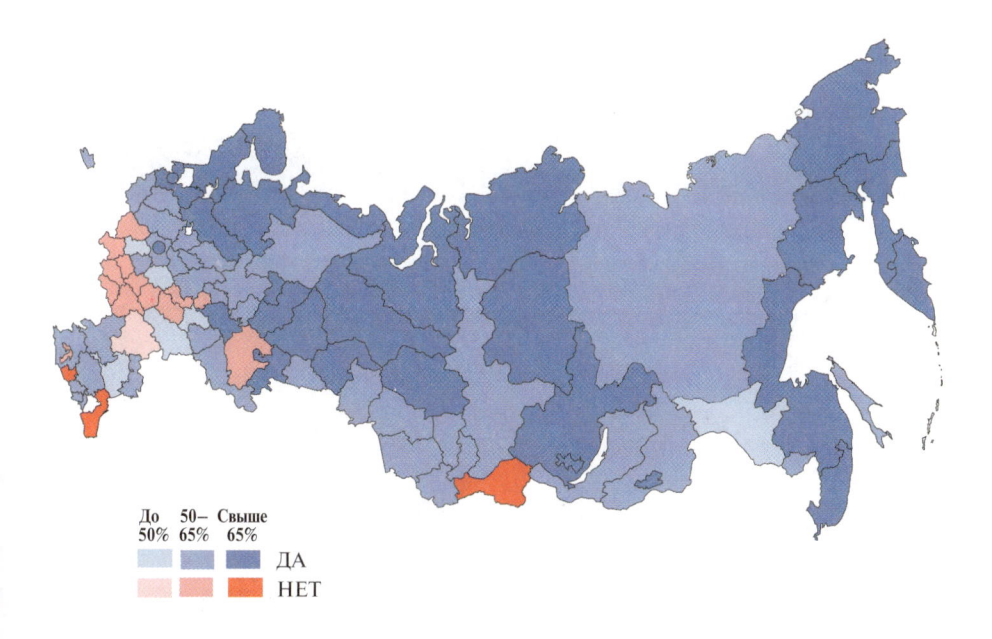

До 50% | 50–65% | Свыше 65% ДА
До 50% | 50–65% | Свыше 65% НЕТ

Выборы Президента России 1996 г.:
победители по регионам (второй тур)

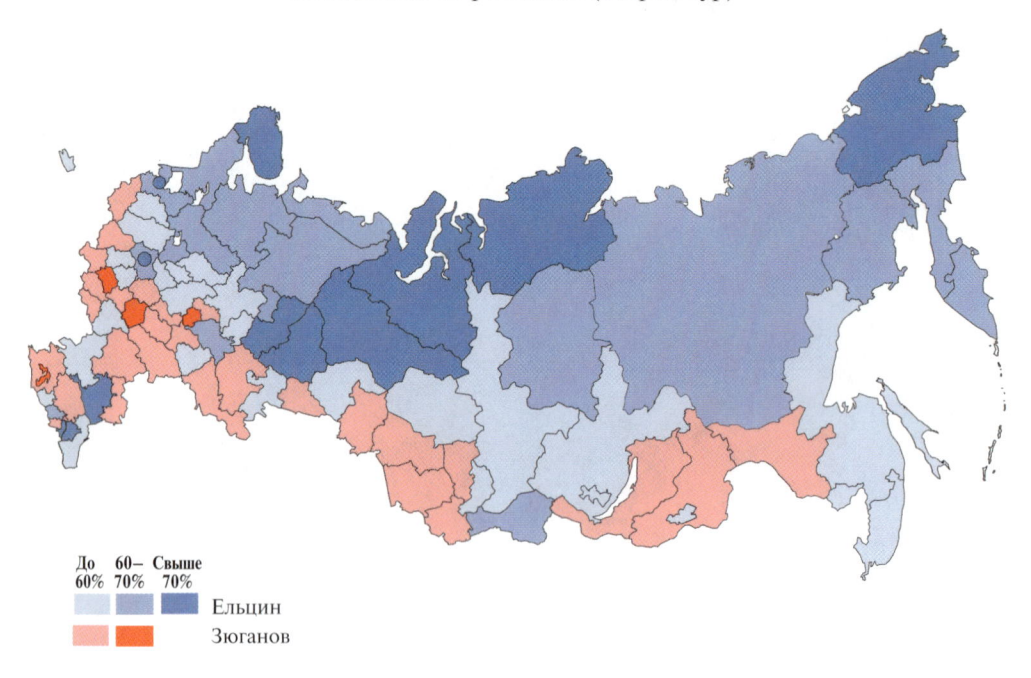

До 60% | 60–70% | Свыше 70% — Ельцин

Зюганов

Выборы Президента России 1996 г.:
третьи кандидаты (кроме Б. Ельцина и Г. Зюганова)

До 15% / Свыше 15%
- Лебедь
- Жириновский
- Явлинский

Выборы Президента России 2000 г.:
победители по регионам

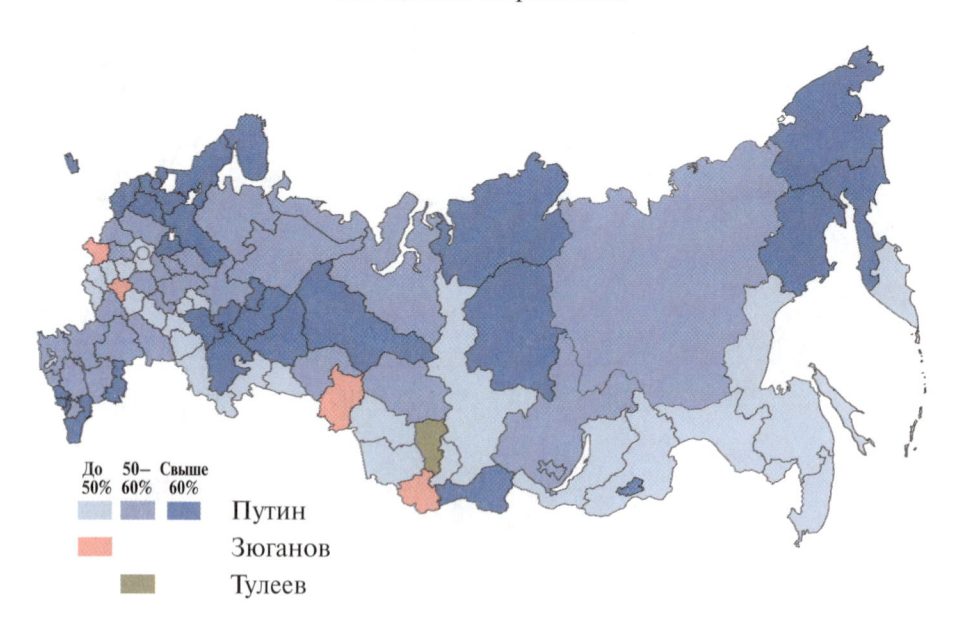

До 50% / 50–60% / Свыше 60% Путин
Зюганов
Тулеев

Выборы Президента России 2000 г.:
кандидаты второго ряда (кроме В. Путина и Г. Зюганова)

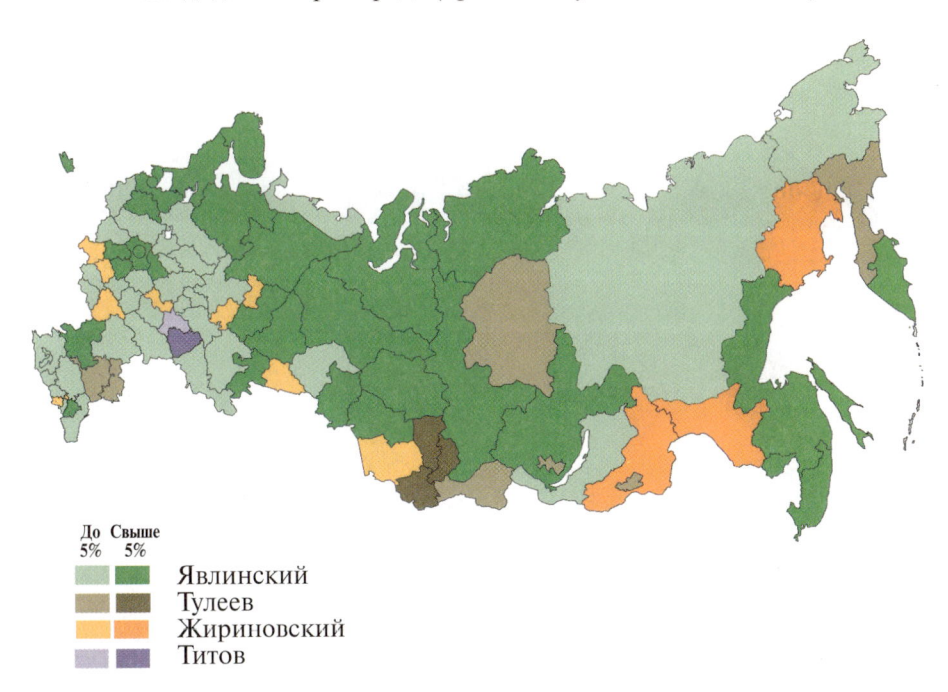

До Свыше
5% 5%
Явлинский
Тулеев
Жириновский
Титов

Выборы Президента России 2004 г.:
голосование за В. Путина

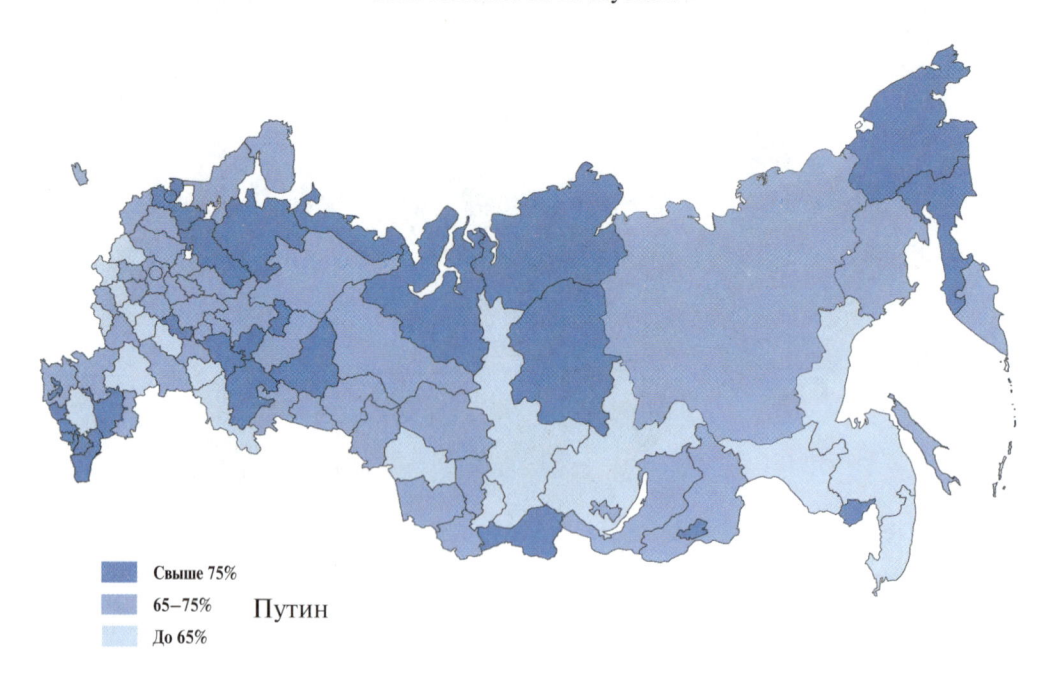

Свыше 75%
65–75%
До 65%

Путин

Выборы Президента России 2004 г.:
вторые кандидаты

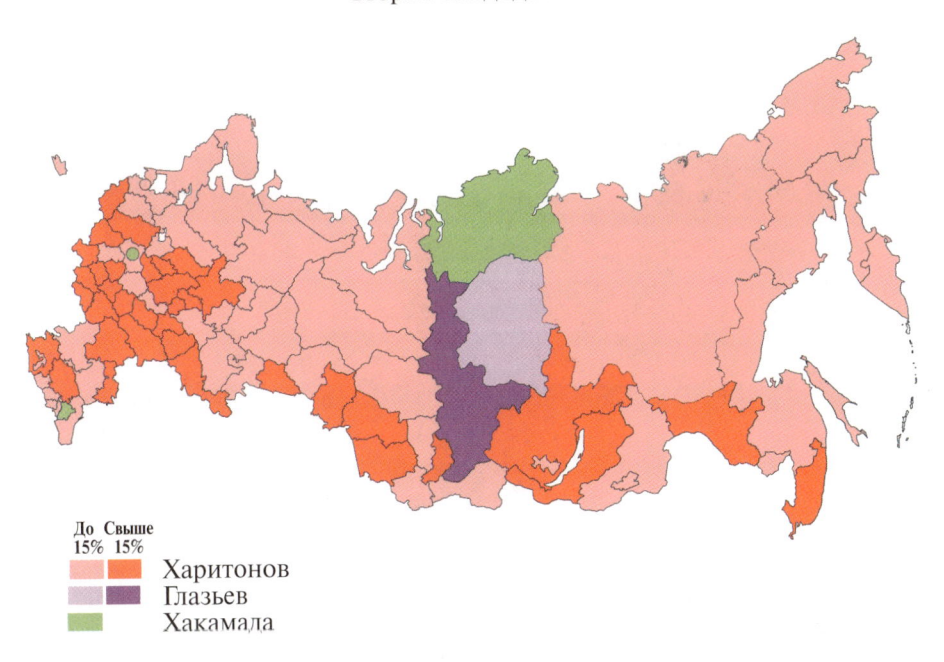

До Свыше
15% 15%
■ ■ Харитонов
■ ■ Глазьев
■ ■ Хакамада

Выборы в Государственную думу 1993 г.: вторые партии (кроме ЛДПР) по регионам

До Свыше
15% 15%
- «Выбор России»
- КПРФ
- «Женщины России»
- АПР

До Свыше
15% 15%
- «Явлинский — Болдырев — Лукин»
- ПРЕС
- ДПР

Выборы в Государственную думу 1993 г.:
вторые партии (кроме ЛДПР, «Выбор России», КПРФ)

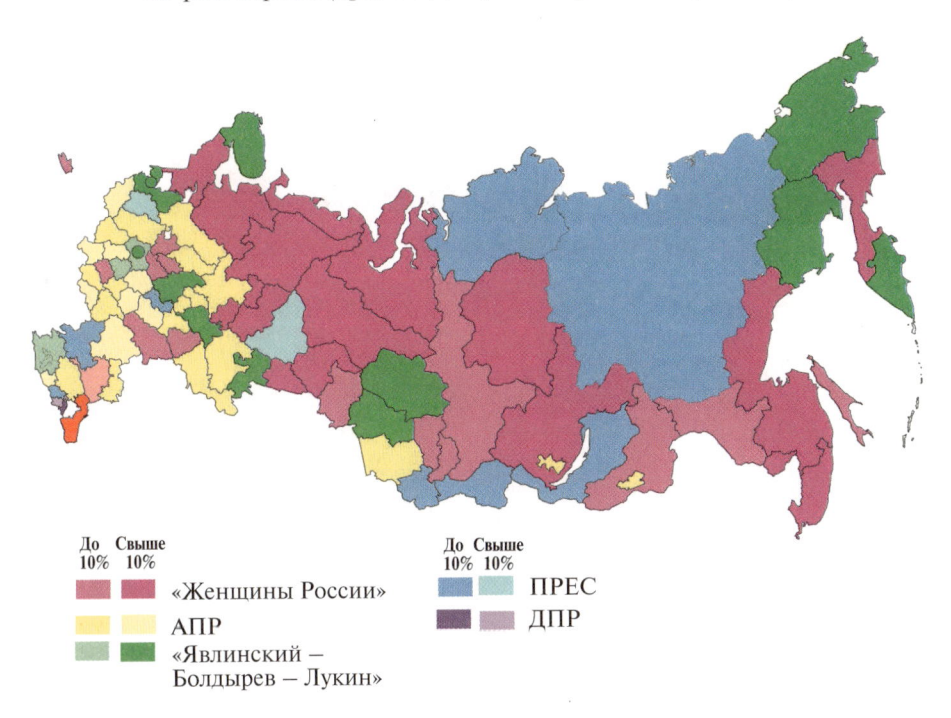

До Свыше
10% 10%
  «Женщины России»
  АПР
  «Явлинский – Болдырев – Лукин»

До Свыше
10% 10%
  ПРЕС
  ДПР

Выборы в Государственную думу 1993 г.: победители по регионам

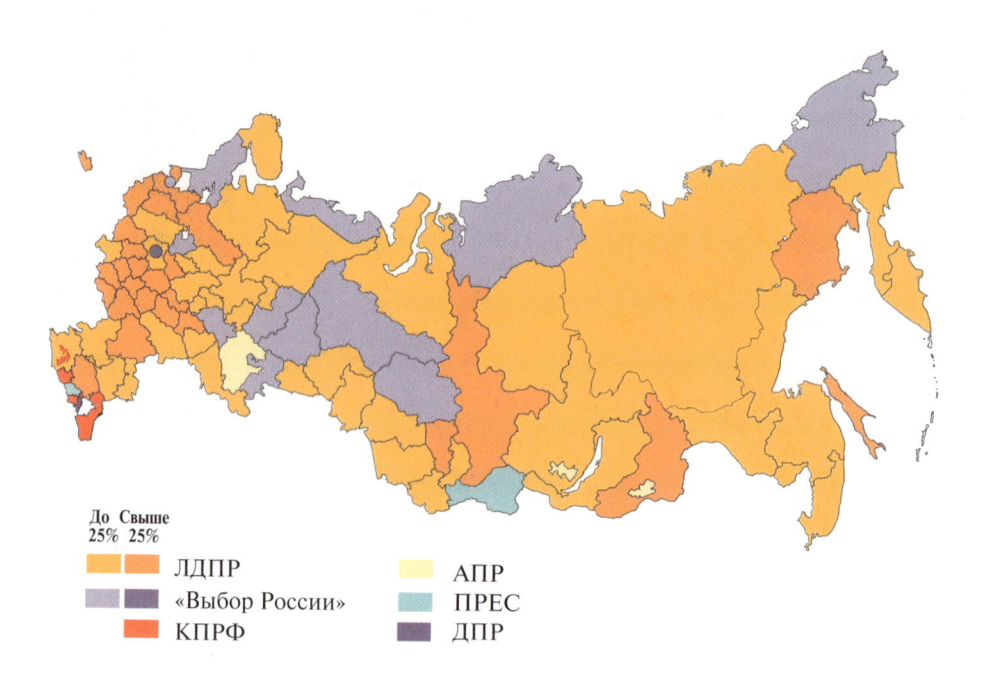

До 25% / Свыше 25%

- ЛДПР
- «Выбор России»
- КПРФ
- АПР
- ПРЕС
- ДПР

Выборы в Государственную думу 1995 г.:
победители по регионам

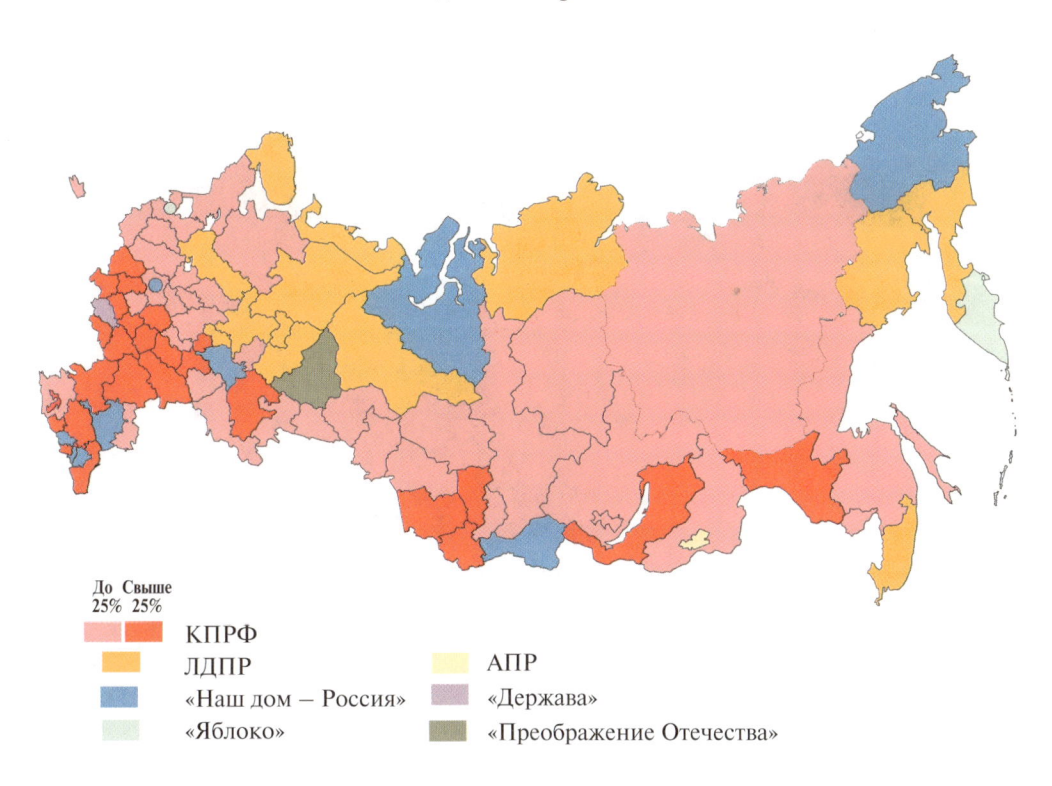

До Свыше
25% 25%
■ ■ КПРФ
■ ЛДПР ■ АПР
■ «Наш дом – Россия» ■ «Держава»
■ «Яблоко» ■ «Преображение Отечества»

Выборы в Государственную думу 1999 г.:
победители по регионам

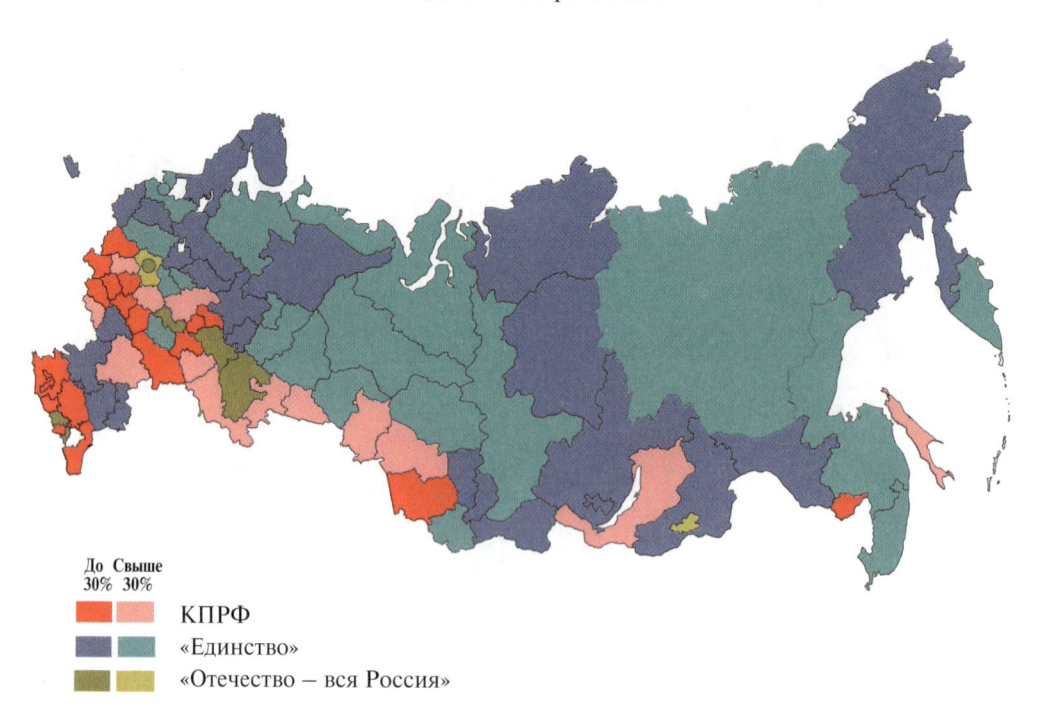

До Свыше
30% 30%

КПРФ

«Единство»

«Отечество – вся Россия»

Выборы в Государственную думу 1999 г.: третьи партии (кроме КПРФ и «Единства»)

Легенда:
- До 10% / Свыше 10%
- «Отечество — вся Россия»
- СПС
- Блок Жириновского
- «Яблоко»
- «Коммунисты — трудящиеся России — за Советский Союз»
- «Наш дом — Россия»

Выборы в Государственную думу 2003 г.: победители по регионам

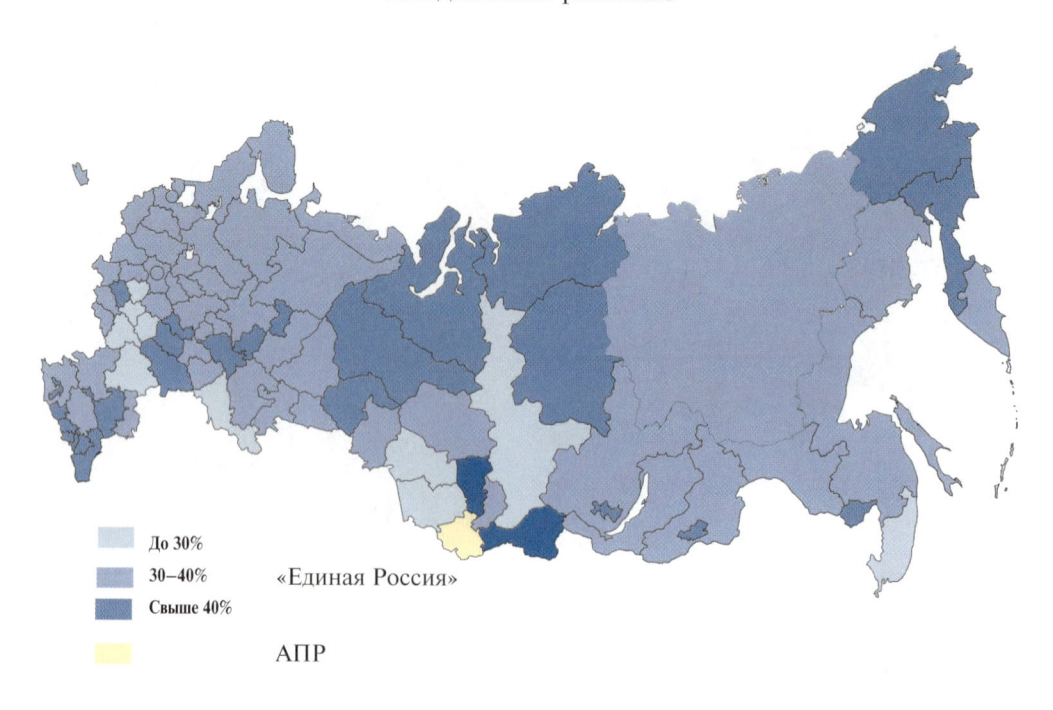

- До 30%
- 30–40%
- Свыше 40%

«Единая Россия»

АПР

Выборы в Государственную думу 2003 г.:
вторые партии (кроме «Единой России»)

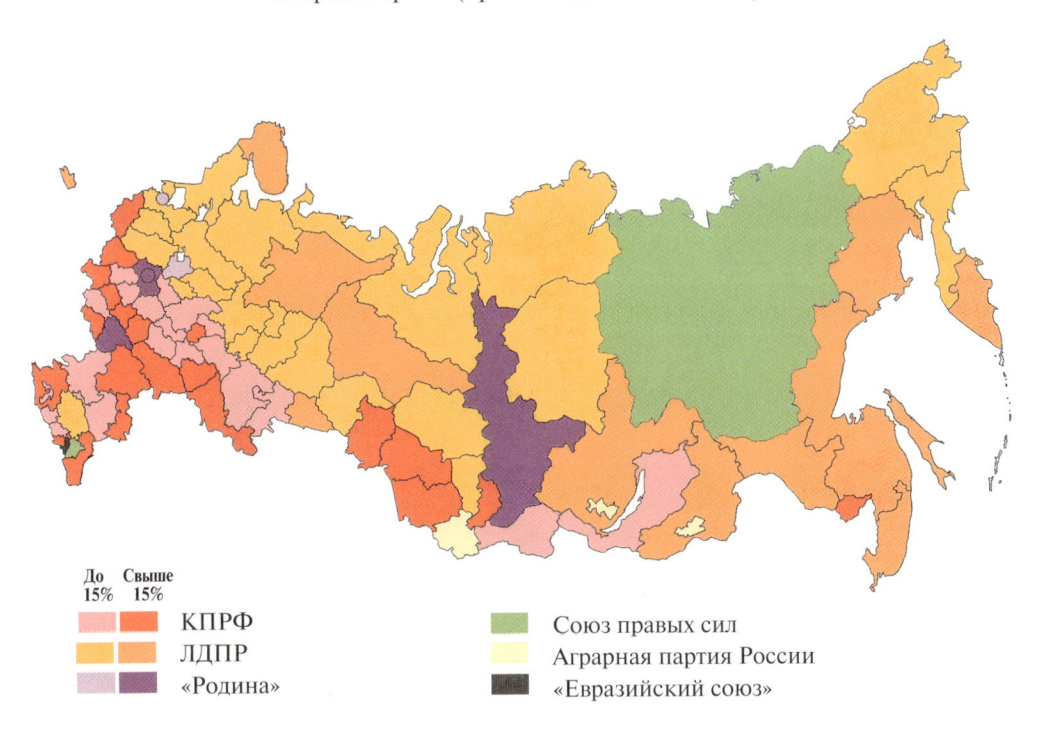

До Свыше
15% 15%
КПРФ
ЛДПР
«Родина»

Союз правых сил
Аграрная партия России
«Евразийский союз»

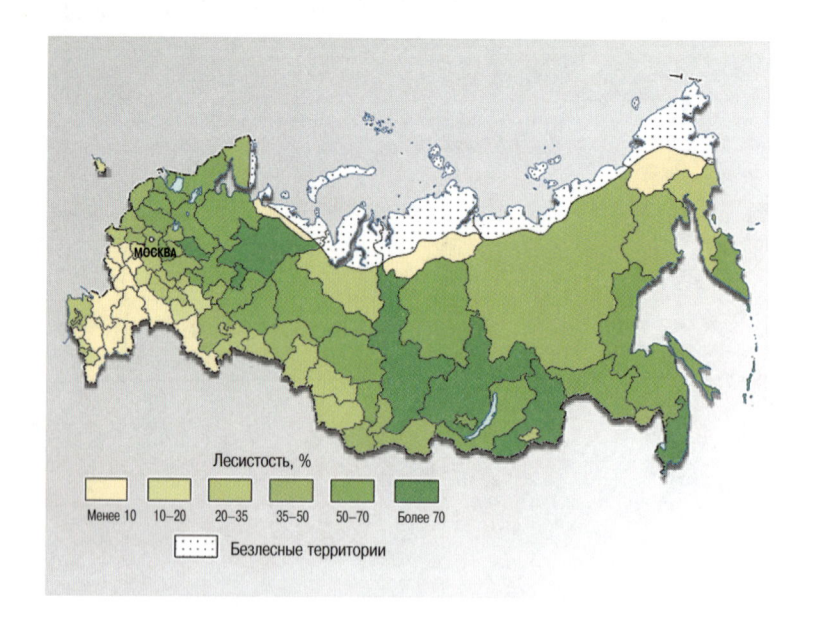

Лесистость

Лесистость, %

Менее 10 | 10–20 | 20–35 | 35–50 | 50–70 | Более 70

Безлесные территории

Нарушенные леса

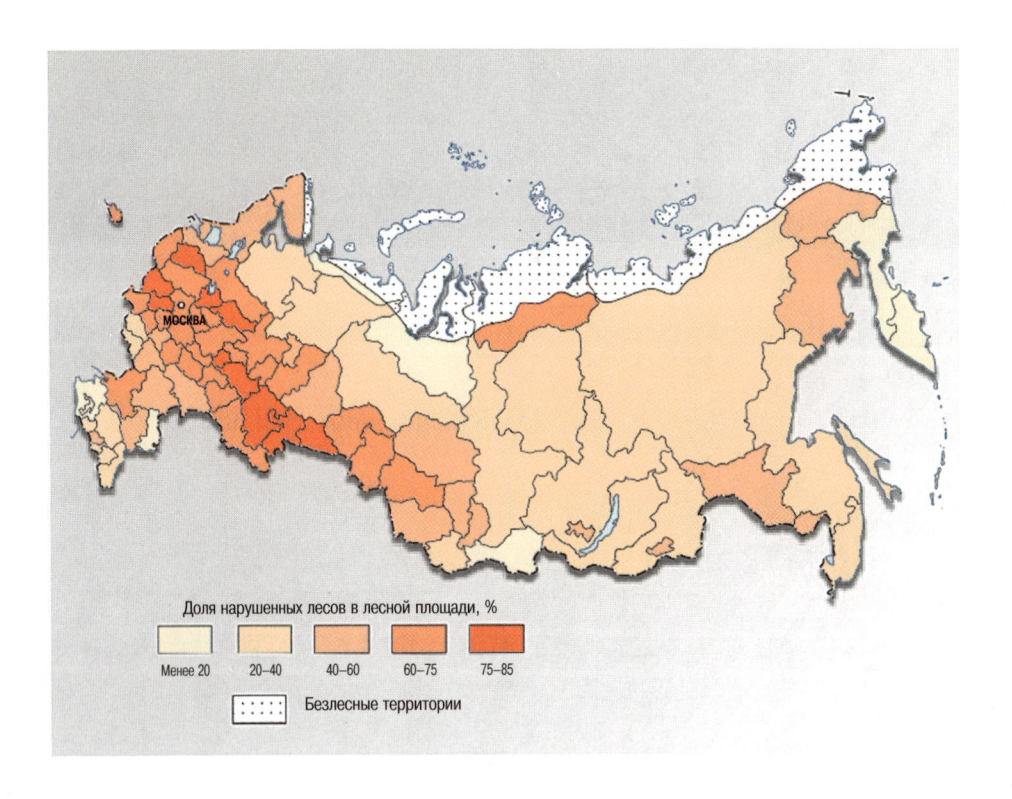

Доля нарушенных лесов в лесной площади, %

Менее 20 | 20–40 | 40–60 | 60–75 | 75–85

Безлесные территории

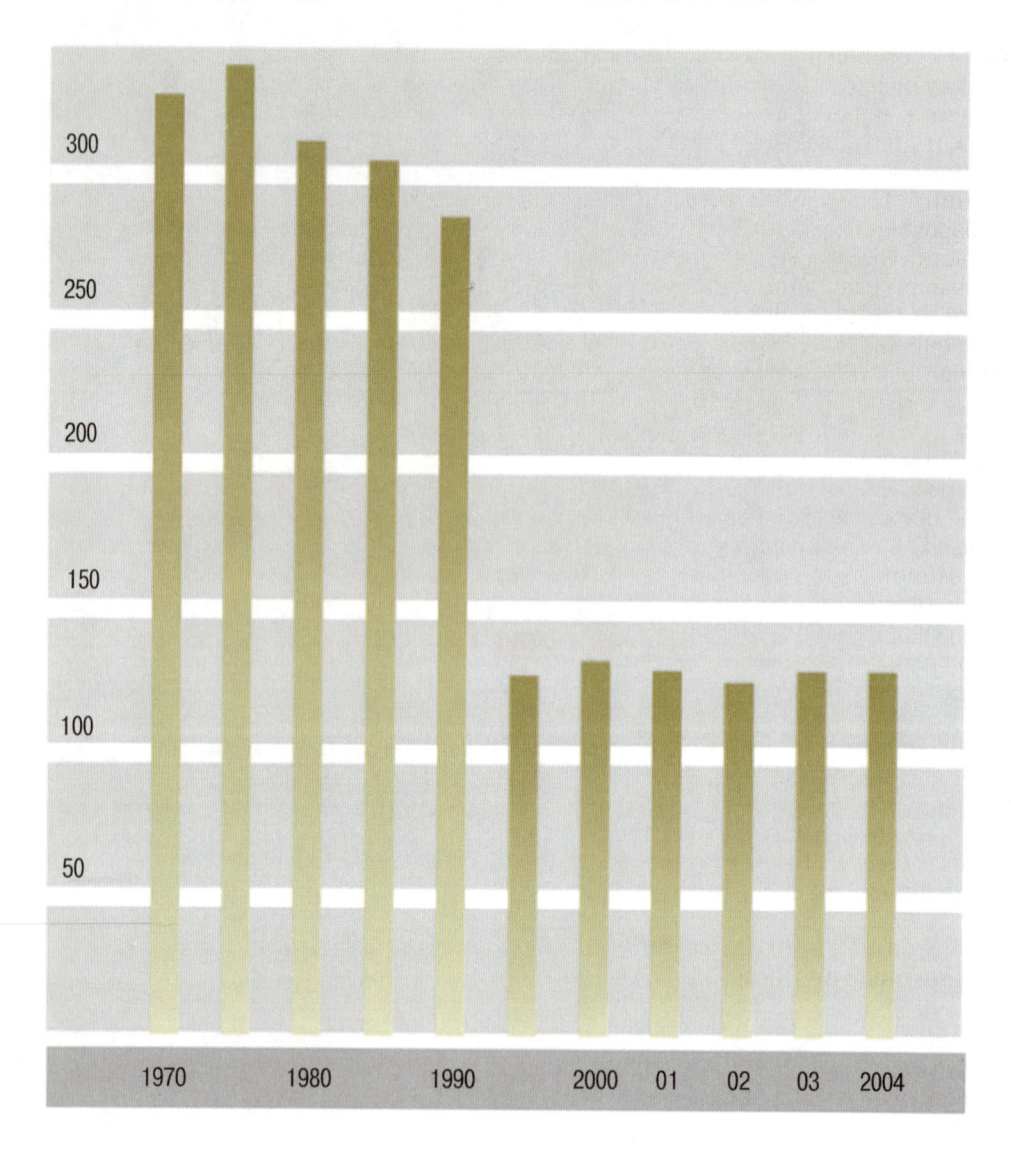

Объем рубок главного пользования в 1970—2004 гг.

были скорее склонны поддерживать партии и кандидатов, выступавших в поддержку правительственного курса на рыночные реформы, скорейшую интеграцию России в мировое сообщество, использование западных моделей развития. Если сложить результаты всех «партий власти», то зона максимальной поддержки реформаторов была почти зеркальна зоне радикально-коммунистических предпочтений — Север, Урал, большая часть Сибири, север Дальнего Востока, особенно Хабаровский край, обе столицы, Московская, Ярославская и Калининградская области. Некоторые республики (Бурятия, Тува, Башкирия, Якутия, Кабардино-Балкария) оказались в этой же зоне только из-за исключительно высокой доли голосов за ПРЕС, поскольку избиратели послушно последовали за руководителями, заключившими альянс с С. Шахраем. Политическая поляризация России, отмеченная еще на первых демократических выборах 1989 г. («демократический север — северо-восток» и «радикальный юг — юго-запад»), проявилась на выборах 1993 г. со всей определенностью.

Универсальные ценности западной либеральной демократии отошли на периферию массового сознания. Им остались верны лишь отдельные социальные группы — прежде всего интеллигенция, сосредоточенная в столицах и других крупных городах. В то же время стало ясно, что Россия входила в рыночную экономику не через национально-освободительную революцию, а через очередную волну модернизации (вестернизации), и поэтому все издержки перехода были списаны на западников-реформаторов, а не на вчерашних «аппаратчиков»-коммунистов, в один миг ставших и патриотами, и рыночниками. Выборы 1993 г., при всей неоднозначности результатов, означали шаг к формированию гражданского общества в России.

Литература

А.Б. Зубов, В.А. Колосов. Что ищет Россия? // Полис, 1994. № 1.

А.А. Собянин, В.Г. Суховольский. Демократия, ограниченная фальсификациями: выборы и референдумы в России в 1991—1993 гг. М., 1995.

В.Л. Шейнис. Взлет и падение парламента. Т. 2. М.: Московский центр Карнеги; Фонд Индем, 2005.

6.1.6. Режим Бориса Ельцина. Развитие народного хозяйства. Залоговые аукционы. Складывание государственно-олигархического капитализма

Развитие России в период от принятия новой конституции до окончания президентства Б. Ельцина оставалось глубоко противоречивым. С одной стороны, сохранялись провозглашенные конституцией начала политической свободы, плюрализма, многопартийности, рыночной экономики; с другой стороны, под воздействием как объективных отечественных реалий и перипетий, так и политического выбора самого российского Президента и его окружения стали все более проявляться негативные черты нового режима.

Используя данное ей Конституцией право, Государственная Дума уже 23 февраля 1994 г. объявила **амнистию** не только участникам восстания 3—4 октября 1993 г. в Москве, но и участникам ГКЧП августа 1991 г. Президент не выступил против такого начинания и в поисках компромисса выдвинул лозунг «Согласие и примирение». На деле это означало прекращение официальной критики советского прошлого. Так, например, в 1994 г. отменили советские названия 150 московских улиц в центре города, возвратив им исторические имена, — но переименования такого масштаба потом остановились. Праздник Октябрьской революции, 7 ноября, известный в русском зарубежье как «день непримиримости», превратился в «День согласия и примирения» и был окончательно упразднен только в 2005 г.

Через три месяца после декабрьских 1993 г. выборов в Государственную Думу Президент и правительство выступили с инициативой подписания политическими организациями России договора об общественном согласии. Он был поддержан руководителями обеих палат Федерального собрания и подписан рядом общественно-политических организаций. Но практического значения договор не приобрел, и уже вскоре возобновился конфликт между законодательной и исполнительной ветвями власти, как и различными политическими течениями и группами.

После декабрьских выборов 1993 г. главные реформаторы Гайдар и Федоров ушли из правительства. Его возглавила коалиция советских ведомственных группировок: топливно-энергетического комплекса, представленного самим премьером Черномырдиным, металлургического (О.Н. Сосковец) и агропромышленного (А.Х. Заверюха). Деятели металлургии в это время зарабатывали большие деньги на экспорте алюминия и других цветных металлов, не нужных более в таком объёме военной промышленности; у аграрников дела шли хуже, но богатели и они.

Серьезное обострение конфликта произошло в конце 1994 г. в связи с решением российского Президента и правительства вернуть Чечню в состав России вооруженным способом (см. **6.1.13**). Это решение было осуждено, но по разным мотивам, как левыми, так и правыми партиями. Многие демократы, прежде поддерживавшие Ельцина, теперь открыто заявили о переходе в оппозицию. Общественно-политическая конфронтация ярко проявилась в ходе выборов в Государственную Думу летом 1995 г. Сами выборы проходили в соответствии с демократическими принципами Конституции и, по мнению многих отечественных политологов, были более честными и свободными не только в сравнении с выборами 1993 г., но и с последующими избирательными кампаниями. К участию в выборах были допущены все партии, все они на федеральном уровне имели доступ к проведению агитации и не были в ней ограничены, результаты выборов были признаны всеми политическими силами и никем не оспаривались.

По результатам выборов оппозиционные партии — коммунисты и их союзники слева с одной стороны и либерально-демократическая партия «Яблоко» с другой — имели в Думе большинство и могли блокировать любые действия главы государства и правительства. В начале 1996 г. ими даже была предпринята совместная попытка отстранить Ельцина от власти (она не принесла успеха). В ситуации конфронтации с законодательной ветвью Ельцин стал еще более активно укреплять вертикаль исполнительной власти, опираться на авторитарные методы правления.

Одной из основ режима, созданного Ельциным, явился механизм, который стал именоваться политологами, по аналогии с зарубежными примерами, «клиентельными» отношениями. Последние представляли тесные неформальные взаимосвязи вышестоящих «патронов» и нижестоящих «клиентов» по вертикали и горизонтали исполнительной власти. Своя «клиентела» была у Президента страны, губернаторов регионов, мэров городов. Среди «клиентов» Ельцина после 1993 г. на ведущие позиции стали выдвигаться люди, назначаемые им самим, никак не зависящие от представительных органов власти и неизвестные в обществе. Среди властных институтов выделялась администрация Президента, в которой «келейно» планировалась вся государственная стратегия, продумывались и предрешались все кадровые перемещения. В 1994–1996 гг. с руководством администрации Президента во влиянии на власть активно соперничал еще один представитель президентской «клиентелы» — Александр Коржаков, начальник Службы безопасности Президента. Этот «серый кардинал» во многих вопросах пользовался бо́льшим влиянием, чем премьер-министр Черномырдин.

По мере приближения президентских выборов 1996 г. главной задачей окружения Ельцина стало обеспечить его переизбрание на эту должность. К тому времени популярность Президента среди избирателей опустилась до минимального уровня — 3–5%. В 1993–1996 гг. во всех послекоммунистических странах Европы популярность антикоммунистических рыночных режимов существенно сократилась — сказались крайне тяжелые для общества результаты «шоковой терапии». В Польше, Венгрии, Литве, Словакии, Албании, Болгарии, бывшей ГДР на выборах побеждали бывшие коммунисты, объявившие себя социал-демократами. Но, придя к власти, они мало что могли изменить — собственность уже была возвращена по реституции и никто ее снова в народе обобществлять не желал. Через один-два избирательных срока антикоммунистические партии повсюду вновь вернулись к власти в восточноевропейских странах. Такая мирная и законная ротация партий различной идейной настроенности утвердила принципы демократической государственности в послекоммунистической Европе.

Иначе произошло в России. После приватизации 1991–1994 гг. основная масса граждан оставалась нищими, лишенными производящей доход собственности люмпенами. В этой среде лозунги коммунистов звучали всё более привлекательно, а гражданские права и свободы, полученные после августа 1991 г. ценились всё меньше. Поэтому у Ельцина перспективы победить на честных выборах практически не было, как, скажем, и у Леха Валенсы в Польше в 1995 г., но, в отличие от последнего, у российского Президента не было шансов и законно вернуться к власти на следующих выборах в 2000 г. Большинство россиян считали себя обворованными «прихватизацией» — они не получили от нее никаких материальных выгод (в противоположность восточноевропейцам, немало получившим от реституции вещных прав). Лидер КПРФ обещал расправиться с нуворишами и «вернуть собственность народу», то есть восстановить социалистические принципы хозяйствования. Скорее всего, это ему не удалось бы, но тогда, в 1996 г. нищий и голодный народ жаждал справедливости, и над новой элитой России нависла смертельная опасность. Она бы собственности лишились навсегда.

Ельцин говорил в близком окружении, что он готов уйти, если народ его больше не желает, но люди, связавшие с его режимом свою судьбу и благополучие, были настроены на борьбу «до конца». Они мобилизовали все возможные средства, чтобы исправить ситуацию. Были использованы популистские приемы — приняты указы и распоряжения о незамедлительном погашении задолженности государства по выплате заработной платы, пенсий, пособий, студенческих стипендий, о мерах по поддержке военно-промышленного комплекса и армии. Президент пообещал в кратчайший срок прекратить военные действия в Чечне. На помощь Ельцину пришли самые богатые люди страны, сделавшие состояния благодаря новому режиму. Во время Всемирного экономического форума в Давосе крупнейшие российские бизнесмены, названные позднее «давосской семеркой», а также «семибанкирщиной», заключили соглашение о финансовой поддержке ельцинской кампании.

Избирательный штаб Ельцина во главе с Анатолием Чубайсом, инициатором давосского соглашения, мобилизовал для проведения кампании и иные ресурсы. По всей стране щедро оплаченные поп-звезды без устали выступали на массовых концертах под лозунгами сплочения в поддержку Ельцина. Влиятельные электронные средства массовой информации были поставлены под контроль командой Ельцина не только с помощью денег, но и благодаря использованию «административного ресурса». В осведомленных кругах говорили, что популярный генерал-патриот Александр Лебедь, командовавший группировкой российских войск в Приднестровье был наскоро выдвинут избирательным штабом Ельцина в качестве еще одного кандидата в президенты, дабы оттянуть голоса избирателей-патриотов от Зюганова.

Тем не менее, Ельцин не смог победить с первой попытки. В первом туре выборов президента 16 июня 1996 голоса разделились так: Ельцин – 35,28%; Зюганов – 32,04%; Лебедь – 14,5%; Явлинский – 7,41%; Жириновский – 5,8%. Каждый из пяти остальных претендентов получил менее 1% голосов, в том числе М.С. Горбачев (0,51%): его всемирная популярность отклика в России не нашла. Около 4% избирателей голосовали «против всех».

Совсем небольшой отрыв Ельцина от Зюганова вызвал тревогу в окружении Президента: возвращение коммунистов к власти демократическим путем стало возможным. Ельцин поспешил ввести генерала искл. Лебедя искл. в свое правительство на должность секретаря Совета безопасности и призвал банкиров, только что разбогатевших на залоговых аукционах, оказать ему во втором туре мощную финансовую поддержку. На выборах 3 июля 1996 г. многие голосовали не столько «за» Ельцина сколько «против» Зюганова; результат оказался таким: Ельцин – 54,4%; Зюганов – 40,7%; против обоих – 4,9%.

После победы на президентских выборах 1996 г. Ельцин и его окружение продолжили укрепление и развитие экономических и социальных тенденций предшествующего периода. Экономические реформы сопровождались радикальным перераспределением собственности, серьезной структурной перестройкой, противоречивыми социально-экономическими следствиями. Экономика, поставленная в условия жесткой международной конкуренции, сокращала производственные показатели на протяжении всего десятилетия. Сокращение валового внутреннего продукта в период 1991–1999 гг. составило 40%, при этом самый глубокий спад – более 30% – пришелся на первые три года ельцинского правления. Структурная перестройка привела к упадку наукоемких отраслей (электроника, точное машиностроение и др.), а также легкой и пищевой промышленности, сельского хозяйства. Зато на ведущей позиции прочно закрепился сырьевой капитал – топливно-энергетическая, горно-металлургическая, лесная и целлюлозно-бумажная отрасли. Их удельный вес в общем промышленном производстве увеличился в три раза.

Наиболее успешным было развитие нефтяной и газовой отрасли. К концу 1990-х гг. Россия практически восстановила прежние объемы экспорта нефти и значительно превзошла объемы экспорта газа. В 2000 г. экспорт нефти и нефтепродуктов принес 33,1 млрд долларов, или 228 долларов на одного россиянина (в 1985 г. на одного жителя СССР приходилось 46 долларов, почти в пять раз меньше). Рентабельность нефтедобывающей промышленности приблизилась к 70%, почти в три раза выше средней по промышленности (рентабельность газовой отрасли из-за низких внутренних цен, регулировавшихся государством, не превышала среднюю по промышленности). Но, в отличие от советского периода, прибыли нефтяной отрасли, практически полностью приватизированной, доставались уже частным собственникам. Нефтевладельцы составили костяк как капиталистического класса в целом, так и бизнес-элиты.

Важное значение для развития экономики имело изменение в 1994 г. прежней схемы приватизации. Правительством было признано, что ваучерная приватизация не привела к оживлению промышленности, не создала ни стратегических инвесторов, ни среднего класса и практически ничего не дала бюджету. Второй этап приватизации предполагал открытую продажу предприятий по их рыночной стоимости. Надежды правительства были связаны с тем, что в этом случае приватизируемые предприятия приобретут эффективных хозяев, а государственная казна получит серьезный реальный доход.

Ожидание высоких доходов не оправдалось, они оказались в несколько раз ниже запланированных и даже ниже, чем на ваучерном этапе 1992—1993 гг. К злоупотреблениям и махинациям, характерным для первого этапа, добавились новые. Вместо открытых и честных аукционов, в которых на равных могли конкурировать все желающие, распространилась практика сговоров госчиновников, ответственных за приватизацию, и ловких банкиров, финансовых дельцов, теневого бизнеса. В результате предприятия продавались по цене, гораздо ниже рыночной.

Особое место на втором этапе приватизации заняли *залоговые аукционы*. Государство, остро нуждавшееся в быстром пополнении казны, передавало пакет акций по заниженной стоимости в залог, как правило, крупному коммерческому банку. В случае невозврата государством долга, что стало правилом, банк становился полноправным собственником акций, принимая во владение высокодоходное предприятие. Уже на первом залоговом аукционе, состоявшемся в 1995 г., ОНЭКСИМ банк за 170 млн долларов приобрел контрольный пакет акций Норильского никелевого комбината, мирового флагмана в производстве никеля, хрома, кобальта, платины (по официальным данным, в 2001 г. чистая прибыль «Норильского никеля» составила около 1 млрд долларов, а капитализация корпорации превысила 10 млрд долларов). На аукционе была отвергнута заявка банка «Российский кредит», предложившего государству сумму, вдвое большую, чем ОНЭКСИМ банк.

В том же 1995 г. на залоговом аукционе Михаил Ходорковский и его группа «Менатеп» приобрели контрольный пакет акций государственной компании ЮКОС за 350 млн долларов, а уже в 1997 г. рыночная капитализация корпорации достигла 9 млрд долларов. В декабре 1995 г. на залоговом аукционе по продаже государственного пакета (51%) акций национальной компании «Сибнефть» он был приобретен Нефтяной финансовой компанией, контролируемой Борисом Березовским и Романом Абрамовичем, совместно со Столичным банком сбережений за 100,3 млн долларов. К концу 1990-х гг. чистая прибыль компании превысила эту сумму в десятки раз, а Абрамович и Березовский вошли в число первых российских долларовых миллиардеров. Так Президент Ельцин расплатился национальными богатствами России с поддержавшими его в 1995—1996 гг. банкирами.

В российскую бизнес-элиту, наряду с крупными банкирами, собственниками нефтяных и металлургических компаний, вошли также главы государственных концернов из числа так называемых естественных монополий (добыча и транспортировка газа, производство электроэнергии, железные дороги). Среди последних наиболее крупным стал концерн «Газпром». Контрольный пакет акций монопольного владельца газовой отрасли оставался в руках государства, а остальные акции распространялись и продавались на основе закрытых схем. В результате их львиная доля оказалась в руках бывших советских руководителей газовой отрасли, в первую очередь у Рема Вяхирева. В 1998 г. он и другой «газовый магнат» Виктор Черномырдин, наряду с нефтяными «королями», были включены американским журналом «Форбс» в первый список российских долларовых миллиардеров.

Появление на седьмом году приватизации узкого круга российских долларовых миллиардеров свидетельствовало не только о возникновении бизнес-элиты, сравнявшейся по богатству с виднейшими фигурами мировой экономики, но и о высочайшей степени концентрации производства и капиталов в ведущих отраслях экономики России. В начале XXI в. доля шести ведущих нефтяных компаний составила 72% нефтедобычи. В черной металлургии четыре ведущих компании производили около половины всей продукции отрасли. Компания «Русал», которую возглавил долларовый миллиардер Олег Дерипаска, контролировала 70% выплавки алюминия. «Норильский никель» господствовал в производстве никеля и платины. Три естественных монополии — газовая, электрическая и железнодорожная, в которых было занято не более 4% от всей рабочей силы, — давали 13,5% ВВП и 18,6% доходов консолидированного бюджета страны.

Между первым и вторым турами выборов 1996 г. обнаружился новый источник беспокойства — тяжелая сердечная болезнь Бориса Ельцина. 17 октября Президент отправил в отставку Александра Лебедя, требовавшего себе новых полномочий (в мае 1998 г. Лебедь был избран губернатором Красноярского края, а в апреле 2002 г. погиб в авиакатастрофе). Сам же Ельцин лег в больницу, где 5 ноября 1996 г. ему сделали сложную операцию на сердце. Только в феврале 1997 г. он вернулся к активной деятельности.

Тем временем, по данным профсоюзов, свыше 15 млн человек участвовали в разного рода протестах против невыплаты зарплат, пенсий и пособий. В январе 1997 г. против невыплат выступил даже Патриарх Алексий II. Между народом и правительством было все меньше доверия. В марте 1997 г. в состав правительства входит «молодой реформатор» Борис Немцов, бывший нижегородский губернатор. На 1 января 1998 г. назначена «деноминация» рубля — банкнота в 1000 рублей приравнивается к новой монете в один рубль. Но назревают более серьезные финансовые события в связи с продолжающимся дефицитом бюджета и растущим государственным долгом.

В 1997—1998 гг. руководители большого бизнеса, в первую очередь такие как Березовский, Гусинский, Вяхирев, Черномырдин, Чубайс, Алекперов, Абрамович,

Потанин, стали обозначаться российским обществом и журналистами как олигархи. Под олигархией, как и в античные времена, понималось сращивание экономической и политической власти. Олигархи прибирали политическую власть к рукам разными способами, как прямым вхождением во власть (Березовский, Потанин), так и косвенными путями. Добиваясь, часто при помощи подкупа депутатов, принятия угодных решений, олигархи обеспечили себе влияние на «четвертую власть» — средства массовой информации. Здесь особенно преуспели Березовский и Гусинский, создавшие при поддержке Президента и его ближайшего окружения собственные медиаимперии, в которые вошли два из четырех ведущих национальных телеканала, радиостанции, газеты.

Лидер партии «Яблоко» Григорий Явлинский, яркий и последовательный критик олигархии (при том, что сам был близок к одному из виднейших олигархов — Гусинскому), одним из первых выделил в качестве ее главного звена «семью». Под «семьей» понималось не что иное, как семья самого Президента Ельцина и пользовавшиеся ее доверием и покровительством крупные бизнесмены. Активная олигархическая роль в «семье» принадлежала не столько самому Ельцину, сколько его дочери Татьяне Дьяченко, обладавшей большим влиянием на отца. Ближайшие родственники Президента и сами активно прибирали к рукам лакомые куски приватизируемой госсобственности. В марте 1997 г. на пост генерального директора крупнейшей и богатейшей российской авиакомпании «Аэрофлот» был избран В. Окулов, муж второй дочери Ельцина. Поскольку назначения на руководящие посты в «Аэрофлоте» контролировались Б. Березовским, был сделан вывод об особой роли этого олигарха в высшей российской власти. На завершающем этапе правления Ельцина, как полагали многие и как сам Березовский подчеркивал, он выступал в качестве «серого кардинала» «семьи», сменив в этой роли попавшего в 1996 г. в опалу Коржакова. В кругу «семьи» намечались стратегические решения для самых разных сфер российского общества.

Литература
Павел Хлебников. Крестный отец Кремля Борис Березовский. М., 2004.

6.1.7. Экономический кризис 1998 г. и отказ Президента Ельцина от власти

С роспуском Верховного Совета в сентябре 1993 г. Центробанк был переподчинен правительству, стали выпускаться государственные казначейские обязательства (ГКО) – ценные бумаги, по которым правительство брало деньги взаймы. Но противившийся реформам председатель Центробанка В.В. Геращенко только в октябре 1994 г. ушел в отставку (по случаю «черного вторника» — внезапного обвала курса рубля 11 октября 1994 г.). И только в **апреле 1995 г. независимость Центрального банка была законодательно утверждена** под давлением Международного валютного фонда (МВФ). Произошло отделение кредитно-денежной политики (дело Центрального банка) от бюджетной (дело правительства). Преодоление инфляции зависело от этих мер, но они сильно задержались. К тому же критерием устойчивости денег был выбран обменный курс рубля; с лета 1995 по август 1998 г. рубль был сильно переоценен. Чтобы такой курс держать, банк нереально взвинчивал процентные ставки по займам, в том числе по ГКО. Это привлекло огромный приток спекулятивного капитала из заграницы. Но платить такие суммы по процентам было нечем.

Неразвитость российской банковской системы в первые 10 лет реформ служила сильнейшим тормозом экономического роста. В условиях инфляции и бюджетного дефицита банки считали для себя более выгодным играть в финансовые игры с государственными средствами, а не заниматься своим прямым делом — хранить сбережения населения и выдавать ссуды предприятиям и частным лицам. В результате население хранило свои сбережения в виде иностранной валюты под матрасом, без пользы для себя и для экономики в целом.

После президентских выборов 1996 г. российское правительство продолжило политику радикальных экономических реформ. Ее неотъемлемой частью стал жесткий монетаризм, снижение инфляции, поддержание твердого курса рубля по отношению к доллару. Однако замыслы правительства вошли в резкое противоречие с экономическими реалиями. Одной из них стало рекордное (до 13,6 долларов за баррель) падение в 1998 г. мировых цен на нефть, дававшей львиную долю поступлений в государственную казну и влиявшую на все отрасли народного хозяйства. Зависимость от цен на нефть российской экономики воздействовала на все отрасли хозяйства. Резко, в три раза, сократилась собираемость налогов, правительство погрязло в долгах, оказавшись не в состоянии выплачивать пенсии, заработную плату бюджетникам, оплачивать оборонный заказ.

Созданная правительством финансовая пирамида ГКО позволяла в течение некоторого времени привлекать под высокий процент огромные займы и затыкать бюджетные дыры, но в итоге она сыграла по отношению к бюджету роль бумеранга, разрушив его непосильными процентными выплатами. 23 марта 1998 г. перед лицом приближавшейся финансовой катастрофы Борис Ельцин отправил в отставку премьер-министра Виктора Черномырдина, назначив на его место 35-летнего банкира Сергея Кириенко, занимавшего до того должность министра топлива и энергетики. Кириенко предпринял отчаянные меры по исправлению ситуации, но спасти ее не было шансов. В июле правительство обязано было выплатить 30 млрд рублей внутри страны и 30 млрд рублей процентов по внешнему долгу, доходы же его составили всего 22 млрд. Все эти цифры от общества скрывались. Более того, в первой половине августа Борис Ельцин клятвенно заверил, что национальным финансам ничто не угрожает и россияне могут быть спокойны за свои сбережения.

Пока происходили эти события и премьеры сменяли один другого, Ельцин не забывал про идейную сторону политики. Более того, исподволь готовя общество к тяжелому финансовому испытанию, он вновь делает шаг (как и в 1991 г., и в 1993—1994 гг.) в сторону восстановления преемства со старой докоммунистической Россией. В этом все большем преодолении коммунистического прошлого и воссоединении прорванной большевизмом культурной и правовой ткани России Президент Ельцин, то ли сознательно, то ли в силу политической интуиции, которая всегда была сильна у него, видит источник собственной популярности и будущего благополучия народа.

В восьмидесятую годовщину убийства Императора Николая II, его семьи и слуг, 17 июля 1998 г., в Петропавловском соборе в Санкт-Петербурге состоялось торжественное захоронение останков, обнаруженных Гелием Рябовым под Екатеринбургом еще в 1979 г. и раскопанных в 1991 г. Несмотря на продолжительные научные изыскания, подлинность останков оставалась спорной, но правительство ее признало. Главными инициаторами придания захоронению останков царской семьи общенационального уровня выступали Борис Немцов и его советник Виктор Аксючиц, который и был «душой» всего дела. Президент Ельцин до последнего дня не говорил ни да ни нет по поводу своего участия в церемонии, но все готовилось в расчете на участие Президента. Наконец вечером 15 июля он сказал твердое да. Президента Ельцина связывали с Государем и его семьей «особые отношения»: когда он был первым секретарем Свердловского обкома, он уничтожил дом Ипатьева — место убийства царской семьи — как место паломничества монархистов. А теперь тяготился этим своим деянием.

Патриарх Алексий II не дал благословения служить панихиду по предаваемым земле людям как по членам царской семьи, и за них молились безымянно. Но в окрестных храмах священники служили панихиду именно по Государю Николаю и его семье и близким людям.

Государя хоронили не как частное лицо, а как Главу государства и Верховного Главнокомандующего. Исполнялся воинский старый гимн «Коль славен наш Господь в Сионе...» Гроб Императора и гроб Императрицы были покрыты золотыми императорскими штандартами. Гробы несли старшие офицеры российской армии, их везли на орудийных лафетах. Во всем Петербурге в эти дни были приспущены национальные русские флаги. Огромный трехцветный флаг с траурными лентами развевался над Зимним дворцом.

Петропавловский собор был полон приглашенными гостями. Присутствовали практически все живые потомки и родственники Императора Николая, в том числе правнуки Императора Николая I Николай и Дмитрий Романовичи, герцог Майкл Кентский, присутствовали и потомки убитых с Государем близких ему людей. Во время панихиды Наина Ельцина, супруга Президента, рыдала.

> Перед гробами с останками убиенных бледный Президент Ельцин торжественно и строго сказал: «Долгие годы мы замалчивали это чудовищное преступление, но надо сказать правду: расправа в Екатеринбурге стала одной из самых постыдных страниц нашей истории. Предавая земле останки невинно убиенных, мы хотим искупить грех своих предков. Виновны те, кто совершил это злодеяние, и те, кто его десятилетиями оправдывал. Виновны все мы. Нельзя лгать себе, объясняя бессмысленную жестокость политическими целями. Расстрел семьи Романовых – результат непримиримого раскола в российском обществе на "своих" и "чужих". Его последствия сказываются и поныне. Захоронение останков жертв екатеринбургской трагедии – прежде всего акт человеческой справедливости. В нем – символ единения народа, искупления общей вины». Беседуя с заместителем руководителя президентской администрации Евгением Савостьяновым, один из авторов этого учебника задал ему вопрос: кто же подсказал Президенту эти фразы? В ответ было сказано: Президенту подготовили шесть текстов речи, он тщательно прочел все и выбрал ту, где были слова о нашей общей вине и о необходимости общего покаяния в грехах предков.

В конце 1998 г. планировалось вынести правовое решение о законности разгона большевиками Учредительного собрания в январе 1918 г. С предложением обратиться в прокуратуру по этому вопросу выступил заместитель руководителя президентской администрации Евгений Савостьянов. Ельцин говорил и о том, что пора вынести тело Владимира Ленина из мавзолея на Красной площади и похоронить его «по-человечески». Но не решился. Боялся нового раскола в обществе.

17 августа 1998 г., для непосвященных как гром среди ясного неба, прозвучали правительственные заявления о введении экстренных мер по нормализации бюджетной и финансовой политики. Фактически они означали отказ от фиксированного курса рубля, прекращение операций по обслуживанию ГКО, мораторий на принятие новых внешних финансовых обязательств. Последствия были драматическими: многие коммерческие банки и структуры рухнули, рубль обесценился в реальной покупательной способности к доллару в 4 раза, в покупательной способности к докризисному рублю – в 2,5 раза. Цены взмыли вверх, огромное количество россиян, как и в 1992 г., лишились накоплений. Инфляция составила 96% в 1998 г., и 35,9% в 1999 г. Реальный среднедушевой доход россиян упал в 2,5 раза.

Дефолт 1998 г., как были обозначены финансовые события августа, имел радикальные политические последствия. После августовского финансового краха Ельцин хотел вернуть в премьеры Черномырдина, но Дума выступила против. В угоду ей в сентябре 1998 г. он назначил премьером Евгения Максимовича Примакова, а Юрий Маслюков стал его заместителем. Первый служил ранее директором Службы внешней разведки, а второй был последним председателем Госплана СССР и видным деятелем КПРФ.

Однако никакого «левого» и тем более «коммунистического» курса новое правительство не стало осуществлять. Мероприятия правительства Примакова носили преимущественно прагматический характер и способствовали постепенной стабилизации экономической ситуации. Только после того как валютный курс устоялся на реальном уровне 24, а не 6 новых рублей за доллар, началась подлинная **стабилизация денежной системы и ускоренный рост отечественного производства**. Рыночная система заработала.

Позитивные результаты в деятельности правительства осенью 1998 — весной 1999 г. в значительной мере явились оборотной стороной девальвации рубля, способствовавшей резкому оживлению экспортных отраслей. У людей стало в четыре раза меньше денег, и они начали покупать более дешевые отечественные продукты вместо более качественных, но и более дорогих импортных. Импортерам стало невыгодно ввозить многие свои товары на российский рынок. Уже в конце 1998 г. оживает пищевая российская промышленность. За ней в начале 1999 г. поднимаются и другие отрасли. В целом в первой половине 1999 г. в сравнении с соответствующим периодом 1998 г. российская экономика выросла на 1,5%.

Укрепивший свои политические позиции Евгений Примаков попытался оттеснить от власти «серого кардинала» Бориса Березовского, но получил резкий отпор со стороны «семьи» и был отправлен в отставку Президентом Ельциным 12 мая 1999 г. На пост Председателя Совета министров был назначен Сергей Степашин — ранее министр внутренних дел и соратник Ельцина по августу 1991 г., продержавшийся в качестве премьера менее двух месяцев. В начале августа премьерское место занял Владимир Путин, являвшийся до того руководителем Федеральной службы безопасности (ФСБ), а до того работавший в Петербургской мэрии под началом Анатолия Собчака. При «старом режиме» он был офицером КГБ.

Политический дебют нового премьера оказался главным событием года. Первая самостоятельная акция Путина явилась ответом на неожиданно драматическое развитие событий на Северном Кавказе, вызванное широкомасштабным вторжением чеченских военных соединений во главе с Шамилем Басаевым и Хаттабом на территорию Дагестана. Российское правительство действовало жестко и решительно, новый премьер-министр быстро завоевал широкую поддержку общества. В то время как его позиции укреплялись, авторитет Ельцина неуклонно снижался. Кризис ельцинского режима осенью 1999 г., в канун очередных выборов в Государственную Думу, привел к расколу российской политической элиты и породил ожесточенную борьбу за власть в верхах. Но российское общество, утомленное тяготами экономической реформы и окончательно выбитое из равновесия дефолтом, более оставалось, в отличие от 1991 г., зрителем, чем участником этой борьбы.

Оппозиционная часть политической элиты во главе с влиятельным московским мэром Юрием Лужковым (заместителем Гавриила Попова, сменившим его на этом посту после ухода Попова в отставку) и отставным премьером Евгением Примаковым сумела создать вместе с главой Татарстана Минтимером Шаймиевым мощный избирательный блок «Отечество — вся Россия» (ОВР). Главным идеологическим призывом блока было воспроизведение в российской жизни «китайского опыта» перехода к рынку. Знающий востоковед (арабист по профессии, профессиональный разведчик, долгие годы директор ведущих академических институтов — Мировой экономики и международных отношений; Востоковедения), Примаков прекрасно знал и историю коммунистического Китая, и действительное положение в этой стране, где подконтрольное коммунистам рыночное развитие соединялось с тоталитарной диктатурой в области идей и гражданских (а тем более политических) свобод, с концлагерями и казнями. Но это не смущало лидеров ОВР. Российским гражданам преподносился мудрый путь Дэн Сяопина и его соратников. В предвыборных роликах процветающий коммунистический Китай с хорошо одетой и счастливой городской толпой постоянно сравнивался с разоренной «демократами» Россией и ее обнищавшим народом.

В то время как позиции блока ОВР укреплялись, влияние прежней партии власти «Наш дом — Россия» (НДР) стремительно сходило на нет. Было очевидно, что избиратели не простят ей финансовой катастрофы 1998 г. В такой ситуации кремлевское руководство предприняло политический маневр и создало новую политическую партию «Единство» во главе с Сергеем Шойгу, популярным министром по чрезвычайным ситуациям. С самого начала Шойгу действовал в тесном контакте с Путиным, что помогло «Единству» быстро нарастить поддержку среди избирателей. И Путин, и Шойгу представляли себя, в отличие от ОВР, либерал-государственниками. Рынок и приватизация признавались нерушимыми ценностями, но государству надлежало определять курс стратегического развития и стоять на страже его реализации. Эту цель могло осуществить государство сильное, «прозрачное» (транспарантное) и честное, полностью очищенное от коррупции. Поэтому реформа государственной службы включалась в число актуальных задач.

На выборах в Государственную Думу 19 декабря 1999 г. «Единство» одержало победу над ОВР, после чего избирательное объединение Лужкова — Примакова сочло за благо примкнуть к партии-победительнице. Раскол российской политической элиты был преодолен. Но преодоление раскола увязывалось с политическими успехами Путина, а отнюдь не Ельцина, авторитет которого был низок как никогда. Политическое окружение Ельцина пришло к выводу, что наилучшим способом сохранения своего влияния в стране являлась передача Ельциным президентской власти Путину, в лояльности которого оно не сомневалось. 31 декабря 1999 г., к полной неожиданности россиян, Президент Ельцин выступил с телевизионным обращением к нации, в котором объявил о досрочном сложении с себя полномочий главы государства и возложении их, вплоть до выборов нового Президента, на Председателя правительства России Владимира Владимировича Путина.

> В своем последнем обращении к нации Президент Ельцин, в частности, сказал: «...главное дело моей жизни я сделал. Россия уже никогда не вернется в прошлое. ...Я хочу попросить у вас прощения. За то, что многие наши с вами мечты не сбылись. И то, что нам казалось просто, оказалось мучительно тяжело. Я прошу прощения за то, что не оправдал некоторых надежд тех людей, которые верили, что мы одним рывком, одним махом сможем перепрыгнуть из серого, застойного тоталитарного прошлого в светлое, богатое, цивилизованное будущее. Я сам в это верил. Одним рывком не получилось. ...Я ухожу. Я сделал все, что мог. Мне на смену приходит новое поколение, поколение тех, кто может сделать больше и лучше».

При всей неожиданности для российских масс поступка Ельцина, уже через несколько дней и этот поступок, и сам экс-президент отодвинулись на второй план общественного сознания. Согласно социологическим опросам, досрочную отставку Ельцина одобрили 86% россиян, еще 8,4% отнеслись к ней равнодушно.

> **Борис Николаевич Ельцин** родился 1 февраля 1931 г. в крестьянской семье в селе Бутка Талицкого района Свердловской области. Окончил строительный факультет Уральского политехнического института по специальности «инженер-строитель» в 1955 г. После этого тридцать лет проработал в Свердловской области. С 1955 по 1968 г. был мастером, прорабом, главным инженером стройуправления треста «Южгорстрой», начальником Свердловского домостроительного комбината. В 1961 г. вступил в КПСС.
> С 1968 по 1976 г. возглавлял отдел строительства Свердловского обкома партии. В 1975 г. был секретарем Свердловского обкома КПСС по промышленности, а с 1976 по 1985 г. – первым секретарем Свердловского обкома КПСС. В декабре 1985 г. был избран первым секретарем Московского городского комитета КПСС. В октябре 1987 г. выступил с критикой Генерального секретаря ЦК КПСС М.С. Горбачева, поставив ему в вину медленные темпы демократической перестройки общества. После этого был освобожден от занимаемой должности и назначен первым заместителем председателя Госстроя СССР. В марте 1989 г. во время выборов первого Съезда народных депутатов СССР одержал уверенную победу в избирательном округе г. Москвы. Во время работы съезда стал одним из соучредителей Межрегиональной депутатской группы, выступившей с либерально-демократической оппозицией курсу М. Горбачева. В январе 1990 г. участвовал в создании движения Демократическая Россия, добившегося крупного успеха на выборах первого съезда народных депутатов России весной 1990 г.

В июне 1990 г. избран Председателем Верховного Совета РСФСР, после чего приступил к разработке радикальных рыночных реформ. В июле 1990 г. вышел из рядов КПСС.

12 июня 1991 г. Б.Н. Ельцин всенародным голосованием был избран первым Президентом Российской Федерации. 19–21 августа 1991 г. возглавил сопротивление попытке консервативного крыла руководства СССР и КПСС осуществить государственный переворот и прервать демократические реформы. В начале декабря 1991 г. совместно с руководителями Украины и Белоруссии выступил с инициативой ликвидации СССР и замены его Содружеством Независимых Государств. С осени 1991 г. возглавил курс на радикальные экономические реформы в России. Вошел в острый конфликт с Верховным Советом РСФСР, оказавшим жесткое сопротивление реформам. Конфликт завершился вооруженной схваткой сторонников Верховного Совета и президентской стороны в октябре 1993 г. После победы Президента России и его сторонников в декабре 1993 г. в России были проведены выборы нового органа законодательной власти – Государственной Думы и принята новая Конституция Российской федерации.

В июне – июле 1996 г. в ходе двух туров очередных выборов Президента России Б.Н. Ельцин был вновь избран главой государства. Продолжение курса экономических реформ породило ряд серьезных противоречий. В августе 1998 г. произошел глубокий финансовый кризис, сопровождавшийся замедлением экономического роста и снижением жизненного уровня широких слоев населения. Одним из следствий стал кризис властных структур, выразившийся в частой смене кабинета министров и новых конфликтах законодательной и исполнительной власти. 31 декабря 1999 г. Б.Н. Ельцин объявил о своей досрочной отставке и добровольно оставил пост Президента Российской Федерации. Б.Н. Ельцин скончался 23 апреля 2007 г. в Москве на 77-м году жизни. Попрощаться с Ельциным пришли десятки тысяч людей. Он был отпет в восстановленном во время его правления храме Христа Спасителя и похоронен на Новодевичьем кладбище в Москве. Прощаясь со своим предшественником, Президент Владимир Путин, в частности, сказал: «Очень немногим дана такая судьба – стать свободным самому и повести за собой миллионы. Побудить к поистине историческим переменам отечество и преобразить тем самым мир. ...Борис Николаевич всегда верил в возрождение и преображение России... И мы будем идти к этой цели».

Литература
Б. *Ельцин*. Президентский марафон. М., 2000.
Е. *Примаков*. Восемь месяцев плюс... М.: Мысль, 2001.
В. *Согрин*. Политическая история современной России. 1985–2001: от Горбачева до Путина. М.: Весь мир, 2001.
Л. *Шевцова*. Режим Бориса Ельцина. М.: РОССПЭН, 1999.
Эпоха Ельцина. Очерки политической истории. М.: Вагриус, 2001.

6.1.8. Президентство Владимира Путина. Старые вызовы и новые тенденции развития. Реформы политической системы, государственного аппарата и армии. Идейная основа политики Президента

В марте 2000 г. В. Путин одержал победу на президентских выборах уже в первом туре (за него проголосовало 52,9% участвовавших в выборах, а за главного соперника Г. Зюганова — 29,2%). Программное кредо Путина содержало многозначительную перекличку с российским прошлым: "Земля наша богата, порядка только нет", — говорили в России. Больше так о нас говорить не будут». В марте 2004 г. на новых президентских выборах Путин одержал еще более убедительную победу: за него проголосовали 71,31% избирателей, в то время как за его главного конкурента, выдвиженца КПРФ Н. Харитонова, только 13,69%. На протяжении всего периода пребывания у власти Путин пользовался устойчивой поддержкой большинства россиян — рейтинг его популярности в среднем составлял 70%. В способности внушать массам веру в себя и свои действия он превзошел обоих своих предшественников — и Горбачева, и Ельцина. В течение всего периода пребывания у власти Владимир Путин не встречал сколько-нибудь серьезной оппозиции и имел возможность выбора собственного политического курса.

С течением времени различия между Путиным и его предшественником на посту главы государства углублялись, а в 2004 г. в ходе своей второй президентской кампании Путин подверг ельцинское наследие сокрушительной критике: «За чертой бедности оказалась фактически треть населения страны... Люди были напуганы дефолтом, потерей в одночасье всех денежных вкладов и всех своих сбережений... Конституция страны и федеральные законы утратили во многих регионах качество актов высшей юридической силы». Новый Президент взял обязательство преодолеть эти пороки, а в его собственном внутриполитическом курсе главными оказались три направления: 1) реорганизация государства, преследующая цель укрепления его центра, всей вертикали власти, восстановления законности в регионах России; 2) создание новой диспозиции во взаимоотношениях государства и бизнес-элиты, означающее отстранение олигархов от центров политической власти; 3) резкий подъем экономики, либерально-рыночные нововведения в экономическую и социальную сферы в сочетании с фундаментальными адресными социальными программами.

На протяжении всего пребывания Владимира Путина у власти наиболее серьезными, сопровождаемыми принципиально важными следствиями были политические реформы. Первая реформа (одобрена в 2000 г.) создавала семь федеральных округов, выступавших промежуточными и одновременно связующими звеньями между центром и 89 регионами России. Через год после создания федеральных округов Президент России выразил удовлетворение реформой, а в последующем неизменно подчеркивал, что она стала одним из главных механизмов приведения законодательных актов регионов в соответствие с федеральной Конституцией.

Вторая политическая реформа 2000 г. — реорганизация Совета Федерации, верхней палаты Федерального Собрания, также серьезно ущемила статус региональных лидеров. Губернаторы и председатели региональных законодательных собраний, являвшиеся по статусу и членами верхней палаты («сенаторами»), согласно реформе, расстались с местами в Совете Федерации. Вместо них «сенаторами» стали рядовые назначенцы региональных исполнительных и законодательных органов. В результате уменьшились как возможности влияния региональных лидеров на центральную власть, так и политический вес самих регионов. Чтобы подсластить горькую пилюлю, «прописанную» региональным губернаторам, Президент создал для них Государственный Совет — совещательный орган, призванный давать стратегические рекомендации для разработки новой законодательной базы. Как и Государственный Совет, созданный некогда Александром I, он стал не противовесом главе государства, а придатком к нему.

Среди политических реформ важное значение имели федеральные законы о политических партиях, среди них закон об увеличении минимальной численности любой партии до 50 тысяч человек. Были усилены контрольные функции государства на выборах, что поспособствовало усилению позиции партии власти — «Единой России», возникшей в результате слияния блоков «Единство» и «Отечество — вся Россия». Триумфом для «Единой России» завершились выборы в Государственную Думу в конце 2003 г.: ее фракция, после того как к ней примкнули независимые депутаты, составила 305 человек (более $^2/_3$ Думы). В тоже время в Думу впервые не смогла пройти ни одна из оппозиционных либеральных партий, а лидеры левых — коммунисты получили чуть более 12% голосов. «Единая Россия» неизменно декларировала полную поддержку президентского курса, что явилось гарантией одобрения всех инициатив главы государства в высшем законодательном органе.

Серьезными политическими нововведениями сопровождался второй срок пребывания В. Путина у власти. По степени важности это были следующие реформы: 1) избрание губернаторов не на основе волеизъявления всех избирателей, как было раньше, а путем голосования законодательных собраний территорий по кандидатуре, предложенной Президентом России; 2) введение пропорциональной системы выборов в Государственную Думу по партийным спискам вместо прежней смешанной системы; 3) повышение избирательного порога для прохождения политических партий в Государственную Думу с 5 до 7%; 4) отмена порога явки избирателей на выборы (прежде выборы являлись действительными при явке на президентские выборы не менее 50%, в Государственную Думу — 25%, в местные органы власти — не менее 20% избирателей).

Политическая оппозиция оценила эти реформы как ограничение политической демократии в России. Представители президентской стороны отстаивали тот тезис, что демократия не имеет шаблонов, по этой причине отклонения от западной модели не могут рассматриваться как отход от принципов демократии. Ими была выдвинута концепция *суверенной демократии*, которая была включена партией «Единая Россия» в собственную программу. Согласно ей Россия, как и любая другая страна, имеет право на ту демократическую модель, которая соответствует ее национальным условиям и надежно обеспечивает ее национальный суверенитет.

Второе направление политических преобразований В. Путина — отстранение олигархов от власти. Формулируя свою принципиальную позицию, Президент указывал, что «так называемые олигархи... которые стали миллиардерами, как у нас говорят, в одночасье... прекрасно поняли, как можно манипулировать общественным мнением, и, по сути, так же, как поступали с природными ресурсами, начали поступать и со средствами массовой информации, и с общенациональными каналами телевидения и так далее, подчиняя их своим групповым интересам, подменяя общенациональные интересы групповыми».

Первыми весной 2000 г. под удар были поставлены Борис Березовский и Владимир Гусинский, как и принадлежавшие им информационные империи. Генеральная прокуратура, возбудившая уголовные дела против двух олигархов, предъявила им конкретные обвинения, в первую очередь связанные с мошенничеством и преступлениями в ходе приватизации. Летом — осенью 2000 г. оба олигарха выехали из России, поставив себя в положение невозвращенцев. После этого подвластный Березовскому и самый влиятельный общероссийский телеканал ОРТ перешел под контроль государства, которое решительно поменяло его политику. Другой телеканал, НТВ, перешел под контроль подвластного государству Газпрома, приобретшего контрольный пакет акций влиятельного СМИ.

Летом 2003 г. Генпрокуратура возбудила несколько уголовных дел против руководителей нефтяной компании ЮКОС во главе с Михаилом Ходорковским. Поначалу арест Ходорковского вызвал протест со стороны ведущих организаций российского бизнеса (Российский союз промышленников и предпринимателей, «Деловая Россия» и «Опора России»), как и негативную оценку премьер-министра Михаила Касьянова. Но после того как российский Президент потребовал от нарушивших лояльность членов правительства «прекратить истерику», а лидерам бизнеса посоветовал не вмешиваться в дела судебной власти, фронда прекратилась. Вместе с тем Президент подчеркивал, что судебное преследование олигархов вызвано грубым нарушением ими конкретных законов и что «никаких обобщений, аналогий, прецедентов, тем более связанных с итогами приватизации, не будет».

Наряду с политическими изменениями на рубеже первого и второго сроков президентства В. Путина было предпринято коренное переустройство государственного аппарата — так называемая административная реформа. Идея реформы заключалась в распределении основных функций исполнительной власти: 1) разработки государственной политики и нормотворчества; 2) оказания услуг, управления государственным имуществом и правоприменения; 3) контроля и надзора — между самостоятельными органами в каждой из ключевых отраслей государственного управления. Таким образом предполагалось сократить число федеральных ведомств, повысить через «разделения труда» эффективность их работы и создать механизмы контроля одних ведомств над другими.

Министерства, по этой реформе, отвечают за разработку и принятие общеобязательных правил (в форме различных подзаконных актов — приказов, инструкций и т. д.) в сфере своей компетенции; *федеральные агентства* уполномочены эти правила применять, а также оказывать различные государственные услуги гражданам и юридическим лицам и управлять государственным имуществом; а *федеральные службы* контролируют исполнение этих правил (равно как и регулирующих соответствующие вопросы федеральных законов, актов Президента и правительства). Например, Министерство образования и науки отвечает за выработку государственной политики и нормативно-правовое регулирование в сферах образования, научной деятельности, интеллектуальной собственности, молодежной политики. Федеральное агентство по науке и инновациям реализует государственную политику, управляет госимуществом и оказывает услуги в области научной, научно-технической и инновационной деятельности, а федеральное агентство по образованию — в области образования, воспитания и молодежной политики. Федеральное агентство по надзору в сфере образования и науки контролирует исполнение законодательства в этой области, контролирует качество образования, выдает лицензии и проводит аттестации учебных заведений.

Реформа с самого начала подвергалась критике за свою половинчатость и непоследовательность. В частности, хозяйственно-административные (агентства) и контрольные (службы) органы, став самостоятельными, сохранили, однако, определенную зависимость от министерств. Службы и агентства находятся *в ведении* соответствующих отраслевых министерств. Это означает, например, что именно министерства вносят в правительство представление о назначении на должность руководителей служб и агентств, а в Министерство финансов — предложения по формированию их бюджета, вправе давать обязательные для исполнения поручения. С другой стороны, некоторые отрасли государственного управления были вообще оставлены за рамками реформы — прежде всего так называемые «силовые» министерства. Число министерств сократилось — с 23 до 15 (впоследствии 16), однако общее количество федеральных органов исполнительной власти (то есть министерств, служб и агентств) выросло почти в полтора раза, с 58 в конце 2003 г. до 85 в 2007 г. Соответственно, увеличилась и численность чиновников.

Другим важным направлением административной реформы стало упорядочение работы федеральных исполнительных органов с физическими и юридическими лицами. По замыслу авторов реформы, деятельность чиновника при любом «соприкосновении» с гражданином или фирмой — будь то налогоплательщик, учредитель юридического лица, собственник недвижимости и т. д. — должна быть строго, детально регламентирована, буквально по минутам. Права и обязанности лица при обращении в государственные органы также должны быть определены максимально четко, равно как и способы защиты прав. Таким образом предполагается создать гарантии против коррупции и повысить эффективность и скорость работы чиновников. Новые правила принимаются в форме *административных регламентов*, которые подробно регулируют исполнение каждой отдельной государственной функции — работу с налогоплательщиком, регистрацию эмиссии ценных бумаг и пр.

Реформа в перспективе должна полностью изменить отношения гражданина, бизнеса и государства. Теперь каждый может обращаться в государственные органы, зная, что, на каких условиях и в какие сроки он получит. Недостаток данного нововведения заключается в том, что административные регламенты, сами по себе довольно сложные и объемные документы, принимаются в огромном количестве — только в первоочередном порядке предполагается принять около 350. Их содержание практически малодоступно простым людям. Правила теперь есть, но в каждом ведомстве они — разные. На принятие общего закона об административных процедурах, где были бы установлены универсальные гарантии прав граждан и юридических лиц при обращении в государственные органы (подобные законы действуют во многих странах), правительство РФ не пошло.

К концу 2007 г. административная реформа еще не завершена. Многие заложенные в ней идеи при надлежащем исполнении могут вывести российскую исполнительную власть на качественно новый, более высокий уровень, однако успешной реализации реформы мешают многие причины, в том числе и пресловутый «человеческий фактор» — нехватка квалифицированных и преданных своему делу государственных служащих.

Администрация Владимира Путина продолжила много раз объявленную, но так фактически и не начатую при его предшественнике военную реформу. Российские вооруженные силы на рубеже веков оказались в плачевном состоянии: кадровые военнослужащие страдали от невозможно низких зарплат, подлежащие призыву юноши в массовом порядке уклонялись от службы, пользуясь продажностью военных комиссариатов. Новое поколение не хотело идти в армию, опасаясь пострадать от «дедовщины» (насилия старослужащих над новобранцами) или оказаться в Чечне и не желая «терять впустую» два года своей молодости. Катастрофически низким было снабжение армии вооружением и техникой: в войска практически не поступали самолеты и танки, а построенные в последние годы советской власти старели и выходили из строя. Знаком глубокого кризиса Вооруженных сил стала трагическая гибель в августе 2000 г. атомной подводной лодки «Курск», затонувшей в Баренцевом море в результате взрыва торпеды на борту. Весь экипаж «Курска» погиб.

В этой ситуации правительство поставило перед собой задачу, во-первых, повысить финансирование армии, обеспечить повышение зарплат, строительство жилья для военнослужащих и обновление вооружения и, во-вторых, реформировать систему комплектования Вооруженных сил. Бюджет Министерства обороны с 2000 по 2007 г. увеличился в восемь раз, зарплаты офицеров — в три раза. Поступления новой техники вплоть до 2007 г. оставались очень скромными. Например, за весь 2006 г. армия получила лишь 31 новый танк Т-90. В том же году была принята Государственная программа вооружений на 2006–2015 гг. На предусмотренные этой программой пять триллионов рублей предполагается оснастить российскую армию всем необходимым.

Сложнее обстоит дело с комплектованием Вооруженных сил. Полный отказ от призыва и переход к «контрактной» армии оказался невозможным. Взамен правительство приняло решение формировать из «контрактников» личный состав наиболее важных частей и подразделений — так называемых «частей постоянной готовности» сухопутных войск, ВДВ, ракетных войск, авиации и флота. В целом в Вооруженных силах «контрактников», как более опытных военнослужащих, планируется назначать на сержантские должности. Срок службы по призыву в 2007 г. был сокращен до 1 года. Одновременно были отменены многие основания для отсрочки от призыва, в том числе такие социально важные, как наличие ребенка в возрасте до 3 лет или беременность жены, а также работа сельским учителем или врачом.

В отличие от Президента Бориса Ельцина, который, хотя порой и нерешительно, но, однако, последовательно и без отступлений, вел страну от коммунистического строя к восстановлению единства с исторической Россией, начало президентства Владимира Путина было отмечено рядом возвратных шагов. Отказавшись от музыки «Патриотической песни» Глинки, использовавшейся в качестве Государственного гимна с 1992 г., Федеральное собрание, по предложению Президента, утвердило в качестве гимна музыку гимна СССР с новыми словами, написанными тем же Сергеем Михалковым, который писал и переделывал слова ко всем редакциям гимна СССР. На здании страхового общества «Россия», которое с 1919 г. использовалось в качестве главной конторы ВЧК — КГБ, была восстановлена мемориальная доска Юрию Андропову, снятая после августовской революции 1991 г. Во время выборов в Думу 2003 г. правительственная партия «Единая Россия» в качестве предвыборного плаката использовала карту России, составленную из портретов наиболее выдающихся ее деятелей. Рядом с Пушкиным, Достоевским,

Менделеевым, Буниным, Королевым на этом плакате были изображены Сталин, Дзержинский, Луначарский, Буденный, Жуков, Хрущев. «Единая Россия — сильная Россия», — было начертано на плакате. Торжественно прошло в 2003 г. празднование 85 лет ВЧК – КГБ – ФСБ, а затем празднование 85 лет «ленинского комсомола».

Все это выглядело как попытка частичной реставрации коммунистической символики и обеления тоталитарного режима. Владимиру Путину, как человеку, тесно связанному в начале своего жизненного пути с коммунистическим режимом (в 1991 г. он являлся подполковником КГБ), видимо, нелегко разорвать эту связь, как нелегко разорвать ее очень многим в русском обществе.

Однако эта нравственно порочная и политически тупиковая политика была преодолена во время второго президентского срока Владимира Путина. Во время своих визитов в Париж и Прагу российский Президент посетил русские мемориальные кладбища в Сен-Женевьев-де-Буа и Ольшанах и склонил свою голову перед прахом борцов за освобождение России от коммунизма. Некоторым знаменитым деятелям русской эмиграции, в том числе Андрею Шмеману, графу Петру Шереметеву, Глебу Рару, были вручены по указанию Президента русские паспорта. В эти годы в Россию при поддержке Президента были возвращены и торжественно преданы земле останки знаменитых деятелей Белого движения — генералов Антона Деникина и Владимира Каппеля, философа Ивана Ильина. В Иркутске был поставлен памятник Верховному правителю России адмиралу Колчаку, в Сальске — герою Белой борьбы на юге России генералу Маркову. Наконец в 2005 г. был отменен праздничный день на годовщину Октябрьского переворота 25 октября (7 ноября нового стиля), который до того несколько лет считался «Днем примирения и согласия» — абсурдное название, если вспомнить, к чему привели события, случившиеся в этот день в 1917 г. Теперь национальным днем России объявлен День народного единства, и день этот празднуется 4 ноября, в годовщину действительного объединения русского общества в 1612 г. перед лицом гражданской смуты и иностранной интервенции, объединения, которое привело к возрождению русского общества и к восстановлению государства.

2007 г. ознаменовался упразднением войсковых знамен коммунистического режима и введением военных флагов нового образца с символикой исторической России. В этом году вновь начали убирать из названий улиц и площадей коммунистические реалии.

Все эти действия Президента Путина свидетельствуют о том, что им, не в меньшей степени, чем Президентом Ельциным, осознана необходимость преодоления национальной русской катастрофы XX в. и возрождения страны на докоммунистическом и некоммунистическом основании.

Литература

Р. Медведев. Владимир Путин: четыре года в Кремле. М.: Время, 2005.

От первого лица: разговоры с Владимиром Путиным. М., 2000.

С.П. Паппе. «Олигархи»: экономическая хроника, 1992–2000. М.: ГУ-ВШЭ, 2000.

В. Согрин. Политическая история современной России. 1985–2001: от Горбачева до Путина. М.: Весь мир, 2001.

6.1.9. Социально-экономические реформы администрации В. Путина. Российская экономика в начале XXI в.

Основные задачи администрации Владимира Путина в социально-экономической сфере — подъем экономики, либерально-рыночные нововведения, адресные национальные социальные проекты — реализовывались последовательно на протяжении всего периода пребывания у власти. Начиная с 1999 г. среднегодовой прирост российского ВВП составлял более 6%, что позволяло успешно выплачивать внешние долги, поднимать уровень зарплаты и пенсий, постоянно снижать инфляцию.

В течение первого срока президентства Путина была в основном завершена налоговая реформа. Система налогов была упорядочена, их количество — сокращено. Одновременно резко увеличились налоговые поступления в бюджет. Доходы консолидированного государственного бюджета за семь лет выросли более чем в три раза; начиная с 2000 г. государственный бюджет неизменно сводился с нарастающим профицитом, в результате чего создан многомиллиардный стабилизационный фонд. Россия погасила значительную часть своего государственного долга. В страну устремились потоки иностранных инвестиций, объем которых в 2006 г. достиг рекордных 55 миллиардов долларов. При администрации Президента Путина стали появляться выгодные сберегательные счета, ипотечный кредит, а конкуренция иностранных банков помогала формировать российскую банковскую систему. Примерно с 2004 г. наблюдается устойчивый рост интереса отечественных и иностранных банков к среднему и малому российскому вкладчику, что, в частности, проявляется в расширении сети банковских контор. Это — безусловное свидетельство оздоровления как финансовой, так и всей хозяйственной системы России в целом.

Существенной причиной позитивных экономических результатов явился как рекордный рост мировых цен на нефть (в три раза в течение семи лет), основной статьи российского экспорта, так и другие факторы; среди них начавшийся рост производства в самых разных отраслях, в том числе в пищевой промышленности, в сельском хозяйстве и в строительстве, а также быстрое развитие розничной торговли. В связи с этими экономическими успехами Президент Путин в 2003 г. выдвинул задачу удвоения ВВП в течение 10 лет, а в 2004 г. указал на возможность и необходимость решения этой задачи к 2010 г.

В течение второго срока президентства Путина государство постепенно усиливало свое влияние на экономику. Рост влияния проявился в образовании крупных корпораций, в ряде случаев являющихся монополистами в своей отрасли. К существовавшим еще в 1990-е гг. так называемым «естественным монополиям» — Газпрому и РАО «Единые энергетические системы» в 2003 г. добавилась еще одна — ОАО «Российские железные дороги» (100% акций принадлежат государству), сформированная из подразделений Министерства путей сообщения. С конца 2004 г. начала стремительно расти единственная на тот момент крупная государственная нефтяная компания — «Роснефть», поглощавшая активы «распиленного» в ходе процедуры банкротства ЮКОСа. К середине 2007 г. эта компания являлась вторым крупнейшим в России производителем нефти (после ОАО «Лукойл»). Под контроль государства перешла и другая крупная нефтяная компания — «Сибнефть» (ранее принадлежавшая миллиардеру Роману Абрамовичу), купленная Газпромом.

В результате к середине 2007 г. государство напрямую контролировало около 40% российской нефтедобычи (в начале 2004 г. — 13%).

Еще в 2000 г. государство восстановило контроль над экспортом вооружений. Теперь российские производители военной продукции могут продавать ее за рубеж только через посредника — государственное предприятие «Рособоронэкспорт».

С 2005 г. началась консолидация ранее частично приватизированных предприятий стратегически важных отраслей — авиастроения и судостроения — в объединенные корпорации, принадлежащие государству. Эти отрасли (за исключением военного авиастроения) долгое время находились в тяжелом кризисе. По отдельности авиа- и судостроительные предприятия часто оказывались неспособными конкурировать на мировом рынке и привлекать необходимые для развития инвестиции. С другой стороны, государство упрочило свой контроль над рядом прибыльных компаний (прежде всего компания «Сухой» и корпорация «Иркут»), продающих в зарубежные страны боевые самолеты. Корпорации-монополисты были созданы также в области атомной промышленности, нанотехнологий. В 2007 г. обсуждался вопрос о создании объединенных корпораций в области станкостроения и самолетного двигателестроения.

Выросла роль государства и в банковской сфере, где ему принадлежат два крупнейших российских банка — «Сбербанк» и «ВТБ-24» (бывший «Внешторгбанк»). Под его контроль вернулись компании и из других отраслей промышленности — например, Волжский автомобильный завод.

Таким образом, за годы правления Владимира Путина государство восстановило свое господство над «командными высотами» отечественного хозяйства. Этот масштабный процесс приобрел как сторонников, так и критиков. Первые приветствовали возвращение стратегически важных отраслей под контроль правительства, надеясь, что это поможет добиться более справедливого распределения сверхприбылей от экспорта их продукции и «вдохнуть новую жизнь» во многие погибающие предприятия. Противники же считают, что происходит монополизация российской экономики, возникает угроза снижения конкуренции и, как следствие, роста инфляции. Предметом критики стала и тесная связь между высшими чиновниками и органами управления государственных компаний.

Хотя Президент Путин неоднократно заявлял, что пересмотра итогов приватизации не будет, государство в 2004 г., используя весьма сомнительные с правовой точки зрения методы, добилось открытия процедуры банкротства крупнейшей нефтяной компании «ЮКОС» (см. выше). Ее имущество было перераспределено в пользу госкомпаний. Это событие, имевшее помимо экономического еще и большое политическое значение, стало, однако, лишь одним из целого ряда захватов компаний и недвижимости, происходивших как в 1990-е гг., так и в первом десятилетии XXI в. Это явление, вне зависимости от его названия — в середине 2000-х гг. его стали называть «рейдерством» (от английского *raider* — дословно «пират», «налетчик») вместо понятного «передел собственности», — сводится к установлению контроля над организацией с использованием противозаконных средств, от подделки учредительных документов до вооруженных захватов.

По общему мнению, в начале XXI в. рейдерство стало одной из главных угроз стабильного развития отечественной экономики. Неустойчивость имущественных прав повышает риски для предпринимателей, которым нередко становится выгоднее и безопаснее продать свой бизнес. Захват предприятий часто приводит к их банкротству и разорению. А в результате массовой и сомнительной с правовой точки зрения скупки дорожающей земли вокруг городских центров многие бывшие колхозники так и не стали частными землевладельцами. Официальная статистика рейдерства — до нескольких сот уголовных дел в год — ни в коей мере не отражает реального масштаба проблемы, затронувшей, по некоторым оценкам, десятки тысяч организаций по всей стране. К числу причин бесконтрольного передела собственности эксперты относят коррупцию в правоохранительных органах, от милиции до прокуратуры и ФСБ, отсутствие независимого суда, пробелы в законодательстве. Власть, как было в случае с ЮКОСом, нередко сама давала пример для рейдеров. Таким образом, пересмотр итогов приватизации в России хотя и не был объявлен, однако фактически происходит в форме постоянного передела собственности.

Другой важной проблемой народного хозяйства России остается легализация доходов, полученных противоправным способом. Черный и серый секторы экономики, унаследованные от 1990-х гг., до сих пор весьма обширны и питаются коррупционными деньгами и иными незаконными доходами.

Одной из главных задач правительства и Центрального банка в годы президентства Путина стало снижение инфляции, которая оставалась тормозом развития экономики, в частности, банковской системы и кредитования. На этом поприще удалось добиться существенных результатов: если в 2000 г. инфляция достигала 20,2%, то в 2006 г. она снизилась до 9%. Тем не менее даже такой уровень является достаточно высоким.

Значительным остается и налоговое бремя. Налоговая система, ориентированная на преодоление кризиса конца 1990-х гг. и поэтому в максимальной степени обеспечивающая финансовые интересы государства, в условиях стабильного роста экономики середины 2000-х гг. во многом стала тормозом хозяйственного развития. Предприниматели не только должны отдавать существенную долю прибыли в бюджет, но и тратить большую часть времени своих сотрудников на сложный и трудоемкий бухгалтерский учет в интересах налоговых органов. Тяжелым бременем ложится на бизнес налоговый контроль. Права налоговых органов очень велики — например, они могут списывать со счета налогоплательщика — юридического лица деньги в бесспорном порядке, если сочтут, что тот недоплатил налог. Налогоплательщик же вынужден оспаривать это нередко принимаемое по ошибке решение в суде в течение многих месяцев.

Несмотря на все препятствия и трудности, рост экономики в годы президентства Владимира Путина стал фактом жизни большинства граждан России. С 2000 по 2006 г. среднемесячная номинальная (то есть без учета инфляции) зарплата выросла без малого в пять раз, достигнув в 2006 г. 10 700 рублей. Значительно увеличилось потребление — более чем в четыре раза за этот период. Росту потребления способствовало и стремительное развитие потребительского кредитования в середине 2000-х гг. Но сберегают жители России по-прежнему сравнительно немного. Опасаясь легализации своих средств, приобретенных часто незаконным путем, многие зажиточные люди предпочитают банковским вкладам (контролируемым налоговой службой) анонимные депозитарии (банковские сейфы и ячейки) для хранения наличных денег и драгоценностей. Понятно, что так хранимые богатства не работают в народном хозяйстве, являются мертвыми сокровищами.

Во второй срок президентства Путина правительство стало уделять большее внимание вопросам социальной политики. Важнейшим событием в этой области стало проведение в 2004—2005 гг. «монетизации» льгот, то есть замены безвозмездных (полностью либо частично) услуг различным слоям населения (пенсионерам, инвалидам, ветеранам, студентам, милиции и т. д.) на денежные выплаты. Реформа позволила покончить с унаследованными от советской экономической системы натуральными «подачками» и с этой точки зрения следовала логике рыночных преобразований 1990-х – начала 2000-х гг. Теперь бывшие «льготники» получили возможность распоряжаться полученными от государства средствами по своему усмотрению. Была также создана основа для рыночного развития отраслей социальной сферы – общественного транспорта, жилищно-коммунального хозяйства, для реформы энергетики.

Однако «монетизация» натолкнулась на беспрецедентный протест в обществе. Льготники не без основания подозревали государство в обмане: денежные выплаты далеко не всегда покрывали отмененные материальные выгоды. Сказывалась и старая советская привычка получать элементарные блага (электричество, газ, отопление, телефон, проезд в транспорте, лекарства) бесплатно либо по символической цене. Перед лицом массовых акций протеста и значительного снижения популярности режима (рейтинг поддержки Президента В. Путина упал в феврале 2005 г. до рекордно низких 38%) правительство было вынуждено пойти на попятную в некоторых вопросах. Граждане получили право выбирать между сохранением некоторых льгот (например, на бесплатные лекарства) и денежной компенсацией. Некоторые «натуральные» льготы продолжали действовать на региональном и местном уровнях.

В 2005 г. были разработаны и утверждены четыре главных национальных проекта: в области здравоохранения, образования, жилищно-коммунального хозяйства и сельского хозяйства.

Национальный проект в области здравоохранения предполагает в течение трех лет резкое повышение заработной платы врачей и медсестер, увеличение в четыре раза высокотехнологической медицинской помощи, многократное облегчение доступа к дорогим операциям для рядовых россиян.

Национальный проект в области образования предполагает в тот же срок подключить к Интернету 20 тысяч школ, увеличив число таковых в три раза. Резко повышается зарплата учителям и ученым, для лучших специалистов, научных и учебных заведений устанавливается большое количество государственных грантов.

В области жилищно-коммунальной политики главный упор сделан на развитие доступной и льготной ипотеки для россиян, в первую очередь для молодых семей и военных.

В области сельского хозяйства государство взяло обязательство предоставить значительные средства на кредиты для сельских кооперативов, фермеров, крестьянских подворий. В первую очередь на восстановление ферм и закупку племенного скота. Предполагалось создание эффективной системы кредитования под залог земли.

В 2006 г. был сформулирован еще один национальный проект — демографический. Решение острой демографической проблемы, согласно проекту, означает снижение смертности, повышение рождаемости и эффективную миграционную политику. Намеченные меры предполагают поддержку молодых семей, женщин, принимающих решение родить и поднять на ноги ребенка. В два раза увеличено пособие по уходу за первым ребенком и в четыре раза по уходу за вторым. Введена компенсация затрат на детское дошкольное воспитание. При рождении второго ребенка выдается материнский капитал размером в 250 тысяч рублей, в последующем ежегодно индексируемый по уровню инфляции. Одной из главных задач государства признано культивирование семейных ценностей.

Не во всех социальных вопросах политика правительства была успешной. Например, администрация Президента Путина столкнулась с большими трудностями при проведении пенсионной реформы. По плану этой реформы предполагалось, что граждане будут передавать часть своих пенсионных отчислений (так называемая «накопительная» часть пенсии) коммерческим инвесторам (управляющим компаниям), которые в свою очередь будут их вкладывать в ценные бумаги. Однако люди практически не проявили интерес к накопительной пенсии, в результате большая часть пенсий осталась в управлении Пенсионного фонда, который вкладывал их в низкодоходные бумаги, не покрывающие даже инфляционные потери. В то же время сам Пенсионный фонд постоянно испытывал дефицит своего бюджета. Ожидается, что в результате продолжающегося ухудшения демографической ситуации (увеличение числа пожилых людей — пенсионеров при одновременном сокращении числа молодых, работающих граждан) положение с пенсионным обеспечением еще более осложнится.

6.1.10. Проблемы политического народовластия в послесоветской России. Отсутствие гражданского общества. Политические партии и общественно-политические организации

Становление гражданского общества в России, наиболее зримо проявляющееся в эволюции партийно-политической структуры и парламентаризма, протекало в трудных условиях. На нем тяжело сказалось морально-психологическое наследие более чем семи десятилетий тоталитарного коммунистического режима, подавлявшего всякое проявление самостоятельного мышления и самоорганизации людей. Средний класс — наиболее активный элемент гражданского общества и основная опора политических партий — в России малочислен. В странах с давними демократическими традициями к среднему классу принадлежит большинство квалифицированных и образованных людей, сумевших сделать профессиональную карьеру, верящих в свои силы и способных сделать самостоятельный политический выбор. Именно средний класс заинтересован в соблюдении законов и норм, создании правового государства, именно он наиболее болезненно воспринимает нарушение своих прав и произвол чиновников.

Развитие многопартийности происходило в России в труднейший переходный период: всесторонний общественный кризис привел к безработице, падению душевых доходов, резкой социальной поляризации. Самыми острыми для большинства населения стали проблемы повседневного выживания — рост цен и поиск достойной работы; людям было не до участия в общественно-политической деятельности. К тому же тяжелые последствия реформ, распад государства и утрата им исполнения своих социальных функций стали ассоциироваться с демократией и многопартийностью. Либеральные идеи и ценности были также дискредитированы в глазах избирателей многочисленными политическими скандалами и расколами в лагере партий, выступавших за реформы. Программы десятков партий-эфемеров были крайне невнятны, содержали одни и те же банальные лозунги.

Деморализация общества в период коммунистической диктатуры, усугубленная тяготами переходного периода, породила крайне циничные формы предвыборной борьбы. Соперники не брезговали никакими средствами, чтобы очернить друг друга. Получили широкое распространение обман и подкуп избирателей, применение «черных» политических технологий (распространение от имени другого кандидата скандальных клеветнических материалов, внесение в избирательные бюллетени «двойников» и т. д.) — вплоть до физического устранения нежелательных кандидатов. Депутатский иммунитет стал для некоторых деятелей средством политического прикрытия бизнеса или защитой от судебного преследования. В выборах нередко участвовали демагоги и авантюристы. Широко обсуждались случаи проникновения криминальных элементов в законодательные собрания регионов и даже их избрания депутатами Государственной Думы и мэрами крупных городов. Все более важным условием получения депутатского кресла по одномандатным округам становилась поддержка исполнительной власти. С каждыми выборами для участия в них требовалось все больше средств.

В этих условиях россияне с недоверием относились к партиям и их лидерам, считая, что они действуют исключительно в интересах личного обогащения. Низкими были и рейтинги доверия Государственной Думе, другим представительным органам власти.

Трудности становления гражданского общества обусловлены также фундаментальными чертами российской политической культуры, уходящими корнями в глубокую историю. Традиционное для российского общества отчуждение населения от власти сохранялось. Отношения граждан и государства были противоречивы. С одной стороны, государство носило в их глазах священный характер. Люди целиком зависели от государства, с его будущим связывали свою судьбу. Во имя государства они жертвовали своими интересами, а нередко и самой жизнью, но от государства ждали защиты и поддержки, наведения порядка и восстановления справедливости. Большой ценностью была историческая миссия российского государства в мире — будь то защита православных братьев или поддержка «мирового коммунистического движения». Государство персонифицировалось в лице лидера. Демонстрация лояльности первому лицу — на местном или на общегосударственном уровне — легко переходила в его культ. Соборность и общинность были важнейшими ценностями. От них шло стремление опереться на силу социальной группы, клана, землячества, в пределе — всего государства.

И эти же люди в других обстоятельствах воспринимали государство как глубоко враждебную и чуждую им силу: несоблюдение законов или, например, уклонение от налогов или других обязанностей гражданина перед государством рассматривалось как нормальное явление и даже доблесть. Граждане не верили в возможность повлиять на государство. К тому же в советскую эпоху традиционный коллективизм был разрушен практикой всеобщей подозрительности и доносительства. После всплеска общественной активности в конце 1980-х — начале 1990-х гг. в настроениях значительной части общества вновь господствовали апатия, неверие в эффективность и саму возможность законного коллективного политического действия.

Основные социальные группы еще не стали группами «для себя», не осознали и не артикулировали свои интересы. Слабость партий была обусловлена и тем, что, согласно Конституции 1993 г., у них не было существенных рычагов воздействия на власть. Россия стала «полупрезидентской» республикой, в которой возможности парламента в формировании правительства и проведении государственной политики весьма ограниченны. Государственная Дума имеет право лишь отклонить кандидатуру Председателя правительства, предложенную главой государства, и то с риском быть распущенной его указом.

Однако опыт участия граждан уже в десятках общегосударственных, региональных и местных выборов трудно переоценить. Несмотря на скептическое отношение к партиям и демократии в целом, тесную ассоциацию в глазах людей политической власти и капитала, другого способа формирования высшей власти в государстве, кроме как путем выборов, российское общественное мнение не мыслит. Напрасными пока оказались и опасения необратимого падения интереса к выборам, сокращения доли избирателей, принимающих участие в голосовании. Опыт последних лет показывает, что если на выборах есть реальная альтернатива и предвыборная дискуссия затрагивает действительно существенные проблемы, то граждане проявляют к выборной процедуре живой интерес.

Несмотря на утрату большинством граждан прав на приватизируемое общенародное имущество, развитие новых экономических отношений стимулировало самостоятельность граждан, рост числа правозащитных, экологических, культурно-просветительских, потребительских и других общественных организаций, способствующих реализации личности и защищающих интересы различных социальных групп. Государство пыталось ускорить становление гражданского общества законодательными мерами, отвечавшими международным стандартам, упрощением регистрации общественных организаций, созданием специальных органов, ответственных за диалог с ними. В некоторых сферах чрезмерная либерализация законодательства и отсутствие контроля над процессами самоорганизации общества приводили к правовому нигилизму, активизации крайних националистических и других радикальных сил. Однако в целом Россия и по сей день сильно отстает от передовых стран по уровню вовлечения граждан в деятельность общественных организаций, их социальная база узка. Гражданский контроль над деятельностью государства остается явно недостаточным для обуздания коррумпированной бюрократии.

Тем не менее в начале 1990-х гг. на политической сцене появились десятки партий. Пытаясь завоевать популярность среди избирателей и авторитет среди возможных спонсоров, они объединялись в блоки, сливались, переживали расколы, однако большинство из них оставалось «партиями Садового кольца», практически неизвестными в регионах. В 1993 г. в выборах в Государственную Думу принимало участие 13 партий, в 1995 г. — 43, 1999 г. — 26, 2003 г. — 23. Мало каким партиям удалось пережить хотя бы две общегосударственные предвыборные кампании. В этом Россия не отличалась от других бывших социалистических стран и бывших союзных республик.

Партийно-политическая жизнь в 1990-х гг. отличалась конфронтационным характером. К тому же власти в середине десятилетия опасались возвращения к власти коммунистов, играли на межпартийных конфликтах и нередко стремились их обострить. Широко применялась блоковая тактика. Тем не менее на всех этапах явно доминировали крупные партии. Так, на выборах 1995 г. основная борьба за депутатские кресла развернулась между четырьмя главными объединениями: КПРФ, «Наш дом — Россия», «Яблоко» и ЛДПР; в 1999 г. — между блоками «Единство», «Отечество — вся Россия» и КПРФ. Однако было еще 5—7 партий, которые потенциально могли завоевать депутатские мандаты.

Стремясь ускорить формирование гражданского общества, российские законодатели облегчили общественным организациям доступ к участию в выборах. Согласно федеральному закону, принятому в марте 1995 г., в них могли участвовать любые общественные объединения, если они были зарегистрированы за полгода до объявления дня выборов и в их уставах предусматривалась возможность выдвижения избирательных списков. В результате в выборах могли принять участие объединения, сформированные по корпоративному (профессиональному), национальному и религиозному признаку, региональные и межрегиональные группировки, профсоюзы и т. п. Было зарегистрировано 258 объединений. Избирательную кампанию 1999 г. начинало 139 избирательных объединений. Укрупнение партий виделось тогда долгим процессом, который должен был занять несколько избирательных циклов.

Партии в то время можно было подразделить, во-первых, по происхождению и степени институциональной организации. *Институализированные* партии, добившиеся мандатов в Государственной Думе или в региональных законодательных органах, пользовались значительными преимуществами благодаря доступу к СМИ и другими факторами. Такими партиями после выборов в первую послесоветскую Государственную Думу стали КПРФ, «Яблоко» и др. *«Персональные»* партии были чаще всего эфемерными образованиями, создававшимися политическими деятелями для обеспечения своих предвыборных интересов и рекламы. Такой партией была первоначально Либерально-демократическая партия (ЛДПР) В. Жириновского, но она сумела трансформироваться в парламентскую партию с разветвленной региональной сетью организаций. *Корпоративные* партии опирались в организационном отношении на региональные и местные подразделения государственных органов. Так, Аграрная партия, как правило, пользовалась поддержкой отделов сельского хозяйства в областных и районных администрациях, партия КЕДР («зеленые»), выступавшая в 1993 г. на выборах в Государственную Думу, — районных санитарно-эпидемиологических станций, т. п. Наконец, действовали *ассоциации депутатов* от одномандатных округов, стремившиеся к переизбранию под флагом «своей» политической партии («Дума-96», «Стабильная Россия» и др.), а также сохранившиеся со времен демократического подъема *партии активистов* (Демократическая Россия, бывшая на рубеже 1980—1990-х гг. мощным движением, но к 1993 г. пережившая многочисленные расколы).

Во-вторых, к типологии многочисленных избирательных объединений можно применить историко-функциональный подход, широко известный в Европе благодаря работам крупного норвежского политолога Стейна Роккана. Этот подход заключается в том, что партии выражают исторически обусловленные противоречия между определенными группами населения — городским и сельским, жителями центральных районов и периферии, предпринимателями и рабочими и т. п. Эти противоречия Роккан назвал социальными разломами. Следуя такому подходу, в странах Центральной и Восточной Европы выделили партии, возникшие на разломах, существовавших *до* создания коммунистических режимов, унаследованных от социалистического периода, и сформировавшиеся *после* падения коммунистического правительства.

В России ряд партий пытался провозгласить себя наследниками дореволюционных (*«исторических»*) партий, деятельность которых основывалась на давно исчезнувших или заново не сформировавшихся политических разломах (например, между светскими и клерикальными силами, монархистами и сторонниками республики, крестьянством и горожанами, объединениями предпринимателей и рабочих). Однако в отличие от многих стран Центральной Европы, в России эти усилия не увенчались успехом. Предпринимались попытки создать на российской почве социал-демократические или христианско-демократические партии *западноевропейского* типа, но они также не возымели успеха.

Разломы, образовавшиеся или резко углубившиеся в *советское время, а также проявившиеся уже после 1991 г.,* можно представить как оси координат в многомерном политическом пространстве. Такими осями были: «воссоединение стран, входивших в бывший СССР, — дальнейшая дезинтеграция бывших республик», «воссоздание авторитарного режима — укрепление демократии», «государственное регулирование экономики, национализация приватизированных крупных предприятий — переход к рыночной экономике» и др. Ведущие партии, как правило, позиционировали себя сразу по нескольким осям. Например, партия, выступавшая за огосударствление экономики, одновременно считала необходимым вернуться к элементам авторитаризма в управлении государством и поддерживала идею интеграции бывших советских республик. Важнейшим социальным разломом, ярко отражавшимся в организации деятельности и географии влияния всех партий, остается контраст между центром и периферией. Чем крупнее город, чем больше жителей в сельском поселении, тем, как правило, больше сторонников там имели партии, поддерживавшие реформы, тем меньше голосов набирали коммунистическая и другие левые партии.

Широко использовалась типология партий, которую условно можно назвать *идеологической*. Несмотря на резкие изменения в составе и популярности партий от выборов к выборам, избиратели находили близкие им политические силы, ориентируясь на характерные особенности предвыборного дискурса и лозунгов, дававшие представление о месте партии в политическом пространстве, образуемом наиболее важными осями — разломами. Сдвиги в предпочтениях электората были не столь значительными, как можно было бы ожидать при столь неустойчивом составе партий. При всем их многообразии, как в СМИ, так и в специальных изданиях их часто подразделяли на: 1) левые во главе с КПРФ; 2) центристские, преимущественно мелкие; 3) национал-патриотические, самой крупной из которых была ЛДПР; и 4) «партии власти» (иногда их объединяли с центристами); 5) правые, или либеральные (к ним относили «Выбор России», «Яблоко», позже — «Союз правых сил»).

Самая крупная *левая* партия — *КПРФ* – является прямой наследницей КПСС. Она обладает широко разветвленной и развитой сетью организаций, охватывающих всю территорию страны. В ее рядах состоит около полумиллиона членов. В 1990-х гг. политический ресурс партии был весьма мощным: ее прямым ставленникам или кандидатам, которых она поддерживала, удалось стать главами 34 регионов. КПРФ сформировала мощные фракции или даже полностью контролировала законодательные органы многих республик, краев и областей. Она опиралась на поддержку многих федеральных (газета «Советская Россия» и др.) и региональных СМИ. Партия сформировала «теневой кабинет» из известных людей, который, как утверждало ее руководство, мог возглавить страну, и пыталась объединить вокруг себя остальные левые партии и движения. Для этого был создан блок Народно-патриотический союз России (НПСР) во главе с лидером КПРФ Геннадием Зюгановым. В 1995 г. КПРФ стала главной парламентской партией, получив около 23% голосов; на волне этого успеха создалась реальная возможность избрания Президентом ее лидера Зюганова. В 1999 г. компартия повторила свой успех: за нее проголосовало даже несколько больше избирателей, чем на предыдущих выборах (24,3%). Основной электорат коммунистов — люди с более низким, чем в среднем по стране, образованием, лица пожилого возраста, жители сельской местности и небольших городов, но он включает и часть интеллигенции.

Однако внутренние разногласия не позволили левым силам достичь единства, и НПСР развалился. Губернаторы, избранные при участии КПРФ, поспешили присоединиться к «партии власти». На выборах 2003 г. коммунисты потерпели крупное поражение: доля голосов, поданных за них по спискам, упала почти вдвое (до 12,6%), резко сократилось и число одномандатников. В изменившихся условиях КПРФ не сумела предложить своим избирателям ничего принципиально нового. Причиной поражения стала и чрезвычайно удачная кампания «партии власти» — «Единой России» (ЕР), которая перенесла борьбу на «поле» коммунистов, выгодно используя ностальгию коммунистического электората по советскому прошлому и советскую символику. ЕР акцентировала преемственность современной России не только от прежней, исторической России, но и СССР, провозгласив намерение заимствовать из советской истории «ее позитивные стороны». Часть прежнего коммунистического электората привлекли также государственно-патриотические лозунги ЕР, некоторые избиратели поддержали новую партию «Родина». Тем не менее коммунисты и в будущем могут рассчитывать на достаточно стабильную поддержку части населения.

КПРФ выступает за многоукладную экономику и признает частную собственность, однако при ведущей роли «социалистических форм хозяйствования». КПРФ подчеркивает несправедливость приватизации «по Чубайсу» и считает необходимым восстановить общенародную или коллективную собственность на незаконно приватизированные предприятия.

В 1990-х гг. ближайшим союзником КПРФ выступала Аграрная партия России, опиравшаяся на департаменты сельского хозяйства в администрациях субъектов федерации и районов, руководство агропромышленных предприятий. В 1998 г. АПР вошла в блок «Отечество — вся Россия», а в последующем существенно сдвинулась к центру.

Уже перед выборами 1995 г. у кремлевской администрации возник план создания относительно устойчивой двухпартийной системы. В качестве новой главной *партии власти* был создан блок *Наш дом — Россия* (НДР) во главе с Председателем правительства Виктором Черномырдиным. В НДР влилась ПРЕС и несколько мелких партий. Это объединение строилось по аппаратному, верхушечному принципу: его были призваны поддержать главы администраций и другие чиновники, зависящие от них руководители предприятий. В Кремле рассчитывали, что фигура премьера во главе партии привлечет чиновников рангом ниже и что этот чиновничий костяк «обрастет» массой рядовых членов. НДР занимал подчеркнуто центристские позиции, надеясь отобрать часть голосов у левых партий. Блок обещал вывести страну из кризиса, добиться экономической и социальной стабильности, содействовать мирным переговорам в Чечне. Однако НДР постигла неудача: за него проголосовало всего 11% избирателей — намного меньше, чем надеялись его идеологи. Наиболее значительную долю голосов блок получил там, где главы администраций решили поддержать премьера и располагали надежными рычагами манипулирования избирателями через местных руководителей и клановые структуры — в республиках и регионах с так называемым управляемым электоратом. Отставка Черномырдина весной 1998 г. вызвала кризис НДР. Бывший премьер пытался спасти партию с помощью спонсорской «помощи» Газпрома, который он когда-то возглавлял, но губернаторы и другие ведущие политики ее покинули. В 2000 г. НДР влился в новую «партию власти» — «Единство».

Чуть левее НДР власти попытались создать еще один блок под руководством тогдашнего председателя Государственной Думы Ивана Рыбкина. Он вел долгие переговоры с мелкими партиями, закончившиеся полным провалом.

Дефолт августа 1998 г., продолжавшийся экономический и социальный кризис, политическая нестабильность и недееспособность режима Бориса Ельцина привели к расколу в рядах высшего чиновничества. Опыт всех выборных кампаний показывал, что «партиям власти» только тогда удавалось сохранять свои позиции, когда они сохраняли единство. Вскоре после финансового кризиса, в декабре 1998 г., был образован избирательный блок *Отечество*, который стремительно развивал региональную сеть организаций, опираясь на поддержку более чем 20 губернаторов, других известных политиков и общественных деятелей. Успех блока на выборах в Государственную Думу мыслился как этап в борьбе мэра Москвы Юрия Лужкова за пост Президента. Одним из предвыборных призывов «Отечества» стал лозунг «Сделали в Москве — сделаем и в России!».

Мэр столицы выступил с резкой критикой ельцинского режима, за стабильность и порядок, поддержку отечественного товаропроизводителя, укрепление государства и сильную социальную политику, опору на российские национальные традиции. Перспективы победы альтернативной правящей группировке («семье») «партии власти» стали вырисовываться все более явственно, когда «Отечество» объединилось с образованным в том же 1998 г. блоком *Вся Россия* во главе с наиболее влиятельными региональными политиками (губернатором Санкт-Петербурга В. Яковлевым, президентами Татарстана М. Шаймиевым и Башкортостана М. Рахимовым и др.).

Объединенный блок *Отечество – вся Россия* (ОВР) согласился возглавить весьма популярный тогда Евгений Примаков, недавно неожиданно смещенный Борисом Ельциным с поста премьера. В ОВР вошли АПР, партия «Регионы России», представлявшая интересы многих депутатов Государственной Думы от одномандатных округов. Блок располагал мощными финансовыми и информационными ресурсами: третьим («московским») каналом телевидения, ставшим усилиями Юрия Лужкова федеральным, спонсорской поддержкой созданной при столичной мэрии корпорации «Система» и нефтяной компании «Лукойл».

В условиях крайнего цейтнота «семья», чтобы уйти от поражения, за которым могли последовать передел собственности и судебные процессы, создала в конце сентября – начале октября 1999 г. свою партию, названную *Единство* («Медведь»). Ее возглавил известный как успешный менеджер и человек дела бессменный министр по чрезвычайным ситуациям Сергей Шойгу. Кремлевская администрация мобилизовала все силы, чтобы вовлечь в этот блок лояльных губернаторов, найти спонсоров и запустить на полную мощь пропагандистскую машину, в первую очередь федеральные телеканалы, не гнушавшиеся никакими средствами для компрометации ОВР и лично Лужкова.

«Единство» сумело создать себе имидж партии обновления, отказавшись от объединения с ослабшей НДР и «оседлав» государственно-патриотические лозунги – укрепления государства и вертикали управления, правопорядка, решительной борьбы за интеграцию и территориальную целостность страны. Блок «Единство» нарочито отстранился от идеологических концепций, стараясь использовать популярные лозунги левых партий и «национал-патриотов» в сочетании с идеями строительства рыночной экономики. Решающим фактором в успехе «Единства» стала поддержка набиравшего популярность премьера Владимира Путина, демонстрировавшего решимость и политическую волю в противостоянии с чеченскими сепаратистами и в борьбе против терроризма. Чиновники и деловые круги увидели в Путине фигуру, которая может консолидировать нацию.

Выборы 1999 г. ознаменовались убедительной победой «Единства», набравшего 23,3% голосов – почти столько же, сколько КПРФ. Тем самым «партия власти» совершила беспрецедентный прорыв: в совокупности две ее «колонны» – «Единство» и ОВР – уверенно получили относительное большинство голосов, тогда как левые партии в совокупности несколько откатились назад, а правые сохранили прежнюю долю голосов. Государственно-патриотическая риторика, несомненно, привлекла часть избирателей, ранее поддерживавших левые силы. При этом «Единство» отобрало львиную долю голосов у национал-патриотических партий, объединив лояльный власти, но не либеральный электорат.

Одновременно «медведи» нанесли решающее поражение ОВР: блок Примакова – Лужкова получил только 13,3%, что лишило его лидеров видов на президентские выборы. ОВР как альтернативная «партия власти» лишился смысла своего существования и в конце 2001 г. объединился с «Единством» в партию *Единая Россия* (ЕР), которую затем возглавил спикер Государственной Думы Борис Грызлов.

На выборах 7 декабря 2003 г. ЕР далеко опередила остальных соперников, собрав 37,4% голосов. Как свидетельствуют социологические опросы и результаты выборов, за нее наиболее активно голосовали женщины, сельское население, военнослужащие и гражданские служащие без высшего образования, жители национальных регионов. Из 13 регионов, в которых ЕР получила наибольшую долю голосов, — девять республик и три автономных округа, чье руководство было заинтересовано в демонстрации лояльности центру и эффективно контролировало электорат.

Хотя результат ЕР почти равен сумме голосов за все три «партии власти», принимавшие участие в выборах 1999 г. — «Единство», ОВР и НДР, их консолидация и завоевание абсолютного большинства в парламенте, позволяющего даже изменять Конституцию (вместе с депутатами, избранными по одномандатным округам), стали главным итогом выборов. В сочетании с провалом правых (либеральных) партий и резким сокращением влияния КПРФ это свидетельствовало о крахе партийной системы, сложившейся в 1990-е гг., и возникновении в стране принципиально новой политической ситуации, связанной с укреплением моноцентрической системы власти.

Очевидно, что ЕР прочно ассоциировалась в сознании избирателей с популярным Президентом и его политикой — устойчивым возобновлением экономического роста и повышением доходов, укреплением государства и международного положения страны. Успех ЕР основывался также на применении «административного ресурса» — абсолютном господстве «партии власти» в информационном пространстве, контролем над финансовыми рычагами, влиянием на суды и правоохранительные органы. Одной из основ избирательной кампании ЕР в 2003 г. была борьба против олигархов, не считающихся с интересами государства и открыто нарушающих законы. Отправной точкой послужило «дело ЮКОСа» и арест его главы Михаила Ходорковского, обвиненного в уклонении от налогов в особо крупных размерах и незаконных действиях при приватизации ряда объектов. Антиолигархическая кампания в условиях дальнейшей поляризации социальной структуры общества нашла позитивный отклик у значительной части избирателей.

В октябре 2006 г. создана еще одна лояльная Президенту «партия власти», названная «Справедливой Россией» (СР). Это произошло в результате объединения «Партии жизни» во главе со спикером Совета Федерации Сергеем Мироновым и «Партии пенсионеров», сумевших провести в 2000-х гг. нескольких кандидатов на выборах в законодательные собрания некоторых регионов, а также остатков партии «Родина». Поскольку Президент Путин одобрил идею формирования влиятельной левоцентристской партии, в нее открылся путь чиновникам и политическим деятелям, которым не досталось видных мест в ЕР, — в частности, мэрам крупных городов, нередко конфликтующих с губернаторами. СР имеет реальные шансы преодолеть новый семипроцентный рубеж на выборах в Государственную Думу.

Партия ставит перед собой амбициозные цели. По заявлению Сергея Миронова, ставшего лидером «эсеров», она не собирается ограничиваться только задачей ослабления КПРФ, но намерена конкурировать с ЕР. Проект призван объединить избирателей, поддерживающих политику руководства страны, но недовольных конкретными мерами правительства, в особенности в социальной сфере. СР предлагает довести минимальную зарплату до 60% средней по стране, уравнять доходы «бюджетников» (то есть врачей, учителей и подобных им групп) и государственных служащих, сократить срок воинской службы до полугода, ввести прогрессивную ставку налогообложения и налог на роскошь, проводить активную демографическую политику и т. п. Хотя СР не хватает ярких лидеров, в нее уже вступило немало известных лиц. Создание этой партии может рассматриваться как важный шаг в строительстве давно вожделенной властью двухпартийной системы.

Лидером *национально-патриотических партий* на протяжении всего постсоветского периода является ЛДПР. За Владимира Жириновского и его «вождистскую» партию, представляющую собой эффективное лоббистское предприятие, голосовала неустойчивая группа далеких от какой-либо идеологии избирателей (наиболее активно — мужчины трудоспособного возраста со средним образованием, рабочие, жители средних промышленных городов, дальневосточных и северных районов), ориентированных на ценности сильной власти, порядка, «твердой руки». После головокружительного успеха на выборах 1993 г. доля голосов за ЛДПР снижалась, особенно резко — в 1999 г. (6,0% — всего около четверти того, что партия имела шестью годами раньше). Большая часть электората Жириновского переметнулась к «Единству». На следующих выборах, в 2003 г., популярность ЛДПР вновь существенно возросла: она собрала 11,5% голосов. Пропаганда ЛДПР еще более откровенно окрасилась в националистические цвета: главным в ней стал лозунг «Мы за русских, мы за бедных!». Партия подавала себя как протестную силу, в то же время лояльную популярному Президенту. В самом деле, при обоих президентах постсоветской России Жириновский хотя и допускал время от времени резкие популистские высказывания в адрес власти, но неизменно с ней солидаризировался во всех сколько-нибудь важных вопросах.

На выборах 2003 г. в спор за депутатские кресла успешно вмешалась было новая сила — партия *«Родина»* во главе с Дмитрием Рогозиным и Сергеем Глазьевым, созданная, как считают эксперты, при участии Кремля с целью ослабить главного конкурента ЕР — коммунистов. Эту партию трудно однозначно отнести к национал-патриотическим: она формировалась как конгломерат нескольких течений, в том числе левых. Однако многие ее лозунги перекликались с лозунгами Жириновского. «Родина» строила свою кампанию на протесте против олигархов, экспроприировавших богатства страны, социальной несправедливости, отсутствия у значительной части общества возможностей для повышения своего социального статуса и доходов, притока мигрантов из «ближнего зарубежья» и на призыве к укреплению авторитета России в мире и на постсоветском пространстве. В пользу «Родины» сыграл эффект новизны — ее лидеры были яркими ораторами и еще не успели приесться избирателям, как руководители «старых» партий. Наилучшие результаты «Родина» получила в столицах и их пригородах — Москве и Московской области, Петербурге, а также в ряде областей Центрального и Центрально-Черноземного районов. В среднем по стране она завоевала 9,0% голосов.

Однако уже через несколько недель в «Родине» произошел раскол. Ставший единоличным руководителем партии Дмитрий Рогозин проявлял излишнюю самостоятельность и зашел слишком далеко в разжигании ксенофобии. Он был заменен лояльным Кремлю умеренным политиком А. Бабаковым, а затем «Родина» вошла в «Справедливую Россию».

Одна из самых старых *правых партий* — *«Яблоко»*, характеризовавшая себя как социал-либеральная партия. Ее название происходит из аббревиатуры имен первых ее лидеров — Явлинского, Болдырева и Лукина. Как либеральное объединение, «Яблоко» отстаивало ценности личной свободы, открытой рыночной экономики, политической демократии, прав человека и их приоритета над интересами государства. Как социальная, или социал-демократическая партия, она резко критиковала итоги приватизации и других преобразований начала 1990-х гг., поскольку они привели к массовому обнищанию граждан, не создали долговременных основ экономического роста, породили авторитарные тенденции в политической жизни. «Яблоко» призывало сделать приоритетными социальные цели, а не улучшение любой ценой макроэкономических показателей, реформировать экономику постепенно, уделяя особое внимание ее структурной перестройке и активной промышленной политике государства. Руководители партии полагали, что европейские модели социального либерализма гораздо ближе российским реалиям, чем американская.

Социальная база «Яблока» — часть среднего класса: лица работоспособного возраста со сравнительно высоким уровнем образования (инженерно-технические работники, преподаватели, юристы, экономисты, бухгалтеры, менеджеры среднего звена, мелкие и средние предприниматели), имеющие более высокие доходы, чем в среднем по стране, и живущие в основном в крупных городах.

Доля голосов за «Яблоко» колебалась на уровне примерно 6—7%, чего было достаточно для создания фракции в Государственной Думе. На выборах 2003 г., однако, «Яблоку» не удалось пройти в Думу (партия получила всего 4,3% голосов). Многие известные соратники основателя и бессменного лидера партии Григория Явлинского вышли из партии и обвиняли его в авторитарном стиле руководства. «Яблоко» сотрудничало с другими либеральными партиями лишь при выдвижении кандидатов по одномандатным округам и отказывалось от каких-либо союзов с ними. Разобщенность либералов привела к тому, что в Думе четвертого созыва правые силы вообще не представлены. На фоне организационного ослабления «Яблока» и других либералов часть их избирателей перешла к ЕР.

«Союз правых сил» (СПС), образовавшийся перед выборами 1999 г., — прямой наследник бывшей правящей партии *Демократический выбор России»*, вошедшей в него вместе с рядом мелких группировок. СПС провел в 1999 г. блестящую, динамичную кампанию и завоевал 8,5% голосов, что было неплохим дебютом. СПС, на деле являющийся клубом крупных предпринимателей, объединяет сторонников либерального курса — «западников», убежденных, что Россия должна занять свое место рядом с цивилизованными странами с развитой экономикой и демократическими институтами. Среди его лидеров — Гайдар, Чубайс, Ирина Хакамада. Партия выступает за децентрализацию государства, реализацию конституционных принципов федерализма и местного самоуправления, открытую рыночную экономику. Однако перед выборами 2003 г. образ СПС как самостоятельной политической силы заметно потускнел, поскольку партия в течение продолжительного времени поддерживала Президента и не сумела дистанцироваться от его полити-

ки. Партию покинуло несколько известных фигур. Ей не удалось выдвинуть свежие идеи и новых ярких лидеров, и она собрала лишь 4,0% голосов, оставшись за порогом Думы.

В избирательной кампании, построенной «партией власти» на борьбе с олигархами, либералы оказались неубедительными: Анатолия Чубайса значительная часть общественного мнения считает отцом неправедной приватизации и создателем олигархических империй, а против «Яблока» работали публикации о его финансировании ЮКОСом.

Вместе с тем социологические опросы свидетельствуют, что за СПС и другие правые партии в принципе были бы готовы проголосовать их традиционные избиратели — жители крупных городов: представители среднего класса, интеллигенции, предприниматели. Как и прежде, СПС потенциально могла бы поддержать и часть крупного бизнеса. По сведениям самой партии, в ее рядах состоит около 60 тысяч членов. Депутаты от СПС были представлены в начале 2007 г. в 43 региональных парламентах.

Пятипроцентный барьер при голосовании по спискам в 2003 г. преодолели всего четыре партии из 23 (ЕР, КПРФ, «Родина» и ЛДПР). ЕР выдвинула своих членов на посты всех без исключения председателей парламентских комитетов. Новый, монолитный состав Думы обеспечивал принятие любого законопроекта. По мнению идеологов ЕР, единодушие исполнительной и законодательной власти увеличивает эффективность реформ и политики Президента, получившей одобрение большинства россиян. Вместе с тем пространство политического маневра Президента сузилось. В созданной им моноцентрической системе власти он напрямую несет ответственность за деятельность всех ее ветвей — деятельность Государственной Думы и правительства перестали быть политическим «амортизатором». Возросла вероятность ошибок.

Сознавая ограниченность каналов взаимодействия между властью и гражданским обществом, администрация создала в 2005 г. новый институт — Общественную палату РФ. Ее основные задачи — выдвигать и поддерживать гражданские инициативы, проводить экспертизу федеральных законов и законопроектов, осуществлять общественный контроль за деятельностью правительства. Методы работы Общественной палаты — слушания с приглашением руководителей государственных органов, разработка заключений и рекомендаций, участие в законотворчестве. Состав палаты формируется в несколько этапов: сначала Президент назначает 42 ее члена, затем они избирают 42 члена, кандидатуры которых предлагаются общероссийскими общественными объединениями, затем избираются еще 42 члена от региональных и межрегиональных объединений. По подобию федеральной Общественной палаты сформированы ее аналоги в регионах. Решения и заключения палаты носят рекомендательный характер. Хотя деятельность известных и авторитетных людей, согласившихся быть ее членами, несомненно, может принести пользу, вряд ли новый орган способен компенсировать недостатки в развитии гражданского общества «снизу», в результате инициативы граждан.

Президентская администрация много и в целом весьма успешно занималась формированием соответствующей политическому моноцентризму партийно-политической системы, которая без больших помех позволяла бы проводить политику главы государства, была бы устойчива и обеспечивала преемственность власти, исключив радикальные изменения в структуре крупной собственности и контроле над финансовыми потоками, кадровые перетряски и т. п. Главной задачей было укрепление позиций ведущей «партии власти» — «Единой России». Другая важная задача заключалась в создании предпосылок для чередования у власти двух крупных проправительственных партий (право- и левоцентристской), представляющих фактически одни и те же или, по крайней мере, близкие по интересам и взглядам группировки политической элиты, но опирающиеся на несколько разный электорат.

Такая партийно-политическая система по образцу ряда западных стран служила бы залогом стабильности и вместе с тем могла бы направлять в нужное русло протестные настроения избирателей в случае нравственного «износа» главной партии власти. Третьей задачей была подстраховка — создание лояльных власти партий, которые бы могли стать альтернативой двум новым главным партиям в случае их неудач и нарастания социального протеста. Четвертая задача состояла в противодействии «приватизации» регионов и их политического представительства крупным бизнесом или региональными лидерами, обеспечивавшими избрание подконтрольных им законодательных органов и проводившими своих ставленников в Государственную Думу по одномандатным округам. Пятой задачей было укрупнение общенациональных партий, в 2003 г. возведенное в послании Президента Федеральному Собранию в ранг одной из важнейших государственных задач.

Для решения этих задач эффективно использовались многообразные средства. Конституционное большинство, полученное «Единой Россией» в Государственной Думе по итогам декабрьских выборов 2003 г., позволило «партии власти» радикально и при необходимости быстро и без оглядки на оппозицию изменять законодательство о партиях и выборах. Усилился централизованный контроль над электронными СМИ. В 2001 г. 88 региональных вещательных центров, которые числились в составе ВГТРК, были переданы в состав вновь созданного Федерального государственного унитарного предприятия «Российская телевизионная и радиовещательная сеть».

Большую роль сыграли административные рычаги: главы исполнительной власти в регионах, многие крупные хозяйственные руководители и бизнесмены присоединились к главной «партии власти». Государственные органы и избирательные комиссии далеко не всегда соблюдали нейтралитет по отношению к партиям и кандидатам. Нежелательные партии и кандидаты отстранялись от выборов с помощью особо неукоснительного применения нормативных избирательных процедур. Например, обнаружение малейших неточностей в сведениях о кандидатах, представляемых в избирательные комиссии, или «ненадлежащее оформление документов» могли служить в нужных случаях безоговорочным поводом для исключения из списков. Признание недействительными части подписей, собранных в поддержку партий или кандидатов, было особенно болезненно для небольших партий. Их ограниченные финансовые возможности не позволяли набрать такого числа подписей, которое застраховало бы их от снятия с выборов. Даже если судебное разбирательство позже признавало претензии избирательных комиссий необоснованными, время уже бывало упущено. Доказанный в суде факт невыполнения избирательной комиссией требований закона не служил основанием для отмены решения комиссии об отказе в регистрации.

Кроме того, применялись аппаратные методы, давшие возможность в ряде случаев сменить неугодное руководство небольших партий. Наконец, в распоряжении «партии власти» были федеральные телевизионные каналы и другие мощные средства влияния на общественное мнение.

В соответствии с курсом Владимира Путина на укрепление территориальной целостности страны и строительство «вертикали власти» еще в течение первого срока его президентства были приняты законодательные меры по предотвращению формирования партий на региональной основе и устранению с политической сцены мелких партий. В июле 2001 г. был принят новый закон «О политических партиях», который установил, что политическая партия должна иметь отделения более чем в половине субъектов РФ и в ней должно быть не менее 10 тысяч членов. При этом в более чем половине регионов в отделениях партии требовалось иметь как минимум 100 членов. Закон ввел различия между политическими партиями, которые могли участвовать в выборах, и общественными объединениями, которые должны иметь иные задачи. В течение переходного периода сроком в шесть месяцев общественные объединения, желавшие сохранить право участвовать в общегосударственных и региональных выборах, должны были преобразоваться в партии. Такой же срок был отведен на регистрацию отделений не менее чем в половине регионов.

Не допускается создание партий по признакам профессиональной, расовой, национальной, религиозной принадлежности, а также образование структурных подразделений партий в органах государственной власти и органах местного самоуправления, в ВС РФ, правоохранительных и иных государственных органах. Вместе с тем закон гарантировал зарегистрированным партиям государственную финансовую поддержку и доступ к государственным СМИ. При этом партии обязаны регулярно представлять в государственные контрольные органы отчеты о своей финансовой и иной деятельности. Эти меры призваны повысить управляемость партийно-политической системы.

В декабре 2004 г. Государственная Дума по инициативе Единой России приняла поправки к закону, которые сделали требования к партиям значительно более жесткими. Минимальная численность их членов увеличена до 50 тысяч, минимальная численность региональных отделений не менее чем в половине регионов — до 500 членов, минимальная численность остальных региональных отделений определена в 250 членов. В течение всего одного года партии должны были привести свою численность в соответствие с новыми требованиями, то есть увеличить ее сразу в несколько раз. Согласно новому закону, в 2006 г. недавно созданная Федеральная регистрационная служба (ФРС) должна была проверить число членов каждой партии. Одновременно была ужесточена финансовая и иная отчетность, которую партии должны представлять в ФРС. В случае невыполнения новых требований после 1 января 2007 г. партии должны быть распущены в судебном порядке или преобразованы в иные общественные объединения. В течение 2006 г. число официально зарегистрированных партий сократилось с 46 до 37. К сентябрю того же года была подтверждена нормативная численность 19 партий.

Процессуальные вопросы проверок ФРС оставались законодательно не регламентированными до 2006 г. В конце 2006 г. по этому вопросу был принят административный регламент. Хотя этот регламент — не закон, но в отечественной доктрине к «законодательству» часто относят и подзаконные акты. На практике проверки часто проводились даже без уведомления руководства партий, представляли собой поквартирные обходы их членов с участием милиции, фактически применявшей при этом те же методы, что и при проверке правонарушителей. Лидеры небольших партий свидетельствовали о фактах административного давления на активистов, бюрократических придирках и т. п. Для создания новых партий поставлены труднопреодолимые препятствия.

Действительно, как свидетельствует зарубежный опыт, деятельность региональных партий, фактически сформированных по этническому или конфессиональному принципу, может поставить под угрозу целостность государства. Большая часть партий, зарегистрированных в России, мало участвуют в политической жизни. Так, в выборах депутатов законодательных собраний, проходивших в 2006 г. в 18 субъектах РФ, участвовало 28 партий, но только самые крупные из них («Единая Россия», КПРФ, Российская партия пенсионеров, ЛДПР, Российская партия жизни, «Патриоты России») представляли свои списки или кандидатов более чем в 13 регионах. Только 14 партий получили хотя бы один мандат и только 6 — более 10 мандатов. Тем не менее и малые партии выражают интересы определенного числа избирателей. Поскольку Россия — федеративное государство, а региональные и межрегиональные партии ликвидированы, то федеральная партия, представленная в законодательном собрании хотя бы одного субъекта федерации, должна быть защищена законом. Наконец, в демократическом государстве для создания партий не должно быть запретительных барьеров.

Одновременно с ужесточением закона о партиях в последние годы не прекращался пересмотр избирательного законодательства в зависимости от потребностей «партии власти». Государственная Дума приняла шесть законов, корректирующих рамочный закон «Об основных гарантиях избирательных прав граждан Российской Федерации», и семь законодательных актов по изменению закона о выборах Государственной Думы. Эти изменения носили радикальный характер, были осуществлены вопреки мнению оппозиции и направлены на укрепление и стабилизацию партийной системы с доминирующей ролью одной-двух правительственных партий. В частности, закон, принятый в мае 2005 г., предусматривает переход от смешанной к пропорциональной избирательной системе (то есть по партийным спискам). Еще раньше было установлено, что к распределению мандатов в Государственной Думе будут допущены только партии, получившие не менее 7% действительных голосов, а не 5%, как ранее. Только по пропорциональной системе отныне будут избираться также законодательные собрания ряда субъектов федерации.

Международный опыт свидетельствует, что сама по себе избирательная система еще не определяет демократизм выборов. При прочих равных условиях пропорциональная система лучше учитывает волеизъявление избирателей. Главный аргумент ее сторонников состоял в том, что нововведения будут стимулировать укрепление партий и развитие гражданского общества. Их оппоненты утверждали, однако, что политический смысл перехода на чисто пропорциональную систему состоит в повышении контроля федерального центра над формированием списка «партии власти». При прежней системе кандидатуры по одномандатным округам выдвигались главным образом региональными властями, лучше знающими местные условия. Отмену голосования по одномандатным округам призвано компенсировать создание региональных списков, по которым, помимо «тройки» общегосударственных лидеров, должно избираться большинство кандидатов. Местных деятелей избиратели знают обычно лучше и охотнее за них голосуют.

Из других новаций наибольшее значение имеет отказ от строки «против всех» в избирательных бюллетенях. Голосование против всех кандидатов или партийных списков служило легитимным и сознательным выражением протеста избирателей в тех случаях, когда популярным лидерам или избирательным объединениям отказывали в регистрации или они были сняты с выборов. Голосование недействительным бюллетенем формой протеста быть не может, так как не влияет на результат голосования.

Был отменен порог явки избирателей на выборы, который позволял считать их итоги легитимными. Известно, что часть электората безразлична к региональным и местным выборам. Неявка значительного числа избирателей при высоком пороге явки часто приводила к срыву выборов, заставляла проводить дорогостоящее повторное голосование и препятствовала нормальному демократическому процессу. В то же время полная отмена порога может привести к формированию законодательного органа незначительным меньшинством избирателей и фактически лишить его легитимности. Очевидно, здесь необходим компромисс.

Лишены пассивного избирательного права граждане России, одновременно имеющие гражданство другого государства или вид на жительство в другой стране (речь идет о многих сотнях тысяч избирателей).

Отныне запрещены избирательные блоки: если две или более партии обнаруживают единство взглядов и хотят совместно участвовать в выборах, то либо одна из них должна самораспуститься, а ее члены вступить в другую партию, либо они должны объединиться, но это требует сложной и длительной процедуры. Это нововведение противоречит официально заявленной цели укрупнения партий. Избирательные объединения теперь не могут постепенно идти к слиянию, вырабатывая общую платформу.

Депутатам Государственной Думы и региональных законодательных органов запрещено добровольно переходить в другую фракцию или партию: в этом случае они лишаются мандата. Запрещена критика соперников по предвыборной кампании в эфире: цель авторов закона, по-видимому, заключалась в том, чтобы воспрепятствовать «черным» методам агитации. Однако это нововведение может лишить предвыборную кампанию самой сути — критического характера, дискуссии об актуальных общественных проблемах.

Но главное — что в России за без малого два десятилетия так и не сложилось реальной состязательной партийной системы, нет партийных блоков. Есть лишь «партия власти». Это разительно отличает послекоммунистическую Россию и от России «думской» последнего предреволюционного двенадцатилетия, и от послекоммунистических обществ Центральной и Восточной Европы от Болгарии до Эстонии.

6.1.11. Крайнее имущественное расслоение в послекоммунистической России. «Новые русские» и «старые советские». Обнищание. Коррумпированность государственного аппарата

Экономические тенденции ельцинского периода имели следствием складывание в российском обществе острых форм социального неравенства. В 1990-е гг. в России формировалась новая социальная структура. В отличие от прежней советской, когда социальная стратификация выстраивалась по воле коммунистической власти, новая социальная структура стала в первую очередь зависеть от распределения собственности и богатства. Быстро сложились три класса, типичных для капиталистического общества — верхний, средний и нижний. Но пропорции трех классов разительно отличались от пропорций, характерных для современных развитых индустриальных стран. Если в последних численно доминирует благополучный средний класс, составляющий две трети населения, то в России большинство населения оказалось в бедствующем, едва сводящем концы с концами нижнем классе. Верхний и средний классы составили вместе не более 20–25% населения.

Еще одной отличительной чертой ельцинского периода, сохранившейся и в последующем, явились гораздо более острые, чем в западных странах, контрасты в положении и образе жизни трех классов. В этом отношении Россия стала все более напоминать латиноамериканские страны. Во второй половине 1990-х гг. сложилась узкая прослойка сверхбогатых людей — долларовых миллиардеров и миллионеров. Первые списки российских долларовых миллиардеров, появившиеся в западных источниках в 1997–1998 гг., включали не более пяти человек. Спустя пять лет в стране было 17, а в 2005 г. — 44 долларовых миллиардера. Общее их состояние оценивалось в 250 миллиардов долларов, что равнялось доходам консолидированного государственного бюджета и одной трети национального ВВП. По количеству долларовых миллиардеров Россия, которая по среднедушевому доходу уступает не только развитым индустриальным странам, но и многим развивающимся, среди них Мексике и Венесуэле, вышла на второе место в мире после США, а Москва по числу проживающих в ней миллиардеров заняла второе место после Нью-Йорка. Количество долларовых миллионеров в стране в 2005 г. приблизилось к 90 тысячам человек (пятое место в мире). Если в ряды миллиардеров входили только предприниматели, по преимуществу представители топливно-энергетических отраслей, то среди миллионеров наряду с бизнесменами много мест также досталось представителям государственной власти, создателям массовой культуры, известным спортсменам, лидерам криминальных структур.

Долларовые миллиардеры и миллионеры составили элиту российского верхнего класса, численность которого не превышала 3–5% населения. По уровню жизни верхний класс, который стали отождествлять с «новыми русскими», не уступал, а то и превосходил верхний класс развитых индустриальных стран. Российские нувориши вышли на лидирующие позиции по скупке недвижимости в европейских столицах, на самых богатых мировых курортах, по престижным приобретениям на международных аукционах. В самой России они создали отдельные анклавы проживания (знаменитая «Рублевка» в Подмосковье), выстроив в течение нескольких лет особняки и инфраструктуру, которые в сравнении с домами и условиями существования «старых советских» являли яркую и вызывающую демонстрацию блеска и нищеты нового русского капитализма.

Контрасты между верхним классом и основной массой населения углублялись на протяжении всего послесоветского периода. В то время как богатства первого ежегодно возрастали, реальная зарплата наемных работников в еще больших пропорциях снижалась, составив к концу ельцинского правления 40% от уровня 1990 г. Доля оплаты лиц наемного труда в российском ВВП была в полтора-два раза ниже, чем в странах Запада, и одной из самых низких в мире. В то же время средняя рентабельность продукции российских частных компаний в полтора-два раза превосходила рентабельность продукции американских компаний, что свидетельствовало о гораздо более высоком уровне эксплуатации наемного труда в России. Ситуация стала постепенно изменяться с началом XXI в. В годы правления В. Путина уровень зарплат неизменно рос, однако он по-прежнему существенно ниже аналогичного показателя в развитых странах. Велики различия в доходах населения и между регионами России. Если средний уровень заработной платы в Тюменской области в первом полугодии 2007 г. составил 26 807 рублей, то жители Дагестана в это время зарабатывали в среднем 5271 рубль.

Постоянное и резкое углубление имущественных контрастов в российском обществе признавалось официальной статистикой. Согласно ей доля верхних 20 процентов россиян в общем объеме денежных доходов в стране увеличилась в 1992—2005 гг. с 38,3% до 46,4%, в то время как доля остальных 80% снизились с 61,7% до 53,6%. Всё время возрастал разрыв в положении верхних и нижних 10% населения, который во всем мире традиционно используют как главный показатель социальных контрастов. В 1991 г. этот разрыв составлял 4,5 раза, в 1992 г. уже 8 раз, к концу ельцинского периода достиг 15 раз, в последующем застыв на этой цифре (в Москве, где проживает основная часть сверхбогатых россиян, этот разрыв составил 50 раз). В то же время подобный разрыв составлял во Франции 8, в Англии — 7, в скандинавских странах — 3—4 раза.

Углубление социальных контрастов сопровождалось возникновением массовой бедности, которая постоянно нарастала в ельцинский период. Согласно данным, основанным на официальном расчете уровня прожиточного минимума, к 1999 г. количество бедных россиян достигло рекордной цифры в 39% (в последующие годы эта цифра снизилась на 10%). В самом бедственном положении оказались люди пенсионного возраста. Реальная пенсия в 1990-е гг. снизилась на 70%, подавляющее большинство пенсионеров оказались в классе бедных. В последующие годы их положение улучшилось не намного, а в сравнении с положением работающих продолжало ухудшаться. Если в 2000 г. средний размер назначенных месячных пенсий составлял 31,2% от средней начисленной зарплаты, то в 2005 г. — только 27,6% (в большинстве европейских стран этот процент колеблется от 60 до 70). В 2005 г. из-за нехватки денег 18% пожилых людей не смогли лечь в больницу, 38% не смогли купить себе необходимые лекарства. Количество заболевающих среди пожилых россиян было в 5—6 раз выше, чем в странах Европейского Союза.

Массовая бедность, высокий уровень заболеваний имели прямое отношение к снижению продолжительности жизни и численности населения России. Даже в случае целенаправленной продуманной государственной политики по повышению рождаемости убыль населения можно будет остановить только к 2050 г. В целом экономические и социальные пороки приблизили российское общество вплотную к демографической катастрофе, во весь рост встал вопрос о самосохранении нации.

Озабоченность этой проблемой высказывалась разными социальными и политическими силами, а Александр Солженицын предложил считать ее главной национальной идеей, всепоглощающей целью государственной политики «Сбережение народа». Это предложение было подхвачено широкими кругами общественности, в том числе и партией «Единая Россия», ставшей в начале XXI в. правящей в России. Но превращение его в программу практических действий натолкнулось на множество препятствий, главным среди которых остается оторванность и отчужденность государственной власти от народа, замкнутость огромного числа политиков, государственных деятелей и чиновников на собственных интересах.

Коррумпированность государственного аппарата стала резко возрастать уже в первые годы ельцинского правления, в последующем она только усиливалась, превратившись, по оценке Президента России Владимира Путина, высказанной в Послании Федеральному Собранию в мае 2006 г., в «одно из самых серьезных препятствий на пути нашего развития». Одной из главных причин резкого возрастания коррумпированности государственной власти стала узурпация чиновниками возможностей и механизмов приватизации общенациональной собственности. При отсутствии необходимых морально-нравственных устоев и правовых регламентаций, государственные деятели и чиновники начали активно «конвертировать власть в собственность», равно как и брать взятки за обеспечение аукционных привилегий тем или иным финансистам, предпринимателям, криминальным структурам. Некоторые идеологи чиновничества цинично обозначили взятки как «административную ренту», по праву взимаемую за обслуживание приватизации собственности государства, руководителями и представителями которого себя воспринимали чиновники. Объемы и виды взяточничества все время возрастали, превратившись в целую систему существования и обогащения людей, укрепившихся у кормила власти.

В период правления Бориса Ельцина один из наиболее громких коррупционных скандалов разразился в связи с продажей государством в 1997 г. 25% акций Связьинвеста, гигантской монополии в сфере телекоммуникаций и телефонной связи. После того как их обладателем стал ОНЭКСИМ банк, его главные конкуренты Борис Березовский и Владимир Гусинский организовали в подконтрольных СМИ серию разоблачений. Выяснилось, что накануне аукциона председатель Госкомимущества А. Кох получил от группы, близкой к ОНЭКСИМУ, аванс 100 тысяч долларов за предполагаемую (и, по язвительному замечанию одного журналиста, «никому не нужную») книгу о приватизации, а его соавторы, также высокопоставленные чиновники А. Чубайс, М. Бойко, П. Мостовой, А. Казаков, — по 90 тысяч долларов. Борис Ельцин был вынужден отправить всех «писателей» за исключением Чубайса в отставку, что, однако, не изменило укоренившейся практики приватизации и не повлекло пересмотра результатов имевших место аукционов.

В последующем размеры подобных взяток, все чаще именуемых «откатами», многократно возросли. Одним из наиболее известных скандалов новейшего времени стало «дачное дело» Михаила Касьянова (бывшего премьер-министром в 2000–2004 гг.). Частная фирма «Амелия», приобретшая на аукционе по приватизации госдачу «Сосновка-1» стоимостью в несколько миллионов долларов, уступила ее затем премьер-министру за многократно меньшую сумму. Коррупционная история была обнародована «в отместку» Касьянову после того, как, будучи отправлен в отставку, он перешел в оппозицию к власти.

Это обстоятельство косвенно свидетельствует и о том, что большинство лояльных власти коррупционеров остаются безнаказанными. Даже несмотря на громкие разоблачения в СМИ, правоохранительные органы вяло реагируют на явное воровство из государственной казны. Например, в 2005—2006 гг. пресса сообщала («Московские новости». № 48 за 2006 г.) о расследовании дела о контрабанде 5 тысяч вагонов с текстилем из Китая. Получателем груза оказалось Управление материально-технического обеспечения ФСБ России, платеж за контрабандные товары проводили напрямую с бюджетного счета ФСБ, при этом на взятки ушло до полумиллиарда долларов. Благодаря усилиям правозащитников и представителей отечественной легкой промышленности, понесшей большие убытки от этих операций, дело оказалось в центре общественного внимания. Однако расследование по нему было передано следственному комитету ФСБ и шло в секретном режиме. Хотя было объявлено об отставке 19 чиновников ФСБ, до суда дело пока так и не дошло.

По подсчетам специалистов, в начале XXI в. коррупционный рынок в России достиг 250—300 млрд долларов — сумма, равная годовому доходу госбюджета и одной трети национального ВВП. По опросам социологов, госслужба стала для 50% молодых людей привлекательным доходным местом. Сам класс госчиновников весьма разросся: если в Императорской России в 1913 г. на 170 млн жителей приходилось 1,1 млн чиновников, то в современной Российской Федерации на 142 млн жителей — 2 млн чиновников.

Государственные деятели и чиновники, особенно их верхний слой, превратились в особую социальную касту. Депутаты Государственной Думы, воспользовавшись правом определять самим себе номинальные оклады из госбюджета, установили их на уровне, превышающем среднюю зарплату россиянина в 12 раз (а назначенные ими самим себе пенсии превысили их средний российский размер более чем в 20 раз). Их примеру последовали депутаты региональных законодательных органов. В то же время среди избирателей доверие к парламентской власти постоянно падало, снизившись в 1991—2006 гг. почти в четыре раза (по опросам социологов, с 43 до 12%). Последнее место по доверию избирателей делили с ней политические партии.

Литература

М.К. Горшков. Российское общество в условиях трансформации (социологический анализ). М.: РОССПЭН, 2000.

И. Клямкин, Л. Тимофеев. Теневая Россия. Экономико-социологическое исследование. М.: РГГУ, 2000.

О. Крыштановская. Анатомия российской элиты. М.: Захаров, 2005.

Ю. Левада. От мнений к пониманию. Социологические очерки 1993—2000. М.: Московская школа политических исследований, 2000.

С. Меньшиков. Анатомия российского капитализма. М.: Международные отношения, 2004.

С.П. Паппе. «Олигархи»: экономическая хроника, 1992—2000. М.: ГУ-ВШЭ, 2000.

6.1.12. Трудности в переходе к новой национально-административной политике. Строительство вертикали власти

Одним из самых острых вопросов переходного периода была реформа государственного устройства. Создание истинной, а не формальной федерации и изменение статуса ее субъектов, децентрализация управления, перекройка политико-административных границ представлялись средством демократизации общества, смягчения или разрешения резко обострившихся национальных конфликтов. Кроме того, предполагавшееся укрупнение регионов и изменение их границ давало сторонникам Бориса Ельцина возможность отстранить от власти в консервативных регионах старые советские элиты, противившиеся реформам. Однако дебаты по проекту Конституции зашли в тупик. Стало ясно, что обеспечить квалифицированное большинство на Съезде народных депутатов РСФСР для ее принятия не удастся.

Однако, не меняя Конституции, Съезд санкционировал реформу национально-государственного устройства, предусматривавшую признание равноправия народов и суверенитета автономных республик, заявленного в их декларациях, и преобразование автономных областей в национально-государственные образования (республики). Съезд признал также право бывших автономных областей и автономных округов на выход из состава краев и областей и возможность образования новых республик. Вместе с тем республикам РСФСР было дано право самостоятельно участвовать в готовившемся тогда Союзном договоре. Четыре автономных области из пяти (Карачаево-Черкесская, Адыгейская, Горно-Алтайская, Хакасская) были провозглашены республиками. Еврейская автономная область формально осталась в составе Хабаровского края. Съезд подчеркнул необходимость сохранения целостности Российской Федерации и установил мораторий на изменение границ между ее субъектами до 1995 г.

Однако национальные движения продолжали в начале 1990-х гг. требовать создания новых республик и дальнейшего дробления регионов по национально-территориальному признаку. Так, черкесские и абазинские организации активно выступали за раздел Карачаево-Черкесии на отдельные республики или присоединение районов, населенных черкесами, к Ставропольскому краю. Лозунг создания национально-территориальных автономий выдвигали потерявшие или не имевшие их в бывшем СССР народы — например, немцы и греки. Поскольку границы между республиками и регионами были установлены в коммунистический период произвольно и к тому же много раз менялись, некоторые национальные движения требовали восстановления самых широких из когда-либо существовавших границ своей республики (например, Адыгеи). Остро стояли проблемы полной территориальной реабилитации народов, депортированных сталинским режимом (см. **4.2.24**).

«Суверенизация» регионов все более явственно грозила Российской Федерации распадом, причем за счет выхода из нее не только «национальных» республик, но и собственно «русских» краев и областей. Об этом в декабре 1992 г. официально заявил Конституционный суд России. 1 ноября 1991 г. объявило о независимости чеченское руководство во главе с Джохаром Дудаевым. Резко обострился давний осетино-ингушский конфликт, активизировались национальные движения в Татарстане, Башкирии, Якутии, Туве. В большинстве республик происходила «этнизация» власти: представители титульных народов вытесняли русских со значимых постов (в то же время на уровне высших должностных лиц Российской Федерации представительство титульных народов республик было явно недостаточным). К тому же с усугублением экономического кризиса и вследствие дискриминации усилился выезд русских из ряда республик. Иногда он принимал характер массового бегства, как, например, из Чечни.

Проявилась тенденция к обособлению от федерального центра и в ряде «русских» регионов. Ограниченность федерального бюджета уменьшала экономические возможности центра воздействовать на власти субъектов федерации с помощью финансовых трансфертов, кредитов, лицензирования и квотирования внешней торговли, закупок и поставок продукции из государственных резервов, инвестиций и т. п. В условиях кризиса на плечи регионов, в том числе и традиционно дотационных, ложились все новые статьи социальных расходов. Именно региональным властям приходилось гасить социальные конфликты, связанные с невыплатами в срок пенсий и зарплаты служащим федеральных учреждений.

Никогда ранее региональные элиты, в то время состоявшие в основном из бывшей советской партийно-хозяйственной номенклатуры и воспитанные в условиях административно-командной экономики, не сталкивались с проблемой самостоятельного обеспечения населения продовольствием, финансовой поддержки крупных промышленных предприятий «союзного значения», обеспечивавших работой порой десятки тысяч человек, и т. п. Это порождало стремление региональных руководителей опереться на собственные ресурсы: отказ перечислять федеральному центру налоги, сочетавшийся с требованиями субсидий и субвенций, борьба за преобразование налоговой системы в пользу регионов. Некоторые субъекты федерации неоднократно пытались закрыть свои границы для вывоза дефицитных или экспортных товаров и продовольствия, полагая, что в одиночку им будет легче решить проблему обеспечения населения предметами первой необходимости (в последний раз это произошло непосредственно после дефолта в августе 1998 г.). Богатые природными ресурсами регионы требовали полного контроля над их использованием, а главное — доходов от их экспорта. Республиканские и региональные элиты хотели воспользоваться приватизацией и завладеть федеральной собственностью, особенно месторождениями полезных ископаемых, находящих устойчивый спрос на мировом рынке (нефти, газа, алмазов...). Регионы, располагавшие значительными морскими портами или предприятиями, чья продукция находила спрос на международном рынке, добивались более свободного выхода на внешний рынок и создания свободных экономических зон, иной раз размером в целую область.

Особенно тревожная ситуация возникла в начале весны 1992 г., когда власти Татарстана, самой многонаселенной и экономически значимой республики, организовали у себя референдум. Гражданам республики был задан вопрос, согласны ли они с тем, что «Республика Татарстан — суверенное государство, субъект международного права, строящее свои отношения с Российской Федерацией и другими республиками, государствами на основе равноправных договоров?» При явке 82% большинство проголосовавших избирателей (61%) ответили на этот вопрос положительно. Фактически это могло означать начало дезинтеграции Российской Федерации. В этих условиях федеральный центр был вынужден вести себя крайне осторожно и терпеливо. Российское руководство предложило Татарстану, а затем и другим республикам, наиболее громко требовавшим самостоятельности, заключить «индивидуальный» договор о разграничении предметов ведения и полномочий между федеральными органами государственной власти и органами власти суверенных республик. Одновременно всем субъектам федерации было предложено подписать общий Федеративный договор, принятый подавляющим большинством очередного съезда народных депутатов РФ. Важно, что его заключали не суверенные субъекты права, а органы власти республик, краев, областей и автономных округов. Предметом договора стало не учреждение новой федерации, а «разграничение предметов ведения и полномочий».

31 марта 1992 г. Федеративный договор был подписан представителями 87 субъектов федерации. Фактически он состоял из трех договоров, заключенных с «суверенными республиками», краями, областями и городами Москвой и Петербургом, Еврейской автономной областью и автономными округами. Республики были поставлены договором в привилегированное положение по сравнению с «обычными» субъектами федерации. Они, в частности, получили право принять собственные конституции. Им предоставлялось право участвовать в «международных и внешнеэкономических соглашениях», если это не противоречило Конституции и законам Российской Федерации. Земля, недра, воды, растительный и животный мир объявлялись достоянием (собственностью) народов, проживающих на территории республик, хотя одновременно вводилось понятие «федеральные природные ресурсы», чей статус предполагалось определять по «взаимной договоренности».

Еврейская АО и автономные округа оказались в парадоксальном положении: с одной стороны, они стали полноправными субъектами федерации, а с другой – остались в составе своего края и областей. Позже это вызвало значительные проблемы, особенно в налоговых отношениях между Тюменской областью и богатыми «нефтегазовыми» Ханты-Мансийским и Ямало-Ненецким автономными округами. Эти проблемы удалось урегулировать только после длительных разбирательств. Возник конфликт вокруг города Норильска, окруженного территорией Таймырского автономного округа, но подчиненного Красноярскому краю.

Съезд народных депутатов РФ включил Федеративный договор в Конституцию страны. Договор затормозил распад России, но не решил полностью проблем ее экономической и политической интеграции. Чечня и Татарстан не подписали договор, ряд регионов одобрили его с оговорками. Регионы пытались шантажировать федеральный центр, добиваясь все новых привилегий. Лидеры Татарстана, Башкортостана, Якутии, Ингушетии и некоторых других республик умело добивались от федерального центра экономических и иных уступок, дотаций, субсидий и инвестиций. Руководители республик представляли себя как единственную силу, способную повлиять на лидеров радикальных националистических движений, предотвратить обострение национальных конфликтов и усиление сепаратистских настроений. Стремясь к политико-экономическому обособлению и в конечном счете превращению Российской Федерации в рыхлую конфедерацию, многие политические лидеры использовали в своих интересах противостояние между Президентом и Верховным Советом.

Дальнейшая «суверенизация» регионов была приостановлена октябрьскими событиями 1993 г. в Москве и роспуском областных и республиканских советов, многие из которых поддержали руководителей Верховного Совета. Принятие новой Конституции на референдуме, прошедшем одновременно с выборами в декабре 1993 г., изменило юридические рамки отношений между федеральным центром и регионами. В ней не предусматривается право выхода регионов из состава федерации, а Федеративный договор упомянут в ст. 11 ч. 3 Конституции только в качестве одного из оснований разграничения предметов ведения и полномочий между федерацией и субъектами.

После октябрьских событий 1993 г. президентская администрация стремилась заручиться поддержкой глав региональных администраций. Одновременно с выборами в Государственную Думу прошло голосование за кандидатов в члены второй палаты Федерального собрания — Совета Федерации. Большинство глав исполнительной власти субъектов федерации выставили свои кандидатуры и победили.

Татарстан, однако, в выборах и референдуме 12 декабря 1993 г. не участвовал. Урегулировать отношения с этой республикой и вернуть ее в общегосударственное правовое пространство федеральному центру удалось подписанием с ним в феврале 1994 г. договора о разграничении полномочий и предметов ведения. Этот договор положил начало целой серии аналогичных соглашений первоначально с другими республиками, а затем и с краями и областями. Процесс подписания договоров продолжался около пяти лет — до 1999 г. Всего они были заключены с 46 регионами. Вопреки Конституции, складывалась «асимметричная» федерация, в которой каждый субъект добивался для себя статуса и полномочий в соответствии со своими возможностями давления на федеральный центр. Закреплялось экономическое и политическое неравноправие регионов, закладывались основы противоречий и конфликтов, поскольку и федеральный центр, и регионы стремились толковать статьи о предметах совместного ведения в свою пользу.

Одной из причин подписания договоров стало недовольство «дискриминацией» в отношениях с центром краев и областей. Многие из них экономически гораздо мощнее, чем большинство республик. В апреле 1993 г. Вологодская и Свердловская области провели референдумы о предоставлении им равных с республиками прав, за ними последовала Томская область. В Приморском крае, Архангельской и Челябинской областях советы приняли решения о повышении статуса до республиканского. Но дальше всех пошла Свердловская область, которую областной совет в июле 1993 г. провозгласил Уральской республикой, затем принял ее конституцию и наметил выборы новых республиканских властей. В ответ на это Президент Б. Ельцин отстранил от должности губернатора Эдуарда Росселя и объявил соответствующие решения областного совета недействительными (в 1996 г. Россель вновь занял высший в регионе пост).

Процесс перераспределения полномочий между центром и регионами развивался стихийно. Заключение договоров о разграничении полномочий с регионами превратилось в массовую кампанию при подготовке выборов Президента РФ в 1996 г. Кремль стремился заручиться поддержкой губернаторов и воспользоваться находившимся под их контролем «административным ресурсом» для обеспечения нужного голосования.

В декабре 1992 г. Съезд народных депутатов разрешил региональным советам назначать прямые выборы глав администраций. В апреле 1993 г. этим правом воспользовались восемь краев и областей, в шести из которых явно доминировали оппозиционные Президенту и правительству силы. После победы Бориса Ельцина на президентских выборах 1996 г. прямые выборы глав исполнительной власти стали проводить во всех регионах.

В результате во многих регионах к руководству пришли представители КПРФ или кандидаты, поддержанные коммунистами и другими оппозиционными Кремлю партиями. В ряде региональных парламентов им принадлежало прочное большинство. Хотя, как правило, став губернаторами, деятели оппозиции приостанавливали свое членство в КПРФ и пытались «в интересах региона» доказать администрации Президента свою лояльность, их отношения с Кремлем оставались напряженными.

Несмотря на очевидные дезинтеграционные тенденции в 1990-х гг., сохранялись мощные факторы, способствовавшие единству России. Прежде всего это — привычка жить в крупной и высокоцентрализованной стране, авторитет центральной власти — органическая часть российской политической культуры, уходящая корнями в глубокое прошлое. В стране веками существовало единое культурное, политическое, научно-образовательное и информационное пространство. Русскому языку как средству межнационального общения не было альтернативы. Центральное телевидение оставалось наиболее популярным и всепроникающим СМИ.

Распад Советского Союза показал и элите, и общественному мнению в целом, насколько взаимозависимо хозяйство регионов, к каким тяжелым экономическим последствиям и межнациональным конфликтам может привести даже частичная политическая дезинтеграция России. Еще в начале 1990-х гг. наметилось стремление соседних территорий к конструктивному сотрудничеству и объединению в региональные ассоциации, границы которых, как правило, совпадали с рубежами экономических районов бывшего Госплана. Наконец, подавляющее большинство регионов России, в том числе почти все республики, не могли обойтись без трансфертов из федерального центра. Число регионов — «доноров» федерального бюджета менялось в зависимости от налоговой системы и методов расчета, но, как правило, редко выходило за пределы десятка: к ним принадлежали Москва и Петербург, Московская область, нефтегазоносные регионы Сибири и еще несколько богатых экспортными ресурсами и промышленно развитых областей, возглавляемых городами-миллионерами. При этом в бюджетах многих регионов доля трансфертов из федерального центра и по сей день достигает 90%.

Тем не менее в 1990-е гг. в регионах принимали законы, откровенно противоречившие федеральному законодательству, и даже провозглашали их приоритет. Федеральный центр был вынужден закрывать на это глаза, поскольку был заинтересован в политической стабильности и использовании на общефедеральных выборах «административного ресурса» в интересах «партии власти». Генеральная прокуратура выявила около 3,5 тысячи несоответствий конституций и уставов регионов федеральной Конституции, что означало разрушение единого правового пространства страны и не соответствовало сути федеративных отношений.

Противоречили Основному закону страны многие конституции республик и уставы, принятые в краях и областях. Например, конституция Тувы провозглашала эту республику «суверенным демократическим государством», имеющим право на самоопределение и выход из состава Российской Федерации (ни в одной стране с федеративным государственным устройством конституции не предусматривают право выхода из федерации). В конституции Татарстана было записано, что эта республика – суверенное государство, субъект международного права, «ассоциированное с Россией на основе Договора о взаимном делегировании полномочий и предметов ведения».

Итоги первых выборов в законодательные собрания (думы) регионов, проведенных в основном в 1994 г., показали, что в политической жизни регионов четко обозначилось абсолютное доминирование исполнительной власти, отразившееся в конституциях республик и уставах краев и областей. Влияние депутатов на состав и действия администраций в лояльных Президенту северных регионах было с самого начала крайне ограниченно. В регионах «красного пояса» законодательные собрания пытались предусмотреть возможность влиять на назначенных из Москвы губернаторов, но затем местные лидеры оппозиции, победив на губернаторских выборах, также поспешили укрепить свои позиции. К тому же решениями Конституционного суда были установлены пределы полномочий региональной законодательной власти.

В ряде республик и регионов установились режимы личной власти их руководителей. Сложилось традиционное для России разделение власти между федеральным центром и «местными деспотиями»: в обмен на лояльность и относительную стабильность Кремль предоставлял главам регионов свободу рук и не обращал внимания на массовые нарушения законности и прав граждан. Авторитарные режимы в регионах опирались на сращивание власти с российским (московским) бизнесом в лице крупных компаний или местными олигархическими структурами, использовали правоохранительные органы для борьбы с оппозицией. Занимаясь повседневными материальными нуждами региональных подразделений министерства внутренних дел, прокуратуры, судов и других федеральных органов, власти республик, краев и областей постепенно стали приобретать все большее влияние на них. Мнение губернатора часто становилось решающим при назначении руководителя регионального УВД. В итоге авторитарные региональные лидеры постепенно «приватизировали» общегосударственные структуры. Как следствие, росло отчуждение между властью и населением, увеличивался риск серьезных потрясений, ухудшались возможности экономического развития.

Избрание на пост Президента России Владимира Путина ознаменовалось реформой отношений между центром и регионами, направленной на укрепление государственной вертикали и централизацию власти. В мае 2000 г. новый Президент объявил об учреждении семи федеральных округов и назначении в них его полномочных представителей. Границы округов далеко не всегда совпадали с привычными рубежами между экономическими районами, зато довольно точно соответствовали членению территории на военные округа. Полномочные представители Президента должны были стать проводниками его политики. В их задачу входила, во-первых, координация деятельности федеральных структур в регионах, в том числе правоохранительных органов, консолидация правового пространства страны, содействие в проведении Президентом кадровой политики на местах, организация контроля за исполнением решений федеральных органов власти. Новые структуры возглавили кампанию по приведению регионального законодательства в соответствие с Конституцией России и федеральными законами. В округах были созданы «надрегиональные» подразделения министерств внутренних дел и юстиции, прокуратуры, налоговой и таможенной служб. Пять из семи представителей Президента в 2000 г. были генералами.

Новые администрации были призваны выявить в своем округе наиболее приоритетные экономические и социальные проблемы и координировать их решение. Поэтому направления и характер деятельности представителей Президента зависели от специфики округа. Довольно скоро у представителей Президента обозначилась тенденция к усилению вмешательства в экономические дела субъектов «их» округов.

Одновременно проводилась реформа Федерального Собрания. В последние годы президентства Ельцина членами Совета Федерации по должности являлись главы исполнительной власти и законодательных собраний регионов. Такая практика вызывала критику, поскольку, во-первых, регулярная законотворческая деятельность в Москве была плохо совместима с их основными обязанностями. Во-вторых, статус депутата Федерального собрания обеспечивал главам регионов и их законодательных собраний неприкосновенность; юридической процедуры законного отрешения губернаторов от должности даже в случае прямого нарушения ими федеральных законов практически не существовало. Это еще более укрепляло региональные авторитарные режимы и потенциальную фронду губернаторов по отношению к Кремлю.

Ныне в Совет Федерации входят по два члена от каждого региона, которые представляют их исполнительную и законодательную власти. Они, соответственно, назначаются губернаторами и избираются законодательными собраниями. Президент РФ получил право отстранять губернаторов или глав республик от должности в случае нарушения ими законов и распускать законодательные собрания, если они принимают акты, противоречащие федеральному законодательству. Кроме того, были приняты законодательные нормы, запрещавшие главам регионов занимать свой пост более двух сроков подряд. Однако отсчет этих сроков был установлен таким образом, что почти все губернаторы фактически смогли оставаться на своих постах три, а некоторые даже четыре срока. На вакансии сенаторов региональные руководители часто проводили деятелей, которые пользовались влиянием в столице и могли лоббировать интересы области и республики, хотя и не проживали в ней, — бывших министров, столичных предпринимателей, отставных генералов.

Взамен прямого участия руководителей регионов в деятельности Федерального Собрания в июле 2000 г. был создан Государственный Совет (еще одно совершенно сознательное воспроизведение имени государственного учреждения старой России), в который «губернаторы» входят по должности. Государственный Совет не предусмотрен Конституцией и действует при Президенте. Его задача — в обеспечении постоянного диалога между Президентом и главами регионов и в разработке рекомендаций по актуальным проблемам. Во главе Госсовета стоит Президиум, формируемый на основе ротации.

В 2000 г. при участи полномочных представителей Президента в округах Генеральная прокуратура РФ проанализировала конституции и уставы всех субъектов федерации. В итоге в том же году они были приведены в соответствие с федеральными нормами. Были изданы специальные указы Президента, обязывавшие сделать это Татарию и Башкирию.

В 2002 г. истекал срок действия договоров о разграничении полномочий и предметов ведения между центром и регионами. Несмотря на сильное давление со стороны наиболее сильных регионов, Кремль отказался от продления или пересмотра этих договоров, оставаясь верным своей цели — установить единый для всех субъектов федерации правовой режим.

Результатом реформ, проведенных в начале президентства Владимира Путина, стало восстановление управляемости государства и возвращение к общепринятым правовым нормам федерализма. Вместе с тем уже тогда Кремль подвергался критике за создание федеральных округов как еще одной громоздкой бюрократической структуры, лишенной рычагов экономического влияния на администрации регионов, но особенно — за новую волну административной централизации, выразившуюся в сокращении доли регионов в консолидированном бюджете, изъятии у регионов важных полномочий, фондов и источников дохода (например, дорожного фонда).

В конце первого срока президентства Владимира Путина Кремль инициировал кампанию по укрупнению субъектов федерации. Действительно, в ряду федеративных государств и просто крупных стран мира Россия выделялась несоразмерно большим числом субъектов федерации (89), в десятки раз различающихся и по территории, и по численности населения, и по экономическому потенциалу (в Москве — около 11 млн жителей, а в теперь уже бывшем Эвенкийском автономном округе — всего 17 тысяч). Многие малонаселенные субъекты федерации, формально обладающие теми же правами, что и крупные регионы, жизнеспособны только благодаря массированным дотациям из центра. Нынешняя политико-административная структура с «матрешечными» субъектами федерации, когда один из них, входя в другой, имеет тот же конституционный статус, досталась современной России в наследство от советских времен и была в первые годы после распада СССР искусственно законсервирована, чтобы избежать национальных и политических конфликтов. Еще в 1990-е гг. вставал вопрос об объединении Санкт-Петербурга и Ленинградской области, Москвы и Московской области.

Однако укрупнение началось не с сильных столичных регионов, а с автономных округов. Первым «укрупненным» регионом стал Пермский край, объединивший Пермскую область и депрессивный Коми-Пермяцкий АО (соответствующий закон был принят в марте 2004 г.). К лету 2007 г. в результате проведения требуемых Конституцией РФ референдумов состоялось юридическое объединение Корякского АО и Камчатской области, Усть-Ордынского Бурятского АО и Иркутской области, Агинского Бурятского АО и Читинской области, Долгано-Ненецкого (Таймырского) и Эвенкийского АО и Красноярского края (переходный период еще не везде завершен). Малые или малонаселенные регионы, интегрируемые со своими более крупными соседями, получают гарантии сохранения определенной самостоятельности во вновь образуемых краях.

Представители большинства в Государственной Думе предлагали сократить число регионов до 60—65. Однако стратегии укрупнения не существует или, во всяком случае, она не обнародована. Очевидно, что его нельзя рассматривать как политическую кампанию и оценивать деятельность глав исполнительной власти прогрессом в деле объединения. Каждый случай сугубо индивидуален, и выгоды укрупнения налицо далеко не для всех затронутых им социальных групп и институтов. Так, благодаря федеральным дотациям и статусу субъекта федерации бюджетные расходы на душу населения и ряд других социальных и экономических показателей в бывшем Агинском Бурятском АО были выше, чем в Читинской области. Ликвидация самостоятельности теряющих население небольших областей в Европейской части страны может подорвать перспективы их административных центров — локомотивов экономического развития. Наконец, недооценка этнопсихологических факторов грозит серьезными конфликтами. Попытки форсировать объединение Республики Алтай и Алтайского края и особенно Адыгеи и Краснодарского края натолкнулись на жесткое сопротивление этнических организаций, местной интеллигенции и части элиты.

Значительные изменения в отношениях между федеральным центром и регионами произошли после террористических актов, совершенных в августе — сентябре 2004 г., в том числе трагедии в Беслане. По предложению Президента Владимира Путина упразднено избрание глав субъектов федерации всеобщим голосованием жителей региона. Ныне Президент предлагает кандидатуру на пост главы региона для утверждения региональному законодательному органу. Если законодательное собрание не утверждает названного Президентом кандидата, то глава государства вновь вносит ту же или иную кандидатуру. Если же и вторая попытка оказывается безуспешной, то Президент вправе назначить исполняющего обязанности руководителя региона и распустить законодательный орган.

Аргументами для этой реформы послужили необходимость противостоять террористической угрозе, обеспечить целостность и безопасность страны, что возможно только при наличии вертикальной системы исполнительной власти, действующей как единый соподчиненный организм. На практике большинство действовавших осенью 2004 г. глав регионов были переназначены В. Путиным на новый срок, в том числе и те, чьего отстранения ожидали многие эксперты.

Сторонники реформы не без оснований утверждают, что многие авторитарные региональные лидеры, в свое время назначенные Борисом Ельциным, оказались гораздо лучшими хозяйственниками и добились более успешного развития своих регионов, чем иные «демократы». Нетерпима «приватизация» целых регионов крупным бизнесом, успешно проводившим на выборах в губернаторы своих ставленников. В условиях низкой политической культуры и активности граждан назначение «губернаторов» позволяет предотвратить приход к власти откровенных демагогов, националистов и выходцев из криминальной среды, более надежно обеспечивает интересы федерального центра.

В то же время отмена избрания руководителей регионов населением подверглась критике в России и вызвала резко негативную реакцию за рубежом как отход от демократических принципов и завоеваний послекоммунистического периода. Реформа перекладывает всю ответственность за происходящее в регионах на федеральное правительство и Президента, что уменьшает устойчивость политической системы. Нарушаются естественные принципы отбора политических лидеров. Становясь неподотчетными перед избирателями и более зависимыми от Кремля, главы администраций не заинтересованы в отстаивании специфических интересов региона, если они не совпадают с интересами руководства страны. Когда сойдут с политической сцены многолетние харизматические руководители республик, сможет ли Кремль найти новых кандидатов, которые будут эффективно обеспечивать стабильность (стоит вспомнить, что замена Михаилом Горбачевым руководителя Казахстана стала причиной первого открытого националистического выступления в Советском Союзе во времена Перестройки). Наконец, во имя «политической целесообразности» забыт принцип сменяемости региональных руководителей: многие из них по стажу пребывания на своем посту уже бьют рекорды эпохи брежневского «застоя».

6.1.13. Чеченская война

Чеченский кризис, разразившийся в последние месяцы существования СССР и не разрешенный и по сей день, оказал огромное влияние на российское общество, международное положение страны, ее образ в глазах международного сообщества. Причины этого кризиса многообразны. В исторической памяти чеченцев жива многолетняя кровопролитная борьба против российской колонизации Восточного Кавказа. Сильнейшей коллективной травмой стала депортация всего чеченского народа в феврале 1944 г. При этом погиб каждый третий чеченец. Возвращение чеченцев из спецпоселений на родину в 1957 г. было связано с многочисленными конфликтами. Далеко не случайно, что в борьбе российского руководства с ассоциируемым с драматическим прошлым союзным центром жители Чечено-Ингушетии, в отличие от большинства автономных республик РСФСР, голосуя на референдумах и выборах 1991 г., поддержали Бориса Ельцина и его сторонников.

В ту пору между титульным населением и русскоязычным населением сложилось «разделение труда»: русские и другие этнические группы были заняты в основном в промышленности, управлении и жили в городах (в Грозном они составляли большинство), тогда как чеченцы и ингуши занимались сельским хозяйством, торговлей и услугами. Они преобладали в сельской местности, особенно в предгорных и горных районах. Естественно, это разделение труда со временем менялось: повышался средний уровень образования титульного населения, все больше его представителей переселялось в города. Однако значительные различия в характере занятости, образе жизни и особенно в культуре между чеченцами и остальными группами все же сохранялись. К моменту распада СССР в Чечено-Ингушетии только начинала складываться национальная номенклатура. В обществе еще были сравнительно сильны остатки родоплеменных структур — тейпов. Устранение идеологических догм и коммунистического репрессивного аппарата вызвало возрождение ислама, традиционно влиятельного на территории Чечено-Ингушетии и прилегающей северной части Дагестана.

Начало событий в Чечне совпало с тяжелейшим общероссийским кризисом переходного периода. Окружение Михаила Горбачева стремилось использовать «парад суверенитетов» российских автономий как средство ослабить Бориса Ельцина. В ответ на это во время своего визита в Чечено-Ингушетию незадолго до начала кризиса Ельцин повторил свой знаменитый призыв: «Берите столько суверенитета, сколько сможете понести». Реакция центральных властей на стремительно назревавший кризис в Чечне была крайне непоследовательной и противоречивой. Московские политики были слишком заняты дележом власти и советского наследства, чтобы вполне оценить его риск.

В перестроечный период 1990 г. противники коммунистического режима в Чечено-Ингушской АССР создали Объединенный конгресс чеченского народа (ОКЧН) — чрезвычайно разнородную организацию, лидерство в которой вскоре захватили национал-радикалы. Во главе ОКЧН в 1991 г. встал только что уволившийся в запас генерал-майор авиации Джохар Дудаев. После августовского путча ОКЧН обвинил советское руководство республики в поддержке мятежников и на волне митинговой активности совершил вооруженный переворот, разогнав Верховный Совет. Из представителей ОКЧН и небольшой группы депутатов Верховного Совета был создан Временный высший совет, признанный российским руководством как «демократический» орган власти в Чечено-Ингушетии. В ответ на обострение ситуации в Чечне съезд депутатов Ингушетии всех уровней объявил о разделении Чечено-Ингушетии и образовании Ингушской республики в составе РСФСР (однако границы между Чечней и Ингушетией определены не были). Это решение вызвало протест части Временного высшего совета. Реакцией ОКЧН стал его роспуск. В конце октября ОКЧН провел выборы президента и парламента Чеченской республики, легитимность которых в отсутствие какого-либо демократического контроля при низкой явке избирателей крайне сомнительна. Президентом стал Джохар Дудаев.

ОКЧН приступил к формированию вооруженных отрядов. Гневные резолюции Верховного Совета РСФСР и указы Ельцина с требованием немедленного разоружения не возымели действия. Более того, в Чечне была объявлена всеобщая мобилизация. «Национальная гвардия» блокировала части Советской армии и внутренних войск. Московское руководство приняло решение быстро вывести личный состав, оставив сепаратистам практически все вооружение, включая бронетехнику, системы залпового огня и авиацию.

Первым же указом Дудаев провозгласил независимость Чеченской Республики. Москва выборов не признала, и пророссийские деятели готовились провести в конце ноября 1991 г. альтернативное голосование. Ему, однако, помешали сами же центральные власти, объявив в Чечне чрезвычайное положение. Начав было подготовку военной операции против Дудаева, они не решились в то смутное время применить силу. Эта попытка только способствовала укреплению популярности Дудаева среди чеченцев.

В 1992 г. Дудаев, с одной стороны, клялся в преданности идее советского государства и стремлении Чечни войти в СНГ, с другой — делал резкие антироссийские заявления. Москва не оспаривала более полномочия Дудаева и не предпринимала никаких реальных мер против сепаратистов. Вялотекущие переговоры не давали результатов: Дудаев выдвигал требование признать независимость Чечни, Россия его отклоняла. Он возлагал большие надежды на личную встречу с Борисом Ельциным, но российский Президент отказывался его принять до признания им Чечни субъектом РФ. Столичные «верхи» гораздо больше волновало урегулирование отношений с Татарстаном и другими регионами, обострявшийся конфликт между Президентом и Верховным Советом. Тем не менее в ноябре 1992 г. «силовики» предложили двинуть участвовавшие в разъединении участников осетино-ингушского конфликта части российской армии против сепаратистов, однако война с ними была тогда предотвращена и. о. председателя правительства Егором Гайдаром.

Московский криминальный бизнес эпохи «первоначального накопления капитала» и коррумпированные чиновники быстро наладили связи с руководством сепаратистов и научились использовать неопределенность юридического статуса Чечни в своих интересах. До начала 1994 г. на нефтеперерабатывающие заводы Грозного продолжала поступать нефть из Сибири и Ставропольского края. В масштабах России добыча нефти в Чечне (к началу 1990-х гг. — около 3 млн тонн в год) не имела большого значения: нефтепромыслы республики хотя и давали сырье высокого качества, но далеко не обеспечивали даже потребностей расположенных в Грозном нефтеперерабатывающих заводов. Чеченские вооруженные структуры безнаказанно расхищали и нефть, добывавшуюся в самой Чечне. Нефтепродукты экспортировались через черноморские порты как оффшорная собственность без всяких налогов. Бандитские формирования грабили российские поезда, следовавшие по магистрали Москва — Ростов — Махачкала — Баку, и вскоре сообщение было прервано. По тем же причинам перестал работать нефтепровод Баку — Новороссийск.

Дудаевское руководство и не думало расплачиваться за поступавшую из России электроэнергию, а средствами из государственного бюджета на выплату пенсий распоряжались по своему усмотрению. Широкую известность получили аферы с чеченскими авизо, с помощью которых были расхищены сотни миллионов долларов (несуществующие средства переводились в российские банки и обналичивались). Через российское воздушное пространство сепаратисты беспрепятственно поддерживали сообщение с зарубежными странами, и Грозненский аэропорт превратился в крупнейший центр контрабанды, в том числе оружия и наркотиков. Через Чечню в Россию ввозились фальшивые доллары и советские рубли, выведенные из обращения в бывших союзных республиках. В Чечне скрывались террористы, уголовные преступники и аферисты. Все более крупным бизнесом становилось похищение людей и работорговля. Многие из этих преступлений были бы невозможны без соучастия высоких московских сообщников, которые были заинтересованы в сохранении Чечни как «черной дыры» вне контроля государственных структур.

> «Почувствовав возможность наживы, полукриминальные и криминальные авторитеты стали стекаться в Чечню. При этом каждый объявлял себя "спасителем", заявляя, что он вложил средства в предшествующие события. Назывались огромные суммы. Ничем эти заявления не подтверждались, но и никем не опровергались. С наглостью и вероломством, присущим такой категории лиц, они стали проникать в экономику

Чечни, забирая под контроль "доходные места". Среди них с трудом можно было разыскать не судимого ранее за тяжкие преступления. Были здесь и известные в прошлом спортсмены – борцы, боксеры, штангисты и прочие. Каждый "авторитет" как подлинный хозяин разгуливал по правительственным зданиям в сопровождении охраны, вооруженной автоматами. Они создали с завидной быстротой "Кабинет предпринимателей", возглавляемый прибывшим из Москвы криминалитетом, и созданный кабинет стал претендовать на параллельное правительство» (*Умалат Умалатов. Чечня глазами чеченца*. М.: «Газета Известия», 2001. С. 66).

Кроме всего прочего, из тюрем и мест заключения дудаевский режим выпустил всех уголовников, которые, почувствовав его криминальную сущность, не думали никуда уезжать, а занялись грабежами, убийствами, изнасилованиями, пополняя ряды нарождавшихся бандитских групп. Более того, даже если бы они хотели куда-то уехать, то все равно бы не смогли, так как никаких документов при освобождении им не выдавали. Так, например, из Наурской колонии усиленного режима, где содержались особо опасные преступники со сроками заключения от 8 до 15 лет, только за один день в октябре 1991 г. было выпущено на свободу более тысячи человек. Всего, без документов и средств к проживанию, по Чечне разгуливало более двух тысяч особо опасных преступников.

В Чечне нарастало недовольство Дудаевым. В 1993 г. он распустил неугодный ему парламент. Его режим приобретал все более авторитарный характер, но постепенно терял контроль над республикой. Снова начались массовые митинги, а затем и партизанские действия, а в конце мая 1994 г. на Джохара Дудаева было совершено покушение, когда он ехал со строительства своего дома в селе Закан-Юрт в Грозный.

«Создавшаяся криминогенная обстановка в республике расцвела пышным цветом и сделалась настолько неуправляемой, что вряд ли в ближайшей перспективе удалось бы ее обуздать, даже если бы Дудаев приложил все возможные усилия. Убийства, грабежи и насилия стали обыденным делом. Одни держали в страхе и грабили население, другие, получив солидные должности, запустили руки в карман государства и перекачивали деньги за рубеж, третьи с остервенением растаскивали национальные богатства. Чечня в то время, наверное, занимала первое место по криминогенной обстановке в России» (*Умалат Умалатов. Чечня глазами чеченца*. С. 70).

Большинство здравомыслящих людей, в том числе и чеченцев, стремилось покинуть республику. Подал в отставку с поста члена Комитета по оперативному управлению народным хозяйством Чеченской республики Б. Умалатов, сын которого, Умалат, относившийся с заметным пиететом к личности Дудаева, тем не менее не мог не признать криминальной сущности сложившегося режима. Бежали из Чечни преподаватели вузов и школ, врачи и инженеры, в основном бывшие по национальности русскими и евреями, что привело к колоссальному оскудению интеллектуального потенциала в Чечне. Джохар Дудаев публично делал заявления, что мальчики должны в школе учиться пять лет, а девочкам вообще образование не нужно, так как возрожденной республике Ичкерия требуются солдаты и женщины, которые будут рожать солдат. По оценке самого Дудаева, на май 1994 г. Чечню покинули самое меньшее 200 тысяч человек.

В Москве после разгона Верховного Совета РФ усилились опасения усиления незаконных вооруженных формирований и распространения антироссийских настроений на другие республики Северного Кавказа. В попытках противодействия чеченскому сепаратизму российские власти стали с 1993 г. пытаться создать оппозицию Дудаеву, базировавшуюся в Надтеречном (правобережном) равнинном районе, ранее принадлежавшем Ставропольскому краю и не признававшем грозненского режима. С этой целью был создан Временный совет Чеченской республики, которому была придана роль законной администрации. Однако финансовая и военная помощь его руководителям, оказываемая из центра, превратила их в глазах чеченцев в московских марионеток. Сделанные Москвой в 1994 г. предложения заключить договор наподобие Татарстанского с Грозным не удовлетворили Дудаева.

В 1994 г. чеченские боевики начали захваты заложников на юге России. Москва обвинила Дудаева в поддержке терроризма. Представители либеральных кругов в администрации Ельцина склонялись к оказанию мощного политического и экономического давления на режим Дудаева, тогда как руководители «силовых» ведомств выступали за военную акцию.

27 сентября 1994 г. войска Дудаева атаковали штаб оппозиции, расположенный в селе Знаменском Надтеречного района. Внезапно чеченские войска стала бомбить авиация «без опознавательных знаков», причем Кремль отвергал принадлежность этих самолетов России. 15 октября танки в сопровождении отрядов оппозиции вошли в Грозный, не встретив сопротивления. Возглавляли оппозицию Дудаеву Автурханов и Бислан Гантамиров. Общее руководство операцией осуществлял Руслан Лабазанов. Однако данная акция провалилась. Тогда Автурханов обратился к Ельцину, Черномырдину, министру обороны Грачеву и министру внутренних дел Ерину с просьбой о вводе войск.

26 ноября 1994 г. силы Временного совета предприняли со скандалом провалившийся новый штурм Грозного. Причина неудачи была предельно проста: как только танки вошли в город, прикрывавшие их бойцы бросились грабить квартиры жителей и магазины, а колонна бронетехники была расстреляна дудаевскими гранатометчиками. Выяснилось, что экипажи танков — российские военнослужащие. Эта плохо подготовленная операция способствовала укреплению среди чеченцев сильно пошатнувшегося авторитета Дудаева и их сплочению перед лицом военной угрозы.

Состоявшиеся в начале декабря переговоры между министром обороны РФ Павлом Грачевым и Дудаевым ничего изменить не смогли, так как принципиальное секретное решение о силовом решении конфликта было уже принято Ельциным и руководителями силовых ведомств вопреки рекомендациям большинства советников. Убеждая Президента в целесообразности ввода войск, Павел Грачев говорил, что «в Грозном одному десантному батальону на два часа работы», а министр по национальным вопросам Николай Егоров добавлял, что «чеченцы будут посыпать нашим солдатам дорогу мукой».

На рассвете 11 декабря 1994 г. сводный отряд российских войск начал движение вглубь чеченской территории, но уже к середине дня поступили известия, что на территории Ингушетии толпа, возглавляемая ингушскими милиционерами, сожгла

10 автомобилей, а 6 перевернула. Одна из колонн была обстреляна из автоматического оружия, причем погиб рядовой Виталий Масленников, ставший одной из первых жертв новой войны. Были потери и со стороны мирных ингушских жителей, вставших живым щитом на пути движущихся колонн бронетехники. Так погиб известный в Ингушетии хирург Тамерлан Горчханов. Президент Ингушской республики Руслан Аушев выступил с заявлением протеста против ввода войск.

> Непосредственный участник событий, генерал Геннадий Трошев, анализируя начало этой войны, писал: «Любые войны начинают и заканчивают политики. Можно ли считать принятое в декабре 1994 г. политическое решение о вводе войск авантюрой? В какой-то мере – да. Начиная с 1991 г., когда Д. Дудаев пришел к власти, в республике царили хаос и произвол. А после того как Чечню покинули части Российской армии, оставив огромное количество боевой техники, склады боеприпасов, стало ясно, что новый чеченский правитель рано или поздно воспользуется этим арсеналом. И действительно, генерал сразу же стал создавать свои вооруженные силы, исподволь готовиться к войне. А в Москве политики делали вид, что ничего особенного не происходит. Уже к началу первой чеченской кампании Дудаев располагал значительной боевой силой: две бригады, семь отдельных полков, три отдельных батальона. Личного состава – около 5–7 тысяч, а с доукомплектованием в короткие сроки (5–7 суток) – 15–20 тысяч человек. Солидно выглядело и техническое боевое оснащение: танков – 42, БТР, БМП – 66, орудий и минометов – 123, средств ПВО – 40, почти 42 тысячи единиц стрелкового оружия. Кроме того, в населенных пунктах были созданы «отряды самообороны» общей численностью до 30 тысяч человек. Фактически целая армия, хорошо укомплектованная и вооруженная» (*Геннадий Трошев. Моя война. Чеченский дневник окопного генерала. М.: Вагриус, 2002. С. 10–11*).

С 22-го начались обстрелы Грозного. Большинство мирных жителей, в том числе и русских, не успело покинуть город. К 30 декабря были созданы группировки войск направлений «Север» (командующий генерал-майор К. Пуликовский), «Северо-восток» (генерал-лейтенант Л. Рохлин), «Запад» (генерал-майор В. Петрук), «Восток» (генерал-майор Н. Стаськов). Операция по штурму города была проработана наспех: ей даже не успели придумать название. Штурм Грозного начался в новогоднюю ночь и был крайне плохо спланирован: авиационная подготовка не проведена из-за нелетной погоды, действия частей недостаточно координированы, личный состав не обучен тактике уличных боев, в которых бронетехника оказалась бесполезной. У офицеров не было даже крупномасштабных карт города. Несмотря на большое преимущество российских войск в живой силе и технике, из-за плохо согласованных действий штурмующих группировок активные бои на начальном этапе в черте города вело с российской стороны не более 5 тысяч человек, тогда как у боевиков было более 10 тысяч бойцов. Ответственность за бездарное планирование операции полностью лежала на ее главном организаторе — министре обороны генерале Грачеве. Многие опытные военачальники, в частности Борис Громов, подчиненным которого в годы войны в Афганистане был Павел Грачев, предупреждали о неподготовленности операции. Генерал Громов отказался ее возглавить и подал в отставку с должности заместителя министра обороны.

В средствах массовой информации стали появляться сведения о том, что в Грозном были полностью уничтожены целые воинские части, однако это не соответствовало истине. Потери были, конечно, неоправданно велики, но до полного уничтожения целых бригад или полков все-таки не доходило.

> «Особо хочется сказать о сводном отряде 131-й майкопской бригады под командованием полковника И. Савина. До сих пор многие россияне (и не только они) уверены, что в первый день 1995 г. на грозненском железнодорожном вокзале погиб почти весь личный состав бригады. А это далеко не так. Сводный отряд, насчитывающий чуть больше трехсот (!) солдат и офицеров, должен был отсечь подход подкрепления боевиков в центр города из района Катаямы, но, не встретив сопротивления, проскочил нужный перекресток, потерял ориентировку, вышел к железнодорожному вокзалу, где уже сосредоточился батальон 81-го полка. И тут роковым образом ошибся полковник Савин, посчитав, что уже в районе вокзала нет противника. Батальоны, встав колоннами вдоль улиц, не позаботились об организации обороны, не выставили блок-посты по маршруту движения (хотя эта задача ставилась подразделениям ВВ МВД РФ), не провели надлежащую разведку. Дудаевцы сразу же этим воспользовались. Сюда скрытно были переброшены отборные силы боевиков – «абхазский» и «мусульманский» батальоны численностью свыше 1000 (!) человек. Обстрел вокзала начался еще вечером 31 декабря. Боевики атаковали с трех сторон, близко не подходили, а вели огонь из гранатометов, минометов и орудий. Более суток мотострелки отражали яростные атаки дудаевцев. Утром 2 января полковник Савин решился на прорыв. Мотострелкам при поддержке двух танков с трудом удалось вырваться из окружения, потери составили больше 70 солдат и офицеров. Погиб и сам комбриг Иван Савин. Но и боевики понесли ощутимые потери: свыше трехсот убитых и раненых. Об этом бое рассказывают много небылиц. К созданию мифов причастны и некоторые отечественные СМИ, озвучивающие информацию чеченской стороны. Я же здесь привожу реальные факты» (*Геннадий Трошев*. Моя война. Чеченский дневник окопного генерала. М.: Вагриус, 2002. С. 30–31).

В Советском Союзе даже в последние годы его существования были истрачены миллиарды долларов на разработку современных вооружений, доставшихся по наследству Российской Федерации. Имелись средства спутниковой навигации, картографирования местности из космоса, при помощи которых можно было различить звездочки на погонах офицеров, были средства точечного поражения целей с помощью крылатых ракет, ракет оперативно-тактического назначения и точного бомбометания. Глядя на бездарно проведенную операцию, можно было подумать, что российская армия штурмовала город Грозный не в 1994 г. а в 1944 г., причем без всякого опыта боевых действий, как будто не было уроков войны в Афганистане, завершенной менее чем за шесть лет до новогоднего штурма.

Информационная война велась с не меньшим ожесточением, нежели реальная. Причем ельцинская сторона ее явно проигрывала. Главная причина поражения лежала в двойственности позиций по отношению к прошлому. Именно в этот момент как нельзя лучше стали очевидными последствия преступной сталинской политики как переселения народов, так и расказачивания. Среди чеченцев при выселении 1944 г. погиб каждый третий, и это стало немаловажным фактором в антироссийской пропаганде сепаратистов. Преступления большевиков приписывались ими русскому народу.

Двусмысленную позицию заняли и бывшие правозащитники, серьезно подорвавшие свой авторитет в глазах народа. Если до описываемых событий основная масса населения России относилась к ним с уважением, то после первой чеченской кампании отношение к непримиримым борцам с коммунизмом резко поменялось. Валерия Новодворская и Сергей Ковалев, справедливо критикуя методы проведения войсковой операции, говорили о преступлениях, совершаемых военнослужащими федеральных войск, замалчивая зверства дудаевских бандитов, хотя первопричиной преступлений, совершаемых обеими сторонами, все-таки была криминальная сущность режима Джохара Дудаева. Подобная односторонняя позиция была ничем не лучше официозных — ельцинской и дудаевской. Призывы же Сергея Ковалева к российским солдатам сдаваться в плен под его гарантии освобождения являлись позорными для любой армии мира, даже ведущей захватническую войну. Сказался отрыв диссидентов от исторического прошлого России: справедливо отрицая коммунизм, они не нашли иных нравственных ориентиров и опустились до поддержки дудаевского режима.

В иную крайность бросались ультраправые и националистические организации, изображавшие поголовно всех чеченцев бандитами, ворами и грабителями, договорившимися до того, что целый народ «является генетическим мусором, засоряющим ниву цивилизации, и, как сорная трава, должен быть выполот с нее». «Сталин, как мы видим, был прав, выселяя чеченцев в Среднюю Азию», — подобные заявления нацистского толка делались в прямом эфире и звучали с экранов телевизоров.

Между тем бои в Чечне продолжались. Федеральным силам так и не удалось установить эффективный контроль над всей территорией Чечни. Главная причина — нерешительность политического и военного руководства России, низкий боевой дух армии, связанный как с общим кризисным положением в стране, отсутствием должного боевого и тылового обеспечения, так и настроениями российского общественного мнения. Значительная его часть выступала против силового пути решения чеченской проблемы. Еще жива была память об Афганской войне. Независимые СМИ широко информировали общественность о состоянии армии, жестокостях с обеих сторон, страданиях мирного населения. Многие журналисты открыто симпатизировали чеченской стороне, боровшейся с превосходящим противником. Олигархи — владельцы СМИ нередко использовали чеченскую кампанию для воздействия на власть с помощью общественного мнения. Стали известны факты продажи российскими солдатами и офицерами оружия и боеприпасов противнику.

Напротив, боевой дух сепаратистов был очень высок: они воевали за свою родину, мстили за близких, пострадавших от действий федеральных сил. Из-за недостаточного контроля над границей с Грузией (см. **6.2.6**) сепаратисты получали помощь от радикальных мусульманских организаций и консервативных арабских режимов финансовыми средствами, оружием, боеприпасами, опытными добровольцами и инструкторами.

Обеими сторонами война велась с необычайной жестокостью.

«Непостижимый человеческому разуму случай произошел в районе сел Шаами-Юрт и Катар-Юрт. На виду многих людей с российского вертолета с высоты двухсот-трехсот метров было сброшено шестеро 10–12-летних мальчиков. Разве можно чем-либо это объяснить? Это ничем не объяснимое зверство! По городу Грозному на танках и бронетранспортерах разъезжали солдаты, на их шеях "красовались" ожерелья из высушенных ушей убитых чеченцев... Во время одной войсковой операции контрактники (наемники) ворвались в дом пожилого человека, пограбили, взяли, что нашлось в доме, и на глазах отца изнасиловали дочь. Никто не обратил бы особого внимания на совершённый разбой и кражу ценностей: за время войны к этому привыкли, обычное дело. Но изнасилование девушки, да еще на глазах отца, оставить без возмездия было немыслимо. Мирно проживавший и ни во что не вмешивавшийся отец девушки собрал родственников, вооружил их, продав весь имевшийся в хозяйстве скот, и с отрядом в двадцать пять человек пошел воевать. По рассказам очевидцев, совершили они немало: уничтожали танки, бронетранспортеры и при этом никого не брали в плен. А теперь подумайте, скольким во многом ни в чем не повинным русским мальчишкам пришлось заплатить за гнусность нескольких соотечественников?» (*Умалат Умалатов. Чечня глазами чеченца. С. 124–125*).

Дудаевские боевики выглядели не лучше, нежели преступники из российской армии. Еще задолго до ввода войск в Чечню боевики врывались в дома русскоязычных, грабили все, что попадется под руку, и насиловали женщин. Попавшим в плен российским солдатам перерезали горло, отрезали головы, распинали заживо на крестах и снимали скальпы, что фиксировалось на видеокассетах, которые не раз демонстрировались по телевидению после захвата этих видеоматериалов российскими военнослужащими. При Дудаеве еще до первой чеченской кампании начали распространяться рабовладение и работорговля, бесследно исчезать люди.

Сильный резонанс как в общественном мнении, так и в религиозных кругах получила гибель от рук боевиков рядового Евгения Родионова и его товарищей. Подробности этой истории таковы. Евгений Родионов вместе с товарищами Александром Железновым, Андреем Трусовым, Игорем Яковлевым по приказу командования выдвинулся дежурить к КПП на административной границе между Чечней и Ингушетией. Картина их похищения выглядела примерно так: через КПП попыталась проскочить машина скорой помощи, но была остановлена пограничниками. При попытке осмотреть машину на парней накинулись сидящие в салоне боевики. После короткой схватки ребята были разоружены и связаны. Исчезновение четверых бойцов на горной дороге, ведущей в Ичкерию, было истолковано равнодушными командирами как акт дезертирства. Тревога не была объявлена, погони не было. Только направили телеграмму матери: «Ваш сын самовольно покинул часть...» В плену Евгений с товарищами провел сто дней. Их привезли в Бамут, бросили в бетонный бункер, где некогда располагался объект советского ракетного комплекса. Пленных регулярно избивали, пытали и агитировали принять ислам и перейти на сторону боевиков. 23 мая 1996 г. пограничников вывели в лес и еще раз предложили стать «воинами Аллаха». Евгению Родионову предлагали сорвать с себя крест, тем самым отречься от веры, принять мусульманство и сохранить себе жизнь. Солдаты отказались. Двоих расстреляли, а Евгению и еще одному солдату перерезали горло, затем отрезали головы. Страшны были мытарства и блуждания по охваченной войной Чечне матери Евгения, Любови Васильевны Родионовой, которая пыталась сначала спасти сына, а потом хотя бы выкупить у боевиков его тело. Заложив квартиру, убитая горем мать вынуждена была общаться, вести переговоры с истязателями и убийцами своего сына. Любовь Васильевна перевезла тело Евгения домой осенью 1996 г. Голову сына она везла в обычной дорожной сумке.

В боевых действиях в первую чеченскую кампанию и в штурме города Грозного принимали участие не только армейские части, но и войска МВД, а также специальные отделы быстрого развертывания (СОБР), образованные практически во всех крупных городах России в 1993 г. и предназначенные для борьбы с терроризмом.

В боях за Грозный и на подходах к нему дудаевцы понесли значительные потери: свыше 7 тысяч убитыми и 600 пленными. Было уничтожено более 40 танков, свыше 50 БТР и БМП, более 100 орудий и минометов и на аэродромах ударами с воздуха уничтожена вся авиация. По данным Объединенной группировки российских войск, с 31 декабря 1994 г. по 1 апреля 1995 г. в Чечне погибло 1426 российских военнослужащих, ранено — 4630, а 96 солдат и офицеров оказалось в плену.

После взятия Грозного прошли серьезные изменения в руководстве. Генерал Анатолий Квашнин был назначен командующим войсками Северо-Кавказского военного округа (СКВО), а объединенную группировку войск вместо него возглавил генерал Анатолий Куликов. Командующим группировки «Юг», которой предстояло действовать на Шалинском направлении, был назначен генерал Геннадий Трошев.

23 марта штурмом был взят Аргун, 30 марта — Гудермес. 31 марта был подавлен Шалинский узел обороны, при взятии которого отличились солдаты и офицеры 135-й мотострелковой бригады под командованием полковника С. Макарова, взявшие Шали с минимальными потерями при незначительном численном превосходстве. Руководил обороной со стороны дудаевцев Аслан Масхадов — бывший полковник Советской армии, окончивший Военную академию имени Фрунзе.

В начале апреля состоялись несколько встреч между Геннадием Трошевым и Асланом Масхадовым по вопросам о прекращении боевых действий, но переговоры зашли в тупик, как только был поднят вопрос о сдаче оружия боевиками. С начала апреля по середину мая 1995 г. не прекращались столкновения с сепаратистами.

«В мае мы, наконец, получили добро на проведение операций в горах. Ее подготовку лично контролировал генерал А. Квашнин, о деталях знали несколько человек. Кроме него самого, – А. Куликов, В. Булгаков и я. Были созданы три горные группировки. Шатойской руководил генерал В. Булгаков, Введенской – полковник С. Макаров, Шалинской – генерал Холод. Чтобы ввести в заблуждение противника, на все три направления были выдвинуты войска. Причем таким образом, чтобы у дудаевцев сложилось впечатление, будто их станут атаковать с трех сторон, чтобы растянуть, «размазать» по горам» (*Геннадий Трошев*. Моя война. Чеченский дневник окопного генерала. С. 60).

Боевые действия в конце мая открылись ударами авиации по укреплениям боевиков, а затем начался штурм их позиций. Боевики закрепились на цементном заводе при входе в Аргунское ущелье. Переговоры ни к чему не привели, и бандиты были уничтожены артиллерией и ворвавшимися на территорию завода войсками. Потери боевиков на 31 мая превысили 12 тысяч человек при незначительных жертвах со стороны российских войск. Геннадий Трошев приводит поденное соотношение потерь: так, например, 27–28 мая 1995 г. уничтожено 294 боевика, 1 танк, 4 БТР, 23 автомашины, гранатомет, пулемет, ПТУР, наблюдательный пункт, 6 опорных пунктов и склад боеприпасов. Потери федеральных войск составили – трое убитых и шестеро раненых. Подобное соотношение потерь было обеспечено полным господством в воздухе федеральных сил и наличием мощной артиллерии и систем залпового огня. Дни чеченских сепаратистов были сочтены, и они изменили тактику борьбы.

В июне 1995 г. небольшой отряд чеченцев под командованием Шамиля Басаева совершил рейд на город Буденновск (Святой Крест, северо-восток Ставропольского края), в результате которого погибло около 150 мирных граждан и были захвачены в заложники пациенты и персонал городской больницы. Переговоры об их освобождении, транслировавшиеся по телевидению, вел лично Председатель правительства России Виктор Черномырдин. Во имя спасения заложников террористам была дана возможность без потерь уйти в Чечню.

Реакцией на этот дерзкий налет, а самое главное – на наглое поведение боевиков стало образование в Пятигорске терского казачьего батальона имени Алексея Петровича Ермолова. Идея образования подобного соединения была актуальна по двум причинам: во-первых, это было время подъема казачьего движения, когда потомки терских и кубанских казаков надеялись на поддержку правительства России в деле возрождения казачества, а во-вторых, взрослые и имеющие боевой опыт мужчины, предки которых бесстрашно сражались с горцами, нанося им поражения, не могли спокойно смотреть на гибель молодых необученных ребят под пулями бандитов.

В марте 1996 г. батальон Ермолова участвовал в боях под Самашками и Орехово. Воинская часть была построена по современному образцу, без ненужной бутафории и криков «Любо!». Сепаратисты сразу смогли почувствовать разницу между неопытными новобранцами и казаками, которые в многочисленных боях ни разу не потерпели поражения. Потери среди казаков были небольшие, но все-таки были. Тем не менее, несмотря на жертвенность многих бойцов батальона, отношение к ним чиновников было еще более циничным, нежели к остальным участникам первой чеченской кампании. Казакам не было предоставлено никаких льгот, не выделено пособий даже по ранениям и увечьям, так как в батальоне были одни добровольцы. На все просьбы и требования казаков был один ответ: «Ну и не ходили бы воевать, кто вас просил».

После событий в Буденновске активность российской армии значительно сократилась. Однако это была только первая крупномасштабная террористическая акция. В январе 1996 г. другой отряд террористов под руководством Салмана Радуева напал на расположение вертолетной части близ города Кизляра (север Дагестана), а затем занял здание городской больницы, захватив в заложники пациентов и сотни жителей окружающих домов – всего около 3 тысяч человек. Снова погибли мирные граждане. При возвращении в Чечню отряд Радуева был окружен в дагестанском селе Первомайское федеральными силами, которыми на месте лично руководили «силовые» министры, однако при неясных обстоятельствах самому Радуеву и части террористов удалось уйти.

В декабре 1995 г. не менее 200 человек сепаратистов вошли в Гудермес. В здании железнодорожного вокзала были блокированы бойцы сводного отряда СОБР из разных городов. Появились раненые и убитые, закончилась вода и медикаменты. В Грозном стояло несколько отрядов СОБР из Москвы, Саратова, Астрахани, Волгограда и других городов. Однако команды идти на помощь от руководства не поступало. Видя все это, полковник Леонид Валов и майор Владимир Ласточкин – офицеры Главного управления по борьбе с организованной преступностью (ГУБОП) МВД России организовали из добровольцев группу прорыва в количестве 15 человек и на одном БТР-80, проделав двадцатикилометровый бросок, ворвались в Гудермес. Без потерь они продвинулись к зданию вокзала, доставили боеприпасы, медикаменты и воду. Вскоре бойцы СОБР были обнаружены противником и завязался бой. Леонид Валов, который находился немного в стороне от основных сил, меняя позиции и не прекращая огонь из автомата, создавал видимость, что именно здесь действуют основные силы спецназовцев. Боевики в это поверили и сосредоточили в его направлении огонь изо всех видов оружия, тем самым ослабив на какое-то время свои усилия на других участках, что позволило основной группе спецназа ворваться в здание и выполнить задачу по эвакуации раненых. Полковник Валов получил смертельное огнестрельное ранение и умер на поле боя. Майор Ласточкин получил осколочное ранение в голову, от которого через двое суток скончался в госпитале. За «самоуправство» он был отстранен от должности, и только смерть спасла его от взыскания. Владимир Евгеньевич Ласточкин и Леонид Григорьевич Валов посмертно были удостоены звания Героев России.

Трагическим и позорным явлением чеченской войны стала торговля оружием, которую вели не только представители федеральных войск, но также крупные бизнесмены и московские чиновники, используя для этого многоходовые комбинации. Логика военнослужащих, торгующих оружием в Чечне, была слабо понятной здравому смыслу: ведь из него будут стрелять по самим продавцам. Очевидно, сказывались апатия и привычка к близости смерти, порождающие философию «хоть день, да мой».

Осенью 1995 г. сводный отряд СОБР, составленный из сотрудников Саратовского, Пензенского, Волгоградского и ряда других отделов, вел «зачистки» населенных пунктов от боевиков в предгорном районе Чечни. Вдруг бойцы заметили летящий на высоте приблизительно 1000 метров самолет Ил-76. По всем правилам десантирования с него была сброшена на многокупольной парашютной системе платформа с автомобилем «Камаз», которая должна была приземлиться в расположении сепаратистов рядом с близлежащим лесом. Боевики уже выскочили из него для встречи груза, но тут с гор подул сильный ветер: смена погоды довольно часта на Кавказе и бывает весьма стремительной. Машина приземлилась в расположении сводного отряда СОБР. Каково же было удивление спецназовцев, когда они увидели, что все номера на машине и ее двигателе сбиты, а грузовик заполнен взрывчаткой и новейшим вооружением, только что произведенном на российских заводах, которого еще не было даже у войск спецназначения, не говоря уже об обычных мотострелках. Проведенные следственные мероприятия установили, что самолет прилетел с территории Азербайджана, но чей был экипаж и как с российских заводов оружие попало в Закавказье, установить не удалось.

Коррупция высших военных чиновников, безнравственность и цинизм олигархов и моральное падение военнослужащих, ведущих боевые действия на территории Чечни, также послужили одной из главных причин затягивания конфликта.

Однако для победы на президентских выборах Борису Ельцину нужно было срочно положить конец боевым действиям. В конце мая 1996 г., за несколько дней до первого тура, он впервые принял чеченскую делегацию во главе с Залимханом Яндарбиевым, исполнявшим обязанности президента Чечни-Ичкерии после гибели в апреле Дж. Дудаева, убитого прицельным ударом российской ракеты. Стороны договорились прекратить боевые действия с 1 июня и обменяться пленными и заложниками по принципу «всех на всех».

Вскоре после победы Бориса Ельцина на выборах, 6 августа 1996 г., несколько сот боевиков заняли Грозный, казалось бы, тщательно охранявшийся превосходящими силами российской армии, вынужденными с большими потерями оставить город. Одновременно были сданы города Аргун и Гудермес. Это означало крупное военное и морально-политическое поражение федеральных сил. Генерал Александр Лебедь, занявший третье место в первом туре президентских выборов и оказавший Борису Ельцину решающую поддержку перед вторым туром, возглавил в качестве секретаря Совета безопасности РФ переговоры с начальником штаба чеченской армии Асланом Масхадовым, состоявшиеся в дагестанском городе Хасавюрте. В результате были подписаны так называемые Хасавюртские соглашения, по которым федеральные войска были выведены из Чечни, предусмотрено оказание ей федеральным центром помощи в восстановлении нормальной жизни, а решение о ее юридическом статусе отложено до конца 2001 г.

В 1997 г. в присутствии международных наблюдателей в Чечне состоялись президентские и парламентские выборы. Президентом стал Аслан Масхадов, а известный террорист Шамиль Басаев — и. о. премьера. Чеченскому режиму предстояло решить три основные задачи: заложить основы чеченской государственности и консолидировать чеченское общество; наладить отношения с Россией и получить от нее компенсации за ущерб, нанесенный военными действиями; добиться международного признания. Ни одна из этих задач решена не была. В чеченском руководстве разгорелась борьба за власть, споры об отношениях с Москвой и путях государственного строительства. Основной водораздел пролегал между теми, кто вместе с Масхадовым и муфтием Чечни А. Кадыровым выступал за светское государство, и сторонниками создания независимого государства на исламской основе во главе с Яндарбиевым и Басаевым. В исламском фундаментализме эти лидеры увидели средство дальнейшей мобилизации чеченцев на борьбу с Россией.

Между сепаратистами начались кровавые междоусобицы. Вести переговорный процесс между Москвой и Грозным стало крайне трудно, так как было неизвестно, каково реальное влияние отдельных лидеров. Чечня фактически распалась на территории, контролируемые полевыми командирами, которые объединялись в неустойчивые коалиции или вели борьбу «всех против всех». Местные банды открыто обогащались на похищениях людей, набегах на соседние территории, контрабанде наркотиков, печатании фальшивых денег. Из Чечни были организованы террористические акты в Пятигорске, Владикавказе, Армавире и других городах юга России.

Спасаясь от войны и междоусобиц, сотни тысяч жителей Чечни, в том числе чеченцев, покинули республику и обосновались в Москве и других городах и регионах России. Многие из них стали видными предпринимателями. Чеченская диаспора играет важную роль в урегулировании конфликта и в жизни республики.

С 1998 г. радикальное крыло сепаратистов фактически потеряло интерес к хозяйственному строительству. Оно сделало ставку на распространение джихада (священной войны) против России на соседние республики и ее глубинные территории, создание исламского имамата «от Каспийского моря до Черного моря». Особое место в этих планах занимал Дагестан, где к тому времени в горных районах сложилось несколько анклавов, контролируемых мусульманскими экстремистами-ваххабитами.

Летом 1999 г. отряд Басаева вторгся в Дагестан, рассчитывая на поддержку ваххабитов и чеченцев-аккинцев, проживающих в пограничных с Чечней районах. Однако жители Дагестана решительно выступили на стороне федеральных сил, отражавших агрессию. Масхадов осудил действия Басаева и его сподвижников, но ничего не предпринял, чтобы их предотвратить. Бои в горах на севере Дагестана продолжались три недели.

В это же время произошло несколько кровавых террористических акций, окончательно изменивших отношение большинства российских граждан к чеченским сепаратистам, — ночные взрывы многоэтажных жилых домов в Москве (9 и 13 сентября) и Волгодонске (16 сентября), приведшие к очень большому числу жертв. Через несколько дней в Рязани был предотвращен еще один взрыв. В ходе расследования ФСБ объявила, что это была не подготовка нового покушения, а организованные ей учения. Некоторые не до конца выясненные обстоятельства (например, использование в учениях не муляжей, а настоящих взрывчатых устройств на основе того же вещества, что и в предыдущих покушениях) породили версию о том, что взрывы организовала ФСБ в политических целях. Но большинство российского общества согласилось на том, что за террористическими акциями стоят чеченские сепаратисты. Большинство политических сил и общественное мнение были едины в том, что дальнейшее промедление с подавлением очага сепаратизма и терроризма в Чечне грозит дестабилизацией всему Северному Кавказу, может привести к распаду Российской Федерации и неисчислимым бедствиям для народов России. По окончании успешных боев на севере Дагестана федеральные силы перенесли боевые действия на территорию Чечни. Началась новая кампания, которая получила название второй чеченской войны. Российская армия заняла сначала левобережные равнинные районы Чечни, а во второй половине октября форсировала Терек и к декабрю заняла большую часть республики. Сепаратисты сосредоточились в Грозном и горных районах. На этот раз федеральные силы были гораздо лучше вооружены и подготовлены. Во избежание крупных потерь Грозный и другие поселения перед штурмом подвергались интенсивным артиллерийским обстрелам и ударам с воздуха, что, однако, вызвало много жертв среди мирного населения. Освобожденные от сепаратистов населенные пункты подвергались жестоким «зачисткам», «фильтрациям» и другим полицейским операциям, в ходе которых федеральные силы, по данным правозащитников, применяли к населению грубое насилие. Грозный был окончательно взят в феврале 2000 г., а затем под контроль федеральных сил перешли и горные районы.

Бой за село Комсомольское шел с 5 по 20 марта 2000 г. Село было практически стерто с лица земли ударами авиации и артиллерии. Боевики потеряли до 1000 человек убитыми и 70 пленными, но командиру группы Руслану Гелаеву с небольшим отрядом удалось прорваться в Грузию.

Драматические события развернулись на пути отряда Хаттаба, численность которого превышала 2500 человек. Путь ему преградила 6-я рота 104-го парашютно-десантного полка 76-й Псковской дивизии ВДВ невдалеке от города Аргун на высоте 776. 28 февраля командир 104-го полка полковник Мелентьев приказал командиру 6-й роты майору Сергею Молодову занять господствующую высоту Исты-Корд. Рота выдвинулась в усиленном составе с 13-ю офицерами и 28 февраля заняла высоту 776, а на находящуюся в 4,5 километрах гору Исты-Корд были отправлены 12 разведчиков. В 12:30 разведывательный дозор вступил в схватку с группой численностью около 20 боевиков и вынужден был отойти к высоте 776, где в бой вступил командир роты майор Молодов со своими бойцами. Когда он погиб от пули снайпера, командование принял на себя подполковник Марк Николаевич Евтюхин. Десантники, несмотря на десятикратное численное превосходство противника, отвергали все предложения о сдаче и уничтожали боевиков, невзирая ни на какие трудности и гибель товарищей. Командир разведывательного взвода гвардии старший лейтенант Алексей Воробьев уничтожил полевого командира Идриса.

1 марта в 3 часа утра к окруженным смогла прорваться группа солдат во главе с Александром Доставаловым (15 человек), который, нарушив приказ, покинул оборонительные рубежи 4-й роты на соседней высоте и пришел на подмогу. Однако по непонятным причинам помощь от федеральных сил не приходила. К 5 часам утра большинство героев-десантников погибло. Капитан Виктор Романов после гибели командира роты Марка Евтюхина вызвал огонь на себя. Высоту накрыли артиллерийским огнем, однако боевикам удалось прорваться из Аргунского ущелья. На выручку боевым товарищам стремились бойцы 1-й роты их батальона. Но во время переправы через реку Абазулгол они попали в засаду и были вынуждены закрепиться на берегу. Только утром 2 марта 1-я рота сумела прорваться к позициям 6-й роты. После гибели Александра Доставалова в живых остался последний офицер – лейтенант Дмитрий Кожемякин. Он приказал рядовому Александру Супонинскому ползти к обрыву и прыгать, сам взял в руки автомат, чтобы прикрыть его. Выполняя приказ офицера, рядовые Александр Супонинский и Андрей Поршнев проползли к обрыву и прыгнули, а к середине следующего дня вышли в расположение российских войск. Лейтенант Дмитрий Кожемякин погиб. В бою пали смертью храбрых 84 десантника, в том числе 13 офицеров. В живых остались только 6 бойцов. Потери боевиков превысили 500 человек. Указом Президента России 22 десантника были представлены к званию Героя России (из них 21 – посмертно), 69 солдат и офицеров 6-й роты награждены орденами Мужества (63 из них – посмертно).

Успех «федералов» был во многом обеспечен решительной и бескомпромиссной позицией премьер-министра, а с 31 декабря — главы российского государства Владимира Путина, который тем самым снискал большую популярность среди избирателей и победил на президентских выборах в марте 2000 г. уже в первом туре.

Не менее решительно действовал новый Президент в создании в Чечне гражданской администрации. В июне 2000 г. он назначил ее главой А. Кадырова. Это было непростое решение, так как во время первой чеченской войны Кадыров участвовал в боевых действиях на стороне Дудаева и в качестве муфтия еще совсем недавно объявлял России джихад. Однако он пользовался в Чечне реальным влиянием, хотя и главным образом в северных, равнинных районах. Крайне важно было вовлечь в процесс урегулирования конфликта самих чеченцев. В повестку вставали задачи нормализации жизни в республике и более эффективного использования крупных средств, направлявшихся федеральным центром на восстановление хозяйства, значительная часть которых разворовывалась и в Москве, и в самой Чечне.

В середине 2001 г. Кадыров решился перенести свою резиденцию из родного Гудермеса в формально контролировавшийся российскими «силовиками» Грозный. Несмотря на официально объявленное завершение войны и переход к мирному строительству, в Чечне не прекращалась активная диверсионно-террористическая деятельность. Практически еженедельно гибли российские военнослужащие и лояльные России чеченские чиновники и милиционеры. Сепаратисты устроили и несколько крупных террористических акций с большим числом жертв, в том числе взрыв Дома правительства в центре Грозного, призванных продемонстрировать миру, что сопротивление продолжается. Они применяли хорошо освоенную ими тактику партизанских действий мелкими группами.

Не оставили сепаратисты и попыток деморализовать российское общество с помощью масштабных террористических акций за пределами Чечни. Самыми крупными из них стали взрыв в московском метро в феврале 2004 г.; нападение на МВД, районные управления внутренних дел и погранотряд в Ингушетии (июнь 2004 г.); одновременный взрыв двух пассажирских самолетов террористками-смертницами в августе 2004 г.; атака на столицу Кабардино-Балкарии Нальчик в октябре 2005 г. с обстрелом аэропорта и силовых ведомств, захватом заложников и уличными боями. Но наиболее жестокими и циничными акциями чеченских террористов стал захват в октябре 2002 г. более 800 заложников в театральном центре на Дубровке в Москве во время представления мюзикла «Норд-Ост» и около 1300 заложников, в большинстве — детей, во время празднования Дня знаний 1 сентября 2004 г. в одной из школ города Беслана в Северной Осетии. Обе эти акции получили мировой резонанс и повлекли гибель многих сотен ни в чем не повинных людей, в том числе детей. Действия органов правопорядка по освобождению заложников подверглись резкой критике. Многих жертв, несомненно, можно было избежать.

Лидерам террористов в течение долгого времени удавалось скрываться от правоохранительных органов. Тем не менее практически все известные фигуры чеченского «сопротивления» к середине 2006 г. были уничтожены: в 2005 г. — А. Масхадов, в 2006 г. — Ш. Басаев.

В марте 2003 г. в Чечне был проведен референдум, около 80% участников которого проголосовало за принятие новой Конституции. За рубежом итоги референдума и последующих голосований в Чечне не признают, считая, что продолжающаяся партизанская война и массовые нарушения прав человека не давали возможности организовать справедливые выборы и не допустить фальсификации волеизъявления избирателей.

В новой конституции установлено, что Чечня является частью Российской Федерации. В соответствии с ней в октябре 2003 г. А. Кадыров был избран на пост президента, получив 82% голосов. Правительством Чечни при А. Кадырове руководили российские чиновники, назначавшиеся Москвой. Однако 9 мая 2004 г. во время празднования Дня Победы Кадыров был убит взрывом фугаса, заложенного под трибуну, на которой находилось руководство республики. Через несколько месяцев на его место был избран Алу Алханов, занимавший ранее пост министра внутренних дел. В ноябре 2005 г. состоялись первые после провозглашенного окончания боевых действий парламентские выборы, завершившиеся победой «Единой России».

Но рычаги реальной власти все больше забирал в свои руки младший сын А. Кадырова Рамзан, ставший после гибели отца первым вице-премьером, а потом и премьером. Он еще со времен Ичкерии был помощником и главой охраны отца, а после его избрания президентом стал всемогущим начальником Службы безопасности, состоявшей преимущественно из лично преданных ему бывших боевиков и наводившей страх на всю республику. Фигура Р. Кадырова воплощала проводившуюся федеральными властями политику «чеченизации» конфликта — курс на формирование силовых структур и органов управления, состоящих из самих чеченцев, и постепенный вывод из республики частей армии и внутренних войск за исключением дислоцированных на постоянной основе.

Отряды Р. Кадырова, постепенно интегрированные в систему Министерства внутренних дел, каленым железом наводили в республике «конституционный порядок». Кадырова-младшего неоднократно обвиняли в причастности к захвату заложников, похищениям людей и пыткам, в расправах без суда и следствия, организации покушений на личных врагов в российских городах. По словам А. Алханова, с 2000 г. в Чечне пропали без вести 1898 человек.

Противостояние лояльного Москве А. Алханова до поры создавало формальный противовес безграничной власти импульсивного Кадырова. Однако республика ждала его 30-летия, исполнившегося в октябре 2006 г., после чего он мог, согласно конституции, занять пост президента. В начале 2007 г. Президент Путин принял добровольную отставку А. Алханова и назначил Р. Кадырова президентом Чеченской республики.

Новый руководитель Чечни, декларируя личную лояльность Президенту Путину, снял свое требование подписать договор о разделении полномочий с федеральным центром, предполагающий экономические и политические преференции. Он подает себя как объединителя республики, пекущегося о ее скорейшем восстановлении. Действительно, на средства федерального центра в Чечне, и особенно в Грозном, ныне ведется большое строительство. В 2006 г. Чечня получила от федерального центра по всем программам 28 млрд рублей. Восстановлены энергосистема, ряд предприятий, железная дорога, Грозненский аэропорт, заново отстроены центральные улицы, школы, детские сады, больницы. По планам Р. Кадырова, к концу 2007 г. Грозный должен быть восстановлен на 80% и полностью — в 2008 г. Восстановленными объявлены города Аргун и Гудермес.

Тем не менее на начало 2007 г. положение в Чечне оставалось сложным. Около 60% трудоспособного населения Чечни не имеют работы. Особенно остро стоит проблема трудоустройства тысяч бывших боевиков. Федеральные власти объявили в 2006 г. амнистию тем из них, кто не был замешан в террористических акциях и других преступлениях и добровольно сдаст оружие. Однако большого успеха эта акция не имела: по официальным данным, ей воспользовалось около 600 человек. В республике по-прежнему действуют группы боевиков, причем в оценке их численности между разными официальными источниками имеются большие разногласия. Хотя число террористических акций и похищений людей в Чечне и на Северном Кавказе в целом в 2006 г. существенно уменьшилось, они далеко не прекратились.

Более того, в последние годы отмечалось расползание террористической опасности по соседним республикам. В деятельности радикальных исламских общин и организации терактов все чаще участвуют представители разных кавказских народов. Печальную известность получил, например, так называемый карачаевский джамаат. Вовлечению молодежи в преступные группировки способствуют бедность и безработица, коррупция, неограниченная власть чиновников, формирование бюрократии и правоохранительных органов по кланово-племенному принципу. Под предлогом борьбы с терроризмом милиция и прокуратура используются для сведения счетов между кланами. При задержании террористов, скрывающихся в обычных домах и квартирах, правоохранительные органы не всегда используют проверенные данные и в любом случае привлекают многократно превосходящие силы, применяя массированный огонь и тяжелое оружие, что не раз приводило к жертвам среди мирных жителей и наносило большой ущерб их имуществу. Компенсации за утраченное жилье и другое имущество выплачиваются с большим опозданием и в недостаточном размере, что способствует росту недовольства политикой федерального центра. Но все-таки в 2005–2006 гг. наметились признаки некоторого улучшения социальной обстановки в регионе.

6.1.14. Местное самоуправление в постсоветской России

Местное самоуправление — связующее звено между гражданским обществом и государством. Социум складывается из множества территориальных общностей людей или территориальных коллективов разного уровня. Они объединены общими интересами, связанными с совместной жизнью и деятельностью в пределах поселения или территории с законодательно зафиксированными границами — административно-территориальной единице. Деятельность региональных и местных органов власти обычно ориентирована на удовлетворение базовых, самых насущных потребностей граждан — в услугах жилищно-коммунального хозяйства, образовании и здравоохранении и т.п. Демократические представительные начала местного самоуправления противостоят бюрократической субординации, вмешательству государства, централизации. От степени осознания территориальными коллективами своих интересов, самоорганизации и самостоятельности в решении местных вопросов прямо зависят характер и судьбы демократии.

Тоталитарные режимы видели в проявлениях местного патриотизма, отличиях во взглядах людей от места к месту угрозу и стремились превратить местные органы власти в подконтрольные центральному государству придатки, поставленные от него в полную административную и финансовую зависимость. Не стал исключением и коммунистический режим СССР. Поэтому в послесоветской России было необходимо кардинально перестроить на современных демократических основах всю систему региональных и местных органов самоуправления снизу доверху.

Пробудить в гражданах инициативу, веру в возможность самим распоряжаться местными делами, улучшая свою жизнь и среду обитания, — трудная и долговременная задача. Деятельность органов местного самоуправления представляет собой обширную область права. Законодательство о местном самоуправлении — важный фактор развития гражданского общества. Создание его нормативно-правовой базы не завершено и по сей день. Первый базовый федеральный закон «Об общих принципах организации местного самоуправления в Российской Федерации» был принят только в 1995 г. Он установил общие принципы деятельности муниципальных образований и закрепил автономность местного самоуправления, провозгласил гарантии экономической независимости федеральной, региональной и местной власти на основе самостоятельности бюджетов всех уровней. Закон основывался на принципах Европейской хартии местного самоуправления — делегировании полномочий в каждой области наиболее компетентному в ней уровню власти, в каждом случае максимально низкому. Это позволяет лучше увязать интересы налогоплательщиков и тех, кто использует налоговые поступления, учесть специфику интересов граждан, многообразие природных и социально-экономических условий, что особенно существенно в столь обширной стране, как Россия. Кроме того, расходы на государственное управление меньше, если его субъект находится ближе к объекту.

Ключевой вопрос реформы местного самоуправления, без которого невозможна его эффективная деятельность, — создание собственной доходной базы каждого уровня. Эту задачу поставили перед собой авторы получившего широкую известность федерального закона № 131 «Об общих принципах организации местного самоуправления в РФ», принятого в октябре 2003 г. Этот закон разграничил полномочия между уровнями власти и впервые закрепил за каждым из них налоги и другие доходы. Были внесены изменения в Налоговый и Бюджетный кодексы, устанавливающие принципы межбюджетных отношений — перераспределения доходов и расходных обязательств между уровнями бюджетной системы.

Перераспределять доходы между территориями необходимо потому, что налоговая база формируется в процессе территориального разделения труда, размещения различных сфер деятельности и специализации населенных мест и распределена между ними крайне неравномерно. Например, величина налога на недвижимое имущество зависит от характера землепользования. Налоговые поступления от промышленных и торговых зон в два-три раза превышают расходы охватывающих их муниципалитетов.

Широко варьируют по территории и потребности в бюджетных расходах на душу населения. Однако граждане страны, независимо от места жительства, имеют равное право на определенный набор социальных гарантий. Необходимо, в частности, обеспечить молодежи равные стартовые возможности для начала карьеры. Расходы на обучение одного учащегося средней школы в принципе должны быть примерно одинаковыми в крупном городе и сельской местности, на Камчатке и в Петербурге. Кроме того, в России немало труднодоступных территорий с суровыми природными условиями, где социальные услуги по объективным причинам обходятся дороже. На обеспечение так называемой территориальной справедливости и направлены механизмы выравнивания бюджетной обеспеченности (межбюджетные трансферты).

Вместе с тем муниципальные власти должны быть заинтересованы в более эффективном использовании принадлежащей им собственности, расширении налоговой базы, рациональном использовании бюджетных денег и в особенности трансфертов от вышестоящих властей. Ведь через региональные и местные бюджеты проходят огромные средства (в постоянно растущем консолидированном бюджете России доля федеральных доходов составляла в 2006 г. около 57% плюс доходы бюджетов государственных внебюджетных фондов — еще около 15%). Существует мнение, что некоторая степень неравенства в бюджетной обеспеченности, отражающая разную эффективность хозяйства территорий, неизбежна и необходима в качестве стимула для местных властей. Наиболее справедливым можно считать подход, обеспечивающий выравнивание бюджетов регионов в зависимости от усилий, требующихся для получения одинакового экономического результата в разных условиях.

Структура и деятельность местного самоуправления зависят от административно-территориального деления. Его дробность определяет возможности контактов между гражданами и избранными ими органами власти. Границы между муниципальными образованиями могут в разной мере учитывать рубежи между сельской местностью и городами, обычно имеющими более широкую налоговую базу.

Насколько 131-й закон способствовал решению всех этих трудных задач? Прежде всего, очевидно, что законодатели руководствовались так называемой социально ориентированной кооперативной моделью межбюджетных отношений, принятой, например, в Германии. Эта модель лучше позволяет обеспечить более или менее равные условия жизни в стране. Для кооперативной модели характерен значительный масштаб поддержки нижестоящих бюджетов, что также, по-видимому, неизбежно в сегодняшней России. Авторы закона пытались учесть разнообразие социально-экономических условий и в особенности сравнительно редкую сеть населенных пунктов, использовать зарубежный опыт.

Действующий закон предусматривает новые формы муниципальных образований: поселение (городское или сельское); муниципальный район, объединяющий городские и сельские поселения (или городской округ — отдельное образование, не входящее в муниципальный район); внутригородская территория (для городов федерального значения, Москвы и Петербурга). Соответственно, бюджетная система включает четыре уровня: федеральный, региональный, местный и уровень поселения. Раньше в ней было лишь три первых уровня.

В результате реформы резко (примерно с 12 тысяч до 24 тысяч) увеличилось число низовых муниципальных образований, созданных на базе небольшого поселения или группы близких поселений. Формирование местного самоуправления в малых населенных пунктах, с одной стороны, приближает органы местного самоуправления к гражданам, способствует прямой демократии (во многих новообразованных волостях вопросы можно решать сельским сходом). Увеличение до 56 тысяч числа депутатов муниципальных собраний может ускорить становление гражданского общества.

С другой стороны, столь значительное увеличение числа низовых муниципальных образований вызывает рост армии муниципальных служащих на 500 тысяч и, следовательно, влечет значительные затраты. К тому же большинство из новых служащих не имеет опыта работы в муниципалитете и нуждается в обучении. В обезлюдевших местностях для такой работы часто просто не хватает образованных кадров.

Вряд ли есть надежда, что мелкие муниципалитеты будут располагать сколько-нибудь существенными источниками собственных доходов. Это ставит их в сильную зависимость от вышестоящих уровней власти и требует развития межмуниципального сотрудничества, для которого пока нет юридической базы. Создание большого числа мелких низовых муниципальных образований в России противоречит тенденциям к их слиянию или, по крайней мере, объединению в прочные союзы в других демократических странах. Там чрезмерную численность малых, обезлюдевших и экономически слабых муниципальных образований считают одной из основных проблем местного самоуправления.

Острые дискуссии и даже судебные разбирательства вызвало разграничение городских и сельских муниципальных образований. От этого зависит исполнение определенных полномочий и владение соответствующим перечнем имущества. Вопрос о статусе и границах муниципальных образований регулируется законами субъектов РФ, поэтому их руководство получило дополнительные рычаги давления на мэров.

Объединение города, не получившего статуса городского округа, с окружающими сельскими территориями имеет не только юридическое и символическое значение, но и обязывает власти дотировать сельские поселения. Идея разработчиков реформы как раз и заключалась в наделении городов ответственностью за поддержку и развитие слабых населенных пунктов. После первого этапа реформы 16% российских городов, в том числе и некоторые крупные, бывшие ранее городами областного подчинения, перешли в разряд городских поселений в составе муниципальных районов и потеряли часть своих полномочий и имущества. Перед угрозой не получить статус городского округа оказались даже 36 центров субъектов РФ – крупных городов, являвшихся одновременно и центрами сельских районов. Нередко на территории этих пригородных районов просто не было достаточно крупного и экономически состоятельного поселения, способного стать центром муниципального образования. Если крупный город еще может поделиться частью своих доходов с сельскими районами и способствовать росту их благосостояния, то для небольших городов потеря самостоятельности явственно ведет к упадку.

Острые споры вызвало распределение компетенций и налоговых доходов между разными уровнями власти. Ныне к компетенции местного самоуправления отнесено образование, затраты на которое составляют около 40% расходов муниципальных бюджетов, здравоохранение (в среднем 20% расходов), обеспечение граждан услугами жилищно-коммунального хозяйства (15%), социальная защита, культурное обслуживание и ряд других. Для выполнения этих функций местное самоуправление должно быть обеспечено необходимыми материальными и финансовыми ресурсами, ибо несбалансированность бюджетов вызывает снижение качества предоставляемых гражданам услуг, углубляет неравенство между территориями.

Законодатели приняли меры к устранению этой проблемы. Отдельные государственные полномочия, переданные органам местного самоуправления, финансируются за счет субвенций из федерального и региональных бюджетов. В федеральном бюджете и бюджетах субъектов созданы специальные фонды компенсаций. Региональные и местные власти могут получать из федерального центра безвозмездные перечисления.

Тем не менее закон подвергся серьезной критике за резкое несоответствие переданных местному самоуправлению полномочий их финансовому обеспечению, особенно в сельских поселениях, низкую степень самостоятельности региональных и местных властей, невозможность для них использовать налоговое стимулирование инвестиций.

Дело в том, что самые существенные и легче собираемые налоги поступают в доход федерации, тогда как местным бюджетам достались незначительные и трудновзыскиваемые налоги. Им полностью отошли земельный налог, налог на имущество физических лиц, малый бизнес и некоторые малодоходные налоги. Между бюджетами разных уровней делится часть федеральных налогов. Весь федеральный налог на доходы физических лиц поступает в консолидированные региональные бюджеты, причем 70% от него зачисляется собственно в региональные бюджеты, 20% — в бюджеты муниципальных районов (в бюджеты городских округов — 30%), 10% — поселений. Отчисления от федерального налога наиболее значимы для местных бюджетов, образуя до половины их доходов.

Такое распределение налоговых доходов продиктовано вполне рациональными соображениями. Местные бюджеты получили наиболее равномерно распределенные по территории источники доходов (доходы физических лиц) и с четкой территориальной привязкой (имущество, земля), а также налоги, в наибольшей степени зависящие от экономической политики местных властей (с малого бизнеса). Федеральный бюджет пополняется за счет налогов на использование неравномерно распределенных природных ресурсов, с неопределенной территорией происхождения (на добавленную стоимость), таможенных пошлин, регулирующих функционирование всей национальной экономики. В новом законе о местном самоуправлении учтен и зарубежный опыт: поступления местных бюджетов от земельного налога и налога на имущество физических лиц — главные в странах с давними демократическими традициями.

Однако в российских условиях эти налоги составляют не более 8—9% доходов местных бюджетов. Это объясняется тем, что законом установлен добровольный порядок регистрации прав собственности на землю, а налогом облагается только то имущество, которое прошло государственную регистрацию. Соответствующие государственные органы слабо оснащены и к ней не подготовлены. Переход на кадастровую оценку участков земли начался недавно. Регистрация прав собственности представляет собой длительную, дорогостоящую и крайне обременительную для граждан процедуру. Фактически права собственности регистрируются только для совершения сделок. В бедных сельских районах недвижимость — основа налоговой базы, но как раз там она регистрируется редко.

В итоге на федеральные налоги приходится около 90% всех налоговых поступлений. Снижение региональными властями доли отчислений от налога на доходы физических лиц в бюджет «богатого» города-донора по сравнению с бедными сельскими муниципальными образованиями зачастую делает его дотационным. Получается, что городской округ — локомотив развития всего региона — лишается стимулов к развитию. Впрочем, противоречие между экономической эффективностью распределения средств или инвестиций между территориями и территориальной справедливостью давно известно и носит универсальный характер.

Очевидно, что решение лежит где-то посередине. Однако в последние годы доля налогов, зачисляемых в бюджеты городов и других муниципальных образований, неуклонно снижается. После 2001 г. они не получают, как раньше, доли доходов от НДС и налогов с продаж и прибыли юридических лиц. Новый закон о местном самоуправлении фактически снизил долю местных бюджетов в налоге на доходы физических лиц с 70% до 30%. Хотя власти региона имеют право ее увеличить, на практике они пользуются этим правом весьма редко.

Подвергается критике нынешний порядок, при котором юридические лица платят налоги по месту регистрации, а не деятельности. В этом — один из источников благосостояния Москвы, в которой зарегистрированы крупнейшие российские компании, занимающиеся, например, добычей нефти и газа совсем в других регионах. Для многих стран мира, в том числе и России, типично также противоречие между практикой взимания налогов с физических лиц по месту работы и интересами «спальных» районов и поселений, муниципалитеты которых оказывают своим жителям основные социальные услуги.

В результате первого этапа реформы местного самоуправления в 2006 г. более 90% муниципальных образований стали дотационными. В местных бюджетах собственные доходы составили около 30% (в том числе 10% — неналоговые), а 60% приходилось на различные дотации, субвенции и субсидии. При этом внешняя финансовая поддержка многих муниципальных образований и даже целых регионов достигает 80—90%. Так, на трансферты из федерального центра приходилось в среднем 74% бюджета северокавказских республик. У региональных и местных властей мало стимулов экономии бюджетных средств, совершенствования своей бюджетной политики, поиска и создания собственных источников доходов — проще добиться помощи от вышестоящих бюджетов.

Нынешние межбюджетные трансферты слишком велики, сложны по структуре (почти 20 видов), не прозрачны. Для обоснованного перераспределения налоговых поступлений между муниципальными образованиями нужны формализованные методики расчета, основывающиеся на социально-экономических показателях и учитывающие такие объективные факторы, как удаленное географическое положение, суровые природные условия, горный характер местности и др. Необходимость формальных расчетов давно признана, но общепринятых методик так и не создано, отчасти в силу объективной трудности этой задачи. Пока не разработаны также минимальные социальные нормативы объема и качества услуг, предоставляемых местными властями, а следовательно, и нормативы расходов на их оказание. Их отсутствие порождает конфликты, не позволяет обосновать принципы территориальной справедливости и сделать прозрачными механизмы перераспределения бюджетных средств.

Следует заметить, что в городах федерального значения Москве и Санкт-Петербурге местное самоуправление существует в очень усеченном виде — оно напрямую зависит от региональной администрации, не имеет собственных доходов.

Недостатки и трудности реализации нового закона о местном самоуправлении вызвали волну протеста в регионах. Хотя в некоторых субъектах РФ в порядке пилотного проекта принципы закона были реализованы еще до его предполагавшегося вступления в силу 1 января 2006 г., к этому оказались готовы только 46 регионов. В преддверии избирательного цикла 2007—2008 гг. правительство стремилось избежать конфликтов с регионами. Поэтому были приняты дополнительные законы о переходном периоде. Решено продлить реформу на три года — до 2009 г. В течение этого срока оставшиеся регионы должны переходить к исполнению 131-го закона постепенно или единовременно. Можно предположить, что законодательство о местном самоуправлении будет и впредь меняться и активно расширяться.

6.1.15. Сельское хозяйство: проблемы перехода от колхозного к фермерскому земледелию. Проблема собственности на землю

В 1960—1980-х гг. сельское хозяйство СССР получало 20—28% всех капиталовложений. Мощность тракторного парка выросла в 3 раза, внесение удобрений — в 4 раза. Это обеспечило прирост продукции в натуральном выражении на 35—45% (зерна на 50%) при росте населения на 35%. В 1980 г. убыточны были $^3/_4$ колхозов и более $^2/_3$ совхозов. После списания долгов, выделения дотаций рентабельность «выросла». Однако расчеты экономистов показывали, что к 1990-м гг. Россия реально подошла с теми же $^2/_3$ убыточных сельскохозяйственных предприятий.

К началу радикальных реформ 1990-х гг. аграрный кризис был в разгаре. Обвалу сельского хозяйства предшествовало замедление роста, а местами стагнация, переходящая в спад. В большинстве регионов Нечерноземья растущие затраты натолкнулись на некий предел: аккумуляция капитала не давала прироста продуктивности. Поддержание сельскохозяйственного производства требовало непропорционально большого финансирования. Но главное — упали доходы от экспорта нефти и газа, на которых держались вливания в сельское хозяйство и масштабный импорт зерна.

Не столько аграрные, сколько общеэкономические реформы 1990-х гг. резко усилили аграрный кризис. Они поставили предприятия в совершенно иные коммерческие условия функционирования (лишив привычных дотаций, налаженного сбыта продукции и т. п.), тогда как в существе своем сельскохозяйственные предприятия изменились мало.

За 1990-е гг. объем агропродукции сократился на 40%, а в коллективном секторе — на 60%. Поголовье крупного рогатого скота на предприятиях упало в три раза, свиней — в четыре, также сократилось производство молока и мяса. С 1999 г. агропродукция растет, особенно активно выходит из кризиса растениеводство. Лишь поголовье крупного рогатого скота сокращалось почти 15 лет, что привело во многих районах к смене специализации.

Доля убыточных предприятий достигла максимума в 1998 г. (88%). Но большинство крупных предприятий выжило. Их даже прибавилось из-за того, что средний размер хозяйства уменьшился с 322 человек в 1990 г. до 150 в 2003 г.

После шестидесяти лет коммунизма в русской деревне (1930—1990) в современном аграрном секторе можно выделить четыре уклада: 1) коллективные предприятия — наследники колхозов и совхозов, хотя и использующие земельные доли населения, но часто работающие по старым принципам, 2) крупные агрохолдинги, включающие несколько агропредприятий, переработку сельскохозяйственной продукции, торговые предприятия и часто множество не связанных с сельским хозяйством производств, 3) хозяйства населения (бывшие личные подсобные хозяйства, товарность которых заметно расширилась) и 4) фермерские хозяйства, появившиеся в 1990-х гг.

На самом деле укладов больше, и столь жесткая классификация весьма условна. Она основана на организационно-юридических нормах и далека от самого типа хозяйства и его масштаба.

Лучше всего адаптируются к новым условиям коллективные предприятия вблизи крупных городов. Активнее выходят из кризиса южные предприятия. Там особенно прибыльно зерновое хозяйство, которое активно расширяется, часто за счет убыточного животноводства. В сельское хозяйство приходят инвесторы. Все чаще агропредприятия включаются в вертикальные цепочки крупных агрохолдингов.

На другом полюсе — российская периферия. Долгие годы партийные органы заставляли колхозы распахивать огромные площади в неплодородных северных, засушливых районах или в нечерноземной глубинке, откуда города выкачали сельское население. Как только принуждение исчезло, *началось сжатие освоенного пространства*. Периферийные сельские зоны представляют собой образцы типичного экономического «опустынивания»: поля зарастают лесом, остатки техники ржавеют, фермы разрушены. Зато «острова» активной жизни вокруг городов застраиваются и расширяются. Именно здесь концентрируются наиболее рентабельные агропредприятия, снабжающие города продовольствием. Таким образом, *современный кризис аграрного сектора привел российское сельское хозяйство в приблизительное соответствие с реальным расселением и его рыночным потенциалом*.

Причина живучести бывших колхозов и совхозов не только в том, что они востребованы городами «сверху». Главное, они востребованы местным населением «снизу».

Во время коллективизации товарное частное хозяйство было практически истреблено. Но и советское сельское хозяйство совмещало колхозно-совхозные и мелкие индивидуальные хозяйства. Если в 1928 г. 96% посевных площадей использовали единоличные крестьянские хозяйства, то к 1940 г. у них осталось 4%, к 1958 г. — 2% земли. Однако в том же 1940 г. колхозы и совхозы произвели лишь 35% мяса и 30% молока, остальное дал частный скот населения. По расчетам А.А. Никонова, в середине XX века крестьяне отдавали общественному хозяйству 83% своего рабочего времени, но получали от него лишь 20% необходимых для жизни средств.

Мелкий частный агросектор раздражал советские власти. Некоторые исследователи считают, что в России была не одна, а две коллективизации: первая, сталинская, в 1930-е гг. ликвидировала крестьян-единоличников, но оставила им личные подсобные хозяйства; вторая, хрущевская, в 1960-е гг. превратила крестьян в наемных рабочих, лишив их значительной части подсобного хозяйства (см. **5.1.13**).

Доля хозяйств населения и фермерских хозяйств в производстве сельскохозяйственной продукции, 1940–2003, %

Годы	Хозяйства населения								Фермерские хозяйства		
	1940	1960	1970	1980	1990	1995	2000	2003	1995	2000	2003
в валовой продукции	н/д	н/д	31	29	26	48	54	58	1,9	3,0	4,5
в произ-ве зерна	н/д	н/д	н/д	н/д	0,3	0,9	0,9	1,5	4,7	11,0	14,4
картофеля	54	67	65	65	66	90	92	93	0,9	1,2	1,6
овощей	45	48	41	33	30	73	78	80	1,3	2,3	3,3
молока	70	48	34	26	24	41	51	51	1,5	1,9	2,5
мяса	65	41	32	30	25	49	58	54	1,5	1,9	2,1
в площади сельскохозяйственных угодий	4,0	1,2	1,5	1,4	1,8	4,7	6,0	7,1	5,0	6,9	10,0

К 1990 г. индивидуальные хозяйства сельских жителей, сады и огороды горожан производили около $^1/_4$ всей агропродукции страны, в 2000-х гг. — более половины. Рост производства и товарности хозяйств населения был вызван укреплением связи с колхозами, откуда они вместо зарплат получали продукты и корма для скота. В отличие от крупных предприятий, в 1990-х гг. хозяйства населения сохранили, а местами даже увеличили поголовье скота, спасая тем самым животноводство в России.

Данные последней переписи 2002 г. показывают, что в городах денежные доходы от своего огорода имеют всего 6% населения, в сельской местности — около 30%, что сопоставимо с долей населения, имеющей доход от любой другой трудовой деятельности. В питании от собственного огорода и часто скотины в большей или меньшей степени зависят 92% сельских жителей и 44% горожан.

До нынешних земельных реформ собственником земли в России в течение 70 лет было коммунистическое государство. Предприятия получали землю в бесплатное и бессрочное пользование, выделяя сельским жителям участки для ведения личного подсобного хозяйства. В послесоветское время трансформация земельных отношений прошла несколько основных этапов.

Первый этап (1991–1993) — административного передела земли. В 1990 г. часть земель колхозов и совхозов была передана в ведение сельских и поселковых органов местного самоуправления. В этом же году был принят закон о крестьянском (фермерском) хозяйстве, разрешающий на очень льготных условиях получать в аренду землю и вести сельское хозяйство.

В апреле 1991 г. Земельный кодекс разрешил отдавать землю населению в пожизненное наследуемое владение, но не в собственность. В декабре 1991 г. по специальному Указу Президента «О неотложных мерах по осуществлению земельной реформы» и постановлению Правительства «О порядке реорганизации колхозов и совхозов» работники предприятий, пенсионеры, а с 1992 г. и работники социальной сферы получили имущественный и земельный пай или долю, размер которых определялся субъектами РФ и колебался от 3 до 20 га. Более 85% сельскохозяйственных земель были переданы из государственной в собственность коллективов. Со своим паем люди могли выйти из колхоза или остаться в нем, и колхоз продолжал фактически распоряжаться их землей. Остальные земли были переданы в региональные фонды перераспределения для предоставления их фермерам и иным гражданам. *Главным достижением этой реорганизации стала ликвидация многолетней государственной монополии на землю.* В том же 1993 г. Конституция сняла ограничения на куплю-продажу земли, что создало противоречие с действующим Земельным кодексом.

Второй этап (1994—1995) — создание административного рынка земли. Была установлена цена на землю, равная 200-кратной ставке земельного налога, и методы его расчета (с тех пор ставки ежегодно индексируются). Эти ставки задали дифференциацию нормативных цен, как правило, весьма низких. В то же время возрастающие потребности горожан во втором, загородном жилье и разрешение продавать приусадебные и садоводческие участки создали реальный земельный рынок в пригородах крупных городов.

Третий этап начинается с Указа Президента от 7 марта 1996 г. «О реализации конституционных прав граждан на землю», который ознаменовал введение свободного оборота не только приусадебных участков, но и земельных паев. Он еще больше расширил возможности частных хозяйств, предельные нормы которых были повышены до 5 гектар.

И наконец, принятие в 2002 г. после долгих дебатов в Думе нового Земельного кодекса, разрешившего продавать все земли, кроме сельскохозяйственных, ознаменовало наступление последнего, *четвертого этапа* реформы. Он завершился в январе 2003 г. вступлением в силу закона «Об обороте земель сельскохозяйственного назначения», согласно которому приобретать и продавать землю может любое лицо за исключением иностранцев. Однако размер участков и механизм реализации закона определяются законодательствами субъектов РФ, что привело к проволочкам и прямому искажению федерального закона.

С 2003 г. 12 млн владельцев земельных долей получили право не только требовать от предприятия для использования, но и официально продавать свои земельные доли. Однако кроме зон повышенного спроса на землю в пригородах больших городов и в некоторых южных регионах вряд ли это вызовет массовое изъятие земельных паев из колхозов. Продать земельный пай не просто, так как первостепенное право имеют сособственники по предприятию и его администрация. Держать землю просто про запас нельзя — если земля не обрабатывается 2 года, ее через суд может изъять государство. Так что собственность все равно условная. При этом 60% земельных долей оказалось в руках лиц, уже не работающих на агропредприятиях.

После длительных гонений частное сельское хозяйство в 1990-х гг. получило законодательные возможности для развития. Крестьяне имеют право выбора:

— ограничиться приусадебным хозяйством (используя дополнительные земли, выделяемые сельскими администрациями или агропредприятиями), передав свой земельный пай в аренду предприятию и одновременно работая в колхозе или где-то еще или не работая;

— получить земельный пай или его часть, но не оформлять фермерского хозяйства;

— забрать весь земельный и имущественный пай, зарегистрировать фермерское хозяйство, получить дополнительные земли в аренду из фонда перераспределения или прикупить паи своих соседей.

Несмотря на либеральное законодательство, доля фермерских хозяйств в численности сельских домохозяйств составляет всего 2%. Столько же граждан взяли в собственность земельный пай без оформления фермерского хозяйства. Подавляющая часть сельского населения предпочла ограничиться своим приусадебным участком да дополнительными огородами при сохранении работы по найму.

И все же появление фермеров стало принципиально новым явлением в 1990-х гг. Главное отличие фермерского хозяйства от хозяйств населения в том, что это предприятие, с вытекающими отсюда обязательствами отчетности, уплаты налогов и т. п. К 2005 г. в России была 261 тысяча фермерских хозяйств. Видимо, этот уровень сохранится в ближайшие годы. Средний размер участка российского фермера — 69 га. Гораздо важнее, что более половины фермеров (57%) имеет участки менее 20 га. То есть основная часть фермеров — малоземельные.

Наиболее типичны фермеры трех типов:

1. Бывшие руководители колхозно-совхозной администрации, приватизировавшие часть техники и помещений, привлекшие бывших работников и создавшие своего рода мини-колхозы с похожей управленческой структурой.

2. Производители с 10—20 работниками — новый тип фермеров. Количество арендуемых ими земель колеблется от нескольких десятков до тысячи и более гектар. Это чаще местная номенклатурная верхушка и сельские специалисты высокого класса.

3. Семейные хозяйства *без постоянных работников* наиболее распространены. Чаще всего их организовывает интеллигенция и рядовые специалисты бывших колхозов.

Однако значительная часть фермеров, не вписавшись в новые жесткие условия, ведет личное хозяйство по существу и нигде при этом не отчитывается. По наблюдениям авторов этой книги, примерно половина фермеров имеет только свои земельные доли, еле-еле выживает, значительная их часть разоряется. Около трети фермерских хозяйств нашли свою нишу, но все равно часть их переходит со своими паями к более сильным хозяевам. И только пятая часть фермерских хозяйств активно развивается. Происходит концентрация земель и поляризация хозяйств.

Кооперация между фермерами развита крайне слабо, хотя в каждом районе существует ассоциация фермерских хозяйств. Чтобы фермеры окрепли, создали собственную среду и заменили колхозы и совхозы, в регионе должна накопиться некоторая критическая масса фермерских хозяйств. Как правило, этой массы нет. А ту нишу, которая предназначалась для фермерских хозяйств, в 1990-х гг. заняли товарные хозяйства населения.

Литература

Ю.Г. *Александров.* Будущее колхозно-совхозного строя в России // Крестьянство и индустриальная цивилизация. М.: Наука, 1993.

Т.Г. *Нефедова.* Сельская Россия на перепутье. Географические очерки. М.: Новое издательство, 2003.

Т.Г. *Нефедова, Дж. Пэллот.* Неизвестное сельское хозяйство, или зачем нужна корова? М.: Новое издательство, 2006.

А.А.*Никонов.* Спираль многовековой драмы: Аграрная наука и политика России (XVIII–XX вв.). М.: Энциклопедия российских деревень, 1995.

6.1.16. Человек в послекоммунистической России. Уровень жизни

Материальный уровень жизни в стране принято определять как валовой внутренний продукт (ВВП) на душу населения. При этом ВВП равен рыночной стоимости всех товаров и услуг, произведенных в стране. Это создает трудности при сравнении России, СССР и западных стран.

Прежде всего, цены в СССР не были рыночными, и их рыночное значение определить нелегко. Под видом производства в СССР учитывалось многое из того, что вообще никакой рыночной стоимости не имело. То, что ненужного производства теперь меньше, — это приобретение, а не потеря. Кроме того, в СССР были распространены «приписки». При плановом хозяйстве выгодно показывать, что ты сделал больше, чем на самом деле. При переходе же к рынку стало выгодно показывать меньше – чтобы избежать налогов. Значительная часть хозяйственной деятельности ушла «в тень», где она недоступна надежному учету.

Если без коренного пересчета переходить от советских показателей производства к рыночным (а именно это и делала официальная статистика), то получается, будто ВВП Российской Федерации с 1990 по 1998 г. упал на 40%. В действительности ситуация не столь однозначна. Потребление электроэнергии за эти годы упало на 20% за счет промышленности. Производство стали сократилось на 40%. Но сталь – не показатель национального дохода, некоторые богатые страны ее вообще не производят. Зато число автомобилей за эти годы увеличилось почти вдвое, с 12 млн до 23 млн, — такого в беднеющей стране не бывает.

Чтобы в этих условиях хотя бы приблизительно оценить реальный уровень дохода, надо найти связанные с ним физические показатели, учет которых ни припискам, ни уходу «в тень» не подвержен. Выяснив, как доход на одного человека в других странах связан с этими показателями, можно вычислить, какому зарубежному уровню дохода соответствует наличие физических показателей в современной России. Назовем этот уровень *вменённым доходом*.

В качестве физических показателей удобно выбрать телефонные линии (не считая мобильных телефонов), автомобили (легковые и грузовые) и годичное потребление электроэнергии. Душевой доход будем определять в долларах по паритету покупательной способности (долларов ппс) на 1999 г. согласно данным Всемирного банка. То есть стоимость доллара в каждой стране определяется не его обменным курсом, а той «корзиной товаров», которую там за доллар можно купить.

Наличие телефонов, автомобилей и потребление электроэнергии на единицу населения тесно связаны с душевым доходом. По расчетам специалистов, наличие телефонов объясняется душевым доходом на 90%, наличие автомобилей — на 82%, а потребление электроэнергии — на 67%.

Наличие телефонов, автомобилей и потребление электроэнергии на единицу населения в нынешней Российской Федерации показано на рисунке 1 (с 1970 по 2005 г.).

Для надежности определения вмененного дохода используются все три показателя, совмещенные статистически в одном уравнении. Это дает картину среднего ежегодного дохода жителя Российской Федерации — РСФСР за 35 лет, изображенную на рисунке 2.

По сравнению с предыдущим десятилетием рост дохода с 1980 по 1990 г. ускорился, тогда как, по официальным данным, рост ВВП замедлился. Причина — в росте, еще в советское время, теневой экономики, не учтенном официальной статистикой.

В критические 1990–1994 гг. наши данные свидетельствуют только о сильном замедлении роста, но не о спаде. Это можно объяснить тем, что главный вес в урав-

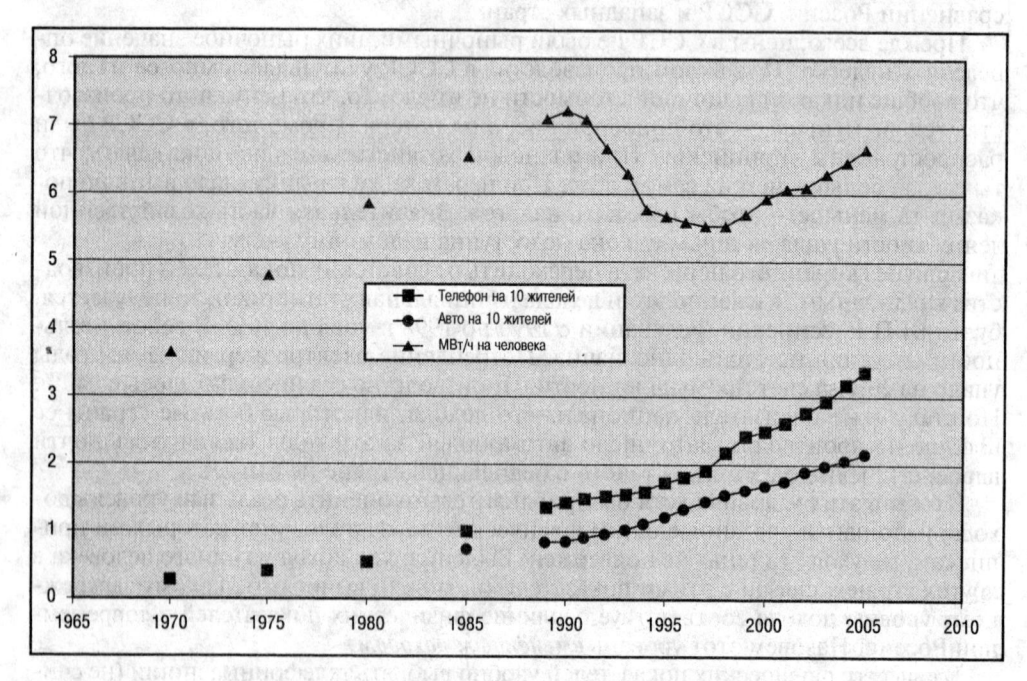

Рис. 1. Телефоны, автомобили и электроэнергия на единицу населения в РФ, 1970–2005

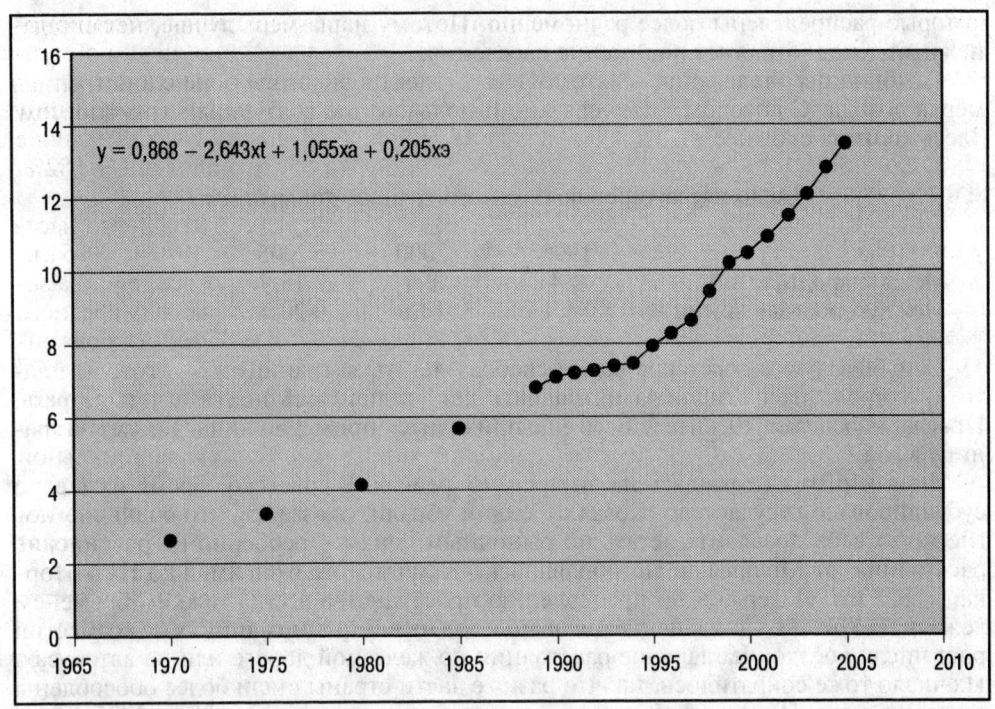

Рис. 2. Вмененный доход на человека в год в РФ, 1970–2005 *(тысяч долларов ппс)*

нении имеют телефоны и автомобили, от которых владельцы даже при уменьшении текущего дохода обычно не избавлялись.

В 1995–1998 гг. показан не продолжающийся спад, как обычно принято считать, а рост дохода примерно на 19%. То есть подъем экономики начался уже в 1995 г., а не в 1999 г. К 1999 г. на самом деле относится не начало роста, а переход к менее ажиотажному темпу.

В 2005 г., после десятилетия роста, среднедушевой доход в России составлял 13 430 постоянных долларов ппс по сравнению с 7230 в 1990 г. — это почти в два раза больше, чем в последний полный год советской власти.

В советское время люди получали существенную часть дохода не в виде денег, а в виде разных льгот — таких, как практически бесплатное жилье, а приобретение автомобилей и телефонов ограничивалось многолетними очередями. Но в данном случае это несущественно: важен конечный результат — какому уровню доходов в мире соответствовало наличие у нас телефонов и автомобилей, а также потребление электроэнергии.

Доход теперь распределен между населением гораздо менее равномерно, чем в советское время: велики контрасты и между регионами, и внутри них. Однако миллионеры владеют миллионами денег, а отнюдь не телефонов и автомобилей, которые распределены более равномерно. Потому наша мера лучше, нежели денежный доход, отражает положение населения.

Комбинация «телефоны – автомобили – электроэнергия» – не единственная мерка дохода. С доходом тесно связано и пользование воздушным транспортом. Здесь картина сложнее.

Число пассажиров воздушного транспорта *(млн чел.)*

	1990	2000	2005
Международные линии	4,4	8,4	15,9
Междугородные линии	86,4	14,6	20,7

За небывалую в советское время свободу летать за границу люди готовы платить, и число пассажиров за пятнадцать лет увеличилось почти в четыре раза. Правда, на каждые 10 жителей все еще приходится примерно лишь 1 полет за границу в год.

Иная картина сложилась на внутренних рейсах. В советское время их щедро субсидировало государство. Когда субсидии убрали, оказалось, что очень немногие могут себе позволить летать по рыночным ценам — особенно на российские расстояния: от Москвы до Петропавловска-Камчатского 6765 км, а до Нью-Йорка — 7522 км. Издержки по преодолению пространства всегда тяжким бременем лежали на России. Сокращение числа полетов на внутренних линиях не возместил рост числа поездок на дальние расстояния по железной дороге или на автобусах. Их число тоже сократилось, так что разные части страны стали более обособлены одна от другой. Но и здесь наметился положительный сдвиг. С 2000 по 2005 г. число внутрироссийских перелетов возросло почти на 50%.

После реформ начала 1990-х гг. уровень жизни изменился не только в Российской Федерации, но и в других бывших советских республиках и европейских бывших «народных демократиях». Вмененный доход на душу населения в долларах ппс 1999 г. рассчитан по двадцати странам, где имелись нужные данные.

	1989 (долларов ппс)	1999 (долларов ппс)	Рост (во сколько раз)
1. Венгрия	6410	14 005	2,18
2. Польша	5574	11 321	2,03
3. Чехия	9288	16 033	1,73
4. Хорватия	8047	13 860	1,72
5. Эстония	9859	15 086	1,53
6. Словения	11 092	16 716	1,51
7. Словакия	9653	14 439	1,50
8. Россия	6770	10 170	1,50
9. Румыния	4889	7226	1,48
10. Албания	1691	2454	1,45
11. Беларусь	6785	9824	1,45
12. Литва	9167	12 893	1,41

13. Болгария	9765	13 308	1,36
14. Латвия	9545	11 947	1,25
15. Украина	6248	7682	1,23
16. Азербайджан	4295	4333	1,01
17. Казахстан	5046	5031	1,00
18. Киргизия	3705	3648	0,98
19. Грузия	5326	5056	0,95
20. Таджикистан	3100	2510	0,81

Страны ранжированы по мере экономического роста за десять лет (последний столбец). Лидирует Венгрия, где рыночные реформы были начаты еще до крушения социалистического блока в 1989 г. За ней идет Польша, чьи реформы находились в центре внимания мирового сообщества. Обе страны удвоили свой доход за десятилетие. Внушительные темпы показали Чехия и Хорватия. За ними следует Эстония, вышедшая вперед всех бывших советских республик. Самая благополучная из них, она провела реформы быстро и конструктивно. Ей помогли скандинавские страны и доход от транзита российского сырья, но также и твердая решимость граждан воссоздать былую независимую «буржуазную» Эстонию, а не тянуть в рынок Эстонскую ССР.

Россия по темпам роста за данный период стоит на восьмом месте — она увеличила свой доход на 50%. Близки к российским темпам, с одной стороны, Словения и Словакия, с другой — Румыния, Албания, Беларусь и Литва. Слабее показатели Болгарии, Латвии и Украины. (Последняя может служить примером нерешительных, затянувшихся реформ в том стиле, который оппозиция Ельцину отстаивала в России.) Затем следуют пять бывших советских республик, где за десятилетие вообще не происходило роста доходов или рост был отрицательным. Так что действительно существуют страны, жизненный уровень которых после падения коммунистического режима понизился, но это не Россия.

Расположение стран по темпам роста, сделанное на основании официальных цифр Международным валютным фондом, в некоторой степени совпадает с нашим: Венгрия, Польша, Эстония — в числе лидеров; Румыния, Беларусь, Литва, Россия, Болгария — в середине; а Украина, закавказские и среднеазиатские республики — в числе отстающих. Однако масштабы роста сильно различаются. Наш расчет последовательно дает более высокие цифры по сравнению с последним дореформенным годом. Это связано с переоценкой ВВП советского времени в официальных источниках.

В то же время официальные данные подтверждают тот факт, что Российская Федерация в послесоветское время развивалась успешнее, чем остальные республики СНГ. В 1991 г. доля РФ в совокупном ВВП стран СНГ составляла 68%, а в 2005 г. — 77%. Напомним, что ВВП — это именно внутренний продукт, куда не входят доходы от экспорта нефти, газа или чего-либо иного.

Поскольку население России составляет немногим более половины всего населения СНГ, получается, что, согласно официальным данным, доход на душу населения в странах СНГ, исключая Россию, в 2005 г. составлял около 30% от российского, в то время как в 1991 г. — 54%. Вероятно, в пересчете на доллары ппс по примененному здесь методу этот контраст окажется меньше. Умножив вычисленный нами душевой доход 2005 г. на численность населения, получим национальный доход, или продукт, на этот год — 1917 млрд долларов ппс, что соответствует официальному ВВП — 21 598 млрд рублей. То есть наш доллар ппс 1999 г. стоил в 2005 г. 11 рублей с копейками, а доход на душу составлял 151 тысячу рублей.

В переводе на доллары по текущему курсу это немного — 5247 долларов, или 12,4% американского ВВП на душу населения (42 214 долларов). Зато по паритету покупательной способности российский душевой доход составляет 29% от американского. В последний советский год он был примерно 20% от тогдашнего американского.

Однако в 1913 г. душевой доход жителя Российской Империи составлял 18% от американского по обменному курсу. Паритета покупательной способности тогда никто не высчитывал, но цены в России были низкими, множитель ппс мог составлять около 1,6 — как сегодня в странах со средним доходом, что дало бы те же 29% от американского уровня.

Если доход на душу населения в России в 2005 г. приближался к одной трети американского, то совокупный национальный доход был намного меньше. Совокупный доход определяет «вес» страны в мировой экономике, где важен валютный курс. В 1913 г. объем экономики Российской Империи в долларах по курсу составлял 31% от американского. В 2005 г. объем экономики Российской Федерации составлял 6% от американского, а всего СНГ — 8%. Главной причиной такого падения служит разница в росте населения: тогда население США было почти вдвое меньше населения России, а теперь — наоборот.

Литература

Б.С. Пушкарев. Каков средний уровень жизни в России? // Посев. 2003. № 9. С. 23–28.

Е.Т. Гайдар. Долгое время. Россия в мире. Очерки экономической истории. М.: Дело, 2005.

Российский статистический ежегодник. М.: Росстат, 2006.

15 лет Содружества Независимых Государств. Статистический сборник. М.: Межгосударственный статистический комитет СНГ, 2006.

Российская экономика в 2006 году. Тенденции и перспективы. М.: Институт экономики переходного периода, 2007.

6.1.17. Человек в послекоммунистической России. Народонаселение

Весь XX в. в России происходили события, подтачивавшие демографическую устойчивость страны. Неблагополучие и катастрофы приводят к двум основным демографическим эффектам — увеличению смертности, в том числе среди нестарых людей, и к снижению рождаемости. Если первый эффект имеет очевидные и немедленные последствия, то второй — снижение рождаемости — имеет отсроченное действие, он проявляется в жизни страны, когда активные члены общества стареют, а неродившиеся их потомки не приходят им на смену.

Попробуем проанализировать динамику рождаемости в России, используя результаты переписей 1926, 1939, 1959, 1989 и 2002 гг. Для анализа используем так называемые возрастные диаграммы, отражающие распределение населения по возрасту и полу. Пример такой диаграммы по результатам переписи 1926 г. приведен на рисунке 1. По вертикальной оси диаграммы отложен возраст на момент составления диаграммы, по горизонтальной — количество мужчин и женщин данного возраста. Диаграмма представляет собой подобие треугольника с кривыми сторонами (поэтому иногда ее также называют возрастной пирамидой).

Такая форма является отражением очевидного факта, что с возрастом люди умирают, и если бы каждый год рождалось одинаковое количество людей, то количество женщин и мужчин старшего возраста всегда было бы меньше, чем более молодых, и диаграмма более или менее гладко сужалась бы кверху. Характер и скорость этого сужения зависели бы от детской смертности и средней продолжительности жизни, но каких-либо резких изломов на диаграмме не было бы. Наличие на диаграмме резких отрицательных изломов и провалов отражает явное неблагополучие

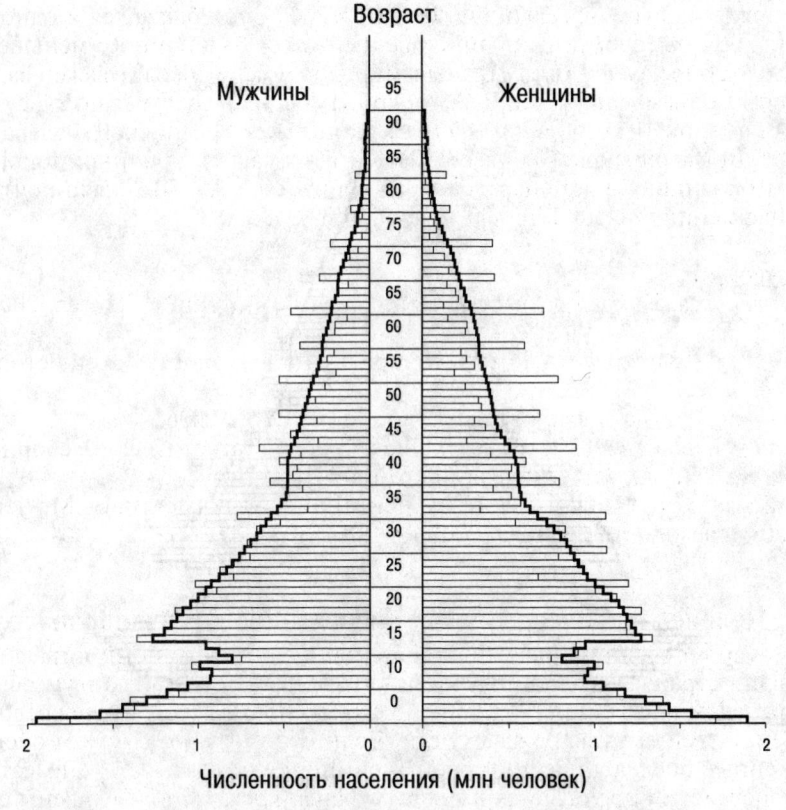

Рис.1. Возрастная диаграмма по результатам переписи 1926 года

в стране в годы рождения данной возрастной группы, приводящее к резкому снижению рождаемости.

Рассмотрим особенности диаграммы на рисунке 1. На уровне возрастов 33–37 лет можно отметить небольшой излом, связанный с какими-то негативными факторами, влиявшими на рождаемость в 1889–1893 гг. По-видимому, это было следствием голода в России в эти годы. Отметим, что, несмотря на участие России в нескольких войнах в середине и конце XIX в., других заметных особенностей на возрастной диаграмме не наблюдается. Совсем другая картина возникает в XX в. Начиная с возраста 11 лет и ниже виден глубокий провал, соответствующий 1915–1917 гг. рождения – годам Первой Мировой войны. Этот провал плавно переходит в область возрастов, соответствующих годам рождения, пришедшимся на годы Гражданской войны 1918–1921 гг. К 1926 г. (нулевой уровень диаграммы) рождаемость в значительной степени восстанавливается.

Перейдем к возрастной диаграмме, составленной по итогам переписи 1939 г. На ней мы видим тот же двойной провал, соответствующий Первой Мировой

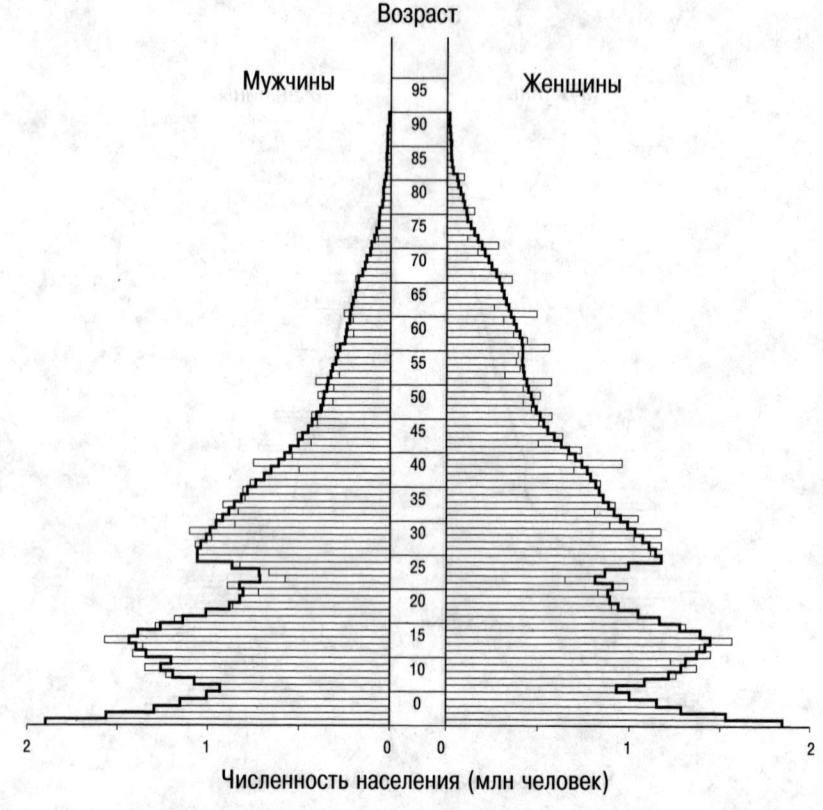

Рис.2. Возрастная диаграмма по результатам переписи 1939 года

и Гражданской войнам и переместившийся в зону возрастов 18–24 года, и добавившийся к нему новый провал в области возрастов 3–10 лет с максимумом при возрасте 5 лет. Этот новый провал соответствует годам рождения от 1929 до 1936 г., то есть периоду коллективизации. Максимум приходится на 1934 г. – голодомор 1933–1934 гг. Отметим, что глубина и ширина этого нового провала примерно соответствуют провалам, обусловленным Первой Мировой и Гражданской войнами.

Перейдем к результатам переписи 1959 года (рис. 3). На возрастной диаграмме появляется четвертый провал (Провалы Первой Мировой и Гражданской войны считаем за два) в области возрастов 13–18 лет, соответствующий годам рождений от 1941 до 1946-го, то есть приходящимся на годы Второй Мировой и первый послевоенный год. Этот провал глубже, чем два предыдущих, и восстановление рождаемости идет медленней. Более медленное восстановление связано в том числе и с процессами урбанизации – увеличения городского населения и сокращения деревень, где рождаемость выше, чем в городе. Если в 1926 и 1939 гг. количество родившихся мальчиков и девочек немногим недостает до двух миллионов, то в 1959 г.

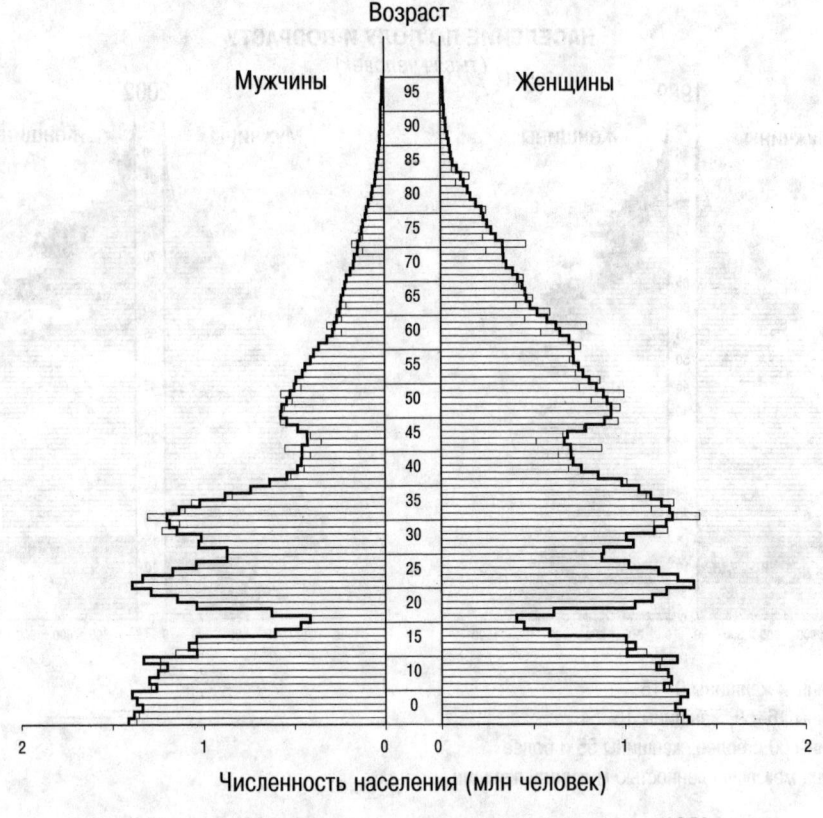

Рис. 3. Возрастная диаграмма по результатам переписи 1959 года

число родившихся детей обоего пола не дотягивает до полутора миллионов. В области возрастов выше 35 лет диаграмма становится явно несимметричной, численность женщин начинает существенно превосходить численность мужчин. Если внимательно приглядеться к диаграмме 1939 г., то можно заметить такую же несимметричность, но в гораздо меньшей степени. Так отразились на диаграмме 1959 г. страшные потери среди призванных на военную службу мужчин во Второй Мировой войне.

На рисунке 4 приведены возрастные диаграммы по результатам переписи 1989 и 2002 гг. Диаграмма 1989 г. демонстрирует появление пятого, довольно пологого провала с максимумом при возрасте в 20 лет. Это — демографическое эхо войны: неродившиеся дети тех, кто не родился во время Второй Мировой. В это время их родителям должно было быть 22—27 лет. Основание диаграммы сужается, демонстрируя явную тенденцию к сокращению рождаемости.

На возрастной диаграмме 2002 г. ситуация выглядит уже совсем удручающе. Появляется резкое сужение основания диаграммы. Рождаемость падает почти в три

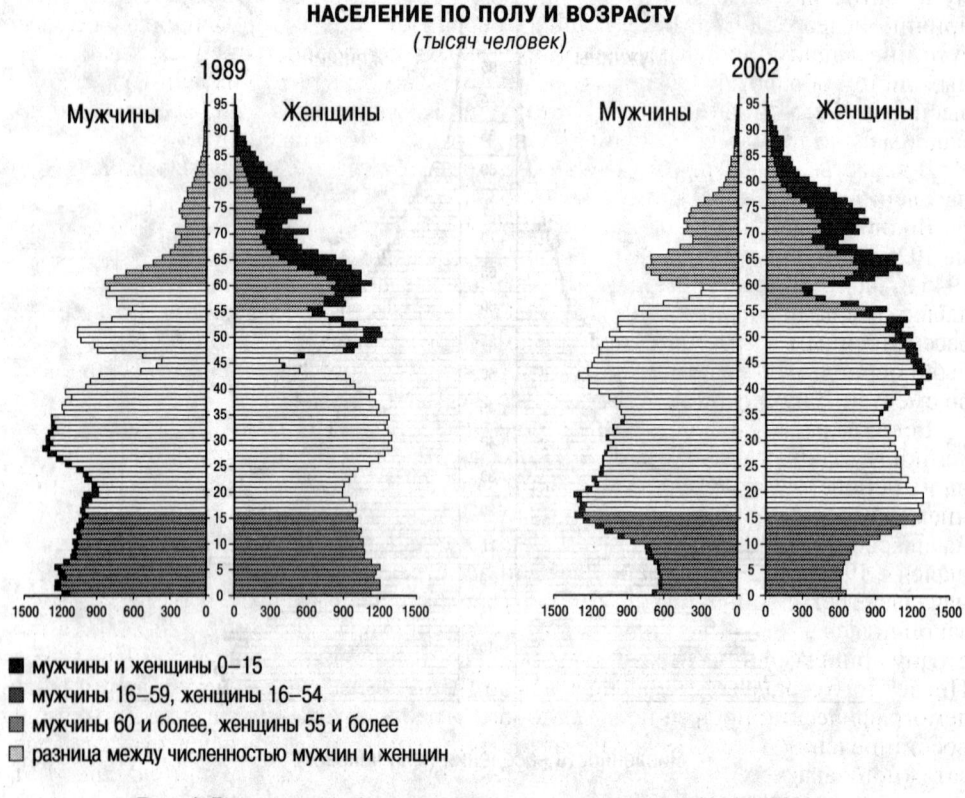

НАСЕЛЕНИЕ ПО ПОЛУ И ВОЗРАСТУ
(тысяч человек)

■ мужчины и женщины 0–15
■ мужчины 16–59, женщины 16–54
■ мужчины 60 и более, женщины 55 и более
□ разница между численностью мужчин и женщин

Рис. 4. Возрастные диаграммы по итогам переписей 1989 и 2002 гг.

раза по сравнению с 1939 г. и более чем в 2 раза по сравнению с 1959 г. По сути она приблизилась к максимуму провала, соответствующего Второй Мировой войне. На диаграмме 1959 г. количество юношей и девушек 1944 г. рождения составляет около 400 тысяч для каждого пола, количество родившихся в этом году наверняка было больше, детская и другая смертность вряд ли была незначительной во время войны. В 2002 г. родилось чуть более шестисот тысяч девочек и такое же количество мальчиков. Другая особенность диаграммы также заставляет вспомнить о войне: для возрастов 40–55 лет появляется заметная разница между численностью женщин и мужчин, отсутствовавшая для тех же годов рождения в 1989 г. Это показывает, что в период 1989–2002 гг. резко увеличилась смертность прежде всего среди мужчин этой возрастной категории.

Мы рассмотрели возрастные диаграммы, соответствующие годам переписей населения. Разумеется, демографическая статистика ведется и в промежутках между переписями. Данные получаются расчетным путем, при обработке информации о рождениях, смертях и миграции. Однако часто эти данные бывают неполными, а иногда и просто засекречиваются, как это случалось в Советском Союзе. Поэтому в статистике накапливаются ошибки. Собственно, это и является основной причиной необходимости регулярных переписей, при которых производится по сути инвентаризация населения. К концу XX в., с распространением компьютерных систем обработки информации, точность демографических данных резко повысилась. Однако данные, соответствующие годам переписей, всегда являются максимально точными, особенно в том, что касается деталей.

В качестве иллюстрации сказанного приведем график динамики численности населения в XX в. по каждому году (рис. 5).

Видно, что данные для 1915–1916 гг. отсутствуют, но, судя по возрастной диаграмме 1926 г. там должен быть небольшой провал. Строго прямая линия вниз с 1941 по 1945 г., наверно, тоже является некоей аппроксимацией — вряд ли население уменьшалось равными порциями каждый год. Однако качественно эта кривая соответствует рассмотренным возрастным диаграммам и показывает, что несколько раз в России были периоды убыли населения, когда рождаемость не компенсировала количество смертей. Такой период продолжается и сейчас.

Если бы рассмотренные выше возрастные диаграммы и график динамики численности, закрыв название страны, показали демографу и попросили его только на их основе сделать вывод об истории этой страны, он мог бы с полным основанием сказать, что эта страна пережила в XX в. пять разрушительных войн. Первая началась в 1914 г., закончилась в 1917 г. и в 1918 г. началась следующая, закончившаяся в 1921–1922 гг. В течение восьми лет страна восстанавливалась, но в 1929 г. началась третья война, почти столь же разрушительная, как две первые. Эта война закончилась в 1936–1937 гг., но в 1941 г. в не успевшую как следует восстановиться страну пришла еще более разрушительная война, продолжавшаяся до 1946–1947 гг. После этого страна восстанавливалась до 1956–1961 гг., затем наступил вторичный демографический провал, после которого страна, похоже, стала терять потенциал восстановления. Около 1990 г. началась пятая война, имеющая существенно более затяжной характер, нежели четвертая, но почти такая же разрушительная. И эта война будет иметь гораздо более разрушительные демографические последствия,

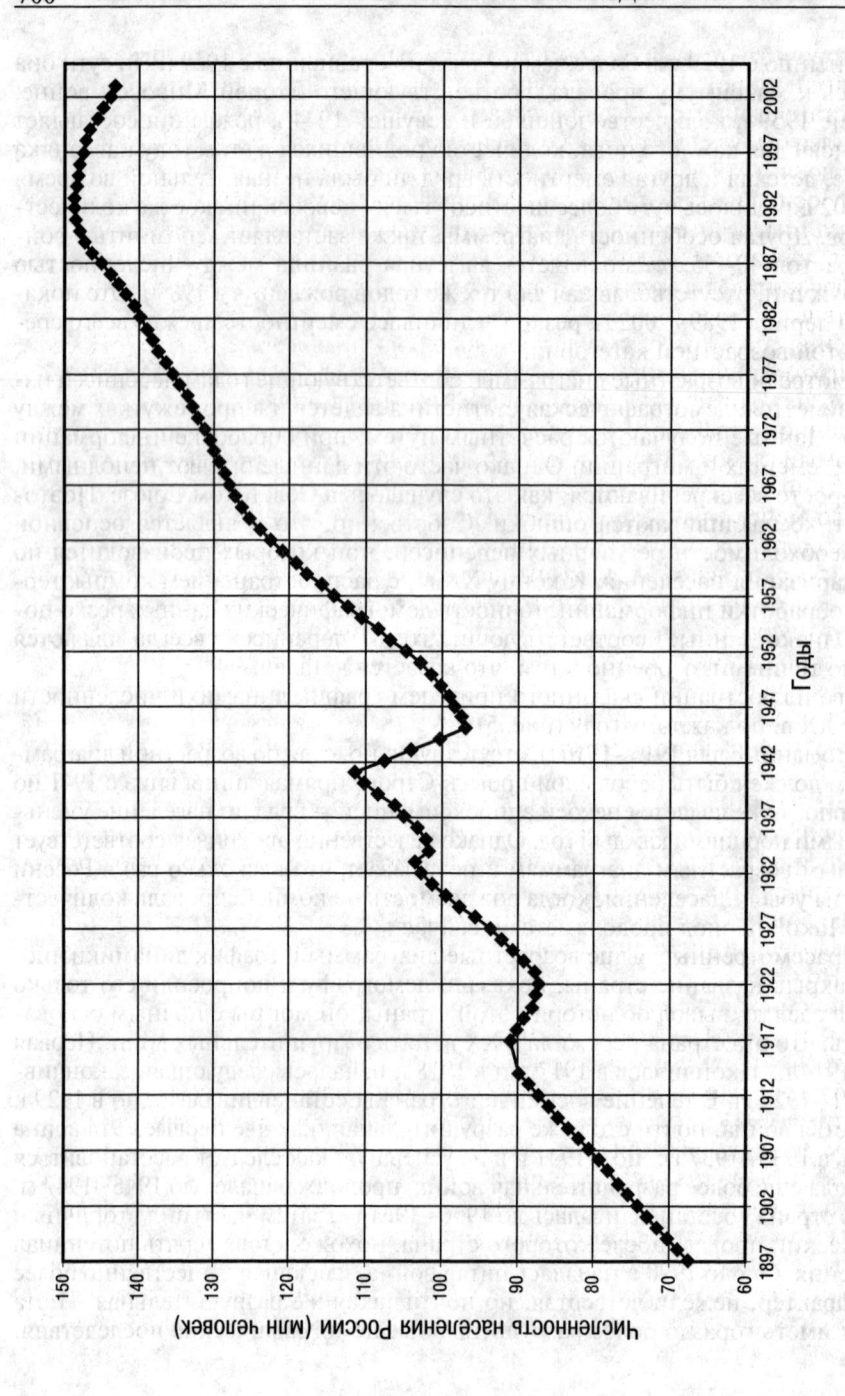

Рис. 5. Динамика численности населения в XX в.

поскольку вторичный провал, максимум которого придется на 2022–2032 гг., будет более глубоким и широким, чем вторичный провал после предыдущей войны. Потенциал восстановления будет, скорее всего, утерян. Этот демограф, вероятно, крайне удивился бы, узнав, что только две из этих войн — первая и четвертая — были связаны с военными действиями против других государств.

Поскольку основным противником России в этих двух войнах была Германия, представляется интересным сравнить их возрастные диаграммы. Рассмотрим диаграммы 1959 г., на которых видны итоги и Первой, и Второй Мировых войн (рис. 6). Масштабы горизонтальных осей диаграмм России и Германии приведены в примерное соответствие.

Из сравнения этих диаграмм следуют довольно интересные выводы. Прежде всего, на диаграмме Германии большинство провалов выражено существенно менее рельефно, нежели на российской диаграмме, хотя в обеих войнах Германия была побежденной страной. В отличие от России, для которой Вторая Мировая война дала самый глубокий провал, для Германии существенно более выраженный демографический след оставила Первая Мировая война. След Второй Мировой войны гораздо менее глубок, нежели для России. Интересно также рассмотреть вид германской диаграммы между войнами начиная с 1919 г. рождения (возраст 40 лет). Для мужской части эта область серьезно искажена военными потерями, так как приходится на мобилизованные в самом начале Второй Мировой войны возраста, поэтому рассмотрим правую, женскую половину диаграммы. Мы видим резкий подъем рождаемости в 1919–1920 гг., а затем довольно сильный спад, усугубляющийся к началу 1930-х гг. Это, очевидно, связано с революционными беспорядками и Веймарской республикой с ее голодом и катастрофической инфляцией. Однако в 1934 г. происходит довольно резкий скачок рождаемости и ее дальнейший рост до 1939–1940 гг.

При самом негативном отношении к немецкому нацизму, приходится признать, что причиной этого подъема могло быть только объединение немецкой нации вокруг идеи возрождения Германии, провозглашенной Гитлером. Потенциал этого подъема иссяк после того, как нацистский режим ввязался в 1939 г. в самоубийственную войну. Отметим также, что провал 1930-х гг. в России выглядит гораздо более зловещим, нежели немецкий провал, соответствующий Веймарской республике. Но особенно заметна разница в глубине провалов в области, соответствующей Второй Мировой войне.

Мы видим, что возрастная диаграмма России искорежена гораздо сильнее, чем диаграмма Германии, побежденной страны с очень сложной судьбой. Для сравнения с более благополучными странами рассмотрим на рисунке 7 возрастную диаграмму Англии за 1961 г. (очень близко к 1959 г.). С первого взгляда видно, что на ней гораздо меньше выраженных провалов, самый заметный — Первая Мировая война. В области 1940–1942 гг. рождения — только небольшой провал. Интересная деталь — резкий всплеск рождаемости в 1946–1947 гг., явно связанный с общественным подъемом после победного конца войны.

Результаты переписей 1926, 1939, 1959, 1989 и 2002 гг., а также статистика 1990–2007 гг. показывают, что в течение XX в. Россия испытывала пять периодов резкого снижения рождаемости — Первую Мировую войну, Гражданскую войну,

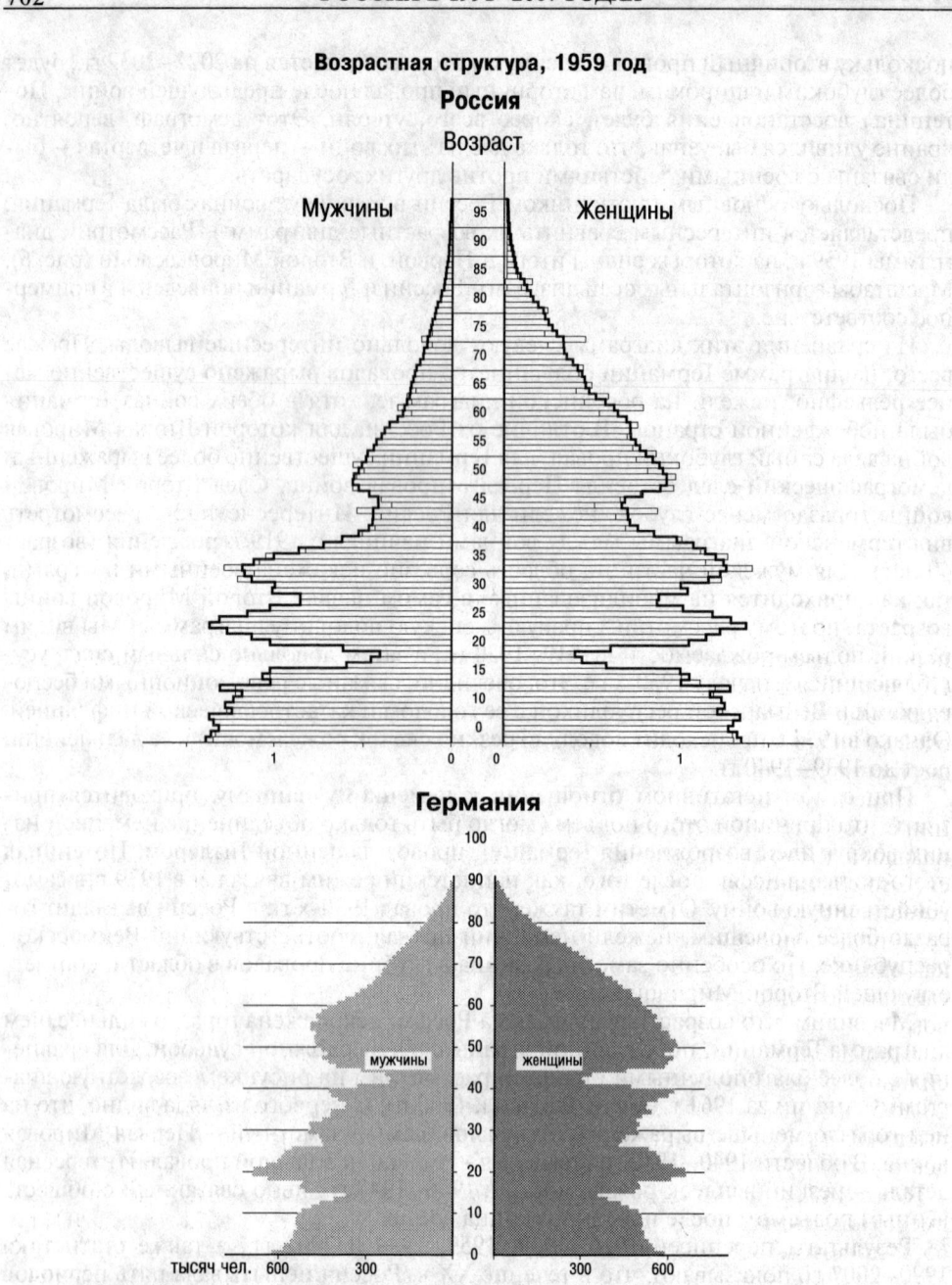

Рис. 6. Сравнение возрастных диаграмм 1959 года для России и Германии

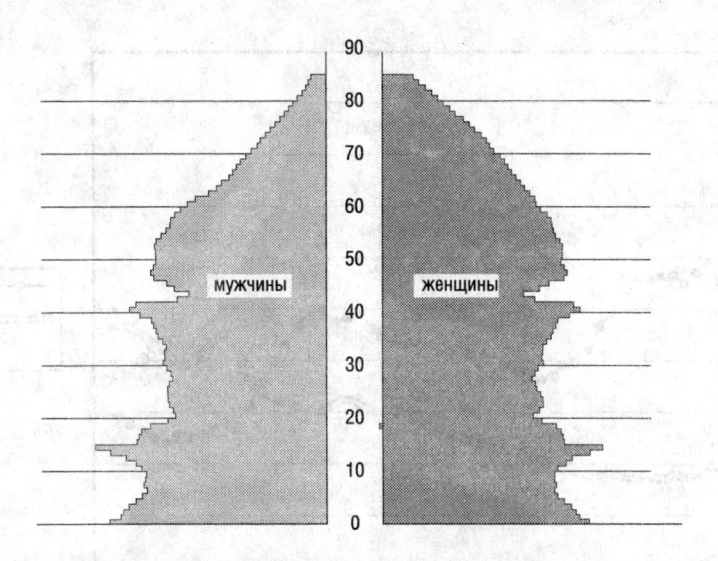

Рис. 7. Возрастная диаграмма 1961 года для Англии и Уэльса

период коллективизации, Вторую Мировую войну и распад Советского Союза. Последний период продолжается по сей день. Все эти периоды сопровождались также высоким уровнем смертности активного населения. Только два из этих периодов были связаны с иноземным вторжением, остальные три являются следствием внутренней несостоятельности.

Изменение численности населения в границах нынешней Российской Федерации с 1960-х гг. определялось двумя обстоятельствами: ежегодное число рождений падало, а число смертей росло. Когда-то этим двум кривым предстояло пересечься. Это случилось в 1992 г.: число смертей превысило число рождений. Началась естественная убыль населения.

И повышение смертности, и понижение рождаемости ускорились в 1990–1995 гг., как видно на рисунке 8. Потеря многими людьми работы, необходимость приспосабливаться к непривычным условиям, неуверенность в будущем тому способствовали.

Повышение смертности в эти годы никак не коснулось детей моложе 15 лет и не сильно отразилось на стариках. Главный удар пришелся по мужчинам в возрасте от 20 до 55 лет, чья смертность (число смертей на 1000 человек данного возраста) повысилась в 1,7 раза. Среди женщин повышение не столь резкое, но оно тоже более всего затронуло лиц среднего возраста.

Ожидаемая продолжительность жизни (термин, используемый демографами вместо обыденного *продолжительность жизни*) составила в 1992 г. 67,8 лет, а в 2004 г. — 65,3; при этом для женщин показатели в названные годы составили 73,7 и 72,3, а для мужчин — 61,9 и 58,9 лет. Количество умерших с 1992 по 2005 гг. увеличилось с 1,8 до 2,3 млн человек в год, зато количество родившихся уменьшилось

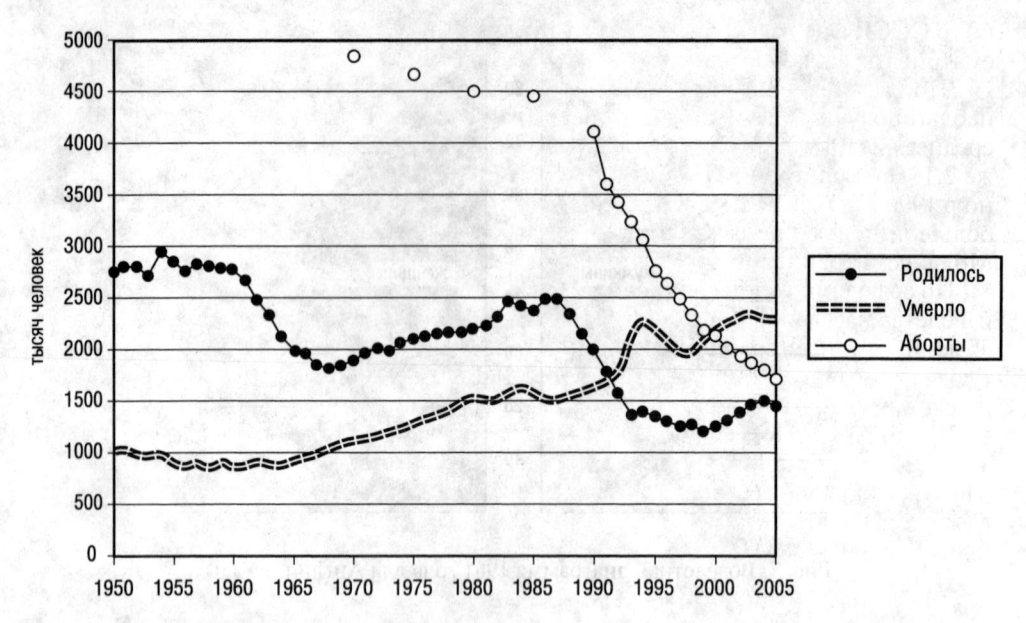

Рис. 8. Количество рождений, смертей, абортов на территории РФ в 1950–2005 гг.

с 1,6 до 1,46 млн. Как результат общая численность населения в России сократилась в 1992–2005 гг. с 148,6 до 142,8 млн. У некоторых возрастных групп, в частности у молодых мужчин, повышенная смертность вскоре спала, но у большинства — сохранилась. В результате ожидаемая продолжительность жизни устоялась в 2000–2005 г. на уровне около 59 лет у мужчин и 72-х лет у женщин. Это на 10–15 лет меньше, чем в большинстве стран мира, если не считать Африку.

Более половины всех смертей в России происходят от болезней системы кровообращения (среди больных ими рост смертности составил 30% за 15 лет). В советское время значительно увеличилось число смертей от рака, но после 1990 г. этот рост прекратился. Всплеск смертности 1990–1995 гг. обусловило и резкое увеличение случаев гибели «от внешних причин» — на 30% за 15 лет (транспортные травмы, убийства и самоубийства, отравления алкоголем). Смертность от алкогольных отравлений увеличилась более чем на 50%. Резко возросла смертность от нового социального бедствия — наркомании (число потребителей наркотиков, по официальным данным, достигло 6 млн человек). Число самоубийств в пятилетие с 1990 по 1995 г. выросло в полтора раза, число убийств — более чем в два. По числу самоубийств на тысячу человек Россия вышла в 1995 г. на второе место в мире. Это отражает экстремальные условия тех лет.

В следующее десятилетие число самоубийств сократилось резко, число убийств — менее резко. Вообще, повышенный уровень смертности от внешних причин и от болезней кровообращения характерен почти для всех республик бывшего СССР, а не только для РФ. Это отличает их от других стран мира и может рассматриваться как наследие советских условий жизни.

Что касается числа рождений, то 1990–1995 гг. в России тоже оказались весьма неблагополучными. Чтобы обеспечить воспроизводство наличного населения, среднее число детей, рожденных женщиной за всю жизнь, не должно опускаться ниже 2,1. На территории Российской Федерации эта цифра удерживалась в 1970-е гг., но в 1990 г. упала до 1,89, а в 1995 г. — до 1,34. Спад продолжался и далее, пока небольшой подъем не вернул рождаемость в 2004 г. на уровень 1995 г. В Беларуси, Молдове, Украине этот показатель равен примерно 1,2.

По сравнению с тем временем, когда рождаемость была достаточной для воспроизводства населения в России, она упала более чем на половину у женщин старше 35 лет. В самом детородном возрасте — от 25 до 29 — она упала примерно на одну пятую, а в возрасте до 20 лет не упала вовсе. Женщины 20–24 лет отсрочили появление первого ребенка, а в старших возрастах воздержались от появления следующих.

Число фактически родившихся детей зависит не только от готовности их рожать, но и от наличия женщин детородного возраста. Как мы видели выше, Вторая Мировая война оставила глубокий шрам на возрастном составе населения, и он дает о себе знать каждые 25 лет, в частности, вокруг 1970 и 1995 гг., что отражает кривая на рисунке 8.

Процент детей, родившихся у женщин, не состоящих в зарегистрированном браке, поднялся с 14% в 1990 г. до 30% в 2005 г. (причем в сельской местности он выше, чем в городах). Доля внебрачных детей в США примерно такая же, а в ряде европейских стран, особенно скандинавских, она еще больше.

В России решительно сократилось число абортов с 4,1 млн в 1990 г. до 1,7 млн в 2005 г. К концу первого десятилетия XXI в. абортов впервые за долгое время станет меньше, чем живых рождений, тогда как сорок лет назад их было в два с лишним раза больше. Доступность противозачаточных средств и изменение духовного климата в обществе, в том числе и отношения к человеческой жизни, ведет к изживанию этого характерного явления советского существования.

Россия начала XXI в. — далеко не единственная страна, где нет естественного прироста населения, а число детей на женщину детородного возраста упало ниже 2,0. Таких стран около двух десятков, и рождаемость на российском уровне или ниже держится, например, в Венгрии, Германии, Греции, Италии, Испании, Чехии и Японии.

Ежегодный разрыв между числом рождений и числом смертей в 2003–2005 гг. в Российской Федерации составлял около 800 тысяч. Он лишь в малой мере (менее 100 тысяч человек в год) возмещался за счет механического прироста, то есть за счет преобладания иммигрантов над эмигрантами. Иммиграция в РФ шла в основном из бывших советских республик, достигнув 1,15 млн человек в 1994 г.; затем она сокращалась. Эмиграция шла по преимуществу в эти же республики, но заметную роль играла эмиграция на Запад. Она достигала 100 тысяч человек ежегодно в 1990–1995 гг. и с тех пор постепенно сократилась в три раза.

Остановка роста населения произошла не только в Российской Федерации, но и во всем СНГ: недостаток рождений в большинстве республик не возмещался их избытком в пяти странах бывшей российской Азии.

От других европейских стран, где прекратился естественный прирост населения, Россия отличается, прежде всего, соотношением численности населения и занимаемой площади: 2% населения Земли занимают 13% земной суши. В начале XX в. положение Российской Империи было куда более выгодным: 10% населения Земли занимали 17% («одну шестую») земной суши. Конечно, частично этот сдвиг вызван взрывоподобным ростом населения бедных стран третьего мира в XX в. Доля жителей США в населении земного шара за прошлые девяносто лет тоже сократилась — с 6% до 4,5%. В такой же мере могла бы упасть и доля России — с 10% до приблизительно 7%. Произошедшее падение до 2,2% (или до 4,3%, если включить все СНГ) стало результатом каскада рукотворных катастроф в нашей стране в XX в.

Если рождаемость и средняя продолжительность жизни в России не изменятся, то через пятьдесят лет ее население упадет со 142 млн до менее чем 90 млн человек. К тому времени это будет означать, что 1% населения земного шара занимает 13% Земли со всеми ее полезными ископаемыми. Государственная политика способна в небольшой мере поощрять создание двухдетных и многодетных семей, а также способствовать иммиграции. Возможны и непредсказуемые перемены — ни всплеска рождаемости в США 1950-х гг., ни ее спада в 1960-х гг. демографы не предвидели.

Появление популярной идеи, захватывающей большинство общества, и эмоциональный подъем могут существенно изменить тенденцию и дать быстрые результаты, как показывает пример конца тридцатых годов в Германии и послевоенных лет в Англии. В этом случае влияние негативных тенденций может быть значительно уменьшено. Частично компенсировать их в будущем можно и за счет качества населения, его поведения и знаний.

Литература
Е.М. Андреев, Л.Е. Дарский, Т.Л. Харькова. Демографическая история России: 1927–1957. М.: Информатика, 1998.

6.1.18. Человек в послекоммунистической России. Нравственно-духовное состояние

В 1934 г. замечательный мыслитель русского зарубежья Георгий Федотов писал, что большевикам «удалось воспитать поколение, для которого уже нет ценности человеческой души — ни своей, ни чужой. Убить человека — все равно, что раздавить клопа. Любовь — случка животных, чистота — смешной вздор, истина — классовый или партийный утилитаризм. Когда схлынет волна революционного коллективизма, эта "мораль" станет на службу личного эгоизма».

Очевидно, что это предсказание не относится ко всем. Но — ко многим: и на верхах, где политики беззастенчиво использовали свое положение для личного обогащения, и на низах, где детские дома полны брошенными детьми — сиротами при живых родителях. Нравственный распад, вызванный большевизмом, затруднил как реформы, так и повседневную жизнь. Жить несравненно спокойнее и проще, когда отношения с другими основаны на доверии, сотрудничестве, а не пронизаны подозрением: а вдруг он меня обманет?

Тяга к нравственному и вечному естественным образом возникла в русском обществе уже в тяжелые военные годы и потом, постепенно усиливаясь, вызвала духовный подъем 1970-х гг., во многом предопределивший конец большевизма. К 1991 г. Россия пришла не такой, как предполагал Георгий Федотов, но тяготы и ошибки, последовавшие за революцией августа 1991 г., возродили худшие инстинкты советского человека и приглушили многие положительные изменения в духовном строе людей последнего дореволюционного пятнадцатилетия (1975—1990).

К середине 1990-х гг. психологическая ситуация в стране была еще более тяжкой, чем экономическая. Складывалось впечатление, что августовская победа 1991 г. над главным врагом России — большевизмом в очередной раз обернулась для народа поражением. Никогда еще не была в стране так сильна жажда наживы, зависть к богатым и презрение к бедным. Борьба за власть, в прежние годы скрытая в ее коридорах, оказывалась теперь зримой и тиражировалась средствами массовой информации. Хвастовство и тщеславие переставали быть постыдным пороком, а скромность оказывалась главным препятствием на пути к самоосуществлению. На поверхности оказывались временщики — в культуре в той же мере, что в бизнесе и политике. И если финансовый дефолт формально произошел в августе 1998 г., то нравственный и культурный дефолт складывался в течение всех 1990-х гг., как результат семидесяти лет преступной власти и необходимого, но бездарно, да и корыстно осуществленного, выхода из-под ее гнета.

Материальное обнищание сопровождалось нравственным падением. Невозможность содержать, лечить, а иногда даже и похоронить отцов и матерей, дедушек и бабушек; десятки и сотни тысяч судебных дел из-за наследства среди близких родственников, зачастую заканчивающихся делами уголовными и кровопролитием; кровь с экрана телевизора и кровь в подъезде и во дворе твоего дома; такие слова, как «мафия», «киллер», «рэкет», «киднепинг», такие чужие и уроднившиеся в языке, сознании и образе жизни России 1990-х гг., — все это рождало в самых разных слоях общества уныние, приводило к волне самоубийств, беспробудному пьянству, к шизофрении у одних и к стремлению уехать любыми средствами из России у других. Если покинувшие Россию в 1970—1980-х гг. возвращались сюда с чувством собственного превосходства, заключающегося в том, что у них 200—300 долларов в кармане, а у тебя зарплата равна примерно 50 долларам, да и та выдается нерегулярно, кажется очевидным, что из такой страны нужно уезжать.

Образ защитника родины — солдата, не просто стреляющего сигарету, как в прежние времена, а просящего денег на еду, — один из самых страшных символов эпохи 1990-х гг. Обычное утешение советского человека в прежние годы — спортивные достижения — перестают быть действенным лекарством: на первой же Олимпиаде после распада Союза спортсмены выступают без общего флага и гимна, звезды спорта бегут за рубеж, а главный «опиум народа» прежних лет — футбол и хоккей — раны не зализывает, а, напротив, растравляет. Самый массовый вид искусства, кинематограф, в былые времена нацию единивший, в 1990-е гг. сходит на нет: в развалившихся кинотеатрах крутят третьесортные американские боевики или кинотеатры просто перепродают и перепрофилируют. Награждение «Оскаром» фильма Никиты Михалкова «Утомленные солнцем» (1995) лишь подчеркнуло разрыв между вершиной и средним уровнем отечественного кинематографа.

В 1990-х гг. стало тревожно и за национальную гордость — русскую литературу, традиционно являвшуюся центром и осью отечественной культуры. Падал авторитет русского писателя, тем стремительнее, что этому давали повод сами писатели: дележкой имущества, оставшегося после распада Союза писателей, борьбой за власть, стремлением угодить новой власти, при этом имитируя свою якобы «независимость» от нее, отнюдь не бескорыстным выполнением заказов зарубежных фондов. В 1990-х гг. было тревожно и за судьбу «толстых» литературных журналов, еще так недавно выходивших огромными тиражами, а теперь, из-за нехватки средств, с трудом обретавших читателей, особенно на периферии. Беспокойство вызывала и судьба русского языка, угрозу которому теперь представляла не столько «смесь французского с нижегородским», сколь английского с «подмосковным» (все эти бесконечные «Барвиха Хиллс» и «Верейская Плаза»), чудовищная смесь языка «криминальной зоны» с языком «офисов».

Описанный в свое время Михаилом Бахтиным «материально-телесный низ» стал «верхом» еще в начале советской эпохи, и в 1990-е гг. он продолжал вытеснять собой понятие духа, совести, чести, упраздняя их за ненадобностью. В искусстве царил либо коммерческий ширпотреб (детективы, пропаганда насилия, животной эротики), либо постмодернистские игры для немногих, поддерживаемые критикой и средствами массовой информации. В обществе начинала вырабатываться «привычка к неудаче» и странная радость от переживаемой драмы и даже трагедии. Средства массовой информации подавали неудачи в чеченской войне или, скажем, гибель подводной лодки «Курск» не как национальную трагедию, а как «информационный повод».

Но распад хотя и главенствовал в 1990-е гг., не был явлением всеобщим. Ему противостояла тенденция противоположная. Люди долго хранили в сердце обнадеживающие и вдохновляющие встречи с талантливым и честным врачом, учителем, работниками музеев и библиотек. Быстро начинали осваивать азы рыночной экономики молодые и не очень молодые предприниматели. Вопреки тенденциям времени пробивались ростки новой литературы, нового театра, от создания театра под руководством П.Н. Фоменко (1993 г.) до образования Студии театрального искусства под руководством С. Женовача (2005 г.). Со второй половины 1990-х гг. городское население потянулось в театральные и концертные залы, которые к концу 1990-х гг. уже были на интересных концертах и спектаклях заполнены до предела. В начале XXI в. стал складываться новый российский кинематограф, завоевывающий не только российского, но и иностранного зрителя не изображением карикатуры на отечество, а вдумчивым и сочувственным отношением к драматическому существованию современного русского человека.

Возрождение веры и религиозной нравственности в России — возможно, одно из самых замечательных явлений в современном мире, где в религиозной жизни заметнее всего равнодушие послехристианского Запада. Этот процесс далеко не охватил всё общество, но его положительная тенденция очевидна.

Вещественным свидетельством церковного возрождения стало восстановление и строительство множества храмов. Еще при советской власти писатель Владимир Солоухин основал комитет по восстановлению взорванного в 1931 г. храма Христа Спасителя. На переданные мэром Москвы Юрием Лужковым и собранные в качестве пожертвований средства храм в 1995–2001 гг. был восстановлен и стал кафедральным собором Патриарха Московского и всея Руси. Фактически Московская патриархия (МП) сегодня — единственная организация, охватывающая почти всю территорию Российской Империи. Приходов МП в странах СНГ и Балтии к концу 2006 г. насчитывалось 27 393 — это несколько больше половины дореволюционного количества; а монастырей — 708, или около одной трети дореволюционного количества. Правда, насельников монастырей сейчас значительно меньше, чем было до революции. Все это — внушительные цифры, если вспомнить, что после хрущевских гонений 1960-х гг. в СССР осталось лишь около 7,5 тысячи православных приходов.

Достойно внимания и распространение высшего образования в послесоветской России. Советской власти было свойственно гордиться распространением высшего образования в послереволюционные годы. Однако со временем рост числа студентов вузов прекратили: в 1970–1995 гг. он держался на уровне около 200 человек на 10 тысяч жителей. После 1995 г. рост возобновился, и в 2005 г. число студентов на 10 тысяч жителей достигло 500. Это связано в первую очередь с увеличением количества вузов в Российской Федерации — с 514 в 1990 г. до 1068 в 2005 г., что аналогично удвоению их числа между 1914 и 1917 гг. (с 72 до 150). По качеству образования нынешние вузы существенно уступают университетам императорского времени, но они отражают спрос рыночного хозяйства на специалистов среднего уровня и, соответственно, тягу молодежи к приобретению знаний, которые можно конвертировать в хорошо оплачиваемую и интересную работу. Из 1000 вузов 2005 г. около 40% — негосударственные, муниципальные или частные, которых не существовало в советское время; в них учатся около 15% студентов. Российская высшая школа по-прежнему высоко котируется в мире (особенно дипломы 4–5 ведущих университетов), но, конечно, резкое расширение образования не могло не снизить его общий уровень.

Уже с конца 1990-х гг. в студенческих аудиториях стали появляться юные лица, несущие на себе не печать поражения, а стремление постичь и достигнуть. Это — первые представители того нового, воспитанного уже без пионеров и октябрят (не говоря уже о комсомоле) поколения, которое не испило яда коммунистической идеологии и не исковеркало душу сотрудничеством с преступным режимом. Многие из них лучше своих отцов и матерей, и очень часты случаи, редчайшие за пределами послекоммунистического мира, что дети приводят родителей к вере и Церкви и преображают своим отношением к жизни нравственный облик старших. Проведенный в 2006 г. опрос среди студентов и преподавателей Московского института международных отношений МИД России, одного из самых престижных высших учебных заведений, показал, что среди студентов 80% назвали себя верующими в Бога и около 36% — постоянными (раз в месяц и чаще) прихожанами того или иного христианского храма, иудейской синагоги или мусульманской мечети. Среди преподавателей в обеих группах таковых более чем в два раза меньше, притом что молодые преподаватели по этим показателям ближе к студентам, нежели к профессуре.

Молодежи сейчас в высшей степени нужны положительные примеры среди поколения их родителей и честное, информативное и по возможности глубокое об-

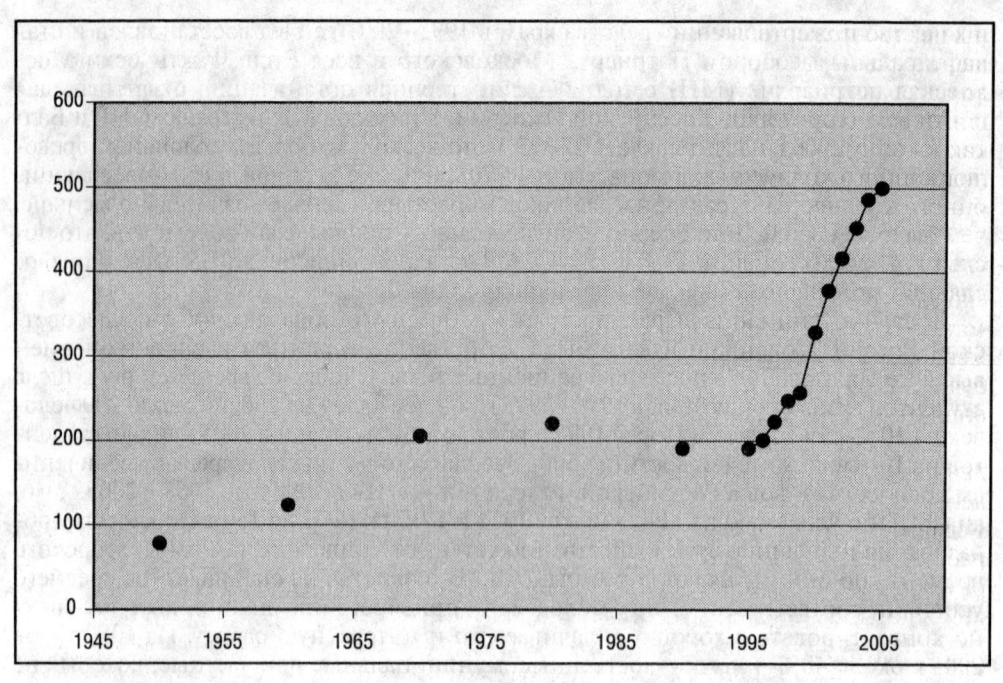

Число студентов вузов на территории РФ в 1970—2005 гг. (на 10 000 жителей)

разование. Особенно образование гуманитарное, до предела искаженное в коммунистическую эпоху. Тогда, войдя в возраст, нынешние студенты преобразят Россию, как они порой преобразуют уже сейчас своих «в Бога не верящих» отцов и матерей.

Еще одна область культуры, в которой бросаются в глаза резкие перемены, — книгоиздательство. С крушением советских издательских монополий ушли в прошлое и гигантские тиражи официально рекомендованных книг. Тиражи стали небольшими — исчисляются тысячами, а не десятками и сотнями тысяч. Зато число выпускаемых ежегодно названий с 1990 по 2005 г. увеличилось в 2,4 раза, возникло множество частных издательств. Как и в других областях, рост этот обозначился с середины 1990-х, после спада в первое пятилетие. Диапазон тем крайне широк и отражает многообразие читательских интересов. Спрос находит все, от популярных изданий, посвященных кулинарии, здоровью, и криминальных романов до узко специальных изданий по религии, истории, философии, включая и переводную литературу, и многочисленные переиздания дореволюционных или вышедших в русской эмиграции книг.

Есть надежда, что лавинообразное движение распада России во времени и в пространстве, в истории и в географии на рубеже веков, на рубеже тысячелетий приостановилось. Сказать, что центробежные тенденции окончательно побеждены центростремительными, было бы неоправданным оптимизмом, но их соотношение уже не так катастрофично, как в 1992–1995 гг. Российский народ можно было бы сравнить с группой альпинистов, сорванных лавиной и стремительно несущихся в бездну. Но падение приостановилось, сорвавшимся удалось зацепиться за какой-то скальный карниз, и альпинисты начинают осторожный и рискованный подъем туда, где виден источник света.

6.1.19. Русское Зарубежье возвращается в Россию

В передовице «Вестника РХД», откликавшегося регулярно на события в советской России, была высказана в 1977 г. мысль, что к 60-летию русской революции «стало ясно почти всем, что советский опыт — катастрофическая неудача», и выражена твердая надежда, «что 70-летие или 75-летие революции (история медленна!) будет в России уже не праздноваться, а отмечаться траурным поминанием "миллионов убитых задешево"... Надежда эта осуществилась с хронологической точностью.

К моменту Перестройки в русском Зарубежье почти не оставалось представителей первой волны эмиграции, да и в ее втором поколении их было немного. Численно доминировало и было активно третье поколение — внуки тех, кто ушел из России, не покорившись коммунистическому режиму, сознательно предпочитая рабству изгнание. С потомками первой эмиграции соединились прочнейшим образом русские второй волны, оказавшиеся вне России в результате Второй Мировой войны. К концу 1980-х гг. между представителями первых двух волн было заключено множество браков, родилось бесчисленно детей, соединивших в себе кровь первой и второй волны. А семьи большей частью в Русском Зарубежье были большими, детей рождалось много.

Живое и первенствующее место перед Перестройкой занимала третья эмиграция, и когда просматриваешь журналы, будь то третьеэмигрантский «Континент» или скорее выражающие вторую эмиграцию «Грани» и «Посев», то бросается в глаза, сколько места в них уделяется авторам, живущим в советской России или недавно из нее выехавшим. Обличительный голос Солженицына, неукоснительно направленный на скорое освобождение России, раздавался громко и властно, но в третьей эмиграции был далеко не всеми услышан.

В середине 1980-х гг. горбачевская Перестройка вызывала среди третьей эмиграции споры. В журнале «Синтаксис», созданном Андреем Синявским, в неподписанной передовице (№ 18 за 1987 г.) писалось, что эти споры больно задевали эмиграцию. «Одни говорят: "Дай Бог". Другие: "Поживем – увидим". Третьи: "Не поддадимся на очередной советский обман". На вопрос из России: "Чем вам помочь?" — уцелевшие диссиденты пишут: "Только, пожалуйста, не мешайте". Оказывается, мы – вне игры...» В каком-то смысле этот горький вздох был справедлив. События развивались в Советском Союзе с такой быстротой, свобода возвращалась так стремительно, что Зарубежью оставалось только внимательно следить за ними, а о каком бы то ни было участии, а тем более влиянии на них не могло быть и речи...

Но участие и влияние, конечно же, было, только оно было косвенным. И не случайно, что с отменой цензуры в 1988 г. и даже за год до отмены вал переизданий литературы русской эмиграции хлынул сначала на страницы «толстых» журналов, а потом и отдельными изданиями, часто на почти оберточной бумаге, но стотысячными тиражами. И те первые издания Бердяева, Шмемана, прот. Сергия Булгакова, Георгия Федотова, прот. Георгия Флоровского раскупались полностью.

Перестройка и вскоре последовавшая отмена полицейских ограничений на въезд в Россию выходцев из Русского Зарубежья вызвали подъем интереса к «исторической родине» даже у тех, кто постепенно отвык жить Россией, врос не только бытом, но и помыслами в повседневность «страны пребывания». Поездки в Россию участились. Старики просили своих детей отвезти их поклониться земле отчизны перед смертью. Другие искали возможности начать в России свое коммерческое дело, пойти преподавать в школы и университеты. Поэтесса и певица русской эмиграции Анна Бетулинская (1917—2006) (псевдоним — Марли, по мужу — Смирнова) в январе 1992 г. послала Б. Ельцину слова и музыку написанного ею гимна России: «Русь зовет: все вперед / из глубин нашей стихии. / Вновь пахать, / вновь ковать, / поднимать алтари...» Даже государственные служащие и офицеры армий НАТО русского происхождения с нетерпением ждали, особенно после августовской революции 1991 г., что их позовет новая власть помочь восстанавливать естественный строй жизни, созидать несоветскую русскую армию, некоммунистический государственный аппарат. Потомки граждан старой России предполагали, что посткоммунистическая родина отнесется к ним так же, как отнеслись к своим изгнанникам страны Восточной Европы и Балтии. Там гражданство для изгнанников и их потомков было восстановлено автоматически и давалось по заявлению. При этом разрешалось и двойное гражданство. Такая политика естественно вытекала из объявления своего коммунистического правления незаконным (соответственно, незаконным было и лишение гражданства коммунистической властью) и из принципа правопреемства с докоммунистической государственностью. Поскольку новая Россия оставалась преемницей СССР, то и к русским эмигрантам отношение было иным. Приглашений и призывов они не дождались в 1990-е гг., и многие разочарованно отошли от русской жизни.

А между тем вернувшиеся в посткоммунистические страны их изгнанники во многом оздоровили и преобразили строй жизни своих стран, дали обществам очень необходимую некоммунистическую прививку. Этого в России не произошло, хотя такая прививка, из-за длительности подкоммунистической жизни, была нам, наверное, нужнее, чем полякам или эстонцам.

И все же, несмотря на препоны, Русское Зарубежье стало возвращаться в Россию. «Завязались связи и сомкнулись концы», — писала об этом явлении в начале 2000-х гг. Анна Бетулинская. Немногие переехали насовсем, но многие жили подолгу, приобрели здесь квартиры, нашли работу, организовали фирмы. Немало молодых эмигрантов обзавелись в России семьями и теперь «живут на две страны», но если речь идет о первой и второй волне, с явным тяготением к перемещению в Россию. В Москве даже возникло особое общество русских эмигрантов, обосновавшихся снова в России.

Среди переехавших и сын знаменитого историка Сергея Пушкарева Борис, и сын председателя кадетского движения Борис Алексеевич Йордан, и известный журналист Павел Хлебников, и поэт Юрий Кублановский. Все они и многие другие не просто переместились пространственно, но активно включились в общественную, культурную, хозяйственную жизнь. Павел Хлебников, видимо, за свои журналистские публикации, критиковавшие российский дикий капитализм и его «героев», поплатился жизнью. Алексей Борисович Йордан, председатель Кадетского русского объединения в Зарубежье (отец Бориса Йордана), организовал специальный фонд содействия восстановлению кадетских корпусов в России, и этот фонд, носящий после его смерти в 2005 г. его имя, много делает для материальной поддержки и культурного развития кадет.

Огромный резонанс и в России и в Зарубежье имело возвращение из изгнания Александра Солженицына в мае 1994 г. Солженицын встретился с Президентом Ельциным, начал вести передачу на телевидении, но постепенно критика многих злоупотреблений «высокопоставленного грабительства» сделала его нежелательной фигурой на официальных телеканалах. Грустные выводы лауреата Нобелевской премии о происходящем в стране запечатлелись в книге «Россия в обвале» (1998) и в ряде интервью и выступлений.

> «Сколько ни ездил я по областям России, встречался со множеством людей – **никто** ни в личных беседах, ни на общественных встречах, где высказывались самые многосотенные жалобы на современную нашу жизнь, – никто, никто, нигде не вспомнил и не заговорил: а каково нашим тем, отмежеванным, брошенным, покинутым?.. **За чужой щекой зуб не болит**. Горько, горько... Мы утеряли чувство единого народа» (Россия в обвале. М.: Русский путь, 1998. С. 68–69).
>
> «Беженцы в своих многочисленных бедствиях встречают не только бесчувствие властей, но – равнодушие или даже неприязнь, враждебность от местного русского населения...Что приехали? Нам самим жрать нечего! В Чудове отключили к зиме отопление в беженских бараках. Пишут и о случаях поджога беженских домов. И это – самый грозный признак падения нашего народа. Нет уже у нас единящего народного чувства, нет благожелательства принять наших братьев, помочь им. Судьба отверженных беженцев – грозное предсказание нашей собственной общерусской судьбы» (Там же. С. 70–71).
>
> И в результате горькое разочарование писателя в возможности практической реализации дорогой ему идеи, залога государственного обновления России, – местного самоуправления: «О самоуправлении, как его устроить, – почти никогда не заговаривали, это – не в мыслях... Мы все ждем, кто б нас объединил» (С. 10). «Вот тут-то проступает болезненная русская слабость – неспособность к самоорганизации» (С. 68).
>
> В выступлении при вручении Большой Ломоносовской медали в начале июня 1999 г. Солженицын охарактеризовал тогдашнее состояние России как «хаос, безвозбранно усугубляемый высокопоставленным грабительством» и добавил: «В условиях уникального в человеческой истории пиратского государства под демократическим флагом, когда заботы власти – лишь о самой власти, а не о стране и населяющем ее народе, когда национальное богатство ушло на обогащение правящей олигархии... – в этих условиях трудно взяться за утешительный прогноз для России».

Переместилось в Россию руководство Народно-трудового союза с издательством и журналом «Посев». Создали свои филиалы, проводят летние лагеря организации русской молодежи — скауты-разведчики ОРЮР, «Сокола», «Витязи».

В сентябре 1990 г. в Москву трейлором были доставлены 40 тысяч книг YMCA-Press по инициативе диссидента Льва Регельсона, поддержанной руководителями Библиотеки иностранной литературы Екатериной Гениевой и Виктором Москвиным. С книгами приехал и директор YMCA-Press Никита Алексеевич Струве, внук знаменитого Петра Бернгардовича.

Из привоза книг в Москву в 1990 г. родился, при помощи Александра Солженицына, в 1994 г. сначала небольшой особняк, а затем большой научный комплекс «Библиотека-фонд» на Таганке, посвященный Русскому Зарубежью, ее духовному, культурному и политическому наследию. Здание под эту библиотеку было выделено правительством Москвы по распоряжению Юрия Лужкова. Преемником YMCA-Press стало основанное Москвиным и Струве в 1991 г. издательство «Русский путь».

В 1994 г. в Российскую Государственную библиотеку «Посев» передал 40 тысяч книг и журналов как изданных самим «Посевом», так и собранных в эмиграции иных изданий русского зарубежья, в том числе антикварные издания из коллекции Тимофеева. Приняв этот дар, кабинет Русского Зарубежья РГБ стал ведущим библиотечным центром России по литературе, изданной в русском рассеянии.

В 1990 г. Александр Солженицын обратился к русскому обществу с программным предложением — проектом «Как нам обустроить Россию». Этот проект был издан в России в сотнях тысяч экземпляров, прочитан практически всеми, кто мало-мальски интересовался происходящим, но рекомендации Солженицына остались «невостребованными» политической элитой, предполагавшей, что они лучше знают, как выводить Россию из коммунизма.

Августовские «преображенские» дни были встречены, пожалуй, единодушно как исторический конец коммунизма. «Вестник РХД» писал в передовице под несколько высокопарным заглавием «Россия воскресла»: «...три-четыре года почти полной свободы слова и совести оказались достаточны, чтобы одолеть монстра... казавшегося бессмертным... Коммунизм низвергнут. Отныне Россия возвращена самой себе, она снова может жить в истории. В этом великая заслуга Бориса Ельцина...»

Примечательно, что как раз на 19 августа был назначен I Конгресс соотечественников, и приехавшие со всех концов света в Москву, многие впервые в жизни, русские люди стали свидетелями и даже участниками революции, разрушавшей порядок, который заставил их самих или их отцов покинуть родину.

В 2000-е гг. отношение к Русскому Зарубежью начинает меняться и во власти, и в обществе. Теперь русская культура, сохраненная и умноженная в эмиграции, уже плотно стала частью осознанного общенационального достояния на родине. Восстановление в русском гражданстве некоторых известных деятелей эмиграции, осуществленное по указанию Президента Путина, является не только гуманным, но и правомерным шагом. Возвращение останков великих русских людей, нашедших вынужденное упокоение на чужбине, но завещавших перенести их прах на родину, «когда падет коммунизм», — не только исполнение последней воли, но и духовное обогащение нашей земли (см. **6.1.8**).

Очень важным переломным моментом в воссоединении двух Россий стало объединение Русской Церкви — Московской Патриархии с Русской Церковью Заграницей (см. **6.1.23**). Но системное и полное воссоединение Зарубежья и Внутренней России еще в будущем и связано как с формальными правовыми действиями в сфере гражданства и правопреемства, так и с государственной политикой, направленной на организацию «русского мира» за границами РФ как неотъемлемой части единого народа России.

> На приеме 20 мая 2007 г. в Грановитой палате в ознаменование восстановления канонического общения между Московским Патриархатом и РПЦЗ Президент России Путин, в частности, сказал: наша задача – достичь «консолидации всего православного, всего "русского мира". Мира, который был трагически расколот в результате революционных событий и Гражданской войны... Миллионы наших соотечественников, не по своей воле покинувших родину, были разбросаны по всему свету. ...Еще предстоит преодолеть немало последствий раскола, восстановить утраченные связи наших соотечественников с родиной. И в целом предстоит укреплять единство народа и в России, и за ее пределами. Однако главное – у нас есть общее и искреннее стремление к достижению благополучия нашего отечества».

6.1.20. Охрана природы в послекоммунистической России

Чернобыльская трагедия 1986 г. для советских людей стала некоторым переломным событием. Большое влияние «зеленых» в новой России во многом было обусловлено «чернобыльским синдромом». Несмотря на беспрецедентно большие масштабы радиационного загрязнения, прямые последствия чернобыльской аварии для природы не вполне очевидны. При увеличении частоты хромосомных нарушений ощутимые морфологические и популяционные изменения у растений и животных почти не наблюдаются. Напротив, в «отчужденных» лесах, в которых после аварии ограничена хозяйственная активность, плотность диких животных только растет. Чернобыльская авария подействовала в первую очередь как психологическая бомба. В обществе развился маниакальный страх радиации, на суд непросвещенной публики выплеснулись многочисленные свидетельства прежних подобных аварий, бывших на Урале, на флоте, на Семипалатинском полигоне, под Красноярском и т. п. Всем обывателям стало ясно, что радиация может быть повсюду.

В конце 1980-х — начале 1990-х гг. «зеленые» настроения в обществе были еще популярны наравне с прочими «перестроечными» ожиданиями. На фоне обвала экономики и утраты влияния технократами носители «зеленых» идей быстро набирали административный вес. В Конституции Российской Федерации 1993 г. как одно из основных прав человека установлено право граждан на благоприятную окружающую природную среду. С начала 1994 г. Министерство охраны окружающей среды и природных ресурсов было призвано осуществлять государственное управление в области охраны окружающей среды, регулирование природопользования и обеспечивать экологическую безопасность. Минприроды России определяло нормы и правила использования природных ресурсов, а также правила любой деятельности, оказывающей воздействие на окружающую природную среду, и, таким образом, обладало беспрецедентными полномочиями.

В первой половине 1990-х гг. был достигнут абсолютный максимум прироста площади особо охраняемых территорий. Организуются не столько заповедники с максимальным ограничением хозяйственного использования, сколько национальные парки и заказники, в которых предполагается сочетание традиционных укладов жизни с охраной редких видов и их природного окружения. В начале 1995 г. вступил в действие федеральный закон «Об особо охраняемых природных территориях» (ООПТ). Он определил правовой статус не только заповедников и национальных парков, но дополнительно включил в ООПТ заказники, памятники природы, даже лечебно-оздоровительные местности и курорты. Развитая сеть ООПТ в России впервые получила серьезную правовую основу и определенные гарантии сохранности. В конце 1995 г. вступил в действие Закон Российской Федерации «Об экологической экспертизе».

Министерство охраны окружающей среды и природных ресурсов стало быстро расти как ведомство, у него появились территориальные органы — управления природных ресурсов в субъектах РФ. Менялся и качественный состав «зеленых» бюрократов. С Перестройкой в советское еще ведомство попала значительная часть участников экологического движения. В середине 1990-х гг., в связи с развалом бюджетной сферы, они постепенно уходят в неправительственные формы деятельности, поддерживаемые многочисленными международными экологическими и гуманитарными организациями. Именно в середине 1990-х гг. в России начинают свою деятельность Greenpeace, WWF, IUCN и другие «зеленые» неправительственные организации. Все сколько-нибудь известные в мире благотворительные фонды финансировали в эти годы многочисленные гранты по «зеленым» темам в России. На место идейных экологов в чиновники приходят профессиональные аппаратчики из числа прежней номенклатуры.

При выраженной сырьевой направленности поднимающейся со второй половины 90-х гг. экономики экологи-чиновники получили большую власть, особенно на местах. Они широко пользовались своей монополией на экологическую экспертизу, фактически определяя уровень «зеленого» обременения любой деловой активности. Параллельно с этим ведомством в числе российских министерств еще продолжали существовать советские реликты, уже мало опасные для окружающей природной среды из-за скудости своих бюджетов — Министерства геологии, водного хозяйства и т. п. Пожалуй, только лесхозы федеральной службы лесного хозяйства, совмещая статус государственной лесной охраны с собственной хозяйственной деятельностью, наращивали объемы рубок леса и занимали нишу леспромхозов, умирающих без бюджетной поддержки.

В середине 1990-х гг. в России наблюдались процессы наступления дикой природы на территории, контролируемые ранее человеческим сообществом. Опустевшие сельскохозяйственные земли в нечерноземной зоне России зарастали древесной и кустарниковой растительностью. На магистральных каналах, прорытых Минводхозом СССР во второй половине XX в., построили свои плотины и размножились бобры, а в реках вновь появились раки, так как цена минеральных удобрений и пестицидов сделала их малодоступными для российских крестьян. В то же время обвал промышленного производства и полный паралич социальной сферы оставил без средств к существованию большинство «индустриального» населения, часть из которого устремилась на «подножные корма».

В лесной зоне, вокруг леспромхозовских поселков в лесах и на реках собирательство, охота и рыболовство стали едва ли не единственным источником существования людей. Численность лосей и других крупных копытных в доступных районах быстро сокращалась. Вылов рыбы никак не контролировался, местами можно было видеть реки, полностью перегороженные многочисленными рядами сетей. Однако в товарное производство эти два занятия не могли вырасти из-за несопоставимого с ценой добычи роста стоимости техники и горючего, все ограничивалось физическими возможностями «охотников». Наибольшей опасности в этой ситуации подверглись редкие виды растений и животных, особенно реликты Приморья, например уссурийский тигр и леопард, откуда добыча легко переправлялась в Китай, через прозрачную границу, а также ценные породы рыбы Каспийского моря. В результате бесконтрольной массовой добычи и браконьерства популяция осетровых рыб на Каспии сократилась настолько, что Правительство РФ было вынуждено ввести запрет на продажу и экспорт черной икры.

В середине 1990-х гг. фактически безоглядно разворачиваются газовые проекты на шельфе Сахалина, ставшие впоследствии предметом большого спора власти и транснациональных корпораций. Громкие криминальные и политические скандалы во второй половине 1990-х гг. на Дальнем Востоке были связаны с перманентным переделом рынка и бесконтрольной добычей морепродуктов. В средствах массовой информации периодически возникали различные сюжеты, связанные с проектами ввоза на территорию России чужих радиоактивных отходов для переработки. Заготовка древесины в эти годы хотя и не достигала половины от уровня конца 1980-х гг., но в приграничных областях России рубить стали больше. Круглый лес из этих регионов вывозился в европейские страны и страны тихоокеанского бассейна, часто по демпинговым ценам. Экспорт леса из внутренних регионов России был невозможен из-за высоких железнодорожных тарифов.

В этот период экономической и социальной разрухи «зеленые» идеи быстро утратили свою актуальность для общества, озабоченного материальным благополучием. Характерно, что по результатам выборов 1995 и 1999 гг. Российская экологическая партия «зеленые» (избирательное объединение «Кедр») так и не получила мандатов в Государственной Думе.

Обозначившийся во второй половине 1990-х гг. экономический подъем и рост влияния предпринимателей незамедлительно отразился на статусе природоохранного ведомства. С 1996 г. это уже не министерство, а только государственный комитет. Влияние даже этого усеченного ведомства на деловую жизнь остается достаточно велико, так как за ним по-прежнему сохраняются функции государственной экспертизы, государственного экологического контроля и регулирования природопользования. Между тем давление на самостоятельное природоохранное ведомство нарастает со стороны предпринимательских кругов и властей. В 1999 г. принимаются поправки к Положению о Госкомэкологии, ощутимо размывающие его полномочия.

Новая администрация Президента Владимира Путина ликвидировала в 2000 г. Госкомитет экологии. Самостоятельное природоохранное ведомство явно тормозило экономическое развитие и, на фоне многочисленных коррупционных скандалов, уже не имело серьезной общественной поддержки. Попытки «зеленых» воссоздать самостоятельный природоохранный орган исполнительной власти или активизировать природоохранную деятельность созданного в 2000 г. Министерства природных ресурсов не дали желаемого эффекта: в ряду его приоритетов охрана окружающей среды осталась далеко позади проблем регулирования природопользования.

Одновременно с Госкомэкологией была упразднена федеральная служба лесного хозяйства. Лесхозы, возникшие в период «расцвета» социалистической экономики, на рубеже веков стали непонятны всему окружающему обществу. Для прагматичных федеральных чиновников, рассматривавших бюджетные средства как государственные инвестиции, было очевидно, что лесники не столько охраняют лес, сколько его воруют, да еще и системно уклоняются от налогов, пользуясь своим государственным статусом. Предприниматели воспринимали лесников исключительно как конкурентов, а для «зеленых» и обывателей лесник и топор стали неразрывными понятиями. Сами же лесники никак не могли адаптироваться в обществе развивающихся товарно-денежных отношений и объяснить всем окружающим, зачем государству необходимо рубить лес, чтобы его потом восстанавливать на этом месте.

Возникновение большого Министерства природных ресурсов было одним из шагов в системе административной реформы. Последовавшее в 2004 г. упорядочение органов исполнительной власти фактически декларировало отказ властей от прямого участия в хозяйственной деятельности вообще и в природопользовании в частности. Распределение нормотворческих, контрольных и хозяйственных функций между министерствами, службами и агентствами, несомненно, должно было положительно отразиться на качестве государственного управления природными ресурсами и охраны окружающей природной среды.

Выраженная политическая воля в разделении функций государственных институтов, подтвержденная конкретными действиями, фактически поставила точку в 15-летней дискуссии о судьбе лесхозов и системе государственного управления лесами. Далее последовал тяжелый трехлетний период подготовки нового лесного кодекса, в течение которого вполне проявилась неспособность «лесного сообщества» к адекватному восприятию действительности. Корпус профессиональных лесничих, обладавших определенными шансами на получение некоторых прав на леса, к сожалению, не смог ими воспользоваться, а для России была упущена возможность появления «среднего класса» лесовладельцев, который при минимальной государственной поддержке мог бы существенно сдерживать экспансию индустриального капитала на лесные территории. Начиная с 1998 г. в России был образован только один новый заповедник — Кологривский лес — в 2007 г.

С последствиями такой экспансии связана одна из самых больших природных катастроф в современной России. В центральных, восточных и юго-восточных районах Архангельской области с 2003 г. на нескольких миллионах гектаров происходит масштабное усыхание и гибель лесов. Общепринятого объяснения причин этого явления нет, однако никто не оспаривает влияния на него безоглядной вырубки лесов вдоль рек в этом регионе в XX в.

Наступивший период прагматичной политики в середине 2000-х гг. отличается сдержанным отношением к охране природы. Росприроднадзор — служба, призванная следить за соблюдением законодательства, — ведет себя весьма активно в средствах массовой информации. Перипетии борьбы с незаконным строительством в береговой полосе на подмосковных водохранилищах широко освещались в телевизионных новостях и специальных передачах с участием популярнейших персонажей. Движение фенольного пятна из Китая по Амуру, незаконные рубки в Сибири, разлив мазута при железнодорожной катастрофе на р. Вазуза, любые скандальные ситуации стазу становятся достоянием общественности. Нарушения природоохранного законодательства стали поводом для громкого пересмотра энергетических концессий на шельфе Сахалина с участием крупнейших международных нефтегазовых компаний, который закончился переходом этих проектов под российский контроль. В 2006 г. большие споры вызвал план строительства нефтепровода Восточная Сибирь — Тихий океан. Его первоначальная трасса проходила вдоль БАМа по берегу Байкала, ставя под угрозу уникальный природный комплекс этого реликтового озера. Этот план был изменен только под давлением общественных выступлений в Москве, Иркутске, Томске и других городах Сибири и по прямому указанию Президента Путина.

6.1.21. Охрана культурных ценностей

Историко-культурная самоидентификация есть непременное условие существования человечества вообще. В отечественной общественно-нравственной традиции склонность к гипертрофированным колебаниям, переориентация и переосмысление отечественного опыта нередко приобретают оттенки очередных идеологических кампаний. Достаточно вспомнить призывы начала 1990-х гг. к отказу от музеев как порождения западной культуры, передаче Церкви всего художественного наследия допетровской эпохи и произведений православного искусства синодального периода. Волна возвращения «награбленного» приводила и приводит к перемещению музеев из церковных и монастырских построек в абсолютно не приспособленные здания.

Перелом в сознании первой половины 1990-х гг., по крайней мере в законодательной части определения и сохранения культурных ценностей, опирался на солидный опыт и традиции. Однако идейные факторы и ориентиры в указанный период и позже отходили (и продолжают отходить) на задний план перед фактором финансовым, а также вполне устойчивыми вековыми тенденциями к «необязательности» исполнения законов об охране памятников. Характерны и показательны усилия по поиску обходных маневров ввиду исключительности тех или иных ситуаций. Преобладающими становятся мотивы «улучшения» прошлого, приспособления архитектурных сооружений к повседневным нуждам. Опыт предшествующего времени, в основной своей части положительный, остается в значительной мере уделом академических кругов. Тенденции к «обновлению» памятников прошлого заметно преобладают, подстегиваемые новыми техническими возможностями. Последнее особенно характерно для крупных городов, в наибольшей же мере — Москвы. Вместе с тем так называемое коттеджное строительство серьезно угрожает «малым» городам, таким, как Суздаль, Переславль-Залесский и другие, а также полям Бородинского сражения 1812 г.

Сложно решается вопрос о соблюдении охранного законодательства в рамках существенно расширившихся, за счет возвращения множества сооружений и ансамблей, владений Русской Церкви. Причем в данном случае речь идет не только о собственно архитектурных аспектах, но в едва ли не большей мере — в связи с манией обновления интерьеров: стенной живописи, иконописи и резьбы, бесконечно более хрупких и менее заметных для основной массы посетителей. В небытие продолжают уходить росписи преподобного Андрея Рублева 1408 г. во Владимире, активно разрушаются фрески XVII в. в Ярославле.

Лишь соблюдение уважительного отношения к прошлому способно удержать ситуацию в рамках, достойных нашего общества и того ответственного этапа, на котором оно находится в настоящее время. Должны быть продолжены все крупные реставрационно-восстановительные проекты. Не только на уровне общегосударственных религиозных символов (храм Христа Спасителя) или в рамках амбициозных межгосударственных контактов с привлечением средств иноземной стороны (Янтарная комната). Внимания заслуживают и другие памятники — росписи XIV в. новгородских церквей Спаса на Ковалеве (работы над которыми были начаты еще А.П. Грековым), Успения на Волотове и Михаила Архангела на Сковородке (к раскопкам последней с 1945 г. еще не приступали).

Уже само перечисление создает впечатление гипертрофированно затянувшихся проблем пребывания в «послевоенном» состоянии. Необходимо искать и находить единый подход к памятникам, находящимся в различной собственности, поскольку все они составляют общую панораму культурного прошлого.

Литература
Российская культура в законодательных и нормативных актах: музейное дело и охрана памятников / 1991–1996. М., 1998.

Сборник нормативных материалов по государственной охране, сохранению, использованию, популяризации объектов культурного наследия (недвижимые памятники) / Под ред. Евстигнеева. Ч. 1. М., 2005.

Реставрация музейных ценностей России: V триеннале / Каталог выставки. М., 2006.

6.1.22. Церковь и вера в послесоветском обществе

Русская Православная церковь (РПЦ)

В 1990 г. Патриархом был избран Алексий II (Ридигер), выходец из Русского Зарубежья, чье детство прошло в независимой Эстонии. С начала 1990-х гг. Церковь все более активно участвует в общественно-политической жизни государства. Архиереи и священнослужители избираются народными депутатами Верховного Совета СССР, РСФСР, областных и городских советов, пока в 1993 г. Священный Синод не запретил клирикам заниматься политической деятельностью и участвовать в избирательных кампаниях. На принятии присяги первого Президента РСФСР Патриарх Алексий II выступил с напутствием.

Во время государственного переворота и создания ГКЧП Патриарх опубликовал заявление с призывом ко всем чадам Русской Православной Церкви, ко всему народу, к воинству в столь критический для отечества момент проявить выдержку и не допустить пролития братской крови. В ночь с 20 на 21 августа, когда кровь у Белого дома все-таки пролилась, Патриарх призвал воздержаться от применения оружия под угрозой отлучения от Церкви. После провала ГКЧП в своем послании

23 августа 1991 г. Патриарх Алексий II написал: «*В дни, которые только что довелось пережить нам, кончился Промыслом Божиим период нашей истории, начатый в 1917 г. Отныне уже не может вернуться время, когда одна идеология владела государством и пыталась навязать себя обществу, всем людям. Коммунистическая идеология, как мы убеждены, никогда более уже не будет государственной в России... Россия начинает труд и подвиг исцеления!*» Но вслед за этой надеждой и упованием были высказаны и горькие пророческие слова о грядущем распаде единого государства.

После распада СССР некоторые политики новообразованных стран в самом факте существования Московского Патриархата видели «последнюю имперскую структуру» и потому всячески поощряли рост сепаратистских настроений с целью вызвать раскол в церковной среде, получить свою, «независимую от Москвы» национально ориентированную церковь. На Украине автокефалистский раскол возглавил митрополит Киевский Филарет (Денисенко), поддерживаемый украинской властью и незначительной частью украинского епископата. Архиерейский Собор РПЦ в 1992 г. лишил митрополита Филарета сана (пять лет спустя, учитывая дальнейшие раскольнические действия Филарета, провозгласившего себя патриархом, Архиерейский Собор анафематствовал его).

В сентябре – октябре 1993 г. в условиях нового политического кризиса и конфликта Президента России и Верховного Совета, завершившегося вооруженным восстанием и расстрелом Белого дома, Церковь выступила в качестве гаранта переговоров конфликтующих сторон, проходивших в Даниловом монастыре. Однако стороны тогда не пришли к согласию.

Не сразу, но постепенно, все более изживая прежнюю риторику вынужденного одобрения любой политической инициативы гражданской власти, формулировала Церковь свое отношение к государству и свою миссию в отношении тех православных народов, которые на протяжении многих веков окормляла. Миссия эта, в условиях утраты государственного единства, заключалась в сохранении единства духовного и канонического, допускавшего значительно большую свободу церковно-административного управления в отношении частей Церкви, волею исторических обстоятельств оказавшихся в новоопределившихся государствах (Эстонии, Молдове, Украине и др.).

В 1990-е гг., одновременно с прежде невиданным свободомыслием в обсуждении общественно-политических вопросов, свобода – со всеми ее достоинствами и одновременно соблазнами – начинает проникать и во внутрицерковную жизнь. Церковное сообщество поляризуется в своем отношении к церковным традициям и нововведениям. Наряду с политически активной частью духовенства появляются среди клириков и мирян церковные реформаторы, исповедовавшие идеи церковного обновления, возвращения к евангельским и первохристианским идеалам. Другой полюс церковного общества образовали православные фундаменталисты, некоторые из которых доходили до отрицания благодатности части епископата РПЦ, обвиняя его в сотрудничестве с «безбожной советской властью», в «ереси экуменизма», масонстве.

Священноначалие Церкви подвергалось критике и со стороны реформаторов, и со стороны ревнителей древнего благочестия, и со стороны прессы, публиковавшей разоблачительные материалы об «агентах КГБ в рясах» с той же готовностью, с какой прежде публиковала материалы о «церковном мракобесии». Волна деятельных неофитов захлестнула Церковь, привнося свое понимание церковности, часто искаженное, начетническое, экзальтированное. Незнание традиции, исторического и богословского наследия Церкви, радикализм и ригоризм стали неизбежными следствиями массового крещения и массового же вынужденного рукоположения в духовенство лиц, не получивших систематического богословского образования.

Народ после десятилетий государственного атеизма искал духовного утешения, руководства, назидания старчества. Но подлинных духоносных старцев было мало (как и всегда), а на приходах и в монастырях, в условиях утраты монашеских и духовнических традиций, росло число молодых пастырей, требовавших от пасомых беспрекословного послушания. Подчас, при отсутствии у этих пастырей должного духовного опыта и образования, подобная практика приводила к печальных последствиям, вплоть до психических расстройств. Это явление получило название «младостарчество» и было осуждено Церковью как искажение церковной традиции.

На Архиерейском Соборе, проходившем в ноябре — декабре 1994 г. в Москве, обсуждались вопросы внутриприходской жизни (к этому времени численность православных приходов составляла 15 985 при 12 841 священнике и 1402 диаконах). Церковь беспокоило значительное число вакантных священнических мест при отсутствии достойных и образованных кандидатов в клирики, а также служение в Церкви «различных групп мирян» — братств, сестричеств. Говорилось о полезности деятельности братств и одновременно об опасности «уклонения как в радикальный консерватизм, так и в чрезмерно реформаторский подход к принципам устроения церковной жизни». Самостоятельность братств представлялась чрезмерной, существовали опасения, что бесконтрольность их деятельности может привести к расколу. После Собора в результате ужесточения позиции некоторых правящих архиереев в отношении братств их количество сократилось, часть мирян отошла от активной приходской деятельности. Тем не менее наиболее крупные и деятельные братства, занимавшиеся широкой просветительской, издательской, миссионерской деятельностью, не прекратили своего существования.

На приходской жизни 1990-х гг. отрицательно сказались экономические и политические трансформации в бывшем СССР, приведшие к резкому падению уровня жизни населения во всех новообразованных государствах. В то же время благодаря появлению состоятельных прихожан, помощи со стороны местных властей (постепенно все более значимой), организации приходского хозяйства у общин появились возможности для реставрации храмов, создания воскресных школ. Стали образовываться приходские попечительские советы, средства массовой информации, издательства. В общинах возвращались к уставному богослужению, восстанавливая практику оглашения (подготовки взрослых новоначальных к таинству крещения), строительства крестильных храмов и баптистериев для совершения таинства крещения через погружение. В 1998 г. в Москве имелось 6 крестильных храмов и еще 8 крестильных храмов в Подмосковье. В это же время начали появляться больничные и тюремные домовые храмы, где духовенство получает возможность проводить пастырские беседы и совершать богослужения.

Церковь, перед которой впервые за 70 лет открывались не ограничиваемые светской властью возможности для миссионерского, просветительского и социального служения, оказалась в кадровом отношении не готова к нему. Сказывались десятилетия государственного геноцида в отношении верующих граждан, сознательная политика уничтожения духовных школ, лучших пастырей и мирян. Именно поэтому одной из приоритетных задач Церкви уже в начале 1990-х гг. стала задача подготовки пастырей и образованных мирян. Конкурс в духовные школы в эти годы был громадным. В епархиях открывались новые духовные семинарии и пастырские училища, но преподавателями в них были преимущественно миряне — отсутствовало достаточное количество богословски и педагогически подготовленных клириков.

В 1992 г. в Москве были созданы два вуза для мирян — Православный Свято-Тихоновский богословский институт (преобразованный позже в гуманитарный университет — ПСТГУ), возникший на базе Богословско-катехизаторских курсов, и Российский православный университет Святого Иоанна Богослова (РПУ). Оба стали крупнейшими центрами богословского образования, церковно-научных исследований и издательской деятельности, получив государственную аккредитацию по различным специальностям и образовательным направлениям. ПСТГУ стал крупнейшим православным богословским вузом мира, обучая к 2006 г. на очном и заочном отделениях около 4 тысяч студентов, а также главным инициатором и движителем идеи теологического образования в светских вузах, предлагая и духовно-учебным заведениям (семинариям и академиям) перейти на теологические образовательные стандарты. Это давало возможность выпускникам получать дипломы государственного образца. Дискуссии о будущности теологического образования бушевали и в секулярной среде, и в церковном обществе, разделившемся на сторонников теологии и ее критиков, видевших в теологических вузах и кафедрах ненужных конкурентов духовным школам.

Не менее важным направлением было церковное просвещение в общеобразовательной школе. С 1992 г. в Москве стали ежегодно проводиться Рождественские образовательные чтения, ставшие постепенно крупнейшим церковно-образовательным форумом России и Зарубежья, объединившим церковных и светских педагогов, стремившихся сформулировать общие принципы и методологические подходы к православному школьному и воскресному образованию.

К 1994 г. в епархиях РПЦ действовало более 1200 воскресных школ, в которых обучалось около 58 тысяч детей. Позже именно на Рождественских чтениях возникнет движение за преподавание «Основ православной культуры» в школе. Поначалу робко, а затем все более настойчиво православная общественность, а затем и духовенство заговорили о необходимости факультативного, а то и обязательного преподавания знаний о религии в школе. Как и в вопросе о преподавании теологии в светских вузах, возникла дискуссия о правомерности и целесообразности преподавания в школе религиозно-культурной дисциплины. Против выступили правозащитники, религиоведы, а также ряд религиозных лидеров иных конфессий, предлагавшие преподавать Историю мировых религий. Несмотря на все дискуссии, «Основы православной культуры» стали внедряться во многих регионах и к 2007 г. в той или иной форме преподавались более чем в пятидесяти регионах России.

Необходимость церковных реформ, обусловленных новыми историческими условиями бытия Церкви, а также дотоле немыслимые возможности, открывшиеся для миссионерского и социального служений, потребовали от Церкви изменений и в административной структуре. Появились новые синодальные учреждения: Комиссия по канонизации святых (1989), Комиссия по богослужению (1989), Отдел по церковной благотворительности и социальному служению (1991), Отдел религиозного образования и катехизации (1991), Синодальная богословская комиссия (1993), Издательский совет (1994), Отдел по взаимодействию с вооруженными силами и правоохранительными органами (1995), Миссионерский отдел (1995), Комиссия по экономическим и гуманитарным вопросам (1997), Синодальный отдел по делам молодежи (2000).

Начинается постепенное восстановление и церковной науки. В 1996 г. был создан Церковно-научный центр (ЦНЦ) «Православная энциклопедия», начавший с 2000 г. издание фундаментальной многотомной «Православной энциклопедии», получившей статус учебного пособия для вузов России. Центр впервые за весь послереволюционный период объединил усилия российских и зарубежных церковных и светских ученых в деле возрождения церковной науки, проведения исторических, агиографических, библейских и других исследований. В 1995 г. был возрожден учрежденный еще в 1882 г. Фонд по премиям памяти митрополита Московского и Коломенского Макария (Булгакова) (Макариевский фонд), учредителями которого выступили РПЦ, правительство Москвы и Российская Академия наук. Возрожденные церковные Макариевские премии впервые были вручены лауреатам в 1997 г.

Во внешнем строе жизни Церкви также произошли разительные перемены. Восстанавливается регулярное богослужение в кремлевских храмах и соборе Василия Блаженного, воссоздаются разрушенные при советской власти Казанский собор на Красной площади, часовня Иверской иконы Божией Матери у Воскресенских ворот Китай-города, сотни храмов и монастырей по всей стране. Значимым символом эпохи стало возвращение Казанского собора в Петербурге Русской Церкви (более полувека в нем располагался музей атеизма).

Не менее важным делом явилось восстановление храма Христа Спасителя, взорванного 5 декабря 1931 г. Еще в 1990 г. Священный Синод обратился в Правительство России с просьбой разрешить восстановить храм на прежнем месте. Общественное движение за воссоздание храма возглавили известные писатели и деятели культуры В.А. Солоухин, Г.В. Свиридов, В.Г. Распутин, И.С. Глазунов, В.П. Мокроусов, В.Н. Крупин. Инициатива была поддержана федеральным и московским правительством. В 1994 г. были разобраны конструкции бассейна «Москва» и залито бетонное основание храмового комплекса. В Рождество Христово 1995 г. был совершен торжественный молебен с закладкой камня и памятной доски в фундамент воссоздаваемого храма, а на Пасху 1996 г. Патриарх Алексий II в присутствии Б.Н. Ельцина, руководителей федерального и московского правительств совершил первое богослужение под сводами храма.

31 декабря 1999 г. ознаменовалось в истории России торжественным освящением церкви Рождества Христова в восстанавливаемом храме Христа Спасителя и передачей в присутствии Патриарха Алексия II президентских полномочий Президентом Борисом Ельциным Владимиру Путину. 19 августа 2000 г. Святейший Патриарх совершил великое освящение храма Христа Спасителя.

С приходом Президента Владимира Путина, первого из послереволюционных глав российского государства, не скрывавшего своего православного вероисповедания, наполняются иным содержанием государственно-конфессиональные отношения. Встречи главы государства с руководством РПЦ стали регулярными. С 2000 г. самым авторитетным политиком неизменно являлся Президент, самым авторитетным общественным деятелем — Патриарх.

Важнейшим моментом в сфере церковно-государственных отношений стало признание главой Российского государства принципа восстановления собственнических прав Церкви на отобранное у нее большевиками имущество. На встрече с архиереями Русской Церкви в Большом Кремлевском дворце 6 октября 2004 г. Президент Путин сказал: «Я глубоко убежден: то, что произошло после 1917 г., — это не просто аморальные, это и незаконные действия — лишение Церкви имущества. И конечно, историческая справедливость должна быть восстановлена, здесь не может быть никаких сомнений. Моя позиция заключается именно в этом. И решение по земле как раз, по-моему, подтверждает такие намерения. Вопрос в том, как это сделать, как это сделать аккуратно, чтобы не навредить ткани отношений, которые сложились на сегодняшний день в обществе, не навредить самим объектам и так далее». Но в те и последующие годы имущества была лишена не одна Церковь, но практически все общество. Так Церковь стала первой ласточкой будущего процесса восстановления попранной справедливости и нарушенного в отношении десятков миллионов российских граждан закона.

13—16 августа 2000 г. состоялся Архиерейский Юбилейный Собор, имевший важнейшее общественное и церковное значение. На нём был прославлен Собор новомучеников и исповедников Российских XX в., число которых — с включением ранее канонизированных новомучеников и исповедников — превысило 1200 человек. Собором были прославлены Император Николай II и царская семья, убиенные в Екатеринбурге 17 июля 1918 г. В результате соборной канонизации сонм русских святых по меньшей мере троекратно превзошел число русских святых, канонизированных за всю прежнюю историю Русской Церкви.

Важнейшим деянием Собора стало принятие «Основ социальной концепции РПЦ», документа, ставшего уникальным явлением в истории Православия, поскольку ни одна другая Поместная Церковь не имела учения, столь полно и систематично излагавшего позицию Церкви по общественным проблемам, в том числе таким, как собственность, светская культура и наука, мир, война, преступность, СМИ, труд, вопросы семьи и брака, биоэтики и экологии.

Очень существенно, что в «Основах социальной концепции» Русская Церковь принципиально отвергла практику, именуемую «сергианством» (по имени митрополита Сергия (Страгородского), подчинившего в 1927 г. Церковь советской власти, которая ставила задачей борьбу с Богом и Церковью).

> В «Осовах социальной концепции» в частности говорилось:
> «III.5. Церковь призвана с терпением переносить гонения, не отказывая государству, преследующему ее, в лояльности... но выше требований лояльности стоит Божественная заповедь: совершать дело спасения людей в любых условиях и при любых обстоятельствах... Если власть принуждает православных верующих к отступлению от Христа

и Его Церкви, а также к греховным, душевредным деяниям, Церковь должна отказать государству в повиновении.

III.6. Церковь должна указывать государству на недопустимость распространения убеждений или действий, ведущих к установлению всецелого контроля за жизнью личности, ее убеждениями и отношениями с другими людьми, а также к разрушению личной, семейной или общественной нравственности, оскорблению религиозных чувств, нанесенению ущерба культурно-духовной самобытности народа, или возникновения угрозы священному дару жизни.

III.8. Существуют области, в которых священнослужители и канонические церковные структуры не могут оказывать помощь государству, сотрудничать с ним. Это: а) политическая борьба... б) ведение гражданской войны или агрессивной внешней войны...

IV.3. В тех случаях, когда человеческий закон совершенно отвергает абсолютную божественную норму, заменяя ее противоположной, он перестает быть законом, становясь беззаконием, в какие бы правовые одежды он ни рядился.

IV.9. Когда же исполнение требования закона угрожает вечному спасению, предполагает акт вероотступничества или совершение иного несомненного греха в отношении Бога и ближнего, христианин призывается к подвигу исповедничества ради правды Божией и спасения своей души для вечной жизни. Он должен открыто выступать законным образом против безусловного нарушения обществом и государством установлений и заповедей Божиих, а если такое законное выступление невозможно или неэффективно, занимать позицию гражданского неповиновения».

Впоследствии этот документ послужил не только активному развитию православной общественной деятельности, но и выработке иными крупными религиозными сообществами России своих социальных доктрин. Юбилейный Собор принял также «Основные принципы отношения РПЦ к инославию»; новую редакцию Устава РПЦ; «Определение о положении Русской Православной Церкви в Эстонии»; «Определение об Украинской Православной Церкви», в котором был установлен ее статус самоуправляемой Церкви с широкой автономией. Все эти акты Собора дали основание некоторым историкам поставить Юбилейный Собор в один ряд со Стоглавым Собором и Поместным Собором 1917–1918 гг.

С 2000 г. Россию регулярно начинают посещать главы Вселенских и Поместных Православных Церквей, причем с ними встречается не только Патриарх, но и глава государства. Укрепление межправославных связей происходило на фоне осложнения отношений Русской Церкви с Константинопольским Патриархатом, который использовал заинтересованность политических и религиозных элит ряда послесоветских стран, поставив под сомнение каноническую власть Московского Патриархата на территории Украины и Эстонии.

Русская Церковь, как самая большая Православная Поместная Церковь, постепенно становится все более влиятельной силой не только в православном мире, но и в мировой политике. С руководством РПЦ встречаются лидеры крупнейших государств и международных организаций, прибывающих с визитами в Россию. Международные отношения Церкви уже не ограничиваются исключительно церковными организациями. Церковь занимает активную позицию по наиболее актуальным проблемам международной безопасности (бомбардировки Югославии, разрушения православных святынь в Косово, трагедия 11 сентября 2001 г., военные действия в Афганистане и Ираке, учет религиозного измерения в общеевропейской интеграции и т. д.). По опросам 2004 г. (ФОМ) 59% респондентов (против 26%) считало, что российские власти должны решать важнейшие государственные вопросы совместно с РПЦ.

Внутри России Церковь не устает призывать народ и самое себя к покаянию за те страшные деяния, которые совершены нашим обществом в XX в. В послании по поводу освящения 17 июля 2003 г. храма-памятника на месте убийства Царской фамилии в Екатеринбурге Патриарх Алексий II объяснял: «Братоубийственная Гражданская война и годы репрессий, коснувшиеся практически каждой семьи, все дальнейшие и даже нынешние нестроения в отечестве нашем являются следствием нашего отступления от того пути, которым не раз приходила Россия к славе и могуществу. Ополчившись на Бога, презрев священную память предков, отдавших за нас свои жизни, уничтожив без зазрения совести труд лучших сынов и дочерей народа, мы покрыли российскую историю пятном страшного беззакония. Десятилетия забвения правды Божией породили в нашем народе духовную опустошенность, отягощенность людских сердец неправдами и грехами. Именно в этом видятся глубинные корни кризисных явлений сегодняшнего дня. Это пятно лежит на нашей совести, омрачает духовную жизнь общества. Смыть его можно только всеобщим покаянием и трудом пастырей и чад Церкви, государства и народа».

Церковь, оставаясь вне политики, всё более вовлекает в политику общего дела людей разных политических взглядов. В 1993 г. инициативой РПЦ и ряда общественных организаций был создан Всемирный Русский народный собор (ВРНС), призванный стать местом встречи, форумом людей разных политических убеждений, объединенных заботой о будущем русского народа. В работе VI ВРНС, посвященного теме «Россия: вера и цивилизация. Диалог эпох» и состоявшегося в декабре 2001 г. (через три месяца после трагедии в Нью-Йорке), принял участие Президент России В.В. Путин.

> В апреле 2006 г. X Юбилейный ВРНС принял Декларацию о правах и достоинстве человека, вызвавшую широкую дискуссию в обществе. В Декларации говорилось, что *«существуют ценности, которые стоят не ниже прав человека. Это такие ценности, как вера, нравственность, святыня, Отечество. Когда эти ценности и реализация прав человека вступают в противоречие, общество, государство и закон должны гармонично сочетать то и другое... Нельзя допускать ситуации, при которых осуществление прав человека подавляло бы веру и нравственную традицию».* В документе осуждалось «изобретение» таких «прав», которые узаконивают поведение, осуждаемое традиционной моралью и всеми историческими религиями. Отмечая, что «содержание прав человека не может не быть связано с нравственностью», члены собора подчеркнули, что отрыв этих прав от нравственных основ означает их профанацию, «ибо безнравственного достоинства не бывает».

С 3 по 5 июля 2006 г. в Москве, в преддверии Петербургской встречи лидеров восьми ведущих стран мира — G-8 (так называемой «Большой восьмерки»), впервые прошел Всемирный саммит религиозных лидеров, в котором приняло участие более двухсот глав и представителей христианских, мусульманских, иудейских, буддистских, индуистских и синтоистских общин из 49 стран мира. Беспрецедентная по своему масштабу встреча религиозных деятелей состоялась по приглашению РПЦ и Межрелигиозного совета России. Итогом трехдневной работы стало Послание участников встречи к главам государств, религиозным общинам и ко всем людям доброй воли. Участники форума свидетельствовали о «возрастающей роли веры в современном обществе», недопустимости использования религии в качестве «источника распрей и конфликтов» и выступили за миропорядок, основанный на сочетании демократии и «уважения к нравственному чувству, образу жизни, различным правовым и политическим системам, национальным и религиозным традициям людей». Мир должен быть «многополярным и многоукладным», без «двойных стандартов». Исходя из общего для всех религий представления о человеческой жизни как Божием даре, участники саммита призвали «утверждать высочайшую ценность человеческой жизни от зачатия до последнего дыхания и естественной кончины», а также «усилить поддержку семьи, особенно в ее воспитательной миссии». Были осуждены попытки религиозного оправдания терроризма и экстремизма.

В декабре 2006 г. в РПЦ насчитывалась 131 епархия, 713 монастырей, в том числе в России — 216 мужских и 237 женских обителей; на Украине — 87 мужских и 81 женская; в других странах СНГ — 34 мужских и 53 женских; в зарубежных странах — 2 мужских и 3 женские. Церковь имела 83 учебных заведения, в том числе 5 духовных академий, 2 православных университета, 37 духовных семинарий. В конце 2006 г. в 4600 воскресных школах обучалось свыше 150 тысяч детей, православных гимназий насчитывалось более 150, в том числе в Москве — 22. По социологическим исследованиям 2006 г. (РОМИР-мониторинг, журнал «Эксперт»), охватившим 15 тысяч человек, 61,9% респондентов исповедовали православие (для сравнения в 1991 г. было ок. 34%, в 1997 г. — 55%); 15,1% не исповедовали никакого вероучения (в 1991 г. — ок. 40%, в 1997 г. — 31%); 14% в Бога верили, но не исповедовали никакого учения. В 1990–2000-е гг. православная вера распространялась в обществе не только экстенсивно, но и интенсивно. В 1997 г. 11% граждан России посещали свои молитвенные собрания раз в месяц и чаще. В 2006 г. среди православных таких уже было 26%. Во многих общинах распространилась практика частого причастия Святых Христовых Таин. Если в XIX в. большинство русских православных причащалось от одного до пяти раз в год, то сейчас причастие раз в месяц, а то и раз в неделю для многих православных стало нормой.

С 1980-х гг. верующий человек в России помолодел почти на 20 лет. Если в середине 1980-х гг. средний возраст верующих был равен 62–63 годам, то к 2007 г. — 44–45. Огромные тиражи христианской литературы ясно свидетельствуют о желании очень многих христиан углубить свою веру и интеллектуально. Чтение Библии, почти не свойственное православному народу в XIX в. (даже в русском Зарубежье регулярное домашнее чтение Писания — редкость среди мирян), сейчас быстро распространяется по России как требуемая пастырями от своих духовных чад норма. Все в большем числе храмов можно увидеть людей, молящихся за богослужением по книжечке чинопоследования всенощной и литургии и, следовательно, сознательно относящихся ко всему происходящему во время священнодействия.

За какие-то два десятилетия христианская вера стала важной и актуальной составляющей жизни десятков миллионов граждан России.

Буддийское общество в послесоветской России

Возрождение буддизма в послесоветской России началось в 1988 г. одновременно и независимо друг от друга сразу во всех трех республиках с традиционно буддийским населением — Бурятии, Калмыкии, Туве — и явилось частью общего процесса национально-культурного возрождения в регионах России. За несколько лет были официально зарегистрированы и получили право открыто совершать все необходимые обряды, практики и отмечать праздники — и чисто буддийские, и национальные с элементами буддизма (как, например, Новый год) — несколько десятков буддийских общин. Одновременно началось строительство буддийских храмов в тех местах, где они когда-то находились, но от них ничего не осталось. А там, где хоть что-то сохранилось (Гусиноозерский, Агинский, Цугольский дацаны у бурят, Хошеутовский хурул у калмыков), начались реставрационные работы, и, несмотря на нехватку лам, храмы вскоре начали действовать.

Почти сразу же распалось искусственно поддерживаемое властными структурами СССР подчинение национальных буддийских общин единому центру — Центральному духовному управлению буддистов (ЦДУБ), существовавшему с 1946 г. Калмыцкие общины, возникшие в столице республики городе Элисте и нескольких поселках, создали в 1991 г. Объединение буддистов Калмыкии (ОБК), объявившее о своей независимости от ЦДУБ. Главой ОБК по рекомендации Далай-ламы XIV был избран американский калмык Тэло Тулку Ринпоче, который постоянно живет в Индии, а в Калмыкии бывает наездами. Всетувинский учредительный съезд буддистов Республики Тува (сейчас она называется Тыва) состоялся в 1997 г., он избрал своего главу — Камбы-ламу, его заместителей и управление Камбы-ламы. С этого момента официально, а фактически еще раньше буддийская община Тувы стала независимой. Бурятская буддийская община, считавшая себя лидером среди буддистов России, вдруг лишившись этого лидерства, тоже сильно изменилась. На съезде буддистов Бурятии в 1995 г. ЦДУБ был распущен. Вместо него создана Буддийская традиционная сангха России (БТСР) и избран новый Бандидо-Хамбо-лама Дамба Аюшеев.

Но это не единственные приметы начавшегося возрождения. Есть и другие, не менее важные: при Иволгинском дацане открылся Буддийский университет, носящий имя Д.Д. Заяева, в нем учатся бурятские, калмыцкие и тувинские ламы. Возникла Ассоциация буддистов-мирян, открылся Буддийский женский центр, начали работу Центры тибетской медицины, возобновилась издательская деятельность дацанов, существовавшая до 1917 г. Издаются переводы с тибетского и монгольского языков философских и исторических работ, авторы которых — известные буддийские деятели прошлых веков. Расширились международные связи с буддийскими общинами других стран. Возвращена народу память о выдающихся деятелях бурятского буддизма XIX—XX вв. А. Доржиеве, Б. Дандароне, Л.С. Цыденове и др., ставших жертвами репрессий либо нарочито преданных забвению. Буддийская сангха часто совместно с научной общественностью проводит посвященные им конференции.

Буддисты России восстановили прямые контакты с Далай-ламой XIV. Он несколько раз приезжал в Россию, посетил Бурятию, Калмыкию, Туву, давал там учение и посвящение. После того как вопрос о приездах Далай-ламы осложнился протестами властей Китая, которые видят в нем сепаратиста, добивающегося независимости Тибета (что на самом деле не соответствует истине), буддисты России вынуждены выезжать в другие страны для общения со своим лидером и учителем.

Новое время предъявляет к руководителям региональных буддийских общин новые требования. Они уже не просто религиозные лидеры своего народа, они должны быть также дипломатами, политиками, быть в курсе последних достижений науки, особенно буддологии — науки о буддизме, тем более что идеологическая конфронтация науки и религии, характерная для советских времен, исчезла сама собой. Однако отношения лидеров общин с административными главами своих регионов иногда осложняются конфликтами, которые чаще всего возникают тогда, когда светская власть начинает самостоятельно распоряжаться буддийскими реликвиями, в свое время отобранными у буддистов и отданными музеям. Самый крупный конфликт такого рода имел место в Бурятии в 1998 г. и был связан с вывозом в США на выставку Атласа тибетской медицины. Впрочем, это не мешает тому, что правительство Бурятии и еще в большей мере руководство Калмыкии периодически финансово помогают буддистам. Так, 13 мая 1996 г. президент Бурятии Л.В. Потапов распорядился выделить Центральному духовному управлению буддистов Российской Федерации из резервного фонда президента Республики Бурятия 55 млн рублей на строительство нового дацана в Верхней Березовке.

Атлас тибетской медицины

Этот медицинский атлас, полный сокровенных знаний о человеческом теле, его строении, болезнях и способах их лечения, был создан в конце XVII в. в Тибете. В конце XIX в. с него была сделана копия, которую привезли в Бурятию, чтобы обучать лам-медиков. Во время вторжения китайцев в Тибет в 1960–1970-е гг. оригинал погиб. Остались две копии, одна из них в Бурятии. Атлас содержит 79 листов с рисунками и пояснительными подписями на тибетском языке. До 1935 г. владельцем атласа была медицинская школа при Ацагатском дацане. После его ликвидации в 1936 г. атлас оказался в Антирелигиозном музее, впоследствии переименованном в Музей истории Бурятии им. М.Н. Хангалова. Идею выставки Атласа в Америке всячески приветствовало правительство Бурятии, но не одобряла Буддийская сангха, опасаясь, что с такой важной реликвией может что-то случиться. Ничего не случилось. Атлас благополучно вернулся в Улан-Удэ и по-прежнему хранится в фондах музея.

Возрождение буддизма в трех традиционных регионах вызвало мощный всплеск интереса к этой религии по всей России. Буддийские общины стали возникать одна за другой во многих городах России и СНГ. Первой среди них была община Санкт-Петербурга (1989), сумевшая вернуть себе тот храм, который был построен в начале XX в. по инициативе Агвана Доржиева. Затем общины появились в Москве, Киеве, Новосибирске, Анапе, Перми, Новочеркасске, Владивостоке, Пятигорске, Горно-Алтайске и т. д. Всего на сегодняшний день в Российской Федерации их зарегистрировано около двухсот. Они представляют собой разные школы, направления и национальные разновидности буддизма — тибетскую, китайскую, японскую, вьетнамскую и т. д. Тибетский буддизм представлен его разными школами: гелугпа, карма-кагью, сакья, дзогчен и др. Многие основаны тибетскими учителями, живущими в эмиграции в Европе и приезжающими в Россию по приглашению своих учеников. В одной Москве таких новообразований не менее десяти. Существует Ассоциация буддийских общин Москвы, она объединяет их все в одном отношении — готовности построить единый для всех храм, который будет одновременно и центром по изучению буддизма.

Далай-лама XIV

Далай-лама – это титул, в переводе означает «Учитель, чьи знания велики, как океан». Этот титул носит не только он, но и 13 его предшественников, возглавлявших начиная с 1391 г. одну из главных школ тибетского буддизма. Далай-лама XIV родился в 1935 г. в маленькой деревне на северо-востоке Тибета. Его детское имя – Лхамо Дхондруб. Когда ему исполнилось 2 года, комиссия в составе нескольких высокообразованных лам определила, что в этом маленьком мальчике воплотилась «сущность» Далай-ламы XIII. Мальчика увезли в столицу Тибета Лхасу, в 5 лет его объявили Далай-ламой XIV, дав ему новое, более подобающее для человека такого ранга имя – Джебцун Джампел Нгаванг Йеше Тензин Гьяцо (в переводе – Святой Нежная Слава Великий Милосердный Защитник Веры). 25 лет лучшие наставники Тибета обучали его всем буддийским наукам. Высшее ученое звание он получил в 1959 г. и в том же году в связи с начавшейся оккупацией Тибета китайскими войсками вынужден был бежать в Индию. С тех пор и до настоящего времени он живет в изгнании, которое разделяют с ним еще около 300 тысяч беженцев из Тибета. Существует и тибетское правительство в изгнании, главой которого он является. За прошедшие годы Далай-лама XIV превратился в духовного лидера мирового уровня. Послушать его лекции о буддизме, получить от него посвящение или хотя бы благословение мечтают буддисты многих стран. Далай-лама XIV – лауреат Нобелевской премии мира и ряда других международных премий, автор более 70 книг, многие из них изданы в России. В СССР и постсоветской России был восемь раз.

Литература
Н.Л. *Жуковская*. Возрождение буддизма в Бурятии: проблемы и перспективы. М.: ИЭА РАН, 1997.
О.М. *Хомушку*. Религия в культуре народов Саяно-Алтая. М., 2005.

Мусульманское общество послекоммунистической России

Судя по опросу конца 2001 г., 68% представителей титульных народов республик Поволжья и Северного Кавказа никогда не ходят в мечеть. Таким образом, ислам, как и православие среди русских, остается для традиционно мусульманских народов чаще формой культурной самоидентификации, нежели религиозной практики. Опросы 1995–2006 гг. довольно последовательно обнаруживают, что мусульманами себя считают 3,5–3,8% россиян.

15 сентября 1999 г. парламент Татарстана принял закон «О восстановлении татарского алфавита на основе латинской графики», который вступил в силу 1 сентября

2001 г. Татар понять было можно, кириллица не полностью охватывает фонетику татарского языка. Москва расценила это как акт сепаратизма, грозивший единству государства. 16 ноября 2004 г. Конституционный суд РФ признал право на изменение графической основы языка исключительно за федеральной законодательной властью.

Наибольшая опасность сепаратизма во второй половине XX в. исходила со стороны Закавказья. Россия по существу вступила в войну с мусульманскими организациями радикального толка. Захват родильного дома в Буденновске, школы в Беслане, захват молодежного театра на Дубровке в Москве — все это лишь немногие и разновременные примеры тяжелой и кровопролитной войны. Это время характеризуется и усугубившимся расколом в официальной мусульманской среде. До настоящего времени не существует единого религиозного мусульманского центра. Образовано несколько основных центров, каждый из которых претендует на первенство в среде мусульман всей России:

1) Совет муфтиев России (Москва);
2) Центральное духовное управление мусульман России и Европейских стран СНГ (Уфа);
3) Высший координационный центр России (Москва);
4) Союз мусульман России (Махачкала).

Организационная разобщенность и соперничество духовных центров оказывает негативное влияние на умму — общину мусульман. Если культовая сторона российского ислама осуществляется в должной мере, то руководство мирской жизнью оставляет желать лучшего. Ислам в России так и не осознал себя в рамках единого вероисповедного и культурного начала.

В этих условиях умы мусульман оказываются открыты для проникновения откровенной или завуалированной пропаганды со стороны радикальных и даже террористических группировок. Особенно напряженным регионом остается Северный Кавказ. Особую опасность для государства и традиционных форм ислама, столетиями сложившихся в России, представляют ваххабиты. Организация общин ваххабитов действует во многих городах и селах Северного Кавказа. В ваххабитских общинах-джамаатах введена шариатская форма правления. Наиболее успешная акция ваххабитов прошла в дагестанских селах Чабанмахи и Карамахи (1997—1999 гг.), где фактически была организована ваххабитская республика на территории России. Община ваххабитов располагает военными подразделениями, именно они 23 декабря 1997 г. напали на российскую военную часть в Буйнакске. Напряженные отношения ваххабитов неизменно сохраняются с суфийским орденом накшбандия Дагестана, который издавна функционирует на Кавказе.

Хотя отсутствие солидарности российских мусульман заметно ощущается, следует отметить попытки провозглашения консолидирующих идей. Они исходят в основном из среды татарстанских интеллектуалов, во главе которых стоит Р.С. Хакимов. Поскольку основные идеи джадидизма остаются актуальными и сейчас, то татарстанским ученым провозглашается теория ориентации просвещенных мусульман на Европу. Говорится о том, что «евроислам» «в большей мере отражает культурный аспект ислама». «Евроислам» — это современная форма джадидизма. Приверженцы «евроислама» в России солидаризируются с реформистами ислама

Европы, лидер которых Мухаммад Аркун призывает пересмотреть существующие установки ислама с учетом всех достижений мировой цивилизации.

Литература
А. Малашенко. Исламское возрождение в современной России. М., 1998.
Р.Г. Ланда. Ислам в современной России. М., 1995.
Л.О. Хоперская. Современные этнополитические процессы на Северном Кавказе. Ростов-на-Дону, 2006.

6.1.23. Воссоединение Русской Церкви

Вопреки разделению церковных структур, навязанному богоборцами, верующий народ России со священством и архиереями сохранял глубинное единство в устремлении служить Христу — Церкви как живому и страждущему Телу Христову. Но Церковь — общество не функциональное, а духовное. Здесь особо болезненно сказывалась невозможность свободного осмысления путей народа в стране российской и в рассеянии. Различия церковных путей и обстоятельств жизни влияли как на восприятие, так и на пастырское делание. Вторгалась политика. А нападения и самозащита порождали предрассудки, взаимное непонимание, недоверие. До конца 1980-х гг. общение частей Русской поместной церкви было урезано и небезопасно. Устранить наносное и выявить церковное единство оказалось процессом сложным и длительным.

Десятилетиями Московская Патриархия защищала путь компромисса, в русле которого сохранялась допущенная властью мера церковного служения. А Русская Зарубежная Церковь (Русская Православная Церковь Заграницей — РПЦЗ), считая себя свободной частью Русской Церкви, посильно поддерживала людей, активно расширяющих узкие границы, навязанные Церкви, поощряла бескомпромиссность. Она рано начала подготовку к празднованию 1000-летия Крещения Руси, но отказалась участвовать в официальном праздновании в России. Синод ее в 1987 г. подчеркнул требование подлинного отделения Церкви от государства, указал на необходимость принять подвиг прославленных ею в 1981 г. святых новомучеников и исповедников российских, отвергнуть путь оправданий «произвола правителей в делах Церкви», начатый «Декларацией лояльности» 1927 г., прекратить «лицемерно-богослужебные формы братания в экуменизме».

Вскоре это требование раскрепощения втянуло Русскую Зарубежную Церковь уже не в подпольных связях, а открыто на российские просторы. Незадолго до выборов Патриарха Алексия II, положивших конец застою в церковном управлении, Архиерейский Собор РПЦЗ решил принимать просящихся под ее омофор священнослужителей и верующих. Если в Зарубежье противостояние давно определилось, то теперь оно стало фактором в бурно развивающейся и далеко не ясной церковной обстановке в СССР.

Вскоре после августа 1991 г. в среде зарубежных архиереев выявляются различия в оценке ситуации. Но положить начало официальному диалогу мешало прошлое и связанность заново возникшими внутрироссийскими противостояниями. Диалог был начат на уровне одной епархии — Германской, по инициативе определившегося в этом вопросе к 1993 г. Берлинского и Германского архиепископа

Марка (Арндта). После девяти рабочих трехдневных встреч диалог этот завершился общим «Заявлением» (1997). Здесь был высказан ряд позиций, опередивших развитие. Подчеркивалась необходимость продолжения диалога вопреки насильственному изъятию у Зарубежной Церкви монастыря в Хевроне в июле 1997 г. палестинскими боевиками Ясира Арафата. Монастырь был перенят Московским Патриархатом. На фоне этого в некоторых кругах РПЦЗ «Заявление» встретило резкий отпор. Когда же подобное повторилось в Палестине с монастырем в Иерихоне (январь 2000 г.), был достигнут новый пик обострения отношений. И все же 2000 г. становится окончательно переломным для примирения и воссоединения.

Летом 2000 г. Архиерейский Собор в Москве принял решения, которые открыли двери к диалогу в самом существенном: был прославлен весь сонм (собор) явленных и неявленных новомучеников Российских, включая царскую семью; экуменической деятельности были положены границы, соответствующие православным нормам; в отношениях между Церковью и государством «Основы социальной концепции РПЦ» определили критерии, согласные святоотеческому учению, на чем настаивала РПЦЗ в своей антитоталитарной критике «сергианства».

В целом все три вопроса духовно взаимосвязаны. И хотя «Декларация» и другие исторические моменты здесь не упоминались, но прославление новомучеников из среды церковной оппозиции снимало остроту вопроса об исключительной правильности того или иного пути. Архиерейский Собор РПЦЗ (Нью-Йорк, октябрь 2000 г.) откликнулся на Московский собор положительно в послании к пастве, создал «Комиссию по вопросам единства Русской Церкви», решил провести конференции с участием российских историков и клириков Московского Патриархата.

Летом 2001 г. митрополит Виталий (Устинов) попросился на покой. Первоиерархом РПЦЗ был избран митрополит Лавр (Шкурла). Противникам единения помогла старческая немощь митрополита Виталия, некогда радикально настроенного. От его имени подняли знамя противостояния, создавая отколы от РПЦЗ как в Зарубежье, так и в России. Но митрополит Лавр, на Соборе изначально выступивший за проведение конференций историков как преддверия дальнейшего диалога (одна была проведена в Венгрии в 2001 г., другая в Москве в 2002 г.), вел Зарубежную Церковь к дальнейшему выявлению церковного единства.

Синод РПЦЗ высказал признание всех таинств, совершаемых в Московском Патриархате, открыты были перспективы евхаристического общения у единой Чаши Христовой (май 2003 г.). В сентябре 2003 г. в Нью-Йорке митрополит Лавр и ряд представителей РПЦЗ встретились с Президентом России Владимиром Путиным. Президент долго и откровенно общался со священнослужителями, передал письмо от Святейшего Патриарха Алексия II — оба приглашали митрополита Лавра в Россию.

В ноябре 2003 г. малая делегация РПЦЗ, возглавляемая архиепископом Марком (Арндтом), посетила Москву. На встречах с Патриархом и членами Священного Синода определялись основы диалога. Представители обеих сторон друг у друга испросили прощения за былые несправедливости и причиненную боль. Декабрь 2003 г. ознаменовался Пастырским совещанием в городе Наяк (штат Нью-Йорк).

Участвовало более половины священнослужителей РПЦЗ со всего мира и в дискуссиях у круглого стола несколько представителей Московского Патриархата. За этим в мае 2004 г. последовал визит в Россию митрополита Лавра во главе делегации священнослужителей РПЦЗ из 25 человек. Узкий круг из делегации в рабочем порядке совместно с возглавлением Московского Патриархата определял, какие вопросы предстоит обрабатывать двум Комиссиям по диалогу. Председателями Комиссии были определены архиепископ Корсунский Иннокентий (Васильев) (Московский Патриархат) и Берлинский и Германский архиепископ Марк (Русская Зарубежная Церковь).

Знаковой была патриаршая литургия на Бутовском полигоне, месте расстрела десятков тысяч новомучеников. Еще не было общего причастия, но молились вместе, и митрополит Лавр участвовал в закладке храма, посвященного всем святым российским новомученикам. Делегация совершила паломничество по святым местам Руси.

В мае 2006 г. в г. Сан-Франциско IV Всезарубежный Собор, состоящий из епископов, клириков и мирян, в духе соборности обсуждал дальнейшие пути РПЦЗ. Решения принимал Архиерейский Собор.

За эти два года Комиссии по диалогу опубликовали, после одобрения их священноначалием, документы с общими позициями по вопросам отношения Церкви и государства (с особым комментарием о «Декларации») и отношения к инославным (экуменизм). Шла работа по определению статуса приходов РПЦЗ в России и выяснению конфликтных ситуаций в Зарубежье. Последняя из восьми переговорных встреч (Москва, Мюнхен, Париж, Нью-Йорк, Кёльн) завершила работу над Актом о каноническом общении. В Акте начертан порядок взаимоотношений двух частей Русской Церкви. Согласно ему РПЦЗ сохраняет полное самоуправление (Первоиерарха, Архиерейский Синод и Собор), причем ее епископы участвуют в Архиерейских Соборах РПЦ, а она признает Святейшего Патриарха Московского и всея Руси главой всецелой Русской Церкви. В свою очередь пастырский путь РПЦЗ, как исторически неизменно пребывавшей частью Поместной Русской Церкви, признан в § 1 Акта и подтвержден на будущее. Одобрением всех этих документов священноначалие обеих частей Русской Церкви выразило готовность к воссоединению. Выявлялось и торжественно провозглашалось единство Русской Церкви в ее свидетельстве о Христе, в частности, наименованием книги, изданной по этому поводу, и надписью на всех наградных панагиях, крестах, иконах и других подарках: «В память о восстановлении канонического общения внутри Поместной Русской Православной Церкви».

Долголетний разрыв был исцелен взаимным признанием: подписан был Акт до торжественного богослужения в храме Христа Спасителя на Вознесение Христово, 17 мая 2007 г.; запечатлен евхаристическим общением – причащением от одной Чаши архиереев, священников и многочисленных мирян.

Прибыли сотни гостей и паломников из Зарубежья, и храм наполнился пятью тысячами верующих. Кроме представителей епископата, во главе с Патриархом Алексием II и митрополитом Лавром, в этом первом сослужении участвовало около 160 священнослужителей, представлявших равным числом обе части Русской Церкви.

Президент Владимир Путин выступил с амвона храма Христа Спасителя с приветственной речью, в которой отметил подписание Акта как событие «поистине всенародного, исторического масштаба и огромного нравственного значения. Церковное разделение возникло в результате глубочайшего политического раскола самого российского общества, вследствие ожесточенного противоборства сторон, прежде всего в гражданской среде. И сейчас, спустя десятилетия разобщенности, можно утверждать: в этом политическом, церковно-политическом конфликте не было победителей. Зато проиграли все: и Церковь, и сами верующие, вынужденные жить в атмосфере отчужденности и взаимного недоверия. Проиграло российское общество в целом. Возрождение церковного единства – это важнейшее условие для восстановления утраченного единства всего "русского мира", одной из духовных основ которого всегда была православная вера. Всюду, куда бы судьба ни забрасывала наших людей, – первой их заботой было возведение храма». Позже Президент назвал восстановление церковной целостности «важным духовным стимулом к консолидации всего православного, всего "русского мира". Мира, который был трагически расколот в результате революционных событий и Гражданской войны».

Через день последовало совместное освящение нового трехпрестольного храма Новомучеников в Бутове, а вечером того же дня Президент России устроил делегациям прием в Грановитой палате Кремля. Торжественные дни 17–20 мая 2007 г. завершились Божественной литургией в самом сердце России — в Успенском соборе, после чего епископы Русской Зарубежной Церкви разъехались, приглашаемые архиереями Московского Патриархата в российские епархии. Этому последовали сослужения в зарубежных странах.

Не все в РПЦЗ приняли решительный шаг к единению. Некоторые пополнили уже существующие отколы, иные взялись создать некую «традиционную РПЦЗ». В наиболее отдаленной от России Южной Америке отошло 8 священников и 2 диакона — верным Синоду РПЦЗ остался лишь один священник. В США 18 священнослужителей объявили о создании «вдовствующей Восточно-Американской епархии» (то есть не имеющей епископа). Естественно, особенно резко откликнулись те, кто перешли к РПЦЗ в 1990-е гг. на территории бывшего СССР. В то время как епископ Ишимский и Сибирский Евтихий (Курочкин) пошел путем единения, преодолев сомнения во время IV Всезарубежного Собора (2006 г.), на Украине епископ Агафангел (Пашковский), постоянно противившийся сближению, в самый день подписания Акта отошел со священнослужителями (21 человек). Этого епископа, противопоставившего себя незаконно Собору, Архиерейский Синод РПЦЗ немедленно запретил в священнослужении.

На самом деле в среде несогласных уже весь предшествовавший год шел поиск возможностей создать некое возглавление своей, иной РПЦЗ. Безуспешной осталась после подписания Акта попытка создать альтернативное Высшее церковное управление во главе с оппозиционно настроенным единоверческим епископом Ирийским Даниилом, членом Собора РПЦЗ. В июле 2007 г., однако, несогласные сблизились со старостильными греками, болгарами и румынами с перспективой новых епископских рукоположений. Всего, по предварительным данным, из 380 приходов и 22 монастырей РПЦЗ 40 приходов и 5 монастырей отказались принять Акт канонического

РОССИЙСКАЯ ФЕДЕРАЦИЯ В ГОДЫ ПРЕЗИДЕНТСТВА Б. ЕЛЬЦИНА И В. ПУТИНА

общения. Отошло в общей сложности около 60 священнослужителей (в том числе 30 в России и СНГ). Таким образом, единение не прошло для Русской Зарубежной Церкви безболезненно. Покинул состав РПЦЗ один из самых ее больших и традиционных монастырей — женская обитель Леснинская во Франции (из 15 монахинь три, в свою очередь, покинули отпадший от единства РПЦЗ монастырь). Дальнейшая судьба ушедших в раскол пока неизвестна. Можно лишь надеяться на их возвращение со временем в единство Русской Церкви.

Некоторых смущала привнесенная извне в процесс церковного единения политическая составная. Однако значение описанного события если и содержит, то ни в коем случае не исчерпывается общественно-политической стороной единения русского народа, преодоления последствий Гражданской войны и тоталитарного режима. На этом внешнем уровне плоды церковного единения непременно покажутся менее существенными, чем они есть на самом деле. Пусть было много восторженных откликов, но, соответственно, суровой была и критика. Но перевороты духовного, глубочайшего порядка обычно происходят тихо и малозаметно, и именно к такому роду изменений следует причислять — независимо от всех его внешних проявлений — церковное объединение 2007 г. Медленно, с великим трудом происходит подлинное оцерковление русского народа в современном мире. Цепко держит души в своих руках дух обмирщения, снабжая их все новыми подменами. Свидетельство же о Царстве Христовом, как ином и истинном измерении бытия, ослаблялось церковным разделением, когда ввиду общественных перемен открывались новые перспективы общения. Церковь обязана была устранить камень преткновения. Церковная правда, через всех своих верных чад, совершила это единение, хотя тому препятствовало многое, что и видно на числе отошедших. Несчетные молитвы несметных уст и сердец сделали возможным данный прорыв. Снова и снова слышался в эти дни вздох облегчения: «Совершилось!»

Осмысление путей Церкви и России в XX в. будет продолжаться, по-новому вместе с ростом веры углубляясь через открытое, живое общение внутри единой и целостной Поместной Русской Церкви.

Литература

Русская Церковь. XX век. Кн. 1. Материалы конференции «История Русской Православной Церкви в XX веке (1917–1933 гг.)», г. Сэнтендре (Венгрия), 13–16 ноября 2001 г. Издание обители преп. Иова Почаевского в Мюнхене, 2002.

В память о восстановлении канонического общения внутри Поместной Русской Православной Церкви. М.: Художественно-производственное предприятие «Софрино» Русской Православной Церкви, 2007.

Журнал Московской Патриархии. 2007. № 6.

6.1.24. Россия в мировой политике

Становление Российской Федерации в качестве суверенного независимого государства включало в себя формирование новой российской внешней политики. Это формирование проходило в трудной внутренней и внешней обстановке и сопровождалось преодолением коммунистического наследия, поисками нового места России в мире, дискуссиями о национально-государственных интересах страны и приоритетах ее внешней политики.

Надо было прежде всего заново отстроить отношения с бывшими советскими республиками в «ближнем зарубежье», затем наладить сотрудничество с западными державами. В конце января 1992 г. Ельцин сообщил, что стратегические ракеты бывшего СССР больше не нацелены на города США, и отправился на встречи с лидерами США, Канады и Франции. Министр иностранных дел Андрей Козырев заявил, что политика России отныне будет политикой «обычной великой державы». Из Белоруссии, Казахстана и Украины советское атомное оружие было вывезено в Россию. Остальные республики бывшего СССР также подписали соглашения о нераспространении атомного оружия. 3 января 1993 г. президенты России и США подписали договор о дальнейшем сокращении и ограничении стратегических наступательных вооружений (СНВ-2). Договор предусматривал сокращение числа стратегических атомных боеголовок с 23 тысяч у США и 33 тысяч унаследованных Россией от СССР до 3500 с каждой стороны.

Ориентация новой посткоммунистической России на построение демократии, правового государства и рыночной экономики во многом определила первоначальный вектор внешней политики — курс на решительный отказ от конфронтационных идеологических установок советского времени, на развитие сотрудничества в первую очередь со странами Запада как кратчайший путь к интеграции России в демократическое сообщество. Россия вступила в Международный валютный фонд и Международный банк реконструкции и развития (1992), подписала Соглашение о партнерстве и сотрудничестве с Европейским Союзом (1994), установила контакты с НАТО, стала поддерживать внешнеполитические акции США и их союзников.

Однако вскоре выявилась несостоятельность этого одновекторного курса: надежды некоторых российских политиков на то, что Запад окажет крупномасштабную денежную помощь, чтобы облегчить болезненный переход к рынку, не оправдались, что стало очевидным на встрече «большой семерки» в Мюнхене в 1992 г. К концу 1992 г. Козырев объявил, что Россия должна искать «максимум возможных взаимодействий» и обращать внимание не только на Запад, но и на Восток. В декабре 1992 г. состоялся визит Президента Ельцина в Китай.

Растущая долговая зависимость от правительств и финансовых институтов Запада в сочетании с резким ослаблением военно-экономического потенциала России крайне затрудняли развитие равноправных отношений с западным миром, который не спешил открыть свои рынки для российских товаров и учитывать российские интересы безопасности. Начало расширения НАТО на восток (вопреки заверениям западных лидеров в 1990–1991 гг.), военно-силовое вмешательство НАТО в конфликты на территории бывшей Югославии привели к заметному охлаждению отношений России с США и их союзниками к середине 1990-х гг. Становилось ясно, что окончание «холодной войны» и ликвидация идеологического водораздела отнюдь не отменяют межгосударственного соперничества и старых западных комплексов — опасений сильной России, представлений о ее культурно-цивилизационной «инородности».

Общественное мнение и политическое руководство России не могло удовлетвориться статусом «младшего партнера» США и Запада в целом, постепенно приходя к пониманию необходимости активной защиты национально-государственных интересов страны путем проведения более самостоятельной, прагматической и многовекторной внешней политики. Выдвижение во главу угла национальных интересов придало особое значение восстановлению исторической преемственности внешней политики России, зиждившейся на традиции суверенного отстаивания этих интересов в отношениях с окружающим миром. Отражением этого сдвига стало назначение в 1996 г. министром иностранных дел востоковеда Евгения Примакова (сменившего на этом посту откровенного западника Андрея Козырева), а также принятие новой Концепции национальной безопасности (1997, дополненной в 2000 г.) и Концепции внешней политики Российской Федерации (2000).

В этих документах давалась общая картина тенденций развития мирового порядка, характеризовалось место России в мировом сообществе, ее национальные интересы и пути их обеспечения в противодействии существующим угрозам. Место России определялось как положение одного из влиятельных центров силы в формирующемся многополярном мире, которому противостоит тенденция к построению однополярного мира во главе с США. Подчеркивалась твердая приверженность России демократическим принципам международного права, Уставу ООН и неприятие ею использования военной силы в обход Совета Безопасности. Вместе с тем в документах отмечалось, что между Россией и странами Запада сохраняется общность интересов по ряду ключевых вопросов международной безопасности. Национальные интересы России впервые определялись как триединство интересов личности, общества и государства в экономической, социальной, международной, информационной, военной и других сферах. Впервые четко формулировались и новые региональные приоритеты внешней политики, среди которых выделялись отношения России со своими соседями, со странами Азии, Европы и США.

Практическим воплощением этого многовекторного подхода стало усиление внимания к интеграционным процессам на послесоветском пространстве (подписание Соглашения об углублении интеграции в экономической и гуманитарной областях между Россией, Беларусью, Кыргызстаном и Казахстаном 1996 г., Договора об образовании Союза Беларуси и России 1996 г.), ускоренное развитие отношений с Китаем и Индией, подписание Основополагающего акта о взаимных отношениях, сотрудничестве и безопасности между Россией и НАТО (1997), вступление в силу Соглашения о партнерстве и сотрудничестве между Россией и ЕС (1997).

Но назревшая коррекция внешнеполитического курса еще не опиралась на укрепление экономических и политических позиций России в мире. Напротив, финансовый и правительственный кризис 1998 г. поставил страну на грань банкротства и ослабил ее международное влияние. К этому добавилось новое осложнение отношений с Западом в связи с Косовским кризисом и агрессией НАТО против Югославии, а также принятием новой Стратегической концепции альянса, предусматривавшей расширение зоны ответственности НАТО за пределы территории стран членов этого блока.

В этой сложной обстановке новое руководство России во главе с Президентом Владимиром Путиным избрало обновленный стратегический курс, направленный на постепенное наращивание экономических «мускулов» страны при одновременном избегании конфронтации с Западом и дальнейшем расширении спектра внешнеполитических связей с другими регионами мира. Модернизация экономики стала проводиться преимущественно за счет мобилизации внутренних ресурсов, централизации исполнительной власти и укрепления роли государства в ключевых секторах экономики — топливно-энергетическом и военно-промышленном.

При этом Россия, не отказываясь от иностранных инвестиций и полноправного участия в мировой торговле, стала целенаправленно сокращать свою финансовую зависимость от США и ЕС, а интеграция в западные структуры сменилась более реалистической задачей повышения совместимости российской и западной (прежде всего — европейской) экономики. Особую роль в укреплении мировых позиций России сыграло ее положение крупнейшего производителя энергоресурсов. В 2000-е гг. она стала гораздо активнее использовать свою энергетическую дипломатию. Многовекторность российской внешней политики была полностью сохранена, но, развивая отношения со всеми основными центрами силы в мире, Россия стала избегать жестко привязываться к какому-либо из них, дабы сохранить свободу маневра и самостоятельность во внешних делах.

Этот курс начал приносить плоды уже в первые годы нового столетия. Отношения с США заметно улучшились после событий 11 сентября 2001 г., когда Россия вошла в антитеррористическую коалицию и оказала весомую поддержку Соединенным Штатам в ликвидации главного очага международного терроризма в Афганистане. В 2002 г. Россия и США подписали Договор о сокращении стратегических наступательных потенциалов к 2012 г. до 1700—2000 ядерных боезарядов с каждой стороны, а уровень сотрудничества с НАТО в результате подписания Римской декларации 2002 г. был повышен до партнерства в борьбе с международным терроризмом, с распространением оружия массового уничтожения и в некоторых других областях.

К 2005—2006 гг. Россия досрочно погасила большую часть своей задолженности западным кредиторам и стала полноправным членом «большой восьмерки». Сотрудничество с ЕС получило новый импульс после Московской встречи на высшем уровне «Россия — ЕС» (2005), принявшей программу создания «общих пространств» в областях внешней безопасности, экономики, науки и образования, а также свободы, национальной безопасности и правопорядка. С другой стороны, в 2005—2006 гг. между Россией и ЕС усилились противоречия в энергетической области. Европейские государства озабочены ростом своей зависимости от поставок российских энергоносителей, а также активным продвижением российских компаний на внутренние энергетические рынки. ЕС требует от России взаимности в этом вопросе, то есть претендует на предоставление европейским фирмам доступа к российским трубопроводам. Это требование правительство России отвергает.

Кроме того, российские официальные лица, обращаясь к внутренней аудитории, нередко прибегают к жесткой риторике по отношению к странам Запада, обвиняют их в военных приготовлениях, направленных против нашей страны, и игнорировании российских интересов.

В СНГ активизировался процесс создания общего экономического пространства вокруг учрежденного в 2000 г. Евразийского экономического сообщества (ЕврАзЭС в составе России, Белоруссии, Казахстана, Киргизии, Таджикистана и Узбекистана) и создания системы коллективной безопасности на базе Организации договора о коллективной безопасности (ОДКБ). Вместе с тем в середине первого десятилетия XXI в. ухудшились отношения России с некоторыми странами СНГ. Одной из главных причин этого ухудшения стало повышение экспортных цен на российские газ и нефть. Кроме того, некоторые страны обвиняют Россию во вмешательстве в свои внутренние дела (Украина), в поддержке сепаратистских образований (Грузия, Молдова).

На новый уровень стратегического партнерства поднялись отношения России с Китаем, закрепленные Договором о добрососедстве, дружбе и сотрудничестве 2001 г., и Индией после подписания в 2000–2002 гг. российско-индийских Деклараций о стратегическом партнерстве и его упрочении. Заметно усилилась роль Российской Федерации в ближневосточном урегулировании и решении северокорейской ядерной проблемы. Россия была принята в Диалог по сотрудничеству с Азией и стала наблюдателем в организации Исламская конференция.

Более 80% российских граждан, судя по опросам 2005–2006 гг., одобряли в целом политику Президента Путина. Успешная внешнеполитическая деятельность стала важным элементом образа Президента. Так называемая высокая геополитика, развиваемая политическими деятелями, дипломатами, экспертами, в России лишь отчасти соответствует геополитике «низкой», то есть складывающимся в сознании граждан представлениям о месте страны в мире, ее потенциальных и действительных союзниках и источниках внешних угроз (см. **6.1.25**).

Поиск нашей страной нового места в мире продолжается, и на этом пути остается еще немало проблем, но очевидно, что Россия возвращается в круг держав, наделенных особой ответственностью за поддержание мира и стабильного развития человечества.

Литература
Внешняя политика Российской Федерации / Отв. ред. А.В. Торкунов. М.: МГИМО (У) МИД РФ; РОССПЭН, 2000.

С.Г. Лузянин. Восточная политика Владимира Путина. Возвращение России на «Большой Восток» (2004–2006 гг.). М.: АСТ: Восток – Запад, 2007.

6.1.25. Россия и международный терроризм

Россия раньше других ведущих стран вплотную столкнулась с угрозой международного терроризма в виде исламского экстремизма, который проявился сначала в Чечне, а затем и в других районах Северного Кавказа. Однако попытки России привлечь внимание мировой общественности к этой угрозе не давали результата, пока не были совершены злодейские теракты Аль-Каиды в Нью-Йорке и Вашингтоне. Реакция Кремля на события 11 сентября 2001 г. была незамедлительной – Президент Владимир Путин первым из мировых лидеров позвонил в Белый дом и предложил Президенту США Джорджу Бушу (младшему) всю возможную помощь. Решительно сделав свой выбор в пользу объединения сил всего цивилизованного мира для борьбы с новой глобальной угрозой, Россия сыграла важную роль в формировании международной антитеррористической коалиции и обеспечении успеха ее первой крупной военной операции осенью 2001 г. в Афганистане против талибов, служивших главной опорой Аль-Каиды. При активном содействии российского руководства США получили доступ к военным базам в Центральной Азии и наладили взаимодействие с противниками талибов в самом Афганистане.

С самого начала Россия выступала за создание максимально широкого антитеррористического фронта и за комплексные усилия на самых разных международных уровнях по пресечению и предотвращению терактов. При активном участии русской дипломатии уже в сентябре 2001 г. Совет Безопасности ООН принял резолюцию о создании комитета по наблюдению за выполнением всеми государствами своих обязательств по борьбе с международным терроризмом. В рамках «большой восьмерки» Россия стала участником соглашения о принципах предотвращения доступа террористов к оружию массового уничтожения, радиоактивным материалам, а также о мерах по борьбе с финансированием терроризма и укреплению безопасности на транспорте.

Противодействие международному терроризму стало важной сферой сотрудничества России и НАТО: в октябре 2001 г. был принят первый план совместных действий, предусматривавший обмен информацией и проведение консультаций по вопросам, относящимся к террористическим угрозам, взаимодействие в чрезвычайных ситуациях, совместные учения по ликвидации последствий крупномасштабных катастроф и отработке задач обеспечения безопасности хранения ядерного оружия. Борьба с международным терроризмом и экстремизмом является неотъемлемой частью сотрудничества России и ее соседей.

В этой борьбе остается еще немало нерешенных задач, что связано не только со сложностью самой проблемы, но и с различиями в подходах к ней разных стран. Сохраняются и разногласия по вопросам определения международного терроризма и отнесения к нему различных экстремистских сил и организаций. Поэтому, несмотря на активные усилия России, Индии и некоторых других стран, до сих пор не удается выработать в рамках ООН единый международно-правовой антитеррористический режим, который бы стал правовой основой борьбы с этой угрозой.

Решительная поддержка Президентом В. Путиным США и их союзников после событий 11 сентября 2001 г. не сразу получила поддержку российского общественного мнения, хотя российские граждане практически единодушно сочувствовали горю жителей Нью-Йорка и Вашингтона. Обоснованием нового курса в доминировавшем официальном дискурсе стал тезис о международном терроризме, опирающемся на фундаменталистские течения в исламе, — варварской силе и общем враге всего «цивилизованного сообщества». Акции экстремистов против США, взрывы в российских городах и вооруженное сопротивление сепаратистов в Чечне были сразу же представлены как звенья одной цепи, что послужило важным аргументом в оправдании действий федеральных сил в Чечне, особенно за рубежом. Контролируемые правительством СМИ характеризовали международный терроризм как «Чечню в глобальном масштабе». Глобальная сеть Аль-Каиды и других международных террористических организаций, охватывающая и Кавказ, рисовалась как общая угроза стабильности, управляемости мирового сообщества, силам порядка, национальному суверенитету России и других стран.

Дискурс левых сил и национал-патриотов, прежде всего коммунистов, основывался на известных идеологических принципах марксизма и псевдонаучной геополитике, в которой международные события рассматриваются через призму извечной и неизбежной борьбы за прямой или косвенный контроль над территорией и сферами влияния. События 11 сентября лидеры этих сил интерпретировали как закономерный результат эксплуатации развивающихся стран Западом и особенно США, реакцию на нетерпимые контрасты в благосостоянии между странами «золотого миллиарда» и большей частью остального мира, гегемонию Америки, высокомерно пренебрегающей культурой и традициями других народов. Подчеркивалось, что американцы сами же и выпестовали талибов и других фундаменталистов, чтобы манипулировать ими в борьбе против СССР в годы войны в Афганистане.

Тезису о «международном терроризме» национал-патриотическая пресса противопоставляла резкое осуждение «государственного терроризма» США, обвиняя их в лицемерии и двойных стандартах. Американцы, по ее мнению, всегда поддерживали террористов (косовских албанцев, чеченских сепаратистов, израильских экстремистов), если их цели отвечали американским интересам. Согласие России на использование американскими самолетами российского воздушного пространства и создание военных баз в Средней Азии расценивалось национал-патриотической оппозицией как дальнейшее отступление под натиском американского империализма и ничем не обоснованная геополитическая уступка.

Критика политики Президента, казалось, совершившего решительный «поворот на Запад», звучала и справа, со стороны либералов. В принципе полностью одобряя такой поворот и считая его шагом к более глубокой интеграции в мировое хозяйство и к новым реформам, некоторые либералы винили российскую дипломатию в том, что Россия не получила от США никакой компенсации за столь весомую поддержку. Другие высказывали опасения, что Россия утрачивает самостоятельность в международных делах, отказывается от ею же провозглашенного принципа многополярности международных отношений и рискует серьезно поссориться с мусульманским миром.

Опросы общественного мнения показали, что российские граждане в целом одобрили курс Президента Путина, однако многие из них весьма критично отнеслись к официальным аргументам и трактовке международной ситуации, сложившейся после 11 сентября. Более 70% респондентов согласились с необходимостью союза России с США в борьбе против международного терроризма. Еще выше поддержка этой политики была среди более образованной и состоятельной части населения. Впрочем, остро реагируя на перипетии российско-американских отношений и часто осуждая политику США, россияне всегда выступали за российско-американское сближение и сотрудничество.

Отношение общественного мнения к проведенной Президентом аналогии между взрывами жилых домов в российских городах, чеченским сепаратизмом и событиями 11 сентября было гораздо менее единодушным. В среднем с ней согласились лишь 48% респондентов, причем наиболее сильные сомнения высказали лица с высшим образованием и более высоким уровнем доходов, жители Москвы, Петербурга и других крупных городов. Что особенно существенно, скептически отнеслись к этой аналогии представители титульных «мусульманских» народов республик Поволжья и в еще большей степени — Северного Кавказа. Многие россияне считали, что США заплатили России за ее поддержку черной неблагодарностью.

Только четверть респондентов по всей России посчитала Россию и США равными партнерами в новом альянсе против международного терроризма. Почти ³/₄ опрошенных (а среди «высокоресурсных» групп — еще больше) полагали, что американцев привела в Среднюю Азию заинтересованность в контроле над этим регионом и новыми источниками поставок нефти и газа. В суждениях об обоснованности войны руководимой США коалиции против талибов в Афганистане респонденты разделились практически поровну: 44% сочли ее оправданной и необходимой, 40% придерживались противоположного мнения. И опять-таки, представители титульных «мусульманских» народов более негативно отнеслись к военной акции США в Афганистане, чем в среднем российские граждане. Значимые различия во мнениях по всем этим вопросам отмечались и между регионами страны.

6.1.26. Восточноевропейский и российский пути выхода из коммунизма

В 1988–1991 гг. практически во всех странах советского блока и в самом СССР произошли антикоммунистические революции. Однако дальнейшие пути этих стран разделились, при всем национальном своеобразии, на два главных потока.

Все страны «народной демократии» (кроме республик бывшей Югославии, за исключением Словении, вступивших на этот же путь позже), а также Балтийские страны, включенные в 1940–1990 гг. в СССР, уже в первые месяцы после отвержения коммунистической государственной практики отвергли коммунизм и юридически, и идейно.

Во всех этих странах было объявлено правопреемство с государствами, существовавшими перед захватом власти коммунистами. Захват коммунистами власти, в какой бы форме он ни происходил (формально законно, как в Чехословакии, или вполне насильственно, как в Латвии), был объявлен незаконным, и, следовательно, все акты коммунистической власти, нарушавшие старые законы, отменялись. В некоторых странах восстанавливались старые конституции, например в Латвии, или на их основе писались и принимались новые — Эстония, Болгария, Венгрия. Повсюду в переходный период от трех до десяти лет происходила «подстройка» старых законов к новым реалиям. Но «подстраивались» именно законы, существовавшие перед захватом власти в этих странах коммунистами.

Следствием этого правового принципа повсюду стало восстановление собственнических прав, то есть если незаконная власть отбирала собственность, то ее надо вернуть пострадавшим или их потомкам. Реституция прав собственности заняла в большинстве стран десятилетие (1990–2000) и к настоящему времени завершилась. Потомки ограбленных получили либо собственность в натуральном виде — землю, здания, либо компенсацию отнятого в форме государственных ценных бумаг или иным образом. В большинстве стран восстановление прав собственности происходило заявительным порядком и проходило через суд только в случае конфликта интересов собственников друг с другом. В Югославии реституция собственности началась только после ухода полукоммунистического режима Слободана Милошевича.

Другим следствием из признания коммунистического режима незаконным стала практика люстраций (очищения). Лица, активно служившие незаконному и преступному режиму в партийном руководстве, тайной полиции и т. п., на какое-то время или поражались в правах (Чехословакия) и не допускались к занятию политических постов, или были вынуждены объявлять о своей причастности к тоталитарному режиму (Польша), а решение о их судьбе выносило в каждом случае государство (назначая или не назначая чиновника) или избиратели (выбирая или не выбирая кандидата). Люстрация, в частности, привела к тому, что практически заново были созданы в восточноевропейских странах все службы государственной безопасности.

Незаконность коммунистического режима также имела следствием пересмотр всей национальной символики, снятие памятников, переименование городов и улиц, изменение школьных и вузовских программ преподавания истории. В странах Восточной Европы и в странах Балтии не осталось ни памятников Ленину, ни своим коммунистам и их пособникам. В Софии был уничтожен мавзолей Димитрова (мавзолей Готвальда в Праге был снесен еще раньше). Коммунистический период был объявлен трагическим периодом национальной истории, а борцы с ним провозглашены героями и истинными патриотами.

Наконец, многочисленные граждане восточноевропейских стран, вынужденные покинуть родину в результате коммунистических переворотов и последующих преследований, автоматически восстанавливались в гражданских правах, где бы они ни жили. Также права гражданства исторической родины автоматически получали их потомки. Это действие, осуществляемое вместе с реституцией собственности, позволило многим беженцам и их детям вернуться в отечество, и не на пустое место, а располагая собственностью, им возвращенной.

Так восточноевропейские страны перечеркнули коммунистический период своей истории и продолжили жизнь своих докоммунистических обществ, не теряя страшного опыта тоталитарных десятилетий (напротив, о них говорят сейчас очень много), но исключая их из сферы закона.

Совершенно иначе поступила Российская Федерация и другие одиннадцать республик СССР (за исключением балтийских). Все они объявили себя правопреемниками СССР, а Россия даже и его продолжателем. Напомним, что в юридической терминологии правопреемник — это иное лицо, вступающее в права умершего, а продолжатель — это то же лицо, но под другим именем (например, вышедшая замуж и сменившая фамилию женщина). Президент Путин прямо объявил в сентябре 2004 г., что СССР распался, но мы сохранили большую его часть и присвоили ей имя Российской Федерации. Проблема усугубляется тем, что сам СССР и создавшая его РСФСР юридически провозглашали себя новыми государствами, «построенными рабочими и крестьянами», никак не связанными со старой Россией. Потому и нынешняя РФ юридически со старой Россией никак не связана и ни один ее закон не действовал до 25 октября 1917 г. Нынешняя Россия остается государством революционных рабочих и крестьян, как бы мы к этому ни относились.

Такое решение имеет множество вполне закономерных следствий. Во-первых, все преступления коммунистического режима ложатся на его продолжателя, и нынешней РФ приходится отвечать и за ГУЛАГ, и за Катынское убийство, и за оккупацию Прибалтики, и даже за красный террор НКВД 1918–1920 гг. Во-вторых, страна – продолжатель СССР воспринимается в мире как продолжатель политики СССР, а эта политика в эпоху «холодной войны» и до того носила ярко выраженный агрессивный характер. Нынешней РФ приходится терпеть поношения за преступления режима, насильнически овладевшего Россией в пятилетней Гражданской войне.

В-третьих, вместо восстановления собственнических прав в России происходит бесконечное перераспределение той собственности, которая была награблена большевиками во время их владычества и преумножена рабским трудом заключенных или недоплаченным трудом формально свободных рабочих и колхозников. Собственность не становится более законной от того, что она переходит из рук в руки среди новых богатых, но еще печальней полное отчуждение от собственности подавляющего большинства граждан России, которым и не думают возвращать то, что отобрали у их отцов, дедов, прадедов.

Наконец, в России и иных республиках бывшего СССР повсюду высятся статуи Ленина, Дзержинского, Свердлова, Кирова. Улицы и площади носят имена тяжких бандитов и убийц. Только незнание собственной истории позволяет людям терпеть это. В самом сердце России, на Красной площади Москвы, лежит в стеклянном гробу тело Владимира Ленина, преступления которого против народа России безмерны. Все это нравственно растлевает общество, а не исцеляет его.

В такую Россию потомки русских изгнанников возвращаются без большой охоты. Они не могут получить здесь гражданство в автоматическом порядке, не могут и вернуть собственность, которую потеряли. Ведь и лишение гражданства, и конфискация собственности в РФ, как в продолжателе СССР, не могут считаться незаконными. Поэтому-то эмигранты посещают Россию большей частью «вахтовым методом» — наездами, а не переселяются в нее. Две России — зарубежная и внутренняя — остаются во многом разъединенными до сего дня тем, что одна ведет себя от старой России, а другая — от СССР.

Разные ученые различно объясняют, почему столь различны оказались пути стран Восточной Европы и большей части исторической России. Одни полагают, что все дело в сроках: за 70 лет к коммунистическому режиму привыкли, его стали считать «своим», а за 40—50 привыкнуть не успели, смена поколений не произошла. Другие объясняют случившееся глубиной и массовостью репрессий, их жестокостью. Нигде культурный класс не был истреблен столь тщательно, как в России, и потому память о другой России, ее продолжательство осталось только в Зарубежье, где нашли спасение многие представители российской старой культурной элиты. Третьи говорят, что причина всему — то, что восточноевропейские страны были захвачены Сталиным, коммунизм им был навязан, всегда считался чужим, «русским», а Россия коммунизм избрала сама и утвердила его в долгой и кровопролитной Гражданской войне.

Но как бы там ни было, продолжательство СССР и нравственно, и политически, и даже экономически приносит намного больше вреда, чем пользы, нынешней России.

Выбравший в 1991 г. продолжательство СССР как форму правового существования послесоветской России, Президент Борис Ельцин, с годами пересмотрел тот свой выбор. Уже после ухода с высокого поста, в 2000 г., он записал в свой дневник:

«...В 1991 году Россия объявила себя правопреемницей СССР. Это был абсолютно грамотный, логичный юридический шаг — особенно в области наших международных отношений, где мы были связаны целым рядом серьезнейших обязательств как члены различных международных организаций, конвенций, соглашений. Выйди мы из этого юридического пространства, и возникло бы столько вопросов, такая "головная боль", к которой в то сложное время мы были явно не готовы.

Но сейчас я думаю: а что бы было, если бы новая Россия пошла другим путем и восстановила свое правопреемство с другой Россией, прежней, загубленной большевиками в 1917 г.? ... От 1991-го к 1917 году?

Конечно, на этом пути возникли бы большие трудности.

Идея реставрации всегда сильно пугала наше общественное мнение. Отдавать собственность, землю, выплачивать потомкам эмигрантов долги за потерянное в революционные годы имущество? Все это было бы очень трудно, непривычно, непонятно.

Но с революцией проще рвать именно так — жестко, не затягивая и не усложняя мучительный процесс расставания с историческим прошлым. И у этой коренной ломки общественного (советского — *отв.ред.*) устройства были бы свои несомненные плюсы.

Мы бы жили по совершенно другим законам — не советским законам, построенным на идее классовой борьбы и обязательного диктата социалистического государства, а по законам, уважающим личность. Отдельную личность. Нам бы не пришлось заново создавать условия для возникновения бизнеса, свободы слова, парламента и многого другого, что уже было в России до 1917 года. Кстати, была частная собственность на землю. А главное, мы, россияне, совсем по-другому ощущали бы себя — ощущали гражданами заново обретенной Родины. Мы бы обязательно гордились этим чувством восстановленной исторической справедливости! Иначе бы относился к нам и окружающий мир. Признать свои исторические ошибки и восстановить историческую преемственность — смелый, вызывающий уважение шаг.

Посмотрите, что реально происходило в последние годы. Нам девять лет приходилось ломать и строить одновременно. Жить между двух эпох. И это гораздо труднее, чем приспосабливать под современность, модернизировать старые российские законы.

 Несомненные выгоды от такого решения, такого поворота событий, мне кажется, тогда, в 91-м, были нами, вполне возможно, упущены. Да, не все так просто, не все так гладко получается в жизни, как в политической схеме. Быть может, когда-нибудь россияне захотят сделать такой шаг». (*Б.Н.Ельцин*. Президентский марафон. М.: АСТ, 2000. С.196—197).

Сейчас, когда выросло и вошло в жизнь новое поколение русских людей, свободное от коммунистических штампов в видении и истории и современной жизни, привыкшее к частному предпринимательству, к собственности, хорошо узнавшее мир вокруг и благодаря поездкам, и с помощью Интернета; когда вся тысячелетняя история России явилась нам во множестве книг, публикаций документов, фильмов; когда вера в Бога и нравственная оценка факта вновь стала нормой жизни для очень многих — это политическое завещание первого Президента России звучит, может быть, ещё более актуально, чем в 2000 г.

Литература
Черная книга имен, которым не место на карте России. М.: Посев, 2005.
Реституция прав собственности. М.: Посев, 2005.

Глава 2
ПОЛИТИЧЕСКИЕ ПРОЦЕССЫ НА ПРОСТРАНСТВАХ ИСТОРИЧЕСКОЙ РОССИИ ЗА ПРЕДЕЛАМИ РОССИЙСКОЙ ФЕДЕРАЦИИ

6.2.1. Украина

Украина для России — не просто самый значимый по демографическому и экономическому потенциалу сосед и второй после Германии внешнеторговый партнер. Это страна, которая в течение почти трех с половиной столетий была частью российского государства, с которой ее объединяют общие исторические истоки, близкие язык и культура. И русские, и украинцы по праву гордятся многими общими символическими фигурами прошлого — политическими деятелями, военачальниками, писателями, художниками и композиторами. У русских и украинцев много сходных черт в сознании и проблемах, унаследованных как от коммунистического периода, так и более далекого прошлого. При этом миллионы жителей России и Украины имеют близких родственников в соседней стране (в пограничных областях — до 40% населения). Более 17% украинских граждан — русские, почти половина предпочитает говорить на русском языке или считает его родным. Русская культура им так же близка, как и украинская.

Однако национальная идея, положенная в основу государственного строительства в Украине, зиждется на принципиально иных взглядах на происхождение и историю украинского народа, чем у русских историков. Согласно этим взглядам, украинцы — единственные наследники славной истории «Киевской Руси — Украины», истинно европейский и славянский народ, тогда как русский народ сформировался значительно позже, в результате смешения славян с угро-финскими и тюркскими племенами. Присоединение Украины к России привело к тяжелым для нее последствиям — потере государственности, колониальному угнетению, подавлению языка и культуры. Советско-нацистская война рассматривается как столкновение двух одинаково враждебных Украине тоталитарных режимов, а бойцы Украинской повстанческой армии (УПА), воевавшей с Советской армией и оказывавшей на западе страны сопротивление советской власти вплоть до начала 1950-х гг,. — как герои борьбы за национальное освобождение. Таким образом, краеугольные принципы украинской национальной идентичности могут вызывать в России острое неприятие. В обеих странах они могут использоваться для разжигания неприязни между русскими и украинцами. Многим россиянам оказалось психологически трудно осознать, что Украина отныне — независимое государство, имеющее собственные, отличные от российских интересы. Им трудно понять задачи государственного строительства в Украине и особенно принять политику «украинизации».

В конце эпохи перестройки горбачевская демократизация разбудила в украинской интеллигенции и обществе национальные чувства. Гласность позволила развернуть широкие исторические дискуссии, обнародовать малоизвестные ранее трагические факты истории — например, о голодоморе начала 1930-х гг., в 2006 г. законодательно признанном геноцидом украинского народа, часто интерпретируемым как попытку коммунистической власти уничтожить украинский народ. К 1989 г. в общественной жизни сложилось противостояние между слабеющим коммунистическим аппаратом и национал-демократическими силами, объединившимися в Народный Рух Украины за Перестройку во главе с известным диссидентом, львовянином Вячеславом Чорновилом. Идея организации такого движения была заимствована из Прибалтики. После ухода в отставку многолетнего руководителя советской Украины, члена Политбюро ЦК КПСС В. Щербицкого (сентябрь 1989 г.), у компартии не нашлось сильного лидера. Часть партийно-советской номенклатуры осознала, что сохранить власть можно только поднявшись на гребень националистической волны. Постепенно эти «аппаратчики» начали действовать совместно с националистической и демократической интеллигенцией, все более открыто выступавшей не только против коммунистической власти, но и за независимость. Тем не менее бо́льшая часть «аппаратчиков» предпочитала занимать выжидательную позицию.

На первых квазидемократических выборах в Верховный Совет УССР (Верховную Раду) в марте 1990 г. Рух получил четверть мандатов. Летом того же года весь Советский Союз потрясли мощные забастовки донецких шахтеров и студенческие голодовки, показавшие, что коммунистические власти теряют контроль над Украиной. Рух старался остаться надпартийным и многонациональным движением, но все больше превращался в украинское национальное движение, поддерживаемое прежде всего на западе страны и в Киеве; в нем постепенно выделялись разные политические тенденции, на базе которых создавались партии. Центр политической жизни сместился из ЦК КПУ в Верховную Раду. Вслед за Россией Украина приняла декларацию о государственном суверенитете, за которую проголосовали и многие коммунисты. Председателем Верховной Рады стал секретарь ЦК КПУ по идеологической работе, выходец из Западной Украины Леонид Кравчук.

На общесоюзном референдуме 17 марта 1991 г. более 70% избирателей Украины проголосовало за сохранение обновленной федерации, 80% — за вхождение в Союз Советских Суверенных республик на основании Декларации о суверенитете. Во время августовского путча 1991 г. украинское руководство выжидало, кто одержит верх в Москве. После его провала Украина приняла Акт о государственной независимости, поддержанный и партийной номенклатурой, опасавшейся непредсказуемых либералов, пришедших к власти в Москве. 1 декабря 1991 г. в Украине одновременно прошли президентские выборы и референдум о независимости. Леонид Кравчук победил уже в первом туре. Около 75% избирателей проголосовали за независимость, тем самым перечеркнув итоги голосования 17 марта. За независимость высказалось большинство избирателей не только в Западной и Центральной Украине, но и на Востоке и даже в Крыму. Для некоторых избирателей, в первую очередь на западе и в Киеве, дорога была идея национального суверенитета, другие надеялись, что, отделившись от голодной и нестабильной России, вошедшей в полосу острых внутренних конфликтов, Украина заживет лучше, третьи не вполне осознавали, что речь шла не о новой версии СССР, но об окончательном распаде их бывшей единой страны. Как показали ближайшие события, украинское руководство понимало события декабря 1991 г. совершенно иначе, чем российское, питавшее малообоснованные иллюзии о сохранении общих вооруженных сил, внешней политики и т. д. Кравчук твердо вел дело к строительству национального государства, и для него образование СНГ было не более чем средством «цивилизованного развода» с Россией и другими республиками.

Независимая Украина оказалась в сложном положении. Перед ней одновременно встало несколько крупных проблем, имевших ключевое значение для судеб украинской государственности, и решение каждой из них в той или иной мере зависело от России или было тесно связано с отношением к ней.

Первая и главная проблема — обеспечение *единства и территориальной целостности* страны, создание *украинской политической нации*, разделяющей общие ценности, культуру, взгляды на прошлое и историческую миссию страны, ее место на политической карте мира, союзников и внешние угрозы. В современных границах, объединивших большую часть украинских земель, Украина была создана коммунистическим режимом. Западные области, входившие в состав Австро-Венгрии, были включены в советскую Украину лишь накануне Второй Мировой войны в соответствии с секретными протоколами к договору Молотова — Риббентропа. Крым, большинство жителей которого и по сей день составляют этнические русские, стал частью украинской территории лишь в 1954 г. по инициативе Н.С. Хрущева, а до того был Крымско-татарской АССР, а после депортации татар — Крымской областью РСФСР.

Крупные регионы страны сильно разнятся по историко-культурным особенностям, специализации хозяйства, структуре населения и т. п. Наиболее глубокий, системный характер носят различия между жителями западных областей и индустриального Востока и в несколько меньшей степени городов юга. На восточные области приходится не менее 70% ВВП. При этом Донецкая и Днепропетровская области дают около 40 % ВВП Украины.

Жители Западной Украины, еще не забывшие «буржуазного» строя жизни до 1939 г., говорят на украинском языке, более религиозны, верующие – прихожане храмов, принадлежащих греко-католической или Украинской Православной Церкви Киевского Патриархата (УПЦ КП). Они однозначно выступали за унитарное государственное устройство и интеграцию страны в европейские и в целом западные структуры, в том числе НАТО, и против ее участия в каких-либо интеграционных группировках вместе с Россией, за либерально-рыночные экономические и политические реформы, ограничение вмешательства государства в экономику.

Напротив, жители восточной и отчасти южной Украины считают родным русский язык или предпочитают говорить на нем, многие из них – этнические русские или происходят из русско-украинских и иных смешанных браков. Верующие – в основном прихожане храмов Украинской Православной Церкви Московского Патриархата (УПЦ МП). Население этой части Украины сохранило много черт советской политической культуры. В первые годы независимости оно выступало против рыночных реформ, за государственный контроль над крупной промышленностью, патерналистское государство. Среди жителей востока большинство было за тесное сотрудничество или интеграцию с Россией, провозглашение русского языка вторым государственным языком и категорически против вступления в НАТО. Они не приемлют националистические партии. В 1990-х гг. многие из них голосовали за коммунистов и считали целесообразным федеративное устройство страны для лучшего учета интересов регионов.

Среди украинской политической элиты еще в начале 1990-х гг. возобладало мнение, что Украина станет современным государством только тогда, когда в обществе будет достигнута определенная культурно-языковая однородность. Сложился определенный консенсус: украинское государство – не дву- или многонациональное, а основывается на *украинской этнической идентичности*. Еще в 1989 г. украинский язык был провозглашен единственным государственным языком. Только на нем ведется делопроизводство, преподавание по подавляющему большинству специальностей в вузах. Постепенно сокращается число русских школ и детских садов и т. п. Строительство новой украинской политической идентичности велось чаще всего «от противного» – путем противопоставления украинского самосознания русскому и российскому. Россия представлялась как важнейшая угроза независимости и суверенитету молодого украинского государства.

Почти сразу же после провозглашения независимости между Украиной и Россией началось явное и скрытое противоборство. В России долгое время не только население, но и значительная часть политической элиты воспринимала независимость Украины как временное недоразумение. Достаточно поддержать в Украине «правильные» силы, как она вступит в союз с Россией по белорусскому образцу, либо Украина расколется, и можно будет воссоединиться с братьями на востоке и юге этой страны. В то же время в Украине все трудности переходного периода были склонны приписывать козням «большого брата», не жалеющего сил, чтобы вновь подчинить себе свою соседку. И в России, и в Украине взаимные разногласия активно использовались во внутриполитической борьбе. Поведение обеих сторон подчас диктовалось эмоциональными реакциями, а не внятными аргументами.

Острые противоречия касались окончательного признания Россией границ Украины, в том числе принадлежности ей Крыма, делимитации государственной границы, «приватизации» Украиной частей бывшей Советской армии на ее территории, раздела Черноморского флота и т. д. Украина требует передать ей часть бывшей советской недвижимости за рубежом, как она считает, узурпированной Россией, компенсировать украинским вкладчикам хранившиеся в общесоюзных банках сбережения, обесцененные вследствие либерализации цен. Конфликты между двумя странами вспыхивали из-за украинских долгов за энергоносители и оплаты транзита российской нефти и газа через территорию Украины, способа взимания налога на добавленную стоимость на экспортируемые Россией товары.

Украина вначале не хотела передавать России ядерные боеголовки, размещавшиеся на ее территории. Однако США и другие западные страны вовсе не хотели появления еще одной ядерной державы, что поставило бы под сомнение систему международных соглашений в этой области. Украина объявила о политике нейтралитета и под совместным нажимом России и Запада отказалась от ядерных вооружений. Однако в самом скором времени нейтралитет в Украине стали считать совместимым с экономической и политической интеграцией с Западом, а потом о нем вовсе забыли.

Украина всегда была одним из основных «диссидентов» в СНГ. Она не вступила в ОДКБ и даже в СНГ состоит лишь ассоциированным членом, так как не подписала его устав. Именно Украина выступила инициатором создания межгосударственного объединения ГУАМ (Грузия, Украина, Азербайджан, Молдавия; позднее, с присоединением Узбекистана, ГУАМ превратился в ГУУАМ), направленного на преодоление гегемонии России на послесоветском пространстве. Приверженность страны «европейскому» вектору внешней политики носит твердый, долгосрочный и отнюдь не конъюнктурный характер. Она основывается на аргументах, составляющих сердцевину украинского национализма и идентичности, рациональных и вполне объективных интересах.

Долго и трудно шли переговоры о судьбе Черноморского флота. Сначала было принято решение о совместном управлении им, но это оказалось невозможным. Затем Кравчук согласился продать украинскую часть флота России за газовые долги. Только в 1994 г. была достигнута договоренность о разделе флота и аренде Россией части Севастопольской бухты и других объектов в Крыму до 2017 г. Представители Украины не раз заявляли, что позже этого срока аренда продлена не будет.

В то же время в некоторых областях отношения между Украиной и Россией были весьма доверительными. На двусторонних встречах украинские руководители уверяли российских в вечной дружбе. Стороны ратифицировали договор о станциях противоракетной обороны в Севастополе и Мукачево. Значительная часть российских баллистических ракет была произведена в Днепропетровске.

Эта двойственная внешняя политика — прямое проявление дуализма украинских экономических, культурных и политических структур. Экономические факторы (зависимость от российского рынка сбыта и кооперационных связей, импорта энергоносителей) толкали Украину к Востоку, а политические и «идеологические» факторы, связанные с задачами государственного строительства, — к Западу.

В 1994 г. обострилась проблема Крыма. Еще до распада СССР, в январе 1991 г., там был проведен референдум, на котором избиратели проголосовали за воссоздание

Крымской автономной республики как отдельного субъекта будущего союзного договора. Это создавало некоторые юридические основания для сепаратизма, тем более что в России легитимность передачи Крымской области УССР в 1954 г. постоянно оспаривалась. Обе палаты Федерального собрания РФ приняли резолюции, провозгласившие Севастополь, административно не входивший в советское время в Крымскую область, российским городом. С аналогичными заявлениями выступали видные российские политики – В. Жириновский, Ю. Лужков и др.

Верховный Совет Крыма принял конституцию, фактически открывавшую путь к независимости и возможному его присоединению к России. В начале 1994 г. на президентских выборах в автономии победил лидер пророссийских сил Юрий Мешков. Когда он попытался установить контроль над милицией, возникла реальная опасность вооруженных столкновений между украинскими и крымскими силами. Однако Мешкову не удалось овладеть политической ситуацией, он был дискредитирован и осенью 1994 г. оставил политику. Однако кризис тянулся до лета 1995 г. Новому Президенту Украины Леониду Кучме удалось добиться отмены крымских законодательных актов, противоречивших конституции Украины.

Киев стремился укрепить в Крыму позиции центра за счет расширения экономической помощи и формирования новой местной элиты. В борьбе с русофильскими настроениями Киев традиционно опирался на крымских татар. Однако опыт показал, что их односторонняя поддержка чревата серьезными последствиями. Нелегитимное объединение татар, меджлис, требует признать Крым татарской республикой, способствует самозахвату земель. К чести российского руководства, оно заняло четкую позицию невмешательства в конфликт между Киевом и Симферополем – иначе разразился бы крупномасштабный российско-украинский конфликт с непредсказуемыми последствиями. Новая конституция Крыма была утверждена Верховной Радой только в конце 1998 г.

Вторая проблема Украины – *создание дееспособного демократического государства*. Политическая жизнь страны была бурной, полной драматическими конфликтами и скандалами и во многом повторяла события в России. Сразу же после провозглашения независимости остро встал вопрос о разделении компетенций между ветвями власти и государственными институтами. Началось противоборство между Кравчуком и главой Верховной Рады Иваном Плющом, затем – между Кравчуком и назначенным им на пост премьера «сильным хозяйственником» Леонидом Кучмой, бывшим генеральным директором научно-производственного объединения «Южмаш», разрабатывавшего и строившего стратегические ракеты.

Кравчук сам же инициировал предоставление Кучме особых полномочий. Однако экономическое положение продолжало ухудшаться. Летом 1993 г. вновь забастовали донецкие шахтеры, выдвинувшие политические требования – предоставить автономию Донецкой области, придать русскому языку статус второго государственного языка, восстановить экономические связи с Россией, провести референдум о доверии Президенту и парламенту. В сентябре 1993 г. Кучма был отправлен в отставку, правительство возглавил сам Президент. Весной 1994 г. состоялись досрочные выборы в Верховную Раду. Явка избирателей во многих округах была так низка, что потребовались повторные выборы, которые тянулись до осени. В 44 округах депутатов так и не удалось избрать. Большинство избранных депутатов были беспартийными; среди кандидатов, выдвинутых политическими партиями, наибольшее число мест получили коммунисты. Председателем Верховной Рады стал глава Социалистической партии Украины (СПУ) Александр Мороз.

На президентских выборах в июне того же года бывший премьер Л. Кучма обошел во втором туре своего главного конкурента, Президента Л. Кравчука. Основными лозунгами Кучмы были провозглашение русского языка вторым государственным языком, восстановление хозяйственных связей с Россией и государственная поддержка промышленности. Избиратели раскололись на два лагеря: в западных областях с большим преимуществом победил Л. Кравчук, тогда как в восточных и южных регионах подавляющий перевес был на стороне Л. Кучмы.

Центральной проблемой государственного строительства в первые годы президентства Л. Кучмы было достижение консенсуса по основным положениям новой конституции. Бурные дискуссии развернулись по вопросу о государственном устройстве — быть ли Украине федерацией, политические институты которой отражали бы многообразные региональные различия и учитывали их подчас противоположные интересы, или унитарным, централизованным государством. Основной закон государства удалось принять лишь в конце пятого года независимости — в июне 1996 г. Большинство депутатов Верховной Рады пришло к заключению, что единство страны лучше обеспечит унитарная республика. Конституционный строй Украины стал похож на российский: обладающий широкими полномочиями Президент со своей администрацией — аналогом ЦК КПСС, подчиненное ему правительство и маловлиятельный парламент. Как и в России, руководство страны стало передавать крупные государственные предприятия финансово-промышленным группам, которые все более активно лоббировали свои интересы в правительстве и парламенте, продвигая туда своих ставленников. Президент и его окружение в конечном счете определяли экономическую мощь и политические позиции разных групп, не допуская чрезмерного усиления какой-либо одной из них. За четыре года в Украине сменилось четыре премьер-министра. Особенно доходной сферой были распределение и перепродажа российского газа и нефти. Однако, целиком завися от политической конъюнктуры, владельцы крупных капиталов избегали значительных инвестиций в национальную экономику, и кардинального улучшения не наблюдалось.

Леонид Кучма, сделавший карьеру в Днепропетровске, собрал вокруг себя команду земляков. Однако выходцы с промышленного востока вовсе не спешили претворять в жизнь свои предвыборные лозунги. Русский язык так и не стал государственным, и страна продолжала балансировать между Россией и Западом, хотя при Кучме российско-украинские отношения в целом улучшились. В мае 1997 г. наконец состоялось многократно откладывавшееся подписание Договора о дружбе, партнерстве и сотрудничестве — так называемого Большого договора, в котором Россия окончательно признала границы Украины.

На очередных парламентских выборах в 1998 г. победили левые партии, в совокупности набравшие 41% голосов, однако центристские партии отстали не намного, получив 37% голосов. Обилие партийных списков привело к дроблению голосов, и многие партии не сумели преодолеть четырехпроцентный порог и получить депутатские мандаты. В результате проправительственным силам удалось создать в Верховной Раде свою коалицию. В 1999 г. Л. Кучма был переизбран на второй срок, который был отмечен политическими скандалами: самые громкие из них — «дело Гонгадзе» и «кассетный скандал».

Оппозиционный журналист Георгий Гонгадзе был похищен и убит под Киевом. Возникли подтвердившиеся позже подозрения о причастности к этому преступлению МВД. Более того, магнитные записи, якобы сделанные в кабинете Кучмы и обнародованные офицером его охраны, свидетельствовали о том, что убийство было совершено по прямому указанию Президента. В этих и других записях содержалось много шокировавших общественное мнение сведений о коррупции в верхах и использовании административных рычагов для манипуляций волеизъявлением избирателей. Поэтому украинскому руководству с большим трудом удалось прекратить акцию оппозиции «Украина без Кучмы»: в центре Киева манифестанты встали на несколько недель палаточным лагерем. Несмотря на попытки отмежеваться от скандала, Л. Кучма был скомпрометирован в глазах Запада и был вынужден пойти на большее сближение с Москвой. Президент и его окружение потеряли легитимность и в самой Украине.

Третья проблема независимой Украины — построение *жизнеспособной рыночной экономики*, ликвидация бедности и ускорение экономического роста. В хозяйстве Украины велик вес тяжелой промышленности — черной металлургии, основной химии, производства стройматериалов, а также промежуточных производственных цепочек, начальные и конечные звенья которых находились чаще всего в России. Поэтому обрыв хозяйственных связей привел к кризису и закрытию многих предприятий, особенно в машиностроении и военно-промышленном комплексе, массовой безработице и бедности. Бывшая партийная номенклатура, контролировавшая исполнительную власть, не спешила с экономическими реформами. Чтобы «защититься» от либерализации цен в России, уже 1 января 1992 г. Украина ввела собственную временную валюту — «купоны многоразового действия». Однако влияние либерализации цен в России распространилось и на Украину, и инфляция там приобрела галопирующие темпы (за 1993 г. купон обесценился в 103 раза!). Сократить инфляцию и ввести настоящую валюту, гривну, удалось лишь в 1996 г. Падение ВВП продолжалось в Украине до 1999 г., когда он составил всего около 45% от уровня 1991 г.: «дно» экономического кризиса оказалось значительно глубже, чем в России.

В 1999 г. Кучма назначил премьер-министром молодого экономиста Виктора Ющенко, ранее возглавлявшего Национальный банк Украины. Ющенко имел репутацию успешного реформатора и пользовался поддержкой Запада. Он смог убедить кредиторов реструктуризировать долги страны, урегулировал механизм межбюджетных расчетов, отказавшись от бартера, оздоровил энергетический рынок и впервые за годы независимости добился экономического роста и улучшения социальных показателей.

Однако у него нарастали разногласия с окружением Кучмы, и в апреле 2001 г. его правительство получило в Верховной Раде вотум недоверия. На выборах в Верховную Раду 2002 г. по партийным спискам оппозиционный блок Ющенко «Наша Украина» одержал победу, однако проправительственным силам снова удалось сформировать достаточно устойчивую коалицию.

В 2002 г. на пост главы правительства Украины был назначен глава Донецкой областной администрации Виктор Янукович. Деятельность правительства Януковича в 2003–2004 гг. ознаменовалась крупными экономическими реформами — налоговой, пенсионной, бюджетной и др. Резко ускорился рост ВВП (более чем на 9% в 2003 г.).

Начавшийся с 2000 г. экономический рост опирался на высокие мировые цены на главные экспортные товары Украины — продукцию основной химии и в особенности сталь и прокат. Конкурентоспособность украинской тяжелой промышленности во многом объяснялась низкими ценами на российские энергоносители. Укреплению украинской экономики способствовало восстановление хозяйственных связей с Россией, в которой экономический подъем начался несколько раньше. Емкий российский рынок позволил увеличить сбыт украинской продукции. Эти факторы, в свою очередь, вызвали рост внутреннего потребительского рынка и реальное увеличение доходов населения. В 2005 г. производство ВВП составило около 70% от уровня 1991 г., а в расчете по паритету покупательной способности на душу населения — 6810 долларов. При этом качество экономического роста в Украине выше, чем в России, где около двух третей его было вызвано увеличением цен на углеводороды.

В хозяйстве Украины резко сократилась доля не только оборонной промышленности, но и в целом машиностроения. Украина превратилась в страну массовой эмиграции. По оценкам, около 10% населения (от 5 до 7 млн человек) работает за границей — в России, а в последние годы большей частью в странах Европы. Особенно велика трудовая эмиграция из Западной Украины.

В конце 2004 г. в Украине состоялись президентские выборы. Леонид Кучма долго колебался в выборе официального преемника, способного защитить интересы его клана, и в конце концов остановился на кандидатуре действовавшего премьер-министра и лидера Партии регионов Виктора Януковича, на стороне которого был мощный административный ресурс. Его основным соперником стал лидер оппозиционного блока «Народный союз — наша Украина» Виктор Ющенко, которого активно поддерживала бывшая соратница по деятельности в правительстве Юлия Тимошенко, сделавшая крупные капиталы на перепродаже российского газа.

С самого начала Россия безоговорочно приняла сторону Януковича. Он вновь пообещал сделать русский язык вторым государственным на Украине, а Президент Путин и Госдума подхватили идею о введении двойного украинско-российского гражданства. Владимир Путин дважды посетил Украину перед выборами, чтобы продемонстрировать поддержку Януковичу, фактически поставив на карту весь авторитет России. Контролируемые государством российские СМИ развернули интенсивную кампанию против Ющенко.

Запад, напротив, высказывал ему единодушную поддержку. Его представляли как прогрессивного реформатора, способного решительно продвинуть процесс интеграции Украины в Европу, ускорить развитие экономики и улучшить жизнь простых граждан. Вокруг кандидатуры Ющенко сплотились праволиберальные и националистические силы, его особенно активно поддерживали на западе Украины и в Киеве, тогда как выходец из Донецкой области Янукович был популярен в восточных промышленных областях и городах юга. Таким образом, избирательная кампания приобрела полярный, «черно-белый» характер.

В первом туре оба ведущих кандидата набрали почти равное число голосов. Во втором туре победителем еще до объявления официальных результатов был объявлен

В. Янукович, поскольку он получил примерно на 2% голосов больше. Его поспешил поздравить Президент Путин.

Однако было отмечено значительное увеличение между турами числа избирателей, пришедших на избирательные участки в регионах, поддерживающих Януковича. В некоторых районах число проголосовавших даже превысило число зарегистрированных избирателей. США и Евросоюз сразу же заявили о непризнании итогов второго тура.

22 ноября 2004 г. по призыву Ющенко в центре Киева собрались десятки тысяч его сторонников со всей Украины, чтобы протестовать против фальсификации выборов. Они разбили палаточные лагеря и, несмотря на морозную погоду, заявили о решимости добиться аннулирования итогов выборов. Столица окрасилась в оранжевый цвет кампании Ющенко. В ответ власти вывели на улицы города бронетехнику, подразделения внутренних войск и спецназа. Оппозиция призвала к всеобщей забастовке, блокированию аэропортов и транспортных магистралей. Демонстранты взяли в осаду здания администрации Президента и других государственных учреждений.

Массовые манифестации в поддержку Ющенко шли во многих городах. Несколько городских и областных советов на западе страны, а также Киевский городской совет признали его законно избранным Президентом. На Западе оппозиция стала отстранять губернаторов и руководителей правоохранительных органов. На сторону Ющенко стали переходить многие дипломаты, его поддержали государственные телеканалы. Не дожидаясь решения ЦИК, Ющенко провозгласил себя Президентом, объявил о создании Комитета национального спасения и стал издавать указы.

Однако в Киев стали прибывать бело-голубые — сторонники Януковича. Парламент Республики Крым, областные советы Восточной Украины выступили в защиту премьер-министра, там проходили демонстрации, резко осуждавшие действия «оранжевых». В Северодонецке (Луганская область) собрался съезд представителей органов местного самоуправления, в котором приняли участие Янукович и мэр Москвы Юрий Лужков. Съезд заявил, что если к власти придет Ющенко, то будет создана Юго-Восточная Автономная Украинская республика со столицей в Харькове, в которой будет сформирована своя налоговая, платежная, банковская и финансовая система. Надвигался экономический кризис. В Киеве распространялись слухи о подготовке к разгону демонстраций силой и прибытии российских спецназовцев. Кучма, однако, заверил, что конфликт будет разрешен правовым путем.

ЦИК провозгласила Януковича победителем выборов, однако Верховный суд запретил ей публиковать результаты второго тура до рассмотрения жалобы оппозиции, которая потребовала отставки правительства. Запад единодушно и активно поддерживал «оранжевую» оппозицию и пригрозил Украине финансовой блокадой и изоляцией по примеру Белоруссии в случае, если итоги выборов не будут пересмотрены.

В Киеве начались организованные Л. Кучмой переговоры между Януковичем и Ющенко с участием международных посредников — президентов Польши и Литвы, верховного представителя Евросоюза по внешней политике и безопасности, генерального секретаря ОБСЕ, а также председателя российской Государственной Думы. Участники переговоров сделали заявление о неприменении силы обеими сторонами и о разблокировании государственных учреждений. Янукович и Ющенко договорились о том, что они будут ждать решения Верховного суда об итогах выборов. Было достигнуто также важнейшее для политического будущего страны соглашение о конституционной реформе, задуманной еще Кучмой в целях сохранения власти по истечении второго президентского мандата и направленной на передачу части полномочий Президента парламенту и премьер-министру.

Однако выполнение соглашений срывалось. Кучма соглашался отправить правительство Януковича в отставку и фактически способствовать избранию В. Ющенко только в обмен на скорейшее изменение конституции в пользу премьера, пост которого мог занять его ставленник. Потребовалось еще два тура переговоров с участием посредников, чтобы «пакетное соглашение» было принято.

Верховный суд признал не соответствующими реальному волеизъявлению избирателей объявленные результаты второго тура. Верховная Рада приняла поправки к конституции, превратившие с 2006 г. Украину в парламентскую республику. При повторном голосовании, проведенном 26 декабря, победил Ющенко, завоевавший 52% голосов, Янукович получил 44%.

Главными причинами «оранжевой революции» стали народный протест против коррумпированного окружения Леонида Кучмы, стремление покончить с преступным сращиванием бизнеса и власти, построить правовое государство и прекратить использование правоохранительных органов в интересах правящей олигархии. Откровенное презрение режима к собственному народу, выразившееся в беззастенчивой фальсификации результатов голосования, переполнило чашу народного терпения и вызвало массовое неприятие кандидатуры Януковича, олицетворявшего продолжение прежних методов руководства.

Однако, безусловно, сказались и другие факторы. На выборах столкнулись интересы финансово-промышленных групп, стоявших за каждым из кандидатов. Оппозиция сумела временно преодолеть внутренние разногласия и успешно использовать опыт борьбы с режимом, приобретенный во время кампании «Украина без Кучмы». Большую роль сыграла сплоченность Запада — США, старых и новых членов Евросоюза, НАТО, ОБСЕ, увидевших в приходе к власти «оранжевой» коалиции путь к ускорению «европеизации» Украины и стремившихся не допустить гегемонии России на постсоветском пространстве.

Без сомнения, «оранжевая революция» была тщательно подготовлена: наблюдатели отмечали, как быстро появилась в огромном количестве «оранжевая» символика, как хорошо были организованы палаточные лагеря и их жизнеобеспечение. Но главное, западные организации, действовавшие в Киеве и других украинских городах, сумели загодя подготовить молодежных и студенческих активистов, возглавивших акции гражданского неповиновения, организовать дискуссии в среде интеллигенции, поддержать либеральные СМИ и т. п. Западные фонды наголову переиграли российских политтехнологов и СМИ, действовавших топорными методами и вызвавших у украинских граждан естественный протест против грубых попыток навязать им свою волю.

Придя к власти, правительство Ющенко и Тимошенко, ставшей премьер-министром, принялось за чистку государственного аппарата в столице и регионах от ставленников Кучмы и сторонников Януковича, провозгласив цель избавить страну от коррупции. Однако назначения нередко проводились не по признаку компетентности, а в порядке компенсации за поддержку во время «оранжевой» революции. На руководящие посты часто приходили те же чиновники, вовремя принявшие сторону победителя.

Во внутренней политике окружение В. Ющенко пошло на жесткое обострение ситуации. Тимошенко начала передел собственности в пользу «своих» олигархов. Руководство страны стало проталкивать свое решение наиболее конфликтных проблем украинского общества, пытаясь ускорить «украинизацию» образования и культуры, реабилитировать УПА, подталкивая объединение Православных Церквей в единую независимую от Московского Патриархата Церковь. В «оранжевой» коалиции вскоре обострились разногласия, в результате которых в августе 2005 г. Юлия Тимошенко ушла в отставку.

Команда Ющенко заявила, что ее первоочередная цель – вступление Украины в ЕС и в НАТО. В начале 2005 г. ЕС и Украина подписали трехлетний план действий по приближению страны к европейским экономическим нормам, улучшению инвестиционного климата, укреплению демократических институтов и правового государства. Украина перешла к так называемому интенсивному диалогу с НАТО, однако после смены правительства план действий по вступлению в альянс был отложен.

Крупнейшей проблемой российско-украинских отношений стали поставки энергоносителей. В первой половине 2005 г. Россия заявила о намерении перейти на рыночные отношения и пересмотреть с 2006 г. цены на газ, экспортируемый в Украину. Россия утверждала, что не может более субсидировать украинскую экономику. Менее чем за год до этих событий, во время предвыборной кампании, эта цена была зафиксирована значительно ниже рыночной (50 долларов за 1000 м^3) сроком на 5 лет, то есть на предполагаемый срок президентства Виктора Януковича. Украинская сторона в принципе согласилась, но протестовала против многократного резкого увеличения цены (сначала речь шла о 160 долларах за 1000 м^3, а затем и о 230). Однако Украине фактически был предъявлен ультиматум. Такие цены привели бы к обвалу всей украинской экономики. В Украине и на Западе действия российской стороны были расценены как реакция на прозападный курс страны и использование энергетического рычага в качестве средства политического шантажа. Одной из причин «газового» кризиса был отказ Украины создать при решающем участии Газпрома консорциум, которому были бы переданы ее магистральные газопроводы.

Поскольку до 2006 г. новый контракт так и не был подписан, Россия прекратила с 1 января поставки газа на украинский рынок. В ответ Украина стала отбирать газ из объемов, предназначенных для прокачки в европейские страны через проходящий по ее территории газопровод. Это вызвало бурную реакцию Запада. Россию обвинили в империалистических устремлениях, давлении на соседей, ненадежности как экономического партнера. В ночь с 3 на 4 января 2006 г. было подписано новое соглашение.

Вскоре Украина подняла вопрос о российском контроле над маяками и гидрографическими объектами, находящимися в пользовании Черноморского флота, и «упорядочении» арендной платы за его базирование в Крыму. В ответ Россия запретила ввоз украинской мясомолочной продукции.

Верховная Рада воспользовалась «газовым» кризисом, чтобы обвинить кабинет министров в неумении отстаивать национальные интересы и отправить его в отставку. Хотя политическая реформа уже вступила в силу, до парламентских выборов, назначенных на конец марта, Рада еще не могла формировать новое правительство. Возник длительный политический кризис. Ющенко попытался инициировать референдум об отмене конституционной реформы, чтобы сохранить свои полномочия. В результате правительство осталось у власти вплоть до выборов в Верховную Раду.

Их итоги отразили разочарование значительной части избирателей деятельностью Президента: возглавляемый им блок «Наша Украина» занял только третье место, получив 14%. Первое место завоевала Партия регионов Януковича (32%), на второе вышел Блок Юлии Тимошенко — БЮТ (22%). Трехпроцентный порог преодолели также СПУ А. Мороза (5,7%) и коммунисты (3,7%).

Виктор Ющенко поддержал создание «оранжевой» коалиции (БЮТ, «Наша Украина» и СПУ). Ю. Тимошенко требовала пост премьера, однако бывшим союзникам в течение трех месяцев не удавалось договориться о программе действий и особенно дележе портфелей.

«Оранжевая» коалиция отвела себе все сколько-нибудь значимые посты в парламенте. Партия регионов и коммунисты в знак протеста блокировали зал заседаний. «Оранжевые» через некоторое время пошли на компромисс. Однако в последний момент лидер социалистов Мороз в нарушение достигнутого соглашения выставил свою кандидатуру на пост Председателя Верховной Рады и одержал победу, получив голоса Партии регионов, коммунистов и большинства депутатов от СПУ. Новая «антикризисная» коалиция выдвинула кандидатуру Виктора Януковича на пост премьера.

В течение нескольких недель — всего отпущенного ему конституцией срока — Виктор Ющенко отказывался ее утвердить. Альтернативой был только роспуск парламента, но социологические замеры показывали падение популярности партий «оранжевой» коалиции. В итоге Президент предложил всем парламентским партиям подписать «Универсал национального единства», зафиксировавший основные положения программы правительства. Его в итоге одобрили все парламентские партии, кроме БЮТ. Тимошенко обвинила Ющенко в капитуляции перед Партией регионов. Действительно, Януковичу удалось заставить своего бывшего оппонента пойти на принципиальные уступки. Из документа исключено положение об отказе от федерализации страны. В пункте о государственном статусе украинского языка исчезло слово «единственный». В «Универсале» остался пункт, декларирующий стремление Украины к вступлению в НАТО, но при условии обязательного проведения референдума, против чего Ющенко категорически возражал. В документе также появился пункт об участии Украины в Едином экономическом пространстве.

В самый последний момент, глубокой ночью, Ющенко утвердил Януковича в должности премьер-министра. При этом Верховная Рада приняла еще и закон о запрете Конституционному суду пересматривать политическую реформу, начатую во время «оранжевой революции».

Таким образом, «оранжевая революция» уничтожила авторитарный режим, сформированный Леонидом Кучмой, а политическая реформа не дала такой режим возродить после прихода к власти Ющенко, хотя он пытался это сделать. Несмотря на глубокие межрегиональные различия, ценность независимости практически никто в Украине не ставит теперь под сомнение, а сами эти различия служат гарантом политического плюрализма, поиска компромиссов и демократии. Даже в разгар драматических событий «оранжевой революции» в Украине не было случаев насилия или призывов к нему. Украинское общество не знает кровопролитных внутренних конфликтов, подобных чеченскому, в нем нет крупных национальных меньшинств за исключением глубоко интегрированного русского. В стране уже три раза мирно произошла смена президентов, и, несмотря на острые политические столкновения, само возвращение к власти Виктора Януковича, антипода действующего Президента, пестрота нынешней партийной структуры и политической палитры СМИ свидетельствуют об относительной зрелости украинской демократии. Новое премьерство Януковича — результат законного конституционного процесса, а не закулисной договоренности или назначения «преемника».

Как показывают многочисленные социологические опросы и опыт «оранжевой революции», украинская политическая идентичность уже достаточно сильна, чтобы исключить реальный риск раскола страны. После провала Европейской конституции Украине дали достаточно отчетливо понять, что в обозримой перспективе ей не суждено вступить в ЕС, поэтому она будет придерживаться самостоятельной политики, сохраняя баланс между Востоком и Западом как на внутригосударственном, так и международном уровнях. Ни один ее лидер, скорее всего, не будет ни однозначно прозападным, ни пророссийским. Значительные объективные противоречия между Россией и Украиной сохранятся и впредь, однако их вполне реально и единственно возможно решать в дружественном и конструктивном духе на равноправной основе.

6.2.2. Белоруссия

Хотя глава Верховного Совета Белоруссии академик Станислав Шушкевич был в 1991 г. одним из авторов Беловежской декларации о роспуске СССР, господствующие позиции в республике оставались у старой партийно-советской номенклатуры. В Белоруссии не было мощной оппозиции коммунистическому режиму. Ни элита, ни консервативно настроенное большинство в белорусском обществе не желали экономических реформ и социальных потрясений.

Белоруссия была одной из наиболее благополучных частей Советского Союза: по уровню жизни она уступала только балтийским республикам. Экономика зиждилась в основном на крупных предприятиях обрабатывающей промышленности, составлявших около 80% производственных мощностей. Эти заводы работали на общесоюзный рынок. Например, 90% продукции машиностроения направлялось за пределы республики. При этом на мировом рынке конкурентоспособными были только некоторые предприятия. Крупная промышленность могла работать только в кооперации с российскими партнерами и на дешевом российском топливе и сырье. Последствия дальнейшего разрыва связей с Россией стали очевидными уже в первые годы после распада СССР. Перед страной замаячила перспектива массовой безработицы, крайне болезненных изменений в структуре общества, связанных с падением потребностей в квалифицированной рабочей силе.

Вторая важнейшая причина — незавершенность формирования белорусской этнической и национальной идентичности к моменту распада СССР. В этом сказалось отсутствие у белорусского народа собственной государственности вплоть до создания в 1918 г. большевиками Белорусской ССР, границы которой не раз менялись. Четких языковых рубежей между белорусами, великороссами и поляками долгое время не было. В населении многих городов, а частично и сельской местности значительную часть составляли поляки, евреи и в меньшей степени — русские. Образование и делопроизводство велись на русском языке, с которым связывались возможности социального продвижения. По переписи 1989 г. около 80% населения Белорусской ССР предпочитало русский язык. Русская культура стала частью культуры многих белорусов. Значительное число сельских жителей ассоциировало себя в первую очередь не с белорусским народом или гражданами Беларуси, а с местным сообществом («*Мы — тутэйши*»). Поэтому ни демократическое движение в целом, ни его националистическое крыло во главе с радикалом Зеноном Пазьняком (Позняком) не приобрели популярности.

Во втором туре президентских выборов, состоявшихся в 1994 г., Александр Лукашенко, бывший директор совхоза из Могилевской области, депутат Верховного Совета, яркий оратор-популист, возглавлявший парламентскую комиссию по борьбе с коррупцией, одержал победу над «хозяйственником» премьер-министром В. Кебичем. В политической сфере Лукашенко взял курс на сближение с Россией. В 1995 г. он инициировал референдум, на котором были одобрены предложения о придании русскому языку статуса государственного наравне с белорусским, возвращении к советской государственной символике и действия по экономической интеграции с Россией. В том же году были заключены соглашение о Таможенном союзе и Договор о дружбе, добрососедстве и сотрудничестве. 2 апреля 1996 г. Ельцин и Лукашенко подписали в Москве договор о создании Сообщества России и Беларуси, годом позже преобразованного в Союз. В 1998 г. были достигнуты договоренности о введении единой валюты, а в декабре 1999 г., перед самым уходом Ельцина со своего поста, — Договор о создании Союзного государства.

Россия получила исторический шанс воссоединиться с самой близкой в культурном отношении, развитой экономически страной, обладающей высокообразованным населением, большинство которого, согласно опросам, в то время искренне желало скорейшей реинтеграции и проголосовало бы за нее на референдуме. Даже в среднесрочном плане, не говоря уже об исторической перспективе, Россия получила бы огромные выгоды от воссоединения хотя бы потому, что через Белоруссию проходят железнодорожная и автомобильная магистрали, трубопроводы, связывающие российское государство с Западной Европой, а также пути сообщения с калининградским анклавом. Союз с Белоруссией позволяет России сэкономить большие средства на создание противоракетной и противовоздушной обороны, пограничных застав на новых западных рубежах, поскольку эти функции ныне частично выполняет белорусская сторона. В Белоруссии расположены важные российские военные объекты — радиолокационная станция в Барановичах и узел дальней связи военно-морского флота.

Однако российское руководство было заинтересовано преимущественно в решении сиюминутных политических задач. В преддверии президентских выборов ему были нужны, во-первых, пропагандистская кампания, эксплуатирующая популярную идею воссоединения со славянскими государствами, во-вторых, немедленные выгоды от приватизации наиболее перспективных сфер белорусской экономики. Когда вскоре выяснилось, что Лукашенко — крайне неудобный партнер, российские либералы заговорили о якобы неприемлемо высокой цене объединения «реформированной» России с семью «отсталыми» регионами Белоруссии. Главная же причина затягивания заявленного процесса объединения со стороны России в 1990-е гг. была в том, что российский истеблишмент смертельно боялся претензий авторитарного и популярного в России белорусского лидера на власть в предполагаемом союзном государстве.

По всей видимости, Лукашенко действительно вынашивал такие планы. Он лично посетил две трети российских регионов, устанавливая прямые связи с губернаторами, — напомним, в ту пору напрямую выбираемыми населением, несменяемыми и входившими по должности в Совет Федерации. Российское руководство явно не хотело искать с ним компромисса. Оно постоянно ссылалось на несопоставимость потенциалов России и Беларуси и пыталось интегрировать ее в состав РФ. Вместе с тем российское руководство не могло и отвергнуть идею объединения, столь популярную среди избирателей.

Лукашенко чрезвычайно умело играл на противоречиях российской позиции, добиваясь от нее значительных экономических выгод за минимальные политические уступки. Благодаря использованию в Беларуси внутренних низких российских цен на топливо и сырье он быстро сумел наладить работу крупной промышленности, что позволило не только отказаться от дальнейшей приватизации, но и ликвидировать крупные частные компании. В настоящее время в руках государства остается до 80% белорусской экономики. Малые и средние частные предприятия терпят лишь постольку, поскольку они выполняют определенные социальные функции, в частности, позволяя обеспечить занятость в периферийных городах и районах. Иностранный, в том числе и российский, капитал в Белоруссию не допущен (за исключением российских нефтяных компаний).

Воспользовавшись тем, что выборы 1995 г. в Верховный Совет были признаны несостоявшимися из-за низкой явки избирателей, в 1996 г. Лукашенко провел еще один референдум. Его основным итогом стали изменения конституции, фактически превратившие Верховный Совет в совещательный орган. Депутаты действовавшего Верховного Совета, протестуя против референдума, собрали необходимое число подписей за объявление импичмента Лукашенко. Для урегулирования политического кризиса в Минск прибыли главы палат российского парламента, при посредничестве которых между Президентом и председателем Верховного Совета был заключен компромисс, однако, дезавуированный Лукашенко сразу по отбытии российских политиков. Верховный Совет был разогнан, и белорусский Президент приобрел практически неограниченные экономические и политические полномочия.

Стали исчезать оппозиционные политики и бизнесмены, были закрыты независимые газеты и отделения зарубежных фондов, произошел ряд дипломатических скандалов. Это вызвало резкую реакцию Запада. Лукашенко превратился там в одиозную фигуру, а его режим стали называть последней диктатурой в Европе. Казалось, что альтернативы сближению с Россией у него не оставалось.

После избрания на пост Президента Владимира Путина процесс объединения резко замедлился, поскольку дальнейшее продвижение было невозможно без решения принципиальных вопросов об устройстве союзного государства. У сторон возникли принципиальные разногласия по проекту Конституционного акта. Лукашенко предложил, чтобы у власти в союзном государстве чередовались президенты России и Белоруссии. Российская сторона категорически отвергла это предложение, считая необходимым учитывать экономический вес и численность населения двух стран. Она выдвинула свой план действий — провести сначала референдум по союзной конституции, а затем выборы союзного парламента и Президента. Фактически это означало бы не объединение двух стран на основе паритета, а вхождение Белоруссии в состав России. Прозвучало заведомо неприемлемое для белорусской стороны предложение, чтобы семь белорусских областей стали по отдельности субъектами Российской Федерации.

Эта позиция отразила растущее разочарование российской стороны в политике Лукашенко. Потеряв шансы на высокий пост в союзном государстве, белорусский лидер открыто взял курс на укрепление национального государства и разрушение социально-культурных и политических основ объединения. Практически похоронен проект введения российского рубля как единой валюты союзного государства, реализация которого первоначально намечалась на 2003 г. Лукашенко отменил прямую трансляцию российских телеканалов. При безраздельном контроле государства над СМИ в официальной пропаганде исчезла тема союза с Россией. Наоборот, целенаправленно дискредитировалась его привлекательность, резко критиковалась политика России, большое внимание уделялось войне в Чечне, терактам, негативным аспектам социальной реформы «по Зурабову» и т. п. Подчеркивались ценность независимости и суверенитета, успехи «белорусской модели» — прочность социальных гарантий, политическая стабильность и др.

Успеху официальной пропаганды способствовали отсутствие глубокого социального расслоения и подъем уровня жизни. Сказалась и естественная смена поколений. Две трети белорусских граждан убеждены, что за последние десять лет страна достигла больших успехов. К 2004 г. в их настроениях произошли необратимые перемены. По данным белорусских социологов, создание единого союзного государства с Россией поддерживало лишь около 11% избирателей. Историческое «окно возможностей» воссоединения с Белоруссией закрылось.

Одновременно Лукашенко укреплял режим личной власти. Ему удавалось репрессивными методами не допустить создания в стране влиятельной оппозиции и появления на политической сцене авторитетного лидера, который мог бы ее возглавить. ОБСЕ и белорусская оппозиция не признают итоги выборов и референдумов в Беларуси. В 2001 г. Лукашенко был переизбран Президентом. В 2004 г. он провел очередной референдум, на котором, согласно официальным результатам, подавляющее большинство избирателей поддержало снятие запрета на избрание Президентом одного и того же лица на три и более сроков. Это дало возможность Лукашенко и в третий раз победить на президентских выборах под лозунгом «За независимую Беларусь!», набрав 83% голосов. После этих избирательных побед международная изоляция режима усилилась.

Вместе с тем Беларуси удавалось поддерживать высокие темпы экономического роста. Уже в 2005 г. ВВП превысил уровень 1991 г. более чем на 20%. Инфляцию удалось сбить до 7–8% в год. По оценкам ЦРУ США, в 2006 г. ВВП увеличился на 8,3%. Все же в расчете по паритету покупательной способности на душу населения он составил только 7800 долларов (чуть меньше, чем в Украине, и существенно меньше, чем в Казахстане и России).

В числе причин относительных успехов «нереформированной» белорусской экономики видное место занимали скрытые субсидии России через систему цен на энергоносители, достигающие, по оценкам, 12–18% ВВП. Президент Путин заявил, что даже после резкого повышения цен на газ и введения экспортной пошлины на нефть, поступающую в Белоруссию, российская помощь белорусской экономике составит в 2007 г. примерно 5,8 млрд долларов. При этом до последнего времени Белоруссия получала неплохой доход, перерабатывая на своих заводах нефть, купленную в России по внутренним ценам, и продавая затем нефтепродукты по мировым ценам. Благоприятным фактором была возможность сбывать недорогую и относительно качественную белорусскую продукцию на огромном российском рынке. Однако, безусловно, сыграли роль и политическая стабильность в стране, государственная поддержка модернизации наиболее важных предприятий, сравнительно высокая эффективность и явно меньшая, чем в России, коррумпированность государственного аппарата, более низкая преступность.

В то же время слишком плотная государственная опека не способствовала повышению конкурентоспособности ряда отраслей белорусской промышленности на мировом рынке. Многие предприятия убыточны, им списывают государственные кредиты, обеспечивают устойчивый рынок сбыта за счет ограничения импорта и квоты на долю товаров отечественного производства в розничной торговле. Наконец, во многих отраслях еще широко используются обветшавшие основные фонды, доставшиеся в наследство от советского времени.

Потеряв надежду на интеграцию, российское руководство стало переходить в отношениях со своим белорусским союзником на общие нормы, решив покончить с субсидированием его экономики. Как и в отношениях с другими странами СНГ, российское руководство применило сначала «газовый», а затем и другие имевшиеся в его распоряжении экономические рычаги. Хотя доля России во внешней торговле Белоруссии в последние годы существенно снизилась, ее экономическая зависимость от восточного соседа все еще велика. В 2006 г. поставки в Россию составили примерно треть экспорта, а в импорте доля России достигала более 60%.

Экспортный российский газопровод проходит в Белоруссии по земле, взятой Газпромом в бесплатную долгосрочную аренду. Российское руководство долго вело переговоры о продаже Газпрому 50% акций газотранспортной системы Белтрансгаз, но стороны так и не сошлись в цене. Тогда Газпром объявил о почти двукратном повышении цены на газ с 2004 г. В процессе переговоров Россия трижды приостанавливала поставки газа. Поставленный в безвыходное положение Лукашенко в ответ обвинил ее в «газовом терроризме».

В 2006 г. российское правительство приняло решение об еще более резком повышении цен на газ со следующего года. После трудных переговоров Россия значительно снизила запрошенную цену ввиду уступок белорусской стороны в вопросе продажи Белтрансгаза. Однако 2007 г. начался с объявления Россией о введении таможенных пошлин на вывозимую в Белоруссию нефть — вопреки соглашению о Таможенном союзе. В ответ Лукашенко пригрозил ввести для России плату за все услуги, которые она до сих пор получала бесплатно, — размещение военных объектов, аренду земли под трубопроводы и др. Было объявлено также, что Белоруссия вводит плату за транзит российской нефти и приступает к ее отбору из экспортного трубопровода в счет уплаты пошлин. Тогда Россия перекрыла нефтяной кран, что означало угрозу прекращения поставок для западных потребителей. Хотя вскоре конфликт был улажен и российская сторона согласилась вводить таможенную пошлину на экспорт нефти постепенно, значительная напряженность в отношениях с Беларусью сохранилась, и репутации России как надежного поставщика энергоносителей был нанесен ущерб. На Западе усилились обвинения России в энергетическом шантаже.

Перспективы российско-белорусских отношений в начале 2007 г. выглядели сложно. Российскому руководству, с одной стороны, явно хотелось избавиться от жесткого и непредсказуемого Лукашенко, ловко извлекавшего личные политические дивиденды из отношений с Россией и за ее счет. С другой стороны, Лукашенко просто нет альтернатив. Российское руководство не владеет законными средствами воздействия на политическую жизнь в соседних странах, которые широко используют западные державы, пестуя лояльных им политиков с помощью разнообразных фондов, стипендий студентам и интеллектуалам и т. п. Запад никогда не примет Лукашенко, а размывание его режима в нынешней ситуации означало бы «васильковую революцию» — приход к власти антироссийских сил с возможными тяжелыми последствиями для российских интересов.

6.2.3. Путь балтийских обществ в Объединенную Европу

Процесс приобретения независимости в Прибалтике шел под знаменем постепенного восстановления отнятой в 1940 г. независимости, а не как процесс приобретения ее вновь. Это обстоятельство привело к восстановлению досоветской законодательной системы, политического устройства, государственной символики, имущественных прав и к возвращению хозяевам или их прямым наследникам национализированной собственности. Тяжелым в этом контексте оказался статус тех людей, которые прибыли в Прибалтику в годы советской власти. Если бы юридически создавалось новое государство, тогда все живущие на данной территории автоматически оказались бы ее гражданами, как это и было в 1918 г. При восстановлении же довоенного государства вновь прибывшие оказались лишенными права автоматически получить гражданство. Аналогичное положение сложилось с государственным языком. Оба тупика можно было преодолеть политическим решением, однако парламенты восстановленных государств опасались, что в условиях огромного, достигающего половины, русскоязычного населения процесс восстановления независимости может быть остановлен и возникнет опасность возвращения в СССР, к чему стремились оппозиционные националистическим движениям русскоязычные «интерфронты». По этой причине был установлен постепенный процесс интеграции пришлого населения по мере того, как оно примет факт государственной независимости, овладеет местными языками, основными знаниями по национальной истории и культуре стран Балтии.

Это было болезненное решение, и его результатом стало то, что значительное большинство русскоязычных жителей балтийских государств, активно поддерживавших своих эстонских, литовских и латышских сограждан в борьбе за независимость в 1989–1991 гг., теперь отошло от них. В Эстонии и Латвии возникло болезненное межнациональное противостояние, не уврачеванное и по сей день. Следует заметить, что русскоязычные, являвшиеся потомками граждан межвоенного периода, автоматически получили и в восстановленных независимых республиках все политические и гражданские права. Эти люди прекрасно знали национальные языки, а многие семьи, из которых они происходили, разделили участь семей коренного населения в советский период, пережив высылки и убийство близких. Такие русские большей частью сохраняли солидарность с коренными народами Балтии.

Нажитое в советское время национальное богатство было решено разделить между жителями республик, вне зависимости от того, граждане они или нет. Наиболее распространенным имуществом, подлежащим приватизации, оказались квартиры. Поскольку местное население, как правило, жило в старых национализированных доходных домах, которых вернули довоенным владельцам, граждане оказались в незавидном положении по сравнению с негражданами, приехавшими в балтийские республики в советское время — на стройки по лимиту или после военной службы — на пенсию. Въехавшие в Прибалтику из других частей СССР, как правило, жили в новых домах, построенных при советской власти. Они стали хозяевами квартир, стоимость которых стала быстро расти, в то время как граждане получили довольно скоромное вознаграждение в ваучерах, которые пришлось продать по низкой рыночной цене.

Приватизация промышленных мощностей, созданных при совстской власти, и других народнохозяйственных объектов также происходила без учета гражданской принадлежности. Поскольку командные высоты в народном хозяйстве в Прибалтике в советское время принадлежали более лояльному пришлому русскоязычному населению, ко времени восстановления независимости и приватизации оно автоматически оказалось в благоприятном положении. Но, с другой стороны, остановка промышленных гигантов, таких, как сланцевые комбинаты в Кхотла-Ярве, текстильные комбинаты в Нарве, автомобилестроительного (РАФ) и радиотехнического заводов в Риге, лишила работы десятки тысяч людей, большая часть которых не принадлежала к гражданам и приехала в балтийские республики по лимиту в советские годы. Экономический расклад, при котором расположенная в городе промышленность по преимуществу была русской, а сельское хозяйство принадлежало титульной нации, во многом напоминало ситуацию межвоенного двадцатилетия — эпоху первой независимости.

Малая численность населения, отсутствие военной мощи, уязвимая этническая ситуация делали возможной восстановление независимости и реинтеграцию в европейские структуры только и единственно при помощи осторожного движения по пути юридически корректных и в международных отношениях принятых мер. В этом значительную помощь прибалтийским странам оказала их многотысячная эмиграция, в первое время формируя штаты посольств, снабжая правительства балтийских стран юридическими, политическими и хозяйственными экспертами, знающими детали западной жизни и в то же время — патриотически настроенными. Во всех трех балтийских республиках в президенты избирались в том числе и выходцы из национальной эмиграции. Эмигрантами были министры, депутаты парламентов, ректоры университетов. Они привнесли европейский и американский стиль работы в свои учреждения, и к ним «подтягивались» латыши, литовцы и эстонцы, имевшие советский опыт жизни и работы.

К концу 1990-х гг. большая часть неграждан Эстонии и Латвии получили национальное гражданство. В Литве, где коренное население с самого начала второй независимости составляло абсолютное большинство (более 80%), приехавшие в Литву в советское время получили гражданство сразу же по достижении независимости.

Скрупулезный, юридически выверенный путь восстановления досоветской государственности оказался понятным большинству западноевропейских и американских стран, которые, в свою очередь, не отказывали в международной поддержке Латвии, Эстонии и Литве там, где такая поддержка казалась оправданной. Там же, где усматривались ущемления не коренных национальных групп, Европейский Союз понуждал Латвию и Эстонию к более решительным действиям по гражданской интеграции. К середине первого десятилетия XXI в. все три воссозданных балтийских государства стали полноправными членами Европейского Сообщества и организации Североатлантического договора.

Однако межнациональные отношения сохраняют в балтийских республиках немалую остроту. Русские общины не смогли достичь консенсуса внутри себя, они разделены на небольшие группы по политическим воззрениям, часто враждебно настроенные друг к другу. В отличие от эстонцев, латышей и литовцев, у русских в Прибалтике нет ныне единства даже по поводу основополагающих национальных ценностей.

Перед коренными народами Балтии ныне встала иная нелегкая проблема — эмиграция. Пользуясь возможностями, предоставляемыми членством в Евросоюзе, молодые эстонцы, латыши и литовцы, особенно с высшим образованием, во множестве уезжают в более развитые и, как они считают, «менее проблемные» страны ЕС, особенно в быстро развивающуюся Ирландию. Там многие покупают недвижимость, создают церковные и школьные общины с полным намерением остаться навсегда. Для маленьких народов Балтии с очень низкой рождаемостью массовая эмиграция национальной молодежи превращается в государственную проблему и ставит под вопрос те ценности национальной независимости, ради которых готовы были отдать свою жизнь в 1988—1991 гг. родители молодых эмигрантов.

Литература
Балтийский путь к свободе. Рига: Zelta grauds, 2006.

6.2.4. Молдавия (Республика Молдова)

К 1991 г. в Молдавии сложилось мощное национально-демократическое движение, возглавлявшееся Народным фронтом и добившееся больших политических успехов. Его лидерам удалось мобилизовать широкие массы, недовольные постоянно ухудшавшимся социально-экономическим положением и острой межэтнической конкуренцией. Народный фронт требовал аннулировать последствия германо-советского договора 1939 г., провозгласить молдавский язык единственным государственным языком и перевести его на латинскую графику. Он выступал за политическую и экономическую самостоятельность, а затем и национальную независимость Молдавии, признание молдавского языка идентичным румынскому и за объединение с Румынией. В Кишиневе состоялись многотысячные манифестации под антикоммунистическими и антирусскими лозунгами. На первых свободных выборах в Верховный Совет республики Народный фронт завоевал большинство мест. При его поддержке председателем Верховного Совета, а затем Президентом в 1990 г. был избран секретарь ЦК КП Молдавии, в прошлом председатель колхоза Мирча Снегур.

Общество раскололось по политическому и социально-территориальному признакам. До сих пор не прекращаются дебаты между сторонниками *молдовенизма*, отстаивающими самостоятельность молдавской нации и государства, и теми, кто ратует за «Великую Румынию» — фактически поглощение Молдавии Румынией. Этот раскол лег в основу фактического отделения от Молдавии Приднестровской Молдавской республики (ПМР). Возглавляемое Снегуром руководство страны попыталось разрешить конфликт с Приднестровьем силовыми методами, в результате чего в 1992 г. было развязано массовое кровопролитие.

Конфликт с Приднестровьем привел к снижению популярности Народного фронта. Большинство жителей Молдавии не желало скорого объединения с Румынией. Сохранилась память о том, что в период совместного существования Бессарабии и Румынии (1918–1940) румыны относились к молдаванам как к гражданам второго сорта. На внеочередных парламентских выборах в феврале 1994 г. победу одержала центристская Аграрная партия во главе со Снегуром, выступавшая за независимость страны. Много голосов получили также Партия коммунистов Республики Молдовы (ПКРМ) и другие левые силы.

Новому правительству удалось урегулировать свои отношения с национальными движениями, популярными в районах компактного расселения этнических меньшинств — гагаузами и болгарами, проживающими в основном, соответственно, в Комратском и Тараклийском районах. Им была предоставлена автономия. Одновременно наметился некоторый прогресс в переговорах с ПМР. Вместе с тем националисты — сторонники объединения с Румынией сохраняли определенное влияние, особенно среди интеллигенции и студентов. В стране шли бурные дебаты о новых конституционных положениях, предусматривавших самостоятельность Молдавии, о названии государственного языка (молдавский или румынский). Снегур оставил руководство Аграрной партией в результате разногласий с другими ее лидерами.

Во втором туре президентских выборов в конце 1996 г. бывшему первому секретарю ЦК КП Молдавии Петру Лучинскому, ставшему к тому времени председателем парламента и отошедшему от коммунистов, удалось при поддержке центристских и левых сил получить больше голосов, чем Снегуру. Лучинский стремился строить правовое государство и продолжить рыночные реформы, начатые при его предшественнике, а во внешней политике держать курс на интеграцию с европейскими странами, внешне сохраняя нейтралитет и достаточно хорошие отношения с Россией. Однако жизнь людей в стране быстро ухудшалась, что вело к усилению ПКРМ, подвергавшей политику Лучинского все более резкой критике.

На парламентских выборах 1998 г. ни одна партия не получила решающего перевеса, и было сформировано коалиционное правительство. Новый парламент провозгласил государственным языком румынский. Лучинский попытался преобразовать Молдавию из парламентской республики в президентскую, однако предложенные им поправки к конституции не получили одобрения на референдуме, проведенном в мае 1999 г. Более того, ПКРМ и ее союзники добились принятия своих поправок к конституции. С 2001 г. Президент избирается не населением, а парламентом. На досрочных выборах в феврале 2001 г. подавляющее большинство голосов получила ПКРМ, завоевавшая в парламенте 76 мест из 100, и вскоре ее лидер Владимир Воронин стал Президентом.

ПКРМ проводила свою предвыборную кампанию под лозунгами усиления социальной политики, поддержки коллективных форм хозяйствования в сельской местности, интеграции Молдавии в Союз России и Белоруссии, провозглашения русского языка вторым государственным языком и решения приднестровского конфликта мирным путем. Определенное сближение с Россией ознаменовали подписанный в 2001 г. договор о дружбе, а также концепция внешней политики, принятая годом позже. Однако попытка Воронина восстановить обязательное изучение русского языка в школах и реформировать программу среднего образования, заменив «историю Румынии» на «историю Молдавии», вызвала демонстрации студентов и лицеистов на улицах Кишинева, инспирируемые наследницей Народного фронта — Христианско-демократической народной партией (ХДНП). Сторонники Президента доказывали, что эти демонстрации оплачены из-за рубежа, но, так или иначе, Воронин был вынужден отступить, чтобы удержаться у власти.

Акции оппозиции в Кишиневе, хотя и не поддержанные в провинции, показали администрации Воронина, что ориентироваться только на Россию в противовес Западу невозможно. Молдавия не могла себе позволить испортить отношения с Западом, так как сильно зависела от внешних кредитов и нуждалась в инвестициях.

Поэтому когда в 2003 г. Президенту Воронину пришлось выбирать между Россией и Западом, его решение было однозначным. Воронин в последний момент отклонил под давлением Запада уже согласованный российский план урегулирования приднестровской проблемы, известный как «план Козака». Отношения с Россией резко ухудшились. Воронин не только провозгласил целью Молдавии интеграцию в Евросоюз и другие западные структуры, но пошел на открытую конфронтацию с российским руководством. Он предпринял активные попытки реанимировать блок ГУАМ и наладить контакты с руководством Украины и Грузии, пришедшим к власти в результате «цветных революций», «выдавить» российские миротворческие силы и оставшийся небольшой воинский контингент из Приднестровья, заменив его представителями Запада.

Российско-молдавские отношения особенно обострились после парламентских выборов 2005 г., когда власти Молдавии выслали нескольких российских граждан, обвиненных во вмешательстве в предвыборную кампанию и нелегальном пребывании в стране. Россия применила против Молдавии экономические санкции, которые не коснулись, однако, Приднестровья. В ответ на экономическую блокаду Приднестровья в 2006 г. под предлогом несоответствия санитарным требованиям был запрещен ввоз в Россию молдавского вина и продовольствия. Экспорт в Россию сократился на 40%. С 2006 г. Газпром вдвое повысил для Молдавии цену на газ. Молдавская ГРЭС, расположенная в Приднестровье и перешедшая под контроль ЕЭС России, прекратила поставки электроэнергии на правый берег Днестра, а она обеспечивала 54% импорта электроэнергии Молдавии. Эти факты были расценены в Кишиневе как политическое давление с целью заставить молдавское руководство решать приднестровскую проблему в соответствии с российскими интересами и отказаться от идеи европейской интеграции.

На очередных выборах в парламент в марте 2005 г. ПКРМ потеряла часть своего электората, но сохранила большинство мест в парламенте (56 из 100). Второе место занял блок Демократическая Молдова, получивший 34 места, но он вскоре раскололся. На третьем месте оказалась ХДНП, занявшая 11 кресел. ПКРМ не хватало голосов, чтобы ее лидер В. Воронин был переизбран Президентом, но его неожиданно поддержали националисты из ХДНП. Воронин сохранил свой пост еще на 4 года.

Выборы 2005 г. показали, что в Молдавии не осталось ни одной значимой пророссийской партии. Для Москвы неприемлемы ни коммунисты, ни однозначно антироссийские христианские демократы, ни центристские силы из блока Демократическая Молдавия, требовавшие выхода из СНГ и денонсации соглашений с Россией об урегулировании приднестровской проблемы. В отличие от Украины или Грузии, в Молдавии не сложилось дихотомии между «архаичной» послесоветской властью и «прогрессивной» прозападной оппозицией.

Как и в Украине, политическая поляризация молдавского общества отразилась в церковном расколе. В стране действуют две Православные Церкви — Митрополия Кишиневская и вся Молдовы, входящая как автономная Церковь в Московский Патриархат, и Бессарабская митрополия Румынского Патриархата, действовавшая в Молдавии в межвоенное время, когда Бессарабия была частью Румынии.

В экономике Молдавии в последние годы наблюдаются существенные позитивные тенденции. Она организована на рыночных принципах, около 80% ВВП производится в частном секторе. Растет экспортное производство, в частности, в швейной промышленности, некоторые услуги. Восстанавливаются молдавско-российские экономические связи. В конце 2006 г. президенты Путин и Воронин договорились о возобновлении поставок молдавского вина в Россию.

Тем не менее современная Республика Молдова — одна из беднейших стран Европы. В советское время республика специализировалась на производстве фруктов, овощей, вина и плодоовощных консервов, табака и зависела от сбыта аграрной продукции в России и других союзных республиках. Сравнительно немногочисленные предприятия машиностроения и других отраслей обрабатывающей промышленности входили в общесоюзные технологические цепочки. Аграрная специализация, нерешительность в рыночных реформах и резкий разрыв хозяйственных связей привел страну к глубокому кризису. В 1997 г. ВВП Молдавии составлял лишь около 40% от уровня 1991 г. Российский кризис 1998 г. особенно болезненно сказался на положении в Молдавии: экономический рост начался лишь с 2001 г. Хозяйство страны все еще находится в восстановительной стадии. Темпы увеличения ВВП ниже, чем в среднем по СНГ. В 2005 г. ВВП достиг лишь 60% от уровня 1991 г. В пересчете по паритету покупательной способности на душу населения он был менее 2000 долларов (меньше из стран СНГ был только показатель Таджикистана).

Свертывание промышленности привело к переориентации народного хозяйства страны на аграрный сектор. После распада СССР доля сельских жителей в населении выросла до 62%. На сельское хозяйство приходится 40% занятых и 20% ВВП.

Наиболее острая проблема Молдавии — безработица. Возобновление экономического роста не способствовало ее смягчению. Около полумиллиона граждан Молдавии (20% трудоспособного населения) находятся на заработках за рубежом: около половины из них — в России, другие — в странах Западной Европы, Турции, Израиле. До 90% мигрантов трудятся там нелегально, в тяжелых условиях. Молдавия получила печальную известность «торговлей людьми»: много молдавских девушек вывозится в качестве «секс-рабынь». Сельские районы и малые города обезлюдели. Денежные переводы мигрантов на родину составляют порядка 1 млрд долларов в год, или 30—35% ВВП. Это самый высокий показатель в мире после африканского маленького островного государства Сан-Томе и Принсипи. Однако почти все эти средства не инвестируются, а уходят на потребление членов семей трудовых мигрантов.

Экономическая зависимость Молдавии от России весьма велика. Россия остается одним из ведущих торговых партнеров и главным поставщиком энергоносителей, в России работают сотни тысяч молдавских трудовых мигрантов. Денежные переводы от них составили 27% ВВП Молдавии.

Из-за массовой эмиграции и снижения рождаемости население правобережной Молдавии (Бессарабии) сократилось с 3657 тысяч человек в 1989 г. до 3383 тысяч в 2004 г. Изменилась и этническая структура: доля молдаван увеличилась на 6% и достигла 76%, а доля русских и украинцев, наоборот, уменьшилась на 5% и составила около 14%.

Вступление Румынии в ЕС 1 января 2007 г. отгородило ее от Молдавии визовым барьером. Румыния, рассматривающая Молдавию как свою органическую часть, незаконно отторгнутую в результате сталинской аннексии 1940 г., активно раздавала гражданам Молдавии свои паспорта. Независимо от идентичности, молдавские граждане заинтересованы в них, чтобы свободно перемещаться в поисках заработка по Европе или для обучения в румынских и других зарубежных университетах. К концу 2006 г. число граждан Молдавии, имеющих одновременно румынское гражданство, оценивалось в 300—500 тысяч. Президент Румынии Т. Бэсеску выступил за скорейшее воссоединение с Молдавией в рамках ЕС. Поскольку 80% населения Молдавии живет ниже официального уровня бедности, европейская модель может оказаться для ее граждан настолько привлекательной, что они согласятся с потерей суверенитета. Проживающие на юге Молдавии болгары (65 тысяч человек) получают паспорта Болгарии, вступившей в ЕС одновременно с Румынией; Турция раздает свое гражданство родственным по языку гагаузам, которых насчитывается 155 тысяч. В этих условиях проблема суверенитета Молдавии и конфликт в Приднестровье приобретают особое звучание.

6.2.5. Приднестровский конфликт и попытки его решения

После августовского путча 1991 г. конфликт в Приднестровье постепенно перерос в фазу вооруженной борьбы. Кишинев предпринял попытку арестовать руководителей ПМР и захватить плацдармы на левом берегу Днестра. Начались его регулярные обстрелы. В сентябре в ПМР были созданы свои вооруженные формирования — Республиканская гвардия. 1 декабря там провели референдум о самостоятельности Приднестровья и президентские выборы, на которых победил И. Смирнов. В марте

1992 г. в бои с молдавской стороны вступили подразделения регулярной армии, а с приднестровской — народное ополчение.

На ход конфликта большое влияние оказали географические факторы: территория Приднестровья вытянута узкой лентой вдоль левого берега Днестра (ее минимальная ширина — всего 3 км), но включает значительный город Бендеры на правом берегу, расположенный почти напротив Тирасполя. В то же время некоторые молдавские села на левом берегу с самого начала конфликта попали под контроль Кишинева, силы которого пытались использовать их как естественные плацдармы. В середине июня при посредничестве России сторонам, наконец, удалось достичь соглашения об основных принципах урегулирования конфликта, которые были с воодушевлением одобрены парламентом Молдавии. Правительство ушло в отставку. Но всего через сутки формирования Молдавии атаковали безоружный город Бендеры, в котором учинили неслыханные жестокости. Погибли сотни мирных жителей, многие предприятия и дома были разграблены.

Дальнейшему кровопролитию положила конец твердая позиция генерала Александра Лебедя, нового командующего 14-й армией, расквартированной под Тирасполем и незадолго до этого перешедшей под юрисдикцию России. 21 июля 1992 г. Борисом Ельциным и Президентом Молдовы Мирча Снегуром в присутствии Ивана Смирнова было подписано соглашение о принципах мирного урегулирования. Тогда же был сформирован миротворческий механизм на основе Объединенной контрольной комиссии (ОКК) и Объединенных миротворческих сил России, Молдавии и ПМР. Приднестровские беженцы смогли вернуться в свои дома. Однако переговорный процесс до сего времени не привел к окончательному разрешению конфликта.

С 1993 г. к мирному процессу присоединилась ОБСЕ. В 1995 г. президентами Молдавии и ПМР было подписано Соглашение о поддержании мира и гарантиях безопасности, в котором стороны обязались не применять военную силу и не оказывать политическое, экономическое или иные формы давления друг на друга. Гарантами соблюдения этого соглашения стали Россия, Украина и ОБСЕ. Тем самым ПМР признана полноправным участником переговоров. В начале следующего, 1996 г. Молдавия, подписав так называемый Протокол согласованных вопросов, согласилась с тем, что Приднестровье имеет право на принятие своей конституции, законов и нормативных актов, на собственную государственную символику и самостоятельные международные контакты в экономической, научно-технической и культурной областях. Таким образом, ПМР получила возможность развивать свои внешнеэкономические связи, что было для нее жизненно важно.

В 1997 г. тогдашний Президент Молдавии Петр Лучинский и Иван Смирнов торжественно подписали в Москве в присутствии президентов Ельцина, Кучмы и председателя ОБСЕ меморандум «Об основах нормализации отношений между Республикой Молдова и Приднестровьем». В нем подтверждались ранее достигнутые соглашения и гарантировалось право Приднестровья принимать участие в осуществлении внешней политики Молдовы по вопросам, затрагивающим его интересы. В документе содержалось также важное положение о том, что стороны обязуются «строить общее государство в рамках международных границ Республики Молдова и Приднестровья». В 1998 г. стороны договорились о мерах доверия и развитии контактов. Была значительно сокращена численность миротворческих сил между

Республикой Молдова и Приднестровьем, а в зону безопасности в качестве наблюдателей были введены украинские миротворцы.

Однако быстро обнаружилось, что формулу «общее государство» стороны понимали совершенно по-разному. Кишинев выражал готовность предоставить Приднестровью особый статус (автономию) и делегировать ему некоторые компетенции, сохранив унитарное государственное устройство. Тирасполь считал, что Приднестровье и Молдова должны иметь равный государственно-правовой статус.

Вопреки ожиданиям, после избрания на президентский пост коммуниста Воронина отношения между Кишиневым и Тирасполем резко ухудшились. В конце 2003 г. руководитель Молдовы в последний момент отказался от подписания плана урегулирования, получившего известность как «меморандум Козака» (по имени руководителя российской делегации на переговорах Д. Козака, в то время заместителя главы Администрации Президента РФ). Согласно этому плану, Молдавия трансформировалась бы в асимметричную федерацию, в которую входили бы два субъекта — Приднестровье и Гагаузия, а остальная территория напрямую управлялась бы федеральным центром. В общем парламенте Приднестровье имело бы достаточно депутатов, чтобы блокировать невыгодные ему решения. Россия стала бы гарантом урегулирования, а ее небольшие миротворческие силы (1200 военнослужащих) оставались бы в Приднестровье на 20 лет. Фактически это означало устранение ОБСЕ из числа активных субъектов урегулирования. Именно это не устроило западную сторону, которая оказала на Воронина сильное давление.

Нарушая достигнутые в конце 1990-х гг. соглашения, Кишинев в 2004 г. предложил приднестровским предприятиям — участникам внешнеэкономической деятельности пройти перерегистрацию на территории Молдовы, подчиниться молдавскому таможенному законодательству и платить налоги в молдавский бюджет. Внешняя торговля жизненно важна для небольшой приднестровской республики. В ответ ПМР перекрыла железную дорогу и сократила поставки электроэнергии в Молдавию.

Молдавский Президент сделал свой выбор в пользу Запада. Молдавия стала требовать привлечь к урегулированию США, Румынию и ЕС. Позиция Молдавии состояла во все более жестких обвинениях России в поддержке «сепаратистов» и требовании полного вывода ее воинских контингентов из Приднестровья, поскольку русские войска якобы являются основой существования ПМР. В 1999 г. на стамбульском саммите ОБСЕ Россия взяла на себя обязательство вывести свои войска и вывезти военные склады из Приднестровья, однако в 2006 г. там еще находилось около 1500 российских военных, из которых 350 входили в состав Объединенной контрольной комиссии. Большая часть российских военнослужащих охраняют вооружение и склады с боеприпасами, оставшиеся со времен СССР.

Российское военное присутствие в Приднестровье — один из главных источников разногласий между Россией и ОБСЕ. На Западе ПМР считают геополитической «черной дырой», существующей за счет нелегального оборота оружия и акцизных товаров. Утверждают, что именно через ПМР оружие из России, Украины и других стран попадает в «горячие точки» и в руки террористов. В 2006 г. Европарламент принял резолюцию, призывающую Россию прекратить поддержку Приднестровья и вывести войска и тяжелое вооружение из региона.

Новое руководство Украины, пришедшее к власти в результате «оранжевой революции», пыталось повысить роль своей страны как региональной державы и возглавить оппозиционные Москве силы на постсоветском пространстве. В 2005 г. Президент Украины Ющенко предложил свой план урегулирования приднестровской проблемы. Этот план включал размещение в Приднестровье нового миротворческого контингента с участием Украины, международные инспекции приднестровских предприятий ВПК и мониторинг приднестровского участка молдавско-украинской границы силами специальной миссии ОБСЕ. «План Ющенко» предусматривал также создание в ПМР условий для развития гражданского общества и проведение в присутствии международных наблюдателей свободных многопартийных выборов, после которых можно было бы провести разграничение полномочий между Кишиневом и Тирасполем. Россия, Украина, ОБСЕ и, возможно, ЕС и США должны были предоставить гарантии исполнения Молдовой своих обязательств перед Приднестровьем, а также возможности для него выйти из состава Молдовы в случае присоединения к Румынии.

В июне 2005 г. парламент Молдавии принял закон о статусе Приднестровья, включивший основные положения «плана Ющенко», но более жесткий по отношению к России. Приднестровью дан статус «административно-территориального образования в форме республики в составе Республики Молдова». Приднестровье должно стать частью единого экономического, таможенного и валютного пространства Молдавии, но получить собственную конституцию и законодательный орган. Российские миротворцы должны были покинуть Приднестровье до конца 2006 г. ПМР отвергла этот закон.

В начале 2006 г. ситуация в Приднестровье резко обострилась. Украинское руководство заявило, что намерено содействовать легализации внешнеэкономической деятельности Приднестровья. В нарушение своего статуса одного из гарантов урегулирования Украина поддержала Кишинев и закрыла приднестровский участок границы для грузов, не прошедших таможенное оформление на территории Молдовы. Началась блокада ПМР. Она вышла из переговоров по урегулированию конфликта. США и ЕС поддержали Украину и Молдову. Россия выступила с резким осуждением действий Украины и направила Приднестровью экономическую помощь, а против Молдовы применила экономические санкции.

Когда же на Украине после возвращения на пост премьера Януковича Президент В. Ющенко стал терять власть, был закрыт на ремонт пограничный железнодорожный мост через Днестр, по которому внешнеторговые грузы между Украиной и Молдовой могли миновать Приднестровье. После этого Президент Молдовы Воронин был вынужден предпринять шаги для налаживания отношений с Москвой.

Внутриполитическая жизнь в ПМР, в отличие от Молдовы, протекала при бессменном доминировании одного лидера — Ивана Смирнова. Чтобы позволить ему вновь и вновь переизбираться на пост президента, была изменена конституция. Прошедшие незадолго перед блокадой выборы в Верховный Совет, казалось, несколько изменили расстановку сил в ПМР, поскольку основная партия власти потерпела поражение. Однако события начала 2006 г. вновь укрепили позиции Смирнова, который в отсутствие сильных соперников одержал очередную победу на президентских выборах в сентябре 2006 г. Одновременно с ними прошел референдум о политическом статусе Приднестровья. 97% проголосовавших высказалось за независимость от Молдавии и присоединение к Российской Федерации. На Западе и выборы, и референдум рассматриваются как нелегитимные. Тем не менее референдум дал дополнительные аргументы для переговоров с Западом о перспективах непризнанных республик на постсоветском пространстве в связи с согласием западных держав на независимость Косово.

Около 80 тысяч граждан ПМР (из общей численности населения в 550 тысяч) имеют российские паспорта, в том числе Президент Смирнов и другие руководители республики. В условиях возможного присоединения Молдавии к Румынии приднестровская проблема приобретает особое звучание.

6.2.6. Грузия

Население — 4,6 млн человек.
Территория — 70,0 тысяч кв. км.
ВВП по текущему курсу (2005 г.) — 6,4 млрд долларов.
ВВП по ППС на душу населения — 3078 долларов.

В советский период Грузия получала значительную природно-климатическую ренту, вывозя продукцию своего сельского хозяйства (чай, цитрусовые, табак, вино, фрукты) на необъятный рынок всего СССР, где им не было конкуренции. В республике были расположены крупные курорты всесоюзного значения. В хозяйстве традиционно играла существенную роль теневая экономика, в которой аккумулировались значительные капиталы. Грузию считали процветающей республикой.

Тем большей драмой стал для нее переходный период, совпавший, как и в других странах Закавказья, с кровопролитными вооруженными конфликтами, обвальным падением производства и уровня жизни населения. В начале 1990-х гг. Грузия пережила сразу две гражданских войны — сначала с Южной Осетией (см.: **6.2.7**), затем с Абхазией (см.: **6.2.8**). Еще до провозглашения независимости в Тбилиси пришел к власти националистический режим Президента Звиади Гамсахурдиа — видного диссидента и сына известного писателя. В его мировоззрении сочетался антикоммунизм, антисоветизм, идеи либеральной демократии, популизм и шовинизм.

Национальные меньшинства в грузинских автономиях, получившие возможность свободно выражать недовольство многолетними притеснениями со стороны грузин, могли апеллировать только к союзному центру. Абхазское национальное движение в прошлом не раз высказывало идею о присоединении Абхазии к РСФСР, а на волне «парада суверенитетов» потребовала статуса союзной республики. В Южной Осетии был крайне популярен лозунг воссоединения с братьями за Большим Кавказским хребтом — с Северной Осетией. Это вызвало в Грузии яростный протест. На волне всеобщего возмущения большинство населения поддержало акт о восстановлении независимости, принятый незадолго перед этими событиями Верховным Советом республики. На выборах в Верховный Совет в октябре 1990 г. победу одержали сторонники Гамсахурдиа. Вскоре депутаты избрали его Президентом. В марте 1991 г. большинство избирателей проголосовало на референдуме за выход из СССР. Однако растущие политические разногласия и падение уровня жизни привели к дроблению национально-демократического движения и все более жесткой борьбе между его осколками.

Распад государства в условиях межэтнической войны и нарастающей разрухи усилил влияние криминальных элементов. «Авторитеты» обзаводились собственными вооруженными формированиями и все более активно вмешивались в политику. Наибольшую известность получили отряды «Мхедриони» («Всадники») во главе с «вором в законе» Джабой Иоселиани и «Национальная гвардия» Тенгиза Китовани, «отличившиеся» во время походов на Южную Осетию. Они подняли мятеж против Гамсахурдиа. После нескольких дней жестоких уличных боев в центре Тбилиси в январе 1992 г. с применением тяжелой техники Гамсахурдиа бежал и при невыясненных обстоятельствах погиб. В марте в Грузию вернулся ее многолетний руководитель в советское время (1972–1985), а затем член Политбюро ЦК КПСС и министр иностранных дел СССР (1985–1990, 1991) Эдуард Амвросиевич Шеварднадзе. Он стал Председателем Государственного совета, созданного после падения режима Гамсахурдиа, а позже был избран Президентом. Ему потребовалось много усилий и времени, чтобы ограничить влияние Иоселиани и Китовани. Только после поражения в войне против Абхазии, в которой они играли главную роль, Шеварднадзе удалось окончательно устранить частные бандитские армии.

Еще много месяцев в Мегрелии шла партизанская война между правительственными отрядами и сторонниками Гамсахурдиа, чей род происходит их этих мест. В Батуми укрепил свои позиции бывший первый секретарь Аджарского обкома КП Грузии и потомок владетельных князей Аджарии Аслан Абашидзе, фактически установивший в этой части страны свою диктатуру и одно время претендовавший на власть над всей Грузией.

Центральные власти не контролировали не только бывшие автономии, но и значительную часть собственно Грузии. К 1994 г. Грузия потеряла около 65% своего ВВП по состоянию на 1991 г. (глубже падение было только в Таджикистане). Промышленное производство упало почти в 10 раз, крупные предприятия остановились. Развилась галопирующая инфляция. В Тбилиси и других городах население страдало зимой от отсутствия тепла, воды и электричества. Сотни тысяч мигрантов спасались бегством в другие страны, прежде всего в Россию.

Фактическое исчезновение государства ярко выразилось в резком сокращении и огромном дефиците бюджета и его неспособности финансировать даже минимально необходимые социальные нужды. Внутренний рынок был наводнен контрабандными товарами, поступавшими через Аджарию, в которой находится единственный сухопутный пограничный переход в Турцию, и через Южную Осетию, в которую проходит Транскавказская магистраль из России. Сохранившаяся часть экономики была криминализована, процветала коррупция.

Семья Шеварднадзе постепенно захватила контроль над большинством доходных сфер деятельности. Со временем экономическая ситуация начала улучшаться, возобновился хозяйственный рост, но до решительных сдвигов было еще далеко. Кланово-коррупционный режим не смог полностью стабилизировать и восстановить государство. Инвестиции были низкими, страна все более отставала от своих соседей. Из-за слабости государства правящему клану не удалось подавить оппозицию. Несмотря на постоянные фальсификации выборов, Грузия оставалась сравнительно демократической страной.

Во внешней политике Грузия при Шеварднадзе придерживалась типичной для большинства постсоветских стран политики «качелей»: стараясь сохранять терпимые отношения с Москвой, она в то же время играла на противоречиях между Россией и Западом. Со временем, однако, грузинские «качели» отклонялись все дальше на запад. Грузия не могла обойтись без западной помощи, составлявшей значительную часть государственного бюджета. Вступив при Шеварднадзе с опозданием в СНГ, Тбилиси предпринимал все возможные меры, чтобы избавиться от односторонней экономической, энергетической, транспортной и политической зависимости от России, компенсировать недостатки своего геополитического положения.

Грузия с энтузиазмом поддержала строительство нефтепроводов Баку — Супса и Баку — Тбилиси — Джейхан в обход России, что вызвало в Москве явное неудовольствие. Постоянным и все большим раздражителем в двусторонних отношениях оставалась политика Кремля по отношению к Абхазии и Южной Осетии. С одной стороны, поддерживая суверенитет и территориальную целостность Грузии, Россия сыграла важнейшую роль в прекращении огня и выполняла посреднические функции между сторонами. С другой — она прямо или косвенно оказывала непризнанным республикам экономическую поддержку. Грузинское руководство повело линию на вытеснение российских миротворцев и замещение их «международными» (то есть западными) силами.

Вскоре после начала второй чеченской войны Россия обвинила Грузию в помощи чеченским сепаратистам. Действительно, расположенные вблизи границы с Чечней на территории Грузии чеченские аулы в Кистинском ущелье использовались боевиками как перевалочная база, через которую они получали жизненно важную для них внешнюю поддержку, там формировались и отдыхали чеченские отряды. Раненые боевики лечились в тбилисских больницах. Россия потребовала ликвидировать базы в Кистинском ущелье, пропустить через территорию Грузии подразделения своих пограничников, чтобы блокировать Чечню, и предложила совместно охранять чеченский участок границы. Тбилиси пропустить российских военнослужащих отказался, сославшись на нежелание быть еще глубже вовлеченным в кавказские конфликты, и, в свою очередь, обвинил Москву в бомбардировках и обстрелах грузинской территории.

Шеварднадзе заявил о том, что Грузия скоро «громко постучится в двери НАТО». Укреплялось военно-техническое сотрудничество между Грузией и США, которые бесплатно предоставили ей подержанную военную технику. Под предлогом борьбы с международным терроризмом после террористических актов в США в Грузии появились американские военные инструкторы. В ответ Москва ввела в 2000 г. визовый режим, что явилось для Грузии чувствительным ударом.

После парламентских выборов в ноябре 2003 г. было объявлено, что проправительственный блок, получив чуть более 20% голосов, одержал победу. Еще около 18% набрала партия, контролируемая «хозяином» Аджарии Абашидзе, склонным тогда к сотрудничеству с режимом. Остальные оппозиционные партии получили более половины мест, чего, однако, было недостаточно для формирования большинства. Радикальная оппозиция — партия, возглавляемая бывшим министром юстиции, молодым юристом Михаилом Саакашвили, получившим образование в США, и партия спикера парламента, бывшего преподавателя Тбилисского университета Нино Бурджанадзе, по официальным данным, завоевали вместе 27% голосов. Саакашвили вел предвыборную кампанию в резко критическом тоне, обвиняя Шеварднадзе в том, что он «украл все, что только можно было украсть». Радикалы не признали результаты выборов, обвинили правящий режим в фальсификациях, вывели на площади Тбилиси многотысячные толпы своих сторонников, число которых все прибывало, и потребовали отставки Шеварднадзе. Оппозицию открыто поддержали США.

Правительство стало стягивать в столицу полицию и войска. Абашидзе выступил против оппозиции и заявил о введении в Аджарии чрезвычайного положения и закрытии границы с Грузией. Возникла реальная опасность новой гражданской войны. У Шеварднадзе не было верной ему и сильной армии и спецслужб. Силы порядка начали переходить на сторону манифестантов. Толпа стала захватывать государственные учреждения. В этот решающий момент в Тбилиси прибыл министр иностранных дел России Игорь Иванов, уроженец Тбилиси, который обратился к манифестантам на грузинском языке. Ему удалось стать посредником в переговорах правительства и оппозиции и уговорить Шеварднадзе уйти в отставку под гарантии неприкосновенности для него лично и его семьи.

Оппозиция объявила о проведении новых парламентских и президентских выборов, на которых с подавляющим перевесом победил Саакашвили. События ноября 2003 г. в Грузии назвали «революцией роз». Причины ее успеха многообразны. Оппозицию финансировали и консультировали западные фонды, США и другие западные страны оказали ей весомую моральную и политическую поддержку. Сказалась слабость режима Шеварднадзе. И Запад, и Россия хотели восстановления стабильного и дееспособного грузинского государства. Но, безусловно, огромную роль сыграл и всеобщий протест против прогнившего кланово-коррупционного режима, страстная вера самых широких слоев населения в возможность очистить страну от коррупции, построить современное правовое государство. Именно поэтому правящий режим пал столь быстро и бескровно.

Одним из главных предвыборных обещаний Саакашвили было быстрое восстановление целостности страны. Поначалу обстановка складывалась для него благоприятно. Когда колонны сторонников Саакашвили двинулись на Батуми и возникла реальная возможность, что многие жители Аджарии, уставшие от многолетнего господства клана Абашидзе, встанут на сторону молодого Президента, глава Аджарии под нажимом России счел за благо бежать на российском самолете в Москву. Во время своего первого визита в Кремль Саакашвили надеялся быстро договориться с российскими руководителями о решении проблемы Абхазии и Южной Осетии. Однако Россия не могла просто «сдать» ему эти непризнанные республики на грузинских условиях, без каких-либо гарантий — хотя бы потому, что, в отличие от Аджарии, их судьба напрямую связана с обстановкой на Северном Кавказе.

Таким образом, после «революции роз» руководство Грузии стало видеть в России врага — главное препятствие на пути интеграции страны. Саакашвили подтвердил объявленный еще Шеварднадзе курс на вступление в НАТО. Грузинские власти требовали скорейшего закрытия российских военных баз в Грузии (включая расположенную в Абхазии базу в Гудауте) и чинили препятствия их нормальной деятельности. В итоге трудных переговоров было достигнуто соглашение о выводе российских частей с территории Грузии до конца 2008 г. В 2004 г. грузинские власти инспирировали возобновление огня в зоне югоосетинского конфликта. На территорию автономии были введены грузинский спецназ и тяжелая бронетехника. Новую вспышку насилия удалось прекратить с большим трудом.

Москву все больше раздражала ярко выраженная прозападная и проамериканская политика, резкая, воинственная, а порой и просто провокационная и оскорбительная антироссийская риторика Саакашвили, попытки «выдавить» Россию из Грузии и всего Закавказья. В политике Саакашвили Москва увидела угрозу национальной безопасности и ввиду возможного вступления Грузии в НАТО, и из-за попыток силового решения югоосетинской проблемы, которые могли дестабилизировать обстановку в Северной Осетии и на всем Северном Кавказе.

В 2006 г. в российско-грузинских отношениях наступил кризис. Весной Тбилиси вновь обострил ситуацию вокруг Южной Осетии. В ответ Москва прибегла к политике санкций. Как и в случае с Молдовой, был запрещен ввоз в Россию грузинского вина и минеральной воды, «поскольку в них были найдены следы вредных для здоровья веществ». Осенью 2006 г. грузинский парламент принял постановление о замене российских миротворческих сил в зонах абхазского и югоосетинского конфликтов международными. Грузия отозвала свое согласие на вступление России в ВТО (для которого, как известно, требуется консенсус всех членов этой организации). Грузинское руководство требовало от российской стороны выполнить договоренности 2004 г. о легализации таможенно-пропускных пунктов на абхазском и югоосетинском участках грузино-российской границы. Затем в Тбилиси были арестованы по обвинению в шпионаже и подготовке террористических актов четыре российских офицера. На официальном сайте МВД Грузии были помещены расшифровки телефонных разговоров российских военных со своими грузинскими агентами и видеоматериалы встреч между ними.

Хотя офицеры под давлением западных стран, не заинтересованных в новом конфликте, были вскоре освобождены, Москва ответила беспрецедентно жесткими мерами. Началась эвакуация российских граждан из Грузии, был отозван посол и созван Совет Безопасности ООН, прервано сообщение между двумя странами и прекращена выдача виз гражданам Грузии, частично возобновившаяся лишь в середине 2007 г. Были приняты также меры против грузинского бизнеса в России и грузин, работающих и проживающих в стране. Сотни грузинских граждан были высланы из России за нарушение правил регистрации. Опергруппы посетили десятки ресторанов, кафе и магазинов, игорных заведений и даже грузинский культурный центр на Старом Арбате. В школах милиция собирала информацию о грузинских детях, планируя через них выйти на их родителей и проверить наличие регистрации, уплату налогов и соблюдение трудового российского законодательства.

Блокада Грузии не принесла России дивидендов. От репрессивных мер пострадало много рядовых граждан, ведь в России работают сотни тысяч грузин, семьи которых остались на родине. Эти меры сплотили грузинскую нацию перед лицом «внешней угрозы», чего и добивался Саакашвили, сохранивший в своей стране довольно высокую популярность. Был нанесен ущерб образу России за рубежом и ее авторитету среди всех выходцев из Закавказья. Россия продолжала утрачивать привлекательность для стран бывшего СССР, ужесточая с ними экономические отношения.

Во внутренней политике Саакашвили начинал с решительной чистки государственного аппарата. На ключевые посты пришли молодые и часто неопытные люди, получившие образование в западных странах. Они пытались вести решительную борьбу с коррупцией, иногда парадоксальными методами. Так, уличенным в ней чиновникам предлагалось сохранить свободу при условии уплаты ими своего рода выкупа в государственный бюджет. Однако искоренить эту общую для стран СНГ беду так и не удалось, хотя уровень коррумпированности и снизился довольно существенно.

При Саакашвили были усилены полномочия Президента, многие представители оппозиции (в первую очередь пророссийской) были вытеснены из общественной жизни или даже арестованы. После гибели соратника Президента премьер-министра З. Жвания, причины которой так и не были до конца выяснены, Саакашвили стал полновластным лидером страны. Его команда, включая российского бизнесмена Каху Бендукидзе, приглашенного на пост министра экономики для проведения реформ, приступила к решительным действиям. Грузии удалось добиться в 2004—2006 гг. высоких темпов экономического роста – в среднем около 9% в год. Тем не менее Грузия оставалась бедной страной и продолжала отставать от своих соседей по Южному Кавказу — Азербайджана и Армении. Вместе с Молдовой она занимала последнее место в СНГ по степени восстановления советского уровня производства (в 2005 г. – всего чуть более 40% от показателей 1989 г. и около 70% от 1991 г.).

6.2.7. Конфликт в Южной Осетии

После распада СССР власти Южной Осетии провели в январе 1992 г. референдум, на котором более 90% принявших участие в голосовании высказалось за присоединение к Российской Федерации. Он проходил с процедурными нарушениями, и грузинское население бойкотировало его. В сложных политических условиях того времени этот референдум вызвал у российской стороны негативную реакцию.

Южная Осетия отказывалась вступить в переговоры до снятия блокады и вывода грузинских формирований. С середины апреля 1992 г., по окончании борьбы в Мегрелии со сторонниками Гамсахурдиа, получив часть тяжелого вооружения бывшего Закавказского военного округа, грузинская сторона начала регулярные ракетно-артиллерийские обстрелы столицы Южной Осетии — Цхинвала.

События в Южной Осетии напрямую затрагивали интересы России. Общественные движения Северной Осетии и других северокавказских республик с самого начала поддержали осетинскую сторону. Северная Осетия перекрыла газопровод, по которому российский газ поступал в Грузию. Добровольцы из Северной Осетии сражались в южноосетинских отрядах. Конфедерация горских народов Кавказа сформировала отдельный батальон, который, однако, не был пропущен через перевал. После начала конфликта в Северную Осетию прибыло не менее 40 тысяч беженцев из бывшей ЮОАО и других районов Грузии. Некоторые эксперты оценивают их число даже в 100 тысяч (всего в Грузинской ССР проживало 160 тысяч осетин). Массовый приток беженцев сильно осложнил социально-экономическую ситуацию в Северной Осетии и способствовал там радикализации национального сознания.

Как раз в то время воодушевленное принятым Верховным Советом СССР в апреле 1991 г. законом о реабилитации репрессированных народов ингушское национальное движение требовало восстановления прежних границ с Северной Осетией (после ликвидации Сталиным Чечено-Ингушской АССР Осетии был передан ряд пограничных с ней районов Ингушетии). Беженцы стали основой формирований, готовых с оружием в руках отстаивать спорные земли. Кровавый осетино-ингушский конфликт 31 октября — 4 ноября 1992 г., остановленный российской армией, породил не менее 40 тысяч беженцев — в основном ингушей, изгнанных из Пригородного района. Многие их дома до сих пор заняты выходцами из Южной Осетии. Таким образом, грузино-осетинский конфликт грозил дестабилизировать обстановку на всем Северном Кавказе. В свою очередь, из бывшей ЮОАО выехало около 10 тысяч грузин.

Российская сторона требовала от Грузии прекратить кровопролитие. 22 июня 1992 г. Ельцин и новый Президент Грузии Шеварднадзе подписали так называемые Дагомысские соглашения, предусматривавшие прекращение огня, создание органа для урегулирования конфликта — Смешанной контрольной комиссии и ввод в район конфликта совместных российско-грузинско-осетинских миротворческих сил.

В течение нескольких лет в Южной Осетии было сравнительно спокойно, хотя экономика ее оставалась в тяжелом состоянии. В условиях сложных двусторонних отношений между Россией и Грузией транспортная артерия Цхинвал — Владикавказ обеспечивала товарообмен между ними, значительную часть которого составляла «серая» торговля, или просто контрабанда. Именно через Цхинвал в Северную Осетию в 1990-х гг. шел контрабандный спирт, на котором поднялось мощное полуподпольное производство водки (доля республики в общероссийском производстве ликерно-водочных изделий возросла с 1,4% в 1990 г. до 7,1% в 2003 г.). На Эргнетском оптово-розничном рынке около Цхинвала, известном всей Грузии, во многом держалось хозяйство Южной Осетии.

После введения в 2000 г. Россией визового режима с Грузией, обвиненной в нежелании сотрудничать в борьбе с чеченскими сепаратистами, жители Южной Осетии и Абхазии сохранили возможность свободно въезжать на российскую территорию. Более того, вскоре российские паспорта были выданы большинству населения Южной Осетии. Это вызвало резкие протесты Грузии. При этом в течение долгого времени для грузинской стороны не существовало самого понятия «Южная Осетия»: ее именовали Цхинвальским районом или Самачабло (землей князей Мачабели).

Администрация Саакашвили, нарушая в 2004 г. Дагомысские соглашения, ввела в зону конфликта войска, а ее представители прямо заявляли о намерении решить вопрос силой. Грузия стремится заменить российские миротворческие подразделения в Южной Осетии международными силами.

В августе 2004 г. начались обстрелы Цхинвала и появились новые жертвы среди мирных жителей. Ход боевых столкновений между грузинскими и осетинскими силами диктовался особенностями географии и расселения, ставящими Южную Осетию в невыгодное положение по сравнению с другими самопровозглашенными республиками. Осетинские села чередуются с грузинскими, причем центр республики Цхинвал отрезан от Северной Осетии так называемым Лиахвинским коридором, в котором проживает грузинское население. Со временем обе стороны построили рокадные дороги, соединяющие с одной стороны Цхинвал с Северной Осетией, а с другой город Гори с Лиахвинским коридором, и бои развернулись за контроль над этой дорогой и высотами над Цхинвалом. В конце концов при посредничестве России удалось достичь соглашения о прекращении огня и разведении войск.

Однако в конце 2005 — начале 2006 г. вновь резко возросло число инцидентов между грузинской и осетинской сторонами с применением оружия. Ситуация обострилась в связи с общим кризисом в отношениях между Россией и Грузией и прекращением российской стороной выдачи виз грузинским гражданам. В Тбилиси остро восприняли неоднократные заявления Президента Путина о недопустимости двойных стандартов: предоставление полной независимости Косово при поддержке западных стран будет означать возможность признания самопровозглашенных республик на территории бывшего СССР, в том числе Южной Осетии. В итоге Южная Осетия опять превратилась в «осажденную крепость».

На этом фоне 12 ноября 2006 г. там состоялись президентские выборы и референдум по определению статуса республики. Результаты голосования подтвердили курс на самоопределение. Переизбранный президентом Э. Кокойты, не имевший реальных соперников, обратился в Конституционный суд РФ с просьбой признать Южную Осетию частью России. Аргументами послужило ее включение в состав Российской империи еще в 1774 г. (то есть раньше Грузии, включенной в Империю в 1801 г.) и отсутствие международно-правовых документов, закрепляющих ее выход из российского государства; кроме того, 95% жителей Южной Осетии являются гражданами России. Итоги голосования не были признаны ни Грузией, ни международным сообществом. Более того, Грузия изменила тактику: от непризнания существования Южной Осетии вообще она перешла к организации параллельного голосования в грузинских селах и среди беженцев, живущих в других регионах. Как и следовало ожидать, почти все участники этого голосования высказались за то, чтобы Южная Осетия осталась в составе Грузии. Таким путем Грузия создала свое «законное» правительство Южной Осетии.

6.2.8. Абхазия

После провозглашения независимости Грузии тбилисское руководство во главе с Президентом Гамсухурдиа взяло курс на строительство унитарного государства. В ответ на возвращение к грузинской конституции 1921 г. абхазская сторона объявила о восстановлении своей конституции 1925 г., объявлявшей Абхазию республикой в составе СССР и не предусматривавшей ее автономии в составе Грузии. В Абхазии был разработан проект договора с Грузией, нацеленный на создание федеративного государства. Однако 14 августа 1992 г. под предлогом защиты железной дороги грузинские войска и добровольцы вошли в Абхазию и заняли ее столицу — Сухум (по-грузински — Сухуми). Началась война, в которой на стороне Абхазии в составе добровольческих сил участвовали кабардинцы, адыгейцы, черкесы, абазины, чеченцы, армяне, русские казаки. В сентябре 1993 г. очень кровопролитные военные действия, сопровождавшиеся тяжкими насилиями над мирным населением (грузин над абхазами, абхазов над грузинами), закончились взятием Сухума абхазами и победой Абхазии.

Позиция России в грузино-абхазском конфликте была двусмысленной и противоречивой. С одной стороны, официально Россия признавала территориальную целостность Грузии. Россия выступала посредником в переговорах между сторонами, выдвигала миротворческие инициативы. В 1994 г. в пограничье между Абхазией и Грузией по просьбе обеих сторон введен российский миротворческий контингент, который сыграл значительную роль в предотвращении вооруженного противостояния и вскоре получил мандат СНГ. Россия пыталась неоднократно оказывать давление на Сухум, требуя от него уступок в переговорном процессе, вводила блокадные санкции.

В то же время несомненно, что дислокация на территории Абхазии российской военной базы в Гудаутах, батальона ВДВ в Сухуми и другие военные объекты сыграли значительную роль в ходе конфликта. Грузинская сторона и зарубежные эксперты, отмечая участие в боях тяжелой техники (по версии абхазов, «трофейной») и самолетов «без опознавательных знаков», считают, что победа абхазов была бы невозможна без прямой поддержки российских вооруженных сил. Позже Россия выдала примерно 70% жителей Абхазии свои паспорта, восстановила железнодорожное сообщение с Сухумом. В Абхазии обращается российский рубль, выплачиваются российские пенсии. Без экономических связей с Россией (торговля, прием отдыхающих, переводы мигрантов) Абхазия вряд ли смогла бы выжить. В 2004 г. Москва попыталась воздействовать на исход президентских выборов в Абхазии, оказывая неприкрытый нажим на избирателей. Однако исход выборов оказался не в пользу поддерживаемого ей кандидата, хотя и был им оспорен. В Абхазии разразился многомесячный острый политический кризис, который пришлось урегулировать России. В итоге президентом был провозглашен представитель оппозиции С. Багапш, назначивший своего бывшего соперника Р. Хаджимбу премьер-министром. Все это вызывает резкие протесты Грузии.

Официальная грузинская позиция трактует войну 1992—1993 гг. и последующие события как справедливую борьбу за территориальную целостность страны с абхазскими сепаратистами, против аннексии и оккупации части ее исконной территории. Позже появилась и интерпретация как борьбы с «агрессией международного терроризма против суверенного государства». Предлагаемые Тбилиси решения сводятся к уточнению правового статуса Абхазской автономии, а возможность создания федеративного государства отвергается.

Основа позиции Абхазии — равносубъектность отношений с Грузией: для абхазов речь шла о переговорах двух самостоятельных и независимых государств. Соответственно, обсуждая возможность общего государственного образования, абхазская сторона отказывалась полностью передавать Грузии какие-либо полномочия, соглашаясь лишь на совместные компетенции в строго ограниченных областях (оборона, финансы и др.). «Широкие права автономии», которые обещает Тбилиси, по мнению абхазской стороны, будут неизбежно выхолощены. Абхазия требует от Грузии признать ответственность за развязывание войны 1992—1993 гг. Поначалу Сухум, ссылаясь на итоги всенародного голосования, выступал за включение Абхазии в состав Российской Федерации. Ныне абхазское руководство считает, что после принятия конституции независимого государства статус республики не может быть более предметом обсуждения.

Одна из главных проблем урегулирования абхазско-грузинского конфликта — грузинские беженцы, покинувшие свои дома в Абхазии в ходе конфликта. Их число оценивается не менее чем в 200 тысяч. Большая часть этих людей жила на территории пограничного с Грузией бывшего Гальского района, где грузины составляли около 90% населения. Лиссабонский саммит ОБСЕ обвинил Абхазию в «этнических чистках населения». Значительная часть беженцев обосновалась в районе Тбилиси, около 50 тысяч — в России. Беженцы стали весомым фактором экономической и политической жизни Грузии. Их сложное положение послужило основанием для международной гуманитарной помощи, в наиболее тяжелые годы составлявшей в разных формах до двух третей бюджета Грузии. Беженцы — носители наиболее радикальных взглядов на урегулирование в Абхазии.

Абхазская сторона формально не возражает против их возвращения. Однако она настаивает на своем праве подвергнуть их фильтрации, чтобы не допустить въезда лиц, причастных к насилию в 1992–1993 гг. Следовательно, по мнению абхазов, этот процесс должен быть постепенным. Фактически он давно застопорился, хотя, по разным оценкам, от 55 тысяч до 60 тысяч беженцев вернулось в Гальский район. Сухумские власти увязывают возвращение беженцев с общим политическим урегулированием, тогда как Тбилиси полагает эту проблему самостоятельной. Грузинская сторона обвиняет абхазов в нежелании принять беженцев, так как их полное возвращение восстановило бы грузинское большинство в населении Абхазии. В то же время Тбилиси, в свою очередь, рассматривает возвращение беженцев как социально-этническую основу восстановления юрисдикции Грузии над Абхазией. В Тбилиси также считают, что без участия грузин, проживавших до войны 1992–1993 гг. в Абхазии, никакие народные волеизъявления, организованные абхазским руководством, в том числе и референдум о независимости, не являются легитимными.

Обстановка в нынешнем Гальском районе, в котором преобладает грузинское (мегрельское) население, — самая неспокойная в Абхазии. Подавляющее большинство избирателей-мегрелов на президентских выборах 2004 г. проголосовало за нынешнего президента С. Багапш, который недавно провозгласил «новую восточную политику». Ее цель — социально-экономическая и политическая интеграция мегрельского населения. Реализация этой инициативы может способствовать прорыву международной изоляции Абхазии.

После прихода к власти в Тбилиси М. Саакашвили, считающего своей главной целью восстановление территориальной целостности страны, обстановка вокруг Абхазии обострилась. Грузия концентрирует вооруженные силы на границе с Абхазией и, вопреки договоренностям, ввела их в населенную сванами верхнюю часть Кодорского ущелья, разместив там «правительство Абхазии в изгнании», состоящее из беженцев и ранее находившееся в Тбилиси.

6.2.9. Азербайджан

Азербайджан — самая крупная по численности населения (в 2005 г. — 8,4 млн человек) страна Закавказья.

В переходный период внутриполитическую и экономическую ситуацию в Азербайджане сильно отягчала проблема Нагорного Карабаха. Серия поражений в карабахской войне совпала с распадом СССР, кризисом власти и экономической разрухой. Националистическая оппозиция, объединившаяся в Народный фронт, устраивала в Баку грандиозные манифестации. В итоге последний коммунистический руководитель Азербайджана Аяз Муталибов был свергнут, и к власти пришел протурецки настроенный лидер Народного фронта А. Эльчибей. Система государственного управления распадалась на глазах, реальная власть переходила к лидерам полукриминальных кланов и полевым командирам. Начались волнения среди национальных меньшинств — лезгин, разделенных государственной границей между Азербайджаном и российским Дагестаном, и талышей. Азербайджан превратился в страну массовой эмиграции: люди бежали от нищеты, в основном в Россию.

Один из полевых командиров, С. Гусейнов, поднял вооруженный мятеж против руководства Народного фронта. Эльчибей бежал из Баку. В этой ситуации к власти был призван бывший первый секретарь ЦК КП Азербайджана (1969–1982), а затем член Политбюро ЦК КПСС и первый заместитель Председателя Совета министров СССР (1982–1987) Гейдар Алиев, который к тому времени возглавлял администрацию на своей родине, в бывшей Нахичеванской АССР. Позже Г. Алиев был избран Президентом и уже через год избавился от назначенного премьер-министром С. Гусейнова, обвиненного в подготовке нового путча. Алиев пользовался в Азербайджане большим авторитетом, прекрасно знал его проблемы и обладал разветвленными связями в элите. Он сумел постепенно восстановить государственное управление.

Его успех объяснялся тремя причинами. Во-первых, понимая, что в условиях продолжавшихся военных действий в Нагорном Карабахе выйти из экономического кризиса невозможно, Г. Алиев пошел на компромисс с армянской стороной и заключил соглашение о прекращении огня. Это было тяжелое решение, так как страна потеряла одну пятую территории и около миллиона азербайджанцев стали беженцами. Многие в Азербайджане хотели продолжения войны.

Во-вторых, Алиев пошел на заключение с западными крупными нефтяными монополиями кабальных на первый взгляд соглашений. Добыча нефти, основного богатства Азербайджана, на старых скважинах еще с советского времени непрерывно падала, а для освоения новых глубоководных морских месторождений у Азербайджана не было ни средств, ни технологий. Поэтому иного выхода не оставалось. Западные компании вложили крупные средства и создали необходимую инфраструктуру, построили экспортные нефтепроводы — сначала от Баку до грузинского порта Супса близ Батуми, а затем грандиозный нефтепровод Баку — Тбилиси — Джейхан (Турция). Азербайджанская государственная нефтяная компания получила за допуск иностранных инвесторов к новым месторождениям на льготных условиях, без всяких пошлин, всего 10% добываемой нефти, но и этого на первых порах хватило, чтобы с началом эксплуатации новых буровых платформ в 2001 г. дать национальной экономике мощный импульс.

Развитие нефтедобычи означало не только появление новых рабочих мест, но и позволило национальным компаниям накопить опыт партнерства с передовыми западными фирмами, ускорить создание современной рыночной инфраструктуры, соответствующей самым высоким стандартам. Более поздние соглашения о разведке и добыче нефти были заключены уже на гораздо более благоприятных для Азербайджана условиях.

В-третьих, доходы от экспорта нефти были направлены не на потребление узких групп элиты, а для пополнения специального фонда, используемого в целях экономического развития.

В-четвертых, Гейдар Алиев сразу же отказался от националистической идеологии пантюркизма, исповедуемой Эльчибеем, и взял курс на построение сильного государства, которое могло бы отстаивать национальные интересы на основе более сбалансированных отношений с внешним миром, в том числе с Россией. После смерти Г. Алиева в 2003 г. к власти пришел его сын Ильхам, которого отец готовил на пост президента. После того как Алиев-младший сумел предотвратить победу оппозиции на парламентских выборах 2005 г., для чего ему пришлось арестовать соратников отца, его стали воспринимать как самостоятельного сильного правителя.

В последние годы, с быстрым ростом добычи нефти (в 2005 г. — 22 млн тонн), Азербайджан не только вышел по темпам роста ВНП на первое место в послесоветском пространстве, но и стал одной из самых быстроразвивающихся стран в мире. В 2005 г. его ВНП вырос на 24%. В нефтяную промышленность вложено уже свыше 15 млрд долларов иностранных капиталовложений. Только за три года (2003–2005) создано более 170 тысяч новых рабочих мест. Резко ускорилось строительство жилья, новых дорог, другой инфраструктуры. В 2005 г. ВВП на 15% превысил уровень 1991 г. (на минимальной отметке в 1995 г. он составлял от него всего около 40%).

Вместе с тем социально-экономическое положение в стране все еще остается сложным. Доля населения, живущего ниже порога бедности, составляла в 2005 г. около 29%. Велики социальные контрасты между столичным регионом и периферией. Число безработных оценивается независимыми экспертами в 1 млн, и для многих из них единственным способом прокормить семью остается эмиграция. До сих пор не обустроены многие беженцы из Армении и Карабаха.

Отношения между Азербайджаном и Россией развивались по принципу «качелей»: благоприятные периоды сменялись периодами взаимного недовольства и скрытых конфликтов. Азербайджан стал одним из членов группировки ГУАМ, созданной для противодействия попыткам России установить свою гегемонию на послесоветском пространстве. Азербайджан заинтересован в стабильных отношениях с Россией и не шел с ней на открытую конфронтацию — хотя бы потому, что там проживает около 1 млн азербайджанских трудовых мигрантов. В Азербайджане никогда не закрывались русские школы и даже принимались некоторые меры для поддержания позиций русского языка и культуры — отчасти для создания противовеса попыткам Турции слишком плотно опекать родственную страну. Президент И. Алиев заявил о возможности ввода российских миротворцев в район Нагорного Карабаха.

В то же время Азербайджан демонстрировал лояльность и Западу, в первую очередь США. Руководители страны при поддержке Запада преуспели в реализации поставленной ими задачи ослабить монополию России на доступ в Закавказье, к его нефтяным богатствам. Новые экспортные нефтепроводы построены в обход России.

Равно США и Россия заинтересованы в стабилизации обстановки в Азербайджане и закрывают глаза на нарушение демократических принципов, использование силовых методов при подавлении оппозиции. Акцентируя дружеские отношения с США, Азербайджан стремится побудить Вашингтон оказать давление на Армению и заставить ее принять планы предоставления Нагорному Карабаху «самой широкой автономии, но в рамках азербайджанского государства». В свою очередь

США заинтересованы не только в закавказской нефти и контроле над безопасностью всего Южного Кавказа. Для них чувствительны отношения Азербайджана с Ираном: в Баку время от времени раздаются призывы объединиться с «Южным Азербайджаном» (численность азербайджанцев в Иране оценивается в 30 млн).

Из-за пророссийской позиции Армении Азербайджан не участвует в ОДКБ и активно сотрудничает с НАТО, хотя, в отличие от Грузии, никогда не заявлял о намерении вступить в эту организацию. В конце 2006 г. российские власти хотели вовлечь Азербайджан в антигрузинскую коалицию, но Президент И. Алиев отверг открытый политический нажим Кремля. Москва попыталась в четыре раза поднять цену на свой газ, экспортируемый в Грузию, и обратилась к Азербайджану, также поставляющему газ в Тбилиси, с просьбой сделать то же самое. Когда Азербайджан отказался, Россия резко увеличила цену на газ уже для самого Азербайджана. Но И. Алиев отказался покупать российский газ по новой цене и в свою очередь, заявил об остановке трансляции на Азербайджан центральных российских телеканалов «в связи с необходимостью стимулировать национальное телевидение» и о прекращении прокачки нефти по нефтепроводу Баку — Новороссийск. Но при этом в Баку дали понять, что эти решения могут быть пересмотрены.

6.2.10. Армения

Для Армении переходный период был особенно драматичным. Армения оказалась в глубокой изоляции. С Азербайджаном она фактически находилась в состоянии войны, а отношения с Турцией оставались традиционно сложными. В результате карабахского конфликта сначала было прервано железнодорожное сообщение с внешним миром через Баку, а затем и через Абхазию.

Ситуацию усугубил экономический кризис, еще более тяжкий, чем в большинстве других регионов бывшего СССР. На экономике республики, лишенной значительных природных ресурсов и источников энергии, распад СССР и разрушение старых хозяйственных связей сказались очень тяжело. В советское время Армения специализировалась на высокотехнологичных отраслях, работая в тесной кооперации с партнерами в других регионах Советского Союза. Поэтому большинство предприятий закрылось, сотни тысяч людей остались без работы. К тому же в годы Перестройки по требованию общественности была закрыта Армянская АЭС, на которую приходилась значительная часть потребляемой электроэнергии: как и в других советских республиках, национальное движение в Армении было связано с протестом против разрушения природной среды, вызванной советским способом хозяйствования. После аварии на Чернобыльской АЭС и землетрясения в Спитаке люди опасались риска новой техногенной катастрофы. В результате миллион жителей Еревана и другие города Армении пережили несколько зим без света, тепла и воды. Беспримерные тяготы воспринимались тем более болезненно, что Армения была одной из наиболее богатых союзных республик. Началось массовое бегство из страны — в Россию и на Запад, туда, где сложились влиятельные общины армянской диаспоры. В итоге за полтора десятилетия после распада СССР Армения потеряла *как минимум около четверти населения* (а по некоторым оценкам, до половины) — вместо 4 млн жителей в ней сейчас официально насчитывается всего 3,2 млн, а по оценкам экспертов — всего 1 млн 800 тысяч.

Политическая ситуация в стране отличалась нестабильностью. Вскоре после крушения СССР Президентом Армении стал лидер Народного фронта (национального движения), профессор-гуманитарий Левон Тер-Петросян. В его окружение входили в основном деятели Армянского общенационального движения (АОД) и комитета «Карабах», бывшие полевые командиры, сплотившиеся в кланы, извлекавшие прибыль из своего положения во власти. По мере нарастания трудностей Президент утрачивал популярность. Полагают, что его переизбрание в 1996 г. стало возможным только благодаря фальсификациям итогов голосования. Через два года Тер-Петросян был вынужден оставить свой пост под давлением окружения, обвинившего его в намерении вернуть Азербайджану часть захваченных во время карабахской войны территорий.

Страну возглавил Роберт Кочарян, бывший Президент непризнанной Нагорно-Карабахской республики. В качестве его главного политического соперника быстро выдвинулся последний коммунистический правитель Армении Карен Демирчян, с именем которого связывался период благополучия. После победы на выборах Демирчян стал спикером парламента. Его позиции усилились в результате заключения союза с влиятельным политиком В. Саркисяном — одним из руководителей борьбы за Нагорный Карабах, занявшим пост премьер-министра. Но вскоре произошла трагедия: 27 октября 1999 г. группа террористов ворвалась в здание парламента и расстреляла на глазах у телезрителей руководителей парламента и правительства, в том числе Демирчяна и Саркисяна. Этот террористический акт привел к усилению позиций Кочаряна и его союзников.

Вследствие слабости государственных институтов относительная демократичность политической системы привела к установлению в Армении кланово-коррупционного режима, основанного на жесткой связи собственности и власти. Тем не менее этот режим был объективно заинтересован в восстановлении системы государственного управления, преодолении эксцессов периода «романтического национализма» конца 1980-х — начала 1990-х гг., в налаживании связей с Россией как главным внешним потенциальным инвестором, рынком сбыта и источником помощи. Армении удалось не только восстановить, но превысить советский уровень ВВП (в 2005 г. — примерно 140% к уровню 1991 г.). По этому показателю Армения во всем постсоветском пространстве уступает только Эстонии, сохраняя высокие темпы роста ВВП.

Однако Армения остается бедной страной (в 2005 г. ВВП на душу населения по покупательной способности — 4660 долларов). Крупную промышленность, за исключением считанных предприятий, восстановить не удалось. Надежды на крупные инвестиции армянской диаспоры не сбылись. Страна продолжает терять население. Денежные переводы мигрантов вносят существенный вклад в платежный баланс. Процветает коррупция. Уровень жизни пока низок, особенно в провинции. Около 40% населения живет за чертой бедности. Наметилось тревожное экономическое отставание от Азербайджана. Без решения карабахской проблемы страна не имеет значительных перспектив. Новый выборный цикл обострил борьбу за власть.

Армения — традиционный союзник России в Закавказье, сохранившей благоприятный образ в глазах общественного мнения. Весьма популярен в Армении Владимир Путин. В отличие от некоторых других послесоветских стран, там приветствуют российские инвестиции. России принадлежат ключевые позиции в топливно-энергетическом комплексе Армении. С 2003 г. перешла в доверительное управление дочерней компании РАО ЕЭС России, вновь открытая Армянская АЭС, вырабатывающая до 40% электроэнергии страны. В собственность РАО ЕЭС России переданы Севано-Разданский каскад ГЭС, Разданская ТЭС. Российско-армянскому предприятию принадлежит газотранспортная система, оно же является монопольным распределителем российского газа в республике. Характерно, что Армения — единственная страна, получившая льготную цену на газ — 110 долларов за тысячу кубометров — сразу до 2009 г. В счет погашения государственного долга Армения передала России еще несколько крупных предприятий. Российские капиталы имеются в 9 из 20 основных банков страны. В 2004 г. Внешторгбанк приобрел контрольный пакет акций Армсбербанка.

Армения поддерживает Россию в перестройке и укреплении деятельности СНГ. Важную роль в отношениях между двумя странами играет военно-техническое сотрудничество. Армения осталась единственной страной, в которой российские и армянские пограничники совместно несут охрану государственной границы. На основе межгосударственных соглашений в Армении дислоцируется российская военная база, в том числе подразделение истребителей. Россия и Армения сотрудничают в рамках ОДКБ. В 1999 г. Армения присоединилась к Объединенной системе ПВО стран СНГ.

При этом Армения стремится поддерживать стабильные отношения с западными странами, от которых получает существенную экономическую помощь, особенно с теми, в которых проживают крупные армянские общины, — США, Францией. Важнейший партнер Армении — Иран, через который в условиях блокады осуществляется значительная часть внешнеторговых связей через 40-километровый участок общей границы в районе Мегри. Традиционно благоприятны отношения Армении со странами, пострадавшими от геноцида христианских народов и османского ига, — Грецией и Кипром, рядом арабских стран — Сирией, Ливаном, Египтом, где также имеются большие армянские общины. В последнее время наметилась тенденция к репатриации в Армению зажиточных армянских семей из стран Ближнего Востока и даже из Европы и США.

6.2.11. Карабахская проблема

Нагорно-Карабахский вооруженный конфликт — первый и самый крупный по числу жертв на послесоветском пространстве (см. **5.2.9**). К 1992 г. верх в карабахском конфликте взяла армянская сторона: она не только захватила азербайджанские села в самом Нагорном Карабахе и так называемый Лачинский коридор, соединивший Карабах с Арменией, но и создала вокруг него «пояс безопасности» на территориях, на которых раньше проживало азербайджанское население. Всего армянские силы оккупировали семь районов Азербайджана — около пятой части его территории, а с учетом Нагорного Карабаха — около трети. В то же время Азербайджан контролирует территории, где ранее проживало армянское население: Шаумяновский и части Мартунинского и Мардакертского районов Карабаха, а также город Арцвашен (Башкенд) — анклав на азербайджанской территории, входивший до распада СССР в состав Армянской ССР. Азербайджан покинуло около полумиллиона армянских беженцев, а Армению — почти 200 тысяч азербайджанцев. Они были изгнаны и из бывшей НКАО, где составляли к 1988 г. около четверти населения. В результате Армения и Азербайджан стали этнически однородными государствами.

С обеих сторон во время войны было совершено много жестокостей, которые еще более отягчили отношения между армянским и азербайджанским народами. Россия сыграла решающую роль в прекращении огня между сторонами в апреле 1994 г., осуществляла миротворческие усилия, была посредником и стремилась сохранять равновесие, поддерживая в разной форме то одну то другую сторону.

Конфликт продолжает оказывать сильное, а иногда и решающее воздействие на политическую жизнь в обеих странах. Обустройство беженцев тяжким бременем легло на их экономику. Преследование армян в Азербайджане глубоко потрясло армянское общество, а идея воссоединения с Нагорным Карабахом легла в основу современной армянской идентичности. Значительная часть политической элиты Армении — выходцы из комитета «Карабах» и Армянского общенационального движения, сыгравших ведущую роль в конфликте, а Президент Армении Роберт Кочарян ранее возглавлял НКР. Бывшие президенты Азербайджана Аяз Муталибов и Абульфаз Эльчибей и первый Президент Армении Левон Тер-Петросян потеряли свои посты из-за событий, связанных с карабахским конфликтом.

Переговорный процесс между Арменией и Азербайджаном продолжается при посредничестве так называемой Минской группы ОБСЕ (сопредседатели – представители России, Франции и США) уже много лет, но позиции сторон практически не сблизились. Формально Армения трактует конфликт как двусторонний (между НКР и Азербайджаном), не признает независимость НКР. Она выступает за комплексный, «пакетный» план урегулирования карабахской проблемы, включающий международно-правовое признание НКР на основе национального самоопределения народа Карабаха. Она предлагает также напрямую включить в переговорный процесс НКР. Армянская сторона опасается, что возвращение «буферных» районов вновь изолирует Карабах от внешнего мира и восстановит неблагоприятный для нее демографический баланс, тогда как обещания, касающиеся гарантий безопасности и политического статуса, выполнены не будут (конституция Азербайджана не предусматривает никаких территориальных автономий).

Позиция Азербайджана сводится к формуле «статус в обмен на территории». Баку — за поэтапный план: сначала Азербайджан требует освободить занятые армянами территории, вернуть беженцев, а уже затем решать вопрос о политическом статусе Нагорного Карабаха, причем на это отводится длительный срок (до 15 лет). При этом для азербайджанской стороны о самоопределении Карабаха не может идти и речи: Президент И. Алиев заявил, что территориальная целостность Азербайджана не подлежит обсуждению «ни сегодня, ни завтра, никогда и ни при каких обстоятельствах».

Посредниками и международными экспертами предложено множество планов урегулирования, в числе которых наиболее известен план американского дипломата П. Гобла, предложившего оставить Лачинский коридор Армении в обмен на передачу в состав Азербайджана Мегринского района, что позволило бы этой стране наладить связь между основной частью территории и Нахичеванью. Армения отвергает план Гобла, полагая, что его реализация не обеспечит безопасности Нагорного Карабаха и, более того, приведет к резкому ухудшению ее геополитического положения, так как лишит соседства с Ираном и усилит зависимость от Турции и Азербайджана.

Азербайджан воздерживается от угрозы применения силы для восстановления целостности страны. Стране нужны инвестиции в нефтяную промышленность и образ жертвы армянской агрессии. Там возлагают надежды на гораздо более успешное экономическое развитие Азербайджана, которое со временем может изменить и политическую ситуацию.

Что касается позиции НКР, то поначалу лидеры карабахского движения выступали за воссоединение с Арменией. Однако быстро обнаружилось, что новая перекройка политической карты Кавказа — чрезвычайно трудная и долговременная задача. В декабре 1991 г. НКР провозгласила задачу построения независимого государства, в поддержку которой практически единодушно высказались участники прошедшего тогда референдума. В декабре 2006 г. подавляющее большинство избирателей проголосовало за принятие проекта конституции НКР. Азербайджанская сторона считает итоги референдумов в НКР недействительными, поскольку в них не участвовала азербайджанская община.

Государственное строительство в НКР протекало довольно успешно. Сказалась помощь Армении и поддержка многочисленной армянской диаспоры (спюрка). НКР — более демократичное государственное образование, чем другие непризнанные республики: там действует влиятельная оппозиция, регулярно проходят конкурентные выборы. В парламенте представлено четыре партии. В отличие от Южной Осетии и Абхазии, прилегающих к российской границе, и Приднестровья, в котором преобладает русскоязычное население, политика НКР гораздо меньше привязана к России. Помимо Армении в странах с крупными армянскими общинами действуют пять представительств НКР — в России, США, Франции, Ливане и Австралии.

Россия глубоко вовлечена в Нагорно-Карабахский конфликт вследствие как традиционных исторических связей и с Арменией, и с Азербайджаном, так и деятельности мощных армянских и азербайджанских общин в России. По переписи 2002 г., в России насчитывалось 600 тысяч азербайджанцев и более 1 млн армян.

6.2.12. Узбекистан

Узбекистан — самая крупная страна Центральной Азии (население — около 26 млн человек), богатая минерально-сырьевыми ресурсами (золотом, ураном, цветными металлами, природным газом) и занимающая в регионе ключевое стратегическое положение. Через Узбекистан проходит экспортный газопровод из Туркмении в центральную часть бывшего СССР. Горные массивы, разделяющие север и юг Киргизии и Таджикистана, расположены так, что наикратчайший и наиболее доступный путь лежит через Узбекистан. Наконец, Узбекистану принадлежит основная часть плодородной и густонаселенной Ферганской долины, где сходятся также границы Таджикистана и Киргизии. К тому же в этих странах проживает значительное узбекское меньшинство. Поэтому ситуация в Узбекистане оказывает значительное влияние на обстановку во всей Центральной Азии.

После распада СССР в Узбекистане у власти остался первый секретарь ЦК компартии Ислам Каримов. Еще в советское время внутриполитический расклад сил в республике определялся борьбой между основными земляческими кланами — ташкентским, самаркандским, ферганским и джизакским. При этом ташкентский и самаркандский кланы были склонны объединяться против кланов, опирающихся на области Ферганской долины. Каримов — жесткий, авторитарный лидер — разгромил кланово-номенклатурную оппозицию и расставил на ведущие посты верных ему самаркандцев.

Однако главную опасность для режима представляет не номенклатура, а исламский фундаментализм, традиции которого особенно сильны в Ферганской долине. Более того, как представители элиты, стремящейся перераспределить в свою пользу руководящие должности и финансовые потоки, так и простые люди могут выразить недовольство режимом практически только в мечети, в формах исламизма.

Средства массовой информации строго контролируются государством, инакомыслие пресекается с помощью разветвленного аппарата полиции и спецслужб. Над границами страны установлен полицейский и таможенный контроль (одна из причин — вступление соседней Киргизии в ВТО). Исламизм как единственно возможная форма социального и политического протеста против светского государства ассоциируется с демократией. Однако, как показал опыт соседнего Таджикистана, приход к власти исламистов ни в малейшей степени не может привести к демократии, а, напротив, означает новые репрессии и риск гражданской войны. Проблема состоит в том, что борьбу против радикального исламизма трудно отделить от подавления оппозиции.

В начале 1990-х гг. Россия, занятая своими сложными экономическими проблемами и внутриполитическими баталиями, фактически отвернулась от Центральной Азии, да в то время и мало что могла предложить странам региона. Не вызвала в Москве большого отклика и серия терактов в Ташкенте в феврале 1999 г., которую справедливо рассматривали как серьезную попытку расшатать режим. Ислам Каримов сделал в своей внешней политике ставку на клиентские отношения с Соединенными Штатами и другими западными странами. Он надеялся на западную помощь в стабилизации своей власти и попытке установить гегемонию в регионе. Не считаясь с недовольством России, Узбекистан стал одним из инициаторов создания блока ГУУАМ, направленного на противодействие Москве, и вышел из Договора о коллективной безопасности. После атаки террористов против американских городов 11 сентября 2001 г. на руку Каримову сыграла заинтересованность США в создании военных баз в Центральной Азии. Узбекистан с готовностью предоставил американцам базу в Ханабаде (рядом с Карши) и надеялся на западные инвестиции. Одним из символов прозападной ориентации стал переход страны на латиницу (впрочем, с элементами кириллицы — не на тот латинский алфавит, которым республика пользовалась в 1929–1936 гг.). Из-за этого молодежь не может читать книги даже на родном языке, изданные в советское время.

Ситуация, однако, кардинально изменилась после вооруженного выступления противников Каримова в Андижане (май 2005 г.). Восставшие захватили здание городской администрации и значительную часть города, выпустили несколько тысяч преступников из тюрем под предлогом освобождения «узников совести» и выдвинули требования об отставке Президента и правительства. Выступление было жестоко подавлено правительственными войсками, жертвы среди его участников и мирных жителей исчислялись сотнями.

В западных странах события в Андижане трактовались как народное восстание против авторитарного режима, отразившее стремление масс к демократии, как очередную «цветную» революцию на постсоветском пространстве. Запад заклеймил режим Каримова как тоталитарный и антинародный. В США выражали беспокойство в связи с тем, что «антиисламская» политика Узбекистана дискредитирует их в глазах мусульман, так как там расположена американская база. Евросоюз ограничил экономическую помощь Узбекистану, наложил эмбарго на продажу оружия и запретил выдачу виз ряду узбекских официальных лиц.

Россия однозначно встала на сторону Каримова и приняла официальную узбекскую версию событий, по которой виновники кровопролития — радикальные экстремисты, ваххабиты и поддерживаемые извне террористы, не имеющие широкой опоры в Узбекистане. Существовала и третья, вероятно, наиболее близкая к реальности интерпретация событий в Андижане как реакции местной мафии на смещение Каримовым тамошнего хокима (губернатора), известного коррупционера. Далеко не беспочвенными были подозрения, что в Андижане, как и в других регионах Узбекистана, местные власти покрывали наркодельцов, переправлявших наркотики в Россию и Европу. Согласно этой точке зрения, именно коррумпированные местные кланы инспирировали выступления против режима под исламскими флагами борьбы за социальную справедливость. Не случайно для этого была выбрана Ферганская долина — сердце Центральной Азии.

Как бы то ни было, Россия кровно заинтересована в стабильности в этом регионе и в предотвращении прихода к власти исламских фундаменталистов. Идейно-политические критерии и оценки положения в Узбекистане Россией и западными странами в корне разошлись. Интересы Москвы и Ташкента, разочарованного резким охлаждением отношений с Западом, совпали. Президент Узбекистана взял решительный курс на сближение с Россией. Он заявил о выходе из ГУУАМ, присоединился к ЕврАзЭС и потребовал вывода американских баз. В ноябре 2005 г. Узбекистан и Россия заключили договор о союзнических отношениях, в котором содержатся положения о совместном отражении агрессии, возможности совместного использования военных объектов, находящихся на территории друг друга, и взаимодействии в модернизации и реформировании вооруженных сил. Однако потепление отношений с Узбекистаном почти не подкреплено российскими инвестициями и экономическими проектами.

В экономике стремление властей сохранить основы советской системы с дотациями и жестким контролем за производством и ценообразованием выразилось в наименьшей в СНГ глубине постсоветского спада производства (в худшем по экономическим показателям 1995 г. ВВП сократился по сравнению с 1991 г. только на 18%). Узбекистану удалось поддерживать самые высокие в СНГ после Армении темпы роста ВВП, который в 2005 г. превысил уровень 1991 г. на 29%. Узбекистан занимает второе место в мире после США по экспорту хлопка-волокна (при этом в Россию вывозится не более 19%). В последние годы в связи с подъемом мировых цен на основные экспортные товары Узбекистана его экономический рост еще более ускорился.

Однако и таких темпов для Узбекистана недостаточно из-за бедности основной массы населения и высокой рождаемости (около 40% жителей страны — дети и молодежь в возрасте до 18 лет). ВВП на душу населения по паритету покупательной способности (в 2005 г. — 2074 долларов) из стран СНГ ниже только в Молдавии и Таджикистане. Сохраняется высокий уровень безработицы, от которой часть людей спасается, уезжая на заработки в соседний Казахстан, где средняя зарплата втрое выше. Узбекистан остается преимущественно сельской страной, две трети жителей которой живут в аулах, а доля сельского хозяйства в ВВП больше, чем промышленности.

Государство жестко регулирует все сферы деятельности — от розничной торговли до сельского хозяйства. Построенные на государственные деньги предприятия обрабатывающей промышленности оказались неконкурентоспособными на мировом рынке. Хотя формально земля передана в собственность дехканам, государственные органы, как и в советское время, определяют, где, сколько и каких культур засеять. Они же регулируют землепользование, севооборот, решают очень важные в Центральной Азии вопросы распределения воды. Существует строгий план сдачи сельскохозяйственной продукции государству, которое устанавливает на нее цены. По-прежнему студентов и школьников в обязательном порядке направляют на несколько месяцев в поля для сбора хлопка. Естественно, это не способствует развитию инициативы. Чрезвычайно остры экологические проблемы в Приаралье, сочетающиеся с отсталостью и крайней бедностью Каракалпакии — автономной республики в составе Узбекистана на границе с Казахстаном и Туркменией.

6.2.13. Туркменистан

В Туркмении, как и в других республиках Центральной Азии, после распада Советского Союза у власти остался первый секретарь ЦК компартии Сапармурат Ниязов, находившийся на своем посту с 1985 г. Получая значительную помощь от центральных властей, республики азиатской части исторической России не желали независимости, их просто «вытолкнули» из СССР. Их экономика представляла собой на тот момент «обрубки» хозяйственного комплекса большой страны. Перспективы Туркмении представлялись более радужными: располагая запасами углеводородов мирового значения, пользующимися огромным спросом на мировом рынке (шестое место в мире по запасам природного газа), страна с населением всего в 5 млн человек могла превратиться во второй Кувейт.

После обретения независимости Ниязов сохранил и укрепил партийно-государственную машину, переименовав компартию в Демократическую партию. На этой основе он быстро превратил авторитарный режим советского типа в одну из самых отвратительных диктатур. Ему было мало 99,99% явки и голосов, поданных за него на выборах. Присвоив себе титул «туркменбаши» («отец туркмен»), в 2002 г. Ниязов провозгласил себя пожизненным Президентом. Тиран не терпел возле себя соратников, которые даже потенциально, в далекой перспективе, могли бы претендовать на власть или проявляли минимальную самостоятельность. Сотни людей были брошены в застенки, в том числе по обвинению в «заговорах». Проходили постоянные чистки: только в 2002—2003 гг. было репрессировано более половины сотрудников спецслужб.

Законодательная инициатива принадлежала только Президенту, и парламент (меджлис) из 50 членов собирался только для того, чтобы утвердить законы и в очередной раз наградить главу государства. Формально более важен надпарламентский орган «Халк Маслахаты» (Народный совет) из более чем 2500 членов, возглавлявшийся, разумеется, самим С. Ниязовым. В его состав входят как назначаемые, так и избираемые лица.

Культ личности не знал границ: в честь «туркменбаши» названы города, заводы, школы, больницы, улицы, а в центре Ашхабада возвели 75-метровую Арку независимости с 12-метровой золотой статуей диктатора. Вся страна была обязана изучать «гениальную» двухтомную книгу «Рухнама», которую якобы написал Ниязов, объявленную духовным кодексом туркменского народа. Тесты на знание «Рухнамы» должны были проходить не только государственные служащие и абитуриенты вузов, школьники, студенты и солдаты: даже претендентам на получение водительских прав вменялся в обязанность 16-часовой курс по изучению этого философско-поэтического откровения. В честь Ниязова и его матери переименовали месяцы года.

Своеволие и самодурство диктатора с годами росло. Диктаторский режим не нуждался в образованном населении, поэтому обязательное среднее образование было сокращено с 11 до 9 лет, а высшее образование — всего до двух лет, с обязательной последующей двухлетней производственной практикой. Одновременно резко уменьшилось число мест в вузах, а сами они стали платными. Ниязов повелел закрыть оперный театр и библиотеки, ввел запреты на рок-музыку, ношение длинных волос и золотых зубов, поскольку все это «не соответствовало туркменским национальным традициям». В целях экономии государственных средств по всей стране в 2004 г. закрыли областные и районные больницы, оставив вместо них только диагностические центры: было объявлено, что в случае необходимости пациенты могли приехать на лечение в столицу.

При этом детская смертность в Туркменистане одна из самых высоких в мире. По используемому ООН индексу человеческого развития страна, получающая огромные доходы от экспорта природных богатств, занимала в 2006 г. 105-е место в мире. По данным Всемирного банка, 58% населения Туркменистана живет за чертой бедности. В 2005–2006 гг. в стране полностью отменили пособия по болезни и уходу за детьми, сократили зарплату учителям, а пенсионерам не выплачивали пенсии.

Всеобщая бедность не мешала Ниязову затевать грандиозные проекты, нанимая для их реализации западные фирмы: мраморные дворцы и фонтаны в центре Ашхабада, Ледовый дворец и парк развлечений «Мир туркменских сказок» и т. п. В популистских целях режим сделал бесплатными электричество, газ, воду, соль, очень дешевыми — жилье и некоторые продукты питания. Однако рабочим и служащим систематически и на многие месяцы задерживали зарплату.

Во внешней политике диктаторский режим провозгласил нейтралитет, фактически означавший самоизоляцию на основе концепции «особого пути развития туркменского народа». Туркменистан в одностороннем порядке первым ввел визовой режим со всеми странами СНГ, в том числе Россией. В последние годы Туркменистан фактически не участвовал в работе СНГ и вел переговоры о выходе из него с сохранением статуса ассоциированного члена. Иностранные СМИ, включая российские, подвергались жесткой цензуре. За публикацию неугодных статей в своих изданиях иностранные журналисты немедленно лишались аккредитации и высылались из Туркмении.

Национальные меньшинства (не менее 300 тысяч человек, в том числе 100 тысяч русских) стали заложниками режима, поскольку получить выездные визы крайне трудно. Возможность иметь двойное гражданство, поначалу предусмотренная законодательством, отменена. Осталась лишь одна школа с преподаванием на русском языке. Владеть жильем могли только граждане Туркменистана. Русские и другие меньшинства подверглись открытой дискриминации.

Российское руководство не сделало ни шага в защиту соотечественников, поскольку весьма заинтересовано в сотрудничестве с режимом Ниязова в области энергетики. Почти до конца текущего десятилетия Туркменистан сможет экспортировать свой газ только транзитом через Россию. Газпром выкупил до 2008 г. практически все объемы добычи туркменского газа. В 2003 г. Россия подписала с Туркменией контракт на поставку газа на 25 лет. Но нравственная (вернее, безнравственная) цена этих контрактов огромна и бросает тень на российскую государственную власть.

США также предпочитали не замечать грубейших нарушений прав человека в Туркменистане, поддерживая проект сооружения газопровода, по которому туркменский газ придет в Афганистан и Пакистан, лишив Россию выгод ее нынешнего монопольного покупателя.

Ниязов успешно играл на противоречиях между своими крупными соседями, выдвигая на первый план в отношениях с ними стратегически важные экономические проекты, заслонявшие внутренние проблемы. Серьезный интерес к Туркмении есть и у Китая. В апреле 2007 г. Президент Туркмении и председатель КНР договорились о постройке к 2009 г. трубопровода для поставок туркменского газа в Китай.

Развитие добычи газа и повышение цен на него позволило «туркменбаши» избежать резкого падения производства после распада СССР, хотя в итоге оно сократилось сильнее, чем в Узбекистане, России или Казахстане. В экономике не было проведено каких-либо реформ, и на государственный сектор приходится до 80% ВВП. Экономическая стратегия Ниязова заключалась в сдерживании импорта и его замещении отечественной продукцией при наращивании экспорта энергоносителей. Однако советского уровня производства ВВП достичь не удалось: в 2005 г. он составлял лишь 80% от уровня 1991 г. (всего 1994 доллара на душу населения по паритету покупательной способности).

В декабре 2006 г. Ниязов неожиданно умер. Эксперты сходятся во мнении, что серьезных политических изменений в Туркменистане не последует. Наследники диктатора будут вести борьбу за его миллиардные личные счета за рубежом и контроль над ресурсами газа и нефти. Социальная ситуация обостряется. Российское руководство не заинтересовано в дестабилизации страны и, скорее всего, будет поддерживать тот клан, который удержится у власти в этой обворованной своим правительством стране.

6.2.14. Казахстан

Казахстан — важнейший партнер России в СНГ. Российско-казахстанская граница — самая длинная сухопутная граница в мире, и на большей части протяженности с обеих сторон границы живет преимущественно русское население. Многонациональный Казахстан был единственной союзной республикой, в которой титульное население не составляло абсолютного большинства. Часть русского населения издавна проживала на территории современного северного и восточного Казахстана, много русских и украинцев прибыло в республику в годы освоения ее недр и целинных земель. По переписи 1989 г., русских и украинцев насчитывалось около 45%, еще около 6% составляли немцы (главным образом выселенные сюда после ликвидации Сталиным немецких поселений в европейской части России), тогда как казахов было 40%. При этом русский являлся родным или предпочтительным языком для 70% этнических казахов.

За годы независимости национальный состав населения сильно изменился. За 1989–1999 гг. оно уменьшилось на 1 млн 250 тысяч человек. Страну покинуло не менее 1,5 млн человек. Продолжалась развернувшаяся еще в последние годы существования СССР массовая эмиграция немцев в Германию. Сотни тысяч русских и украинцев также устремились на свою историческую родину, спасаясь от экономических трудностей и не видя возможности получить квалифицированную работу, а для детей — перспектив найти достойное место в государстве, официальной целью которого была провозглашена реализация «многовековой мечты казахского народа о собственной государственности». Дабы консолидировать государство, столица с юга из Алма-Аты (город Верный) была перенесена в конце 1990-х гг. в центральный Казахстан в Астану (бывший Акмолинск, некоторое время — Целиноград).

Российский и советский периоды истории в независимом Казахстане стали трактовать как эпоху колониального и хищнического разграбления природных богатств и геноцида казахского народа (голод 1930-х гг.). Руководящие должности даже в регионах с преимущественно нетитульным населением стали занимать казахи: среди акимов (глав региональных администраций), министров и депутатов парламента казахов 70%. Они же стали доминировать и среди студентов.

Рождаемость среди казахов хотя и снижалась, но оставалась существенно выше, чем среди других этнических групп. Казахстанское руководство стимулировало репатриацию казахов, проживающих в Китае, Монголии и других странах *(оралманов),* которых прибыло около 60 тысяч. По всем этим причинам к 2005 г. доля казахов в населении увеличилась до 58%, русских и украинцев — снизилась до 33,7%, немцев — до 2,4%.

Казахстан последним среди бывших советских республик провозгласил независимость. Его руководство отдавало себе отчет в глубокой зависимости ее экономики от России и других союзных республик. Экономика Казахстана по сути представляла собой сырьевой придаток российской, а крупные предприятия машиностроительной и большинства других отраслей обрабатывающей промышленности действовали на основе тесных кооперационных связей с российскими заводами. Даже в 1998 г. экономическая зависимость Казахстана от России была так велика, что российский финансовый крах повлек за собой сокращение ВВП республики на 2%.

Тем не менее Казахстан — единственная бывшая советская республика, которой удалось избежать этнических конфликтов, террористических актов, «цветных революций» и других внутриполитических потрясений. Русский язык официально употребляется наравне с казахским в государственных организациях и органах местного самоуправления. Хотя с 2007 г. намечен переход на единственный государственный казахский язык, скорее всего, переходный период казахско-русского двуязычия будет продлен, так как программы содействия овладению казахским языком представителями других групп пока малоэффективны и многие казахи сами испытывают трудности в его использовании. Эти трудности возрастут, если будет выполнен план перевода казахского языка на латиницу. Отток мигрантов в Россию хотя и не прекратился, но с середины 1990-х гг. резко уменьшился. Этому способствовало значительное улучшение экономического положения в Казахстане.

Послесоветская история Казахстана показывает пример сочетания относительно авторитарного политического режима с весьма последовательной либеральной экономической политикой. К 2000 г. эта политика начала давать результаты. Руководству Казахстана удалось использовать такие экономические козыри, как богатство страны разведанными запасами разнообразных полезных ископаемых (нефти, угля, железной руды, руд цветных металлов и др.), развитая транспортная инфраструктура. С самого начала реформ Казахстан пошел на быструю приватизацию государственного сектора, либерализацию внешней торговли, создание благоприятного климата для инвесторов. Проводилась жесткая монетаристская политика.

Постсоветский спад ВВП в Казахстане был несколько меньше, чем в России, — 35% от уровня 1991 г. С 1999 г. по темпам роста ВВП Казахстан занял первое место в бывшем СССР. В среднем за 2000—2004 гг. он составил 10,3%, и в 2004 г. ВВП превзошел уровень 1991 г. Казахстан получил более 40 млрд долларов прямых иностранных инвестиций — в расчете на душу населения больше, чем любая другая страна бывшего СССР. Индекс конкурентоспособности и рейтинг инвестиционной привлекательности у Казахстана выше, чем у России. По производству ВВП на душу населения по паритету покупательной способности он быстро догоняет Россию: в 2005 г. этот показатель (8536 долларов) составил уже 75% российского. В азиатской части бывшего СССР Казахстан стал безусловным экономическим лидером.

Наиболее очевидная причина успехов Казахстана — расширение экспорта нефти и рациональное использование доходов от нефтяного сектора. Еще в советское время в бассейне Каспия были разведаны нефтяные запасы мирового значения. Казахстанское руководство сделало ставку в их освоении на крупные транснациональные корпорации, не отказываясь от сотрудничества и с российскими компаниями. В 2004 г. добыча нефти превысила 50 млн тонн. На нефтяной сектор в 2005 г. приходилась половина прироста ВВП.

При этом в Казахстане прекрасно понимают необходимость диверсификации экономики и развития производств с высокой добавленной стоимостью ввиду риска чрезмерной зависимости от экспорта нефти, а, следовательно, и от транснациональных (главным образом американских) нефтяных компаний. Реализуется немало проектов создания инновационной инфраструктуры. Казахстан стремится избежать роли экспортера топлива и сырья для какой-либо крупной экономики или даже нескольких экономик.

В этом и заключается вторая причина успехов Казахстана: его руководство сознательно и целенаправленно избегает ориентации в экономической политике на какого-либо одного партнера, сокращает одностороннюю зависимость от России, создает конкуренцию среди потенциальных инвесторов и выбирает лучшие предложения. За право освоения казахстанских природных ресурсов на равных основаниях соперничают российские, западные, китайские компании. Астана стремится проводить многовекторную политику, успешно сотрудничая как с Россией, так и с Китаем и США, хотя и опираясь в отношениях с ними больше на экономические связи, а не на политические.

Яркий пример — политика Казахстана в выборе путей экспорта нефти. С одной стороны, совместно с Россией построен мощный нефтепровод Тенгиз — Новороссийск пропускной способностью 28 млн тонн в год. С другой — Казахстан пытался найти альтернативные пути, в частности, через нефтепроводы Баку — Тбилиси — Джейхан и Атасу — Алашанькоу (Китай) или обсуждаемый транскаспийский нефтепровод. Активно сотрудничая с Россией в области транспорта, Казахстан стремится использовать свое срединное положение в Евразии для организации альтернативных Транссибу перспективных транзитных перевозок между странами АТР и Европой. Уже создана Трансазиатская магистраль, проходящая на 2 тысячи км южнее Транссиба. Начато строительство Трансказахстанской железной дороги от границы с Китаем до порта Актау и через Туркмению до границы с Ираном — первой с колеей международного стандарта (1435 мм, а не 1520 мм, как исторически было в России).

Казахстан сумел установить устойчивые конструктивные отношения с США и странами ЕС. Между Казахстаном и США заключены контракты общей стоимостью в несколько миллиардов долларов. США заинтересованы в расширении сотрудничества с Казахстаном как одним из ведущих производителей нефти (восьмое место в мире) и экономически самой мощной и крупной по территории страной Центральной Азии. В 2003 г. был подписан пятилетний план сотрудничества между вооруженными силами Казахстана и США, в рамках которого казахстанская армия получает современные вооружения, обучает офицерские кадры и перестраивает военную структуру по западным стандартам.

Эти тенденции в политике Казахстана вызывают в Москве настороженность. Однако Россия остается главным стратегическим партнером Казахстана. В Астане все-таки отдают предпочтение России, поскольку совместные с ней экономические и оборонные проекты и политические союзы выгодны Казахстану. В ней видят необходимый противовес возможному усилению влияния Китая. Наконец, у России и Казахстана и поныне существуют тесные технологические и инфраструктурные связи, их объединяет общая история, русский язык и культура.

Казахстан — самый активный член СНГ, ЕврАзЭС и ОДКБ, а также Шанхайской организации сотрудничества. Именно Россия и Казахстан выступили с инициативой о создании Единого экономического пространства. Казахстан занял жесткую позицию в отношении Украины, пытавшейся ограничить партнерство в ЕЭП зоной свободной торговли, и отказался от совместных с Украиной топливных проектов без участия России.

Казахстан и Россия заключили ряд крупных соглашений о сотрудничестве в энергетике, в том числе о совместной эксплуатации нефтяных месторождений на Каспии и Карачаганакского газоконденсатного месторождения, одного из крупнейших в мире. Казахстан предложил России объединить трубопроводные системы Казахстана, России и Китая в единую нефтепроводную сеть.

У Казахстана и России есть значимые проекты в области космических исследований. Казахстан готов продлить для России аренду космодрома Байконур до 2050 г. на прежних условиях — за 115 млн долларов в год.

Разумеется, в создании современной экономики Казахстану предстоит еще пройти большой путь. Средний и малый бизнес слаб, олигархическим структурам принадлежит значительная часть народного хозяйства. Так, только один холдинг, называющийся Евроазиатской промышленной ассоциацией, контролирует почти треть производства ВВП. Экономика еще в значительной мере зависит от политических решений центральной власти.

С 1990 г. у руля страны бессменно находится первый секретарь ЦК компартии республики, а затем Президент Нурсултан Назарбаев. В декабре 2005 г. он был вновь переизбран на свой пост, получив 91% голосов: ни политическая элита, ни общественное мнение не видели ему реальной альтернативы. Назарбаеву удалось сбалансировать интересы трех традиционных родоплеменных объединений казахов — Старшего, Среднего и Младшего, хотя в его политике росла роль Старшего жуза, к которому он принадлежит. Члены семьи Президента занимают ряд ключевых политических и экономических постов в Казахстане.

«Партии власти», создававшиеся администрацией Назарбаева, принимали разные обличья и наименования. Ныне главная пропрезидентская партия — «Отан» («Отечество»). Она образована в 1999 г. перед очередными президентскими выборами на основе предвыборного штаба действующего Президента, трех крупных и ряда мелких партий и организаций. На выборах в парламент (Мажилис), состоявшихся в 2004 г., «Отан» получил более 60% голосов. Перед этими выборами появилась еще одна пропрезидентская партия, возглавляемая старшей дочерью Президента Даригой Назарбаевой, — «Асар» («Всем миром»), также прошедшая в Мажилис. Поскольку для получения мест в Мажилисе необходимо набрать более 7% голосов, в нем представлено всего четыре партии, в том числе лишь одна умеренно оппозиционная партия «Ак Жол», которой удалось завоевать 12% голосов.

С властью тесно сотрудничают еще несколько менее значительных центристских партий и общественных организаций. В начале 1990-х гг. значительную активность проявляли националистические партии, расколовшиеся затем на множество течений и ныне утратившие влияние.

6.2.15. Киргизстан

В отличие от других среднеазиатских республик, во время распада СССР у власти в Киргизии находился не кадровый партийно-номенклатурный деятель, а действительный член республиканской Академии наук, математик Аскар Акаев, избранный на пост Президента в октябре 1990 г. Акаев всегда заботился о своем образе демократа. Действительно, Киргизию и в России, и на Западе считали самой демократичной страной Центральной Азии. Страна продвинулась в рыночных реформах намного дальше своих соседей. Первой из бывших советских республик Центральной Азии она ввела собственную национальную валюту — сом (1993 г.). Более 70% государственных предприятий перешли в частные руки. Правительству удавалось еще с середины 1990-х гг. удерживать инфляцию на приемлемом уровне. Были проведены земельная и налоговая реформы. Уже с середины 1995 г. возобновился экономический рост. Киргизия стала первой страной СНГ, вступившей в ВТО (1998 г.), для чего ей пришлось резко снизить таможенные пошлины и ввести единый законодательный режим для местных и зарубежных предпринимателей.

Вместе с тем Киргизия осталась бедной аграрной страной. ВВП на душу населения по паритету покупательной способности составил в 2005 г. около 2000 долларов, а в абсолютном исчислении — всего 500 долларов. Безработица оценивается в 18%, около 40% населения живет ниже уровня бедности (2004 г.). Экономика Киргизии сильно зависит от экспорта всего нескольких сельскохозяйственных продуктов (хлопка, шерсти, табака), но особенно — золота, добываемого на высокогорном месторождении Кумтор в Нарынской области. Экспорт золота настолько важен, что резкое падение добычи на Кумторе в 2002 г. повлекло уменьшение всего ВНП. Крупные предприятия, закрывшиеся после распада СССР, за исключением горнодобывающих комбинатов, не восстановлены. Узкая, почти монокультурная экономическая специализация являет разительный контраст с советским периодом, когда обрабатывающая промышленность обеспечивала до четверти национального продукта республики.

Членство в ВТО не привело к притоку иностранных инвестиций, а лишь превратило Бишкек в перевалочный пункт на пути импорта дешевых товаров преимущественно китайского производства в другие страны Центральной Азии, что вызвало ужесточение пограничного режима ее соседями. Длительное время страна сводила концы с концами лишь благодаря внешнему заимствованию и иностранной помощи. Сейчас одна из главных экономических проблем — огромный внешний долг, достигший более 2 млрд долларов (90% ВВП). К 2005 г. ВВП страны едва достиг 85% уровня 1991 г.

Киргизия остается страной массовой эмиграции. С 1989 г. из нее выехало свыше полумиллиона русскоязычных граждан (около 10% всего населения). Там пока насчитывается около 600 тысяч славян, но их численность продолжает убывать. По признанию руководства страны, отъезд русскоязычного населения нанес большой вред экономике, поскольку среди эмигрантов значительную часть составляли квалифицированные специалисты. Еще в начале 1990-х гг. были приняты меры, чтобы остановить их отток. В 1996 г. в конституцию внесена поправка, провозгласившая русский язык официальным наравне с киргизским. Киргизия и Белоруссия — единственные страны в СНГ, где русский язык имеет такой статус.

Однако страну покидают не только русские. От 350 тысяч до 500 тысяч киргизов постоянно или временно работают за рубежом — в России или Казахстане. Переводы трудовых мигрантов родственникам в Киргизстане составляют примерно половину государственного бюджета. В новую редакцию конституции, принятую в конце 2006 г., введена норма о возможности получения гражданами Киргизии другого гражданства. Так слабое киргизское государство стремится смягчить последствия массовой эмиграции.

Сложное экономическое положение Киргизии, нарастающий разрыв в доходах между наиболее зажиточной и беднейшей частью населения вызвали растущее недовольство, усугубленное узурпацией семьей Акаева и приближенными к ней кланами государственных постов и контроля над наиболее прибыльными предприятиями и сферами деятельности. Самым богатым человеком Киргизии был зять Президента, контролировавший горнодобывающую промышленность, в том числе рудник в Кумторе, авиатранспорт, телекоммуникации, энергетику, сбыт нефтепродуктов, банковскую сферу, производство алкогольной продукции, единственный в стране крупный цементно-шиферный завод и основной медиахолдинг.

Такое положение никак не устраивало отстраненную от власти часть элиты. Политическая жизнь Киргизии определяется противоборством нескольких северных и южных кланов, осложняемым геополитическим положением страны. Страна разделена высокими и труднопроходимыми горными массивами на северную и южную части, которые соединяет лишь автодорога Бишкек — Ош. Сообщение через горные перевалы нередко прерывается снегопадами, осыпями и лавинами. Но даже и эта дорога пересекает небольшой участок территории Узбекистана. Другие коммуникации проходят на большей части своей протяженности через Узбекистан.

Север и юг Киргизии значительно различаются по хозяйственной специализации, культурным и религиозным особенностям. На севере расположены основные промышленные предприятия, там проживает большая часть русского населения, причем не только в Бишкеке и других городах, но и в сельской местности — в Чуйской долине, в которой и расположена столица. Общественные отношения более затронуты процессами модернизации, исламские традиции слабее.

В южной части страны, напротив, всегда преобладало сельское хозяйство: в принадлежащей Киргизии густонаселенной восточной оконечности Ферганской долины (Ошская, Джелалабадская, Баткенская области) особенно большую роль играет производство хлопка. Экономическая значимость юга после распада Советского Союза повысилась, так как крупные предприятия севера закрылись, и хлопок остался одним из немногих экспортных ресурсов. В экономическом, транспортном и отчасти культурном отношении южные области больше связаны с Узбекистаном, чем с севером Киргизии. Значительную часть населения составляют узбеки (их доля во всем населении страны — 14 %). Среди них влияние ислама намного сильнее, чем среди киргизов. Ферганская долина — традиционный оплот исламистов в Центральной Азии. Именно в Оше в 1990 г. произошли кровавые столкновения между киргизской и узбекской общинами, не поделившими земельные участки. На юг Киргизии несколько лет назад вторглись боевики Исламского движения Узбекистана, серьезно угрожая безопасности и целостности Киргизстана.

В советские годы правители Киргизии, в том числе долгие годы возглавлявший республику Т. Усубалиев, традиционно были выходцами с юга. Акаев и его жена, наоборот, уроженцы севера. На юге социальное недовольство «низов» совпало с недовольством «верхов». Несмотря на определенную свободу прессы при Акаеве, выборы в Киргизии, как и во многих других странах Азии, лишь прикрывали систему родственно-клановых отношений, при которой каждый клан стремился провести на высокий пост своего человека, обязанного в обмен на поддержку оказывать услуги всему роду. Для обеспечения победы на выборах широко применялся подкуп должностных лиц, раздача денег, водки и продуктов питания избирателям.

Оппозиция с юга воспользовалась для захвата власти объявлением итогов первого тура парламентских выборов, состоявшихся в феврале 2005 г. Хотя наблюдатели ОБСЕ и Европарламента признали их соответствующими международным нормам, оппозиция обвинила власти в фальсификациях. В южных городах состоялись массовые демонстрации. Власти все-таки провели второй тур, по итогам которого абсолютное большинство мест в парламенте завоевали сторонники Акаева. В ответ на юге начались погромы и захват государственных учреждений. Милиция и армия не вмешивались или открыто переходили на сторону оппозиции. Создавались альтернативные органы власти. Затем начались волнения и в Бишкеке, но власти не решались применить оружие. 24 марта 2005 г. сотни людей, смяв милицейское оцепление, разгромили Дом правительства. Акаев бежал в Казахстан, а потом в Россию. На несколько дней контроль над городом был утрачен, и в Бишкеке наступила анархия: толпы мародеров жгли и грабили магазины и рынки.

Исполняющим обязанности главы государства и правительства стал лидер оппозиционного Народного движения Киргизстана, бывший премьер-министр южанин Курманбек Бакиев, поспешивший наладить диалог с популярным лидером оппозиции на севере, бывшим мэром Бишкека и милицейским генералом Феликсом Куловым, находившимся при Акаеве в заключении по обвинению в хозяйственных преступлениях. Кулов призвал не мстить клану Акаева и отказался в пользу Бакиева от претензий на пост Президента, чтобы сохранить единство страны. В июне Бакиев был избран Президентом, Кулов стал премьер-министром. Однако обстановка в стране стала значительно менее устойчивой, чем при Акаеве. Произошел передел собственности в пользу новой власти. Над Киргизией вновь нависла реальная опасность раскола между севером и югом.

К ноябрю 2006 г. оппозиция опять вывела демонстрантов на центральную площадь Бишкека. Суть конфликта заключалась в том, что в ходе конституционной реформы новый Президент пытался сохранить как можно больше полномочий, тогда как премьер, напротив, выступал за задуманное еще при Акаеве расширение полномочий парламента и главы правительства. В борьбе с Куловым Президента поддержал криминальный «авторитет», который смог мобилизовать толпы манифестантов в южных городах и Бишкеке, выступавших за отставку премьера. В ответ партия Кулова вывела на улицы тысячи своих сторонников под лозунгом борьбы против криминалитета. В итоге Бакиев подписал новую редакцию конституции, в соответствии с которой Киргизия из президентской страны превратилась в президентско-парламентскую.

Однако в январе 2007 г. избранный еще при Акаеве парламент дважды не утвердил кандидатуру Кулова на пост премьера. Новым главой правительства стал ставленник Бакиева. Хотя Кулова не утвердил парламент, а не Президент, Бакиев тем самым нарушил пакт, заключенный им с Куловым в 2005 г., в соответствии с которым после потери одним из двух политиков своего поста второй также должен уйти в отставку. Таким образом, стараясь восстановить режим личной власти и отправив в оппозицию одного из самых авторитетных политиков страны, Бакиев рисковал повторить судьбу своего предшественника.

Внешне события в Киргизии напоминали «революцию роз» в Грузии и «оранжевую революцию» в Украине, поэтому их окрестили «революцией тюльпанов». Однако, в отличие от этих стран, новое руководство Киргизии вначале не было легитимным: власть была свергнута силой, и законно избранный Президент вынужден был бежать из страны. В Киргизии борьба шла не между правящим режимом и оппозицией, предлагавшей иной путь развития страны, а между региональными политическими кланами. У киргизской оппозиции не было общенационального харизматического лидера, олицетворявшего единство страны. Не было и единого организованного оппозиционного движения, вследствие чего лидеры оппозиции едва не утратили контроль над событиями. Общей для трех «революций» была определенная роль западных фондов. Однако в Киргизии, пытаясь способствовать «демократизации» относительно самого демократичного в Центральной Азии режима, они объективно подрывали стабильность страны.

Еще до прихода к власти новое руководство Киргизии недвусмысленно заявило о неизменности курса на сохранение дружественных отношений с Россией. Поэтому Москва восприняла события марта 2005 г. спокойно. Россия — ведущий торговый партнер Киргизии, в ней нашли работу многие тысячи киргизских мигрантов. Крупные российские компании — РАО ЕЭС России и «Русал» подписали с правительством Киргизии меморандумы о сотрудничестве в строительстве двух ГЭС и алюминиевого завода, но их реализации помешала «революция тюльпанов».

Киргизия — единственная страна СНГ, в которой есть и российская, и американская военные базы. Официальный статус российской базы в Канте, неподалеку от Бишкека, — авиабаза стран-участниц Договора о коллективной безопасности (ОДКБ). Соглашение о ней было достигнуто незадолго до свержения Акаева. Американская база в Манасе, рядом с аэропортом киргизской столицы, формально числится авиабазой поддержки коалиционных сил в Афганистане. Она была создана после террористической атаки против США 11 сентября 2001 г. Бакиев заявил о значительном увеличении арендной платы для американцев. Заинтересованная в ликвидации вслед за узбекской и киргизской базы США, Россия обещала существенные компенсации киргизскому режиму за такой шаг.

6.2.16. Таджикистан

В переходный период Таджикистан постигла трагедия длительной гражданской войны. Ее причиной стала прежде всего экономическая отсталость: Таджикистан был самой бедной республикой бывшего СССР, остро почувствовавшей нараставшие трудности в обеспечении товарами первой необходимости. Обострились экологические проблемы, вызванные монокультурой хлопка на ограниченных равнинных землях с широким применением гербицидов, дефолиантов и минеральных удобрений. Осознание глубины экологического кризиса вызвало стремление к экономической и политической самостоятельности от союзного центра, навязавшего хлопковую специализацию. Это привело к всплеску национальных и религиозных чувств, ущемленных в советское время. В Таджикистане эти общие для СССР процессы протекали в специфических культурных и политических условиях.

93% территории страны занимают горы. Как и в других горных районах мира, население отдельных долин, плоскогорий обладает значительными культурными особенностями, использует разные диалекты. На особых языках, хотя также принадлежащих к иранской группе, говорят жители Горно-Бадахшанской автономной области. Поэтому для политической жизни республики всегда было характерно острое соперничество между региональными кланами. В советское время доминирующие позиции принадлежали северным кланам, представлявшим экономически более развитую Ленинабадскую (ныне Ходжентскую) область, охватывающую часть Ферганской долины. Выходец с севера всегда занимал пост первого секретаря республиканской компартии; кулябцы — важные должности в силовых структурах; уроженцы Гарма контролировали торговлю и теневую экономику и т. п.

События конца 1980-х — начала 1990-х гг. нарушили хрупкий баланс между кланами. К власти впервые пришел кулябский клан во главе с Президентом Рахмоном Набиевым. Было принято решение об объединении Курган-Тюбинской и Кулябской областей, что лишало постов сотни влиятельных чиновников. За годы Перестройки в этих и других районах образовалась прослойка недовольных переменами партийных и хозяйственных руководителей, смещенных со своих должностей, но сохранивших влияние в своих кланах. Наконец, сформировались оппозиционные партии преимущественно исламистского толка, включавшие также и национал-демократические элементы. И те и другие выступали против коммунистической идеологии и за национальный суверенитет.

В марте 1992 г. начался круглосуточный антиправительственный митинг исламистов на одной из центральных площадей Душанбе, поводом для которого послужили выступления на очередной сессии Верховного Совета. Чуть позже на соседней площади собрались десятки тысяч манифестантов, поддерживавших правительство и не желавших превращения Таджикистана в исламскую республику. В мае представители исламистов были введены в правительство, но уступки оппозиции, сделанные Набиевым, только усилили противостояние. Представители старой номенклатуры в правительстве начали формировать отряды Национальной гвардии, состоявшие в основном из кулябцев. Оппозиция в свою очередь создала массовое ополчение. Обозначился резкий раскол общества по политическому и кланово-родовому признакам. При этом экстремисты преследовали русскоязычное население, совершали нападения на части российской 201-й мотострелковой дивизии, расквартированной около Душанбе.

В июне противники исламистов во главе с криминальным «авторитетом» Сангаком Сафаровым подняли мятеж в Кулябе. Их поддержали ходжентские кланы на севере. Началась гражданская война, продолжавшаяся около пяти лет. На стороне исламистов, сформировавших силы Объединенной таджикской оппозиции (ОТО), воевали выходцы из Гарма, Каратегина и Горного Бадахшана. В сентябре мятежники, объединившиеся в рядах Народного фронта, захватили Курган-Тюбе, в декабре — Душанбе. После низложения правительства председателем Верховного Совета в ноябре 1992 г. стал бывший директор совхоза из Кулябской области Эмомали Рахмонов. В 1994 г. он был избран Президентом.

Исламисты отступили на восток страны и в соседний Афганистан. Однако при поддержке афганских талибов ОТО продолжала боевые действия из подполья или используя отряды боевиков. Правительству Э. Рахмонова не удавалось установить контроль над обширной частью территории страны. Во многих районах начался голод.

Россия не хотела прихода исламистов к власти в Таджикистане, так как это грозило дестабилизировать другие страны региона и, более того, нарушить геополитический баланс во всей Азии. В России вызывала тревогу растущая контрабанда наркотиков из Афганистана через Таджикистан, служившая источником финансирования исламистов, а также переброска ими террористов и наемников на Северный Кавказ. По соглашению с таджикским правительством российские пограничные отряды оставались на бывшей советской границе с Афганистаном и выдерживали каждодневный натиск моджахедов и вооруженных контрабандистов, пытавшихся прорваться в Таджикистан. Большую озабоченность ситуацией в Таджикистане проявляли также Казахстан и Киргизия.

Узбекское руководство также опасалось угрозы безопасности и территориальной целостности своей страны в случае победы исламистов. Узбекистан поддержал Народный фронт. Отношения между Таджикистаном и Узбекистаном всегда были сложными. Таджики считают себя самым древним народом Центральной Азии. Многие полагают Самарканд и Бухару таджикскими городами, оказавшимися в составе Узбекистана лишь в результате советского территориально-государственного размежевания, лишившего республику исторических очагов таджикской культуры и государственности, — «загнавшего таджиков в горы». В то же время узбекские власти позиционируют свою страну как главную и самую сильную в регионе и рассматривают именно узбеков как основных наследников традиций древней Центральной Азии. Между Таджикистаном и Узбекистаном традиционны противоречия в распределении водных ресурсов: Таджикистан контролирует сток рек, протекающих по территории Узбекистана и Туркменистана. 17% населения Таджикистана — узбеки, живущие главным образом в Ходжентской области.

По инициативе России в соответствии с договором с Таджикистаном и соглашением Совета глав государств СНГ в октябре 1993 г. в страну были введены коллективные миротворческие силы. В их состав вошли 201-я дивизия и пограничные отряды России и по батальону от Казахстана, Киргизии и Узбекистана. Их задачей была в основном охрана таджикско-афганской границы, охрана конвоев с гуманитарной помощью и жизненно важных объектов, ликвидация минных полей.

В результате шести раундов переговоров, занявших несколько лет, в июне 1997 г. Э. Рахмонов и лидер ОТО Саид Нури подписали в Москве соглашение об установлении мира и национального согласия. В соответствии с этим соглашением 30% мест в органах власти на всех уровнях было передано оппозиции, объявлена амнистия тем, кто не был замешан в терроре, разбое и убийствах мирного населения, разоружено около 7 тысяч боевиков, внесены поправки в конституцию и достигнуто соглашение о будущих выборах. Значительная часть экономики перешла под влияние лидеров ведущей в ОТО Партии исламского возрождения Таджикистана (ПИВТ). На родину из Афганистана, Пакистана, Ирана, России и других стран СНГ смогли вернуться более 800 тысяч беженцев.

В результате братоубийственной войны, по разным оценкам, погибло от 100 до 150 тысяч человек, сотни тысяч стали инвалидами, потеряли кормильцев, около одного миллиона стали беженцами и вынужденными переселенцами. Разрушено более 50 тысячи жилых домов, экономический ущерб составил 7 млрд долларов. Во время войны совершались страшные жестокости и преступления против человечности были заурядным явлением.

Страна перешла к трудному этапу восстановления. В отличие от Узбекистана или Туркменистана, в Таджикистане нет запасов нефти и газа. Обеспеченность пригодной для земледелия землей на душу населения — самая низкая в Центральной Азии: 0,13 гектаров общей и 0,08 гектаров орошаемой земли. Здесь нет возможностей развернуть продуктивное зерновое хозяйство, как в степях Казахстана, нет и хороших условий для выращивания в широких масштабах плодоовощной продукции, как в Узбекистане.

К тому же в Таджикистане рождаемость остается очень высокой (около 33 на 1000 жителей). Хотя 106 новорожденных из 1000 не доживают до одного года, почти 40% населения – дети до 14 лет. Смертность из-за «молодой» структуры населения сравнительно низка (8 на 1000 жителей), и его численность быстро растет. Из-за этого к 2015 г. обеспеченность пахотной землей может сократиться вдвое.

Страна не может обеспечить быстро увеличивающееся трудоспособное население рабочими местами. Эмиграция приняла массовый характер: почти в каждой семье есть родственники, работающие за границей, – главным образом в России, но также в Казахстане. Переводы от трудовых мигрантов вдвое превышают государственный бюджет и составляют более 80% ВВП.

Таджикистан – страна сельская и аграрная: в сельском хозяйстве трудятся почти 80% занятых. Из-за гражданской войны и эмиграции население городов еще более сократилось, в том числе даже в Душанбе. Ниже уровня бедности живет $^4/_5$ населения. Таджикистан испытывает большие экономические трудности, связанные с катастрофическим износом основных производственных фондов (в среднем до 85%), нехваткой инвестиций, высокой банковской ставкой, доходящей до 36%.

Тяжелая экономическая ситуация заставляет часть таджикских граждан искать выход, участвуя в наркоторговле. По утверждениям западных аналитиков, через Таджикистан на внешние рынки попадает около 80% наркотиков, вывозимых из Афганистана, самого крупного в мире их производителя. Положение на таджикско-афганской границе ухудшилось после вывода российских пограничников весной 2005 г.

Экономика Таджикистана основывается на производстве хлопка и алюминия, составляющих около 80% экспорта. Однако из-за нехватки средств на минеральные удобрения и технику валовые сборы хлопка-сырца упали с 1 млн тонн в 1980 г. до 440 тысяч тонн в 2006 г. Уменьшилась в них и доля дорогих тонковолокнистых сортов, выращивавшихся в бывшем СССР только в Таджикистане. При этом приходится импортировать более половины необходимых продуктов питания.

«Кормилец» страны – Таджикский алюминиевый завод (ТадАЗ), по проектной мощности (517 тысяч тонн в год) один из крупнейших в мире. Однако из-за недостатка электроэнергии и по другим причинам его мощности никогда полностью не использовались, и в настоящее время производство составляет 300–350 тысяч тонн в год. Сырье завод получает через российскую компанию «Русал», расплачиваясь с ней готовым алюминием.

Надежды Таджикистана связаны с цветной металлургией и эксплуатацией месторождений свинцово-серебряных, свинцово-цинковых, вольфрамовых, ванадиевых и других руд, содержащих промышленные примеси редких металлов, но особенно – освоением гидроэнергоресурсов, которыми очень богата страна. Самый большой проект – завершение начатого в советское время строительства Рогунской ГЭС, плотина которой может стать самой высокой в мире. Эту капиталоемкую стройку, в соответствии с соглашением, заключенным во время визита Владимира Путина в Душанбе, брала на себя компания «Русал» в обмен на возможность расширения производства алюминия в Таджикистане, но из-за разногласий между таджикской и российской сторонами работы на начало 2007 г. фактически не начались, а контракт в конце концов был расторгнут.

Таджикистан получает значительную материальную помощь из-за рубежа и прибегал к значительным заимствованиям, что привело к образованию большого внешнего долга. Все же внешний долг снизился со 108% ВВП в 2000 г. до 31% в 2006 г. Россия пошла в 2002 г. на его реструктуризацию, списав 250 млн долларов из 300 млн, составлявших на тот момент долг Таджикистана.

Стране удавалось после 2000 г. поддерживать высокие темпы экономического роста: до 2004 г. ежегодный прирост ВВП превышал 10%, в 2005–2006 гг. он составил 6–7%. Однако эти показатели отчасти объясняются крайне низким исходным уровнем. В 2005 году Таджикистан восстановил примерно $^3/_4$ уровня производства ВВП, достигнутого в 1991 г. По паритету покупательной способности душевой ВВП составил 1314 долларов — меньше, чем в любой другой стране бывшего СССР.

Бегство населения в годы гражданской войны и эмиграция значительно изменили этнический состав населения. В нем заметно (до 80%) возросла доля таджиков, тогда как доля русских резко уменьшилась: их осталось всего около 1% (не более 60–80 тысяч, тогда как в конце советского периода в республике проживало до 400 тысяч русскоязычных жителей). Тем не менее русский язык широко используется в делопроизводстве и бизнесе, преподается в школах. Уменьшилась в населении и доля узбеков (15,3%).

Внутриполитическая жизнь страны постепенно стабилизировалась. Рахмонов, лидер правящей Народно-демократической партии, окончательно перехватил политическую инициативу. На президентских выборах 1999 г. один из руководителей ПИВТ, министр экономики Д. Усмон, в последний момент перед голосованием снял свою кандидатуру. Однако его фамилия не была изъята из бюллетеней, и он получил всего 2% голосов, тогда как за Рахмонова, согласно официальной информации, проголосовало 96% избирателей. Выборы превратились в политический фарс, и оппозиция оказалась бессильной что-либо изменить.

Оппозиционные партии отказались от участия в президентских выборах в ноябре 2006 г. Формально Рахмонов соперничал с четырьмя кандидатами от проправительственных партий. Но у него не было достойных конкурентов, и он получил 79% голосов. Поскольку конституция была изменена, то теоретически он может теперь оставаться у власти до 2020 г. Относительный баланс между региональными кланами, достигнутый Рахмоновым, отражается в том, что функции премьер-министра с 1999 г. исполняет уроженец Ходжента А. Акилов.

Россия — основной стратегический партнер Таджикистана, являющегося членом ОДКБ и ЕврАзЭС. В России находится подавляющая часть таджикских трудовых мигрантов. Российские инвесторы готовы вложить в экономику Таджикистана миллиарды долларов (в основном в энергетические проекты). Однако свои интересы в Таджикистане имеют и другие державы. Главный его донор — США, заинтересованные в предотвращении риска новой гражданской войны и потому не опробовавшие в Душанбе «технологий демократизации», примененных в других странах. При посредничестве американского правительства в Таджикистане реализуется несколько инфраструктурных транспортных проектов, в том числе создание логистического центра, обслуживающего связи с северными районами Афганистана. Соседний Китай предложил Таджикистану ряд крупных хозяйственных проектов. Наконец, внимательно следят за ситуацией в Таджикистане и в этнически родственном Иране.

ВОССОЕДИНЕНИЕ ИСТОРИЧЕСКОГО ПРОСТРАНСТВА
(вместо заключения)

Подводя итоги нашей истории в XX в., следует признать, что они весьма неутешительны. Этот век прошел у нас по словам песни: «А мы просо сеяли, сеяли, а мы просо вытопчем, вытопчем». Действительно, этот век был временем катастроф и разрушений: неудачная война с Японией (1904–1905), первая революция (1904–1905), Первая Мировая война (1914–1918), отречение Николая II, февральская революция, октябрьский переворот 1917 г., разгон Учредительного Собрания, установление большевицкой диктатуры и террора (1918), гражданская война (1918–1922), разрушение государственного строя, Церкви, гражданского общества, сталинизм, чистки и концлагеря, десятки миллионов жертв; второе вторжение Германии в 1941 г., к которому страна не была подготовлена (несмотря на заверение коммунистов, что «граница на замке»), опять десятки миллионов жертв, разрушение страны; безусловно героическая победа над Германией, но какой ценой! Неудачные хрущевские эксперименты, опять разрушение сотен церквей, брежневский застой, развал Советского Союза в 1991-ом году, хаос в экономике и политике в девяностые годы, демографическая катастрофа...

Когда вспоминаешь все это, удивляешься, почему наша богатейшая страна, с таким талантливым народом, была неспособна в течение **ста лет** построить нормальный государственный строй и нормальную экономику. Почему, скажем, немцы, так катастрофически проигравшие последнюю войну, живут несравненно лучше русских, хотя у них нет ни газа, ни нефти? В чем же дело? Пока мы не ответим на эти вопросы, мы будем повторять эти же самые исторические ошибки.

Собственно говоря, вопрос здесь простой: к чему мы стремимся и чего мы хотим? В жизни каждого человека, это судьбоносный вопрос — какова цель моей жизни, каков ее смысл?

К чему мы стремились в течение бóльшей части прошлого века? К построению коммунистической утопии, к построению самой мощной, самой большой сверхдержавы в мире. Как и следовало ожидать от утопии, закончилось тем, что она развалилась, развалилась и сверхдержава, и мы остались, в конце XX в., у разбитого корыта. Плюс десятки миллионов жертв этого эксперимента.

«Русь, куда ж несешься ты? Дай ответ. Не дает ответа». – писал в заключении первой части «Мертвых душ» Николай Гоголь в 1842 г. С тех пор прошло больше ста шестидесяти лет, но ответа Россия не дает и поныне.

Ведь, казалось бы, что цель государства должна заключаться в благоденствии его граждан, благоденствии, кстати, не только, материальном, но и духовном. Такое благосостояние можно построить только, если стремиться к социальному единству народа, ставить целью его солидарность. В своем докладе, прочитанном в Париже в 1888 г., на тему «Русская идея», философ Владимир Соловьев сказал: «Великое социальное единство, нарушенное нациями и государствами, не может сохраниться надолго для индивидов. Раз человеческое общество не существует более для каждого человека, как некоторое органическое целое, солидарной частью которого он себя чувствует, общественные связи становятся для индивида внешними и произвольными границами, против которых он возмущается и которые он, в конце концов, отбрасывает».

Вот, собственно говоря, к чему и следует стремиться — к органически целому обществу, к национальному единству, солидарной частью которого чувствует себя каждый его член. Без этого, социальные потрясения будут продолжаться. В национальном единстве заинтересованы все слои населения, в частности и самые привилегированные.

Но не забудем и духовный аспект этой проблемы. Другой русский философ Николай Бердяев писал в своей книге «Истоки и смысл русского коммунизма» (1937): «Хлеб для меня — материальный вопрос, хлеб для другого — духовный вопрос». Но духовный вопрос не может быть разрешен только в социальной плоскости. В этом была роковая ошибка русских социал-демократов, будущих большевиков. Они думали разрешить социальные проблемы чисто материалистическими методами. Мы видели, к чему это привело. Тот же Бердяев, в своей статье «Духовные основы русской революции», написанной им еще в 1917 г. (какая прозорливость!) пишет: «Духовная буржуазность социализма, его рабство у социальной материи, его отрицание ценностей, его неспособность подняться над ограниченной целью человеческого благополучия для целей более далеких и высоких, совершенно несомненна и обнаруживается все более и более. И менее всего можно искать противоядия против этой буржуазности в идее социальной революции, которая порождена рабством духа». Вот к чему и сводится наша историческая задача: как нам освободиться от рабства духа, как разделить правду ото лжи? Изучение трагического XX в. нашей истории пусть и послужит нам наглядным пособием в этом роковом процессе.

В XX в., наша страна пережила страшную трагедию: она как бы потеряла самое себя, свой *самобытный духовный лик*. Значительная часть интеллигенции и вообще элиты была преднамеренно уничтожена, выслана или бежала за границу. Были уничтожены и подменены наши духовные ориентиры. После крушения коммунизма, страна оказалась в глубоком кризисе.

Русской эмиграции частично удалось сохранить и приумножить наши русские духовные ценности, но в исключительно трудных условиях, в отрыве от родной почвы и в процессе постепенной ассимиляции. На самой русской земле, безусловно, тоже сохранились представители, традиции, осколки подлинной России. И пришло время собирать воедино эти камни. Это, конечно, долгий и трудный процесс. Но иного пути у нас нет.

История России XX в., особенно история тридцатипятилетия с 1917 по 1952 гг., предельно трагична, и изучать ее — мучительно больно. Поэтому многие ничего не хотят о ней знать. Но если потомки не будут сопереживать своим предкам — то муки предков окажутся напрасными. Сопереживание нужно для исторического единства нации. Единство нельзя строить на лакированных мифах — мифы все равно распадутся. Единство можно строить лишь на поиске истины.

«Мы, русские люди, призваны не только знать историю нашего отечества, но и видеть в ней **борьбу нашего народа за его самобытный духовный лик**». — Пусть эти слова замечательного русского философа Ивана Ильина из работы «Вера в Россию» станут девизом и призывом для новых поколений наших соотечественников в их трудах постижения и возрождения нашей родины.

УКАЗАТЕЛЬ

А

Абакумов В.С. **I** 970, 974; **II** 305
Абалкин Л.И. **II** 515
Абашидзе А.И. **II** 777–779
Абдул-Гамид **I** 362
Абрамов Ф.А. **II** 417
Абрамов Ф.Ф. **II** 155
Абрамов Я.В. **I** 119
Абрамович Р.А. **II** 613–614, 628
Абу-Бекир **I** 891–892
Абуладзе Т.Е. **II** 530
Августин (Беляев А.А.), архиепископ **I** 964
Авдеев А.Д. **I** 533
Авербах Л.Л. **II** 261
Аверинцев С.С. **II** 537
Авилов (Глебов) Н.П. **I** 470
Авинов Н.И. **I** 487
Авит Ю.А. **I** 740
Авксентьев Н.Д. **I** 453, **459**, 464, 487, 566, 588, 607
Автурханов У.Д. **II** 665
Агабеков Г.А. **I** 883
Агафангел (Пашковский М.И.), епископ **II** 736
Агафангел (Преображенский А.Л.), митрополит **I** 809, 873, 876–877
Аденауэр К. **II** 355, 357, 585
Аджемов М.С. **I** 392
Аджубей А.И. **II** 388
Азеф Е.Ф. **I** 121, 123, 208, 288
Айронсайд Э.У. **II** 23
Айтматов Ч.Т. **II** 463, 537
Акаев А.А. **II** 801–804
Акилов А.Г. **II** 808
Акимочкин И.Ф. **II** 51
Аксенов В.П. **II** 365, 391
Аксючиц В.В. **II** 560–561, 617
Акулов И.А. **I** 921
Акульшин (Березов) Р.М. **II** 93
Аладьин А.Ф. **I** 191
Алейников И.А. **II** 80
Алекперов В.Ю. **II** 614
Александр (Мень А.В.), священник **II** 539
Александр (Трапицын А.И.), архиепископ **I** 964
Александр I, император российский **I** 93, 136, 140, 180, 329, 665; **II** 43, 123, 138, 193, 623
Александр II, император российский **I** 63, 74, 90, 95, 97–98, 100, 114, 116–117, 132, 136, 138–139, 142, 208, 244, 272, 541, 728, 869; **II** 193, 593
Александр III Антиохийский, патриарх **II** 120
Александр III, император российский **I** 62–65, 79, 82, 88, 91, 114, 132, 137, 139–140, 143–144, 176, 189, 220, 225, 267, 277, 293, 310, 323, 346, 442, 541, 837
Александр Михайлович, Великий князь **I** 542

Александра Федоровна, императрица российская, супруга Николая II **I** 64, 66, 69, 211–212, 271, 275, 278, 330, 332, 336, 343–345, 369, 372, 375, 529, 533–535, 539
Александров Г.В. **I** 947
Александров И.Г. **I** 920
Александров-Агентов А.А. **II** 232, 300, 307
Алексеев А.Н. **I** 107
Алексеев Е.И. **I** 95–96, 152, 155, 160
Алексеев Л.М. **II** 441
Алексеев М.В. **I** 244, 301, **307, 312–313**, 316–317, 323, 343, 347, 354, 368, 374, 377–378, 380, 382, 401, 418, 421, 429, 462, 530, 578, 588, 591–593, 596–597, 600, 605, 608, 730
Алексей Михайлович, Великий князь **I** 67
Алексей Николаевич, Цесаревич и Великий князь **I** 63, 177, 213, 272, 278–279, 340, 381–385, 533, 540
Алексий (Симанский С.В.), митрополит **I** 951; **II** 120, 122, 210, 370, 426
Алексий (Соловьев Ф.А.), иеромонах **I** 455
Алексий II (Ридигер А.М.), патриарх **I** 540, 701, 776; **II** 539–540, 598, 614, 617, 720–721, 724, 727, 733–735
Алиев Г.А. **II** 508, 513, 786–787
Алиев И.Г. **II** 787–788, 791
Алиев Э.Х. **I** 677
Али-Хаджи Акушинский **I** 678
Алиханов А.И. **II** 202
Аллилуева Н.С. **I** 861
Аллилуева С.И., см. Сталина С.И.
Алмазов (Алмазян) З.А. **I** 902
Алханов А.Д. **II** 677
Алхин А.А. **II** 44
Альтман И.И. **II** 256
Амвросий Оптинский (Гренков А.М.), старец **I** 106; **II** 538
Амет-хан Султан **II** 133
Амин Х. **II** 448–452
Амстронг Н. **II** 348
Амфилохий (Скворцов А.Я.), епископ **I** 951
Ананьич Б.В. **I** 80
Анастасий (Грибановский А.А.), архиепископ **I** 832; **II** 45, 46, 105, 155, 246, 275
Анастасия Николаевна, Великая княгиня **I** 277, 533, 542–543
Анатолий (Грисюк А.Г.), митрополит **I** 951
Анвельт Я.Я. **I** 657
Ангаретис Ж.И. **I** 657
Андерс В. **I** 16
Андерс У. **II** 348
Андреев А.А. **I** 863, 921
Андреев Е.Н. **II** 348
Андреев М.С. **II** 463

УКАЗАТЕЛЬ

Андреев Н.Г. **I** 528
Андреева Н.В. **II** 533–534
Андрей Александрович, Великий князь **I** 542–543
Андрей Владимирович, Великий князь **I** 541, 543
Андроник (Никольский В.А.), архиепископ **I** 560
Андропов Ю.В. **II** 324–326, 396–398, 413, 415, 433–434, 441, 452, 464, 471, 473, 503–504, **505–507**, 508–509, 580, 626
Аникин С.В. **I** 191
Анисов А.Ф. **II** 28, 76
Анненков Б.В. **I** 681, 729
Анненский Н.Ф. **I** 99, 169, 185
Анталл Й. **II** 524
Антилевский Б.Р. **II** 155
Антипов Н.К. **I** 921
Антонеско И. **II** 143
Антоний (Блум А.Б.), митрополит **II** 420
Антоний (Вадковский), митрополит **I** 198–199, 281, 283
Антоний (Храповицкий А.П.), митрополит **I** 454, 644, 650–651, 832–833; **II** 105, 274
Антонин (Грановский А.А.), епископ **I** 809–811
Антонов А.С. **I** 733–734; **II** 580
Антонов В.П. **I** 581
Антонов Г.И. **II** 300
Антонов Ю.М. **I** 419
Антонов-Овсеенко В.А. **I** 465,470, 969, 989, **II** 295
Анфимов А.М. **I** 71
Арагон Л. **I** 937
Арапов П.С. **I** 870
Арапова А.С. **I** 505
Арафат Я. **I** 734
Аргунов А.А. **I** 121, 339, 588, 607
Аристов А.Б. **II** 314–315, 321
Аркун М. **II** 733
Арсений (Стадницкий А.Г.), архиепископ **I** 454
Арсеньев К.К. **I** 169, 185
Архангельский А.П. **I** 486
Арцыбушев А.П. **II** 114
Аскольдов С.А. **I** 822
Астафьев В.П. **II** 365, 417, 537
Астахов Г.А. **II** 7
Астров Н.И. **I** 227, 474, 588, 603, 637
Атарбеков (Атарбекян) Г.А. **I** 545, 624
Ататюрк М.К. **I** 669, 671, 677, 682, 720, 722
Аушев Р.С. **II** 522, 666
Афанасий (Сахаров С.Г.), епископ **I** 876
Афанасьев И.Ф. **II** 83
Афанасьев Н.Н. **I** 834, 1017
Афанасьев Ю.Н. **II** 536, 549–550
Ахмадулина Б.А. **II** 364, 407, 559
Ахматова А.А. **II** 116, 211, 234–236, 314, 384, 417, 420, 464, 530
Ахромеев С.Ф. **II** 239, 508, 574
Ашкенази В.Д. **II** 332
Аюшеев Дамба (Бандидо-Хамбо-лама) **II** 729

Б

Бабаков А.М. **II** 642
Бабель И.Э. **I** 808, 880, 934
Бабицкий К.И. **II** 415
Бабкин Б.П. **I** 805
Багапш С.В. **II** 784–785
Багиров М. **II** 214–215, 305
Баграмян И.Х. **II** 87
Багратион-Мухранский К.А. **I** 542
Багрицкий Э.Г. **I** 881
Бадмаев П.А. **I** 150
Бадольо П. **II** 90
Бажанов Б.Г. **I** 863, 865, 883; **II** 24
Бажанов Н.Н. **I** 925
Баиов А.К. **I** 486
Байбаков Н.К. **II** 378
Байдалаков В.М. **II** 155
Байков Б.А. **I** 402, 519
Бакатин В.В. **II** 567–568, 574
Бакиев К.С. **II** 804–805
Бакланов Г.Я. **II** 530
Бакланов О.Д. **II** 570
Бакунин М.А. **I** 124
Балашов П.Н. **I** 247
Балмашев С.В. **I** 122
Балодис Я. **I** 659, 663
Балтийский А.А. **I** 487
Бальмонт К.Д. **II** 93
Бандера С.А. **II** 95, 285
Бар Э. **II** 298
Баранов М.Д. **II** 80
Барановский В.Л. **I** 895
Барановский С.И. **I** 147
Баратов Н.Н. **I** 613, 668
Барбович И.Г. **I** 712–713
Барбюс А. **I** 865
Барис М. **II** 551
Барк П.Л. **I** 331
Баркгорн Г. **II** 142
Бармин В.П. **II** 347
Барре С. **II** 444
Барсов Т.В. **I** 270
Бартини Р.Л. **I** 925
Бархаш Т. **I** 599
Барыбин А.К. **I** 310
Барыкин А.А. **I** 881
Басаев Ш.С. **II** 619, 671, 673–674, 676
Батюк Н.Ф. **II** 82
Бауэр О. **I** 784
Бахметев Б.А. **I** 689
Бахрушин С.В. **I** 226
Бахтин М.М. **I** 822, 880, 883; **II** 417, 708
Баштаков И. **II** 15
Баянов С.Б. **I** 679
Бедный Д. (Придворов Е.А.) **I** 881, 945
Бежанов С.Г. **I** 895

Безобразов А.М. I 94, 160—161
Бейлис М.Т. I 257
Бек Л. II 109
Бек Ю. II 9
Бекетов А.Н. I 62, 760
Белецкий С.П. I 246
Беликов К.С. II 80
Белобородов А.Г. I 533, 537, 922
Белов В.В. I 417
Белов В.И. II 502
Белов П.А. I 623
Белосельский-Белозерский А.М. II 280
Белый А.(Бугаев Б.Н.) I 262
Бельмондо Ж.П. II 419
Беляев И.Т. I 830
Беляев Н.С. I 895—896
Беляев П.И. II 349
Бендукидзе К.А. II 781
Бенеш Э. I 999; II 412
Бенкендорф А.К. I 238
Бенуа А.Н. I 264, 271, 1015
Бердяев Н.А. I 125, 134, 248, 262, 273, 331, 333, 724, 805, 827—828, 854, 1011, 1017; II 44, 267—268, 270, 278, 287, 405, 410, 420, 530, 712, 811
Берегов Г.Т. II 350
Березов В.А. I 556
Березовский Б.А. II 613—615, 618, 623—624, 650
Берзин Э.П. I 902
Берзин Я.К. II 36
Берия Л.П. I 866—867, 966, 974, 995; II 11, 15—16, 35—36, 40—42, 61, 133, 170, 199—200, 202—203, 251—253, 288—289, 291—297, 300, 302—304, 306—307, 314, 320, 362, 505-506
Берлинг З. II 147
Берлингуэр Э. II 436—437
Берман М.Д. I 902
Бермондт-Авалов П.Р. I 660, 662—663, 702
Берут Б. II 225
Бессонов И.Г. II 154
Бетман-Гольвег Т. I 357
Бетулинская (Анна Марли) А.Ю. II 135, 712
Бжезинский З.К. II 455
Бин А. II 352
Бискупский В.В. II 110
Битениекс Р. II 551
Битов А.Г. II 417
Бицилли П.М. II 272
Бичерахов Л.Ф. I 517
Благовещенский И.А. II 155
Бланки Л.О. I 759
Блок А.А. I 759, **760-761**
Бломберг В., фон I 1000
Блюм Л. I 954
Блюметаль-Тамарин В.А. II 93
Блюмкин Я.Г. I 528, 754
Блюхер В.К. I 717, 791, 948, 952, 1004

Бобкин Л.В. II 76
Бобков Ф.Д. II 561
Бобриков Н.И. I 143
Бобринский А.А. I 637
Бобринский В.А. I 223
Бобринский Г.А. I 359, 361
Бовин А.Е. II 414
Богаевский А.П. I 621, 743
Богаевский М.П. I 593, 709
Богатырев К.П. II 506
Богатырчук Ф.П. II 102, 155
Богданов А.А. I 186, 262
Богданович Н.К. I 547
Богданович П.Н. I 43
Богданович С.П. I 547
Богерц Р. II 162
Богланов П.В. II 154
Боголепов А.И. I 805
Боголепов Н.П. I 99
Богораз Л.И. II 415
Богров (Мордехай) Д.Г. I 208, 212—213, 272
Богушис В. II 553—554
Боде С. I 598—599
Бойко М.В. II 591, 650
Бок М.П. I 211
Бок Ф., фон II 48
Болдуин С. I 1002
Болдырев В.Г. I 585, 588
Болдырев Ю.Ю. II 605, 642
Болен Ч. II 304
Болото П.О. II 80
Болотов А.Т. I 930
Болотов В.В. I 270
Бонч-Бруевич М.А. I 367, 485
Бор Н. II 200
Борис III, болгарский царь II 150
Борис Владимирович, Великий князь I 541
Борман Ф. II 348
Боровский А.А. I 597
Бородин (Грузенберг) М.М. I 791—792
Бородин Л.И. II 559
Бородин Н.Н. I 628
Бородянская-Кныш Е.Е. II 98
Борщаговский А.М. II 256
Бострем Г.И. I 803
Босхомджиев О. I 679
Ботвинник М.М. II 306
Боткин Е.С. I 534
Боханов А.Н. I 91
Бочарникова М.А. I 491
Бочвар А.А. II 203
Бочкарева М.Л. I 422
Бояринов Г.И. II 453
Боярский А.Ф. I 485
Брагинский А.П. I 599
Бразаускас А.М. II 555—556

УКАЗАТЕЛЬ

Брайант Л. **I** 774
Брайтер Г.К. **I** 539
Брандт В. **II** 351
Браун В., фон **II** 57
Браухич В., фон **I** 1000; **II** 28, 110, 114
Бредис Ф.А. **I** 578
Бредов Н.Э. **I** 623, 648, 654, 705
Брежнев Л.И. **I** 915, 998; **II** 319, 331, 340, **396**, 399–400, 414–417, 425, 433, 435, 437, 440–441, 443–445, 450–452, 459, 467, 471–476, 478–479, 503–505, 507, 509, 511
Брежнева Г.Л. **II** 507
Брешко-Брешковская Е.К. **I** 271
Бриан А. **I** 724, 789
Брокдорф-Алефельд В., фон **II** 75
Брук-Шеферд Г. **II** 403
Брусилов А.А. **I** 308, 311, 316–317, 332, 361, 421, 423, 429, 444, 484, 521, 567, 604
Бруцкус Б.Д. **I** 805
Бубенин В.Д. **I** 432
Бубликов А.А. **I** 432
Бубнов А.Г. **I** 922
Бугураев М.К. **I** 744–745
Буденный С.М. **I** 647, 682, 687, 703, 706, 711, 722, 917, 997; **II** 48, **49**, 87, 296, 627
Буковский В.К. **I** 389, 442
Булак-Балахович С.Н. **I** 628–630, 667, 758, 824
Булгаков В.В. **II** 670
Булгаков С.Н., протоиерей **I** 203, 262, 265, 268, 269, 271, 273. 275, 280, 645, 724, 732, 805, 834, 1011, **1017**; **II** 262, 270, 405, 410, 420, 712
Булганин Н.А. **I** 922; **II** 41, 61, 251, 288–289, 294, 296–297, 302, 307–308, 310–311, 315, 323, 330–331, 447
Булдеев А.И. **II** 93–94
Булыгин А.Г. **I** 167
Бунаков И.И. **I** 339, 603, 1011–**1012**, 1015
Бунге Н.Х. **I** 62, 80, 82, 214, 823
Бунин И.А. **I** 645, 648, 680, 756, 761; **II** 237, 267–268, 271, 409, 530, 627
Буняченко С.К. **II** 155, 167, 169
Бурбулис Г.Э. **II** 581
Бурджанадзе Н.А. **II** 779
Бурлацкий Ф.М. **II** 294, 333, 398
Бутаков А.Г. **I** 375
Бутаков С.И. **I** 589
Буткевич Т.И. **I** 257
Бухарин Н.И. **I** 500, 555, 562, 646, 693, 762, 771, 790, 793, 796–798, 800, 802, 804–805, 826, 856–858, **859–860**, 862–863, 882, 922, 946, 954–955, 968; **II** 256, 334, 487
Буш Дж. (младший) **II** 741
Буш Дж. (старший) **II** 518
Бушуев К.Д. **II** 347
Быкадоров И.Ф. **I** 831
Быковский В.Ф. **II** 348

Быч Л.Л. **I** 402
Бычков С.Т. **II** 155
Бьюкенен Дж. **I** 67, 434, 440
Бэсеску Т. **II** 772
Бюнтинг Н.Г., фон **I** 376
Бялик Х.Н. **I** 939

В

Вавилин А.Я. **I** 746
Вавилов С.И. **II** 262
Вайно I, см. Фридрих-Карл
Валенса Л. **II 469**, 471, 523, 611
Валленберг К. **I** 355
Валов Л.Г. **II** 672
Валтон А. **II** 552
Валуев П.А. **I** 139
Вальдемар Х.М. **I 141**
Вандервельде Э. **I** 675
Ваницкий А.К. **II** 347
Ванников Б.Л. **II** 199, 203
Ванюшин А.Ф. **II** 155
Варейкис И.М. **I** 497
Вартанян М. **I** 145
Василевская В.Л. **II** 146
Василевский А.М. **II** 28, 35
Василий (Кривошеин В.А.), архиепископ **II** 420
Василий Александрович, Великий князь **I** 542–543
Васильев Д.Д. **II** 532
Васильчикова М.И. **II** 166
Васнецов В.М. **I** 112, 265, 732, 758
Ватутин Н.Ф. **II** 33, 35, 84, 89
Ватягин Г.К. **I** 576
Вацетис В.В. **I** 585
Вацетис И.И. **I** 546
Вацетис Я. **I** 657
Вацулик Л. **II** 413
Вашо Ф.-Н.-А. **I 277–278**
Введенский А.И. **I** 809–810
Вдовенко Г.А. **I** 709
Вегекер А.Н. **I** 893
Везиров А.-Р.Х. **II** 542
Вейдле В.В. **I** 261
Вейсман А. **II** 263
Вейц П. **II** 352
Велихов Е.П. **II** 508, 514
Величковский П. **I** 105
Вельяминов П.С. **II** 418
Вендзягольский В.К. **I** 593
Вениамин (Казанский В.П.), архиепископ **I** 453–454
Вениамин (Милов В.Д.), архимандрит **II** 247
Вениамин (Федченков И.А.), митрополит **I** 276, 376–377, 401, 611, 645, 730, 751, 832; **II** 276
Вера Константиновна, Великая княгиня **I** 542
Вердеревский Д.Н. **II** 44
Верещагин В.В. **I** 155

Вержбицкий Г.А. **I** 574, 585
Вернадский Г.В. **I** 87, 121, 828, 835; **II** 83, 200, 270, 281, 399
Верт А. **II** 199
Вертинский А.Н. **II** 262, 267
Верховский А.И. **I** 486
Вершинин К.А. **II** 238
Веселый А. (Кочкуров Н.И.) **I** 880, 934; **II** 384
Ветренко Д.Р. **I** 702
Вехиб-паша **I** 519
Вздорнов Г.И. **I** 114
Визбор Ю.И. **II** 365, 417
Виктор (Островидов К.А.), епископ **I** 876–877
Виктор-Эммануил III, король Италии **I** 851; **II** 90
Вилмс Ю. **I** 447, 511
Вильгельм II, император германский и прусский король **I** 211, 237, 291, 305, 365, 405, 412, 506, 511, 513, 525, 529, 532, 536, 603; **II** 12
Вильде Б. **II** 134
Вилькен П.В. **I** 740
Вильсон В. **I** 606, 676, 684, 689, 690; **II** 137
Винавер М.М. **I 138**, 184, 474, 649
Винниченко В.К. **I** 444, 652, 655
Виноградов А.В. **II** 52
Виноградов В.А. **I** 588
Виноградов В.Н. **II** 257
Виноградов П.Г. **I** 170
Винсентас (Сладкявичус), архиепископ **II** 556
Вирен Р.Н. **I** 375, **376**
Виталий (Устинов Р.П.), митрополит **II** 734
Виттгефт В.К. **I** 155–156
Витос В. **I** 684, 848
Витте С.Ю. **I** 67, 78–82, 85, **86**, 88, 93–96, 118, 130, 144, 159–162, 173–175, 177–179, **180**, 181, 189, 191, 198–199, 201, 213–214, 233, 235, 252, 254, 273, 282, 364, 776; **II** 603
Вихлянцев И.П. **I** 831
Вицин С.Е. **II** 593
Вицлебен Э., фон **II** 109
Вишневская Г.П. **I** 866; **II** 59, 205–206, 210, 294, 296, 308–309, 332
Вишневский Б.Л. **I** 390
Вишневский В.В. **II** 259
Вишневский С.В. **II** 54
Вишняк М.В. **I** 1015
Вишняков А.С. **I** 226
Влади (Полякова М.В.) М. **II** 417
Владимир (Богоявленский В.Н.), митрополит **I** 451, 453–454, 508
Владимир (Тихоницкий В.М.), архиепископ **II** 274
Владимир Александрович, Великий князь **I** 541
Владимир Кириллович, Великий князь **I** 541, 543, 837; **II** 279
Владимов Г.Н. **II** 417
Власик Н.С. **II** 170, 251

Власов А.А. **I** 896; **II** 48, 56, 74–75, 114, 151, 154–156, 167–169, 179
Власов А.И. **II** 76
Власов К.С. **II** 155
Влодзимирский Л.Е. **II** 295
Вовси М.С. **II** 257
Водопьянов М.В. **I** 909; **II** 238
Воейков В.Н. **I** 374
Вознесенский А.А. **II** 364, 391
Вознесенский Н.А. **II** 61, 199, 225, **250**, 251
Войков П.Л. **I** 646, 870
Войнович В.Н. **II** 365
Войтинский Г.Н. **I** 791
Войцеховский С.Н. **I** 535, **699–670**
Волков В.И. **I** 607
Волков В.Н. **II** 350
Волков О.В. **I** 781, 784, 903
Волковысский Н.М. **I** 805
Волконский Н.С. **I** 184, 191
Вологодский П.В. **I** 587–588, 610
Володарский В. (Гольдштейн М.М.) **I** 571
Володарский М.М. **I** 646
Волошин М.А. **I** 333, 815
Волошина В.Д. **II** 57
Волошина М.В. **I** 66
Вольский А.И. **II** 542, 605
Вольский В.К. **I** 572
Воробьев А.В. **II** 675
Воробьев М.Д. **II** 82
Воровский В.В. **II** 411
Воронин В.Н. **II** 770–771, 774
Воронов Л., протоиерей **II** 108
Воронцов-Дашков И.И. **I** 258, 324
Ворошилов К.Е. **I** 620, 795, 922, 937, 974, **997–998**; **II** 7–10, 15, 21, 47, 49, 58, 61, 87, 94, 103, 252, 256, 289, 315, 330–331, 366
Воскресенский Л.А. **II** 346
Врангель М.Д. **I** 482–483
Врангель Н.Н. **I** 165
Врангель П.Н. **I** 126, 229, 303–305, 317, 482, 621, 635, 654, 667, 690, 692, **707–708**, 709–714, 723–725, 733, 737, 744, 758, 826, 832, 837–838, 869–870, 894; **II** 14, 46, 287
Вронский О.Г. **I** 74
Всеволод Иоаннович, Великий князь **I** 542–543
Вырыпаев В.О. **I** 573–576, 641–642, 698–699, 701
Вырырубова А.А. **I** 343
Высоцкий В.С. **II** 365, 417–418
Высочанский Н.Г. **I** 895
Вышеславцев Б.П. **I** 805
Вышинский А.Я. **I** 779, 904, 974; **II** 17, 174
Вышинский С.И. **II** 224
Вышнеградский И.А. **I** 71, 79
Вяземский Д.Л. **I** 347
Вяземский Т.И. **I 266**
Вяхирев Р.И. **II** 614

УКАЗАТЕЛЬ

Г

Гавел В. **I** 700; **II** 524
Гавриил Константинович, Великий князь **I** 542–543, 935
Гаврилов П.М. **II** 52
Гагарин Ю.А. **II** 346, 356
Гаджинский М.Г. **I** 675
Гайд Р. **I 523–524**, 574, 623, 625–626, 697
Гайдай Л.И. **II** 365, 418
Гайдар Е.Т. **II** 531, 579, 581–582, 592, 596, 600, 604, 607, 610, 642, 663
Галаев П.А. **I** 599
Галансков Ю.Т. **II** 319
Галич А.А. **II** 365, 417, 507
Галкин Н.А. **I** 573
Галлер Ю. **I** 684
Гальдер Ф. **II** 76
Гамарник Я.Б. **II** 334
Гамзатов Р.Г. **II** 462
Гамсахурдиа З.К. **II** 532, 776–777, 781, 783
Ганди, Махатма **II** 536
Ганелин Р.Ш. **I** 80
Гантамиров Б.С.-А. **II** 665
Гапон Г.А. **I 162–163**
Гарольд А. **II** 176
Гартман В.А. **I** 265
Гаспринский И. **I 148**
Гатовский В.Н. **I** 895
Гвешиани М. **II** 132
Гвоздев К.А. **I** 335, 347
Гвоздевский Ф.А. **I** 902
Геббельс П.Й. **I** 854
Гегечкори Е.П. **I** 515
Гейден П.А. **I 90**, 91, 117, 169, 184–185, 191, 193
Гейман А.А. **I** 621
Геккер А.И. **I** 719
Геладзе Е.Г. **I** 860–861
Гелаев Р.Г. **II** 675
Гелен Р., **II** 110, 154
Гендрикова А.В. **I** 535
Гензелис Б.К. **II** 556
Гениева Е.Ю. **II** 714
Георг I, король Греции **I** 542
Георгадзе Г.Т. **I** 673
Георгий Константинович, Великий князь **I** 542
Георгий Михайлович, Великий князь **I** 539, 542
Герасимов А.Г. **II** 53
Геращенко В.В. **II** 207, 615
Гёрделер К. **II** 109–110
Гере Э. **II** 324
Геринг Г. **I** 1001
Гермоген (Долганев Г.Е.), архиерей **I** 276
Гермоген (Максимов Г.И.), архиепископ **II** 45
Герсдорф Р.К., фон **II** 110
Гертлинг Г., фон. **I** 526
Геруа Б.В. **I** 486

Герцен А.И. **I** 100
Герценштейн М.Я. **I** 169, 201
Гершельман А.С. **I** 629
Гершензон М.О. **I** 273
Гершуни Г.А. **I** 123
Гессен В.М. **I** 99
Гессен И.В. **I** 99, 169
Гессен С.И. **I** 835, 837
Гиацинтов Э.Н. **II** 418
Гиббс С. **I** 457
Гигельс Э. **II** 332
Гикало Н.Ф. **I** 678
Гиммлер Г. **II** 11, 97, 156
Гинденбург П., фон **I** 526, 537, 603
Гинзбург А.А. **II** 319, 407, 442
Гинзбург А.В. **II** 389
Гинзбург В.И. **II** 344
Гинс Г.К. **I** 610, 732, 1012
Гиппиус А.И. **I** 258
Гиппиус З.Н. **I** 107, 265, 268, 333, 479, 483–484, 548, 753
Гирс М.Н. **I** 691
Гитлер А. **I** 554, 605, 790, 851–855, 867, 901, 928, 938, 946, 952, 954, 994, 999–1003; **II** 4–7, 10–13, 17, 19, 25–32, 35–36, 40, 42, 45, 48, 50, 61, 64, 66, 71, 73, 83–84, 88–89, 91–92, 95–96, 100, 109, 111, 113–114, 122, 133–134, 139, 149, 151, 154–155, 158–159, 169, 187, 213, 216, 308, 552, 556, 701
Гладилин А.Т. **II** 365
Гладков А.К. **II** 115
Гладкова Ф.В. **I** 808
Глазенап П.В. **I** 667
Глазков В.Г. **I** 831
Глазунов И.С. **II** 465, 724
Глазьев С.Ю. **II** 641
Глебов Н.Н. **I** 569
Гленн Дж. **II** 348
Глинка Г.В. **I** 709
Глинка Д.Б. **II** 142
Глинка М.И. **I** 947; **II** 626
Глубоковский Н.Н. **I** 270
Глушко В.П. **I** 995; **II** 347, 350
Гобл П. **II** 791–792
Гогенберг С. **I** 290
Гогенцоллерн Ф.В. **I** 543
Гогечкори Е.П. **I** 673
Гоглидзе С.А. **II** 295
Гоголь Н.В. **I** 243; **II** 810
Годнев И.В. **I** 394–395
Гойченко Д.Д. **I** 899
Голиков Ф.И. **II** 36
Голицын В.В. **I** 626–627
Голицын В.М. **I** 226
Голицын Г.С. **I** 145
Голицын Н.Д. **I** 346, 393

УКАЗАТЕЛЬ

Голль Ш., де **II** 355, 357, 361
Головин Н.Н. **I** 297, 368–369, 965; **II** 44, 155
Головин Ф.А. **I** 177, **193**, 195, 223
Голощекин И.И. **I** 532–533, 537
Голубев А.А. **II** 334
Голубов Н.М. 600
Голубович В.А. **I** 499
Голубцова В.А. **II** 303
Гольц Р., фон дер **I** 506, 659–660, 664
Гольцев В.А. **I** 100
Гомулка В. **II** 323, 326, 413
Гонгадзе Г.Р. **II** 755
Гончаров В.С. **II** 53
Гончарова Н.С. **I** 267
Гоппер К.И. **I** 578, 730
Горбаневская Н.Е. **II** 415
Горбаневский М.В. **II** 530
Горбатов А.В. **I** 970; **II** 159
Горбачев М.С. **II** 302, 321, 361, 437, 477, 507–518, 523–531, 533–534, 536–538, 547, 551–552, 557–571, 573–578, 585, 592, 596, 604, 612, 620, 622, 661–662
Горбунов А.В. **II** 558
Гордеев А.А. **I** 74
Гордов В.Н. **II** 192
Гордон Б.А. **I** 592
Горемыкин И.Л. **I** 64, 91, 174, 179, 191, 207, 235, 245, 331, 336–337, 342, 345, 349, 353, 360–361
Горн В.Л. **I** 661
Городнянский А.М. **II** 76, 309, 365
Горчаков А.М. **I** 91
Горчханов Т. **II** 666
Горький М. (Пешков А.М.) **I** 762, **935–937**; **II** 235, 261, 357, 482
Готвальд К. **I** 524; **II** 412, 745
Готье Ю.В. **I** 74
Гоцинский Н. **I** 678
Гош Г. **I** 661
Грабарь И.Э. **I** 268, 815–816, 940; **II** 210
Грабский С.Я. **I** 450
Грабской В. **I** 777
Гранин Д.А. **II** 531, 585
Грантиньш Л. **II** 551
Графт Г. **II** 142
Грациани Р. **II** 26
Грачев П.С. **II** 520, 571, 665–666
Гревс И.М. **I** 1014
Греков А.П. **I** 720
Греков Г.А. **I** 594
Греков М.Б. **I** 808
Гречанинов А.Т. **I** 1015
Гречко А.А. **I** 396, 413
Григоренко П.Г. **II** 425
Григорий (Чуков Н.К.), архиепископ **II** 120
Григорович Д.П. **I** 995
Григорович И.К. **I** 336, 925

Григорьев Б.Д. **I** 1015
Григорьев В.И. **I** 740
Григорьев Н.А. **I** 647, 651–653
Гризодубова В.С. **I** 956
Грин Н.Н. **II** 93
Гриневецкий В.И. **I 906**
Грицевец С. **I** 989
Гришин В.В. **II** 407, 513
Гришин-Алмазов А.Н. **I** 572, 653
Гришкявичус П.П. **II** 554
Громов Б.В. **II** 519–522, 666
Громов М.М. **I** 956; **II** 142
Громыко А.А. **I** 170, **194**, 354, 413, 433, 438, 441, 450, 503, 507, 509, 513, 516
Гроссман В.С. **II** 98–100, 530
Гротеволя О. **II** 297–298
Грушевский М.С. **I 139**, 259–261, 443–444, 650
Грызлов Б.В. **II** 639
Грюнау К., фон **I** 526
Губарев А.А. **I** 351
Гувер Г.К. **I** 748
Гудериан Г. **I** 788; **II** 13, 48
Гулаев Н.Д. **II** 142
Гуль Р.Б. **I** 423
Гумилев Л.Н. **II** 464
Гумилев Н.С. **II** 93, 420, 464
Гуральский А.Я. **I** 791
Гурвич А.С. **II** 256
Гурко В.И. **I** 214, 603
Гусак Г. **II** 412
Гусейнов С. **II** 786
Гусинский В.А. **II** 605, 614–615, 623, 650
Густав III, король Швеции **I** 665
Гутченко П.Л. **II** 80
Гучков А.И. **I** 184–185, 193, 226, **244**, 245, 333, 335, 339, 347, 368, 380, 382–383, 394–395, 399, 400, 408, 410, 439
Гучков Н.И. **I** 184, 226–227
Гэрриот О. **II** 352

Д

Давыдов Д.В. **I** 304
Даладье Э. **I** 1003
Далай-лама XIV (Джебцун Джампел Нгаванг Йеше Тензин Гьяцо) **II** 729–730, **731**
Дамаскин (Цедрик Д.Д.), епископ **I** 876
Дандарон Б.Д. **II** 729
Данелия Г.Н. **II** 365
Даниельсон Н.И. **I** 124
Даниил (Александров Д.Б.), епископ **II** 736
Даниил-бек Пирумов **I** 319
Данилов Ю.Н. **I** 380
Даниэль (Аржак Н.) Ю.М. **II** 405, 407, 417
Дарвин Ч. **I** 133
Дауэс Ч. **I** 789
Дашинский И. **I** 684, 688

УКАЗАТЕЛЬ

Двинский Б.А. **II** 206
Дедков И.А. **II** 416
Деканозов В.Г. **II** 17, 36, 295
Делон А. **II** 419
Делоне В.Н. **II** 415
Демидова А.С. **I** 534
Демирчян К.С **II** 789
Демичев П.Н. **II** 407
Демченко Я.Г. **II** 502
Дени В.Н. **I** 758
Деникин А.И. **I** 244, 301, 305, 307, 311, 317, 343, 402, 420, 437, 451, 474, 485, 498, 518, 539, 547, 550, 566, 593, 596, 600, **604–605**, 609, 612–614, 616–619, 621–623, 625–629, 632, 637, 639–642, 644, 647–648, 651–656, 661, 668–675, 681, 685–688, 696, 699, 706–708, 710, 718–719, 722–723, 726, 730, 742–744, 749, 758, 767, 826, 835, 969; **II** 134, 627
Деревянко К.Н. **II** 182
Державин Г.Р. **II** 93
Дерибас Т.Д. **I** 819
Дерипаска О.В. **II** 614
Дерябин А.Ф. **I** 579
Джексон Г. **II** 440–441
Джелалуддин Х. **II** 520
Джемаль-паша **I** 363
Джентиле Д. **I** 851
Джилас М. **II** 228
Джорджадзе А.К. **I** 144
Джугели В. **I** 674
Джунайд-хан **I** 682–683
Джунковский В.Ф. **I** 246, 278, 965
Джусан С. **I** 681
Дзержинский Ф.Э. **I** 440, 472, 497, 528–529, 544, 547, 555, 564, 646, 687, 732, 747, 748, 771, 780, **817–818**, 927; **II** 411, 574, 580, 746
Димитраш М.П. **I** 619
Димитров Г.М. **I** 937; **II** 9, 151, 195–196, 198, 224–225, 228, **229–230**, 745
Дитерихс М.К. **I** 716–717
Дмитриев С.С. **II** 207, 239, 289–290, 313, 364
Дмитрий Александрович, Великий князь **I** 541–543
Дмитрий Константинович, Великий князь **I** 539
Дмитрий Николаевич, Великий князь **I** 542
Дмитрий Павлович, Великий князь **I** 346, 543
Дмовский Р.В. **I** 683–685, 848
Добровольский А.А. **II** 319
Добровольский Г.Т. **II** 350, 407
Добровольский С.Ц. **I** 590–591, 703
Добрынин А.Ф. **II** 239, 508
Добужинский М.В. **I** 264
Довнар-Запольский М.В. **I** 515
Догадов А.И. **I** 922
Долгов П.И. **II** 348
Долгорукий В.А. **I** 535

Долгоруков П.Д. **I** 184, 432
Долгоруков Пав.Д. **I** 183–184, 193
Долинин А.В. **I** 624
Доллежаль Н.А. **II** 203
Доманов Т.И. **II** 154
Донаньи Г., фон **II** 109
Донской Д.И., Великий князь **II** 117, 538
Доржиев А. **I** 150, **151**; **II** 729–730
Доронин И.В. **I** 909
Дорофеев К.К. **I** 567
Доставалов А.В. **II** 675
Достоевский Ф.М. **II** 626
Драгомиров М.И. **I** 62, 301, 648
Дракс Р. **II** 6, 9
Драуле М.П. **I** 944
Драценко Д.П. **I** 679
Дремлюга В.А. **II** 415
Дроздов Ю.И. **II** 452
Дроздовский М.Г. **I** 601, 619
Дрю Г. **I** 202
Дубенцов Б.Б. **I** 88
Дубровин А.И. **I** 185
Дубровин Н.Ф. **II** 42
Дубчек А. **II** 412, 414, 436, 524
Дудаев Дж.М. **I** 652, 662–666, 668–669, 673, 676
Дудин Л.В. **II** 102, 155
Дудинцев В.Д. **II** 326, 530
Дукис К.Я. **I** 819
Думенк Ж. **II** 6–7, 9–10, 49
Дунаевский И.О. **I** 1009
Дурново И.Н. **I** 114, 179, 295–296
Дуррани Ахмад-шах **II** 446
Дутов А.И. **I** 581–582, 585, 609, 623, 625, 702
Духонин Н.Н. **I** 484–485
Дыбенко П.Е. **I** 470, 596, 644
Дыдоров К.И. **I** 630
Дыло О.Л. **I** 445
Дьяченко Т.Б. **II** 615
Дэн Сяопин **II** 619
Дэхуа П. **II** 242
Дякин В.С. **I** 80

Е

Евгений (Зёрнов С.А.), митрополит **I** 951, 964
Евгений (Кобранов Е.Я.), епископ **I** 951
Евгения Максимилльевна, Великая княгиня **I** 542
Евдоким (Мещерский В.И.), архиепископ **I** 809
Евдокимов Г.Е. **I** 922
Евдокимов Р.Б. **II** 533
Евлогий (Георгиевский А.С.), митрополит **I** 452, 651, 832–834, 1018; **II** 44, 105, 274
Евстигнеев К.А. **II** 142
Евтихий (Курочкин И.Т.), епископ **II** 736
Евтушенко Е.А. **II** 313, 333, 364–365, 391, 408, 415, 466
Евтюхин М.Н. **II** 675

Егер С.М. **I** 925
Егоров А.И. **I** 705
Егоров Б.Б. **II** 349
Егоров Д.Ф. **I** 111
Егоров Н.Д. **II** 665
Ежов Н.И. **I** 865, 922, 926, 965–966, 972, 974, 987, 989; **II** 252, 303
Екатерина II, императрица российская **I** 150, 254, 303
Екатерина Иоанновна, Великая княгиня **I** 542–543
Елагин И.В **II** 266
Елена Владимировна, Великая княгиня **I** 541
Елизавета Федоровна, Великая княгиня **I** 332, 340, 529, 535, 539, 542
Елисеев А.С. **II** 350
Елисеев Ф.И. **I** 308, 918
Ельт Э. **I** 355
Ельцин Б.Н. **I** 540–541; **II** 477, 513, 535–536, 549–551, 557, 559–560, 562–582, 584–585, 587, 589, 592–601, 604–605, 609–612, 614–619, **620–621**, 622, 626–627, 638–639, 650, 652, 655–656, 658, 660–663, 665, 673, 693, 712–714, 724, 738, 746–747, 762, 773, 782
Ельцина Н.И. **II** 617
Емельяненко В.Б. **II** 143
Емец Н.В. **I** 902
Еременко А.И. **II** 39, 84, 86
Ерин В.Ф. **II** 665
Ермаков П.З. **I** 533
Ермаш Ф.Т. **II** 398
Ермоген (Голубев А.С.), архиепископ **II** 369
Ермолов А.П. **I** 304; **II** 671
Ермолов А.С. **I** 91, 104, 166
Ершаков Ф.А. **II** 54
Есенин С.А. **I** 754; **II** 384, 406, 531
Есенин-Вольпин А.С. **II** 406
Ефимов А.Г. **I** 579–580, 625–626
Ефремов И.Н. **I** 247, 333, 441
Ефремов М.Г. **II** 75

Ж

Жаботинский В.Е. **I** 137
Жанен М. **I** 699
Жвания З.В. **II** 781
Жданов А.А. **I** 937–974; **II** 17, 58–59, 233–235, 237, 250–251, 257, 262, 465
Жданов Ю.А. **I** 862, 946, 963, 998
Жебрак-Русанович М.А. **I** 618–619
Жевахов Н.Д. **I** 451–452
Желев Ж. **II** 525
Железнов А. **II** 669
Желтовский В.М. **I** 735
Жемчужина (Карп) П.С. **I** 799; **II** 256, 410
Женовач С.В. **II** 708
Жерве В.В., де **I** 893
Жеребков Ю.С. **II** 43, 134

Жженов Г.С. **II** 418
Живков Т. **II** 525
Жижка Я. **I** 699
Жиленков Г.Н. **II** 155–156
Жилинский Я.Г. **I** 305–306
Жилкин И.В. **I** 191
Жириновский В.В. **II** 568, 605, 607, 612, 641, 753
Жирмунский В.М. **I** 822
Жлоба Д.П. **I** 710
Жордания Н.Н. **I** 668, 673, 675, 722
Жорес Ж. **I** 759
Жук С.Я. **I** 902
Жуков Г.К. **I** 993; **II** 10, 33, 38–39, 47–48, 53–54, 74–76, 103, 159–160, 166, 169, 184, 225, 249–250, 294, 296, 302, 307, 311, 313–314, 321, 325, 331, 408, 627
Жуков И.Н. **I** 803
Жуковский В.А. **II** 271
Жуковский Н.Е. **I** 111
Жылунович Д.Ф. **I** 445

З

Заболотный Н.Е. **II** 83
Завенягин А.П. **II** 199
Заверюха А.Х. **II** 610
Завидия А.Ф. **II** 561
Загитов Г. **II** 160–161
Загладин В.В. **II** 414, 417
Зайончковский А.М. **I** 894
Зайончковский П.А. **I** 88
Зайцев А.Н. **II** 155–156
Зайцев Б.К. **I** 269, 805; **II** 270
Зайцев В.Г. **II 81**
Зайцов А.А. **I** 996
Закутный Д.Е. **II** 155
Залуцкий П.А. **I** 922
Залыгин С.П. **II** 530
Замысловский Е.Е. **I** 390
Замятин Е.И. **I** 880; **II** 530
Зандер Л.А. **I** 1017
Заозерский А.Н. **I** 752
Запольский М.Ф. **I** 319
Запотоцкий А. **II** 412
Зарудный А.С. **I** 459
Заславская Е.А. **II** 549
Заукель Ф. **II** 101
Захариадис Н. **II** 233
Захарченко-Шульц М.В. **I** 870
Захир-шах **II** 447–448
Заяев Д.Д., Бандидо-Хамбо-лама **I** 150; **II** 729
Зборовский М. **I** 955
Зворыкин В.К. **I** 805, 828; **II** 272
Згривец В. **I** 598
Здеховский М.Э. **I 134**
Зезин М.Р. **II** 258
Зелёный (Терпило Д.И.) **I** 647, 651

Зелинский Ф.Ф. **I** 271
Зелнговский Л. **I** 663
Зельдович Я.Б. **II** 203
Земгалс Г. **I** 446, 657
Земитанс Я. **I** 660
Землячка Р.С. **I** 550, 692, 714
Зензинов В.М. **I** 588, 607
Зеньковский В.В. **I** 508, 650, 834, 1017; **II** 44, 269, 420
Зёрнов Н.М. **I** 1017
Зибера Н.И. **I** 124
Зиневич Б.М. **I** 697, 735
Зинкевич М.М. **I** 671
Зиновьев Г.Е. **I** 405, 460, 471, 495, 500, 546, 562, 646, 657, 693–694, **696**, 736, 762, 768, 787, 790, 794–795, 798–802, 821, 856–857, 863, 865, 943, 967, 973; **II** 256, 334
Золотухин Б.А. **II** 593
Зорге Р. **I** 955
Зощенко М.М. **II** 211, 235–236, 384
Зубатов С.В. **I 84**, 164, 402
Зубачев И.Н. **I** 51–52
Зурабов М.Ю. **II** 764
Зыков М.А. **II** 155
Зюганов Г.А. **II** 563, 596, 605, 612, 622, 637

И

Ибаррури Д. **I** 987
Ибрагим-бек **I** 682–683
Иван Грозный, русский царь **I** 279, 553, 865; **II** 193, 252, 387
Иванов В.И. **I** 262
Иванов Г.В. **II** 45, 273
Иванов И.С. **II** 779
Иванов Н.И. **I** 304, 307, 374–375, 378
Иванов-Ринов П.П. **I** 572, 609
Ивановский С.С. **I** 895
Иванченко А.А. **I** 819
Ивонин А. **II** 519
Игнатий (Брянчанинов Д.А.), святитель **II** 538
Игнатов С.Д. **II** 292
Игнатьев А.П. **I** 174
Игнатьев В.И. **I** 734
Игнатьев С.Д. **II** 251
Игорь Константинович, Великий князь **I** 542
Иден Э. **II** 66, 140, 175
Извольский А.П. **I** 211, 237, 332
Изгоев А.С. **I** 273
Изергин М.И. **I** 628
Изюмов А.Ф. **I** 806
Иларион (Троицкий В.А.), архиепископ **I** 812
Илиодор (Труфанов С.М.), иеромонах **I** 276
Ильин А.И. **I** 926–927
Ильин В.И. **II** 425
Ильин И.А. **I** 467, 724, 732, 757, 805, **823–824**, 828; **II** 44, 270, 398, 530, 627, 811

Ильинский П.Д. **II** 94
Ильичев Л.Ф. **II** 371, 382
Иннокентий (Васильев В.Ф.), архиепископ **II** 735
Иноземцев Н.К. **I** 735
Иоанн (Крестьянкин И.М.), архимандрит **II** 430
Иоанн (Максимович И.М.), архиепископ **II 274–275**
Иоанн (Шаховской Д.А.), архимандрит **II** 105
Иоанн XXIII, папа римский **II** 371, 470–472
Иоанн Константинович, Великий князь **I** 535, 542
Иоанн Кронштадтский (Сергиев И.И.) **I 106–107**, 108, 197–198, 280
Иоанн-Павел II, папа римский **I** 196, 457
Иов (Иоанн), патриарх **II** 539
Иоллос Г.Б. **I** 201
Ионов А.М. **I** 681
Иоселиани Дж.К. **II** 777
Иосиф (Литовкин И.Е.), старец **I** 106
Иосиф (Петровых И.С.), митрополит **I** 876–877, 879, 951
Иосиф (Слипый), митрополит **II** 244
Иоффе А.А. **I** 499
Иоффе А.Ф. **I** 657, 662–663; **II** 200, 202
Ипатьев В.Н. **II** 272
Ирецкий (Гликман) В.Я. **I** 805
Ирина Александровна, Великая княгиня **I** 542
Исаев Н.Н. **II** 77
Исраэлян В.Л. **II** 190
Иувеналий (Масловский Е.А.), архиепископ **I** 951
Ичас М.М. **I 252**, 353, 355, 513

Й

Йодль А. **II** 169
Йордан А.Б. **II** 713
Йордан Б.А. **II** 712–713

К

Кабаев М.А. **I** 584–585, 711
Кабул Тимур-шах **II** 446
Кабытов П.С. **I** 71
Кавам И. **II** 215
Каганович Л.М. **I** 863–864, 897, 900, 913, 922, 924, 933, 937, 963, 972, 974; **II** 15, 42, 61, 252, 289, 294, 296, 303, 315, 325, 330–331, 340, 359, 363, 367, 383
Кадар Я. **II** 325–326, 413, 506, 523
Кадоган А. **II** 175
Кадыров А.А. **II** 673, 676–677
Кадыров Р.А. **II** 677–678
Казакевич В.М. **I** 970
Казакевич Э.Г. **II** 237
Казаков А.И. **II** 650
Казаков Ю.П. **II** 417
Казанник А.И. **II** 551
Казанцев А.С. **II** 111
Казем-Бек А.К. **I** 836; **II** 390
Казим-бей **I** 720, 722

Каковский А. I 683
Какурин Н.Е. I 486
Каледин А.М. I 317, 429, 432, 442, 593, 596, 600
Калинин К.А. I 925, 937, 963, 799; II 15, 296
Калинин М.И. I 562, 737, 747, 751, **773–775**, 863, 928, 997
Каллио К. II 21
Калмыков А.Д. I 91
Калмыков И.П. I 729
Каляев И.П. I 122, 758–759
Каманин Н.А. II 346, 349
Каманин Н.П. I 909
Каменев Л.Б. I 460, 470–471, 499, 562, 646, 696, 762, 794–795, 798–800, **801–802**, 821, 862–863, 937, 967; II 334
Каменев С.С. I 547, 623, 705, 908
Каменев Ю.Л. I 972
Камков Б.Д. I 339, 460
Канарис В. II 104
Канделаки Д.В. I 1001
Кандинский В.В. I 828, 1015
Канторович Л.В. II 379
Капица П.Л. II 199, 202, 390
Каплан Ф.Е. **I 571**
Каплер А.Я. I 861; II 255
Каппель В.О. **I 573-574**, 575–578, 587, 625, 641, 697–699, 701, 735; II 627
Капустин М.Я. I 244
Капустин Я.Ф. II 251
Караваев А.Л. I 201
Кара-Мурза А.А. I 100
Каратыгин А.В. I 881
Карбышев Д.М. II 154
Кареев Н.И. I 169
Карелин В.А. I 460
Карелль П. I 788
Каретник С. I 652
Карим М. II 462
Каримов И.А. II 793–794
Карклиньш О. I 447
Карл I, император австрийский I 602
Кармаль Б. II 519
Карнеги Д. II 585
Карпов Г.Г. II 118–120, 246
Карпович М.М. II 272, 281
Карсавин Л.П. I 805, 835; II 272
Карташев А.В. I 271, 449, 453–454, 664, 834; II 44
Картер Дж. II 441–442, 503
Касаткин К.Ф. II 52
Кассо Л.А. I 244
Кастро Р. II 373
Кастро Ф. II 373, 443, 518
Касьянов М.М. II 624, 650–651
Катанаев Н.Г. I 607
Катанский А.Л. I 270
Катков Г.М. I 443

Катуар Л.Л. I 227
Кауфман А.А. I 74
Кауфман К.П. II 446
Кафка Ф. II 417
Кацман М.А. I 649
Качанов К.М. II 53
Каяев А. I 148
Квашнин А.В. II 670
Квинитадзе Г.И. I 674, 722
Квитницкий В.В. I 507
Кебич В.Ф. II 762
Кедрин Е.Т. I 169
Кедров М.А. I 713; II 44
Кедров М.С. I 741
Кейтель В. II 169
Кекконен У. II 309
Келдыш М.В. II 347
Келлер Ф.А. I 317, 378–379, 578, 652
Келлог Ф. I 789
Кемаль-паша, см. Ататюрк М.К.
Кеннеди Дж. II 348, 373–376
Кеннеди Р. II 376
Кервин Дж. II 352
Керенский А.Ф. I 245, 271, 288, 331, 339, 344, 385, 394–401, 408, 410, 412, 415–416, 418, 420–423, 425, 427, 429, 431–437, 439–441, **442**, 443–445, 447, 453, 458–460, 462–463, 485, 531, 566–567, 826, 835, 837, 917, 987; II 44, 280, 300, 317
Керзон Д.Н. I 685, 687
Керн К. I 1017, 834
Кестлер А. I 973
Кижеватов А.М. II 51–52
Кизеветер А.А. I 98, 169, 193–195, 805
Ким Ир Сен II 240, 242, 244, 291, 322
Ким Ю.Ч. II 365
Кингиссепп В.Э. I 509
Кинкейд Т. II 145
Кира Кирилловна, Великая княжна I 541
Киреев А.А. I 103, 114, 195
Кириенко С.В. II 616
Кирилл (Начис Л.В.), архимандрит II 108
Кирилл (Павлов И.Д.), архимандрит II 430
Кирилл (Смирнов К.И.), митрополит I 812, 873, 876, 878–879, 950–951
Кирилл Владимирович, Великий князь I 541–543, 836–837, 984
Кириллов А.С. II 346
Киров (Костриков) С.М. I 624, 719–721, 863, 937, 941, **942–944**, 965, 967; II 315, 411, 746
Кирпичников А.И. II 42
Кирпонос М.П. II 48, **49**
Кирьянов Ю.И. I 85
Киселев А.Н. II 107
Кистер С.В. I 629
Кистяковский А.Ф. I 273
Китовани Т.К. II 777

УКАЗАТЕЛЬ

Киттель О. **II** 142
Кишкин Н.М. **I** 442, 463
Клеберг Ф. **II** 13
Клейменов И.Т. **I** 925
Клейн Р.И. **I** 267
Клейст Э., фон **II** 48, 50, 76, 110
Клемансо Ж. **I** 424
Клементис В. **II** 412
Клим К.М. **I** 883
Климов Г.А. **II** 281
Климов Э.Г. **II** 530
Клубков В.А. **II** 56
Клубов А.Ф. **II** 142
Клыков Н.К. **II** 74
Клычков С.А. **I** 880
Клюева Н.Г. **II** 237
Ключевский В.О. **I** 111, 132, 165, 170, 181
Ключенко В.А. **I** 735
Книппер-Чехова О.Л. **II** 210
Кнорринг Э.И. **I** 922, 924
Кобозев П.А. **I** 582
Кобулов Б. **II** 15–16, 295
Ковалев (Случевский) К.П. **I** 571
Ковалев С.А. **II** 668
Ковалевский М.М. **I** 98, 185, 191
Ковальчук Н.В. **II** 155–156
Ковпак С.А. **II** 96
Ковтюх Е.И. **I** 618, 620
Ковшаров И.М. **I** 752
Коган Л.И. **I** 647
Коган П.Д. **I** 948
Кожедуб И.Н. **II** 142
Кожемякин Д.С. **II** 675
Козак Д.Н. **II** 770, 774
Козаков А.А. **I** 312
Козлов Д.Т. **II** 75–76
Козлов П.С. **II** 53
Козлов Ф.Р. **II** 331
Козырев А.В. **I** 738–739
Койда С.Т. **II** 155
Коковцов В.Н. **I** 164, 190, 212–213, 224, 233, **234**, 235, 241, 245, 247–248, 278, 348, 483, 521–522, 538, 826
Кокойты Э.Д. **II** 783
Кокошкин Ф.Ф. **I** 98–99, 172, 177–178, 474, 487
Кокрэн Б. **II** 218
Колесов И.И. **I** 831
Коллинз М. **II** 348
Коллонтай А.М. **I** 804
Колодин П.И. **II** 350
Колосова М.И. **I** 729
Колчак А.В. **I** 378, 498, 547, 581, 588, 606–607, **608–609**, 610–612, 614, 621–622, 624–627, 629, 631–632, 634, 639, 661, 664, 668, 672–673, 681, 690, 696–702, 719, 726, 729, 734–735, 743, 749, 767, 969, 993, 1012; **II** 627

Коль Г. **II** 523–524
Колюбакин А.М. **I** 334
Комаров А.В. **II** 446
Комаров В.М. **II** 349–350
Комаров Г.Я. **I** 902
Комаров Н.П. **I** 922
Комиссаржевская В.Ф. **I** 186
Коморовский Т. **II** 146
Кондаков Н.П. **I** 113, 725
Кондратенко Р.И. **I 156–157**
Кондратьев Н.Д. **I** 749, 904, 936
Конев И.С. **II** 35, 87, 159, 308, 323, 326, 331
Коненков С.Т. **II** 267
Кони А.Ф. **I** 450
Конквист Р. **I** 865
Коновалов А.И. **I** 244, 247, 288, 326, 333, 339, 347, 394, 396, 400, 439, 441, 443
Конрад Ч. **II** 352
Константин Константинович, Великий князь **I** 535, 542
Константин Николаевич, Великий князь **I** 542
Константинов Д.В. **II** 107
Кончаловский А.С. **I** 365
Копачи Ш. **II** 506
Копец И.И. **II** 39
Корелин А.П. **I** 77
Коржавин Н.М. **I** 1007; **II** 313
Коржаков А.В. **II** 611, 615
Корк А.И. **I** 788
Корнейчук А.А. **II** 146
Корнилов Л.Г. **I** 171, 317, 378, 408, 416, 421, 423–424, **429–431**, 433–437, 440, 445, 458, 485, 566, 592–594, 596–597, 599–600, 604–605, 617, 681
Корнилов П.Г. **I** 681
Королев С.П. **I** 880, 920, 925, 995; **II** 201–202, **344–345**, 346–347, 349, 351, 378, 627
Короленко В.Г. **I** 107
Коротич В.А. **II** 530
Коротченко Д.С. **I** 922
Корф П.Л. **I** 184
Корявин А.В. **II** 519
Коряков Е.А. **I** 735
Косиор С.В. **I** 898, 937, 963
Космодемьянская З.А. **II** 56–57, 387
Костельник Гавриил, протопресвитер **II** 245
Костенко Ф.Я. **II** 76
Костов Т. **II** 229–230
Костомаров Н.И. **I** 138
Косыгин А.Н. **I** 923–924; **II** 42, 362, **395**, 397, 401, 414, 426, 478
Котляревский Н.А. **I** 806
Котляревский С.А. **I** 99, 449
Котов В.А. **I** 923
Коуэн В. **I** 661
Кофод К.А. **I** 214

Кох А.Р. II 650
Кох Э. II 92
Коцев П.Т. I 677
Кочарян Р.С. II 789, 791
Кочуров И.А. I 558
Кошкарбаев Р. II 160
Кошкин И.А. II 94, 102, 155
Кравец Г.Н. I 883
Кравс А. I 654
Кравченко В.А. II 279
Кравчук Л.М. II 564, 577, 750, 752–754
Крайнов Б.Н. II 56
Красин Л.Б. I 186–187, 694
Красницкий В.А. I 812
Краснов П.Н. I 903; II 191
Краснов П.Н. I 475, 530, 567, 597, 602, 620, 679, 742–743; II 154, 177, 191
Краснорецкий Н.П. II 53
Краснощеков (Тобельсон) А.М. I 715
Красовский О.А. II 328
Крейтер В.В. II 45
Кренц Э. II 524
Крестинский Н.Н. I 562
Кржижановский Г.М. I 906, 927
Кривицкий А.Ю. II 56
Кривицкий В.Г. I 987, 989–990, 1001
Кривошеин А.В. I 214, **229**, 336, 338, 521–522, 529, 536, 603, 637, 709
Кривошеин И.А. II 134, 268
Кривошеин С.М. II 13
Кривошлыков М.В. I 600
Критский М.А. I 895
Кромиади К.Г. II 155
Круглов С.Н. II 42, 170, 305–306
Крупенский А.К. I 837
Крупин В.Н. II 724
Крупская Н.К. I 759, 928
Крывелев И.А. II 537
Крыжановский С.Е. I 161, 198, 351
Крыленко Н.В. I 470, 485, 489, 499, 918, 926
Крылов Д.О. I 805
Крымов А.М. I 416, 436
Крюков В.В. II 166
Крюков И.Е. II **190**
Крюков Ф.Д. I 882
Крючков В.А. II 561, 567, 570
Ксения Георгиевна, Великая княжна I 542
Ксения Петербургская (Петрова К.Г.), святая II 538
Куатский К. I 675
Кубасов В.Н. II 350–351
Кублановский Ю.М. II 559, 712
Кубяк Н.А. I 923
Кугультинов Д.Н. II 462
Кудинов П.Н. I 744
Кузнецов А.А. II 250–251

Кузнецов В.И. II 56, 202, 347
Кузнецов Н.Г. II 27
Кузьмина-Караваева Е.Ю. I 754; II 134
Кузьмин-Караваев В.Д. I 191
Куйбышев В.В. I 906, 913, 923, 937, 941–942, 969
Кулагин М. I 582
Кулиев К.Ш. II 462
Кулик Г.И. II 39
Куликов А.С. II 670
Кулиш П.А. I 138
Кулов Ф.Ш. II 804
Култвашрем К. II 167
Кульбуш П.П. I 659
Кун Б. I 550, **691–692**, 714; II 224
Кунаев Д.А. II 513, 540
Кундера М. II 195
Купер Х.Л. I 905
Куприн А.И. I 632–633, 753
Куприянов Ю. I 659
Курлов П.Г. I 212–213
Куроедов В.А. II 426–427, 429
Куропаткин А.Н. I 94–95, 154–155, 158, 360, 401
Курчатов И.В. II 199, **200**, 201, 203, 306
Кускова Е.Д. I 271, 439, 749
Кутепов А.П. I 419, 423, 593–594, 601, 623, 635, 703, 706, 712–713, 834, 870–871, 873, 894–895, 1009; II 580
Кутлер Н.Н. I 177–178, 214, 777
Куттуев Г. I 664
Кутузов И.И. I 923
Кутузов М.И. I 196, 304, 330; II 43, 115, 121
Куусинен О.В. II 22
Кухажевский Я. I 683
Кучма Л.Д. II 753–758, 760, 773
Кюи Ц.А. I 62
Кюльман Р., фон I 521
Кюрц И.Р. I 702
Кюхлер Г., фон II 47

Л

Лабазанов Р. II 665
Лавр (Шкурла В.М.), митрополит II 734–735
Лаврентьев М.М. II 390
Лавров П.Л. I 170
Лазимир П.Е. I 461
Лазутин П.Г. II 251
Лайдонер И.Я. I 658, **659**, 660, 663
Ламздорф В.Н. I 63, 92, 94, 96, 237
Лампе А.А., фон I 536, 686; II 155
Лангемак Г.Э. I 925
Ландау Л.Д. II 203, 390
Ландер К.И. I 745
Ландсбергис В. II 558
Лапин А.А. II 347
Лапин С.Г. II 398
Лаппо-Данилевский А.С. I 805

УКАЗАТЕЛЬ

Лапшин И.И. **I** 805
Ларин А.М. **II** 593
Ларин Ю. (Лурье М.З.) **I** 793
Ларионов А.Н. **II** 341
Ларионов В.А. **I** 595–596
Ларионов М.Ф. **I** 1015
Ласкин И.А. **II** 125
Лассаль Ф. **I** 759
Ласточкин В.Е. **II** 672
Лахостский П.И. **I** 454, 538
Лацис М.И. **I** 495, 528, 546–547, 646, 744, 771–772, 819
Лашкова В.И. **II** 319, 407
Лебедев А.Ф. **II** 102
Лебедев Д.К. **I** 486
Лебедев П.Н. **I** 111
Лебедев-Кумач В.И. **I** 1009
Лебедь А.И. **II** 522, 571, 612, 614, 673, 773
Левитов М.Н. **I** 592, 621; **II** 418
Левитский А.Л. **II** 134
Левицкий С.А. **I** 1013; **II** 269–270, 278
Легостаев В.П. **II** 347
Леденцов Х.С. **I** 266
Ледницкий А.Р. **I** 134, **135**, 449
Лееб В., фон **II** 47, 58
Лей-Меллори Т. **II** 143
Лейхтенбергский М., герцог **I** 542
Лейхтенбергский С.Н., герцог **I** 1014
Лелюшенко Д.Д. **II** 167
Ленин (Ульянов) В.И. **I** 90, 125–126, **127-128**, 129, 136, 186–188, 200, 209, 213, 219, 246, 262, 287, 350, 365–367, 386, 405–410, 412, 415, 437, 440–441, 443, 460–463, 468–472, 476–477, 479, 481, 485, 489–495, 497, 499–500, 503–504, 506, 520–521, 526, 528, 531–533, 536, 539, 545–547, 553, 555, 561–563, 570–571, 585, 609, 640, 644, 646–647, 653–655, 664–667, 682, 684–688, 691, 693–694, 696, 702, 712, 714, 719–721, 723–724, 729, 733, 736–737, 739, 742, 746, 748–751, 753, 758–759, 761–763, 766–776, 784–785, 787, 791, 793–797, 801–803, 818, 821, 823, 825, 838, 850–851, 853–855, 859–862, 865, 908, 910, 926, 933–936, 938–939, 942, 945, 947, 958, 961–962, 972, 998, 1008; **II** 5, 14, 25–26, 49, 103, 134, 196, 211–212, 230, 232–235, 238–244, 247, 260, 290, 321, 339, 342, 360, 364, 382, 384, 387, 396, 411, 446, 487, 515, 589, 618, 745–746
Лентулов А.В. **I** 267
Леонов А.А. **II** 349–351
Леонов Д.В. **II** 431
Леонтий (Туркевич Л.И.), митрополит **II** 276
Леонтьев К.Н. **II** 147
Лессинг Г. **I** 135
Летич (Льотич) Д. **II** 150–151
Лещенко П.К. **II** 93, 262
Ли Сын Мана **II** 240

Лианозов С.Г. **I** 632
Либерман Е.Г. **II** 379
Либеровская В.В. **II** 93
Либкнехт К. **I** 692
Ливен А.П. **I** 630, 632, 661, 984
Лигачев Е.К. **II** 507, 526, 533, 537
Лигнау А.Г. **I** 894–895
Лизогуб Ф.А. **I** 650
Линдеман Г. **II** 74
Линевич Н.П. **I** 158
Линский Д.О. **I** 649–650
Липковский В. **I** 651
Липферт Г. **II** 142
Листьев В.Н. **II** 531
Литвинов М.М. **I** 187, 662–663, 954; **II** 194, 213
Литвинов П.М. **I** 415
Лифарь С.М. **I** 1015
Лихачёв Д.С. **I** 822, 880; **II** 385, 465, 537
Ллойд-Джордж Д. **I** 673, 684, 689–690, 694; **II** 26
Лобанов-Ростовский А.Б. **I** 92
Лобов С.С. **I** 923
Ловелл Дж. **II** 348
Лодыгин А.Н. **I** 111
Локкарт Р.Г.Б. **I** 522, 818
Ломинадзе В.В. **I** 941
Лопатин Г.А. **I** 124
Лосев А.Ф. **I** 822, 880, 883, 933; **II** 211
Лосский В.Н. **II** 270, 420
Лосский Н.О. **I** 262, 724, 732, 805, 1013; **II** 262, 269, 278, 287, 410, 420, 530
Лубков П.К. **I** 734
Луженовский Г.Н. **I** 201, 460
Лужков Ю.М. **I** 619, 638–639, 708, 714, 753, 757
Лузин Н.Н. **I** 111
Луканов А.К. **II** 525
Лукашенко А.Г. **II** 762–766
Лукин В.П. **II** 605, 642
Лукин М.Ф. **II** 54
Лукомский А.С. **I** 416, 593
Лукьянов А.И. **II** 551, 560, 570
Луначарский А.В. **I** 263, 280, 470, 758, 762, 785, 803, 928; **II** 627
Лурье С.Я. **I** 940
Лусма Дж. **II** 352
Лучинский П.К. **II** 769, 773
Лысенко Н.И. **II** 560
Лысенко Т.Д. **II** 263, 379
Львов Г.Е. **I** 119, 171, 177, 223–225, 227, 332, 334, 347, 378, 386, 393–396, 415, 418, 426, 439, 442, 445, 447–448, 450, 689, 826, 835
Львов Н.Н. **I** 172, 185, 191
Любан И.И. **II** 60
Люббе Ван, дер **II** 229
Любомирский З. **I** 683
Людендорф Э. **I** 305, 524, 530, 603
Людовик XVI, король Франции **I** 540

Люксембург Р. **I** 692
Люндеквист В.Я. **I** 486, 634
Лялевич М.С. **I** 265
Лялин О.А. **II** 506
Ляпидевский А.В. **I** 909
Ляпунов А.М. **I** 805
Ляхов В.П. **I** 678, 709

М

Мадамин-бек **I** 681
Мазех Я. **I** 647
Мазовецкий Т. **II** 523
Майкл, герцог Кентский **II** 617
Май-Маевский В.З. **I** 621, 623
Майский И.М. **II** 66, 225
Макаренко А.С. **I** 927
Макарий (Булгаков М.П.), митрополит **II** 538, 724
Макарий (Телегин М.Н.), иеромонах **I** 752
Макарий Коринфинский, епископ **I** 105
Макарий Московский, митрополит **I** 279, 453
Макаров С.А. **I** 670
Макаров С.О. **I** 154–155
Макартур Д. **II** 145, 182, 241, 585
Макашов А.М. **II** 568, 599
Макдональд Р. **I** 675
Мак-Колли Н.А. **I** 713
Маклаков В.А. **I** 69, 71, 114, 162, 193–195, 247, 333–334, 337, 350, 429, 602, 689; **II** 29, 44, 134
Макмиллан Г. **II** 177, 355, 357
Маков В.М. **II** 76, 159, 160–161
Максим Грек (Триволис М.), преподобный **II** 538
Максимов (Широков) С.С. **II** 93
Максимов В.Е. **II** 417
Максимова Р.В. **II** 551
Макушин А.И. **I** 226
Малашкин С.И. **I** 824
Малевич К.С. **I** 761
Маленков Г.М. **I** 974; **II** 41, 61, 199, 202, 225, 233, 244, 249, 251–252, 256, 288–289, 291, 294–295, **303–304**, 306–307, 325, 330–331, 339–340, 363, 366–367, 383
Малик Я.А. **II** 240
Малинин И.М. **II** 102
Малиновский Р.В. **I** 246
Малиновский Р.Я. **II** 76, 183, 331, 361, 375, 395
Малышев В.А. **II** 439
Малышкин В.И. **II** 155
Малышкин В.Ф. **II** 34, 43, 169
Мальцев В.И. **II** 155, 169
Малютин С.А. **I** 265
Мамантов К.К. **I** 623, 729, 733, 744
Мамонтов С.Г. **I** 568–569
Мамонтов С.И. **I** 618, 642–643, 706, 711–712
Манасевич-Мануйлов А.А. **I** 169, 388–389, 394
Мандельштам О.Э. **I** 880
Маннер К. **I** 505

Маннергейм К., фон **I** 356, **505**, 506, 661, 664–665; **II** 21, 23, 25, 47
Манштейн Э., фон **II** 50, 84
Мао Цзедун **I** 792; **II** 182–183, 227, 240–241, 291, 322, 326, 358, 359–361, 422, 431
Маргулиес М.С. **I** 603
Марджани Ш. **I** 148
Маре Ж. **II** 419
Марер П. **II** 226
Марецкий Д.П. **I** 802
Мариам М.Х. **II** 444
Марина Петровна, Великая княгиня **I** 542
Маринг (Снеевлиет) Х. **I** 791
Маринеско А.И. **II** 157
Мария Александровна, Великая княгиня **I** 541
Мария Кирилловна, Великая княгиня **I** 541
Мария Николаевна, Великая княгиня **I** 533, 540
Мария Федоровна (принцесса Дагмара Датская), императрица российская, супруга Александра III **I** 64, 173, 212, 543, 837
Марк (Арндт М.), архиепископ **II** 734–735
Марков А.А. **I** 805
Марков Н.Е. **I** 185, 257, 390, 543, 837
Марков С.Л. **I** 307, 593, 597–599, **617–618**, 729; **II** 627
Маркс К. **I** 124–126, 263, 478–479, 759, 773, 843, 910, 915–916, 933, 936
Марсель Х.-И. **II** 143
Мартино Б. **II** 266
Мартов Ю.О. **I** 411, 415, 439, 443, 495, 571
Мартынов Л.Н. **II** 313
Мартынов М.Ф. **I** 581, 584
Мархлевский Ю. **I** 685–687
Марченко А.Т. **I** 534
Масарик Т. **I** 450
Масленников В.В. **II** 666
Масленников И.И. **II** 75
Масловский Е.В. **I** 318
Маслюков Ю.Д. **I** 618
Масуд Ахмад-шах **II** 520
Масхадов А.А. **II** 670, 673–674, 676
Матевосян С. **II** 51
Матросов А.М. **II** 84–86
Махарадзе Ф.И. **I** 771
Махно Н.И. **I** 647, 651, **652-653**, 705, 917
Машеров П.М. **II** 506
Маяковский В.В. **I** 761, **806-808**, 814
Мдивани Б.Г. **I** 771
Меандров М.А. **I** 486; **II** 155, 169
Медведев (Кудрин) М.А. **I** 533
Медведев М.В. **I** 319
Медведев П.С. **I** 533
Медведев Р.А. **II** 407
Медиокритский В.Е. **I** 486
Медунов С.Ф. **II** 507
Мейбом Ф.Ф. **I** 576–577, 699–700
Мейендорф И.Ф. **II** 420

Мейер Б.И. **I** 319
Мейерхольд В.Э. **I** 880
Мекленбургский Ф. **I** 511
Мелентьев С.Ю. **II** 675
Мелешкевич М.К. **II** 155
Меллер-Закомельский В.В. **I** 603
Мельгунов С.П. **I** 397, 545, 550. 553, 575, 637, 806, 871; **II** 44, 279–281
Мельдерс В. **II** 142
Менделеев Д.И. **I** 111, 760; **II** 627
Мендель Г. **II** 263
Мендельсон М. **I** 135
Менжинский В.Р. **I** 817
Меньшагин Б.Г. **II** 94
Меньшиков М.О. **I** 223–224
Мережковский Д.С. **I** 101, 109, 134, 265, 827, 1015
Мерекалов А.Ф. **II** 7
Мерецков К.А. **II** 22–23, 33, 58
Мери А.К. **II** 53
Мери Л. **II** 552
Меркулов В.Н. **II** 15–16, 58, 295
Меркулов Н.Д. **I** 715–716
Меркулов С.Д. **I** 715–716
Местр Ж., де **I** 540
Метнер Н.К. **I** 1015
Мехлис Л.З. **II** 22, 34, 53, 75
Мехмандаров С. **I** 720
Мечников И.И. **I** 267
Мешик П.Я. **I** 295
Мешков Ю.А. **II** 753
Мещанинов И.И. **II** 262
Мжеванадзе В.С. **II** 363
Мизес Л., фон **I** 913
Мизинов Н.В. **I** 584
Миколайчик С. **II** 146
Микоян А.И. **I** 863, 923, 963, 974; **II** 15, 42, 51, 207, 247, 252, 303, 308, 310, 314–315, 320–321, 323–324, 331, 339, 374, 376, 382, 395
Милица Николаевна, Великая княгиня **I** 277
Миллер Е.К. **I** 582–583, 590, 609, 623–624, 626, **634–635**, 702–703, 727, 871–872, 895
Милошевич С. **II** 525, 744
Милюков П.Н. **I** 169, **170-171**, 177, 183, 189, 191, 194, 224, 228, 261, 331, 334, 340, 347, 369, 387, 389, 390, 393–396, 398–400, 407–408, 410, 413, 417, 429, 440–441, 448, 450, 474, 593, 603–604, 689, 768, 835, 837, 1010; **II** 134
Милютин В.П. **I** 470–471
Мин Г.А. **I** 201
Миндсенти Й. **II** 325–326
Минин К. **I** 196
Минин М.П. **II** 159–161
Минц В. **II** 225
Мионнчинский Д.Т. **I** 597
Мирбах В., фон **I** 521–522, 524, 526, 528–529, 536–537

Миронов Б.Н. **I** 131
Миронов С.М. **I** 640
Миронов Ф.К. **I** 487, 774; **II** 49
Мистулов Э.А. **I** 620
Митрофан (Симашкевич М.В.), митрополит **I** 644
Митькин Н.А. **II** 556
Михаил Александрович, Великий князь **I** 272, 340, 374, 378, 381–385, 394, 396, 399, 401, 524–525, 532, 542–543
Михаил Михайлович, Великий князь **I** 542
Михаил Николаевич, Великий князь **I** 542
Михайлов Б.Е. **II** 77
Михайлов В.М. **I** 923
Михайлов Д.М. **I** 579–580
Михайлов И.А. **I** 993
Михайлович Д. **II** 150, 151
Михайловская И.Б. **II** 593
Михайловский Г.Н. **I** 66, 415, 450, 483, 525, 537, 553, 555, 756
Михайловский Н.К. **I** 120, 492
Михалков Н.С. **II** 707
Михалков С.В. **II** 626
Мицкевич А. **II** 553
Мицкевич-Капсукас В.С. **I** 657
Мишин В.П. **II** 345, 347, 349–351
Мктрич I Ванеци (Хримиан Айрик) **I 145,** 190
Младенов П.Т. **II** 525
Модель В. **I** 788
Можаев Б.А. **II** 365, 417
Мокроусов В.П. **II** 724
Молодов С.Г. **II** 675
Молоков В.С. **I** 909
Молотов (Скрябин) В.М. **I** 646, 748, 775, **799,** **800,** 863–864, 897, 900, 906, 937, 963, 972, 974, 1002; **II** 5–12, 15–17, 21–22, 29–31, 40–41, 61, 66, 68–69, 117, 137, 146, 149, 152, 194, 196–199, 205, 207, 213–214, 228, 232, 248–249, 252–253, 256, 289–291, 294–297, 303, 306, 310–311, 315, 330–331, 339–340, 359, 363, 366–367, 383, 410, 510
Молчанов В.М. **I** 581
Мольтке Г.Д., фон **II** 104
Монстров К.И. **I** 681
Монтгомери Б.Л. **II** 87, 143
Морачевский Э. **I** 684–685
Морган Т. **II** 263
Мориак Ф. **II** 405
Мориц Ю.П. **II** 364
Мороз А.А. **I** 754, 760
Морозов Г.И. **I** 862; **II** 255
Морозов П.Т. **I** 919; **II** 387
Морозов С.В. **I 89**
Морозов С.Т. **I 89**
Морозов Т.С. **I 89,** 919
Морозов Ф.Т. **I** 919
Морщакова Т.Г. **I** 593

Мосин С.И. **I** 299
Москаленко К.С. **II** 294
Москвин В.А. **II** 714
Москвитинов И.И. **II** 155
Мостицкий И. **I** 848; **II** 13
Мостовой П.П. **II** 650
Моторный Вк.В. **I** 895–896
Моторный Вл.В. **I** 895
Мрачковский И.С. **I** 991
Музыкантский А.И. **II** 574
Муравьев М.А. **I** 585
Муравьев М.Н. **I** 92, 142–143
Муралов Н.И. **I** 970–971
Муратов П.П. **I** 268, 806
Муромцев С.А. **I 98**, 99, 172, 178, 181, 189, 191
Муссолини Б. **I** 127, 790, 850–855, 867, 952, 988, 990, 1003; **II** 26, 29, 89–90
Муталибов А.Н. **II** 542, 786, 791
Мухаметьянов Ш. **II** 85–86
Мухина В.И. **I** 808
Мушицкий К. **II** 150
Мюсс Ф. **II** 8
Мякотин В.А. **I** 169, 185, 637
Мясищев В.М. **I** 925
Мясников А.Ф. **I** 666
Мясников Г.И. **I** 532
Мясоедов С.П. **I** 367–368
Мячин В.Ф. **II** 335

Н

Набатов И.С. **II** 296
Набиев Р.Н. **I** 806
Набоков (Сирин) В.В. **I** 828–829, 835, 1016; **II** 29, 45, 262, 272, 415, 530
Набоков В.Д. **I** 184, 603, 689
Набоков В.Н. **I** 271
Нагибин Ю. **II** 530
Нагиев М. **I** 448
Нагорный К.Г. **I** 535
Надежда Петровна, Великая княгиня **I** 542
Надеждин Х.А. **I** 752
Надежный Д.Н. **I** 894–896
Наджибулла М. **II** 519–520, 522–523
Надир-шах **II** 447
Надь И. **I** 533; **II** 297, 324–326, 506
Назарбаев Н.А. **II** 569–570, 801
Назарбаева Д.Н. **II** 801
Назарбекян Н. **I** 145
Назаренко Н.С. **I** 892
Назаров А.М. **I** 600
Найденов Н.А. **I** 91, 226
Нансен Ф. **I** 725, 749
Наполеон III, император Франции **I** 293
Нарейкин М.Т. **II** 74
Нариманов Н.Н. **I** 773
Нарутович Г. **I** 848

Насер Г.А. **II** 312
Натансов М.А. **I** 121, 339
Наумов И.И. **II** 82
Нахимов П.С. **I** 121
Нахичеванский Гусейн хан **I** 378
Невский А.Я. **II** 43, 117, 121
Неделин М.И. **II** 353
Недре А. **I** 659
Неженцев М.О. **I** 421, 601
Нежный А.И. **II** 537
Незнанский Ф.Е. **II** 329
Неизвестный Э.И. **II** 400
Нейрат К., фон **I** 1001
Неклюдов Н.Н. **I** 631
Некрасов А.И. **I** 940
Некрасов В.П. **II** 212, 237
Некрасов Н.В. **I** 339, 344, 394–396, 400, **439–440**, 443–444
Некрич А.М. **II** 407
Нелидов Д.Д. **I** 628
Нелюбов Г.Г. **II** 346, 356
Немирович-Данченко В.И. **I** 89, 264
Немцов Б.Е. **II** 614, 617
Немчинов В.С. **II** 378–379
Непенин А.И. **I 376**
Неплюев И.И. **I** 201
Нер Д. **I** 311
Несмелов А.И. **I** 829
Несмеянов А.Н. **II** 262, 502
Нестеров М.В. **I** 267
Нестерович-Берг М.А. **I** 591
Нестерчук Н.В. **II** 51
Нестор (Анисимов Н.А.), митрополит **II** 247, 276–277
Нечаев К.П. **I** 991
Нидермайер О., фон **I** 788
Никита Александрович, Великий князь **I** 542–543
Никитин Б.В. **I** 406, 411–412, 415
Никишов И.Ф. **I** 902
Никодим (Ротов Б.Г.) **II** 371, 426, 428–429
Никодим Святогорец **I** 105
Николаев А.Г. **I** 347, 356
Николаев Л.В. **I** 944
Николай (Ярушевич Б.Д.), митрополит **I** 952; **II** 274, 368–369
Николай I, император российский **I** 136, 302, 350; **II** 416, 509
Николай II, император российский **I** 62–68, 77, 90–92, 94–96, 101, 107, 109, 114, 116, 123, 143, 151, 154–155, 158, 160–161, 164–165, 168, 172–174, 176–177, 179, 199, 207, 212, 214, 220, 235, 238, 243, 245, 248, 267, 272, 277, 281, 283, 285, 291, 300, 302, 313–314, 329–330, 334–335, 337, 341–343, 345, 347–348, 350–352, 355, 364, 371, 374–375, 378–383, 385–386, 394, 399, 402, 431, 441, 457–458, 524–526, 529, 531–538,

540–542, 544, 607, 688, 837, 958; **II** 102, 151, 193, 267, 274–275, 289, 616–617, 725, 810
Николай Константинович, Великий князь **I** 539, 542
Николай Михайлович, Великий князь **I** 539, 542
Николай Негош, король Черногории **I** 277
Николай Николаевич (младший), Великий князь **I** 296, 300, **302–303**, 307, 313, 318, 320, 323, 341–342, 347, 350–352, 363, 367, 378, 382, 399, 417–418, 542–543, 604, 837, 839–842, 870, 872
Николай Николаевич (старший), Великий князь **I** 542
Никольский Б.В. **I** 548
Никон (Минич, Минов, Минин Н.), патриарх **I** 198
Никонов А.А. **II** 685
Никсон Р. **II** 347–438, 441
Никулин Г.П. **I** 533
Никулин Н.Н. **II** 163
Никулин Ю.В. **II** 418
Нимиц Ч. **II** 87
Нина Георгиевна, Великая княжна **I** 542
Ниязов С.А. **II** 795–797
Нобель Л.Э. **I** 326
Новгородцев П.И. **I** 640, 732, 1017
Новиков А.А. **II** 63, 249
Новиков А.В. **I** 894
Новиков М.М. **I** 805
Новицкий Ю.П. **I** 752
Новодворская В.И. **II** 533, 668
Новотны В. **II** 142
Новотный А. **II** 412
Ногин В.П. **I** 458, 470–471
Ногтев А.П. **I** 819
Нольде Б.Э. **I** 385, 521, 525, 536–537, 723
Носарь (Хрусталев П.А.) Г.С. **I** 166, 173
Носков П.А. **I** 311
Носов Е.И. **II** 417
Ноэль Л. **II** 10
Нури С.А. **II** 807
Нури-паша **I** 671

О

Ободзинский В.В. **II** 419
Обручев Н.Н. **I** 62
Овчинников А.А. **I** 805
Огарков Н.В. **II** 510
Одинцов А. **II** 525
Одинцов Б.Н. **I** 805
Околович Г.С. **II** 316, 318, 328
Октябрьская М.В. **II** 140–141
Октябрьский Ф.С. **II** 77
Окуджава Б.Ш. **II** 365, 407, 417, 466, 559
Окулов В.М. **II** 615
Олав В. **I** 355
Олдрин Э. **II** 348

Оленин Н.П. **I** 114
Олиферов А.Р. **I** 735
Олтаржевский В.К. **I** 266
Ольга Александровна, Великая княгиня **I** 272
Ольга Николаевна, Великая княгиня **I** 332, 343, 533, 539, 542
Ольденбург С.Ф. **I** 823, 837
Ольденбургский А.П. **I** 542
Ольдерогге В.А. **I** 486, 895–896
Онипко Ф.М. **I** 570
Онкоров Д. **I** 679
Опочинин Н.Н. **I** 244
Оппоков (Ломов) Г.И. **I** 470
Орбели Л.А. **II** 262
Орджоникидзе (Серго) Г.К. **I** 720–721, 742, 745, 863, 913, 923, 926, 937, 941–942
Орехов В.А. **II** 425
Орехов В.В. **II** 110
Орлов А.П. **I** 892
Орлов Ю.Ф. **II** 442
Орнатский Б.Ф. **I** 560
Орнатский Н.Ф. **I** 560
Орнатский Ф.Н. **I** 560
Осинский (Оболенский В.В.) Н. **I** 793
Осоргин М.А. **I** 753
Остер Г. **II** 109
Островитянов К.В. **II** 262
Островский А.Н. **II** 93
Островский Ю. **I** 683
Острых (Силин) Н.Н. **I** 735
Осубка-Моравский Э. **II** 147
Очиров Н.О. **I** 679

П

Павел I, император российский **I** 382
Павел VI, папа римский **I** 457
Павел Александрович, Великий князь **I** 343, 370, 535, 539, 541–542
Павелич А. **II** 150
Павлов А.А. **II** 49
Павлов В.Е. **I** 597
Павлов В.С. **II** 567, 570
Павлов Д.Б. **I** 100
Павлов Д.Г. **I** 989; **II** 39, 48, 125
Павлов И.П. **I** 111
Павлов К.А. **I** 902
Павлов С.В. **II** 154
Павлов С.П. **II** 364
Павлов Я.Ф. **II** 83
Павлова А.А. **I** 959, 962, 828
Падеревский И. **I** 685
Пазьняк (Позняк) З.С. **II** 762
Паисий (Величковский П.), преподобный **II** 538
Пайпс Р. **I** 782
Палах Я. **II** 415–416
Палей В.П. **I** 535

Палеолог М. I 103, 273, 277, 330, 340–342, 346, 375
Палетика В.П. I 805
Паннвиц Г., фон I 892
Паннвиц Х., фон II 150
Пантелеев А.А. I 652
Пантюхов О.И. I 1013
Пападжанов М.И. I 671
Папанов А.Д. II 418
Парамонов Н.Е. I 592–593
Парвус А.Л. (Израиль Гельфанд) I 200, 350, 365, 408
Парсонс Т. II 585
Пасманик Д.С. I 257
Пастернак Б.Л. II 116, 211–212, 285, 384–385, 391, 420, 530
Паттон Дж. II 88, 176
Паукер А. II 225
Паукер К.В. I 865
Паулюс Ф., фон II 76, 81, 84
Паустовский К.Г. II 326, 365
Пауэрс Г. II 356
Пацаев В.И. II 350
Пепеляев А.Н. I 572, 574, 609, 624, 697, 717–718
Первухин М.Г. II 42, 330
Переверзев П.Н. I 411, 415
Перегудов В.Н. II 439
Перекрестов О.В. II 330
Пермикин Б.С. I 629, 663, 702
Перхуров А.П. I 578
Петен А.Ф. II 25, 134
Петерс Я.Х. I 940
Петерсон Р. I 255
Петков Н.Д. II 233
Петлюра С.В. I 444, 647, 652–655, 685, 687
Петляков В.М. I 925
Петр (Полянский П.Ф.), епископ I 812, 833, 873–874, 876, 950–951
Петр I, царь и император российский I 74, 101, 114, 192, 195–197, 254, 511, 865; II 193, 206, 387, 393, 574
Петр II, король Югославии II 46, 179
Петр Николаевич, Великий князь I 542–543, 837
Петражицкий Л.И. I 450
Петриченко С.М. I 737, 741
Петров В.П. II 444
Петров И.Е. II 49, 76–77
Петров П.П. I 698
Петров Ю.А. I 91
Петров-Водкин К.С. I 761
Петровский Г.И. I 653, 773, 923, 963
Петровский Л.Г. II 48
Петрункевич И.И. I 99, 119, 178, 183
Петрухин И.Л. II 593
Пехлеви Р. II 447
Печковский Н.К. II 93
Пешехонов А.В. I 169, 185

Пий XI, папа римский I 457
Пий XII, папа римский I 457
Пикассо П. II 333
Пилсудский Ю. I 134, 349–350, 358, 654, 663, 666–667, 683–689, 767, 848–849, 980
Пильняк Б.А. I 880, 934
Пилюгин Н.А. II 201–202, 347
Пимен (Извеков С.М.), патриарх II 538–539
Пискунов М. I 582
Питирим (Нечаев К.В.), епископ II 426
Питирим (Окнов П.В.), епископ I 452–453
Пихоя Р.Г. II 294, 319, 477
Платон (Рождественский П.Ф.), епископ I 453–454
Платонов С.Ф. I 880
Плеве В.К. I 72, 82, 84, 118–119, 122–123, 208, 288, 306, 310, 317, 869
Плевицкая Н.В. I 872
Плеханов Г.В. I **124–125**, 126, 128, 332, 407, 471, 593
Плешкавичюс П. II 73
Плиев И.А. II 375, 382
Плотников Ф.Д. I 734
Плющ И.С. II 753
Победоносцев К.П. I 62, **101**, 103, 106–107, 114, 198–199
Погодин Н.Ф. I 881
Подвойский Н.И. I **461**, 463
Подгорный Н.В. II 395, 413
Поддубный И.М. II 207–208
Подлас К.П. II 76
Подтёлков Ф.Г. I 595–596, 600
Пожарский Д.М. I 196
Покровский В.А. I 265
Покровский В.Л. I 599–600
Покровский М.Н. I 534, 771, 804, 945–946
Покровский Н.Н. I 521
Покрышкин А.И. II 70, 142
Полевой Б.Н. II 258
Поленов В.Д. I 816
Поливанов А.А. I 334, **336–337**, 338, 387, 420
Поликарпов Н.И. I 995
Поликарпов Н.Н. I 925
Половцев Л.В. 599
Половцев П.А. I 415
Полозков И.К. II 563
Полозов Я.С. I 813
Полтавец-Остраница И.В. I 830
Полчанинов Р.В. I 94
Померанц Г.С. II 162, 411
Померанцев В.В. II 312
Пономарев А.Ф. II 55
Пономарев Б.Н. II 517
Пономаренко П.К. II 94, 340
Понтекорво Б.М. II 200
Попков П.С. II 42, 250–251

Поплавский Б.Ю. **I** 829
Поплюйко А.И. **II** 102
Попов А.С. **I** 111
Попов В.А. **II** 238
Попов Г.Х. **II** 549–550, 560, 562, 568, 572, 604, 606, 619
Попов И.И. **I** 576
Попов М.Г. **I** 895
Попов М.М. **II** 47
Попов П.Х. **I** 598, 600
Попович П.Р. **II** 347, 356
Поремский В.Д. **II** 300, 327
Поршнев А.Б. **II** 675
Поска Я. **I** 447, 509
Поскребышев А.Н. **II** 251, 296
Посников А.С. **I** 185
Поспелов П.Н. **II** 315
Поспеловский Д.В. **I** 85
Постриганев В.Г. **II** 102
Постышев П.П. **I** 897, 900, 963–964, 974
Потанин В.О. **II** 615
Потапов Л.В. **II** 730
Потапов Н.Д. **I** 589
Потемкин Г.А. **I** 304
Пошгаи И. **II** 523
Предкалнс А. **I** 446
Преображенский Е.А. **I** 804, 888
Пресняков А.Е. **I** 271
Пржевальский Н.М. **I** 147
Примаков Е.М. **II** 618–619, 639, 739
Примо де Ривера Х.А. **I** 985, 988
Притвиц Ф., фон **I** 303, 305
Пришвин М.М. **I** 271, 332
Прокопий (Титов П.С.), архиепископ **I** 951
Прокопович С.Н. **I** 749, 805
Прокофьев А.А. **II** 235
Прокофьев С.С. **II** 237
Протазанов Я.А. **I** 881
Протопопов А.Д. **I** 344, 346, 348, 364, 388
Прошьян П.П. **I** 471
Пругавин А.С. **I** 271
Прюссинг О.Г., фон **I** 465–466
Пугаченков Г.А. **II** 463
Пуго Б.К. **II** 567, 570, 574
Пуликовский К.Б. **II** 666
Пуль Ф. **I** 589
Пунин Н.Н. **I** 940
Пуришкевич В.М. **I** 185, 244, 331, 339, 346, 401, 521
Пурталес Ф., фон **I** 291
Путилов М.М. **II** 82
Путин В.В. **II** 594, 618–632, 639–640, 645, 649–650, 657, 659–660, 676–677, 714–715, 717, 724–725, 727, 734, 736, 739, 741–743, 745, 756–757, 763, 765, 771, 783, 789, 808
Пушкарев Б.С. **II** 712
Пушкарев С.Г. **I** 194; **II** 272, 712
Пушкин А.С. **I** 99, 760; **II** 626
Пырьев И.А. **II** 258
Пэн Чжэнь **II** 360
Пятаков Г.Л. **I** 653–654, 771, 791, 968
Пятс К. **I** 186, 447, 510–511, 657–658, 660–661, 980, 984; **II** 20

Р

Раамот Я. **I** 447
Рабчинский И.В. **I** 509
Рагозин Н.А. **I** 986
Радек К.Б. **I** 528, 539, 646, 682, 685, 692, 771, 791, 865, 946, 968
Радзимовский Е.И. **II** 102
Радзинский И.И. **I** 533, 537
Радко-Дмитриев Р.Д. **I** 545
Радуев С.Б. **II** 671–672
Разин С.Т. **I** 766
Разумов А.Я. **I** 959
Ракин П.Г. **I** 572
Ракитников Н.И. **I** 121
Рак-Михайловский С.А. **I** 445
Раковский Х.Г. **I** 653, 718, 771
Ракоши М. **II** 225, 297
Ралль Г. **II** 142
Рамишвили И.И. **I** 673
Рамишвили Н.В. **I** 519
Рамсей Б. **II** 143
Рапопорт Я.Д. **I** 902
Рар Г.А. **II** 627
Распутин В.Г. **II** 417, 502, 724
Распутин Г.Е. **I** 212–213, 227, 234, 245, 274–275, **276–278**, 280, 336–338, 343–344, 346–348, 381–382, 388–389, 452–453
Рассел Б. **I** 640, 762
Ратенау В. **I** 695
Ратцель Ф. **I** 292; **II** 197
Рауд М. **II** 106–107
Раушенбах Б.В. **II** 347, 537, 585
Рафалович А.Г. **I** 689
Рахимов М.Г. 639
Рахманин О.Б. **II** 505
Рахманинов С.В. **I** 761, 828, 1015; **II** 93
Рахмонов Э.Ш. **II** 806–807, 809
Рачкевич В. **II** 13
Рашидов Ш.Р. **II** 507
Ребет Л. **II** 285
Регельсон Л.Л. **II** 714
Реддель А. **I** 294
Редер Э. **II** 27, 32
Редлих Р.Н. **II** 299, 329–330
Реек Н. **II** 7
Рейган Р. **II** 445, 503, 508, 512, 517–518
Рейнгольд И.И. 7 **I** 42, 743
Рейтер Э. **II** 231
Рейценштейн Н.К. **I** 156

Ремез П.Ф. I 535
Ремез Ф.С. I 535
Ремек В. II 351
Ремизов А.М. I 1016; II 271
Ремпель Л.И. II 463
Рённе А., фон II 110
Ренненкампф П.К., фон I 306
Рённер К. I 784
Рерберг И.И. I 266
Рерих Н.К. I 264, 1015
Речкалов Г.А. II 142
Решетнев М.Ф. II 347
Риббентроп И., фон I 867, 1001; II 6–13, 29–31
Рид Д. I 462–464, 774
Рихтер Б.С. II 154, 157
Рихтер Н.Ф. I 223
Риццлер К. I 522, 528–529
Ришар П. II 419
Ровецкий С. II 146
Рогозин Д.О. II 641
Родзаевский К.В. I 990
Родзянко А.П. I 630–631, 633, 639
Родзянко М.В. I **245**, 246–247, 337, 347–348, 369–371, 373–374, 377, 380, 384, 386, 393, 395–396, 399, 401, 429, 431, 453
Родионов Е.А. II 669–670
Родионов М.И. II 250–251
Родионова Л.В. II 670
Родичев Ф.И. I 119, 209, 388–389, 394, 429
Родос Б.В. II 305, 315
Рождественский Р.И. II 364, 418
Рожественский З.П. I 158
Розанов В.В. I 257, 262, 273, 346
Розанов М.М. I 903
Розенберг Ю. II 199, 403
Розенкранц С.Д. I 495
Роккан С. 636
Рокоссовский К.К. I 970; II 48, 56, 87, 88, 224, 323, 331
Роллан Р. I 556
Роман Петрович, Великий князь I 542–543
Романов В.В. II 675
Романов Г.В. II 513
Романов Д.Р. II 617
Романов Н.Р. II 617
Романов П.С. I 824
Романовская Е.Г. княжна, герцогиня Лейхтенбергская I 542
Романовский А.Г., герцог Лейхтенбергский I 542
Романовский И.П. I 593
Романовский С.Г. князь, герцог Лейхтенбергский I 542–543
Ромм М.И. I 938; II 365
Роммель Э. II 26, 67, 87, 144
Ропп В., де I 450
Роскин Г.И. II 237

Россель Э.Э. II 655
Ростислав Александрович, Великий князь I 542–543
Ростовцев П.Я. I 227
Ростропович М.Л. II 332
Ротмистров П.А. II 89
Роулинсон Г.С. I 669
Рохлин Л.Я. II 666
Рубис К.П. I 578
Рублев Андрей, преподобный II 538, 720
Руденко Р.А. II 195, 295
Рудзутак Я.Э. I 923
Руднев В.В. I 568
Руднев В.Ф. I 1015
Рудорффер Э. II 142
Рузвельт Т. I 160, 238; II 26–27, 65–66, 69, 117, 137–139, 169, 173–174
Рузвельт Ф.Д. I 954
Рузский Н.Н. I 304, 306, 308, 347, 373, 377, 380, 386, 545
Рукавишников К.В. I 226
Рукавишников Н.Н. II 350
Рукосуев В.Н. II 88
Румянцев П.А. I 304
Рундштедт Г., фон II 48, 49, 144
Рупник Л. II 150–151
Руставели Ш. I 939
Руцкой А.В. II 522, 568, 596, 598–600
Рыбаков А.Н. II 530
Рыбальченко Ф.Т. II 192
Рыбкин И.П. II 638
Рыдз-Смиглы Э. I 663, 980, 984
Рыжков Н.И. I 507, 512–513, 521, 561, 568
Рыков А.И. I 470–471, 788, 794, 798, 802, 856, 858, **860**, 863, 906, 923, 927, 968; II 334
Рычагов П.В. II 125
Рюйтель А.Ф. II 557
Рюмин В.В. II 305
Рютин М.Н. I 802, 941–942, 967
Рябов Г.Т. II 616
Рябушинский В.П. I 88–89, 247, 603
Рябушинский П.П. I 326, 333
Рябцов К.И. I 568, 638
Рязанов Э.А. II 365, 418
Рязановский Н.В. II 272, 281
Рязанский М.С. II 347

С

Саакашвили М.Н. II 778–782, 785
Саблер В.К. I 283, 285, 334, 359
Саблин Е.В. II 29
Сабуров Е.Ф. II 589
Савенко А.И. I 260–261
Савин И.А. I 550, 829; II 667
Савинков Б.В. I **123**, 288, 332, 416, 433, 435, 577, 578, 667, 689, 838, 869, 870

Савинков Б.Н. **I** 593
Савицкий П.Н. **I** 870
Савич Н.В. **I** 192, 235, 373, 468, 603, 637, 639, 709
Савостьянов Е.В. **II** 574, 617–618
Садат А. **II** 444
Садри З.Ш. **I** 287
Садунайте Н.С. **II** 553–554
Садырин П.А. **I** 936
Сазонов С.Д. **I** 68, 291, 296, 331, 336, 338, 345, 351–352, 355, 359, 363, 389–390, 612, 671, 689
Салаши Ф. **II** 151
Салихов М.Б. **II** 154
Самарин А.Д. **I** 278, 336, 338, 344
Самойлов Г.Ф. **I** 80
Самойлов Д.С. **II** 365, 407
Самсонов А.В. **I** 303, 305
Сапожников В.В. **I** 588
Сарангов Э.А. **I** 679
Саркисян В.З. **II** 789
Сартр Ж-П. **II** 409
Сафаров Г.И **I** 535, 780
Сафаров С. **II** 806
Сахаров А.Д. **II** 344, 352, 374, 407, 421, 442, 455, 507, 534, 536, 542, 549–551
Сахаров К.В. **I** 586, 698
Сванидзе Е.С. **I** 861
Свежинский Ю. **I** 684
Свердлов Я.М. **I 471**, 491, 528, 532, 534, 571, 646, 742–743, 762, 862; **II** 411, 746
Свечин А.А. **I** 894
Свечников М.С. **I** 467, 505
Свиридов Г.В. **II** 724
Свобода Л. **II** 412
Святополк-Мирская Е.А. **I** 69, 180, 199
Святополк-Мирский П.Д. **I** 64, 69, 100, 119, 161–162, 165, 169, 177, 214
Севастьянов А.Н. **II** 155
Северский А.Н. **I** 828
Северцев Н.А. **I** 147
Сегеркранц С.К. **I** 895
Седнев И.Д. **I** 535
Секкия П. **II** 233–234
Секретев А.С. **I** 744
Селиванов А.Н. **I** 308, 311
Селиванов Д.Ф. **I** 805
Селим-паша **I** 683
Семевский В.И. **I** 169
Семенов А.А. **II** 463
Семенов Г.М. **I** 494, 609, 627, 699, 701–702, 714, 729
Семенов-Тян-Шанский П.П. **I** 147
Семилетов Э.Ф. **I** 594
Семичастный В.Е. **II** 364, 382, 395–396, 407
Семочкин А.С. **II** 166
Сенкевич Э.И. **I** 819
Серафим (Александров С.Н.), митрополит **I** 876

Серафим (Звездинский Н.И.), епископ **I** 876, 951
Серафим (Лукьянов А.И.), митрополит **II** 275–276
Серафим (Ляде К.), епископ **II** 105
Серафим (Проценко С.В.), иеромонах **II** 106
Серафим (Самойлович С.Н.), архиепископ **I** 876–877, 951
Серафим (Соболев Н.Б.), архиепископ **II** 274
Серафим (Тяпочкин Д.А.), архимандрит **I** 1008; **II** 430
Серафим (Чичагов Л.М.), митрополит **I** 951, 965
Серафим Саровский (Машнин П.И.), святой **I** 107, 457, 822; **II** 106
Серафимович (Попов) А.С. **I** 936, 971; **II** 261
Сергеев-Ценский С.Н. **II** 210
Сергей Александрович, Великий князь **I** 122–123, 161, 208, 340, 535, 758
Сергей Михайлович, Великий князь **I** 535, 542
Сергий (Воскресенский Д.Н.), архиепископ **I** 952; **II** 108
Сергий (Страгородский И.Н.), митрополит **I** 276, 285, 809, 812, 833, 873–875, 877–879, 948–951, 1017; **II** 108–109, 116, 118–121, 211, 427, 725
Сергий (Шеин В.П.), архимандрит **I** 752
Серебряков Л.П. **I** 923
Серебрянский Я.И. **I** 871
Серєда М.К. **II** 83
Сернан Ю. **II** 348–349
Серов И.А. **II** 305–306, 323, 326, 362
Сиверс Р.Ф. **I** 597
Сигирский А.И. **I** 805
Сидорин В.И. **I** 623, 706, 744
Сикорский В. **I** 848; **II** 13–14, 145–146
Сикорский И.И. **I** 299, 828, 848; **II** 272
Сильванский А.В. **I** 924–925
Сильвестр (Ольшевский И.Л.), архиепископ **I** 560, 609–610, 644, 697
Симович Д. **II** 27
Симонов К.М. **II** 50, 116, 211, 237, 252, 256, 258, 267
Симпсон Д. **I** 724
Синклер Э. **I** 556
Синявский (Терц А.) А.Д. **II** 405, 407, 411, 417, 711
Сипягин Д.С. **I** 122
Скавениус К. **I** 539
Скворцов (Степанов) И.И. **I** 470
Скирмунт Р.А. **I** 445
Скобелев М.Д. **I** 155, 304, 584; **II** 446
Скобелев М.И. **I** 397, 399
Скобельцын В.С. **I** 620
Скоблин Н.В. **I** 872
Скородумов М.Ф. **I** 367; **II** 45
Скоропадский И.И. **I** 650–651, 655
Скоропадский П.П. **I** 509, 650, 652
Скорцени О. **II** 90
Скрыпник Н.А. **I** 771

Сланский Р. **II** 225, 412
Слащов Я.А. **I** 620, 652, 706
Слежявичюс М. **I** 658
Слейтон Д. **II** 351
Слепнев М.Т. **I** 909
Слесарев В.А. **I** 299
Слиозберг Г. **I** 138
Слудский А.Ф. **I** 266
Слуцкий Б.А. **II** 222, 313
Сметон А. **I** 448, 513, 847, 980, 984; **II** 20
Смидович П.Г. **I** 950
Смирнов А.К. **II** 50
Смирнов А.Н. **I** 569
Смирнов А.П. **I** 923, 942
Смирнов Б.Л. **II** 463
Смирнов И.Н. **II** 546, 772–773, 775–776
Смирнов П.И. **I** 319
Смирнов Я.Я. **I** 993
Смирнов-Сокольский Н.П. **II** 295
Смоленский В.И. **I** 829
Смолич А.А. **I** 445
Смушкевич Я.В. **I** 989; **II** 125
Снегов А.В. **II** 314
Снегур М.И. **II** 564, 769, 773
Снесарев А.Е. **I** 894–895
Собинов Л.В. **I** 982
Соболевский В.М. **I** 100
Собчак А.А. **II** 549–550, 560, 562, 568, 572, 604, 619
Созонов Е.С. **I** 122, 288
Соколов Н.А. **I** 535
Соколов С.В. **II** 454
Соколов-Микитов И.Д. **I** 428
Соколовский В.Д. **II** 297, 300, 331
Сокольников Г.Я. **I** 501, 532, 742, 776–777, 923–924, 968
Солдатов С.И. **I** 579–580
Солженицын А.И. **I** 903; **II** 365, 385, 405–408, 420–421, 441–442, 457, 466, 468, 482, 507, 530, 536, 595, 650, 711, 713–714
Соловьев В.С. **I** 880; **II** 810
Солоневич Б.Л. **I** 803
Солоневич И.Л. **I** 864, 903, 918–919, 927, 975; **II** 280
Солоухин В.А. **II** 559, 708, 724
Сольский Д.М. **I** 181
Сонгайла Р.-Б.И. **II** 555–556
Сорокин И.Л. **I** 616, 618
Сорокин П.А. **I** 732, 805, 828; **II** 272, 530
Сорос Дж. **II** 585
Сосковец О.Н. **II** 610
Соснковский К. **II** 146
Сотников А.А. **I** 494
Софронов Г.П. **II** 49
Спасович В.Д. **I 134**, 135
Сперанский М.М. **I** 168
Спиридонова М.А. **I** 201, 209, 411, **460–461**, 489, 528, 571
Спиридонович А.И. **I** 366–367
Спрогге В.Э. **I** 920–921
Сталин (Джугашвили) И.В. **I** 187, 246, 415, 470, 485, 492, 532, 596, 620, 646, 655, 657, 666–667, 687–688, 692–693, 696, 718, 720–721, 752, 758–759, 762, 768, 771–773, 775, 786, 790, 792–800, 802, 804, 821, 835, 853, 855–867, 872, 882–885, 888–889, 897, 901, 903–907, 913, 916, 926, 928, 933–937, 939–948, 953–955, 959, 963, 965, 968, 972–973, 976, 978, 987–989, 992, 994, 997–998, 1004, 1007, 1009–1010, 1012; **II** 4–22, 24–38, 40, 42–46, 48–49, 55, 57–58, 61–62, 66–68, 71, 73–76, 79–81, 88, 99–100, 102–103, 110, 113–115, 117–123, 126, 132–134, 137–141, 143, 145–148, 151–153, 155–156, 158–163, 166, 168–170, 172–175, 181, 183–184, 190–196, 198–201, 203–209, 211, 213–216, 218, 221–223, 225, 227–229, 232, 255–257, 259–260, 264, 268, 273, 281, 285, 288–289, 291–292, 294, 296, 301, 303, 308, 310, 314–316, 319–322, 330–331, 333, 335, 341–342, 358, 362–363, 367, 379, 382–383, 385, 390–392, 395–398, 405, 407–408, 410, 437, 441, 458, 460, 464–465, 470, 475, 479–480, 506, 510, 513–514, 533, 547, 552, 556, 580, 583, 627, 668
Сталин В.И. **I** 818, 826, 861, 863, 938, 971; **II** 249–250, 285–286, 321, 330, 332, 339, 377, 380, 436
Сталина С.И. **I** 861; **II** 199, 255, 404
Стаменов И. **II** 40–41
Станиславский К.С. **I** 114, 273, 760
Станкевич В.Б. **I** 398, 835
Стариков Д.А. **II** 533
Стариков Т.М. **I** 831
Старинов И.Г. **II** 57
Старк Г.К. **I** 717
Старовойтова Г.В. **II** 542, 549
Старостин Н.М. **II** 154
Стаськов Н.В. **II** 666
Стасюлевич М.М. **I** 100, 185
Стаффорд Т. **II** 348, 351
Стаханов А.Г. **I** 915
Стахович М.А. **I** 184–185, 191
Стеклов (Нахамкес) Ю.М. **I** 397, 399
Степанов А.П. **I** 576
Степанов В.А. **I** 474
Степанов В.Л. **I** 82
Степашин С.В. **II** 618
Степун Ф.А. **I** 269, 409, 468, 483, 555, 724, 747–748, 805, 1010–1011; **II** 410
Стессель А.М. **I** 157
Стеттиниус Э. **II** 174
Стецовский Ю.И. **II** 593
Стечкин Б.С. **I** 880
Стимсон Г. **II** 198

УКАЗАТЕЛЬ

Столыпин П.А. **I** 66, 71, 173, 180, 185, 188, 191–194, 201–204, 207–209, 211–215, 219–221, 224, 228–229, 234–235, 242–245, 247, 249, 253–254, 256, 267, 273, 332–333, 345, 492, 709, 869, 884
Столыпина О.Б. **I** 212
Стольберг К. **I** 665
Стравинский И.Ф. **I** 828, 1015
Стратонов В.В. **I** 805
Стратонов И.А. **I** 806
Стрекопытов М.А. **I** 667
Стрекотин А.А. **I** 533
Стрельников И.И. **II** 433
Струве Н.А. **II** 714
Струве О.В. **II** 272
Струве П.Б. **I** 100, **126,** 127, 161, 193–194, 262, 273, 689, 709, 732, 767, 802, 835–839, 1005, 1010, 1017; **II** 45, 269, 278, 714
Струмилин С.Г. **I** 793
Стучка П.И. **I** 657
Стэн Я.Э. **I** 802
Суворов А.В. **I** 304, 318; **II** 43, 121
Судоплатов П.А. **I** 871; **II** 40–41, 94, **200,** 305
Сулимов Д.Е. **I** 923
Султан-Галиев М.Х. **I** 771
Султанов Н.В. **I** 265
Сумароков-Эльстон М.Н. **I** 542
Сунь Ятсен **I** 791
Супонинский А.А. **II** 675
Суражевский (Ржевский) Л.Д. **II** 93
Сургучев И.Д. **II** 43
Суслов М.А. **I** 974; **II** 247, 321, 324, 331, 388, 390, 397–398, 416, 471
Суслопаров И.А. **II** 169
Сутин Х.С. **I** 1015
Суханов (Гиммер) Н.Н. **I** 397, 399, 416
Сухомлинов В.А. **I** 291, 296–297, 334, 337, 368–369, 387–388
Сухэ-Батор Д. **I** 716
Сыровый Я. **I 574**
Сырцов С.И. **I** 859, 941

Т

Таганцев В.Н. **I** 805
Талаат-паша **I** 363
Тальберг Н.Д. **I** 837
Таманян А.И. **I** 265
Таннер В. **II** 21
Тараки Нур Мохаммед **II** 447–451
Тарановский А.Д. **I** 895–896
Тарковский А.А. **II** 365
Тарле Е.В. **I** 880; **II** 210, 262
Тарханов О.С. **I** 803
Татищев А.А. **I** 651
Татищев И.Л. **I** 211, 535
Татьяна Константиновна, Великая княгиня **I** 542
Татьяна Николаевна, Великая княгиня **I** 332, 343, 533
Твардовский А.Т. **II** 116, 312–313, 385, 408, 414, 416
Теддер А. **II** 169
Текеш Л. **II** 525
Тэло Тулку Ринпоче **II** 729
Тельман Э. **I** 937, 946
Теннисон Т.Я. **I** 353
Теннисон Я.Я. **I** 660
Теодорович И.А. **I** 470
Тепкин Л.Ш. **I** 978
Тер-Арутюнянц М.К. **I** 485
Терешкова В.В. **II** 348
Терещенко М.И. **I** 333, 339, 347, 394, 396, 400, 408, 415, 439, 443–444, 465
Терляцкас А. **II** 553–554
Тер-Петросян (Камо) С.А. **I** 187
Тер-Петросян Л.А. **II** 532, 789, 791
Тесленко Н.В. **I** 193
Тиеф О. **II** 73
Тимановский Н.С. **I** 593, 598
Тимашев Н.С. **I** 823
Тимофеев-Рессовский Н.В. **II** 130
Тимошенко С.К. **II** 22–24, 32–33, 35, 38–39, 48, 76, 87
Тимошенко Ю.В. 756, 758–760
Тито И.Б. **II** 150–151, 228, 308–310, 312, 326, 436
Титов Г.С. **II** 346, 356
Тихомиров Л.А. **I** 281
Тихомиров С.Ф. **I** 752
Тихомирова К.Г. **II** 393
Тихон (Белавин В.И.), патриарх **I** 453–455, 503, 521, 538, 558–561, 644–646, 750, 752, 794, 809–815, 832–833, 873–876, 878, 949, 951, 1017; **II** 119, 539
Тихонов Н.А. **II** 478, 509, 513
Тихонравов М.К. **II** 347
Товстуха И.П. **I** 866
Того Х. **I** 155, 158
Тодорский А.И. **I** 970
Тодорский В.К. **I** 788
Токарь Е.Н. **II** 347
Токмаков П.М. **I** 733–734
Толбухин Ф.И. **II** 150–151
Толль Э.В. **I** 608
Толстая А.Л. **II** 266
Толстов В.С. **I** 623, 625, 701
Толстой А.Н. **I** 754
Толстой Л.Н. **I** 104, 108–109, 115, 117, 147, 165, 207, 215, 288, 479, 835; **II** 266, 287
Тольятти П. **II** 233–234
Томашевский Б.В. **I** 822
Томский М.П. **I** 799, 802, 856, 863, 924
Томсон В.М. **I** 668
Топчибашев А.М. **I** 449
Торез М. **II** 139, 371
Торошилидзе М.Г. **I** 939

Травкин Н.И. **II** 561, 605
Трапезников С.П. **II** 396, 398
Трауготт Х. **I** 659
Трегубов Н.П. **II** 507
Трегубов Ю.А. **II** 317
Треммель В. **II** 317
Тренев К.А. **I** 808; **II** 210
Трепов Ф.Ф. **I** 345–346, 361, 405, 521
Треппер Р. **I** 955
Тресков Х., фон **I** 110, 156
Третьяков П.М. **I** 112
Третьяков С.Н. **I** 603, 872
Триандафиллов В.К. **I** 788
Трибуц В.Ф. **II** 47
Трифонов Ю.В. **II** 417
Троицкий Н.А. **II** 155–156
Троцкий (Бронштейн) Л.Д. **I** 178, 200, 337, 406–407, **408–409**, 410, 412, 458, 461, 463, 470–471, 477, 486, 493, 496–498, 500, 503, 521, 523, 526, 532, 544, 546–547, 532, 564–565, 570, 623, 646, 693, 696, 719, 737–740, 742, 751–752, 759, 762, 767–768, 771–772, 776, 790, 792, 793, 794–802, 821, 856–857, 859, 862–863, 940, 943, 955, 969, 973; **II** 256, 287, 303, 305, 334
Трошев Г.Н. **II** 666–667, 670–671
Трошин Г.Я. **I** 805
Трояновский О.А. **II** 506
Трубецкой Г.Н. **I** 593
Трубецкой Е.Н. **I** 90, 268, 452, 483; **II** 530
Трубецкой Н.С. **II** 530
Трубиньш Я. **II** 557
Трумэн Г. **II** 169, 172, 196, 215–216, 232–233, 243
Трупп А.Е. **I** 534
Трухин Ф.И. **I** 487, 896; **II** 155–156, 169
Трушнович А.Р. **I** 925–926; **II** 318, 328
Трюдо П. **II** 509
Туган-Барановский М.И. **I** 85
Тулеев А.Г. **II** 568
Тумковская А.Д. **II** 102
Тундутов Д.Ц. **I** 679
Тупиков В.И. **II** 36
Туполев А.Н. **I** 880, 925, 995; **II** 345
Тураев Б.А. **I** 805
Туркул А.В. **I** 601, 618–619, 621–622, 637, 649, 705, 730, 917; **II** 155, 279
Туроверов Н.Н. **I** 595, 598, 712, 714, 829; **II** 268
Туссенн Р. **II** 167
Тухачевский М.Н. **I** 367, 486, 626–627, 663, 686–688, 696, 733, 737, 740, 788, 917, 968, **969–970**, 971, 995; **II** 49, 334
Тучков Е.А. **I** 751, 809, 812, 873
Тхор Г.И. **II** 154
Тхоржевский И.И. **I** 521
Тынянов Ю.Н. **I** 822
Тыркова А.В. **I** 228
Тьери Э. **I** 233

Тэффи Т. **I** 831
Тюкавкин В.Г. **I** 71
Тюмень С.-Д.Б. **I** 679
Тюмень Т.Б. **I** 679
Тютчев Ф.И. **II** 93

У

Уборевич И.П. **I** 788, 968
Угланов Н.А. **I** 856, 924, 926
Угримов А.А. **I** 805; **II** 134, 268
Узун-Хаджи Салтинский **I** 678
Улагай С.Г. **I** 679
Уланов Б.Н. **I** 679
Улотс Я. **II** 73
Ульбрихт В. **II** 297–298, 300, 373, 413
Ульманис К.И. **I** 446, 657–658, **659**, 660, 662, 980; **II** 20
Ульрих В.В. **I** 974
Ульянов Н.И. **II** 102
Умалатов Б. **II** 664
Умалатов У.Б. **II** 664, 669
Умов Н.А. **I** 111
Унгерн-Штернберг Р.Ф., фон **I** 627, 716
Унишевский В.О. **I** 883
Уншлихт И.С. **I** 749, 780
Уоллес Г.Э. **II** 231–232
Уорнер М. **II** 518
Урах В., фон **I** 513
Урицкий М.С. **I** 545–546, 571; **II** 411
Урусов С.Д. **I** 177, 191
Усмон Д. **II** 808
Устинов Д.Ф. **II** 9–10, 345, 350, 397, 438, 440, 443, 452, 455, 508
Устрялов Н.В. **I** 835, 990, **1011–1012**
Усубалиев Т.У **II**. 803
Усуббеков (Юсиффейли) Н. **I** 720
Усубов И. **I** 720
Уханов К.В. **I** 924
Ухтомский П.П. **I** 155–156
Ушаков Ф.Ф. **II** 121
Уэйвелл А. **II** 26

Ф

Фабрициан Ф.И. **I** 304
Фаддей (Успенский И.В.), архиепископ **I** 951
Фадеев А.А. **I** 808; **II** **258–260**, 261
Файнберг В.Л. **II** 415
Фалькенгайн Э., фон **I** 307
Фастыковский М.Е. **I** 486
Федичкин Д.И. **I** 580
Федор Александрович, Великий князь **I** 542
Федоров Б.Г. **II** 583, 610
Федоров И.Е. **II** 142
Федоров М.М. **I** 593, 603, 637
Федоров Н.Ф. **I** 147
Федоров С.П. **I** 382

УКАЗАТЕЛЬ

Федотов Г.П. **I 1014; II** 20, 45, 270, 405, 530, 706–707, 712
Федулова А.В. **II** 605
Федюнинский И.И. **II** 58, 78, 321
Фейхтвангер Л. **I** 865
Фененко М.Я. **I** 319
Феоктистов К.П. **II** 349
Феофан (Быстров В.Д.), архиепископ **I** 276–277, 279; **II** 275
Феофан Затворник (Говоров Г.В.), епископ **I 105**, 548; **II** 538
Феофил (Пашковский Ф.М.), митрополит **II** 276
Ферми Э. **II** 200
Фест И.К. **I** 853
Фефер И.С. **I** 939
Филарет (Вахромеев К.В.), митрополит **II** 538
Филарет (Денисенко М.А.), митрополит **II** 721
Филиппо Э., де **II** 409
Филипповский В.Н. **I** 399
Филь А.Ф. **II** 52
Фирсов С.Л. **I** 108, 199
Флеров Г.Н. **II** 203
Флоренский П.А. **I** 262, 270, 880
Флоровский Г.В., протоиерей **I** 806, 1017, 834; **II** 270, 405, 712
Фоменко К. протоиерей **I** 195
Фоменко П.Н. **II** 708
Фомин Е.М. **II** 51–52
Фомин И.А. **I** 265
Фондаминский И.И., см. Бунаков. И.И.
Форзун Я.Ц. **II** 90
Фостиков М.А. **I** 707
Фош Ф. **I** 603
Франк С.Л. **I** 262, 273, 724, 805; **II** 44, 270, 420
Франко Баамонде Ф. **I** 830, 985–987, 989
Франко Ф. **II** 26, 167
Франц Иосиф II, князь Лихтенштейна **II** 180
Франше д'Эспере Л. **I** 602
Фрейзер Б. **I** 182
Фрейтаг-Лорингхофен В., фон **II** 110
Френкель Н.А. **I** 902
Фридрих III, император германский **I** 542
Фридрих-Карл, герцог Гессенский **I** 506
Фриновский М.П. **I** 865
Фрич Ф., фон **I** 1000
Фролов В.С. **II** 47
Фруг С.Г. **I** 939
Фрунзе М.В. **I** 681–682, 696, 719, 795, 800; **II** 34
Фукс К. **II** 199
Фуллон И.А. **I** 162
Функ В. **I** 1001
Фунтиков Ф.А. **I** 681
Фурманов Д.А. **I** 808
Фурцева Е.А. **II** 331, 363
Футорянский Л.И. **I** 74
Фэн Юйсян **I** 991

Х

Хаапалайнен Э. **I** 505
Хабалов С.С. **I** 348, 372–374
Хаджиев Резак-бек **I 593**, 681
Хаджимба Р.Д. **II** 784
Хайек Е.А. **I** 913
Хакамада И.М. **II** 642
Хакимов Р.С. **II** 732
Халбаев Х.Т. **II** 453
Халилов М.М. **I** 677
Халтурин С.Н. **I** 759
Хангалов М.Н. **II** 730
Ханжин М.В. **I** 317, 623, 625–626
Харитонов И.М. **I** 534, 806
Харитонов Н.М. **II** 622
Харитонов Ю.Б. **II** 203
Харламов Н.М. **I** 925
Харламов С.Д. **I** 895
Хартман Э. **II** 142–143
Харчев К.М. **II** 536
Хасбулатов Р.И. **I** 596, 598–600
Хассе П., фон **I** 788
Хассель У., фон **II** 109
Хатисов А.И. **I** 676
Хаттаб (Амир ибн аль-Хаттаб) **II** 619, 675
Хауссер П. **II** 89
Хаусхофер К. **II** 197
Хачатурян А.И. **II** 237
Хвостов А.Н. **I** 338
Хейвуд Т. **II** 7
Хельферрих К. **I** 530
Хилков М.И. **I** 78
Хинце П., фон **I** 529
Хисс А. **II** 174
Хлебников П.Ю. **II** 712–713
Хлевнюк О.В. **II** 251
Хмельницкий Б.М. **I** 260; **II** 121
Хмельницкий С.Г. **II** 463
Ходасевич В.Ф. **I** 829, 1016; **II** 262
Ходжа Э. **II** 322, 361
Ходорковский М.Б. **II** 613, 624, 640
Ходырев А.А. **I** 902
Хозин М.С. **II** 58, 74
Холл Т. **II** 199
Холод В.С. **II** 670
Хольмстон-Смысловский Б.А. **II** 180
Хомяков А.С. **I** 147
Хомяков Н.А. **I** 184, 193, **243**, 244
Хоннекер Э. **II** 524
Хорват Д.Л. **I** 587, 609
Хорти М. **II** 151
Хоружий С.С. **I** 108
Хосагая М. **II** 88
Хоскинг Дж. **II** 254
Хоффман Д. **II** 419
Хохлов Н.Е. **II 317–318**

Хризостом (Мартишкин Г.Ф.), архиепископ II 429–430
Хрисанф (Щетковский Х.), епископ I 276
Христофор II, патриарх II 120
Хрунов Е.В. II 350
Хрусталёв А.Г. I 582, 583
Хрустицкий В.В. II 140
Хрущев Н.С. I 867, 915, 924, 972, 974, 998; II 30, 41, 95, 195, 206, 237, 244, 250, **252**, 288–289, 294, 300, 302–312, 314–315, 319, 321–323, 325, 327, 330–332, 334–336, 339–343, 346–347, 349, 352, 354–356, 358–363, 366–368, 371–376, 379–383, 385, 388–392, 394–398, 407–408, 425–426, 430, 437, 447, 476, 510, 513, 527, 627, 750
Хуциев М.М. II 365

Ц

Цагурий И.В. I 411–412
Цаликов А.Т. I 669
Цандер Ф.С. II 344
Царьков И.С. II 533
Цветаев И.В. I 267
Цветаева М.И. I 567, 827–828, 1016; II 365
Цвигун С.К. II 396
Цвикевич А.И. I 445
Цепляк Я. I 450
Церетели Г.Е. I 400
Церетели И.Г. I **400**, 403, 407, 415, 432, 444, 460
Цеткин К. I 688
Цидзикас П. II 553–554
Циолковский К.Э. II 344–345
Цой В.Р. II 510
Цыденов Л.С. II 729
Цюрупа А.Д. I 186, 493

Ч

Чайковский Н.В. I 588–590, 689
Чаксте Я.К. I 186, 355, 446, 657
Чан Кайши I 791–792, 952–953, 991–992; II 182, 227, 243, 328, 359
Чапаев В.И. I 584, 624, 627–628
Чаплин Г.Е. I 589–590
Чаплыгин С.А. I 227
Чарыков Н.В. I 537–538
Часовников П.Г. II 94
Чаушеску Н. II 524–525
Чаянов А.М. I 904, 936
Че Гевара Э. II 373
Чебышев П.Л. I 111
Челноков М.В. I 193–194, 227, **228**, 332
Челомей В.Н. II 378
Челышев В.Ф. I 535
Чемберлен А. I 1002–1003
Чемберлен Н. I 789; II 6, 25
Червенков В.В. II 151
Червоненко С.В. II 413

Червяков А.Г. I 773
Черемисов В.А. I 567
Черепанов Д.П. I 735
Черепнин Н.Н. I 1015
Черненко К.У. II 396, **509**, 510–511
Чернецов В.М. I 592, 594, **595–596**, 649
Черниловский-Сокол П.И. I 152
Чернов В.М. I 121, 339, 410, 413, 425, 432, 485, 488–490, 837
Черномазов М.Е. I 246
Черномырдин В.С. II 596, 611, 614, 616, 618, 638, 665, 671
Черный А. I 273, 332
Чернышевский Н.Г. I 124
Черняев А.А. II 435, 442, 472, 475
Черняховский И.Д. II 87
Черток Б.Е. II **201**, 347, 351
Черчилль У. I 123, 310, 386; II 25–26, 30–31, 65, 69, 117, 137–140, 147, 153, 169, 173, 175, 213, 215–216, 234, 278, 306
Четвериков С.И. I 172, 244, 247
Чехов А.П. 97, 109, 264
Чжан Сюэлян I 991
Чжан Цзолинь I 830, 990–991
Чжан Цзучан I 830, 991
Чжоу Эньлай II 182, 291, 358, 361
Чжу Дэ II 321
Чиано Г., II 11
Чиколев В.Н. I 111
Чичаев И.А. II 136
Чичерин Г.В. I 694–695, 716, 721, 787, 790
Чкалов В.П. I 956
Чорновил В.М. II 749
Чубайс А.Б. II 531, 589, 591, 612, 614, 637, 642–643, 650
Чубарь В.Я. I 924, 964
Чуев Ф.И. I 775
Чуйков В.И. II 81, 297
Чуковский К.И. I 271
Чупров А.И. I 73
Чурбанов Ю.М. II 507
Чухрай Г.Н. II 365
Чхеидзе Н.С. I 345, 391–392, 395–396, **397**, 398–400, 415–516
Чхенкели А.И. I 519

Ш

Шабалов Г.Ф. II 53
Шавельский Г.И. I 66, 101, 270, 274, 278–279, 313, 347, 451
Шагал М.З. I 761, 1015
Шадр И.Д. I 808, 822
Шаймиев М.Ш. II 619, 639
Шаламов В.Т. I 903; II 212
Шаляпин Ф.И. I 828, 982; II 93
Шапошников Б.М. II 7–8, 42

УКАЗАТЕЛЬ

Шапошников М.М. **II** 155
Шарапов В.В. **II** 525
Шаталин С.С. **II** 566
Шаталов В.А. **II** 350
Шателен М.А. **I** 450
Шательворд Д. **I** 676
Шатилов П.Н. **I** 621
Шатров М.Ф. **II** 530
Шауб С. В. **II** 46
Шауман Е.В. **I** 144
Шаумян С.Г. **I** 861
Шахматов А.А. **I** 805
Шаховский Д.И. **I** 119, 184
Шахрай С.М. **II** 579, 604, 609
Шахт Я. **I** 777, 1001
Шахурин А.И. **II** 249
Шацилло К.Ф. **I** 100
Шацкин Л.А. **I** 941
Шварцбард Ш. **I** 654
Шверник Н.М. **II** 42
Швец Й. **I** 586
Шебалин С.К. **II** 155
Шеварнадзе Э.А. **II** 516, 562, 567, 777–779, 782
Шевелева Е.А. **II** 99
Шевцов В.И. **II** 75
Шевченко Т.Г. **I** 138, 260–261
Шевчук Ю.Ю. **II** 569
Шейман Т. **I** 513
Шелепин А.Н. **II** 252, 362–364, 395–397, 413, 438
Шелест П.Е. **II** 413, 438
Шелков В.А. **II** 372
Шемякина А.Г. **II** 303
Шенкендорф М., фон **II** 110
Шепетов И.М. **II** 154
Шепилов Д.Т. **II** 310, 315, 325, 330–331, 367
Шерали Л. **II** 463
Шервуд В.О. **I** 265
Шереметьев П.П. **II** 627
Шерипов А.Д. **I** 678
Шестаков А.В. **I** 947
Шехтель Ф.О. **I** 265
Шидловский С.И. **I** 244, 429
Шик О. **II** 562
Шингарев А.И. **I 334–335**, 394–395, 429, 439, 474
Шипов Д.Н. **I 117–118**, 119, 160, 177, 184–185, 193, 223, 227
Ширяев Б.Н. **II** 93
Шихлинский А.А. **I** 519
Шихлинский Д. **I** 720
Шишкин Д.Я. **I** 734
Шкуро А.Г. **I** 379, 418, 620–621, 648; **II** 177
Шлиппе Н., фон **II** 328
Шлиппе Ф.В. **I** 214, 225
Шляпников А.Г. **I** 470, 793
Шмелев И.С. **I** 269, 1016; **II** 43, 262 ,414, 530
Шмелев Н.П. **II** 549

Шмеман А.Д. **II** 273, **405–406**, 466, 627, 712
Шмеман С.А. **I** 219, 381, 402, 427, 904
Шмидт В.В. **I** 924
Шмидт Н.П. **I** 187–188
Шмидт О.Ю. **I** 909
Шмидт П.П. **I** 178
Шмидт Р. **II** 109
Шмидт Х. **II** 349
Шнейдер Е.А. **I** 535
Шойгу С.К. **II** 619, 639
Шолохов М.А. **I** 882–883, 947; **II** 258, **260–261**, 482
Шостакович Д.Д. **I** 882; **II** 237
Шохин А.Н. **II** 581
Шперле Г. **I** 788
Шпет Г.Г. **I** 880
Шполянский (Дон Аминадо) А.П. **I** 831
Штауффенберг К., фон **II** 104, 110, 154, 168
Штейфон Б.А. **I** 318–319; **II** 155
Штеппа К.Ф. **II** 94, 102
Штерн Г.В. **I** 993
Штефон Б.А. **II** 45–46
Штиф Н.И. **I** 648
Штрандман О.Г. **I** 658
Штрик-Штрикфельд В.К. **II** 154
Штромбах Я.А. **I** 896
Штюрмер Б.В. **I** 339, 345, 351–352, 369, 388–391
Шубин П.Н. **II** 60
Шукшин В.М. **II** 417
Шуленбург В., фон дер **II** 7–9, 11, 40
Шульгин В.В. **I** 68, 257, 347, 336, 374, 380, 382–384, 425, 429, 474, 509, 870; **II** 390
Шухевич Р.И. **II** 285
Шухов В.Г. **I** 266
Шушкевич С.С. **II** 577, 761

Щ

Щаранский А.Б. **II** 442, 509
Щегловитов И.Г. **I** 334, 348
Щелоков Н.А. **II** 507
Щепкин Н.Н. **I** 172, 446, 567
Щербак Ю.Н. **II** 537
Щербаков А.С. **II** 257
Щербатов Н.Б. **I** 336, 338, 344
Щербачев А.Г. **I** 689
Щербицкий В.В. **II** 513, 749
Щетинин А.Г. **I 280–281**
Щусев А.В. **I** 265

Э

Эванс Р. **II** 349
Эдуард VII, король Великобритании и Ирландии **I** 391
Эйзенхауэр Д. **II** 169, 176, 184, 189, 311, 355–357, 373
Эйзенштейн С.М. **I** 947
Эйнштейн А. **I** 556

Эйтингон Н.И. **II** 305, 317
Эйхгорн Г., фон **I** 651
Эйхе Р.И. **I** 964
Эйхманс Ф.И. **I** 819–820
Эллерц-Усов А.В. **I** 572
Эльвенгрен Ю. **I** 665
Эльчибей А. **II** 564, 786–787, 791
Энвер-паша **I** 363, 682, 771
Энгельс Ф. **I** 124–125, 478–479, 946
Эргаш-бек **I** 681
Эрдели И.Г. **I** 671, 677
Эренбург И.Г. **II** 98, 130, 258, 267, 407
Эренталь А. **I** 239
Эрн В.Ф. **I** 271
Эрхардт Л. **II** 231
Эссен Н.О. **I** 608
Этингер Я. **II** 257
Эттли К. **II** 169
Эфрон С.Я. **I** 567
Эшлиман Н.Н. **II** 369

Ю

Юденич Н.Н. **I** 304, 314, 317–319, **320**, 429, 498, 546, 623, 630–632, 661–665, 667, 672, 685, 696, 702, 727, 729, 749, 757; **II** 176
Юдин П.Г. **II** 300
Юзовский И.И. **II** 256
Юренев П.П. **I** 908
Юровский Я.М. **I** 646
Юровский Я.Х. **I** 533, 536
Юрьев Г.Н. **I** 580

Юсупов Ф.Ф. **I** 346, 542
Ющенко В.А. **II** 755–760, 775
Ющинский А. **I** 257

Я

Яблочкина А.А. **II** 210
Яблочков П.Н. **I** 111
Явлинский Г.А. **II** 566, 576, 581, 605, 612, 614, 642
Ягода Г.Г. **I** 440, 817, 895, 901, 937, 965, 972, 974, 987
Язов Д.Т. **II** 567, 570
Якир И.Э. **I** 968, **970**; **II** 334
Яковлев А.Н. **I** 864, 974; **II** 507, 513, 516, 526, 530, 534, 542, 555, 561–563, 576
Яковлев В.А. 639
Яковлев Н.Ф. **I** 785
Яковлев С.И. **II** 53
Яконовский Е.М. **I** 582–583
Якуб-Шевкет-паши **I** 516
Якунин Г.П. **II** 369
Янаев Г.И. **II** 567, 570–571
Янг Дж. **II** 348
Янгель М.К. **II** 352–353, 378
Яндарбиев З.А. **II** 673
Янукович В.Ф. **II** 755–761, 775
Янушкевич Н.Н. **I** 291, 301, 313
Яншин А.Л. **I** 502
Ярославский (Губельман) Е.М. **I** 751, 805
Ярузельский В.В. **II** 222, 472–473, 523
Ясинский В.С. **I** 805
Ясинский П.Б. **I** 803

ОГЛАВЛЕНИЕ

**Часть 4. РОССИЯ В ГОДЫ ВТОРОЙ МИРОВОЙ ВОЙНЫ
И ПОДГОТОВКИ К ТРЕТЬЕЙ МИРОВОЙ ВОЙНЕ (1939–1953)** 3

Глава 1. От сентября 1939 к июню 1941 гг. 3
- 4.1.1. Расстановка сил в мире к 1939 г. агрессоры и их жертвы. С англо-французами или с нацистами? Пакт Молотова – Риббентропа 3
- 4.1.2. Завоевание и раздел Польши. Катынь 12
- 4.1.3. Захват балтийских государств, Бессарабии и Северной Буковины 16
- 4.1.4. «Зимняя война» 30 ноября 1939 г. – 13 марта 1940 г. 20
- 4.1.5. Международная обстановка и подготовка СССР к войне с Германией, осень 1939 г. – лето 1940 г. 25
- 4.1.6. Русское общество за пределами СССР и начало мировой войны 29
- 4.1.7. Изменения в планах Сталина в связи с блицкригом Гитлера во Франции. Попытка Сталина переделить Балканы и Ближний Восток 29
- 4.1.8. «Барбаросса» и планы Сталина, декабрь 1940 – июнь 1941 гг. 31

Глава 2. Советско-нацистская война 1941–1945 гг. и Россия 37
- 4.2.1. Нападение Германии на СССР 22 июня 1941 г. 37
- 4.2.2. Русское общество и советско-нацистская война в СССР. Отказ от эвакуации населения 40
- 4.2.3. Советско-нацистская война и Зарубежье 43
- 4.2.4. Военные действия в июне – ноябре 1941 г. 46
- 4.2.5. Московская битва 1941–1942 гг. 54
- 4.2.6. Трагедия Ленинграда, 1941–1942 гг. 58
- 4.2.7. Эвакуация промышленности на Восток. Создание новой индустриальной базы на Востоке СССР. Тыл 61
- 4.2.8. Новый внешнеполитический курс СССР. Присоединение к Атлантической хартии. Ситуация на фронтах Второй Мировой войны к середине 1942 г. Проблема «второго фронта» 64
- 4.2.9. Помощь и условия новых союзников. Ленд-лиз 69
- 4.2.10. Прибалтика в годы войны 71
- 4.2.11. Военные действия в 1942 г. Неудачи СССР 74
- 4.2.12. Битва под Сталинградом 1942–1943 гг. и перелом в ходе войны. Военные действия в начале 1943 г. 79
- 4.2.13. Курская дуга, 1943 г. 88
- 4.2.14. Русское общество и германская администрация на оккупированных территориях 91
- 4.2.15. К западу от линии фронта. Беженцы и остарбайтеры. Трагедия Холокоста 96
- 4.2.16. Трагедия плена. Сталин и конвенция о военнопленных 102
- 4.2.17. Русская Церковь и начало войны. Зарубежье, Внутренняя Россия. Псковская миссия 105
- 4.2.18. Германское антинацистское движение и русское общество 109

4.2.19.	Попытки создания Русской освободительной армии (РОА)	111
4.2.20.	Надежды в русском обществе в СССР на послевоенную свободную жизнь	114
4.2.21.	Новые отношения большевицкой власти с Церковью	116
4.2.22.	Новое изменение сталинской идеологии — курс на русский национализм	121
4.2.23.	Карательная система коммунистического режима в годы войны. Репрессии против военного и мирного населения, штрафные батальоны и заградительные отряды. Обращение с военнопленными	123
4.2.24.	Репрессии против народов России. Насильственные депортации и геноцид	127
4.2.25.	Русское антинацистское сопротивление в Европе	134
4.2.26.	Планы послевоенного урегулирования. Тегеранская встреча. Народы Восточной Европы и планы Союзников	136
4.2.27.	Военные действия в 1944 г. Изгнание врага за пределы СССР	140
4.2.28.	Варшавское восстание и занятие Польши. 1944—1945 гг.	145
4.2.29.	Политика Сталина в отношении Восточной Европы. «Народная демократия»	148
4.2.30.	Балканские страны в 1941—1945 гг. Красное и белое подполье	149
4.2.31.	Ялтинская конференция	152
4.2.32.	Создание русской армии на стороне Гитлера. Идеология РОА. РОА и Русское Зарубежье. Пражский манифест КОНР	154
4.2.33.	Занятие Австрии и Германии	157
4.2.34.	Советская армия в Восточной и Центральной Европе в 1945 г.	162
4.2.35.	Занятие Чехословакии. Пражское восстание 1945 г. Конец власовской армии	167
4.2.36.	Капитуляция Германии и Потсдамская конференция	169
4.2.37.	Жертвы Ялты	173
4.2.38.	Война с Японией. Сталин, Мао и судьба русской дальневосточной эмиграции	181
4.2.39.	Итоги и цена Второй Мировой войны для России и сталинского режима. Невосполнимые потери	184

Глава 3. Россия и подготовка Сталина к несостоявшейся Третьей Мировой войне (1946—1953) 188

4.3.1.	Несбывшиеся надежды на либерализацию большевицкого режима. Сталинская послевоенная идеология	188
4.3.2.	Внешняя политика СССР. Организация Объединенных Наций и всемирное признание сталинского режима. Углубление трений с западными союзниками. Дипломатия Сталина — Молотова	193
4.3.3.	Советская реакция на атомные бомбардировки Хиросимы и Нагасаки. Начало советского атомного проекта. Гонка вооружений	198
4.3.4.	Восстановление народного хозяйства после победы. Послевоенный голод	204
4.3.5.	От «подсоветского» к «советскому» обществу	210
4.3.6.	Попытки захватить Иранский Азербайджан, Западную Армению и Проливы. «Фултонская речь» Черчилля и реакция Сталина. Начало «холодной войны»	213
4.3.7.	Советизация Восточной и Центральной Европы. Репрессии и реформы	221

4.3.8.	Советская политика в Азии	226
4.3.9.	Борьба с титовской Югославией. Берлинский кризис	228
4.3.10.	Отказ от плана Маршалла. Окончательный раскол Европы. Поддержка коммунистического наступления в Греции и Италии	232
4.3.11.	«Ждановщина»	234
4.3.12.	Подготовка советского общества к новой войне. Мобилизационная экономика. СЭВ	238
4.3.13.	Война в Корее	240
4.3.14.	Закрепощенная Церковь в России. Львовский собор и запрещение унии	244
4.3.15.	Планы Сталина на новую «чистку» коммунистического аппарата. Ленинградское дело. Был ли заговор Берии?	248
4.3.16.	Национальная политика Сталина после 1945 г. Выселение «этнических меньшинств» из «прифронтовой полосы». Спецпоселенцы. Борьба с космополитизмом. Дело врачей	253
4.3.17.	Наука и культура в СССР в 1945–1953 гг. Лысенко и «лысенковщина»	258
4.3.18.	Первая и вторая эмиграция. Политика Сталина в отношении Русского Зарубежья. Раскол эмиграции и трагедия «возвращенцев». Уход в обе Америки	264
4.3.19.	Русская наука и культура в Зарубежье в 1945–1953 гг.	268
4.3.20.	Русская Церковь за пределами коммунистического лагеря	273
4.3.21.	Антикоммунистические движения в Зарубежной России	277
4.3.22.	Антикоммунистические движения на территории СССР	284
4.3.23.	Отношение общества к смерти Сталина. Март 1953 г.	288

Часть 5. РОССИЯ В ПЕРИОД ДЕГРАДАЦИИ КОММУНИСТИЧЕСКОГО ТОТАЛИТАРИЗМА (1953–1991) ... 291

Глава 1. Россия в годы «мирного сосуществования» (1953–1985). ... 291

5.1.1.	Борьба за сталинское наследство. Свержение Берии	291
5.1.2.	Волнения в Восточной Европе. Восстание в Восточной Германии. Русское общество и восточноевропейские восстания	297
5.1.3.	«Холодная весна» 1953 г. Восстания в лагерях	300
5.1.4.	Реформа органов госбезопасности и создание КГБ. Борьба в коммунистическом руководстве СССР и возвышение Хрущева	302
5.1.5.	Изменение стратегии коммунистического режима с неизбежной войны на мирное сосуществование. Нейтрализация Австрии. Варшавский договор. Примирение с Тито. Женевское совещание. Борьба за влияние в третьем мире	307
5.1.6.	«Оттепель». Реабилитации и смягчение репрессивного строя	312
5.1.7.	Борьба с русской политической эмиграцией	316
5.1.8.	XX съезд и развенчание Сталина Хрущевым. Большевицкий ренессанс: «Назад к Ленину!»	319
5.1.9.	Польская и венгерская революции 1956 г. и русское общество	322
5.1.10.	Завершение борьбы за власть в Кремле и утверждение единоличной власти Хрущева	330
5.1.11.	Приоткрытие «железного занавеса». Контакты с внешним миром. Фестиваль 1957 года	332

ОГЛАВЛЕНИЕ

5.1.12. Гуманизация советского строя, курс на повышение жизненного уровня населения, отмена деревенского рабства и репрессивного рабочего законодательства 334

5.1.13. Экономическое развитие СССР в годы правления Хрущева. Совнархозы. Целина. «Догнать и перегнать Америку». Сельскохозяйственный «волюнтаризм» и приписки. Программа «построения коммунизма» 339

5.1.14. Ракетно-ядерная гонка и выход в космос 343

5.1.15. Автономизация восточноевропейских сателлитов СССР. Внешняя политика в противостоянии с Западом. Попытка Хрущева принудить Запад к «разрядке». Берлинский кризис 353

5.1.16. Конфликт российского и китайского коммунистических режимов. Развал единого коммунистического лагеря 358

5.1.17. XXII съезд КПСС и новая атака Хрущева на Сталина 362

5.1.18. Вторая «оттепель». Пределы хрущевской «либерализации» 364

5.1.19. Русская Православная Церковь при Хрущеве 366

5.1.20. Христианская жизнь вне Московской Патриархии 372

5.1.21. Берлинская стена. Кубинская революция и Карибский кризис 373

5.1.22. Советское народное хозяйство в 1960—1964 гг. Военный и гражданский секторы советской экономики. Обсуждение реформ. Нарастание кризиса в сельском хозяйстве. Смерть деревни. Финансовые трудности. Восстание 376

5.1.23. Культурные сдвиги в русском обществе в СССР 383

5.1.24. Советская система народного образования и воспитания. Коммунистическая идеология и советское общество. Начало идеологического размежевания в советских элитах 386

5.1.25. Сокровища национальной культуры в 1950—1960-е гг. 392

5.1.26. Переворот 1964 г. и приход к власти Брежнева. Попытки экономических реформ 394

5.1.27. Коммунистическая номенклатура и русское советское общество в первые годы после Хрущева. Истоки «застоя» 397

5.1.28. Русское Зарубежье в 1950—1970-е гг. «СССР — не Россия». НТС, РСХД 402

5.1.29. Культурные процессы в русском обществе. Встреча двух Россий. Тамиздат и самиздат. Появление правозащитного движения. Еврейский вопрос 406

5.1.30. «Пражская весна» и отношение к ней в русском обществе. Раскол и конформизм элит 411

5.1.31. Внутреннее освобождение русского общества в СССР в 1970-е гг. Религиозные искания. Линия Сахарова и линия Солженицына на противодействие коммунистическому режиму 417

5.1.32. Московская Патриархия и коммунистическое государство в 1960—1970-е гг. 426

5.1.33. Конфликт на Даманском. Вьетнамская война. КПСС и международное коммунистическое и национально-освободительное движение. «Деньги партии» 430

5.1.34. Еврокоммунизм и КПСС 435

5.1.35. Разрядка и соглашения с Западом. Продолжение военной гонки. Хельсинские соглашения и русское общество. Борьба за права человека 437

ОГЛАВЛЕНИЕ

5.1.36. Советские авантюры в Африке и Центральной Америке. Распыление средств. Кризис советской всемирной «империи» ... 442
5.1.37. Афганская война и отношение к ней русского общества ... 446
5.1.38. Общества «союзных республик» в эпоху застоя. Прибалтика, Закавказье, Восточная и Западная Украина, Средняя Азия и Казахстан, Белоруссия. Национальная политика коммунистов в 1960—1970-е гг. ... 456
5.1.39. Мусульманское общество в России в 1950—1970-е гг. ... 461
5.1.40. Жизнь российских буддистов в 1950—1970-е гг. ... 463
5.1.41. Поиски коммунистической элитой новой идеологии. Новая версия советско-русского национализма ... 464
5.1.42. Третья волна русской эмиграции ... 467
5.1.43. Подъем антикоммунистических настроений в Восточной Европе. Польская революция 1980—1981 гг. Движение «Солидарность» ... 469
5.1.44. Назревающий кризис брежневского «общества благоденствия». Экономика и ее пороки, скрытая инфляция, постоянный дефицит, временное облегчение за счет «нефтедолларов» и импорта западных товаров. Цена системы ... 474
5.1.45. Советский быт в 1950—1980-е гг. ... 480
5.1.46. Спорт в 1950—1980-е гг. ... 488
5.1.47. Природа России. Ее охрана и разрушение в 1950—1980-е гг. ... 495
5.1.48. Новое обострение «холодной войны». Реакция на вызов Рейгана. Экономический и духовный склероз советского коммунизма. Смерть Брежнева ... 503
5.1.49. Геронтократия. Андропов, Черненко. Тупик власти ... 505

Глава 2. Попытка перестройки коммунистического режима (1985—1991) ... 511
5.2.1. Михаил Горбачев: перестройка в рамках системы ... 511
5.2.2. Новое политическое мышление. Приоритет общечеловеческих ценностей ... 516
5.2.3. Завершение Афганской войны ... 519
5.2.4. Антикоммунистические революции в Восточной Европе ... 523
5.2.5. Начало внутриполитической демократизации и экономической либерализации ... 526
5.2.6. Гласность. Подъем общественной активности. Национальные и демократические движения ... 530
5.2.7. Возвышение Бориса Ельцина ... 535
5.2.8. Освобождение Церкви ... 536
5.2.9. Межэтнические конфликты в Карабахе, Осетии, Абхазии и Приднестровье (1988—1991) ... 540
5.2.10. Первые свободные выборы органов власти в России за 72 года. Съезд народных депутатов 1989 г. ... 547
5.2.11. Восстановление независимости стран Балтии ... 551
5.2.12. Отказ Коммунистической партии от тотальной власти над обществом. Возникновение многопартийности ... 558
5.2.13. Парад суверенитетов. Борьба за власть между Ельциным и Горбачевым. Поиски формы Союзного договора ... 563
5.2.14. Неудача коммунистического реванша и Августовская революция 1991 года. Запрет КПСС ... 570
5.2.15. Последняя осень СССР. Беловежские соглашения ... 574

Часть 6. ОТ СОВЕТСКОГО СОЮЗА К ВОЗРОЖДЕННОЙ РОССИИ (1992–2007) 579

Глава 1. Российская Федерация в годы президентства Бориса Ельцина и Владимира Путина 579

- 6.1.1. Освобождение России от коммунизма. Радикальные экономические реформы Гайдара и их последствия 579
- 6.1.2. Приватизация «общенародной» собственности 589
- 6.1.3. Восстановление системы правосудия 593
- 6.1.4. Кризис 1993 г. и разгон Советов. Новая Конституция 12 декабря 1993 г. 595
- 6.1.5. Выборы в Государственную Думу 12 декабря 1993 г. 603
- 6.1.6. Режим Бориса Ельцина. Развитие народного хозяйства. Залоговые аукционы. Складывание государственно-олигархического капитализма 609
- 6.1.7. Экономический кризис 1998 г. и отказ Президента Ельцина от власти 615
- 6.1.8. Президентство Владимира Путина. Старые вызовы и новые тенденции развития. Реформы политической системы, государственного аппарата и армии. Идейная основа политики Президента 621
- 6.1.9. Социально-экономические реформы администрации В. Путина. Российская экономика в начале XXI в. 628
- 6.1.10. Проблемы политического народовластия в послесоветской России. Отсутствие гражданского общества. Политические партии и общественно-политические организации 632
- 6.1.11. Крайнее имущественное расслоение в послекоммунистической России. «Новые русские» и «старые советские». Обнищание. Коррумпированность государственного аппарата 648
- 6.1.12. Трудности в переходе к новой национально-административной политике. Строительство вертикали власти 652
- 6.1.13. Чеченская война 661
- 6.1.14. Местное самоуправление в постсоветской России 678
- 6.1.15. Сельское хозяйство: проблемы перехода от колхозного к фермерскому земледелию. Проблема собственности на землю 684
- 6.1.16. Человек в послекоммунистической России. Уровень жизни 689
- 6.1.17. Человек в послекоммунистической России. Народонаселение 695
- 6.1.18. Человек в послекоммунистической России. Нравственно-духовное состояние 706
- 6.1.19. Русское Зарубежье возвращается в Россию 711
- 6.1.20. Охрана природы в послекоммунистической России 715
- 6.1.21. Охрана культурных ценностей 719
- 6.1.22. Церковь и вера в послесоветском обществе 720
- 6.1.23. Воссоединение Русской Церкви 733
- 6.1.24. Россия в мировой политике 737
- 6.1.25. Россия и международный терроризм 741
- 6.1.26. Восточноевропейский и российский пути выхода из коммунизма 744

Глава 2. Политические процессы на пространствах исторической России за пределами Российской Федерации 747

- 6.2.1. Украина 747
- 6.2.2. Беларусь 760

ОГЛАВЛЕНИЕ

6.2.3.	Путь балтийских обществ в Объединенную Европу	765
6.2.4.	Молдавия (Республика Молдова)	767
6.2.5.	Приднестровский конфликт и попытки его решения	771
6.2.6.	Грузия	775
6.2.7.	Конфликт в Южной Осетии	780
6.2.8.	Абхазия	782
6.2.9.	Азербайджан	784
6.2.10.	Армения	787
6.2.11.	Карабахская проблема	789
6.2.12.	Узбекистан	791
6.2.13.	Туркменистан	794
6.2.14.	Казахстан	796
6.2.15.	Киргизстан	800
6.2.16.	Таджикистан	804

ВОССОЕДИНЕНИЕ ИСТОРИЧЕСКОГО ПРОСТРАНСТВА (вместо заключения) 810

УКАЗАТЕЛЬ 812

Авторский коллектив

Кандидат исторических наук Кирилл Михайлович Александров, доцент Санкт-Петербургского государственного университета

протоиерей Николай Артемов (Мюнхен, ФРГ)

Сергей Станиславович Балмасов, историк

Алексей Николаевич Бобринский, заместитель директора Российского центра защиты леса (Москва)

Николай Алексеевич Бобринский, магистрант МГИМО (У) МИД РФ

доктор исторических наук Сергей Владимирович Волков, Российская государственная публичная библиотека (Москва)

кандидат исторических наук Иван Иванович Воронов, доцент Хакасского государственного университета (Абакан)

доктор исторических наук Наталья Львовна Жуковская, профессор Института этнологии и антропологии РАН (Москва)

кандидат исторических наук, кандидат богословия Александр Владимирович Журавский

Ирина Андреевна Зубова, аспирант МГИМО(У) МИД РФ (Москва)

доктор исторических наук Андрей Борисович Зубов, профессор МГИМО(У) МИД РФ (Москва)

доктор исторических наук Владислав Мартинович Зубок, профессор Университета Темпл (Филадельфия, США)

доктор исторических наук Борис Семенович Илизаров, директор Народного архива (Москва)

доктор технических наук Дмитрий Михайлович Калихман, профессор Саратовского государственного технического университета

доктор философских наук Алексей Алексеевич Кара-Мурза, Институт философии РАН

Алексей Николаевич Келин, член Совета правительства Чешской Республики по вопросам национальных меньшинств, член правления общества Русская традиция (Прага, Чехия)

доктор географических наук Владимир Александрович Колосов, Институт географии РАН (Москва)

доктор права Михаил Александрович Краснов, заведующий кафедрой Высшей школы экономики (Москва)

доктор исторических наук Владимир Михайлович Лавров, заместитель директора Института российской истории РАН (Москва) кандидат исторических наук Вячеслав Викторович Лобанов, Институт российской истории РАН (Москва)

кандидат исторических наук Ирина Владимировна Лобанова, Институт российской истории РАН (Москва)

кандидат искусствоведения Борис Николаевич Любимов, профессор, ректор Высшего театрального училища им. М.С. Щепкина (Москва)

кандидат физико-математических наук Владимир Иванович Марахонов *Санкт-Петербург)

протоиерей Георгий Митрофанов, профессор Санкт-Петербургской духовной академии

доктор географических наук Татьяна Григорьевна Нефедова, Институт географии РАН (Москва)

доктор исторических наук Александр Вадимович Панцов, профессор Капиталийского университета (Колумбус, штат Огайо, США)

академик Юрий Сергеевич Пивоваров, директор Институт научной информации по общественным наукам РАН (Москва)

доктор искусствоведения Геннадий Викторович Попов, директор Музея им. преподобного Андрея Рублева (Москва)

Борис Сергеевич Пушкарев, директор НП "Содружество "Посев"" (Москва)

Михаил Викторович Славинский, филолог (Франкфурт-на-Майне, ФРГ)

доктор исторических наук Владимир Викторович Согрин, профессор МГИМО (У) МИД РФ

доктор философских наук Витторио Страда, профессор Венецианского университета (Италия)

доктор философских наук Никита Алексеевич Струве, профессор Университета Париж-1 (Франция)

доктор исторических наук Леон-Габриэль Тайванс, профессор Латвийского университета

Николай Дмитриевич Толстой-Милославский (Лондон, Великобритания)

доктор юридических наук Тихон Игоревич Троянов (Женева, Швейцария)

доктор исторических наук Сергей Львович Фирсов, профессор Санкт-Петербургского государственного университета

кандидат исторических наук Василий Жанеович Цветков (Москва)

кандидат исторических наук Юрий Станиславович Цурганов (Москва)

доктор исторических наук Владимир Алексеевич Шестаков, ученый секретарь Института российской истории РАН (Москва)

доктор филологических наук Светлана Всеволодовна Шешунова, Международный университет природы, общества и человека "Дубна"

кандидат исторических наук Рустам Мухамедович Шукуров, исторической факультет Московского государственного университета им. М.В. Ломоносова

доктор искусствоведения Шариф Мухамедович Шукуров, Институт востоковедения РАН (Москва)

Научно-популярное издание

ИСТОРИЯ РОССИИ
XX век
1939–2007

Зав. редакцией О.В. Сухарева
Ответственный редактор Е.Р. Секачева
Технический редактор Е.П. Кудиярова
Корректор И.Н. Мокина
Компьютерная верстка Е.М. Илюшиной